Hatto H. Schmitt / Ernst Vogt (Hrsg.)

Kleines Lexikon Hellenismus

Kleines Lexikon
Hellenismus

Studienausgabe

Herausgegeben von
Hatto H. Schmitt und
Ernst Vogt

2003
Harrassowitz Verlag · Wiesbaden

Studienausgabe von
Kleines Lexikon des Hellenismus
Hrsg. von Hatto H. Schmitt und Ernst Vogt
2., überarbeitete und erweiterte Auflage 1993

Bibliografische Information Der Deutschen Bibliothek:
Die Deutsche Bibliothek verzeichnet diese Publikation in der Deutschen
Nationalbibliografie; detaillierte bibliografische Daten sind im Internet
über http://dnb.ddb.de abrufbar.

Bibliographic information published by Die Deutsche Bibliothek:
Die Deutsche Bibliothek lists this publication in the Deutsche
Nationalbibliografie; detailed bibliographic data is available in the
Internet at http://dnb.ddb.de.

© Otto Harrassowitz KG, Wiesbaden 2003
Das Werk einschließlich aller seiner Teile ist urheberrechtlich geschützt.
Jede Verwertung außerhalb der engen Grenzen des Urheberrechtsgesetzes ist ohne
Zustimmung des Verlages unzulässig und strafbar. Das gilt insbesondere
für Vervielfältigungen jeder Art, Übersetzungen, Mikroverfilmungen und
für die Einspeicherung in elektronische Systeme.
Gedruckt auf alterungsbeständigem Papier.
Druck und Verarbeitung: Memminger MedienCentrum AG
Printed in Germany

www.harrassowitz.de/verlag

ISBN 3-447-04727-5

INHALT

Vorwort	VII
Abbildungsnachweise	IX
Verzeichnis der Mitarbeiter	X
Verzeichnis der abgekürzt zitierten Literatur	XI
Textteil	1
Zeittafel	827
Register	843
Tafeln	

VORWORT

Mit dem Begriff „Hellenismus" werden seit J. G. Droysen jene dreieinhalb Jahrhunderte vor Christi Geburt bezeichnet, in denen die Griechen in die Welt des Orients eindrangen und in denen sich die geistige und politische Kultur der Griechen, angelegte Möglichkeiten entwickelnd, neue Formen erprobend und ständig neue Impulse in sich aufnehmend, über die gesamte Mittelmeerwelt und darüber hinaus ausbreitete, so daß sie, nach dem Ende des politischen Hellenismus, von anderen Völkern, vornehmlich den Römern, weitergetragen werden konnte.

Das „Kleine Wörterbuch des Hellenismus" versucht, ein Bild der vielfältigen Strömungen in Politik, Philosophie, Literatur, Kunst, Medizin und Recht in dem genannten Zeitraum zu geben. Es will nicht nur dem Studenten, sondern jedem geistig Interessierten ein Führer zum Verständnis dieser auch heute noch oft vernachlässigten Periode sein und wendet sich darüber hinaus an die Forscher in den vom Hellenismus berührten Disziplinen – Altertumswissenschaften, Ägyptologie, Orientalistik, Sprachwissenschaft u. a. –, denen es eine Hilfe zu rascher Orientierung und einen Wegweiser zur neueren Literatur bieten möchte.

Bei der zeitlichen Abgrenzung wurde für die politische Geschichte im wesentlichen die Periodisierung des politischen Hellenismus – vom hohen 4. Jh. bis zum späten 1. Jh. v. Chr. – gewählt (↗Hellenismus II); für den geistig-künstlerischen Bereich und die politische Geistesgeschichte (z. B. ↗Herrscherideal, -kult) mußten die Grenzen fließender gehalten werden. Einführungen und Ausblicke zeigen die Verknüpfungen mit den vorangegangenen Epochen und die Nachwirkungen der hellenistischen Zeit auf die folgenden Perioden.

Eine lexikalische Aufsplitterung des Stoffes in viele kleine Einzelartikel über das Alphabet hin ist so weit wie möglich vermieden worden; wo immer es angängig war, wurden größere Sinnabschnitte in Kernartikeln zusammengefaßt, von denen aus auf Einzelartikel verwiesen wird. Der Behandlung der Literaturgattungen und der philosophischen Schulen folgen jeweils ihre wichtigsten Vertreter; die Herrscherdynastien sind im Zusammenhang behan-

delt usw. An die Stelle einer Einleitung tritt der Sammelartikel „Hellenismus", der neben der Begriffsgeschichte einen Überblick über politische Geschichte, Philosophie und Literatur bietet und auf einzelne Artikel verweist.
Bei den zahlreichen Querverweisen (↗) wurde, zur Vermeidung unnötiger Klammerzusätze, großzügig verfahren, wenn keine Irrtümer zu befürchten waren; so verweist z. B. ↗achäisch auf „Achäer(bund)", ↗Römer auf „Rom", ↗Antigonos I. auf „Antigoniden". Ein reichhaltiges Register führt für alle Lemmata des „Kleinen Wörterbuches" auch die wichtigeren Erwähnungen außerhalb des Artikels auf und erschließt ferner zahlreiche zusätzliche Namen und Begriffe, die nicht unter einem eigenen Lemma behandelt werden konnten.
Kai Brodersen, Uwe Dubielzig und Jörg-Dieter Gauger haben sich um die Herausgabe v. a. durch Literaturnachträge große Verdienste erworben. Kai Brodersen hat das Register erstellt und ebenso wie Uwe Dubielzig die Umbruchkorrekturen mitgelesen.

HATTO H. SCHMITT   ERNST VOGT

ZUR ZWEITEN AUFLAGE

Schon wenige Monate nach dem ersten Erscheinen dieses Werkes hat sich die Vorbereitung einer 2. Auflage als notwendig erwiesen. Dabei konnte die Grundkonzeption des Bandes, die bei Rezensenten[1] wie bei Benutzern allgemein Anerkennung gefunden hat, unverändert beibehalten werden, doch ist das Ganze von Herausgebern und Mitarbeitern überarbeitet und, wo es nötig schien, erweitert worden.
Für vielfältige Hilfe haben wir wiederum vor allem Kai Brodersen und Uwe Dubielzig zu danken. Daneben haben sich Verena Bejenke, Sigrun Gemünd, Annette Pfeil und Magdalene Stoevesandt um die neue Auflage besonders verdient gemacht.

HATTO H. SCHMITT   ERNST VOGT

---

1) An Besprechungen sind bislang erschienen: F. W. Walbank, Gnomon 62, 1990, 128-131; Th. Fischer, Geschichte, Politik und ihre Didaktik 18, 1990, 136f.; I. Opelt, Gymnasium 97, 1990, 377f.; R. Oberforcher, ZKTh 112, 1990, 117f.; O. Kaiser, ZatW 102, 1990, 307; A. R. Burn, ClRev 40, 1990, 529; W. G. Arnott, JHS 110, 1990, 232f.; H. Van Looy, AC 59, 1990, 330f.; Chr. Mileta, Klio 73, 1991, 693f.; W. Orth, HZ 254, 1992, 424f.

ABBILDUNGSNACHWEISE

Folgende Museen, Archive und Institute haben dankenswerterweise Abbildungsvorlagen zur Verfügung gestellt und deren Wiedergabe gestattet:

American School of Classical Studies at Athens (Agora Excavations E. A. Frantz): Abb. 23b
Staatliche Museen Berlin: Abb. 14
Musée des Beaux Arts, Budapest: Abb. 3
Deutsches Archäologisches Institut, Istanbul: Abb. 22b
Ny Carlsberg Glyptotek, Kopenhagen: Abb. 4
Bildarchiv Photo Marburg: Abb. 6, 21a
Metropolitan Museum of Art, New York: Abb. 19b
Verlag Bruckmann, München: Abb. 21b
Hirmer Photo-Archiv, München: Abb. 2, 10, 11, 12, 13, 15, 16, 18, 24a
Photo Alinari, Rom: Abb. 7, 22a
Photo Anderson, Rom: Abb. 9, 20a
Deutsches Archäologisches Institut, Rom: Abb. 1, 8, 20b, 23a, 24b
Kunsthistorisches Museum, Wien: Abb. 19a
Archäologisches Institut der Universität Würzburg: Abb. 5, 17
Zeichnung der Grundrisse: Dr. Hildegund Gropengießer, Heidelberg

VERZEICHNIS DER MITARBEITER

Karlhans Abel	K.A.
Guntram Beckel	G.Bk.
Hartmut Beister	H.B.
Kai Brodersen	K.B.
Carsten Colpe	C.C.
Uwe Dubielzig	U.D.
Jörg-Dieter Gauger	J.D.G.
Alberto Grilli	A.G.
Robert Hanhart	R.H.
Werner Heinz	W.He.
Hans Herter †	H.H.
Werner Huß	W.H.
Karlheinz Kost	K.K.
Arnold Kränzlein	A.K.
Fridolf Kudlien	F.Ku.
Friedmar Kühnert	F.K.
Georg Luck	G.L.
Rolf Mehrlein	R.M.
Carl Werner Müller	C.W.M.
Karl August Neuhausen	K.A.N.
Johannes Nollé	J.N.
Tanja Scheer	T.S.
Wolfgang P. Schmid	W.P.S.
Hatto H. Schmitt	H.H.S.
Wilhelm Seelbach	W.S.
Peter Steinmetz	P.S.
Juri G. Vinogradov	J.G.V.
Ernst Vogt	E.V.
Fritz Wehrli †	F.W.
Gerhard Wirth	G.W.
Andreas Wittenburg	A.W.
Marianne Zumschlinge	M.Z.

VERZEICHNIS DER ABGEKÜRZT ZITIERTEN LITERATUR

Die Abkürzungen von Zeitschriften und Buchreihen folgen dem LAW bzw. der Année philologique; weitere lassen sich etwa mittels Jean S. WELLINGTON, Dictionary of Bibliographic Abbreviations Found in the Scholarship of Classical Studies and Related Disciplines. Westport Ct., London 1983, auflösen.

Folgende häufig angeführten Werke werden nur mit Kurztitel zitiert:

ANRW Aufstieg und Niedergang der Römischen Welt. Berlin, New York 1972 ff.
CAH   Cambridge Ancient History. Neubearb. Cambridge 1970 ff.
      VII 1: The Hellenistic World. 1984
      VII 2: The Rise of Rome to 220 B.C. 1989
      VIII: Rome and the Mediterranean to 133 B.C. 1989
DKlP Der Kleine Pauly. 5 Bde. Stuttgart, München 1964–1975
EPRO Études préliminaires aux religions orientales dans l'Empire romain. Leiden 1961 ff.
FGrHist F. Jacoby: Die Fragmente der griechischen Historiker. 15 Bde. Berlin, Leiden 1923–1958
HdAW Handbuch der Altertumswissenschaft. München
IG   Inscriptiones Graecae. Berlin 1873 ff.
IK   Inschriften griechischer Städte aus Kleinasien. Bonn 1972 ff.
LAW   Lexikon der Alten Welt. Zürich, Stuttgart 1965
LHistSt S. Lauffer (Hg.), Griechenland: Lexikon der Historischen Stätten. München 1989
OGIS W. Dittenberger, Orientis Graeci Inscriptiones Selectae. 2 Bde. Leipzig 1903–1905 [dazu: W. Gawantka, Aktualisierende Konkordanzen zu OGIS und Syll.³ (Subsidia Epigraphica 8) Hildesheim 1977]
PECS R. Stilwell (Hg.), The Princeton Encyclopedia of Classical Sites. Princeton NJ 1976

RC	C.B. Welles, Royal Correspondence in the Hellenistic Period. New Haven Ct. 1934
RE	Paulys Realencyclopädie der classischen Altertumswissenschaft, hg. v. G. Wissowa u.a. Stuttgart, München 1893–1980
StV	H.H. Schmitt, Die Staatsverträge des Altertums. III München 1969
Syll.³	W. Dittenberger (Hg.), Sylloge Inscriptionum Graecarum. 4 Bde. 3. Aufl. Leipzig 1915–1924 [dazu Gawantka, s.o.]

Folgende häufig angeführten Werke werden mit Verfassernamen und ggf. Kurztitel zitiert:

ACCAME, S., Il dominio romano in Grecia dalla guerra acaica ad Augusto. Rom 1946

ARNIM, H. v., Stoicorum veterum fragmenta (SVF). 4 Bde. Leipzig 1905–1924

BEAN, G., Kleinasien. 4 Bde. Stuttgart 1969–1980

BELOCH, K.J., Griechische Geschichte. 2. Aufl. IV 1–2, Berlin, Leipzig 1925–1927

BENGTSON, H., Griechische Geschichte. (HdAW III 4) 5. Aufl. München 1977

–, Die Strategie in der hellenistischen Zeit. 3 Bde. (Münch. Beitr. 26. 32. 36) München 1937–1952 (2. Aufl. 1964–1967)

–, Herrschergestalten des Hellenismus. München 1975

BERVE, H., Das Alexanderreich auf prosopographischer Grundlage. 2 Bde. (II: Prosopographie) München 1926

BIKERMAN, E., Institutions des Séleucides. Paris 1938

BOUCHÉ-LECLERCQ, A., Histoire des Lagides. 4 Bde. Paris 1903–1907

BRAUND, D., Rome and the Friendly King. London, Canberra, New York 1984

BRODERSEN, K., Appians Abriß der Seleukidengeschichte. (Münchener Arbeiten zur Alten Geschichte 1) München 1989

BUSOLT, G. / SWOBODA, H., Griechische Staatskunde. (HdAW IV 1,1) München 1920–1926

FLASHAR, H. (Hg.), Ältere Akademie–Aristoteles–Peripatos. (Grundriß der Geschichte der Philosophie. Die Philosophie der Antike. Bd. 3) Basel, Stuttgart 1983

GAUGER, J.-D., Beiträge zur jüdischen Apologetik. (Bonner Biblische Beiträge 49) Köln, Bonn 1977

GIOVANNINI, A., Untersuchungen über die Natur und die Anfänge der bundesstaatlichen Sympolitie in Griechenland (Hypomnemata 33) Göttingen 1971
GRUEN, E. S., The Hellenistic World and the Coming of Rome. 2 Bde. Berkeley, Los Angeles, London 1984
HEAD, B. V., Historia Numorum. 2. Aufl. Oxford 1911
HEINEN, H., Untersuchungen zur hellenistischen Geschichte des 3. Jahrhunderts v. Chr. (Historia Einzelschr. 20) Wiesbaden 1972
HOLLEAUX, M., Études d'épigraphie et d'histoire grecques. 6 Bde. Paris 1936–1968
HUSS, W., Untersuchungen zur Außenpolitik Ptolemaios' IV. (Münch. Beitr. 69) München 1976
HUTCHINSON, G. C., Hellenistic Poetry. Oxford 1988
JONES, A. H. M. (Hg.), The Cities of the Eastern Roman Provinces. 2. Aufl. Oxford 1970
KAHRSTEDT, U., Das wirtschaftliche Gesicht Griechenlands in der Kaiserzeit. Bern 1954
KIRSTEN, E. / KRAIKER, W., Griechenlandkunde. 2 Bde. 5. Aufl. Heidelberg 1967
KÖRTE, A. / HÄNDEL, P., Die Hellenistische Dichtung. 2. Aufl. Stuttgart 1960
LARSEN, J. O. A., Greek Federal States. Oxford 1968
LEEKLEY, D. / EFSTRATIOU, N., Archaeological Excavations in Central and Northern Greece. Park Ridge NJ 1980
– / NOYES, R., Archaeological Excavations in Southern Greece. Park Ridge NJ 1976
– / –, Archaeological Excavations in the Greek Islands. Park Ridge NJ 1975
LESKY, A., Geschichte der griechischen Literatur. 3. Aufl. Bern, München 1971
LLOYD-JONES, H. / PARSONS, P., Supplementum Hellenisticum. Berlin, New York 1983
MAGIE, D., Roman Rule in Asia Minor. 2 Bde. Princeton NJ 1950
MARTIN, D. G., Greek Leagues in the later 2nd and 1st centuries B.C. Diss. Princeton 1975
MEISTER, K., Die griechische Geschichtsschreibung. Stuttgart, Berlin, Köln 1990
MEYER, ERNST, Die Grenzen der hellenistischen Staaten in Kleinasien. Zürich, Leipzig 1925
NEUMANN, G. / UNTERMANN, J. (Hg.), Die Sprachen im Römischen Reich der Kaiserzeit. (Bonner Jahrb. Suppl. 40) Köln, Bonn 1980

NIESE, B., Geschichte der griechischen und makedonischen Staaten seit der Schlacht bei Chaeronea. 3 Bde. Gotha 1893–1903

PFEIFFER, R., Geschichte der Klassischen Philologie von den Anfängen bis zum Ende des Hellenismus. 2. Aufl. München 1978

PHILIPPSON, A. / KIRSTEN, E., Die griechischen Landschaften. Eine Landeskunde. 4 Bde. in 8 Teilen. Frankfurt/Main 1950–1959

POWELL, J. U., Collectanea Alexandrina. Oxford 1925

R.-ALFÖLDI, MARIA, Antike Numismatik. 2 Bde. 2. Aufl. Mainz 1982

ROSTOVTZEFF, M., Gesellschafts- und Wirtschaftsgeschichte der hellenistischen Welt. 3 Bde. Darmstadt 1955–1956

SCHMITT, H. H., Untersuchungen zur Geschichte Antiochos' des Großen und seiner Zeit. (Historia Einzelschr. 6) Wiesbaden 1964

SEIBERT, J., Historische Beiträge zu den dynastischen Verbindungen in hellenistischer Zeit. (Historia Einzelschr. 10) Wiesbaden 1967

SHERK, R. K., Roman Documents from the Greek East. Baltimore Md. 1969

SULLIVAN, R. D., Near Eastern Royalty and Rome, 100–30 B.C. (Phoenix Suppl. 24) Toronto 1990

SUSEMIHL, F., Geschichte der griechischen Literatur in der Alexandrinerzeit. 2 Bde. Leipzig 1891–1892

TSCHERIKOWER, V., Die hellenistischen Städtegründungen von Alexander dem Großen bis auf die Römerzeit. (Philologus Suppl. 19,1) Leipzig 1927

UEBERWEG, F. / PRAECHTER, K., Die Philosophie des Altertums. 12. Aufl. Berlin 1926

WALBANK, F. W., A Historical Commentary on Polybius. Oxford I 1957 (2. Aufl. 1970), II 1967, III 1979

WEHRLI, F., Die Schule des Aristoteles. 10 Bde. 2. Aufl. Basel, Stuttgart 1967–1969; dazu Suppl. I 1974, II 1978

WILAMOWITZ-MOELLENDORFF, U. v., Hellenistische Dichtung in der Zeit des Kallimachos. 2 Bde. Berlin 1924

WILL, E., Histoire politique du monde hellénistique. 2 Bde. (Annales de l'Est 30. 32) 2. Aufl. Nancy 1979–1982

ZELLER, E., Die Philosophie der Griechen in ihrer geschichtlichen Entwicklung. II 1–2, III 1–2, 4.-5. Aufl. Leipzig 1921–1923
K. B.

Hellenismus.

I. Herkunft und antike Bedeutungen des Wortes[1]. Ἑλληνίζειν bedeutet a) vornehmlich „Griechisch sprechen", prägnant „des korrekten Gebrauchs der (reinen) griech. Sprache in Rede und Schrift mächtig sein", wodurch sich der Gebildete (auch nichtgriechischer Herkunft!) vom Ungebildeten und Barbaren unterschied (Gegensatz βαρβαρίζειν); ferner „die κοινή gebrauchen" (↗Sprache; Gegensatz ἀττικίζειν); b) „ins Griechische übersetzen", „hellenisieren" u. ä. Entsprechend ist ἑλληνισμός a) korrekte, reine griech. Sprache und Stil (bzw., im Gegens. zum Attischen, Gebrauch der κοινή); andererseits b) die Nachahmung des Griechen in Sprache, Lebensform und Religion (2. Makk. 4,13: ἀκμὴ ... Ἑλληνισμοῦ καὶ πρόσβασις ἀλλοφυλισμοῦ); in der Spätantike das Heidentum. Ἑλληνισταί (Act. apost. 6,1) sind griechisch sprechende Judenchristen[1a] (wohl v. a. aus der Diaspora; Gegens.: aramäisch sprechende Judenchristen), in der Spätantike die am griechischen Denken festhaltenden Heiden (Julian ep. 84a).

II. Entwicklung der modernen Bedeutungen. Die frühe Neuzeit bezeichnete mit *lingua hellenistica* oder *hellenismus* die Sprache des NT. J. G. Herder[2] erweiterte den Gebrauch auf den allgemein geistigen Bereich: H. ist ihm die Mischung jüdischer Geisteswelt mit griech. und oriental. Ideen. Bei J. G. Droysen tritt zur kulturellen die „Völkermischung"[3] hinzu; für ihn ist H. der Zeitraum(!), „der aus dem Griechentum zum Christentum hinüberführt"[4]; als Charakteristikum dieses Zeitraums sieht er die ethnische und kulturelle „Ineinsbindung des östl. Volkstums mit dem abendländischen unter der Potenz hellenistischer Bildung"[5]. Diese Namengebung (die er mit der Bezeichnung „romanisch" für die Sprache der aus der Mischung von Germanentum und Römertum entstandenen Völker parallelisiert) geht zwar auf Fehlinterpretation von ἑλληνίζειν usw. zurück, aber wohl nicht, wie oft angenommen, auf irrtümliche Gleichsetzung der Ἑλληνισταί in Act. apost 6,1 (s. o. I) mit orientalisierten Griechen[5a]. Seitdem wird im Deutschen, wenn auch mit Betonung unterschiedlicher Inhalte und verschiedener zeitlicher und räumlicher Abgrenzung, mit „H." und „hellenistisch" eine *Epoche* der politischen und Kulturgeschichte bezeichnet. Im Neugriechischen, Französischen und

Englischen gilt dies nur für das Adjektiv, während das Subst. meist das „Griechentum" in ethn., sprachl. und kultureller Hinsicht bezeichnet bzw. die Beherrschung der griech. Sprache und humanistische Liebe zur griech. Kultur, unter Einschluß oder sogar Betonung der klass. Zeit; die Epoche wird meist mit „hellenistic age (period)" o. ä. umschrieben.

Droysens Werk bedeutete einen Wendepunkt für die Betrachtung der griech. Geschichte. Noch für George Grote endete die griech. Geschichte um 300 v. Chr.; die Alexanderzeit war ihm der Beginn der „Vernichtung der polit. Freiheit" und der „Ermattung des schöpferischen Genius", Alexander d. Gr. selbst ein „nichthellenischer Eroberer, in dessen ungeheuren Besitzungen die Griechen sich verloren"[6]: ein düsteres Bild des Verfalls, das zu sehr politisch bestimmt ist und von der einseitigen Gleichsetzung des „Griechentums" mit den Errungenschaften der „klassischen" Zeit ausgeht.

Demgegenüber wandte sich Droysen gegen die Idealisierung der klass. Poliswelt und stellte den H. als „die moderne Zeit des Altertums" heraus; er steht am Anfang einer Forschung[7], die dem H. durch Betonung seines Eigenwertes gerechter wird: „Der H. ist nicht eine abgerissene unorganische Monstrosität in der Entwicklung der Menschheit; er hat die Erbschaft der Griechenwelt wie des morgenländischen Altertums mit allen activis und passivis übernommen, und mit diesem Gegebenen entwickelt er ein Anderes, Neues, das so vermittelt immer wieder auf seine nächste Vorstufe zurückweiset"[8]. Droysens Definition des H. (s. o.) ist jedoch – abgesehen vom irrigen Ausgangspunkt – teleologisch gefärbt und daher inhaltlich einseitig und chronologisch unklar: Die übermäßige Betonung der Kultur- und Völkermischung, d. h. der orientalischen Elemente in dieser Mischung wird den Phänomenen nicht aller Bereiche der geistigen, politischen und materiellen Kultur gerecht[9]; in manchen Bereichen ist die nahezu rein griechische Fortentwicklung des Klassischen unverkennbar (z. B. in ↗Sprache, Literatur [s. u. V] und ↗Kunst), in anderen (z. B. im ↗Herrscherkult A, B 1) hat man die griech. Komponente zu Unrecht lange unterschätzt. Es ist daher begreiflich, wenn gelegentlich das Pendel nach dem anderen Extrem hin ausschlägt; so wird z. B. bei C. Schneider[10] das griech. Element überbetont und in der Begegnung mit dem Orient vor allem eine Infektion mit Krankheitsstoffen gesehen.

Die *zeitliche* Abgrenzung des H. hängt naturgemäß mit der begrifflichen Definition eng zusammen. Den *Beginn* des H. setzt man seit Droysen im allg. in die Zeit Alexanders d. Gr.; dabei wird der Prozeß der gegenseitigen Begegnung, Befruchtung und Vermischung seit der griech. Frühzeit ebenso vernachlässigt wie die Ansätze zu „hellenistischen" Formen im späten 5. und frühen 4. Jh., die in vielen Bereichen, auch im politischen (z. B. ↗Herrscherkult, ↗Hof), zu beobachten sind. Schon Droysen (s. o.) hatte vor losgelöster Betrachtung des H. gewarnt. Der H. beginnt nicht mit einer deutlichen Zäsur; Epochensetzung kann hier – noch mehr als anderswo – allenfalls Näherungswerte erzielen. Angesichts der „Verdichtung" hellenistischer Züge schon im frühen 4. Jh. ist jedenfalls ein Einschnitt um 360, wie ihn v. a. H. Bengtson[11] vorschlägt, späteren Ansätzen (338 = Chaironeia, 336 = Regierungsantritt Alexanders) vorzuziehen; die Beziehung auf Alexander geht zu sehr davon aus und suggeriert ihrerseits zu sehr, daß das Neue das Werk eines Einzigen sei.

Noch abhängiger von der Sehweise ist die Festlegung von *geograph. Erstreckung* und *zeitlichem Ende* des H. Schon in Droysens Betonung des Mischungscharakters ist die Ausweitung des H. über die ganze griechisch-heidnische Periode der röm. Kaiserzeit angelegt (allerdings nicht ausgeführt; das große H.-Werk Droysens endet vielmehr bereits um 220). Für Walter Otto[12] ist „das Weltreich der Römer ... sowohl politisch wie kulturell der Vollstrecker des universalen kosmopolitischen Willens des großen Alexander"; er bezieht das gesamte Imperium Romanum in „die letzte große Kulturperiode des Altertums" ein, die er „zusammenfassend als die des Hellenismus" bezeichnet und deren Kulturgeschichte unter dem Gesichtspunkt der „Einheit innerhalb der Vielheit" zu schreiben sei. Dem entsprechend bezieht V. Ehrenberg[13] die letzten Jahrhunderte der karthagischen Geschichte in den H. ein. C. H. Becker[14] sieht sogar im Islam „nichts anderes (!) als weiterlebenden, auf die Dauer sich aber immer mehr asiatisierenden H.". A. J. Toynbee[15] schließlich bezeichnet mit H. die gesamte griech.-röm. Kultur vom ausgehenden 2. Jtsd. v. Chr. bis zum 7. Jh. n. Chr. (vgl. o. II zur Bedeutung von „H." außerhalb des deutschen Sprachgebrauchs). So weite zeitliche und räumliche Ausdehnung des Begriffs H. geht freilich einseitig vom Standpunkt der (mehr oder minder übernommenen) griechischen Kultur aus und läßt die Eigenart und Eigenleistung einbezogener oder beeinflußter anderer Kulturen (insbes. der römischen und der islamischen Welt) unzulässig zurücktreten[16]. Auf der anderen Seite ist die Setzung des Endpunkts des H. ins Jahr 30 v.Chr. (Ende des letzten Diadochenreichs)[17] zwar bei vornehmlicher Betrachtung der polit. Geschichte des H. berechtigt; bei Einbeziehung aller Aspekte erweist sie sich jedoch als ebenso einseitig wie alle Versuche, eine scharfe Epochengrenze zwischen Antike und Mittelalter zu bestimmen[18].

Aus alledem ergibt sich, daß die zeitliche und räumliche Abgrenzung dessen, was in diesem „Kleinen Lexikon" als „hellenistisch" verstanden wird, nicht pauschal erfolgen kann, sondern für jeden Bereich gesondert von der Beobachtung der jeweils neuen Phänomene auszugehen hat.

III. Für die *politische Geschichte*[19] des H. ist auszugehen von der Entwicklung der politischen Herrschaftsformen und von den geographischen Räumen, in denen diese Formen praktiziert wurden bzw. auf die sie eingewirkt haben. In der „hochklass. Zeit" (2. H. des 5. Jh.s) war die bestimmende, die Politik und die polit. Kultur tragende Form des Gemeinwesens die *Polis*. Die nicht oder nur schwach urbanisierten Stammes-„Staaten" (ἔθνη) nahmen geographisch wie politisch eher eine Randlage ein. Dies gilt noch mehr für die *Monarchie* (sieht man von Sparta, eher einer Sonderform der Polis, ab); sie wurde als Partner akzeptiert, aber wenig geschätzt und weithin als wesensfremd abgelehnt, zumal sie vornehmlich in Ländern angesiedelt war, die als „barbarisch" galten (Makedonien, Epirus). Der geographische Raum wird im wesentlichen durch das Mutterland und das Ägäisgebiet dargestellt; Randzonen (bes. Schwarzmeerküsten, Westgriechentum) spielten politisch eine untergeordnete Rolle. Innerhalb des Kernraums lagen die Schwerpunkte vornehmlich im Gebiet um den Saronischen Golf (Athen, Korinth). Größere Machtzusammenballungen wurden im Kernraum im wesentlichen durch das Mittel der Hegemonialsymmachie bewirkt (Att. Seebund, Peloponnesischer Bund).

Im 3. Jh. war die Lage grundlegend gewandelt: Zentrale Bedeutung kam nun den *Monarchien* zu: Territorialstaaten mit – der Idee nach – absoluter monarch. Spitze (↗Herrscherideal, ↗Staat). In Griechenland konnte erheblicher polit. Einfluß nur mehr von den zu *Bundesstaaten* (↗Koinon) entwickelten alten Stammes„staaten" ausgeübt werden. Die alten *Poleis* (↗Stadt) im Mutterland und in Westkleinasien waren z. T. von den Bundesstaaten inkorporiert oder von Monarchien zu Vasallen gemacht, im übrigen führten sie – mit wenigen Ausnahmen – ein politisches Schattendasein. Neben sie traten in steigender Zahl *neue Poleis*, die von den Territorialherrschern auf Reichsgebiet gegründet wurden (↗Alexandreia, Antiocheia, Seleukeia usw.; ↗Stadt). Der geograph. Raum umfaßte nun auch Klein- und Vorderasien und NO-Afrika mit stärker werdender Ausstrahlung ins westl. Mittelmeer; das Schwarzmeer bleibt am Rande. Die polit. Schwerpunkte, zugleich Schwerpunkte der Fortentwicklung politischer Formen, lagen in den früher an der Peripherie (Makedonien) oder außerhalb gelegenen Gebieten (Asien, Ägypten). Griechenland war seiner Bedeutung nach zum Randgebiet geworden; auch hier wiederum hatten sich die Schwerpunkte an die geograph. Peripherie (Makedonien, Ätoler- und Achäerbund) verlagert. Neue Formen entwickelten die alten Poleis weniger in der Innen- als in der Außenpolitik (↗Bürgerrecht, ↗Vertrag); doch dienten diese mehr der Vermeidung von Konflikten als der Addition der Kräfte, mit der sich die Poleis hätten besser behaupten können; das Vorbild der Koina wird also nicht befolgt.

Die meisten dieser Erscheinungen wurzelten bereits in der Zeit vor Alexander d. Gr. Schon im späten 5. Jh. waren die Problematik der Poleis in ihrer grundsätzlichen Vereinzelung und die Instabilität größerer Machtkomplexe auf der Grundlage der Einzel-Poleis (Hegemonialsymmachien) offenbar geworden. Alte Bindungen und Verfassungsformen, auf denen Polis-Denken und Polis-Struktur des 6. u. 5. Jh.s beruhten, wurden in Frage gestellt, die Tendenz zur schrankenlosen Selbstverwirklichung der Einzelpersönlichkeit nur theoretisch eingegrenzt in Platons Lehre vom Weisen als König. Die innere und äußere Schwäche der Poleis wurde dem Versagen der traditionellen Formen angelastet; es erwies sich, daß der Wunsch nach größeren Einigungen in Hellas zum Kampf gegen die „Barbaren" und zur Vermeidung der endlosen Kriege mit traditionellen Mitteln nicht zu verwirklichen war. So erhob sich der Wunsch nach starken Führern, gleichzeitig entstand die Tendenz zur Heraushebung des großen politischen Täters über Menschenmaß (Anfänge des ↗Herrscherkults [B] vor Alexander). Die Verlagerung des Schwerpunktes an die bisherige Peripherie (Böotien, Thessalien, Makedonien, Syrakus) zeigt sich bereits in der Politik der 1. H. des 4. Jh.s und im Programm des Isokrates (↗Hellenenbünde), bei Isokrates auch bereits die Einbeziehung mindestens Kleinasiens. Die erzwungene Einigung Griechenlands durch die Makedonen, die Entstehung großer Territorialstaaten unter absoluten, göttlich verehrten Monarchen und die Verlagerung der Schwerpunkte von Macht und Dynamik sind also schon seit dem späten 5. u. frühen 4. Jh. mehr oder minder deutlich vorbereitet und angelegt, ebenso wie die ethnische und kulturelle Hellenisierung des Ostens keineswegs erst mit Alexander d. Gr. eingesetzt hat. Die Erfolge Philipps II. und bes. Alexanders d. Gr. haben freilich weit über das zunächst erreichbar Scheinende hinausgreifend die angelegten Möglichkeiten in Realität umgesetzt.

Andererseits bilden die Jahrhunderte der politischen Geschichte des H. keineswegs eine Einheit. Die oben skizzierten Umschichtungsphänomene fallen in das 4. und 3. Jh., eine Periode des Aufstiegs und Ausbaus; in dieser Zeit entwickeln sich die neuen Formen der Herrschaft und Politik und gewinnen Ausstrahlung über die neugewonnenen Räume hinaus, z.B. zu den Parthern (↗Iran) und nach ↗Karthago. Mit dem späten 3. Jh. setzen der Rückschlag des Ostens und der politische Aufstieg des Westens (↗Rom) ein, gleichzeitig der Abbau der monarchischen Stellung unter ständiger Verfeinerung des Apparats (z. B. ↗Hof F V) und Weiterentwicklung der monarchischen Theorie (↗Herrscherideal). Das Ende der Monarchie in Makedonien und der Rückgang der monarchischen Macht bes. im Seleukidenreich ermöglicht eine gewisse Scheinrenaissance der Polis, die sich äußerlich selbständiger machen, daraus aber, bei rasch wachsender Vormacht Roms, kein Kapital schlagen kann. – Mit dem Ende des Seleukiden- und des Ptolemäerreichs verschwinden im 1. Jh. v. Chr. die hellenistischen Herrschaftsformen im Gebiet der „makedonischen" Reiche, bald auch in den Nachbarregionen. Gleichzeitig verlieren die Poleis die letzten Reste außenpolitischer Selbstbestimmung, oft sogar die Autonomie. Wie schon im 4. Jh. verlagern sich die Machtzentren, nunmehr nach Rom und ins Partherreich (↗Iran); diese beherrschen den hellenistischen Raum von außen her in Formen, die mit den bisherigen verwandt, aber nicht identisch sind. H. H. S.

IV. Die politischen Verhältnisse der Zeit Alexanders und seiner Nachfolger bleiben nicht ohne Folgen für die allgemeine *kulturelle Entwicklung*. Athen, das im 5. und noch im 4. Jh. den Mittelpunkt der griech. Kultur gebildet hatte, tritt an Bedeutung zurück, und in den Residenzen der hell. Herrscher entstehen neue Zentren geistigen und künstlerischen Lebens, von denen eine starke Anziehungskraft auf Gelehrte, Dichter und bildende Künstler ausgeht.

Die Auflösung der alten Polis als der das Leben ihrer Bürger tragenden und rechtfertigenden Gemeinschaft und die unmittelbare Erfahrung der Unberechenbarkeit des menschlichen Lebens haben ihre tiefen Rückwirkungen auf die ↗Philosophie, die sich zunehmend auf ethische Fragen konzentriert. Die Stellung des Einzelnen in der Welt, die Frage nach dem Ziel und dem Sinn seines Daseins, nach der rechten Lebensführung und nach der Möglichkeit persönlichen Glücks – das sind die zentralen Probleme, denen sie sich nunmehr gegenübergestellt sieht. Die Protreptik gewinnt an Bedeutung, Seelenführung und Lebenshilfe werden zu wesentlichen Aufgaben der Philosophie, die nun so gut wie ausschließlich Schulphilosophie ist. Während sie in ihren popularphilosophischen Erscheinungsformen auch den Bedürfnissen breiter Bevölkerungskreise Rechnung zu tragen sucht, legen auf der anderen Seite hellenistische Herrscher Wert darauf, Philosophen als Berater an ihren Hof zu ziehen. Die große Zahl der miteinander konkurrierenden Schulrichtungen (↗Akademie, ↗Kepos, ↗Peripatos, ↗Stoa) und die von ihnen z. T. erbittert ausgetragenen Schulstreitigkeiten führen vielfach zu einer skeptizistischen Grundhaltung (↗Skepsis) bzw. zu einem radikalen Bruch mit der Tradition (↗Kynismus). Daneben verstärkt ein tieferes Eindringen in die nichtgriechische Welt kosmopolitische Vorstellungen.

V. Die *literarische Entwicklung* knüpft zunächst an die alten Gattungen an, die allerdings z. T. eine starke Umgestaltung erfahren (↗Drama, ↗Elegie, ↗Epigramm, ↗Epos, ↗Hymnos, ↗Lehrgedicht, ↗Lyrik). Die Dichtung verliert immer mehr ihren ‚Sitz im Leben', sie wird nun erstmals in überwiegendem Umfang ‚Literatur' in unserem Sinne. Eine wichtige Rolle in diesem Prozeß spielen das sich allmählich ausbildende öffentliche Schulwesen (↗Schule) und die Sammlung der gesamten älteren

Literatur in den großen Bibliotheken (↗Buchwesen II 2) der neuen Zentren. Das aus dieser Sammlung resultierende Gefühl, einer erdrückenden Tradition gegenüberzustehen, führt zu der Suche nach neuen Wegen dichterischen Schaffens und zu einer bewußten und programmatischen Neuorientierung im Bereich der Literatur (↗Kallimachos). Gelehrsamkeit, Anspielung und Zitat werden zu wichtigen Elementen einer neuen dichterischen Technik, das Bekenntnis zur überschaubaren, bis ins Einzelne ausgearbeiteten Form wird selbstbewußt traditionellen Arten des Dichtens gegenübergestellt. Allenthalben macht sich eine gesteigerte Sensibilität für Bereiche und Erscheinungen geltend, die bis dahin nur ansatzweise oder überhaupt noch nicht Gegenstand der Literatur gewesen waren: für das Land als Gegensatz zur jetzt erstmals als Phänomen erfahrenen Großstadt, für das Erotische in seinen mannigfachen Spielarten, für die Psychologie der ↗Frau, für die Natürlichkeit und Eigenart des ↗Kindes, für die sozial niederen Schichten, für die Welt des Alltags, für vergessene Lokalsagen und für seltenes und abgelegenes Brauchtum. Daß es sich dabei um Entwicklungen und Erscheinungen handelt, die für die hellenistische Welt insgesamt charakteristisch sind, wird nicht zuletzt darin deutlich, daß sich ähnliche Tendenzen auch in den verschiedenen Gattungen der hellenistischen ↗Kunst beobachten lassen.
– S. ferner ↗Mathematik, ↗Medizin, ↗Naturwissenschaften, ↗Recht.   E. V.

Anm.: 1) Vgl. Liddell – Scott – Jones, A Greek-English Lexicon s. vv.; zur Begriffsgeschichte: R. Bichler, ‚Hellenismus', Geschichte u. Problematik eines Epochenbegriffs (Impulse der Forschung 41), Darmstadt 1983; L. Canfora, Ellenismo, Rom-Bari 1987 (z. T. gegen Bichler); S. Said (Hg.), ΕΛΛΗΝΙΣΜΟΣ. Actes du colloque de Strasbourg 25–27 octobre 1989, Leiden 1991 (u. a. Beiträge von M. Casevitz, M. Trédé, R. Bichler). – 1a) Zu Act. apost. 9, 29 s. K. Brodersen, Neues Bibel-Lexikon 5 (1991) s. v. Hellenisten. – 2) Erläuterungen zum N. T. (zuerst 1775). – 3) Gesch. der Nachfolger Alexanders d. Gr. (1836), Vorrede p. VI. – 4) Historik (hg. v. R. Hübner, ²1943) 425. – 5) Gesch. d. Hell. III² 353. – 5ª) Canfora (Anm. 1) weist auf Droysens Lehrer G. Bernhardy hin, der ἑλληνίζοντες für eine antike Bezeichnung der (z. T. nur oberflächlich) hellenisierten orientalischen Völker hielt; ebd. zum Einfluß Niebuhrs, Hegels und Herders auf Droysens Ideen. – 6) History of Greece XII (1856), Schlußworte. – 7) Zur Forschungsgeschichte vgl. z. B. H. Bengtson, Griech. Gesch. (⁵1977) 5 ff., 299 f. – 8) Kl. Schriften zur Alten Gesch. I (1893) 298–314; Zitat: 299. – 9) Vgl. bes. W. W. Tarn – G. T. Griffith, Hellenistic Civilization (³1952; dtsch. 1966) 1 f. – 10) ARW 36 (1939) 300 ff.; Kulturgesch. des H. (2 Bde., 1967–69). – 11) Griech. Gesch.⁵ 295 f. – 12) Kulturgesch. des Altertums (München 1925) 93 ff., 104 ff.; Antike Kulturgesch. (SB München 1940, 6) 18 ff. – 13) Karthago. Ein Versuch weltgeschichtlicher Einordnung, Morgenland H. 14 (1927) = V. E., Polis und Imperium (1965) 549 ff. – 14) ZDMG N. F. 2 (1923) 261 f.; Das Erbe der Antike in Orient und Okzident (1931); vgl. W. Otto, Kulturgesch. des Altertums 104. –

15) A Study of History (1934 ff., gekürzte Ausg. v. D. C. Somervell) passim. Die deutsche Fassung (Zürich ⁴1954) differenziert. – 16) Z. B. U. Wilcken, DLZ 1925, 1530 ff. – 17) Z. B. H. Bengtson, Griech. Gesch.⁵ 300. – 18) Vgl. z. B. F. G. Maier, in: W. Besson (Hrsg.), Fischer- Lexikon Geschichte (1961) 250 f. H. W. Pleket, Lampas 21, 1988, 68–80 stellt die Tauglichkeit des Periodisierungsbegriffs „Hell." grundsätzlich in Frage. – 19) Im Gegensatz zu Literatur, Kunst usw. ist die politische Geschichte nicht in einem eigenen Lemma zusammengefaßt; an seine Stelle treten dieser – infolgedessen im Vergleich mit den folgenden Abschnitten umfangreichere – Überblick und die Zeittafel am Ende des Bandes.

Lit.: A. Couat, La poésie alexandrine sous les trois premiers Ptolémées, Paris 1882. – F. Susemihl, Geschichte der griechischen Litteratur in der Alexandrinerzeit, 2 Bde., Leipzig 1891–1892. – Ph. E. Legrand, La poésie alexandrine, Paris 1924. – U. von Wilamowitz-Moellendorff, Hellenistische Dichtung in der Zeit des Kallimachos, 2 Bde., Berlin 1924. – A. Körte, Die hellenistische Dichtung, Leipzig 1925; 2., vollst. neubearb. Aufl. von P. Händel, Stuttgart 1960. – M. Hadas, Hellenistic Culture, New York 1959. – T. B. L. Webster, Hellenistic Poetry and Art, London 1964. – W. W. Tarn – G. T. Griffith, Die Kultur der hellenist. Welt, ³Darmstadt 1966. – C. Schneider, Kulturgeschichte des Hellenismus, 2 Bde., München 1967–69. – A. Lesky, Geschichte der griech. Literatur, ³Bern und München 1971, 717–902. – R. Bianchi Bandinelli (Hrsg.), Storia e civiltà dei Greci. V: La cultura ellenistica. 2 Bde., Mailand 1977. – E. Vogt (Hrsg.), Griechische Literatur (Neues Handb. d. Literaturwissenschaft Bd. 2), Wiesbaden 1981. – A. W. Bulloch, Hellenistic Poetry, in: P. E. Easterling/B. M. W. Knox (Hrsg.), The Cambridge History of Classical Literature. I: Greek Literature, Cambridge 1985, 541–621. – A. A. Long, Post-Aristotelian Philosophy: ebd. 622–641. – B. Effe (Hrsg.), Hellenismus (Die griech. Literatur in Text u. Darstellung Bd. 4), Stuttgart 1985. – E.-R. Schwinge, Künstlichkeit von Kunst. Zur Geschichtlichkeit der alexandrinischen Poesie (Zetemata H. 84), München 1986. – R. Kassel, Die Abgrenzung des Hellenismus in der griechischen Literaturgeschichte, Berlin 1987. – G. Zanker, Realism in Alexandrian Poetry, London u. a. 1987. – G. O. Hutchinson, Hellenistic Poetry, Oxford 1988. – R. Pretagostini, La poesia ellenistica, in: F. Montanari (Hrsg.), Da Omero agli Alessandrini, Rom 1988, 289–340. – P. Steinmetz (Hrsg.), Beiträge zur hellenistischen Literatur und ihrer Rezeption in Rom (Palingenesia 28), Wiesbaden 1989. – P. Green, Alexander to Actium. The Hellenistic Age, London 1990. – E. Livrea, Studia Hellenistica. 2 Tle., Florenz 1991 (Papyrologica Florentina XXI).

Achaia. Gebirgige Landsch. mit schmalem Küstensaum im NW der Peloponnes am Korinth. Golf zw. Sikyon (O), Elis (NW) und Arkadien (S), seit 27 Name einer röm. Provinz (s. u.).

Achäer(bund). *1. bis 281.* Das schon im 6. Jh. als Stammesbund von 12 Poleis nachweisbare ach. Koinon trat erst seit ca. 450 hervor; im Peloponn. Krieg (431–404) auf spartan. Seite, blieb der A. auch im 4. Jh. eng mit Sparta verbunden. 339/8 schloß er sich der antimakedonischen Koalition an (s. a. ↗Athen, Boiotien), 338/7 trat er zwar dem Korinth. Bund bei (↗Hellenenbünde), beteiligte sich aber 331/30 am peloponn. Aufstand unter ↗spartan. Führung (I1). Bei einem Befehl Alexanders d. Gr. 324 u. a. an den A. dürfte es sich um einen – wohl nicht mehr durchgeführten – Auflösungsbefehl gehandelt haben

(Hyp. Dem. col. 18; s. a. ↗Koinon). 302 trat der A. dem ↗Hellenenbund des Demetrios I. Poliorketes bei (StV III 446; ↗Antigoniden 2). In den folgenden Jahren zerfiel der Bund, ↗Kassander, dann Antigonos II. Gonatas v. Makedonien kontrollierten Achaia durch Garnisonen (u. a. in Aigion) und stützten promakedon. „Tyrannen" in den ach. Poleis.

2. Der Aufstieg bis zum Kleomenes-Krieg 229. Die Schwäche Makedoniens unter ↗Ptolemaios Keraunos nutzten 281/80 zunächst 4 Poleis in W-Achaia (Patrai, Dyme, Pharai, Tritaia) zu Zusammenschluß und Wiederbegründung des A.s; mak. Besatzung um 276 aus Aigion vertrieben; bis 273 wurde der „Tyrann" aus Bura vertrieben, Keryneia schloß sich freiwillig an, und zw. 272 und 255 traten auch Aigeira, Pellene und Leontion dem A. bei. Um den makedon. Einfluß auf der Peloponnes weiter zurückzudrängen, nahm der A. als Mitglied der vor 267 durch Areus I. v. ↗Sparta (I 2) gegründeten peloponn. Liga (StV III 476) am Chremonideischen Krieg (ca. 267– 261) teil. 251 führte *Aratos v. Sikyon*, der bis 218 die Geschicke des A.s bestimmen sollte, seine viell. mit ach. Hilfe vom „Tyrannen" Nikokles befreite Vaterstadt dem A. zu und begründete kurz darauf Beziehungen zum Ptolemäerreich, das Bundesgenossen gegen Makedonien suchte. Der Abfall ↗Korinths von Antigonos unter Alexander (um 252?), der in Bündnisbez. zum A. trat, schlug eine weitere Bresche in das makedon. Herrschaftssystem; zwar beendete die boiot. Niederlage bei Chaironeia 245 den Versuch des A.s, seinen Einfluß auf Mittelgriechenland auszudehnen, und nach Alexanders Tod (um 245) gingen die Kämpfe mit Makedonien weiter, aber 243 vertrieb Aratos – zum zweiten Mal ↗Stratege – im Handstreich die makedon. Garnison aus Akrokorinth. Damit und mit der Aufnahme von Epidauros (StV III 489), Megara (ach. 243–224) und Troizen kontrollierte der A. den Landweg in die Peloponnes. Mit der Erneuerung des ach.-ptol. Bündnisses (ca. 243) verband sich eine weitere antimakedon. Demonstration: Ptolemaios III. wurde zum Hegemon des A.s „zu Lande und zu Wasser" gewählt. In der folgenden Zeit erste ach. Einfälle nach Attika. Der ach.-ptol. Verbindung dürfte Antigonos II. Gonatas ein Bündnis mit dem Ätolerbund entgegengesetzt haben: Wohl deswegen ätol. Einfall in die Peloponnes (↗Sparta I 3), aber 241/40 ach.-ätol. Friedensschluß, im Demetriakos Polemos (zw. 239 und 229;

↗Makedonien III 2) schlossen sich Ätoler und Achäer gegen Makedonien zusammen: Zwar schlugen mehrere Versuche des Aratos fehl, das von Makedonien gestützte ↗Argos zu nehmen, in Kleonai (235?) abgehaltene Nemeen unter ach. Regie fanden in Griechenland keine Resonanz, aber 235 erreichte Aratos die „freiwillige" Übergabe von Megalopolis (↗Arkadien) durch den reg. „Tyrannen" Lydiades, der 234/3 zum Strategen des A.s gewählt wurde. Den Tod Demetrios' II. 229 nutzte Aratos zur weiteren Ausdehnung ach. Einflusses: mit ach. Finanzhilfe befreite sich ↗Athen (I 4) von den makedon. Garnisonen in Attika und Salamis (229); zwar unterblieb der erhoffte (?) Beitritt Athens zum A., aber Aigina und Hermione schlossen sich an; mit der Eingliederung von ↗Argos (229) und Phleius waren die letzten makedon. Stützpunkte auf der Peloponnes verschwunden; in dieser Zeit ach. Ausgreifen nach ↗Elis (Lasion bis 226 ach.); mit dem Vordringen nach N-↗Arkadien bedrohte der A. Interessen des Ätolerbundes, der durch Kämpfe mit Antigonos III. Doson in S-↗Thessalien gebunden war.

3. zw. 229 und 220. Der Aufstieg ↗Spartas (4) beendete freilich die ach. Expansionspolitik: 229 setzte sich Kleomenes III. in den Besitz der ostarkad. Poleis Tegea, Mantineia und Orchomenes (ätol. wohl vor 240; Einzelheiten des spartan. Vorgehens unbekannt), die ihm die Ätoler (um dem A. zuvorzukommen?) auch kampflos überließen; wegen angebl. ach. Ansprüche auf diese Gemeinden Ausbruch des Kleomenes-Krieges (229–222), in dem sich der A. nach Niederlagen gezwungen sah, beim traditionellen Gegner ↗Makedonien (III 3) Unterstützung zu suchen: wohl schon 227/6 erste Kontakte zw. Megalopolis und Antigonos III. Doson, daraufhin (?) Einstellung der ptol. Subsidienzahlungen; Ptolemaios III. unterstützte Sparta (StV III 505). Der Siegeslauf des Kleomenes bewog nach der Niederlage beim Hekatombaion 226 führende Kreise des A.s, den Krieg durch Verhandlungen beizulegen (226/5); jedoch verhinderte Aratos die von Kleomenes geforderte Hegemonie über den ach. Bund (StV III 504). 225/4 kontrollierte Sparta mit Ausnahme Messeniens und des ach. Kerngebietes fast die gesamte Peloponnes. Aber der Abfall ↗Korinths zu Sparta 225 eröffnete Aratos die Gelegenheit, der wichtigsten makedon. Forderung für einen Bündnisabschluß ohne Gesichtsverlust nachzukommen: gegen Abtretung von Akrokorinth

schloß Arat 224 einen Symmachievertrag mit Antigonos III. Doson (StV III 506), der A. trat kurz darauf dem Hellenenbund unter makedon. Hegemonie bei (StV III 507). Mit dem Abfall von ↗Argos zu Antigonos (224) und der makedon. Rückeroberung von ↗Arkadien (Strafgericht über Mantineia) 223 begann der spart. Niedergang, mit der Schlacht bei Sellasia 222 war Sparta milit. gebrochen: weitgehende Wiederherstellung des ach. Besitzstandes von 229, aber Makedonien unterhielt Besatzungen in Akrokorinth, Orchomenos und Heraia.

4. bis 190. Beim Abschluß des Bundesgenossenkrieges (220–217), in dem der A. an der Seite Makedoniens blieb, wurde Phigaleia ach. Auch im 1. Makedon. Krieg (215–205) blieb der A. Philipp V. treu; mit dem Versuch des Makedonen, sich in dem mit dem A. befreundeten ↗Messene festzusetzen, begann freilich die Entfremdung mit Aratos, seinem Mentor seit 218, den Philipp 213 beseitigen ließ. Mit dem Abschluß des röm.-↗ätol. (2) Bündnisses 211/10 wurde der A. in die milit. Auseinandersetzungen einbezogen: Rom besetzte Aigina und trat es gemäß Beuteteilungsklausel an die Ätoler ab (verkauft an Attalos I. v. Pergamon); mit dem Beitritt von Elis, Messenien und Sparta zur röm.-ätol. Koalition drohte die milit. Einkreisung des A.s; daher die Notwendigkeit, das unter Aratos vernachlässigte Bundesheer zu reorganisieren (s. a. Militärwesen III 1), eine Aufgabe, die der kriegserfahrene Hipparch *Philopoimen* (*ca. 252) nach seiner Rückkehr aus ↗Kreta 210/9 übernahm: mit der neuformierten ach. Kavallerie schlug er ätol.-elische Einfälle zurück und brachte nach Infanteriereform und Söldneranwerbung als Stratege 207 dem spartan. „Tyrannen" Machanidas bei Mantineia eine schwere Niederlage bei; Machanidas fiel im Kampf. Im Frieden von Phoinike 205 unter den adscripti Philipps V. (StV III 543); seit 204 stand der A. in dauerndem Kleinkrieg mit dem wiedererstarkenden ↗Sparta (I 5) unter Nabis, den Philopoimen durch persönliche Initiative 202 an der Besetzung Messenes hinderte. Den nach Ausbruch des 2. Makedon. Krieges (200–197) zunächst neutralen A. brachte der Stratege Aristainos unter dem Eindruck der milit. Erfolge Roms und v. a. mit dem Argument fehlender makedon. Unterstützung im Kampf gegen Nabis zum Abschluß eines Bündnisses mit ↗Pergamon und Rhodos und zur aktiven Hilfeleistung für Rom durch das ach. Bundesheer, freilich nicht ohne auf Widerstand in den eigenen Reihen zu stoßen (↗Argos). Beim Friedensschluß 196 wurde Korinth wieder dem A. zugeschlagen; statt makedon. nun röm. Besatzung auf Akrokorinth (bis 194). Die Weigerung des Nabis nach der Freiheitserklärung von Korinth 196, das ihm von Philipp V. überlassene Argos an den A. zurückzugeben, war Vorwand zu einem Feldzug der griech. Staaten (außer ↗Ätolien 3), Rhodos und Pergamon unter röm.-ach. Führung gegen Nabis, an dessen Ende nicht nur Argos dem A. wieder eingegliedert wurde, sondern auch die lakonischen Küstenstädte mit Gytheion (↗Sparta I 5) dem A. unterstellt wurden; Philopoimen konnte sie 193 gegen spartan. Rückeroberungsversuch behaupten. Die Wirren in Sparta nach Nabis' Tod 192 nutzte Philopoimen, um auch Sparta dem A. einzugliedern. Nach Ausbruch des Antiochos-Krieges (192–188) erzwungener Beitritt der ehem. ätol. Verbündeten Messenien und Elis wegen mangelnder ätol. Unterstützung. 190 beteiligte sich der A. auf röm. Seite an der Schlacht bei Magnesia.

5. bis zum Röm.-Ach. Krieg 147. Die von Philopoimen geprägte Politik des A.s bis zum Ende des 3. Makedon. Krieges (171–168) erstrebte Gleichgewicht mit Rom, daher bestimmt durch begrenzten Widerstand gegen röm. Eingreifen in die peloponnes. Verhältnisse; diese Selbständigkeitspolitik zeigte sich auch in den äußeren Beziehungen: 186/5 lehnte der A. ein Geldangebot des röm. Verbündeten Eumenes II. v. Pergamon nicht nur des immer noch pergamen. Aigina wegen ab. Zum Ptolemäerreich unterhielt der A. bis in den 3. Makedon. Krieg hinein enge Beziehungen. Aber die Eingliederung von Sparta zog den A. in die unaufhörlichen Querelen, die von den diversen spartan. Verbanntengruppen (Phygades) verursacht wurden und in die auch der Senat immer wieder eingeschaltet wurde; dazu blieben in Sp. separatistische Bestrebungen immer lebendig. Trotz Vertreibungen blieben auch nach der Eingliederung die Nabis-Anhänger tonangebend, die 191 auch die Rückführung der von Nabis 195 gestellten Geiseln mit Ausnahme des Nabissohnes Armenas vom Senat erreichten; die v. a. von Nabis nach 205 vertriebenen „alten Phygades" hatten sich in den jetzt unter dem Schutz des A.s stehenden lakon. Küstenstädten niedergelassen und kontrollierten Spartas Zugang zum Meer; eine spartan. Gesandtschaft, die 191 um Rückgabe der Küstenstädte bat, beschied der Senat ausweichend: daher spartan. Angriff auf den kleinen Küstenort Las; die Phygades appellierten an den A., Sparta erklärte seinen Austritt aus dem A. Ermutigt durch die undeutliche Haltung des Senats entschloß sich Philopoimen zum Krieg gegen Sparta 188: Schleifung der Mauern, Vertreibung der bisherigen Machthaber und der von Nabis befreiten Heloten und Söldner, Abschaffung der „lykurgischen" Verfassung (↗Sparta II) und Rückführung der von Nabis Verbannten mit Ausnahme einer Gruppe um den ehem. spartan. König Agesipolis, dessen Rückkehr wohl kaum in Philopoimens Befriedungskonzept paßte. Auch in den folgenden Jahren ach.-spartan. Querelen, zumal selbst die von Philopoimen 188 Zurückgeführten keinen proach. Kurs, sondern nationalspartan. Interessen vertraten, die vermögensrechtlichen Probleme ungelöst blieben und Rom sich nicht entschließen konnte, seine im Interesse Spartas getroffenen Anordnungen auch energisch durchzusetzen: 184 wandten sich Areus und Alkibiades, Wortführer der 188 Zurückgeführten, an den Senat, um spartan. Unabhängigkeit zu erlangen; ein gegen sie verhängtes Todesurteil durch röm. Intervention kassiert; 183 stand nicht nur die vermögensrechtliche Frage, sondern auch die Forderung der 192 vertriebenen Gruppe um Chairon nach Rückkehr auf der Tagesordnung des Senats, die eine Dreimännerkommission auch durchsetzte; gerade dies scheint zu erneuten Unruhen in Sparta geführt zu haben; jedenfalls wurden die „alten" Phygades erneut vertrieben, und Sparta trat wieder aus dem A. aus. 183/2 war der A. durch den Abfall ↗Messeniens in eine weitere prekäre Situation hineingeraten: Philopoimen („der letzte Grieche", Plut. Philop. 1, 4) wurde gefangengenommen und ermordet. Lykortas, Polybios' Vater (↗Geschichtsschreibung 5), der die Politik Philopoimens im Verhältnis zu Rom fortsetzte, warf den Aufstand nieder. Aus welchen Gründen Sparta 182 zum Wiedereintritt in den A. bereit war, ist unbekannt; gegen Lykortas' Widerstand beschloß der A. die Rückführung auch der „alten" Phygades, „soweit sie sich nicht gegen das ach. Volk undankbar gezeigt hätten". Eine röm. Intervention zugunsten der durch diese auslegungsbedürftige Klausel Ausgeschlossenen ließ der A. unbeachtet; als Rom 180 erneut die Rückführung der spartan. Verbannten verlangte, setzte sich Lykortas noch einmal gegen eine wachsende proröm. Richtung unter Kallikrates durch, die angesichts des zunehmenden röm. Drucks nur durch kompromißlose Unterwerfung unter röm. Willen eine Eigenexistenz des A.s gesichert glaubte; aber obwohl eine ach. Gesandtschaft nach Rom Lykortas' Standpunkt vertreten sollte, trug Kallikrates als Gesandtschaftsführer seinen eigenen Standpunkt in der Verbanntenfrage vor und forderte, Rom solle die proröm. Politiker in Griechenland unterstützen. Daraufhin verlangte Rom massiv die Rückführung nicht nur der spartan., sondern auch der messenischen und achäischen Phygades. Als Stratege 179 führte Kallikrates die röm. Anordnung durch; freilich zeitigte die röm. Feststellung, in allen ach. Gemeinden seien Politiker wie Kallikrates erwünscht, noch keineswegs einen ausschließlich proröm. Kurs des A.s, aber die Richtungskämpfe hielten an; und nach Ende des 3. Makedon. Krieges (171–168), in dem der A. bei (freilich zurückgewiesener) Unterstützung Roms mehrheitlich einen unabhängigen Kurs weiterzuführen versuchte (dies zeigt die Bereitschaft, ein Hilfskorps für Ptolemaios VI. im Krieg mit Antiochos IV. zu entsenden, ↗Seleukiden V 2), nutzte die proröm. Partei die sich verhärtende röm. Politik zur Ausschaltung der Opposition: L. Aemilius Paullus veranlaßte die Deportation von 1000 führenden Achäern, darunter Polybios, nach Rom, die Kallikrates als Perseusfreunde bezeichnete. Gesandtschaften zur Rückführung der Deportierten seit 166 erst 150 erfolgreich. 167 Pleuron ach., 164 wieder ätol. (Paus. 7, 11, 3).

6. *bis zur röm. Provinz Achaia.* Aus der persönl. Verstrickung der leitenden Männer des A.s Kallikrates († 149), des Spartaners Menalkidas (Stratege 151/50) und dessen Nachfolgers Diaios (Stratege 150/49) in eine Bestechungsaffäre im Konflikt z.w. Athen und Oropos entwickelte sich ein erneuter spart.-ach. Konflikt und daraus schließlich der Röm.-Ach. Krieg (147/6; Paus. 7,11 ff.): eine durch Appell beider Seiten an Rom veranlaßte Gesandtschaft unter L. Aurelius Orestes wollte mit der Forderung nach Unabhängigkeit von Sparta, Korinth, Argos, Herakleia Trachis und Orchomenos den A. vielleicht nur warnen, die Auseinandersetzung nicht auf die Spitze zu treiben; die Empörung über dieses ultimative Vorgehen Roms ließ sich trotz röm. Versuche nicht mehr eindämmen. Die Führer des A.s, Kritolaos und Diaios, entschlossen sich zum nationalen Widerstand: 146 erklärte der Stratege Kritolaos, dessen antiröm. Kurs v.a. in ↗Böotien Unterstützung fand und dessen Anhang v.a. aus den Unterschichten ↗Korinths bestand, Sparta den Krieg, der zugleich auch Krieg mit Rom bedeutete. Nach

mehreren Niederlagen und dem Tod des Kritolaos brach der ach. Widerstand zusammen; zuletzt nahm Diaios zur Bewaffnung von 12 000 Sklaven Zuflucht. L. Mummius ließ Korinth zerstören; Hinrichtung der Diaios-Anhänger, Auflösung des A.s und Einführung timokrat. Verfassungen in den ach. Poleis; weitere Maßnahmen vermochte Polybios persönl. zu verhindern. Bald nach 146 entstand wieder ein A., freilich mit stark verringertem Territorium (s. SEG XV 254) und ohne politische Bedeutung. 27 Einrichtung der röm. Provinz Achaia, die die griech. Kernlande mit den Inseln, Thessalien, Ätolien, Akarnanien und Teile von Epirus umfaßte (Strab. 17, 840, Umfang später verändert). Als Wirtschaftszentrum blühte Patrai in der Kaiserzeit.

Verfassung ↗ Koinon. J.D.G.

Landschaft: Philippson-Kirsten III 1, 164–99. – Allg.: J.L. O'Neil, The Political Elites of the A. and Aetolian League. AncSoc 15–17, 1984–6, 33–62. – 3: Larsen, GFS; grundlegend R. Urban, Wachstum und Krise des ach. Bundes, Historia-Einzelschr. 35, 1979. – D. P. Orsi, L'alleanza acheo-macedone. Studi su Polibio, Bari 1991. – 4: R. M. Errington, Philopoemen, Oxford 1969 (Lit.). – 5: Zu den Verbanntenproblemen: J. Seibert, Die polit. Flüchtlinge u. Verbannten in der griech. Gesch., IdF 30, 1979. – Zum Verhältnis von A. zu Rom: J. Deininger, Der polit. Widerstand gegen Rom in Griechenland 217–86 v.Chr., Berlin–New York 1971, 40–6; 108–27; 136–46; 177–84; 197–202; 220–41. – E.S. Gruen, Hell. World, bes. II 481ff. – A. Bastini, Der ach. Bund als hellen. Mittelmacht, Frankfurt usw. 1987. – 6: A. Fuks, The Bellum Achaicum and its Social Aspects, JHS 90, 1970, 78–89. – E.S. Gruen, The Origins of the Ach. War, JHS 96, 1976, 46–69 (einseitig prorröm.). – Th. Schwertfeger, Der ach. Bund von 147 bis 27 v.Chr., Vestigia 19, 1974, dagegen mit Recht R. Bernhardt, Historia 26, 1977, 62–73. – Chr. Boehringer, Zur Gesch. der Achaischen Liga im 2. u. 1. Jh. v.Chr. ..., in: A. D. Rizakis (Hg.), Achaia und Elis in der Antike, Athen 1991, 163–70. – Martin, Greek Leagues 371–411. – Kahrstedt, Wirtschaftl. Ges. 246–58. – Münzprägung: R.-Alföldi, 268. – Ausgrabungen: Leekley-Noyes, Southern Greece 31–44. – PECS unter den einzelnen Poleis.

Ätolien. Gebirgige Landsch. in W-Mittel-Griechenland, besiedelt von 3 kriegstüchtigen Stämmen, die noch im 4. Jh. als „Halbbarbaren" galten und deren räuberischen Charakter Polybios wohl etwas überbetont hat.

Ätoler(bund). *1. bis ca 245.* Ein ↗ Koinon der Ä. ist erstmals 367 belegt (aber schon im 5. Jh. Stammesbund, viell. sogar Bundesstaat ?[1]). 338 (?)[2] Gewinn von Naupaktos durch Zuweisung Philipps II. v. Makedonien; kein Beleg für Teilnahme bei Chaironeia 338, Eintritt in den Korinth. Bund 338/7 (↗ Hellenenbünde) sehr wahrsch. 335 bei der theban. Revolte (↗ Böotien) auch Sympathien in Ätolien, 324 waren die Ä. neben Athen führend im Widerstand gegen das Verbannten-Edikt ↗Alexanders d. Gr. (4). Antipater brach seine Strafexpedition gegen die Ä. 322 wegen Teilnahme am Lamischen Krieg (323/22) zugunsten des Widerstandes gegen Perdikkas' Machtpläne ab (↗Alexander d. Gr. 6): angebl. Plan, alle Ä. nach Asien zu verpflanzen. Bündnis zw. dem Ä. und Perdikkas, 319 mit ↗Polyperchon und mit Antigonos I. Monophthalmos 314, mit ihm im Kampf gegen ↗Kassander³. Der Ä. vermittelte 304 den Frieden zw. Demetrios I. Poliorketes und ↗Rhodos und trat 302 dem ↗Hellenenbund des Demetrios bei (StV III 446; ↗Antigoniden 2). Wohl nach Ipsos 301 begann der Ä., seit ca. 330 im Besitz von S-↗Akarnanien, nach W- Lokris und nach Phokis auszugreifen: Delphi 290 unter ätol. Kontrolle⁴; Besitz der Thermopylen bis 166. Wohl 292/91 Bündnis mit ↗Böotien (StV III 463) gegen Demetrios I. Poliorketes (seit 294 König v. ↗Makedonien II): Ätol. Gefahr im Ithyphallikos bei Duris von Samos 290 hervorgehoben (Athen. 6, 253 d–f; ↗Herrscherkult C 2). Im Kampf zw. Pyrrhos v. ↗Epirus und Lysimachos v. ↗Thrakien nahm der Ä. Partei für letzteren (Gründung von Lysimacheia und Arsinoe zw. 284 und 281), danach für Antigonos II. Gonatas gegen ↗Ptolemaios Keraunos 281/80. 280 wird Herakleia Trachis ätol. Die Vertreibung der ↗Kelten (1) bei Delphi 279 verschaffte dem Ä. Anerkennung in Griechenland; Errichtung von Denkmälern in Thermos und Delphi, Stiftung jährlicher Soterien durch die Amphiktyonie, die der Bund unter eigenem Patronat in den Jahren um 245 nach Reorganisation als penteterisches Fest zu internationaler Anerkennung zu bringen suchte. Nach 277 (Ausscheiden Thessaliens) führten die Ä. den Vorsitz im Hieromnemonenkollegium, in dem sie, selbst nicht Mitglied der Amphiktyonie, über die Stimmen der ätol. gewordenen Stämme der Amphiktyonie verfügten (wichtiges Kriterium für die ätol. Expansion). Zw. 277 und 266/5 Bündnis(erneuerung ?) mit Athen (StV III 470). Die Etappen der Expansion des A.s in den folgenden Jahren sind z.T. umstritten (↗Phokis). 278/77 annektierte der Ä. die Dolopis, während der Kämpfe zw. Pyrrhos v. ↗Epirus und Antigonos II. Gonatas gliederte er 273/2 die Ainis, zw. 270 und 268 die Doris ein (ätol. bis 167). Im Chremonideischen Krieg (ca. 267–262) hielt sich der Ä. neutral, schloß aber 263/2 (?) mit Akarnanien einen Isopolitie- (↗Bürgerrecht 8) und Bündnisvertrag gegen Mak. (StV III 480) und gewann das epiknemidische ↗Lokris (vor 262). Durch Asyliegarantien versuchte er, in der Ägäis (Tenos, Delos und Chios) und an der kleinasiatischen Küste (Milet und Smyrna) Einfluß zu nehmen (Furcht vor ätol. Piraterie). Vor 258 Eingliederung von S-Phokis- und der westl. Achaia Phthiotis (nach Flacelière; oder von ganz Phokis, so Klaffenbach u. a.); unter Bruch des Bündnisses von 263/2 (?) Teilung ↗Akarnaniens mit Epirus (um 252 oder 243/2): S-Akarnanien an die Ä. (StV III 485).

2. bis 224. Die weitere Expansion des Ä.s in O- und Mittelgriechenland und auf der Peloponnes brachte ihn in Gegensatz zu achäischen Interessen: das mit Achaia verbündete ↗Böotien wurde bei Chaironeia 245 geschlagen und mußte sich dem A. anschließen; damit kam das hypoknemidische ↗Lokris an den Ä. Das seit 271/70 vom Ä. abhängige ↗Elis gewann Triphylien (↗Arkadien; nach 245? um 235?) zurück. In den sich seit 243 wieder verschärfenden Auseinandersetzungen des ↗Achäerbundes (2) mit Makedonien schloß der Ä. ein Bündnis mit Antigonos II. Gonatas gegen die Achäer (StV III 490); Einfall in die Peloponnes bis nach ↗Sparta (I 3), aber nach ätol. Niederlage bei Pellene Friede zw. den Kontrahenten (241/40). In den Jahren zw. 241/40 und dem Ende des Demetriakos Polemos (zw. 239 und 229), in denen sich der Ä. mit den Achäern gegen Demetrios II. v. ↗Makedonien (III 2) verbündete, dehnte sich der Ä. weiter nach O-Griechenland (Eingliederung von N-Phokis [?] und der Malis vor 235), dann nach W aus (ca. 230 Amphilochia und Ambrakia ätol.) und stärkte seinen Einfluß auf der Peloponnes: der Ä. vermittelte 241/40 (?) zw. dem befreundeten Messenien und der arkad. Grenzstadt Phigaleia Isopolitie (StV III 495) und gewann um 240/39 die ost-↗arkad. Poleis Tegea, Mantineia und Orchomenos. Den ätol. Gewinnen stand der Übertritt ↗Böotiens zu Makedonien gegenüber (um 235). 229 half der Ä. zusammen mit den Achäern Epirus gegen einen Einfall der ↗Illyrer. Während der ätol. Einfluß auf der Peloponnes nach 229 zurückging (Verlust von Tegea, Mantineia und Orchomenos an Kleomenes III. v. ↗Sparta [I 4] nachträgl. anerkannt), dehnte der Ä. nach 229 (Chronologie nicht ganz sicher) sein Gebiet nach ↗Thessalien (Thessaliotis, Phthiotis und Hestiaiotis, möglicherw. abgetreten durch Antigonos III. Doson), der östl. Achaia Phthiotis und der Perrhaibia aus (bis 226, größte Ausdehnung). Durch Asylie- und Isopolitie-Verbindungen konnte der Ä. seinen Einfluß in Kleinasien (224/3 Magnesia am Mäander) und in der Ägäis (223/2 [?] Keos, StV III 508) stärken. Der Aufstieg ↗Makedoniens (III 3) unter Antigonos III. Doson führte (nach 226) zum Verlust der Perrhaibia. Mit der Verständigung zw. dem ↗Achäerbund (3), dem der Ä. Hilfe gegen Kleomenes III. v. ↗Sparta (I 4) verweigerte, und Makedonien sowie mit der Gründung des ↗Hellenenbundes 224 (StV III 507) war der Ä. isoliert.

3. bis 196. Nach dem Regierungsantritt Philipps V. v. Makedonien (221) versuchte sich der Ä. aus der makedon.-achäischen Einkreisung zu befreien; Einfälle nach Epirus, Akarnanien, in achäisches Gebiet, v. a. aber nach Messenien waren Anlaß zum Bundesgenossenkrieg (220–217) gegen die panhellenische Symmachie (s. o.) unter Philipp V., in dem der Ä., unterstützt nur von Sparta und Elis, schwere Rückschläge erlitt; u. a. Zerstörung des Bundesheiligtums von Thermos. Bei den Friedensverhandlungen in Naupaktos 217 versuchte der ätol. Staatsmann Agelaos wahrsch. durch Überzeichnung der röm. Gefahr (Schlagwort von der „Wolke aus dem Westen") Philipp V. von weiterer Ausdehnung in Griechenland abzulenken (Polyb. 5, 104f.; s. Anm. 5 [Lit. dazu]). Der Ä. verzichtete (StV III 520) auf die im Krieg verlorenen Poleis Ambrakos (zu Epirus, Ambrakia weiterhin ätol.), Phoitiai und Oiniadai (zu Akarnanien; Oiniadai nach 211 wieder ätol.), Phigaleia (an die Achäer) und auf Thebai Phthiotides (an Philipp V.). Im 1. Makedon. Krieg (215–205) schloß der Ä. nach 2jähriger diplomat. Vorbereitung einen Symmachie- und Beuteteilungsvertrag mit Rom (212/11; StV III 536). Wegen mangelnder röm. Unterstützung mußten die Ä. 206 einen Sonderfrieden mit Makedonien schließen: Philipp V. gab in Thessalien Pharsalos, in Achaia Phthiotis Echinos, Larissa Kremaste und Thebai Phthiotides, Thronion im epiknemid. Lokris und in Phokis Teithronion und Dymas zurück (mithin Verlust der Hestiaiotis, Thessaliotis und Dolopis; wohl später ätol. Versuch, dort Einfluß zurückzugewinnen, StV III 542). Mit der Niederlage begannen soziale Spannungen, verschärft durch wachsende Verschuldung infolge der dauernden milit. Belastungen. Der Aufstieg von ↗Rhodos setzte der ätol. Piraterie Grenzen, daher Verlust außenpolit. Einflusses: die Zahl der Isopolitie-Verleihungen scheint zurückzugehen. Erneute ätol.-makedon. Auseinandersetzungen entzündeten sich 202 an der mak.

Besetzung der dem Ä. angegliederten Marmara-Städte Lysimacheia (Isopolitie zw. 220 und 217, ätol. Besatzung), Kios (↗Bithynien 5) und Kalchedon, die sich – wohl nachdem eine ätol. Gesandtschaft nach Rom mit Hinweis auf den Sonderfrieden barsch abgewiesen wurde (202) – mit der maked. Besetzung der 206 zurückgewonnenen phthiotidischen Poleis weiter verschärften. 199 trat der Ä. in den 2. Makedon. Krieg (200–197) auf röm. Seite ein; bei Kynoskephalai 197 trug die ätol. Reiterei erhebl. zum röm. Sieg bei. Aber schon kurz darauf erste Spannungen zw. Flamininus und dem Ä. und wachsende Entfremdung, als Rom 196 zwar das hypoknemid. ↗Lokris und Phokis wieder dem Ä. zuschlug, aber die geforderte Vernichtung Makedoniens ebenso ablehnte wie die Wiederzuweisung der 202/1 mak. Poleis. Der Ä. behielt nur wenige Eroberungen im W der Achaia Phthiotis und in der Thessaliotis. Daher verweigerte er die Teilnahme am Feldzug gegen Nabis v. ↗Sparta (I 5) 195 und unterstützte ihn militärisch. Ein Versuch, Sparta im Handstreich zu nehmen, scheiterte mit Nabis' Ermordung 192.

4. *Der Niedergang des Ä.s.* Der Ä. beschloß Krieg gegen Rom, lud 193 den ↗Seleukiden (IV) Antiochos III. zum Übergang nach Griechenland ein und wählte ihn 192 zum bevollmächtigten ↗Strategen (b). Aber die röm. Eroberung von Herakleia Trachis (191), Naupaktos und Ambrakia (189) ließ den heftigen ätol. Widerstand zusammenbrechen[5]: foedus iniquum mit Anerkennung der maiestas populi Romani, Verlust u.a. von Oiniadai, Ambrakia, der Malis, von Phokis (röm. Autonomieerklärung für Delphi), der letzten Besitzungen in Thessalien und der Achaia Phthiotis. Die dem Ä. auferlegte Zahlung von jährl. 50 Talenten auf 6 Jahre trug zum weiteren Niedergang bei; 180 brachen Parteikämpfe aus, viele Ä. suchten ihr Auskommen in Söldnerdiensten. Der im 3. Makedon. Krieg (171–168) durch Kämpfe zw. proröm. und promak. Parteiungen zerrissene Ä. leistete Rom nur unerhebl. milit. Unterstützung. 167 Deportation der promak. Parteigänger, der Ä. verlor Amphilochia, die Doris und Ainis und fast alle Besitzungen in ↗Lokris. Der wie andere ↗Koina 146 wohl ebenfalls aufgelöste Ä.[6] wurde wenig später wiederhergestellt, unterstand jedoch – politisch bedeutungslos – der Prov. Macedonia. 27 wurde Ätolien der Prov. Achaia eingegliedert.

Verfassung ↗Koinon. J.D.G.

Anm.: 1) Vgl. Giovannini, Sympolitie 60–3. – 2) Dazu J. A. O. Larsen, AJAH 1, 1976, 164–81. – 3) Zur ätol. Politik im spät. 4. Jh. R. H. Simpson, AC 27, 1958, 357–62. – 4) Dazu G. Nachtergael, Les Galates en Grèce et les Soteria de Delphes, Acad. Royale de Belgique, Mem. Cl. d. Lettres, 2e ser. vol. LXIII fasc. 1, 1977. – 5) Zu einer von Phlegon v. Tralles überlieferten Widerstandsgesch. z. T. aus dieser Zeit s. J.-D. Gauger, Chiron 10, 1980, 225–61. – 6) Anders Martin, Greek Leagues 289f. (Lit.).

Lit.: Landschaft: Philippson-Kirsten II 2, 299–367. – G. Klaffenbach, IG IX 1² 1, 1932, ix–xlviii (Fasti Aetolici). – R. Flacelière, Les Aitoliens à Delphes, Paris 1937 (immer noch grundlegend), dazu aber G. Klaffenbach, Klio 32, 1939, 189–209; StV III s. Index I s v. (Lit.); W. Ziegler, Symbolai und Asylia, Diss. Bonn 1975 (zu den außenpolit. Bez.). – Ä. und Rom: E.S. Gruen, Hell. World, bes. II 437ff.; F.J. Gomez Espelosin, Latomus 48, 1989, 532–47. – Münzprägung: R.-Alföldi, 263. – Ausgrabungen: Kirsten-Kraiker³, 755–73. – PECS s.v. Pleuron, Thermos u.a. – Leekley–Efstratiou, Central Greece 1–13.

Akademie.

A. DIE SCHULE. Die Akademie ist die älteste der vier Philosophenschulen Athens und organisatorisches Vorbild der späteren. Sie wurde von Platon in der Zeit nach der 1. sizilischen Reise (Rückkehr etwa 388/7), möglicherweise unter dem Eindruck der pythagoreischen Gemeinschaften Unteritaliens, gegründet und nach 900jähriger wechselvoller Geschichte 529 von Justinian als eines der letzten Reservate hellenisch-nichtchristlichen Geistes aufgelöst.

I. ORGANISATION. Rechtlich war die A. ein privater Kultverein (θίασος) zu Ehren der Musen. Die Leitung lag in den Händen des Scholarchen, der den Charakter der Schule in Lehre und Organisation bestimmte und sie nach außen repräsentierte. Die Nachfolger Platons wurden (z. T. wohl auf Vorschlag des Vorgängers, Diog. Laert. 4, 3) durch die Mitglieder der A. gewählt (Index S. 38f.; 67). Über den Ablauf des Schulbetriebes im 4. Jh. und in hell. Zeit ist nur wenig bekannt. Manches von dem, was im Staat und in den Gesetzen als Unterrichtsstoff genannt wird (Arithmetik, Geometrie, Stereometrie, Astronomie, Harmonielehre), dürfte aber auch in Platons A. Lehrgegenstand gewesen sein. Besondere Bedeutung kam dabei den mathematischen Disziplinen als Vorbereitung auf die eigentliche Philosophie (Dialektik) zu, und der angebliche Spruch über dem Eingang zur A. ἀγεωμέτρητος μηδεὶς εἰσίτω (Elias in Aristot. cat. 118 Busse) ist, wenn auch unhistorisch, so doch zumindest gut erfunden. Ein Streiflicht auf die Behandlung naturwissenschaftlicher Fragen in der A. wirft ein Komödienfragment des Epikrates (10). Neben dem Scholarchen standen, selbständig forschend und lehrend, ältere Schüler – z. Zt. Platons z. B. Speusipp, Xenokrates, Aristoteles, Herakleides Pontikos. Syssitien und Symposien, für die besondere Bestimmungen galten (Plat. leg. 639d ff.; 671a ff.; Plut. q. conv. 6 pr.; Athen. 3F; 4F; 186B; Diog. Laert. 3, 39) und die nicht nur der Erholung dienen sollten, hatten wegen ihrer gemeinschaftstiftenden und erziehenden Wirkung in der A. ihren festen Platz. Sokrates' und Platons Geburtstage, die man mit denjenigen der Artemis (6. Thargelion, Plut. q. conv. 8, 1, 1; Diog. Laert. 2, 44) und des Apollon (7. Thargelion, Diog. Laert. 3, 2) gleichsetzte, scheinen gleichsam Schulfeste gewesen zu sein (Porphyr. vit. Plot. 2; Euseb. praep. ev. 10, 3, 1.24). Für die kultischen Verrichtungen, wie Opfer und Festmahlzeiten, gab es eigene Ämter, wie die nach dem Vorbild der A. geschaffenen Verhältnisse im Peripatos zeigen (Diog. Laert. 5, 4; Athen. 547 DE). Der Unterricht fand zunächst im Gymnasion Akadḗmeia oder Akademía (benannt nach dem Heros Akademos/Hekademos, der der ganzen Gegend ihren Namen gab, Diog. Laert. 3, 7) im NW Athens etwa eine halbe Stunde vor der Stadt, später in einem von Platon erworbenen Garten in der Nähe des Gymnasion beim κολωνὸς ἵππιος statt (Diog. Laert. 3, 5.20). Damit war nicht ausgeschlossen, daß man sich unter Umständen auch weiterhin der Räumlichkeiten, die das Gymnasion bot, bediente (Epikrates, Frg. 10; Diog. Laert. 4, 63). Über die architektonische Anlage der A., die ihren Namen, wie das Gymnasion, von der Gemarkungsbezeichnung erhielt, haben die Ausgrabungen bisher keinen Aufschluß gebracht. Literarisch bezeugt sind ein Museion als kultischer Mittelpunkt und eine Exedra als Unterrichtsstätte (Diog. Laert. 4, 1.19; Cic. fin. 5, 2.4; Index S. 37.100). Die Lokalisierung des Musenheiligtums im Bereich des Gymnasion (Olymp. vit. Plat. 6) dürfte auf einer Verwechslung mit dem dort befindlichen Musenaltar (Paus. 1, 30, 2) beruhen. Zudem mochten nach der Zerstörung von Schule und Gymnasion (86 v. Chr.) die nahe beieinander liegenden Reste beider leicht als ein Komplex erscheinen. Außer den zu vermutenden Vortrags- und Arbeitsräumen setzen die literarischen Zeugnisse eine Wohnung für den Scholarchen voraus (Plut. exil. 10; Ael. var. hist. 9, 10). Wenn die besondere Anhänglichkeit der Schüler des Polemon durch die Angabe charakterisiert wird, daß sie in der Nähe des

Museion und der Exedra sich kleine Hütten (oder Zelte) aufschlugen (Diog. Laert. 4, 19), so spricht das eher gegen als für die ständige Einrichtung einer größeren Zahl von Schülerwohnungen. Nach der zeitweiligen Emigration der führenden Vertreter der A. im 1. Mithradatischen Krieg (Cic. Brut. 306) und der Zerstörung der Schule während der Belagerung Athens durch Sulla (86 v. Chr.) hat Antiochos den Unterricht im Ptolemaion, einem von Ptolemaios II. gestifteten Gymnasion an der Südseite der Agora, wieder aufgenommen (Cic. fin. 5, 1). Ob die alten Gebäude überhaupt noch einmal aufgebaut und von der Schule benutzt wurden, entzieht sich unserer Kenntnis. Horaz bedient sich ep. 2, 2, 45 wohl eines literarischen Topos. Im Bezirk des alten Gymnasion ist bei den Ausgrabungen jedoch eine kaiserzeitliche Palaistra zutage getreten. In der Spätantike scheint der A.-Garten verpachtet gewesen zu sein; nur so läßt sich die Angabe verstehen, daß er 3 Goldstücke einbrachte (Dam. vit. Isid. 212/3 Zintzen). Auch die für die frühere Zeit unzutreffende (Aristoph. nub. 1005ff.; Plut. Kim. 13; Diog. Laert. 3, 7) Behauptung späterer Autoren, das Klima in der Gegend der A. sei ungesund und zum Wohnen ungeeignet (Ael. var. hist. 9, 10; Porphyr. abstin. 1, 36), läßt vermuten, daß in der Spätantike der Unterricht nicht mehr dort gehalten wurde. Die materielle Grundlage der Schule war zunächst das (wohl nicht allzu große) Privatvermögen Platons. Man war daher auf Zuwendungen von Schülern und Gönnern angewiesen. Für die hellenistische Zeit sind Stiftungen der Attaliden bezeugt (Diog. Laert. 4, 38.60). Von Mark Aurel wurden für die vier Philosophenschulen Athens je 2 Lehrstühle mit einem Jahresgehalt von 10000 Drachmen eingerichtet (Lukian. Eun. 3; Philostr. vit. soph. 2, 2). Im 5. Jh. n. Chr. betrugen die jährlichen Einkünfte der A. über 1000 Goldstücke (Damaskios).

II. ANTIKE EINTEILUNGEN DER A. Die A. von Platon bis Antiochos ist die einzige Philosophenschule, die bereits im Bewußtsein der Antike eine in Epochen sich gliedernde Geschichte hat. Die überlieferten Einteilungsschemata stammen aus der Zeit der Rückwendung „zu den Alten" (seit dem 1. Jh. v. Chr.). Varro (Aug. civ. 19, 1.3) und Cicero (ac. 1, 13.46; fin. 5, 7) kennen eine Einteilung nur in Alte (Platon bis Krates) und Neue A. (Arkesilaos bis Philon), während mit Antiochos eine Renaissance der παλαιά Ἀκαδήμεια einsetzt. Eine weitergehende Differenzierung (greifbar zuerst Index S. 77) unterscheidet zwischen Mittlerer (Arkesilaos bis Hegesinus) und Neuer A. (Karneades bis Philon). Andere sahen dagegen in Philon den Archegeten einer 4. Richtung, wieder andere zählten die Schule des Antiochos als 5. A. (Sext. Emp. Pyrrh. hyp. 1, 220/1).

III. GESCHICHTLICHER ÜBERBLICK.
1. Platons Schüler. Die A. Platons ist trotz Musenkultes, Symposien und pythagoreisierender Tendenzen weder eine permanente Festgemeinschaft im Zeichen des philosophischen Eros noch ein mystischer Geheimzirkel gewesen. Ebensowenig läßt sie sich mit dem Wissenschaftsbetrieb neuzeitlicher Akademien gleichsetzen. Vor jenem bewahrt sie die – nach Maßgabe der Zeit – strenge Wissenschaftlichkeit ihrer Methode, von diesen unterscheidet sie sowohl die Unterordnung der Einzeldisziplinen unter die Lehre vom Sein als auch die Verpflichtung, dieser Seinslehre als Norm im ethisch-politischen Bereich nach Kräften (κατὰ τὸ δυνατόν) Geltung zu verschaffen. Das berühmteste Beispiel der politischen Tätigkeit der A. sind die Bemühungen Platons, Dionysios II. von Syrakus für seine staatsphilosophischen Anschauungen zu gewinnen, sowie das Unternehmen des Dion zum Sturz des Dionysios. Mehr Erfolg hatte die freundschaftliche Verbindung der Schüler Platons Koriskos und Erastos mit Hermias, dem Tyrannen von Atarneus in Kleinasien, an dessen Hof sich nach Platons Tod auch Aristoteles und Xenokrates eine Zeitlang aufhielten. Noch aus der A. des Arkesilaos, mochte dieser selbst auch ohne politische Interessen sein (Diog. Laert. 4, 39), geht ein Freundespaar hervor, das die Tyrannen von Megalopolis und Sikyon stürzt und den Staat im Sinne der Philosophie zu reformieren sucht (Plut. Philop. 1). Die Fülle des in den Schriften Platons und seiner Schüler verarbeiteten Materials beweist, daß die A. an den Ergebnissen der Einzelwissenschaften (vor allem in ↗Mathematik und ↗Naturwissenschaft, aber auch auf historischem, geographischem und literaturwissenschaftlichem Gebiete) lebhaften Anteil nahm. Namhafte Mathematiker und Astronomen, wie Theaitet, Eudoxos von Knidos und Philipp von Opus, waren Hörer Platons oder mit ihm befreundet. Gleichwohl zeigt ein Werk wie Speusipps Ὅμοια, die eine umfassende Klassifizierung von Pflanzen und Lebewesen nach Gattungen

und Arten unter Aufweis der Ähnlichkeit und gegenseitigen Verwandtschaft enthielten, wie Empirie und Einzelforschung im Dienst der Logik und Ontologie standen. – Der spekulative Dogmatismus des Speusipp (Platons Neffe; Scholarch 348/7–339) und des Xenokrates von Chalkedon (Schol. 339–315/4), der beiden ersten Nachfolger Platons in der Schulleitung, knüpft an die Prinzipienlehre der platonischen ἄγραφα δόγματα und das im Timaios entwickelte Weltbild an. Speusipp leitet aus dem alles transzendierenden Einen (ἕν), das er im Gegensatz zu Platon und Xenokrates vom Guten als dem Ziel des Seins (Frg. 34) und von der Vernunft (νοῦς) als der ersten Gottheit (~ Demiurgos des Timaios) unterscheidet (Frg. 38), durch Hinzutreten der Vielheit (πλῆθος) die „transzendenten" (κεχωρισμένοι τῶν αἰσθητῶν) Zahlen ab (Frg. 42 c/d), die die Dekas umfassen (Frg. 4). Ihnen folgen die „transzendenten" geometrischen Formen. Die Bewegung (~ Weltseele) tritt erst auf einer dritten Ableitungsstufe auf. Der unterste Seinsbereich umfaßt die Dinge der Sinnenwelt (Frg. 33 a; 50/51). Die verschiedenen Stufen grenzen sich nicht nur durch ein logisch-ontologisches Früher oder Später gegeneinander ab, sondern unterscheiden sich auch jeweils durch das Hinzukommen eines spezifisch Neuen: Vielheit – Ausdehnung – Bewegung – stoffgebundene Körperlichkeit. Das Ableitungssystem des Xenokrates stimmt im wesentlichen mit dem des Speusipp überein, schließt sich aber enger an Platon an und war in der Ausführung differenzierter (Frg. 26). Während Speusipp die Ideenlehre aufgibt, leitet Xenokrates aus dem obersten Prinzip der Einheit (μονάς – νοῦς – πρῶτος θεός) durch die Verbindung mit der unbestimmten Zweiheit (ἀόριστος δυάς, Frg. 26/8) die mit den platonischen Ideen gleichgesetzten Zahlen (Frg. 34/6) ab. Es folgen die geometrischen Größen, die wegen des paradigmatischen Charakters ihrer Idealität unteilbar sind (Frg. 37; 41/2). Die dritte Stufe nehmen die Weltseele, die als eine sich selbst bewegende Zahl definiert wird (Frg. 60/5), und die Gestirnsphäre ein. Darauf folgt die sublunare Körperwelt (Frg. 5; 15; 26; 34; 56). Monas und unbestimmte Zweiheit sind ebensosehr ontologische Prinzipien wie polare Gegensätze des kosmischen Systems: das Eine, der νοῦς, dominiert mit nach unten abnehmender Intensität in den beiden oberen Ableitungsstufen, die unbestimmte Zweiheit, als materiales Prinzip, mit nach unten zunehmender Stärke in den beiden unteren (Frg. 15). Dadurch, daß die verschiedenen Seinsstufen allein aus dem, freilich spezifisch variierenden, Zusammenspiel der beiden Prinzipien hervorgehen, bleibt der Zusammenhang des Ganzen stärker gewahrt, als das bei Speusipp der Fall ist, wo der Ableitungsfaktor der einzelnen Stufen (Vielheit, Ausdehnung usw.) trotz einer auf Analogie beruhenden generellen Verwandtschaft (Test. 4; Frg. 4 S. 54) jeweils ein anderer ist, was eine größere Verselbständigung der Seinsbereiche zur Folge hat (Frg. 33 e). Wie bei Speusipp gewinnt auch bei Xenokrates gegenüber Platon das Mathematische an vordergründiger Bedeutung, womit die zunehmende Vorliebe für Pythagoreisches, die beide Philosophen mit anderen Akademikern der Zeit teilen, in Zusammenhang steht (das Pythagorasbild der folgenden Jahrhunderte ist wesentlich von der Alten A. geprägt). Charakteristisch für Xenokrates ist die Verbindung von Kosmologie und Theologie. Die Monas setzt er mit Zeus, die Dyas mit der μήτηρ θεῶν, die Gestirne mit den olympischen Göttern gleich, und nach Aither und Feuer (vgl. Frg. 53) erhalten auch die drei übrigen Elemente Götternamen: Luft ~ Hades, Wasser ~ Poseidon, Erde ~ Demeter (Frg. 15). Besonders einflußreich war seine Dämonologie, die platonische Ansätze weiterentwickelt (Frg. 15; 23/5). Die im sublunaren Raum wirkenden Dämonen nehmen entsprechend ihrer gemischten Natur eine Mittelstellung zwischen Göttern und Menschen ein. Sie sind Affekten, wie Zorn, Gunst, Mißgunst, unterworfen, und alles das, was der Volksglaube von diesen Dingen den Göttern zuschreibt, geht in Wirklichkeit auf Dämonen zurück, die im Gegensatz zu den Göttern die Möglichkeit haben, Unrecht zu tun. Entsprechend gibt es gute und böse Dämonen. Letztere allein lassen sich durch kultische Handlungen in ihrem Tun beeinflussen. Einen den kosmologisch-theologischen Spekulationen des Xenokrates verwandten Geist verrät die ps.-platonische Epinomis, als deren Verfasser Philipp von Opus genannt wird (Diog. Laert. 3, 37). Kennzeichnend für die systematisierende Methode des Xenokrates ist seine Neigung zu schematischer Aufgliederung, wobei er die Dreizahl bevorzugt. Auf ihn geht die bekannte Einteilung der Philosophie in Physik, Ethik und Logik zurück (Frg. 1). Ein anderes Beispiel ist die Unterscheidung der den verschiedenen Arten des Erkennens entsprechenden Gegenstandsbereiche der νοητά (~τὰ ἐκτὸς οὐρανοῦ), δοξαστά (~ αὐτὸς ὁ οὐρανός), αἰσθητά (~τὰ ἐντὸς οὐρανοῦ). Dieses Streben nach einprägsamer Systematik, das dem Bedürfnis der ‚Schule' entgegenkam, ist neben der pietätvoll-konservativen Behandlung des platonischen Erbes der wesentliche Grund für den Einfluß des Xenokrates auf das Platonbild der doxographischen Überlieferung. Seine Wirkung auf den im 1. vorchristlichen Jh. wiederauflebenden dogmatischen Platonismus erschließt sich erst allmählich der modernen Forschung. In der Erkenntnistheorie scheint Xenokrates (Frg. 5), wie Speusipp (Frg. 29), gegenüber Platon eine Aufwertung der αἴσθησις und ihrer Erkenntnisfähigkeit vorgenommen zu haben. Trotz Aufgabe der platonischen Ideenlehre hält Speusipp an der apriorisch-intuitiven Erkenntnis der Prinzipien fest (Frg. 30). Sie ist die Basis für seine Forderung, man müsse alles wissen, um ein Einzelnes definieren, d. h. seinen Platz im allgemeinen Seinsgefüge bestimmen zu können (Frg. 31). Eine solche Bestimmung erfolgt mittels der diairetischen Methode, eines dichotomischen Verfahrens, das mit Hilfe der Kategorien des ‚Selbigen' und ‚Anderen' den ontologischen Zusammenhang aller Dinge aufzuweisen sucht (vgl. Speusipps Ὅμοια). Die schulgeschichtliche Bedeutung des diairetischen Verfahrens erhellt daraus, daß trotz veränderter Voraussetzungen die hell. (‚skeptische') A. sich seiner weiterhin bediente (Cic. fin. 2, 26), wenn auch nur noch als eines heuristisch-methodischen Prinzips (Cic. fin. 5, 16 ff.; ac. 1, 99). Dagegen scheint bei Antiochos die Diairesis, wenigstens teilweise, ihren ursprünglich ontologischen Charakter wiedergewonnen zu haben (Cic. fin. 5, 34 ff.). Die Unsterblichkeit der Seele dehnen Speusipp und Xenokrates auf den unvernünftigen Seelenteil aus (Sp. Frg. 55; X. Frg. 75). Auch in den Grundzügen der Ethik stimmen beide überein. Die Eudaimonie (Zustand vollkommenen Glücks) ist nach Speusipp die vollendete Verfassung im Besitz der naturgemäßen Dinge (ἕξις τελεία ἐν τοῖς κατὰ φύσιν ἔχουσιν), die zwar alle erstreben, die aber nur den Guten erreichbar ist (Frg. 57). Xenokrates definiert die Eudaimonie als den Besitz der zugehörigen (~naturgemäßen) Arete (Tugend) und des ihrer Verwirklichung dienenden Vermögens (κτῆσις τῆς οἰκείας ἀρετῆς καὶ τῆς ὑπηρετικῆς αὐτῇ δυνάμεως, Frg. 77). Obwohl beide die Tugend allein für ausreichend zur Erlangung des Glücks halten (Sp. Frg. 58 a/c; X. Frg. 82), sehen sie doch wie Aristoteles – und im Gegensatz zur ↗Stoa – in den körperlichen und äußeren

Gütern (Gesundheit, Reichtum usw.) die Voraussetzungen für eine volle Entfaltung der Eudaimonie (Sp. Frg. 59; X. Frg. 77). Speusipps Staatsphilosophie führt platonische Anschauungen (z. B. ‚Philosophenkönige') fort (Frg. 2). Im Unterschied zu Speusipp und Xenokrates als den beiden bedeutendsten ‚orthodoxen' Repräsentanten der Alten A. haben sich andere Akademiker entschiedener vom platonischen Ursprung entfernt. Aristoteles bleibt zwar in einem gewissen Sinne immer Platoniker, aber zugleich lebt er von der Auseinandersetzung mit Platon. Der literarisch und wissenschaftlich vielseitige Herakleides Pontikos nähert sich in Anlehnung an pythagoreische Vorstellungen dem Atomismus (Frg. 118/123) und vertritt die Körperlichkeit der Seele (~Aither, Licht, Frg. 97/100). Auch Eudoxos von Knidos, einer der bedeutendsten ↗Mathematiker (I) und Astronomen (↗Naturwissenschaften A I) der Antike, hat, wenn auch in großer Selbständigkeit und seinerseits nicht ohne Einfluß auf Platon, eine Zeitlang der A. angehört. Wie Herakleides betätigte er sich auf vielen Gebieten, so auch in Medizin und Geographie. Auf Grund des natürlichen Luststrebens aller Lebewesen sieht er in der ἡδονή das oberste Prinzip (Aristot. EN 1101 b 27ff.) und setzt das Gute mit der Lust gleich (EN 1172 b 9ff.). Vieles spricht dafür, daß die aristotelische Vorstellung von Gott als dem unbewegten Beweger des Alls eine Umformung seiner Lehre von Gott als dem Ziel allen Luststrebens ist. In anderer Weise hat diese Herausstellung der ἡδονή Epikur beeinflußt. Von der großen Zahl der übrigen Platonschüler ist meist nur wenig, oft nur der Name bekannt. Ein Beweis für die Anziehungs- und Ausstrahlungskraft der A. ist ebensosehr die panhellenische Herkunft ihrer Mitglieder wie deren philosophische und politische Aktivität in der damaligen griechischen Welt (Diod. 16, 5ff.; Strab. 854 M.; Plut. princ. iner. 1; Colot. 32; Athen. 508 D ff.).

2. *Polemon, Krates, Krantor.* Mit Xenokrates scheint die spekulative Kraft der A. zunächst erschöpft. Es sieht nicht so aus, als habe unter seinen Schülern das Bedürfnis bestanden, Entscheidendes an dem von ihm geschaffenen metaphysischen System zu ändern (Cic. ac. 1, 34). Mochte man sich auch noch mit kosmologischen Fragen beschäftigen (Aet. plac. 1, 7, 29), so konzentrierte sich doch, entsprechend einer allgemeinen Tendenz der Zeit, unter Polemon (Schol. 315/4–266/5) und Krates (Schol.

seit 266/5), den letzten attischen Scholarchen der hell. A., das Interesse auf das Gebiet der Ethik (Diog. Laert. 4, 18). Die Atmosphäre in der A. dieser Zeit ist in besonderer Weise vom Geist der persönlichen Freundschaft und moralischen Integrität der maßgebenden Männer geprägt (Index S. 53 ff.; Diog. Laert. 4, 19.21 f.). Die exklusive Lebensgemeinschaft, die Lehrer und Schüler verband, hat nur im Garten Epikurs eine Parallele (↗Kepos). Doch fehlt der Zurückgezogenheit der Akademiker das Programmatisch-Prinzipielle. Trotz seiner Abneigung gegen ein öffentliches Auftreten (Diog. Laert. 4, 22) hat Krates in der Auseinandersetzung Athens mit Demetrios Poliorketes vermittelt (287) und den Makedonen zur Aufgabe der Belagerung der Stadt veranlaßt (Plut. Demetr. 46). Die philosophiegeschichtliche Bedeutung des Polemon läßt sich nur noch ahnen. In der Sicht des Antiochos wird er als Lehrer Zenons zur Schlüsselfigur bei der Herleitung der Stoa aus der A. Die ihm zugeschriebene Telosdefinition (*secundum naturam vivere*, Cic. fin. 4, 14) wird durch seine περὶ τοῦ κατὰ φύσιν βίου συντάγματα (Clem. Alex. str. 7, 32, 9) bestätigt. Das am λόγος orientierte Naturgemäße als Norm des menschlichen Lebens liegt auf der Linie der Eudaimoniedefinitionen des Speusipp und des Xenokrates (vgl. Plut. com. not. 23). Unter dem κατὰ φύσιν ζῆν versteht Polemon eine dem Menschen als leiblich-geistigem Wesen entsprechende Existenzform. Die Eudaimonie bestimmt er als den vollkommenen Besitz aller oder doch der meisten und größten Güter (αὐτάρκεια ἀγαθῶν πάντων ἢ τῶν πλείστων καὶ μεγίστων, Clem. Alex. str. 2, 133, 7), womit vor allem die Arete und die körperlichen Güter (Gesundheit, funktionsfähige Sinne usw.) gemeint sind (Cic. ac. 2, 131; fin. 2, 33). Ob die Herausstellung der σωματικὰ ἀγαθά (in stoischer Terminologie „das erste Naturgemäße") nur ihrer Abhebung gegen die niedriger eingeschätzten äußeren Güter (z. B. Reichtum) galt, was allgemeiner akademischer Auffassung entsprochen hätte und zum persönlichen Verhalten des Polemon nach seiner ‚Konversion' gepaßt haben würde (Diog. Laert. 4, 16), oder aber ob Polemon damit auch den animalischen Selbsterhaltungstrieb (wie die Stoiker) gegen die Lust ausspielte (Cic. fin. 2, 33), muß dahingestellt bleiben. Immerhin erfolgt an einer unverdächtigen Stelle bei Krantor von Soloi, dem Schüler und Freunde des Polemon, die Einstufung der ὑγίεια in der Abfolge der ἀγαθά auf Kosten der ἡδονή (Sext. Emp.

adv. math. 11, 54/7), und schon Speusipp hatte sich gegen des Eudoxos Gleichsetzung von Lust und ἀγαθόν gewandt, vielleicht die ἡδονή sogar für ein κακόν erklärt (Frg. 60). Von Krates' Lehren ist nur bekannt, daß sie nicht von denen seiner Vorgänger abwichen (Cic. ac. 1, 34). Wenn er unter anderem eine Schrift περὶ κωμῳδίας verfaßte (Diog. Laert. 4, 23), so war es möglicherweise, wie bei anderen Philosophen der Zeit, der moralisch-anthropologische Aspekt des Komischen, seine Beziehung zum alltäglichen Verhalten des Menschen, was ihn dazu bestimmte. Ein tiefergehendes literarisches Interesse zeigt sich bei Krantor. Von ihm sind neben Äußerungen über Homer und Euripides eine Reihe stilkritischer Urteile überliefert. Er dichtete selbst, und seine Prosaschriften waren nicht zuletzt wegen ihrer literarischen Form berühmt (Diog. Laert. 4, 25 ff.). Eine Vorstellung vermittelt das Streitgespräch zwischen Plutos, Hedone, Hygieia und Andreia bei Sext. Emp. adv. math. 11, 51 ff. Wenige Bücher eines Philosophen haben in der Antike eine solche Wirkung ausgeübt wie Krantors Trostschrift „Über die Trauer" (περὶ πένθους), die er an einen Hippokles beim Tode von dessen Kindern richtete. Er kam damit einem Bedürfnis der Zeit entgegen und inaugurierte eine eigene Literaturgattung (vgl. jedoch schon Theophrasts Kallisthenes). Cicero nennt das Werk ein „goldenes Büchlein" (ac. 2, 135), und der Stoiker Panaitios soll es zum Auswendiglernen empfohlen haben. Krantor verteidigt darin das in der menschlichen Natur begründete Recht auf Gefühlsregungen, wie die Trauer um den Tod eines geliebten Menschen. Der kynisch-stoischen ἀπάθεια stellt er die μετριοπάθεια, der Gefühllosigkeit das im rechten Maß sich haltende Gefühl entgegen ([Plut.] cons. ad Apoll. 3 ~ Cic. Tusc. 3, 12.71). Dieser Gedanke knüpft ebenso wie die eigentlichen Trostargumente (Mühsal des Lebens, [Plut.] 6; das Leben eine Strafe, der Tod eine Befreiung der Seele, [Plut.] 27.14 ~ Cic. Tusc. 1, 113 ff.) an platonische Vorstellungen an (rep. 603e); doch wird auch die übrige einschlägige Literatur ausgiebig benutzt. Es kennzeichnet diesen Mann und seine geistesgeschichtliche Situation, daß da, wo er sich mit ‚Physik' befaßt, er dies in der Form der Interpretation des platonischen Timaios tut (Plut. an. procr. 1/2.16.20.29; Prokl. in Tim. 1, 76.277 Diehl); die neuplatonische Platonexegese sah in ihm ihren Vorläufer; Proklos nennt ihn den „ersten Platonexegeten" (a. a. O. 76). Dieser Hinwendung zu Platons Schriften scheint zugleich eine Abwendung von der Schultradition der platonischen ἄγραφα δόγματα zu entsprechen. So lehnt Krantor den Versuch des Xenokrates, die Struktur der Weltseele im Timaios mit der altakademischen Prinzipienlehre (ἕν – ἀόριστος δυάς) in Einklang zu bringen, ab und gibt stattdessen eine stärker am Wortlaut des Textes orientierte Erklärung (Plut. 2). Während der Schulleitung des Polemon veranstaltete die Akademie erstmals eine Gesamtausgabe der Schriften Platons. Gegen eine Gebühr lieh man sie an interessierte Leser aus (Diog. Laert. 3, 66).

3. Arkesilaos und Lakydes. Radikaler vollzieht die Wendung zum ‚schriftlichen‘ Platon Arkesilaos von Pitane (vgl. Index S. 71; Diog. Laert. 4, 32), der enge Freund des Krantor (Diog. Laert. 4, 22.25.29) und Nachfolger des die Schule nur kurze Zeit leitenden Krates (Schol. 264/0–241/0). Während im Werke Platons Aporetik und Dogmatik sich zu einer einmaligen Synthese fügen, verschieben sich in der Wiedergabe seiner Lehre bei seinen Schülern die Akzente einseitig zugunsten fester Positionen. Das Bewußtsein, den Meister noch selbst gehört zu haben, gab die Berechtigung zu solch schulmäßiger Fixierung. Das aporetische Moment trat demgegenüber zurück. In dessen Wiederentdeckung in den Dialogen Platons gründet, schulgeschichtlich gesehen, der Neueinsatz des Arkesilaos, des Begründers der sog. Mittleren (nach anderer Einteilung Neuen) A. Unter Berufung auf die elenktisch-aporetische Methode des platonischen Sokrates (Cic. de orat. 3, 67; ac. 1, 46; 2, 74; fin. 2, 2; nat. deor. 1, 11) sah er die eigentliche Aufgabe des Philosophen nicht im Aufstellen definitiver Lehren, sondern im Suchen der Wahrheit und der Vermeidung des Irrtums (Cic. ac. 2, 60.66). Das formale Prinzip seines Philosophierens besteht in der dialektischen Prüfung des Für und Wider einander entgegengesetzter Thesen (Diog. Laert. 4, 28; Cic. ac. 1, 45; fin. 5, 10): entweder lassen sich beide jeweils mit Hilfe der anderen widerlegen, oder sie erweisen sich als gleich gut begründet (ἰσοσθένεια τῶν λόγων) und heben sich damit auf. Da es keine sich unmittelbar als wahr ausweisende Vorstellung (καταληπτικὴ φαντασία) gibt, birgt jede Zustimmung (συγκατάθεσις) die Möglichkeit des Irrtums in sich. Um der Gefahr zu entgehen, Wahres für falsch und Falsches für wahr zu halten, bleibt für den ‚Weisen‘, der nicht ein vorläufiges Meinen (δοξάζειν) als ein Wissen ausgegeben wird, nur die Konsequenz, sein Urteil zurückzuhalten (ἐπέχειν, Sext. Emp. Pyrrh. hyp. 1, 232f.; adv. math. 7, 156ff.). Diese Urteilsenthaltung (ἐποχή) führt bei Arkesilaos aber nicht zu einem dogmatischen Agnostizismus oder zu müder Resignation, sondern stellt ein fortwährendes Stimulans der Suche nach der Wahrheit dar (Cic. ac. 2, 60; Aug. c. acad. 1, 3, 7 [Cic.]; Plut. Stoic. rep. 10). Ebensowenig hat sie im ethischen Bereich Untätigkeit und Passivität zur Folge. Dem Vorwurf der Stoiker, mit der Zurückhaltung des Urteils werde zugleich die Möglichkeit des richtigen Handelns und damit der Eudaimonia aufgehoben, begegnet Arkesilaos durch die Einführung des „Wohlbegründeten" (εὔλογον). In ihm besitzt die praktische Vernunft (φρόνησις) ein ausreichendes Kriterium des Handelns, das vom Wissen ebenso verschieden wie mit der prinzipiellen ἐποχή vereinbar ist (Sext. Emp. adv. math. 7, 150/8). Die Unabhängigkeit des Handelns vom Urteil sieht Arkesilaos zudem durch die Selbständigkeit des Triebes (ὁρμή) gesichert, dessen Reaktion ohne „Zustimmung" der Vernunft, allein durch die „Vorstellung des Zugehörigen" (φαντασία τοῦ οἰκείου) ausgelöst wird (Plut. Colot. 26). Als Terminus scheint das εὔλογον der stoischen Definition des καθῆκον (SVF I 55, 6/7) entnommen zu sein, sachlich aber hat es seine Entsprechung in der ὀρθὴ δόξα des platonischen Menon (97b). Die Möglichkeit ist freilich nicht auszuschließen, daß die Aussagen des Arkesilaos zum εὔλογον nur eine dialektische Bedeutung im Rahmen der Auseinandersetzung mit der Stoa hatten. Arkesilaos dürfte der Überzeugung gewesen sein, der genuin platonischen Philosophie gegenüber der spekulativen Verfestigung der Schule wieder zum Durchbruch verholfen zu haben. So ist die Wende, die die A. während seines Scholarchats nimmt, ihrer Intention nach eine Rückkehr zum ‚Ursprung' und darin der gegenläufigen Bewegung, die mit der dogmatischen Restauration des Antiochos einsetzt, durchaus verwandt. Die verschiedentlich überlieferte und meist bezweifelte Nachricht, die Skepsis habe für Arkesilaos nur propädeutischen Charakter gehabt, während er fortgeschrittene und begabte Schüler in die dogmatische Philosophie der A. eingeweiht habe (Sext. Emp. Pyrrh. hyp. 1, 234f.; Aug. c. acad. 3, 17, 38), ist vielleicht in dem Sinne zu verstehen, daß Arkesilaos nach wie vor die Lehre Platons in wesentlichen Teilen für die am besten ‚begründete' unter den vorhandenen hielt, zumindest aber dialektisch ihre innere Stimmigkeit gegen die Stoa ausspielte. So würde sich auch die bemerkenswerte Tatsache erklären, daß wir aus der Mittleren A. keine Auseinandersetzung mit Platon kennen. Der Kampf gegen den Dogmatismus richtet sich vielmehr gegen die Stoa (Sext. Emp. adv. math. 7, 150/8), insbesondere gegen die sensualistisch-empirische Erkenntnistheorie Zenons, deren innere Widersprüchlichkeit Arkesilaos aufzeigt und deren Wahrheitskriterium (καταληπτικὴ φαντασία) er wegen der Unzuverlässigkeit der Sinneseindrücke und der Unbestimmtheit und Mehrdeutigkeit der Erscheinungen in Frage stellt. Auch hierbei konnte er sich auf Platon berufen (Plut. Colot. 26). So dürfte bei Arkesilaos ein Zusammenhang bestehen zwischen dem antisensualistischen Sorites-Argument (das wievielte Korn macht den Getreidehaufen zum Haufen? Cic. ac. 2, 49. 92/4) und Platons materiellem Prinzip der Erscheinungswelt, dem ‚Großen und Kleinen‘ (benannt nach dem Fehlen einer festen Abgrenzung der Einzelphänomene). Angesichts der platonisch-sokratischen Wurzeln der arkesilaischen Skepsis erübrigt es sich, den Ursprung der Mittleren A. mit Pyrrhon von Elis (↗Skepsis) in Zusammenhang zu bringen, zumal dessen Skeptizismus aus anderen Motiven entstanden ist und ein anderes Ziel verfolgt. Entsprechende antike Angaben verraten sich als Polemik der Stoa (Ariston) oder der Pyrrhoneer (Timon; Ainesidemos). Inwieweit die aporetische Methode des frühen ↗Peripatos für Arkesilaos von Bedeutung war (Diog. Laert. 4, 29), läßt sich nicht mehr beurteilen. Da ein gewisser Skeptizismus dem allgemeinen Zeitgeist entsprach, konnte es zu parallelen Erscheinungen kommen, ohne daß mit einer direkten Beeinflussung gerechnet werden müßte. So dürfte die Empirische Ärzteschule, die in ihrer Methode manche Berührung mit der akademischen Skepsis aufweist, ihre Entstehung kaum der A. verdanken (Edelstein), noch weniger freilich dem Pyrrhonismus, sondern den antidogmatischen Tendenzen innerhalb der alexandrinischen Naturwissenschaft. Der große Erfolg des Arkesilaos war wohl nicht zuletzt die natürliche Reaktion auf einen allzu naiven Dogmatismus epikureischer und stoischer Observanz. Die A. gewann vorübergehend ihre Vorrangstellung unter den Schulen Athens zurück. Zu ihren Gönnern gehörten die Attaliden; Eumenes I. und Attalos I. heißen sogar „Schüler" der A. (Index S. 80). Arkesilaos soll, wohl in bewußter Nachfolge des

Sokrates, keine Schriften hinterlassen haben (Diog. Laert. 4, 32). Die Schultradition basierte auf Aufzeichnungen seiner Hörer (Lakydes, Pythodoros). Den Späteren erschien sein Philosophieren wie ein „Nomadenleben" (Σκυθικὴ ζωή, Index S. 76/7), was vielleicht auf ein gewisses Nebeneinander von Skepsis und Dogmatismus (vgl. Tertull. ad nat. 2, 2) zu beziehen ist, wie denn auch die Schule keineswegs geschlossen die Wendung zur sokratischen Aporetik mitvollzog (Cic. ac. 2, 16). Von seinem Nachfolger Lakydes von Kyrene (Schol. 241/0–224/3 [oder 216/5]; gest. 206/5) heißt es dagegen, daß er die A. „zum Stehen brachte, indem er beides (?) unauflöslich verschmolz", ohne daß freilich für uns erkennbar wäre, in welcher Weise dies geschah. Vermutlich fixierte er die Lehre des Arkesilaos und brachte sie in eine schulmäßig tradierbare Form, was wohl nicht ohne Simplifizierung und Einseitigkeit möglich war. Daß seine Darstellung der akademischen Skepsis die Grundlage war, auf der später Karneades aufbaute, scheint sich aus der Überlieferung zu ergeben, die mit ihm die „Neue" A. beginnen läßt (Index S. 77; Diog. Laert. 1, 14.19; 4, 59).

4. Karneades und Kleitomachos. Im allgemeinen wird als Gründer der Neuen A. Karneades von Kyrene genannt, der nach einer Übergangszeit des kollegialen Scholarchats (u. a. Telekles, Euandros, Hegesinus) die Schulleitung übernahm (vor 156/5–137/6). Er hat für die hell. A. eine ähnlich hervorragende Bedeutung (Strab. 1169 M.) wie sein großer Gegner Chrysipp für die ↗Stoa; sein Verhältnis zu Arkesilaos entspricht in manchem dem des Stoikers zu Zenon. Er hat zwar, im Unterschied zu der überreichen literarischen Tätigkeit des Chrysipp, nichts schriftlich niedergelegt (nur einige Briefe an Ariarathes, den König von Kappadokien, waren bekannt, Diog. Laert. 4, 65), aber die von ihm ausgehende Schultradition bestimmte die A. in ihrer Methode und der Kritik anderer Schulen auch noch zu einer Zeit, als sie die Skepsis längst aufgegeben hatte. Obwohl Karneades sich gegen jede Art von Dogmatismus wandte (Sext. Emp. adv. math. 7, 159), haben die Problemstellungen der Stoa und die Auseinandersetzung mit ihr sein Denken noch ausschließlicher geprägt als das des Arkesilaos (Diog. Laert. 4, 62). Chrysipp hatte die arkesilaischen Einwände gegen Zenon teils zu widerlegen versucht, teils ihnen durch Modifikation der Lehre Rechnung getragen. Mit Karneades war

nun die A. wieder am Zuge. In der Erkenntnistheorie
baut er die Begründung der Skepsis weiter aus, macht
aber in seiner sog. Wahrscheinlichkeitslehre, die das arkesilaische εὔλογον terminologisch ablöst und sachlich systematisiert, über Arkesilaos hinausgehend gewisse Zugeständnisse an die stoische Auffassung (Sext. a.a.O.
159ff.). Daß es kein von der sinnlichen Wahrnehmung
unabhängiges Wahrheitskriterium gibt, steht von nun an
auch für die A. fest. Da aber die anschauliche Vorstellung
(φαντασία) sich nicht selbst als ‚erfassend‘ (καταληπτική) ausweist, wie z.B. der viereckige Turm zeigt, der
in der Ferne rund, das Ruder, das im Wasser gebrochen
erscheint, kann sie nach Karneades kein Kriterium der
Wahrheit sein. Wenn aber auch der Wahrheitsgehalt einer
Vorstellung (ihre Beziehung zum Objekt) nicht überprüfbar ist, so gibt es doch in ihrem Verhältnis zum Subjekt unterschiedliche Grade der Überzeugungskraft
(πιθανότης). Karneades unterscheidet drei Stufen, von
denen die jeweils folgende die voraufgehende zur Voraussetzung hat: 1. die als solche vertrauenerweckende Vorstellung (πιθανὴ φαντασία), 2. die Vorstellung, gegen
die sich nach Prüfung von anderen Vorstellungen, die mit
ihr in Zusammenhang stehen, kein Einwand erhebt (ἀπερίσπαστος φ.), 3. die allseitig geprüfte Vorstellung
(διεξωδευμένη oder περιωδευμένη φ.). Trotz prinzipieller Zurückhaltung des Urteils schafft sich Karneades
mit der auf Wahrscheinlichkeit beruhenden πιθανότης
eine für das praktische Handeln ausreichende erkenntnistheoretische Basis. In Physik und Theologie setzt er dem
stoischen Determinismus und Fatalismus die Freiheit des
Individuums entgegen und wendet sich gegen Chrysipps
Harmonisierungsversuche von Verantwortlichkeit und
Heimarmene. Mit Karneades scheint zum erstenmal
deutlich geworden zu sein, was die akademische Dialektik für die Ausbildung des Redners leistet (Diog. Laert. 4,
62). Durch seine beiden Vorträge für und gegen die Gerechtigkeit, die er bei Gelegenheit der Philosophengesandtschaft des J. 156/5 in Rom hielt, beeindruckte er die
Römer, und die Überzeugungskraft seiner Beredsamkeit
scheint damals auch in Italien sprichwörtlich geworden
zu sein (Lucilius v. 31 Marx). Die besondere Methode der
akademischen Skepsis brachte eine Aufarbeitung der bisherigen ‚dogmatischen‘ Philosophie mit sich. Schon unter
den Schülern des Lakydes (Aristipp und Damon von Kyrene) hatte die A. eine kritische Doxographie entwickelt.

Karneades und seine Nachfolger haben das fortgesetzt und systematisiert. Während der letzten acht Jahre seines Lebens überließ Karneades die Schulleitung Karneades d. J. (137/6–131/0), vermutlich einem Verwandten, und Krates von Tarsos (131/0–127/6). Letzteren verdrängte Kleitomachos von Karthago (Schol. 127/6–110/09), der bedeutendste Schüler des Karneades, der nach dem Rücktritt seines Lehrers vom Scholarchat zunächst im Palladion eine eigene Schule eröffnet hatte (Index S. 100). Fleiß und Gelehrsamkeit sollen seine hervorstechenden Eigenschaften gewesen sein (Cic. ac. 2, 16; Diog. Laert. 4, 67), und man wird dem Verfasser von über 400 Schriften beides zugestehen dürfen. Nur wenige Titel sind uns bekannt, wie die 4 Bücher über die Zurückhaltung des Urteils, ein Werk über die Philosophenschulen, ferner eine Trostschrift an die Karthager nach der Zerstörung ihrer Stadt. Die meisten seiner Schriften waren nach Karneades gearbeitet, wie denn das Hauptverdienst des Kleitomachos in der Tradierung der Philosophie seines Lehrers besteht, den er, im Unterschied zu anderen Schülern, im Sinne eines konsequenten Skeptizismus interpretiert zu haben scheint (Cic. ac. 2, 139).

5. Metrodor, Charmadas, Philon, Antiochos. So sehr der Antagonismus von Stoa und A., von Dogmatismus und Skepsis, von Bindung und Freiheit antithetischer Ausdruck des hellenistischen Geistes ist, so sehr stellte sich doch gegen Ende der Epoche das Bedürfnis nach einem Ausgleich ein. Auf stoischer Seite ist es Panaitios gewesen, der sich dem Platonismus öffnete und z. B. in der skeptischen Haltung gegenüber der Mantik Einfluß des Karneades verrät (Cic. div. 1, 6.12). Grundlegender erfolgte die Wandlung auf seiten der A., deren Geschichte während des 1. Jh. v. Chr. sich als allmähliche Annäherung an den ‚Dogmatismus' darstellt. Philon von Larisa (Schol. 110/09–ca. 85/0), der Nachfolger des Kleitomachos, behielt zwar erkenntnistheoretisch den skeptischen Standpunkt bei und blieb grundsätzlich bei der Ablehnung einer zuverlässigen Erkennbarkeit des Unterschiedes von Wahr und Falsch (Cic. ac. 2, 40 f. 111); da er aber unbeschadet der fehlenden Überprüfbarkeit die Möglichkeit richtiger Vorstellungen zugab (Sext. Emp. Pyrrh. hyp. 1, 235), konnte er in der Ethik, der sein besonderes Interesse galt, durchaus ‚dogmatisch' verfahren (Stob. 2, 7, 2). Die antiken Doxographen sahen daher in Philon, um ihn von Karneades abzugrenzen, den Begründer einer vierten A. Wenn Philon die ↗Rhetorik als neue Disziplin in das Unterrichtsprogramm der A. aufnahm (Cic. Tusc. 2, 9), mag er damit nach seiner Flucht aus Athen im 1. Mithradatischen Krieg zwar dem Bedürfnis seines römischen Publikums entgegengekommen sein; doch entbehrt seine Entscheidung nicht einer tieferen philosophischen Begründung. Der von Platon inaugurierte Kampf der Philosophie gegen die Rhetorik (Gorgias, Phaidros) war in der Neuen A. von Karneades und seinen Schülern Kleitomachos, Hagnon, Metrodor von Stratonikeia und Charmadas wieder aufgenommen worden (Cic. de orat. 1, 45; Quintil. inst. or. 2, 17, 15). Vor allem scheint sich Charmadas dabei hervorgetan zu haben (Cic. de orat. 1, 84/93; Sext. Emp. adv. math. 2, 20); erwähnenswert ist sein ‚Interpretationskolleg' über den platonischen Gorgias (Cic. de orat. 1, 47). Wenn auch die anderen Philosophenschulen in der Ablehnung der formalen Rhetorik mit der A. zusammengingen, so mochte sich diese doch im Bewußtsein der Überlegenheit ihrer dialektischen Methode in besonderem Maße dazu berufen fühlen, die wahre, d. h. philosophisch fundierte Redekunst lehren zu können. Gegenüber seinen Vorgängern scheint Philon wieder stärker an Platon angeknüpft bzw. sich des öfteren auf ihn berufen zu haben (Aug. c. acad. 3, 41). In diese Zeit fällt auch eine von der A. veranstaltete umfassende Neuausgabe der Werke des Schulgründers, deren Einteilung in neun Tetralogien (nebst einem Anhang der Platon abgesprochenen Dialoge) für die Folgezeit, trotz der Kritik der Neuplatoniker an ihr, kanonisch blieb. Schon bei einigen Akademikern der Schülergeneration des Karneades läßt sich die Tendenz feststellen, die Skepsis nur dialektisch-formal als Kampfmittel gegen die Stoa zu betrachten und, statt generelle ἐποχή zu üben, wieder feste Positionen zu beziehen. Das zeigt eine Äußerung des Metrodor von Stratonikeia (Aug. a. a. O.), der sich als besonders guter Kenner des Karneades empfahl (Cic. ac. 2, 16) und von allen anderen behauptete, sie hätten dessen Skeptizismus mißverstanden (Index S. 91/2). Auch Charmadas, der – möglicherweise weil er mit der Entwicklung der A. unter Kleitomachos nicht einverstanden war – im Ptolemaion eine eigene Schule eröffnete (Index S. 103), scheint in ähnliche Richtung tendiert zu haben (Sext. Emp. Pyrrh. hyp. 1, 220). Den entscheidenden Schritt zurück zu einem dogmatischen Platonismus hat aber erst Antiochos von

Askalon getan, der langjährige Schüler des Philon (Cic. ac. 2, 69). Freilich war es ein Platonismus eigener Prägung. Charakteristisch ist das eklektische Moment: Peripatetisches und vor allem Stoisches (Cic. ac. 2, 132) verbinden sich mit altakademischen Lehren. Der Eklektizismus des Antiochos ist gleichsam die positive Kehrseite des neuakademischen Skeptizismus: waren für diesen die einander widerstreitenden Lehren der verschiedenen Schulen und die Gleichwertigkeit ihrer Argumente ein Beweis für die Unmöglichkeit, die in Frage stehenden Probleme definitiv zu lösen, so sollte nun das Übereinstimmende oder die Auswahl des jeweils ‚Richtigen‘ zur Wahrheitsfindung führen. Die Berechtigung zu diesem Verfahren ergab sich für Antiochos aus der systematischen Auslegung der geschichtlichen Erkenntnis des gemeinsamen sokratisch-platonischen Ursprungs der hellenistischen Schulen (Cic. ac. 1, 15 ff.). Gegenüber dieser für ihn grundlegenden Einsicht werden ihm, von wenigen Ausnahmen (wie z. B. der stoischen Erkenntnistheorie, Cic. ac. 1, 40) abgesehen, die vorhandenen Differenzen zu einem bloßen Streit um Worte (Cic. ac. 2, 15) – eine Argumentationsweise, deren sich schon Karneades zuweilen gegen die Stoa bedient hatte (Cic. fin. 3, 41). Mit der Rückwendung zu den ‚Alten‘, die im Zuge des allgemeinen Klassizismus der Zeit lag und die auf stoischer Seite in Panaitios und Poseidonios ihre Entsprechung und z. T. ihr Vorbild hat, glaubte Antiochos die A. Platons wiederhergestellt zu haben (Cic. ac. 1, 13). Daß es dabei nicht ohne simplifizierende Vergröberung und stoisch gefärbte Umdeutung (Sext. Emp. Pyrrh. hyp. 1, 235) abging, kann nicht verwundern. Gleichwohl besteht an der geistesgeschichtlichen Bedeutung dieses Ereignisses kein Zweifel. Antiochos wird damit zu einem wichtigen Bindeglied zwischen Alter A. und Mittlerem Platonismus, wenn auch die Abgrenzung seines Einflusses umstritten ist. Die Auseinandersetzung zwischen Philon und Antiochos um die genuine Platonnachfolge bestimmt die letzte Phase der hell. A. Indem Antiochos die inneren Voraussetzungen der akademischen Skepsis in Frage stellte (Cic. ac. 2, 111), zwang er seinen Lehrer zu einer erneuten Darstellung ihrer erkenntnistheoretischen Grundlagen (Cic. ac. 2, 11. 18; Aug. c. acad. 3, 41). Der von Antiochos in polemisch-programmatischer Absicht eingeführten Unterscheidung von Neuer und Alter (= ‚wahrer‘) A. stellte Philon den Nachweis entgegen, daß es immer nur *eine* A. gegeben (Cic. ac. 1, 13) und ein Abfall vom echten Platonismus in ihr nie stattgefunden habe. Durchgesetzt hat sich innerhalb der A. jedoch die Auffassung des Antiochos (Cic. ac. 2, 11; nat. deor. 1, 11). Nach Philons Tod der führende Kopf der Akademie, hat er der Schule noch einmal zu einem neuen Aufschwung verholfen. Varro ist sein Schüler gewesen (Cic. ac. 1, 12; Aug. civ. 19, 3), und auch Cicero hat ihn während seines Aufenthaltes in Athen (79/8) gehört (fin. 5, 1), freilich ohne auf die Dauer Philons Standpunkt einer gemäßigten Skepsis aufzugeben (ac. 1, 13).

6. *Ausklang.* Nach Antiochos' Tod übernahm sein Bruder Aristos die Leitung der Schule. Er scheint ganz die Lehre des Antiochos vertreten zu haben (Cic. fin. 5, 8; Tusc. 5, 22). Ihm folgte Theomnestos von Naukratis, zu dessen Schülern der junge Horaz zählte (ep. 2, 2, 45) und den auch Brutus, der schon mit Aristos befreundet gewesen war (Cic. fin. 5, 8), während seines Athenaufenthaltes i. J. 44 hörte (Plut. Brut. 2. 24). Mit ihnen verliert die athenische A. ihre Bedeutung (Cic. Att. 5, 10, 5). In der Geschichte des Platonismus spielt sie von nun an nur noch eine untergeordnete Rolle, bis sie im 5. und 6. Jh. n. Chr. noch einmal eine letzte Blüte erlebt. Die führenden Vertreter des Platonismus nennen sich jetzt Πλατωνικοί. Ἀκαδημαϊκός hat sich zu einem historischen Begriff fixiert und meint nun vornehmlich die Zugehörigkeit zur hell. A. bzw. ihrem Skeptizismus. Ihr Erbe tritt die Schule des Ainesidemos (um 50 v. Chr.; ↗Skepsis II) an, die sich zwar selbst als Erneuerung des Pyrrhonismus des 4. und 3. Jh. versteht, die aber ohne die Ergebnisse der hell. A. nicht denkbar ist. Nicht minder bedeutsam ist das Fortwirken ‚akademischer' Gedanken bei christlichen Autoren wie Laktanz und insbesondere Augustin.

B. DIE WICHTIGSTEN SCHOLARCHEN DER HELL. A.

I. POLEMON. Aus vornehmer athenischer Familie. Schüler und Nachfolger des Xenokrates. Der letzte bedeutende Vertreter der Alten A., deren Leitung er von 315/4–266/5 innehatte. Das persönliche Engagement für die Philosophie scheint bei ihm größer gewesen zu sein als die spekulative Begabung. Charakteristisch ist, daß seine Wende zur Philosophie sich zum Bekehrungserlebnis gestaltete. Das Charismatische seines Wesens läßt sich an der Anhänglichkeit seiner Schüler erkennen, die eine Art monastischer Lebensgemeinschaft mit dem Lehrer verband. Polemons philosophische Leistung liegt vornehmlich auf dem Gebiete der Ethik. Über seinen Schüler Zenon von Kition hat er auf die Ausbildung der ethischen Anschauungen der ↗Stoa eingewirkt.

II. ARKESILAOS von Pitane, 316/5–241/0. Begründer der sog. Mittleren (nach anderer Einteilung Neuen) A. Scholarch seit etwa 264/0. Zunächst Schüler des ↗Mathematikers (II 4) Autolykos von Pitane. In Athen hörte er ↗Theophrast. Für die A. gewann ihn Krantor. Im Unterschied zu der Zurückgezogenheit seiner Lehrer Polemon und Krates, deren Lebensform ihm wie eine Götteridylle aus dem Goldenen Zeitalter erschien, war Arkesilaos eine gewisse Weltläufigkeit eigen. Den Freuden des Lebens nicht abgeneigt – die gegnerische Polemik nennt ihn einen „zweiten Aristipp" –, liebte er die Geselligkeit. Mehrere Anekdoten schildern seine Noblesse im Umgang mit Freunden und Gegnern. Sein Witz, seine Schlagfertigkeit und dialektische Begabung, verbunden mit Überzeugungskraft, müssen auf seine Schüler von einer faszinierenden Wirkung gewesen sein. Von Jugend an mit den Schriften Platons vertraut, sah er in ihrer dialektischen Aporetik das Vorbild seines Philosophierens. Wie für den platonischen Sokrates, so bedeutet auch für Arkesilaos Philosophie nicht Besitz der Weisheit, der allein der Gottheit zukommt (Doxogr. Gr. 592, 6 Diels), sondern Streben nach ihr. In diesem Sinn ist sein ‚Skeptizismus' als permanente Aufforderung zur Suche nach der Wahrheit zu verstehen. Wie irritierend dieser Mann auf seine ‚dogmatischen' Gegner wirkte, beweist ihr Spottvers πρόσθε Πλάτων, ὄπιθεν Πύρρων, μέσσος Διόδωρος.

III. KARNEADES von Kyrene, 214/3–129/8. Begründer der sog. Neuen A. Gehörte der athenischen Philosophengesandtschaft an, die 156/5 in Rom eine Ermäßigung der Strafsumme erwirkte, die den Athenern wegen eines Überfalls auf Oropos auferlegt worden war. Seine beiden Reden für und gegen die Gerechtigkeit (vgl. Cic. rep. 3) hielt er nicht ohne hintergründige Beziehung auf den römischen Anspruch, als Schiedsrichter in die Angelegenheiten fremder Staaten einzugreifen. 137/6 zog sich Karneades von der Schulleitung zurück. Seine Philosophie lebt von der Auseinandersetzung mit Chrysipp und dessen Schule („Wenn Chrysipp nicht wäre, wäre ich nicht"), wird aber zugleich von deren Problemstellungen weitgehend bestimmt. Er modifizierte und systematisierte die arkesilaische Erkenntniskritik. Ein glänzender Dialektiker, hat Karneades sich mit Scharfsinn und methodischer Strenge insbesondere der Widerlegung der stoischen Theologie und Naturphilosophie (Gottesbeweise, Vorsehungslehre, Schicksalsbegriff, Mantik, Tierpsychologie) und ihrer Konsequenzen für die Ethik (Fatalismus) gewidmet. Die spätere Polemik gegen die Stoa bedient sich seiner Argumente und benutzt das von ihm bereitgestellte Material. Bemerkenswert ist der Eindruck, den seine Kritik auch auf Stoiker wie Panaitios gemacht hat. Der Antike galt Karneades als der bedeutendste Vertreter der akademischen Skepsis. Er ist auch der einzige Philosoph der hellenistischen A., dessen Bildnis überliefert ist (Schefold, LAW 3365).

IV. PHILON von Larisa (Thessalien), ca. 159/8–85/0. Seit 110/09 Scholarch der A. 88 Flucht nach Rom im 1. Mithradatischen Krieg. Als seine Lehrer werden der Stoiker Apollodoros und die Karneadesschüler Kallikles und Kleitomachos genannt. Philon vertritt zwar grundsätzlich den gemäßigten Skeptizismus des Karneades, bewertet aber die Leistung des Wahrscheinlichen noch höher, indem er eine κατάληψις („Erfassung") für möglich hält, die, an ihrem Erkenntnisgehalt gemessen, eine Zwischenstufe einnimmt zwischen der auf Wahrscheinlichkeit basierenden „Meinung" des Karneades und der die Wahrheit „erfassenden Vorstellung" der Stoiker. Philon leugnet nicht den Unterschied zwischen wahren und falschen Vorstellungen, sondern bestreitet nur die Erkennbarkeit dieses Unterschiedes in der von der Stoa angenommenen Weise. Immerhin hält er das Wahrscheinliche einer Evidenz für fähig (*perspicuum*, ἐναργές), die, auch ohne vorbehaltlose Zustimmung, für das praktische Verhalten das gleiche leistet wie eine endgültige Gewißheit. Vielleicht berief er sich hierbei auf Platons Äußerungen zur ὀρθὴ δόξα im Menon (97b; vgl. Aug. c. acad. 3, 41). Was sich seinen Gegnern als eine Verfälschung der akademischen Skepsis und Umkehrung von Philons eigenem (früher angeblich radikalerem) Standpunkt darstellte, dürfte in Wirklichkeit eine durch die Auseinandersetzung mit Antiochos veranlaßte Klärung der erkenntnistheoretischen Grundlagen seiner schon lange vertretenen Ethik gewesen sein. Die ethische

Aufgabe des Philosophen verstand Philon als eine Art Seelentherapie. Ihre Verfahrensweise gliedert sich in 4 Stufen: 1. Hinwendung zur Philosophie und Nachweis der Nützlichkeit der Tugend, 2. Entfernung falscher und Einpflanzung richtiger Meinungen, 3. Hinführung zur Eudaimonie, 4. Anleitung für ihre Erhaltung im privaten und öffentlichen Leben. Philon nahm auch die ↗Rhetorik in sein Unterrichtsprogramm auf und traktierte dabei nicht nur allgemeine Probleme (θέσεις), sondern leitete auch zur Behandlung konkreter Fragen (ὑποθέσεις) an. Neben Antiochos war Cicero sein bedeutendster Schüler.

V. Antiochos von Askalon, ca. 140/30–ca. 68/7. Zunächst Schüler der Stoiker Mnesarch (Anhänger des Panaitios) und Dardanos, dann für lange Zeit des Akademikers Philon, mit dem er vermutlich im 1. Mithradatischen Krieg nach Rom floh. Ob er als dessen Nachfolger die Schulleitung (nach 86) übernahm, ist umstritten. Jedenfalls lehrte er im Ptolemaion an der Südseite der Agora, wo ihn Cicero i. J. 79/8 hörte (fin. 5,1). Befreundet mit L. Licinius Lucullus, den er auf verschiedenen Feldzügen begleitete. Von Titeln seiner Schriften sind bezeugt Κανονικά, Sosos (Dialog), περὶ τελῶν (?), περὶ θεῶν. Erst spät vollzieht Antiochos in Auseinandersetzung mit seinem Lehrer Philon die Rückwendung zum Dogmatismus der ‚Alten' A., von der sich, in seiner Sicht, der Peripatos allein dem Namen nach, die Stoa nur durch ihre Terminologie und einige Neuerungen unterscheidet. Diese um Ausgleich bemühte Betrachtungsweise des Antiochos bestimmt auch sein eigenes Philosophieren. Die menschliche Natur ist ihm eine Ganzheit, die zwar in sich differenziert ist, deren ‚Teile' aber miteinander harmonieren und aufs innigste verbunden sind. Der Verstand ist die „Quelle der Sinne" (Cic. ac. 2, 30), und nur durch ihn und mit ihm nehmen sie wahr, wie umgekehrt ihr gesunder Zustand allein Erkenntnis möglich macht. Körper und Seele, Affekte und Vernunft sind in ihrer naturgemäßen Verfassung so aufeinander eingespielt, daß es zu keinem Widerstreit kommt. Was Antiochos mit stoischem Terminus Apathie nennt, ist sachlich mit der akademisch-peripatetischen μετριοπάθεια identisch und meint ein Nicht-Überhandnehmen der Affekte. Allenthalben macht sich bei Antiochos das Bestreben bemerkbar, trotz einer eindeutigen Wertabstufung (in der Natur des Menschen vereinigen sich menschlich-geistiges, animalisches und pflanzliches Wesen) die ‚Teile' des Ganzen nicht gegeneinander auszuspielen, nicht ein ‚Niederes' zugunsten eines ‚Höheren' auszuschalten; ein solches Verfahren erscheint ihm gegen die Natur. Dem entspricht seine Adaptierung der Oikeiosis-Lehre, und die gleiche Absicht verrät sich in der berühmten, altperipatetische Anschauungen aufnehmenden Unterscheidung von *vita beata* (allein durch den Besitz der Tugend garantiert) und *vita beatissima* (erst durch das Hinzutreten der körperlichen und äußeren Güter ermöglicht). Die Telosformel des Antiochos lautet: „Leben nach der Natur des Menschen, sofern sie allseitig vollendet ist und ihr nichts fehlt" (Cic. fin. 5, 26). Naturgemäßes Leben bedeutet für ihn „Besitz aller oder der meisten und wichtigsten Dinge κατὰ φύσιν" (fin. 4, 27), eine Bestimmung, die sich aufs engste mit der Eudaimoniedefinition des Polemon (Clem. Alex. str. 2, 133, 7) und des Kompendiums der peripatetischen Ethik bei Stobaios II 131, 5 Wachsmuth berührt. Ein metaphysischer Dualismus (Geist – Materie) lag Antiochos fern. Inwieweit und in welcher Umformung er die platonische Ideenlehre übernahm, ist umstritten. Daß er die altakademische Ideenerkenntnis (als Wiedererinnerung) genetisch mit der sinnlichen Wahrnehmung beginnen läßt (Cic. ac. 1, 30; fin. 4, 42), zeigt, daß er seinen Platon besser kannte als mancher seiner modernen Kritiker. Seinen Platonismus wegen des stoischen Einflusses zu tadeln, ist unbillig. Wie alle derartigen Renaissancen kann auch die von Antiochos inaugurierte ihre eigene Zeit nicht verleugnen. Ihre Bedeutung für die Folgezeit wird dadurch nicht gemindert. Der desolate Überlieferungszustand der Lehre des Antiochos ist, nächst dem Verlust der Schriften des Poseidonios, die empfindlichste Lücke in unserer Kenntnis der Philosophie des 1. vorchristlichen Jhs. So läßt sich denn, bisher jedenfalls, auch die Quellenfrage von Cic. Tusc. 1 (Poseidonios? Antiochos?) nicht schlüssig beantworten.

C. W. M.

Test.: Polybios 12, 26 c (vgl. zum Verständnis Plut. comm. not. 1078 C–E). – Academicorum philosophorum index Herculanensis (hrsg. v. S. Mekler, Berlin 1902 [danach zit.] = Philodems Academica (hrsg. v. K. Gaiser, Stuttgart 1988 [nur Alte A.]). – Ciceros philosophische Schriften (vor allem Academici libri; De finibus bonorum et malorum 2. 4. 5; De natura deorum 1. 3; De divinatione 2). – Plutarch, De stoicorum repugnantiis; De communibus notitiis; Adversus Colotem. – Philon von Alexandrien, Alexander (hrsg. v. Aucher). – Diogenes Laertios 3. 4 (nach Antigonos von Karystos). – Sextus

Empiricus, Pyrrhonicae hypotyposes 1, 220ff.; Adversus mathematicos 7, 141 ff.]; 9, 140. 182 ff. – Clemens Alexandrinus, Stromateis 2, 133, 7; 7, 32, 9. – Eusebios, Praeparatio evangelica 14, 5–9 (nach Numenios). – Augustinus, Contra academicos (nach Cicero). – Stobaios II 39 ff. Wachsmuth–Hense.

Ausg.: P. Lang, De Speusippi Academici scriptis, Diss. Bonn 1911 [danach zit.]. – M. Isnardi Parente, Speusippo, Napoli 1980. – L. Tarán, Speusippus of Athens, Leiden 1981. – R. Heinze, Xenokrates, Leipzig 1892 [danach zit.]. – M. Isnardi Parente, Senocrate. Hermodoro, Napoli 1982. – F. Lasserre, Die Fragmente des Eudoxos von Knidos, Berlin 1966. – F. Wehrli, Herakleides Pontikos (Die Schule des Aristoteles 7), Basel ²1969. – M. Gigante, I frammenti di Polemone Academico, Rendiconti dell' Accademia di Archeologia, Lettere e Belle Arti di Napoli, N.S. 2, 1976, 91–144. – F. Kayser, De Crantore academico, Diss. Heidelberg 1841. – H. J. Mette, Lustrum 26, 1984, 7–94 (Krantor, Arkesilaos). – Ders., Lustrum 27, 1985, 39–148 (Lakydes bis Kleitomachos). – Ders., Lustrum 28/29, 1986/87, 9–63 (Philon, Antiochos). – B. Wiśniewski, Karneades. Fragmente, Wroclaw –Warszawa–Kraków 1970. – Ders., Philon von Larissa, Wroclaw 1982. – G. Luck, Der Akademiker Antiochos, Bern–Stuttgart 1953.

Lit.: Zur älteren Lit. vgl. die RE-Artikel. – *Alte A.:* H. Herter, Platons A., Bonn ²1952. – H. Cherniss, Die ältere A. Ein historisches Rätsel und seine Lösung, Heidelberg 1966 (Orig. Berkeley 1945). – P. M. Schuhl, Platon et l'activité politique de l'Académie, REG 59/60, 1946/47, 46–53. – Ph. Merlan, From Platonism to Neoplatonism, Den Haag ²1960. – Ders., Das Problem der Erasten, in: J. Frank, H. Minkowski, E. J. Sternglass (Hrsg.), Horizons of a Philosopher. Essays in Honour of D. Baumgardt, Leiden 1963, 297–314. – H. J. Krämer, Der Ursprung der Geistmetaphysik. Untersuchungen zur Geschichte des Platonismus zwischen Platon und Plotin, Amsterdam 1964. – H. Th. Johann, Trauer und Trost (zu Krantor), München 1968. – H. J. Krämer, Grundfragen der aristotelischen Theologie, Theologie und Philosophie 44, 1969, 363–382; 481–505. – Ders., Aristoteles und die akademische Eidoslehre, Archiv für Geschichte der Philosophie 55, 1973, 119–190. – L. Tarán, Speusippus and Aristotle on Homonymy and Synonymy, Hermes 106, 1978, 73–99. – H. J. Krämer, Die Ältere Akademie, in: Grundriß der Geschichte der Philosophie, Die Philosophie der Antike 3, hrsg. v. H. Flashar, Basel/Stuttgart 1983, 1–174. – *Mittlere und Neue A.:* R. Hirzel, Untersuchungen zu Cicero's philosophischen Schriften I–III, Leipzig 1877–1883. – U. von Wilamowitz-Moellendorff, Antigonos von Karystos, Berlin 1881. – Ders., Lesefrüchte CL, Hermes 45, 1910, 406–414. – R. Richter, Der Skeptizismus in der Philosophie I, Leipzig 1904. – A. Goedeckemeyer, Die Geschichte des griechischen Skeptizismus, Leipzig 1905. – P. Couissin, Le stoïcisme de la Nouvelle Académie, Revue d'Histoire de la Philosophie 3, 1929, 241–276. – Ders., L'origine et l'évolution de l'ἐποχή, REG 42, 1929, 373–397. – L. Edelstein, Empirie und Skepsis in der Lehre der griechischen Empirikerschule, Quellen und Studien zur Geschichte der Naturwissenschaften und der Medizin 3, 1933, 253–261. – R. Philippson, Cicero, De natura deorum Buch II und III, SO 21, 1941, 11–38; 22, 1942, 8–39; 23, 1944, 7–31; 24, 1945, 16–47. – L. Robin, Pyrrhon et le scepticisme grec, Paris 1944. – O. Gigon, Zur Geschichte der sogenannten Neuen Akademie, MH 1, 1944, 47–64. – M. Pohlenz, Die Stoa I–II, Göttingen ⁵1978/1980. – A. Weische, Cicero und die Neue A., Münster 1961. – W. Burkert, Cicero als Platoniker und Skeptiker, Gymnasium 72, 1965, 175–200. – A. A. Long, Carneades and the Stoic telos, Phronesis 12, 1967, 59–90. – H. J. Krämer, Platonismus und hell. Philosophie, Berlin 1971. – A. A. Long, Hellenistic Philosophy. Stoics, Epicureans, Sceptics, London ²1986. – W. Görler, Untersuchungen zu Ciceros Philosophie, Heidelberg 1974. – C. W. Müller, Die Kurzdialoge der Appendix Platonica. Philologische Beiträge zur nachplatonischen Sokratik, München 1975. – C. Levy, Scepticisme et dogmatisme dans l'Académie: „L'ésotérisme" d'Arcésilas, REL 56, 1978, 335–348. – M.

Schofield, M. Burnyeat, J. Barnes (Hrsg.), Doubt and Dogmatism. Studies in Hellenistic Epistemology, Oxford 1980. – *Antiochos*: H. Strache, Der Eklektizismus des Antiochos von Askalon, Berlin 1921. – W. Theiler, Die Vorbereitung des Neuplatonismus, Berlin 1930. – A. Lueder, Die philosophische Persönlichkeit des Antiochos von Askalon, Diss. Göttingen 1940. – R. Müller, Βίος θεωρητικός bei Antiochos von Askalon und Cicero, Helikon 8, 1968, 222–237. – J. Glucker, Antiochus and the Late Academy, Göttingen 1978.

Akarnanien, Akarnanen. Westlichste Landsch. Mittelgriechenlands; O-Grenze gegen Ätolien mehrmals verändert. Bäuerl. Bevölkerung galt als hellenisch.
Das im 5. Jh. zum Stammesbund geeinte A.[1] ist vor 280 nur gelegentlich bezeugt. Trotz Hilfsversprechen 341 nahmen nur noch akarnan. Freiwillige bei Chaironeia 338 auf athen. Seite teil (vgl. IG II/III[2] 237). Mit der ätol. Eroberung von Oiniadai ca. 330 Süd-A. ätol.; seitdem enger Anschluß A.s an Makedonien gegen Ätolien. Am Lamischen Krieg (323/2; ↗Alexander d. Gr. 6) nahm nur Alyzeia teil; 322 (Klaffenbach: zw. 338 und 314) Eroberung von Agrinion. Einen Einfall der mit Perdikkas verbündeten ↗Ätoler (1) nach Thessalien nutzten die A. 321 zur Verwüstung ätol. Gebiets (Diod. 18, 38, 4–6). 314 Bündnis mit ↗Kassander, der – gerichtet gegen die mit Antigonos I. Monophthalmos verbündeten Ätoler – den Synoikismos der Bevölkerung in Stratos, Sauria und Agrinion veranlaßte; Agrinion jedoch 314 wieder ätol.[2] 294 (?) schloß A. (295/4 epirot., Plut. Pyrrh. 6) ein Bündnis mit Pyrrhos zum Zweck der Söldneranwerbung (StV III 459), das wohl noch 263 in Kraft war[3]: damals Flucht Alexanders II. v. ↗Epirus nach A., Abschluß eines Grenzregelungs-, Isopolitie- und Symmachievertrages mit Ätolien (StV III 480), ca. 262 Rückführung des Königs nach Epirus. Dennoch schlossen 252 oder 243/2 Ätolien und Epirus einen Vertrag zur Teilung A.s (StV III 485): SO-A. mit Stratos, Phoitiai, Matropolis, Oiniadai ätol., NW mit Thyrrheion, Limnaia, Medeon und Leukas (schon 283 oder erst nach Pyrrhos' Tod 272 akarnan. ?) epirotisch. Röm. Vermittlung wegen Nichtbeteiligung A.s am Trojazug (Just. 28, 1, 5–2, 14 wohl z. J. 239) legendär[4]. In den ↗epirot. Wirren 233–231 Rückgewinnung NW-A. und Neugründung eines ↗Koinon (Vorort Leukas). Medeon wurde 230 mit ↗illyr. Hilfe Ätolien entrissen; deshalb 228 Schiffsgestellung A.s für Illyrien gegen die verbündeten ↗Ätoler und Achäer. 224 trat A. dem Hellenenbund des Antigonos III. Doson v. ↗Makedonien (III 3) bei (StV III 507) und stellte 222 bei Sellasia 1000

Mann und 50 Reiter. Am Bundesgenossenkrieg (220–217) nahm A. auf mak. Seite teil: es gewann 219 SO-A. zurück (bestätigt im Frieden von Naupaktos 217), nur Stratos blieb weiter ätol. 216 (?) schloß der akarnan. Bund mit dem durch den Krieg verarmten Bundesmitglied Anaktorion einen Vertrag, der die Übernahme des Bundesheiligtums des Apollon Aktios in die Kompetenz des Bundes regelte (StV III 523). Im 1. Makedon. Krieg (215–205), in dem das röm.-↗ätol. (4) Bündnis 212/11 (StV III 536) A. dem traditionellen Feind Ätolien zusprach, verlor A. Oiniadai. 211/10 versuchte der A. Lykiskos (Polyb. 9, 32–39), ↗Sparta (I 5) auf die mak. Seite zu ziehen. Im Frieden von Phoinike (StV III 543) unter den adscripti Philipps V. Die Hinrichtung zweier A. 201/200 wegen unbefugten Eindringens in die eleusinischen Mysterien bewirkte einen Einfall Philipps V. nach Attika und damit den Ausbruch des 2. Makedon. Krieges (200–197); A. stand wieder zu Mak., aber nach der röm. Eroberung von Leukas 197 und der Nachricht von Kynoskephalai 197 brach der Widerstand zusammen. 196 wurde Leukas an A. zurückgegeben. Im Antiochos-Krieg (192–189) hielt A. größtenteils zu Rom, dafür wurde 189 Oiniadai wieder akarnan. Im 3. Makedon. Krieg (171–168) regten sich auch in A. Sympathien für Perseus. Daher wurde 167 Leukas wieder abgetrennt (civitas libera) und die römerfeindliche Partei deportiert. Seitdem war Thyrrheion Vorort des akarnan. Koinon. Vermutlich bestand auch nach 146 unter dem Statthalter von Macedonia ein akarnan. Bund weiter, jedoch wohl nicht mehr 94: Abschluß eines Foedus mit Thyrrheion, IG IX 1², 2, 242. Zum J. 103 ist die Teilnahme akarnan. Truppen am Sizilischen Krieg bezeugt. Nach der Entscheidungsschlacht zw. Antonius und Octavian bei Aktion (Actium) 31 gründete Octavian Nikopolis durch Verpflanzung akarnan. Bevölkerung. 27 wurde A. der Prov. Achaia zugeschlagen.

Verfassung: Die Struktur des akarnan. Koinon nach 230 entsprach der anderer ↗Koina: höchstes beschlußfassendes Gremium war die Bundesversamml. (Ekklesia, Koinon oder „die Tausend" = die Zahl der Vollbürger), daneben bestand ein Bundesrat (Synhedrion, Boula) unter der Leitung von Promnamonen; an der Spitze des Bundes stand ein ↗Stratege; eponym für Bundesbeschlüsse war auch der Hierapolos des Bundesheiligtums in Aktion. Über die Verf. der einzelnen Poleis, die – wie die Bundesversamml. – Proxenie und Bürgerrecht verleihen konnten, und das akarnan. Bundesheer ist wenig bekannt; zum Verhältnis zw. Polis und Bund s. StV III 523; aus der Zeit nach 230 keine Polis-Prägungen mehr[5]. Die A. waren als Bogenschützen und Schleuderer gesucht und dienten als Söldner in vielen hell. Heeren. J.D.G.

Anm.: 1) Giovannini, Sympolitie 55–60 nimmt an, daß A. schon im 5. Jh. ein Bundesstaat war; sonst wird zumeist Stammesbund angenommen (Busolt-Swoboda II 1463f.). – 2) Aus Paus. 1, 11, 4 geht kaum akarnan. Rückeroberung von Oiniadai hervor. – 3) Möglicherw. wurde A. 283 von Lysimachos befreit (Paus. 1, 9, 7). – 4) Vgl. P.S. Derow, Rome and the Greek World from the Earliest Contacts to the End of the First Illyrian War, Diss. Princeton 1970, 102–25 (Lit.). Thyrrheion bis vor 221 und 217–207 ätol.? – 5) s. M.O.B. Caspari, JHS 37, 1917, 168f.

Lit.: Landschaft: Philippson-Kirsten II 2, 368–417. E. Oberhummer, A., Ambrakia, Amphilochien, Leukas im Altertum, München 1887. – Busolt-Swoboda II 1464–70. – Accame, Dominio 241–316. – St. I. Oost, Roman Policy in Epirus and A., Dallas 1954. – G. Klaffenbach, IG IX 1² 2, 1957, XVII–XXXI (Fasti Acarnan.). – E. Kirsten, DKlP I, 1964, 1523–28 s.v. – Martin, Greek Leagues 256–78. – A. und Rom: E.S. Gruen, Hell. World (Lit.). – Münzprägung: R.–Alföldi, 263. – Ausgrabungen: Kirsten-Kraiker[5], 755–73. – Leekley- Efstratiou, Central Greece 1–13.

Alexander III. der Große. König der Makedonen 336–323, *356, Sohn Philipps II. und der Olympias; griech. Erziehung, u.a. durch Aristoteles (↗Peripatos).

1. Der Kronprinz erhielt seit 340 wichtige v.a. militär. Aufgaben (bes. bei Chaironeia 338), wurde aber nach Philipps Hochzeit mit Kleopatra (337) wie Olympias mit seinen Freunden zeitweilig vom Hof verbannt. Auch nach Rückberufung blieb eine Entfremdung; A. dürfte von dem Mordplan gegen Philipp gewußt haben.

2. Sicherung der Herrschaft in Makedonien und Hellas. Nach Philipps Ermordung (24. Dios 336)[1] bestieg A. mit Hilfe der Generäle, bes. des Antipatros, den Thron und beseitigte die Rivalen (Vetter Amyntas, lynkest. Gaudynastie und, mit Hilfe des Feldh. Parmenion, in Asien Attalos, Oheim der Kleopatra). Ein blitzschneller Zug sicherte A. die Anerkennung als Archon Thessaliens und (durch Amphiktyonen und Korinth. Bund, ↗Hellenenbünde) als Hegemon in Hellas. Von einem Feldzug zur Sicherung der N- und NW-Grenzen (bis zur Donau) rief ihn eine griech. Erhebung zurück, die er rasch unterdrückte (335, Zerstörung Thebens, ↗Böotien).

3. Der Perserzug. 334 setzte A. mit 35000 Makedonen und 7600 Griechen nach Asien über, Antipatros blieb mit

13500 Maked. als Statthalter in Makedonien und „Stratege von Europa" (Statth. im Bund) zurück. Sieg A.s über pers. Satrapen am Granikos (24. Daisios = 8. 4. 334)[2], rascher Zug an der ion. Küste entlang über Lykien und Pamphylien ins Innere bis Gordion (Phrygien; Durchhauen des gord. Knotens wohl Legende). 333 über Ankara und Kilikien nach N-Syrien, dort Nov. 333 Sieg bei Issos über die Reichsarmee des Dareios III. Über ↗Syrien-Phönikien (332 Tyros und Gaza belagert) 332 nach Ägypten, das er ohne Kampf besetzte (↗Ptolemäerreich I); in Memphis Krönung zum Pharao. 332/1 Gründung ↗Alexandreias; Besuch in der Oase Siwa. Vorstoß nach O über Euphrat–Tigris. Sieg über Dareios' letztes Heer bei Gaugamela; Dareios floh nach Iran. A. zog 331 über Babylon und Susiane nach Persis (Winter 331/0 Brand des Palastes von Persepolis), 330 über Medien (in Ekbatana Entlassung der griech. Bundeskontingente) nach O auf der Verfolgung des Dareios III. (ermordet 330) und seines Mörders, des baktr. Satrapen Bessos, der sich „König Artaxerxes" nannte, über Areia, Arachosien, Hindukusch (329) und Baktrien nach Sogdiane; dort wurde Bessos ergriffen (329) und in Ekbatana hingerichtet. Weitere Kämpfe (v. a. gegen Spitamenes) führten A. bis über den Syr-darja (Jaxartes); 328/7 war NO-Iran gesichert. 327 Ehe mit Roxane, Tochter des Baktrers Oxyartes. 327–326 ↗Indienzug; Unterwerfung des Pandschab; weiteres Vordringen über den Hyphasis hinaus (fraglich, ob bis zum Ganges geplant) wurde durch Meuterei verhindert. 326 Zug indusabwärts zur Mündung, z. T. auf neuerbauter Flotte (↗Militärwesen B), die von dort 325 unter Nearchos den Seeweg zum Euphrat suchte; ein Heeresteil unter Krateros zog durch Arachosien nach Karmanien, der andere unter A. durch die Wüste Gedrosiens (große Verluste). 324 Siegesfeier in Susa, Massenhochzeit (A. heiratete 2 achämen. Prinzessinnen, 80 Paladine und 10000 Soldaten heiraten Iranerinnen). Zunehmende polit. Schwierigkeiten mit den Makedonen. Okt. 325 Tod seines besten Freundes Hephaistion in Ekbatana; A. forderte von den Griechen in Hellas heroische Verehrung des H. (ob er seine eigene göttliche Verehrung in Griechenland ausdrücklich verlangte, bleibt unklar; sie wurde in Athen wohl Ende 324 von makedon. Parteigängern beantragt, aber offenbar zurückgewiesen[3]). In Babylon schwere Krankheit (Sumpffieber, Lungenentzündung?); A. starb am 10. 6. 323[4], ohne einen Nachfolger ernannt zu haben. Die Heeresversammlung rief A.s schwachsinnigen Halbbruder Philipp III. Arrhidaios (323–317) und, auf Drängen der Feldherrn, zusätzlich einen evtl. Sohn der hochschwangeren Roxane (= Alexander IV., 323–310) zu Königen aus.

4. Polit. Idee und Leistung A.s. Der Perserzug wurde, entspr. dem Programm Isokrates' und Philipps, offiziell der panhell. Rache an den Barbaren für 480 und der Befreiung der kleinasiat. Griechen gewidmet, der Achilleus-Nachkomme A. stempelte den Zug durch Opfer in Ilion und Vorantragen einer angebl. Schildreliquie aus Troja zur Vollendung des Trojazugs gegen die asiat. Barbaren. Freiheitsparole und geschickte Behandlung der kleinasiat. Griechen und Barbaren (Freiheit für Lyder, Adoption durch Ada von ↗Karien) gewannen ihm Freunde (ähnl. später die Toleranz gegenüber ägypt. Sitten und die Krönung in Memphis). Daß A. Machterweiterungen suchte, zeigt freilich schon die symbol. Besitznahme Asiens beim Übersetzen durch Speerwurf vom Schiff aus; die griech. Küstenstädte wurden anscheinend nicht in den Korinth. Bund aufgenommen, sondern mit Freiheit vertragslos belehnt, also reichsuntertänig (↗Stadt B2). Nach Issos forderte A. im Briefwechsel mit Dareios Anrede als „König v. Asien" und wies das Angebot einer Eheverbindung und der Reichsteilung (Grenze: Euphrat) zurück, betrachtete sich also schon als Herrn des „speergewonnenen" Asien (Akklamation als „König v. Asien" angebl. nach dem Sieg v. Gaugamela). Seit 331/30 tritt A.s Reichsidee immer stärker hervor: einerseits markierte die Entlassung der griech. Bundestruppen (wohl schon die Verbrennung von Persepolis) das Ende des panhell. Rachekriegs und den Übergang zu einem reinen A.-Zug; andererseits suchte A. die ↗Iraner, bes. den Adel, zu gewinnen und den Makedonen gleichzustellen[5]; er glaubte wohl, das neue A.-Reich auf beide Völker stützen und sich so gleichzeitig aus dem beengenden Rahmen des maked. Volkskönigtums emanzipieren zu können. Um seine Ansprüche auf Dareios' Erbe zu legitimieren, nahm er nach dessen Tod ein maked. Mischkostüm an (↗Herrscher-Insignien), führte pers. ↗Hof-Zeremoniell (zunächst nur für Orientalen) ein, verfolgte Dareios' Mörder und ließ ihn nach oriental. Sitte als Hochverräter grausam hinrichten. Seit 331 (Mazaios in Babylonien) häufigere Einsetzung iran. Satrapen, freilich mit maked.

Militärkommandeuren. Bildung einer pers. Phalanx („Epigonoi", 324 wie die maked. Phalanx „Pezhetairoi" genannt, ↗Militärwesen A II) u.a.m. Höhepunkt der Entwicklung war A.s Verschmelzungspolitik (Massenhochzeit von Susa): offenbar schwebte ihm ein europ.-asiat. Großreich mit einer neuen, ethn. gemischten staatstragenden Adels- und Kriegerschicht vor, darüber in der normalmenschl. Sphäre durch sakrale Überhöhung entrückter, absolut regierender König. Schon die Begrüßung als „Sohn des Ammon" in der Oase Siwa war eine wichtige Vorstufe in der Entwicklung des ↗Herrscherkults (C 1) Alexanders; die Bemühungen, A.s göttliche Verehrung durchzusetzen (s.o.), sind seinen Wünschen wohl nicht zuwidergelaufen; er mag gefühlt haben, daß solche Überhöhung seine Herrschaft über republ. Poleis erleichtern könne. 324 ordnete ein Erlaß A.s die Rückkehr aller Verbannten in die Poleis von Hellas an; dieser vertragswidrige Eingriff sollte A. treuen Anhang schaffen und die Poleis schwächen. Die Echtheit seiner angebl. letzten Pläne (Diod. 18,4: u.a. „Weltvolk" durch allg. Bevölkerungsmischung, Umseglung Afrikas, Eroberung des westl. Mittelmeerraums) ist unwahrscheinlich.

Das Werk A.s mußte unvollendet bleiben; seine nahezu utop. Pläne stießen auf begreifl. Unverständnis und harten Widerstand. Die Gewinnung der Iraner blieb unvollkommen; konservative maked. Adels- und Soldatenkreise mißbilligten die Gleichstellung der Iraner, die zunehmende Tendenz zu oriental. Maßlosigkeit und zur absolutist. Machtfülle des Königtums; auf ihre Opposition sind wohl die Meutereien am Hyphasis (326) und bei Opis (324) zurückzuführen. Mehrere Verschwörungen wurden von A. niedergeschlagen und zur Beseitigung lästiger Warner benutzt (330 Philotas, Parmenion; 327 Pagenverschwörung, Tötung des Historiographen Kallisthenes, der die Proskynese verweigert hatte). Nach A.s frühem Tod machten die Makedonen die Gleichstellung der Barbaren rückgängig; die mutterländ. Griechen rebellierten. Das heterogene, nur oberflächlich in A.s Person geeinte Reich zerbrach rasch. Geblieben ist A.s unbestrittene Leistung als genialer Feldherr und die Beschleunigung der Hellenisierung des Orients (v.a. durch viele, militär. bedingte ↗Städtegründungen), die zwar schon lange vor A. begonnen hatte, ohne seinen Zug aber wohl nicht bis zum Indus ausgedehnt worden wäre. Das von A. begründete unumschränkte Königtum (↗Herrscherkult,

Staat) ist nach einer kurzen Pause in den Diadochenreichen wiedererstanden und hat bis in den röm. Prinzipat weitergewirkt. A. selbst, Vorbild mancher Herrscher, lebte als Sagengestalt im A.-Roman (↗Geschichtsschreibung B 3) und in den Sagen vieler Völker weiter. Der Beiname „der Große" ist erstmals bei Plautus (Most. 775) belegt; A. hat ihn nie getragen.

5. *Persönlichkeit.* Quellen und Literatur zeichnen A. häufig einseitig als vom irrationalen *pothos* („Sehnsucht") beseelten polit. Romantiker, oder aber als kühlen, rücksichtslosen Machtpolitiker, der sich nur aus propagand. Gründen mit übernatürl. Nimbus umgeben habe. Beide Züge scheinen, auf vernünft. Maß zurückgeführt, jedoch nicht unvereinbar: A. kann an seine Sendung als Nachfahr Herakles' und Achills, ja an seine göttl. Abkunft und sogar Göttlichkeit geglaubt haben und gleichzeitig die große propagandist. Wirksamkeit und polit. Nutzbarkeit dieser und anderer irrationaler Motive erkannt und eingesetzt haben, ähnl. wie sicher manche im neuzeitl. Personenkult gefeierte Persönlichkeit. In A.s persönl. und politischem Verhalten scheinen Liebenswürdigkeit und kluges Eingehen auf fremde Gefühle mit einem Hang zur Maßlosigkeit und Übersteigerung kontrastiert, was z. T. durch einen nicht ausgeglichenen, gefährdeten Charakter erklärt werden kann. Ob Taten wie Verbrennung von Persepolis (wilder Ausbruch oder polit. Fanal?) oder der im Rausch begangene Mord an seinem Freund und Lebensretter Kleitos (Winter 328/7) auf ungezügelte „balkan. Wildheit" oder auf (falsche) polit. Berechnung zurückzuführen sind, wird nie völlig zu klären sein; trotz umfangreicher (freilich parteilicher) Überlieferung stößt die Beurteilung seiner Persönlichkeit rasch an die Grenzen, die der method. Historiker sich setzen sollte.

H. H. S.

6. *Zerfall des Alexanderreichs.* Nach der Ausrufung des Königs (bzw. der Könige: s. o. 3) traf man in Babylon 323 folgende Regelung: ANTIPATROS blieb ↗Stratege von Europa, PERDIKKAS (P.), seit Hephaistions Tod 324 Chiliarch, hatte die Aufsicht zumindest über das asiat. Königreich und – für seinen vorgesehenen Nachfolger, den abwesenden Hipparchen KRATEROS – die προστασία τῆς 'Αρριδαίου βασιλείας inne. P. nahm dann die *Neuverteilung der Satrapien* vor, bei der u. a. LYSIMACHOS ↗Thrakien, ↗ANTIGONOS (I.) einen Großteil Klein-

asiens, ↗EUMENES Paphlagonien und Kappadokien (das er als Feldherr des P. erobern sollte), ↗PTOLEMAIOS (I.) Ägypten erhielten.
In *Baktrien* brach ein schon länger schwelender *Aufstand* der griech. Söldner aus; ihn warf der neue Satrap von Medien, Peithon, 322 in P.' Auftrag nieder. In *Griechenland* folgte Alexanders Tod eine antimakedon. Erhebung; einer Allianz der Griechen einschließl. der ↗Ätoler (StV III 413) gelang es unter dem athen. Strategen Leosthenes 323, Antipatros in Lamia/Thessalien einzuschließen („*Lamischer Krieg*"). Doch verlor 322 Athen in der Seeschlacht von Amorgos Flotte und Seeherrschaft an P.s Feldherrn Kleitos; 322 bei Krannon von Antipatros mit Krateros' Hilfe endgültig besiegt, schlossen die Allianzmitglieder, auch ↗Athen, einzeln Frieden, außer den Ätolern. Den Kampf gegen sie mußten Antipatros und Krateros 321/20 abbrechen, da in Asien P.s Verhalten[6] sein Streben nach der Königsherrschaft nahelegte. Gegen ihn und Eumenes rief nun Antigonos eine Koalition mit Antipatros, Krateros, Lysimachos und Ptolemaios ins Leben. P. wurde 320 beim Versuch ermordet, Ptolemaios (dessen eigenmächtige Bestattung von Alexanders Leiche in Memphis einen Herrschaftsanspruch bedeutete) in Ägypten zu schlagen[7]. Krateros fiel gegen Eumenes in Kappadokien.
320 teilten sich die Sieger in *Triparadeisos* P.s Erbe: der (nunmehr alleinige) Stratege von Europa, Antipatros, erhielt zusätzlich die ἐπιμελησία für die Könige, mit denen er sogleich nach Makedonien zog; sein Sohn ↗Kassandros (K.) wurde Chiliarch des künftigen Strategen von Asien, Antigonos, dem man auch die Exekution gegen den geächteten Eumenes übertrug.
Kurz vor seinem Tod 319 hatte Antipatros nicht seinen Sohn K., sondern den alten Taxiarchen ↗POLYPERCHON zum Strategen von Europa und – staatsrechtl. unzulässig[8] – zum ἐπιμελητὴς τῶν βασιλέων ernannt. Gegen ihn rief K. eine Koalition mit Antigonos I. (A.) und Ptolemaios ins Leben; Polyperchon jedoch gewann Alexanders Mutter Olympias für sich, ernannte Eumenes zum Strategen von Asien und suchte die griech. Städte durch ein Freiheitsdekret (Diod. 18, 56) zu gewinnen[9]; er scheiterte aber militärisch. 317 ernannte König Philipp III. auf Veranlassung seiner Gattin Eurydike den A. zum Strategen von Asien, K. zu dem von Europa und zu seinem eigenen (!) Epimeletes. Doch entschied Olympias' bloßes Erscheinen die Schlacht bei Euhoi 317 für Polyperchon; sie

ließ das Königspaar töten, wurde aber ihrerseits von K. in Pydna eingeschlossen und getötet.

A.s immer ehrgeizigeres Vorgehen (317/6 gegen Eumenes, 315 gegen ↗Seleukos usw.) führte 315 zu einem Ultimatum seiner Koalitionspartner von 319, das er 314 mit der Proklamation von Tyros (Diod. 19, 61: Freiheit der griech. Poleis; K. Reichsfeind, wenn er dem Strategen und Epimeletes A. nicht gehorche) erwiderte. Einen Thrakienfeldzug gegen Lysimachos brach er ab, als 312 bei Gaza/Syrien sein Sohn Demetrios (I.) von Ptolemaios geschlagen wurde und Seleukos mit dessen Hilfe nach Babylon zog (Beginn der Seleukidenära).

Erst 311 kam es zur Einigung (*Diadochenfrieden*, StV III 428) auf etwa den status quo (Seleukos nicht einbezogen), K. wurde Stratege von Europa bis zur Volljährigkeit des Königs Alexander IV. (den er aber mit der Mutter Roxane bald ermorden ließ); ein Epimeletes war anscheinend nicht mehr vorgesehen. Dem zumindest theoretisch bis dahin aufrechterhaltenen dynast. Gedanken (Herleitung von Alexander) war der Boden entzogen[10]; das Konzept des „speergewonnenen" Landes als Besitztitel nahm an Bedeutung zu.

Schon 310 zerbrach dieser Friede; die Erfolge K.s (Peloponnes) und seines Verbündeten Ptolemaios (Rauhes Kilikien, Peloponnes, Kyrenaika) ließen K. nicht ruhen: Sein Sohn DEMETRIOS „Poliorketes" eroberte ihm u.a. Athen und das seit c.321 ptolemäische Zypern. 306 nahm A. den *Königstitel* an, sein Sohn wurde Mitregent. Diesem Beispiel folgten bald Ptolemaios (der A.s Angriffen standhalten konnte), K., Lysimachos und Seleukos; zu einem Friedensschluß kam es noch nicht.

Demetrios' Unternehmungen (Belagerung von Rhodos, Peloponneszug) führten zur Bildung einer Koalition der drei letztgenannten Könige, gegen die ein neuer Hellenenbund (StV III 446) Demetrios' nichts nützte. Vater und Sohn unterlagen in der Schlacht bei *Ipsos* 301, A. fiel; die anschließende Verteilung der Territorien (K. erhielt Europa, Lysimachos Kleinasien bis zum Tauros, Seleukos den Rest, Ptolemaios einen Anspruch auf ↗Syrien?) besiegelte den Zerfall des Alexanderreichs.   K. B.

Anm.: 1) Grzybek (s.u.) 45–52. – 2) Grzybek 63. – 3) Ein Befehl Alexanders, ihn zu vergöttlichen, ist erst in sehr späten Quellen belegt (Ael. Var. hist. 2,19; Ps.-Plut. Mor. 219e); die zeitgenössischen Zeugnisse lassen nur auf Initiative makedon. Parteigänger in Athen während der Harpalos-Affaire schließen. – 4) Grzybek 28–35; 56. – 5) A.B. Bosworth, Alex. and the Iranians, JHS 100, 1980, 1–21. – 6) Er hatte trotz seiner Ehe mit Antipatros' Tochter Nikaia die ihm von Olympias angebotene Hand der einzigen Alexanderschwester Kleopatra nicht sofort ausgeschlagen und (erfolglos) versucht, die Hochzeit Philipps III. mit Philipps II. junger Enkelin Eurydike zu verhindern. – 7) Zur Chronologie vgl. R. M. Errington, JHS 90, 1970, 49–77; L. Schober, Untersuchungen zur Geschichte Babyloniens und der Oberen Satrapien, Diss. München, Frankfurt/M.–Bern 1981, 46–73. – 8) Bengtson, Strategie I² 61. – 9) A. J. Heisserer, Alexander and the Greek Exiles, Diss. Cincinnati 1971, 157–63. – 10) Nur Alexanders unehelicher Sohn Herakles lebte noch; ↗Polyperchon holte ihn 309/8 hervor, ließ ihn aber bald ermorden: P. Brunt, RFIC 103, 1975, 22–34.

Lit.: Forschungsbericht, Lit.: J. Seibert, A. d. Gr., EdF 10, Darmstadt 1972; N. G. L. Hammond – F. W. Walbank, Hist. of Macedonia III, Oxford 1988. – Briefe: B. Heisserer, A. the Great and the Greeks, Norman 1980. – Chronologie: E. Grzybek (↗Zeitrechnung). – Darstellungen: M. Bieber, A. the Great in Greek and Roman Art, Chicago 1964. – Münzen: A. Bellinger, Essay on the coinage of A., New York 1963; R.-Alföldi, 256; ↗Münzprägung (B 1). – Allg. Lit.: J. G. Droysen, Gesch. A.s d. Gr., Berlin 1833. – Ders., Gesch. d. Hell. I, Hamburg² 1877, ND Darmstadt 1980. – H. Berve, Das A.-Reich auf prosopograph. Grundlage, 2 Bde, München 1926. – U. Wilcken, A. d. Gr., Leipzig 1931. – W. W. Tarn, A. the Great, Oxford 1948, dt. Darmstadt 1968. – F. Schachermeyr, A. d. Gr., Ingenium und Macht, Graz usw. 1949. – Ders., A. d. Gr., Wien 1973 (SB Wien 285). – F. Hampl, A. d. Gr., Göttingen 1958, ²1965. – C. B. Welles, A. and the Hellenistic World, Toronto 1970. – G. Wirth, A. d. Gr., Reinbek 1973. – Ders., Studien zur A.geschichte, Darmstadt 1985. – S. Lauffer, A. d. Gr., München 1978, ²1981. – P. Goukowski, Essai sur les origines du mythe d'A. I/II, Nancy 1978/81. – Prosopographie: H. Berve, A.-Reich auf prosopogr. Grundlage, Bd. 2. – Einzelabh.: 1.: J. Hamilton, A.s early Life, Greece & Rome 12, 1965, 117 ff. – 2.: E. Badian, The Death of Philip II, Phoenix 17, 1963, 244–50. – J. R. Ellis, The assassination of Philip II, in: Anc. Maced. Stud. in Honor of Ch. F. Edson, Thessaloniki 1981, 99–137. – 3.: F. M. Abel, A. le Grand en Syrie ou Palestine, RB 43, 1934, 42 ff. – D. Kienast, A. und der Ganges, Historia 14, 1965, 180–88. – F. Altheim – R. Stiehl, Gesch. Mittelasiens im Altertum, Berlin 1970, 195–221. – J. Seibert, Die Erob. des Perserreichs durch A. d. Gr. auf kartograph. Grundlage. TAVO Beih. B 68, Wiesbaden 1985. – F. L. Holt (↗Baktrien). – W. Heckel, The Marshals of Alexander's Empire, London–New York 1992. – 4.: (Reihenfolge der Titel nach der Darstellung): H. U. Instinsky, A. am Hellespont, Godesberg 1949. – W. Schmitthenner, Über eine Formveränderung der Monarchie seit A. d. Gr., Saeculum 19, 1969, 31–46. – H. Berve, Die Verschmelzungspolitik A.s d. Gr., Klio 31, 1938, 135–38. – E. Badian, A. the Great and the Unity of Mankind, Historia 7, 1958, 425–44. – H. E. Stier, Welteroberung und Weltfrieden im Wirken A.s d. Gr., Opladen 1973 (Rhein.-Westf. Akad. d. Wiss. G 187). – E. Badian, The deification of A. the Great, in: Anc. Maced. Stud. (s. o. 2) 27–71. – E. Bikerman, La lettre d'A. aux bannis grecs, REA 42, 1940, 25–35. – E. Kornemann, Die letzten Ziele der Politik A.s d. Gr., Klio 16, 1920, 209–33. – F. Schachermeyr, Die letzten Pläne A.s d. Gr., Jahresh. d. Österr. Arch. Inst. 1954, 118. – E. Badian, The Death of Parmenio, TAPhA 91, 1960, 324–38. – W. Heckel, The Last Days and Testament of A. the Great. A prosopogr. study. Historia Einzelschr. 56, 1988. – A. Heuß, A. d. Gr. und die polit. Ideologie im Altertum, AuA 4, 1954, 65–104. – F. Pfister, A. d. Gr. in den Offenbarungen der Griechen, Juden, Mohammedaner und Christen, Berlin 1956. – Ders., A. d. Gr., die Gesch. seines Ruhms im Lichte seiner Beinamen, Historia 13, 1964, 37–39. – P. P. Spranger, Der Große, Saeculum 9, 1958, 22–58. – O. Weippert, A.-Imitatio und röm. Politik in republikan. Zeit, Diss. Würzburg 1972. – Cl. Bohm, Imitatio Alexandri im Hell. Unters. z. polit. Nachwirken A.s d. Gr. ... (Diss. Köln 1986), München 1989. – 5.: K. Kraft, Der „rationale" A., Kallmünz 1971. –

A. Demandt, Polit. Aspekte im A.-Bild der Neuzeit, AKG 54, 1972, 325–363. – A. Heuß, A. d. Gr. und das Problem der histor. Urteilsbildung, HZ 255, 1977, 29–64. – 6.: Bengtson, Strategie I². – F. Schachermeyr, Alexander in Babylon, SB Wien 268.3, 1970. – Ö. Müller, Antigonos Monophthalmos und „Das Jahr der Könige", Saarbrücker Beitr. z. Altertumskunde 11, 1973. – Will, Hist. Pol. I² 19–83. – Brodersen, Abriß 123 ff.

Alexandreia. *1.* Lage, Geschichte: 332/1 von Alexander d. Gr. an der Stelle des Dorfes Rhakotis auf einer Anhöhe westl. des kanop. Nil-Arms zw. Meer und Mareotis-See gegründet, Ausbau zur Hauptstadt des ↗Ptolemäerreiches schon seit Ptol. I.; die Wahl der Küstenstadt anstelle des binnenländ. Memphis zeigt die neue Blickrichtung des hell. Ägypten. Die Beschreibung der „hippodamischen" (↗Architektur a. E.) Anlage bei Strab. 17,1,6–11 (vgl. auch Diod. 17, 52) dürfte den Entwurf des Deinokrates aus Makedonien (oder Rhodos) in den Grundzügen wiedergeben (moderne Rek.-Pläne haben nur Näherungswert): bis zu 30 m breite west-östl. πλατεῖαι wurden, wie üblich, von schmäleren στενωποί geschnitten; neuartig war ein bes. breites Achsenkreuz mit Hauptplatz am Schnittpunkt. Fünf Stadtviertel, (später?) A bis E numeriert; am wichtigsten das Brucheion mit den Königspalästen (auf Kap Lochias), Grablegen Alexanders und der Ptolemäer, Museion (mit Park und Bibliothek, s. u.) und Paneion (aufgeschütteter Panoramahügel); angrenzend das Griechenviertel Neapolis; ferner v. a. Rhakotis (Ägypter, im SW mit dem von den Ptol. ausgebauten Serapeion ↗Religion B 2), östl. Vorstadt Eleusis (↗Seleukiden V 2). Nekropolen lagen im O (Fundort der zw. 259 und 213 datierten Hadra-Urnen, z. T. während ihrer Mission verstorbene ausländ. Gesandte) und im W. A. beherbergte auch eine große Judengemeinde mit Sonderrechten (↗Politeuma). Beiderseits des Dammes „Heptastadion" zwischen der vorgelagerten Insel Pharos (hier der Leuchtturm des Sostratos v. Knidos, c. 279 vollendet) entstanden geräumige Seehäfen (Εὔνοστος λιμήν im W mit separatem Kriegshafen Κιβωτός; Μέγας λιμήν mit Königl. Hafen in Palastnähe; dem Binnenhandel diente der noch umsatzreichere Nilhafen an der Mareotis. In der Endphase des Ptol.-Reichs zählte das Einwohnerregister 300 000 Freie (Diod. a. a. O.). 48 befestigte Caesar den Palast und angrenzende Teile des Brucheion zur Verteidigung gegen die Alexandriner und verbrannte Schiffe und Hafenanlagen, wobei auch Museion und Bibliothek zerstört wurden; Antonius soll Kleopatra die pergamen. Bibliothek mit 200 000 Buchrollen als Ersatz geschenkt haben (Plut. Anton. 58,9).

2. Polit. und wirtschaftl. Situation: A. war als griech. Polis (↗Stadt A) organisiert und aus der Chora mit ihrem Gauverwaltungssystem ausgenommen (↗Staat IV 1b; ↗Strategie), was sich später in der Bez. *Alexandria ad Aegyptum* ausdrückt. Von einer echten Autonomie war A. gleichwohl weit entfernt. Eine starke Garnison spielte v.a. von Ptol. V. an eine Rolle bei der Königsakklamation (↗Staat III 3). Die wirtschaftl. Blüte A.s leitete sich v.a. aus dem Transithandel zwischen Nilland und Mittelmeerwelt her, bes. mit den königl. Monopolgütern (↗Staat IV 1d).

3. Kulturelle Bedeutung. Schon seit Ptol. I. wurde A. zum führenden Musenhof (↗Hof H) der hell. Welt ausgebaut. Zur zentralen Bedeutung von Museion und Bibliothek ↗Buchwesen II 2; ferner ↗Apollonios, Drama I, Epigramm, Geschichtsschreibung, Judentum (C I, II), Kallimachos, Kanon, Karthago (5), Kunst, Malerei, Medizin, Philologie, Philosophie a.E., Theokritos.   H. H. S.

Lit.: P.M. Fraser, Ptolemaic Alexandria, 3 Bde., Oxford 1972 (Lit.). – N. Hinske (Hrsg.), Alexandrien. Kulturbegegnungen dreier Jahrtausende im Schmelztiegel einer mediterranen Großstadt. Aegyptiaca Treverensia 1, Mainz 1981. – F. Kolb, Die Stadt im Altertum, München 1984, 123–6. – H. Lauter, Die Architektur des Hell., Darmstadt 1986, bes. 79ff. – A.K. Bowman, Egypt after the Pharaohs, Oxford ²1990, Kap. 7. – H. Sonnabend, in: E. Olshausen – H.S. (Hg.), Stuttgarter Kolloquium zur hist. Geographie d. Altertums 2/3, 1984/87 (Bonn 1991) 515–32 (zur Planung).

Antigoniden. Hell. Dynastie aus maked. Adel in Vorderasien (323/321–301) und Makedonien (294–287; 276–168), die bis 197 auch Thessalien und große Teile Griechenlands (302–301, 223–198/196 Hegemonie in ↗Hellenenbünden) und der Ägäisinseln beherrschte oder kontrollierte. Die vielleicht mit dem Argeadenhaus verwandte Familie suchte ihre Herrschaft durch fingierte Abstammung von ↗Alexander d. Gr. (und damit von Zeus und Herakles) zu legitimieren. Dynastische Ehen verbanden die A. vor allem mit den ↗Seleukiden.

1. Begründer des Hauses ist *Antigonos I.* Monophthalmos („der Einäugige", * um 382). Von seinem Offiziersdienst unter Philipp II. und Alexander d. Gr. ist wenig bekannt. Seit 334 Satrap von Groß-↗Phrygien, kämpfte er nach ↗Alexanders (6) Tod (323) mit Antipater und Krateros gegen Perdikkas, erhielt 321 auch Lykien und Pamphylien und bald als „↗Stratege von Asien" das

Kommando über das dortige Reichsheer gegen ↗Eumenes, den er nach Osten verfolgte und 316 in Gabiene vernichtete, wodurch er seine Macht über Zweistromland und Iran ausdehnte. Sein Bestreben, gegen Konkurrenten und Partikularinteressen das Gesamtreich in seiner Hand zu vereinigen, zeigt sich schon früh in seiner Unterstützung des ↗Kassander gegen den Reichsverweser ↗Polyperchon (seit 319), dann in seiner angeblichen Verteidigung der Rechte Alexanders IV. gegen Kassander. Der bei den Makedonen noch immer wirksamen Argeaden-Idee stellte er seit 315 (Proklamation von Tyros) die Parole von der „Freiheit der Griechen"[1] zur Seite, die viele Poleis auf seine Seite brachte. Nach einem 1. Koalitionskrieg (315–311)[2] gegen Kassander, Lysimachos und Ptolemaios beherrschte er zwar Kleinasien unangefochten, mußte aber de facto die Selbständigkeit dieser Gegner anerkennen (StV III 428); es gelang ihm nicht, Seleukos aus Babylonien (↗Mesopotamien) zu vertreiben und an der Eroberung ↗Irans zu hindern. Im Westen brach der Krieg schon 310/09 wieder aus; im Kampf um den Besitz von Hellas (gegen Ptolemaios und bes. Kassander) errang Antigonos' Sohn Demetrios (s. u. 2) den größten Erfolg mit der „Befreiung" ↗Athens (I 3: 307), das Vater und Sohn mit kultischen Ehren (↗Herrscherkult C 2) dankte. Nach Demetrios' Seesieg über Ptolemaios bei Salamis (Kypros: 306) nahmen Vater und Sohn den durch Aussterben der Argeaden (↗Makedonien I) freigewordenen Königstitel (↗Staat III 3) an, welchem Beispiel die anderen Diadochen folgten. Angriffe auf Ägypten und Rhodos (305/4 Belagerung durch Demetrios) blieben erfolglos. Demetrios konzentrierte sich nun auf Süd- und Mittelhellas, das er großenteils von Kassander „befreite" und 302 in einem ↗Hellenenbund (StV III 446) vereinigte. Um die gleiche Zeit formierte sich eine neue Koalition (Kassander, Lysimachos, Ptolemaios I., Seleukos I.) gegen Antigonos; Demetrios wurde nach Asien zurückberufen, beging aber in der Entscheidungsschlacht bei Ipsos (Phrygien, 301) einen taktischen Fehler; Antigonos fiel, über 80jährig, nach einem von Tatkraft und Ehrgeiz bestimmten Leben. Sein Reich wurde von den Siegern aufgeteilt. Lysimachos (↗Thrakien) nahm Kleinasien bis zum Tauros, Seleukos im wesentlichen ↗Syrien, dessen Südteil aber Ptolemaios besetzte; Kassanders Bruder Pleistarchos erhielt vermutlich Kilikien, das er aber bald an Demetrios verlor (s. u.).

2. Demetrios I. Poliorketes („Städtebelagerer"), *um 336, hatte seit 314 als Feldherr und Admiral seines Vaters Antigonos I. in Syrien, Kleinasien, Hellas und Kypros gekämpft und seit 306 den Königstitel getragen (s.o.). Aus der Katastrophe des väterlichen Reichs rettete er Küstenstädte in Hellas und Kleinasien, bes. aber die Flotte (↗Militärwesen B), die zunächst die Machtbasis des „Seekönigs" bilden sollte. Nach Verständigung mit Seleukos I. (299/8 Ehe mit Demetrios' Tochter Stratonike in Rhossos) eroberte er Kilikien, bekämpfte bald seinen Schwiegersohn in Syrien, wandte sich dann (296) nach Hellas, wo er 294 Athen eroberte, in die ↗maked. Thronstreitigkeiten (II) zwischen Kassanders Söhnen eingriff und – als Gemahl von Kassanders Schwester Phila³ – König der Makedonen (294–287) wurde. 293–291 gewann er auch Thessalien und ↗Böotien, 290 (durch Heirat mit Pyrrhos' früherer Frau Lanassa) Korkyra. 287 griffen Pyrrhos (↗Epirus) und Lysimachos Makedonien an; die Makedonen fielen von Demetrios ab. Dieser übergab den zerfallenden Besitz in Hellas seinem Sohn Antigonos (II.) Gonatas (↗Makedonien III 1) und setzte mit geringen Streitkräften nach Kleinasien über, um das väterl. Reich wiederzugewinnen (287). Nach anfängl. Erfolgen verließ ihn das Glück; die Truppen verließen den des „Königsheils" verlustig Gegangenen, der sich 285 in Kilikien dem Seleukos I. ergeben mußte. In Apameia (Syrien) starb er 283 in ehrenvoller Haft. Demetrios, eine der glanzvollsten Persönlichkeiten der Diadochenzeit, war zum Erobern, nicht zum Regieren geboren; Prachtentfaltung war ihm Selbstzweck, nicht Mittel zum Zweck; Unstetigkeit und Unbeherrschtheit ließen die Erfolge, die er durch Energie und liebenswürdiges Wesen in Politik, Kriegsführung und Privatleben errungen hatte, rasch wieder zerrinnen.

3. Die Antigonidendynastie mit Antigonos II. Gonatas (283–239), Demetrios II. (239–229), Antigonos III. Doson (229–221), Philipp V. (221–179) und Perseus (179–168) regierte ↗Makedonien bis zur Schlacht bei Pydna 168 (↗Staat IV 3). Zu einem weiteren Antigonidenabkömmling, Demetrios „dem Schönen", ↗Kyrene.

H.H.S.

Anm.: 1) A. Heuß, A. Monophthalmos und die griech. Städte, Hermes 73, 1938, 133–94; R.H. Simpson, A. the One-Eyed and the Greeks, Historia 8, 1959, 385–409. – 2) P. Cloché, La coalition de 315–311 contre A. le Borgne,

CRAI 1957, 130–9; Kampf gegen Seleukos in Babylonien: P. Bernard, BCH 114, 1990, 513–41. – 3) C. Wehrli, Phila, Historia 13, 1964, 140–6.

Lit.: Allg.: Niese, GGMS; Beloch, IV 1–2. – C. Wehrli, A. et Démétrios, Etudes et documents 5, Genf 1968. – N.G.L. Hammond – F.W. Walbank, A Hist. of Macedonia III, Oxford 1988, 95–229. – 1.: Berve, Alexanderreich II 42–4. – Bengtson, Strategie I^2, 96–127. – H.W. Ritter, Diadem u. Königsherrschaft, Vestigia 7, München 1965. – Seibert, Dynast. Verbindungen, 27–33. – O. Müller, A. Monophthalmos und „Das Jahr der Könige", Saarbrücker Beiträge 11, Bonn 1973. – P. Briant, A. le Borgne, Ann. lit. Besançon 152, Paris 1973. – R. Engel, Unters. zum Machtaufstieg des A. Monophthalmos, Kallmünz 1977. – R.A. Billows, A. the One-Eyed and the Creation of the Hell. State, Berkeley 1990. – 2.: G. Dimitrakos, D. Poliorketes und Athen, Diss. Hamburg 1937. – G. Elkeles, D. der Städtebelagerer, Diss. Breslau 1941. – E. Manni, D. Poliorcete, Rom 1951. – Bengtson, Herrschergestalten 63–90. – A. Mastrocinque, D. tragodoumenos, propaganda e letteratura . . ., Athenaeum 57, 1979, 260–76. – I. Kertész, Bemerkungen zum Kult des D. Poliorketes, Oikumene 2, 1978, 163–75. – Briefe: RC 1; 4/5, dazu A. Wilhelm, Klio 28, 1935, 280–93. – ↗Münzprägung (B 2); R.–Alföldi, 256.

Apollonios Rhodios

Apollonios Rhodios, hell. Dichter. In ↗Alexandreia wohl im Anfang des 3. Jhs. geboren, wurde er als Schüler des ↗Kallimachos in Nachfolge des Zenodot (↗Philologie) mit der Leitung der Bibliothek (↗Buchwesen II 2) und damit der Erziehung des späteren Ptolemaios III. Euergetes (↗Ptolemäer) betraut, hatte jedoch, wie sich aus den beiden erhaltenen Viten mit Wahrscheinlichkeit ergibt, bei der Rezitation seiner Argonautika keinen Erfolg und konnte sich im Kampfe gegen seinen ehemaligen Lehrer nicht behaupten; so ging er, wohl erst unter der Regierung des Euergetes, nach Rhodos, wo er sein Epos einer nicht mehr tiefgreifenden Revision unterzog. Während seine sonstige poetische und wissenschaftliche Produktion fast völlig untergegangen ist, haben die Argonautika in ihrer endgültigen Gestalt im griech. wie im lat. Bereiche stark gewirkt und sind, auf dem Wege über einen Archetypos, in zwei Klassen von Hss. im ganzen recht gut erhalten, wozu einige Papyri gekommen sind; die wichtigen und gelehrten Scholien sind in zwei Rezensionen zu benutzen, die noch aus indirekten Quellen ergänzt werden können.

Das Epos des A. widerstrebt mit seiner durch vier Bücher durchgeführten Handlung dem Kunstprinzip des Kallimachos und war sicher die Hauptursache des Zerwürfnisses der beiden Dichter. In der Tat hat A. die ganze Argonautensage von der Abfahrt, in die nach kurzgefaßter Vorgeschichte der Heldenkatalog überleitet, bis hin zur Rückkunft kontinuierlich erzählt und unter Benutzung vieler poetischer wie auch prosaischer Werke die mannigfachen Traditionen sorgfältig motivierend in eine einheitliche Linie gebracht, so daß seine Darstellung geradezu kanonische Geltung erlangen mußte. Aber er ist gleichwohl ein Kind seiner Zeit gewesen: wie er Aitia und Hekale des ↗Kallimachos unbefangen, wenn auch variierend und korrigierend, benutzt hat, so wollte er sicher nicht eigentlich ein Epos alten Schlages schreiben, wenn er auch stilistisch näher am Urbild blieb als Kallimachos und ↗Theokrit. Die Fassade seines Gedichtes ist homerisch, aber allenthalben macht sich der neue Geist geltend. So flüssig und abwechslungsreich die Darstellung ist, findet eine Gelehrsamkeit, die sehr weit reicht und auch eine Kosmogonie in empedokleischen Tönen darzubieten weiß (1, 496 ff.), oft Gelegenheit hervorzutreten, nicht immer vielleicht gut dosiert. Es kommt auch das Volkskundliche zu seinem Recht und beeinträchtigt mit seinem aitiologischen Moment die epische Objektivität, die A. äußerlich erstrebt, aber selbst formal manchmal verletzt und auch sonst so wenig wirklich einhält, daß man über dem Erzählten selten den Erzähler vergißt, der auch dem Humor zeitweise Raum läßt. Die typische Asymmetrie erlaubt ihm, gewisse Szenen, auf die er Akzente setzen will, weiter auszuführen als andere und sich so in Kleinmalerei einzulassen, während die Sinneinheit des Ganzen verhältnismäßig schwach bleibt. Die Götter lenken bei ihm nach epischer Tradition personhaft das Geschehen, ohne die eigenmenschliche Veranlassung auszuschalten, aber sie werden nach den Maßstäben der alexandrinischen Gesellschaft verbürgerlicht, wenngleich ihnen einige Male, besonders Apollon und Athene, doch ein erhabener Auftritt ermöglicht wird. Die Menschen selber, sehr mannigfach charakterisiert, zeigen sich psychologisch verständlich und verlieren, unter Not und Mühsal leidend, von ihrem alten Heroismus. A.' bahnbrechende Neuleistung ist die Darstellung der Entwicklung der Liebe Medeas, aber so nahe diese damit dem Gefühle des Lesers rückt, läßt sich doch, namentlich im 4. Buche, ihre Dämonie und magische Kunst spüren. Bei allem Realismus sind Wunder nicht ausgeschaltet, besonders wieder im 4. Buche, wo sich die geographische Situation in schwer kontrollierbare Ferne verliert und auch eine Konkurrenz mit Odysseus' Irrfahrten möglich wird.

Die Erzählungskunst des A. mit ihren anschaulichen und stimmungsvollen Bildern und ihrem Reichtum an Motiven und Pointen hat, lange verkannt, jetzt wieder viele

Liebhaber gefunden. Auch im Altertum hat die Ablehnung durch Kallimachos und seinen Kreis seine Nachwirkung nicht inhibiert, die mit Vergils Aeneis (Didopartie) und den Argonautica des Valerius Flaccus bedeutsame Höhepunkte erreicht hat. H.H.

Ausg. von H. Fränkel, Oxford 1961 (dazu: ders., Einleitung zur kritischen Ausgabe der Argonautika des A., Göttingen 1964); von F. Vian und E. Delage, Paris 1974–1981. – Fragmente bei J. U. Powell, Collectanea Alexandrina, Oxford 1925, 4 ff. – Kommentar von G. W. Mooney, London–Dublin 1912. – Buch 1 mit Komm. von A. Ardizzoni, Rom 1967; 3 von M. M. Gillies, Cambridge 1928; A. Ardizzoni, Bari 1958; 4 von E. Livrea, Firenze 1973. – Übersetzung von Th. von Scheffer, Wiesbaden 1947. – Scholien von C. Wendel 1935 (Nachdr. 1958); die Pariser Rezension bei G. H. Schaefer in R. F. Ph. Bruncks Ausg. Bd. 2², Leipzig 1813.

Lit.: Im ganzen vgl. zuletzt H. Herter, Burs. Jahresber. 285, 1944/55, 213 ff., mit Literatur sowie Nachtragsartikel Apollonios, RE Suppl. XIII. – A. Körte–P. Händel, Die hell. Dichtung², Stuttgart 1960, 124 ff. – A. Lesky, Geschichte der griech. Lit., Bern–München ³1971, 818 ff. – T. B. L. Webster, Hellenistic Poetry and Art, London 1964, 63 ff. – P. Händel, Hermes 90, 1962, 429 ff. – Miscellanea di studi alessandrini, Torino 1963, 363 ff. – A. Hurst, Mus. Helv. 21, 1964, 232 ff. – Ders., Apollonios de Rhodes: Manière et cohérence. Contribution à l'étude de l'esthétique alexandrine, Genf 1967. – H. Fränkel, Noten zu den Argonautika des A., München 1968. – G. Paduano, Studi su Apollonio Rodio, Rom 1972. – P. M. Fraser, Ptolemaic Alexandria, Oxford 1972. – G. Giangrande, Zu Sprachgebrauch, Technik und Text des A. Rh., Amsterdam 1973. – M. Campbell, Echoes and Imitations of Early Epic in Apollonius Rhodius, Leiden 1981. – Ders., Studies in the Third Book of A. Rh.' Argonautica, Hildesheim 1983. – E.-R. Schwinge, Künstlichkeit von Kunst. Zur Geschichtlichkeit der alexandrinischen Poesie, München 1986. – G.O. Hutchinson, Hellenistic Poetry, Oxford 1988, 85–142. – E. Livrea, Studia Hellenistica. T. 1, Florenz 1991, 1–156. – Lexicon in Apollonii Rhodii Argonautica. Ed. F. Reich. Cur. et em. H. Maehler. I: ἄ – ἀνδάνω, Amsterdam 1991.

Arabien, Araber.

1. Hell. Einfluß auf die *südarab. Reiche*, das der Lihyan[1] (um Dedan, vor ca. 50 nabatäisch), der Minäer (sabäisch um 120), der Sabäer[2], von Qataban und Hadramaut ist trotz intensiver Handelsbeziehungen („Weihrauchstraße") v. a. zu Ägypten nur in Spuren feststellbar[3]; die fast nur durch Inschr. zu rekonstruierende Gesch. dieser z. T. schon im 8. Jh. existierenden Kulturen wird ergänzt durch sehr spärliche Angaben aufgrund von Expeditionsberichten bzw. Handelskontakten unter Alexander d. Gr. (Plan eines A.-Feldzuges, Arr. 7, 19, 6) und den Ptolemäern bei wenigen Geographen (z. B. Beschreibung der W-Küste des Roten Meeres von Eratosthenes bei Strab. 16, p. 768 f.); auch der Feldzug des Aelius Gallus gegen Saba 25/4 erweiterte die Kenntnis Süd-A.s kaum.

Antiochos III., dessen Interesse am pers. Golf (Indienhandel) durch die Errichtung einer Satrapie „am Roten

Meer", viell. auch durch Ansiedlungspolitik deutlich wird (↗Mesopotamien 2), scheint direkten Einfluß auf Ost-A. genommen zu haben: Verhandlungen mit dem von chaldäischen Flüchtlingen gegr. Handelsstaat Gerrha und Fahrt nach Tylos (h. Manama, eine Bahrain-Insel; Polyb. 13, 9).

Hingegen kamen in der *syr. Wüste* ansässige A.-Stämme schon früh in Berührung mit der hell. Welt. Alexander d. Gr. zog gegen A. im Antilibanon; unter Antigonos I. Monophthalmos Auseinandersetzungen mit den Nabatäern (s. u. 2). 218/17 standen A.-Stämme aus Transjordanien auf Seiten Antiochos' III., bei Raphia 217 kämpften 10 000 A. unter einen Scheich Zabdibelos für ihn, bei Magnesia 190 sind arab. Bogenschützen auf Dromedaren erwähnt. In den dynastischen Wirren und Aufstandsbewegungen im Seleukidenreich im 2. und 1. Jh. spielten nicht nur die uns am besten bekannten Nabatäer, sondern auch andere arab. Dynastien eine Rolle; so war der A.-Scheich Iamblichos (Malchus bei Jos. Ant. Jud. 13, 131f.) um Abai(?) (Nordsyrien) an der Usurpation des Diodotos Tryphon beteiligt (↗Seleukiden V 5–6); der seleukid. Prätendent Philippos II. Barypus wurde 67/6 von dem Phylarchen Azizos unterstützt, der 88 Demetrios III. den Parthern ausgeliefert hatte. In die Zeit der Auflösung des Seleukidenreiches nach 100 fallen außer der nabatäischen weitere arab. *Kleinreichgründungen* in Syrien und Mesopotamien: Ptolemaios, S. des Mennaios (mit eigener Münzprägung), setzte sich um Heliopolis (Baalbek) und Chalkis (Antilibanon) fest und bedrohte 84/3 Damaskus (Dynastie von Augustus beseitigt); um Emesa und Arethusa herrschte der Dynast Samsigeramos[4], der (Vertrag mit Azizos über Teilung Syriens) 64 den letzten Seleukiden Antiochos XIII. Asiatikos umbringen ließ. Um 130 setzte sich um Edessa (Gründung Seleukos' I. 303/2) die Abgaridendynastie fest[5], in derselben Zeit regierte Hyspaosines[6] am pers. Golf über (Spasinu) Charax (von Alexander d. Gr. als Alexandreia gegründet, unter Antiochos IV. als Antiocheia wiederbegründet), der um 127 auch Teile Babyloniens kontrollierte (↗Mesopotamien 1). Diese Dynastien hielten sich als Vasallenkönigreiche z. T. noch in der hohen Kaiserzeit. *Hell. Einfluß* ist zwar anzunehmen, aber nur in Spuren nachweisbar: Datierung nach der seleukid. Ära (↗Zeitrechnung I 2) häufig; in Edessa scheinen syr. Titel für Würdenträger hell. Hoftiteln zu entsprechen[7]. Das arab. Räuberunwesen in Syrien war eine Begründung für die Einrichtung der röm. Prov. Syrien durch Pompeius 64.

2. *Nabatäer.* Ursprüngl. im zentralen Negev beheimateter Nomadenstamm (früheste Erwähnung und Sittenschilderung bei Diod. 19, 94, 3–4), von dessen im Handel mit Weihrauch, Myrrhe, Gewürzen und Asphalt (aus dem Toten Meer) erworbenem Reichtum die Bauten der späteren Hauptstadt Petra zeugen (v. a. im 1. Jh. n. Chr.). Auf die Gesch. dieses A.-Stammes in hell. Zeit werfen nur wenige Zeugnisse Licht. Angriffen unter Antigonos I. Monophthalmos 312 leisteten die N. energischen Widerstand bis zum Abschluß eines Friedensvertrages (eine weitere – wohl legendäre – Nachricht FGrHist 675 F 25[8]). Eine Nachricht über nabat. Piraterie (Agatharchides v. Knidos (?) bei Diod. 3, 43, 4–5) nach Öffnung des Roten Meeres für die Handelsschiffahrt ist wohl auf die Zeit Ptolemaios' II. zu beziehen. 168 suchte der aus Jerusalem vertriebene Hohepriester Jason bei einem A.-Scheich Aretas (I.) vergeblich Schutz (II. Makk. 5, 8, Text freil. nicht sicher); in den folgenden Jahren hören wir teils von guten Beziehungen zw. Judas Makkabäus und seinen Nachfolgern zu den N., teils von Auseinandersetzungen (z. B. II. Makk. 12, 11). Die Auflösung des ↗Seleukidenreiches (VI) nutzten auch die N. unter Aretas II. (Ende 2. Jh.) zur Expansion, trafen jedoch auf den sich gleichzeitig ausdehnenden Hasmonäerstaat unter Alexander Jannaios, der durch die Einnahme von Gaza (zw. 101 und 96) den N. den wichtigsten Umschlagplatz für die S.-Arabien-Mittelmeer-Route entriß. In diese Zeit dürfte eine Nachricht bei Just. 39, 5, 5–6 über einen Araberkönig Herotimus und seine „700 Söhne", quos ex paelicibus susceperat, gehören. 93 fügte Aretas' Nachfolger Obodas (I.) dem Alexander Jannaios bei Garada (Gaulanitis) durch Einsatz von Dromedaren eine empfindliche Niederlage zu; Obodas zwang Alexander wohl auch, Eroberungen in Moab und der Galaaditis vorläufig aufzugeben (ca. 90, s. Liste jüd. Territorien Jos. Ant. Jud. 13, 397).

86/5 zog der Seleukide Antiochos XII. Dionysos, der zuvor Damaskus eingenommen hatte, gegen die N., fand jedoch den Tod im Kampf (85). Die Herrschaft über Damaskus ging – aus Furcht vor Ptolemaios, S. des Mennaios (s. o. 1) – auf Obodas' Nachfolger (?) Aretas III. über (Jos. Ant. Jud. 13, 392: nach 84, vor 72), der Münzen mit dem Philhellenbeinamen prägte; in seiner Zeit wohl Beginn des Ausbaus von Petra. Mit dem Eindringen Tigranes' I. v. ↗Armenien nach Syrien 72/1 ging Damaskus den N. wieder verloren. In die Thronstreitigkeiten zw. Alexander Jannaios' Söhnen Aristobul und Hyrkan (↗Juden I 1) nach 67 griffen auch die N. ein: für ihre Unterstützung trat Hyrkan jüd. Besitzungen in Moab ab (Jos. Ant. Jud. 14, 18). Nur die Drohung des 65 von Pompeius nach Syrien gesandten M. Aemilius Scaurus, Aretas zum Feind Roms zu erklären, ließ Aretas die Belagerung des Jerusalemer Tempels, Zuflucht des Aristobul, abbrechen. Scaurus' Vormarsch gegen Petra 62 endete mit einem Friedensvertrag. 61 erscheint Aretas in der Siegesinschr. des Pompeius unter den unterworfenen Königen (Diod. 40, 4). Bis zur Annexion durch Rom 106 n. Chr. waren die N. de facto von Rom abhängig; in Herodes I. v. Judäa entstand ihnen ein überlegener Gegner, der auch in den röm. Bürgerkriegen die vorteilhaftere Seite wählte. Mit dem Tod von Aretas' Nachfolger Malichos (ca. 60, sicher 57–31/0) und der Thronbesteigung Obodas' II. (30–9/8) beginnt die mittelnabat. Periode; das Reich erstreckt sich im S bis zum Hafen Leuke Kome; prächtige künstlerische Ausgestaltung der Hauptstadt des Reiches, dessen innere Struktur nur wenig bekannt ist. Die Herrschermünzen (Darstellungen mit Diadem) zeigen deutlich hell. Vorbild; Strab. 16, 783 (ebd. Beschr. der Staatsverf.) bezeugt einen Vezir (Epitropos, namentl. bekannt Syllaios, der den Feldzug des Aelius Gallus vereitelte, Strab. 16, 780–2) aus den „Hetairoi" des Kg.s (↗Hof F IV), der den Titel „Bruder des Kg.s" geführt hat; in der Kaiserzeit sind Strategen belegt. Schriftsprache bleibt freilich das angenommene Aramäische; zu nabat. Beziehungen in die Ägäis und nach Kleinasien s. IG XII suppl. 307; Inschr. v. Priene 108, Z. 168 u. a.; nach einer Vermutung von Altheim (s. u. Lit.) war Iambulos ein hellenisierter N. J.D.G.

Anm.: 1) Dazu Altheim-Stiehl, (s. u.) 93–106 (Lit.); zu ptol. Einflüssen auf die lihyanische Kunst ebd. 103. – 2) Vgl. H. v. Wissmann, ANRW II 9, 1, 1976, 308–544. – 3) Vgl. C. Rathjens, JKlF 1, 1950, 1–42 (kulturelle Einflüsse, bes. hell.). – 4) Zur Dynastie R. D. Sullivan, ANRW II 8, 1977, 198–217. – 5) Dazu H. J. W. Drijvers, ebd. 863–906. – 6) Die arab. Herkunft des Hyspaosines dürfte die wahrscheinlichste sein. – 7) Vgl. Altheim-Stiehl, (s. u.) 353. – 8) S. die Diskussion dieses umstrittenen Zeugnisses durch E. Merkel, bei Altheim-Stiehl, 294–7: bezieht es auf um 85 und verbindet es mit einem inschr. bezeugten Kg. Rabb'il (I.), dazu auch Roschinski, (s. u.) 141f.

Lit.: F. Altheim–R. Stiehl, Die A. in der Alten Welt, Bd. I, Berlin 1964 (darin bes. die Beitr. von E. Merkel). – P.C. Hammond, The N., their History, Culture and Archaeology, Göteborg 1973. – A. Negev, ANRW II 8, 1977, 520–686. – H. P. Roschinski, Gesch. der N., Bonner Jahrb. 180, 1980, 129–50. – Ders., Sprachen, Schriften und Inschr. in NW-A., ebd. 155–88. – Ebd. auch Aufsätze zur nabat. Kunst, 189–269. – M. Lindner, Petra und das Königreich der N., München[3], 1981. – P. Högemann, Alexander d. Gr. und Arabien (Zetemata 82) München 1985. – J. F. Salles, in: A. Kuhrt – S. Sherwin-White (Hgg.), Hellenism in the East, London 1987, 75–109. – D.T. Potts, The Arabian Gulf in Antiquity, Oxford 1990. – Sprache: R. Schmitt, Neumann – Untermann 205–9. – Karten: Y. Aharoni – M. Avi-Yonah, The Modern Bible Atlas, London[2] 1979, 133–40.

Architektur. Die hell. Architektur[1] ist wie die ↗Malerei eng mit dem 4.Jh. verwachsen, dem sie große Vorbilder verdankt, z.B. den Steinbau des Dionysostheaters von Athen[2], den Kern des Euryalos-Forts von Syrakus[3], das 10000 Personen fassende Thersileion (Tagungsstätte der arkadischen Bundesversammlung) von Megalopolis[4] und das Mausoleum von Halikarnassos[5]. Fraglich ist noch, ob der hell. Bautyp der Basilika[6] im Westen oder in Griechenland entstanden ist. Die auf Thera ergrabene βασιλικὴ στοά, also die Königshalle[7], datiert wahrscheinlich in die hell. Zeit. Auf welchen König sie weist, ist ungewiß. – Etliche architektonische Leistungen der Griechen wurden lange von der Forschung verkannt, z.B. die Verwendung der Terrasse als Architekturelement und die Erfindung unkanonischer Bautypen wie der fensterreichen Apsidenhalle. Ein solcher Bau in Labraunda, der sog. „späthell. Zeustempel", ist laut einer neu gefundenen Inschrift nämlich ein ἀνδρών (Hauptraum eines Herrenhauses) aus der Mitte des 4.Jh. v.Chr. (Abb. 1)[8]. Das gleiche Datum kommt dem Umbau des wirklichen (Anten-)Tempels des Zeus in einen hell. breit proportionierten Peripteraltempel von 6 × 8 Säulen zu[9].

Unsere chronologische Unsicherheit ist im Wesen der hell. ↗Kunst und noch mehr in dem der griech. Architektur selbst begründet. Abgesehen davon, daß die Bauhütte eines Tempels[10] – anders als die eines mittelalterlichen Domes – sich kaum Neuerungen öffnen darf, ist der entwerfende Architekt selbst durch das griech. Kunstgesetz der Tradition gebunden. Seine schöpferische Leistung liegt nicht im Erfinden von Plan und Details, sondern in der Proportionierung, Variation und Kombination der Grundelemente, der Bau- und Zierglieder (Kyma, Akanthus usw.), die ihm die Tradition an die Hand gibt. Neuerungen müssen ihren Weg vom Innenraum über das architektonisch gestaltete Monument oder den Profanbau nehmen, um langsam bis zur Verwendung am Peripteraltempel als dem repräsentativen Bau vorzudringen. Für die korinthische Säule z.B. dauerte dieser Prozeß ein Jahrhundert. Zum Nachteil für vergleichende Datierungen sind nach der Umkehrung dieses Satzes die Gattungsstile auch in der Baukunst inkommensurabel; der „heroische", d.h. der Tempelbau ist am stärksten konservativ. Bautypen, die, bisher vernachlässigt, keine kanonische Ausbildung erfahren hatten, boten der schöpferischen Initiative des Hell. ein größeres Feld. Neue Typen konnten sich kaum entwickeln, weil die aus kubischen Steinquadern aufgesetzte Mauer weiterhin das Grundelement der Bautechnik blieb und die Planung am rechten Winkel als idealem Beziehungsverhältnis in Grund- und Aufriß beibehalten wurde. Einzelne revolutionäre Bauten fanden offenbar erst in römischer Zeit volle Ausformung, z.B. der Apsidenbau von Pergamon[11], die geschlossene Rundhalle des Arsinoeion auf Samothrake[12] und das dortige Siegesdenkmal der Rhodier[13]: ein hochgelegener monumentaler Brunnen, in dessen Hauptbecken die berühmte Nike (↗Plastik) schräg aufgestellt war, so daß sie über die Cavea des Theaters hinweg aufs Meer blickte. Seine Aufgaben sieht der Hell. darin, Beziehungen zwischen Räumen oder, wie bei dem Nikemonument, zwischen Bauform und Geländeformation zu entwickeln. Dieses dreifache Problem hatte erstmalig, der Zeit weit vorauseilend, die perikleische Akropolis-Planung aufgeworfen.

Hell. *Raumbeziehungen* veranschaulicht der jüngere Apollontempel von Didyma[14] (Abb. 5), der unter Alexander geplant und von den Seleukiden in Angriff genommen wurde (Abbruch der Arbeiten erst 263 n.Chr.). Er folgt im dreiteiligen Aufbau dem archaischen Vorgänger: ein kleiner Naiskos liegt in einem hochummauerten Hof, um den sich eine doppelte Ringhalle legt. Beim Neubau ersteigt der Pilger einen zwölfstufigen Sockel, ehe er durch die doppelte Ringhalle in die ungewöhnlich breite Vorhalle („Zwölfsäulensaal") eintritt. Hier verwehrt ihm eine unüberschreitbare Schwelle (Höhe 1,46 m) den Weg in den „Zweisäulensaal", wo die Orakel verkündet wurden: der Aktionsplatz des Propheten hat, offensichtlich in Nachahmung ägyptischer „Erscheinungsfenster", Bühnenform. Zum Adyton geben zwei seitliche, dorisch gestaltete Pforten Zugang. Sie kaschieren schräg abwärts führende enge Tunnel, deren tonnenförmige Decke nicht gewölbt, sondern aus den Blöcken herausgehöhlt ist. Jetzt befindet man sich in dem riesigen Hof, den eine 25 m hohe pilastergegliederte Mauer umschließt, und vor dem kleinen, aufs feinste geschmückten prostylen Naiskos, der das Kultbild birgt. Eine neue Überraschung bringt der Rückweg: die Tunnelwandungen sind, vom Hof aus gesehen, Wangen einer repräsentativen Treppe, die mit 24 Stufen hinauf zum Zweisäulensaal führt. Zwischen seinen drei Zugangstüren stehen Halbsäulen in Korrespondenz zu den Pilastern des Hofes. Vom Zweisäulensaal kommt man durch zwei weitere Türen und Treppenhäuser, die über den Tunneln liegen, zum giebellosen Dachstock, der unvollendet blieb.

Baugruppen formierten sich im klassischen Heiligtum nur nach äußeren Gegebenheiten, weil der Tempel architektonisch autonom war und sein Bezirk regellos wuchs. Wie dagegen im Hell. die Gesamtanlage über den Einzelbau dominiert, zeigt beispielhaft der Athena-Bezirk von Lindos[15] (Abb. 6). Seit alters stand dort auf der Südspitze des Akropolisfelsens ein Tempel. Zu ihm führte seit archaischer Zeit eine der Formation des abschüssigen Vorgeländes angepaßte Prozessionstreppe (1) hinan. Nach einem Brand um 342 v.Chr. wurde der Athenatempel, ein dorischer Amphiprostylos (2), maßgetreu nach dem Grundriß seines Vorgängers errichtet, während der Tempelplatz im frühen 3.Jh. v.Chr. mit einer dreiseitigen Stoa, dem Grundelement hell. Platzanlagen, modern gestaltet wurde: Ein langgestrecktes Propylon (3), das im Frontteil einem Skenengebäude mit Paraskenien ähnelt, begrenzt durch seine rückseitige Kolonnade und deren Seitenflügel den heiligen Hof. Die beiden Flügel sind ungleich: der östliche hat aus Platzmangel nur 1 m Tiefe, so daß man ihn auch als Temenos-Mauer mit vorgeblendeter Säulenstellung definieren kann. Dieser Baukörper erfüllt einen praktischen Zweck – als Schutz für aufgehängte Weihgeschenke; er erzielt aber zugleich den in der hell. Architektur gesuchten Effekt der Reliefwirkung: Tiefenstaffelung selbst innerhalb einer begrenzenden Fläche. Solche „Pseudo-Stoai" finden sich auch sonst: am Altar des Asklepieion von Kos[16], dem ältesten Beispiel (um 340), sind sie etwas tiefer; das bekannteste liefert der Architekturrahmen des Telephos-Frieses (↗Plastik). Beim Grabbau von Marmara[17] lehnen die Säulen fast an der Mauer – hier geht der Bautyp der Pseudo-Stoa gewissermaßen in die halbsäulengegliederte Wand über, die im

Hell. weit verbreitet ist. Vor dem Propylon wurde in Lindos eine riesige Freitreppe (4) angelegt, auf die der Zuweg über die damals noch erhaltenen unteren Stufen der archaischen Treppe schräg hinführte. Diesen Prunkbau sah man also über Eck, und die gleiche Ansicht legten seine 5 Portale für den Tempel fest (vgl. die Akropolis von Athen). Gegen Ende des 3.Jh. v.Chr. wurde vor dem Propylon zu seiten der Freitreppe eine neue, aus zwei L-förmigen Stoai bestehende Vorhalle (5) erbaut, deren Säulenstellung von der Großen Treppe (4) als „Pergola" durchgezogen ist. So wird das Propylon-Motiv in einen optischen Effekt verwandelt. Trotz seiner gigantischen Länge von 90 m kann der Neubau die Wirkung des Propylon steigern: Dessen Treppe (4) wird dadurch optisch „größer", daß die der neuen Terrasse vorgelegte Treppe (6) in der Breite nur ein Viertel der Propylontreppe mißt. Vielleicht um 100 v.Chr. wird die Terrasse bis zum Treppenfuß durch vorgesetzte Gewölbe erweitert (7), deren Arkadengalerie aus diesem Baukörper einen Fassadenschmuck gibt. So formt die Bauentwicklung in 4 Phasen und gut 200 Jahren einen komplexen, doch organischen Grundriß, in dem die römischen Ergänzungen Fremdkörper bleiben: ein weiterer, hangabwärts angelegter Tempel (8) und eine Stoa (9), die den Heiligen Hof zum Peristyl schließen soll, aber damit dem Tempel seine Eigenständigkeit nimmt.

Tempelgrundrisse. Der klassische Peripteraltempel dorischer Ordnung ist gewöhnlich ein Peripteros (vgl. Abb. 2; 3), der ionische hingegen ein Dipteros (Abb. 5), der an monumentale Proportionen gebunden ist. Kleinere ionische Tempel wurden deshalb als Prostyloi (vgl. Abb. 1; 5; 6) oder Amphiprostyloi (vgl. Abb. 6) ausgeführt. Im Hell. führen den ionischen Dipteros z.B. das Didymaion und – in korinthischer Ordnung – das Olympieion von Athen[18] weiter; den dorischen Peripteros variiert der Athena-Tempel von Ilion[19] (Abb. 3) in charakteristischer Weise: Sein Oikos hat Halbsäulen in der Cella und auch an den Antenstirnen des Pronaos und des Opisthodoms, so daß er scheinbar mit je 4 Säulen amphiprostyl ist (vgl. den wirklich sechssäulig amphiprostylen Oikos des Parthenon); das Ausmaß hell. Neuerungen im dorischen Peripteros veranschaulicht der gedrungene Tempel von Kurno (Abb. 2) mit Halbsäulenpfeilern an den Ecken. Ein Beispiel schlichtester dorischer Sakralarchitektur gibt der Athena-Tempel von Herakleia am Latmosgebirge[20]. Das monumentale Stadtheiligtum wurde ohne Ringhalle, als ein einfacher Antentempel (vgl. Abb. 1) mit bergwärts gewandter Front entworfen. So hatte, wer zu Schiff ankam, auf der Höhe über der Wohnstadt die Tempelrückseite vor Augen, den Würfel der nackten Wände mit einem kleinen dorischen Abschlußfries unter dem schmucklosen Dach. Der Effekt der Klarheit wird durch die Kulisse des Granitgebirges weiter gesteigert – ein heute noch eindrucksvolles Beispiel für die erwähnte Beziehung zwischen Bau und Landschaft.

Dorisches und ionisches Ordnungsprinzip wurden in der archaischen Zeit ausgebildet. Die Klassik übernahm sie und versuchte, diese beiden ,Themen' der griech. Architektur auf einander zuzuführen: die Propyläen der Akropolis und der Apollontempel von Bassai-Phigalia sind dorische Bauten mit harmonisch eingefügten ionischen Gliedern im Innenraum. Jetzt, im Hell. ist umgekehrt das Äußere der kleinen Tempel dorischer Ordnung in Schmuck und Proportionen ionisch beeinflußt. Die großen Bauten, bei denen das schmuckreiche ionische Element in der Kombination beider Ordnungen dominiert, übernehmen von der dorischen die Ringhalle und die rationale Ableitung des Proportionssystems. Diese Aufgabe versuchte Pytheos ab 340 in Priene paradigmatisch zu lösen: er baute einen ionischen peripteralen Athena-Tempel[21] in dorisiertem Grundriß (6:11 Säulen). Zu den wenigen bekannten Nachfolgebauten zählt der älteste erhaltene korinthische Peripteros, der Zeus-Tempel von Diokaisareia (6 × 12 Säulen)[22], weil die korinthische Säule im Hell. als Variante der ionischen, nicht als Kernstück einer neuen Ordnung gewertet wurde.

Fruchtbarer als Pytheos' Neuschöpfung erwies sich die Wiederbelebung eines alten[23] Tempeltyps, des Pseudodipteros (Abb. 4). Seine 2 Joch breite Ringhalle bedingte eine Normbreite von 7 Jochen = 8 Säulen (Peripteros: 6). Damit gewinnt die Stirnseite des Tempels als Fassade an Gewicht, während seine Länge schrumpfen kann: 8 × 15 Säulen hat der Tempel der Artemis in Magnesia/Mäander[24], 8 × 13 der des Apollon in Alabanda, 8 × 11 das Hekateion in Lagina (Abb. 4). Um eine prostyle Fassade werden im Hell. mehrere Tempel erweitert, so der samothrakische der Kabiren[25], der pergamenische der Demeter[26] und der Apollontempel in Gortyn[27], während man früher Ringhallen zufügte, so im 6.Jh. am ,Dörpfeld-Tempel' der Akropolis von Athen, im 5.Jh. eine halbe am Athena-

Tempel von Sunion[28], im 4.Jh. in Labraunda (s.o.). Bei kleinen Tempeln gewinnen die Fassadentypen wie Antentempel (vgl. Abb. 1) und Prostylos (vgl. Abb. 5; 6, 8) den Vorrang gegenüber Grundrissen mit gleichwertiger Rückseite: Doppelantentempel und Amphiprostylos (vgl. Abb. 6, 2). Betonung der Fassade und Eingliederung in eine weiter ausgreifende Planung sind zwei Symptome für den Substanzverlust des Tempels in hell. Zeit. In neuen Heiligtümern kann man ihn sogar ganz entbehren: Im Zeus-Bezirk der Akropolis von Pergamon[29] stand – nach dem Vorbild hocharchaischer Kultstätten des Gottes – nur ein Altar. Der Altar selbst hat freilich die Größe eines Tempels; er galt den Alten als Weltwunder und wurde zum Inbegriff der hell. Kunst (↗Plastik), obwohl er einem Typus des 4.Jh. folgt (vgl. den Altar von Kos[16]). Im angrenzenden Athena-Bezirk steht zwar ein kleiner Tempel am Rande, aber das Bild des Bezirks bestimmen die langgestreckten säumenden Hallen, die in Anlage und Detail für hell. Architektur typisch sind.

Eine derartige Stoa hat keine feste Relation von Längen- und Höhenmaß; sie trägt ihr Maß nicht in sich, sondern empfängt es vom architektonischen Zusammenhang. Deshalb ist sie für den hell. Architekten ein ideales Mittel zur großzügigen Gestaltung von sakralen und profanen Plätzen und von Straßenfronten. Heute gibt nur die wiederaufgebaute Attalos-Stoa von Athen eine rechte Anschauung von diesem wichtigsten hell. Bautyp[30]. Trotz ihrer Monumentalität ist sie ein Zweckbau der Agora: für den verstädterten Bürger des Hell. ist die sommers und winters schützende Wandelhalle mit den an der Rückseite gereihten Basarräumen der Schauplatz des öffentlichen Lebens. Beim Propylon von Lindos wurden schon einmal Säulenhallen, die sich zu Komplexen zusammenschließen, erwähnt (s.o.): Sein Frontteil geht auf die Flügelstoa des 5.Jh. zurück (Zeus-Stoa in Athen[31] u.a.); die rückwärtige Hufeisenstoa findet ihre Entsprechung in den planmäßigen ionischen Agora-Anlagen, deren erste für uns Priene ist. Dort nimmt die Agora[32] mehrere Straßengevierte ein und öffnet sich im Hufeisen zur begrenzenden Hauptstraße, an der öffentliche Gebäude gegenüberliegen. Sie gehören nicht zur Agora. Später erhalten sie zwar eine gemeinsame Vorhalle, aber deren Aufriß hat keine Beziehung zu den Agorahallen; sie schließt nicht deren Hufeisen zum Geviert. Andernorts gibt es kleinere Staats-[33] und Handelsmärkte[34], die, wie die Zentren größerer Gebäude, einen geschlossenen Peristylhof bilden. Eine Variante des gängigen Peristyls mit gleichartigen Hallen (a) ist das „rhodische Peristyl" (b), Vitruv 6, 7, 3: Bei ihm liegt gegenüber dem Eingang eine höhere Säulenhalle, deren Ecksäulen manchmal mittels Konsolen zugleich die Architrave der anschließenden niedrigen Flügelhallen tragen.

Beide Peristyltypen finden sich bei Häusern der Kult- und Handelsvereine[35], bei Gymnasien[36], Heroa[37] und selbst bei Heiligtümern olympischer Götter[38] – und in Wohnbauten vom Palast[39] bis zum kleinen Privathaus[40]. Die kleineren Häuser bleiben freilich meist bei einem älteren Grundrißschema: Wohn- und Wirtschaftsräume werden durch einen Hof getrennt, der nur an ein oder zwei Seiten Säulen aufweist – gewissermaßen ein defektives Peristyl bildet[41].

Dem schlichten Zweckbau der Stoa entsprach auch im Hell. am besten die dorische Ordnung; hier fand sie ihre Ausformung. Die Frontseite der hell. Stoa wirkt grazil, weil das Interkolumnium von 2 auf 4 Metopen erweitert wurde[42] (beim hell. Tempel von 1 auf 3) und weil die Säulen, deren Kannelierung im unteren Schaft oft nur angerissen ist, langgezogen sind[43]. Die ästhetischen Neuerungen sind zugleich von Vorteil bei der praktischen Benützung und bei den Baukosten. So hat auch die Verwendung zweier Ordnungen an einem Bau mehrere Gründe, sei es, daß ein Obergeschoß niedriger zu halten ist, oder daß in einer zwei- oder mehrschiffigen Halle die Innenstellung mit den schlankeren ionischen Säulen höher geführt werden kann (wie schon bei den Propyläen der Akropolis von Athen). Neue Kapitellformen bereichern die klassischen Ordnungen, so das Eierstabkapitell die dorische, das Blattkranzkapitell[44] die ionische Ordnung. Dekorativ und zugleich statisch sind Zwitterformen wie die Halbsäule, die, im 4.Jh. noch auf den Innenraum beschränkt, jetzt vordringt und sich mit Wand, Ante und Pfeiler verbindet, s. die Tempel von Didyma, Ilion und Kurno (Abb. 5; 3; 2) und o. S. 70 = Halbsäulenwand.

Wände, die sich im oberen Drittel zur Säulenstellung auflösen, geben so rückwärtigen Sälen mit unzureichendem Lichteinfall von der Tür her eine zugfreie Beleuchtung ohne Einsicht von außen und über angrenzende niedrige Räume hinweg. Uns sind nur Nachahmungen durch Gesims und Halbsäulen an massiven Wänden erhalten, die dadurch eine horizontale Stufung bekommen[45] – wie die

Säule durch den halb kannelierten Schaft. In der Proportionsumkehr, d.h. mit großen Halbsäulen auf niedrigerem Sockel, erhält die Wand zugleich eine Vertikalgliederung, s. die großen Wandflächen im Innenhof des Didymaion. Im Außenbau kann man so Zweistöckigkeit vortäuschen oder zwei Stockwerke zusammenfassen. Dies Gestaltungsmittel wurde erst dem Hell. vertraut, obwohl die Aufgabe schon mit der Westfront des Erechtheion gestellt und gelöst war und die Podiensockel des 4.Jh., wie am Mausoleum von Halikarnassos, entsprechend gegliedert sind.

Die geschlossenen Hallenbauten hell. Zeit schließen sich eng an ältere Vorbilder an, so die langgestreckten zwei- oder dreischiffigen Speicher am Skeuothek im Piräus (um 340). In Milet läßt sich ein solcher Nutzbau offizieller Funktion, die Magazinhalle von ca. 160 v.Chr., rekonstruieren[46]. Ihre 9 m breite Stirnwand ist mit Sockel und dorischen Halbsäulen gegliedert, die Längsseiten – die 163 m messen! – sind schmucklos in Quadern ausgeführt wie das Untergeschoß oder die Rückseite einer offenen Stoa. Als großen Versammlungsraum hatte die Klassik nach orientalisch-ägyptischen Vorbildern den Hypostylsaal mit Laternen-Aufsatz entwickelt. Dem Odeion des Perikles, dem Thersileion von Megalopolis u.a. schließt sich im späten 3.Jh. eine Anlage in Delos[47] an. Später tritt an die Stelle dieses seltenen Bautyps die Basilika, z.B. auf dem Forum in Rom (B. Aemilia um 179) und in Pompeji[48].

Der Bautyp eines kleineren Versammlungsgebäudes fand im Hell. seine Vollendung und weite Verbreitung: das Rathaus. Vorbild für die U-förmige und ansteigende Anlage seiner Sitze war das Bouleuterion in Athen[49] (5.Jh.), doch ist die Raumwirkung der hell. Bauten stärker, weil das Blickfeld frei von Stützen bleibt. Die große Erfindung, welche die Spannweite von 6 m, der Maximallänge eines Tragbalkens, auf 15 m erweiterte und so erstmalig einen Innenraum im heutigen Sinne ermöglichte, war der als Hänge- oder Sprengwerk gezimmerte Dachstuhl, s.d. Rekonstruktionen der beiden Rathäuser von Priene[50] (um 200) und Milet[51] (um 170/160 v.Chr.). Weitere Fortschritte im Saalbau waren nur noch mit Bogen und Gewölben zu erreichen. Dem hell. Baumeister waren sie nicht aus konstruktiven, sondern aus statischen Gründen verwehrt. Er verwandte den Bogen wegen des Gewölbeschubs fast nur eingebettet, z.B. in Substruktionen, s. die

Zisterne des delischen Theaters[52] oder die in Fels gebaute tonnengewölbte Grabkammer des Mausoleums von Belevi[53] (um 280 v.Chr.). Hell. Bogen in aufgehendem Mauerwerk liegen in einem größeren Mauerverband – so die Festungstore von Priene[54] (um 340: die ältesten griech. Bogen), das Bogenfenster am dortigen Rathaus[55] und die gekreuzten Tonnen im Treppenhaus des Gymnasions von Pergamon[56] (M. 2.Jh. v.Chr.) – oder mehrere Bogen stützen sich gegenseitig, s. die Terrasse von Lindos (s.o.) und die Reste einer Gewölbeterrasse am Südhang der Athenischen Akropolis[57] (vor 170), die gewöhnlich als Rückwand der später an der Stelle errichteten Eumenes-Stoa gedeutet werden. Die Anwendung des Bogens wird, wie bei anderen neuen Bauformen, nur langsam erweitert. Repräsentativ eingesetzt sehen wir ihn zum erstenmal im Markttor von Priene[58] (M. 2.Jh. v.Chr.), das sich nur aus einer Zeile miteinander verklammerter Keilsteine aufbaut.

Als Baumaterial für Mauern nahm man weiterhin – neben Bruchsteinen und Polygonalblöcken – nur verklammerte Steinquader und geschichtete Luftziegel. Gebrannt wurden hauptsächlich Dachziegel, Zement nur zum Dichten von Zisternen verwandt, Mörtel als Bindemittel für Bruchsteine in Festungs- und Putzmauern (Wohnhäuser, schlichte Stoai) und bei der Füllung von Quaderschalenmauern. Die Revolution der Baukunst durch Guß- und Ziegelmauerwerk, die mit dem neuen Material auf strukturverwandte altorientalische Techniken zurückgriff, ist römisch[59]. Sie führte zum vollen Einsatz des Bogens als Tonne und damit zu neuen Bauformen, z.B. für Stadion und Theater-Cavea, während im Hell. die Entwicklung der Zuschaueranlagen stagnierte; nur die im 4.Jh. aufgekommenen Steinsitze fanden weitere Verbreitung.

Der Schauplatz des hell. Theaters[60] paßte sich hingegen der Entwicklung des ↗Dramas an: Da der Chor an Bedeutung verlor, konnte man auf die Kreisform der Orchestra verzichten, der sich das Skenengebäude trotz seitlich vorspringender Paraskenia nur locker hatte angliedern lassen. Jetzt ist die Proskenion-Front Sehne des Orchestra-Bogens; Auditorium und Bühnengebäude erstrecke eine Einheit als Raumkörper, die dann in römischer Zeit durch Überwölben der trennenden Hauptzugänge (Parodoi) vollendet wird. Der dramatische Dialog entfaltet sich jetzt vor und auf dem Proskenion, einem an das Skenengebäude angelehnten Bühnenbau von geringer Tiefe. An seiner Front und im zurückspringenden Oberteil, dem Episkenion, lassen sich Kulissentafeln befestigen[61] (↗Malerei). Diese Erweiterungen des Skenengebäudes erstellte man zunächst in Holz (Proskenion seit dem Ende des 4.Jh. v.Chr., Episkenion seit dem frühen 3.Jh. v.Chr.) – in Stein erst seit etwa 200 bzw. 150. Nur in Pergamon stand eine hölzerne Skene, die nach dem Spiel ganz abgebaut werden konnte. Nicht der Platzmangel am Steilhang, sondern ein ästhetischer Grund scheint diese archaisierende Anlage inspiriert zu haben: Alle Bauten, die das Theater von Pergamon umgeben – so auch der Tempel im Athena-Bezirk, dessen Randlage oben unerklärt blieb – sind nach der Cavea-Mulde orientiert. Dies Herzstück der Akropolis-Anlage[29] sollte kein Skenengebäude störend überschneiden. Noch kühner ist die Idee der Einheit von Architektur und Landschaft in der Anekdote formuliert, die von einem Plan erzählt, aus dem Athos-Gebirge ein Kolossalbild Alexanders zu machen, dem ein Strom und zwei Städte als Attribute dienen sollten[62].

Deutlichere Zeugnisse hell. Selbstherrlichkeit sind die Grabanlagen, deren Wirkung auf der exponierten Lage in der Landschaft beruht. Sie wird für runde und rechteckige Bauten mit Sockelgeschoß[63] in Nachfolge des Mausoleums genützt, auch für kleine Tempel und Felsgräber mit Fassade[64]; selbst ein Tumulus kann auf einem Höhenkamm aufgeschüttet werden[65].

Für gewöhnlich liegen die Gräber freilich in Nekropolen zusammen (s. die Katakomben von ↗Alexandreia) oder sind längs der Ausfallstraße gereiht[66]; in Kleinasien nehmen Ehrengräber auch markante Plätze innerhalb der Stadt ein[67]. Bei den meisten Grabbauten ist die Bestattungskammer mit den Grabstelen oder Sarkophagen ein verschlossenes Hypogäum, über dessen Wölbung ein zweiter, für den Totenkult bestimmter Raum liegt. Beim Heroon von Kalydon[37] ist das Grab Kernstück einer ganzen Palaistra-Anlage – ein Vorläufer der römischen Prunkgräber im Typus öffentlicher Gebäude. Das Nachwirken alter Traditionen und der Vorklang des kaiserzeitlichen Gräberluxus in der hell. Grabarchitektur ließe sich z.B. anhand der Tumuli aufzeigen[68].

Die Stadtplanung[69] folgt dem schon im 5.Jh. erprobten sog. hippodamischen Schachbrett-System, das ganz auf praktischen Erfahrungen beruht. In Priene[70] z.B. sprachen für eine Anlage am stark fallenden Hang statt im feuchten Fruchtland der Ebene neben dem Klima die Vorteile für Ökonomie, Wasserversorgung und Verteidigung. Die gerade Straßenführung fördert die „Durchlüftung" der Stadt und ermöglicht hier eine durchgehende Nord-Süd-Orientierung der Parzellen, durch die sich bei jedem Haus die dem rückwärtigen kühlen Oikos vorgelagerte Halle voll der Wintersonne öffnet.

Die Hauptstraßen verlaufen steigungsarm, also parallel zum Hang. Da es keinen Durchgangsverkehr gibt, münden sie, in Übereinstimmung mit den Geländegegebenheiten, abwechselnd in ein West- oder Osttor. Die kreuzenden Querstraßen sind steil geführt und geben so Sturzbächen den direkten Ablauf frei.

Vergleichen wir die Agora von Priene mit römischen Anlagen, so spricht aus deren axialer Bindung zwischen Platz und Straße der gleiche repräsentative Schematismus, der die Heiligtümer von Praeneste[71], Terracina[72] und Tivoli[73] von ihren Vorbildern in Lindos (s.o.) und Kos[74] trennt.

Da aber im Hell. und auf griechischem Boden die Tendenz zur großen Dimension, zur Fassadenwirkung und perspektivischen Planung heranwuchs, die sich in der kaiserlichen Prunkarchitektur voll entfaltet, müssen wir in den Säulenstraßen, Nymphäen und Foren von Side, Gerasa und Palmyra nicht „den Sieg der italischen Stadt über die griechische" sehen, sondern vielleicht eher griech. Architektur, die in römischer Zeit durch neue technische und finanzielle Mittel einen neuen Aufschwung im Dienst des Imperiums nahm. G.Bk./W.He.

1) Wichtige Literatur: W.B. Dinsmoor, The Architecture of Ancient Greece, London / New York / Toronto / Sydney ³1950. – H. Berve – G. Gruben – M. Hirmer, Griechische Tempel und Heiligtümer, München 1961. – G. Gruben, Die Tempel der Griechen, München 1966; ³1980. – K. Schefold, Die Griechen und ihre Nachbarn, Propyläen Kunstgeschichte Bd. 1, Berlin 1967. – J. Charbonneaux – R. Martin – F. Villard, Das hellenistische Griechenland. 330–50 v.Chr., München 1971. – H. Knell, Grundzüge der griechischen Architektur, Darmstadt 1980. – H. Lauter, Die A. des Hell., Darmstadt 1986. – E. Rohde, Pergamon. Burgberg und Altar, Berlin / München 1982. – Führer: H.A. Thompson, The Athenian Agora – A Guide to the Excavation and Museum, o.O. ²1962. – M. Schede, Die Ruinen von Priene, Berlin ²1964. – Ph. Bruneau – J. Ducat, Guide de Délos, Paris ³1983. – K. Lehmann, Samothrace. A Guide to the Excavations and the Museum, New York ³1966. – G. Kleiner, Die Ruinen von Milet, Berlin 1968. – 2) H. Knell, Perikleische Baukunst, Darmstadt 1979, 77ff. – Knell (1980) 212ff. – 3) F.E. Winter, The Chronology of the Euryalos Fortress at Syracuse, in: Amer. Journ. of Arch. 67, 1963, 363ff. – Schefold (1967) Abb.318b. – 4) Dinsmoor (1950) 242f. – 5) Dinsmoor (1950) 257ff. – W. Schiering, Zum Amazonenfries des Maussoleums in Halikarnass, JdI 90, 1975, 121ff. – K. Jeppesen, Neue Ergebnisse zur Wiederher-

stellung des Maussoleions von Halikarnassos, Istanb. Mitt. 26, 1976, 47 ff. – Ders., Zur Gründung und Baugeschichte des Maussoleions von Halikarnassos, Istanb. Mitt. 27/28, 1977/78, 169 ff. – Knell (1980) 143 ff. – 6) K. Ohr, Die Basilika in Pompeji, Diss. Karlsruhe 1973, bes. 144 ff. u. Taf. 20. – 7) F. Frhr. Hiller v. Gaertringen, Die Insel Thera in Altertum und Gegenwart mit Ausschluß der Nekropolen, Thera Bd. 1, Berlin 1899, 217 ff. – 8) A. Westholm, Labraunda. Vol. I. Part 2. The Architecture of the Hieron, Lund 1963, 105 ff. – 9) P. Hellström – Th. Thieme, Labraunda. Vol. I Part 3. The Temple of Zeus, Stockholm 1982, bes. 45 ff. – 10) Hellström – Thieme a.a.O. 54 f. – 11) J. Schrammen, Der Große Altar. Der obere Markt, in: Altert. v. Pergamon III, 1, Berlin 1906, 83 ff. – 12) Lehmann (1966) 49 ff. Frühes 3. Jh. v. Chr. – 13) Ebenda 76 f. – 14) Th. Wiegand – H. Knackfuß, Didyma I. Die Baubeschreibung in drei Bänden, Berlin 1941. – Schefold (1967) Taf. 298 f. – Charbonneaux (1971) 12 ff. – W. Voigtländer, Der jüngste Apollontempel von Didyma. Geschichte seines Baudekors, Istanb. Mitt. Beih. 14, Tübingen 1975. – Gruben (^{3}1980) 359 ff. – Knell (1980) 158 ff. – Zu den höchst wichtigen Werkzeichnungen s. L. Haselberger, Werkzeichn. am Jüngeren Didymeion. Vorbericht, Istanb. Mitt. 30, 1980, 191 ff. – Ders., Bericht über die Arbeit am Jüngeren Apollontempel von Didyma. Zwischenbericht, Istanb. Mitt. 33, 1983, 90 ff. – 15) Schefold (1967) Taf. 312 b. – Charbonneaux (1971) 80 ff. – H. Kähler, Lindos, Zürich 1971, 16 ff. – Gruben (^{3}1980) 410 ff. – 16) P. Schazmann, Kos. Bd. 1. Asklepieion. Baubeschreibung und Baugeschichte, Berlin 1932, 25 ff. – 17) Marmara bei Milet. Th. Wiegand, Zweiter vorläufiger Bericht über die Ausgrabungen der Königlichen Museen zu Milet, Arch. Anzeiger 1902, 147 ff. – 18) Gruben (^{3}1980) 230 ff. – 19) F.W. Goethert – H. Schleif, Der Athenatempel von Ilion, Berlin 1962. – W. Hoepfner, Zum Entwurf des Athena-Tempels in Ilion, Athen. Mitt. 84, 1969, 165 ff. – H. Knell, Der Athenatempel in Ilion. Eine Korrektur zur Grundrißrekonstruktion, Arch. Anzeiger 1973, 131 ff. – 20) Unpublizirt. S. Dimitriou, Die türkische Westküste, Frankfurt / Wien 1976, 142 Abb. 121; 182 f. – 21) Schede (1964) 25 ff. – Gruben (^{3}1980) 378 ff. – Knell (1980) 150 ff. – W. Koenigs, Der Athenatempel von Priene. Bericht über die 1977–82 durchgeführten Untersuchungen, Istanb. Mitt. 33, 1983, 134 ff. – 22) J. Keil – A. Wilhelm, Denkmäler aus dem Rauhen Kilikien, Monumenta Asiae Minoris Antiqua. III, Manchester 1931, 47. – 23) Vgl. z.B. die spätarchaischen Tempel F und G in Selinunt: Gruben (^{3}1980) 284 ff. – 24) C. Humann, Magnesia am Mäander, Berlin 1904, 39 ff. – Gruben (^{3}1980) 389 ff. – Zum Fries jetzt: A. Yaylalı, Der Fries des Artemisions von Magnesia am Mäander, Istanb. Mitt. Beih. 15, Tübingen 1976. – A. Davesne, La frise du temple d'Artémis à Magnésie du Méandre, Paris 1982. – 25) Lehmann (1966) 65. – 26) Berve – Gruben – Hirmer (1961) 274 f. Korinthische Vorhalle vor ionischem Antentempel. – 27) PECS 362 f. s.v. Gortyn (K. Branigan). Dort weitere Literatur. – 28) Gruben (^{3}1980) 216 ff. – 29) Berve – Gruben – Hirmer (1961) 266 ff. – Rohde (1982) 20 f.; 28 f.; 39; 52. – 30) Schefold (1967) Taf. 309. – Charbonneaux (1971) 93 f. – J. Travlos, Bildlexikon zur Topographie des antiken Athen, Tübingen 1971, 505 ff. – 31) Travlos a.a.O. 527 ff. – 32) Schede (1964) 49 ff. – Vgl. auch den Nordmarkt in Milet in seiner hochhellenistischen Bauphase: A. v. Gerkan, Der Nordmarkt und der Hafen an der Löwenbucht, Milet I, 6. Berlin / Leipzig 1922, 87 ff. – 33) Thompson (1962) 78. – 34) Unterer Markt in Pergamon: Berve – Gruben – Hirmer (1961) 267. – Agora der Italiker, Delos (Ende 2. Jh. v. Chr.): Bruneau – Ducat (^{3}1983) 166 ff. – 35) Bau der Poseidoniasten: Bruneau – Ducat 174 ff. – Typ b) Peristylhaus im Westmarkt in Milet: Kleiner (1968) 43. 45. – 36) Typ a) Pompeion in Athen, um 300 v. Chr.: Travlos a.a.O. 477 ff. – W. Hoepfner, Das Pompeion und seine Nachfolgerbauten, Kerameikos Bd. 10, Berlin 1976. – Typ b) Nordmarkt-Gymnasion in Milet, 1. Hälfte 2. Jh. v. Chr.: Kleiner (1968) 91 f. – 37) Typ a) Heroon von Kalydon, 2. Jh. v. Chr.: E. Dyggve – F. Poulsen – K. Rhomaios, Das Heroon von Kalydon,

Kopenhagen 1934, bes. Taf. 5. – Typ b) Das Temenos für den Herrscherkult: E. Boehringer – F. Krauß, Das Temenos für den Herrscherkult, Altert. v. Pergamon 9, Berlin / Leipzig 1937. – 38) Zeusheiligtum von Dodona. Der Tempel, dem Propylon gegenüber, ist in die Stoa eingebunden. Gruben (³1980) 112 ff. – Tetrastoon für Dionysos in Lindos, um 200 v.Chr.: E. Dyggve, Lindos. Fouilles de l'Acropole Bd. 3, Berlin / Kopenhagen 1960, 417 ff. – 39) Große Gästehäuser, wie das Leonidaion in Olympia: A. Mallwitz, Olympia und seine Bauten, München 1972, 246 ff. – Palast von Palatitsa: M. Andronikos et al., Τὸ ἀνάκτορον τῆς Βεργίνας, Athen 1961, Taf. 1. – 40) Typ a) Bruneau – Ducat (³1983) 215 ff. – Typ b) Ebenda 243 ff. – 41) Schede (1964) 102. – 42) Travlos a.a.O. 517 Abb. 654. – 43) Ebenda 508 Abb. 637 f.; 513 Abb. 645. – 44) Ebenda 515 Abb. 650. – 45) S. z.B. Schede (1964) 84 Abb. 97. – Lehmann (1966) 62 Abb. 31. – 46) Kleiner (1968) 119 ff. – 47) Bruneau – Ducat (³1983) 162 ff. – 48) Zuletzt K. Ohr (s. Anm. 6). – 49) Travlos a.a.O (s. Anm. 30) 191 ff. – 50) Schede (1964) 62 ff. – 51) Schefold (1967) Abb. 302b. – Kleiner (1968) 77 ff. Die „zwei Geschosse" der Außenfront entsprechen dem unteren und dem oberen Fußboden des Sitzungssaales. – 52) Bruneau – Ducat (³1983) Fig. 93, 1. – 53) C. Praschniker – M. Theurer, Das Mausoleum von Belevi, Forschungen in Ephesos Bd. 6, Wien 1979. – 54) Schede (1964) 21. – 55) Ebenda 66. – 56) P. Schazmann, Das Gymnasion. Der Tempelbezirk der Hera Basileia, Altert. v. Pergamon 6, Berlin / Leipzig 1923, 26 ff. – 57) Berve – Gruben – Hirmer (1961) Taf. 3. – 58) Schede (1964) 55. – 59) Dazu die wichtigen Arbeiten von F. Rakob, Hellenismus in Mittelitalien. Bautypen und Bautechnik, in: Hellenismus in Mittelitalien, hrsg. von P. Zanker, Abh. Gött., phil.-hist. Kl. Nr. 97, 1976, 366 ff. – Ders., *opus caementicium* – und die Folgen, in: Röm. Mitt. 90, 1983, 359 ff. – 60) Zum Theater: M. Bieber, The History of the Greek and Roman Theater, Princeton 1961. – H. Lauter, Die hell. Theater der Samniten und Latiner in ihrer Beziehung zur Theaterarchitektur der Griechen, in: Hellenismus in Mittelitalien, hrsg. von P. Zanker (s.o. Anm. 59) 413 ff. – 61) Schede (1964) 73 Abb. 87 = Berve – Gruben – Hirmer (1961) 260. – 62) Z.B. Strabon 14, 1, 23. – 63) Zu Belevi: s. Anm. 53. – Zu Kos: P. Schazmann, Das Charmyleion, in: Jahrb. d. Dt. Arch. Instituts 49, 1934, 110 ff. – 64) Z.B. das Archokrateion in Rhodos um 200 v.Chr.: Dyggve (1960; s. Anm. 38) 491 ff. – 65) Der Tumulus bei Belevi; s. Anm. 53. Auch in Thrakien finden sich solche Tumuli: A. Vassiliev, Das antike Grabmal bei Kasanlak, Sofia und Köln / Berlin 1959. – 66) Ph.M. Petsas, Ὁ τάφος τῶν Λευκαδίων, Athen 1966. – 67) F. Miltner, Ephesos. Stadt der Artemis und des Johannes, Wien 1958, 29 f. – 68) Ein frühhell. Beipiel in Langaza bei Saloniki: Th. Macridy, Un tumulus macédonien à Langaza, JdI 26, 1911, 193 ff. – Ein spätes der sog. Tombeau de la Chrétienne: A. Lawrence, Greek Architecture, Harmonsworth 1957, Taf. 94. – 69) A. v. Gerkan, Griechische Städteanlagen, Berlin / Leipzig 1924. – R.E. Wycherley, How the Greeks Built Cities, London 1949. – R. Martin, L'urbanisme dans la Grèce antique, Paris 1956, ³1974. – A. Wokalek, Griechische Stadtbefestigungen, Bonn 1973. – J.B. Ward Perkins, Cities of Ancient Greece and Italy: Planning in Classical Antiquity, New York 1974. – Knell (1980) 240 ff. – 70) Schede (1964) Faltplan. – Knell (1980) 252 ff. – 71) H. Kähler, Das Fortunaheiligtum von Palestrina Praeneste, in: Annales Universitatis Saraviensis – Philos. - Lettres – Bd. 7, 3/4, 1958, 189 ff. – F. Coarelli (Hg.), Studi su Praeneste, Perugia 1978 (Sammelband, in dem auch der Aufsatz von Kähler befindet). – 72) EAA 7, Rom 1966, 729 ff. s.v. Terracina (B. Conticello). – 73) EAA 7, Rom 1966, 887 ff. s.v. Tivoli *(Tibur)* (B. Conticello). – 74) Knell (1980) 233 ff.

Argos. Hauptort der NW-peloponn. Landsch. Argolis; abhängig u. a. Mykene (seit 468) und Nemea, Ort der traditionsreichen panhellenischen Spiele der Nemeen.

Das ehem. auf der Peloponnes mit Sparta konkurrierende A. stand vor 343 auf Seiten Philipps II. v. Makedonien. Nach der Schlacht bei Chaironeia 338 trat A. 338/7 in den Korinth. Bund (↗Hellenenbünde) ein. Philipp schlug A. den seit dem 6. Jh. mit Sparta umstrittenen Norden der Kynuria-Ebene (Thyreatis) zu, seitdem argivisch. Nach 336 regte sich auch in A. Widerstand gegen Alexander, der peloponn. Allianz gegen Makedonien 331 unter Agis III. v. ↗Sparta (I 1) scheint A. jedoch ferngeblieben zu sein. Im Lamischen Krieg 323/2 (↗Alexander d. Gr. 6) schloß sich A. dem ↗Hellenenbund an. In den beginnenden Auseinandersetzungen mit ↗Kassander 319 versuchte ↗Polyperchon erfolgreich, sich Argos zu sichern: Ein Brief über die Beseitigung der oligarch. Anhänger Antipaters war namentlich an A. gerichtet (Diod. 18, 57, 1). Zw. 318 und 316 Freundschaftserneuerung mit Pallantion (Arkadien, StV III 419). 316 erzwang Kassander den Anschluß von A. (vgl. freil. Diod. 19, 63, 1–2), 303 fiel es an Demetrios I. Poliorketes, der dort seine Hochzeit mit der Pyrrhosschwester (↗Epirus) Deïdameia feierte. Gegen Ende des 4. Jh.s verlieh A. seinen angebl. Apoikien Rhodos, Soloi u. Aspendos die Isopolitie (↗Bürgerrecht 8)[1], suchte also Kontakte zu Kleinasien. Wohl nach 283 waren wieder Anhänger des Antigonos II. Gonatas tonangebend; der von einer Gegenpartei herbeigerufene Pyrrhos (↗Epirus) fiel 272 im Straßenkampf in A. Seitdem herrschte in A. eine durch Antigonos II. gestützte „Tyrannen"-Dynastie[1a], zunächst Aristippos (I., seit 272?) dann dessen Sohn Aristomachos (I., vor 250–240), der nach dem Abfall ↗Korinths von Makedonien (252?) Korinth mit athen. Unterstützung zurückzuerobern versuchte (vgl. IG II² 774, Friedensvermittlung). Auch nach der endgültigen Vertreibung der maked. Besatzung aus Korinth durch den ↗Achäer (2) Aratos 243 vermochte sich die Familie weiter zu halten; mehrere Eroberungsversuche Arats scheiterten; ob er die Ermordung des Aristomachos einfädelte (240), bleibt unklar, jedenfalls scheiterte Arats Versuch, den Tod des „Tyrannen" zur Eroberung von A. auszunutzen (Plut. Arat 25). Auf Aristomachos folgte sein Sohn (Aristippos II., – ca. 234)[2]. Im Demetriakos Polemos (zw. 239 und 229) gelang es Arat trotz mehrerer Angriffe nur, Kleonai dem Achäerbund einzuverleiben (um 235); die als polit. Demonstration dort abgehaltenen Nemeen (wegen angebl. älterer Rechte Kleonais) fanden in Hellas keine Anerkennung. Bei einem Rückeroberungsversuch von Kleonai fiel jedoch Aristippos (ca. 234), und sein Bruder Aristomachos trat – nach dem Tode Demetrios' II. v. ↗Makedonien (III 3) ohne Rückhalt – freiwillig (gegen 50 Talente, Polyb. 2, 44, 6) zum Achäerbund über (Stratege 228/7). 225 eroberte Kleomenes III. v. ↗Sparta (I 4) A. und wurde von den niederen Schichten begrüßt, die sich soziale Reformen wie in Sparta erhofften; den Anschluß an Sparta hatte Aristomachos vorbereitet. Vor Gründung des Hellenenbundes des Antigonos III. Doson (StV III 507; ↗Makedonien III 4) fiel A. – in der Hoffnung auf Reformen getäuscht – von Kleomenes ab (224) und trat wieder in den Achäerbund ein; wegen seines Verrates wurde Aristomachos hingerichtet. Nach Antigonos' Tod 221 weiterhin enge Beziehungen zu Makedonien. 208 leitete Philipp V. – wie schon Kassander – die Nemeen. Auch nach Übertritt des ↗Achäerbundes (4) zu Rom 198 im 2. Maked. Krieg (200–197) hielt A. an dieser Verbindung fest: trotz Verbots setzte man bei der übl. Götteranrufung vor der Volksversammlung Philipps Namen hinzu (Liv. 32, 25, 2), und die mak. Parteigänger übergaben 198 A. an Philipp V., der es 197 an Nabis v. ↗Sparta (I 5) abtrat, den die Argiver 195 wieder vertrieben. A. wurde erneut achaiisch, Flamininus zum Leiter der Nemeen bestellt. In den folgenden Jahrzehnten teilte A. das Schicksal des ↗Achäerbundes. Die von Rom geforderte Freigabe u.a. von A. war ein Anlaß zum Röm.-Ach. Krieg (147/6; ↗Achäer 5); in A. befahl der ach. Stratege Diaios die Emanzipation der wehrfähigen Sklaven. Nach 146 wurde A. wieder autonom, verlor jedoch jede politische Bedeutung. Blüte in der Kaiserzeit[3].

Verfassung: Über die nach dem Sturz der „Tyrannis" wohl – wie in allen Poleis des Achäerbundes – demokrat. Verfassung von A. und die milit. Organisation ist nichts Näheres bekannt. 217 stellte A. dem Achäerbund 500 Mann zu Fuß und 50 Reiter; möglicherw. stellen die 195 Nabis zugeführten 2000 Wehrfähigen das ganze Bürgeraufgebot (ggf. durch Söldner verstärkt) dar.   J.D.G.

Anm.: 1) R. Stroud, Hesperia 1984, 193–216. – 1a) J. Mandel, A propos d'une dynastie des tyrans à A. (IIIe siècle av. J.-C.), Athenaeum NS 57, 1979, 293–307. – 2) Ob Aristippos' II. Tochter Apia mit der Gattin des späteren „Tyrannen" Nabis v. ↗Sparta (5) identisch ist (IG IV 1^2 621), ist unklar. – 3) Kahrstedt, Wirtschaftl. Ges. 162–5.

Lit.: Landschaft: Philippson-Kirsten III 1, 93–154. F. Cauer, RE II 1, 1895, 728–43 s.v.; R. A. Tomlinson, A. and the Argolid, London 1972 (Lit.); Martin, Greek Leagues 431–6 (gegen ein argiv. Koinon nach 146). – P. Charneux, BCH 114, 1990, 395–415 (Volksbeschlüsse von A.; Lit.). – Münzprägung: R. Alföldi, 269. – Ausgrabungen: Kirsten-Kraiker[5], 334–84, bes. 344–50; PECS s.v. – Leekley-Noyes, Southern Greece 57–72.

Arkadien. Gebirgiges Hochland auf der Peloponnes zw. Achaia (N), Elis mit Triphylien (W), Messenien und Lakonien (S) und der Argolis (O), u. a. mit den Poleis Mantineia, Megalopolis, Orchomenos und Tegea.
Einigung im 5. Jh. nicht sicher; jedenfalls seit ca. 370 zu einem ↗Koinon mit Vorort Megalopolis (gegr. 370/368) geeint[1], das jedoch 362 (Schlacht bei Mantineia) in zwei rivalisierende Bünde mit Mantineia bzw. Megalopolis auseinandergebrochen war. 343 schloß sich Megalopolis Philipp II. an; ein Vertrag mit Athen (StV II 337) nicht nur der Arkader um Mantineia, sondern auch der Megalopoliten ist wohl als „Rückversicherungsvertrag" anzusehen. An der Schlacht bei Chaironeia 338 nahmen keine arkad. Kontingente teil; 338/7 Mitglied des Korinth. Bundes (↗Hellenenbünde). Ein 335 von arkad. Poleis zur Unterstützung Thebens (↗Böotien) gesandtes Hilfskorps gelangte nur bis zum Isthmos. 332/1 Teilnahme A.s am von Agis III. v. ↗Sparta (1) geführten Aufstand gegen Makedonien außer Megalopolis, das Antipater 331 entsetzte: Elis und Achaia mußten Entschädigung von 120 Talenten zahlen; wohl damals Einführung einer oligarch. Verfassung in Megalopolis (vgl. Diod. 18, 68, 3). Ein Befehl Alexanders 324 (Hyp. Dem. col. 18) dürfte – sofern durchgeführt – die letzten Reste einer arkad. Bundesverfassung beseitigt haben: seitdem keine einheitl. arkad. Politik mehr. Im Lamischen Krieg 323/2 (↗Alexander d. Gr. 6) neutral, gehörte A. 318 zum Machtbereich des ↗Polyperchon, nur Megalopolis hielt zu ↗Kassander, der 317 Tegea belagerte; in den folgenden Jahren dürfte A. wie der Großteil der Peloponnes unter versch. Oberherren gestanden haben: 315 wohl unter Polyperchons Sohn Alexander, 313 antigon., dann wieder unter Kassander und Polyperchon. 303 fiel auch A. an Demetrios I. Poliorketes (↗Antigoniden 2), nur Mantineia leistete (erfolgreich?) Widerstand. Nach 287 stand A. unter Demetrios' Sohn Antigonos II. Gonatas v. Makedonien, der nach Pyrrhos' Tod (272) auch Megalopolis wiedergewann: der von ihm gestützte „Tyrann" Aristodemos „der Gute" (seit ca. 270), der dem Spartanerkg. Akrotatos um 262 eine schwere Niederlage beibrachte, wurde jedoch ca. 251 ermordet. Tegea, Mantineia, Orchomenos standen als Mitglieder der kurz vor 268 gegründeten ↗spartani-

schen (I 2) Liga im Chremonideischen Krieg (ca. 267–261) auf athen.-spart. Seite (StV III 476). Die oft vertretene Existenz eines letzten arkad. Bundes (um 255) u. a. mit Tegea, Orchomenos, Mantineia, Heraia und Lepreon ist ebensowenig gesichert wie eine Schlacht zw. Sparta und dem Achäerbund bei Mantineia ca. 250². Megalopolis stand seit 251 unter dem promak. „Tyrannen" Lydiadas. Wahrsch. mit Beginn der Expansion des ↗Ätolerbundes nach 245, der durch Isopolitievertrag (StV III 495) mit Phigaleia kurz vor 240 (?) einen Stützpunkt im SW A.s besaß, Verlust von Triphylien an ↗Elis. Um 241 schlossen sich Nord-A., Mantineia, Orchomenos und Tegea an den Ätolerbund an (wahrsch. Isopolitie). Die Isolation durch das ↗achäisch-ätol. Bündnis im Demetriakos Polemos (zw. 239 und 229; ↗Makedonien III 2) führte dem Achäerbund Megalopolis zu (235), aus dem die bedeutenden ach. Staatsmänner Philopoimen, Lykortas und Polybios stammten; Lydiadas ach. Stratege 234/3, 232/1, 230/29. Um 229 schloß sich der größte Teil Nord-A.s (Plut. Arat 34, 4) an den Achäerbund an; hingegen hielten Tegea, Mantineia, Orchomenos zum Ätolerbund, der die Poleis 229 Kleomenes III. v. ↗Sparta (I 4) überließ (Details unbekannt, Gründe umstritten³), einer der Anlässe zum Ausbruch des Kleomenes-Krieges (229–222), in dessen Verlauf A. mehrmals Kriegsschauplatz war. 222 eroberte Antigonos Doson im Bunde mit Achaia Tegea, Orchomenos und Mantineia (nach vollständiger Zerstörung als Antigoneia wiederaufgebaut) zurück, Heraia und Telphusa (West-A.) ergaben sich freiwillig; im Gegenzug zerstörte Kleomenes Megalopolis. Nach der Schlacht bei Sellasia 222 blieben Tegea und Mantineia achäisch; mak. Besatzung in Orchomenos. Nach dem Bundesgenossenkrieg (220–217) dürfte Phigaleia achäisch geworden sein (StV III 520); Heraia und Alipheira (nach 239 abgetreten an Elis durch Lydiadas) makedonisch. Besetzung von Tegea durch den spart. „Tyrannen" Machanidas mit dessen Niederlage und Tod bei Mantineia 207 beendet. Philipps V. Angebot (?) zur Rückgabe von Orchomenos, Heraia und Triphylien an den Achäerbund, Alipheiras an Megalopolis 199 (Liv. 32, 5, 4) konnte Übertritt des ach. Koinon zu Rom 198 nicht verhindern; freilich Widerstand gegen den Beschluß von Megalopolis. Nach 196 wieder ganz A. achäisch; auch im nach 146 neu konstituierten Achäerbund waren wieder nw.-ark. Poleis Mitglieder (SEG XV 254); Megalopolis, Alipheira und Orchomenos waren frei, der Status von Mantineia und Tegea ist unbekannt. Verödung in der Kaiserzeit[4] bei Strab. 8, 8, 388 übertrieben. – Möglicherw. knüpft der dichterische A.-Mythos an die dort angebl. bes. gepflegte Musik an (Polyb. 4, 20 f.).

J. D. G.

Anm.: 1) Zum Koinon im 4. Jh. spez. S. Dušanić, BCH 102, 1978, 333–58; (s. a. Giovannini, Sympolitie 43–6) allg. ↗Koinon. – 2) Vgl. Urban (s. u.) 73 f. – 3) Dazu Urban, ebd. 97–116. – 4) Dazu Kahrstedt, Wirtschaftl. Ges. 128–62.

Lit.: Landschaft: Philippson-Kirsten III 1, 200–300. – F. Hiller v. Gaertringen, IG V 2, 1913, XXX–XXXI (Fasti Arc.). – G. Fougères, Mantinée et l'Arcadie orientale, Paris 1898 (BEFAR 78). – E. Meyer, DKlP I, 1964, 593 f. s. v. (Lit.). – Martin, Greek Leagues 412–6. – R. Urban, Wachstum und Krise des ach. Bundes, Historia Einzelschr. 35, 1979, s. Index. – Münzprägung: R.-Alföldi, 269. – Ausgrabungen: PECS unter den einzelnen Poleis; Leekley-Noyes, Southern Greece 45–56.

Armenien. Kernland beiderseits des Araxes, etwa zwischen Kyros-Fluß und Van-See; Bewohner (Selbstbenennung: Haikh) Indoeuropäer, im 7. Jh. aus W-Kleinasien eingewandert. Die persische Satrapie A. wurde von erblichen Satrapen aus persischem Adelsgeschlecht (Orontiden, ↗Kommagene) verwaltet, die ihre Stellung nach kurzer Unterbrechung (331 unter Alexander d. Gr.) bald wieder errangen und auch unter den ↗Seleukiden, zumindest in Teilen des Landes, als meist nur nominell tributpflichtige Vasallen behaupteten. Antiochos III. erneuerte 212 seine Oberhoheit über West-A. durch einen Feldzug und die Vermählung seiner Schwester Antiochis mit dem dortigen König Xerxes; später ließ er angebl. Xerxes beseitigen und zog Ost- und West-A. ein; seine ↗„Strategen" in den beiden Landesteilen, Artaxias bzw. Zariadris, fielen um 190 (bei Antiochos' Niederlage gegen Rom) ab und nahmen den Königstitel an; Hannibal soll die Hauptstadt Artax(ias)ata für Artaxias geplant haben, den Antiochos IV. nur vorübergehend unterwerfen konnte (166/5?). Aus dem 2. Jh. ist sonst wenig mehr als einige Königsnamen von Ost-A. bekannt: Artavazdes I. (um 160), Tigranes I., Artaxias II. (um 133) und Artavazdes II. (ca. 123–95), der den ↗Parthern unterlag.

Sein Sohn TIGRANES II. der Große (geb. ca. 140, reg. 95–ca. 55/4), zunächst Geisel bei den Parthern, die ihn 95 um den Preis von 70 Talschaften einsetzten, emanzipierte sich bald; ca. 92 Verbündeter des Mithradates VI. von ↗Pontos, heiratete dessen Tochter Kleopatra und eroberte für dessen Söhnchen ↗Kappadokien (verloren durch Intervention Sullas); dabei nahm er dem Zariadriden Artanes (?) Sophene ab. Wohl in den folgenden Jahren Eroberungen in Atropatene (↗Iran) und N-Mesopotamien auf Kosten der Parther. Etwa 83 eroberte er Syrien (Vertreibung der ↗Seleukiden [VI 3] bis 69) und Teile ↗Kilikiens und Phönikiens und nahm als Herr eines aus vielen Vasallenreichen lose gefügten Großreichs, das von S-Kleinasien bis weit in den Kaukasos reichte, den vorderasiat. Traditionstitel „König der Könige"¹ an; durch ↗Synoikismos (angebl. 300000 Menschen) Gründung der Hauptstadt Tigranokerta, wo er einen Musenhof aufbaute. 71 internierte er den geflüchteten Schwiegervater, um Konflikte mit Rom zu vermeiden, weigerte sich aber, ihn auszuliefern; daher 69–68 Feldzug des Lucullus, Niederlagen des Tigranes (Tigranokerta verbrannt) in A., das er aber infolge Meuterei des Römerheeres behaupten konnte. 67 Einfall nach Kappadokien; 66 erfolgreicher Kampf gegen seinen von den Parthern (Phraates III.) unterstützten Sohn Tigranes. 66 stieß Pompeius bis Artaxata vor; Tigranes mußte sich vor dem Sieger demütigen, auf alle Eroberungen verzichten, Sophene seinem Sohn Tigranes abtreten (der bald von Pompeius festgenommen und im Triumph mitgeführt wurde) und 6000 Talente zahlen; Könige sollten künftig der römischen Bestätigung bedürfen. Das ephemere Großreich war zerfallen.

Sein Sohn ARTAVAZDES III. (ca. 55–34), ein Mann hoher hellenistischer Bildung, verband sich 54 mit Crassus gegen die ↗Parther, wechselte aber noch vor dessen Niederlage (53 Karrhai) auf die Seite des Orodes II. (dessen Sohn Pakoros heiratete Artavazdes' Schwester; die Nachricht von Karrhai traf in Artaxata ein, als beide Monarchen einer Aufführung von Euripides' „Bakchen" zusahen). 36 aus Haß gegen Artavazdes von Atropatene mit M. Antonius verbündet, ließ er diesen auf dem Partherfeldzug im Stich, sicherte aber seinen Rückzug durch A. Trotzdem nahm ihn Antonius gefangen (34); Kleopatra ließ ihn 31 töten und sein Haupt nach Atropatene schicken.

Sein Sohn ARTAXES (34–20) wurde, kaum ausgerufen, von Antonius vertrieben, kehrte aber ca. 32, als Antonius' Kräfte gegen Octavian gebunden waren, mit parthischer Hilfe zurück. 20 wurde er von Romfreunden ermordet; die Armenier erbaten seinen im römischen Exil lebenden Bruder TIGRANES III. (20–ca. 8) zum König, den Tiberius einsetzte. Das Geschlecht des Artaxias erlosch um Chr. Geb. In der Folge stand A. unter wechselnder Abhängigkeit von Rom und den Parthern.

H.H.S.

Anm.: 1) Zum Titel (und Münzen mit seiner armen. Fassung): G. Schäfer, „König der Könige" – „Lied der Lieder", Abh. Akad. Heidelberg 1973, 2, 60.

Lit.: (W. Belck –) K.F. Lehmann-Haupt, Armenien einst und jetzt, 3 Bde., Berlin 1910-31. – H.H. Schmitt, Antiochos 28; 37f. (für die Zeit um 200). – M.-L. Chaumont, ANRW II 9,1, 1976, 73–84 (für die Zeit ab 66; Lit.; Landkarten). – A.N. Sherwin-White, Roman Foreign Policy in the East 168 B.C. to A.D. 1, London 1984, Index s.v. – M. Chahin, The Kingdom of Armenia, Beckenham 1987. – P. Bernard, Journal des Savants 1985, 77–88 (Hellenisierung des Hofs). – M. Schottky, Media Atropatene u. Groß-A. in hell. Zeit. Diss. Erlangen 1988 (Bonn 1989).

Asylie. Συλᾶν (synonym: ἄγειν καὶ φέρειν von Personen bzw. Sachen) ist zunächst die Ausübung des urtüml. Kaperrechts am rechtlosen Fremden, dann die Pfandnahme (synonym: ῥυσιάζειν) an Person oder Habe des fremden Schuldners oder seines Landsmanns; wo keine Rechtsgewährungsverträge (↗Vertrag 9) bestanden, war diese gewaltsame Selbsthilfe die einzige Möglichkeit, im zwischenstaatl. Handel Ansprüche geltend zu machen. Ἀ-συλία ist das, bes. im Hell., von Staaten durch Dekret (selten durch Vertrag) an Personen oder Poleis verliehene Privileg, von diesen Übergriffen befreit zu sein, oft verbunden mit ἀσφάλεια (persönl. Sicherheit). ↗Seeräuberstaaten (bes. ↗Ätolerbund, Kreter) verliehen bes. oft die A. an fremde Staaten (die Ätoler als Mittel zwischenstaatl. Politik)[1].

Auch die seit alters gültige Unverletzlichkeit von Tempel, Altar, gewissen heil. Bezirken und ihren Insassen und Besuchern kann A. heißen. Im Hell. versuchte man, diese A. institutionell auszuweiten, so daß sie umfangreiche Heiligtümer, ja ganze Städte umschloß; bes. Städte Kleinasiens und Inseln bemühten sich im 3. und 2. Jh. um internat. Anerkennung als ἱερὸς καὶ ἄσυλος, um in polit. und militär. Bedrängnis sakralen Schutz zu genießen[2]. Erst von hier aus entwickelt sich der uns geläufige Gebrauch von „Asyl(recht)" für das uralte Recht der Heiligtümer, Schutzflehenden Zuflucht zu gewähren. Für ägypt. Tempel ist A. Zeichen ihrer Autonomie gegenüber der königl. Verwaltung[3]; ihr A.-Recht wurde bes. im 2. und 1. Jh. von Bauern zur Abgabenflucht (ἀναχώρησις)[4] ausgenützt (↗Recht B 8). Tiberius ließ 22 n.Chr. die

Asyl- und Exilrechte auf Mißbrauch prüfen und erheblich einschränken. H.H.S.

Anm.: 1) H. Benecke, Die Seepolitik der Aitoler, Diss. Hamburg 1934; Ziegler, s.u. 167–263. – 2) Z.B.R. Herzog–G. Klaffenbach, Asylieurkunden aus Kos, Abh. Berlin 1952, 1; dazu F. Piejko, Epigraphica 48, 1986, 9–16; SGDI 1411; 2675; 5165ff. (Teos); O. Kern, Die Inschr. v. Magnesia, Berlin 1900. – Seleukidenreich: RC 9; H. Seyrig, Syria 20, 1939, 35ff.; P. Herrmann, Antiochos d. Gr. und Teos, Anadolu 9, 1965, 118–38 (Lit.); s.a. ↗Syrien. – 3) F. v. Woeß, Das Asylwesen Ägyptens in der Ptolemäerzeit und die spätere Entwicklung, Münch. Beitr. 5, 1923. – 4) W. Schmidt, Der Einfluß der Anachoresis im Rechtsleben Ägyptens zur Ptolemäerzeit, Diss. (jur.) Köln 1966.

Lit.: E. Schlesinger, Die griech. A., Diss. Gießen 1933. – A. Heuß, Stadt und Herrscher..., Klio Beih. 39, 1937, ND Aalen 1963, 145–54. – Bikerman, IS 149–56. – P. Gauthier, Symbola. Les étrangers et la justice dans les cités grecques, Nancy 1972. – W. Ziegler, Symbolai und Asylia, Diss. Bonn 1975. – B.Bravo, Sulan. Annali Sc. Norm. Pisa, Lett. III 10, 1980, 675 – 987. – P. Herrmann, Rom und die A. griech. Heiligtümer. Chiron 19, 1989, 127–64.

Athamanien. Rauhes Land am Pindos-Gebirge zwischen Epirus, Amphilochien, Ätolien und Thessalien, als Durchzugsgebiet strategisch wichtig; die Bevölkerung galt als halbbarbarisch. Erst unter König AMYNANDROS[1] (ca. 220–189) spielte A. eine eigenständige Rolle. Im 1. Makedon. Krieg (215–205) Vermittler zw. Ätolien und Philipp V. (209), erlaubte A. bald darauf Philipp den Durchzug nach Ätolien, wofür er Zakynthos erhielt. 205 Teilnehmer am Friedenskongreß von Phoinike; zw. 205 und 201 Anerkennung der ↗Asylie für Teos[2]. Zu Beginn des 2. Makedon. Krieges (200–197) schloß Amynander sich Rom an, eroberte mit röm. Hilfe in W-Thessalien u. a. Gomphoi, nahm 198 am Kongreß von Nikaia im Gefolge des Flamininus teil, der ihn als Unterhändler nach Rom entsandte (dort sollte sein Königstitel Eindruck machen, Polyb. 18, 10, 7); bei Kynoskephalai (197) stellte er 1200 Mann und behielt im Friedensschluß seine Eroberungen. 192 ließ er sich von seinem Schwager Philippos aus Megalopolis, der auf den makedon. Thron hoffte (Liv. 35, 47, 3–8), zur Teilnahme am Krieg gegen Rom verleiten, wurde 191 von Philipp V. vertrieben, konnte 189 mit ätol. Hilfe aus dem Exil in Ambrakia zurückkehren, erlangte Frieden mit Rom und vermittelte 189 die Übergabe Ambrakias. Während des Krieges verlor er Zakynthos an den Achäerbund. Mit Amynanders Tod ist die Monarchie wieder erloschen; sein Sohn Galaistes trat in ptol. Dienste. Im 2. und 1. Jh. wird A. nur noch gelegentlich erwähnt[3]; über die Struktur eines Koinon der A. (Syll.[3] 653 A), wohl nach 189, ist nichts bekannt. J.D.G.

Anm.: 1) Falls mit Amynas (Polyb. 4, 16) identisch, ein Schwager des ↗Illyrerfürsten Skerdilaïdas. – 2) RC 35: Amynander ohne Königstitel; der dort erwähnte „König Theodoros" sonst unbekannt. – 3) Liv. 42, 55, 2; Plut. Pomp. 66; Cic. Pis. 96; Strab. 9, 429.

Lit.: E. Oberhummer, RE II 2, 1896, 1928–9 s. v. – U. Wilcken, RE I 2, 1894, 2003 f. s. v. Amynandros. – St. I. Oost, CPh 52, 1957, 1–15. – Sherk, Roman Documents Nr. 4 (Gebietsstreitigkeiten mit Ambrakia zw. 175 und 160). – Martin, Greek Leagues 171–7.

Athen.

I. Die Polis Athen.
1. (bis 338). Aus dem Peloponn. Krieg geschwächt und isoliert hervorgegangen, konnte sich A. dank der Inanspruchnahme Spartas seit den 90er Jahren des 4. Jh.s wieder eine bescheidene Machtstellung aufbauen durch Bündnisse mit Kypros, Ägypten und kleinasiat. Gemeinden. Aus Einzelbündnissen ging der 2. att. Seebund hervor (StV II 257 v. J. 377), dessen Aufbau den Bestimmungen des Königsfriedens (386) angepaßt war. Der Aufstieg Thebens bewirkte Annäherung an das geschwächte Sparta (371, 369), Dionysios I. von Syrakus, peloponn. Gemeinden (366 ff.) und Thessalien (361/0). An der Ausnützung des theban. Niedergangs (seit 362) wurde Athen durch Mißerfolge im Norden (Chalkidike, Thrakien, Chersones), Einfälle Alexanders von Pherai (Thessalien), bes. aber durch wachsenden Widerstand der Bündner gegen die athen. Vormacht und durch den Aufstieg ↗Makedoniens (I) unter Philipp II. gehindert: Der Bundesgenossenkrieg (357–355; Abfall von Chios, Rhodos, Byzanz, Kos auf Veranlassung des Maussolos von ↗Karien) beschränkte Athens Herrschaft auf thrak. Städte, nordägäische und Kykladeninseln und Euboia; gleichzeitig nahm Philipp Amphipolis, Pydna und Poteidaia (357–356); A.s Einfluß in ↗Thrakien wurde durch Philipps Feldzug 352 paralysiert. A.s leitender Politiker war (seit 354) der Finanzexperte Eubulos; seine Abneigung gegen außenpolit. Abenteuer führte 352 zum Bruch mit seinem Parteigänger Demosthenes, der seit 349 antimakedon. Politik betrieb; er konnte Philipp nicht hindern, die Chalkidike zu erobern und Euboia zum Abfall von A. zu bewegen (349–348). Im Philokrates-Frieden 346 (StV II 329; Gesandte Athens: Ph., Aischines, Demosthenes) verzichtete Athen durch Anerkennung des status quo auf Amphipolis. Neue Spannungen durch Philipps Vordringen nach Mittelgriechenland (346); maked. Angebote über Verhandlungen zur Abänderung des Friedens von

346 wurden bes. von Demosthenes zum Scheitern gebracht (344–342). 340 bildete sich unter Führung A.s ein Bund gegen Philipp; attische Schiffe zwangen diesen, die Belagerung von Byzanz abzubrechen. Die Koalition wurde 338 bei Chaironeia geschlagen.

2. A. unter Philipp und Alexander. Nach Chaironeia setzten die Friedensfreunde unter Phokion den Abschluß eines Friedens- und Bündnisvertrages mit Philipp (StV III 402) durch; Athen verlor nur die Reste der thrak. Chersones und des Seebunds und trat im Winter 338/7 dem Korinth. Bund bei (StV III 403 ↗Hellenenbünde). Trotz dieser Milde weiterhin Animosität gegen Makedonien, Popularität des Demosthenes (336 Ehrung durch Goldkranz beantragt). Nach der Ermordung Philipps (336) Tyrannengesetz (SEG XII 87), gegen befürchtete Einsetzung einer Tyrannis durch Makedonien gerichtet; Sympathien für Thebens Aufstand (↗Böotien) gegen Alexander d. Gr., dessen Zorn durch Demades beschwichtigt wurde. Zum Perserzug Alexanders stellte A. 20 Schiffe. Ruhige Aufbauperiode unter Leitung von Demades. Phokion und Lykurg (Leiter der Finanzkasse), Weiterbestehen der pro- und antimakedon. Parteiungen (Aischines; Demosthenes und Hypereides).

3. A. in den Diadochenkämpfen (323–301). Nach ↗Alexanders Tod (323) bildete A. einen neuen ↗Hellenenbund (StV III 413); im Lamischen Krieg (323–322) schwere See-Niederlagen bei Abydos und Amorgos (Ende der athen. Seemacht) und Kapitulation vor Antipater (322; StV III 415: maked. Besatzung in der Munychia; timokrat. Oligarchie statt ↗Demokratie); Tod des Demosthenes und Hypereides. Führend: Phokion und Demades. Nach kurzer Wiederherstellung der Demokratie (318) Kapitulation vor ↗Kassander (317; StV III 421): Wiedereinführung der gemäßigten Oligarchie; makedon. Besatzung; der ↗Peripatetiker Demetrios von Phaleron wurde Kassanders ἐπιμελητὴς τῆς πόλεως, unter seiner maßvoll autoritären Regierung (317–307) erlebte A. eine kurze wirtschaftl. Blüte. Dem „Befreier" Demetrios I. Poliorketes und seinem Vater Antigonos I. Monophthalmos (↗Antigoniden) dankte A. 307 mit göttlichen Ehren (↗Herrscherkult C 2) und Einrichtung von 2 neuen Phylen (Antigonis, Demetrias). 302 Beitritt zu Demetrios' Hellenenbund (StV III 446).

4. Die maked. Vorherrschaft (301–229). 301 nach Ipsos Anschluß an Kassander, mit dessen Unterstützung bald der „Tyrann" Lachares die Herrschaft gewann, aus der er nach harter Belagerung (295/4) von Demetrios I. vertrieben wurde. Demetrios sicherte Stadt, Häfen, Grenzforts und die Inseln durch Besatzungen; diese konnten nach seinem Sturz (287) aus Asty, Piräus und Eleusis mit Hilfe des Ptolemaios I. und des Pyrrhos von ↗Epirus vertrieben werden. Gegen die Expansionsbestrebungen des Antigonos II. (↗Makedonien III 1) verbündete sich A. um 267/5 mit Ptolemaios II. und Areus von ↗Sparta (I 2); im Chremonideischen Krieg (ca. 267–261) operierte die ptol. Flotte von Flottenbasen in Attika aus (bes. Koroni); 263 oder 261 wurde A. von Antigonos eingeschlossen und mußte kapitulieren (StV III 477); Besatzungen kontrollierten wie unter Demetrios I. Stadt, Häfen und Forts; bis 255 wurden sogar Magistrate und ein maked. Epistates vom König eingesetzt. A. verlor damit jede polit. Bedeutung; auch nach seiner Befreiung (s. u.) hat es in der Politik keine aktive Rolle mehr gespielt. Um 250 gehörte A. kurzfristig zum Machtbereich des abgefallenen maked. Vizekönigs Alexander von ↗Korinth; in den 40er und 30er Jahren unternahm der ↗Achäer (2) Aratos mehrere vergebliche Angriffe auf A.

5. A. im späteren Hell. Die Wirren in ↗Makedonien (III 3) nach dem Tod des Demetrios II. ermöglichten die Befreiung; 229 zog die Besatzung ab, nachdem ihr mit ptolem. und ↗achäischem Geld der rückständige Sold bezahlt worden war; ihr Kommandant Diogenes wurde als „Wohltäter" gefeiert. Einrichtung einer 13. Phyle Ptolemais. Die Neutralitätspolitik, die in den Kriegen des späten 3. Jh.s die Brüder Eurykleides und Mikion unter Anlehnung an Ägypten führten, wird von Polybios getadelt; doch ermöglichte sie A. eine gewisse Erholung. 201/200 Konflikt mit Philipp V. von Makedonien (s. a. Akarnanien); Abschaffung der Phylen Antigonis und Demetrias; Plünderung Attikas durch maked. Truppen; Anlehnung an Pergamon (Phyle Attalis), Rhodos und schließlich Rom: einer der Anlässe des 2. Makedon. Krieges (200–197).

Seit Beginn des 2. Jh.s war A. de facto röm. Vasall. Der athen. Handel blühte auf, bes. nach dem Sturz Makedoniens (168); damals erhielt A. die ↗Inseln (4) Lemnos, Imbros und Skyros zurück, die 229 maked. geblieben waren; 166 wurde A. die Insel (2) Delos zugewiesen als Freihafen, durch den die rhodische Handelskonkurrenz schwer geschädigt wurde. Die Ausschaltung Korinths (146) wurde infolge der zunehmenden Unsicherheit der Seewege (Piraten) weniger fühlbar. Zunehmende röm. Eingriffe und die Schwächung der Wirtschaft in der ganzen östl. Mittelmeerwelt durch Übergriffe der röm. Steuerpächter ließen im späten 2. Jh. auch in dem nominell unabhängigen A. (civitas foederata ?) romfeindliche Stimmung entstehen. 104–100 Sklavenaufstände (bes. Laureion). 88 schloß A. sich dem „Befreier der Hellenen", Mithridates VI. von ↗Pontos (8) an; es büßte dafür mit Plünderung und mit Verbrennung des Piräus durch Sulla (1. 3. 86). Von diesem Schlag hat sich A. lange nicht erholt, trotz der Förderung durch Caesar (49). In der Zeit der Triumvirn stand A. auf der Seite des Antonius, der 39/8 mit Athene einen ἱερὸς γάμος feierte und 1000 Talente Mitgift forderte. Augustus blieb daher gegenüber A. reserviert. Der große Aufschwung A.s fällt erst ins frühe 2. Jh. n. Chr. (Trajan, bes. Hadrian).

6. Verfassungs- und Sozialgeschichte. Nach Wiedereinrichtung der Demokratie (403) zunächst im frühen 4. Jh. Tendenzen zur Ausgestaltung der radikalen Demokratie; z. B. Tagegelder für Ekklesie-Besucher; Vorsitz in Rat und Ekklesie ging vom Epistates der Prytanie an den Epistates der 9 (aus den anderen Ratsabteilungen gewählten) Proedroi über. Wegen der mit hohen Ämtern verbundenen Lasten blieben die besitzenden Schichten führend. Seit Mitte des 4. Jhs. (357 Isokrates ‚Areiopagitikos') Propaganda für Rückkehr zur (oligarch.) πάτριος πολιτεία und Stärkung des Areiopags; sie hatte wenig konkreten Erfolg, doch begann man allmählich Ressort-Magistrate zu wählen (z. B. Vorsteher der Theorika bzw. der Kriegskasse wie Eubulos und Lykurg [s. o.], Spezial-↗strategen für Heer, Flotte, Landesverteidigung, Häfen usw.), wobei man das Prinzip der Kollegialität durchbrach: Abweichen von der radikaldemokrat. Theorie zugunsten fachgerechter Verwaltung. Um 337 Neuorganisation der ↗Ephebie. 322–318 und 317–307 gemäßigte Oligarchie auf Grund eines Bürgerzensus (s. o. I 3); unter Demetrios v. Phaleron erhielt das schon etwas ältere Amt der 7 Nomophylakes die Funktion der Verfassungs- und Beamtenkontrolle. 307 Wiederherstellung der Demokratie durch Demetrios I. Mit der Zahl der Phylen (307: 12;

229: 13; 201/200: 11) änderte sich auch die Zahl der Ratsherren (50 je Phyle). Kurz vor 100 anscheinend Verfassungsänderung, wohl unter röm. Einfluß: Stärkung von Magistraten, Rat und Areiopag auf Kosten der Ekklesie und Heliaia; nach kurzer Rückkehr zur vollen Demokratie (88–86) im wesentlichen von Sulla bestätigt. Die Gesellschaft hatte sich inzwischen wohl stark verändert; nach Tac. ann. 2, 55 waren die alten Familien erloschen (u. a. in Sullas Strafgericht ?) und hatten einer ‚conluvies nationum' Platz gemacht. Geblieben war aber sicher – gerade unter röm. Hegemonie – die Vorherrschaft der besitzenden Schichten.

II. Die Stadt A. Das Stadtbild erfuhr im Hell. erhebliche Veränderungen. 394 Wiederaufbau der 404 geschleiften Mauern; bei Reparatur (nach 338) Verkleinerung des Stadtgebiets durch Diateichisma (Mauerzug außerhalb der Pnyx). Um 330 Umbau des Dionysos-Theaters (Lykurg): erstes steinernes Theater, das nun auch an Stelle der Pnyx der Volksversammlung diente. 307 Neubau der Befestigungen (Steinmauer mit Türmen). Unter der maked. Herrschaft (s. o. I 4) schwand mit der polit. und wirtschaftl. Bedeutung die Bevölkerungszahl; keine bed. Bauten. Erst im 2. Jh. erlaubten die neue Handelsblüte (I 5) und die Munifizenz hell. Herrscher, die sich als Kulturmäzene ausweisen wollten, eine neue große Bautätigkeit: Hell. Bühnenhaus im Dionysostheater, Wandelhalle (Stoa) des Eumenes II. von ↗Pergamon (II). Antiochos IV. ließ die seit dem Tyrannensturz liegengebliebenen Bauarbeiten am Olympieion wiederaufnehmen. Die stärkste Veränderung erfuhr die Agora (Markt): Dort waren seit den Neubauten der wiedererrichteten Demokratie (kurz nach 400: Rathaus, Metroon = Staatsarchiv, Tholos) im 4. und 3. Jh. nur mehr Marktgebäude errichtet worden. Im 2. Jh. wurde die Agora nach osthell. Vorbild zu einem fast regelmäßigen Platz umgestaltet: im S doppelte Säulenhalle, im O Stoa des Attalos II. von Pergamon; im W einheitliche Front der Metroon-Bauten durch vorgelegte Säulenhalle. Ptolem. Gymnasion (mit Bibliothek) nahe beim Markt. Zahlreiche Neubauten auch im übrigen Stadtgebiet und Piräus. Nachdem unter Caesar und Augustus weiter östlich ein neuer Markt erbaut worden war, wurde die alte Agora weitgehend überbaut (Odeion = Vortragssaal des Agrippa, Umsetzung des Ares-Tempels). Runder Roma-Augustus-Tempel vor der

Parthenon-Front. Großartige bauliche Erneuerung im 2. Jh. n. Chr., gewissermaßen hell.-röm. Renaissance: Hadrian erbaute u. a. die „Hadriansbibliothek" (neues Forum), stellte das Olympieion fertig und bezog die östl. Vorstadt als „Hadriansstadt" (Hadriansbogen m. Inschriften) in den reparierten Mauerring ein; später Bauten des Millionärs Herodes Atticus (bes. Odeion, Stadion).

III. KULTURELLE BEDEUTUNG. Die führende Stellung als Kulturzentrum der griech. Welt, die A. im Laufe des 5. Jh.s errungen hatte, wurde durch die neuen Zentren gefährdet: seit Ende 5. Jh.s durch Pella und Syrakus, seit ca. 300 durch die Anziehungskraft der hell. Musenhöfe, bes. ↗Alexandreia und Antiocheia (↗Syrien 2), später auch ↗Pergamon und die Republik ↗Rhodos. Tragödie, Komödie (↗Drama) und ↗Geschichtsschreibung traten entsprechend der geminderten Bedeutung der Polis zurück: Naturwissenschaften, ↗Philologie u. Literaturtheorie wurden vornehmlich an den neuen Zentren gepflegt. Die bleibende Bedeutung A.s beruhte auf ↗Philosophie (Zentrum der wichtigsten Schulen, bes. ↗Akademie, ↗Peripatos, ↗Stoa, ↗Kepos) und ↗Rhetorik; diese Disziplinen (neben dem historischen Ansehen) machten A. auch im Hell. zum geachtetsten geistigen Zentrum und Studienort vieler vornehmer Griechen, zu denen seit dem 2. Jh. in zunehmender Zahl auch Römer kamen. Die Verarmung des 3. Jh.s (I 4) und die damit verbundene Stagnation auch des geistigen Lebens förderten aber das Hervortreten der östl. Zentren auch in diesen Disziplinen. So ist zwar die hell. Geisteskultur in Stil und Sprache (↗Koine) weitgehend attisch geformt, A. selbst aber keineswegs mehr die alleinige „Schule von Hellas" und tritt sogar auf vielen Gebieten immer mehr zurück (neue Zentralbedeutung gewinnt es erst wieder im 2. Jh. n. Chr. durch die romantische Restauration des Hadrian, bes. aber im 4. Jh.). H. H. S.

Dies gilt auch für die bildende Kunst. Athen hat mit seinen klass. Bauten der griech. Architektur Impulse gegeben, die sich erst im Hell. – nun aber vornehmlich außerhalb A.s – voll auswirkten[1]. Die Bautätigkeit im Hell. selbst spiegelt das Schicksal der Stadt (s. o. II): richtungsweisende Neubauten fehlen[2], großartige verdanken ihr Entstehen fremden Stiftungen[3]. Auch in anderen Kunstgattungen ist die Entwicklung rückläufig: Der attischen

Keramik (↗Kunstgewerbe) kommt nur noch beschränkte Bedeutung zu. Aus liter. Nachrichten und erhaltenen Signaturen wissen wir, daß die bildenden Künstler Aufträgen im Ausland nachgingen, so in Pergamon und ↗Rom. Heute scheint der Versuch, eine konservative hell. Kunstschule in Athen zu lokalisieren[4], überholt, weil die Bodenfunde keine geschlossene Kette bilden – sie wurden sogar um ein ausgesprochenes „asianisches" Meisterwerk bereichert[5] – und weil sich manche „konservative Schöpfungen" als Kopien klass. Werke entpuppten. In einer Gattung waren die att. Werkstätten freilich führend: Der reiche Schatz Athens an klass. Vorbildern kam den Kopien und neu-attischen Reliefs zugute. Das Aufblühen dieser Gattung nach 150 (↗Plastik) zog wohl den Verfall der schöpferischen Arbeit nach sich; 2 datierte Werke erheben durch ihren Standort und ihren monumentalen Charakter den Anspruch, die att. Kunst ihrer Zeit zu vertreten: die Reliefs vom Turm der Winde[6] (100–50) und ein Weihrelief vom Eleusis[7] (um 100). Beide wirken aber durch ihre Mängel in Komposition und Ausführung provinziell (↗Kunst), während die Porträtplastik dieser Zeit besser zu sein scheint (↗Kunst m. Anm. 3). In der Kaiserzeit tritt die att. Bildhauerkunst wieder stärker hervor (vgl. z.B. Porträts aus dem Kreis des Herodes Atticus[8] und att. Reliefsarkophage[9]).

G. Bk.

Anm.: 1) ↗Architektur m. Anm. 26 zur Flügelstoa, m. Anm. 43 zum Bouleuterion; ferner S. 69 zur Akropolisplanung, S. 70 zu den ionischen Säulen in den Propyläen, S. 73 zur Skeuothek, S. 73 zum Odeion. – 2) Für einige bemerkenswerte Bauten ↗Architektur m. Anm. 28 (Peristyl auf der Agora); 31 (Pompeion); 51 (Vorgängerbau der Eumenes-Stoa). – 3) ↗Architektur m. Anm. 14 (Olympieion); 25 (Attalos-Stoa). – 4) So G. Becatti, Riv. del Reale Istituto d'Archeologia e di Storia dell'Arte 7, 1940, 7–116. – 5) Eine unpubl. Reliefplatte von einem monumentalen Grabmal „Negerbursche und Streitroß", Nationalmuseum Athen; vgl. auch den dort. Prinzenkopf (↗Porträt Anm. 7). – 6) J. Noble, AJA 72, 1968, 345–355. – 7) A. Lawrence, Later Greek Sculpture, London 1927, Taf. 79. – 8) G. Richter, The Portraits of the Greeks, London 1965, 286f. – 9) A. Giuliano, Il Commercio dei Sarcofagi Attici, Rom 1962.

Lit.: Allg.: W.S. Ferguson, Hell. Athens, London 1911, ND New York 1969.– J. Papastavrou, RE Suppl X, 1965, 71–86. – C. Mossé, Der Zerfall der athen. Demokratie (404–86 v.Chr.), dt. Zürich–München 1979. – Chronologie: W. Dinsmoor, The Archons of A. in the Hell. Age, Cambridge Mass. 1931. – Ders., Hesperia 23, 1954, 284–316. – W.K. Pritchett, B.D. Meritt, The Chronology of Hell. Athens, Cambridge Mass. 1940. – M.J. Osborne, The chron. of Athens in the mid 3rd cent. B.C., ZPE 78, 1989, 209–42. – ↗Münzprägung (A 3, B 8): R.-Alföldi, 267. – Einzelabh.: I 1–3: P. Cloché, La politique étrangère d'Athènes de 404 à 338 av. J.-C., Paris 1934. – Ders., Démosthène et la fin de la démocratie athénienne, Paris 1937. – E. Bayer, Demetrios Phalereus der Athener, Tüb. Beitr. 36, 1942, ND Darmstadt

1969. – G. Barthold, Athen und Makedonien, Diss. Tübingen 1962. – H.-J. Gehrke, Phokion, Zetemata 64, 1976. – Ders., Chiron 8, 1978, 149–93 (Demetrios v. Phaleron). – R. Sealey, Historia 27, 1978, 295–316 (Philipp II.). – W. Will, Athen und Alexander (Münchner Beiträge 77) 1983. – C.J. Schwenk, Athens in the Age of Alexander, Chicago 1985. – U. Hackl, Klio 69, 1987, 58–71 (Oligarchie 322). – J. Engels, Stud. zur polit. Biographie des Hypereides, München 1989. – 14: J. Pouilloux, BCH 70, 1946, 488–96 (Antigonos II. Gonatas). – H. Heinen, Unters. z. 3. Jh. 95–213 (zum Chremonideischen Krieg). – T. Leslie Shear, Hesperia Suppl. 17, 1978. – Ch. Habicht, Unters. zur polit. Gesch. A.s im 3. Jh. v. Chr., Vestigia 30, 1979. – Ders., Studien zur Geschichte Athens (Hypomnemata 73) 1982. – M.J. Osborne, ZPE 35, 1979, 181–94 (zur Revolte 287/6). – 15: E. Candiloro, Politica e cultura in Atene di Pidna alla guerra mitridatica, SCO 154, 1965, 134–76. – Ch. Habicht, Chiron 6, 1976, 127–42 (Mithr. VI.). – Ders., Hesperia 59, 1990, 561 ff. (A. u. Pergamon im 2. Jh.). – E. Badian, AJAH 1, 1976, 105–28 (A. und Mithradates VI. v. Pontos). – 16: J. Day, An Economic History of A. under Roman Domination, New York 1942, ND 1973. – P. MacKendrick, The Athenian Aristocracy 399–333 B. C., Cambridge 1969. – D.J. Geagan, Hesperia Suppl. 12, 1967 (athen. Verfass. nach Sulla). – Kaiserzeit: P. Graindor, A. sous Auguste, Kairo 1927. – Ders., A. de Tibère à Trajan, Kairo 1931. – Ders., A. sous Hadrien, Kairo 1934.
II/III (Stadtbild/Kunst/Ausgrabungen): J. T. Hill, The Ancient City of A., London 1953, ND Chicago 1969. – Kirsten-Kraiker[5], 88–144; 867–70. – Enciclop. dell'Arte Antica Suppl. s.v. (Lit.); PECS s.v. – Leekley-Noyes, Southern Greece 3–10. – J. Travlos, Bildlexikon zur Topographie des antiken Athen (bzw. Attika), Tübingen 1971 (bzw. 1988).

Baktrien.

1. Landsch. zw. Oxos und Hindukusch, entspricht h. Teilen von Usbekistan, Tajikistan und N-Afghanistan; in hell. Zeit dicht besiedelt und urbanisiert (Land der „1000 Städte", Just. 41, 4, 5), Hauptstadt Baktra am Baktros. Unter Dareios I. pers. Satrapie, durch seine Reiterei milit. wertvoll, zuletzt durch Bessos, den Mörder Dareios' III. verwaltet, fielen B. und Sogdiane nach schweren Kämpfen zw. 329 und 327 an Alexander d. Gr.: Satrapie B. nach 328/7 unter makedon. Satrapen mit Sogdiane und Margiane, u. a. Gründung von Alexandreia am Kaukasus und Wiederaufbau von Merw als Alexandreia in der Margiane, später nach Nomadeneinfall durch Antiochos I. als Antiocheia Margiane wieder aufgebaut. Alexander heiratete die Tochter des baktr. Fürsten Oxyartes, Roxane. 326/5 und 323, nach Alexanders Tod, Aufstände von dort angesiedelten Griechen[1]. 317 unterstützten ↗Eumenes v. Kardia auch baktr. Kontingente. Nach Eroberung B.s durch *Seleukos I.* zw. 312 und 305 (Beseitigung des 321 in Triparadeisos eingesetzten Satrapen Stasanor, den Antigonos I. Monophthalmos 316 bestätigt hatte), wurde B. Teil der „Oberen Satrapien" des Seleukidenreiches, nachdem der Maurya-Herrscher Candragupta (↗Indien) Seleukos' Ansprüche vertraglich anerkannt hatte (StV III

441); Baktra wohl eine der Residenzen des „Vizekönigs" Antiochos I. nach 293. Daß Ptolemaios III. 246 bis an die Grenze B.s gezogen sein soll (OGIS 54), ist sicher übertrieben.

2. *Gräko-Baktrisches Reich.* Die Westorientierung der seleukid. Politik nach 250 und der Bruderkrieg zw. Seleukos II. und Antiochos Hierax (↗Seleukiden III 3) führten ca. 239 (Chronologie umstritten) zum Abfall B.s unter dem Satrapen Diodotos I.[2] (viell. auf Drängen der griech. Bevölkerung?), der jedoch – wie Andragoras in der Parthyene (↗Parther) – die seleukid. Oberhoheit weiter anerkannte: Münzen mit eigenem Bild und Diadem, aber Legende Basileus Antiochos. Viell. gehörte schon Areia zu Diodotos' Herrschaftsbereich. Sein Sohn *Diodotos II.* (Goldmünzen mit eigenem Bild; Bündnis mit dem im W sich konsolidierenden ↗Partherreich) verlor gegen den Usurpator EUTHYDEMOS aus Magnesia[3] bald nach 230 (?) Thron und Leben (Umstände unbekannt). Im Rahmen des Ostfeldzugs des ↗Seleukiden (IV) Antiochos III. (212–205) wurde Euthydemos 206 nach 2jähriger Belagerung Baktras zur Anerkennung der seleukid. Oberhoheit gezwungen, behielt jedoch den Königstitel (B. als Bollwerk gegen Nomadenstämme, Polyb. 11, 34, 9–10), lieferte seine Elephanten aus und wurde wohl zur Tributleistung oder Heeresfolge verpflichtet; die Hochzeit zw. einer (unbekannten) Seleukidenprinzessin und Euthydemos' ältestem Sohn Demetrios wurde vereinbart[4]. Der Vertrag scheint keine praktischen Auswirkungen gehabt zu haben, jedenfalls fehlen baktr. Kontingente in der Schlacht bei Magnesia 190. Unter Euthydemos Beginn der baktr. Expansion (wohl nach 200), deren Etappen wegen der sehr spärlichen und unklaren Angaben antiker Autoren hypothetisch bleiben müssen: sicher Herrschaft über Areia, Drangiane und das zuvor unter dem Einfluß der Maurya (↗Indien) stehende Arachosien.

Unter Euthydemos' Nachfolger DEMETRIOS I. (Aniketos), der mit seiner Elephantenskalp-Darstellung an Alexander d. Gr. anknüpfte, verlagerte sich der Schwerpunkt der baktr. Expansion nach ↗Indien: Eroberung von Paropamisadai, Ablösung der Maurya-Herrschaft in Gandhara, Umbenennung von Sakala (Pandschab) in Euthydemeia. Die Kerngebiete des Reiches und die neuerworbenen Territorien wurden „Unterkönigen" mit eigenem Münzrecht übergeben. Ein um 170 in B. ausbrechender Aufstand unter EUKRATIDES (Anlaß nicht bekannt[5]; Eukratides prägt Tetradrachmen mit Porträts seiner Eltern (?) Heliokles und Laodike) zwang Demetrios zum Abbruch seines Indienfeldzuges. Demetrios wird im Kampf gegen den Usurpator gefallen, die „Unterkönigreiche" seines Bruders[6] (?) Antimachos Theos[7] und von Demetrios' Söhnen (?) Euthydemos II., Demetrios II., Pantaleon und Agathokles dürften beseitigt worden sein; nur Apollodotos (Bruder Demetrios' I. [?], erwähnt bei Trog. prol. 41) scheint sich in Teilen NW-Indiens länger gehalten zu haben (später zum Reich des Menander, ⁊Indien); sein Ende ist unbekannt, Münzüberprägung durch Eukratides könnte auf Beseitigung schließen lassen. Eukratides[8] (Goldmünzen mit Legende Basileus Megas; Gründung von Eukratideia bei Baktra) wurde auf dem Rückmarsch aus den indischen Besitzungen nach B., wohl um einem parth. Angriff zu begegnen, von seinem ältesten Sohn und „socius regni" (Just. 41, 6, 5) HELIOKLES I. Dikaios ermordet (nach 162/60); die bakt. Besitzungen in Indien fielen an Menander, die Parther griffen auf die W-Provinzen über (damals wohl Antiocheia-Merw parth.). Zunächst nur noch im Besitz B.s und der Sogdiane eroberte Heliokles um 145 Teile des Menanderreiches zurück (sicher Paropamisadai); 140 im Bündnis mit dem ⁊Seleukiden Demetrios II. gegen den ⁊Parther Mithradates I. (Stellung von Hilfstruppen) wurde Heliokles durch parth. Angriff aus B. vertrieben (wohl Flucht in die indischen Besitzungen): parth. Annexion von Drangiane (Sistan), Arachosien, großen Teilen B.s und Vorstoß nach NW-Indien (139–37). Heliokles scheint jedoch nach Abzug der Parther noch einmal über B. geboten zu haben. Um 130 erlag das Reich dem Einfall zentralasiat. Steppenvölker (Tocharer oder in chin. Quellen Yüe-Shih, die über den Jaxartes nach Sogdiane und B. vorstießen (weiteres ⁊Indien).

Über den *inneren Aufbau* des Reiches sind nur Spekulationen möglich; Satrapie-Einteilung ist sehr wahrsch., sicher ist das System, große Territorien durch „Unterkönige" mit eigenem Münzrecht verwalten zu lassen. Die von ausgezeichneten griech. Künstlern gestalteten Herrschermünzen – Hauptquelle für die Gesch. B.s im 2. Jh. – lassen in Herrscherattributen (Darstellungen mit makedon. Kausia und Diadem) und in Beinamen (u.a. Theos; Epiphanes; auf B. beschränkt, von dort zu den Parthern: Dikaios) ein deutlich hell. geprägtes Königtum erkennen.

Griech. Einfluß lebt später in der buddhistischen Gandara-Kunst weiter (↗Indien). Die französischen Ausgrabungen in Ai-Khanum (am Zusammenfluß von Oxos und Koktcha, ehem. Alexandreia Oxiana [?], zerstört ca. 130) seit 1965 haben eine griech. geprägte Architektur ans Licht gebracht.

J.D.G.

Anm.: 1) Diod. 17, 99, 5; Curt. 9, 7, 1–11; Diod. 18, 7. – 1a) Dazu L. Schober, Unters. zur Gesch. Babyloniens und der Oberen Satrapien…, Frankfurt/M. 1981. – 2) Vorgänge und Chronologie nach Schmitt, Antiochos d. Gr. 65; andere Daten bei Narain (s.u.): 256 (?); Tarn, (s.u.): ca. 250. – 3) Spekulationen über Herkunft bei Tarn, (s.u.) 75; Narain, (s.u.) 19. – 4) Schmitt, Antiochos d. Gr. (66) hält Ausführung des Heiratsplans für möglich. – 5) Nach Altheim-Stiehl, (s.u.) 574 die Befürchtung, B. werde zum Nebenland herabsinken. – 6) Familienangaben nach Tarn (s.u.)75–8; s. freilich die Kritik von Narain (s.u.) 46ff.; alle Rekonstruktionen bleiben natürlich hypothetisch. – 7) Münzdarstellungen mit makedon. Kausia und – einzigartig bei antiken Herrscherporträts – lächelnd; ob eine Poseidon-Münze auf Flottensieg über Eukratides schließen läßt, ist unklar. – 8) Folgende Chronologie nach Altheim-Stiehl (s.u.) 572–91, 606.

Lit.: F. Altheim, Weltgesch. Asiens im griech. Zeitalter, 2 Bde., Halle 1947/8. – W. W. Tarn, The Greeks in B. and India, Cambridge² 1951, manchmal spekulativ. – A. K. Narain, The Indo-Greeks, Oxford 1957 (gegen Tarn). – J. Wolski, Les Iraniens et le royaume gréco-bactrien (1960), dt. bei F. Altheim–J. Rehork (Hrsg.), Der Hell. in Mittelasien, WdF 91, 1969, 255–74, ebd. auch weitere Aufsätze. – Schmitt, Antiochos d. Gr. 64–6. – G. Hambly, Zentralasien, FWG 16, Frankfurt 1966, 28–45. – G. Woodcock, The Greeks in India, London 1966. – F. Altheim–R. Stiehl, Gesch. Mittelasiens im Altertum, Berlin 1970. – F. R. Allchin–N. Hammond (Hrsg.), The Archaeology of Afghanistan, London–New York–San Francisco 1978, 187–232. – F. L. Holt, Alexander the Great and Bactria. Mnemosyne Suppl. 104, 1988. – E. F. Bloedow, … Prelude to Hellenism in Bactria-Sogdiana, in: J. Seibert (Hg.), Hell. Studien H. Bengtson (Münchener Arb. z. alten Gesch. 5), 1991, 17–32. – Ausgrabungen/Kunst: D. Schlumberger, Der hellenisierte Orient, Baden-Baden 1969. – K. Fischer, Gnomon 48, 1976, 290–6 (zu Ai-Khanum). – Alchin–Hammond, Ausgrabungen. – V. M. Masson, Das Land der tausend Städte, München 1982. – ↗Münzprägung B 7; R.-Alföldi, 291f.

Bithynien.

1. Das Kernland des späteren Königreiches B. und der röm. Provinz Bithynia begrenzen im W die Propontis, im N der Pontos Euxeinos, im O der Hypios (h. Melençay) und im S der Meerbusen von Astakos; später durch Eroberungen erweitert, im W zum Unterlauf des Rhyndakos, im O zum Parthenios und im S zum Oberlauf des Sangarios und zum bithyn. Olymp. Griech. Gründungen: Chalkedon-Chrysopolis (bithyn. Halbinsel) und Kieros (Ost-B., später Prusa ad Hypium). Die mit den Thrakern verwandte Bevölkerung, zunächst von Stammeshäuptlingen beherrscht, stand nach Einigung B.s durch Doidalses (ca. 430) unter einem ↗Dynastengeschlecht (Eparchoi, Liste bei Memnon v. Herakleia

FGrHist. 434 F 12), dessen Bedeutung mit dem Verfall des Perserreiches steigt. Den von Alexander d. Gr. mit der Eroberung B.s beauftragten Satrapen Kalas schlug der Dynast *Bas* (377/6–328/7) zurück.

2. Sein Sohn *Zipoites I.* (327–280) stabilisierte in den Diadochenkämpfen die neue Macht und leitete nach 323 die Expansion nach S und O ein, die freilich gegen die Heere des Antigonos I. Monophthalmos 315 und gegen Lysimachos v. Thrakien, den Eroberer von Herakleia Pontike[1], Rückschläge erlitt; in Kämpfen nach 301 wurde aber Astakos bithyn. Diese Eroberung oder andere Erfolge über Feldherrn des Lysimachos waren Anlaß zur Annahme des Königstitels und zum Beginn der bithyn. Ära 297/6 (↗Zeitrechnung I 2 c). Bei Kurupedion 281 auf Seiten Seleukos' I.; in der Folge Angriff auf Herakleia und Eroberung der ehem. zum Territorium von Herakleia[1] gehörenden Poleis Kieros, Tieion und der Landsch. Thynis. Zwar prägte er noch keine Münzen mit eigenem Bild, aber mit der Gründung von Zipoition (am Lypedros-Gebirge) schloß er sich hell. Vorbild an.

3. Sein Sohn *Nikomedes I.* (280–255?) gab die Eroberungen im Rahmen eines Bündnisses gegen einen drohenden Angriff Antiochos' I. (↗Seleukiden III 1) an Herakleia zurück (StV III 465); dies veranlaßte den Abfall von Nikomedes' Bruder Zipoites, der – als Statthalter der Thynis – die Übergabe verweigerte und sich – obwohl die Thynis nach Angriff Herakleias verlorenging – in Teilen B.s behaupten konnte, während Nikomedes im Krieg zw. Antiochos I. und Antigonos II. Gonatas v. Makedonien gebunden war (Memn. 17–18). Gegen die weiterbestehende Drohung des Seleukiden, aber auch zur Lösung des dynastischen Problems nahm Nikomedes (278/77) galatische ↗Kelten (3) unter Leonnorios und Lutarios in Sold (StV III 469), mit deren Hilfe er seinen Bruder vernichtete. Mit der Gründung von Nikomedeia (264), der Stiftung der Elfenbeinstatue in Olympia und Münzen mit eigenem Bild dokumentierte Nikomedes hell. Herrschertum.

4. Nikomedes bestimmte zu Vormündern seiner Söhne aus 2. Ehe mit Heptazeta u. a. Ptolemaios II. und Antigonos II. Gonatas; aber nach seinem Tod riß *Ziaelas*, sein enterbter Sohn aus 1. Ehe mit der Phrygerin Ditizele, der um 260 (?) nach Armenien geflohen war, mit Hilfe galatischer Tolistobogier (↗Kelten 3) die Herrschaft an sich (bithyn. Erbfolgekrieg 255/3?–ca. 250): Ziaelas' Halbbruder Zipoites (II.) floh nach Makedonien. Ziaelas' Schreiben an Kos (↗Inseln 5) zw. 246 und 242 (RC 25, Titulatur: Βασιλεὺς Βιθυνῶν Ζιαήλας) mit Anerkennung der Asylie des Asklepieions zeigt ihn als Philhellenen; es belegt überdies ein Bündnis mit Ptolemaios III. in diesen Jahren des Laodike-Krieges (246–41; ↗Seleukiden III 2). Über die Expansion B.s unter Ziaelas nur spärliche Nachrichten: aus den internationalen Konflikten, dem Laodike-Krieg und dem darauf folgenden ↗seleukid. (III 3) Bruderkrieg hielt sich Ziaelas heraus, obwohl er Antiochos Hierax eine Tochter zur Frau gab. Im Zusammenhang mit Kämpfen zw. Attalos I. v. ↗Pergamon (3), Antiochos Hierax und Galatern fand Ziaelas 230/29 den Tod (Einzelheiten unklar).

5. Nur spärliche Zeugnisse über die ersten Regierungsjahre von Ziaelas' Sohn *Prusias I.* (spätestens 228–182): Spende für ↗Rhodos nach Erdbeben 227; Feier von Soterien aus unbekanntem Anlaß (Galatersieg ?). 220 schloß sich Prusias Rhodos im Krieg gegen das mit Achaios (↗Seleukiden VII) verbündete Byzanz an (Gründe Polyb. 4, 49, 1–4), das versuchte, Prusias mit Ziaelas Halbbruder Zipoites einen Thronprätendenten entgegenzustellen (durch Tod des Zipoites vereitelt). Trotz erheblicher milit. Erfolge ließ sich Prusias 220/19 durch den König Kauaros von Tylis (↗Kelten 2) zu einem für ihn ungünstigen Frieden bestimmen (Gründe unklar, StV III 516): damit Scheitern des Versuchs, sich am Pontos-Eingang festzusetzen. Durch einen Sieg über galat. Aigosagen (↗Kelten 3), die Attalos I. gegen Achaios angeworben und nach Meuterei am Hellespont angesiedelt hatte, erwarb sich Prusias den Ruf des Befreiers bei den griech. Poleis des Hellesponts (Polyb. 5, 111). Im 1. Makedon. Krieg (215–205) unterstützte Prusias den mit ihm verwandten Philipp V. v. Makedonien durch Einfall in pergam. Gebiet 208; 205 unter Philipps adscripti im Friedensvertrag von Phoinike (StV III 543). Gegen das mit den ↗Ätolern (5) verbündete Kios (Propontis) kam Philipp V. dem Prusias zu Hilfe, versklavte die Bewohner und übergab die zerstörte Stadt seinem Verwandten, der sie später als „Prusias am Meer" wiederaufbaute und auch 196 trotz röm. Aufforderung nicht freigab. Auch Myrleia wurde wohl 202 bithyn. (aber erst von Nikomedes II. [s. u. 7] in Apameia umbenannt). Im 2. Makedon. Krieg

(200–197) verhielt sich Prusias neutral; er scheint freilich die Situation genutzt zu haben zur Annexion der (216 von Antiochos III. an Attalos I. abgetretenen) ↗Phrygia Epiktetos, die in der Folge ein dauerndes Streitobjekt zw. B. und Pergamon war. Nach 190 Expansion am Pontos: Prusias entriß Herakleia Tieion und Kieros. Trotz bithyn. Neutralität im Antiochos-Krieg[2] (192–188) unterstützte Rom den von Eumenes II. vertretenen Anspruch auf Phrygia Epiktetos. Über Prusias' Weigerung, das Gebiet zu übergeben, brach der Pergamen.-Bithyn. Krieg (nach 188) aus, den Rom 183 zugunsten Pergamons beilegte[3]: Der zu Prusias geflüchtete Hannibal, der maßgeblich am Zustandekommen einer Koalition mit dem Galaterfürsten (↗Kelten 3) Ortiagon und Pharnakes I. v. Pontos beteiligt war, kam dem röm. Auslieferungsbegehren durch Freitod zuvor.

6. *Prusias II.* (182–149) begann zunächst, sich mit Pergamon (I 4) wieder zu verständigen: 181 beteiligte er sich am Krieg gegen Pharnakes I. v. Pontos; im Frieden 179 übergab ihm Eumenes II. das – zuvor pont. – Tieion; freilich scheint Prusias' Hochzeit mit Apame, der Schwester des Perseus v. Makedonien, 179/77 die Abkehr von Pergamon einzuleiten. Trotz promakedon. Sympathien verhielt sich Prusias im 3. Makedon. Krieg (171–168) zunächst neutral, ja trat 169 sogar aktiv auf die röm. Seite. Daß er 167 in Rom mit seinem Sohn Nikomedes in der Kleidung eines libertus auftrat, um Glückwünsche zum Sieg über Perseus darzubringen, sich selbst als Freigelassenen der Römer bezeichnete und den Senat als „rettende Götter" ansprach, hat ihm den scharfen Tadel der griech. Geschichtsschreibung eingetragen. Nach 167 in röm. Gunst versuchte Prusias mit mehreren erfolgreichen Gesandtschaften nach Rom, das Mißtrauen gegen ↗Pergamon (I 4) zu schüren; der mit Härte (u. a. Verwüstung und Plünderung der Heiligtümer vor Pergamon) und Hinterhältigkeit geführte Krieg gegen Eumenes' Nachfolger Attalos II. 156–154 führte einen Wandel in der röm. Einstellung gegenüber Prusias herbei: Rom kündigte Freundschaft und Bündnis und erzwang einen für B. ungünstigen Frieden. Der Gegensatz zu Pergamon blieb bestehen: mit röm. Duldung, gestützt auf die bithyn. Bevölkerung, v. a. mit pergamen. Unterstützung beseitigte Prusias' Sohn Nikomedes, den der Vater zugunsten eines Sohnes aus 2. Ehe hatte ermorden lassen

wollen, 149 seinen bei der Bevölkerung verhaßten Vorgänger.

7. *Nikomedes II.* Epiphanes (–128) unterstützte Rom als treuer Vasall im Aristonikos-Aufstand (133–129; ↗Pergamon I 7), sah sich jedoch in der Hoffnung auf das – an Pontos abgetretene – Groß-Phrygien getäuscht.

8. Sein Sohn und Nachfolger *Nikomedes III.* Euergetes (127–94; Beiname wegen reicher Schenkungen) lehnte zw. 104 und 101 eine Hilfeleistung für Rom im Cimbernkrieg mit der Begründung ab, röm. publicani hätten die meisten Untertanen versklavt. Er versuchte zum letzten Mal, B. zu erweitern: 107 überfielen er und Mithradates VI. v. Pontos ↗Paphlagonien und teilten es; nach römischem Einspruch setzte Nikomedes dort seinen Sohn unter dem tradit. Dynastennamen Pylaimenes ein. Über der Teilung von ↗Kappadokien zerstritten sich B. und Pontos, als Nikomedes die dortige Königinwitwe heiratete. 96 erklärte der Senat Paphlagonien und Kappadokien für frei (Näheres s. d.).

9. Mit röm. Zustimmung trat 94 *Nikomedes IV.* Philopator die Regierung an; ein Versuch seines Stiefbruders Sokrates, mit pont. Hilfe den Thron zu erringen (90), blieb Episode: der Senat führte Nikomedes zurück. Den Verlust B.s an Mithradates VI. v. Pontos verschuldete Nikomedes selbst durch Einfall nach Pontos, zu dem ihn der röm. Legat M'. Aquilius aufhetzte; 84 von Sulla zurückgeführt. Kurz vor seinem Tode vermachte Nikomedes sein Reich testamentarisch an Rom, wobei angeblich ein Sohn aus 2. Ehe mit der Kappadokerin Nysa (Schwester v. Ariarathes VII. und VIII.) übergangen wurde. Nach vorübergehender Eroberung B.s durch Mithradates (73) richtete Pompeius die Prov. Bithynia et Pontus ein.

J. D. G.

Anm.: 1) Zur früheren Gesch. der Polis S. M. Burstein, Outpost of Hellenism, Berkeley-LA 1976. – 2) Zum Bemühen Antiochos' III., Prusias zu gewinnen, s. Liv. 37, 25, 4. – 3) S. a. M. Segre, RFIL 60, 1932, 446 ff.

Lit.: C. G. Brandis, RE III 1, 1897, 507–539 s. v. – Meyer, Grenzen s. Index s. v. – F. Geyer, RE XVII 1, 1936, 493–9 s. v. Nikomedes. – L. Robert, Études Anatoliennes, Paris 1937, ND Amsterdam 1970, 111–8 (Prusias II.). – Magie, RRAM s. Index. – G. Vitucci, Il regno di B., Rom 1953. – Ch. Habicht, RE XXIII 1, 1957, 1086–1127 s. v. Prusias; RE X A, 1972, 387–97 s. v. Ziaelas; 448–60 s. v. Zipoites. – Jones, CERP[2] 147–73. – B. F. Harris, Bithynia: Roman Sovereignty and the Survival of Hellenism, ANRW II 7, 2, 1980, 857–901. – Braund 135–51. – Sullivan 30–5. – Münzprägung: R. Alföldi, 275. – E. Schönert-Geiß, Chiron 8, 1978, 607–57. – Ausgrabungen: PECS s. v. Nicomedia; Prusa (Lit.).

Böotien. Zentrale Landsch. Mittelgriechenlands zw. Phokis (W), dem opuntischen Lokris (N) und dem Sund von Euboia (O); im S grenzt B. an den Korinth. Golf, gegen die Megaris und Attika bildet das Kithairon-Gebirge die Grenze. Die Landschaft ist durch das heute trockengelegte Kopaisbecken und das Becken von Theben gegliedert; trotz einiger Häfen war B. binnenländisch orientiertes Agrarland. Einen Eindruck vom hell. B. vermitteln die „Reisebilder" des Herakleides Kritikos[1].
Anzeichen für einen polit. Verband mehrerer böot. Städte unter der Hegemonie Thebens gibt es bereits für das Ende des 6. Jh.s[2] (Hdt. 5, 79; 6, 108; Thuk. 3, 61, 2). Genauere Informationen liegen erst für den böot. Bund seit 447 vor, besonders in der Beschreibung der Bundesverfassung[3], Hell. Oxy. 16 (11). Dieser Bund erfuhr nur nach dem Antalkidasfrieden zwischen 386 und 379 eine kurze Unterbrechung. Die Vormachtstellung Thebens wurde jedoch mit der Niederlage bei Chaironeia 338 gebrochen: B. verlor Oropos an Athen (StV III 402) und wurde in den Korinth. Bund (↗Hellenenbünde) eingegliedert; ein Aufstand Thebens 335 nach der falschen Nachricht vom Tod Alexanders d. Gr., endete mit der Zerstörung der Stadt: Massenversklavung, Verteilung der Chora an die benachbarten böot. Poleis. Eine Nachricht bei Arrian (1, 9, 10) über den Wiederaufbau von Plataiai und Orchomenos (zerstört 364/346, wieder existent seit 337) dürfte sich bei O. auf die Ummauerung beziehen; Orchomenos wurde auch Zentrum des weiter bestehenden böot. Bundes, in dem Städte wie Thespiai und Plataiai mehr Gleichberechtigung und Orte wie das bisher zu Thespiai gehörige Thisbe eigene Mitgliedschaft erlangten. Möglicherw. hat Alexander d. Gr. 324 die Auflösung des böot. Bundes befohlen, doch der Befehl blieb allem Anschein nach unausgeführt (Hyp. c. Dem. col. 18, ↗Koinon). Der Ausbruch von Unruhen wahrsch. nach Alexanders Tod 323 verhinderte die völlige Austrocknung des Kopaissees durch Alexanders Ingenieur Krates.
In den Diadochenkämpfen wechselte B. mehrfach den Oberherrn: 323 verweigerte der boiot. Bund die Teilnahme am Lamischen Krieg (↗Alexander d. Gr. 6) aus Furcht vor einem Wiederaufbau Thebens durch Athen (Diod. 18, 11, 3–5), erlaubte jedoch (unter Zwang ?) 316 Kassander, mit dem er zunächst bis 313 im Bündnis stand, den Wiederaufbau; 313 Symmachie mit Antigonos I. Monophthalmos: Truppengestellung (Diod. 19, 17, 4);

nach der Eroberung von Oropos 313 und dem Übertritt Thebens zu Kassander wieder Waffenstillstand mit Kassander; kurz darauf vertrieb Antigonos' Neffe Ptolemaios die Truppen Kassanders, zw. 308 und 304 stand aber B. wieder mit Kassander im Bündnis; 304 zwang Demetrios I. Poliorketes B., dieses Bündnis zu verlassen; ein Aufstandsversuch 292 endete mit der Belagerung Thebens: zwar milde Friedensbedingungen, aber Garnisonen in den boiot. Poleis und Tributzahlungen (Plut. Dem. 39, 2). Eine weitere Rebellion 291 jetzt unter Führung Thebens blieb ebenfalls erfolglos; in die Zeit der Erhebungen gegen Demetrios dürfte ein Bündnisabschluß mit dem Atolerbund (StV III 463) gehören. 288 versuchte Demetrios, durch Autonomieerklärung für Theben seine Position in Mittelgriechenland zu stärken; in dieser Zeit wird Theben wieder als Vollmitglied eingetreten sein, gleichrangig neben Plataiai, Thespiai, Tanagra und Orchomenos; 287 auch Oropos wieder Mitglied des Bundes. Nach 280 dürfte B. bei enger Bindung an Ätolien von Makedonien unabhängig geworden sein; 279 stellte der Bund ein Hilfskorps gegen den Galatereinfall (↗Kelten 1); ca. 272 das hypoknemid. ↗Lokris boiot. Die Gründe, warum sich B. seit Mitte der 60er Jahre aus der Verbindung mit Ätolien löste, sind unbekannt; jedenfalls schloß sich B. nach dem Abfall ↗Korinths von Makedonien (252?) offen dem Achäerbund an und wurde auf achäischer Seite in die nach 250 ausbrechenden achäisch-ätolischen Auseinandersetzungen hineingezogen: unter dem Boiotarchen Amaiokritos erlitt das Bundesheer bei Chaironeia 245 eine vernichtende Niederlage gegen die ätol. Invasion. B., von dessen innerem Zustand nach der Schlacht Polybios 20, 4 ff. ein sicher übertrieben düsteres Bild zeichnet, das nur durch Inschriften weiter erhellt bzw. korrigiert werden kann[4], wurde gezwungen, bei Erhalt der Bundesorganisation sich dem Ätolerbund anzuschließen und Teile von Ost-↗Lokris abzutreten. Im Demetriakos Polemos (zw. 239 und 229) öffnete sich B. um 235 kampflos den Truppen Demetrios' II. von ↗Makedonien (III 2); damals Gewinn von Aigosthena? Nach 229 gelang es B., sich zw. Makedonien, Achaia (damals wohl Vertragsabschluß, Syll.³519) und Ätolien unabhängig zu halten. 224 trat B. dem ↗Hellenenbund des Antigonos III. (StV III 507; Makedonien III 4) gegen Kleomenes III. v. ↗Sparta (I 4) bei. In der Schlacht bei Sellasia 222 stellte B. über 2000 Fußsoldaten und 200 Reiter.

Über eine aktive Beteiligung B.s am Bundesgenossenkrieg (220–217) oder am 1. Makedon. Krieg (215–205) ist nichts bekannt. 205 unter den makedon. adscripti im Friedensvertrag von Phoinike (StV III 543). Zu Beginn des 2. Makedon. Krieges (200–197) bildete B. erneut makedon. Durchzugs- und Rückzugsgebiet, ohne sich an Kampfhandlungen zu beteiligen. 197 gelang es jedoch Flamininus, sich durch eine Kriegslist Zutritt zu Theben zu verschaffen; bei einer Versammlung des böot. Koinon bestimmten Flamininus und der ehem. achäische Stratege Aristainos B. zum Bündnisabschluß (societas) mit Rom (nullo contra dicere audente, Liv. 33, 2, 6); dennoch kämpften kleine böot. Kontingente unter Brachylles im Heer Philipps V., denen Flamininus nach der makedon. Kapitulation 197 die Rückkehr nach B. gestattete, um Sympathie für Rom zu schaffen. Der böot. Bund reagierte mit der Wahl des Brachylles zum Boiotarchen und der Makedonenfreunde in die leitenden Positionen des böot. Bundes; die romfreundliche Partei glaubte – mit Duldung des Flamininus – nur durch die Ermordung des Brachylles ihre Position halten zu können. Dieser Mord, an dem mitgewirkt zu haben Rom sofort in Verdacht geriet, beseitigte die letzten Sympathien: die Romfreunde Zeuxippos, Stratonidas, Peisistratos u. a. flohen oder wurden hingerichtet; Widerstandsgruppen verlegten sich auf Mord und Plünderung röm. Soldaten aus dem Hinterhalt. Die Auferlegung von 30 Talenten und die Forderung nach Auslieferung der Beteiligten nach energischem röm. Gegenschlag brachten keine Annäherung; die verworrenen Zustände ließen Megara (s. 225 böot.) wieder zum Achäerbund übertreten (192; böot. Rückeroberungsversuch bei Philopoimens Nahen kläglich abgebrochen).
Im Antiochos-Krieg trat B. 191 offen auf die Seite des Seleukiden. M'. Acilius Glabrio gewann jedoch in demselben Jahr B. kampflos zurück: insgesamt milde Behandlung, Plünderung nur des Gebiets von Koroneia, weil im Tempel der Athena Itonia eine Antiochos-Statue aufgestellt war (Liv. 36, 20, 3). Für die Geschichte B.s bis zum Ausbruch des 3. Makedon. Krieges 171 gibt es nur wenige Zeugnisse: über dilator. Behandlung eines Senatsbefehls 188, Flamininus' Helfer Zeuxippos zurückkehren zu lassen, kam es zu Spannungen mit Rom und dem Achäerbund. 180 Erneuerung des Senatsbefehls zur Verbanntenrückführung. 174/3 schloß B. ein Bündnis mit Perseus v. ↗ Makedonien (III 5) ab, der (so die antimakedon. Pro-

paganda) die proröm. Parteiführer Euersas und Kallikritos auf dem Wege nach Rom beseitigen ließ. Zunächst setzten sich die Makedonenfreunde unter Neon und dem zum Boiotarchen für 172 gewählten Ismenias durch; aber deren Gegner erreichten bei einer Bundesversammlung in Theben einen Verbannungsbeschluß für Ismenias und seine Anhänger, die nach Thespiai flüchteten; nach einem erneuten Umschwung kehrte die Makedonenpartei nach Theben zurück, erklärte die vorangegangene Versammlung für ungültig und ließ die Romsympathisanten verbannen, die sich zu einer röm. Gesandtschaft nach Chalkis begaben und die Verantwortung für das Bündnis mit Perseus Ismenias zuschoben. Die röm. Gesandtschaft nutzte die Spannungen zur Zerschlagung des boiot. Koinons, verlegte sich auf getrennte Verhandlungen mit den einzelnen Poleis; vergeblich war der Versuch des Ismenias, durch kollektiven Anschluß an Rom wenigstens das Koinon zu retten. Die Makedonenanhänger flohen oder begingen Selbstmord; die meisten Poleis unterwarfen sich Rom. Freilich behaupteten sich in Koroneia, Thisbe und Haliartos Romgegner, die sich Ende 172 erneut Perseus anschlossen. Nach teilw. hartem Widerstand mußten diese Poleis 171/70 kapitulieren; Haliartos wurde zerstört und versklavt; durch restriktive Maßnahmen gegen Makedonenanhänger in Koroneia und Thisbe sicherte der Senat den ausschließlichen Einfluß der Parteigänger Roms (Sherk, Roman Documents Nr. 2–3). Das Wiederaufleben eines boiot. Bundes ist fraglich.

Im Röm.-Ach. Krieg (147/6; ↗Achäer 5) wurde Theben wegen Unterstützung Achaias wohl mit Geldbuße und Verurteilung des verantwortlichen Staatsmannes Pytheas bestraft (Liv. per. 52; Polyb. 39, 4–6; Paus. 7, 15, 9f.). Nach 146 entstand wieder ein boiot. Kultbund mit einem Synhedrion der Naopoioi, zu dem auch Oropos gehörte, das im Jahrzehnt zuvor von Athen besetzt worden war. Im 1. Mithradat. Krieg (88–5; ↗Pontos 8) schloß sich B. Mithradates VI. an, wurde aber trotzdem von dessen Truppen verwüstet. 85 erzwang schließlich Sulla den Anschluß B.s an Rom. Ab 27 gehörte B. zur Prov. Achaia, Oropos kam zu Athen. Den Niedergang des städtischen Lebens in der Kaiserzeit in B. bestätigt Strabon (9, 410), demzufolge nur noch Thespiai und Tanagra Städte B.s waren.

Verfassung: ↗Koinon. ↗Demokratische Verfassung (Archon, Boule, Demos) der einzelnen Poleis; v. a. nach 171 trat an die Stelle der Boule ein Synhedrion. Über die militär. (↗Militärwesen A III 1) Organisation der im 3. Jh. schlagkräftigen boiot. Reiterei informieren neue Inschriftenfunde[5].

J. D. G.

Anm.: 1) F. Pfister, Die Reisebilder des Herakleides, SB Wien 227, 2, 1951. – 2) Dazu R. J. Buck, CP 67, 1972, 94–101. – 3) Zur Organisation Giovannini, Sympolitie 46–50. – 4) D. Hennig, Der Bericht des Polybios über B. und die Lage von Orchomenos in der 2. H. des 3. Jh.s v. Chr., Chiron 7, 1977, 119–48. – 5) R. Etienne–P. Roesch, BCH 102, 1978, 359–74; S. Lauffer, Chiron 6, 1976, 11–51; Chiron 10, 1980, 161–82.

Lit.: Landschaft: Philippson-Kirsten I 2, 430–547. – M. Feyel, Polybe et l'histoire de B. au IIIe siècle av. notre ère, Paris 1942 (dazu A. Aymard, RH 70, 1946, 309 f.). – Ders., Contribution à l'épigraphie béotienne, Le Puy 1942. – P. Cloché, Thèbes de B., Namur-Löwen 1952. – P. Roesch, Thespies et la confédération béotienne, Paris 1965. – J. Deininger, Der polit. Widerstand gegen Rom in Griechenland, Berlin–New York 1971, 54–58; 88 f.; 153–9; 164–7. – Martin. Greek Leagues, 179–229. – R. Etienne–D. Knoepfler, Hyettos de B. et la chronologie des archontes fédéraux, BCH Suppl. 3, 1976. – P. W. Wallace, Strabo's Description of B., A Commentary, Heidelberg 1979. – M. Gullath, Untersuchungen zur Geschichte B.s, Frankfurt/M. 1982. – J. M. Fossey, The Topography and Population of Ancient Boiotia, Amsterdam 1988. – Ders., Papers in Boiotian Topography and History, ebd. 1990. – Inschr. und neueste Lit. zu B. in der Ztschr. TEIRESIAS. – B. in der Kaiserzeit: Kahrstedt, Wirtschaftl. Ges., 76–115. – Münzprägung: R.-Alföldi, 264 f. – Ausgrabungen: PECS s. v. der einzelnen Poleis. – Leekley–Efstratiou, Central Greece 14–38. – H. Beister u. a., LHistSt s. v.

Bosporanisches Reich. Am kimmerischen Bosporos, Zentrum Pantikapaion (Kertsch); dort seit 480 Tyrannis der Archaianaktiden, seit 438/7 der Spartokiden (hellenisierte Thraker).

LEUKON I. (*349/8) beherrschte die O-Krim von Theodosia an, die Halbinsel Taman und die östl. der Maiotis (Asowsches Meer) und um den Kuban wohnenden Indigenen. Absolute erbl. Militärmonarchie, gestützt auf Söldnerheer, bes. Skythen; scheinbar republ. Titel „Archon v. Theodosia und Bosporos"; der Königstitel galt gegenüber den Indigenen und wurde erst nach der Königserhebung der Diadochen (306/5) auch in den Griechenstädten getragen. Blüte im 4. Jh.: Reichtum durch Export ins Pontosgebiet und in die Ägäis (bes. Getreide aus fürstl. Domänen und Südrußland); reger Handel bes. mit Athen und Rhodos, Musenhof. Seit Mitte des 3. Jh.s allmähl. Verfall infolge wirtsch. Niedergangs im Ägäisraum und Vordringens der Sarmaten; die Bevölkerungsverhältnisse im B. R. verschoben sich zugunsten der Indigenen. Um 150 zeitweilig Herrschaft der Krimskythen. Der letzte Spartokide, PAIRISADES V., rief 111 Mithradates

VI. v. ↗Pontos (8) zu Hilfe; nach Revolte des ↗Skythen Saumakos und Tötung des Pairisades (108/7) kam das B.R. 107 in Personalunion mit Pontos, wodurch die pont. Ära auch im B.R. gültig wurde (↗Zeitrechnung I 2 c). 65 Flucht des Mithradates ins B.R.; 64 Aufstand der Bevölkerung und seines Sohnes Pharnakes; 63 Selbstmord des Mithradates. PHARNAKES (63–47), von Pompeius als König des B.R. bestätigt, erreichte die größte Ausdehnung des B.R. (Expansion zw. Kuban und Don bis Tanais; Titel „König der Könige"); 47 wurde er bei Invasion nach Pontos von Caesar bei Zela geschlagen und im B.R. von seinem aufständ. Statthalter Asandros getötet, der auch den von Caesar eingesetzten Mithridates von Pergamon (↗Kelten 3) rasch vertrieb. Asandros (48/7)–19/8) nahm nach Heirat mit Pharnakes' Tochter Dynamis den Königstitel an. Unter Dynamis' 3. Mann Polemon I. (im B.R. 15–8?) und dessen Enkel Polemon II. (38–42 n.Chr.) wieder Personalunion mit ↗Pontos (9–10) unter röm. Klientel. 8? v.–38 n.Chr. Aspurgos (Sohn des Asandros und der Dynamis?); 42–334/5 n. Chr. Herrschaft der Aspurgiden. H.H.S.

Lit. (↗ auch Pontos): R. Werner, Historia 4, 1955, 412–44 (Chronologie); Ders., bei: W.-D. v. Barloewen (Hrsg.), Abriß der Gesch. antiker Randkulturen, München 1961, 142–50. (Lit., Stammtafeln 243f.). – G. Perl, Zur Chronologie der Königreiche Bithynia, Pontos und B., 1968. – Chr. Danoff, RE Suppl. IX, 1962, 1118–40 s.v. Pontos Euxeinos. – V.F. Gajdukevič, Das bosporanische Reich, Berlin–Amsterdam ²1971. – D. Kallistov, Zur Stellung der Poleis im B.R., bei: E.C. Welskopf (Hrsg.), Hellenische Poleis II, Berlin 1974, 587–607. – S.M. Burstein, IG II² 653, Demosthenes and Athenian Relations with Bosporus in the Fourth Cent. B. C., Historia 27, 1968, 428–36. – P. Bernard, Journal des Savants 1989, 77–88 (Hellenisierung des Hofs). – B. Funck, Das Altertum 21, 1986, 27–35 (Dynamis). – K. Nawotka, Rome and the polit. propaganda of the Bosporan monarchs, Latomus 48, 1989, 326–38 (ab 1. Jh. v. Chr.). – Münzprägung: R.-Alföldi, 273. – Ausgrabungen: PECS s.v. Pantikapaion u.a.

Brief. Aus den 4 letzten Jh.en v. Chr. sind Tausende von griechisch geschriebenen B.en erhalten, meist auf Papyrus, einige noch in Form der umschnürten und versiegelten Rolle, außen mit der Adresse versehen, wie sie damals von privaten Briefboten, Bekannten des Absenders oder der staatl. Post über Ägyptens Straßen oder auf dem Nil befördert wurden. Sehr viele Stücke stammen in Original oder Abschrift aus den großen Archiven (s.u.); nicht wenige löste man aus der Makulatur der Mumienkartonage heraus. Fortwährend werden durch Funde oder aus dem Handel neue Stücke bekannt. – B.e auf δέλτοι (tabellae), heftförmig verbundenen Holztäfelchen mit einer Wachsschicht zum Einritzen der Mitteilung, haben sich aus griech. Zeit kaum erhalten, einerseits wegen der (gegenüber dem Papyrus) geringeren Widerstandsfähigkeit, andererseits infolge des Brauchs, solche *codicilli* hauptsächlich für kurze, eilige Nachrichten über geringe Distanzen an Freunde und Verwandte zu verwenden. Der derzeit älteste im Original erhaltene griech. B. stammt aus der Zeit um 500[1], ein Bleitäfelchen von Berezan im Schwarzen Meer; Blei war auch sonst als B.-Material beliebt, es ließ sich falten und auf der Außenseite mit der Adresse versehen. Die Griechen waren ein mitteilungsfreudiges Volk; zwischen ihren Siedlungen rund ums Mittelmeer und erst recht zwischen den Zentren der neuerschlossenen Gebiete dürfte sich im Hell. der Briefverkehr stark intensiviert haben. Der Zufall bedingt, daß die Funde von den regen diplomat. Korrespondenzen und dem außerordentlich reich entwickelten geselligen Leben des Hell. kein angemessenes Bild ergeben. Nur über die Wirtschaftsgeschichte des ptol. Ägypten sind wir durch Erlasse, Eingaben, Verträge, Rechnungen, Quittungen, Listen aller Art, v. a. aber durch private B.e vorzüglich orientiert. Aber selbst im privaten Bereich sind bei weitem nicht alle für die Antike nachgewiesenen Gattungen (Gesuche, Empfehlungen, Einladungen, Dank-, Glückwunsch-, Beileids- und Trostschreiben, Liebesbriefe usw.) im Original gleichmäßig bezeugt; so fehlt z. B. noch heute ein Liebesbrief, geschweige denn eine fortgesetzte Korrespondenz zwischen Liebenden. Auch reine Freundschaftsbriefe wurden anscheinend nicht in allen Kreisen gepflegt.

Wie schon Platon Lehrbriefe gesandt hatte, so setzt Epikur seine Lehrvorträge und Erbauungspredigten in Briefform fort (↗Kepos), treibt Seelsorge und benützt seine Korrespondenz „als einen Ersatz seiner persönl. Wirkung" (Wilamowitz über Paulus[2]; dies gilt weniger für Seneca). Selbst ein B., den wir heute als autobiograph. Dokument würdigen, wurde damals von Hand zu Hand gegeben, von einer ‚Gemeinde' gelesen und besprochen und war „in einer Zeit ohne Druck eben mehr ... als ein Brief im modernen Sinn; er war eine Art Abhandlung oder Manifest, und der Verfasser bediente sich der Briefform, weil er erwarten konnte, daß seine Gedanken durch den Freund, an den sie gerichtet waren, die weiteste und getreueste Verbreitung fänden"[3]. Hermarch, einer der Gründer des ↗Kepos, schrieb wissenschaftl. Abhandlungen in B.-Form, ähnlich (offenbar als Ersatz oder

Fortsetzung mündlicher Vorlesungen) Archimedes und Eratosthenes.
Typisch für das, was die ägypt. Funde hergeben, ist das Archiv des Zenon[4] (um 250 v. Chr.) in Philadelphia (Faijum). Hier ist uns die Korrespondenz des Dioiketes Apollonios und seines Verwalters Zenon (beide aus Kaunos), die auch umfangreiche Privatgeschäfte tätigten, zu einem großen Teil erhalten. Sie ist sehr wichtig für unsere Kenntnis des ägypt. Wirtschaftslebens unter Ptolemaios II., und viele Einzelheiten des tägl. Lebens werden durch diese B.e anschaulich. G.L.

B.e hell. Herrscher sind, außer auf Papyri (interne Verwaltungskorrespondenz), in erhebl. Zahl auch auf Inschriften[5] und in literar. Quellen überliefert; sie richten sich an hohe Funktionäre, Truppenteile, Städte, Vasallen[6] und fremde Souveräne[7]. Die Themen sind vielgestaltig: Privilegien für Städte und Tempel (z.B. Autonomie, Abgabenfreiheit, ↗Asylie), Anerkennung von Agonen, Grenzregelungen, Bürgerrechtsfragen und Einquartierung in den Städten, Götter- und ↗Herrscherkult, Versorgung von Soldaten, Höflingen und sogar der verstoßenen Königin u.a.m. In mehreren Fällen läßt sich der Lauf des B.s durch die Stufen der bürokrat. Hierarchie verfolgen: Der König schreibt dem zuständigen hohen Funktionär, der eine Abschrift (*antígraphon*) mit einem Begleitbrief an die nächstniedrige Instanz oder den Privilegierten weiterreicht[8]; wo sich der König direkt an den selbständigen oder halbselbständigen Partner wendet, schließt er die Abschrift seines B.s bei, in dem er den Vollzug des Gnadenerweises anordnet[9] bzw. dessen Anerkennung durch auswärtige Souveräne erbittet[10]. Die inschriftl. Aufzeichnung der B.e erfolgte teils auf königl. Befehl, meist aber durch die Begünstigten, die sich der Gnade (oder der erreichten Maßregelung von Übergriffen der Funktionäre[11]) rühmen und auf das Priviweg berufen wollten. Die inschriftl. Königs-B. sind in der Regel sprachlich korrekt und mit einer gewissen knappen Eleganz, ohne rhetor. Bombast geschrieben[12]. Die im engeren Sinn diplomat. Korrespondenz ist begreiflicherweise fast nur in literar. Quellen erhalten; diese B.e sind sicher meist überarbeitet, aber auch die Authentizität des Inhalts ist oft umstritten[13]. Ein diplomat. Zeugnis hohen Ranges ist ein Rundschreiben des Antigonos Monophthalmos an die Städte seines Machtbereichs[14], in dem ausführlich der Verlauf einer Friedensverhandlung zwischen den Diadochen (311) geschildert wird.

Fingierte B.e sind seit der frühen Kaiserzeit belegt; es gab sie aber wohl schon vorher, denn sicher reizte die Möglichkeit der Genreschilderung und der Ethopoiie verschiedener Typen (Bauern, Fischer, Hetären) gerade die hell. Schriftsteller. Daß schon im Hell. nicht nur echte B.e gesammelt, sondern in größerem Umfang historischer Persönlichkeiten gefälschte B.e untergeschoben wurden, ist bei dem starken Interesse am Biographischen fast sicher[15]. Die Verwendung gefälschter B.e als List im polit. und militär. Kampf ist in zahlreichen Fällen gut bezeugt[16].

G. L. – H. H. S.

Anm.: 1) SEG XXVI 845. An die Schwelle des Hell. führen z. B. die Blei-B. Syll.^{3} 1259 und 1260 (Athen bzw. Olbia, 4. Jh.). – 2) U. v. Wilamowitz-Moellendorff, Die griech. Literatur u. Sprache, in: P. Hinneberg (Hrsg.), Die Kultur der Gegenwart I 8 (Berlin–Leipzig ^{2}1907) 159. – 3) H. Rüdiger, Briefe des Altertums (^{2}Zürich 1965) 13. – 4) P. W. Pestman, A Guide to the Zenon Archive (Leiden 1981). – 5) Sammlung: C. B. Welles, Royal Correspondence in the Hell. Period (= RC, 1934; nur für Asien, nicht mehr vollständig); ferner z. B. Syll.^{3} 543; 552; SEG XII 311; 399; XIII 403; XXVII 245 (makedon.); M.-Th. Lenger, Corpus des Ordonnances des Ptolémées (COP, Brüssel 1964; Nachtrag Brüssel 1990); s. auch die – heute veralteten – Übersichten bei W. Schubart, AfP 6 (1920) 324–327; F. Schroeter, De regum hellenisticorum epistulis in lapidibus servatis (Diss. Leipzig 1931); A. Wilhelm, Griech. Königsbriefe (Klio-Beih. 48, 1943). Ausgrabungen haben zahlreiche neue Königs-B.e erbracht, z. B. J. Crampa, Labraunda III 1–2 (Lund 1969, Stockh. 1972); Klaros (unveröff.); Hefzibah (SEG XXIX 1613); Teos (P. Herrmann, Anadolu 9, 1965, 29ff.); Telmessos (SEG XXVIII 1224); Ephesos (SEG XXVI 1309); Herakleia/Latmos (M. Wörrle, Chiron 18, 1988, 421ff.); Iasos (↗Herrscherideal 3); Sardeis (P. Gauthier, Nouv. inscr. de Sardes II, Genf 1989) u. a. m. – 6) Z. B. RC 55–61. – 7) RC 71. – 8) Z. B. RC 10–13; 18–20; 36–37. – 9) Vgl. 1. Makk. 11,30ff. – 10) RC 71–72. – 11) RC 30. – 12) Stilist. Untersuchungen bes. bei Schubart, Schroeter, Welles (Anm. 5); Vokabular: Welles. – 13) Z. B. B.wechsel Dareios III. – Alexander d. Gr. (Arrian 2,14; 25); Pyrrhos – Rom (Dion. Hal. 19,9; StV III 467; inhaltl. echt nach E. J. Bickerman, CP 42, 1947, 137ff.). Zahlreiche B.e an oder über die Juden in 1. u. 2. Makk. u. bei Josephus, AJ (authentisch nach E. Bikerman, Mélanges Isid. Lévy, 1955, 11f.; dagegen J.-D. Gauger, Apologetik). – 14) RC 1. – 15) Teile der Demosthenes- und der Anacharsis-B.e (3. Jh.); Teile der B.e im Alexanderroman und das Schreiben Hannibals an Athen (PHamb. 129, 1. Jh.) dürften aus spät-hell. Zeit stammen. Mit Entstehung am beim Brief (und Testament) Alexanders an Rhodos (Ps. Call. 3,33). – 16) Nachweise z. B. bei E. Bickerman, Mél. Isid. Lévy (s. Anm. 13) und H. H. Schmitt, Unters. zur Gesch. Antiochos' d. Gr. (Historia-Einzelschr. 6, 1964) 125 A. 2. Beispiele für Echtheitsuntersuchungen literar. Briefe: E. Bickermann–J. Sykutris, Speusipps Brief an Philipp. Verh. Sächs. Akad. 80,3 (1928); Gauger (A. 13).

Lit.: Editionen: R. Hercher, Epistolographi Graeci (Paris 1873; heute durch Neu-Ed. teilweise ersetzt). – S. Witkowski, Epistulae privatae Graecae (Leipzig ^{2}1912). – Neufunde alljährl. in Année Philol. unter ‚Epistulae'. – K. Dziatzko, RE III 1 (1899) 836–43 s. v. Brief. – J. Sykutris, RE Suppl. V (1931) 185–220 s. v. Epistolographie. – J. Schneider, RAC II (1954) 564ff. s. v. Brief. – Stil u. Form: F. X. J. Exler, The Form of the Ancient Greek

Letter (1923); H. Koskenniemi, Studien zur Idee und Phraseologie des griech. B.s bis 400 n. Chr. (Helsinki 1956). – K. Thraede, Grundz. griech.-röm. Brieftopik. Zetemata 48 (1970). – A. J. Malherbe, Ancient Epistolary Theorists, Atlanta 1988.

Buchwesen.

I. Das einzelne Buch.

1. Der im Hell. – wie in den Jahrhunderten zuvor und danach – für nicht-inschriftliche Texte üblicherweise verwendete Beschreibstoff war der in den Sümpfen des Nildeltas reichlich wachsende Papyrus (ἡ πάπυρος)[1]. Aus dem Mark der Stengel (ἡ βύβλος/βίβλος) geschnittene dünne Streifen wurden leicht überlappend nebeneinander-, dann in einer zweiten Lage, ebenfalls überlappend, rechtwinkelig dazu darübergelegt und schließlich mit einem Holz- oder Steinhammer geklopft, so daß der dabei austretende Pflanzensaft als Bindemittel wirkte; nach dem Trocknen hatte man so ein Blatt (τὸ κόλλημα) gewonnen. Mehrere bei gleichbleibender Richtung der Fasern und Streifen mit Leim (ἡ κόλλα) aneinandergeklebte Blätter ergaben eine längere Bahn, die sich zu einer Rolle (ὁ χάρτης, τὸ βιβλίον) aufrollen ließ; dies geschah in der Regel so, daß der waagerechte Faserverlauf innen, der senkrechte außen zu liegen kam. Die Rolle wurde bei Benützung mit der rechten Hand auf- (ἀνελίττειν), mit der linken zugerollt (ἑλίττειν); zur leichteren Handhabung war sie auf einen Stab (ὁ ὀμφαλός) gewickelt. Von Papyrus waren mehrere Güte-Sorten im Handel; besonders wertvoll waren mit Zedernöl haltbarer gemachte Papyri. Da das ↗Ptolemäerreich in Herstellung und Vertrieb eine Monopolstellung innehatte, kam es bisweilen zu gelenkten Verknappungen und Verteuerungen des Papyrus.

Angeblich um einer solchen Ausfuhrsperre zu begegnen, wurde im 2. Jh. in ↗Pergamon die lange schon bekannte Verarbeitung von Tierhäuten zu Beschreibmaterial[2] so weit verfeinert, daß das Ergebnis Pergament (ἡ περγαμηνὴ [χάρτη], τὸ περγαμηνὸν [βιβλίον] ,das pergamenische Blatt/Buch'; häufiger ἡ διφθέρα) war[3]: Die abgezogene Haut von Kälbern, Schafen, Ziegen oder Eseln wurde in eine Kalklösung gelegt, dann sorgfältig abgeschabt, erneut einem Kalkbad unterzogen, gespannt, getrocknet, mit Bimsstein geglättet und schließlich mit Kreide geweißt. Doch sollte sich das Pergament erst in nachhell. Zeit als das für die neue Buchform des Codex geeignete Material durchsetzen[4].

2. Als SCHREIBWERKZEUG diente ursprünglich eine schräg angeschnittene Binse (ὁ/ἡ σχοῖνος), seit dem 3./2. Jh. auch ein in zwei durch eine schmale, tiefe Kerbe getrennte Spitzen auslaufendes Rohr (ὁ κάλαμος). Binse oder Rohr wurden in das mit wasserfester Tinte (τὸ μέλαν), die aus Ruß, Leim und Wasser hergestellt wurde, gefüllte Tintenfaß (ἡ βροχίς) getaucht und dann über den Papyrus geführt.

3. BUCHFORM: Der Text wurde in einer zunächst den inschriftlichen Großbuchstaben ähnelnden, sich allmählich zu einer kursiven Schrift entwickelnden Buchschrift ohne durchgehende Worttrennung, Akzentuierung oder Interpunktion[5] in Spalten (αἱ σελίδες) auf die Innenseite der Papyrusrolle geschrieben. Autor und Titel wurden am Anfang des Textes außen und innen, an seinem Ende innen angegeben. Zählung der Zeilen (οἱ στίχοι) eines Werkes (,Stichometrie') diente seiner ↗philologischen Sicherung, Beigabe kritischer Zeichen oder knapper Erläuterungen (αἱ γλῶσσαι, τὰ σχόλια) in (interlinear) oder zwischen (marginal) den Spalten seiner ↗philologischen Kommentierung. An Illustrationen lassen sich im Hell. bei literarischen Werken am Textanfang Autorenbilder[6], bei ↗mathematischen und ↗naturwissenschaftlich-technischen Texten an einschlägigen Stellen Skizzen, Pläne, Konstruktionszeichnungen u. dgl. nachweisen. Die einzelne Rolle konnte verschnürt, versiegelt oder mit einem Leder-,Mäntelchen' (ὁ φαινόλης) geschützt werden, mehrere Rollen ließen sich für den Transport stehend in einer Schachtel (ἡ κίστη, τὸ κιβώτιον), auf Dauer liegend in den Fächern eines Bücher-,Schrankes' (ἡ θήκη), der oft in die Wand eingelassen war, aufbewahren. In diesem Falle waren die nötigen bibliographischen Angaben meist von Pergamentzetteln (οἱ σίλλυβοι), die über den Schnitt herabhingen, abzulesen.

Indem sie größeren Werken (z. B. den homerischen Epen) feste Buchgrenzen gaben und kleinere Werke (z. B. lyrische Gedichte) zu Buchausgaben zusammenstellten, erhoben die alexandrinischen ↗Philologen, offenbar nach dem Vorgang des Aristoteles und des frühen ↗Peripatos, den Begriff des Buches endgültig von einem bloß technischen zu einem literaturwissenschaftlichen; die damals für archaische, klassische und hell. Werke eingeführten Bucheinteilungen gelten noch heute.

Die dem spät und langsam aufkommenden Pergament angemessene ‚Buch'-Form des Codex war dem Hell. wohl nur in ihrem Anfangsstadium, dem nach dem Muster zusammengebundener Holz- und Wachstäfelchen (Polyptychon) ‚gehefteten' ‚Notizbuch', bekannt[7].

II. VERLAGSWESEN, BUCHHANDEL UND BIBLIOTHEKSWESEN.

1. BUCHHANDEL gab es schon in klassischer Zeit in Athen[8], aber auch als See- und Fernhandel[9]. Er setzt ein VERLAGSWESEN voraus: die meist von Schreibsklaven (γραφεῖς, βιβλιογράφοι, ταχυγράφοι) nach Diktat eines Vorlesers (ἀναγνώστης) für einen ‚Verleger' verrichtete Vervielfältigung literarischer Texte. Diese beruhte auf einer ‚Ausgabe' (ἔκδοσις), der manchmal eine veränderte ‚zweite Auflage' (διασκευή) folgte[10]. Die Qualität solcher Ausgaben hing, besonders im Falle älterer Werke, v. a. von der Zuverlässigkeit der Vorlage (ἀντίγραφον) ab, zumal in der Regel das Verfasser-Exemplar (αὐτόγραφον) nicht mehr zur Verfügung stand, sowie von den Kenntnissen der Schreiber und eines allfälligen Korrektors (διορθωτής). Daher waren Orte mit bibliothekarischer Tradition wie ↗Athen (III), ↗Alexandrien (3) und ↗Pergamon (II), dann auch ↗Rom (II 1), Mittelpunkte des Verlagswesens und des Buchhandels. Deutlich erkennbar ist allerdings erst das Wirken des ‚Verlegers' Ciceros, T. Pomponius Atticus[11]. Das dort sichtbar werdende gegenseitige Vertrauen war von besonderer Bedeutung, denn Urheber- und Verlagsrecht waren unbekannt. Den Vertrieb übernahm entweder der ‚Verleger' selbst oder, oft in Verbindung mit ‚Antiquariats'-Buchhandel, ein eigenständiger Buchhändler (βιβλιοπώλης, βιβλιοκάπηλος) in seiner Buchhandlung (βιβλιοπωλεῖον); doch sind die beiden ‚Berufe' nicht streng zu trennen. Bei Ausgrabungen in ägyptischen Abfallgruben gefundene Buchreste, aber auch das Aufkommen und die Verbreitung populärer Literaturformen wie historischer, biographischer und erotischer ↗Romane lassen darauf schließen, daß Bücher auch für Angehörige der Mittelschichten durchaus erschwinglich waren, wenngleich andere Funde belegen, daß sich Bücherfreunde Privatkopien literarischer Werke gelegentlich auf die Rückseite geschäftlich verwendeter Papyrusrollen schrieben.

2. Die Nachrichten über BIBLIOTHEKEN (βιβλιοθῆκαι/ βυβλ-) griechischer Tyrannen seit dem 6. Jh. (v. a. Peisistratos in Athen und Polykrates auf Samos)[12] gehen nicht über den Hell. zurück und bleiben daher zweifelhaft[13]. Sichere Anfänge von Büchersammlungen lassen sich bei Lehrern[14], Dichtern[15], Sehern[16], Rednern[17], Ärzten (Corpus Hippocraticum) und anderen Berufsgruppen nachweisen. Größere, aber immer noch private Bibliotheken müssen Sophisten[18] und v. a. Philosophen besessen haben; die zunächst private, später vermutlich in den Besitz des ↗Peripatos übergegangene reichhaltige Bibliothek des Aristoteles war wohl die erste, die den Namen im heutigen Sinne verdiente[19], weit mehr als die von Staats wegen durch Lykurg vorgenommene Zusammenstellung ,authentischer' Abschriften der Texte der drei ↗kanonischen Tragiker[20]. Die erste öffentliche Bibliothek errichtete der Tyrann Klearch(os) von Herakleia (reg. 364/3–353/2)[21]. Durch die Vermittlung des ↗Peripatetikers Demetrios von Phaleron, der seit etwa 295 am Hofe Ptolemaios' I. (↗Ptolemäer II 2) weilte, wurde die Bibliothek des Lykeion Vorbild der großen ↗alexandrinischen und, mittelbar, der hell. Bibliotheken überhaupt[22].

Die von Ptolemaios I. im Brucheion beim Museion, also in räumlicher Verbindung mit der Königsburg (↗Alexandreia 1), gegründete ,Große Bibliothek' (Μεγάλη Βιβλιοθήκη) wurde in der Tat die größte vor der Neuzeit: Schon bald soll sie – in Wandnischen der mit Standbildern geschmückten Säle – 200 000 (Aristeas-Brief 10), dann 490 000 (Tzetz. prol. 2 ad Aristoph.), zum Zeitpunkte des Brandes i. J. 48/7 gar 700 000 Buchrollen (Gell. 7, 17, 3) umfaßt haben. Ermöglicht wurde diese erstaunliche Sammeltätigkeit durch das rege Interesse und die großzügigen finanziellen Unterstützungen vornehmlich der ersten drei ↗Ptolemäer (II 2–4). So wurden aus allen Teilen der griechischen Welt Bücher zusammengetragen; angeblich mußten die in die Häfen ↗Alexandriens (1) einlaufenden Schiffe etwa vorhandene Bücher aushändigen und erhielten nur Abschriften zurück[23]. Um das o. e. ,Staatsexemplar' der drei attischen Tragiker für seine Bibliothek zu gewinnen, soll Ptolemaios II. (↗Ptolemäer II 3) die zur Sicherheit geleisteten 15 Talente haben verfallen lassen[24]; die Bibliothek ↗Theophrasts hat er von dessen Erben Neleus von Skepsis erworben[25]. Bei solchem Sammeleifer überrascht es nicht, daß die Aufkäufer gelegentlich von Fälschern getäuscht wurden[26]. Dementsprechend waren die Bestände zunächst nach der Herkunft geordnet oder zumindest verzeichnet: nach Personen, Städten, Schiffen (κατ' ἄνδρας, κατὰ πόλεις, ἐκ πλοίων)[27]. Wichtiger aber als diese Ordnung und die Scheidung ‚vermischter' (συμμιγεῖς) und ‚unvermischter' (ἀμιγεῖς) Bücher[28] war die Katalogisierung der gesamten in der Bibliothek vorliegenden und damit weiter wirkenden Literatur durch ⁊Kallimachos. Sein monumentaler Katalog, die Πίνακες τῶν ἐν πάσῃ παιδείᾳ διαλαμψάντων καὶ ὧν συνέγραψαν (‚Verzeichnisse der in jeder Gattung namhaften Autoren und ihrer Werke') in 120 Büchern, gab einen nach Autoren, Titeln, Werkanfängen und Inhalten erschlossenen Überblick, der sich zunächst in Dichtung und Prosa, dann in die einzelnen Gattungen gliederte und schließlich die Autoren in alphabetischer Reihenfolge behandelte[29]. Daneben wurden offenbar eingehendere Spezialbibliographien erstellt, so etwa von Kallimachos selbst zu den Dramatikern[30], von Zenodot zum Epos, von Alexander von Ätolien zur Tragödie und von Lykophron zur Komödie; doch ist damit die Grenze von bibliothekarischer Betreuung zu ⁊philologischer Bearbeitung der Literatur bereits überschritten. Überhaupt ergänzten sich die Große Bibliothek und das benachbarte Museion, die Sitz einer als Verein für den Kult der Musen (θίασος τῶν Μουσῶν) konstituierten erlauchten Gesellschaft von Gelehrten mit festem Gehalt (σύνταξις) und freier Verpflegung (σίτησις), aber ohne Lehrverpflichtung, ebenfalls eine Gründung Ptolemaios' I., zu einer geistigen Einheit (die freilich den Spott des ⁊Skeptikers (I) Timon herausforderte: etwa ‚ein goldener Käfig voll zankender Paradiesvögel')[31]. Das erhellt schon aus der Reihe der Vorsteher der Bibliothek, die seit der Veröffentlichung des POxy 1241 im Jahre 1914 feststeht: Als erster Leiter ist der große ⁊Philologe Zenodot bezeugt[32], dann der Epiker ⁊Apollonios Rhodios, der Universalgelehrte und Dichter Eratosthenes von Kyrene (⁊Elegie 8, ⁊Epyllion 5, ⁊Geschichtsschreibung A VI/VIII, ⁊Mathematik II 4, ⁊Naturwissenschaften A II, B II, ⁊Philologie), der ⁊Philologe Aristophanes von Byzanz, Apollonios ‚der Eidograph' (⁊Philologie) und schließlich der Vollender der hell. ⁊Philologie, Aristarch von Samothrake. In der Regel war mit dem Amte der Bibliotheksleitung auch die einflußreiche Stellung eines Prinzen-, bes. Kronprinzen-Erziehers verbunden[33], eine Verknüpfung, die der alexandrinischen ⁊Philologie anderthalb Jahrhunderte höchster Blüte bescherte, ihr aber schließlich zum Verhängnis wurde, als Ptolemaios VIII. (⁊Ptolemäer II 9), selbst literaturwissenschaftlich tätig, nach seiner Thronbesteigung i. J. 145 seinen einstigen Lehrer Aristarch samt vielen anderen Gelehrten des Umkreises von Bibliothek und Museion aus Alexandrien vertrieb; die Leitung der Bibliothek wurde einem Soldaten namens Kydas übertragen[34]. Doch wurde der Wissenschaftsbetrieb aufrechterhalten, bis der überwiegende Teil des Bestandes der Großen Bibliothek i. J. 48/7 bei den Kämpfen Cäsars in Alexandrien (↗Ptolemäer II 13) einem Brande zum Opfer fiel.

Eine zweite, kleinere, ebenfalls grundsätzlich öffentliche Bibliothek, die (nach Tzetzes a. a. O.) 42 800 Bücher beherbergt haben soll, war, wohl etwas später als die Große Bibliothek[35], in Rhakotis (↗Alexandreia 1) auf dem Gelände des Serapeion, also ebenfalls einer Kultstätte, entstanden[36]. Von den Zerstörungen des Jahres 48/7 verschont, ging sie erst durch den Aufruhr der Christen unter ihrem Patriarchen Theophilos 389/90 zugrunde.

Eine alexandrinischen Verhältnissen vergleichbare Verbindung von Kultlokal, Forschungsstätte und Bibliothek entstand in ↗Pergamon, als Eumenes II. (I 4) beim Tempel der Athene Polias die – noch heute in dem Ausgrabungsgelände kenntliche – Bibliothek gründete[37]. Seine Nachfolger förderten sie[38]; der berühmteste Gelehrte des pergamenischen Kreises war der ↗Stoiker Krates von Mallos (↗Philologie). Bei der Übernahme ↗Pergamons (I 6/7) durch die Römer blieb die Bibliothek offenbar unbehelligt; im frühen 1. Jh. ist der ↗Stoiker Athenodor(os) von Tarsos als Vorsteher bezeugt[39]. Auch hier waren Verzeichnisse (ἀναγραφαί) der Bestände angelegt worden[40]; ihren Umfang bezeugt die (unsichere) Nachricht, Mark Anton habe den Alexandrinern als Ersatz für die unter Cäsar verbrannten Rollen 200 000 Bücher aus Pergamon übergeben lassen[41].

Im Königreich ↗Makedonien hatte schon Archelaos I. (I), in Pella, Bücher gesammelt. Von dem literarisch interessierten Antigonos II. (↗Makedonien II 1) zu einer eigentlichen Bibliothek ausgebaut, wurde die Sammlung i. J. 168/7 von L. Aemilius Paul(l)us nach Rom überführt[42].

An der Bibliothek der ↗Seleukiden (IV) in Antiochien am Orontas war zur Zeit Antiochos' III. d. Gr. Euphorion von Chalkis (↗Epyllion 4) Vorsteher[43]. Selbst für ↗Karthago (4 a) sind Bibliotheken bezeugt. Daß es auch im Reiche ↗Pontos eine (Königs-)Bibliothek gegeben hat, weiß man aus der Nachricht, daß sie von L. Licinius Lucullus i. J. 70 nach Rom verbracht wurde[44]. Dort gründete C. Asinius Pollio im ‚atrium Libertatis' die erste öffentliche Bibliothek; kein Geringerer als M. Terentius Varro, der, wie die Griechen Artemon von Kassandreia und später Herennios Philon von Byblos und Telephos von Pergamon, ‚de bibliothecis' geschrieben hat, leitete sie. Mit der Stiftung der griechisch-lateinischen ‚bibliotheca Palatina' beim Apollon-Tempel eröffnete Augustus i. J. 28 die Reihe kaiserlicher Bibliotheksgründungen.

Weniger gut sind verständlicherweise kleinere Bibliotheken, etwa bei ↗Schulen und Gymnasien, oder Privatbibliotheken literarisch bezeugt, doch läßt sich ihre weite Verbreitung inschriftlich belegen. Einmalig ist der Fund der Bibliothek des Epikureers Philodem(os) (↗Kepos B V) in Herculan(e)um.

Die Einrichtung von Bibliotheken ist für das hell. Zeitalter als ein „vom Buch geprägtes"[45] wesentlich: Zum ersten Male bezieht sich entstehende Literatur grundsätzlich nicht nur auf ihre jeweiligen Gegenstände, sondern, bewußt und programmatisch, ebenso auf die bereits vorliegende, analysierte und systematisierte Literatur der Vergangenheit.

U.D.

Anm.: 1) Die folgende technische Beschreibung nach Plin. nat. hist. 13, 74–82. – 2) Herod. 5, 58, 3; Ktesias bei Diod. Sic. 2, 32, 4. – 3) Varro bei Plin. nat. hist. 13, 70. – 4) Vgl. C. H. Roberts/T. C. Skeat, The Birth of the Codex, London/Oxford 1983. – 5) Vgl. C. H. Roberts, Greek Literary Hands 350 BC – AD 400, Oxford 1955. – 6) M. Terentius Varro hat in seinen 15 (verlorenen) Büchern Hebdomades sive de imaginibus 700 solcher Porträts – auch von Autoren – zusammengestellt. – 7) Catull. 42, 5: pugillarium; ebd. 11 u. ö.: codicillus (nach W. Kroll z. St. herkömmliche Wachstäfelchen); dagegen Hor. serm. 2, 3, 2; ars 389: membrana. – 8) Eupolis bei Poll. 9, 47; Plat. apol. 26 de. – 9) Xen. anab. 7, 5, 12–14. – 10) Z. B. ↗Kallimachos, Aitien und Iamben; ↗Apollonios Rhodios, Argonautika. – 11) Vgl. neben Ciceros Briefwechsel mit Atticus (16 Bücher) die Atticus-Biographie des Cornelius Nepos (13, 3 zur ‚Schreibstube'). – 12) Hauptquelle: Athen. 1, 4. 3 ab. Belege bei Schmidt (Lit.), 4–20. – 13) Vgl. Pfeiffer (Lit.), 23–24. – 14) Vgl. die Berliner Vase des Duris; ↗Schule. – 15) V. a. Euripides: Aristoph. ran. 943; Athen. 1, 4. 3 a. – 16) Isocr. 19 (Aeginet.), 5. – 17) Demosthenes: Lucian. 31 (adv. indoct.), 4. – 18) Hippias: Vgl. A. Patzer, Der Sophist Hippias als Philosophiehistoriker, Freiburg/München 1986. – 19) Strab. 13, 1, 54: Ἀριστοτέλης ... πρῶτος, ὧν ἴσμεν, συναγαγὼν βιβλία. – 20) Ps.-Plut. vit. dec. or. 7. 841f. – 21) Memnon FGrHist 434 F 1, 2. – 22) Aristeas-Brief 9–10; Tzetz. prol. ad Aristoph. p. 19 Kaibel. Vgl. Pfeiffer (Lit.), 128–132. – 23) Galen. vol. 17A. p. 606–607 Kühn. – 24) Ebd. 607. – 25) Athen. 1, 4. 3 ab. – 26) Galen. vol. 15. p. 105 Kühn. – 27) Vgl. Hunger (Lit.), 63. – 28) Tzetz. prol. ad Aristoph. p. 19 Kaibel. – 29) Call. fr. 429–453 Pf., vgl. Pfeiffer (Lit.), 162–166. – 30) Call. fr. 454–456 Pf.; vgl. Pfeiffer (Lit.), 166–167. – 31) Athen. 4, 1. 22d. – 32) Suda s. v. Ζηνόδοτος; Tzetz. prol. ad Aristoph. p. 25 Kaibel. – 33) Zenodot Lehrer Ptolemaios' II.: Suda s. v. Ζηνόδοτος; Apollonios Rhodios vermutlich Erzieher Ptolemaios' III.: Pfeiffer (Lit.), 177; Eratosthenes vermutlich Erzieher Ptolemaios' IV.: vgl. Pfeiffer (Lit.), 157; Aristarch Erzieher Ptolemaios' Eupators (↗Ptolemäer II 8), Ptolemaios' VII. und Ptolemaios' VIII.: Athen. 2, 84. 71b, dazu Pfeiffer (Lit.), 258–259. – 34) P. Oxy. 1241. – 35) Epiphan. mens. pond. 11 PG 43, 256 Migne bezeichnet sie als 'Tochter'-Bibliothek. – 36) Pfeiffer (Lit.), 130–132 betont die Unsicherheit über Gründung und Gestaltung dieser Bibliothek. – 37) Strab. 13, 4, 2. – 38) Strab. 13, 1, 54. – 39) Diog. Laert. 7, 34. – 40) Athen. 8, 15. 336de; vgl. Dion. Hal. Dinarch. 1. p. 630. – 41) Plut. Ant. 58, 5. 943a. – 42) Plut. Aem. 28, 6. 270e. – 43) Suda s.v. Εὐφορίων. – 44) Isid. etym. 6, 5, 1; vgl. Cic. fin. 3, 7–8; Plut. Luc. 42, 1–2. 519ef. – 45) Pfeiffer (Lit.), 132.

Lit.: Th. Birt, Das antike Buchwesen in seinem Verhältniß zur Litteratur, Berlin 1882. – K. Dziatzko, Art. 'Bibliothek', 'Buch', 'Buchhandel', in: RE III 1, 1897, Sp. 405–424, 939–971, 973–985. – Ders., Untersuchungen über ausgewählte Kapitel des antiken Buchwesens, Leipzig 1900. – V. Gardthausen, Griechische Palaeographie, I: Das Buchwesen im Altertum und im byzantinischen Mittelalter, Leipzig ²1911. – Th. Birt, Abriß des antiken Buchwesens, in: HAW I, 3, 1913. – W. Schubart, Das Buch bei den Griechen und Römern, Berlin/Leipzig ²1921. – F. Schmidt, Die Pinakes des Kallimachos, Berlin 1922. – Chr. Callmer, Antike Bibliotheken, in: Acta instituti Romani regni Sueciae 10, Opusc. archaeol. 3, 1944, 145–193. – C. Wendel, Geschichte der Bibliotheken im griechisch-römischen Altertum, Leipzig 1940. – F. G. Kenyon, Books and Readers in Ancient Greece and Rome, Oxford ²1951. – C. Wendel, Art. 'Bibliothek', in: RAC 2, 1954, Sp. 231–274. – C. Wendel/W. Göber, Das griechisch-römische Altertum, in: F. Milkau/G. Leyh (Hrsg.), Handbuch der Bibliothekswissenschaft III, 1, Wiesbaden ²1955, 51–145. – H. Hunger, Antikes und mittelalterliches Buch- und Schriftwesen, in: Geschichte der Textüberlieferung der antiken und mittelalterlichen Literatur I, Zürich 1961, 25–147. – H. Erbse, Überlieferungsgeschichte der griechischen klassischen und hellenistischen Literatur, ebd. 207–283. – B. A. van Groningen, Ἔκδοσις, in: Mnemosyne IV 16, 1963, 1–17. – T. Kleberg, Buchhandel und Verlagswesen in der Antike, Darmstadt ²1969. – P. M. Fraser, Ptolemaic Alexandria, Oxford 1972. – C. Wendel, Kleine Schriften zum antiken Buch- und Bibliothekswesen, hrsg. v. W. Krieg, Köln 1974. – R. Blum, Kallimachos und die Literaturverzeichnung bei den Griechen. Untersuchungen zur Geschichte der Biobibliographie, Frankfurt/M. 1977. – R. Pfeiffer, Geschichte der Klassischen Philologie. Von den Anfängen bis zum Ende des Hellenismus, München ²1978. – L. Canfora, Le biblioteche ellenistiche, in: G. Cavallo (Hrsg.), Le biblioteche nel mondo antico e medievale, Bari 1988, 3–28. – L. D. Reynolds/N. G. Wilson, Scribes and Scholars, Oxford ³1991.

Bürgerrecht.

A. Die HELL. REICHE kannten kein „Reichsbürgerrecht", was schon aus dem Wesen des hell. Staates (↗Staat III 3) verständlich ist. Ein B. kannten lediglich die Poleis; durch Erwerb des B.s einer reichsangehörigen Polis erhielt der Reichsbewohner den polit. u. sozialen Status eines Griechen[1] und damit Aufstiegschancen (↗Staat IV 2f.).

B. IN DER POLIS.

1. Wie in den früheren Perioden berechtigt das B. zur *Teilhabe* an den sozialen, rechtl., polit. und relig. Ordnungsformen der Polis (also z.B. staatl. Jugenderziehung, ↗Ephebie, ↗Schule; Rechtsschutz, Prozeßfähigkeit, Lebensmittelversorgung, Wahlrecht u. Wählbarkeit, Zugehörigkeit zu Phratrie, Phyle usw., Teilnahme an Agonen, Opfern usw.), während der ἄπολις des soz., rechtl., polit. u. relig. Ortes entbehrt; trotz fortschreitender innerer Auflösung der ↗Stadt (B) wird sein Schicksal auch im Hell. als Unglück angesehen. In Oligarchien ist das Voll-B. an einen Vermögenszensus, gelegentlich (z.B. Sparta) zusätzlich an Zugehörigkeit zu bestimmten Familien gebunden; die übrigen (Halb- oder Passiv-)Bürger entbehren der Teilhabe an der Regierungsgewalt, steigen aber bei Erreichen des Zensus in die Vollbürgerklasse auf. Bei Verfassungsänderungen verlieren (bzw. gewinnen) oft Tausende das B.; z.B. ↗Athen (I 3) 322 u. 317 (StV III 415; 421; ↗Demokratie).

2. Erworben wird das B. weiterhin durch *Geburt* (Abstammung von bürgerl. Vater, mancherorts von beiden bürgerl. Eltern). Zur Ausübung der polit. Rechte ist Erreichung eines Eintrittsalters notwendig.

3. Daneben ist schon seit archaischer Zeit Erwerb des B. durch *Verleihung* (Volksbeschluß) möglich, anfangs wohl v.a. an Menschen ohne B. oder ohne Möglichkeit der Ausübung des B. (Verbannte, Flüchtlinge, ehem. Angehörige zerstörter Gemeinden), bald aber auch, bei dauernder Ansiedlung, an Einzelne oder größere Gruppen. In hell. Zeit werden B.-Verleihungen nach Ausweis zahlloser Inschriften immer häufiger, oft motiviert durch Verdienste des Empfängers (↗Ehrungen), meist ausdrücklich unter Einschluß der Nachkommen. Da dieses B. nur in der verleihenden Polis ausgeübt werden konnte, hatte es den Charakter eines potentiellen, erst durch Ansiedlung oder zumindest längeren Aufenthalt aktualisierbaren B. Voraussetzung für die Ausübung war die Eintragung in die Bürgermatrikel (ἀπογράφεσθαι) und die Einlosung in die Phyle, Phratrie usw. (oft Wahlmöglichkeit). Da die Ansiedlung oft unterblieb, auch nicht erwartet wurde, erhielt das verliehene B. immer häufiger den Charakter eines „Ehren-B." (↗Ehrungen). Formeln der Verleihung: Ἀθηναῖον εἶναι, später häufig πολιτείαν (Abstraktum!) δεδόσθαι καὶ μετέχειν θείων καὶ ἀνθρωπίνων πάντων o.ä.; oft wird das B. gekoppelt mit anderen Privilegien (↗Ehrungen), auch solchen, die ohnehin mit dem B. verbunden sind (z.B. ↗Asylie, Isotelie, Iso-

dikie, Grunderwerbsrecht usw.), vermutlich um den Geehrten auch ohne Ansiedlung in den Genuß dieser Rechte kommen zu lassen. Das Heimat-B. ging im Hell. anscheinend auch bei Umsiedlung im allg. nicht verloren; Doppel-B. war weitverbreitet; im spät. Hell., erst recht in der Kaiserzeit rühmten sich bekannte Männer (bes. Sportler), viele B. zu besitzen, in den meisten Fällen, ohne sie je wahrzunehmen.

4. Da man durch Erwerb eines B. „Grieche" werden und (bes. in größeren Handelsstädten) erhebliche materielle und rechtliche Vorteile genießen konnte, kam auch (bes. in der Kaiserzeit) *Kauf* des B.[2] auf (oft kaschiert durch „Wohltaten", wie Getreidespenden usw.).

5. Schon die innere Bindung des Bürgers der klass. Polis an seine Stadt wird wohl überschätzt. Mit fortschreitender innerer Auflösung der Polis im Hell. treten die materiell-juristischen Aspekte des B. immer mehr in den Vordergrund (s.o. 4). Immer häufigere Verleihung des B. an einzelne und an ganze Gemeinden (s. u. 8) dürften die Ehrung und das B. selbst *allmählich entwertet* haben. Echter Stolz auf die eigene Polis dürfte jedoch auch im späteren Hell. nicht selten gewesen sein.

6. *Außenpolit. Bedeutung* bekommt die B.-Verleihung an fremde Politiker, bes. Könige, schon im 5. Jh. Der Sache nach handelt es sich hier von vornherein um ein Ehren-B. mit dem Zweck, ein ethisch verpflichtendes Band zum Geehrten herzustellen. B. wird hier der zwischenstaatl. Politik dienstbar gemacht; sein Hinausgreifen über die Grenzen der Bürgerschaft läßt ein gewisses Schwinden des urspr. Inhalts bei B. erkennen. Auch im Hell. ist B.-Verleihung an fremde Potentaten nicht selten; Ehrenämter hell. Herrscher in den großen Bünden (Ptolemaios III., Attalos I., Antiochos III.; ↗Ehrungen) setzen wohl zumindest implicite das B. voraus.

7. In den unter 6 genannten Fällen, bes. bei B.-Verleihungen an Monarchen, wird bereits Einflußnahme auf die Politik eines fremden Staats gesucht. Bis zur ausdrücklichen Verleihung des B. an ein ganzes Staatsvolk ist trotzdem noch ein qualitativ bedeutender Schritt (s. u.). Die Verleihung des delphischen B. an „Kroisos und alle Lyder" (Herod. I. 54, um 550) ist möglicherweise spätere Erfindung. Die Aufnahme der Bürger des zerstörten Platää in Athen (427) gilt Heimatlosen. Im J. 404 verleiht

Athen allen Bürgern der noch bestehenden samischen Polis das B., wohl um enge, ethische, nicht nur völkerrechtl. Bindung zu erzielen (die beabsichtigte Form des künftigen Rechtsverhältnisses [vgl. 8–9] ist nicht zu definieren).

8. „*Isopolitie*"[3] ist die Verleihung des B. an alle Bürger eines fremden Staats; es ist B. ἐπ' ἴσῃ καὶ ὁμοίᾳ (gleiches, uneingeschränktes B., daher seit Anf. des 3.Jh.s öfter Ausdruck ἰσοπολιτεία). Die Verleihung erfolgt durch einseitige, häufiger wechselseitige Dekrete, oft durch ↗Verträge (8)[4]; Verleihungsformeln und gesonderte Aufzählung von Privilegien wie oben (3). Seit dem frühen 4.Jh. sind Isop.-Verleihungen in steigender Zahl, fast ausschließlich epigraphisch bezeugt. Auch hier war das B. potentiell bis zur Aktualisierung durch Einbürgerung des Einzelnen (Form wie oben 3; Berechtigungsnachweis wurde z.B. durch Psephisma der Heimatstadt erbracht, das sein Heimat-B. bestätigte; vgl. Milet I 3, 141). Durch gegenseitige Isopolitie werden die Bürgerschaften beider Partnerstaaten theoretisch identisch; die potentielle (und bei benachbarten Poleis auch vorstellbare) Beteiligung der anderen Bürgerschaft an Abstimmung und Wahl bedeutet eine Schwächung der Autonomie. Beide Staaten bleiben aber völlig erhalten; Isop. schafft weder ein übergeordnetes neues Staatswesen noch gemeinsame Organe. In manchen Fällen zeigen Vorkehrungen, daß man einer zu starken Durchdringung und Einflußnahme durch die fremde Bevölkerung zu begegnen suchte (z.B. StV III 554: Poliswechsel nur bei Zustimmung beider Staaten; StV III 537; 539: Wartezeiten vor Bekleidung bestimmter Ämter). Zweck der Isop. war also nicht notwendig gegenseitige Assimilation der Bevölkerungen, sondern *freundschaftl. Verbindung* der beiden Staaten, deren Haltbarkeit nicht auf einem (bei den Isop.-Verträgen anscheinend unüblichen) Eid beruhte, sondern auf einer Art Brüderschaft. Den Charakter des Isop.-Vertrags als Freundschaftsvertrag zeigt bes. die Politik des ↗Ätolerbundes, der entfernte Gemeinden durch Isop. zu assoziieren suchte; die Hilfsverpflichtung des Bundes (und damit die Möglichkeit zu Verwicklungen) war dabei geringer als gegenüber Bundesmitgliedern oder durch Symmachie (↗Verträge 6) Verbündeten.

9. Im Gegensatz zur Isopolitie schafft die *Sympolitie*[5] ein *staatsrechtl. Verhältnis*; völkerrechtlich ist nur der Vor-

gang, der allein als „Symp." bezeichnet werden sollte. Mit Symp. (gelegentl. Homo-, Koinopolitie) werden in der Antike verschiedenartige Vorgänge bezeichnet: a) der Zusammenschluß mehrerer Staaten zu einem Staatenbund oder Bundesstaat (↗Koinon), im letzteren Fall mit Bundes-B.[6], mit gemeinsamen Organen (Bundes-↗Strategen usw., -Rat, -Versammlung), denen bes. die Außenpolitik obliegt, jedoch unter Beibehaltung gewisser Souveränitätsrechte der Mitgliedstaaten (innere Autonomie, Kulte, gelegentl. auch gewisse außenpolit. Bewegungsfreiheit); b) der Zusammenschluß zweier oder mehrerer Gemeinden zu einer neuen Gesamtgemeinde, in der die alten Gemeinden nurmehr lokale Bedeutung behalten; z.B. Plarasa/Aphrodisias in ↗Karien (6); c) das Aufgehen (Eingemeindung) eines Gemeinwesens in einem (meist größeren) anderen, wobei letzteres Namen, Verfassung, Organisationsform usw. gibt, ersteres nurmehr als lokaler Demos o.ä. fortbesteht. Zwischen diesen Typen, bes. zwischen b) und c), die auch als ‚synoikistische Symp.' (eher irreführend[7]; ↗Synoikismos) bezeichnet werden, gibt es verschiedene Nuancen; die Unterscheidung ist angesichts der Überlieferung (großenteils inschriftlich) oft schwierig.

10. Aus dem Gesagten geht bereits hervor, daß zwischen Isop. und Symp. *scharf zu trennen ist* (so mit Recht Szanto; anders Schaefer[8]). Gemeinsam ist beiden lediglich die Verwendung von B. als zwischenstaatl. Faktor; Zielsetzung, Form und Ergebnis sind grundverschieden. Als „Vorstufe" der Symp. (Ehrenberg) ist Isop. allenfalls in gedanklicher Konstruktion zu betrachten; vielmehr treten Sympolitien der verschiedenen Typen (von den archaischen ↗Synoikismoi ganz abgesehen) mindestens gleichzeitig mit den frühen Isopolitien auf (z.B. Aufgehen Korinths in Argos 392–386 = Typ c); Übergänge von einer Isop. zu einer Symp. sind kaum nachzuweisen. Vielmehr lassen die in 8 erwähnten Vorsichtsklauseln annehmen, daß des öfteren bei Isop.-Verbindungen eine Vereinigung der Partnerstaaten völlig außerhalb der Absichten lag.

11. Mit der allmählichen *inneren Entwertung* des B. durch Rationalisierung und allzu freigiebige Verleihung (5) dürfte auch die (ebenfalls immer häufiger verliehene) Isop. an polit. Wert verloren haben. Ein immer dichter werdendes Netz von Isop.-Verbindungen führte nicht etwa zum Zusammenwachsen einer griech. „Nation", sondern vielmehr zur gegenseitigen Aufhebung der Freundschaftsbande durch gegenläufige Interessen. Die Isop. als Form des Freundschaftsvertrags teilte somit das Schicksal anderer zwischenstaatl. Verbindungen. Auch sympolit. Verbindungen scheinen nicht selten wieder gelöst worden zu sein, einzelstaatl. Interessen also fortbestanden und die Oberhand gewonnen zu haben; ein Wesenszug des Griechentums auch in der hell. Zeit.

H.H.S.

Anm.: 1) Vgl. z.B. II. Makk. 4, 7ff., dazu Chr. Habicht, in: Jüd. Schriften aus hell.-röm. Zeit I 3, Gütersloh 1976, 216f. – 2) Vgl. L. Robert, (s.u.) 39–42; J. Stern, Chiron 17, 1987, 293–8. – 3) Dazu W. Gawantka, Isopolitie, Vestigia 22, 1975. – 4) Beispiele: einseitig Inschr. v. Priene 5 (Pr. an Athen), Polyb. 16, 26, 9 (Athen an Rhodos); wechselseitig StV III 537–9; Beschlußaustausch oder Vertrag als Alternative: StV III 555. Kombination der Isop. mit anderen Vertragsarten: z.B. StV III 480; Syll.³ 633 (+Symmachie). – 5) W. Schwahn, RE IV A 1, 1931, 1171–1266. Liste von Sympolitien: G.J. und M.J. te Riele, BCH 111, 1987, 187f. – 6) Swoboda, (s.u.) 3–38; W. Kolbe, Das griech. Bundes-B. in der hell. Zeit (1929), bei: F. Gschnitzer (Hrsg.), Zur griech. Staatskunde, WdF 96, 1969, 375–99. – 7) Im Gegensatz zu den ‚bundesstaatlichen', s. bes. Swoboda (s.u.) 42. Indessen findet ein tatsächlicher Wohnsitzwechsel, wie für Teos–Lebedos (RC 3/4) geplant und für Smyrna–Magnesia (StV III 492, 57–59) vorgesehen, keineswegs häufig statt. – 8) H. Schaefer, Staatsform und Politik, Leipzig 1932, 143 A 1.

Lit.: E. Szanto, Das griech. B., Freiburg 1892. – Busolt–Swoboda, I 220–238; II 655–63, 1314. – L. Robert, Hellenica I, Limoges 1940, 37–42. – V. Ehrenberg, Der Staat der Griechen, Zürich–Stuttgart ²1965, 47–52. – I. Savalli, I neocittadini nelle città ellenistiche. Historia 34, 1985, 387–431 (Lit.). – H.H. Schmitt, Forme della vita interstatale nell' antichità. Critica storica 25, 1988, 529–46 (Lit.).

Bund(esstaat) ↗Koinon, Hellenenbünde.

Buntschriftstellerei. B. ist eine von Ποικίλη ἱστορία[1] (*varia historia*, ‚bunte Geschichte') abgeleitete Bezeichnung für hell. u. kaiserzeitl. Werke, deren Verf. Wissenswertes aus allen Gebieten in literarisch zumeist anspruchsloser, ‚bunter' Weise[2] in Form von Lesefrüchten, Exzerpten, Gesprächen usw. zum Zwecke der Unterhaltung, Erbauung und Belehrung zusammentrugen (Miszellaneenliteratur: Buntheit in Stoff u. Form). Dank dem gewaltigen Aufschwung der Kultur und vor allem der wissenschaftlichen Forschung (↗Peripatos), die in fast allen Disziplinen ein unübersehbares Material bereitgestellt hatte, fand Literatur in hell. Zeit – begünstigt durch die Gemeinsprache (↗Koine), die Rationalisierung der Papyrusherstellung und die Bildungsfreundlichkeit der meisten Herrscher, deren Initiative die Errichtung zahlreicher öffentlicher Bibliotheken (↗Buchwesen II 2) zu verdanken ist – in weitesten Kreisen Verbreitung. Ein zwar wißbegieriges, aber wissenschaftlich nicht ernsthaft interessiertes Publikum wünschte in zuvor nicht gekanntem Ausmaß leicht lesbaren, kurzgefaßten Lesestoff, und so stieg die Produktion der z. T. den wertvollsten wissenschaftl. Arbeiten entlehnten Kompendien ins Massenhafte. Von der hell. B., die in kaum übersehbarem Formenreichtum von zuverlässigen Auszügen bis zu den unglaublichsten Anekdoten reichte, ist nahezu nichts erhalten; von ihren Vertretern bleiben fast nur ‚nominum umbrae' zurück. Eine Vorstellung von ihrer Methode und Qualität vermitteln ihre kaiserzeitl. Erben, die ebenso wie die Stilkritik der attizist. Reaktion (↗Rhetorik) den Untergang der hell. Originale verursachten; auf griech. Seite sind in Nachfolge der hell. B. bes. Pamphila, Favorinus von Arelate, Claudius Aelianus, Athenaios u. a. bis zu Stobaios hervorgetreten, auf röm. Seite neben weniger bekannten Autoren (Aurelius Opilius, Tiro) z. B. Nepos, Sueton und bes. Gellius (s. u.). Plinius d. Ä.[3], Gellius[4] u. Clemens Alex. a. a. O. haben neben sehr wertvollen Aufschlüssen über die Arbeitsweise der B.[5] – leider ohne Angabe von Verf. – etwa 30 Titel überliefert, die zum größten Teil wohl Erzeugnisse der hell. B. und ihre *varia et miscella et quasi confusanea doctrina* (Gellius) betreffen: Peplos[6], Kerion, Leimon[7], Stromateis[8], Helikon, Musai, Keras Amaltheias[9], Heuremata, Pinakes, Pandektai, Encheiridia, Pragmatika, Parerga, Didaskalika, Topoi, παντοδαπὴ ἱστορία u. a.; für den lat. Bereich wird Entsprechendes angegeben[10].

Stofflich und formal sind mit der B. einige kleinere Literaturgattungen aufs engste verbunden. Kein Geringerer als ↗Kallimachos veröffentlichte ganz im Geiste des ↗Peripatos (bereits Aristoteles selber hatte als Grundlage für seine wissenschaftl. Abhandlungen zahlreiche Stoffsammlungen verschiedenster Art angelegt) umfangreiche, durch ihre genauen Quellenangaben wertvolle Exzerptensammlungen. So trug z. B. ein ganzer Schriftenkomplex des Kallimachos den schon für Aristoxenos von Tarent bezeugten Titel Hypomnemata bzw. H. historika[11]; dieses Werk enthielt (wie die H. des Philostephanos, Hegesandros u. v. a. bis zu den 33 Bücher umfassenden H. hist. der Pamphila[12]) gelehrte Sammlungen bunten Inhalts. Wir erfahren ferner von Schriften über die Gründungen und Umbenennungen von Inseln, über die damals bekannten Flüsse, über Nymphen, über Fische, Vögel und Winde. Kallimachos kam somit einem Zeitbedürfnis entgegen: Man liebte es, Listen aufzustellen; die Sieben Weltwunder scheinen ebenso wie die Sieben Weisen u. ä. in hell. Zeit kanonisiert worden zu sein (↗Kanon). Bedeutsam ist Kallimachos auch durch die Begründung einer neuen Literaturgattung geworden, mit der er die Reihe der sog. Paradoxographoi eröffnete. Interesse am Wunderbaren und Außergewöhnlichen (Thaumasia, Paradox) ist z. B. schon in der Odyssee und in den Geschichtswerken Herodots, Theopomps und des Ephoros zu beobachten. Ziel der Paradoxographie ist es, aus der histor., naturwiss., ethnograph. oder geograph. Literatur Merkwürdigkeiten verschiedenster Art (nicht mytholog. Wunderdinge, auf die sich die Apista des Palaiphatos u. a. beziehen; zu unterscheiden auch die Traumbücher und Heilungsberichte) zu sammeln, um die Neugier nach dem Seltsamen, den Alltagserscheinungen zuwiderlaufenden Erscheinungen zu befriedigen. Das Mirabilienbuch des Kallimachos war nach geograph. Gesichtspunkten aufgebaut und behandelte hauptsächlich wohl naturwiss. Gegenstände. In der Nachfolge des Kallimachos schrieben über Thaumasia bzw. Paradox z. B. Philostephanos, Bolos von Mendes und vor allem Antigonos von Karystos, dessen ἱστοριῶν παραδόξων συναγωγή[13] große Exzerptenreihen aus Aristoteles und Kallimachos bietet, und Ps.-Aristot. περὶ θαυμασίων ἀκουσμάτων[14]. Neben den Hypomnemata und den paradoxograph. Schriften, die in der Kaiserzeit oft ins Schwindelhafte ausarten, bildet noch die Gelageliteratur eine Gruppe innerhalb der B. Die beiden klassischen Muster der Symposien sind schon im Hell. nicht mehr erreicht worden. Aristoxenos von Tarent verfaßte als erster Σύμμικτα συμποτικά[15]; Regenbogen 327 vermutet, daß mit diesem Werk die ausgebreitete Gattung der B. beginnt. Durch Umfang und Übermaß des bunt zusammengewürfelten gelehrten Stoffes übertrifft Athenaios mit seinen Deipnosophistai (veröffentlicht nach 192 n. Chr.) alle Vorgänger in der Symposionliteratur. Dieses in 15 Büchern überlieferte Riesensammelwerk läßt - wie die weitgehend erhaltenen 20 Bücher der *Noctes Atticae* des Gellius (2. Jh. n. Chr.) - die Bedeutung der verlorengegangenen hell. B. als einer besonderen Gattung der enzyklopädischen Literatur[16] erkennen. K. A. N.

Anm.: 1) Vgl. die gleichnamige Kompilation des Aelian und die Ποικίλη φιλομάθεια des Telephos von Pergamon. – 2) Vgl. Clemens Alex. strom. 6, 2, 1:…ποικίλως ἐξανθισάμενοι συνεγράψαντο. – 3) Nat. hist. praef. 24ff. – 4) Noct. Att. praef. 2ff. – 5) Vgl. auch Macrobius, Sat. praef. 2ff. – 6) Vgl. Ps.-Aristot. P. – 7) Vgl. Ciceros L. ebenso wie den L. des Pamphilos, nach der Suda eine ποικίλων περιοχή. – 8) Clemens Alex. sagt von seinem gleichnamigen Werk a.a.O. (vgl. 4, 4, 1): λειμῶνος δίκην πεποίκιλται. – 9) Vgl. Sotions *liber multae variaeque historiae* nach Gellius. – 10) Vgl. vor allem Gellius, a.a.O. 6–9. – 11) Frg. 128ff. Wehrli. – 12) Nach Regenbogen 326 ein „bedeutsames, in seiner Art repräsentatives Werk" der antiken B. – 13) Vgl. die Ausgabe von Giannini 31–109. – 14) Übersetzt und kommentiert von H. Flashar, in: Aristoteles, Werke in deutscher Übersetzung, Bd. 18, Teil II und III, Darmstadt 1972, 5–154. – 15) Frg. 122–127 Wehrli. Vorbild war vielleicht das Symposion des Aristoteles; vgl. A. Hug, RE IV A 2 (1932) 1274f. s.v. Symposion-Literatur. – 16) Vgl. H. Fuchs, RAC V (1962) 504–515 s.v. Enzyklopädie.

Ausg. zusammengestellt von W. Spoerri (s.u.) 522. Dazu: Paradoxographorum Graecorum Reliquiae, rec. A. Giannini, Mailand 1967.

Lit.: W. Spoerri, LAW (1965) 521f. s.v. B. – Vgl. außerdem O. Regenbogen, RE XVIII 3 (1949), 309–328 s.v. Pamphila. – W. Tarn–G. T. Griffith, Die Kultur der hell. Welt, Darmstadt ³1966, 319–350. – K.-H. Tomberg, Die Kaine Historia des Ptolemaios Chennos, Diss. Bonn 1967, 40ff. – K. Mengis, Die schriftstellerische Technik im Sophistenmahl des Athenaios, Paderborn 1920 (Nachdr. 1967), 93ff. – B. Baldwin, Studies in Aulus Gellius, Lawrence 1975. – B. Effe (Hrsg.), Die griechische Literatur in Text und Darstellung. Bd. 4: Hellenismus, Stuttgart 1985, Abschnitt 9 (S. 292–319): ‚Fiktion und Unterhaltungsliteratur'.

Demokratie (demokratische Verfassung). D. – als Begriff seit später Mitte des 5. Jh.s belegt – ist im Unterschied zu den anderen Verfassungsformen (Aristokratie-Oligarchie bzw. Monarchie-Tyrannis) jene Verfassungsordnung, in der die *Gesamt*gemeinde (bzw. ihre angemessene zahlenmäßige Repräsentanz) die Staatsgewalt unmittelbar ausübt: die politische Willensbildung geht von der Volksversammlung (übl. Ekklesie) aus, die den Rat (Boule, später Synhedroi o.ä.), die – rechenschaftspflichtigen – Beamten und die Gerichte bestellt. Zw. ‚guter' und ‚schlechter' D. unterscheidet schon Platon, später differenziert Aristoteles zw. verschiedenen Spielarten von D. Als ihre konstitutiven Elemente gelten seit der klass. Zeit staatsbürgerliche Gleichheit (Isonomie), Rede- und Antragsrecht jedes Bürgers (Isegorie) und die Freiheit der Rede (Parrhesie).
In den Poleis des hell. Kulturkreises ist D. die übliche und gegenüber den anderen Verfassungsformen als einzig wünschbar betrachtete Verfassungsordnung. In Bürgereiden (IPE I² 401; vgl. 402; StV III 545), Anti-↗Tyrannisgesetzen und zwischenstaatlichen ↗Verträgen (6; z.B. StV III 551) drückt sich das Bestreben der Gemeinden aus, sie zu erhalten. Dabei ist freilich der D.-Begriff und die -form des Hell. nicht mehr so scharf wie in der frühe-

ren verfassungstheoretischen Diskussion und Wirklichkeit von der Oligarchie zu unterscheiden. Ausdrücklich als oligarchisch zu klassifizierende Verfassungen, d.h. die Koppelung der Vollbürgerschaft an einen festgesetzten Vermögenssatz, sind zwar entweder althergebracht (selten) oder (häufig) durch den Oberherren oktroyiert, z.B. durch Antipater 322 und Kassander 317 in ↗Athen, Ptolemaios I. in Kyrene (SEG IX 1). Aber in der Realität ist die Grenze zur klassischen Oligarchie fließend. Polybios (2.Jh.), der die Auswüchse schrankenloser Politisierung der Menge am histor. Beispiel Athens kritisiert (vgl. 6, 43, 4) und ‚gute' D. gegen Ochlo-/Cheirokratie („Herrschaft der Faust") absetzt, definiert 6, 4: Als D. gelte kein Staat, „in dem eine beliebige Masse Herr zu tun ist, was ihr beliebt. Wo man jedoch die Götter fürchtet, Vater und Mutter ehrt, den Gesetzen gehorcht, wenn sie in einer solchen Staatsordnung durchsetzt, was der Mehrheit richtig scheint, dort ist die Bezeichnung D. am Platze" (Übers. Drexler). Als „demokratisch" gilt Polybios fast jedes Gemeinwesen Griechenlands[1] (Ausnahmen: die spartan. ,Tyrannis' und die makedon. Monarchie), wobei ihm das Muster von D. der Achäerbund abgibt, dessen Aufstieg er auf den richtigen Gebrauch der D. zurückführt (2, 38, 6), obwohl de facto „allenthalben eine Ordnung bestand, die an sich eher dem klassischen Begriff der ‚Oligarchie' entsprach: Die Führung der Politik war überall in den Händen einer kleinen Oberschicht ..." (Deininger).

Rom als Hegemonialmacht greift in die Verfassungsorgane der Poleis zugunsten stärker oligarchisch ausgeprägter Strukturen grundsätzlich nicht ein, aber die polit. Bedeutung der Volksversammlung geht unter röm. Herrschaft noch weiter zugunsten des Rates, und d.h. der besitzenden Schichten, zurück, ablesbar etwa an den Poleis des ehem. Achäerbundes nach 146. J.D.G.

Anm.: 1) Zu Rhodos s. J.L. O'Neil, How democratic was Hell. Rhodes? Athenaeum 59, 1981, 468–73.

Lit.: Zur histor. Entwicklung Ch. Meier, in: Geschichtl. Grundbegriffe I, 1972, 821–35. – A.H.M. Jones, The Greek City, Oxford 1940, 157–69. – J.A.O. Larsen, CP 40, 1945, 88 f. – D. Musti, Polibio e la democrazia, Ann. Sc. Sup. Pisa, Lett. Stor. e Filos. 36, 1967, 155–207. – J. Touloumakos, Der Einfluß Roms auf die Staatsform der griech. Stadtstaaten des Festlands ... Diss. Göttingen 1967. – J. Deininger, Der polit. Widerstand gegen Rom in Griechenland 217–86 v. Chr., 1971, 16 f. – R. Bernhardt, Imperium u. Eleutheria, Diss. Hamburg 1971. – F. Quass, Zur Verf. der griech. Städte im Hell., Chiron 9, 1979, 37–52. – R. Bernhardt, Polis u. röm. Herrschaft in der späten Rep. (149–31 v. Chr.), Berlin–New York 1985. – Zum Verhältnis zw. „Freiheit" und D. in den östl. Monarchien A. Heuss, Stadt und Herrscher des Hell., Klio-Beih. 39, 1937, (ND 1963) 236–40; ↗Stadt.

Dialekt(e). Der Begriff D. (ἡ διάλεκτος) muß für die hell. Zeit, insbesondere bis zum Beginn der römischen Kaiserzeit, in drei verschiedene Verwendungsweisen aufgegliedert werden. Er bezeichnet 1. die altgriechischen D., soweit sie neben der ständig an Einfluß gewinnenden Koine (↗Koine, ↗Sprache) noch gesprochen wurden, 2. die lokalen Verschiedenheiten der Koine und 3. die traditionellen literarischen D.

1. Schriftstellerzeugnisse (Strabon, Sueton, Plutarch, Pausanias) und Privatinschriften bekunden, daß die einzelnen D. dem Vordringen der Koine unterschiedlichen Widerstand entgegensetzten[1]. Am stärksten erwies sich dabei das *Dorische*, das sich besonders auf Rhodos und in Messenien bis ins 2. Jh. n. Chr. – wenn auch nicht rein – hat erhalten können und auf Kreta zu zahlreichen Mischbildungen mit der Koine führte. In Lakonien mündet es in den neugriechischen D. des Tsakonischen ein, der als einziger Selbständigkeit neben der Koine für sich in Anspruch nehmen kann. In den Kolonialgebieten wie in Südrußland, Unteritalien und Sizilien war der dorische Einfluß auf die Koine stärker als etwa in Ägypten und Kleinasien. – Das *Attische* hat sich auf dem Lande noch bis ins 2. Jh. n. Chr. gehalten, als sich in Athen selbst die Koine schon längst durchgesetzt hatte. Die Verschmelzung des Attischen mit dem *Ionischen* war bereits im 3. Jh. v. Chr. vollzogen. Vom 2. Jh. v. Chr. an gibt es keine rein ionischen Inschriften mehr. – Privatinschriften in *nordwestgriechischem* Dialekt sind für Delphi noch bis ins 2. Jh. n. Chr. vorhanden. Einen Rest des D. von *Elis* findet noch Dion von Prusa (Chrysostomos) (I 54) bei einer alten Frau in abgelegener Gegend: δωρίζουσα τῇ φωνῇ. Inschriftlich erscheinen künstlich archaisierende Dialektformen noch bis ins 2. Jh. n. Chr. – Das *Böotische* wird seit dem 2. Jh. v. Chr. selten, erscheint aber auf Privatinschriften noch bis ins 1. Jh. n. Chr. – Das *Thessalische* schwindet aus den Inschriften im 1. Jh. n. Chr. – Das *Arkadische* wird – bevor es im 2. Jh. n. Chr. ganz vom hell. Griechisch ergriffen wird – im 3. Jh. v. Chr. von der dorischen Koine (↗Koine) überlagert. – Das *Lesbisch-Äolische* hält sich nach einer Blütezeit im 1. Jh. n. Chr. bis ins 3. Jh. n. Chr. – In allen D. machen sich schon früh Einflüsse der hell. Verkehrssprache bemerkbar.

2. Aus 1. ergibt sich, daß man für die vorchristliche Zeit noch nicht mit D. der Koine rechnen kann. Die lokalen

Besonderheiten sind hier nur die verschiedenen Mischformen, die die Koine mit den einheimischen D. eingeht. Die an sich auf einem so großen Verbreitungsgebiet (↗Sprache) zu erwartende dialektische Differenzierung der Koine hat sich an den Sprachdenkmälern nicht verifizieren lassen. Sie geben uns keinen Anlaß, von einem Juden- oder Bibel-, ägyptischen, kleinasiatischen oder mit der Antike von einem spez. alexandrinischen Griechisch zu reden. Einige lexikalische Besonderheiten einzelner Gegenden ändern daran nichts. Ungenügende Beherrschung der Koine, ein mehr oder weniger hoher Prozentsatz von Vulgarismen beweist nichts für eine dialektische Gliederung. Man darf jedoch nicht vergessen, daß uns die Koine nur aus schriftlicher Überlieferung bekannt ist, d. h. es ist zu erwarten, daß in der gesprochenen Sprache ein stärkerer Einfluß der D., nach 1. insbesondere des Dorischen, auf die Koine zu spüren ist, als er sich in den Schriftdenkmälern der Koine erkennen läßt. Ein methodischer Weg, der an die gesprochene Koine heranführt, muß von den neugriechischen D. ausgehen; und hier zeigt sich in der Tat, daß man z. B. den dorischen Einfluß in der Koine und damit auch im Neugriechischen unterschätzt hat. A. Thumbs „dorisierende" Koine im Gebiet der dorischen Inseln, der Peloponnes sowie des ätolischen und achäischen Bundes (a. a. O. 167) gewinnt damit an Bedeutung. Von den Sprach-Eigenheiten der griechischen Kolonisten am Borysthenes (Dnjepr) berichtet Dion von Prusa (XXXVI 9). So gilt L. Radermachers Satz: „Eine ‚Dialektologie' der Koine muß eine Hoffnung der Zukunft bleiben"[2].

3. D.mischung und die Verbindung literarischer Gattungen mit bestimmten D. gehören zu den Wesenszügen der griechischen Literatur seit den Zeiten Homers. Wenn aber hell. Dichter und Schriftsteller D. schreiben, dann ist das in der Regel mehr als je zuvor keine Widerspiegelung volkstümlicher Sprachformen, sondern ein archaisierendes Zurückgreifen auf literarische Traditionen, eine Praxis, die im Attizismus (↗Rhetorik) ihren bis heute wirksamen Höhepunkt erreichte. Keinem Attizisten ist es jedoch gelungen, noch ein reines Attisch zu schreiben[3]. Auch das Wiederaufleben der (elischen, äolischen, attischen) D.inschriften in der römischen Kaiserzeit ist als solcher Rückgriff auf die Vergangenheit zu verstehen. – Im 3. Jh. verwendet ↗Theokrit (in ähnlicher Weise auch

↗Kallimachos) in seinen Idyllen ein Dorisch, das in erster Linie ein Gemeindorisch ist, dessen Charakteristika (z. B. η > ᾱ, 1. Plural auf -μες, dorische Futura) sich in Unteritalien ebenso finden wie auf dorisch gehaltenen Inschriften etwa in Pantikapaion (Südrußland). Ferner enthält Theokrits Dorisch Hyperdorismen (φιλάσω) und Eigenheiten, die von seinem syrakusanischen (bzw. koischen) Heimatdialekt abweichen (Genitiv Sing. auf -ω statt -ου). Erst nach Abzug dieser Besonderheiten darf man nach dem Lokalkolorit fragen. Hierher mag gehören z. B. ἤνθον = ἦλθον, βέντιστος = βέλτιστος, Akkusativ Plur. auf -ος statt -ους, Infinitiv auf -εν statt -ειν u. a. Kompliziert liegen die Verhältnisse im Bereich des Wortschatzes. Ein dorisches (nicht sizilisches) D.wort ist z. B. τάμισος, Genitiv ταμίσοιο (VII 16 mit epischer Genitivendung!) „Lab", das sich neben dem Koine-Wort πῆγμα bis heute im neugriechischen D. Unteritaliens als *tamissi* hat halten können. Umgekehrt gebraucht Theokrit durchaus das Koine-griechische πτέρις (III 14) „Farnkraut", wozu erst die Scholien βλῆχρον (Hesych βλῆχοος : πτέρις) liefern, das in dorischer Lautung noch heute in Unteritalien als *to laχri* existiert[4]. Die Dichter sind also der literarischen Tradition, nicht ihrem Heimatdialekt verpflichtet und dürfen deshalb, wenn man einmal die z. T. unüberwindlichen Schwierigkeiten der Textüberlieferung unberücksichtigt läßt, nur mit größter Vorsicht für eine D.geographie ihrer Zeit verwertet werden.

W.P.S.

Einen Überblick über die Theorien der Herkunft der unteritalienischen Gräzität bietet A. Sideras, Südostforschungen 38, 1979, 226–239. Gegen die Annahme eines ‚strato protobeotico di koiné parlata' in Unteritalien (R. Giacomelli, I grecismi del messapico, Brescia 1979) W. P. Schmid, Boiotisch und Koine, Festschr. G. Neumann, Innsbruck 1982, 339–343.

Anm.: 1) Zum Folgenden vgl. A. Thumb, Die griech. Sprache im Zeitalter des Hell., Straßburg 1901, 28–52; P. Wahrmann, Prolegomena zu einer Geschichte der Griech. D. im Zeitalter des Hell., Wien 1907; A. Thumb, E. Kieckers, A. Scherer, Handbuch der griech. D. I, II, 2. Aufl. Heidelberg 1932, 1959; A. Debrunner, Geschichte der griech. Sprache II, Berlin 1954, Slg. Göschen, 34–52; 2. Aufl. bearbeitet v. A. Scherer, Berlin 1969, 32–66. – V. Bubenik, Hellenistic and Roman Greece as a Sociolinguistic Area, Amsterdam – Philadelphia 1989 (Current Issues in Linguistic Theory 57). – 2) Zu den Dialektizismen (insbes. Dorismen) in neugriech. D. und den Folgerungen für die Koine vgl. A. Thumb, a.a.O. 53, 101; A. G. Tsopanakis, Byz. Z. 48, 1955, 49–72; S. G. Kapsomenos, in: Beiträge zum XI. Int. Byzantinistenkongreß, München 1958, II, 19–33; G. Rohlfs, zuletzt in: Neue Beiträge zur Kenntnis der unteritalien. Gräzität, SB München 1962, 5, 129–136; L. Radermacher, Koine, SB Wien 224, 5, 1947, 30ff. – 3) W. Schmid, Der

Attizismus in seinen Hauptvertretern IV, Stuttgart 1896, 578. – 4) G. Rohlfs, Lexicon Graecanicum Italiae inferioris², Tübingen 1964, 498; a.a.O. 132f.

Drama.

I. TRAGÖDIE.

1. DICHTER. Zentrum der tragischen Dichtung wurde in hell. Zeit ↗Alexandreia. Die Förderung der Künste durch die ↗Ptolemäer, besonders die Stiftung dramatischer Wettkämpfe durch Ptolemaios II. Philadelphos (285–247), zog Dichter von überallher an. Aus der großen Zahl der Tragiker stellte man in Anlehnung an die Klassiker-Kanones (↗Kanon) eine Pleias (die 7 hervorragendsten Dichter) heraus. Die Namenlisten stimmen nur zum Teil überein. Überall sind angeführt: Alexandros Aitolos, der neben T.n auch epische und lyrische Gedichte, Epigramme, Φαινόμενα u.a. (s.u. IV und V) verfaßte; für die alexandr. Bibliothek ordnete er die T.n und Satyrspiele; Homeros von Byzanz, dessen Mutter eine Dichterin Moiro (oder Myro) gewesen sein soll; er war auch als Grammatiker und Epiker bekannt; Philikos von Korkyra, der zugleich Lyriker (Verf. eines Demeterhymnos) war und möglicherweise mit dem Verf. des Epigramms von Kos identisch ist; Lykophron aus Chalkis (s. auch u. II); Sositheos aus Alexandreia Troas (s.u. II). Wechselnd erscheinen noch Sosiphanes aus Syrakus, Dionysiades aus Mallos oder Tarsos, Aiantides und Euphronios, der auch Grammatiker war und Πριάπεια dichtete. Mehr als 50 weitere Tragiker sind uns mit Namen bekannt; sie wirkten teils in Alexandreia, teils in den verschiedensten Teilen der griechischen Welt.

2. THEMEN. Von der ungemein reichen tragischen Produktion der hell. Zeit ist uns so gut wie nichts erhalten; sie fiel dem sprachlichen Purismus der Attizisten (↗Rhetorik) zum Opfer, so daß der Verlust allein nicht zu einem Schluß auf die Minderwertigkeit des Verlorenen berechtigt. Die überlieferten Titel lassen noch die Stoffkreise erkennen. Neben schon von den Klassikern gestalteten mythologischen Stoffen erscheinen solche, die noch nicht dramatisch bearbeitet waren, wie der Adonis-Stoff, der von Philiskos von Aigina, Dionysios von Syrakus und Ptolemaios Philopator behandelt wurde, oder die Leda des genannten Dionysios. Auch historische Themen finden sich, wie der Themistokles des Philiskos, der Themistokles und die Pheraioi des nicht sicher datierten, wahrscheinlich in die erste Hälfte des 3. Jhs. anzusetzenden Moschion. Enge Anlehnung an Herodot zeigen die 16 auf einem Papyrus erhaltenen, 1950 veröffentlichten Verse eines Gygesdramas (wahrscheinlich 3., vielleicht auch 4. Jh.; Verfasser unbekannt). Daß auch Zeitgeschichtliches behandelt wurde, beweisen der als Enkomion auf den verstorbenen König gedachte Maussolos des Theodektes (Mitte des 4. Jhs. in Athen) und die Kassandreis des Lykophron. Alttestamentliche Stoffe verarbeitete der Jude Ezechiel (wahrscheinlich zweite Hälfte des 3. Jhs.). Durch Fragmente bekannt ist nur seine T. Ἐξαγωγή, die den Auszug der Juden aus Ägypten darstellte. Das Stück war wahrscheinlich in 5 Akte geteilt, die Zahl der Schauspieler auf 3 beschränkt. Metrik, Sprache und dramatische Technik lassen euripideischen Einfluß erkennen. – Keine T., sondern die Fiktion eines tragischen Botenberichts in iambischen Trimetern ist die erhaltene Alexandra des Lykophron. In einer Sprache, die dunkel ist durch viele nur hier begegnende Wörter, durch entlegene Anspielungen, irreführende Benennungen und andere raffinierte Ausdrucksformen höchster Gelehrsamkeit, wird von Kassandras Vorhersage über den Untergang Trojas, das zukünftige Schicksal der Griechen und die ruhmvolle Geschichte der nach Latium gelangten Aeneaden berichtet. – Neben neuen T.n wurden in hell. Zeit die ursprünglich nur für *eine* Aufführung bestimmten Stücke der großen Tragiker, besonders die des Euripides, immer wieder neu inszeniert. Seit dem Aufkommen eines eigenen Schauspieleragons (449), bei dem die Preise unabhängig vom Wert des Stückes zuerkannt wurden, war die Leistung der Darsteller mehr und mehr in den Vordergrund getreten. Daß man ihnen oft mehr Interesse entgegenbrachte als dem Dichter selbst, bezeugt für seine Zeit Aristoteles (rhet. III 1, 1403 b 33). Ihr Wunsch, in wirkungssicheren Rollen ihr Können zu beweisen, mag die Wiederaufführungen ebenso bedingt haben wie das allgemeine Bewußtsein, daß die zeitgenössischen Dramen mit jenen nicht vergleichbar waren. Zur Erlangung noch effektvollerer Rollen wurden die klassischen T.n bisweilen sogar verändert; dem wurde ein Ende gesetzt, als Lykurg um 330 ein Staatsexemplar aller Werke der drei großen Tragiker herstellen ließ.

3. CHARAKTERISTIK. Siegerlisten des 4. Jhs. lassen erkennen, daß die Dichter bisweilen noch mit je 3 Dramen kon-

kurrierten; ein Zusammenhang zwischen den Stücken im Sinne der Inhaltstrilogie, der schon in klassischer Zeit durchaus nicht immer bestand, ist nicht mehr feststellbar. Soweit noch Satyrspiele (s. u. II) in Verbindung mit den T.n aufgeführt wurden, stammten sie wohl öfter von anderen Dichtern. – Die Ars poetica des Horaz und die römische T. lassen darauf schließen, daß auch in der hell. T. ein Chor auftrat; das Chorlied jedoch war nicht mehr wesentlicher, sinntragender Bestandteil, sondern von der Handlung weitgehend unabhängige musikalische Einlage zur Überbrückung der Pausen. – Im Vergleich zur klassischen neigt die hell. T. zum Theatralischen, oft zum Gesuchten und Krassen. Rhetorischer Einfluß macht sich mehr und mehr geltend. Gerade bei den schon von früheren Tragikern gestalteten Stoffen konnte sich der Dichter versucht fühlen, durch artistische Verfeinerung seine Vorgänger zu übertreffen. Das schon bei Euripides beliebte Motiv der Wiedererkennung (Anagnorismos) wurde in immer neuen Variationen aufgegriffen. Der äußeren Handlung schenkte man stärkere Beachtung als der Zeichnung der einzelnen Charaktere. Im Gegensatz zur Komödie (s. u. III) hat sich die T. in hell. Zeit nicht in der Richtung entwickelt, die Euripides in seinen Spätwerken gewiesen hatte: sie ist nicht zum profanen Schauspiel geworden. In der Beschränkung der Stoffkreise, die durch die Bindung der T. an den Kult bedingt war, und in der Erschöpfung der Motive, die bei der reichen dramatischen Produktion hieraus resultieren mußte, liegen wesentliche Gründe für den Niedergang dieser Kunstform bis zu ihrer Erneuerung durch die Römer.

II. SATYRSPIEL. Während das S. des 5. Jhs. und die Alte Komödie zwei völlig verschiedene dramatische Genera waren, lassen sich seit dem 4. Jh. Versuche erkennen, das S. durch aktuelle Bezüge, also durch Annäherung an den Komödienspott (s. u. III 1), neu zu beleben. In dem 326 oder 324 aufgeführten Ἀγήν des Python (er wurde auch Alexander d. Gr. selbst zugeschrieben) sind Harpalos, der untreue Schatzmeister des Königs, und seine Hetären Zielscheibe des Spottes. Ein Beispiel für Behandlung aktuellen Stoffes im 3. Jh. bietet Lykophrons (s. o. I 1) Menedemos mit der harmlosen Verspottung des Philosophen aus Eretria. Daneben lebt auch das alte, echte S. wieder auf. Als sein Erneuerer wird in der Grabinschrift des Dioskorides (Anth. Pal. 7, 707) der Tragiker Sositheos (s. o. I 1) gerühmt. Sein Daphnis oder Lityerses schildert die Völlerei des Lityerses, seinen Untergang durch Herakles und die Befreiung des Daphnis und der Thaleia. Durch Inschriften sind uns Satyrographen bis ins 2. Jh. n. Chr. bekannt, deren Bedeutung allerdings wohl auf die Orte ihres Wirkens (Teos, Magnesia, Tarsos, Boiotien) beschränkt war. In Rom hat das S. keinen Eingang gefunden. – Zur Verbindung des S.s mit Tragödien s. o. I 3.

III. ATTISCHE KOMÖDIE.

1. Entwicklung im 4. Jh. Die Einteilung in Alte, Mittlere und Neue K. (ἀρχαία, μέση, νέα κωμῳδία) geht schon auf die hell. Zeit zurück. Da sich der Gestaltwandel allmählich vollzog, lassen sich die Übergänge zwischen diesen Phasen mit den Jahren 400 und 320 nur ungefähr angeben. Aus der mittleren Epoche sind nur zwei Stücke ganz erhalten, Ekklesiazusen (392) und Plutos (388) des Aristophanes. Obwohl aus der großen Fülle von Stücken dieser Zeit kein weiteres mehr in seinem Aufbau und seiner Gesamtkonzeption erkennbar ist, lassen doch die zahlreichen Reste die Entwicklung des komischen Spiels von der Archaia zur hell. K. deutlich werden. Ersichtlich ist zunächst das Zurücktreten wesentlicher Merkmale der Alten K. Der persönliche Spott gegen einzelne Bürger, das sog. ὀνομαστὶ κωμῳδεῖν, der Tadel an allem Unerfreulichen und Schlechten in privaten und öffentlichen Einrichtungen, die witzige Gestaltung aktueller Ereignisse aus dem politischen und kulturellen Leben Athens mit einer fast ungehemmt scharfen Anprangerung der Mißstände erwuchsen aus der festen Bindung der Archaia an den Gemeindestaat, aus der Identifikation der Bürgerschaft mit ihrer Polis und dem Bewußtsein der Dichter um ihre Verantwortung als Wahrer der überkommenen Werte und Erzieher des Demos. Als mit dem Zusammenbruch Athens (404) das Interesse an den Angelegenheiten des Staates mehr und mehr schwand und sich unter dem Einfluß neuer geistiger Strömungen auch von innen her das feste Gefüge der Polis lockerte, hörte die K. auf, im geschilderten Sinne „politisch" zu sein. Gewiß brach ihre Beziehung zum Zeitgeschehen nicht abrupt ab, und die persönliche Verspottung verlor erst allmählich an Umfang und Schärfe. Stücke, die den Namen lebender Zeitgenossen zum Titel haben, erscheinen in dieser Epoche sogar zahlreicher als früher. Doch nur noch gelegentlich

dienen Politiker, wie etwa Dionysios von Syrakus und
Philipp von Makedonien, als Zielscheibe des Spottes; die
Titelhelden sind, soweit wir es erkennen können, überwiegend Hetären und Lebemänner. Schon in den genannten Stücken des Aristophanes fehlt die Parabase, die vom
Chor an den Demos oder Einzelne gerichtete Scheltrede.
Der Dichter verzichtet auf ein wesentliches Kompositionsglied der Archaia, das ihm die Möglichkeit zur persönlichen Auseinandersetzung mit seinem Publikum bot.
Damit hat zugleich die Entwicklung begonnen, die zur
Verkümmerung des Chors führte; mit dem Zurücktreten
der Rüge wird ihm eine wichtige Funktion genommen.
Die Chorlieder werden zu reinen Intermezzi (ἐμβόλιμα);
da sie in keinem Zusammenhang mit dem Stück stehen,
enthalten die Handschriften nicht mehr den Text des Liedes, sondern nur die Regiebemerkung: „Chor" (χοροῦ).
Die Verkümmerung des Chors führt zu einer Verarmung
der metrischen Formen gegenüber der alten K. Schlichter
wird auch die Sprache; sie behält ihre attische Anmut, besitzt aber nicht mehr jene schöpferische Kraft, die sich
früher in zahlreichen Neubildungen gezeigt hatte. Daß
die K. gesitteter geworden ist, bestätigt Aristoteles (NE
IV 14, 1128 a 20). Auf derbe Zoten, wie sie in der Archaia
häufig waren, verzichtete die Mese früh, und wir dürfen
vermuten, daß auch die alte Schauspielertracht mit Phallos und ausgestopftem Trikot schon in der ersten Jahrhunderthälfte aufgegeben wurde und sich das der bürgerlichen Kleidung ähnliche Kostüm der Neuen K. vorbereitete. Dem durch die lange Entwicklung verfeinerten, an
der Tragödie geschulten Geschmack des Publikums trug
der K.dichter vor allem dadurch Rechnung, daß er nun –
in bewußter Rivalität zur Tragödie – eine geschlossene,
spannende, psychologisch motivierte Handlung zu komponieren strebte. Als Sujet wählte man bis zur Jahrhundertmitte häufig politisch unverfängliche Mythentravestien, wobei sich der Mythos selbst oder seine Formung
durch die Tragödie parodieren ließ. Diese Parodien verloren in Athen (anders in Westgriechenland, s.u. IV) an
Reiz, je stärker sich das Publikum vom Mythos distanzierte. Nur noch verhältnismäßig selten finden sich Mythentravestien unter den K.n des Alexis, des Hauptvertreters der späten Mese, dessen Schaffenszeit bei seinem
langen Leben (ca. 371–270) freilich weit in die Epoche der
Nea hineinreicht. Wie in anderen Bereichen des zeitgenössischen geistigen und künstlerischen Schaffens tritt

nun auch in der K. das Interesse für das Individuelle, für menschliche Eigenarten mehr und mehr in den Vordergrund. Einer Gesellschaft, die mit der Vormachtstellung der Vaterstadt ihre alten Ideale verloren hatte, hält die K. jetzt den Spiegel eines engbegrenzten bürgerlichen Lebens vor Augen, in dem neben der Liebe Genuß und Geld die zentrale Rolle spielen. Wenn es auch das Leben der athenischen Bürgerschaft ist, das auf die Bühne gebracht wird, so setzen diese Stücke nicht mehr, wie einst die Archaia, beim Zuschauer intime Kenntnisse von Persönlichkeiten und Ereignissen voraus; sie lassen sich überall und immer wieder inszenieren. Allein die Zahl der K.n mancher Dichter – Alexis soll 245, Antiphanes 280 (oder gar 365) Stücke verfaßt haben – läßt erkennen, daß das Schaffen der Komiker nicht mehr auf die Feste der Stadt, sondern auf Aufführungen in der ganzen griechischen Welt berechnet war. Schon in der Epoche der Mese vollzog sich also die Entwicklung zum bürgerlichen Lustspiel und damit zur panhellenischen K. Eine scharfe Grenze zur Nea können wir in Hinblick auf Form und Inhalt nicht ziehen.

2. DIE NEUE KOMÖDIE. Dem Urteil der Antike folgend, lassen wir die Nea mit ↗Menander beginnen; 320 ist der ungefähre Beginn seiner Schaffensperiode.
a. Thematik und Menschenbild. Die weitaus überwiegende Mehrzahl der hell. K.n behandelt Stoffe aus dem bürgerlichen Bereich; Mythentravestien sind Ausnahmen. Ansätze bürgerlicher Dramatik finden sich schon bei Aristophanes. Einen wesentlich stärkeren Einfluß als Aristophanes übte aber auf die Dichter der Nea Euripides aus. Daß sie in ihm ihr Vorbild sahen und von der Tragödie Motive und Bauformen übernahmen, wird schon aus den Worten der Dichter selbst und aus dem Zeugnis antiker Literaturkritiker deutlich. Vor allem in seinen späten Stücken hatte Euripides die Gestalten des Mythos bereits so weit vermenschlicht, d.h. in ihrem Denken, Trachten und Handeln der Denk- und Lebensweise seiner Zeitgenossen angepaßt, daß manche Motive vom bürgerlichen Lustspiel ohne weiteres entlehnt werden konnten. Die überraschenden, von der unberechenbaren Macht des Zufalls (τύχη) bestimmten Wendungen, die das Geschehen in vielen eurip. Tragödien nimmt, ließen sich leicht zur K.handlung umgestalten. Erotische Themen, die der Archaia ebenso unbekannt waren wie der voreuripideischen Tragödie, gewinnen in der Neuen K. zentrale Be-

deutung. Die Vergewaltigung eines tugendsamen Mädchens durch einen berauschten Jüngling, die Aussetzung neugeborener Kinder – Ausgangspunkte der Handlung zahlreicher hell. K.n –, die unbewußte Begegnung von Mutter und Sohn, die überraschende Wiedererkennung (Anagnorismos), das Meistern schwieriger Situationen durch schlau erdachte Intrigen oder ihre glückliche Lösung durch das Spiel der Tyche, diese und manche anderen Motive des bürgerlichen Lustspiels haben ihr Vorbild in der Tragödie des Euripides. Daß die Handlung nach mannigfachen Irrungen und Verwicklungen so gut wie immer mit der Vereinigung oder Wiedervereinigung der Liebenden endet, liegt in der Natur der K.; hier ist nicht an eine Beeinflussung durch euripideische Tragödien zu denken, obwohl auch diese bisweilen zu einem glücklichen Ende führen. Der Kreis der Grundmotive, die die Handlung bestimmen, ist nicht allzu groß, die Verwicklungen, die sich ergeben, sind im Grunde immer die gleichen; in vielen Fällen erkennen wir, wie die Dichter Themen eigener früherer Stücke erneut behandeln oder auch fremden entlehnen. Die Wahl der Stoffe aus dem Leben des Bürgertums bringt es mit sich, daß sich stehende Figuren herausbilden: Der strenge, auf Wahrung des Besitzes bedachte Vater, der verliebte, dem Lebensgenuß zugewandte Jüngling, die schöne, tugendhafte Bürgertochter, der listige Sklave, die liebenswürdige Hetäre, der nach Beute strebende, vom Bürger oft als Großmaul entlarvte Soldat, der Parasit, der Kuppler, die komische Alte u. a. erscheinen immer wieder auf der Bühne. Sogar manche Personennamen bekommen typische Geltung, z. B. Glykera und Pamphile für Liebhaberinnen, Myrrhine für Mütter, Sosias für Sklaven. Das Interesse der Dichter konzentriert sich auf die Darstellung menschlichen Verhaltens in bestimmten Situationen. Die Kunst lebenswahrer Charakterisierung, die auf scharfer Beobachtung individueller Eigenarten beruht, läßt Einfluß des ↗Peripatos deutlich werden. Die Eigenständigkeit des Dichters aber zeigt sich, wenn er, wie Menander, die bunte Fülle individuellen Lebens in seinen Gestalten auf die Bühne zu bringen weiß und damit alles Typische abstreift, über das die „Charaktere" ↗Theophrasts letztlich nicht hinauskommen. Die Bedeutung der Veranlagung des Menschen ist ebenso erkannt wie seine Prägung durch die Umwelt. Soziale Gegensätze übersieht die Nea nicht, läßt sie aber unwichtig erscheinen gegenüber der Gemeinsamkeit der

Menschen, die alle Verschiedenheit überdeckt. Dieser Gedanke einer alle Menschen umfassenden Humanität weist wieder auf den Peripatos hin. Von Humanität zeugt auch die überlegene Noblesse, mit der die Nea menschliche Schwächen zu betrachten pflegt; Spott und Ironie wirken nicht verletzend, weil verständnisvolles Wohlwollen dahinter spürbar ist. Obwohl der Dichter nicht mehr, wie zur Zeit der Archaia, Erzieher des Demos sein will und die Zuhörer im Theater nicht Belehrung, sondern ästhetischen Genuß erwarten, lassen die meisten Stücke doch eine „Moral" erkennen. Auf der Grundlage empirisch gewonnener Menschenkenntnis stellt der Dichter soziale Pflichten als Voraussetzung geordneten Zusammenlebens heraus. Wie schwer sie im Alltag zu erfüllen sind, verkennt er nicht. So liegt ihm bei der Darstellung menschlicher Torheiten und Leidenschaften die ernste Beflissenheit des Weltverbesserers gänzlich fern; er steht ihnen mit jener Gelassenheit gegenüber, die in den K.n selbst immer wieder als Zeichen echter Bildung in einer den Launen der Tyche unterworfenen Welt herausgestellt wird.

b. Form und Sprache. Die Entwicklung zu größerer Dezenz, die sich in der Mese anbahnte, setzt sich in der Nea fort. Persönliche Verspottung lebender Zeitgenossen ist nicht völlig aufgegeben, tritt aber, ebenso wie derbe Komik, mehr und mehr zurück. Während in der eigentlichen Handlung immer bewußter auf burleske und phantastische Züge verzichtet wird, ist im Auftreten des Chors der dionysische Ursprung der K. deutlich erkennbar. Ohne jeden Bezug zur Handlung erscheint er, als Schwarm (κῶμος) trunkener Jünglinge maskiert, um mit ausgelassenem Tanz und Gesang die Pausen zu füllen. Durch diese Choreinlagen wird eine Einteilung in Akte klar markiert. Ob die Fünfzahl der Akte, die Horaz (ars 189) als Norm anführt, schon in der Nea konventionell war, läßt sich nicht mit Sicherheit erkennen. Ebenso läßt sich nur vermuten, daß mehr als drei Schauspieler auftraten. – Die Verbindung verschiedenartigen Erbgutes zeigt sich in der unterschiedlichen Gestaltung des Anfangs der Stücke. Orientierende Prologe vor Beginn der Handlung, die von Göttern oder Personifikationen (wie Ἄγνοια, Ἀήρ, Ἔλεγχος) gesprochen werden und gelegentlich schon Hinweise auf späteres Geschehen geben, haben ihr Vorbild in der euripideischen Tragödie. In anderen Stücken dagegen folgt der Prolog erst auf eine lebhafte Eingangsszene. Wenn sich hier der Schauspieler unter Verzicht auf die Illusion den Zuschauern unmittelbar zuwendet, so ist das Erbe der aristophanischen K. unverkennbar. Der für die Archaia charakteristische enge Kontakt mit dem Publikum ist in der Nea auch sonst gegeben. Viele der sehr beliebten Monologe wenden sich direkt an die Zuhörer, oft mit ausdrücklicher Anrede (ἄνδρες). Ein häufig verwendetes Mittel ist das A-parte-Sprechen, die ans Publikum gerichtete Glossierung von Vorgängen auf der Bühne. – Die metrischen Formen sind noch weniger vielgestaltig als in der Mese. Als Dialogverse erscheinen iambische Trimeter und iambische und trochäische Tetrameter, sonstige Metra begegnen äußerst selten. Die Sprache der Nea ist die gehobene Umgangssprache der Zeit. Sie entspricht durch ihre Neuerungen im Wort- und Formbestand nicht den strengen Forderungen der Attizisten (↗Rhetorik), zeichnet sich aber durch lebendige Frische und kraftvolle Natürlichkeit aus.

c. Dichter. Etwa 70 Dichter der Nea sind uns dem Namen nach bekannt. Fast alle haben in Athen gewirkt, obwohl viele nicht von dort stammen. Von der überaus reichen Produktion dieser Dichter – einige sollen bis zu hundert Stücke verfaßt haben – ist so wenig auf uns gekommen, daß wir aus Originalen nur von ↗*Menander* eine klare Vorstellung erlangen können. Nur über wenige weitere Dichter geben uns Nachbildungen durch römische Komiker einigen Aufschluß. Nach dem Urteil antiker Literaturkritiker war neben Menander der bedeutendste Dichter der Nea *Philemon* aus Syrakus (gest. 264/3 in Athen im Alter von fast 100 Jahren). Drei seiner K.n kennen wir in der Nachdichtung des Plautus, seinen Ἔμπορος (Mercator), Θησαυρός (Trinummus) und sein Φάσμα (Mostellaria). Titel wie Myrmidonen und Palamedes lassen Behandlung mythologischer Stoffe erkennen. Soweit uns ein Urteil möglich ist, traten in seinen durch geschickt komponierte, spannende Handlung ausgezeichneten Stücken moralisierende Tendenzen besonders deutlich hervor. – K.n des *Diphilos* von Sinope, eines Zeitgenossen Menanders, waren Vorlage für die Casina, die Vidularia und die Rudens des Plautus. Von den 60 uns bekannten Titeln deuten die meisten auf das bürgerliche Lustspiel, einige auf Mythentravestien hin. In einer Sapphokomödie ist die Titelheldin Geliebte der Dichter Archilochos und Hipponax. – Nach Stücken des *Apollodoros* von Karystos (etwa eine Generation nach Menander) dichtete Terenz seinen Phormio und die Hecyra *(stellenweise wörtliche Übersetzung). – Poseidippos* aus Kassandreia in Makedonien wird von Gellius (II 23, 1) als einer der Komiker erwähnt, die von römischen Dichtern bearbeitet wurden. Ob von ihm die Vorlage für Plautus' Menaechmi stammt, ist unsicher. – Der Attiker *Philippides* (um 300) gehört nach dem Urteil des Anonym. περὶ κωμῳδίας (Kaibel CGF I 9) zu den namhaftesten Dichtern der Nea. Einen der Schmeichler des Demetrios Poliorketes greift er (Frg. 25) mit einer für die Neue K. ganz ungewöhnlichen Schärfe an.

d. *Nachwirkung*. Wenn auch K.n der Nea in Athen bis ins 2. Jh. aufgeführt worden sind, so scheint doch die Blütezeit der Neuen K. um die Mitte des 3. Jhs. beendet zu sein. Durch ihr Weiterleben in der römischen K. aber hat sie starken Einfluß auf die Entwicklung des europäischen Lustspiels bis auf Molière, Lessing und Kleist ausgeübt. Auch auf sonstige erotische Poesie und Prosa, wie Romane und Briefe, wirkten ihre Motive ein.

IV. PHLYAKENPOSSE. Das Spiel der Phlyaken ist die im 4. Jh. v. Chr. auf unteritalischem Boden heimische Form derber dorischer Volksposse. Die Darstellungen der Phlyakenvasen, auf die sich unsere Kenntnis vor allem stützt, zeigen, daß die Darsteller in grotesker Maske, in einem Zotteltrikot mit Dickbauch, ausgestopftem Gesäß und riesigem Phallos burleske Mythentravestie spielten. Einfluß Epicharms (um 480 in Syrakus) auf die vorliterarische P. ist, wenn auch schwer bestimmbar, mit Sicherheit anzunehmen; wahrscheinlich sind von ihm typische Heroengestalten der P. (wie etwa der Fresser Herakles, der verschlagene Odysseus) übernommen. Eine literarische Form gab diesen Spielen Rhinthon aus Syrakus, der um 300 in Tarent wirkte. Er entlehnte der attischen Tragödie die Stoffe seiner tragisch-komischen Dramen (Hilarotragodia, nach ihm auch *fabula Rhintonica* genannt). Von seinen 38 Stücken kennen wir 9 Titel, von denen die meisten auf Euripides weisen (Herakles, Iphigeneia in Aulis, I. bei den Taurern, Medea). Aus den wenigen erhaltenen Fragmenten ist seine Behandlung der Stoffe nicht zu ersehen; vermutlich vermischte er mit den ernsten Elementen der parodierten Tragödien Szenen und Dialoge des Alltagslebens. Er dichtete in dorischem Dialekt; Versmaß ist der iambische Trimeter. – Als Phlyakographen, die auf Rhinthon folgten, werden neben anderen genannt: Alexander Aitolos (s.o. I), Sotades aus

Maroneia (s. u. V) und Sopatros von Paphos, der in Alexandreia wirkte.

V. MIMOS. Der M. ist eine – ursprünglich unliterarische – realistische Darstellung des Alltagslebens, nach Inhalt und Sprache zur Belustigung des niederen Volkes gedacht. Der Improvisation kommt hierbei eine große Rolle zu. Gespielt wurde ohne Masken; weibliche Rollen wurden also von Frauen verkörpert. Darsteller und Darstellerinnen waren gesellschaftlich verachtet. Zur Literatur erhob den M. der von Platon hochgeschätzte Syrakusaner Sophron (Mitte des 5. Jhs.). Als in hell. Zeit die Komödie in der Gestalt des bürgerlichen Lustspiels dem Verlangen der breiten Masse nach derber Komik nicht mehr genügte, gelangte der M. zu größter Beliebtheit. Da sein Streben nach Lebensnähe der peripatetischen Theorie entsprach, die Aufgabe des Künstlers bestehe in der μίμησις τοῦ βίου, konnte er, zumindest in veredelter Form, auch den Beifall der Gebildeten finden. Nach seinem Eindringen in Rom drängte er dort alle anderen dramatischen Formen zurück und stand bis in die späte Kaiserzeit in höchster Blüte. – Oft übernahm der M. den Stoff erfolgreicher Komödien; aber nicht die Handlung, sondern die Charakterdarstellung stand im Vordergrund. Mannigfaltig waren die Formen der Darbietung. Neben Solodarbietungen, bei denen auch verschiedene Rollen von einem Mimen gespielt wurden, standen Vorführungen mit mehreren Darstellern. Wahrscheinlich geht Plutarchs (Quaest. conv. 7, 4. 712 e) Scheidung in παίγνια („Spielereien") und ὑποθέσεις („Handlungen") auf diese Formen mimischer Darstellung. Daß teils gesprochen, teils gesungen wurde, zeigen die im einzelnen nicht mehr scharf trennbaren Bezeichnungen mit dem Bestandteil -λόγοι (wie μιμολόγοι, ἠθολόγοι, βιολόγοι) bzw. -ῳδοί: σιμῳδοί und ἱλαρῳδοί unterscheiden sich vermutlich durch eine dezentere Vortragsweise von den lasziveren μαγῳδοί und λυσιῳδοί. Auf die Darbietung von Mimen ionischer Form und zweideutigen Inhalts weisen die Namen ἰωνικολόγοι und κιναιδολόγοι. Gedichte dieser Art verfaßten Alexander Aitolos (s. o. I) und Sotades (s. o. IV), der für seine obszönen Verse auf die Geschwisterehe des Ptolemaios II. Philadelphos mit dem Tod gebüßt haben soll. – Die Klage des verschmähten Liebhabers, oft in Form eines Paraklausithyron (Klagelied vor der versperrten Tür der Geliebten), scheint ein beliebtes

Thema des M. gewesen zu sein. Die Umkehrung des Motivs zeigt das Lied eines unbekannten Verfassers (auf einem Papyrus des 2. Jhs. v. Chr.), das Wilamowitz „Des Mädchens Klage" betitelt hat: ein leidenschaftlicher Ausbruch des verlassenen Mädchens vor der Tür seines treulosen Geliebten. Das Lied, in dem anspruchsvolle Metrik sich mit schlichter Sprache verbindet, ist ein hervorragendes Beispiel mimetischen Sologesangs.

Gemildert und verhüllt erscheint alles Grobe in den literarischen Mimen des ↗Theokrit. Thematisch verwandt mit seinen Adoniazusen ist der uns erhaltene Epitaphios des Adonis, der mit Sicherheit dem auch als Bukoliker bekannten Bion von Smyrna (Ende des 2. Jh.s) zuzuweisen ist. In der Ich-Form, als Augenzeuge und als Gesprächspartner Aphrodites, verbindet der Dichter in kunstvoller Verflechtung den Bericht über das verhängnisvolle Geschehnis mit Ratschlägen an die Göttin, mit Schilderungen ihrer und der Eroten Trauer um den Toten und mit dem Hinweis auf seine erwartete Wiederkunft. Dieses für die Rezitation verfaßte hexametrische Gedicht ist gewiß nach Form und Inhalt vom ursprünglichen Mimos so weit entfernt, daß seine Zuordnung zu diesem literarischen Genos durchaus anfechtbar erscheinen mag (Körte–H. 298) und vielfach auch aufgegeben worden ist; unbestreitbar ist aber, daß der Dichter in der Schilderung leidenschaftlicher Trauer die peripatetische Forderung nach Mimesis des Lebens erfüllt und daß der Vortrag des Gedichtes mit seinen wechselnden Emotionen hohe Ansprüche an die mimetische Kunst des Rezitators stellt.

Eine besondere Form des M. sind die Mimiamben des Herodas (Herondas, aus Kos?, 3. Jh.), von denen 1890 ein großer Teil durch einen Papyrus bekannt wurde. Ihre Sprache ist ionisch gefärbt, ihr Versmaß ist der Hinkiambus des Hipponax (6. Jh. v. Chr.). Es sind dramatische Augenblicksbilder aus dem Leben der kleinen Leute, unübertrefflich in ihrer Milieuechtheit. Frei bietet sich hier Derbes und Intimes. „Die Kupplerin" Gyllis, die eine junge Strohwitwe zu überreden versucht, „Der Bordellwirt" Battaros, der gewitzt und zungenfertig vor Gericht redet, sind Charaktere, die denen der Nea an Individualität nicht nachstehen. Die weiteren Titel zeigen, welch bunte Fülle des Lebens eingefangen ist (Der Schulmeister, Die Frauen im Asklepiostempel, Die Eifersüchtige, Die beiden Freundinnen, Der Schuster, Der Traum). Diese Mimiamben sind nicht für eine szenische Aufführung, sondern für den Vortrag durch einen Sprecher bestimmt, dessen Kunst es ist, die Sprechpartien der verschiedenen Personen geschickt voneinander abzuheben.

VI. PANTOMIMOS. Der P. läßt zwar eine gewisse Verwandtschaft mit dem Mimos erkennen, ist aber von ihm abzusondern. Ein Tänzer, der – wie die Darbietung selbst – als P. bezeichnet wurde, hatte durch Körperbewegung und Gebärdenspiel ohne Worte eine Handlung darzustellen; verschiedene Masken verdeutlichten die Rollen, die er zu spielen hatte; ein Orchester oder ein Chor begleitete ihn. Die Sujets waren meist dem durch die Tragödie vermittelten Mythos entnommen, doch gab es auch moderne Themen ernster und heiterer Art. Wenn sich auch schon im Gastmahl des Xenophon (9) ein P. bescheidener Form findet, so sind doch öffentliche Aufführungen erst in hell. Zeit anzunehmen. Ihre Blüte erlebte diese Form dramatischen Spiels im Rom der Kaiserzeit; bis ins 6. Jh. n. Chr. wurden hier Pantomimen aufgeführt. Nach Lukian, der eine Fülle von P.-Themen aufzählt (De saltatione), wurden weibliche Rollen von Männern gespielt (ebd. 28); spätestens in der Kaiserzeit aber gab es auch weibliche Darsteller. Sie stammten wie ihre männlichen Kollegen aus dem Sklavenstand.   R.M.

Ausg.: Tragödie: F. Schramm, Tragicorum Graecorum hellenisticae quae dicitur aetatis fragmenta, Diss. Münster 1931. – B. Snell, Tragicorum Graecorum fragmenta I, Göttingen ²1986. – Musa tragica. Die griechische Tragödie von Thespis bis Ezechiel. Ausgewählte Zeugnisse und Fragmente griech. u. dt. Unter Mitwirkung von R. Kannicht [...] hrsg. von B. Gauly u. a., Göttingen 1991. – Lykophron: E. Scheer, 2 Bde., Berlin 1881–1908. – C. von Holzinger, Leipzig 1895 (mit Übers. u. Komm.). – L. Mascialino, Leipzig 1964. – Gyges-Drama: Pap. Oxy. 23, 1956, nr. 2382. – Ezechiel: K. Kuiper, Mnemosyne 28, 1900, 237–280 (Text u. lat. Komm.). – J. Wieneke, Ezechielis Iudaei poetae Alexandrini fabulae quae inscribitur Ἐξαγωγή fragmenta, Münster 1931. – H. Jacobson, The Exagoge of Ezekiel, Cambridge 1983. – B. Snell (s.o.) 288–301. – Satyrspiel: V. Steffen, Satyrographorum Graecorum reliquiae, ²Posen 1952. – E. G. Turner, Papyrus Bodmer XXVIII: A Satyr-Play on the Confrontation of Heracles and Atlas, Mus. Helv. 33, 1976, 1–23. – Komödie: A. Meineke, Fragmenta Comicorum Graecorum III–IV, Berlin 1840–1841. – Th. Kock, Comicorum Atticorum Fragmenta I–III, Leipzig 1880–1888. – J. M. Edmonds, The Fragments of Attic Comedy II–III, Leiden 1959–1961 (unzuverlässig). – C. Austin, Comicorum Graecorum fragmenta in papyris reperta, Berlin 1973. – R. Kassel–C. Austin, Poetae Comici Graeci, Berlin 1983 ff. – Auch ↗Menander. – Phlyakenposse: G. Kaibel, Comicorum Graecorum Fragmenta I 1, Berlin 1899, 183–197. – A. Olivieri, Frammenti della commedia greca e del mimo nella Sicilia e nella Magna Grecia II–III, Frammenti della commedia Fliacica, Frammenti del mimo Siciliano, ²Neapel 1947. – Phlyakenvasen: A. Furtwängler–G. Reichhold, Griech. Vasenmalerei III, München 1932, 178–207. – A. D. Trendall, Phlyax Vases, Bull. of the Inst. of Class. Stud., Univ. of London, Suppl. 8, 1959. – Mimos: G. Kaibel (s.o.) 152–182. – A. Olivieri (s.o.). – Des Mädchens Klage: I. U. Powell, Collectanea Alexandrina, Oxford 1925, 177–180. – Bion: A. S. F. Gow, Bucolici Graeci, Oxford 1952, 153 ff. – H. Beckby, Die griech. Bukoliker, Meisenheim a. Gl. 1975, 306 ff., 557 ff. (mit Übers.). – Übers.: U. von Wilamowitz-Moellendorff, Reden und Vorträge I, ⁴Berlin 1925, 292 ff. – Herondas: O. Crusius, ⁵Leipzig 1914. – W. Headlam–A. D. Knox, Cambridge 1922. – O. Crusius–R. Herzog, ²Leipzig 1926 (mit Übers. u. Anm.). – I. C. Cunningham, Leipzig 1987.

Lit.: Drama: A. Körte, Die hell. Dichtung, Leipzig 1925, 214–228. – A. Körte–P. Händel, Die hell. Dichtung, Stuttgart 1960, 279–286. – G. M. Sifakis, Studies in the History of Hellenistic Drama, London 1967. – G. A. Seeck (Hrsg.), Das griech. Drama, Darmstadt 1979. – Tragödie: K. Ziegler, RE 6 A, 2 (1937), 1967–1977; 1979–1981. – M. Pohlenz, Die griech. Tragödie, 2 Bde., ²Göttingen 1954. – A. Lesky, Die trag. Dichtung der Hellenen, ³Göttingen 1972, 527–538. – Lykophron: U. von Wilamowitz-Moellendorff, Hell. Dichtung II, Berlin 1924, 143–164. – Gyges-Drama: B. Snell, Gyges und Kroisos als Tragödien-Figuren, ZPE 12, 1973, 197–205. – Ezechiel: A. Kappelmacher, Wien. Stud. 44, 1924/25, 69–86. – B. Snell, E.s Moses-Drama, in: Szenen aus griech. Dramen, Berlin 1971, 170–193. – E. Starobinski-Safran, Un poète judéo-hellénistique: Ezéchiel le tragique, Mus. Helv. 31, 1974, 216–224. – E. Vogt, Tragiker Ezechiel, in: Jüd. Schriften aus hell.-röm. Zeit IV 3, Gütersloh 1983, 113–133. – Satyrspiel: W. Aly, RE 2 A, 1 (1921), 235–247. – K. Ziegler, RE 6 A, 2 (1937), 1977–1979. – L. E. Rossi, Il dramma satiresco attico, Dialoghi di Archeologia 6, 1972, 248–302. – D. F. Sutton, A Handlist of Satyrplays, HSPh 78, 1974, 107–143. – Ders., The Greek Satyr Play, Meisenheim a. Gl. 1980. – Komödie: A. Körte, RE 11, 1 (1921), 1256–1275. – Ders., Die hell. Dichtung, Leipzig 1925, 17–71. – T. B. L. Webster, Hellenistic Poetry and Art, London 1964. – Ders., Studies in Later Greek Comedy, ²Manchester 1970. – W. G. Arnott, From Aristophanes to Menander, Greece and Rome 19, 1972, 65–80. – W. Kraus, Mittlere und Neue Komödie außer Menander, Anz. für die Altertumswiss. 28, 1975, 1–18. – W. Steidle, Probleme des Bühnenspiels in der Neuen Komödie, Graz. Beitr. 3, 1975, 341–386. – F. H. Sandbach, The Comic Theatre of Greece and Rome, New York 1977. – H.-J. Newiger, Die griechische Komödie, in: E. Vogt (Hrsg.), Griech. Literatur (Neues Handbuch der Literaturwissenschaft 2), Wiesbaden 1981. – L. R. Hunter, The New Comedy of Greece and Rome, Cambridge 1985. – E. Pöhlmann, Die Funktion des Chors in der Neuen Komödie, in: Beitr. zur antiken u. neueren Musikgeschichte XVIII, Frankfurt/M. 1988, 41–55. – Auch ↗Menander. – Philemon: E. Fantham, Ph.'s Thesauros as a Dramatisation of Peripatetic Ethics, Hermes 105, 1977, 406–421. – Diphilos: W. Th. MacCary, The Comic Tradition and Comic Structure in D.' Kleroumenoi, Hermes 101, 1973, 194–208. – Apollodoros von Karystos: D. Sewart, Exposition in the Hecyra of A., Hermes 102, 1974, 247–260. – E. Lefèvre, Der Phormio des Terenz und der Epidikazomenos des A. v. K., München 1978. – Philippides: G. B. Philipp, Ph., ein politischer Komiker in hell. Zeit, Gymnasium 80, 1973, 493–509. – Phlyakenposse: E. Wüst, RE 20,1 (1941), 292–306. – Rhinthon: A. Körte, RE 1 A, 1 (1914), 843–844. – M. Gigante, Rintone e il teatro in Magna Grecia, Neapel 1971. – Mimos: H. Reich, Der M., Berlin 1903 (reiche Materialsammlung, Kombinationen z. T. problematisch). – E. Wüst, RE 15, 2 (1932), 1727–1764. – A. Körte–P. Händel, Die hell. Dichtung, ²Stuttgart 1960, 280. 286–305. – H. Wiemken, Der griech. M. Dokumente zur Geschichte des antiken Volkstheaters, Bremen 1972. – Herondas: V. Schmidt, Sprachliche Untersuchungen zu H., Berlin 1968. – Sotades: R. Pretagostini, Ricerche sulla poesia Alessandrina. Teocrito, Callimaco, Sotade, Rom 1984, 139–147. – G. Mastromarco, The Public of Herondas, Amsterdam 1984. – Pantomimos: E. Wüst, RE 18, 3 (1949), 833–869.

Dynast (δυνάστης), „Machthaber, Herr(scher)", schon in klass. Zeit (z. B. bei Thukydides), häufig im Hell. die

Bezeichnung für Herren v. a. kleinerer Fürstentümer, wie sie bes. an den Rändern der großen Reiche entstanden (z. B. durch Verselbständigung eines Militärkommandeurs oder Stammeshäuptlings, aber auch durch Belehnung) und, je nach der Macht der Zentralgewalt, von dieser sich emanzipierten oder allmählich wieder aufgesogen wurden. Im Seleukidenreich (↗Staat IV 2) sind – neben Poleis und ἔθνη – die D.ai regionale oder lokale Sondergewalten, an die z. B. Seleukos II. wegen der ↗Asylie Smyrnas schreibt (OGIS 229,11); diese „Fürsten" werden vom König entsandt oder (nach Unterwerfung) wiederbelehnt, verfügen über Militär- und Zivilgewalt in ihren Machtbereichen (δυναστεῖαι) und gerieren sich gegenüber dem König als Lehensnehmer, gegenüber den Untertanen wie kleine Könige. Vermutlich ahmen sie auch den Stil der großen Herrscher nach (z. B. Kanzlei des Olympichos). Erblichkeit ist gelegentlich nachweisbar. Beispiele solcher „fürstlichen Herren" im Seleukidenreich: in ↗Karien und Umgebung Eupolemos (StV III 429, Ende 4. Jh.s), Olympichos (Ende 3. Jh.s), Moagetes von Kibyra (um 189), die Lysimachiden von Telmessos (↗Lykien), Philetairos von ↗Pergamon (I 1); auch die Fratadara in ↗Iran werden hierher zu rechnen sein. Eine ähnliche Stellung hatten wohl schon unter den Achämeniden Themistokles und Damaratos und dessen Nachkommen (Herod. 6, 70; Xen. hell. 3, 1, 6). Ob ein solcher Machthaber als ↗Strategos, D. oder gar König – oder als ↗Tyrann bezeichnet wird, hängt wohl v. a. vom Standpunkt der Quelle ab (vgl. z. B. Timaios bei Polyb. 8, 10, 12).

H. H. S.

Lit.: A. Wilhelm, Neue Beitr. 1, SB Wien 166, 1911, 48–63 (= Akademieschr. I 66–81). – Holleaux, Études III 357–63. – Bikerman, IS 166–9; 193. – Bengtson, Strategie II² 3–8; 11; 60–3; 369. – Schmitt, Antiochos d. Gr. 42; 96; 244 f. – W. Hoben, Unters. zur Stellung kleinasiat. D.en in den Machtkämpfen der ausgehenden röm. Republik, Diss. Mainz 1969.

Ehrungen.

I. Die griech. Polis kennt „Verdienstorden" im modernen Sinn nicht. An ihrer Stelle erhielten Bürger und verdiente Ausländer (bes. Gesandte) E. (τιμαί) verschiedener Art, die meist durch Ehrendekret publiziert wurden. Z. T. hatten diese E. erheblichen materiellen Wert (daher öfter δωρεά „Geschenk" genannt), aber auch große Leistungen und Kosten zur Voraussetzung oder Folge (bes. 3, 4, 7, 8).

1. Die häufigsten E. für Bürger und Ausländer sind öffentl. Belobigung (ἐπαινέσαι) und Ehrenbankett auf Staatskosten (im Prytaneion o. ä.)[1].
2. Prohedrie (Ehrenplatz bei Staatsfesten), oft mit ehrendem Heroldsruf (εἰσκηρύσσεσθαι), und bevorzugte Audienz bei Rat und Volksversammlung sind (bes. für Ausländer) häufige E.
3. Den Kranz aus Zweigen oder Edelmetall weihte zumindest der Bürger meistens den Göttern. Goldene Kränze für Herrscher dürften hingegen oft einen verschleierten Tribut dargestellt haben.
4. Die E. durch Aufstellung (bzw. Recht zur Aufstellung) einer Statue des Geehrten – auf eigene oder Gemeindekosten – konnte je nach Aufstellungsort gestuft werden.
5. Ausländer erreichten Gleichstellung mit den Bürgern durch Privilegien wie: ↗Asylie und Asphaleia (Rechtssicherheit); Weiderecht (ἐπινομία); γῆς καὶ οἰκίας ἔγκτησις (Grunderwerbsrecht[1a]); Epigamie (Recht zur gült. Ehe mit Bürgerinnen, damit Erbrecht der Kinder); Isodikie (Gleichstellung vor Gericht); Isotelie (Abgabengleichheit, also Befreiung von Fremdensteuern usw.); Politie (↗Bürgerrecht).
6. Eine Besserstellung schufen z. B. Prodikie (bevorzugte Abfertigung vor Gericht) und bes. Atelie, die Freiheit von einzelnen oder allen Abgaben (bei reichsabhängigen Städten oft nur, „soweit die Stadt darüber verfügen kann", also nicht von Abgaben an den Oberherrn). Sie konnte auch Bürgern verliehen werden, z. B. gesetzl. an Magistrate oder Waisen.
7. Ernennung zum ↗Proxenos oder Euergetes[2].
8. Wahl zum eponymen Ehren-Magistrat[3] bzw. -Priester u. ä.
9. Viele dieser E. wurden nicht nur Einzelpersonen, sondern auch ganzen Staaten bzw. deren Repräsentanten (Monarchen, Gesandten) durch Beschluß oder ↗Vertrag verliehen und damit Mittel der zwischenstaatl. Politik (vgl. ↗Bürgerrecht B 6).
10. Während schon die klass. Polis öffentl. Belobigung und Ehrenbankett (1) häufig verlieh, treten die meisten anderen E. erst seit dem 4. Jh. häufiger oder gar erstmals auf, was sicher nicht auf Fundzufall zurückzuführen ist. Im Hell. wurden viele E. immer freigebiger verliehen; sie verloren daher an Wert oder wandelten ihren Charakter (↗Bürgerrecht, Proxenos).

II. Die hell. Monarchen verliehen ehrende Hoftitel
(↗Hof F).

III. Beim Militär scheint es – neben Beförderung und
Soldzulage – orden-ähnliche E. gegeben zu haben; vgl.
die λεύκινοι (Inschr. v. Pergamon 13 = StV III 481: Träger eines mit zeitweil. Ehrensold verbundenen Kranzes
aus Weißpappellaub). H.H.S.

Anm.: 1) G. Nenci, Studi sui rapporti interstatali nel mondo antico, Pisa 1981, 235–8. – 1a) J. Pečirka, The Formula for the Grant of Enktesis in Attic Inscriptions, Prag 1966. – 2) P. Gauthier, Les cités grecques et leurs bienfaiteurs, BCH Suppl. XII, Paris 1985. – 3) Z.B. Alexander d. Gr., Demetrios I. Poliorketes, Antiochos I. und Mithradates VI. Stephanephoren in Milet (Milet 13, 122ff.); Ptolemaios III. Ehrenstratege des Achäerbundes. Die Wahl des Attalos I. (209) und Antiochos III. (192) zu Strategen des Ätolerbundes könnte realere Bedeutung haben.

Lit.: G. Gerlach, Griech. Ehreninschriften, Halle 1908. – Busolt(-Swoboda) I 299–303; II 986; 1245–50 (Lit.). – G. Klaffenbach, Griech. Epigraphik, Göttingen ²1966, 65–7; 77–83 (Lit.). – StV III, Register II Ce. – A.S. Henry, Honours and Privileges in Athenian Decrees, Hildesheim 1983.

Eidyllion tritt als Gattungsname nur in den Scholien zu
↗Theokrit als Bezeichnung für Theokrits Dichtungen
auf. Gemeint ist nicht, daß es sich um bukolische Gedichte handelt, sondern um Schöpfungen, deren jede von
eigener Art (εἶδος) ist. Folgerichtig machte Wilamowitz
den Vorschlag, auch kleinere Dichtungen anderer Autoren, die sich in das hergebrachte Gattungsschema (Epos,
Hymnos, Elegie) nicht einfügen wollen, Eidyllia zu nennen. Die antike Praxis ist allerdings nicht so verfahren. Sie
bezeichnete ohne kleinliche Unterscheidung als ἔπη, was
die neuzeitliche Philologie nicht ohne Schwierigkeiten als
↗Epos, ↗Epyllion, ↗Elegie oder eben auch als E. aufgefaßt wissen will. Der über Renaissance und Barock
(Boccaccio, Guarini, Cervantes, Ronsard, Spencer) ins
18. Jh. (Geßner, E. v. Kleist, Maler Müller, Voß, Goethe), ins 19. Jh. (Hebel, Mörike, Öhlenschläger), ja ins
20. Jh. (G. Hauptmanns „Anna", Th. Manns „Gesang
vom Kindchen") hineinwirkende Begriff der Idylle entstand unter dem Eindruck des ländlichen Kolorits vieler
Gedichte des Theokrit. K.K.

U. v. Wilamowitz-Moellendorff, Hell. Dicht. I, Berlin 1924, 117f. – E. Bikkel, Genus, εἶδος und εἰδύλλιον, Glotta 19, 1941, 29ff. – N. Müller, Die deutschen Theorien der Idylle, Diss. Straßburg 1911. – V. d'Agostino, Considerazioni sull'epillio e sull'idillio nell'età ellenistica, Rivista di Studi Classici 4, 1956, 34ff. – R. Böschenstein-Schäfer, Idylle, Stuttgart ²1977. – Th. G. Rosenmeyer, The Green Cabinet, Theocritus and the European Pastoral Lyric, Berkeley/Los Angeles 1969. – G. Serrao, Problemi di poesia alessandrina I, Roma 1971. – H. Witeschnik, Die Idyllendichtung des Helius

Eobanus Hessus, Diss. Wien 1972 (mschr.). – A. J. Boyle (Hrsg.), Ancient pastoral. Ramus essays on Greek and Roman pastoral poetry, Berwick 1975. – K. Garber (Hrsg.), Europäische Bukolik und Georgik, Darmstadt 1976 (Wege der Forschung 355). – B. Effe, Die Genese einer literarischen Gattung: Die Bukolik, Konstanz 1977. – Ders. (Hrsg.), Theokrit und die griechische Bukolik, Darmstadt 1986 (Wege der Forschung 580). – K. J. Gutzwiller, Theocritus' Pastoral Analogies. The formation of a genre, Madison, Wisconsin 1991.

Elegie.

1. Die Elegie ist eine Folge von Distichen, d. h. von zweizeiligen Kurzstrophen, die sich aus der Verbindung eines Hexameters mit einem Pentameter ergeben (Diom. gramm. I 484 f. Keil). Ein solcher Pentameter entsteht durch doppelte Setzung einer bis zur männlichen Hauptzäsur reichenden Hexameterhälfte. In enger Beziehung zum Epos im Jonien des 8. und 7. Jh.s entstanden und ausgebildet, hat die E. in Dialekt und Wortwahl, Wortfügung und Versbau die Verwandtschaft mit der Epik nie ganz verleugnet, und wie die ältesten Epen zugleich die klassischen Maßstäbe setzen, weisen auch die frühen E.n bereits die ganze Reife vollkommener Meisterschaft auf. Bis ins 5. Jh. hinein zählen elegische Gedichte zu den ἔπη. Ein eigener Gattungsname entwickelt sich erst im ausgehenden 5. Jh. mit ἐλεγεῖον als Bezeichnung für Distichon (Kritias VS 88 B 4, 3). Τὰ ἐλεγεῖα für ein aus Distichen bestehendes Gedicht begegnet erstmals bei Platon (rep. 2, 368a). Mit dem 1. Jh. v. Chr. wird auch ἡ ἐλεγεία (sc. ᾠδή) üblich (Strabon, Dion. Hal.), eine Form, die sich bei den Römern einbürgerte (Varro, carm. fr. 303 Funaioli).

Wenn die Besinnung auf die Eigenständigkeit der E. als Gattung verhältnismäßig spät einsetzt, so hängt das nicht nur mit ihrer Affinität zum Epos zusammen, sondern auch mit der Vielfalt ihrer Themen zusammen. Sie ist Ansprache, Mahnung, Reflexion, Belehrung, Klage. Alles, was den archaischen Menschen bewegt, bildet ihren Inhalt: die Polis in der Bedrohung von außen und von innen (Kallinos, Solon); Leistung des Einzelnen und der Gemeinschaft, Manneswert, Ruhm (Kallinos, Tyrtaios); Umwertung der alten Werte (Theognis); Jugend, Liebe, Vergänglichkeit (Mimnermos), Bejahung des Lebens (Archilochos); Recht, Staat, Welt und das richtige Verhalten des Einzelnen innerhalb dieser Ordnungen (Solon).

2. Keinem Meister der alten Elegie hat der Hellenismus so gehuldigt wie MIMNERMOS und der süßen Schwermut seiner Verse (R. Pfeiffer zu Kall. Frg. 1, 11. Hermesianax

Frg. 7, 35 Powell). Wie weit sein Einfluß wirklich reichte, läßt sich bei der trümmerhaften Überlieferung nicht feststellen. Wir wissen zu wenig von seiner „Nanno", um mit Sicherheit sagen zu können, daß er die Tradition des einer geliebten Frau gewidmeten E.nbuches (s. unten Antimachos, Philitas, Hermesianax, Parthenios) begründet hat. Zukunft hatten seine Ansätze zur breiten mythologischen und historischen Erzählung (Frg. 10–14 D.). Seine Beschreibung der beschwerlichen Fahrt des Sonnengottes (Frg. 10 D.) hebt sich von vergleichbaren Schilderungen des Epos durch ihr „freundliches Mitgefühl" (H. Fränkel) ab. Seine „Smyrneis" erzählte in Distichen aus der Frühgeschichte von Kolophon und Smyrna und von dem Kampf der beiden Städte mit Gyges von Lydien. Einen bedeutenden Schritt zur inneren Einheit der E. vollzieht XENOPHANES, wenn er in seinem dramatisch-mimetischen Symposion-Gedicht (Frg. 1 D.) den Hörer in das mit den Versen sich entwickelnde Geschehen mit einbezieht (ebenso Tib. 2, 1).

3. Wie für die hell. Dichtung ganz allgemein, so nimmt auch für die Elegie ANTIMACHOS (↗Epos, ↗Epyllion) eine Schlüsselstellung ein. Das Gedicht „Lyde", das sich der Dichter angeblich zum Trost für den Verlust seiner gleichnamigen Geliebten schrieb ([Plut.] cons. ad Ap. 9), war eine Folge von Mythen mit unglücklichem Ausgang, zumeist Liebesgeschichten. Die spärlichen Reste lassen erkennen, daß die Fahrt der Argonauten, die Wanderungen der Demeter, die Schicksale des Bellerophon und des Oidipus behandelt waren. Wie weit das eigene Erlebnis die Wahl der Stoffe, die Art ihrer Behandlung und ihren Umfang bestimmte, bleibt ungeklärt. Wer sich von Phanokles oder Hermesianax aus Rückschlüsse auf Antimachos erlaubt, wird den Einfluß der Katalogdichtung Hesiods für Aufbau des Ganzen und Verknüpfung der einzelnen Erzählungen nicht ausschließen. ↗Kallimachos nannte die Lyde ein „feistes und nicht klares Poëm" (Frg. 398 Pf. Vgl. Frg. 1, 9ff. Catull 95, 10). Ungeachtet solcher Rüge aus berufenstem Munde fand sie ihre Leser und Bewunderer (vgl. Hermesian. Frg. 7 Powell. Asklep. AP 9, 63, 4. Poseidipp. AP 12, 168, 1f. Antip. Thess. AP 7, 409).

4. Folgen wir weiterhin dem Kunsturteil des ↗Kallimachos, so verdienen es die feinen Gedichte des PHILITAS von Kos (↗Epyllion), daß man sie neben Mimnermos stellt (Kall. Frg. 1, 9ff. Pf. mit dem Florentiner Scholion).

In der Elegie „Demeter" ließ der Dichter die Göttin auf der Suche nach ihrer Tochter auch nach Kos, seiner Heimatinsel, gelangen (Frg. 4 Powell). Der Klage einer Person (Demeter?), die sich in ausweglose Leid verstrickt sieht (Frg. 1 Powell), steht der schlichte Trost gegenüber, daß gottverhängtes Leid nur die Zeit heilen kann (Frg. 2 Powell). Der nach Philitas' Vater benannte „Telephos" erzählte die Hochzeit von Jason und Medea (Frg. 15 Powell, Elegie? Kleinepos?). Daß Philitas eine Dichtung unter dem Namen seiner Geliebten Bittis (oder Battis) veröffentlichte, entnehmen wir Anspielungen bei Hermesianax (Frg. 7, 77f. Powell) und Ovid (trist. 1, 6, 1ff. Pont. 3, 1, 57f.).

5. HERMESIANAX, Schüler und Freund des Philitas, aus Kolophon, der Heimat von Mimnermos und Antimachos, widmete drei Bücher Elegien seiner Geliebten Leontion. Das erste Buch handelte u. a. von Polyphem und Galatea, das zweite von der tragischen Liebe Arkeophons zu Arsinoë (Ant. Lib. 39. Vgl. Iphis und Anaxarete bei Ov. met. 14, 696ff.). 98 erhaltene Verse aus dem dritten Buch bilden eine Galerie liebender Dichter und Philosophen – von Orpheus bis Philitas, von Pythagoras bis Aristipp –, denen die Liebesleidenschaft übermenschliche Anstrengungen abverlangte und doch zu den größten Leistungen verhalf. So wenigstens soll Leontion es sehen und demgemäß seine eigene Leistung einschätzen. Die gespielte Naivität hat schon Rohde erkannt.

6. PHANOKLES, dessen Lebenszeit nicht überliefert ist, hat offenbar ein ganzes Werk als eine solche Aufzählung von Liebessagen dargeboten. Seine Ἔρωτες ἢ καλοί handelten von der Liebe der Götter und Heroen zu schönen Knaben. Die 16 erhaltenen Distichen (Frg. 1, 2 und 3 Powell) vermitteln eine Vorstellung von der Erzählweise des Dichters. Archaisierend leitet er seine sehr reizvolle Schilderung mit der hesiodeischen Katalogformel ἢ ὡς ein (Frg. 1, Frg. 3) und verwendet die Geschichte als Aition: die Liebe des Orpheus zu Kalais soll die unter den thrakischen Frauen verbreitete Sitte der Tätowierung (Frg. 1), die Liebe Agamemnons zu Argynnos den Kultnamen der Aphrodite Argynnis erklären (Frg. 5).

7. ALEXANDROS AITOLOS, der unter Ptolemaios Philadelphos (↗Ptolemäer) an der Bibliothek von Alexandreia (↗ Buchwesen II 2) und zusammen mit Aratos

(↗Lehrgedicht) am Hofe des Antigonos Gonatas (↗Antigoniden) von Makedonien wirkte, ist vor allem als Tragiker (↗Drama) hervorgetreten. Zwei elegische Werke sind bruchstückweise erhalten. Im „Apollon" (Frg. 3 Powell) erfahren wir die Geschichte von Antheus und Kleoboia, eine Ausprägung des bekannten Potiphar-Motivs, aus Apollons Munde als Weissagung. Nach einer Vermutung Leskys spiegelt die Dichtung eine Tragödie des Agathon mit dem Titel „Antheus" wider. In den „Musen" (Frg. 4, 5, 6 und 7 Powell) wurde die Dichtung selber Gegenstand einer E. Der Aufruf der Ephesier an alle griechischen Dichter, Preislieder auf Artemis zu verfassen (Macr. sat. 5, 22, 4), bot Anlaß für Dichteragone und Kunsturteile. Zu ihnen gehört vielleicht die launige Charakterisierung des Euripides, die das Leben des sauertöpfischen Menschenverächters in scharfen Kontrast zu seinem Werk stellt, das „aus Honig und Sirenengesang gemacht" zu sein scheint (Frg. 7).

8. Wenig oder gar keinen Raum nahm das Thema Liebe in der Erigone des ERATOSTHENES (↗Epyllion) ein, einem elegischen Gedicht über die Einführung des Rebstocks in Attika (Frg. 22–34 Powell). Der Mythos gab Gelegenheit zur Erklärung ländlichen Brauchtums (Schaukelfest, Tragödie) und zu Verstirnungen (Ikarios, Erigone, Seirios). Dem Autor der Schrift „Vom Erhabenen" (↗Rhetorik) galt die Erigone als „Gedicht ohne Tadel" (33, 4). In Distichen abgefaßt ist eine anonyme Schilderung des Goldenen Zeitalters (S. 130 f. Powell). Aus einer historischen E. stammen Verse auf einem Hamburger Papyrus, in denen ein König die einfache Lebensweise galatischer Krieger orientalischer Üppigkeit gegenüberstellt (S. 131 f. Powell). Die elegische Poesie von Aratos, Euphorion (↗Epyllion), Simias und Antagoras bleibt völlig im Dunkeln.

9. Mit PARTHENIOS von Nikaia, der 73 v. Chr. als Kriegsgefangener nach Italien gelangte, greift die elegische Dichtung der Griechen unmittelbar auf Rom über. Seine noch erhaltenen „Liebesleiden" (Ἐρωτικὰ παθήματα) in Prosa sind dem römischen E.ndichter Cornelius Gallus als Stoffsammlung für Epen und E.n gewidmet. Daraus, daß es sich um sehr entlegene Mythen aus Lokalüberlieferungen handelt, kann man schließen, daß Gallus mit der Tradition der hell. Liebesdichtung bereits vertraut war. Offenbar fand er besonderes Gefallen an ver-

wickelten, düsteren Schicksalen. Nur 12 der 36 Erzählungen nehmen ein versöhnliches Ende. Nicht erhalten ist Parthenios' E. auf den Tod der geliebten Arete, mit der dieser letzte hell. Elegiker noch einmal an eine inzwischen ehrwürdige Tradition anknüpfte.

10. In den griechischen Elegikern, namentlich in Kallimachos, haben Catull, Tibull, Properz und Ovid ihre großen Vorbilder gesehen. Dennoch unterscheidet sich die römische E. auf eine besondere Weise von dem, was uns an griechischen E.n erhalten ist. Dieser Unterschied wird durch die Begriffe „objektiv" für die hell. und „subjektiv" für die römische E. nur unzureichend gekennzeichnet. Die hell. E. wahrt den Charakter der Erzählung. Apostrophen und Reflexionen unterbrechen den Bericht kaum häufiger, als es die Objektivität des klassischen Epos gestattet hatte. Von dieser epischen Tradition hat sich die römische E. weitgehend gelöst. Das Neue kündigt sich in Catulls Alliuselegie (carm. 68) bereits in aller Deutlichkeit an. Der Mythos von Protesilaos und Laodameia nimmt zwar noch einen großen Raum in diesem Gedicht ein, führt aber nur scheinbar ein Eigenleben. Tatsächlich bezieht ihn der Dichter als Vergleich, Gegenbild, Symbol ganz auf seine Wirklichkeit, seine Liebe zu Lesbia. Das eigene Erleben bestimmt fortan die Bewegung einer E., läßt sie sanft von einer Stimmung in die andere gleiten oder abrupt in das Gegenteil umschlagen. In diese seelische Wirklichkeit ragt der Mythos klärend, tröstend und überhöhend hinein wie in die fest umgrenzten Wandgemälde des Übergangs vom 2. zum 3. pompejanischen Stil.

Vorbereitet durch die neulateinische Humanistendichtung, erreichte die E. römischer Prägung in der Epoche der Empfindsamkeit noch einmal einen Höhepunkt bei Milton, Goldsmith, Young, Chénier, Klopstock, Hölty, Matthisson, Claudius, Salis-Seewis. Goethe wurde durch Properz zu seinen Römischen Elegien inspiriert. Tibull fand in Mörike einen späten kongenialen Nachgestalter und Fortsetzer. Im übrigen ist mit den Elegien Schillers, Hölderlins, Platens, Shelleys, Rilkes, Krolows etwas Neues entstanden, das an der antiken E. nicht gemessen werden kann. K. K.

Texte bei J. U. Powell, Collectanea Alexandrina, Oxford 1925, 90 ff. Vgl. R. Renehan, HStClPh 68, 1964, 375 ff. – H. Lloyd-Jones – P. Parsons, Supplementum Hellenisticum, Berlin 1983. – O. Crusius, RE V 2260 ff. s. v. E. – U. v. Wilamowitz-Moellendorff, Hell. Dicht., Berlin 1924, I 231, II 96. – H. Herter, BursJb 255, 1937, 12 f., 157 ff. – G. Funaioli, Studi di letteratura antica I, Bologna 1946, 121 ff. – L. Alfonsi–Wolfg. Schmid, E., in: RAC 4, 1959, 1026 ff. – A. Körte–P. Händel, Die hell. Dicht., Stuttgart 1960, 60 f., 251 ff. – A. Lesky, Geschichte der griechischen Literatur, Bern/München ³1971, 143 ff., 788 f. – E. W. Schmalzriedt, Kindlers Literaturlexikon 5, 1970, 5602 f. s.v. Leontion; 7, 1972, 5863, s.v. Lyde. – M. L. West, Studies in Greek Elegy and Iambus, Berlin/New York 1974, 1 ff. – Ders., Melos, Iambos, Elegie und Epigramm, in: E. Vogt (Hrsg.), Griechische Literatur, Wiesbaden 1981 (Neues Handbuch der Literaturwissenschaft 2), 73 ff. – C. W. Müller, Die antike Buchausgabe des Mimnermos, RhMus 131, 1988, 197 ff. – K. Töchterle, Die μεγάλη γυνή des Mimnermos bei Kallimachos, RhMus 123, 1980, 225 ff. – E. Degani bei R. Bianchi Bandinelli, Storia e civiltà dei Greci V, La cultura ellenistica 9, Milano 1977, 266 ff. – G. Morelli, Fanocle, Maia 3, 1950, 1 ff. – L. Alfonsi, Phanoclea, Hermes 81, 1953, 379 ff. – M. Gigante, Catullo, Cicerone e Antimaco, RivFil 32, 1954, 67 ff. – M. Puelma, Philetas und Antimachos im Aitienprolog, Philol. 101, 1957, 90 ff. – B. Wyss, Antimachi Colophonii Reliquiae, Berlin 1936. – V. J. Matthews, Antimachos in the Aitia Prologue, Mnemosyne 32, 1979, 128 ff. – W. Wimmel, Philitas im Aitienprolog des Kallimachos, Hermes 86, 1958, 346 ff. – P. Bing, The alder and the poet (Philetas fr. 92 Powell), RhMus 129, 1986, 222 ff. – C. W. Müller, Erysichthon. Der Mythos als narrative Metapher im Demeterhymnos des Kallimachos, Stuttgart 1987, 40 ff. 89 ff. (zu Antimachos und Philitas). – Ders., Philetas oder Philitas?, in: P. Steinmetz (Hrsg.), Beiträge zur hell. Literatur und ihrer Rezeption in Rom, Stuttgart 1990, 27 ff. – D. Del Corno, Ricerche intorno alla Lyde di Antimaco, Acme 15, 1962, 57 ff. – C. del Grande, Elegia alessandrina e sviluppo novellistico, Miscellanea Rostagni, Torino 1963, 225 ff. – C. Garafoni, Riflessi della poetica filodemea, Vichiana 3, 1966, 339 ff. – H. Fuchs, Hermesianax über die Lyde des Antimachos, Mus. Helv. 27, 1970, 179 ff. – G. Giangrande, Kallimachos und Antimachos, Hermes 102, 1974, 117 ff. – D. L. Clayman, The origins of Greek literary criticism and the Aitia prologue, WSt N. F. 11, 1977, 27 ff. – G. Giangrande, Textual and interpretative problems in Hermesianax, Ἐπιστημονικὴ ἐπετηρὶς τῆς φιλοσ. Σχολ. τοῦ Πανεπιστημίου Ἀθηνῶν 26, 1977–1978, 98 ff. – Ders., Textual problems in Hermesianax, Boll. dell'Ist. di Fil. greca dell'Università di Padova 4, 1977–1978, 188 ff. – Ders., A passage of Phanocles (Fr. 1, 20 Powell), Museum Philologum Londiniense 8, 1987, 85 f. – A. S. Hollis, Callimachus, Aetia Fr. 1. 9–12, ClQu 28, 1978, 402 ff. – M. Marcovich, Phanocles ap. Stob. 4, 20, 47, AJPh 100, 1979, 360 ff. – J. Stern, Phanocles' fragment 1, QUCC n. s. 3, 1979, 135 ff. – Ders., Alexander Aetolus, fragment 3, Eranos 85, 1987, 35 ff. – G. Serrao, La struttura della Lide di Antimaco e la critica callimachea, QUCC n. s. 3, 1979, 91 ff. – Zur römischen Elegie: A. A. Day, The Origins of Roman Love-Elegy, Oxford 1938. – G. Luck, Die römische Liebeselegie, Heidelberg 1961. – W. Stroh, Die römische Liebeselegie als werbende Dichtung, Amsterdam 1971. – N. Holzberg, Die römische Liebeselegie. Eine Einführung, Darmstadt 1990. – M. Puelma, Die Vorbilder der Elegiendichtung in Alexandrien und Rom, Mus. Helv. 11, 1954, 101 ff. – N. B. Growther, Parthenius and Roman Poetry, Mnemosyne 29, 1976, 65 ff. – W. Hering, Die Komposition der sog. Allius-Elegie, WZ Rostock 19, 1970, 599 ff. – F. Cairns, Ἡ προέλευση τῆς Ῥωμαϊκῆς ὑποκειμένης ἐλεγείας, Ἐπιστημονικὴ ἐπετηρὶς τῆς φιλοσ. Σχολ. τοῦ Πανεπιστημίου Ἀθηνῶν 25, 1974–1977, 144 ff. – K. Quinn, Die persönliche Dichtung der Klassik: Die Elegiker, in: M. Fuhrmann (Hrsg.), Römische Literatur (Neues Hdb. der Lit.-Wiss. 3), Wiesbaden 1974, 238 ff. – L. Alfonsi, Ancora sui νεώτεροι, Sileno 2, 1976, 83 ff. – R. O. A. M. Lyne, The neoteric poets, CQ 28, 1979, 167 ff. – P. Pinotti, Sui rapporti tra epillio ed elegia narrativa nella letteratura latina, GiornItFil 30, 1978, 1 ff.

Elis. Sehr fruchtbare, schwach urbanisierte Landsch. der NW-Peloponnes bzw. Achaia (N), Arkadien (O), Messenien (S) mit gleichnamigem Hauptort (gegr. 471), berühmt v.a. durch Olympia. Bevölkerung überwiegend bäuerlich.

Das nach heftigen Parteikämpfen seit 343 (?) mit Philipp II. verbündete E. nahm an der Schlacht bei Chaironeia 338 zwar nicht teil, trat aber 338/7 dem Korinth. Bund bei (↗Hellenenbünde); doch schon 335 regten sich Sympathien für Theben (↗Böotien), und 331 schloß sich auch E. dem peloponnes. Aufstand gegen Antipater unter Agis III. v. ↗Sparta (I 1) an; nach der Niederlage bei Megalopolis (↗Arkadien) 331 wurden E. und die Achäer zu 120 Talenten Entschädigung an Megalopolis verurteilt. Im Lamischen Krieg (323/2) beteiligte sich E. am ↗Hellenenbund (StV III 413) gegen Antipater (↗Alexander d. Gr. 6). In den Diadochenkämpfen stand E. zunächst unter ↗Polyperchon (nach 318), dann unter dessen Sohn Alexander (315) und wurde schließlich durch Telesphoros für Antigonos I. Monophthalmos erobert (313); Telesphoros' Versuch, sich in E. zum „Tyrannen" aufzuschwingen, scheiterte. Nach 308 fiel E. an Kassander, trat jedoch 303 wie die meisten peloponnes. Gemeinden zu Demetrios I. Poliorketes über und wurde 302 Mitglied im wiederbegründeten Hellenenbund des Demetrios (StV III 446; ↗Antigoniden 1). Nach 287 dürfte E. zum Machtbereich des Antigonos II. Gonatas gehört haben, trat aber 281/80 der von Areus I. v. ↗Sparta (I 2) begründeten Vereinigung peloponnes. Gemeinden gegen Mak. bei. Ein wahrsch. in die Jahre nach 279 fallender Versuch Spartas, sich E.' zu bemächtigen (Paus. 4, 28, 4–6; Parteikämpfe, weitere Zusammenhänge unbekannt), wurde durch messen. Eingreifen vereitelt. Nach dem Tod Pyrrhos' v. Epirus 272, dem sich E. angeschlossen hatte, versuchte Antigonos II. Gonatas auch in E. Fuß zu fassen; die von ihm begünstigte „Tyrannis" des Aristotimos, der sich auf Söldner stützte, wurde freilich nach 6 Monaten mit ätol. Hilfe beseitigt; und um weiteren mak. Einfluß abzuwehren, begab sich E. v.a. in ↗ätol. Fahrwasser: zwar kein Bundesmitglied, aber starke Abhängigkeit; damit gewannen die Ätoler eine sichere Operationsbasis auf der Peloponnes. E. trat dem kurz vor 267 durch Areus I. v. ↗Sparta (I 2) begründeten peloponnes. Bund bei und nahm auf athen.-spart. Seite am Chremonideischen Krieg (ca. 267–261) teil (vgl. StV III 476). Nach 245 stand E. (mit Ätolien) im Bündnis mit Antigonos II. Gonatas gegen den Achäerbund; im Demetriakos Polemos (zw. 239 und 229 ; ↗Makedonien III 3) wieder auf ätol.-achäischer Seite gegen Makedonien:

damals (oder schon nach 245?) Rückgewinnung der seit 401 mit ↗Arkadien umstrittenen Landsch. Triphylien zw. Alpheios und Neda (Abtretung von Alipheira durch Lydiadas v. Megalopolis, Polyb. 4, 77, 10; ↗Arkadien). Vom Kleomenes-Krieg (229–222; ↗Sparta I 4) wurde E. kaum betroffen. 226 übergab Kleomenes das (nach 245) achäische Lasion an E. (Plut. Kleom. 14, 5; Bündnis mit Sparta?). Bei Ende des Bundesgenossenkrieges (220–217), in dem sich E. wieder Ätolien anschloß, Verlust von Triphylien und Alipheira an Makedonien (Lasion abgetreten an Achaia), den auch E.s Beitritt zum röm.-↗ätol. Bündnis im 1. Makedon. Krieg (215 bis zum Sonderfrieden 206, vgl. StV III 543: unter den adscripti Roms) und seine proröm. Haltung im 2. Makedon. Krieg (200–197) nicht rückgängig machten: 196 wurde Triphylien den Achäern zugesprochen. Daher nahm E. 195 nicht am Zug gegen Nabis v. ↗Sparta (I 5) teil und folgte zu Beginn des Antiochos-Krieges (192–188) ↗Ätolien, war jedoch schon 191 zum Eintritt in den achäischen Bund gezwungen. Im Röm.-Ach. Krieg (147/6; ↗Achäer 5) hielt sich E. zurück (vgl. Polyb. 38, 16, 3), deshalb nach 146 wohl Rückgabe Triphyliens. E. wurde dem Statthalter v. Macedonia unterstellt und 27 der Prov. Achaia zugeschlagen; im nach 146 wieder entstandenen achäischen Bund waren einige Gemeinden von E. wieder vertreten; andere gingen in der Polis E. auf. Das Interesse der röm. Kaiser an Olympia verschaffte E. Wirtschaftsblüte und kulturelles Ansehen.

Verfassung: Über die polit. Organisation der schon früh unter der Kontrolle des Vororts stehenden Landsch. ist in hell. Zeit nur Zufälliges bekannt; mehrmals sind Parteikämpfe zw. Demokraten und Oligarchen und Verfassungsänderungen bezeugt. Als eponyme Beamte fungieren Damiurgen bzw. Hellanodiken, im 2.Jh. sind Archontes, Synhedroi und Volksversammlung (Demos) belegt. Die im Bundesgenossenkrieg (220–217) Ätolien gesandten Kontingente standen, durch Söldner verstärkt (Polyb. 4, 77), unter ätol. Befehl, aber Polyb. 4, 75 nennt auch einen elischen Strategos. Der Reichtum von E. wird durch Polyb. 4, 73 hervorgehoben. J.D.G.

Lit.: Landschaft: Philippson-Kirsten III 2, 323–70. – H. Swoboda, RE V 2, 1905, 2368–2433 s. v. – E. Meyer, DKlP II, 1967, 249–51. – Kahrstedt, Wirtschaftl. Ges., S. 234–46. – J. D. Rice, The Greek State of E. in Hellenistic Times, Diss. Univ. Columbia 1975 (Lit.). – Münzprägung: R.-Alföldi, 269. – Ausgrabungen: Kirsten-Kraiker[5], 265–92. – PECS s.v. E. – Leekley-Noyes, Southern Greece 88–103.

Elisch-Eretrische Schule.
Ein (wenn nicht der) Lieblingsschüler des Sokrates war der im Todesjahre des Meisters noch in jugendlichem Alter stehende Phaidon von Elis[1]; späterer Überlieferung nach war er, aus vornehmem Hause stammend, bei der Eroberung seiner Vaterstadt in Gefangenschaft geraten, als Sklave nach Athen verkauft und dort von einem reichen Anhänger des Sokrates auf dessen Wunsch aus entwürdigenden Verhältnissen freigekauft worden[2]. Nach dem Tode seines Lehrers gründete er in Elis die nach dem Orte benannte Schule[3]. Von den unter seinem Namen laufenden sokratischen Dialogen galten der ‚Zopyros‘, wohl ein Gespräch mit einem Physiognomen[4], und der ‚Simon‘, wohl ein Gespräch mit einem einfachen Schuster[5], als echt[6]; von ihrem Inhalt sind nur noch Spuren anekdotischer[7] und protreptischer[8] Natur erhalten. So bleibt auch Phaidons Lehre weithin im Dunklen: Während die spärlichen Zeugnisse seiner Schriften eher auf ethische Fragestellungen schließen lassen, scheint ihn Timons (↗Skepsis I) Polemik mit dem Dialektiker Euklid (↗Megariker) gemeinsam treffen zu wollen[9]. Vielleicht wahrte er in der Ethik die Mitte zwischen dem Rigorismus des Antisthenes und Aristipps (↗Kyrenaiker I) Hedonismus[10].

Phaidons Nachfolger als Schulhaupt, Pleistanos[11], ist überhaupt nicht näher bekannt, Phaidons weitere Schüler Anchipylos[12] und Moschos von Elis[13] sind es hauptsächlich als Lehrer Menedems.

Um 340 aus vornehmer, aber verarmter Familie in Eretria geboren[14], kam Menedem(os) in jungen Jahren – nach nicht mehr genau kenntlichen Berührungen mit der ↗Akademie[15], die ihm später freilich ebensowenig bedeutete wie sein ↗kyrenaischer (I) Lehrer Paraibates[16] – als Soldat nach Megara und hörte dort auf Anregung seines älteren Freundes Asklepiades von Phleius den ↗Megariker Stilpon[17], von dem er bleibende Eindrücke empfing[18]. Nach Elis weitergereist, schloß sich das Freundespaar den Elischen Philosophen Anchipylos und Moschos an; seitdem es die Leitung der Schule übernommen hatte und in Menedems Vaterstadt übergesiedelt war, wurde die Schule ‚Eretrische‘ genannt[19]. Die eher als offener Freundeskreis denn als ordentliche Lehranstalt geführte Schule[20] erreichte dort ihre Blütezeit[21], und Menedem selbst, dem seine Landsleute zunächst mit Ablehnung begegnet waren[22], wurde schon bald mit diplomatischen

Missionen zu den Königen Lysimachos (↗Thrakien), Ptolemaios II. (↗Ptolemäer II 3), Antigonos I. (↗Antigoniden 1) und Demetrios I. (↗Antigoniden 2) und vollends mit der Lenkung des Staates betraut[23]. Zugleich pflegte der literarisch interessierte Mann Beziehungen zu Arat (↗Lehrgedicht), Antagoras (↗Epos 4) und Lykophron (↗Drama II), der ihn zum Titelhelden eines Satyrspieles machte[24]; verspottet wurde er mehr noch in Versen des ↗Kynikers (IV 2) Krates und des ↗Skeptikers (I) Timon[25]. Schließlich geriet er wegen seiner außenpolitischen Aktivitäten in innenpolitische Schwierigkeiten; er floh über Oropos zu Antigonos II. nach ↗Makedonien (III 1) und nahm sich dort, 73jährig, das Leben[26].

Da Menedem nichts Schriftliches hinterlassen hat[27], nimmt es nicht wunder, daß über seine Lehre Widersprüchliches bezeugt wird. So soll er in der Logik einmal, wie sein Lehrer Stilpon (↗Megariker), jede (nicht triviale) Prädikation bestritten[28], dann wieder immerhin bejahende kategorische Urteile gebilligt haben[29]. Jedenfalls diente seine Logik der Eristik – ,Meister-Eristiker' (ἐριστικώτατος) wird er genannt[30] –, und so erstaunt die Nachricht, er sei Platoniker im dogmatischen Sinne gewesen und habe mit der Dialektik nur ein Spiel getrieben[31]. Eher mußte auch ihm, gerade bei der praktischen Ausrichtung seiner Philosophie, jede Verstandesbildung zugleich Übung der Tugend – an deren Einheit er festhielt[32] – sein: *omne bonum in mente positum et mentis acie, qua verum cerneretur*[33]. Endlich hat er sich auch – vielleicht nicht immer mit Erfolg[34] – Stilpons freigeistige Stellung zur Religion anzueignen und weiterzugeben bemüht; zu den Angriffen des ↗Kynikers (IV 3) Bion auf Wahrsager bemerkte er: ,Er tötet Tote'[35].

Nach Menedem wird nur noch ein Schüler Ktesibios von Chalkis[36] und eine Schrift des ↗Stoikers Sphairos über die Eretriker[37] erwähnt; dann ist die Schule im 3. Jh. offenbar erloschen.

U. D.

---

1) Plat. Phaed. 89a–c. – 2) Diog. Laert. 2, 105; Orig. contr. Cels. 3, 67; Lact. div. inst. 3, 25, 15. – 3) Strab. 9, 1, 8; Diog. Laert. 2, 105. 126. – 4) Bruchstück: Joh. Cassian. collat. 13, 5, 3. Vgl. Cic. fat. 10; Tusc. 4, 80; Pollux 3, 18. – 5) Vgl. Diog. Laert. 2, 122–123. – 6) Ebd. 105; Panaitios ebd. 64 bezweifelt ihre Echtheit. – 7) Theo progymn. vol. 2 p. 74, 32–75, 9 Spengel. – 8) Sen. ep. 94, 41; Iulian. ep. 29. p. 445A. – 9) Diog. Laert. 2, 107. – 10) Nestle (Lit.), nach dem 12. und 13. Sokratikerbrief. – 11) Diog. Laert. 2, 105. – Die Namensform ‚Pleistainos' vermutet Roeper: S. de Vogel (Lit.), 161. – 12) Diog. Laert. 2, 126; Hegesander bei Athen. 2, 21. 44c. –

13) Diog. Laert. 2, 126. – 14) Ebd. 125. – 15) Ebd. – 16) Ebd. 134. – 17) Ebd. 126. – 18) Ebd. 134. – 19) Cic. Acad. 2, 129; Diog. Laert. 2, 105. 126. Im Widerspruche zur antiken Doxographie bestreitet Kyrkos (Lit.) die Kontinuität der Elischen Schule in der Eretrischen. – 20) Ebd. 130. 139–140. – 21) Plut. tranqu. an. 13. 472e. – 22) Diog. Laert. 2, 140. – 23) Ebd. 140–142; vgl. 125. 131. – 24) Ebd. 133. 140. – 25) Ebd. 126. – 26) Ebd. 142–144 mit Varianten. – 27) Antigonos von Karystos ebd. 136. – 28) Simplikios zu Arist. phys. p. 91, 28–31; 93, 32–33 Diels. – 29) Diog. Laert. 2, 135. – 30) Antisthenes von Rhodos ebd. 134. – 31) Herakleides Lembos ebd. 135; dazu Zeller (Lit.), 279. – 32) Plut. virt. mor. 2. 440e; Diog. Laert. 2, 129. – 33) Cic. Acad. 2, 129. – 34) Diog. Laert. 2, 132. – 35) Ebd. 135. – 36) Ebd. 4, 37; Athen. 4, 55. 162e–163a. – 37) Diog. Laert. 7, 178.

Texte: C. J. de Vogel, Greek Philosophy, I, Leiden ³1963, 161. – G. Giannantoni, Socraticorum reliquiae. I, Neapel 1983, 145–181; III, ebd. 1985, 105–121. – Übers.: W. Nestle, Die Sokratiker, Jena 1922, 178–179.
Lit.: C. Huit, La philosophie de l'École d'Élée, in: L'Instruction publique 11, 1882, 238–240. 256–258. – E. Zeller, Die Philosophie der Griechen in ihrer geschichtlichen Entwicklung, II, 1, Leipzig ⁴1889, 275–280. – K. Praechter, Die Philosophie des Altertums, Berlin ¹²1926, 158–159. - Β. Ἀ. Κύρκος, Ὁ Μενέδημος καί ἡ ἐρετρική σχολή, Athen 1980. – D. Knoepfler, La vie de Ménédème d'Érétrie de Diogène Laërce, Basel 1991.

Ephebe (ἔφηβος < ἥβη „Jugend(kraft)"). *1.* Ephebie als Altersklasse bezeichnet eine Phase im Leben des männl. Jugendlichen zwischen Kindheit/Pubertät und voller Aufnahme in die Männergesellschaft (ἄνδρες); sie beginnt wohl i.d.R. mit 15 Jahren[1] und endet 1–3 Jahre später, mit Schwellenriten wie z. B. dem κουρεῖον (Opfer des schulterlangen E.n-Haares) und der Aufnahme unter die ἄνδρες der Phratrie. Ursprüngl. ist sie wohl eine unter Griechen weit verbreitete Initiationsphase[2] zur Einübung in die profanen und kultischen Aufgaben des (v.a. adligen) Bürgers und Kriegers; der E. (in Kreta ἀπόδρομος, ἀγέλαος o.ä.) bringt sie an der Grenze (im lokalen und übertragenen Sinn) von Land und Gesellschaft zu, als Wächter in den Grenzbergen und -wäldern, ggf. in ritualisierten Gefechten mit den E.n der Nachbarpolis (die E.n der spartan. Krypteia trainieren in der Jagd auf Heloten). Als noch nicht voll Dazugehörender darf auch im späten 4. Jh. (s. u. 3) der attische E. (abgesehen von Ausnahmefällen) nicht vor Gericht auftreten; die Begründung des Aristoteles (Ath. pol. 42), dies solle Beurlaubungswünschen vorbeugen, zeigt, daß der ursprüngl. Schwellencharakter der E.ie nicht mehr deutlich war.

2. Wohl im Lauf des 5. Jh.s wurde in ATHEN offenbar (ähnlich wie viele Kulte) diese ursprüngl. gentilizisch strukturierte Institution von der Polis organisiert, zunächst vermutlich auf freiwilliger Basis, jedenfalls – wie das Erwachsenenheer – nur zum zeitweiligen Einsatz.

Um 375/70 war Aischines „nach dem Ausscheiden aus den παῖδες 2 Jahre lang περίπολος (Grenzwächter)", wofür er seine συνέφηβοι zu Zeugen anruft (2, 167); die Gebietswache bei Platon (Nomoi 760 b/c) greift offenbar auf Bestehendes zurück[3].

3. Zur einer für alle (auch Söhne von Theten) obligatorischen paramilitär. Institution wurde die attische E.ie anscheinend erst im Rahmen der lykurg. Reformen um 336/5 gestrafft[4]. Spätestens jetzt ist in Athen E. als Bezeichnung für die in die Bürgerliste eingetragenen Jungbürger zwischen 18 und 20 festgelegt (frühere Bez. wohl νεανίσκοι); sie dienten 2 volle Jahre kaserniert und uniformiert (breitrandiger Petasos, schwarzer Mantel) in Phylen-Abteilungen unter je einem erwachsenen σωφρονιστής, der öffentl. Mittel für die Gemeinschaftsverpflegung erhielt, und unter „Offizieren" (ταξιάρχαι, λοχαγοί) aus ihrer Mitte. Die Gesamtleitung eines Jahrgangs oblag einem gewählten κοσμητής. Im 1. Jahr wurden sie in den Forts des Piräus von gewählten παιδοτρίβαι sportlich, von διδάσκαλοι im Waffengebrauch ausgebildet. Nach öffentl. Probe ihres Könnens im Theater erhielten sie von der Polis Schild und Speer; das 2. Jahr verbrachten sie im Grenzpatrouillendienst (περιπολοῦντες) oder in verschiedenen Grenzfestungen Attikas (Rhamnus, Dekeleia usw.). Den E.n-Eid leisteten die E. wohl zu Beginn des 1. Jahres beim Tempelrundgang[5]. Neben die militär. Ausbildung trat die Unterweisung in den kultischen Aufgaben des Bürgers (Teilnahme an Festen, Prozessionen usw.). Nach Ablauf der Dienstzeit, während der sie abgabenfrei, aber nur beschränkt rechtsfähig (s.o.1) waren, wurden die entlassenen E.n unter die ἄνδρες eingereiht (Arist. Ath. pol. 42, ca. 325/4 v.Chr.), also Vollbürger.

4. Die Reduktion der Vollbürgerzahl 322 und 317 (↗Athen I 3) und damit der Anwärter auf die E. führte zu deren Niedergang. Zwar wurden nach Wiedereinführung der Demokratie (307/6) wieder über 400 E.n rekrutiert (IG II[2] 478); doch bald darauf strich eine völlige Umgestaltung offenbar die Dienstpflicht, den σωφρονιστής, die Epheben-Offiziere und die Unterhaltsbezüge; in der nur noch 1jährigen E.ie trat der militär. Charakter rasch zurück zugunsten der kulturellen Bildung der Söhne der athen. Oberschicht. Die Zulassung junger Ausländer der Mittelmeerwelt (auch Roms) als ἐπέγγραφοι i.J. 119/8 macht die Wandlung zur vornehmlich zivilen, sportlichen und geistigen Erziehungsinstitution vollends deutlich; in der Kaiserzeit führen die inschriftl. E.n-Listen oft weit mehr fremde als einheimische E.n eines Jahrgangs auf (z.B. IG II² 2024 z. J. 111/2: 79:21). Die Finanzierung erfolgte wohl weitgehend über Liturgien (u.a. durch den κοσμητής). Im späten 3. Jh. n. Chr. hören die athen. E.n-Listen auf.

5. In Kreta scheint die E.ie lange ihren ursprüngl. Charakter bewahrt zu haben[6]. Sonst scheint die E.ie im Hell. meist die oben geschilderte Entwicklung genommen zu haben, vermutlich v.a. nach athen. Vorbild. Die zahlreichen Belege für E.n im ganzen Mittelmeerraum[7] deuten freilich nur zum Teil auf eine derartige Organisation hin; die Bedeutung von E. als reine Altersklasse düfte i.d.R. erhalten geblieben sein. ↗Schule. H.H.S.

Anm.: 1) „Soziale Pubertät" (vgl. A. van Gennep, Übergangsriten [1909], dt. Frankfurt/New York 1986, 71 ff.), nicht individuelle Reife. – 2) So zuerst P. Roussel, REG 34, 1921, 459; neuerdings v.a. P. Vidal-Naquet, Le chasseur noir, Paris ²1983 = Der Schwarze Jäger. Frankf.–New York 1989, 105–49 (Lit.). – 3) Zu dieser Phase vgl. Reinmuth 1952; 1971, 123–38; Ph. Gauthier, Un comment. hist. des Poroi de Xénophon, Paris 1976, 190 ff. (zu Xen.vect. 4, 51–52). – 4) Gesetz des Epikrates (Harpokr. s.v. E.)? – 5) Arist.Ath.pol. 42,3. Eidestext: Tod II 204 Z.5–21; Lykurg. Leokr. 76–78; Pollux 8, 105 f.; Stob. 43, 48 (Eid Anf. des 2.Jahrs). – 6) S. z.B. die ἀγέλα ... ἐοδνομένα in Malla und Lyttos (IC I XIX 1, um 221) und den Eid der ἀγέλα von Dreros (IC I IX 1, um 200). – 7) S. z.B. Oehler 2741 ff.; Marrou 212–6 (Lit.).

Lit.: Th. Thalheim – J. Oehler, RE V 2, 1905, 2737–46 s.v. E. – O.W. Reinmuth, The Genesis of the Athenian Ephebia. TAPA 83, 1952, 34–50. – C. Pelekidis, Histoire de l'éphébie attique, Paris 1962. – O.W. Reinmuth, DKlP II 1967, 287–91 s.v. E. – Ders., The Ephebic Inscr. of the Fourth Century B.C., Leiden 1971 (Lit.). – H.I. Marrou, Hist. de l'éducation dans l'antiquité, Paris ⁷1976 = Gesch. der Erziehung im Altertum, München 1977, 204 ff. – P.J. Rhodes, A Comm. on the Aristotelian *Athenaion Politeia*, Oxford 1981, 493 ff. – S. Folet, Centre d'Études Chypriotes 9, 1988, 19–32 (Nicht-Athener in der E. des späten 1. Jhs v. Chr.).

Epigramm.

A. DIE GATTUNG. In seiner ursprünglichen Bedeutung bezeichnet das Wort ‚Epigramm' eine Aufschrift, insbesondere eine Aufschrift in Versform, wie sie z.B. auf einem Grab oder Weihgeschenk zu lesen ist. Die E. der älteren Zeit sind kurze Aufschriften dieser Art. Als Versmaß wird schon früh überwiegend das elegische Distichon verwendet, daneben u.a. der bloße Hexameter, der in den ältesten, aus dem 8. oder 7. Jh. v. Chr. stammenden Inschriften vorherrscht, und der iambische Trimeter. Im Laufe seiner Entwicklung wurde das E. von den an-

spruchsvolleren Dichtungsgattungen beeinflußt. Von besonderem Interesse ist der vor allem im ionischen Bereich zu beobachtende Einfluß der Elegie, zu der das E. enge Beziehungen hat: E. und Elegie haben wie das Versmaß so auch die Bezeichnung ἐλεγεῖον (ἐλεγεῖα) gemeinsam (vgl. z. B. Thuk. 1, 132 bzw. Plat. rep. 368a), und sie berühren sich ferner in stofflicher Hinsicht (z. B. Grab-E. und Totenelegie).
Nachdem ein literarisches Interesse an den E. wach geworden war, schrieb man sie von den Steinen ab und sammelte sie in Büchern. Darüber hinaus ahmte man sie nach und stellte ihnen in den erwähnten Sammlungen auch solche Gedichte zur Seite, denen man nur die Form der Aufschrift gegeben hatte, ohne an den praktischen Zweck einer inschriftlichen Verwendung zu denken. Diese sog. epideiktischen E. konnten an Stelle der Skolien zur Unterhaltung beim Gelage vorgetragen und in der Form Trinksprüchen angenähert werden (vgl. z. B. AP VII 442). So wird verständlich, daß schließlich die Bezeichnung ‚E.‘ selbst auf kurze Gedichte sympotisch-erotischen Inhalts übertragen wurde, die an sich keine Beziehung zur Aufschrift haben, sondern aus den ebenfalls beim Gelage vorgetragenen Kurzelegien von der Art, wie sie die Theognis-Sammlung enthält, abzuleiten sind. Die in diesem Abschnitt geschilderte Entwicklung setzte vielleicht schon im 5. Jh. ein (vgl. das epideiktische Grab-E. AP VII 348, das Timokreon von Rhodos, den Gegner des Themistokles, verspottet und vermutlich noch zu dessen Lebzeiten verfaßt ist; vgl. auch die ‚epideiktischen E.‘ Homer H 89 f. und Y 389 ff., Aischylos, Ag. 577 ff. und Euripides, Phoin. 575 f.); größere Fortschritte hat sie aber anscheinend erst im 4. Jh. gemacht (vgl. u. a. Theokritos von Chios Frg. 1, Diehl 1³, 1, 127 und unten zu den Platon-E.). Neben den nun literarischen E. wurden jedoch auch weiterhin E. im eigentlichen Sinne des Wortes verfaßt. Da einerseits damit gerechnet werden muß, daß sich die epideiktischen E. eng an die Form der Aufschrift anlehnen, andererseits die auf Stein überlieferten E. z. T. große Freiheit und Kühnheit in formaler und sprachlicher Hinsicht erkennen lassen, läßt sich oft nicht mit Sicherheit entscheiden, ob ein literarisch überliefertes Gedicht, das die Form der Aufschrift hat, eine fiktive Inschrift ist oder tatsächlich einmal auf Stein gestanden hat.
Die inschriftlich überlieferten E. sind meist anonym (das früheste Beispiel für die Erwähnung des Verfassers eines solchen E.s auf dem Stein selbst ist das um 400 verfaßte E.

Nr. 97 in J. Geffckens Sammlung ‚Griechische Epigramme', Heidelberg 1916). In der literarischen Überlieferung dagegen pflegen die E. bestimmten Verfassern zugeschrieben zu werden, nicht selten alten und berühmten Dichtern wie Homer, Archilochos, Sappho, Anakreon, Simonides und Bakchylides (bei den genannten handelt es sich mit Ausnahme Homers um Dichter, von denen auch Meleager E. zu kennen glaubte: vgl. AP IV 1). Solche Zuweisungen von E. an Dichter vorhellenistischer Zeit sind jedoch in den meisten Fällen unglaubwürdig. Unter den angeblich von Simonides verfaßten E. sind nur drei, die mit hinlänglicher Sicherheit als echt angesehen werden können (darunter AP VII 677, für das schon Herodot 7, 228 die Verfasserschaft des Simonides bezeugt). Manche sind sogar erst in hell. Zeit oder noch später entstanden. Dasselbe gilt für viele der E., die unter Platons Namen stehen. Wenn man bestimmte E. mit Recht für echt hält, hat Platon in seiner Zeit die hell. Entwicklung bereits vorweggenommen (vgl. z. B. AP VII 99 und das zweifelhafte E. AP IX 823). Die von den griechischen Epigrammatikern oft gepriesene Dichterin Erinna, von der drei E. und einige Verse eines hexametrischen Gedichts mit dem Titel ‚Spindel' (↗Epyllion) erhalten sind, lebte nach antikem Zeugnis um 350 v. Chr., aber moderne Gelehrte haben auf Grund der erhaltenen Reste ihrer Dichtung die Vermutung geäußert, daß sie dem 3. Jh. angehört. Auch Perses (Thebaner oder Makedone), dessen E. eine gewisse Ähnlichkeit mit denen des Leonidas aufweisen (vgl. z. B. AP VII 445 auf das Grab zweier Holzfäller), lebte möglicherweise erst in dieser Zeit und nicht schon um 320, wie man durch die nicht sichere Kombination von AP VI 112 mit der Inschrift in Dittenbergers Sylloge[3] 300 zu erweisen versucht hat.

B. GESCHICHTLICHER ÜBERBLICK. Im hell. Zeitalter erlebte das E. seine Blütezeit, die hauptsächlich die 1. Hälfte des 3. Jh.s umfaßt, aber schon etwas früher beginnt und mit ihren Ausläufern bis zum Ende des Jahrhunderts reicht. Man unterscheidet die Dorisch-Peloponnesische und die Ionisch-Alexandrinische Schule, Bezeichnungen, die eine überwiegende, wenn auch nicht ausschließliche, Verbreitung der betreffenden Schulen in dem jeweiligen geographischen Raum andeuten. Die Dorisch-Peloponnesische Schule hält sich mehr oder weniger streng an die Form der Aufschrift, während ihr das

von dieser Form unabhängige sympotisch-erotische E.
fast ganz unbekannt ist. Die Ionisch-Alexandrinische
Schule widmet sich zwar auch den von der Aufschrift her-
zuleitenden E.typen, zeichnet sich aber vor allem durch
die Ausbildung des sympotisch-erotischen E.s aus (Näheres s. u.). Es ist jedoch zweifelhaft, ob im strengen
Sinne von Schulen, die zueinander in einem bewußten
Gegensatz stehen, gesprochen werden kann, zumal Dichter der einen Richtung auch solche der anderen beeinflußt
haben. In der 2. Hälfte des 3. Jh.s ist jedenfalls eine Unterscheidung der beiden Schulen kaum noch sinnvoll.
Die *Dorisch-Peloponnesische* Schule wird vornehmlich
durch Anyte von Tegea (u. S. 165 f.) repräsentiert, für die
eine in idyllischen Landschaftsbildern und gefühlsbeton-
ten E. auf tote Tiere zum Ausdruck kommende Naturlyrik
charakteristisch ist. Darin ist Mnasalkes von Sikyon (u.
S. 166 f.) ihr Nachfolger, ebenso der mit Theokrit befreundete Nikias von Milet, Moiro von Byzanz, die auch als
Mutter des Tragikers Homer bekannt ist, und Simias von
Rhodos (Anfang des 3. Jh.s), von dessen umfangreicher
gelehrter und dichterischer Tätigkeit außer einer Anzahl
von Fragmenten nur noch einige E. und Figurengedichte
(Technopaignia) erhalten sind. Als typisch für die Dorisch-Peloponnesische Epigrammatik können auch die E.
auf geweihte Waffen und gefallene Krieger angesehen werden. Solche oder verwandte E. schrieben nach Anytes
Vorbild Mnasalkes und Nikias sowie die folgenden Dichter, von deren Lebenszeit und Heimat fast nichts bekannt
ist: Hegesipp (3. Jh.?), Tymnes (3. Jh.?) und Damaget,
dessen E. offenbar in Beziehung zum Bundesgenossenkrieg (220–217 v. Chr.) stehen. Damaget und Tymnes
verherrlichen das Spartanertum, was einer Tendenz der
Zeit entspricht, die man als Dorismus bezeichnet und die
auch in den E. des Dioskorides (zu diesem s. u. S. 176–179)
zum Ausdruck kommt (allerdings hat sich auch die spätere
Epigrammatik dieses Stoffes angenommen).
Den genannten Epigrammatikern steht auch Leonidas von
Tarent (u. S. 167–171) nahe, dessen Themenkreis jedoch
viel umfassender ist. Freilich sind von ihm mehr E. erhalten als von den meisten anderen Epigrammatikern. Neben bukolischen E. nehmen bei ihm solche auf Handwerker und andere einfache Leute sowie E. auf berühmte
Dichter und Kunstwerke einen weiten Raum ein. Mit
Leonidas berühren sich in verschiedener Hinsicht ↗Theo-
krit von Syrakus, dessen E. den Verfasser der Hirtenge-

dichte nicht verleugnen, Nossis aus dem epizephyrischen Lokroi (1. H. 3. Jh.) und Theodoridas von Syrakus (u. S. 172), der aber später als die anderen gelebt hat. Nossis hat u. a. eine Reihe von lebendigen E. auf Frauenporträts geschrieben (vgl. Erinna AP VI 352) und außerdem ein erotisches E. (AP V 170), das an Sappho erinnert, mit der die Dichterin sich selbst vergleicht (AP VII 718).

Der wichtigste Vertreter der *Ionisch-Alexandrinischen* Schule ist Asklepiades von Samos (u. S. 173–175), der Meister des erotischen E.s. Wieviel er etwa Platon (s. o.) oder dem von den römischen Elegikern gerühmten Philitas von Kos (um 300 v. Chr.) zu verdanken hat, von dessen παίγνια, ἐπιγράμματα, ↗Elegien und anderen Werken nur spärliche Reste überliefert sind, bleibt ungewiß. Eng verbunden mit Asklepiades sind Poseidipp von Pella (u. S. 175f.) und Hedylos (aus Athen oder Samos), der wahrscheinlich nicht viel später als Asklepiades und Poseidipp gelebt hat und der sich auch in ↗Alexandrien aufgehalten hat (er erwähnt wie Poseidipp und Kallimachos das Heiligtum der Aphrodite-Arsinoë auf dem Vorgebirge Zephyrion: vgl. E. 4 Gow). Von den in die Form der Aufschrift gekleideten E. dieser Dichter seien hier die spöttischen und aischrologischen hervorgehoben. Von Asklepiades ist auch ↗Kallimachos von Kyrene beeinflußt, der jedoch sowohl Asklepiades als auch Poseidipp zu seinen Gegnern zählt (vgl. Schol. Kall. Frg. 1, 1 ff.). Die formal vollendeten E. des Kallimachos sind nur zum kleineren Teil sympotisch-erotischer Natur; der größere Teil setzt sich aus E. auf Dichter und aus Weih- und Grab-E. zusammen. Die der 2. Hälfte des 3. Jh.s angehörenden Epigrammatiker Rhianos von Kreta (auch Epiker und Homer-Editor), Dioskorides von Alexandrien (u. S. 176–179) und Alkaios von Messene (u. S. 179f.) haben ebenfalls sowohl sympotisch-erotische E. als auch solche andrer Art verfaßt, die z. T. von größerer Bedeutung sind.

Erst in der Mitte des 2. Jh.s und um 100 v. Chr. treten dann wieder zwei namhafte Epigrammatiker auf, die, in starkem Maße von der Rhetorik beeinflußt, dem hell. E. noch einmal einen gewissen Glanz verliehen haben: Antipater von Sidon (u. S. 180–182) und Meleager von Gadara (u. S. 183–185), dessen E.sammlung das Fundament der literarischen Überlieferung der E. ist (siehe auch u. S. 165 zur Phönizischen Schule).

C. CHARAKTERISTIK. Das hell. E. weist nach Form und Inhalt eine bunte Mannigfaltigkeit auf. Es läßt einerseits das gebildete Interesse seiner Zeit für Literatur, Kunst und Geschichte erkennen und andrerseits ihre kulturelle Übersättigung und die damit verbundene Hinwendung zur Natur, zur Welt des Kindes, zum Leben einfacher Leute und zu den Szenen des Alltags. Es kann echte oder fiktive Aufschrift für ein Grab oder Weihgeschenk sein und von dem Schicksal des Toten berichten (Schiffbruch, Bestattung in der Fremde, Tod im Wochenbett usw.), vom Anlaß der Weihung (z. B. Aufgabe des Berufs, Dank für den Sieg in einem Wettkampf, Sorge um das Wohlergehen des heranwachsenden Kindes) und vom Weihgeschenk selbst (Bild der Gottheit oder des Weihenden, Haaropfer, Jagdtrophäe u. a.). Es kann ‚sachlich-objektiver' Bericht oder auf unterschiedliche Weise ‚subjektiv' getönt und belebt sein: durch die Anrede an den Toten, den Betrachter des Weihgeschenks usw., durch die Einführung des Grabes oder Weihgeschenks als Sprecher des E.s und durch die Verbindung von Rede und Antwort zum Dialog (zwischen dem Toten und dem Betrachter seines Grabes usw.). Diese Formen der Aufschrift, die – manche allerdings nur vereinzelt – schon in vorhellenistischer Zeit begegnen, werden von den hell. Epigrammatikern spielerischer und kühner verwendet oder erhalten durch sie eine kunstvollere Ausprägung. Das von der Form der Aufschrift losgelöste E., das sich nur durch seinen geringeren Umfang von der Elegie unterscheidet, ist bald Hymnos oder Gebet, bald Monolog, bald Erzählung und vermag wie das moderne lyrische Gedicht die verschiedensten Eindrücke, Stimmungen und Gedanken auszudrücken. So persönlich wie im E. spricht der Dichter in der hell. Literatur sonst nirgends. Man hat freilich angenommen, daß die E. größere lyrische Gedichte spiegeln, die heute verloren sind (vgl. u. a. AP V 135 ∼Hor. carm. 3, 21); so hat man z. B. vermutet, daß es neben den erotischen E. in hell. Zeit bereits eine der römischen vergleichbare subjektiv-erotische Elegie gegeben habe, was von vielen Gelehrten bestritten wird, die die römische Elegie direkt vom E. ableiten (vgl. etwa AP XII 50 ∼Tib. 1, 2; AP XII 101 ∼Prop. 1, 1; AP V 56 ∼Ov. am. 3, 12). Es finden sich auch E., die eine überraschende und witzige Pointe haben. Im allgemeinen jedoch wird die moderne Auffassung, wonach die Pointe neben der Kürze das wesentlichste Merkmal des E. ist, den hell. E. nicht gerecht, während sie für die E. einer späteren Zeit, bes. die des römischen Dichters Martial, eher zutreffend ist.

D. Weitere Entwicklung. Auf die hell. Periode folgen in der Geschichte des E.s Zeiten wechselnder Fruchtbarkeit. Philodem von Gadara, ein Vertreter der sogenannten Phönizischen Schule, zu der man auch Antipater von Sidon und Meleager von Gadara rechnet, war ein jüngerer Zeitgenosse Meleagers, in dessen Epigrammsammlung seine Gedichte jedoch schon nicht mehr berücksichtigt sind. Dieser Dichter, der Dialoge von lebensnaher Frische ins E. einführte, lebte in Rom und bildet den Übergang zu den Epigrammatikern der römischen Kaiserzeit. Die wichtigsten von diesen sind Krinagoras (unter Augustus), der das E. zum Hofgedicht machte und um einige bislang unbeachtete Themen bereicherte, und Lukillios (unter Nero), der einen neuen Typ des Spott-E.s entwickelt hat. Die letzten Jahrhunderte des Altertums (4.–6. Jh.) haben schließlich noch einmal eine Fülle von E. verschiedenster Art hervorgebracht. Zu den E.-Sammlungen des Philippos und des Agathias, auf denen unsere Kenntnis der Epigrammatik der frühen Kaiserzeit und des ausgehenden Altertums beruht, s. u. S. 183.

E. Die Hauptvertreter des Hellenistischen Epigramms. Zur Veranschaulichung des Gesagten folgen Einzelartikel über diejenigen hell. Epigrammatiker, von denen eine größere Anzahl E. erhalten ist, und zwar in der Reihenfolge, wie sie im Vorhergehenden erwähnt sind, die allerdings nur teilweise mit der ohnehin nicht sicher auszumachenden chronologischen Folge übereinstimmt. Auch ↗Kallimachos, ↗Theokrit.

I. Anyte von Tegea (Pollux 5, 48; vgl. AP VI 153) war als lyrische Dichterin bekannt (von Pollux a. a. O. und in den Lemmata der AP wird sie als μελοποιός oder λυρική bezeichnet); bei Pausanias (10, 38, 13), der A. in einer Wundergeschichte mit dem Kult des Asklepios in Epidauros und Naupaktos in Verbindung bringt, wird sie Verfasserin von hexametrischer Dichtung genannt. Erhalten sind jedoch nur etwa 20 E., von denen eines bei Pollux (s. o.), die übrigen alle in der AP und APl überliefert sind. Sie lebte vermutlich um 300 v. Chr., da Simias (vgl. AP VII 203 und 193~202 usw.) und Nikias, der Freund Theokrits (vgl. VI 122~123), bereits von ihr beeinflußt zu sein scheinen (ebenso Leonidas und Mnasalkes, die aber wohl etwas später lebten). Die E. weisen sonst keine Anhaltspunkte für eine Datierung der A. auf (außer dem vielleicht unechten E. VII 492, das sich auf die Eroberung Milets durch die Galater im J. 277 bezieht). Nach einer sehr umstrittenen Nachricht Tatians (ad Graecos 33) haben Euthykrates und Kephisodot (um 300) eine Statue der Dichterin angefertigt.

Aus den E. der A. spricht lyrische Empfindungskraft und gedämpftes Pathos. Charakteristisch sind ihre E. auf tote Tiere (VII 208 auf ein Kriegspferd; 202 auf einen Hahn?; 215 auf einen Delphin; 190 auf eine Heuschrecke und eine Zikade; E. 10 Gow auf einen Jagdhund), die am Anfang einer langen Reihe von Variationen dieses Themas stehen, aus der das berühmte Gedicht Catulls (c. 3) herausragt. Spuren einer arkadischen Bukolik, die Vergil vorauszusetzen scheint, hat man in ihren E. idyllisch-bukolischen Charakters erkennen zu können geglaubt (XVI 228: Einladung an den Wanderer, sich an einer schattigen Quelle zu erquicken, vgl. 291 und IX 313 f.; XVI 231: Dialog mit Pan-Statue; XI 144: Heiliger Bezirk der Kypris am Meer). Als Bildbeschreibung ist wohl das reizvolle Gedicht anzusehen, das von spielenden Kindern spricht, die bei einem Tempel auf einem Bock reiten (VI 312, vgl. IX 745). A. schrieb ferner E. auf noch vor der Heirat verstorbene junge Mädchen (VII 486, 490, 649), auf einen im Krieg Gefallenen (VII 724) und auf eine von ihrem Besitzer der Athene geweihte Lanze (VI 123, wofür Ps.-Simonides AP VI 52 das Vorbild gewesen sein könnte; zu den nach A. zahlreichen E., die einen ähnlichen Stoff behandelt, s. z. B. u. S. 167). Alle E. der A. sind von der Form der Aufschrift ableitbar, die zu beleben (vgl. die Verwendung der 1. u. 2. Person) bzw. zu überwinden (z. B. VI 312) die Dichterin bemüht ist. Manche E. können echte Inschriften sein (einige Grab-E., zweifelhafter VI 153).

II. MNASALKES von Sikyon stammte aus dem im Gebiet von Sikyon liegenden Demos Plataiai (vgl. z. B. Athen. 163a, Strab. 412 C, Theodoridas AP XIII 21). Theodoridas (2. Hälfte 3. Jh. v. Chr.) schrieb auf M. – vielleicht noch zu dessen Lebzeiten – ein spöttisches Grabgedicht, das auf persönliche Bekanntschaft deutet (AP XIII 21). Von den Einwohnern von Oropos ist ihm die Proxenie verliehen worden, wenn der in der Inschrift IG VII 395 erwähnte Μνασάλκης Μνασίππου Σικυώνιος mit dem Dichter identisch ist (vermutliche Datierung der Inschrift: um 250). Bei der Bestimmung der Zeit seiner dichterischen Tätigkeit wird man nach dem Gesagten kaum über die Mitte des 3. Jh.s hinaufgehen. Man hat vermutet, daß die Gefallenen, denen das E. AP VII 242 gilt, bei der Befreiung Sikyons von der Tyrannis durch Aratos (251 v. Chr.) ihr Leben verloren haben.

Weniger als 20 E. sind erhalten, deren Überlieferung fast ausschließlich der Anth. Pal. und Plan. verdankt wird. M. hat sich hauptsächlich Anyte zu seinem Vorbild genommen. Viele Motive ihrer Gedichte hat M. in seinen E. neu behandelt, die jedoch gegenüber denen der genannten Dichterin abfallen (vgl. die E. auf ausgediente Waffen: VI 9; 125; 128; 264; auf tote Tiere: VII 192; 194; 212; auf den Tod junger Mädchen: VII 488; 491; das E. IX 333 auf einen Aphrodite-Hain am Meer; vgl. auch das bukolische Gedicht IX 324). Bestimmte E. berühren sich mit solchen der Ps.-Simonideischen E.sammlung (vgl. z. B. VI 9 mit ‚Simon.' VI 2, aber auch mit Kallim. XIII 7 in der AP), während E. 17 Gow (auf eine allegorische Darstellung der Arete und der Hedone) ein Gedicht des Asklepiades (VII 145) umbildet, wobei viele einzelne Wendungen wörtlich übernommen werden (vgl. noch XII 138 an die Weinrebe ~Asklep. V 145). Wohl von M. abhängig sind die sonst fast unbekannten Dichter Pamphilos und Phaennos (IX 70 an die Schwalbe~IX 57; VII 194~197).

Der in dem erwähnten E. des Theodoridas gegen M. erhobene Vorwurf sklavischer Simonides-Nachahmung und dithyrambischer Schwülstigkeit bezieht sich wahrscheinlich nicht auf die E., auf die er trotz gegenteiliger Behauptungen kaum zutrifft, sondern auf verlorene Elegien des M.

III. LEONIDAS von Tarent. Von allen griechischen Epigrammatikern hat L. von Tarent im Altertum das größte Ansehen besessen und den größten Einfluß auf die Entwicklung des griechischen E.s ausgeübt. Ca. 100 E. (fast alle in der AP und APl überliefert) sind von ihm erhalten, mehr als von irgendeinem anderen Epigrammatiker hell. Zeit, wenn man von Meleager absieht. Zwischen seinen Gedichten und den E. des gleichnamigen späteren Dichters aus ↗Alexandrien zu unterscheiden, macht meist keine Schwierigkeit, obwohl oft das Ethnikon beim Namen des Dichters fehlt. Bestimmte E. sind jedoch zwischen L. und einigen anderen Dichtern strittig.

Über das Leben des L. ist fast nichts bekannt. Er wurde

früher meist der 1. Hälfte des 3. Jh.s zugewiesen (u. a. auf Grund von AP VI 130 und 334, s. dazu u.), aber der allgemeine Charakter seiner E. läßt vielleicht eher an die Mitte dieses Jh.s oder eine noch spätere Zeit denken (vgl. Gow, Greek Anth. II 308). Er stammte aus Tarent (vgl. AP VII 715? und die Lemmata der AP); es ist daher naheliegend anzunehmen, daß es die Tarentiner waren, die die erbeuteten Waffen der Lukaner, worauf sich zwei seiner E. beziehen, der Athene weihten (AP VI 129 und 131). Einige E. lassen vermuten, daß er seine Heimat verlassen und ein Wanderleben geführt hat (VII 715?, 736). Verschiedene griechische Örtlichkeiten werden in seinen E. erwähnt oder vorausgesetzt; aber sichere Anhaltspunkte für einen Aufenthalt des L. an den betreffenden Orten fehlen, was auch für seinen angeblichen Aufenthalt in Epirus gilt (der in E. VI 334 erwähnte Aiakide Neoptolemos kann nicht sicher identifiziert werden; VI 130 auf ein Weihgeschenk des Pyrrhos stammt wahrscheinlich nicht von L.; diese E. können daher nicht für eine Datierung des Dichters verwertet werden). L. spricht selbst von seiner Armut (VI 302 und 300).

Viele E. des L. handeln von einfachen und armen Leuten: Ein Holzfäller weiht trotz seiner Armut eine Hermes-Statue (IX 335), eine arme Frau ein bescheidenes Bild ihres Kindes (VI 355); ein Bauer spricht von seinem kleinen Besitz (VI 226), ein Toter von seinem unansehnlichen Grab (VII 656, vgl. 655). Der Dichter läßt einen Zimmermann, Jäger, Vogelfänger, Fischer, Spinnerinnen, Weberinnen und Flötenspielerinnen die Geräte und Instrumente ihres Berufes einer Gottheit weihen (VI 204f.; 188; 13; 4; 288f.; V 206). Als Grund der Weihung wird dabei meist die Aufgabe des Berufs angegeben; aber gelegentlich ist die Weihung mit der Bitte um Erfolg im Beruf verbunden; dann soll man sich vielleicht vorstellen, daß nur ein Bild oder alte Geräte geweiht werden. Andere E. berichten vom Tod einer alten Weberin und eines alten Fischers, deren im Leben ausgeübte Tätigkeiten bei dieser Gelegenheit mit realistischen Zügen geschildert werden (VII 726 und 295). Mehrere E. beziehen sich auf Schiffbrüchige (VII 264; 266; 283; 503; 665; 273; 652; vgl. 654); aber sicher soll man dabei nicht in allen Fällen an Seeleute denken. E. VII 506 auf den grausigen Tod eines Seemanns zeigt des Dichters Interesse für das ‚Sensationelle' (vgl. VII 504).

Eine Reihe von E. hat idyllisch-bukolischen Charakter: Hirten und Landleute opfern einen Bock, Milch, Wein und Früchte des Gartens oder geloben ein solches Opfer (VI 154?; IX 318; XVI 190; IX 329; VI 44?; vgl. IX 744). In einigen E. wird mit wenigen stereotypen Zügen – Fels, Quelle, Pinie – eine landschaftliche Kulisse geschaffen (VI 334; XVI 230; vgl. IX 326). An anderer Stelle wird nur eine Pinie oder Platane erwähnt, woran Hirten oder Jäger als Weihgeschenk eine Jagdtrophäe aufhängen (VI 262; 110?; 35; vgl. 221). Es sei auch noch auf das in E. VII 657 entworfene bukolische Genrebild, das Epikedeion für eine Heuschrecke (VII 198) und die Schilderung des Frühlings in X 1 verwiesen. Die Götter dieses ländlichen Bereichs sind die Nymphen, Pan, Priap und Hermes. Nicht selten wird von der unter freiem Himmel stehenden Statue einer solchen Gottheit geredet oder die Statue selbst sprechend eingeführt (XVI 190; IX 337; XVI 261; vgl. X 1), gelegentlich mit derb komischer Wirkung (XVI 236; IX 316).

Einen Stoffkreis anderer Art bilden die E. auf berühmte Dichter (VII 13?; 19; 35?; 408; 719; IX 24; 25?) und Kunstwerke (IX 719; XVI 182; 206). Die E. sagen z. T. sehr wenig über den gewählten Gegenstand aus, der beispielsweise pointiert gelobt, aber kaum charakterisiert oder beschrieben wird. Bezeichnend ist, daß nach E. IX 25 (?) Arat in seinen Phainomena auch die Planeten behandelt haben soll, was von ihm ausdrücklich abgelehnt wird. Doch wird die Verbitterung des Hipponax farbig, wenn auch mit weitgehend konventionellen Mitteln, geschildert (VII 408; vgl. VII 316?; auf Timon), und manche E. auf Kunstwerke (,ekphrastische E.') verweilen doch auch bei der Beschreibung des betreffenden Kunstwerks (XVI 182 auf die Ἀναδυομένη des Apelles). Allerdings ist die Beschreibung nicht so geartet, daß sie notwendig eigene Kenntnis des Kunstwerks voraussetzt oder seine Identifikation erlaubt, wenn entsprechende Angaben im E. selbst fehlen (vgl. XVI 306 f. auf eine Darstellung des Anakreon). Es ist auch damit zu rechnen, daß der Dichter gar kein bestimmtes Kunstwerk vor Augen hat. Die ekphrastischen E. auf Kunstwerke sind vielleicht von L. in die Epigrammatik eingeführt worden.

Neben Literatur und Kunst spielt auch die Philosophie eine gewisse Rolle. Dem toten Diogenes (↗Kynismus) werden Worte in den Mund gelegt, aus denen seine Armut und Bedürfnislosigkeit hervorgeht (VII 67). Oft werden sentiöse Gedanken und Mahnungen geäußert, die

z. T. an die kynische Popularphilosophie erinnern, woraus sich jedoch nicht ergibt, daß der Dichter ein näheres Verhältnis zu ihr hatte (vgl. VII 472; E. 79 Gow, wozu Bion Borysth. bei Diog. Laert. 4, 49 zu vergleichen ist; auch VI 302, 3 αὐτάρκης; ganz allgemein VII 736; 648). Zwei E. verspotten einen sonst unbekannten Kyniker (VI 293; 298).

Sympotische und erotische E. fehlen unter den erhaltenen E. des L. fast ganz. Das schwer verständliche E. V 188 spricht über seine persönlichen Erfahrungen mit Eros; E. VII 452 ist eine Aufforderung zum Trinken, die sich aber in der Form an das Grab-E. anzulehnen scheint; vgl. jedoch auch noch V 206; VI 211; IX 179; XVI 206; IX 320 sowie VI 44?, VII 422 und 455.

Die Form der meisten E. des L. steht den verschiedenen Formen der echten Inschrift mehr oder weniger nahe, aber nicht viele werden tatsächlich echte Inschriften sein. E. VI 13 steht als Inschrift auf einem Bild in Pompeji (Kaibel 1104, vgl. auch 1103), ohne daß es von vornherein für eine solche inschriftliche Verwendung bestimmt gewesen sein muß. Einige Spott-E. lassen keinen Zweifel darüber, daß der Dichter mit der Form des Weih- und Grab-E.s nur spielt (VI 293; 298; 305; VII 455; 422). Diese Annahme liegt auch nahe, wenn dasselbe Thema in zwei E. behandelt wird (VI 129/131; 204/205; VII 266/264; bes. 448/449). Allerdings sind ähnliche E.paare auch inschriftlich überliefert. Es finden sich jedoch auch nicht wenige E. ganz freier Form, die als Gebet, Elegie oder ähnlich bezeichnet werden können (VI 281; IX 318; VII 466; 472; VI 302; IX 24).

Die Sprache des L. ist gekennzeichnet durch seine Vorliebe für das Neue, Ungewöhnliche und Prunkvolle. Zwischen der barocken Form der Aussage und ihrem schlichten Inhalt besteht oft ein grotesker Gegensatz. E. wie die, in denen verschiedene Handwerksgeräte aufgezählt werden, stellten den Epigrammatiker vor eine Aufgabe, die für ihn einen ähnlichen Reiz hatte wie für den Verfasser eines ↗Lehrgedichtes die Meisterung seines spröden Stoffs. Sie boten ihm die Gelegenheit, eine Reihe von sonst in der Dichtersprache nicht üblichen Wörtern vorzuführen und sie mit klangvollen Epitheta auszustatten. Manche Epitheta wären schwer oder nicht verständlich, wenn sie nicht durch das zugehörige Substantiv, das sie oft umschreiben, erklärt würden (VI 211: „den breiten Netzfischer der Haare aus Buchsbaum, den Kamm"; 289:

„den nächtlichen Hüter der Wolle, den Korb"; vielleicht ohne erklärendes Substantiv 205: „die sich schnell ins Holz hineinfressen", vermutlich = „Sägen"). Diese Umschreibungen erinnern wie auch andere Epitheta an die γριφώδη des Dithyrambos (vgl. noch 298, 3). L. liebt die Neubildung von Komposita (bes. solcher mit εὐ- und φιλ-), Neuerung des Suffixes eines Wortes (z.B. VII 295 σχοινῖτις statt σχοινίνη), rhetorischen Schmuck wie Alliteration, Homoioteleuton (oft am Ende der Pentameterhälften), Anapher (bes. die betonte Wiederholung des Artikels: vgl. VII 740) und manierierten Parallelismus des Satzbaus (vgl. z.B. VI 13). Eine Anzahl von E. ist jedoch in einer einfacheren, modernes Empfinden manchmal unmittelbar ansprechenden Sprache verfaßt (vgl. bes. X 1). – Als Versmaß verwendet L. meist das Distichon (mit ausgeprägter Bevorzugung der schweren Spondeen), außerdem nur noch den iambischen Trimeter (z.B. VI 211). Der Versbau entspricht den strengen metrischen Gesetzen der Alexandriner.
L. scheint vor allem von Anyte beeinflußt zu sein (vgl. XVI 230 ~ XVI 228 und IX 313; IX 326 ~ XVI 291; VII 298 ~ VII 290). Außerdem mögen ihm auch Theokrit (vgl. die E. auf Geräteweihungen mit VI 177), Kallimachos (vgl. IX 25? ~ IX 507; VII 408 ~ Frg. 380 Pf.; VII 316? ~ VII 317), Asklepiades (VII 283 ~ VII 284; VII 13? ~ VII 11; IX 179 ~ IX 752) und Hedylos (VI 211 ~ V 199; V 206, 1 f. ~ V 161, 1 f.) Anregungen gegeben haben. E. VI 286 (Weihung einer von drei Frauen gemeinsam verfertigten Borte) kann aus E. wie VI 136 entwickelt sein, das kaum von Anakreon verfaßt ist, obwohl es wahrscheinlich aus vorhellenistischer Zeit stammt (vgl. auch VI 288, 1 f. ~ ‚Anakreon' VI 134, 1 f.). Besser faßbar als die Vorbilder des L. sind seine Nachahmer, auf die hier jedoch nicht im Einzelnen eingegangen werden kann (vgl. z.B. Gow, Greek Anth. II 34f. zu dem von vielen Epigrammatikern nachgeahmten E. VI 13). Von den hell. Epigrammatikern haben sich Antipater von Sidon und Phanias, der gegen Ende des 2. Jh.s in Italien gelebt haben könnte (vgl. VI 299, wo er das als ausschließlich lateinisch bezeugte Wort δρύππα = druppa verwendet), besonders eng an L. angeschlossen. Auch die Römer kannten die E. des L. (vgl. die Kommentare zu Cicero, ad Att. 9, 7, 5; Hor. carm. IV 12; Verg. ecl. 7, 29 ff.; Prop. 3, 13, 43 ff.; Ov. fast. I 353 ff.; AP XVI 236 ist ein Vorläufer der lateinischen Priapea).

IV. THEODORIDAS von Syrakus. Th. war ein vielseitiger Dichter: er schrieb einen Dithyrambos Κένταυρος (Athen. 699 e/f), ein melisches Gedicht auf Eros (Athen. 475 f) u. a. Von einigen Fragmenten abgesehen, sind jedoch nur knapp 20 E. erhalten, die in der AP und APl überliefert sind. Er stammte aus Syrakus (Athen. 699 e/f); dazu stimmt, daß sich eine Anzahl von E. und Fragmenten auf Sizilien und Unteritalien bezieht (z. B. AP VI 222; 224; Athen. 229 a/b). Mehrere E. lassen auf einen Aufenthalt in Thessalien schließen (vgl. bes. VII 528f.; IX 743). Th. war ein Zeitgenosse Euphorions (↗Epyllion): Euphorion verfaßte eine Schrift Ἀντίγραφα πρὸς Θεοδωρίδαν (Clem. Alex. strom. 5, 47, 2, wo der Name des Th. allerdings fehlerhaft überliefert ist) und Th. ein wohl spöttisches Grab-E. auf Euphorion (VII 406; für die Auffassung des E.s als Spottgedicht spricht u. a. die zitierte Schrift Euphorions). Th. war auch ein Gegner des Mnasalkes (vgl. XIII 21), s. o. S. 166 f.

Fast alle erhaltenen E. des Th. sind Weih- und Grab-E. von verhältnismäßig traditioneller Form. Gegenstände der Weih-E. sind das Haaropfer von Knaben (VI 155 f.), θαυμάσια wie die an Land gespülten Überbleibsel eines seltsamen Tieres (VI 222) und das Haus einer Meerschnecke (VI 224), ein als Preis in einem sportlichen Wettkampf gewonnener Kessel (XIII 8) und zwölf Kühe aus Erz, die von einem Künstler namens Phradmon (dem Erzgießer des 5. Jh.s?) verfertigt und von den Thessaliern der Athene Itonia als Beuteanteil für einen Sieg über die Illyrier geweiht wurden (IX 743). Die Grab-E. beziehen sich auf Schiffbrüchige (VII 282; 738), Kriegsgefallene (VII 529; 722; vielleicht auch 439), auf eine Wöchnerin (VII 528) und einen Greis, der sich bis zu seinem Tode voller körperlicher Gesundheit erfreute (VII 732). Viele dieser E. können wirklich als Inschrift verwendet worden sein. Epideiktisch ist dagegen – außer den E. auf Mnasalkes und Euphorion (s. o.) – das rätselhafte Gedicht auf das verfallene Grab des Philosophen Heraklit (VII 479) sowie XVI 132, das eine – vielleicht nur fingierte – Darstellung der Niobe im Augenblick der Verwandlung von Fleisch zu Stein beschreibt. In ihrer Thematik und auch in einzelnen Formulierungen berühren sich die E. des Th. bes. mit denen des Leonidas, von dem sich Th. jedoch durch größeres stilistisches Taktgefühl vorteilhaft unterscheidet (vgl. VII 738 ~ 273; 479 ~ 478 und 480; 528 ~ 463; VI 224, 5 ~ VII 283, 2).

V. ASKLEPIADES von Samos, aus unbekannten Gründen Sikelidas genannt (vgl. bes. Schol. Theokr. eid. 7, 40, Schol. Kall. Frg. 1, 1 ff., Hedylos Ep. 6 Gow), ist der bedeutendste und früheste der hell. Epigrammatiker. Er stammte aus Samos (Theokr. eid. 7, 40; vgl. AP V 207) und gehörte wahrscheinlich einer älteren Generation an als ↗Theokrit, der ihn an der erwähnten Stelle in dem auf Kos spielenden Idyll zusammen mit Philitas als sein unübertreffliches Vorbild bezeichnet. A., der schon mit 21 Jahren E. verfaßte (vgl. AP XII 46), mag etwa 330 v. Chr. geboren sein. Demnach war er auch älter als Poseidipp (u. S. 175f.) und ↗Kallimachos, die von ihm beeinflußt sind. Es ist möglich, daß E. IX 752 (von zweifelhafter Echtheit) auf Kleopatra, die Schwester Alexanders (um 308 ermordet), und E. XVI 68, das aber eher Poseidipp gehört, auf Berenike, die Gemahlin Ptolemaios' I. (gestorben vor 270), zu beziehen ist. – Zwischen A., Poseidipp und Hedylos muß ein engeres Verhältnis bestanden haben: Meleager erwähnt sie in seinem Proöm (AP IV 1, 45f.) nebeneinander; ihre E., in denen dieselben Personennamen vorkommen, berühren sich auch sonst; außerdem schwanken die Lemmata der AP auffällig oft zwischen A. und Poseidipp und einmal auch zwischen A. und Hedylos. Man hat deshalb vermutet, daß der ‚σωρός', den Aristarch (↗Philologie) den E. des Poseidipp gegenüberstellt (Schol. A Il. Λ 101), eine Sammlung von E. dieser drei Dichter war und daß die Namen der Dichter bei den einzelnen E. nicht angegeben waren. Nach Aristarchs Worten zu urteilen, ist jedoch eher Poseidipp als der alleinige Verfasser der in jenem sonst unbekannten σωρός enthaltenen Gedichte anzusehen. A. und auch Poseidipp waren Gegner des Kallimachos, obwohl dieser Anregungen von A. erhalten hat: Das erwähnte Schol. Kall. Frg. 1, 1 ff. rechnet beide zu den „Telchinen" (↗Kallimachos); sowohl A. (IX 63) als auch Poseidipp (XII 168) schätzte die Lyde des Antimachos (↗Elegie), ein von Kallimachos verachtetes Gedicht (Frg. 398); E. V 202 (wohl von Poseidipp) parodiert Kall. hymn. 5, 2.

Die E. des A. sind alle in der AP überliefert (ca. 35 unbestritten echte), einzelne von ihnen gleichzeitig auch in anderen E.sammlungen und an sonstigen Stellen. Sein Ansehen verdankt A. seinen sympotisch-erotischen E., die anschaulich momentane Stimmungen und Situationen schildern: Des Lebens und der Liebe müde, hadert der Dichter mit den Eroten (XII 46, vgl. 166); Zeus trotzend

zieht er von Eros getrieben durch die stürmische Nacht
(V 64, vgl. 167) oder klagt vor der Tür des geliebten Knaben („παρακλαυσίθυρον': V 145 und 164). Einige E., die
nicht im eigentlichen Sinne erotisch zu sein scheinen, sind
Huldigungen für Knaben, bei denen es sich z. T. wohl
noch um Kinder handelt (XII 105; 162; 163; vgl. auch
75). A. spricht nicht nur von seiner eigenen Verliebtheit,
sondern auch von der anderer: Er erzählt von dem beim
Gelage sich verratenden Verliebten (XII 135) und von
dem Mädchen am Fenster, das sich in Sehnsucht nach
dem Jüngling am Tor verzehrt (V 153); E. XII 153 ist die
Klage eines verlassenen Mädchens. Ein spöttischer Ton
spricht aus den Gedichten V 207 und 203, deren aischrologisch-obszöner Inhalt in euphemistische Metaphern gehüllt ist. – Das zuletzt erwähnte E. (V 203) spielt mit der
Form der Weihinschrift; daneben finden sich noch einige
andere E., die die Form der Aufschrift aufweisen und vermutlich größtenteils ebenfalls epideiktisch sind. Sie beziehen sich auf eine komische Maske, die ein Knabe zum
Dank für einen in der Schule gewonnenen Preis den Musen weiht (VI 308), auf einen Frühverstorbenen (XIII 23),
auf Schiffbrüchige (VII 500, vgl. 284) und auf die Arete
am Grabe des Aias (VI 145). Die E. auf die Lyde des Antimachos und auf ein Werk der Erinna (IX 63; VII 11) sind
möglicherweise zur Verwendung als Buchaufschriften
gedacht. E. auf bekannte Kunstwerke fehlen, wenn E.
XVI 120 A. abzusprechen ist (vgl. auch XVI 68 und
IX 752, s. dazu o.).

A. bedient sich einer ebenso einfachen wie wirkungsvollen Sprache. Er liebt kurze Sätze und kurze Wörter, die
den Eindruck lebhafter Bewegung hervorrufen. Verbale
Ausdrucksweise herrscht vor; Epitheta, Appositionen
u. ä. sind verhältnismäßig selten. Der nach Kürze strebende Dichter verzichtet weitgehend auf den Vergleich
(doch vgl. V 210; bes. eindrucksvoll V. 3 f. der formal
kaum angedeutete Vergleich der dunkelhäutigen Geliebten mit schwarzen Kohlen, die, vom Feuer erhitzt, wie
Rosen glühen; vgl. auch die Priamel V 169); statt dessen
bevorzugt er die energischere Metapher; den größtenteils
konventionellen Bildern verleiht er eine neue Frische.
Häufig ist die Apostrophe, die zuweilen sachlich überflüssig ist und nur der Belebung dient (vgl. die Vokative in
V 153; 158); an Catull erinnert die Selbstanrede in XII 50.
Mit der Apostrophe kann die Personifikation des Unbelebten verbunden sein (vgl. die Apostrophe an die Nacht

in V 164, die an die Lampe in V 7; anders die weniger ausgeprägte Personifikation des Bettes in V 181, 12). Auf andere maßvoll verwendete Kunstmittel, bes. auch klanglicher Art, kann hier nicht eingegangen werden. Stilistisch liegen die E. des A. nicht alle auf der gleichen Ebene. Gelegentlich wählt A. eine gehobenere Sprache (zum Ausdruck des Affekts: V 64; in spöttischer Absicht: V 203).
Die E. des A. weisen Motive, Gedanken usw. auf, die Parallelen außerhalb der Epigrammatik haben, aus denen sich aber nicht unbedingt immer ein direktes Abhängigkeitsverhältnis ergibt. An die äolische Lyrik mag sich A. in stärkerem Maße angelehnt haben, als das jetzt noch erkennbar ist (vgl. bes. XII 50 ~ Alkaios 96 D.); die von Alkaios und Sappho verwendeten Asklepiadeen sind nach A. benannt und müssen daher auch von ihm verwendet worden sein, obwohl, abgesehen von den iambischen Versen des E.s XIII 23 und eines Fragments, nur Distichen erhalten sind. Gedichte und Versmaße des Alkaios werden auch in den Skolien benutzt, mit denen die E. konkurrieren (Skolion 15 D. ~ Alk. Frg. 15 D., vgl. Aristophanes Frg. 235 K.-A.; Skol. 14 D. z. B. verwendet Asklepiadeen). Zu bestimmten Gedichten des A. bietet Theognis Entsprechungen (V 64, 5 f. ~ Theogn. 1345 ff.; V 164, 3 f. ~ Theogn. 1334). Die Komödie bzw. der Mimos kann das Vorbild gewesen sein für das in E. V 181 entwickelte realistische Genrebild, wo der Herr seinem Sklaven Anweisungen gibt, den er zum Einkauf für ein bevorstehendes Gelage wegschickt (vgl. V 185). Zur Nachwirkung des A. auch o. S. 169 und u. S. 177, 179.

VI. Poseidipp von Pella lebte in der 1. Hälfte des 3. Jh.s (vgl. die 263 oder etwas früher verfaßte Inschrift IG IX² 17 Z. 24, aus der sich auch Pella als seine Heimatstadt ergibt). Die Annahme einer persönlichen Bekanntschaft mit Asklepiades wird durch die zwischen beiden Dichtern bestehenden engen literarischen Beziehungen nahegelegt (s. u. und o. S. 171 f.; dort auch über sein Verhältnis zu ↗Kallimachos). P. hat sich in Ägypten aufgehalten, wo er in offiziellem Auftrag einige Aufschriften verfaßt hat, die sich durch ihre kunstvollere Sprache von den meisten übrigen Gedichten abheben: vgl. E. 11 Gow auf den um 280 vollendeten Leuchtturm von Pharos; E. 12 f. Gow auf das wohl noch vor 270 geweihte Heiligtum der Aphrodite-Arsinoë auf dem Vorgebirge Zephyrion; E. 17 Gow auf ein Denkmal der Doricha, der von Sappho gehaßten Geliebten ihres Bruders, in Naukratis. Er ist vom ätolischen Bund, dem er als Dichter Dienste erwiesen haben wird, mit der Proxenie geehrt worden (vgl. die o. zitierte Inschrift); einige anonyme E. auf Inschriften aus Ätolien und Umgebung sind P. zugesprochen worden.

Knapp 20 E. sind in der AP bzw. APl, bei Athenaios und auf Papyri erhalten, wenn man von einigen zweifelhaften E. absieht (zu den zwischen P. und Asklepiades strittigen Gedichten s.o. S. 173). Bes. die sympotisch-erotischen E. des P. weisen hinsichtlich Themenwahl und Stil große Ähnlichkeit mit denen des Asklepiades auf, deren Eleganz sie jedoch nicht erreichen (vgl. AP XII 45 ~46 und 166, 5; V 213~164 und 181, 11; V 183~181 und 185 u.a.; z.T. liegt wörtliche Übernahme einzelner Wendungen vor). P., dessen Spott derber als der des Asklepiades ist, gilt zusammen mit Hedylos als der eigentliche Begründer des hell. Spottepigramms (vgl. E. 14 und 16 Gow auf gefräßige Athleten). Gelegentlich nimmt er auf die Philosophie Bezug (in E. V 134 fordert er auf, Zenon und Kleanthes (↗Stoa C I/II) zu vergessen und an Wein und Liebe zu denken; vgl. außerdem XII 120, auch XII 98). Die Echtheit der ihm zugeschriebenen E. auf Kunstwerke ist mehr oder weniger fraglich (u.a. XVI 119 und 275 auf eine Statue Alexanders bzw. eine des Kairos von Lysipp).

Einige von verschiedenen Autoren bezeugte E. und sonstige Gedichte sind verloren (vgl. z.B. Frg. 2 und 5 Schott auf trojanische Helden; vgl. Asklepiades AP VII 145). Erhalten ist jedoch eine Elegie auf das Greisenalter, die sehr wahrscheinlich P. gehört (Page, Greek Lit. Pap. I 470ff.).

VII. DIOSKORIDES von Alexandrien war einer der bedeutendsten Epigrammatiker hell. Zeit. Ungefähr 40 E., deren Echtheit z.T. strittig ist, sind in der AP und APl erhalten. Ohne den Verfasser zu nennen, zitiert Plutarch (apophth. Lac. 235 A) das E. AP VII 229 des D. auf den Vater eines gefallenen Spartaners und Athenaios (241f) E. VII 708 auf den Komiker Machon, das nach dem Zeugnis des Athenaios tatsächlich auf dem Grab dieses Dichters gestanden hat. Machon starb in der 2. Hälfte des 3. Jh.s ↗Alexandrien; D. lebte demnach vermutlich in dieser Zeit, und zwar in Alexandrien, wie sich auch aus dem spöttischen E. XI 363 ergibt, das sich über den unwürdigen Sieger eines Fackellaufs in Alexandrien empört. Unter der Aphrodite Urania, von der E. VI 290 spricht, ist wohl Aphrodite-Arsinoë zu verstehen, die auf dem Vorgebirge Zephyrion in der Nähe von Alexandrien ein berühmtes Heiligtum hatte. Der Nil wird mehrfach erwähnt (VII 76; 166; IX 568). Die Rezitationen bzw. Theatervorführungen, auf die sich die E. V 138 und XI 195 beziehen, würden ebenso wie das Adonis-Fest, von dem in E. V 53 und 193 die Rede ist, gut in den Rahmen des Lebens einer Großstadt wie Alexandrien passen. Die Bibliothek (↗Buchwesen II 2) und das Museion ebendort waren das Zentrum für mannigfache historische und antiquarische Forschungen, für die die E. des D. ein ausgeprägtes Interesse zeigen (s. u.). Falls das Lemma von AP VII 178 nicht auf einen anderen Dioskorides zu beziehen ist, stammte D. aus einer der vielen Städte mit dem Namen Nikopolis, unter denen sich auch eine Vorstadt Alexandriens befindet. – Schol. Apoll. Rhod. 1, 740 läßt auf ein uns unbekanntes Gedicht schließen, wobei es sich um ein E. handeln könnte.

Unter den erhaltenen E. des D. sind zahlreiche erotische E., in denen von der Liebe des Dichters zu Frauen und Knaben gesprochen wird (V 138; XII 169; vgl. XII 14; in dem Erotikon V 52 spricht D. jedoch nicht von sich selbst). E. XII 171 ist ein Propemptikon für einen geliebten Knaben. Einige E. schwelgen in unverhüllten Beschreibungen sinnlichen Vergnügens und körperlicher Schönheit (V 55f.; vgl. XII 37); andere, aus denen eine spöttische Distanziertheit spricht, geben in ironisch-lehrhaftem Ton Ratschläge für Liebhaber (V 54; XII 42) und erinnern wie anderes bei D. an Ovid.

Daneben stehen mehrere E. auf Tragiker und Komiker älterer und jüngerer Zeit (VII 410 auf Thespis; 411 auf Aischylos; 37 auf Sophokles; 707 auf Sositheos; 708 auf Machon). Diese gelehrten E., die – möglicherweise mit weiteren, jetzt verlorenen Gedichten – einen geschlossenen Zyklus bildeten (VII 707 bezieht sich auf 37, 411 vielleicht auf 410), enthalten die Entwicklung des Dramas betreffende Angaben, die teils ↗peripatetischen, teils damit konkurrierenden anderen Theorien entsprechen (vgl. VII 410 ~ Marmor Parium FGrHist 239, 39 und 43; vgl. auch IX 340 ~ Marm. Par. 10). Da einige dieser epideiktischen Gedichte heute jedenfalls aus sich selbst nicht voll verständlich sind, hat man vermutet, daß sie ursprünglich illustriert waren. In den genannten Gedichten werden die Neuerungen oder εὑρήματα (VII 411, 1; vgl. 410, 6) an-

gegeben, die den einzelnen Dramatikern zu verdanken sind. Die Sprache des Aischylos wird durch den Vergleich mit einer durch Wasser betrachteten unscharfen Schrift charakterisiert (vgl. dazu Gow, Greek Anth. II 253), und von den Tragödien des Sophokles werden Antigone und Elektra als in gleichem Maße vollkommene Werke hervorgehoben. Den jüngeren Dramatikern Sositheos und Machon wird als Vorzug eine dem Geschmack der Zeit entsprechende archaisierende Tendenz zugeschrieben. Anderer Art ist E. VII 407 auf Sappho, das, von der sonst üblichen Behandlungsweise des Stoffes abweichend, elegant auf verschiedene Themen der Dichterin anspielt (konventioneller E. VII 31 auf Anakreon). In E. VII 351 bestreiten die Töchter des Lykambes die Berechtigung des von Archilochos über sie ausgegossenen Spotts (für diese Ehrenrettung könnte ein βίος Ἀρχιλόχου die Quelle gewesen sein; vgl. VII 450 auf Philainis).
Gelehrte Notizen bringen auch andere E.: In E. IX 340 wird festgestellt, daß nicht Marsyas (bzw. Athene), wie gewöhnlich behauptet wird, sondern Hyagnis die Flöte erfunden habe (s. dazu auch o.). In E. VII 162 begründet ein persischer Sklave mit seinen zoroastrischen Glaubensüberzeugungen die an seinen Herrn gerichtete Bitte, von bestimmten griechischen Bestattungsriten abzusehen. E. VI 220 auf Atys, den Gallen, der einen Löwen in die Flucht jagte, unterscheidet sich durch die Mitteilung des Namens des Gallen und durch detaillierte geographische Genauigkeit charakteristisch von verwandten E. anderer Dichter (s. u.); zweifelhaft ist, ob dieses sehr umfangreiche Gedicht als eine Art Kultgründungssage aufzufassen ist. – Von den übrigen E. des D. seien noch die E. auf Spartaner erwähnt (VII 229; 430; 434).
In formaler Hinsicht herrscht reiche Abwechslung. Während die erotischen E. von der Form der Aufschrift unabhängig sind, weist ein großer Teil der anderen E. diese Form auf, die mannigfach variiert und gerade infolge des Strebens nach Variation oft nur noch angedeutet wird. E. VII 407 ist ein Hymnos; dramatische Form hat das E. auf die Schlacht von Thyrea (VII 430), das, statt einen Bericht zu geben, zwei Teilnehmer der Schlacht auftreten läßt, deren Unterhaltung das Geschehene schrittweise erhellt.
Die erotischen E., für die Asklepiades (vgl. V 53, 1 ~ V 162, 1 und 158, 1) und auch Kallimachos (vgl. V 52 ~ V 6) Vorbilder gewesen sind, unterscheiden sich durch

ihre einfachere Sprache von den Weih- und Grab-E. usw., die den Einfluß des Leonidas erkennen lassen (vgl. VI 220~VI 221; VII 456~VII 455). Einige E. des D. berühren sich mit solchen, die Simonides und Platon zugeschrieben werden, ohne daß mit Sicherheit entschieden werden könnte, welcher Dichter die Priorität hat (vgl. VI 220 ~ ‚Sim.‘ VI 217; VII 31 ~ ‚Sim.‘ VII 24; V 56 ~ ‚Platon‘ VII 100). Oft sind von D. (wenn auch nicht nur von D.) behandelte Themen von Antipater von Sidon wieder aufgenommen worden (vgl. VII 31 ~ VII 23; VI 220 ~ VI 219); s. auch u. S. 182.

VIII. ALKAIOS von Messene. Mit A. von Messene endet die Blütezeit des hell. E.s. Er lebte um 200 v. Chr., wie seine E. auf Philipp V. und Titus Flamininus und andere E. zeigen (s. u.). In der AP und APl stehen mehr als 20 E. unter dem Namen Alkaios. Obwohl in den Lemmata dieser E., die oft nur den Namen des Dichters nennen, als Ethnikon nicht nur Μεσσήνιος, sondern auch Μιτυληναῖος erscheint, hat man vermutlich zu Unrecht angenommen, daß es neben A. von Messene einen zweiten, gleichnamigen Epigrammdichter aus Mytilene gegeben hat; das Ethnikon Μιτυληναῖος geht wohl auf jemanden zurück, der sich zur Unzeit an den berühmten lyrischen Dichter erinnerte, den Epigrammatiker aber nicht kannte.

Die originellsten E. des A. sind seine Invektiven gegen Philipp V., den er zunächst bewundert zu haben scheint (vgl. APIX 518, falls nicht ironisch; das Distichon bei Plut. Tit. 9 ist eine Antwort des Königs auf die Invektiven des A., vielleicht auch AP IX 520). In einem dieser E., die wie die vergleichbaren politischen Gedichte Catulls von bitterem Haß erfüllt sind, wünscht der Dichter, daß ein beim Gelage vergiftetes Opfer Philipps diesem aus dem Hades bald denselben Tod senden möge (XI 12), in einem anderen, daß es ihm selbst vergönnt wäre, den Schädel seines Feindes zu zerschmettern und sein Hirn zu trinken (IX 519). Schadenfrohe Genugtuung über Philipps Niederlage bei Kynoskephalai (197 v. Chr.) bringt E. VII 247 zum Ausdruck, das in anderer Fassung auch bei Plutarch a.a.O. erhalten ist, wo man erfährt, daß Titus Flamininus in dem Gedicht eine Zurücksetzung der siegreichen Römer gegenüber den verbündeten Ätolern erblickt hat. Flamininus, dem Befreier Griechenlands, wird in E. XVI 5 gehuldigt. Daneben werden andere bekannte Zeit-

genossen des A. in seinen E. gefeiert: vgl. E. IX 588 auf eine Statue des Athleten Kleitomachos und VII 412 auf den Tod des Kitharöden Pylades (vgl. zu diesem Plut. Philop. 11). E. XVI 7 bezieht sich auf einen zu seiner Zeit vermutlich ebenfalls berühmten Flötenspieler und zählt einige der von ihm gespielten Stücke auf. U. a. verfaßte A. außerdem erotische E. (V 10; XII 29 f.; 64; vgl. XVI 196) und E. auf Dichter (VII 1; 5; 55; 536), die z. T. eine gewisse Ähnlichkeit mit entsprechenden Gedichten des Dioskorides (s. o. S. 176–179) haben (vgl. auch XVI 8 und VI 218 mit Dioskorides IX 340 bzw. VI 220).
Nach Eus. praep. ev. 10, 3, 23 schrieb A. außer E. auch iambische Schmähgedichte.

IX. ANTIPATER von Sidon. Der Epigrammatiker A. von Sidon stammte aus Tyros und war Abkömmling einer angesehenen Familie, wie Meleager bezeugt (AP VII 428 auf A., V. 14 und 20). Er lebte jedoch wohl in Sidon, da er regelmäßig ,Sidonier' genannt wird (vgl. u. a. Inscr. de Délos 2549 a und die Lemmata der AP). Meleager spielt in seinem Einleitungsgedicht AP IV 1, 42 auf Phönizien, die weitere Heimat des Dichters, an (vgl. A. selbst in AP VII 241, 6). A.s E. AP VII 241 auf den Tod eines ptolemäischen Prinzen, wobei es sich wohl um Eupator, einen Sohn Philometors, handelt, ist wahrscheinlich 150 verfaßt (vgl. IX 151 auf das 146 zerstörte Korinth). Aber seine Lebenszeit reichte anscheinend weit in die 2. Hälfte des 2. Jh.s hinein, wie die Bekanntschaft mit Q. Lutatius Catulus zeigt, die aus Cic. De orat. 3, 194 zu erschließen ist, wo A. kurz charakterisiert und bes. sein Improvisationstalent gerühmt wird; vgl. auch die Datierung der schon zitierten delischen Inschrift, auf der ein E. des A. steht (E. 42 Gow). Es liegt nahe zu vermuten, daß sich A. zeitweise in Italien aufgehalten hat, wofür die E. jedoch keinen Anhaltspunkt bieten (in E. IX 567, 8 wird Rom allerdings erwähnt; vgl. auch E. 42, 9 Gow). Er soll in hohem Alter an einem Fieber, das an seinem Geburtstag immer wieder aufzutreten pflegte, gestorben sein (Val. Max. 1, 8, 16; Plin. nat. hist. 7, 172; vgl. Cic. fat. 5; anders Meleager AP VII 428, 17 f.). Der im 1. Jh. v. Chr. lebende ↗stoische Philosoph Antipater von Tyros könnte ein Nachkomme des Dichters sein.
Die E. des A. sind mit wenigen Ausnahmen in der AP und APl überliefert, wo sich neben den E. des A. von Sidon solche des Antipater von Thessalonike finden, der um

Christi Geburt in Rom lebte und ein Klient des L. Calpurnius Piso (Konsul 15 v. Chr.) war. Die E. des A. von Sidon stammen aus dem Kranz des Meleager (u. S. 183–185), die des Antipater von Thessalonike aus dem des Philippos. Wenn im Lemma eines E.s beim Namen Antipater das Ethnikon fehlt, was bei ca. 95 E. der Fall ist, erhebt sich die nicht immer zu entscheidende Frage, welchem der beiden Dichter das betreffende E. zuzuschreiben ist. Unter gewissen Voraussetzungen ist eine Entscheidung möglich, indem man feststellt, ob die in der Anth. Pal. benachbarten E. aus dem Kranz des Meleager oder aus dem des Philippos kommen, und demnach das fragliche E. dem einen oder anderen der beiden Dichter zuweist. Ferner kann sich die Zuweisung auf die zwischen beiden Dichtern bestehenden stilistischen Unterschiede stützen: A. von Sidon liebt rhetorischen Prunk (bes. prunkvolle Epitheta) und lange Perioden, womit der größere Umfang sehr vieler E., die acht oder mehr Verse umfassen, in Einklang steht; dagegen ist der Stil des Antipater von Thessalonike einfacher, sein Satzbau abgehackter und seine Gedichte meist kürzer. Hier werden nur die E. des A. von Sidon berücksichtigt, die Gow in seine Sammlung aufgenommen hat (Greek Anth. I S. 11 ff.), und es wird vorausgesetzt, daß diese alle tatsächlich A. gehören (68 E.).

A. paraphrasiert mit Vorliebe E. des Leonidas, deren Pointe oder allgemeine Voraussetzungen nicht selten unverändert übernommen werden; selbst die Form der E. bleibt oft im wesentlichen unverändert: vgl. die E. auf die von drei Brüdern geweihten Netze (AP VI 14), auf die von drei Frauen gemeinsam verfertigte Borte (VI 287), auf die Ἀναδυομένη des Apelles (XVI 178), das Frühlingsgedicht (X 2), den Dialog zwischen einer verstorbenen Wöchnerin und einem Betrachter ihres Grabes (VII 164) u. a. Ähnlich verfährt A. mit den E. anderer Dichter: vgl. VII 146 ~ Asklepiades VII 145; VII 464 ~ Herakleitos von Halikarnaß VII 465; VI 115 ~ Samios VI 114 und 116; VI 223 ~ Theodoridas VI 222; s. auch o. S. 179. Auch wenn A. selbst ein und dasselbe Thema mehrfach behandelt, hält sich die Variation in verhältnismäßig engen Grenzen (vgl. VII 23; 26 f.; 29 f. auf Anakreon; IX 720–724 auf Myrons Kuh).

Die schon vor A. zahlreich vertretenen E. auf Philosophen und Dichter werden von ihm durch eine Anzahl wenig origineller Gedichte dieser Art vermehrt. Zum

Stoiker Zenon (↗Stoa), der den Beinamen Φοῖνιξ trug, mag A. ein besonderes Verhältnis gehabt haben (E. 35 Gow), obwohl der Philosoph auch von anderen Epigrammatikern gerühmt wird. Das Gedicht auf Hipparcheia, die Gemahlin des Kynikers Krates (VII 413), ist im Hinblick auf die Stoffwahl bemerkenswert (vgl. auch den Katalog der Sieben Weisen VII 81). Von den E. auf Dichter sei nur das E. auf Antimachos (VII 409) hervorgehoben, das diesen mit kallimacheischen Wendungen, aber nicht im Sinne des Kallimachos preist, sowie ein E. auf Homer (VII 2), in dem A. – darin bis zu einem gewissen Grade mit Dioskorides vergleichbar – auf verschiedene Themen der Ilias anspielt (vgl. noch VII 745 auf die Kraniche des Ibykos; die E. auf Anakreon wurden bereits zitiert). Auch die Rätselgedichte, in denen – z. T. sehr willkürlich – Grabsymbole gedeutet werden, haben ältere Vorbilder (Leonidas AP VII 422, Alkaios VII 429; vgl. Poseidipp XVI 275, Dioskorides VI 126), die A. durch Vervielfachung der zu deutenden Symbole zu überbieten trachtet (VII 423–425; 427; einfacher 426 und 161). Viele andere E. sind ebenfalls wenig neue Spielarten eines alten Epigrammtyps (vgl. VII 209 auf die tote Ameise; VII 246 auf die bei Issos gefallenen Perser u. a.). Einige sehr gekünstelte E. lassen ein mehr oder weniger mühsames Suchen nach neuen Pointen erkennen (z. B. VII 210; 498; XVI 167). – Angesichts dessen, was Meleager AP VII 428, 15 ff. sagt, überrascht das Fehlen erotisch-sympotischer E. (vgl. immerhin XII 97). Ferner lassen die erhaltenen E., die alle in Distichen abgefaßt sind, nichts von dem Reichtum an Versmaßen erkennen, der nach Meleager (a. a. O. V. 16) und Cicero (De orat. a. a. O.) die Dichtkunst des A. auszeichnete.

Die E. des A. machen im allgemeinen nicht den Eindruck, echte Inschriften zu sein. Doch ist ein E. inschriftlich überliefert (s. o.), und die E. VI 111 und VII 426 könnten echte Inschriften sein, da der jeweilige Name und Vatername der darin genannten Personen aus der Familie des Polybios bzw. aus Inschriften der Insel Kos bekannt sind und jedenfalls nicht frei erfunden zu sein scheinen. Das E. VII 6 ist in leicht überarbeiteter Form als Inschrift verwendet worden (vgl. IG XIV 1188 a); andere Inschriften zeigen Entlehnungen aus A. oder Anklänge an ihn (vgl. GV I 1870 und Dübner zu AP VII 2).

X. Meleager (Meleagros) von Gadara ist bekannt als Epigrammatiker und Sammler der E. seiner Vorgänger. Nach einer Notiz des Lemmatisten der AP zu IV 1 lebte er zur Zeit des ‚letzten Seleukos', d.i. Seleukos VI. Epiphanes Nikator (96/5). Alle anderen das Leben des M. betreffenden Angaben des Lemmatisten gehen nicht über das hinaus, was der Dichter selbst in seinen autobiographischen Grabgedichten mitteilt (AP VII 417–419, vgl. auch 421): M. war von syrischer Abstammung; er wurde in Gadara geboren, wuchs in Tyros auf (vgl. XII 59 und 256) und lebte im Alter in Kos, wo man ihm das Bürgerrecht verlieh (vgl. XII 53 und 56). In den zitierten Grabgedichten rühmt sich M. seiner erotischen E. (s. u.) und seiner heute verlorenen menippeischen Satiren (vgl. Athen. 157b, der M. an andrer Stelle – 502c –, vermutlich wegen der von ihm verfaßten menippeischen Satiren, als ↗Kyniker bezeichnet). Zu Unrecht hat man in den autobiographischen E. M.s auch eine Anspielung auf seine Tätigkeit als E.sammler finden zu können geglaubt, über die jedoch das erhaltene Einleitungs- und Schlußgedicht der Sammlung Auskunft geben (AP IV 1 und XII 257).

In seiner E.sammlung vereinigte M. E. von Dichtern hell. und auch älterer Zeit mit eigenen Gedichten. Im Proöm (AP IV 1) zählt er 47 Dichter namentlich auf, wobei er andeutet (V. 55), daß diese Aufzählung nicht alle in die Sammlung aufgenommenen Dichter umfaßt. Er vergleicht die einzelnen Dichter mit Blumen oder anderen Pflanzen und die ganze Sammlung mit einem daraus geflochtenen Kranz (‚Kranz des M.'). Auszüge des M.-Kranzes gelangten zusammen mit Auszügen jüngerer E.sammlungen, von denen der Kranz des Philippos von Thessalonike (1. Jh. n. Chr.) und der Kyklos des Agathias (6. Jh. n. Chr.) die wichtigsten sind, in die E.sammlung des Konstantinos Kephalas (um 900 n. Chr.), die die Hauptquelle für die beiden bedeutendsten erhaltenen E.sammlungen darstellt: die Anthologia Palatina (gegen Ende des 10. Jh.s entstanden) und die Anthologia Planudea (i. J. 1301 abgeschlossen). In der AP finden sich noch E.-Reihen, die nur aus dem M.-Kranz stammende Gedichte umfassen und die offenbar die ursprüngliche Anordnung des Kranzes widerspiegeln, wo anscheinend E., die denselben Verfasser hatten oder ein ähnliches Motiv behandelten, zu Gruppen zusammengestellt waren (die Behauptung des Lemmatisten zu AP IV 1, daß die Anordnung alphabetisch war, ist kaum richtig). Reste von

E.sammlungen, die zeigen, daß der M.-Kranz weder die einzige noch die älteste Sammlung dieser Art war, sind durch Papyrus-Funde bekannt geworden; Bruchstücke des M.-Kranzes selbst haben sich dagegen auf Papyrus noch nicht mit Sicherheit nachweisen lassen.

Ca. 130 E. des M. sind erhalten. Darunter befinden sich nur wenige E. nichterotischen Inhalts (AP VI 163; VII 468; XVI 134 u. a.), die u. a. den Einfluß des Antipater von Sidon (o. S. 180–182) erkennen lassen, dem M. auch sonst Anregungen verdankt und auf den er ein Grab-E. in Rätselform geschrieben hat (VII 428). Es überwiegen die erotischen E., die z. T. um bestimmte geliebte Frauen und Knaben, vor allem Heliodora, Zenophila und Myiskos, gruppiert sind. M. greift darin eine Fülle von Motiven wieder auf, die schon von seinen Vorgängern auf dem Gebiete des erotischen E., bes. Asklepiades, Rhianos und Kallimachos, behandelt worden sind (vgl. z. B. XII 47~46; XII 122~121; XII 52~73). Dabei werden diese Motive mit großer Leichtigkeit auf die verschiedenste Weise variiert und miteinander kombiniert (vgl. außer den bereits oben zitierten E. z. B. XII 94 – bes. den Schluß – mit Rhian. XII 93; V 8 mit Kallim. V 6 und Askl. V 7). Auch dem erotischen E. an sich fremde Motive werden von M. in erotischem Zusammenhang verwendet (z. T. in Anlehnung an ältere Gedichte: vgl. Leonidas VI 293): Das Weih-E. (VI 162; XII 23), die bes. aus dem Tierepikedeion bekannte Apostrophe an Tiere (VII 195 f., vgl. 207), das Grab-E. (VII 476, XII 74) und das ekphrastische E. (V 149) erhalten so eine erotische Färbung. Das über die Motive der älteren Epigrammatik Gesagte gilt entsprechend auch für das konventionelle Bildmaterial, über das der Dichter virtuos verfügt. Seine E. weisen jedoch auch einige allem Anschein nach originelle Themen und Bilder auf (z. B. XII 147: „Sie ist entführt – zündet die Fackeln an – doch ein Geräusch – Heliodora – sei wieder ruhig, mein Herz"; oder V 156: „Asklepias' Augen, die blau sind wie das ruhige Meer, laden ein zur Seefahrt der Liebe"). Daß sich der Dichter bei seiner ständigen Suche nach neuen Wendungen öfters zu sentimentaler oder frostiger Rhetorik versteigt, ist nicht verwunderlich (z. B. XII 68: „Ich verzichte für Zeus auf Charidemos und gebe mich damit zufrieden, mit meinen Tränen die Füße des in den Olymp entrückten Knaben zu benetzen"; oder XII 119: „Der das Feuer der Liebe entfachende Eros und der im Feuer geborene Bakchos gehören zusammen").

M.s Stil ist bald einfach (V 141), bald gehoben (VII 195), bald äußerst manieriert und anspruchsvoll (V 204, wo der Stil im beabsichtigten Gegensatz zum obszönen Inhalt steht). Viele E. zeichnen sich durch eine sprachliche Ökonomie aus, die sich geschickt auf die wesentlichen Details beschränkt und es dem Dichter ermöglicht, mit wenigen präzisen Worten eine abwechslungsreiche Folge von Vorstellungen und Gedanken zum Ausdruck zu bringen (vgl. z.B. V 152: An die Mücke; V 180: Mythologische Betrachtungen über Eros). Mit Recht hat man M. mit Ovid verglichen, sowohl was seine Vorzüge als auch was seine Schwächen angeht. W.S.

Ausg.: a) Inschriftlich überlieferte E.: G. Kaibel, Epigrammata Graeca ex lapidibus collecta, Berlin 1878. – E. Hoffmann, Sylloge epigrammatum Graecorum quae ante medium saeculum a. Chr. n. tertium incisa ad nos pervenerunt, Halle 1893. – Die danach bekannt gewordenen E. sind in verschiedenen Veröffentlichungen verstreut; nur die Grab-E. sind bis jetzt in einer umfassenden neueren Ausgabe gesammelt: W. Peek, Griechische Vers-Inschriften I, Berlin 1955 (= GV I; hier sind auch die literarisch überlieferten Grab-E. berücksichtigt, die als echte Inschriften zu gelten haben). – Für die ältere Zeit vgl. P.A. Hansen, Carmina epigraphica Graeca saeculorum VIII–V a. Chr. n., Berlin–New York 1983. – b) Literarisch überlieferte E.: Mehrere z. T. voneinander abhängige E.sammlungen sind handschriftlich überliefert; die wichtigsten sind die Anthologia Palatina (= AP) und die Anthologia Planudea (= APl). Die meisten E. der APl stehen auch in der AP; diejenigen E. der APl, die in der AP fehlen, sind in den Ausgaben der AP anhangsweise als 16. Buch hinzugefügt (AP XVI = Appendix Planudea). – Ausg. der AP: H. Beckby, Anthologia Graeca, München ^{2} o.J. (1965/67); von Bedeutung daneben u.a. die unvollständige Ausg. von H. Stadtmueller, Anthologia Graeca epigrammatum Palatina cum Planudea, Leipzig 1894–1906 (mit ausführlichem kritischen Apparat) und die noch nicht ganz vollständige Ausg. von P. Waltz und anderen, Anthologie Grecque, Paris 1928–1980. Dt. Übers.: Beckby (s.o., zweisprachig); D. Ebener, Die griechische Anthologie, Berlin 1981. Konkordanz: V. Citti u.a., A Concordance to the Greek Anthology (Anthologia Palatina und Planudea), I–III, Amsterdam 1985–1990 (noch nicht vollständig). E., die außerhalb der AP bei den verschiedensten Autoren überliefert sind, haben E. Cougny in Bd. III von F. Duebners Ausg. der Anthologia Palatina, Paris 1890 (zusammen mit E. der inschriftlichen Überlieferung) und Th. Preger, Inscriptiones Graecae metricae ex scriptoribus praeter Anthologiam collectae, Leipzig 1891 (nur solche, die als echte Inschriften anzusehen sind) gesammelt. Nach Verfassern geordnet ist die Ausg. von D.L. Page, Epigrammata Graeca, Oxford 1975, die die wichtigsten E.dichter vorhellenistischer und hellenistischer Zeit umfaßt (aus etwas späterer Zeit ferner noch Philodem und Krinagoras) und die auch die nicht in der AP überlieferten E. dieser Dichter berücksichtigt. – c) Sonderausgabe hell. E.: A.S.F. Gow und D.L. Page, The Greek Anthology, Hellenistic Epigrams, Cambridge 1965: Bd. I Text, Bd. II Kommentar (= ‚Gow, Greek Anth.' bzw. nach der Nummer eines E. einfach ‚Gow'). Vgl. auch D.L. Page, Further Greek Epigrams, Cambridge 1981 (literarisch überlieferte E. aus der Zeit vor 50 n. Chr., die Gow und Page nicht in ihre beiden früheren E.-Sammlungen aufgenommen haben; s.o. sowie Gow und Page, The Garland of Philip, Cambridge 1968; darunter fälschlich älteren Dichtern zugeschriebene E. aus hellenistischer Zeit). – H. Lloyd-Jones und P. Parsons, Supplementum Hellenisticum, Berlin–New York 1983 (vgl. bes. die – meist nur fragmentarisch – auf Papyrus erhaltenen E. unbekannter Verfasser Nr. 971 ff. auf S. 482 ff.; soweit bekannte E.dichter Aufnahme fanden – vgl. conspectus poetarum S. XIII f. –, waren die Veranlassung dazu i. a. nicht die E., sondern Fragmente und Zeugnisse sonstiger Werke).

Lit.: R. Reitzenstein, Epigramm und Skolion, Gießen 1893. – Ders., Art. Epigramm, in: RE VI 1 (1907), 71 ff. – J. Geffcken, Studien zum griechischen Epigramm, NJbb 39, 1917, 88 ff. – M. Lausberg, Das Einzeldistichon. Studien zum antiken Epigramm, München 1982. – Vgl. ferner außer den entsprechenden Abschnitten der griechischen Literaturgeschichten und den die einzelnen E.dichter betreffenden Artikeln der RE die von H. Beckby a.a.O. I 110 ff. zu bestimmten Dichtern, E.typen u. ä. angeführte Literatur sowie G. Pfohl, Bibliographie der griechischen Vers-Inschriften, Hildesheim 1964. – Anyte: D. Geoghegan, Anyte, The Epigrams, Rom 1979 (= Testi e commenti / Texts and commentaries, ed. B. Gentili e G. Giangrande, 4). – Mnasalkes u. Theodoridas: W. Seelbach, Die Epigramme des Mnasalkes von Sikyon und des Theodoridas von Syrakus, Wiesbaden 1964 (Klass.-Philol. Studien H. 28). – Leonidas: J. Geffcken, Leonidas von Tarent, JKlPh Suppl. 23, Leipzig 1896. – B. Hansen, De Leonida Tarentino, Leipzig 1914. – Asklepiades: O. Knauer, Die Epigramme des Asklepiades von Samos, Diss. Tübingen, Würzburg 1935. – G.O. Hutchinson, Hellenistic Poetry, Oxford 1988, 264 ff. – Poseidipp: P. Schott, Posidippi epigrammata collecta et illustrata, Berlin 1905. – F.J. Brecht, Motiv- und Typengeschichte der griechischen Spottepigramms, Philologus Suppl. 22, Leipzig 1930. – Antipater: P. Waltz, De Antipatro Sidonio, Burdigalae 1906. – Meleager: H. Ouvré, Méléagre de Gadara, Paris 1894. – K. Radinger, Meleagros von Gadara, Innsbruck 1895. – L.L.A. Cox, A critical study of the love poetry of Meleager of Gadara, Diss. Boston Univ. 1988.

Epirus. Die Epiroten, die – wie die verwandten Makedonen – nicht als Griechen galten, zerfielen in ca. 14 Stämme, z. T. unter Königen, bes. (von S nach N) Thesproten, Athamanen, Molosser, Chaonen, Atintanen, Tymphaier, Parauaier, unter denen die Molosser unter dem Königshaus der Aiakiden (zurückgeführt auf Achill und Neoptolemos-Pyrrhos) eine führende Rolle spielten. Ein „Königtum von E." gab es jedoch wohl nie; auch in der Blütezeit der Monarchie (s. u.) waren die Könige der Molosser nur Hegemones des Bundes der epirot. Stämme.

Nachhaltige Verbindung mit der griech. Geschichte erst seit dem Früh-Hell. An Stelle des Molosserkönigs Arybbas (ca. 360–343/2) setzte Philipp II. v. Makedonien seinen in Maked. aufgewachsenen Schwager Alexander I. (343/2–331), den Bruder der Olympias, ein; dieser heiratete 336 seine Nichte Kleopatra, Tochter Philipps. Ausdehnung der moloss. Hegemonie über große Teile von E. (Ambrakia, Teile Atintaniens, Tymphaia und Parauaia waren makedon., Athamanien unabhängig). Im Jahr des Übergangs seines Schwagers Alexander d. Gr. nach Asien (334) von Tarent gegen Brettier, Lukaner und Messapier zu Hilfe gerufen, drang er bis an die Grenzen Mittelitaliens vor (vertragl. Kontakt mit Rom); er wollte das Westgriechentum mit Zustimmung Alexanders stützen und wohl zusammenfassen, verlor aber den Rückhalt und wurde 331/30 bei Pandosia ermordet. Seine Witwe KLEOPATRA (Regentin für Sohn [?] Neoptolemos II.?) wurde bald von ihrer Mutter Olympias verdrängt; diese teilte die Regentschaft 323 mit dem zurückgekehrten Arybbas († 323?), dann mit dessen jüngerem Sohn AIAKIDES (um 320–317). Dieser verhalf 317 der Olympias zur Rückkehr nach ↗Makedonien (I), wurde aber beim Krieg gegen Kassander von seinem Heer verlassen und floh nach Ätolien. Die σύμμαχοι τῶν Ἀπειρωτᾶν standen nun unter makedon. Hegemonie (ausgeübt durch Kassanders Kommissar Lykiskos). Aiakides, unterstützt durch die Ätoler, fiel 314 bei Oiniadai; sein älterer Bruder Alketas II. (313/306) wurde König von Kassanders Gnaden.

Aiakides' Sohn PYRRHOS I. (*319) war 317 nach Illyrien gebracht worden. Nach Demetrios' I. (↗Antigoniden 1) Angriff auf Kassander (307) ermordeten die Epiroten Alketas und erhoben Pyrrhos zum Molosserkönig und Bundeshegemon (1. Periode: 306–302); 303 heiratete Demetrios Pyrrhos' Schwester Deidameia († 299), ehem. Verlobte des jungen Alexander IV. v. ↗Makedonien (I). Bei Demetrios' Abzug nach Asien rief die Makedonenpartei in E. Neoptolemos II. (302–297/6) zurück; Pyrrhos folgte dem Demetrios nach Asien, kämpfte nach Ipsos (301) für ihn in Hellas und wurde 298 bei der kurzfristigen Verständigung zwischen den Diadochen als Geisel nach Alexandreia geschickt, wo er die Gunst Ptolemaios' I. gewann. Er heiratete Antigone (Tochter Berenikes I. aus 1. Ehe) und konnte 297 mit ptol. Hilfe die Herrschaft in E. zurückgewinnen (2. Periode: 297–273). Die Ehe mit Lanassa, Tochter des Agathokles (um 295; ↗Sizilien), brachte ihm Korkyra ein, sein Eingreifen in die ↗makedon. Thronstreit (295/4) die Randbezirke Parauaia, Tymphaia, Amphilochien, Akarnanien (wohl auch Atintanien und Athamanien) und die Griechenstadt Ambrakia, in die er später seine Residenz verlegte. Die neuen Gebiete wurden persönlicher, vom Epirotenbund unabhängiger Besitz; Pyrrhos trug nun den persönl. Königstitel (↗Staat III 3) ohne Stammesbezeichnung. Durch seine Heirat mit Prinzessinnen aus Illyrien und Paionien (um 292) brüskiert, verließ ihn Lanassa und heiratete ca. 290 Demetrios I. (Verlust Korkyras). 289 und 287 Angriffe auf Makedonien (Demetrios I.); 287 wurde P. vom meuternden Heer des Demetrios als Verwandter der Argeaden zum König der Makedonen ausgerufen, mußte Makedonien aber mit Lysimachos von ↗Thrakien teilen. Gegen Antigonos II. Gonatas gewann er Teile Thessaliens, wurde aber 284 von Lysimachos aus Makedonien, Thessalien und Illyrien vertrieben.

281 rief ihn Tarent gegen ↗Rom zu Hilfe; seinen Feldzug stellte er propagandistisch (u. a. Münzprägung!) als panhellen. Feldzug des Nachkommen Achills gegen die barbar. Enkel der Trojaner hin, versuchte aber zunächst (vergeblich), als Schiedsrichter die Hegemonie über Mittel- und Unteritalien zu errichten (StV III 467). Trotz seines großen Anhangs in Unteritalien (Hellenen und Italiker) und seiner „Pyrrhossiege" bei Herakleia (280) und Ausculum (279; schwere eigene Verluste) lehnte Rom Friedensverhandlungen unter seinem Gesandten Kineas ab. 278 Hilferuf der Griechen ↗Siziliens gegen Karthago, das mit Rom lose verbündet war (StV III 466). In Sizilien wurde er als Hegemon und, spätestens nach seinen ersten Erfolgen, als König akklamiert. Er trieb die Karthager bis Lilybaion (Westspitze) zurück; seine für die Sikelioten ungewohnt straffe Herrschaft und Heerführung ließ die anfängliche Begeisterung bald in Mißgunst umschlagen, so daß er 276 nach Italien zurückkehrte. Dort wurde er bei Benevent geschlagen. Die Machtveränderungen in Makedonien und Hellas bedrohten sein Stammland; 275 kehrte er nach E. zurück, verdrängte 274 Antigonos II. aus Makedonien und versuchte nun, auch Hellas zu „befreien". 273 brach er in die Peloponnes ein, schlug in Lakonien eine Koalition aus Sparta, Messenien und Argos, fiel aber in Argos im Straßenkampf. Nicht unähnlich seinem Schwager und Rivalen Demetrios I., war er mehr Eroberer als Staatsmann; er verstand es, Menschen wie Länder rasch zu gewinnen, verspielte aber seine großen Erfolge durch rastlosen Griff nach immer neuen Zielen. Die außerepirot. Eroberungen zerrannen; es blieb die Festigung der monarch. Stellung der Dynastie, auf der sein Nachfolger aufbauen konnte.

Sein Sohn ALEXANDER II. (273–ca. 245/40) aus der Ehe mit Lanassa war mit seiner Halbschwester Olympias (aus der Ehe mit Antigone) vermählt; Pyrrhos hatte ihm die Nachfolge in Sizilien, dem älteren Sohn Ptolemaios (gefallen 273) das Erbe in E. zugedacht. Alex. II. rief die epirot. Garnison aus Tarent zurück (272), kämpfte gegen die Illyrer und im Chremonideischen Krieg (ca. 267–261) gegen Antigonos II. von Makedonien, wurde 263 von diesem aus E. vertrieben und floh zu den ↗Akarnanen, die ihn 262 mit den Ätolern zurückführten. Um 252 oder 243/2 eroberte er (auf Grund eines Teilungsvertrages mit den Ätolern) NW-Akarnanien. Die Chronologie der letzten Jahre der Molosserdynastie ist ungesichert. Nach Alexanders Tod (zw. 245 und 240) regierten nacheinander seine Söhne Pyrrhos II. und Ptolemaios, beide unter Einfluß ihrer Mutter Olympias, die die Dynastie durch Heiratspolitik zu sichern suchte: ihre Tochter Phthia wurde mit Demetrios II. v. Makedonien, Pyrrhos' Tochter Nereis mit Gelon, dem Sohn Hierons II. (↗Sizilien), verheiratet. In der Schwächeperiode ↗Makedoniens (III 3; Demetrioskrieg) wurde die Monarchie gestürzt; Ptolemaios wurde ermordet, die letzte Aiakidin (Pyrrhos' II. Tochter Deidameia) nach dem Tod der Olympias im Tempelasyl erschlagen (um 233/231?). NW-Akarnanien machte sich frei.

E. wurde nun zu einem republikan. Bundesstaat (↗Koinon der Epiroten) mit der Hauptstadt Phoinike umgestaltet, der sich bald wieder an ↗Makedonien anlehnte. Er trat 224 dem Hellenenbund des Antigonos III. v. ↗Makedonien (III 3) bei und nahm 224–221 am Kampf gegen ↗Sparta (I 4), unter Philipp V. am Bundesgenossenkrieg und 1. Makedon. Krieg (215–205) teil, an dessen Beendigung (205 Friede von Phoinike) E. wesentlichen Anteil hatte. Im 2. Makedon. Krieg (200–197) neutral. Im 3. Makedon. Krieg (172–168) schlossen sich große Teile von E., bes. die Molosser, dem Perseus an; daher 168 hartes Strafgericht durch L. Aemilius Paullus: 70 Ortschaften zerstört, ihr Land röm. Eigentum, 150 000 Menschen versklavt, eine späte Rache für den Pyrrhoszug. Das korrupte Regime des Denunzianten Charops († 160) im übrigen E. erregte selbst Roms Mißfallen. 146 wurde ganz E. zur Provinz Macedonia geschlagen. H.H.S.

Lit.: Landschaft: Philippson-Kirsten II 1, 11–30 und 202–90. – Königtum und Bund: P.R. Franke, Alt-E. und das Königtum der Molosser, Diss. Erlangen 1955. – Stämmeliste: J. Schmidt, RE XVIII, 1949, 1415. – Gesamtdarstellungen: C. Klotzsch, Epirot. Gesch. bis z. J. 280 v. Chr., Berlin 1911. – N.G. Cross, E., Cambridge 1932. – N.G.L. Hammond, E., Oxford 1967. – Alexander I.: Berve, Alexanderreich II, 19f. – W. Hoffmann, Rom und die griech. Welt im 4. Jh., Philologus Suppl. 27, 1, Berlin 1934, 17–21. – Pyrrhos: P. Lévêque, P., Paris 1957. – D. Kienast, RE XXIV, 1963, 108–165 s.v. P. – G. Nenci, P., Aspirazioni egemoniche ed equilibrio mediterraneo, Turin 1953. – F. Sandberger, Prosopographie zur Gesch. des P., Diss. München, Stuttgart 1970. – Bengtson, Herrschergestalten, 91–109. – A.B. Nederlof, P. van Epirus, Amsterdam 1978. – L'É. de la mort de Pyrrhos à la conquête romaine, Besançon–Paris 1976. – P. Gauthier, Sur les institutions de l'É. hellénistique, R Ph 53, 1979, 120–28. – Epirot. Koinon: Martin, Greek Leagues, 230–55; neuere Lit.: u.a. SEG XXXVI, 560. 1563; P. Cabanès, REG 102, 1989, 146–159. – P. Sonnabend, Pyrrhos und die „Furcht" der Römer vor dem Osten. Chiron 19, 1989, 319ff. – Münzprägung: P.R. Franke, Die antiken Münzen von E., Wiesbaden 1961. – R.-Alföldi, 262f. – Ausgrabungen: PECS s.v. Buthrotum u. Phoinike. – Leekley– Efstratiou, Central Greece 39–56.

Epos.

1. Die epische Dichtung der Griechen hat über 1200 Jahre hindurch im Zeichen Homers gestanden. Ilias und Odyssee, selbst Höhepunkte und Abschluß einer langen Entwicklung, begründeten eine Tradition, der sich die epische Poesie auch dann nicht entzog, wenn sie inhaltlich und sprachlich eigene Wege zu gehen versuchte. Man kann die Geschichte der nachhomerischen epischen Dichtung geradezu eine Geschichte der Aneignung und Deutung Homers und der Auseinandersetzung mit ihm nennen. Der epische Dichter schrieb für ein Publikum, welches mit Homer so vertraut war, daß es nicht nur die homerischen Requisiten jederzeit wiedererkannte, sondern etwa auch sprachliche Neubildungen nach den Ansätzen und Analogien, die Homer selber dazu bot, zu beurteilen oder in einer scheinbar neuen Situation eine typisch homerische Szene wiederzuerkennen imstande war. Den auf Homer folgenden Generationen epischer Dichter hat es an Stoff nicht gemangelt. Was Homer „ausgelassen" hatte, wurde „nachgeholt" und mit Ilias und Odyssee zu einem troischen Kyklos zusammengeschlossen. Ein für das 7. und 6. Jh. bezeichnender Drang nach Vollständigkeit erfaßte auch die anderen Sagenkreise und Urgeschichten einzelner Städte und Landschaften, und so wurde nach und nach die breite Fülle mythischer Überlieferung der epischen Dichtung erschlossen. Die Grenzen zwischen Sage und Geschichte blieben fließend. Daß auch Ereignisse der jüngeren Vergangenheit Gegenstand epischer Dichtung werden konnten, zeigt in der 2. Hälfte des 5. Jh.s Choirilos von Samos mit seinem Epos über die Perserkriege, nachdem er im Proöm darüber geklagt hat, daß das Land der Musen bereits aufgeteilt sei.

2. Sein nur wenig jüngerer Zeitgenosse Antimachos von Kolophon hat diese Resignation nicht geteilt. Mit ihm tritt die griech. Epik in ein neues Stadium. Antimachos hatte sich Homer weniger durch rhapsodische Tradition als durch eingehendes philologisches Studium angeeignet, wurde ihm doch eine wichtige Homerausgabe verdankt. Dieses Studium bildet aber zugleich Grundlage und Voraussetzung seiner Dichtung. Für sein episches Hauptwerk, die Thebais, wählte er einen Stoff, der in archaischer Zeit längst behandelt war. Über die Anlage des Werkes wissen wir nur so viel, daß es, wie später die Dionysiaka des Nonnos, mit der Entführung Europas begann. Sicher ist auch, daß Antimachos neuartige Mittel einsetzte. Die erhaltenen Fragmente lassen erkennen, daß er Seltenes bevorzugt, ungewohnte Wortverbindungen herstellt, Abgegriffenes meidet oder fein abwandelt. Zum ersten Male verbindet sich die Arbeit des Gelehrten mit der des epischen Dichters. Dichten wird zu einem gelehrten Tun.

3. Aber nicht nur in seiner Methode ist Antimachos ein Archeget des hell. E., sondern mit seiner Lysandreia, die er im Wettstreit mit Choirilos von Samos und Nikeratos von Herakleia zur Verherrlichung des schon zu Lebzeiten heroisierten großen Spartaners schrieb (Plut. Lys. 18, 7ff.), auch ein Begründer des Fürstenepos, das seit dem 3. Jh. v. Chr. einen Hauptzweig der erzählenden Dichtung gebildet hat. Von dieser Literatur ist nichts erhalten; denn „als die hell. Königreiche im römischen Weltreich aufgegangen waren, schwand jedes Interesse für ihre besonderen Schicksale" (Ziegler 14). Wir kennen noch, hauptsächlich durch die Suda, die Namen der Verfasser von Epen auf Alexander den Großen (Choirilos von Iasos, Agis von Argos, später der unter Septimius Severus tätige Nestor von Laranda), Antipatros (Antigonos von Karystos), Antiochos I. Soter (Simonides von Magnesia), Eumenes II. und Attalos II. (Leschides und Musaios von Ephesos), Kleopatra (Theodoros). Daß außer diesen noch viele andere große und kleine Fürsten der hell. Welt den epischen Künder ihrer Taten gefunden haben, ist als sicher anzunehmen, wenn sogar römische Feldherren derartige griechische Huldigungen entgegennehmen konnten. Der durch Ciceros Verteidigung bekannte Archias von Antiocheia feierte die Sieger der Kimbrischen und Mithradatischen Kriege, Boëthos von Tarsos die Sieger von Philippi, ein Anonymus den Sieger von Aktium (auf Lateinisch).

4. Bis auf wenige Zeilen verschollen ist auch eine zweite Gruppe von Epen, die von den Schicksalen einzelner Landschaften, Staaten und Bünde oder auch von der

Gründung einzelner Städte handelten. Diese Dichtungen, deren Wurzeln ins 6. und 5. Jh. zurückreichen (s. oben S. 190), boten dem hell. Interesse an halbvergessenem Brauchtum und entlegenen lokalen Überlieferungen ebenso einen geeigneten Rahmen wie der Freude an aitiologischer Deutung. Wir hören von Lakedaimonika (Phaistos; ein Vers bei Powell S. 28), Eliaka, Achaika, Thessalika (alle von Rhianos aus Kreta; Fragmente bei Powell S. 9 ff.), Bithyniaka (Demosthenes von Bithynien; Fragmente bei Powell S. 25 ff.). Es gab Epen über Samos (Nikainetos), ja über Judäa (Theodotos; Erhaltenes bei Eus. praep. ev. 9, 22), über Jerusalem (Philon der Ältere). Noch immer konnte eine Thebais (Menelaos von Aigai, Antagoras von Rhodos, Demosthenes) mit dem Interesse des Publikums rechnen. Die eigentliche Ktisis-Poesie ist mit dem Namen des ↗Apollonios Rhodios verknüpft. Über die Gründung von Kaunos in Karien berichtet außer Apollonios auch Nikainetos (Powell S. 1 f.). So bunt wie der Inhalt dieser historischen Epen gewesen sein muß, so schwierig dürfte es sein, selbst wenn die Überlieferung weniger kärglich wäre, gewisse einheitliche Grundzüge zu ermitteln. Einen einigermaßen lebendigen Eindruck gewinnen wir durch den Bericht des Pausanias von den Messeniaka des Rhianos. Diesem Dichter boten die alten Epen eine Folge urbildlicher Situationen, Entscheidungen und Handlungen. Offensichtlich war er bestrebt, im historischen Geschehen solche urbildlichen Szenen wiederzufinden. Pausanias hebt selbst hervor (4, 6, 3), daß Aristomenes für die Messeniaka keine geringere Bedeutung habe als Achilleus für die Ilias. Aristomenes' Vater hieß Pyrrhos (4, 14, 8). An das alte Epos erinnern: die vom Seher geforderte Opferung einer Jungfrau (4, 9, 5 ff.), der an Od. 4, 240 ff. orientierte Spähergang nach Ithome (4, 12, 2), Aristomenes' nächtliches Eindringen ins Heiligtum der Chalkioikos (Palladionraub! 4, 15, 5), der Katalog der Bundesgenossen (4, 15, 7 f.), Vermessenheit gegenüber göttlicher Warnung (Diomedes! Patroklos! 4, 16, 9), nächtliche Überfälle (Dolonie! 4, 18, 3; 4, 19, 1), Ohnmacht des Helden durch Steinwurf (Hektor! 4, 18, 4), Eingreifen des Zeus mit Donner und Blitz (4, 21, 7), Ehebruch als Ursache der Katastrophe (4, 20, 5) und das tragische Bewußtsein vom unvermeidlichen Untergang Messeniens (4, 21, 9). Wer die historische Epik des Hell. näher erforschen will, wird auch die Annalen des Ennius mit einbeziehen müssen, die, wären sie griechisch abgefaßt, den Titel Rhomaika trügen.

5. Eine dritte Gruppe, die rein mythologischen Epen, wird uns durch die Argonautika des ↗Apollonios Rhodios repräsentiert. Nach Schol. Apoll. Rhod. 1, 624 (vgl. Schol. 1, 77 und 1, 587) gingen ihnen die Argonautika des Kleon von Kurion voraus. Sosikrates von Phanagoria führte die Tradition hesioideischer Katalogdichtung weiter (Ath. 13, 590 AB). Aus einem Epos Mnemosyne der Dichterin Moiro von Byzantion – sie zählt zu den neun irdischen Musen (AP 9, 26, 3) – sind zehn Verse erhalten (Powell S. 21), die sehr anmutig davon berichten, wie Wildtauben und ein Adler den auf Kreta heranwachsenden Zeus mit Nektar und Ambrosia versorgen. Die auf Delos inschriftlich erhaltene Aretalogie des Apollon von Maiistas (Powell S. 68 ff.) sei in diesem Zusammenhang wenigstens genannt. Im übrigen rankt sich diese Epik um die beiden im Hellenismus allgemein verehrten Erlösergestalten Dionysos und Herakles. Βακχικὰ ἔπη schrieb Theolytos von Methymna (Powell S. 9), eine Διονυσιάς Neoptolemos von Parion (Powell S. 27). Rhianos verfaßte Ἡράκλεια (Powell S. 10 f.), desgleichen Phaidimos von Bisanthe (Ath. 11, 498 E). Ἡρακλέους ἆθλα schrieb Diotimos von Adramyttion (Ath. 13, 603 D).

6. Daß diese vielen Epen, die bis zu mindestens 14 Bücher umfaßten, dem Kunstideal des ↗Kallimachos nicht entsprochen haben, liegt auf der Hand. Daß in ihnen aber, in den Attaliden-Epen etwa, die Kraft und Wucht des hell. Barock, die wir an einem ungefähr gleichzeitigen Bildwerken, dem Pergamonfries etwa, bewundern, ihren dichterischen Ausdruck fanden (Ziegler S. 44 ff.), ist eine Annahme, die allzu sicher mit der Parallelität des künstlerischen Ausdrucks auf verschiedenen Gebieten innerhalb einer Epoche rechnet. Da wir im Grunde sehr wenig von diesen Epen wissen, wird uns das Maß ihres Weiterwirkens in der römischen Epik und bei griechischen Epikern der Kaiserzeit nicht recht deutlich. Nicht die hell. Epiker, sondern erst Nonnos hat den Versuch gewagt, in seinen Dionysiaka die homerischen Epen gleichsam zusammenzufassen und zu überbieten.
K. K.

Texte bei J. U. Powell, Collectanea Alexandrina, Oxford 1925, 1 ff. Vgl. R. Renehan, HStClPh 68, 1964, 375 ff. – P. Radici Colace, Choerili Samii Reliquiae, Roma 1979. – H. Lloyd-Jones – P. Parsons, Supplementum Hellenisticum, Berlin 1983. – F. Susemihl, Geschichte der gr. Litteratur i. d. Alexandrinerzeit I, Lpz. 1891, 380ff. – Wilamowitz, Hell. Dicht. I, Berlin 1924, 91 ff. – R. Kassel, Die Abgrenzung des Hellenismus in der griechischen Literaturgeschichte, Berlin/New York 1987. – H. Schmitt, De Graecorum poesi historica quaestiones selectae, Diss. Gießen 1924. – R. Hiersche, Wörter und Formen der fragmentarisch erhaltenen hellenistischen Epik, Diss. Jena 1952 (mschr.). – A. Körte–P. Händel, Die hell. Dicht., Stuttgart 1960, 269ff. – K. Ziegler, Das hell. Epos, Lpz. ²1966 (grundlegend). – S. Koster, Antike Epostheorien, Wiesbaden 1970. – A. Lesky, Geschichte der griechischen Literatur, Bern/München ³1971, 826f. – R. Häußler, Das historische Epos der Griechen und Römer bis Vergil I, Heidelberg 1976. – Ders., Strukturfragen historischer Epik in der Antike, A & A 24, 1978, 125ff. – J.C. Cunningham, The hexameter of fragmentary Hellenistic poets, QUCC 1977, 95 ff. – B. Wyss, Antimachi Colophonii Reliquiae, Berlin 1936. – V.J. Matthews, Antimachean anecdotes, Eranos 77, 1979, 43 ff. – H. Maehler, Neue Fragmente aus Antimachos' Thebais, Atti XVII. Congr. intern. papirologia, Napoli 1984, 289 ff. – S. Spyridakis, Influenze teognidee in Riano, Maia 29–30, 1977–1978, 101 f. – C. Corbetta, A proposito di due frammenti di Riano, Aegyptus 58, 1978, 137 f. – K.J. Rigsby, Notes sur la Crète hellénistique, REG 99, 1986, 350ff. (Rhianos). – P. Radici Colace, Note a Cherilo di Samo, Scritti in onore di S. Pugliatti V, Milano 1978, 829 f. – W. Schetter, Das römische Epos, Wiesbaden 1978, 9ff., 43f. – A. Lesky, Epos, Epyllion und Lehrgedicht, in: E. Vogt (Hrsg.), Griech. Literatur (Neues Handbuch der Literaturwissenschaft 2), Wiesbaden 1981, 19–72. – E.-R. Schwinge, Künstlichkeit von Kunst, München 1986.

Epyllion (ἐπύλλιον = kurzes episches Gedicht: Athen. 2, 65a), seit etwa 80 Jahren in der philologischen Forschung üblich zur Bezeichnung eines Kleinepos, wie es dem literarischen Programm des ↗Kallimachos entspricht.

1. Kallimachos hatte als ein wesentliches Merkmal des traditionellen epischen Stils die durchgehende Handlung (διηνεκές Frg. 1, 3 Pfeiffer) erkannt; ihm stellte er eine Erzählweise entgegen, die bei äußerster Komprimierung des Handlungsablaufes aus der Vielzahl möglicher Szenen eine herausgreift, an deren Durchformung und Ausgestaltung der Dichter seine ganze Kunst wendet. Daß er dafür Szenen wählt, die für den großen Geschehenszusammenhang belanglos sind, macht einen zusätzlichen Reiz dieser Gattung aus und führt bei dem geringen Umfang dieser Schöpfungen zu auffallenden Asymmetrien in der Komposition. Da also nicht jedes kurze Erzählgedicht in Hexametern bereits ein E. genannt werden kann, wird man sparsam mit einer Gattungsbezeichnung umgehen, die den Griechen nicht geläufig war. Für sie waren auch solche Gedichte ἔπη, allenfalls εἰδύλλια. Bei unvollständig überlieferten oder nur dem ungefähren Inhalt nach bekannten Werken muß die Frage nach dem literarischen Genos offen bleiben. Manches hier als E. vorgestellte Gedicht ist in Wirklichkeit vielleicht ein Kleinepos oder eine Elegie gewesen.

Epische Gedichte begrenzten Umfangs gibt es schon in vorhellenistischer Zeit. Es sei nur an die erhaltenen Epen Hesiods oder an den Heraklesschild erinnert.

2. Daß ERINNA von der Insel Telos bei Rhodos (um 350 v. Chr.) mit ihrer „Spindel" ('Ηλακάτη) bereits ein E. im engeren Sinne schuf, bleibt literarhistorische Vermutung. Von dem 300 Hexameter umfassenden Gedicht – die Zahl nach AP 9, 190, 3 und Hesych von Milet in der Suda – sind etwa 50 z. T. arg verstümmelte Verse auf einem Papyrus des 1. Jh.s erhalten. Der Sinn des Titels bleibt unklar. Nur 22 Zeilen lassen einen Zusammenhang erkennen, der genügt, um die große Wertschätzung zu begreifen, deren diese zarte Dichtung sich gerade bei hell. Dichtern erfreut hat (Asklepiades v. Samos AP 7, 11. Kallimachos Frg. 80, 10 Pf. Antipatros v. Sidon AP 7, 713. Anonym. AP 9, 190). Hier fand man in seltener Lebendigkeit und Vollendung, worum man selber bemüht war: die Welt des ↗Kindes in ihrer Eigengesetzlichkeit, das tägliche Leben auf dem Gut einer entlegenen Insel, altes Brauchtum und volkstümliche Vorstellungen (Schildkrötspiel, Schreckgespenst Mormo), Haltung und Gebärde als seelischen Ausdruck (zartes Erröten). Erinna, die selber kaum 20 Jahre alt werden sollte, gedenkt in Wehmut ihrer verstorbenen Freundin Baukis. In die Erinnerung an die gemeinsame unbeschwerte Kindheit mischt sich leidenschaftliche Klage. Die Trennung von Baukis, die auf eine andere Insel heiratete, erscheint als Vorbotin des Todes. „Die Antithese zwischen einer glücklichen Vergangenheit mit ihren kleinen Sorgen und dem bitteren Ernst der Gegenwart war offenbar ein zentrales Element im Aufbau des Gedichts" (Latte). Ohne sich in kleinliche Beschreibung zu verlieren, umfassen die einzelnen klar geschauten Szenen nicht mehr als drei oder vier Verse und heben sich plastisch voneinander ab: Schildkrötspiel – Klage – kindlicher Ernst beim Spiel mit den Puppen, während die Erwachsenen ihrer Arbeit nachgehen – Mormo – Baukis' Abschied von der Kindheit – erneute Klage.

Das von Wilamowitz festgelegte und noch immer Geltung beanspruchende Bild Erinnas, daß sie „ohne Überlegung", „wie es ihr natürlich war", dichtete, bedarf der Korrektur. Ihre feinsinnige Wortwahl, der mit Äolismen, Anklängen an Sappho und epischen Elementen durchsetzte dorische Dialekt, die Geschmeidigkeit der durchweg daktylischen Verse mit häufiger bukolischer Diärese und behutsamen Elisionen: das alles erinnert an hell. Verantwortungsbewußtsein gegenüber Sprache und Vers. Ebensowenig ursprünglich ist die herbe Antithetik des Einst und Jetzt, von Klage und Erinnerung. Latte vermutet Anlehnung an volkstümliche Totenklagen, doch läßt sich die Kenntnis der großen attischen Dichtung zumindest nicht ausschließen (Nebeneinander von Totenklage und Kindheitserinnerungen: Soph. El. 1126ff.). Tradition und sorgsam planendes Gestalten setzen eine Poesie nicht herab, die ihren ganz persönlichen Ton findet. Erinnas Leistung ist um so mehr zu bewundern.

Aus der Spindel stammen wohl auch die beiden bei Stobaios (4, 51 p. 1067 H.) überlieferten berühmten Verse:

„Zum Hades dringt nur leerer Widerhall
   (der Totenklage).
Schweigen ist bei den Toten, Dunkel ergreift
   die Augen".

In Stimmungsgehalt und Thematik sind sie Mörikes Gedicht von der Todesahnung „Erinna an Sappho" (1863) verwandt (vgl. vor allem V.17f., 26f.). Wenn Mörike Erinna zur Gefährtin Sapphos machte (vgl. des Dichters Vorbemerkung), so knüpfte er an eine bei Eustathios und in der Suda greifbare Überlieferung an.

3. Als Meister der kleinen Form erscheint PHILITAS (oder Philetas) von Kos (um 300) im Aitienprolog des ↗Kallimachos. Zenodot (↗Philologie) und Hermesianax (↗Elegie) zählen zu seinen Schülern. ↗Theokrit nennt ihn voller Bewunderung. Daß er seltene Wörter älterer Dichtung sammelte und erklärte, die er als „Ungeordnete Glossen" ("Ατακτοι γλῶσσαι) herausgab, mag uns ein Hinweis auf die erlesene Sprache seiner Dichtungen sein. Nachhaltigen Einfluß übte er auf die Entwicklung der hell. und römischen ↗Elegie aus. In Hexametern abgefaßt waren ein „Telephos", von dem nur bekannt ist, daß er auch von Jasons Vermählung mit Medea handelte, und ein „Hermes". Über ihn gibt nach einer Scholiastennotiz die zweite Erzählung des Parthenios (↗Elegie), „Polymele", Auskunft. Odysseus gelangt auf seinen Irrfahrten ins Reich des Aiolos und wird dort mit allen Ehren aufgenommen. Der König läßt sich von den Erlebnissen berichten. Seine Tochter Polymele schenkt dem Gast heimlich ihre Liebe. Als Odysseus mit den eingeschlossenen Winden davongefahren ist, findet man Polymele in Trä-

nen neben troischen Beutestücken. Aiolos ist über die zwiefache Schurkerei des Odysseus so empört, daß er Polymele züchtigen will. Da bittet ihn Polymeles Bruder Diores um ihre Hand. Hat der Dichter diese Handlung zu Gunsten einer oder weniger Szenen perspektivisch verkürzt? Auf welche Szene lenkte er dann die Aufmerksamkeit des Lesers? Bowras ansprechende Vermutung, daß die Klage der verlassenen Polymele den Schwerpunkt gebildet habe, setzt ein Epyllion voraus. Händel denkt an ein einheitliches, umfangreiches Epos, aus dem Parthenios nur einen Ausschnitt wiedergegeben habe. Der Titel „Hermes" spricht allerdings dafür, daß die Inhaltsangabe des Parthenios nicht die ganze Dichtung erfaßt hat.

Von Philitas führt ein direkter Weg zu ↗ KALLIMACHOS, der mit seinem E. „Hekale" ein „Programmgedicht für die These" schuf, „daß Epik jetzt nur noch in kleinem Maßstab möglich sei" (Herter). Die Hekale bildet den Höhepunkt der Entwicklung. Ihr Einfluß reicht bis zu den Epyllien der römischen Neoteriker, wobei das „Programm" durchaus nicht immer als bindend betrachtet wurde. So haben die Sagengedichte ↗ Theokrits (XIII Hylas, XXII Dioskuren, XXIV Herakliskos) viele Züge mit dem Epyllion gemeinsam, die jedoch für die hell. Dichtung überhaupt charakteristisch sind. Es kommt hinzu, daß diese Dichtungen sich selber teils als Paränese, teils als Hymnos ausweisen. Einem E. am nächsten kommt das in ↗ Theokrits Nachfolge entstandene Gedicht „Herakles der Löwentöter". Die Europa des Moschos von Syrakus (um 150 v. Chr.) sei hier angeschlossen, weil sie in der bukolischen Tradition steht. Ein E. im Sinne des Kallimachos ist diese schlichte Verserzählung nicht.

4. Auf der von Kallimachos eingeschlagenen Bahn bewegt sich EUPHORION von Chalkis auf Euboia (geboren 276), der zum Leiter der Bibliothek von Antiocheia am Orontes (↗Syrien 2) aufstieg (↗Buchwesen II 2). Seine Bedeutung ermessen wir an der Strahlkraft seines Namens bei den römischen Neoterikern, den *cantores Euphorionis* (Cic. Tusc. 3, 45), weniger aus den Fragmenten selber. Von ihrer dunklen, verschlüsselten Sprache fällt kein Licht auf umgreifende Zusammenhänge. Von seinem „Thrax" haben sich Reste auf Papyrus erhalten. Einen konkreten Ausgangspunkt bietet uns Parthenios (26) mit der Erzählung von Apriate und Trambylos, einer

erotischen Verfolgungsgeschichte. Das Mädchen wehrt sich gegen die Zudringlichkeiten des Telamonsohnes und stürzt dabei ins Meer. Wenig später fällt Trambylos von der Hand des Achilleus. Sterbend nennt er Namen und Herkunft, und Achilleus errichtet dem Vetter einen Grabhügel, den man später auf Lesbos als Heroon des Trambylos zeigte. Diese ätiologische Erzählung bildete sicherlich nicht den einzigen Inhalt. Die Verse des Papyrus sprechen von der Macht der Dike und verfluchen einen Mörder. Man hat daraufhin vermutet, daß Euphorions „Thrax" ein Fluchgedicht gewesen sei wie seine „Flüche oder der Becherdieb" (Ἀραὶ ἢ Ποτηριοκλέπτης) und „Chiliades". Diese Gedichte setzen die Tradition von Kallimachos' Ibis fort. Einige Titel sind für uns kaum mehr als Namen: Hippomedon, Inachos, Hyakinthos, Philoktetes, Mopsopia. Einen unmittelbaren Eindruck von dieser Dichterpersönlichkeit gewinnt man aus Frg. 51 Powell: Herakles' Rückkehr mit dem Kerberos und das Erschrecken der Leute von Tiryns werden drastisch und mit ironischem Pomp geschildert. Wie Philitas und Kallimachos war Euphorion auch wissenschaftlich tätig. Mythologische und historische Schriften, sogar ein Hippokrateslexikon, werden genannt.

5. Eine ausgebreitete und vielseitige Forschertätigkeit entfaltete auch ERATOSTHENES von Kyrene, der i.J. 246 v. Chr. an das Museion in ↗Alexandreia berufen wurde, als ↗Philologe, Geograph (↗Naturwissenschaften B II), ↗Mathematiker (II 4), Astronom (↗Naturwissenschaften A II) und Gestirnmythologe. Seine Dichtung blieb thematisch davon nicht unberührt; doch es ist bemerkenswert, daß er entgegen der allegorisierenden Homerauslegung die Auffassung vertrat, Dichtung habe den Menschen zu erfreuen, nicht zu belehren. Ein Kleinepos oder E. hieß Hermes. Es umfaßte neben Szenen aus der Kindheit des Gottes wie Rinderraub und Erfindung des Saitenspiels vor allem den Aufstieg zum Himmel, der großartig Gelegenheit bot, den Hörer und Leser die Schönheit des himmlischen Kosmos mit den Augen des Gottes erleben zu lassen. Vielleicht spielte die wundersame Gabe des Gottes, die nach kosmischen Gesetzen gestimmte Lyra, eine besondere Vermittlerrolle in diesem Gedicht. Ein anderes Kleinepos, der Anterinys, hatte nach Ansicht Th. Bergks den Tod des Dichters Hesiod und die Bestrafung seiner Mörder zum Inhalt.

6. ANONYME FRAGMENTE thematisch festzulegen, ist recht schwierig; für ihr literarisches Genos gibt eigentlich nur der Hexameter einen Hinweis. Was Powell in seiner Sammlung als Epyllienfragmente anführt, könnte auch aus größeren Epen oder aus Hymnen stammen. Das *Aktaion-Fragment* ist insofern von Interesse, als es den Blick vom Opfer weg auf die angreifenden, namentlich genannten Hunde lenkt. Von gewaltig großen Hunden hören wir auch in dem *Diomedes-Fragment*, doch zeigen sie sich hier von einer freundlichen Seite. Sie hüten das Anwesen des alten Pheidon bei Argos, bei dem der kleine Sohn des Diomedes aufwächst. Diese ländliche Idylle scheint unmittelbar bedroht, denn soeben meldet ein um das Schicksal des Kleinen besorgter Bote, Argos sei in den Händen der Feinde. Das *Telephos-Fragment* läßt nicht viel mehr erkennen, als daß es sich um Gebet und Rede Astyoches, der Gemahlin des Myserfürsten, handelt.

An die Hekale fühlt man sich erinnert, wenn man in einem Bruchstück von 20 durchweg gut erhaltenen Hexametern die bitteren *Betrachtungen einer verarmten alten Frau* über Reichtum und Armut, die Undankbarkeit der Menschen und den trügerischen Lauf des Lebens liest (Epica adespota 4, Powell S. 78f.). Ein breites Interesse hat das *Fragment* einer dichterischen Gestaltung von *Hero und Leander* gefunden, doch ist die Situation noch nicht befriedigend erklärt. Da die erhaltenen Fassungen der Sage nicht weiterhelfen, ist es unwahrscheinlich, daß die Verse aus dem berühmten hell. Hero-Gedicht stammen, das die gemeinsame Grundlage für Ovid und Musaios gewesen sein muß.

7. Mit einem E. gab ein römischer NEOTERIKER die eigentliche Probe seines Könnens, so Valerius Cato mit der Dictynna, Calvus mit der Io. Wie ernst man es mit dieser Aufgabe nahm, zeigt das Beispiel des Helvius Cinna, der 9 Jahre lang an seiner Smyrna gearbeitet hat. Ein für Nuancen und technische Feinheiten hellhöriges Publikum entschied, wer als doctus poeta zu gelten habe. Die Appendix Vergiliana hat uns einen Ausläufer dieser Kunst erhalten, die Ciris, die den Mythos von Scylla und Minos zum Inhalt hat. Die Diskussion über Autor und Abfassungszeit hat für lange Zeit die Frage nach der Gestaltung zurücktreten lassen. Es bleibt uns erspart, dieses Erzeugnis eines sprachlich gewandten Kompilators, der wenig Sinn für Klarheit der Handlungsführung und Komposi-

tion verrät, für das Modell eines römischen E. anzusehen, da uns in Catulls Gedicht von der *Hochzeit des Peleus und der Thetis* ein Meisterwerk der Gattung erhalten ist. Wie Catull hell. Formen übertreibt und dabei verwandelt, wie er, ohne seine Konzeption aufzugeben, Unerwartetes auftauchen, Begonnenes zurücktreten läßt und wie auf einer pompejanischen Zimmerwand überraschende Durchblicke gewährt, das hat F. Klingner gezeigt. Solche Meisterschaft war nicht zu überbieten. In der Dichtung der Neuzeit hat das E. keine Geschichte gemacht.   K. K.

1: Allgemein: J. Heumann, De epyllio Alexandrino, Diss. Leipzig 1904. – U. v. Wilamowitz-Moellendorff, Hell. Dicht. I, Berlin 1924, 117. – M. M. Crump, The Epyllion from Theocritus to Ovid, Oxford 1931. – H. Herter, BursJb 255, 1937, 73 ff. – W. Allen, The epyllion. A chapter in the history of literary criticism, TAPA 70, 1940, 1 ff. – P. Kirkwood, The Greek and Latin Epyllion, Diss. Johns Hopkins Univ. (Baltimore) 1942. – A. Körte–P. Händel, Die hell. Dicht., Stuttgart 1960, 263 ff. – S. Koster, Antike Epostheorien, Wiesbaden 1970. – A. Lesky, Geschichte der griechischen Literatur, Bern/München ^{3}1971, 715 f. – F. M. Pontani, L'epillio alessandrino, Firenze 1973. – K. J. Gutzwiller, Studies in the Hellenistic Epyllion, Meisenheim a. Gl. 1981. – A. Lesky, Epos, Epyllion und Lehrgedicht, in: E. Vogt (Hrsg.), Griech. Literatur (Neues Handbuch der Literaturwissenschaft 2), Wiesbaden 1981. – 2: Erinna: Text bei E. Diehl, Anth. Lyr. I^2 206. – D. L. Page, Select Papyri II 486. – K. Latte, Nachr. d. Ak. d. Wiss. Göttingen I, Philol.-Hist. Kl. 1953, 3, 79 ff. – Interpretationen: P. Maas, RE Suppl. 6, 1935, 54 ff. – K. Latte a. a. O. – C. M. Bowra, Problems in Greek Poetry, Oxford 1953, 151 ff. – F. Scheidweiler, Philol. 100, 1956, 40 ff. – D. N. Levin, Quaestiones Erinneanae, HStClPh 66, 1962, 193 ff. – M. L. West, Erinna, ZPE 25, 1977, 95 ff. – S. P. Pomeroy, Supplementary notes to Erinna, ZPE 32, 1978, 17 ff. – S. Barnard, Hellenistic women poets, ClJ 73, 1978, 204 ff. – F. Cavallini, Poetesse greche e romane, Venezia 1980, 77 ff. – M. B. Arthur, The Tortoise and the Mirror, The Classical World 74, 1980, 53 ff. – 3: Philitas: W. Kuchenmüller, Philetae Coi reliquiae, Diss. Berlin 1928. – A. v. Blumenthal, RE 19, 1938, 2165 ff. – E. A. Barber, Oxford Classical Dictionary (1949), 678. – A. Zinato Bonaldi, Note filetee, Boll. dell'Ist. di Fil. greca dell'Università di Padova 3, 1976, 264 ff. – D. L. Clayman, The origins of Greek literary criticism and the Aitia prologue, WSt N. F. 11, 1977, 27 ff. – A. S. Hollis, Callimachus, Aetia Frg. 1, 9–12, ClQu 28, 1978, 402 ff. – C. W. Müller, Erysichthon. Der Mythos als narrative Metapher im Demeterhymnos des Kallimachos, Stuttgart 1987, 40 ff. 89 ff. – Ders., Philetas oder Philitas?, in: P. Steinmetz (Hrsg.), Beiträge zur hell. Literatur und ihrer Rezeption in Rom, Stuttgart 1990, 27 ff. – Kallimachos: A. S. Hollis, Callimachus, Hecale. Edited with Introduction and Commentary, Oxford 1990. – Euphorion: F. Scheidweiler, Euphorionis Fragmenta, Diss. Bonn 1908. – J. U. Powell, Collectanea Alexandrina 29 ff. – K. Latte, Der Thrax des Euphorion, Philol. 90, 1935, 129 ff. – D. L. Page, Select Papyri III (1950), 488 ff. – Papiri Greci e Latini 14, 1957, Nr. 1390 (V. Bartoletti). – P. Treves, Euforione e la storia ellenistica, Milano 1955. – L. A. de Cuenca, Euforión de Calcis, Fragmentos y epigramas, Madrid 1976. – B. A. van Groningen, Euphorion, Amsterdam 1977. – 5: Eratosthenes: E. Hiller, Eratosthenis carminum reliquiae, Leipzig 1872. – J. U. Powell, Collectanea Alexandrina 58 ff. – G. A. Keller, Eratosthenes und die alexandrinische Sterndichtung, Zürich 1946. – 6: Anonymes: „Aktaion": Powell 71 f. – „Diomedes": Powell 72 ff. – „Telephos": Powell 76 ff. – „Klage der Alten": Powell 78 f. – Page 498 ff. – „Hero": B. Snell, Gnomon 15, 1939, 540. – Page 512 ff. – G. Schott, Hero und Leander bei Musaios und Ovid, Diss. Köln 1957, 56. – K. Kost, Musaios, Hero und Leander, Bonn 1971, 20f. – 7: Rom: Sammelband: L'influence grecque sur la poésie latine de Catulle à Ovide, Entretiens sur l'antiquité classique II, Vandœuvres, Genève 1956. – W. Wimmel, Kallimachos in Rom, Wiesbaden 1960, 85ff. – E. Bickel, Geschichte der römischen Literatur², Heidelberg 1961, 415ff. – F. Klingner, Catulls Peleus-Epos, in: Studien zur griechischen und römischen Literatur, Zürich/Stuttgart 1964, 156ff. – E. Castorina, Questioni neoteriche, Firenze 1968. – N. B. Crowther, Οἱ νεώτεροι, poetae novi and cantores Euphorionis, ClQu 28, 1970, 322ff. – R. O. A. M. Lyne, The neoteric poets, ClQu 28, 1978, 167ff. – Ders., Ciris, Cambridge 1978. – W. Schetter, Das römische Epos, Wiesbaden 1978, 25ff.

Eumenes. Aus Kardia (thrak. Chersones), *362/1, einem vornehmen Geschlecht entstammend. 342 wurde E. von Philipp II. an den Hof zu Pella berufen und stieg unter Philipp, dann Alexander, zum kgl. Kanzleichef auf; ob die von ihm geführten „Kgl. Tagebücher" (Ephemeriden) mit den überlieferten Fragmenten (FGrHist 117) identisch sind, bleibt umstritten[1]. Er gehörte zum engsten Kreis der Berater Alexanders, der ihn mehrmals auszeichnete, ihn 326 zu einem der 30 Trierarchen für die Indusflotte ernannte und ihn bei der Massenhochzeit zu Susa (324; ↗Alexander d. Gr. 4) mit Artonis, Barsines Schwester, vermählte. Nach 323 konnte E., seiner nichtmak. Abkunft wegen und als „Zivilist" angefeindet, seine Position innerhalb des mak. Adels nicht festigen. Bis zu seinem Untergang (316) trat er für die Reichseinheit und die Verteidigung der Ansprüche von Alexanders Nachkommen ein, sei es aus Überzeugung (so die Bewertung der idealisierenden, viell. auf Hieronymos v. Kardia fußenden Quellen) oder weil er nur so eine selbständige Rolle in den Machtkämpfen glaubte spielen zu können. In Babylon 323 wies ihm Perdikkas (↗Alexander d. Gr. 6) die noch nicht eroberten Landsch. ↗Kappadokien und Paphlagonien zu, die E. dem Reich gewann. Er unterstützte Perdikkas' geplante Heirat mit Alexanders Schwester Kleopatra und vernichtete im darauf ausbrechenden Koalitionskrieg (↗Alexander d. Gr. 6) – von Perdikkas zum „Strategen der Truppen in Armenien und Kappadokien" ernannt – Krateros in Kappadokien. Nach Perdikkas' Ermordung wurde E. in Triparadeisos 321 wie alle Perdikkasanhänger zum Reichsfeind erklärt und Antigonos I. Monophthalmos mit der Exekution beauftragt. Dieser schloß E., der seine Offiziere mit kostbaren Auszeichnungen (Purpurkausien u. -chlamyden, ↗Herrscher-Insignien) zu gewinnen suchte, in Nora (Phrygien) ein: Verhandlungen blieben zunächst erfolglos. E.' Forderung nach Rehabilitierung verwies Antigonos an Antipater; an der Spitze der Gesandtschaft nach Pella stand E.' Freund, der Historiker Hieronymos v. Kardia (↗Geschichtsschreibung); aber Antipaters Tod (319) und die Übernahme der Zentralgewalt durch ↗Polyperchon ließen Antigonos die Verständigung suchen: dem Bündnis (StV III 418) setzte jedoch E. gegen Antigonos' Willen eine Loyalitätsbekundung für Olympias und die Könige hinzu und schloß sich gegen Kassander und seinen Bundesgenossen Antigonos dem Polyperchon an, der ihn zum *strategós autokrátor* (↗Strategie b) von Asien (Diod. 18, 58, 1) ernannte, ihn finanziell unterstützte und ihm als Kern seines Heeres ca. 3000 Argyraspiden (↗Militärwesen A II) zuwies. E.' Heer wuchs durch Truppen der östl. Satrapen, die Antigonos fürchteten, auf ca. 40 000 Mann an. Durch Rückgriff auf Alexander (angebl. auf dessen Eingebung im Traum Errichtung eines Alexanderzeltes, vor dessen mit ↗Herrscher-Insignien geschmücktem Thron die Offiziersbesprechungen abgehalten wurden) konnte E. die Truppen zunächst loyal halten und sich in Babylonien, dann der Persis behaupten. Die Machtverschiebung in Griechenland zugunsten ↗Kassanders (317) beraubte E. jedoch seines entscheidenden Rückhalts. Nach einem unentschiedenen Treffen mit Antigonos in der Paraitakene² (317) wurde E., dessen Heer sich aufzulösen begann, in der Gabiene (um Isfahan) geschlagen und von den eigenen demoralisierten Truppen Antigonos ausgeliefert, der den „lautersten Charakter" unter den Feldherrn der Diadochenzeit" (Vezin) heimlich hinrichten ließ (316); sein Tod machte die Bahn für die Entstehung der hell. Monarchie frei (Nep. Eum. 13).

J. D. G.

Anm.: 1) L. Pearson, Historia 3, 1955, 429–55; A. E. Samuel, Historia 14, 1965, 1–12; A. B. Bosworth, CQ 65, 1971, 119–22. – 2) Zur Landschaft vgl. H. Treidler, RE Suppl. X, 1965, 478–82, s.v.

Lit.: A. Vezin, E. von Kardia, Diss. Tübingen, Münster 1907. – Berve, Alexanderreich II 156–8. – H. D. Westlake, E. of Cardia (1954), in: Ders., Essays on the Greek Historians, Manchester–New York 1969. – P. Briant, REA 74, 1972, 32–73; REA 75, 1973, 43–81. – E. M. Anson, E. of Cardia, Diss. Virginia 1975 (Lit.).

Frau. Die Frau war in hell. Zeit wie von jeher in der Ehe zur Kindererzeugung und natürlich auch zur Hausverwaltung bestimmt, aber im ganzen gesehen erlangte sie eine bessere Rechtsstellung als in der vergangenen Epoche, namentlich in Ägypten, wo sich in Kreisen der Einwanderer nicht nur wie in anderen Diadochenstaaten freiere dorische und makedonische Verhältnisse fortsetzten, sondern auch die größere Unabhängigkeit der einheimischen Geschlechtsgenossinnen ihren Eindruck nicht verfehlen konnte. Die Institution der Vormundschaft bestand zwar auch damals vielerorten fort, verlor aber immer mehr an faktischer Bedeutung; auch im Ptolemäerreich erscheint der Kyrios noch in griechischen, aber nicht in demotischen Urkunden. Der Weg zu voller Geschäfts- und Prozeß- und auch Testierfähigkeit war frei, und es bildete sich ein allgemeines Frauenerbrecht aus (unabhängig vom Erbtochterinstitut): die Tochter war nicht mehr ohne weiteres mit der Mitgift abgefunden[1]. Die traditionelle Engyesis, bei der nun auch die Mutter mitwirken konnte (Pap. Elephantine 1, 311 v. Chr.), machte mehr und mehr einer selbständigen Ekdosis der Braut oder einer einfachen Homologie der beiden Gatten Platz. In Heiratskontrakten findet sich öfters eine beiderseitige Verpflichtung zu ehelicher Treue, die dem Manne freilich zum Konkubinat und zum Verkehr mit Hausklavinnen Raum ließ[2]; die Ehefrau konnte sich selbst ohne Verschulden des Gatten scheiden lassen. Die Neue Komödie (↗Drama) bewahrt zwar grundsätzlich das alte Bild der weiblichen Unterordnung, aber auch da zeigt sich manchmal eine recht energische Aktivität auch dem Ehemann gegenüber. Die Frauen waren überhaupt in ihrer Bewegungsfreiheit nicht mehr so gehemmt wie im klassischen Athen, besonders in den großen Städten und namentlich in Alexandreia. Besuche untereinander waren an der Tagesordnung (Theokr. eid. 15, 1ff. Herond. 1 und 6); sie konnten sich zu Thiasoi zusammenschließen, und die Feste gaben ihnen nach wie vor besondere Freiheit, die freilich auch zur Vergewaltigung von Mädchen führen konnte; die Komödie (↗Drama) hat dieses Motiv gerne benutzt, während sie sonst im Gegensatz zum Mimos das Decorum der Bürgerin wahrt. Selbst Trinkgelage waren auch ehrbaren Frauen nicht mehr unzugänglich. Es ist bezeichnend, daß mancherorts seit dem 4. Jh. zur Beaufsichtigung ihres Lebenswandels und besonders ihres öffentlichen Auftretens das Amt des Gynaikonomen eingerichtet wurde. In niederen Kreisen war ihre Abschließung freilich niemals streng durchzuführen gewesen, da sie dort zur Arbeit angehalten waren; oft finden wir sie auch beruflich und sogar selbständig tätig, besonders in Handel und Handwerk, vornehmlich im Textilgewerbe, natürlich auch als Ammen und Hebammen. Das Söldnerwesen brachte es mit sich, daß die Heere zahlreiches weibliches Gefolge mannigfacher Art führten. Es gab auch Artistinnen, unter denen die Schauspielerinnen und Tänzerinnen schlechteren Leumund als die Musikerinnen genossen. Überhaupt boten sich weitere Bildungsmöglichkeiten[3], obwohl die Mädchenschule noch immer sehr hinter der Knabenschule zurückstand. So finden sich nicht nur Dichterinnen (↗Epigramm), sondern auch Schriftstellerinnen verschiedenen Gepräges; in Tlos wurde die Ärztin Antiochis geehrt, gegen die der Empiriker Herakleides geschrieben hatte (TAM II 595). Ja, Frauen trieben sogar Philosophie, namentlich im ↗Kepos, in dem nicht etwa bloß Hetären verkehrten. Priesterliche Funktionen übten sie natürlich wie eh und je, auch in Männervereinigungen. Obschon die käufliche Liebe in der Stadt und auch auf dem Land mehr denn je blühte, muß doch auch die Ehefrau mehr Chancen gehabt haben als früher, sich dank ihrer persönlichen Qualitäten, freilich auch ihrer Mitgift, zur Geltung zu bringen; in einfacheren Verhältnissen war sie sowieso dem Mann von vorneherein nicht so unterlegen wie in anspruchsvollerem Milieu. Politische Rechte blieben der Frau freilich im allgemeinen versagt. Nichtsdestoweniger konnten Mitglieder königlicher Häuser große Bedeutung erlangen, und zwar nicht bloß als Objekte dynastischer Heiratspolitik, sondern auch kraft ihrer Persönlichkeit, wie sich makedonische und auch kleinasiatische Fürstinnen schon vordem gezeigt hatten[4]. Arsinoe II. (↗Ptolemäer) ist nach der Wirrsal ihrer früheren Jahre die weise und verehrte Herrscherin Ägyptens geworden, die auch für das geistige Leben bestimmend war. Immerhin konnten auch Hetären großen Stils Einfluß gewinnen und es auch ihrerseits nach ihrem Tode sogar zur Deifikation bringen.

Nach wie vor blieb die Ehe das ersehnte Ziel der Haustochter, aber sie hatte nun auch bessere Möglichkeiten zu einer Heirat nach ihrem Wunsch; gegenseitige Zuneigung galt als Unterpfand der Dauerhaftigkeit (Menand. Dysk. 787 ff.) und auch guter Nachkommenschaft (Theokr. eid. 17, 40 ff.). Trennung und Wiedervereinigung von Liebespaaren konnte zu einem literarischen Motiv werden. Auch wenn man angesichts all der Lobsprüche, die Witwer ihren Frauen auf den Grabstein gesetzt haben, ein gewisses Maß von Konvention nicht ausschließen mag, so kann man doch nicht daran zweifeln, daß es wirklich viele gute Ehen gegeben hat (UPZ I 59 v. J. 168); von schlechten hören wir freilich immer noch genug, und Scheidungen, leicht wie sie waren, sind sicher nicht gerade selten gewesen. Von der Verehrung, die die Hausherrin zu beanspruchen hatte, zeugt besonders schön ↗Theokrits „Spindel"; in der Komödie erscheint die Ehefrau natürlich eher als strenge Hüterin der Sitten (↗Drama). Insbesondere war die Frau als Mutter glücklich und hochgeschätzt; auch eine Königin, Apollonis (Gattin Attalos' I. von ↗Pergamon), war darin vorbildlich, und zu den göttlichen Repräsentantinnen trat Isis hinzu. Selbst unter den Hetären, die sich von der niederen, auch durch Import aus dem Orient ergänzten Gattung der πόρναι distanzierten, gab es neben den gerissenen auch die Spezies der guten, die die Komödie seit der Mese so gerne auf die Bühne brachte[5] (↗Drama). Durch Aetions Darstellung der Hochzeit Alexanders d. Gr. und der Rhoxane waren die Mischehen künstlerisch verklärt, die sich im Laufe der Zeit mehr und mehr häuften, wie wir es in Ägypten verfolgen können. Die Verbindung von Geschwistern war in Ägypten wahrscheinlich nicht auf den Hof beschränkt geblieben. Die staatsrechtlichen und gesellschaftlichen Unterschiede zwischen den Bevölkerungsschichten blieben natürlich auch für die Frau bestehen. Der Realismus der Literatur zeigt das Zusammenleben der Gatten auch in seinem Alltag (Theokr. eid. 15, 1 ff. 147 ff. und in seiner Art eid. 24) und überhaupt das ganze Gehabe der Frauen, und unter den Expektorationen der Komödienfiguren finden wir die üblichen negativen Urteile über das weibliche Geschlecht in komischer Übertreibung (Menand. fr. 581 K.-Th.). Typen wie die weinselige Alte erscheinen in der Literatur (Leon. Tar. 68 G.-P. Anth. Pal. VII 455) wie in der bildenden Kunst (Arndt–Amelung 4738/9. Lippold, Handb. d. Arch. III 1, 1950, Taf. 112, 2), die Karikatur einer Kastagnettentänzerin nicht zu vergessen; aber das ↗Epigramm lehrt uns auch die treffliche alte Wollarbeiterin Platthis kennen (Leon. Tar. 72 G.-P. Anth. Pal. VII 726). In der philosophischen wie populären Ethik wurde der Topos εἰ γαμητέον eifrig erörtert; tatsächlich wurde die Heirat oft gescheut und durch Päderastie oder Hetärenliebe oder wenigstens Konkubinat ersetzt. Die Stoiker (↗Stoa) machten sie zur Pflicht und erkannten der Frau, wie es auch die freilich ehescheuen Kyniker (↗Kynismus) taten, die gleiche Anlage zur Tugend zu wie dem Manne, aber erst Antipater von Tarsos (↗Stoa) hat die ethischen Möglichkeiten der Lebensgemeinschaft für beide Partner zur Geltung gebracht, während man sonst die Situation meist mehr vom Standpunkt des Mannes als des stärkeren Teils ansah und das Problem der Gattenwahl nur mit seinen Augen betrachtete (Kall. epigr. 1). Selbst die Pythagoreer, die die Harmonie der Ehe so sehr betonten, verteilten die Gewichte noch nicht ganz gleich. Bei ↗Menander aber rührt sich das Gefühl, daß die Frau die gleiche Forderung an den Mann stellen kann wie umgekehrt (↗Drama); Charisios in den Epitrepontes sieht das ein und handelt fortan danach.

Die Liebe findet im hell. Zeitalter mannigfache künstlerische Gestaltung wie noch nie zuvor. Die bildende Kunst stellt sie dar bis hin zu dem lieblichen Paar von Eros und Psyche; selbst ein erotischer Alp erscheint in weiblicher Gestalt[6]. Frauenschönheit ist ein unabsehbares Thema der Darstellung sowohl im Bereich des Göttlichen selber wie auch als dessen Spiegelung, ja Manifestation, auch außerhalb des Herrscherkults[7]. Unter den vielen einschlägigen Erfindungen des Hellenismus hat der Dreiverein der nackten Chariten besonders große Nachwirkung gehabt[8]; in der Phantasiebildung des Hermaphroditos dominiert nun das feminine Element. Seit Antimachos in seiner Lyde Liebesgeschichten zusammengestellt hatte, an den sich Hermesianax mit seiner Leontion direkt anschloß (↗Elegie), wurden in der Dichtung gerne ungewöhnliche Verwicklungen behandelt, von denen Parthenios' Prosasammlung von Ἐρωτικὰ παθήματα eine Vorstellung vermittelt, aber auch spezifische Situationen, nicht zuletzt der alltäglichen Wirklichkeit, wurden dargestellt, und während der Mythos in höhere Kreise zu steigen pflegte, wurde die Liebe einfacherer Schichten besonders in der Bukolik in verschiedenen Typen und mit verschiedenen Charakteren vor Augen geführt, wobei sich die Dichter sicher an die Realität zu halten glaubten. Das ↗Epigramm bewegt sich vorwiegend im Milieu der Hetären: wenn unter diesen eine Cynthia gewesen sein sollte, so hat sie ihren Properz nicht gefunden; auch Philitas hat seine Liebe zu Bittis kaum in einer Weise besungen, die mit der römischen ↗Elegie vergleichbar wäre, und auch Parthenios' Epikedeion auf seine Gattin Arete ist nicht zu vergleichen. Dennoch hat sich die hell. Dichtung tief in die Frauenseele versenkt und sie in Zuständen beobachtet, die auch bei Euripides noch nicht alle so erfaßt waren; der Poesie ist die erotische Novelle und der erotische Roman gefolgt. Neben der Schilderung des verlassenen Mädchens bei ↗Theokrit eid. 2 läßt uns das Fragmentum Grenfellianum (↗Drama, ↗Lyrik) ahnen, wie reich die Liebesdichtung gewesen sein muß. ↗Kallimachos hält sich seiner Art entsprechend in Distanz zu Liebe und Schönheit seiner Personen und schildert die Geschichte des Akontios und der Kydippe bei glücklicher Beobachtung bezeichnender Einzelzüge doch ganz vom Manne her. ↗Apollonios Rhodios entfaltet in noch nicht dagewesener Weise das seelische Erleben Medeas in der Entwicklung ihrer der Sitte wie der Pietät widerstreitenden Liebe zu Iason, während er ihre weitere Haltung seit ihrer Flucht zu den Argonauten nicht mehr so aus der Tiefe psychologisch motiviert. H.H.

Anm.: 1) Näheres G. Häge, Ehegüterrechtliche Verhältnisse in den griechischen Papyri Ägyptens bis Diokletian, Köln 1968. – 2) Th. Williams, Wien. Stud. 74, 1961, 43 ff. – 3) S.B. Pomeroy, Am. Journ. Anc. Hist. 2, 1977, 51 ff. – 4) H. Kenner, Wien. Stud. 79, 1966, 578 ff. – 5) Zuletzt D. Gilula, Riv. Fil. 108, 1980, 142 ff. – 6) Th. Schreiber, Die hell. Reliefbilder, Leipzig 1894, Taf. 61. – 7) G. Lieberg, Puella divina, Amsterdam 1962, besonders S. 25 ff. – 8) P. Schmitz, Gymnasium 59, 1952, 216 ff.

Lit.: W. Schubart, Ägypten, Berlin 1922, 160 ff. – K.J. Beloch, Griech. Geschichte IV 1², Berlin–Leipzig 1925, 416 ff. – G.H. Macurdy, Hellenistic Queens, Baltimore 1932 (ND Chicago 1985). – Th. Birt, Frauen der Antike, Leipzig 1932. – K. Ziegler, Kallimachos und die Frauen, Antike 13, 1937, 20 ff. – W. Erdmann, Die Ehe im alten Griechenland, München 1934, dazu Ztschr. Savigny-Stiftung Rechtsgesch., Rom. Abtlg., 59, 1939, 544 ff. 60, 1940, 151 ff. – Lea Bringmann, Die Frau im ptolemäisch-kaiserlichen Ägypten, Diss. Bonn 1939. – L.A. Post, Woman's Place in Menander's Athens, Transact. Amer. Philol. Ass. 71, 1940, 420 ff. – E. Kornemann, Große Frauen des Altertums, Leipzig 1942. – C. Schneider, Geistesgeschichte des antiken Christentums I, München 1954, 669 ff.; Kulturgeschichte des Hellenismus I, ebd. 1967, 78 ff. – R. Taubenschlag, The Law of Greco-Roman Egypt in the Light of the Papyri², Warschau 1955. – Gertrud Wandrey, Das Familienleben im griech.-röm. Ägypten, masch. Diss. Bonn 1956. – H. Herter, Reallex. Ant. Christ. III 1957 s.v. Dirne, dazu Jahrb. Ant. Christ. 3, 1960, 70 ff. – Cl. Préaux, in: Recueils de la Société Jean Bodin XI (La femme I), Bruxelles 1959, 127 ff. – J. Vogt, Von der Gleichwertigkeit der Geschlechter in der bürgerlichen Gesellschaft der Griechen, Abh. Geistes- u. sozialwiss. Kl. Mainz 1960, 2. – C. Vatin, Recherches sur le mariage et la condition de la femme mariée à l'époque hellénistique (BEFAR 216), Paris 1970. – V. Zinserling, Die Frau in Hellas und Rom, Stuttgart 1972, 35 ff. – M.R. Lefkowitz/M.B. Fant (Hrsg.), Women in Greece and Rome, Toronto 1977. – D.M. Schaps, Economic Rights of Women in Ancient Greece, Edinburgh 1979. – H.P. Foley, Reflections of Women in Antiquity, New York/London/Paris 1981. – M.R. Lefkowitz, Heroines and Hysterics, London 1981. – A. Cameron/A. Kuhrt (Hrsg.), Images of Women in Antiquity, Detroit 1983. – E. Cantarella, L'ambiguo malanno: Condizione e immagine della donna nell'antichità greca e romana, Rom ²1983. – S.B. Pomeroy, Women in Hellenistic Egypt. From Alexander to Cleopatra, New York 1984. – Dies., Frauenleben im klassischen Altertum, Stuttgart 1985. – M.R. Lefkowitz, Women in Greek Myth, London 1986 = Die Töchter des Zeus, München 1992.

Geschichtsschreibung.

A. I. Grundlage wie Ausgangspunkt für die hellenistische Historiographie sind Herodot und Thukydides[1]. Im Vergleich mit ihnen erweist sich sachlich wie formal deren Fortentwicklung als Vergröberung und Veräußerlichung. Unterscheiden sich beide Schriftsteller in Methode und Stoffwahl, so sind sie in ihrem Suchen nach innerer Wahrheit doch einander verwandt. Die von ihnen ausgehenden Anregungen führen zum Fortschritt weniger in der Problemstellung als im Methodischen, zu Verwendung einer Vielfalt neuer Darstellungsformen, Anpassung an einen ständig sich erweiternden Gesichtskreis und damit zugleich auch einer wachsenden Zahl an dieser Art Literatur Interessierter, die rückwirkend wiederum den Stil einzelner Autoren beeinflußt zu haben scheint. Streben nach Publikumseffekt bewirkt darüber hinaus die in der Historiographie liegende Möglichkeit einer Demonstration allgemeiner, nicht allein dem historischen Bereich angehöriger Kausalitäten, und dazu kommt eine aus sophistischen Einflüssen zu erklärende Zunahme der Allgemeinbildung im 4. Jh. So sind Ktesias, Ephoros und Theopomp (FGrHist 688; 70; 115) Beispiele eines Überganges vom Sichbemühen um die das eigene Sein formende Erkenntnis zu einer Literaturgattung, die nichts anderes als dies sein und lediglich der *Unterhaltung* dienen will. Die Einbeziehung des Orients als Stoffquelle bedeutet Neubelebung nach Herodot, ein Dinon (FGrHist 690, s. bes. F15) will selbst Ktesias an Sensationen übertreffen; die am fremden Objekt entwickelten Darstellungskriterien werden nun zum ersten Male auch auf griechische Verhältnisse angewandt: Sie bewirken eine bisher kaum bekannte Objektivität, ja rufen (↗Peripatos) ganz *neue Forschungskriterien* ins Leben (Chronologie, Genealogie und Lokalhistorie als historische Hilfswissenschaften entwickeln sich seit dieser Zeit), andererseits fordern sie eine gewisse Vorliebe für Kuriosität, die als Folge allgemeiner Erweiterung der Horizonte zu erklären sein wird. Ganz natürlich wird so *Romanhaftigkeit* zum Kennzeichen der Historiographie; ständige Betonung von Autopsie, persönliche Stellungnahme und Polemik (Ktesias scheint es als seine Aufgabe angesehen zu haben, Herodot zu widerlegen) führen zu bewußt subjektiver Interpretation historischen Geschehens (zu Theopomp s. bes. Dion. Hal. 1, 1, 1). Vordergründig wird dabei auch die

Deutung der alles Geschehen bestimmenden Kräfte: der allseits beliebte Tychebegriff, von Herodot noch im Sinne vorsokratischer Philosophie verwendet, ist zum Schlagwort geworden. Eindrucksvoll ballen sich diese Entwicklungssymptome in der Historiographie des Kallisthenes (FGrHist 124), soweit diese der Alexanderpropaganda dient. Um der Publikumswirksamkeit willen wird das Aufsuchen geistig faßbarer Entwicklungslinien zugunsten der Erweckung von Emotionen beim Leser aufgegeben; an den Platz von Fragestellung und Erörterung tritt weitgehend Ausmalung von Einzelheiten unter Zuhilfenahme sich immer mehr entwickelnder Möglichkeiten der Darstellungskunst. Dem Aufbau nach sind die historischen Werke seit dem 4. Jh. daher fast stets nur Aneinanderreihung von Einzelsituationen; Rhetorik und Dramatik des Ablaufes, an sich wesensfremden Bereichen entstammend, weisen als wichtigste Darstellungselemente auf Umkehr des ursprünglichen Verhältnisses von Mittel und Zweck hin.

II. Der aus Aristoteles Poet. 1451 a 37 – b 10 abgeleitete, peripatetischer Philosophie zugeschriebene Begriff der *„tragischen Historiographie"* scheint in diesem Zusammenhang mehr Definition eines Zustandes als Darlegung einer ästhetischen Norm: Nach ihr sind Historiographie und Dramendichtung nur oberflächlich verschiedene Möglichkeiten, historisches Geschehen zu zeichnen und – dies scheint wichtig – nicht wißbare Dinge aus eigener Erkenntnis der im Menschlichen wirksamen Kräfte heraus zu gestalten (unverkennbar scheint hier die Beziehung zu Thukydides 1, 22 und 1, 84)[2] und ihnen die ihrem Werte entsprechende äußere Form zu geben (vgl. dazu etwa Kallisthenes F 44). Auf diese Weise rechtfertigt sich denn jede Art, historische Ereignisse darzustellen; s. dazu etwa Strabon über Kallisthenes F 14: προστραγῳδεῖ; Didymos über Duris T 7: ἔδει γὰρ αὐτὸν κἀνταῦθα τερατεύσεσθαι..., dazu auch Cicero Brut. 43 über Kleitarch)[3]. Daß indes mit derartigen Prämissen eine historiographisch-methodische Schultradition begründet werden sollte, scheint zweifelhaft. Wichtig ist daneben die von Duris formulierte Forderung nach μίμησις und ἡδονή (FGrHist 76 F 1): Während hier μίμησις (im Sinne von Aristoteles, Poet. 1447a 13; 1448a 15; 1452b 1 zu verstehen) das *Erwecken einer Gefühlssituation* bedeutet, die ähnlich der beim Anschauen eines Dramas inneres Miterleben bewirken soll, so scheint nach Cicero, or. 39 ἡδονή vornehmlich Postulat rhetorischer Theorie der Stoffgestaltung[4] zu sein. Allgemeine Regeln für eine rhetorische Historiographie etwa im Gegensatz zur dramatischen sind nicht nachweisbar, vielmehr wird das Rhetorische seit je als Bestandteil auch dramatisierender Darstellungskunst aufgefaßt worden sein (vgl. Aristoteles, Rhet. 1413 b). So ist unbekannt, ob Theophrast in seinem verlorenen Werke περὶ ἱστορίας[5] dieser im Sinne des Aristoteles neue Wege wies: Das Vorkommen von Begriffen gerade aristotelischer Poetik in späteren Auseinandersetzungen[6] über das Wesen der Historiographie läßt vermuten, über die Bemerkungen des Aristoteles hinaus sei es zu kanonischer peripatetischer Geschichtstheorie nicht gekommen. Für die Praktiker scheinen nach wie vor die Forderungen des Publikums bzw. eigene Absichten allein Richtschnur zu sein, wobei man sich jener normativen Schlagwörter nach Belieben bediente oder sie in seinem Sinne interpretierte.

III. Neue Impulse brachte der *Alexanderzug* mit seiner Fülle außergewöhnlicher Ereignisse und Neuerkenntnisse weit über das bisher Gewußte hinaus. Nicht nur, daß von hier aus alle Geschichte in anderem Lichte erschien, die Persönlichkeit Alexanders als solche eröffnete von nun an die Historiographie den verschiedenen Philosophenschulen[7] und schuf bisher auch nicht im entferntesten geahnte Verbindungsmöglichkeiten[8]. Kleitarch gilt als Stilponschüler (↗Megariker), Onesikritos von Astypalaia als ↗Kyniker. Kennzeichnend für die nicht lange nach den Ereignissen entstehende, zum Teil von Augenzeugen verfaßte *Alexanderliteratur* sind gesteigertes Sensationsstreben und leidenschaftliche Anteilnahme[9]. Die Wundererzählung, die an Persönlichkeit und Leistungen Alexanders wie seiner Umwelt gleichermaßen ihren Stoff sucht, verbindet sich mit einem eigenartigen, alle Lebensbereiche umfassenden Forschertrieb[10]. Von derartiger zeitgenössischer Literatur ist es nicht weit zum *Alexanderroman* des Pseudo-Kallisthenes, in welchem sich Historisches und Mythisches wunderlich vermischen (↗Roman B I 3). Bewußte Reaktion auf diese Sensationsliteratur scheinen ein halbes Menschenalter nach Alexander die *betont sachlich-kritischen*, z.T. auf offiziellem Material (Ephemeriden des königlichen Hauptquartiers)[11] basierenden *Berichte* eines Ptolemaios I.[12], Aristobul von Kassandreia (FGrHist 139), Nearchos v. Kreta (FGrHist 133) und Hieronymos von Kardia[13], des Vertrauten von Eumenes und Antigonos Gonatas. Der Typ des Historikers, dessen Autorität auf aktiver Teilnahme an berichteten Geschehnissen beruht, bleibt seitdem für die folgende Zeit Ideal: Kallisthenes (T 12), Megasthenes, Patrokles, Polybios, Poseidonios, Theophanes v. Mitylene, der Sekretär und Vertraute des Pompeius, und selbst noch Flavius Josephus betonen ihre Überlegenheit gegenüber bloßen Schreibtischhistorikern unverhüllt.

IV. Die Sprache der Historiker ist die hellenistische ↗Koine, die Ausdrucksweise dem Stoffe angepaßt. Die Verwendung bestimmter Stilmittel (z. B. Häufigkeit von Präpositionen, Tendenz zur Substantivierung) bei einzelnen Autoren scheint als Intensivierungsversuch und zugleich als sachlich begründetes Streben nach neuen Formen die eigenen Absichten verständlich zu machen[14]. Dramatische Überspitzung sprachlicher wie sachlicher Gestaltung, wie sie der als rhetorische Mode im 3. Jh. auftretende Asianismus (↗Rhetorik) etwa in der Alexandergeschichte des Hegesias von Magnesia (FGrHist 142) versuchte, hat demgegenüber kaum Schule gemacht (s. dazu Strabon 14, 648; Cicero Brut. 286; Gellius 9, 4).

V. In Problemstellung und Inhaltsgestaltung ist diese Gegenwartsgeschichte der *Memoirenliteratur* innerlich verwandt, Rechtfertigung und Ruhmesbeweis zugleich. Sie wird in ihrer Bedeutung als zugkräftiges literarisches Propagandamittel erst jetzt richtig geschätzt[15]. Ihr Leben beschrieben[16] der Redner Demades, Aratos von Sikyon, Ptolemaios VIII., Pyrrhos, auch Theophrast, ihre politische Tätigkeit Demetrios von Phaleron und später Cicero[17]. Die reine *Biographie* hingegen hat sich aus der Ethopoiie von Rhetoren- und Philosophenschulen zur historisch gestaltenden Lebensdarstellung nicht entwickeln können, eine Tatsache, die Aufbau und Wert der für uns so wichtigen Biographien eines Cornelius Nepos oder Plutarch entscheidend beeinträchtigt.

VI. Stoffliche Beschränkung, als Konzentration empfunden, bleibt auch für die Historiographie der folgenden Jahrhunderte charakteristisch. Hatte einerseits Universalgeschichte im Sinne eines Herodot auf die Dauer Aussicht auf Wirkung und allgemeines Interesse nur, solange sich die Dinge in ihrer Gesamtheit überschauen ließen, so bildete andererseits der verhältnismäßig kleine Kreis des makedonischen Hofes, wie schon Theopomp erkannte, als Zentrum der Welt betrachtet, ein ebenso bequemes wie fesselndes Darstellungsobjekt. Von der Perspektive dieses Zentrums aus hatte auch Hieronymos von Kardia seine Diadochengeschichte (die Jahre 323–272 behandelnd?) verfaßt. In den folgenden Generationen bewirkt u. a. das Sichauseinanderleben der einzelnen Reiche mit die Entstehung der gegenwartshistorischen Monographie als einzig möglicher Darstellungsform. So beschreibt Demetrios von Byzanz die Galliereinfälle 280–278[18], Philinos von Akragas den 1. Punischen Krieg, Lykos von Rhegion die Italienkriege Alexanders des Molossers, Neanthes von Kyzikos die Zeit Attalos' I.[19], Eratosthenes d. J. die Geschichte der Galater, Zenon die Geschichte des Pyrrhos[20]. Im 2. Jh. entstehen Monographien über Hannibal durch Silenos von Kale Akte (?), Sosylos von Lakedaimon und Chaireas, durch Ptolemaios von Megalopolis über Ptolemaios II. von Ägypten, durch Timochares über Antiochos IV[21]. Demgegenüber scheint Universalgeschichte im 3. Jh. nur noch als Aufgabe im Rahmen einer aus antiquarischen Motiven fortzuführenden Tradition, kaum jedoch als unabdingbar Notwendiges aufgefaßt worden zu sein. Soweit zu erkennen, kennzeichnet sie sich auch durch die Art der Stoffentlehnung, durch Materialkompilation und -bearbeitung wie durch ihren bewußten Verzicht auf Originalität als Literatur aus zweiter Hand. So setzt Duris von Samos, zeitweilig Tyrann der Insel, neben einer Fülle antiquarischer Arbeiten[22] das Geschichtswerk des Ephoros fort (–323?). Ähnliches versucht Diyllos von Athen. Als dessen Nachfolger fühlen sich im 3. Jh. Phylarchos von Athen, Psaon von Plataä, Menodotos von Perinth und Eudoxos von Rhodos[23]. Agatharchides von Knidos (3.–2. Jh.; FGrHist 86), der in peripatetischer Manier schreibt, trennt seine Universalgeschichte in einen größeren europäischen und einen kleineren asiatischen Teil; für das Werk des Zoilos von Amphipolis (um 300) läßt der Titel „Vom Entstehen der Götter bis zum Tode Philipps" auf vorwiegend antiquarische Absichten schließen. Die 23 Bücher des Nymphis von Herakleia (3. Jh.) über Alexander, Diadochen und Epigonen werden als großangelegte Monographie zu verstehen sein, ähnlich wie die Zeitgeschichte des Demochares, eines Neffen des Demosthenes, und die Ἱστορία κατὰ τοὺς χρόνους τοὺς ἑαυτοῦ des Euphantos von Olynth (3. Jh.).

Neben dieser von den Interessen einer breiten Öffentlichkeit bestimmten Historiographie darf nicht der glanzvolle Aufschwung in den uns als *Hilfswissenschaften* geltenden Disziplinen übersehen werden, mag dieser wegen seiner Beziehung zu anderen Wissenschaften und Forschungsbereichen auch weniger hervortreten. Gefördert wurde er durch die auf Aristoteles zurückgehende und durch die ↗peripatetische Philosophie vertiefte Anschauung von der notwendigen Zusammengehörigkeit aller geistigen Betätigungsformen. Dazu kommt die Gründung umfassender wissenschaftlicher Institute in den Metropolen ↗Alexandreia, Antiocheia (↗Syrien 2) und ↗Pergamon, der trotz politischer Gegensätze stets ermöglichte Austausch zwischen den Ländern und nicht zuletzt das Interesse einzelner Fürsten, die im Bestreben nach Anlehnung und Angleichung an eine im Geistigen stets als solche empfundene hellenistische Welt der Wissenschaft reiche Mittel zur Verfügung stellten. Wie in allen anderen Forschungsgebieten sind auch in der Historiographie und deren Hilfswissenschaften nicht allein mehr Griechen die Träger hellenistischer Geisteskultur, auch ist nicht nur griechische Geschichte Objekt der Forschung. *Einheimische Traditionen* in Babylonien oder Ägypten bieten dabei nicht nur Anregungen, sondern Arbeitsmaterial und -vorlagen in reicher Fülle. Die Atthidographie erhält durch den genialen, vielseitigen Istros (charakteristischerweise aus Kyrene stammend) ihre für jegliche Art Lokalhistorie vorbildliche Form. Hekataios von Abdera (um 300) verfaßt Schriften über Ägypten und Judäa, Menander von Ephesos und Xenophilos von Rhodos (2. Jh.) schreiben über Lykien, Manetho, Sarapispriester und Vertrauter der ersten Ptolemäer, arbeitet unter Verwendung ägyptischer Königslisten eine Geschichte seines Landes aus und schafft die Grundlage einer wissenschaftlichen Chronologie Altägyptens[24]. Um die gleiche Zeit entstehen 3 Bücher Βαβυλωνιακά des Berossos[25], eine alle bisher gültigen, halbmythischen Vorstellungen korrigierende Geschichte Babylons von den Uranfängen bis auf Alexander den Großen. Im 2. Jh. schreiben Philistos von Naukratis, Satyros und Jason von Alexandreia über ägyptische Landesgeschichte, Palaiphatos von Abydos über arabische und attische und Baton von Sinope über persische Geschichte, von Bion von Soloi (3. Jh.) stammen Αἰθιοπικά[26].

VII. Besonders reichlich Gelegenheit zur Materialsammlung finden *Forschungsreisende,* z. T. mit offiziellen Aufträgen betraut[27]. So schreibt Megasthenes, Gesandter des Seleukos I., über Indien und ergänzt die Berichte der Alexanderhistoriker, Patrokles erforscht um 280 das Kaspische, Agatharchides das Rote Meer. Polemon von Ilion, in enger Verbindung mit alexandrinischen Gelehrten stehend, bereist – möglicherweise im Auftrag des Königs von Pergamon – die ganze Welt[28]. Demetrios von Kallatis verfaßt im 3. Jh. eine 20bändige, geographisch geordnete Universalgeschichte (περὶ Εὐρώπης καὶ Ἀσίας), der Iliaskommentar seines Zeitgenossen Demetrios von Skepsis ist landeskundlich-historisch-antiquarisches Sammelwerk[29]. In der Periegetenliteratur der hellenistischen Zeit[30] vereinigen sich historisch-antiquarische mit politischen Interessen. Das ↗Utopische etwa der Hyperboräergeschichte des Hekataios (Diod. 2, 47) oder die Ἱερὰ ἀναγραφή des Euhemeros von Messene[31] (um 300), ein Gemisch aus landeskundlicher, religiöser, philosophischer und historischer Spekulation, nimmt sich in diesem allgemeinen Zusammenhang wie Selbstpersiflage aus, zeigt aber ähnlich wie der Alexanderroman, welche Seitenzweige und Sonderformen die hellenistische Geschichtsschreibung in der Verbindung mit anderen Wissenschaftsgebieten zu entwickeln vermag (↗Roman B I 1).

VIII. Wichtiger Gegenstand allgemeinen Forschungsinteresses ist die *wissenschaftliche Chronologie.* Mit seinem Ansatz des Jahres 1184 für das Ende des Trojanischen Krieges entwickelt Eratosthenes ein System chronologischer Einordnung aller Ereignisse griechischer und damit der Weltgeschichte (FGrHist 241); Apollodoros von Athen (*180) führt in einer 4bändigen metrischen Chronik dessen Werk fort. Dessen Nachfolger ist Kastor von Rhodos (1. Jh.; FGrHist 244). Olympioniken- und Archontenlisten, Hilfsmittel chronologischer Einordnung historischer Ereignisse, stammen von Stesikleides von Athen (3. Jh.; FGrHist 245); Krateros (2. Jh.; FGrHist 342) veranstaltet eine Sammlung athenischer Volksbeschlüsse. Das öffentliche Interesse für derartige Fixierung historischer Daten zeigen etwa das sog. Marmor Parium (bis 299; FGrHist 239) oder die in Lindos auf Rhodos gefundene, in Stein gehauene Chronik aus dem 1. Jh.[32].

IX. Gegenstand rationaler Prüfung wird jetzt selbst die *Mythologie,* von Herodot noch lediglich gedeutet und in die Geschichtsdarstellung eingewoben (Apollodoros περὶ θεῶν, Dionysios von Samos, Dionysios Skytobrachion). In Paradoxographien (Palaiphatos περὶ ἀπίστων, Aristophanes von Perge, Bolos von Mendes, Nymphodoros von Syrakus, Antigonos von Karystos, Nikolaos von Damaskos) werden historische Nachrichten zusammen mit mythischen gesammelt und erklärt. Der geradezu hektische Schaffensdrang der hellenistischen Historiker, von denen fast jeder mehrere Werke zu verwandten Sachgebieten verfaßt hat, hält Jahrhunderte hindurch an.

X. Droht die Historiographie, wirklich schöpferischer Impulse seit dem Alexanderzuge bar, in einer Materialfülle gleichsam zu ersticken, so bringt offenbar im 2. Jh. das *Interesse für Rom* mit dessen Eingreifen in die disparate Griechenwelt eine Neubelebung und innere Neukonzentration mit sich. Polybios sieht in Roms Entwicklung zum Weltreich ein nur im Universalhistorischen faßbares Ereignis und sucht dessen Einzelsymptome unter Zuhilfenahme aller wissenschaftlichen Möglichkeiten zu prüfen. Beschäftigung mit der Geschichte hat als oberstes Ziel für ihn erneut die Wahrheit und wird zur Pflicht für alle politisch Handelnden. Von seinem Thukydides angenäherten Standpunkt aus lehnt Polybios Vorgänger, die sich im Sinne früherer hellenistischer Historiographie mit römischer Geschichte beschäftigt hatten, ab. Nachfolger indes hat Polybios nicht gehabt. Livius, der ihn für weite Strecken seiner röm. Geschichte benutzt, läßt sich weder an Absichten noch an Behandlung historischer Problematik mit ihm vergleichen. ↗Strabon steht ihm zeitlich und seinen Interessen nach zu fern; von einem Werke des Poseidonios (FGrHist 87) über die Zeitereignisse nach Polybios ist nicht bekannt, ob es auch dem Wesensgehalt nach Fortsetzung des Polybios sein sollte oder aber der Demonstration eigener, stoischer Konzeption eines alle Bereiche menschlicher Lebensäußerung umfassenden Gesamtbildes historisch wirksamer Kräfte diente. Im übrigen scheint auch die Darstellung römischer Geschichte in griechischer Sprache durch die Monographie bestimmt. Hatte in der Zeit der Hannibalkriege auf römischer Seite Q. Fabius Pictor damit begonnen, römische Geschichte in griechischer Sprache darzustellen, so beschreiben im 1. Jh. die Griechen Sokrates von Rhodos die Bürgerkriege, Herakleides von Magnesia, Teukros von Kyzikos und Metrodor von Skepsis die Kriege gegen Mithradates VI. v. Pontos, Empylos von Rhodos und Olympos die Ereignisse um die Ermordung Caesars, Caecilius von Kale Akte die Sklavenkriege[33]. Die Parthergeschichte des Apollodoros von Artemita wird demgegenüber nur antiquarischen Wert gehabt haben[34], ähnlich wie die Weltgeschichte nach Königreichen, die Timagenes von Alexandreia verfaßte, ein Rhetor, der sich in Rom durch bissige Bemerkungen die Gunst des Augustus verscherzte.

XI. Mit Fabius Pictor[35] beginnt zugleich die Reihe propagandistischer Schriften zur *Rechtfertigung römischer Politik*. Im 1. Jh. tat Theophanes (FGrHist 188) von Mytilene als Historiker für Pompeius das gleiche wie Kallisthenes für Alexander. Nikolaos von Damaskos, Peripatetiker, Vertrauter Herodes' d. Großen und Verfasser einer pragmatischen Weltgeschichte in 144 Büchern, wurde offiziell mit der Abfassung einer Augustusbiographie betraut (FGrHist 90).
Die schier unübersehbare Masse lokalhistorisch-antiquarischer Kompilationsarbeiten des ehemaligen Kriegsgefangenen Alexander Polyhistor aus Milet zeigt, welchen Wert Rom darauf legte, mit der Herrschaft über das Gebiet der hellenistischen Reiche deren Kulturaufgaben zu übernehmen. So erhielt auch der Polyhistor Juba II. von Mauretanien (↗Numidien) seine wissenschaftliche Ausbildung unter Augustus in Rom.

XII. Wohl bleibt die Sprache dieser Historiographen auch weiterhin die ↗Koine, doch scheint mit dem Gehalt einzelner Werke auch deren *sprachliche Form* Schattierungen unterworfen zu sein. So erweist sich der Stil des Polybios im Gegensatz zu dem von Vorgängern und Nachfolgern Bekannten als schwerfällig und zähflüssig, was sich allein aus seiner Zielsetzung, zu abstrahieren, erklären läßt. Mit Dionysios von Halikarnaß, der bezeichnenderweise neben Duris auch ihn für ungenießbar hält (comp. verb. 4), bahnt sich in bewußter Opposition gegen den Hellenismus und seine Vielfalt der Gestaltungsmöglichkeiten in dem auf Isokrates als Vorbild zurückgreifenden Attizismus eine neue Stilrichtung an. Als Musterbeispiel hierzu verfaßt Dionysios eine römische Geschichte in 20 Büchern (davon erhalten 1–10; 11–20 in Fragmenten), die sich bis zum 1. Punischen Kriege erstreckt. Universalgeschichte schreibt zur Zeit des Augustus Diodor aus Agyrion auf Sizilien. Seine Kompilationsarbeit ermöglicht nicht nur einen Durchblick auf eine Reihe verlorener Quellen, sondern führt gleichsam noch einmal die Methode populärer Universalhistorie vor Augen, wie sie für die ganze hellenistische Zeit gilt. Den Charakter von ↗Strabons Ὑπομνήματα ἱστορικά in 43 Büchern lassen die erhaltenen Fragmente im einzelnen nicht mehr klar in ihrem Umfange erkennen, doch erlauben historische Anspielungen und Namensverweise, mit denen die 17 Bücher seiner Γεωγραφία geradezu vollgestopft sind, Rückschlüsse auf seine Quellen und deren Benutzung.

XIII. Als Mittel geistiger Selbstbehauptung hat sich früh auch die *jüdische Historiographie* (↗Judentum C III)[36] der griechischen Sprache bedient. Demetrios der Chronograph (FGrHist 722) stellt im 3. Jh. einen umfassenden Abriß der jüdischen Geschichte zusammen (περὶ τῶν ἐν Ἰουδαίᾳ βασιλέων); als sein Nachfolger fühlt sich im 2. Jh. Eupolemos (FGrHist 723). Artapanos (wohl im 2. Jh.), in Ägypten lebend, versucht in einem Werke περὶ Ἰουδαίων jüdische Kulturgeschichte mit einer Apologetik des Judentums zu vereinen, Kleodemos die Verbindung von jüdischer Urgeschichte mit griechischer Mythologie. Die 5 Bücher Makkabäergeschichte des Jason von Kyrene (FGrHist 182), ganz im Stile hellenistischer Monographien verfaßt, scheinen Grundlage für das II. Makkabäerbuch, doch wurden auch das I. und III. bald nach ihrem Entstehen ins Griechische übersetzt. Fragen und Auseinandersetzungen, denen solche Schriften dienen, kommen bis auf Flavius Josephus nicht mehr zur Ruhe.

Anm.: 1) Siehe K. v. Fritz, Die griech. Geschichtsschreibung, Bd. 1, Berlin 1967. Mit Recht betont C. Schneider (s. u., Bd. II, München 1967, 439), daß von 856 von F. Jacoby (FGrHist) gesammelten griech. Historikern über 600 der Zeit des Hell. angehören. – 2) S. dazu bes. A. Lesky, Gesch. der griech Lit., Bern–München ³1971, 511; F. W. Walbank, Historia 9, 1960, 224. – 3) Vgl. Plut. Per. 28 zu Duris, aber auch Artax. 6, 9 zu Ktesias. – 4) Walbank (s. o. Anm. 2), 211–9. – 5) S. dazu P. Scheller, De hellenistica historiae conscribendae arte, Diss. Leipzig 1911, 65. – 6) S. bes. Polyb. 2, 58 (gegen Phylarch); dazu N. Zegers, Wesen und Ursprung der trag. Geschichtsschreibung, Diss. Köln 1959, 6; A. Lesky (s. o. Anm. 2), 673. Wichtige Begriffe sind ἔλεος, συμπάθεια, ... πρὸ ὀφθαλμῶν τιθέναι, δεινά, τερατεύεσθαι, πιθανόν, ἔκπληξις, ψυχαγωγεῖν, ὀργάζεσθαι. Vgl. auch C. Schneider (s. o. Anm. 1), 444. – 7) S. dazu immer noch W. Hoffmann, Das literar. Porträt Alexanders d. Gr., Diss. Leipzig 1907; W. Weber, A. d. Gr. im Urteil der Griechen und Römer bis in die konstantinische Zeit, Diss. Gießen 1909. – 8) Zu Alexander und der peripatetischen Schule vgl. E. Mensching, Historia 12, 1963, 274–82. – 9) FGrHist 117–153. Nachweislich am Alexanderzug nahmen außer Kallisthenes teil: Chares von Mytilene, Aristobul, Ptolemaios, Nearchos, Onesikritos; fragl. ist die Teilnahme bei Polykleitos von Larissa, Kleitarchos und Marsyas von Pella (Bruder des Antigonos I. Monophthalmos). Gefährte wenigstens der letzten Tage A.s war Medeios von Larissa. Polit. bes. engagiert (promakedon.) war Theopomp. Anaximenes von Lampsakos scheint dagegen reiner Literat; er verfaßte daneben eine Gesch. Griechenlands, eine Gesch. Philipps und eine Streitschrift gegen Theopomp. Möglicherw. waren Feldzugteilnehmer auch die Verfasser von Pap. Freib. 7–8, Pap. Berol. 13044 und Pap. Oxy. 1738. Vgl. allg. J. Seibert, Alexander der Große, EdF 10, 1972, 1–61. – 10) Zusammenfassend L. Pearson, The Lost Histories of Alexander the Great, New York 1960. A.s Interesse an historiograph. Überlieferung läßt die Verwendung des Kallisthenes erkennen, im übrigen vgl. FGrHist 134 T7; 139 T4. Für eine Reihe von Institutionen, die mit seinem Namen verbunden werden (Ephemeriden, Bematisten, Hypomnemata), lassen sich Verwaltungs- und Überlieferungsabsichten kaum trennen. – 11) Ihre Existenz wurde mehrfach bezweifelt (z.B. L. Pearson, Historia 3, 1955, 429–55; A.E. Samuel, ebd. 14, 1965, 1–12), erhaltene Zeugnisse (FGrHist 117) werden auf spätere Bearbeitungen zurückgehen. Bezweifelt werden kann sie deshalb jedoch nicht. Unklar ist freilich ihr Platz im gesamten Alexanderarchiv (F. Pfister, Historia 10, 1961, 30–67). – 12) FGrHist 138; vgl. G. Wirth, RE XXIII 2, 1959, 2467–84; C.B. Welles, Misc. Rostagni, Florenz 1963, 101–16; R.M. Errington, CQ 19, 1969, 233–42; J. Seibert, Untersuchungen zur Gesch. Ptolemaios' I., München 1969, 4–7; ders. (s.o. Anm. 9) 19–21. – 13) FGrHist 154; A. Schubert, Fleckeisens Jb. f. cl. Phil. Suppl. 9, 1878, 647–836; J. Hornblower, H. of Cardia, Oxford 1981, dazu K. Brodersen, Gymnasium 92, 1985, 221f. – 14) Hieronymos schrieb nach Dion. Hal. Comp. Verb. 4 kein reines Attisch. – 15) Hierher gehört wohl die Alexandergeschichte des Ptolemaios von Ägypten. – 16) Demades: FGrHist 227; Aratos: FGrHist 231; Ptolemaios VIII.: FGrHist 234, 20b (Ὑπομνήματα); Pyrrhos: FGrHist 229; Theophrast: Diog. Laertios 5, 49; Demetrios v. Phaleron: FGrHist 228). – 17) S. Plut. Caes. 13; Cass. Dio 46, 21. Ursache der Abfassung dieser Hypomnemata ist die Weigerung des Polydonios, ein Werk über die Ereignisse 63 in Rom zu verfassen (Cic. Att. 2, 1, 1). – 18) Neben einem Werke über die ptol. Verwaltung Ägyptens. – 19) Neben einer Weltgeschichte sowie mytholog. Arbeiten. – 20) Philinos v. Akragas (2.H. 3.Jh.): FGrHist 174; Lykos v. Rhegion (1.H. 3. Jh.): FGrHist 570; Neanthes v. Kyzikos (um 200): FGrHist 171; Eratosthenes (2. Jh.): FGrHist 745; Zenon (3. Jh.): FGrHist 158. – 21) Silenos (2. Jh.): FGrHist 175; Sosylos: FGrHist 176; Chaireas: FGrHist 177; Ptolemaios v. Megalopolis (3. Jh.?): FGrHist 161; Timochares (2. Jh.): FGrHist 165. – 22) Duris v. Samos (um 300): FGrHist 76. Bekannt sind 23 B. makedon. Gesch., 4 B. Gesch. des Agathokles, mindestens 2 B. Gesch. v. Samos (Ὥροι), ein Werk über Gesetze, eines über Tragödien des Sophokles und Euripides, weitere über Homerfragen, Malerei, Bildhauerkunst, Wettkämpfe, dazu eine Biographie des Agathokles. Vgl. bes. J. Barron, CR 12, 1962, 189–92; R.B. Kebric, In the Shadow of Macedon: Duris of Samos, Historia-Einzelschr. 29, 1977; P. Pédech, Trois historiens méconnus, Paris 1989, 255–389 (Lit.). – 23) Diyllos: FGrHist 73 (das Werk umfaßte wohl die Zeit 370–297); Phylarchos: FGrHist 81; dazu Pédech (A. 22) 391–493; Psaon (3. Jh.): FGrHist 78; Menodotos (3.–2. Jh.): FGrHist 82; 341; Eudoxos (3. Jh.): FGrHist 79. – 24) Istros (3. Jh.): FGrHist 334; Hekataios: FGrHist 264; Menandros: FGrHist 783; Xenophilos: FGrHist 767; Manetho: FGrHist 680; B.I.: Allg. Einleitung, Kosmogonie, Gesch. bis zur großen Sintflut; II: Gesch. bis 747 (?); III: Gesch. bis zum Tod Alexanders. – 26) Philistos (2. Jh.): FGrHist 615; Satyros (2.H. 3.Jh.): FGrHist 159; Jason (2. Jh.): FGrHist 182; Palaiphatos: FGrHist 44; Baton: FGrHist II p. 909; Bion: FGrHist 89. – 27) Megasthenes: FGrHist 715; Patrokles: FGrHist 712; Agatharchides: FGrHist 86; GGM I 11; Polemon: FGrHist II p. 108; III p. 189. – 28) Zusammenfassend K. Deichgräber, RE XXI 2, 1952, 1288–320 s.v. Polemon (9). – 29) 30 Bücher, hierher gehört auch das Sammeln von Inschr. durch Polemon v. Ilion. – 30) Kleon v. Syrakus, Tomosthenes v. Rhodos (Admiral Ptolemaios' II.). – 31) FGrHist 63; vgl. K. Thraede, RAC VI, 1966, 877–90 s.v. Euhemerismus; ↗Utopie. – 32) ed. Ch. Blinkenberg, Leipzig 1915 (FGrHist 532). – 33) Fabius Pictor: FGrHist 809; Sokrates: FGrHist 192; Herakleides: FGrHist 187; Teukros: FGrHist 274; Metrodor: FGrHist 184; Empylos: FGrHist 198; Olympos: FGrHist 198; Caecilius: FGrHist 183. – 34) FGrHist 799; umfassender Rekonstruktionsversuch bei F. Altheim, Weltgesch. Asiens im griech. Zeitalter, Bd. I, Halle 1947, passim. – 35) Liv. 1, 44, 2; HRR ed. Peter I²XLIX (HRF p. 6ff.). – 36) Vgl. u.a. M. Hengel, Judentum und Hellenismus, WUNT 10, Tübingen 1969 (²1973), 161–83, und die unter ↗Judentum genannte Lit.

Lit.: F. Leo, Die griech.-röm. Biographie, Leipzig 1907. – R. Reitzenstein, Hell. Wundererzählungen, Leipzig 1906. – R. Schubert, Die Quellen zur Diadochenzeit, Leipzig 1911. – H. Willrich, Urkundenfälschung in der hell.-jüd. Lit., Göttingen 1924. – F. Jacoby, Griech. G., Die Antike 2, 1926, 1–30. – W. v. Uxkull-Gyllenband, Plutarch und die griech. Biographie, Stuttgart 1927. – D. R. Stuart, Epochs of Greek and Roman Biography, Cambridge 1928. – W. Schwahn, Diyllos, Philol. 40, 1931, 145–68. – B. Lavagnini, Saggio sulla storiografia greca, Bari 1933. – M. Gelzer, Der Anfang der röm. G. (1934), Kl. Schr. III, Wiesbaden 1964, 93–103. – L. Voit, Δεινότης. Ein antiker Stilbegriff, Diss. München 1934. – A. Passerini, La Τρυφή nella storiografia greca, SIFC 11, 1934, 35ff. – M. Braun, Griech. Roman und hell. G., Frankfurt 1934. – H. Strebel, Wertung und Wirkung des thucydideischen Geschichtswerkes in der griech. und röm. Lit., Diss. München 1935. – B. L. Ullman, History and Tragedy, TAPhA 73, 1942, 25–53. – V. Martin, Le traitement de l'hist. diplomatique dans la tradition littéraire du IVe s., MH 1, 1944, 3–30. – T. S. Brown, Hieronymus of Cardia, AHR 52, 1947, 684–96. – F. Wehrli, Die G. im Lichte der antiken Theorie, in: Eumusia. Festschr. f. E. Howald, Zürich 1947, 54–72. – M. Laistner, The Greater Roman Historians, Berkeley 1947. – F. Jacoby, Atthis, Oxford 1949. – T. S. Brown, Onesicritus. A Study in Hell. Historiography, Berkeley 1949. – G. Misch, Gesch. der Autobiographie I, Bern³ 1949. – G. de Sanctis, Studi di storia della storiografia greca, Florenz 1951. – G. Nenci, Il motivo dell'autopsia nella storiografia greca, SCO 3, 1953, 14–46. – L. Pearson, Real and Conventional Persons in Greek History, JHI 15, 1954, 130–54. – A. Gomme, The Greek Attitude to Poetry and History, Berkeley 1954. – J. Oberman (Hrsg.), The Idea of History in the Ancient Near East, Yale Univ. Press 1955. – A. Momigliano – K. v. Fritz (Hrsg.), Histoire et Historiens dans l'Antiquité, Entret. Fond. Hardt Genf 1956. – F. Jacoby, Abh. zur griech. G., 1956. – Ders., Griech. Historiker, Stuttgart ²1970. – A. Dihle, Studien zur griech. Biographie, Göttingen 1956. – E. Schwartz, Griech. Geschichtsschreiber, Stuttgart 1957. – T. S. Brown, Timaeus of Tauromenium. Berkeley 1958. – G. de Sanctis, Ricerche sulla storiografia siceliota, Palermo 1968. – N. Zegers (s.o. Anm.6); L. Pearson (s.o. Anm. 10). – R. Weil, Aristote et l'histoire, Paris 1960. – C. Brink, Tragic History and Aristotle's School, PCPhS 6, 1960, 14–29. – F. W. Walbank, History and Tragedy (1960), Selected Papers, Cambridge 1985, 224–41. – T.S. Brown, The Greek Sense of Time in History as suggested by their Accounts of Egypt, Historia 11, 1962, 257–70. – H. Strasburger, Hell. G., Acta Phil. Aenipontana 1, 1962, 69ff. – H. Homeyer, Beobachtungen zu den griech. Quellen der Plutarchviten, Klio 41, 1963, 145–57. – H. Strasburger, Poseidonios on Problems of the Roman Empire, JRS 55, 1965, 40–53. – Ders., Die Wesensbestimmung der Geschichte durch die antike G., Wiesbaden 1966. – A.B.Breebaart, Weltgeschichte als Thema der antiken G., AHN 1, 1966, 1–21. – C. Schneider, Kulturgesch. des Hell., 2 Bde., München 1967–69. – M. Hengel (s.o. Anm.28). – D. Timpe, Fabius Pictor und die Anfänge der röm. Historiographie, ANRW I 2, 1972, 928–69. – F. Pfister, Kl. Schr. zum Alexanderroman, Meisenheim 1976. – E. Will, Comment on écrit l'histoire hell., Historia 27, 1978, 65–82. – A. Momigliano, Die G., in: Vogt, 305–36. – K. Meister, Die griech. G., Stuttgart–Berlin–Köln 1990, 80–205; 221–36 (Lit.). – H. Verdin u. a. (Hgg.), Purposes of History. Studia Hellenistica 30, 1990. – B. Meißner, Historiker zwischen Polis und Königshof. Hypomnemata 99, 1992.

B. 1. Ephoros v. Kyme, Geschichtsschreiber aus dem äolischen Kyme. Er lebte im 4. Jh., genauere Daten sind indes nicht bekannt. Ein Freundschafts- und Schülerverhältnis zu Isokrates (Strab. 13, 632; Ps.-Plut., vit. X or. 839a), bereits in der Antike aus dem Stil seiner Arbeiten erschlossen, muß in den Bereich literarischer Fabeln verwiesen werden. Seine Universalgeschichte (Polyb. 5, 33,2) in 29[1] von ihm selbst abgeteilten und mit Vorwort versehenen[2] Büchern begann mit umfassender Zusammenschau über weit vorausliegende Ereignisse und reichte bis 356[3]. Innerhalb des Werkes scheint die selbsterlebte Zeitgeschichte den größten Raum eingenommen zu haben, doch ist der Zeitpunkt, an dem deren Darstellung einsetzte, nicht mehr zu erkennen. Wenig wissen wir auch über Ökonomik[4] und Akzentsetzung[5]. Polemik gegen Hellanikos, Herodot und Thukydides kennzeichnet E. ähnlich wie Ktesias als typischen Vertreter seiner Historiographengeneration. Der Rationalität seiner Prüfungsweise scheint bezeichnenderweise auch das Mythologische zum Opfer gefallen zu sein; seine Objektivität wird selbst von Polybios (12, 28, 10) gelobt, wenngleich dieser andererseits Ignoranz und geringe Sorgfalt der Darstellung zu tadeln hat (12, 25, 1–5; 6, 46, 10; vgl. auch Ps.-Plut., vit. X or. 809). Reichliche Verwendung verschiedenartiger, nicht immer historiographischer Quellen läßt darüberhinaus seine Arbeitsweise als unkritisch erscheinen, doch werden dadurch Anschauungen sichtbar, die E. bereits zu einem der frühesten Vertreter hellenistischer Historiographie machen. Eingesehen wurde er bereits durch Kallisthenes (u. 3), benutzt von Diodor (u. 7) für die von griechischer Geschichte handelnden Bücher in dessen Werk[6]. Als Übergang zum Hellenismus charakterisiert sich E. auch durch seine Produktivität: Neben einem Werk περὶ εὑρημάτων sowie einem Werk zum Preis der eigenen Heimatstadt (s. bes. F1) wird eine Schrift über den Prosarhythmus erwähnt.

Anm.: 1) B. 30 wurde von dem Sohne Damophilos zugefügt. – 2) G. Murray sieht hierin wichtigstes Kennzeichen rhetorischer Historiographie. – 3) Auf einleitende Bücher über ethnische Einteilung scheinen mindestens 2 über geographische zu folgen. – 4) Soweit ersichtlich, ging E. nicht chronologisch vor, sondern gliederte nach Sachzusammenhängen. Die Ereignisse von 386 werden B. 20, die Kriege Philipps B. 27 berichtet. – 5) Persönlichkeiten und Ereignisse werden nach bestimmten von E. aufgestellten und als allgemeingültig erachteten Normen beurteilt. – 6) Reichliche Verwendung ganzer Partien auch bei Strabon, dies nicht zuletzt wegen des bei E. möglichen universalhistorischen Überblicks.

Text: FGrHist 70. – Lit.: E. Schwartz, RE VI, 1907, 1–16, s.v. E. – A. Momigliano, La storia di Eforo e le Elleniche di Teopompo, RFIC 13, 1935, 180–204. – G. L. Barber, The Historian Ephorus, Cambridge 1935. – K. B. Herbert, Ephorus in Plutarch's Lives, Diss. Harvard 1954. – T. J. Locher, E.' jüngste Nachkommen, Saeculum 7, 1956, 127–35. – W. Connor, Studies in Ephorus, Diss. Princeton 1961. – R. Drews, E. and Historical Writing κατὰ γένος, AJPh 84, 1963, 244–55; ders., Hermes 104, 1976, 497f. – L. Cracco Ruggini, Eforo nello Pseudo-Aristotele Oec. II, Ath 44, 1966, 199–237; 45, 1967, 3–88. – G. Schepens, Éphore sur la valeur de l'autopsie, AncSoc 1, 1970, 163–73; ders., in: Historiographia antiqua. Commentationes ... W. Peremans, Leuven 1977, 95ff. – P. Vannicelli, L'economia delle storie di Eforo. RFIC 115, 1987, 165ff. – K. Meister, 85–90; 221 A. 3ff. (Lit.).

2. THEOPOMP, geboren wohl um 378, wurde mit seinem Vater Damasistratos wegen spartafreundlicher Gesinnung aus Chios verbannt, genoß aber seine rhetorische Ausbildung durch Isokrates in Athen. Als Redner entwickelte er nach eigenen Angaben eine reiche literarische Produktion, lebte längere Zeit auch am Hofe Philipps II. v. Makedonien und wurde durch Erlaß Alexanders wohl bereits 334 oder 332 in seine Heimat zurückgeführt. Später verweilte er am Hofe Ptolemaios' I., mit dem er sich jedoch überwarf (T 2; 8).
Er verfaßte 12 Bücher Hellenika (s. T 1), die die Zeit von 411–394 umfaßten und anscheinend als Fortsetzung des Thukydides gedacht waren. Die vieldiskutierte Frage, ob Pap. Ox. 842 ein Auszug aus diesem Werke sei, läßt sich anhand unserer Kenntnisse von den stilistischen Eigenheiten Th.s über die von Jacoby (FGrHist 66) getroffenen Feststellungen hinaus kaum beantworten[1]. Hauptwerk sind die Philippika, eine Darstellung der historischen Ereignisse seiner eigenen Zeit in 58 Büchern (T 19), großenteils wohl am Hofe Philipps selbst verfaßt. Das Bahnbrechende an ihnen ist die Zusammenordnung aller Geschehnisse dieses Zeitraums[2], doch anders als bei Ephoros (s. o. 1) in einer Fülle von Exkursen (vgl. T 20; 30), Anekdoten und Angaben ethnographischen wie thaumasiologischen Inhalts (s. F 36), unter einen einzigen großen Aspekt, die Persönlichkeit des Makedonenkönigs Philipp (s. T 19). Hundert Jahre nach Herodot ist das Werk, gesetzt selbst den Fall, man habe propagandistische Nebenabsichten anzunehmen, geradezu monumentales Beispiel für die inzwischen gefundenen Möglichkeiten historischer Gegenwartsinterpretation. Daß eine solche nicht

ohne tiefe persönliche Anteilnahme möglich war, liegt auf der Hand: Th.s Leidenschaftlichkeit, aus seinem Naturell zu erklären und selbst anhand stilistischer Eigenheiten noch zu ermitteln (s. bes. T42), mußte zwangsläufig zu einer Einseitigkeit (s. F24) und Ungerechtigkeit in der Beurteilung von Menschen wie Ereignissen führen, die weder vor einem Platon (T7), einem Philipp noch selbst Alexander (T2, vgl. F253 [?]) halt machte. Späteren galt Th. als Menschenhasser[3]. Die Frage, inwieweit er auch hierbei von ↗kynischer Philosophie beeinflußt ist und was an ihm möglicherweise auf antisthenisches Gedankengut zurückgeht, ist nicht mit Sicherheit zu beantworten. Sollte er tatsächlich Geschichte von der Perspektive einer Philosophenschule aus geschrieben haben, so leitet er damit eine Gattung historischer Darstellung ein, die den Hellenismus in diesen Dingen entscheidend beeinflußt hat. Charakteristischerweise bestehen fast sämtliche direkten Zitate aus plastischer Zeichnung und wortgewaltiger Verurteilung von Trunksucht und allgemeiner Sittenverderbnis: besonders in der massiven Bildhaftigkeit seiner Argumentation wie auch seiner Zustandsschilderungen könnte er somit wichtiges Übergangsglied von Rhetorik zu jener dramatisierenden, typisch hellenistischen Form sein, Geschichte (s.o. A. II) zu schreiben (bes. T20). Was in späteren Werken antiker Literatur, Lexika, Scholien, Grammatikern etc. indirekt auf ihn zurückgeht, läßt sich im einzelnen kaum mehr feststellen oder abgrenzen. Für die Art seines Hauptwerkes wie auch dessen Nachleben könnte die Tatsache, daß Pompeius Trogus seiner Weltgeschichte den gleichen Titel gab, Hinweis sein.

Anm.: 1) Für die ältere Lit. s. R. Laqueur, REVA, 1934, 2176-222 s.v. Th. – 2) Diodor benutzt Th. selbst für die Gesch. Siziliens. – 3) Zu Anaximenes von Lampsakos s. FGrHist 72 T6. Die allgemeine Unbeliebtheit des Literaten Th. scheint um 335 feste Tatsache.

Text: FGrHist 115. – Lit.: R. Laqueur (s.o. Anm. 1). – K. v. Fritz, The Historian Theopompus, AHR 46, 1941, 765–85. – G. Murray, Theopompus or the Cynic as Historian, Greek Studies, Oxford 1946, 149–70. – H.D. Westlake, The Sicilian Books of Theopomp's Philippica, Historia 2, 1954, 288–307. – K. v. Fritz, Die politische Tendenz in Theopomps Geschichtsschreibung, AA 4, 1954, 45–64. – A. Raubitschek, Theopompos on Thucydides, the Son of Melesias, Phoenix 14, 1960, 81–95. – W. Connor, Theopomp's Treatment of Cimon, GRBS 4, 1963, 107–14. – Ders., History without Heroes. Theopomp's Treatment of Philipp of Macedon, GRBS 8, 1967, 133–54. – Ders., Theopompos and 5th Century Athens, Cambridge Mass. 1968. – S. Dušanić, On Th.' Philippica VI–VIII, Aevum 51, 1977, 27. – K. Reed, Th. of Chios. History and Oratory in the 4th Century, Diss. Berkeley 1977. – G. Shrimpton, Th.' Treatment of Philipp in the Philippica, Phoenix 31, 1977,

123–44. – C. Zagaria, Sulla tradizione dei Philippika di T., Quad. di Storia 5, 1979, 293 ff.; ders., ebd. 6, 1980, 299 ff. – T.R. Martin, A phantom fragm. of Th. and Philip II's first campaign in Thessaly. HSPh 36, 1982, 55–78. – E. Ruschenbusch, Th. ... als Quelle in Arist. Ath. Pol. ZPE 45, 1982, 91 ff. – G. A. Lehmann, Theopompus. ZPE 55, 1984, 19–44. – P. Pédech, Trois historiens méconnus, Paris 1989, 17–254. – K. Meister, 90–3; 222 A. 13 ff. (Lit.). – G. S. Shrimpton, Theopompus the Historian, Montreal 1990.

3. KALLISTHENES aus Olynth, Neffe (Großneffe?) des Aristoteles, wuchs bei diesem auf und wurde zusammen mit Alexander dem Großen erzogen (T 1; 2; 9). Er nahm am Feldzug gegen Persien teil und starb im Zusammenhang mit der sog. Pagenverschwörung 327: Art und Gründe seines Unterganges sind im einzelnen jedoch nicht mehr erkennbar (T 7; 8; 17). Ein Nachruf, den Theophrast auf ihn verfaßte, soll das alexanderfeindliche Bild peripatetischer Historiographie entscheidend beeinflußt haben; brauchbare Hinweise fehlen indes[1].
K.' Produktion war reich. Er verfaßte 10 B. Hellenika (umfassend die Zeit 387–357, möglicherweise als Füllung der Lücke zwischen beiden Werken Theopomps gedacht) sowie eine Monographie über den Heiligen Krieg der Griechen gegen Phokis. Bereits während des Feldzuges enstanden jeweils an Ort und Stelle (T 26) der Ereignisse die πράξεις Ἀλεξάνδρου. Diese Alexandergeschichte, zu schneller Verbreitung der Kunde von Alexanders Taten bestimmt, ist im Sinne der panhellenischen Idee[2] geschrieben, wie sie dem Kriege zugrundelag. Die Art, wie dabei K. den lebenden Alexander zum Mittelpunkt des Weltgeschehens macht und ihn zugleich in eine übermenschliche Sphäre erhebt, bedeutet Intensivierung und Fortentwicklung des von Theopomp (s. o. 2) Begonnenen, wenngleich in andere Richtung. Die erhaltenen Fragmente zeigen dabei noch deutlich, welche Möglichkeiten propagandistisch darstellender Zeitgeschichte ein Literat wie K. in Verbindung und Verwischung von Wundererzählungen, Übertreibungen und romanhaft-romantischer Verzeichnung einzelner Tatsachen besaß. Auch die üblichen, seit Ktesias Mode gewordenen wissenschaftlichen bzw. pseudowissenschaftlichen Interessen fehlen nicht. Ein zeitlicher Endpunkt für die Alexander-Schriftstellerei des K. ist freilich nicht bekannt, auch scheint fraglich, ob Alexander einen Nachfolger betraute, das Werk in seinem Sinne fortzuführen. Der Einfluß des K. auf die zeitgenössischen, fast ausnahmslos in seinem Sinne schreibenden und von Autopsie ausgehenden Autoren ist kaum abzuschätzen. Wie weit die allzu detailbezogene sachliche Polemik des Poly-

bios 12, 17–22 das Wesen der Schriftstellerpersönlichkeit wirklich trifft, ist kaum zu erkennen. Sein unvollendetes Werk wird u. a. mit Grundlage des wahrscheinlich in Ägypten entstandenen, uns in 5 Rezensionen erhaltenen *Alexanderromans* in griechischer Sprache sein. Dieser, unter Verwendung zugleich auch anderen authentischen Materials wie später entstandener Briefsammlungen von einem Ägypter vielleicht im 3.–2. Jh. verfaßt (↗Roman B I 3), entwickelte sich in stetiger Aufnahme von Mythen einzelner Völker, Eschatologien und religiösen Gedanken im Laufe der Zeit weiter und schuf allmählich ein messiashaftes Alexanderbild. Früh ins Persische, Syrische, Äthiopische und Hebräische wie auch Lateinische übersetzt, wucherte er in der Gedankenwelt der Völker dieser Sprachen gleichsam fort; die Wirkung, die er auf diese Weise direkt wie indirekt auf mittelalterliches Weltgefühl, religiöses Denken und Herrschermystik nicht nur der abendländischen Völker ausübte, scheint doch bis heute im einzelnen kaum schon erforscht.

Anm.: 1) S. dazu Mensching, Peripatetiker über Alexander, Historia 12, 1963, 274–82. – 2) Grundlegend G. Dobesch, Der panhellenische Gedanke im 4. Jh. und der Philippos des Isokrates, Wien 1968.

Text: FGrHist 124; zum Alexanderroman W. Spoerri, DKlP 3, 1969, 86–7 s. v. K. 2; H. van Thiel, Leben und Taten Alex. d. Gr. v. Mak., Texte zur Forsch., 1974. – Lit.: F. Jacoby, REX, 1919, 1674–707 s. v. K. – W. Kroll, ebd. 1707–26 (zum Alexanderroman). – L. Pearson, The Lost Histories of Alexander the Great, New York 1960, 22–49. – E. Schwartz, Kallisthenes' Hellenika, Hermes 35, 1900, 166–230. – W. Prentice, Callisthenes. The Original Historian of Alexander, TAPhA 54, 1923, 74–85. – P. Corssen, Das angebliche Werk des Olynthiers K. über Alexander den Großen, Philologus 74, 1915, 1–57. – G. Pasquali, Alessandro al Oasi di Siwah e Callistene, SPAW 1930, 159–76. – C. A. Robinson jr., The Arrest and Death of Callisthenes, TAPhA 62, 1931, 353–57. – L. Pearson, Callisthenes in the Zenon Papyri, CPh 44, 1949, 200–2. – A. Gitti, Alessandro il Magno all'Oasi di Siwah, Bari 1951. – P. Pédech, Historiens compagnons d'Alexandre, Paris 1984, 15–69. – L. Prandi, Callistene, uno storico tra Aristotele e i re macedoni, Mailand 1985. – Meister 104–7; 224 A. 37 ff. (Lit.). – Zum Alexanderroman: F. Pfister, Alexander der Große in den Offenbarungen der Griechen, Juden, Mohammedaner und Christen, Berlin 1956. – Ders., Die Entdeckung Alexanders d. Gr. durch die Humanisten. Renaissance und Humanismus in Mittel- und Osteuropa I, Berlin 1962, 57–75. – Ders., Kleine Schriften zum Alexanderroman, Meisenheim 1976. – C. B. Bosworth, Aristotle and Callisthenes, Historia 19, 1970, 407–13. – R. Merkelbach, Die Quellen des griech. Alexanderromans, Zetemata 9, ²1977. – T. Hägg, Eros und Tyche. Der Roman in der antiken Welt, Mainz 1987, Kap. V.

4. **KLEITARCH**, Sohn (T 2) des Ktesiasfortsetzers Dinon (FGrHist 690) und Zeitgenosse Alexanders d. Gr., war ursprünglich Kyrenaiker, geriet aber unter den Einfluß der megarischen Schule ↗Stilpons und verfaßte eine 12bändige Geschichte des Alexanderzuges, an dem er

vielleicht selbst teilnahm. Versuche, ihn auf Grund der unter seinem Namen überlieferten 36 gesicherten Fragmente einer späteren Zeit zuzuweisen[1], müssen als gescheitert angesehen werden. Soweit erkennbar, setzte er die von Kallisthenes begonnene und mit dessen Tod abgebrochene Art der Zeichnung eines romanhaften Bildes historischer Ereignisse und Persönlichkeiten fort, wobei er auf dramatische Effekte gemäß jener allgemeinen Forderung nach μίμησις abzielt. Sein Werk scheint der Materialfundus für zeitgenössische wie spätere, in seinem Sinne weiterwuchernde Alexanderhistorie geworden zu sein[2]. Ungeklärt freilich bleibt die Frage seiner Originalität: Die Auflösung der Geschichte in eine Fülle je nach Belieben auszumalender oder zu deutender Topoi setzt bereits zu Alexanders Lebzeiten ein; neben K. schreibt bekanntlich eine ganze Reihe von Feldzugsteilnehmern sensationswirksame Geschichte, so daß das überlieferte Fragmentenmaterial Klärung eines Durcheinanders von möglichen Querverbindungen und -beziehungen kaum mehr zuläßt. Schwer zu entscheiden ist auch, ob die K. offensichtlich benutzenden Autoren späterer Zeit wie Diodor, Curtius und Justin dies direkt oder mittels Zwischenquellen tun, die es zweifelsohne gegeben haben wird. So ist unser Kleitarchbild trotz aller Probabilität der Forschungsergebnisse Spekulation. Interessant ist K.s Schmeichelei gegen Ptolemaios I.: Ob dessen z. T. scharfe Polemik in Einzelfragen speziell gegen K. gerichtet ist, vermögen wir kaum mehr zu sagen. Seinen Einfluß lassen die Zitate bei Cicero erkennen, für den er die Alexanderhistorie schlechthin zu verkörpern scheint (de legg. 1, 7; Brut. 42; ad fam. 2, 10, 3).　　　　　　　　　　G. W.

Anm.: 1) So W. W. Tarn, Alexander the Great, II, Cambridge 1948, 16–55; dazu I. Rabe, Quellenkrit. Untersuchungen zu Plutarchs Alexanderbiographie, Diss. Hamburg 1964; J. Hamilton, Plutarch, Alexander. A Commentary, Oxford 1969, XLII–IV. – 2) Dazu J. Hamilton, ebd.

Text: FGrHist 137. – Lit.: F. Jacoby, RE XI, 1921, 622–54 s. v. K. – L. Pearson, The Lost Histories of Alex. the Great, New York 1960, 211–42. – P. Schnabel, Berossos und die babylon.-hell. Lit., Leipzig 1923. – T. S. Brown, AJPh 71, 1950, 134ff. – A. Gitti, L'età di Clitarco, RAL VIII A 8, 1953, 38–81. – J. Hamilton, Cleitarchus and Aristobulus, Historia 10, 1961, 212–42. – R. Wolf, Die Soldatenerzählungen des Kleitarch bei Q. Curtius, Diss. Wien 1964. – E. Badian, The Date of Clitarchus, PACA 8, 1965, 5–11. – J. R. Hamilton, Cleitarchus and Diodorus XVII, in: Greece and the Eastern Mediterranean, Studies... Schachermeyr, Berlin–New York 1977, 126–46. – Meister 119–22; 225 A. 63 (Lit.).

5. TIMAIOS, geb. um 350 in Tauromenion als Sohn des dortigen ↗Dynasten Andromachos, entschiedener Geg-

ner der Tyrannen, daher von Agathokles (↗Sizilien) verbannt (317/6?), wurde zum Historiker in Athen, wo er mindestens 50 Jahre lebte; gest. 96jährig um 250. T.' Belesenheit und vielfältige Interessen – v.a. Geo- und Ethnographie, (bes. Gründungs-)Mythen, pythagor. Philosophie, Wundergeschichten – und ihr Widerhall sind noch in den Fragm. seiner Werke erkennbar, bes. seiner großen Geschichte Siziliens und des westl. Mittelmeerraums (Titel unbekannt, 38 Bücher bezeugt), die nach einer geogr.-ethnogr. προκατασκευή von den Anfängen bis zu Agathokles (5 Bücher) und in einer Appendix bis Pyrrhos (↗Epirus, Sizilien) herabführte; auch Rom und seine Frühzeit waren darin behandelt. Die Olympiadenrechnung als Datierungselement – später u. a. von Eratosthenes, von dem zeitlich an T. anknüpfenden Polybios (s. u. 6) und von Diodor (s. u. 7) übernommen – stützte sich auf seine Schrift „Olympioniken" (Synchronlisten mit athen. und spartan. Magistraten, vgl. Polyb. 12, 11,1). Er neigte zu bedeutsamen (aber fragwürdigen) Synchronismen (F 60: Gründung Roms und Karthagos). Die genannten Eigenheiten dürften ihm erhebl. Wirkung gesichert haben, an der auch die überzogene Polemik des Polybios (bes. Buch 12: unzureichende Nachforschungen, Urteile vom Schreibtisch aus, geogr. Irrtümer, Rhetorik, Kritikastertum [!]) nicht viel geändert haben wird.

H.H.S.

Text: F. Jacoby, FGrHist 566 m. wichtiger Einl. zum Komm. – Lit.: R. Laqueur, RE VI A 1, 1936, 1076–1203. – T.S. Brown, Timaeus of Tauromenium. Berkeley–Los Angeles 1958. – L. Pearson, The Greek Historians of the West: T. and his Predecessors. Amer.Phil.Ass., Philol. Monographs 35, 1987 (dazu K. Meister, Gnomon 61, 1989, 520–3). – Meister 131–6; 226f. (Lit.). – R. Vattuone, Sapienza d'occidente. Il pensiero storico di Timeo di Tauromenio, Bologna 1991. – D. Asheri, The Art of Synchronization in Greek Historiography: the Case of Timaeus of Tauromenium. Scripta Class. Israelica 11, 1991/2, 52ff.

6. POLYBIOS wurde als Sohn des achäischen Strategen Lykortas um 200 in Megalopolis geboren und brachte es im Dienste des Bundes früh zu Ansehen. 167 mit den 1000 wegen mangelnder Loyalität ursprünglich zur Aburteilung vorgesehenen Achäern nach Rom gebracht, erwarb er sich die Freundschaft des. Scipios d.J. und hatte durch diesen sicher Einfluß auf den um die Mitte des 2. Jh.s verstärkt einsetzenden Hellenisierungsprozeß. Nachdem P. längst in führende Kreise Roms Aufnahme gefunden hatte, nahm er, kurz nach 150 zusammen mit den noch am Leben verbliebenen 300 seiner Landsleute offiziell

entlassen, als Begleiter Scipios (36, 19a; Amm. Marc. 24, 2, 16) an der Belagerung Karthagos teil und befand sich 146 im Stabe des Mummius, wobei er in Griechenland die schlimmsten Härten des Krieges lindern half. In Zusammenhang mit dem Numantinischen Krieg hat er wahrscheinlich das südliche Gallien bereist und dort ethnographisches Material gesammelt (3, 28, 12; 10, 11, 4). Nach Reisen möglicherweise in verschiedene Teile des von den Römern beherrschten Gebietes[1] verbrachte er den Rest seines Lebens in Griechenland, wo er hochgeehrt als 82jähriger durch einen Sturz vom Pferde starb.

Lebenswerk des P. war seine wohl bereits unmittelbar nach 167 konzipierte, doch sicherlich erst nach 146 niedergeschriebene Geschichte Roms, an der er bis zum Tode gearbeitet zu haben scheint. Von ihr erhalten sind vollständig B. 1–5, in Fragmenten und konstantinischen Exzerpten Teile der restlichen 35. Davon umfassen B. 1–2 Einleitung und Darstellung des 1. Punischen Krieges, 3–15 den 2. Punischen Krieg, 16–29 die Zeit von 202–167, 30–39 die Zeit bis 145. Nichts erhalten ist von den Büchern 17, 19 und 37. B. 40 stellte anscheinend eine Epitome des ganzen Werkes dar. B. 12 enthält Polemik sowie Kritik an den Vorläufern, 34 scheint geographischen Exkursen vorbehalten gewesen. Soweit ersichtlich, ist die Ökonomie des Werkes von der Konzentration der Darstellung auf einzelne Schwerpunkte bestimmt. Hilfsmittel chronologischer Einteilung sind die Olympiaden, ihnen untergeordnet römische Consulats-, achäische Strategen- sowie athenische Archontenlisten; daneben gliedert P. auch geographisch in einzelne Schauplätze. Als erwiesen gilt, daß die Bücher 30–40 Erweiterung eines ursprünglichen Planes bedeuten, die Dinge bis 167 zu schildern.

Für P.' Auffassung von *Sinn und Ziel* der Historiographie sind genügend Zeugnisse vorhanden. Geschichte gilt ihm als politische Lehrmeisterin (12, 5): aus der Erkenntnis ihrer wenn auch noch so komplizierten und vielschichtigen Kausalitäten allein vermag der Mensch die notwendigen Folgerungen für sein künftiges Verhalten zu ziehen (5, 21, 6; 3, 1, 4; 1, 1, 5). Daß eine derartige Rigorosität des alten ἡδονή-μίμησις-Standpunktes früherer Historiographie für den Historiker zusammen mit Zwang zur Objektivität und zur Wahrhaftigkeit des Forschens die Mißachtung jeglicher Publikumsinteressen, ja weitgehend selbst stilistischer Fragen bedeutet, liegt auf der

Hand². Geschichte ist für P. in erster Linie polit. Geschichte, doch hat der Historiker, um seiner hohen Verpflichtung gerecht zu werden, bestimmte, nicht leicht zu erwerbende Voraussetzungen nötig: intensives Quellenstudium, Autopsie sowie persönliche Erfahrung und Reife. In seiner Kritik an Timaios, Kallisthenes und Phylarch demonstriert P. gleichsam am Gegenbeispiel seine Auffassung vom Wesen des wahren Historikers. Er selbst erfüllt freilich seine Forderung in geradezu idealer Weise. Sicherlich mehr durch abwägende Vernunft als durch persönliches Schicksal zum Verehrer Roms geworden, kennt P. nur eine Perspektive für Betrachtung und Zusammenordnung der historischen Kräfte seiner Zeit: die fast gesetzmäßige Ausdehnung des römischen Imperiums über die ganze bekannte Welt (3, 1, 4). Daher ist für ihn auch nur die universalhistorische Darstellung möglich, freilich jetzt in ganz anderem Sinne als bei einem Duris oder Phylarch. Hinweise auf Thukydides sind nicht erhalten; daß er diesen indes als das große Vorbild pragmatischer Darstellungsweise ständig vor Augen hatte, ist mit Sicherheit anzunehmen. Erreicht freilich hat er dieses Vorbild nicht; es wäre zu fragen, ob dies unter den für ihn gegebenen Voraussetzungen überhaupt möglich war. Die durch das Geschehen geradezu aufgezwungene Intensität der Pragmatik seiner Darstellung einerseits wie auch seine persönliche Parteinahme für das Imperium gegen die anderen politischen Daseinsformen in dessen Umwelt andererseits machen ihm das Ringen um die Wahrheit schwer. Gerade bei Überprüfung seines Verhältnisses zu Thukydides wird an P. wie an wenigen antiken Historikern das zeitlose Dilemma zwischen objektiver Distanz und echter Anteilnahme deutlich. Die Tatsache, daß er trotz persönlicher Ehrungen nicht ganz den Nachhall bei Späteren fand, den er verdiente, läßt sich z. T. wohl hieraus erklären.

Wichtig für die Beurteilung des Historikers wie des Menschen P. scheint darüberhinaus seine Erörterung der *römischen Verfassung* B. 6: Zwar gibt er, von griechischen Staatstheorien ausgehend, einen umfassenden Überblick über die staatliche Entwicklung Roms und kommt dabei zu dem Ergebnis, die in diesem sich verkörpernde Mischverfassung sei nicht nur Quelle der durch Jahrhunderte hindurch bewährten Leistungskraft Roms. Sie erweist sich erst in der römischen Geschichte als der politische Idealzustand schlechthin. Andererseits hält er auch die gegenwärtigen Verhältnisse für vergänglich und einem durch ewigen Kreislauf der Dinge verursachten Wechsel unterworfen. Die Diskussion um die Erklärung dieser an sich widersprüchlichen Auffassungen wird durch das Bruchstückhafte unserer Überlieferung erschwert. Zu vermuten ist, daß P. mit dem Höhepunkt römischer Machtentwicklung tatsächlich auch deren Problematik erkannt hat – auf den Einfluß seiner Erkenntnisse wiederum könnte der prophetische Vergleich Scipios zwischen Rom und Troia und den Ruinen Karthagos mit zurückgehen. Die Umarbeitung zugleich mancher Partien des Werkes gerade auf Grund dieser Erkenntnisse ist anzunehmen.

Anm.: 1) Zur Weihinschrift der Stele von Kleitor in Arkadien (IG V 2, 370) s. K. Ziegler, RE XXI, 1952, 1463–4, der gute Gründe für die Echtheit der Inschrift beibringt, die Authentizität der Abbildung auf der Stele aber mit Recht bezweifelt. Es wäre möglich, daß die gewährten Wohltaten in die Zeit des röm. Staatsbesuches bei Ptolemaios VIII. im Jahr 140 fallen. – 2) S. bes. 12, 1, 8; 1, 14, 6. Zu fragen bleibt, wie weit sich die auch bei P. deutlichen Züge tragischer Geschichtsschreibung auf ihn selbst oder seine Quellen zurückführen lassen.

Text: Th. Büttner-Wobst, Leipzig (Teubn.) I² 1902, II² – V 1889–1904. – W. S. Paton, London – New York (Loeb) 1922–27. – C. Schick, Mailand 1955. – P. Pédech, J. de Foucault, R. Weil u.a., Paris (Budé) 1961ff. – Übers.: H. Drexler, Zürich – Stuttgart 1962–64. – Kommentar: F. W. Walbank, A Historical Commentary on P., 3 Bde., Oxford 1956–79. – Textüberlieferung und Sprache: J. M. Moore, The Manuscript Tradition of P., Cambridge 1965 (Buch 1–18). – A. Mauersberger, P.-Lexikon (ersch.: A– O, Berlin 1956–75). – J. A. de Foucault, Recherches sur la langue et le style de P., Paris 1972. – M. Dubuisson, Le Latin de P. Les implications hist. d'un cas de bilinguisme, Paris 1985. –
Sammelwerke und Bibliographien: D. Musti, P. negli studi dell'ultimo ventennio (1950–70), ANRW I 2, 1972, 1114–81. – E. Gabba (Hg.), Polybe. Entret. Fondation Hardt XX, Vandœuvres – Genf 1974. – K. Stiewe – N. Holzberg (Hgg.), P., Darmstadt 1982 (WdF 347, m. Bibl. 1970–80). – F.W. Walbank, Selected Papers (SP), Cambridge 1985.
Lit.: K. Ziegler, RE XXI 2, 1952, 1440–1578. – M. Gelzer, Die Achaica im Geschichtswerk des P. (1940): Kl.Schr. III, Wiesbaden 1964, 123–54 (WdF). – H. Erbse, Die Entstehung des polyb. Geschichtswerkes, RhM 94, 1952, 157–79 (WdF). – A. Klotz, Studien zu P., Hermes 80, 1952, 325–43. – K. v. Fritz, The Theory of Mixed Constitution in Antiquity. A critical analysis of P.' Ideas, New York 1954. – C.O. Brink – F.W. Walbank, The Construction of the 6th Book of P., CQ 48, 1954, 97–122 (WdF). – M. Gelzer, Die pragmat. G. des P. (1955); ders., Über die Arbeitsweise des P. (1956), Kl. Schr. III 155–60, 161–90 (WdF). – A. Roveri, Tyche bei P. (1956): WdF). – H. Erbse, P.-Interpretationen, Philol. 101, 1957, 269–97. – H. H. Schmitt, Hellenen, Römer und Barbaren, Jahresber. Gymn. Aschaffenburg 1958. – F.W. Walbank, Polemic in P. (1962: SP, WdF). – Ders., P. and Rome's Eastern Policy (1963: SP). – Ders., P. and the Roman State, GRBS 5, 1964, 239–66. – K.W. Welwei, Könige und Königtum im Urteil des P., Diss. Köln 1963. – Ders., Demokratie und Masse bei P., Historia 15, 1966, 282–301. – P. Pédech, La méthode hist. de Polybe, Paris 1964. – Ders., Les idées religieuses de P., RHR 197, 1965, 35–68. – G.A. Lehmann, Unters. zur hist. Glaubwürdigkeit des P., Münster 1967. – K. E. Petzold, Studien zur Methode des P. und zu ihrer hist. Auswertung, München 1969. – F. W. Walbank, Polybius, Berkeley 1972. – K. E. Petzold, Kyklos und Telos im Ge-

schichtsdenken des P., Saeculum 28, 1977, 253–99. – F. W. Walbank, Polybius' Last Ten Books (1977: SP). – K. Sacks, P. on the writing of the history. Univ. California Class.Stud. 24, 1981. – E.S. Gruen, Greek πίστις and Roman fides. Athenaeum 40, 1982, 50–68. – D. Mendels, P. and the socioecon. revolution in Greece (227–146 B.C.). AC 51, 1982, 86–110. – J.M. Alonso-Nuñez, Die Abfolge der Weltreiche bei P. und Dionys. v. Halik., Historia 32, 1983, 411–26. – D. Musti, Polibio: Storia delle idee polit., econ. e sociali. L'antichità class., Turin 1982, 609–51. – B. Meißner, ΠΡΑΓΜΑΤΙΚΗ ΙΣΤΟΡΙΑ. Saeculum 37, 1986, 313–51. – A.M. Eckstein, P., Aristaenus and the fragment on the traitors. CQ 37, 1987, 140–62. – R. Weil, La composition de l'hist. de P., JS 1988, 185–200. – Meister, 153–66; 229–31 (Lit.). – A. M. Eckstein, AJPh 113, 1992, 387–406 (Lebensdaten).

7. DIODOR, Historiker aus Agyrion in Sizilien (1, 4, 4), im 1. Jh. lebend. Er verfaßte nach jahrzehntelanger Vorarbeit eine 40bändige Weltgeschichte Βιβλιοθήκη ἱστορική. Der späteste chronologische Hinweis in ihr (16, 7, 1) bezieht sich auf d. J. 36. Erhalten sind B. 1–5 und 11–20, indes ist der Inhalt der restlichen Bücher aus Fragmenten und konstantinischen Exzerpten (bes. f. 21–25) einigermaßen zu erschließen. Seinen Zielen entsprechend verwendet D. für die einzelnen Zeitabschnitte die ihm jeweils hierfür kompetent erscheinenden Quellenautoren und geht dort, wo er mehrere Versionen findet, auch kompilatorisch zu Werk, doch bleibt bei seiner Arbeitsweise Inhalt und Form seiner Quellen transparent. So liegt seiner Darstellung ägyptischer Geschichte (B. 1) Hekataios v. Abdera, der Geschichte Mesopotamiens (B. 2) Ktesias, der indischen Megasthenes zugrunde, für die asiatischen Verhältnisse benutzt D. neben Hekataios auch Agatharchides, für griechische Ephoros und Theopomp, dazu möglicherweise ausgiebig auch Βίοι und Ὑπομνήματα ἱστορικά des Aristoxenos v. Tarent (*375). Seine Hauptquelle in mythologischen Dingen scheint Dionysios Skytobrachion. Ineinanderarbeiten verschiedener Quellen läßt sich besonders für die späteren Bücher nachweisen[1].

Für die Darstellung der hell. Geschichte (B. 18ff.) schließt D. sich Timaios, Polybios, Hieronymos v. Kardia sowie Poseidonios an, für dessen Kenntnis die aus D. zu gewinnenden Fragmente Hauptquelle darstellen. Ob die großangelegte Darstellung der Kosmogonie (1, 1, 3) am Anfang des Werkes diesem einen philosophischen Grundcharakter geben und es in eine Reihe mit denen von Polybios und Poseidonios stellen sollte, läßt sich nicht mehr mit Sicherheit feststellen: Der Art des Gesamtwerkes nach scheint sie indes weniger Bekenntnis zu archaisch-religiöser Daseinsbetrachtung als vielmehr einfa-

che Darlegung philosophischer Ansichten zu sein. Als chronologisches Gerüst wird eine hellenistische Chronographie angenommen, die D. selbst mit römischen Consullisten kombiniert haben muß. Seine Methode, zusammenhängende Ereignisse in verschiedenen Teilen der Oikumene nach einzelnen Jahren zu zerreißen, um sie seinem Schema einzuordnen, mag im ganzen gesehen unvorteilhaft und für Autor wie Leser unbequem sein, von der Gefahr sich auf diese Weise besonders leicht einschleichender Fehler abgesehen. Sie scheint indes durch den Lehrbuchcharakter des Werkes gerechtfertigt. Darüber hinaus kann die auf diese Weise ermöglichte, bis ins Detail gehende Synchronopse der Ereignisse am Ende dieser Literaturperiode noch einmal gleichsam als Resumée hell. Historiographie gelten.
G. W.

Anm.: 1) Zu B. 16 s. die Diskussion zwischen A. Momigliano, RIL 66, 1932, 523–43 und N. Hammond, CQ 31, 1937, 79–86; 32, 1938, 137–49; JHS 27, 1937, 44–78. Für B. 17 brachte W.W. Tarn, Alexander the Great, II, Cambridge 1948, 69–98 die These, D. habe in seiner Darstellung des Alexanderzuges den Bericht eines auf persischer Seite kämpfenden Söldners verwendet. Trotz ihrer allgemeinen Ablehnung ist wirkliche Widerlegung kaum möglich (vgl. dazu P. Brunt, CQ 12, 1962, 141–55).

Text: L. Dindorf, Leipzig 1828–1831; F. Fischer-Th. Vogel, Leipzig (Teubn.) 1888–1916 (nur B. 1–20); C.H. Oldfather u.a., London–New York (Loeb) 1933–67; M. Casevitz u.a., Paris (Budé) 1972 ff.; Diodoro. Bibliotheca XVI ed. M. Sordi, Florenz 1969. – Lexikon: J.I. McDougall, 2 Bde., Hildesheim 1983. – Lit.: E. Schwartz, REV, 1903, 662–704 s.v. D. – F. Altheim, Diodors römische Annalen, RhM 93, 1950, 267–86. – K.F. Stroheker, Timaios und Philistos, Festschrift Weinreich, Tübingen 1952, 139–61. – T.S. Brown, Timaeus and Diodorus' 11th Book, AJPh 73, 1952, 337–55. – J. Palm, Über Sprache und Stil des Diodorus v. Sizilien, Lund 1955. – H. Volkmann, Die indirekte Erzählung bei Diodor, RhM 98, 1955, 354–67. – G. Perl, Kritische Unters. zu D.s römischer Jahrzählung, Berlin 1957. – W. Spoerri, Späthell. Berichte über Welt, Kultur und Götter. Unters. zu D. v. Sizilien, Basel 1959. – R. Drews, Diodorus and his Sources, AJPh 83, 1962, 383–92. – R. Sinclair, Diodorus Siculus and his Writing of History, PACA 6, 1963, 36–45. – T. Orlandi, Duride in Diodoro, PP 19, 1964, 216–26. – R. Sinclair, Diodorus Siculus and Fighting in Relays, CQ 16, 1966, 249–54. – K. Meister, Die sizilische Geschichte bei D. ..., Diss. München 1967 (Lit.). – R.M. Errington, D. Sic. and the Chronology of the Early Diadochi 320–311 B.C., Hermes 105, 1977, 478–504. – J.R. Hamilton, Cleitarchus and D. 17, in: K.H. Kinzl (ed.), Greece and the Eastern Mediterranean ..., Berlin-New York 1977. – F. Càssola, ANRW II 30, 1, 1982, 724ff.; J. Seibert, Das Zeitalter der Diadochen, Darmstadt 1983, 27ff. (Forschungsüberblicke). – N.G.L. Hammond, Three Historians of Alex. the Great, Cambr. 1983. – Meister, 171–81; 231f. (Lit.). – E. Galvagno–C. Molè Ventura (Hg.), Mito Storia Tradizione. Diodoro Siculo e la storiografia classica ..., Catania 1991.

8. NACHHELL. HISTORIKER.

Unsere Überlieferung der hell. Historiker und Kenntnis der hell. Geschichte beruht wesentlich auf nachhell. G., deren wichtigste Vertreter hier in chronolog. Folge knapp vorgestellt werden (s. ferner ↗Strabon; zur jüdisch-hell. G., insbes. Makkabäerbücher und Flavius Iosephos: ↗Judentum C III):

a) Pompeius TROGUS aus Südgallien, Ende 1. Jh.s v. Chr., schrieb 44 Bücher Historiae Philippicae, die erste Universalgeschichte der lat. Literatur; im Zentrum die Gesch. des ↗makedon. Reiches seit Philipp II. (Buch 7–40). Erhalten nur die *prologi* sowie die etwa 1/6 des Originals umfassenden Auszüge eines Marcus Iunianius IUSTINUS (3. Jh.). –

b) Titus LIVIUS aus Patavium, 59 v. – 17 n., schrieb 142 Bücher Röm. Geschichte *ab urbe condita* bis 9 v. Chr. Zu den Vorlagen gehören die röm. Annalisten, dazu für die hell. Geschichte insbes. Polybios (s. o. B 5). Erhalten: BB. 1–10 (bis 293 v. Chr.), 21–45 (218–167 v. Chr.) und Frgm. von Buch 11, 91 u. 120. Über den Inhalt des Gesamtwerks informieren u. a. die anonymen *periochae* (4. Jh.) sowie das exzerpierende Werk über Prodigien des Iulius Obsequens. –

c) PLUTARCH(OS) aus Chaironeia, ca. 46 – ca. 120 n. Chr., Popularphilosoph und Biograph. Aus dem umfangr. Werk sind – neben den unter dem Titel ἠϑικά (*moralia*) zusammengefaßten vermischten Schriften – 50 Biographien von Feldherrn und Staatsmännern erhalten; je ein Grieche und ein Römer sind paarweise zusammengestellt und verglichen (βίοι παράλληλοι). Das aus vielen, meist griech. Vorlagen geschöpfte Material wird dabei aufs Moralische ausgerichtet. Für die hell. Geschichte wichtig: Demosthenes, ↗Alexander, Phokion, ↗Eumenes, Demetrios Poliorketes, Pyrrhos, Aratos, Agis IV. u. Kleomenes III., Philopoimen, Flamininus, Aemilius Paullus, Lucullus, Pompeius, Crassus, M. Antonius u. a.

d) Q. CURTIUS RUFUS, 1. Jh. n. Chr.; seine 10 Bücher *Historiae Alexandri Magni Macedonis* sind nach griech. Vorlagen (v. a. Kleitarch, s. o. B 4) phantasiereich, stilistisch gekonnt, aber unkritisch gearbeitet; bis auf die ersten zwei Bücher fast vollständig erhalten. –

e) Flavius ARRIAN(OS) aus Nikomedeia, 2. Jh. n. Chr., Karriere als röm. Senator und Statthalter, verfaßte neben einer Nachschrift von Vorlesungen des ↗Stoikers Epiktet u. a. eine nüchterne, gute Vorlagen verwendende Darstellung der Anabasis ↗Alexanders d. Gr. (3), ferner eine Geschichte der Diadochenzeit (Frgm.) sowie eine Beschreibung Indiens (erh.). –

f) APPIAN(OS) aus Alexandreia, 2. Jh. n. Chr., Karriere in

Rom, schrieb 24 Bücher Röm. Gesch. (1 zur Königszeit, 11 nach den eroberten Regionen geordnete zur röm. Reichsbildung, 5 über Bürgerkriege, 4 über Ägypten und 3 über die kaiserzeitl. Zugewinne). Erhalten: 11 Bücher ganz, weitere in Frgm.; für die hell. Geschichte bes. wichtig: Makedonike (Frgm.), Illyrike, Syriake, Mithridateios. –

g) CASSIUS DIO Cocceianus aus Nikaia, um 150–235 n. Chr., Karriere in Rom, schrieb 80 Bücher Röm. Geschichte von den Anfängen bis ins Jahr seines Konsulats, 229; zu den (direkten oder indirekten) Vorlagen für die Zeit bis Augustus gehören wohl u.a. Polybios, Livius u. Arrian (s.o.). Ganz erhalten nur BB. 36–60 (69 v. – 46 n. Chr.), aus 1–35 längere Fragmente, ferner Exzerpte u.a. des Johannes Zonaras (12. Jh., für BB. 1–21) und Johannes Xiphilinos d. J. (11. Jh., für BB. 36–80). K. B.

a) TROGUS: Ed.: O. Seel, Stuttgart (Teubn.) ²1972 (Iustin), ebd. 1956 (Fragm.). – Übers.: O. Seel, Zürich– München 1972. – Komm.: J. Boerma, Diss. Groningen 1937 (zu 27–33); R. Boerma, Diss.Groningen 1979 (zu 13–15,2). – b) LIVIUS: Ed. m. Übers.: J. Feix, H.J. Hillen, München (Tusc.) 1974ff. – B. Bravo – M. Griffin, Athenaeum NS 66, 1988, 447–521. – Komm.: R.M. Ogilvie, Oxford 1965 (zu 1–5); J. Briscoe, Oxford I 1973 (zu 31–33), II 1981 (zu 34–37). – c) PLUTARCH: Ed.: C. Lindskog u. K. Ziegler, 6 Bde. Leipzig (Teubn.) 2–4 1964–1973. – Übers.: K. Ziegler u. W. Wuhrmann, 6 Bde. Zürich–Stuttgart 1954–1965. – Komm.: J.R. Hamilton, Oxford 1969 (Alex.); W.P. Theunissen, Diss. Nijmegen 1935–Leiden 1940 (Arat.); G. Marasco, 2 Bde. Rom 1981 (Agis-Kleom.); Ch.Liedmeier, Utrecht-Nijmegen 1935 (Aem. Paull.); C. Pelling, Cambridge 1988 (M. Anton., Lit.). – ANRW II 33,6, 1992. – d) CURTIUS RUFUS: Ed. und Übers.: K. Müller u. H. Schönfeld, München (Tusc.) 1954. – Komm.: J.E. Atkinson, Amsterdam 1980 (zu 3–4). – e) ARRIAN: Ed. m. Übers.: G. Wirth, O. v. Hinüber, Alexanderzug und Ind. Gesch., München (Tusc.) 1985 – Komm.: A.B. Bosworth, Oxford 1980 (zu 1–3). – ANRW II 34,1, 1993, 226–337. – f) APPIAN: Ed.: L. Mendelssohn / P. Viereck / A.G. Roos, 2 Bde. Leipzig (Teubn.) 1905–1939 (Nachdr. 1962/1986); Neuausg. f. Oxford Class. Texts v. K. Brodersen in Vorb. – Übers.: O. Veh, 2 Bde. hg. v. K. Brodersen / W. Will. (Bibl. d. griech. Lit. 23/27, 1987/89). – Komm.: K. Brodersen, Abriß (zu Syr. 45, 232ff.); ders., Appians Antiochike (zu Syr. 1, 1ff.) (Münch. Arb. z. Alten Gesch. 1/3, 1989/91). – K. Brodersen, A. und sein Werk, ANRW II 34,1, 1993, 336–63; s. auch ebd. 364–554. – g) CASSIUS DIO: Ed.: Ph.U. Boissevain, 5 Bde. Berlin 1895–1931 – Übers.: O. Veh, 5 Bde. Zürich–München 1985–1987 – Komm.: P.M. Swan, J.W. Humphrey (Hgg.), An Hist. Comm. on C.D.s Roman History (Amer. Philol. Assoc. Monogr. 34 ff., 1988ff.).

Hellenenbünde. Neben die seit dem Peloponn. Krieg (431–404) gegen Hegemonialmächte gerichtete Parole „Freiheit der Hellenen" trat im 4. Jh. der Ruf nach Frieden und Eintracht (ὁμόνοια) der Hellenen. Die Landfriedensbünde (↗Vertrag 7) der 1. H. des 4. Jh.s waren ungeeignet, diese Sehnsucht zu erfüllen. Die notwendige starke Führungsmacht suchte Isokrates zunächst in

Athen, dann in Thessalien, schließlich in Makedonien; doch erstrebte auch sein panhellenisches Programm nur Aussöhnung und Eintracht in einer Landfriedensordnung, nicht einen Staatenbund oder gar Bundesstaat unter maked. Hegemonie; im ‚Philippos' (or. V 154 v. J. 340) fordert er Philipp II. auf, er solle den Griechen Wohltäter, den Makedonen König, den zu unterwerfenden Barbaren Herrscher sein (εὐεργετεῖν, βασιλεύειν ↗Herrscherideal, ἄρχειν). Solche lose, auf bloßes Ansehen gestützte Führerrolle genügte den Machtansprüchen der maked. Könige nicht. Unter Ausnützung der panhell. Ideen, gestützt auf ihre milit. und polit. Übermacht, erreichten sie, z. T. mit Waffengewalt, mehrmals die Errichtung von H. (Staatenbünden) unter maked. Hegemonie: 338/7 (Korinth. Bund), erneuert nach mehreren vergebl. Versuchen 302, und 224 (Näheres ↗Vertrag 7). Nach Vorbild des Bundes von 338/7 scheint sich auch der antimakedon. Hellenenbund d. J. 323/2 (StV III 413) organisiert zu haben. H. H. S.

Lit.: U. Wilcken, Philipp II. v. Maked. und die panhellenische Idee, SB Berlin XVIII, 1929. – K. Bringmann, Studien zu den polit. Ideen des Isokrates, Hypomnemata 14, 1965 (Lit.). – T. T. B. Ryder, Koine Eirene, London 1965 (Lit.). – G. Dobesch, Der panhell. Gedanke im 4. Jh. v. Chr. und der „Philippos" des Isokrates, Wien 1968. – StV III 403; 446; 507 (Lit.).

Hellenismus: s. S. 1 ff.

Herrscherideal. Die Elemente des hell. H. – d. h. bes. die vom Herrscher geforderten Qualitäten – sind mit denen anderer Kulturen weitgehend gleich; doch zeigt sich gegenüber jenen eine z. T. unterschiedliche Gewichtung. Dies kann an der Überlieferung liegen, die am reichsten in Ägypten vorliegt, wo zwischen genuin hellenistisch-griechischen Elementen und Einfluß des epichorischen Substrats nicht immer genau unterschieden werden kann.

Quellen: Die vom Herrscher geforderten Qualitäten und Verhaltensweisen sind erkennbar 1. in Fürstenspiegeln und ähnlicher Literatur, 2. in der Selbstdarstellung der Herrscher, 3. in Äußerungen (z. B. Ehreninschriften, Weihungen) der Untertanen.

1. Literarische Äußerungen über wünschenswerte Eigenschaften führender Menschen liegen schon früh vor; so empfiehlt Pindar (Pyth. 1) Gerechtigkeit, Wahrheitsliebe, Vorbildhaftigkeit im Großen und Kleinen und Freigebigkeit. Intensive Diskussion zeigt sich indirekt in

Verfassungsvergleichen (z. B. Herod. III 82) und der sich entwickelnden Tyrannentopik, die nahezu in allen Punkten das negative Gegenbild zum H. ist; aus der vermutlich reichen Fürstenspiegel-Literatur sind uns v. a. vom Vorabend des Hell. erhalten: Xenophons Kyrupädie (auch sein Enkomion auf Agesilaos [3–10] und sein Dialog Hieron) und die kyprischen Reden des Isokrates (ca. 370–365): das Enkomion auf den verstorbenen König Euagoras von Salamis (IX) und die dessen Sohn gewidmeten Reden Ad Nicoclem (II) und Nicocles (III).

Die Aufgabe solcher Schriften ist „den Alleinherrschern Gesetze zu geben" (νομοθετεῖν ταῖς μοναρχίαις, Isocr. II 8): wo – wie dann bes. in der hell. Monarchie – der Herrscher an kein positives Gesetz gebunden werden kann, vielmehr selbst die Rechtsnormen setzt, also Quelle allen Rechts[1] (↗Staat III 3), ja sogar „beseeltes Gesetz" ist (s. u. 4c), kann Machtmißbrauch nicht durch rechtliche Vorschriften, sondern nur durch ethische Normen (und Nützlichkeitserwägungen!) verhindert werden, die der Herrscher anerkennt. Daher muß die Herrschaft rechtmäßig errungen sein durch Abstammung (ggf. von Göttern) und untadeligen Erwerb[2]; eine doppelte Legitimation erfordert neben Erbrecht den Ausweis persönlicher Qualitäten[3] (großenteils solcher, die auch der Bürger oder Untertan besitzen sollte, die vom Herrscher aber in besonders hohem, gewissermaßen superlativischem Maß erwartet werden), insbesondere von Liebe zu Untertanen und regiertem Gemeinwesen (Isocr. II 15: φιλάνθρωπος, φιλόπολις), d. h. Bereitschaft, die εὐδαιμονία der Bevölkerung als wichtigstes Ziel zu achten. Es wird also ein charakterlich vervollkommneter, uneigennütziger Herrscher gefordert. Ererbte gute Anlagen müssen durch Erziehung und stete Übung ausgebildet und gefestigt werden[4]. Doch wird dem Herrscher auch im Auftreten und der herrscherl. Ostentation passendes Maß zwischen Umgänglichkeit und Würde, notwendiger Prachtentfaltung und schlichter Lebenshaltung angeraten[5].

Isokrates' praktische und vordergründigere Forderungen, die wohl weitgehend umlaufendes Gedankengut verwendeten, dürften auf das hell. H. einen weit größeren direkten Einfluß ausgeübt haben als die theoretischen und grundsätzlichen Ausführungen seines Zeitgenossen Platon (bes. Politeia, Politikos, Nomoi), die wohl erst nach ihrer Rezeption in der Stoa größere Wirkung entfalteten. Direkter mögen Schriften wie die (verlorenen) Dialoge des Antisthenes († um 360: ↗Kynismus) über das Königtum („Herakles", „Archelaos", „Kyros") gewirkt haben, in denen anscheinend der weise, vollkommene Herrscher beschrieben wird, der wie Herakles den beschwerlichen Weg zur ἀρετή wählt und, uneigennützig sich mühend, als σωτήρ (Erlöser von Übeln, Wohlfahrtsherrscher) wirkt[6]. Kynisch war wohl auch die starke Betonung des (homerischen[7]) Bildes vom „Hirten", das auf das hell. H. sehr stark eingewirkt zu haben scheint: Ideal der gütigen Obsorge des Hirten für die Herde, die, auf ihn angewiesen, durch ihn erst Herde wird.

Idealbilder dieser Art haben vermutlich weite Verbreitung und, vermischt mit den Lehren einer staatsbejahenden Strömung der Stoa, Eingang auch in die Historiographie gefunden. Polybios[8] gibt wohl die übliche popularphilosophische Ansicht des 3. u. 2. Jh.s wieder, wenn er als βασιλεία nur ein Königtum anerkennt, das seine Tätigkeit an diesen sittlichen Normen und der Wohlfahrt seiner Untertanen mißt und von diesen freiwillig anerkannt wird (ἑκόντων ἡγεῖσθαι[9]); treffen diese Kriterien nicht zu, handelt es sich um Tyrannis.

2. Die Selbstdarstellung der Herrscher (wozu höfische Dichtung und Verlautbarungen hoher Funktionäre zu rechnen sind) nimmt die meisten dieser Themen in geeigneter Weise auf. Sie setzt wohl, wie im neuzeitlichen H., das Vorhandensein der herrscherlichen Qualitäten ohne Umschweife voraus; wo Fürstenspiegel fordern, man müsse gerecht, milde, weise, siegreich usw. sein, um ein wahrer Βασιλεύς sein zu können, folgert wohl die Propaganda, der Herrscher (z.B. der dem Vater nachfolgende bisherige Mitregent) sei Βασιλεύς, also sei er gerecht, milde usw. Gleiches gilt für einen βασιλικὸς ἀνήρ, also den (auch „ungekrönten") Inhaber königlicher Eigenschaften. Dementsprechend bedarf es bei einem βασιλικὸς ἀνήρ keines staatsrechtlich relevanten Erhebungsaktes, zumal es in einer absoluten Monarchie wohl faktische, aber keinen theoretisch kompetenten Königsmacher geben kann. Der Ideologie zufolge dürfte die Akklamation des Dynastiegründers (s. u. 4a) und seiner Nachfolger nicht ein Zustimmungsakt des Heeres sein, sondern lediglich sozusagen die Anerkenntnis seitens der Untertanen, daß die herrscherlichen Qualitäten

vorliegen, womit wiederum die freiwillige Selbstverpflichtung der Untertanen zur bedingungslosen Gefolgschaft verbunden ist.

Gleichwohl stehen zumindest zentrale Herrschereigenschaften des tatsächlich regierenden Herrschers, z.B. die *Sieghaftigkeit* (s.u. 4a), unter ständigem Zwang des Beweises, zumindest der stets wiederholten legitimierenden Behauptung in Wort und Bild. Wichtige Verbreitungsmittel königl. Selbstdarstellung sind Münzen (z.B. u. 4a,b; allg. ↗Münzprägung) und Skulpturen, die auch dem Analphabeten verständlich sind; höfische Dichtung (vgl. Theokrit. Idyll. XVII); Herrscherbriefe an Städte und Funktionäre[10]; wenn die Könige darin ihre Fürsorge für die Städte betonen, tun sie dies freilich oft durchaus mit Recht.

3. Die Untertanen und Vasallen in den Städten gehen mit gutem Grund auf die Selbstaussage des Herrschers ein. Dem Brief des Antigonos I. Monophthalmos (RC 1), in dem dieser wortreich sein mühevolles Eintreten für die Freiheit der Griechenstädte betont, antwortet die Stadt Skepsis mit ausführlichen Lobes- und Dankesformeln und der Einrichtung kultischer Ehren (OGI 6; ↗Herrscherkult C 2). Einem Brief der Königin Laodike, die die Ankündigung einer Stiftung (s.u. 4b) mit ausführlicher Darlegung der Wohlfahrtspolitik ihres Gatten Antiochos III. verbindet, antwortet die Stadt Iasos mit einem Ehrenbeschluß für die königl. Familie, in dem die Wohltaten des Herrschers wortreich gefeiert werden[11]. Alabanda rühmt vor dem Amphiktionenrat „König Antiochos (III.), den Wohltäter der Stadt", weil er ihr „nach dem Vorbild seiner Vorfahren Demokratie und Frieden" bewahre (OGI 234) usw. Themen und Aussagen dieser Art werden zwischen Herrscher und Untertan bzw. Vasall vielfach gespiegelt, zum Nutzen des Herrschers vor der öffentl. Meinung der griech. Welt und zum Nutzen des Untertans, der so neue „Wohltaten" hervorrufen kann.

4. *Wichtigste Themen des H.:*
a) Im Mittelpunkt des hell. H. steht die *Sieghaftigkeit* des Herrschers, die Fähigkeit, nicht nur erfolgreich abzuwehren, sondern auch zu erobern. Seitdem Alexander d. Gr. 334 vor dem Betreten asiatischen Bodens vom Boot aus seinen Speer als Symbol der Eroberung aufs Festland schleuderte[12], ist der Speergewinn durch Alexander und/

oder den Begründer der jeweiligen Dynastie erste Grundlage der Legitimation (δορίκτητος oder δοριάλωτος χώρα). Anlaß zur Annahme des Βασιλεύς-Titels durch Antigonos I. und Demetrios I. (↗Antigoniden) war Demetrios' Sieg bei Salamis (Kypros); Seleukos I. berief sich auf seine siegreiche Anabasis in den Osten, und auch ihre Konkurrenten scheinen Erfolge zumindest konstruiert zu haben[13]; später lassen sich Hieron II. nach seinem Sieg am Longanos (279; ↗Sizilien), Attalos I. von ↗Pergamon nach seinem Galatersieg[14] zu Königen ausrufen; dem siegreichen Scipio d. Ä. wird von den Iberern das Königtum angeboten[15]. Die Sieghaftigkeit und allgemeiner das militärische Führertum wird daher auch in bereits regierenden Dynastien in Wort und Bild unaufhörlich betont; hierher gehören prunkhafte Militärparaden wie die des Antiochos IV. in Daphne (Polyb. 30, 25), aber auch Kultbeinamen wie Nikator und Kallinikos[16] und der die militär. Rettung aus höchster Gefahr bezeichnende Beiname Soter[17]. Darstellung der militär. Qualitäten gelegentl. auf Münzen (z. B. Kriegselefant, Waffen), v. a. in Pergamon in Plastik und Relief (Galliergruppen, Athena-Bezirk mit Trophäen, Zeus-Altar mit Überhöhung des Siegs durch göttliche Parallelen); Inschriften (z. B.: OGI 54 aus Adulis: Aufzählung der Eroberungen des ↗Ptolemaios III; Siegesstelen nach dem Sieg bei Raphia 217[18]); Dichtung: Theokrit. Idyll. XVII 97 ff. (Sicherheit des Volks durch die militär. Qualitäten des Königs).

b) Nahezu ebenso wichtig ist die Sorge des Königs für das *Wohlergehen* der Untertanen, seine Rolle als *Nährer und Vater*. Frühe sakrale Vorstellungen vom König als Mittler der Fruchtbarkeit sind in griech. Texten Ägyptens meist eher rationalisiert; z. B. Theokr. Idyll. XVII 77 ff.: Zusammenhang zwischen Wohlstand und der vom König garantierten friedl. und gesetzl. Ordnung; ebenso im äg. Priesterdekret von Kanopos OGI 56, wo ferner der König die Folgen einer Trockenheit ganz „irdisch" durch Getreideimport, nicht durch übernatürl. Kräfte beseitigt; ähnlich schon Homer. Od. XIX 108 ff. (Wohlstand durch gute Gesetze des Königs). Äußeres Zeichen dafür ist v. a. das vom Diadem (↗Herrscher-Insignien III 1) umwundene Füllhorn bes. auf Münzen der Ptolemäer. Im o. 3 erwähnten Brief an Iasos stiftet Laodike Getreide, aus dessen Verkaufsertrag Mitgiften für arme Bürgertöchter ausgeschüttet werden sollen, übernimmt also ähnlich einer Gutsherrin die Mutterrolle analog der von den Königen gern gespielten Vater-[19] und Wohltäterrolle, die zur häufigen Verleihung des Ehrentitels εὐεργέτης führt (auch Kultname). In diesen Zusammenhang gehört auch die Zurschaustellung des Reichtums und Luxus (τρυφή; vgl. Beinamen Τρύφων).[19a]

c) Gerechtigkeit (δικαιοσύνη) spielt in den Fürstenspiegeln eine zentrale Rolle (z.B. Isokr. II 16ff. 23f.; III 29–35; IX 23. 42f.) und wird von der herrscherl. Selbstaussage in verschiedenen Formen betont, auch im Beinamen Dikaios; s. auch die öffentl. Maßregelung von Übergriffen, z.B. RC 30 usw. Von Platons Ideal des weisen Königs, der kraft seiner Einsicht in das Wesen des Guten und Gerechten ohne Gesetze durch Spezialentscheide regiert oder jedenfalls über den (auch von ihm selbst erlassenen) Gesetzen steht[20], führt ein Weg zur Idee des Königs als νόμος ἔμψυχος (*lex animata*), der die höchste und einzige Rechtsquelle darstellt und somit an geschriebenes Recht nicht gebunden ist. Dieser Gedanke wird von mehreren spät-hell. oder früh-kaiserzeitl. Schriften „über das Königtum" vertreten[21], die der theoret. Begründung des absoluten Herrschertums dienen[22]; doch geht er wohl auf hell. Gedankengut zurück[23]. Die Auffassung des Königtums als „ruhmvoller Knechtschaft" (ἔνδοξος δουλεία) gegenüber den Gesetzen (↗Makedonien III 1) widerspricht dem nicht, da hier weniger materielles Recht als übergeordnete Grundsätze gemeint sind.

d) Weitere oft gerühmte oder geforderte Qualitäten sind u.a. die Herakles-Eigenschaften ἀνδρεία und φιλοπονία (Bereitschaft zu Gefahren und Strapazen), σωφροσύνη und ἐγκράτεια (Besonnenheit, Selbstbeherrschung), ἐπιείκεια, μετριότης, πραότης, εὐγνωμοσύνη (Bereitschaft, auf Zustehendes zu verzichten, also Gnade, Großmut u.ä.), durchwegs Zeichen der μεγαλοψυχία (Seelengröße) und φιλανθρωπία (etwa: Neigung zu freundlicher Obsorge).

e) Die in der Fürstenspiegelliteratur (s.o. 1) erwähnte Legitimation durch Abstammung wird in vielen hell. Dynastien hervorgehoben; so leiten sich die Argeaden schon seit dem 5. Jh. über Herakles auf Zeus zurück, ebenso später die Ptolemäer durch ihre Anknüpfung an das Argeadenhaus; die Seleukiden behaupten, von Apoll abzustammen, die molossische Dynastie (↗Epirus) von Achill usw. Usurpatoren versuchen sich als Angehörige der angestammten Dynastie hinzustellen (↗Staat IV 2). Für die Legitimation durch „historische Zitate", etwa Makedonentum, vgl. ↗Staat III 1; auch Diodotos Tryphon (↗Seleukiden V 5–6) und die Könige ↗Baktriens (2) betonen auf ihren Münzen ihr Makedonentum durch Wahl makedonischer Waffen und Kopfbedeckungen. Die inhaltl. Bezugnahme auf Alexander d. Gr. dient über das Ende der Antike hinaus der Legitimation.[24] – Der stets geäußerten Forderung, der Herrscher solle sich mit guten Ratgebern umgeben, wird durch die häufige Betonung der Beratung mit den „Freunden" im Synedrion Rechnung getragen (↗Staat III 3). – Heilkraft, eine in vielen Kulturen bis ins 19. Jh. n. Chr. (franz. Könige) betonte Herrschereigenschaft, ist nur für Pyrrhos (↗Epirus) belegt. H.H.S.

Anm.: 1) Isocr. III 62 (an die Untertanen): „Achtet meine Worte als Gesetze!" – 2) ebd. IX 12–18; 30–39; III 27f. – 3) ebd. III 29: v.a. δικαιοσύνη, σωφροσύνη. – 4) ebd. II 12: παίδευσις, ἐπιμέλεια. – 5) ebd. II 32; 34. – 6) W. Derichs, Herakles, Vorbild des Herrschers in der Antike, Diss. Köln 1950; R. Höistad, Cynic Hero and Cynic King. Diss. Uppsala 1949. – 7) Hom. Il. II 243: ποιμένα λαῶν (oriental. Herkunft?); vgl. Plat. Politikos 276e; Xenoph. Cyrup. I 1,2; VIII 2,14; memor. III 2,1 u.a.m. Vgl. RAC 15, 1991, 577ff. s.v. Hirt. – 8) Bes. VI 6–7; K.-W. Welwei pass. – 9) Polyb. V 11,6; traditionell, vgl. Welwei 123 A. 1. – 10) Z.B. RC 36 (Betonung der ehelichen Eintracht = Sicherheit der Dynastie); vgl. ferner u. 3; 4b; Anm. 11. – 11) IK Iasos 4; dazu SEG XXXIX 1110. – 12) W. Schmitthenner, Saeculum 19, 1968, 31ff. – 13) O. Müller, Antigonos Monophthalmos und „das Jahr der Könige", Bonn 1973. – 14) Polyb. XVIII 41. – 15) ebd. X 38,3; 40,2f. – 16) ↗Seleukiden II; III 3; V 5; VI 2–3; ↗Kommagene. – 17) ↗Ptolemäer II 2; 10; ↗Seleukiden V 4; ↗Pergamon I 3. – 18) H.-J. Thissen, Studien zum Raphiadekret (Beitr. z. klass. Philol. 23), Meisenheim 1966. – 19) Homer Od. II 47, 234; Arist. Eth. Nic. 1160b 21ff.; 1161a 10ff.; Xenoph. Cyrup. VIII 1,1–3; 2,9. – 19a) H. Heinen, Althistor. Studien H. Bengtson ... dargebracht. Historia Einzelschr. 40, 1983, 116–30. – 20) Politeia pass.; Politikos 296a ff. 300c; Nomoi 375 cd usw.; Arist. Pol. III 1284 ab (offenbar als Adynaton). – 21) E.R. Goodenough (1928) in: H. Kloft (Hg.), Ideologie 27–89; L. Delatte, Les Traités de la Royauté d'Ecphante, Diotogène et Sthénidas, Lüttich 1942. – 22) Diotogenes fordert wie ein Fürstenspiegel, der König müsse mit der Gerechtigkeit im eigenen Leben beginnen. – 23) Vgl. bereits Arist. Pol. III 1284a. – 24) Cl. Bohm, Imitatio Alexandri im Hell., München 1989 (Lit.); O. Weippert, Alexander-Imitatio und röm. Politik in rep. Zeit, Diss. Würzburg 1970 (Augsburg 1972, Lit.).

Lit.: H. Kehl, Die Monarchie im polit. Denken des Isokrates, Diss. Bonn 1962 (Lit.). – K.-W. Welwei, Könige und Königtum im Urteil des Polybios, Diss. Köln 1963. – H. Kloft (Hg.), Ideologie und Herrschaft in der Antike (WdF 528), Darmstadt 1979, 27–188 (Aufsatz-Samml.), 497–503 (Bibl.). – B. Hintzen-Bohlen, Die Familiengruppe, ein Mittel zur Selbstdarstellung hell. Herrscher. JdI 105, 1990, 129–54. – Dies., Herrscherrepräsentation im Hell. ..., Köln 1992. – H.H. Schmitt, Zur Inszenierung des Privatlebens des hell. Herrschers, in: J. Seibert (Hg.), Hell. Studien (Münchener Arb. z. Alten Gesch. 5), 1991, 75–86. – J. Seibert, Zur Begründung von Herrschaftsanspruch und Herrschaftslegitimierung in der frühen Diadochenzeit, ebd. 87–100. – L'idéologie du pouvoir monarchique dans l'Antiquité ..., Paris 1991 (bes. S. Le Bohec, 23–38; P. Lévêque, 39–50).

Herrscher-Insignien und -Ornat (H.I., H.O.).

I. Vor dem Hell.: H.I. der homer. Könige war das Szepter *(skeptron)*, dessen Länge die Verwandtschaft zu Speer oder Hirtenstab nahelegt; in der Versammlung gibt der König das Szepter an den jeweiligen Redner weiter. – Das Diadem (s. u. 3 a) als H.I. der maked. Könige vor Alexander d. Gr. ist fraglich[1]. Tyrannen hoben sich durch Kleiderpracht hervor; H.I. oder ein typischer H.O. sind nicht bekannt. Dionysios I. von Syrakus nahm das Prunkgewand der Könige im Theater an, als H.I. einen Goldkranz; zu seinen H.I. im weiteren Sinne gehörte das Schimmel-Viergespann[2]. Prächtige Kleidung als Bestandteil der königl. Ostentation empfiehlt Isokrates[3]; Purpurgewand und Goldkranz des Klearchos von Herakleia (Pontos, um 360) werden durch dessen Ansprüche schon in die Nähe des ↗Herrscherkultes (B 3) gerückt.

II. Alexander d. Gr. übernahm nach Dareios' Tod (330) Teile des pers. H.O.: Zu den maked. Kleidungsstücken Chlamys (Mantel), Krepides (Halbstiefel) und Kausia (breitrand. Filzhut, von Alex. und den Hetairoi in Purpur getragen) übernahm er Chiton, Diadem (beide purpurweiß gestreift) und Szepter, nicht aber die bes. typischen Teile Kandys (Ärmelkaftan), Anaxyrides (Beinkleider) und die aufrechte Tiara (Kitaris)[3a], die das Hauptmerkmal des Großkönigs gewesen war; diesen Rang nahm nunmehr das Diadem ein, das – wie zuvor um die Tiara – um die Kausia, viell. aber öfter um den bloßen Kopf geschlungen wurde[4]. ↗Eumenes v. Kardia ließ 318 vor Alexanders goldenem Thron opfern, auf dem Diadem, Goldkranz, Szepter und Waffen des Königs lagen[5]; auch der Thron ist wohl zu den H.I. zu zählen. Den prächtigen H.O. des Demetrios Poliorketes schildert Duris (FGrHist 76 F 14: goldbestickte Purpurstiefel, fleischfarb. Chlamys mit gold. Sternzeichen, goldbesticktes Diadem um die Purpurkausia).

III. Im Hell. gehören im wesentlichen folgende Teile zu H.I. und H.O.:

1. Diadem[6]. Während bei den Persern auch die συγγενεῖς (↗Hof F I) das D. trugen, blieb es seit Alexander d. Gr. als wesentl. Zeichen der souveränen Herrscherwürde auf die Könige und Mitregenten (gelegentl. auch Königinnen) beschränkt. Das weiße, oft goldbestickte Band wurde um den bloßen Kopf, wohl nur selten[7] um die

Kausia geschlungen; die fransengeschmückten Enden fielen in den Nacken. Auf Münzen umwindet das Diadem auch isolierte Kausia, Helm, Füllhorn usw. Es wurde von den meisten hell. Königen bei jedem offiziellen Auftreten getragen und von vielen Königen in den hell. Randgebieten (Bithynien, Pontos, Armenien, Bosporan. Reich, Juden, Parther, Sarmaten usw.[8], viell. sogar von Hasdrubal in Iberien) übernommen, nicht aber von Agathokles (↗Sizilien), in ↗Sparta und ↗Epirus, bei den ↗Antigoniden erst von Philipp V. (frühestens von Antigonos III.[9]). Bei überraschender Ausrufung kommt ein Papyrusstreifen als Ersatz vor[10]. Seit Ptolemaios IV. und Antiochos IV. erscheint auf Münzen das Diadem öfter von einem Strahlennimbus (göttl. Lichtglanz des Helios) umgeben (nie real so getragen). – Weiterwirken: In Rom setzte sich das Diadem erst spät durch; Darstellungen Augustus' und Agrippas mit Diadem im Osten waren inoffiziell; erst seit Aurelian wurde es offiziell, ständig erst seit Konstantin d. Gr. (Purpurband, meist juweliergeziert) als H. I. des regierenden Augustus bzw. der Augusta getragen. Auf Münzen erscheint hingegen das Strahlen-Diadem bereits seit Augustus beim verewigten, seit Nero gelegentlich beim lebenden Kaiser.

2. Kränze (Gold, Zweige) wurden öfter (z. B. von Agathokles und Pyrrhos) als H.I. getragen und toten Königen beigegeben, waren aber ebensowenig wie die *stephánē* der Königin den Regierenden vorbehalten.

3. Szepter werden in den Lit. selten erwähnt, erscheinen aber häufig (meist als kurzer Stab) auf Münzbildern von Königen, auch als Beizeichen. Der Speer als Symbol der auf Eroberung gegründeten Macht erscheint z. B. bei Alexanderstatuen[11] und auf Münzen, spielt aber anscheinend als reales Herrschaftszeichen eine geringere Rolle. (Der Dreizack auf Münzportraits des Ptolemaios IV. ist nicht real, sondern – wie der Helios-Nimbus [s. o. 1] – Element synkretist. Gottkönigsvorstellungen; ↗Herrscherkult C 3 a.)

4. Wichtiger ist der Siegelring als Zeichen der Macht; Alexander trug ihn in Philipps Abwesenheit als Regent und übergab ihn bei seinem Tod an Perdikkas. Für unmündige Könige bewahrte ihn der Vormund oder Vorsitzende des Regentschaftsrates.

5. Purpurfarbe von Kausia und Chlamys war auch den Großen des ↗Hofs (FV4) erlaubt, im Gegensatz zum Diadem, das den König aus den anderen Purpurträgern heraushob. Er trug unter der (oft golddurchwirkten) Purpurchlamys oft einen glänzend weißen Chiton.

6. Zu den H.I. im weitesten Sinn ist das Auftreten mit Leibwache zu rechnen (↗Hof C). H.H.S.

Anm.: 1) Ritter 31–41; dagegen W.B. Kaiser, Gnomon 38 (1966) 304f. – 2) Die Annahme A. Alföldis (Late Class. and Mediaeval Studies in Honor of A.M. Friend jr., 1955, 15ff.) und K.F. Strohekers (Dionysios I., 1958, 159f.), der Ornat des Theaterkönigs (und damit der des Dionysios I.) sei der persische H.O. gewesen, ist irrig. Das Viergespann wurde von Hieronymos (↗Sizilien) übernommen. – 3) Isokr. Ad. Nicocl. 32; vgl. Xenoph. Kyrup. VIII 1,40ff. – 3a) W. Hinz, RE Suppl. XIV (1974) 786–796 s.v. Tiara. – 4) E. Neuffer, Das Kostüm Alexanders d.Gr. (Diss. Gießen 1929); H. Berve, Klio 31 (1938) 148–150; Ritter 41–69. – 5) Diod. XVIII 60f.; XIX 15; Plut. Eum. 18. – 6) S. Grenz, Beitr. zur Gesch. des Diadems in den hell. Reichen (Diss. Greifsw. 1921); Ritter *passim*. – 7) Kombination von Kausia und Diadem wohl nur noch in Makedonien und (zur Betonung der maked. Tradition) in Baktrien üblich (Ritter 58–62). – 8) Liste: Ritter 128–169. – 9) Ritter 155ff. – 10) Ritter 163, 168 A.1. – 11) E. v. Schwarzenberg, Bonner Jahrb. 167 (1967) 70; W. Schmitthenner, Saeculum 19 (1968) 31–46 (Lit.).

Lit.: E. Breccia, Il diritto dinastico nelle monarchie dei successori d'Alessandro Magno. Studi di storia ant. pubbl. da G. Beloch IV (1903) 75–78. – R. Delbrück, Antike 8 (1932) 1–21. – A. Alföldi, Die monarch. Repräsentation im röm. Kaiserreiche (Darmstadt 1970; zuerst 1935), bes. XV, 257–271. – H.W. Ritter, Diadem und Königsherrschaft, Vestigia 7 (München 1965); ders., Ἀρχαιογνωσία 2, 1981, 159–205 (zur Sternsymbolik).

Herrscherkult.

A. IM ORIENT: Die (auch neuerdings noch gelegentlich versuchte) Herleitung des hell. H. aus oriental. Herrschervorstellungen läßt sich nicht aufrechterhalten. Zwar war in Mesopotamien im späteren 3. Jtsd. die Göttlichkeit vom gottgesandten Königsamt auf den König selbst übertragen worden (Königsnamen und Gottesdeterminativ seit Narâm-Sin von Akkad im 23. Jh.); doch war diese Göttlichkeit vielleicht nur sekundärer Art (erworben durch Annexion von „Gottesstaaten" oder durch *hierós gámos*[1] mit der Stadtgöttin?); sie scheint im frühen 2. Jtsd. geschwunden zu sein; noch auftretende Gottes-Epikleseis und -Determinative und mehrfach erwähnte „Gottessohnschaft" dürften immer mehr metaphorisch geworden sein. Die „offizielle Theologie" sah den König wohl nur noch als besonders begnadeten, auserwählten Diener der Götter an, deren Gnade er durch Gottesdienst auf Land und Menschen herabrief; der Volksglaube mag freilich noch lange den Mittler göttlicher Gnade als deren Spender betrachtet haben. – Der Perserkönig[2] genoß solcher nie göttl. Verehrung, sondern galt als der von Ahura Mazda auserwählte und belehnte Beherrscher des Erdkreises und Wahrer des *Arta* (Wahrheit, rechte Ordnung); diese Bestallung durch den Gott entrückte ihn in Zeremoniell und Glauben immer mehr den Untertanen, ohne ihn doch zum Gott werden zu lassen. – Nur in Ägypten wurde der Perserkönig als Nachfolger der Pharaonen als Gott und „Sohn des Rê" (konkret verstanden) verehrt; doch blieb dies regional begrenzt, und die Unterschiede zwischen dem ägypt. und dem hell. H. der Ptolemäer (s. u. C. 3 a) zeigen, daß von hier kein direkter Weg zum hell. H. führt.

B. GRIECHISCHE WURZELN.

1. Den oriental. Vorstellungen vom Gottherrschertum läßt sich also kaum mehr als eine beschleunigende oder Katalysator-Funktion zusprechen; die eigentl. Wurzeln des H.s sind vielmehr in griech. Glaubensmöglichkeiten zu suchen. Während die oriental. Vorstellungen v. a. vom Institutionellen, d. h. vom König als Träger des Herrschertums ausgingen, knüpften die griech. Vorstellungen mehr an die Eigenschaften und Leistungen der Einzelpersönlichkeit an, durch die diese über Menschenmaß emporgehoben erschien. – Daß die mykenischen Könige (vielleicht unter oriental. Einfluß) zu Lebzeiten oder nach dem Tod als Götter verehrt wurden, gilt heute als unwahrscheinlich[3]. Homers Könige sind nicht primär übermenschlicher Natur; ihre Herrschaft und besondere Fähigkeiten werden durch göttl. Verleihung und Hilfe erklärt; das Beiwort „Heros" und ihre göttl. Abstammung (v. a. *diogenés*) dürften, je nach Zeit und Bewußtseinslage, zunehmend metaphorisch verstanden worden sein. Charismatische Vorstellungen wie das Königsheil (als Fruchtbarkeits-, Heil- und Siegeskraft) lebten nur mehr am Rand des Griechentums weiter, wo sich, wie in Makedonien (s. u. B 4), das Königtum erhielt. Das Aufkommen minder anthropomorpher Gottesvorstellungen (Delphi) und die Nivellierungstendenzen der Demokratie vertieften in spätarchaischer und hochklass. Zeit zunächst die Kluft zwischen Göttern und Menschen und begünstigten nicht die Zuschreibung übermenschl. Qualitäten an eben Verstorbene oder gar Lebende.

2. Zum H. führt v. a. der Umweg über den Heroenkult[4], der seinerseits vielleicht vom myken. Grabkult herzuleiten ist. Er wurde an Gräbern oft unbekannter oder umgedeuteter Toter dargebracht, denen man segnende oder schadende Kraft zuschrieb, und unterschied sich in Form und Rang vom Götterkult (*enagízein*; Götteropfer: *thýein*). Mythische Archegeten und histor. Stadtgründer (Oikisten, Ktisten), im 5. Jh. auch große polit. Täter, Retter aus Not (*sotêres*, quasi „Neugründer") erhielten nach dem Tod heroische oder heroengleiche Ehren[5], so bes. sizil. Tyrannen des frühen 5. Jh.s, Brasidas in Amphipolis, aber bald auch Vollbringer kultureller Leistungen (Aischylos, Sophokles). Diese Ehrungen galten prinzipiell verstorbenen Menschen; doch tendierte die Entwicklung dahin, die Grenzen zwischen lebenden und toten Menschen, zwischen Heroen und Göttern zu verwischen: Große Taten zu Lebzeiten bedeuteten potentielle Heroisierung; Toten- und Heroenkult trennten sich; Heroen und Götter näherten sich an, da zweitrangige oder lokale Götter unter die Heroen aufgenommen wurden, Heroen (bes. Herakles) in die olymp. Götterwelt aufstiegen. Seit dem späten 5. Jh. mehrten sich Zweifel an der Macht der ohnehin nie rein transzendent vorgestellten Götter: die Propagierung des schrankenlosen Übermenschen (↗Herrscherideal) hob diesen weit über Menschenmaß hinaus; so wurde der niedriger gewordene Himmel (F. Taeger) für den Menschen erreichbar.

3. Seit dieser Zeit treten im religiösen Bereich liegende Ehrungen für Lebende auf: Statuen großer Lebender im schützenden Arm der Gottheit[6] oder im Kreis der Götter, von diesen bekränzt[7]; heroische Ehren für den *euergétes* und *sotér* Dion von Syrakus[8]; Opfer und Altäre „wie für einen Gott" für Lysander, Umbenennung des samischen Hera-Festes in (Ἡραῖα καὶ?) Λυσάνδρεια[9]. Hierhin gehören auch Randerscheinungen wie der Wunderarzt Menekrates „Zeus" im Göttergewand mit „Göttergefolge"[10], die Herakles-Attitüde des Argivers Nikostratos (um 350)[11], die „Gottessohnschaft" des Tyrannen Klearchos von Herakleia (um 360)[12] u. a. m. Bei diesen Erscheinungen muß (mit Taeger) differenziert werden zwischen kultischen Ehren „wie einem Heros bzw. Gott", „heroen- bzw. göttergleichen" und „heroischen bzw. göttlichen Ehren"; beachtet werden müssen die jeweilige polit. und geograph. Situation (Ehrung durch Unterworfene

usw.; Sizilien und Kleinasien gehen dem Mutterland voran) sowie die Möglichkeit einer Vergröberung durch spätere, an den H. gewöhnte Autoren (Diodor, Plutarch). Andererseits handelt es sich um eine schillernde Begriffswelt mit ineinander übergehenden Nuancen, in der der Bildungsgrad und das (der kritischen Forschung kaum zugängliche, nur erahnbare) relig. Bewußtsein des Einzelnen eine wichtige Rolle spielten: Der von Gott Begnadete und Beschützte konnte als *Sýnnaos*[12a], *Sýnthronos*, *Sýmbomos* des Gottes verstanden werden, die durch den großen Menschen wirkende Götterkraft als Kraft dieses Menschen selbst, die Gottessohnschaft metaphorisch oder wörtlich, die göttergleiche Ehrung als unmittelbar göttliche usw. Gerade durch dieses Oszillieren ließen sich verschiedene Formen des Heraushebens großer Menschen über Menschenmaß bei philosophisch Gebildeten wie bei naiv Glaubenden einbürgern. Andererseits waren Heroentum und Göttlichkeit noch nicht überall so weit abgeblaßt, daß man in diesen Ehrungen völlig leere Formeln sehen dürfte; vielmehr setzen Verleihung und Annahme solcher Ehren eine gewisse Form des Glaubens wenigstens bei einem Teil der Bevölkerung voraus. Dies gilt jedenfalls für die Frühformen des H., wohl aber auch für seine Blüteperiode im Hell.

4. Erst die zu großer Leistung befähigende Machtbasis und die Freiheit von Verfassungsbeschränkungen, die das makedon. Königtum seit Philipp II. bot, brachten den Kult der großen Persönlichkeit zu voller Entfaltung. Das Argeadenhaus berief sich seit dem 5. Jh. auf die Herkunft von Zeus über Herakles, das Inbild des durch Leistung und sittl. Läuterung zum Gott aufgestiegenen Menschen (↗Herrscherideal); charismatische Königsvorstellungen (Königsheil als Siegeskraft) sind in spätarchaischer Zeit in Makedonien belegt[13]. Nachrichten über göttl. Verehrung Amyntas' III. und Philipps II. in griech. Städten sind nicht sicher[14]. Doch ließ Philipp beim Festzug in Aigai (336) neben den Bildern der 12 Götter als 13. (!) sein eigenes *theoprepés* (= chryselephantin?) *eidolon* zeigen, „womit er sich als Sýnthronos der 12 Götter bezeichnete"[15]; wohl nicht nur eine temporäre Identifikation des Priesterkönigs mit Dionysos[16], sondern doch wohl ein erster Versuch, die Grenzen des Menschentums zu überschreiten. Isokrates' Wort, wenn Philipp die Perser besiege, bleibe ihm keine weitere Steigerung mehr, als

Gott zu werden, ist zwar nicht Aufforderung zur Selbstvergottung, sondern Warnung vor Hybris[17]; doch mag diese wegen konkreter Ansätze zu solcher Hybris ausgesprochen sein.

C. HELLENISMUS.

1. ↗Alexander d. Gr.[18] begann seinen Perserfeldzug mit der (im Traditionsrahmen bleibenden) Berufung auf seinen Ahnen Achill (Opfer am Hellespont, Schildreliquie aus Ilion)[18a], betonte aber bald immer mehr die Herleitung von Herakles, dessen unbärtiges Antlitz auf den ↗Münzen (B 1) zunehmend Alexanders Zügen ähnelte[19]. Seit dem Besuch im Ammons-Orakel (Oase Siwa) trat die – bald von den Orakeln Didyma und Erythrai bestätigte – Zeus-Sohnschaft in den Vordergrund, den Griechen als tatsächliche Zeugung durch Zeus oder metaphorisch akzeptabel. Häufige Opfer an Zeus *Basileus*. Die Leistungen im Iran-Feldzug sollen als den Zügen des Herakles und Dionysos gleichwertig, ja diese übertreffend (mithin übernatürlich) hingestellt worden sein[20]. Heros Ktistes war Alexander in den von ihm gegründeten Städten. Wohl schon bald nach 334 richteten kleinasiat. Griechenstädte von sich aus göttl. Kulte und Spiele für den Befreier ein[21]. Den Städten des Mutterlandes gegenüber soll Alexander i.J. 324 selbst die Forderung nach Vergöttlichung erhoben haben[22]; jedenfalls wurde er in Athen als *triskaidékatos* den olymp. Göttern gleichgestellt, und Gesandte der griech. Städte grüßten ihn in Babylon „wie Theoren, zu Ehren eines Gottes gekommen"[23]. Dieser Kult, meist widerwillig beschlossen, wurde nach Alexanders Tod fast überall in Hellas wieder abgeschafft, blieb aber in Asien bestehen. Zum Glauben an seine eigene Göttlichkeit ↗Alexander. Es ist sehr wahrscheinlich, daß der Prozeß der Vergottung durch oriental. Erlebnisse – wie etwa die Verehrung als Gott-Pharao seit der Krönung in Memphis – beschleunigt wurde, wodurch aber wohl nur die in der griech. Entwicklung angelegten Möglichkeiten freigesetzt wurden (s. o. A; B 1).

2. Die Diadochen förderten Alexanders Kult, um ihre eigene Herrschaft zu legitimieren; mit Ammonshörnern, Elefantenprotome oder Löwenfell des Herakles geschmückt, erschien Alexanders Kopf auf der Vorderseite ihrer ↗Münzen (A 3, B 2) – ein Vorrecht der Götter. Alexanders Grab, in Memphis (erst seit Ptolemaios II. in Alexandreia) kultisch verehrt, legitimierte Ptolemaios'

Herrschaftsansprüche. ↗Eumenes von Kardia ließ aufgrund eines angebl. Traumes dem Alexander vor Thron und ↗Herrscherinsignien (II) opfern. Während der Kult des lebenden Alexander Widerstände gefunden hatte, scheint der Kult des Toten mindestens außerhalb Griechenlands ohne weiteres akzeptiert worden zu sein. – Ihre eigene Verehrung forcierten die Diadochen der 1. Generation offenbar nicht, auch nicht in ihrem unmittelbaren Herrschaftsgebiet, sondern warteten, bis sie von den „freien" griech. Städten (vermutlich ohne Nachhilfe) angeboten wurde. Diese gewöhnten sich anscheinend rasch an die polit. Verwendbarkeit göttl. Ehrungen unter gleichzeitiger Vulgarisierung der „Göttlichkeit". 311 erweiterte Skepsis (Troas) bereits bestehende kultähnliche Ehren (Opfer, Agone, Stephanephorie) für den „Befreier" Antigonos Monophthalmos durch Einrichtung eines Temenos mit Altar und Kultbild (ἄγαλμα) des Oberherrn (OGI 6); ähnliche Ehren erhielten Lysimachos nach 305 in Priene und Samothrake (OGI 11; Syll.³ 372), Seleukos I. 281 in Ilion (OGI 212) usw. Während diese Ehrungen meist nur „göttergleich" (ἰσόθεοι) waren[24] und wenigstens die Bezeichnung „Gott" für den Herrscher vermieden, sollen die Rhodier 304 Ptolemaios I. mit Genehmigung des Ammonsorakels als Gott in einem Temenos verehrt und „Soter" genannt haben[25]. Solche Ehrungen blieben aber nicht auf das bisher vorangegangene Ostgriechentum beschränkt; im Gegenteil gehören gerade die von ↗Athen an Antigonos I. und Demetrios I. verliehenen Ehren (307, 304/3, 290) zu den frühesten und weitestgehenden[26]: die Athener nannten die beiden Herrscher „Könige" (307, vor offizieller Annahme des Titels), „rettende Götter" (θεοὶ σωτῆρες), benannten Phylen, einen Monat, einen Monatstag und ein Fest nach den Machthabern, nannten ihre Gesandten an die Herrscher „Theoren" (vgl. C 1) und webten die Bilder der Könige wie die der Götter in den Peplos der Athene ein. 304 wohnte Demetrios im Parthenon, war also σύνναος der „älteren Schwester", mit der er den ἱερὸς γάμος gefeiert haben soll[27]. Ähnliche Ehren erwiesen andere mutterländ. Städte um die gleiche Zeit. Bemerkenswert ist, daß die Ehrungen fast immer durch Auftreten des Herrschers mit Heeresmacht, „Befreiung" aus Fremdherrschaft oder Belagerung oder mindestens durch eine Befreiungsbotschaft (OGI 5–6) ausgelöst wurden, also durch persönliche Epiphanie (↗Religion B 10) der neuen Kultperson oder mindestens eine gleichzusetzende Tat, die ihn als σωτήρ und εὐεργέτης auswies[28]. Bezeichnend dafür ist die Heiligung der Stelle, wo Demetrios I. in Athen zuerst vom Pferd stieg, als Temenos des Demetrios Kataibates; mehr noch der Ithyphallikos anläßl. der „Epiphanie" des Demetrios in Athen 290, in dem von der „Anwesenheit" der „größten und liebsten Götter" Demeter und Demetrios gesprochen wird[29]. Zwar stellt das Lied in seiner „wahllosen Mischung und Häufung der Motive" (Taeger) eine geschmacklose Schmeichelei dar; doch ist nicht auszuschließen, daß viele Athener angesichts der Zurschaustellung der Macht beim prachtvollen Einzug des „Gottes" ein (wenn auch nur vorübergehendes) parareligiöses Gefühl empfanden[30], wie es der Personenkult auch in der Gegenwart kennt. Dies um so mehr, als auch in nicht-intellektuellen Kreisen eine Glaubensunsicherheit verbreitet gewesen sein dürfte, wie sie das Lied ausdrückt: „Die andern Götter sind ja weit entfernt | oder haben kein Ohr | oder existieren nicht, | oder kümmern sich nicht im geringsten um uns. | Dich aber sehen wir anwesend, | nicht aus Holz oder Stein, sondern in Wirklichkeit. | Darum beten wir zu dir: | Gib als erstes den Frieden, Liebster." Um die gleiche Zeit gab Euhemeros aus Messene der wohl verbreiteten Ansicht Ausdruck, die (olymp.) Götter seien einst große Könige gewesen und wegen ihrer Leistungen nach ihrem Tod als Götter verehrt worden[31]. Wenn auch vielleicht „aus diesem Geist ... kein echter Kult zu erwachsen" vermochte (Taeger), so doch ein gewisser Religionsersatz, der wenigstens zeitweise Trost und Halt geben konnte. – Die Diadochen nahmen die von den alten Städten angebotene Verehrung aus polit. Gründen gern an. Die reichsangehörigen Städte, in denen sie oft bereits Gründerkult genossen, scheinen mit Einrichtung des lokalen H.s gefolgt zu sein. Die Diadochen selbst begnügten sich zumeist mit traditioneller Herleitung von alten Göttern und Alexander und setzten ihr eigenes Bild nur zögernd auf ihre Münzen (zuerst anscheinend Demetrios I., der auch hier vorangeht, und Seleukos I; ↗Münzprägung B 4); erst die folgende Generation richtete von sich aus den H. der toten, dann der lebenden Herrscher ein.

3. *Der H. in den hell. Reichen.*
a. Ptolemäer[32]. Genealog. Anknüpfung mütterlicherseits zum Argeadenhaus, damit zu Herakles-Zeus (Zeus-

Adler auf ↗Münzen B 5). Ptolemaios II. ließ seine Eltern nach ihrem Tod als Θεοὶ Σωτῆρες vergotten; ebenso wurden in der Folge wohl alle nichtregierenden Toten der Dynastie apotheosiert. Dieser Schritt war infolge Verschmelzung von Heroisierung und Vergöttlichung nicht mehr ungewöhnlich. Bahnbrechend war jedoch die anscheinend zu Lebzeiten vollzogene Selbstvergottung Ptolemaios' II. und seiner Schwestergemahlin Arsinoe II. als Θεοὶ Ἀδελφοί, deren Kult an den Reichskult des (nunmehr in Alexandreia bestatteten) Alexander angeschlossen wurde. Alle folgenden Königspaare nahmen bei Regierungsantritt einen Kultnamen an und fügten ihren Kult dem Reichskult zu, in den seit Ptol. IV. auch die Θεοὶ Σωτῆρες einbezogen wurden. Urkunden wurden nach dem Priester des H.s sowie nach den Priesterinnen (Athlophoren, Kanephoren usw.) der postumen Spezialkulte der Arsinoe II. und einiger weiterer Königinnen datiert. Vermutlich wurde die Vergottung des lebenden Königs beeinflußt durch den selbständigen ägypt. H., in dem die Ptolemäer von Anfang an als Pharaonen göttl. Verehrung genossen[32a] (s. o. A). Ihm schenkten die religionspolitisch (↗Religion B 2) sehr interessierten Ptolemäer große Aufmerksamkeit, zumal seit Einsetzen der ägypt. Reaktion, derzuliebe sich ↗Ptolemaios V. als erster nach ägypt. Ritus krönen ließ. – Daß die Göttlichkeit der – lebenden wie verstorbenen – Könige stets als etwas Sekundäres verstanden wurde, läßt sich daran erkennen, daß ihre Namen – im Gegensatz zu (z. B.) Zeus und Alexander (!) – des Zusatzes θεός bedurften. Auch die betonte Annäherung an alte Gottheiten wie Dionysos (bes. Ptol. III. „Tryphon", IV., XII. Neos Dionysos) oder – bei Königinnen – an Isis scheint eher als Repräsentation, nicht als Inkarnation verstanden worden zu sein; erst recht sind das Miteinander von Strahlenkranz, Aegis und Dreizack auf Münzen der Zeit des Ptol. IV. nicht als Identifikation mit Helios, Zeus und Poseidon zu werten, sondern als synkretist. Häufung zur Verherrlichung der Königsmacht.

b. Seleukiden: Auch im Seleukidenreich[33] steht am Anfang der H. in zahlreichen griech. Städten, sowohl alten „freien" Städten wie in Herrschergründungen; in der Regel gilt er wohl, mindestens zunächst, nur einem mit der verleihenden Stadt irgendwie besonders verbundenen König oder Königspaar. Manche der in diesen städt. Kulten verliehenen Kultnamen werden von Königen auch offiziell getragen; doch darf z. B. Antiochos' II. Beiname

„Theos" nicht als Symptom eines generell verbindlichen Reichskults verstanden werden. Für einen solchen liegen sichere Belege erst unter Antiochos III. vor, der i. J. 193 durch Schreiben an die Provinzstatthalter einen Kult seiner Gemahlin Laodike mit Oberpriesterinnen (ἀρχιέρειαι) in allen Satrapien einrichtet und dem bereits bestehenden (möglicherweise erst von ihm selbst begründeten), ebenso organisierten Kult „Unserer Vorfahren und Unser selbst" zur Seite stellt[34]. Unklar bleibt, inwieweit diese Entwicklung sich den ptolem. Reichskult (s. o. 3 a) zum Vorbild genommen hat; hier wie dort sollen die Namen der Provinzial-Oberpriester (und -innen) in den jurist. Urkunden aufgeführt werden. Möglicherweise ist eine „Keimzelle des seleuk. Staatskultes" im – aus dem Gründerkult erwachsenen? – Kult des regierenden Königs und seiner Vorfahren in den von Seleukiden gegründeten Poleis Vorderasiens und Irans zu sehen[35]; er war anscheinend nahezu einheitlich, eher zentral organisiert und mag schon in die 1. Hälfte des 3. Jh.s zurückgehen. Für die Fortdauer der Organisation des Reichskults fehlen bisher die Belege. Von den späteren Seleukiden erheben bes. Antiochos IV. und Demetrios III. durch Beinamen (θεὸς Ἐπιφανής bzw. θεὸς Φιλοπάτωρ Σωτήρ) und Münzbild m. Strahlen o. ä. Anspruch auf Göttlichkeit, während sich die meisten andern mit überhöhten menschlichen Ehren zu begnügen scheinen.

c. Für die übrigen Reiche ist die Bezeugung spärlich. Die Antigoniden erfahren zwar seitens griech. Städte und Bünde die „üblichen kult. Ehrungen" (Taeger 354), halten sich aber seit Antigonos II. Gonatas, entsprechend dem betont „makedon." Charakter ihrer Herrschaft, in der Selbstüberhöhung sehr zurück; kein offiz. Reichskult. – Die Attaliden (↗Pergamon) betonen die Abstammung von Herakles; die verstorbenen Könige (z. T. auch Königinnen) genießen (wohl offizielle) Apotheose; die lebenden Herrscher erhalten von Städten inner- und außerhalb des Reichs zahlreiche kult. Ehrungen, überschreiten aber offenbar in ihrer Selbstdarstellung die Grenze zur Göttlichkeit nicht. – In Baktrien scheint Antimachos, in Bithynien Prusias II. vorübergehend Anspruch auf Göttlichkeit erhoben zu haben; in den übrigen größeren und kleineren Herrschaften am Rand des Hell. (so auch in Kappadokien) hat sich der H. offenbar nicht durchgesetzt. Eine Sonderstellung nimmt Antiochos I. v. ↗Kommagene (ca. 70–35) ein, der nicht nur seinen

Stammbaum von Zeus und Oromasdes (Ahura Mazda) her konstruiert, sondern seine Ahnen apotheosiert und damit – in einer Verbindung von Ahnenkult und H. – seine eigene rituelle Verehrung einleitet[36]. –

d. Die neue Großmacht Rom genießt in den Poleis des Ostens häufig in der Verehrung der θεὰ Ῥώμη und/oder des δῆμος τῶν Ῥωμαίων einen dem H. vergleichbaren Kult (zuerst Smyrna 195)[37]; auch röm. Sieger oder Statthalter rücken bisweilen in die bisher von den Königen eingenommene Position der kultisch verehrten Macht ein. Dies ist sicher nicht ohne Einfluß auf die Überhöhung der Persönlichkeit in Rom geblieben; doch läßt sich der H. der römischen Kaiserzeit sowenig ausschließlich vom hell. H. herleiten wie dieser von seinen oriental. Vorläufern.

H.H.S.

Anm.: 1) S.N. Kramer, The Sacred Marriage Rite (London 1969) – 2) Vgl. dazu W. Knauth – S. Najmabadi, Das altiran. Fürstenideal von Xenophon bis Ferdousi (Wiesbaden 1975) bes. 200f. (Lit.) – 3) Noch bejaht z.B. von A. Furumark, La regalità sacra 369f. – 4) L.R. Farnell, Greek Hero Cults and Ideas of Immortality (Oxford 1921) bes. 361ff.; Nilsson II² 137. – 5) Nilsson I³ 184–191; 378–384; 715–719 (Lit.). – 6) Plut. Alk. 16. – 7) Pausan. X 9,7ff. (Lysander). – 8) Diod. XVI 20,6. – 9) Plut. Lys. 18; Nilsson II² 139f. – 10) Athen. VII 289a–290a. – 11) Diod. XVI 44,3. – 12) Memnon FGrHist 474 F 1; Justin XVI 5,8ff. – 12a) Dazu A.D. Nock, Synnaos Theos. HSPh 41 (1930) 1–63 = Essays on Religion and the Anc. World I (Oxford 1972) 202–251. – 13) Justin VII 2,5ff. – 14) Taeger 174 gegen Habicht 11ff.: Zeus Philippios in Eresos (OGI 8a) wohl eher Zeus als Beschützer des Ph. denn Philippos-Zeus! – 15) Diod. XVI 92,5, zur Bed. der Zahl vgl. O. Weinreich, Triskaidekad. Studien. RVV 16,1 (1916). – 16) So Taeger 175ff. – 17) Isokr. epist. III 5; Taeger, Hermes 72 (1937) 355–60; Charisma I 123; Nilsson 140 A. 1. Noch H. Kehl, Die Monarchie im polit. Denken des Isokr. (Diss. Bonn 1962) 110 nimmt an, Isokrates habe Ph. ein Gottkönigtum antragen wollen. – 18) J. Seibert, Alexander d.Gr., Erträge der Fschg. 10 (Darmstadt 1972) 192–206. – 18a) Diod XVII 17,2f.; Justin XI 5,10–12; Arrian I 12,6–8; H.U. Instinsky, Alex. am Hellespont (Godesberg 1949). – 19) G. Kleiner, Alexanders Reichsmünzen. Abh. Berlin, phil.-hist. Kl. 1947, 2. – 20) Arrian V 2,1ff. – 21) Habicht 17–26. – 22) Habicht 28–36, Nilsson 149f. – 23) Taeger 215ff. Zitat: Arrian VII 23,2. – 24) Z.B. Syll.³ 390 Z.26 (Nesiotenbund für Ptolemaios I.). – 25) Diod. XX 100,3f.; Pausan. I 8,6. – 26) Habicht 44ff.; Taeger I 271. – 27) Plut. Demetr. 23; Clem. Alex. protr. IV 54,6. – 28) Vgl. die Einrichtung der athen. Phylen Ptolemais (229) und Attalis (201) aus ähnlichem Grund. – 29) Demochares FGrHist. 75 F2; Duris FGrHist 76 F13 = Athen VI 253 d ff.; Taeger 271ff.; V. Ehrenberg, Polis u. Imperium (1965) 503ff. – 30) Anders Taeger 273. – 31) Diod. V 48,8; VI 1; dazu M. Zumschlinge, Euhemeros (Diss. Bonn 1976, Lit.). Vgl. später Val. Max. praef.: *Reliquos enim deos accepimus, Caesares dedimus.* – 32) P.M. Fraser, Ptolemaic Alexandria (Oxford 1972) I 213–243; 361ff. (Lit.). Priesterschaft der ptol. Reichskulte: J. Ijsewijn, De sacerdotibus sacerdotiisque Ptolemaeorum Lagidarumque eponymis (Mailand 1971). Allg.: H. Hauben, in: L. Criscuolo – G. Geraci (Hgg.), Egitto e storia antica dall'ellenismo all' età araba, Bologna 1989, 441–67. – 32a) J. Quaegebeur, The Egypt. Clergy and the Cult of the Ptol. Dynasty, AncSoc 20, 1989, 93–116. – 33) E. Bikerman, Institutions des Séleucides (1938) 236–258. – B. Funck, Klio 73, 1991, 402–7. – 34) 3 Ex.: aus Eriza (Karien): Welles, RC 36/37 (dort noch die ältere Dat. ins

J. 204); aus Nihawend (W-Iran): L. Robert, Hellenica VII (1949) 1–22, eindeutig v. J. 193; aus Kermanschah (W-Iran): ders., CRAI 1967, 281–297. Aufführung der *archiereis* in städt. Beschlüssen vor den eigenen Eponymen öfter belegt; s. z. B. J. und L. Robert, Fouilles d'Amyzon en Carie I (1983) Nr. 15 und 15 B (aus Amyzon und Xanthos). – 35) P. Herrmann, Anadolu 9 (1965) 145 ff., bes. 151–153. – 36) H. Dörrie, Der Königskult des Antiochos von Kommagene ... Abh. Göttingen 3. F., 60 (1964), bes. 224 ff.; F. Taeger 427 ff. betont stärker den iran. Glaubenscharakter in einer hell. Hülle. – 37) Tac. ann. IV 56; dazu R. Mellor, Thea Rome (Hypomnemata 42, 1975) 51; M. Errington, Chiron 17, 1987, 97 ff.

A: Lit: H. Frankfort, Kingship and the Gods (Chicago 1948); S. H. Hooke (Hrsg.), Myth, Ritual and Kingship (Oxford 1958); La regalità sacra. Studies in the History of Religions IV (Leiden 1959); J. Engnell, Studies in the Divine Kingship in the Anc. Near East (Oxford ²1967). – M.-J. Seux, Reallex. d. Assyriol. VI (1980–83) 140–173 s. v. Königtum.
B–C: Lit.: E. Kornemann, Klio 1 (1901) 51–95; G. Herzog-Hauser, RE Suppl. IV (1924) 806–814; A. D. Nock, JHS 48 (1928) 21–34; U. Wilcken, Zur Entstehung des hell. Königskults. SB Berlin 1938, 298 ff. = Ders., Berliner Akademieschriften zur Alten Gesch. u. Papyruskunde (1883–1946), Opuscula II 2 (Leipzig 1970) 385–408; Chr. Habicht, Gottmenschentum und griech. Städte. Zetemata 14 (1956); F. Taeger, Charisma I (Stuttgart 1957); L. Cerfaux – J. Tondriau, Le culte des souverains dans la civilisation gréco-romaine (Tournai 1957); M. P. Nilsson, Gesch. der griech. Religion II² (München 1961) 128–185 (Lit.); A. Wlosok (Hrsg.), Römischer Kaiserkult (Wege der Fschg. 372, Darmstadt 1978) 55–81; 122–155; 203–326; F. W. Walbank, Chiron 17 (1987) 365–382.

Herrschertum ↗Staat, ↗Herrscherideal, ↗Herrscherkult.

Hof.

A. Αὐλή ('Hof') heißen anscheinend alle Königspaläste (auch τὸ βασίλειον, τὰ βασίλεια; in Reichen ohne festes Zentrum gab es mehrere solche ‚Pfalzen', z. B. im Seleukidenreich anscheinend in allen Teilen, v. a. Antiocheia, Seleukeia/Tigris, Sardes, Susa usw.) und auch provisor. Hofhaltungen, z. B. im Kriege das königl. Hauptquartier; οἱ περὶ τὴν αὐλήν oder αὐλικοί bezeichnet Hofbedienstete und Hofgesellschaft.

B. 1. der *Wirtschaftsdienst* (θεραπεία?)¹ umfaßte zahllose Domestiken aller Art (Küche, Kleider- u. Gerätekammer, Stall usw.), oft Sklaven und Eunuchen, die wohl z. T. an die einzelnen ‚Pfalzen' gebunden waren. – 2. Die Leitung des Ressorts oblag Hofwürdenträgern wie ὁ ἐπὶ τῆς κοιτῶνος τῆς βασιλίσσης (Haushofmeister der Königin), ἀρχεδέατρος, ἀρχιοινοχόος (Obertruchseß bzw. -mundschenk), ὁ ἐπὶ τῶν ἡνίων und ἀρχικυνηγός (Oberstall- bzw. -jägermeister), ἀρχιατρός (Leibarzt) usw. Diese Würden dürften jedoch z. T. als reine Ehrenämter verliehen worden sein; diese schon aus dem Orient bekannte Tendenz beginnt (unter Einfluß des pers. Zeremoniells?) bei Alexander d. Gr. (ἐδέατρος, ἀρχιοινοχόος).

C. Die *‚Militärliste'*: 1. Leibwache (↗Militärwesen). – 2. Leibadjutanten (σωματοφύλακες)[2]; auch diese Funktion tendierte zur reinen Titularwürde (s.u. F IV 2, V 2f). – 3. Βασιλικοὶ παῖδες: ein von Philipp II. begründetes Pagenkorps aus Söhnen maked. Adliger, die zu Offiziers- und Verwaltungsdienst erzogen wurden und zugleich für die Zuverlässigkeit ihrer Väter bürgten[3]. In gleicher Funktion umfaßte diese Pépinière an den hell. Höfen Söhne aus der Oberschicht (F) und aus Vasallendynastien; vgl. auch G.

D. Die königl. *Kanzlei* (ἐπιστολογραφεῖον), begründet von Philipp II., hatte die riesige Korrespondenz (s.u. G) zu bewältigen; unter Alexander d. Gr. wurde sie vom γραμματεύς, später ἀρχιγραμματεύς ↗Eumenes v. Kardia geleitet. In den hell. Reichen hieß der Kanzleichef anscheinend ἐπιστολογράφος; neben oder eher unter ihm stand (z.B. in Ägypten) der Ressortchef ὑπομνηματογράφος.

E. Die *Hofgesellschaft* umfaßte außer den Inhabern der genannten Hofämter und -würden und den obersten Beamten der Reichsverwaltung die engere und weitere Familie des Königs, zahlreiche Künstler, Wissenschaftler usw. (s.u. G) sowie v.a. die Hofaristokratie (φίλοι, s.u. F).

F. PHILOI UND ANDERE HOFTITEL (HT.).

I. ORIENTAL. VORLÄUFER: Schon im Pharaonenreich scheinen manche Hofämter rein titular, ohne realen Hintergrund verliehen worden zu sein. Bezeichnungen wie „Bekannter" bzw. „Einziger Gefährte des Königs" lassen eine Hierarchie von HT. vermuten. Am Achämenidenhof soll es neben den συγγενεῖς (‚Verwandten') die ὁμότιμοι (sc. τοῖς συγγενέσιν, also ‚Titularverwandte') gegeben haben[4]; ob ὁμοτράπεζος (‚Tischgenosse') titular verfestigt war, ist nicht sicher.

II. MAKEDONIEN VOR ALEXANDER D. GR.[5]: Die Argeaden zogen maked. Adlige als Hetairoi (‚Gefährten') an den Hof. Als im 5. Jh. die ganze Adelsreiterei und dann auch die Phalangiten die Ehrennamen ἑταῖροι ἱππεῖς bzw. Pezhetairen erhielten, blieb der Name Hetairoi dem engeren Kreis, zu dem man durch Abkunft (Landschaftsfürsten, z. B. Lynkestendynastie und Hochadel) oder durch freie königl. Ernennung (seit Philipp II. auch viele Griechen)[6] gehörte. Ähnlich gab es wohl schon unter Philipp II. einen engeren und weiteren Gebrauch von σωματοφύλακες ('Leibwächter': wenige hochadlige Leibadjutanten; adlige Leibgardeabteilung)[7].

III. FRÜH-HELL. TYRANNEN: Während bei den maked. Hetairoi lange der Geburtsadel vorherrschte, schuf Dionysios I. v. Syrakus in seinen φίλοι ('Freunden') eine neue Oberschicht, die z. T. weniger begüterten Schichten entstammte und dem Tyrannen durch Schenkungen und hohe Vertrauensposten eng verbunden war. Ihre Häuser auf der Insel Ortygia nahe beim Palast bildeten eine Art Hofstadt. Einen wiederum engeren Kreis bildeten die mit dem Tyrannen verschwägerten Familien[8]. Vgl. die Hetairoi des Tyrannen Hermias von Atarneus-Assos.[9]

IV. ALEXANDER D. GR.[10]: 1. Die Zahl der *Hetairoi* (im eng. Sinn) wuchs erheblich an (sicher weit über 100). Da viele H. in Makedonien oder durch Kommanden vom Hof entfernt lebten, wandelte sich Hetairos in einen offiziellen, die Hoffähigkeit bezeichnenden Titel. Die H. hielten sich, soweit nicht abkommandiert, den ganzen Tag über und auch im Kampf beim König auf und bildeten dessen Kronrat (s. u. V 4). Reiche Geschenke und Purpurgewandung (↗Herrscherinsignien 2) zeichneten diese neue, durch königl. Ernennung geschaffene Aristokratie aus. – 2. Notwendigerweise entstand eine faktische, wenn auch nicht offizielle Rangordnung; aus dem engeren, nicht fest umrissenen Kreis der wirklichen Vertrauten nahm Alexander meist seine Somatophylakes (im engeren Sinn = Generaladjutanten, etwa 7)[7], denen er die wichtigsten Aufgaben anvertraute. In den letzten Jahren behielten sie diesen Titel auch bei Abwesenheit vom Hof; titulare Verfestigung zeigt die Verleihung des „Charakters (τιμὴ καὶ πίστις) eines S." an den Satrapen Peukestas als Lohn für Lebensrettung (Arrian. 6, 28, 3). – 3. Den maked.-griech. Hetairoi sollen (nach pers. Vorbild?, s. o. I) die συγγενεῖς und ὁμότιμοι aus iran. Adel gleichgesetzt worden sein[11]; wenn Alexander wirklich die deshalb protestierenden Hetairenreiter allesamt συγγενεῖς (ἱππεῖς) genannt hat (Arrian. 7, 11, 1.6), wurde damit dieser Titel ebenso vulgarisiert wie einst der Hetairentitel (s. u. II).

V. HELL. REICHE: 1. Unter den *Diadochendynastien* wiederholte sich der beschriebene Prozeß. *Philos*, zunächst die tatsächlichen Freunde und engsten Helfer bezeichnend, wurde titular auf Reichsfunktionäre ausgedehnt, so daß allmählich immer neue Titel notwendig wurden.
2. Am besten bekannt sind die HT. im *Ptolemäerreich*, wo zuerst (seit ca. 200) Rangklassen nachweisbar sind (z. B. A. τῶν φίλων ‚X. aus der Klasse der Philoi'):
a) ὁ συγγενής (‚Verwandter, Pair', als einziger Rang nicht als Klasse geführt); b) τῶν ὁμοτίμων τοῖς συγγενέσιν (‚mit dem Charakter eines s.'; vgl. u. I, III); c) τῶν πρώτων φίλων; d) τῶν ἰσοτίμων τοῖς πρώτοις φίλοις (‚mit dem Charakter eines ersten Freundes'); e) τῶν φίλων; f) τῶν ἀρχισωματοφυλάκων (‚Leibadjutanten', bis Mitte 2. Jh.s echtes Amt, vgl. o. III); g) τῶν διαδόχων (‚Kandidaten, Aspiranten'?).
Die Liste zeigt, welche Unterteilungen der beiden ersten Gruppen e) und a) vorgenommen wurden. Die Rangfolge (aufsteigend g–a), insbes. die Einreihung von f) und g), ist nicht sicher. Die Titulatur griff auf Traditionen der Perser (?) und Alexanders, vielleicht auch der Pharaonen zurück (alte „Verwandten"-Titel ägyptischer Oberpriester?)[12]; jedenfalls wurde sie zur Zeit stärkerer Ägyptisierung des ptol. Hofs eingerichtet. Die höheren Reichsbeamten wurden in diese Hierarchie eingestuft; Tendenz zum Automatismus (statt Einstufung nach persönl. Verdienst) und zur Titelinflation zeigt sich darin, daß um 120 alle Gaustrategen den höchsten Titel (a) tragen[13] und die Titel d–g im 1. Jh. nicht mehr auftreten. Im späten 2. Jh. erhielten treue Regimenter die Ehrentitel συγγενεῖς ἱππεῖς bzw. ἀδελφοί (vgl. III). Der letzte συγγενής ist unter Augustus belegt. – Manche Hofämter (s. u. B) dürften – wie f) – zu Titularämtern geworden sein.
3. Ähnliche HT-Hierarchien wurden, wahrsch. nach ptol. Vorbild, auch im *Seleukidenreich* (nachweisbar seit Seleukos IV.)[14] eingeführt, das wieder die anderen hell. und hellenisierten Monarchen (z. B. Juden[15], Parther[16], Pontos[17]) beeinflußt haben dürfte. Philoi sind fast überall, Rangklassen nicht immer nachweisbar oder unterscheidbar, zumal die Quellen oft umschreibende Ausdrücke gebrauchen. Im Seleukidenreich wird die Rangfolge τῶν φίλων – τῶν τιμωμένων φίλων (?) – τῶν πρώτων φίλων – τῶν πρώτων καὶ προτιμωμένων φίλων (?) – συγγενής vermutet[18]. Gelegentl. Abkürzungen wie τῶν Α' (= πρώτων) φίλων zeigen die Institutionalisierung.

4. Die Philoi, wie alle Inhaber von HT. trotz Rangunterschieden kollektiv genannt werden können, stellten die *neue Aristokratie* der hell. Reiche dar; aus ihnen wurden die Funktionäre genommen. Ihre Stellung beruhte allein auf Willen und Gunst des jeweiligen Königs[19]; bei Regierungswechsel konnten sie ausgewechselt werden[20]. Ihr „Adel" war nicht erblich, doch stiegen öfter Söhne von Ph. ebenfalls in hohe Stellen und HT. auf. Die Ph. hatten das Recht auf Zutritt zum König und Begrüßungskuß; soweit bei Hofe, bildeten sie sein Gefolge (G) und, wie schon bei Dionysios u. Alexander (II, III), seinen Kron- bzw. Kriegsrat (συνέδριον), den der König freilich je nach Thema und Gunst enger oder weiter fassen und durch Ladung von Fachleuten ergänzen konnte; Recht auf Teilnahme oder regelmäßige Tagungen gab es anscheinend nicht. Es wurde jedoch vom Herrscher erwartet, daß er wichtige Fragen dem Rat vorlegte (↗Herrscherideal); die Teilnehmer konnten sich äußern und debattieren; die Entscheidung lag allerdings allein beim König. Ihr Einfluß auf diesen war trotzdem oft sehr groß, so daß fremde Gesandte sich bemühten, sie als Fürsprecher zu gewinnen[21]. Bes. im wenig gefestigten Seleukidenreich wird öfter auf ihre Bedeutung als Stütze des Königtums (neben den Truppen) hingewiesen und erwähnt der König in amtl. Schriftstücken seine Beratung mit den Philoi[22]. Äußerlich wurde ihre Stellung dargetan durch Purpurgewandung ähnlich der des Königs (↗Herrscherinsignien 3 e); „Abgesetzte" mußten den Purpur ablegen[23]. Höhere Ränge wurden anscheinend im Seleukidenreich durch Goldspangen und -ketten und das Recht, aus goldenen Bechern zu trinken, ausgezeichnet; die συγγενεῖς redete (auch in Ägypten) der König mit ἀδελφός (Bruder) an wie fremde Könige[24]. Das Ansehen der Ph. in der Bevölkerung zeigt etwa der schmeichlerische Vergleich: „Wie den Sternen seine (des Königs) Freunde gleichen, so der Sonne er selbst"[25].

G. HOFLEBEN. Der persönl. Dienst beim König war den Pagen und Adjutanten (C 2, 3) anvertraut, die auch im Vorzimmer schliefen. Die Philoi (F) umgaben den König vom Lever an den ganzen Tag und begleiteten ihn auch bei öffentl. Auftritten, auf Ausritt, Jagd usw. Ein großer Teil des Tages war den Regierungsgeschäften gewidmet. Zumindest die ersten Könige fällten alle wesentl. Entscheidungen selbst, nach Vortrag der leitenden Beamten der Reichsverwaltung, z. T. nach Anhören des Kronrats (F V 4), und führten eine riesige private, diplomatische und Verwaltungskorrespondenz[26] (D); dazu gehörten auch die Immediateingaben (ἐντεύξεις, eigentl. ‚Audienzen')[27], zu denen, wenigstens in Ägypten, jeder Untertan berechtigt war; sie wurden vom König oder seinem Kabinettschef bearbeitet und durch Anweisung an die Gerichte oder lokalen Verwaltungsbehörden erledigt. Seleukos I. soll geklagt haben: wenn die Menge wüßte, welche Mühe allein das Schreiben und Lesen so vieler Briefe bedeute, würde niemand das Diadem aufheben wollen, selbst wenn es zur Erde gefallen sei[28]. Dazu kamen große Repräsentationsaufgaben versch. Art, z. B. bei relig. Festen, und Audienzen für Gesandtschaften aus Ausland und Reichsgebiet; diese wurden vom εἰσαγγελεύς (Zeremonienmeister) eingeführt. Vom Zeremoniell ist nur unter Alexander Näheres bekannt (Einführung des pers. Zeremoniells, bes. der Proskynese [Fußfall?], die von den Makedonen abgelehnt wurde); aus den Diadochenreichen weiß man v. a., daß der König außerhalb des Palastes stets mit Gefolge (Philoi, Adjutanten, Pagen, Domestiken) auftreten mußte; Auftreten ohne Gefolge galt als unschicklich. Bei Trauerfällen innerhalb der kgl. Familie wurde der Hof mehrere Tage „geschlossen" (keine Empfänge). – Der Abend wurde mit Gelagen ausgefüllt; der König tafelte mit den Angehörigen der Hofgesellschaft (E, F) und dipl. Gästen; Schauspieler, Sänger, Tänzer, Kurtisanen und Lustknaben sorgten für Unterhaltung. Der Vorwurf häufiger Trunkenheit, der Philipp II., Alexander und vielen hell. Königen gemacht wurde, ist wohl nicht nur topisch.

H. MUSENHOF. Zum Teil aus echtem Kulturbedürfnis, v. a. aber aus Prestigegründen (↗Herrscherideal 2) zogen schon archaische Tyrannen und frühe maked. Könige, erst recht die hell. Könige, zahlreiche Künstler, Dichter, Philosophen, Wissenschaftler an ihren Hof. Die hell. Höfe, bes. ↗Alexandreia, machten so den alten Städten des Mutterlandes, bes. ↗Athen (III), den Rang als Kulturzentren streitig.

H.H.S.

Anm.: 1) Dazu Trindl (s. u.) 6–8. – 2) Achämenidisches Vorbild bei der Schaffung von Leibwache, Adjutanten und Pagenkorps (C3) sowie Hoftiteln (E II) durch Philipp II. vermutet D. Kienast, Philipp II. v. Maked. und das Reich der Achaimeniden, Abh. Marburger Gel. Ges. 1971, 6, ersch. 1973, 255–68 (Lit.). – 3) S. Anm. 2. – 4) Eher eine hell. Rückprojektion: J.-D. Gauger, in: Bonner Festgabe J. Straub, Bonner Jahrb. Beih. 39, 1977,

137–58 (Lit.). – 5) Berve, Alexanderreich I, 25–40. – 6) Polemik gegen Philipps Hof: Theopomp, FGrHist 115 F 224ff.; s. allg. F. Hampl, Der König der Makedonen, Diss. Leipzig 1934, 66–77; Ael. var. hist. 13, 4 zeigt Euripides unter den Hetairoi des Archelaos (Ernennung zum Hetairos?). – 7) W. Heckel, Somatophylakia: A Macedonian cursus honorum, Phoenix 40, 1986, 279–94. Zum vermuteten pers. Einfluß s. o. Anm. 2. – 8) K. F. Stroheker, Dionysios I., Wiesbaden 1950, 157 f. – 9) Tod II 165; H. Berve, Die Tyrannis bei den Griechen, München 1967, 332–5. – 10) S. Anm. 5. – 11) Vgl. die Gegenargumente bei Gauger, o. Anm. 4. – 12) Einen direkten Zusammenhang des ptol. Titelsystems mit dem altpharaonischen schließt L. Mooren, Proceedings of the XIV Internat. Congress of Papyrologists: Oxford 1974, Egypt Exploration Soc., Graeco-Roman Memoirs 61, 1975, 233–40 aus. 13) Bengtson, Strategie III² 52–6. – 14) Bikerman, IS 40–50; RC 45. – 15) W. Otto, RE Suppl. II, 1913, 83–7. – 16) Vgl. OGIS 430. – 17) E. Olshausen, AncSoc 5, 1974, 153–70. – 18) A. Momigliano, Athenaeum NS 11, 1933, 136–41. – 19) S. Polyb. 5, 26; vgl. Just. 31, 6, 1. – 20) Vgl. RC 22; Diod. 34, 3 (Attalos III. läßt angebl. sämtl. φίλοι des Vaters beseitigen). – 21) Daher auch Ehrendekrete der Poleis für φίλοι, z. B. Proxenie-Dekret von Oropos, OGIS 221. – 22) RC 22; Jos. Ant. Jud. 12, 149; 163. – 23) I. Makk. 4, 38. – 24) Z. B. II. Makk. 11, 22; OGIS 137 f. Hingegen ist die Anrede „Vater" (I. Makk. 11, 32; nicht authentisch: Jos. Ant. Jud. 12, 148, vgl. J.-D. Gauger, Apologetik 83–114) nicht zeremoniell oder titular festgelegt, sondern Ausdruck der Verehrung des Königs dem älteren eng Vertrauten gegenüber (gegen Bikerman, IS 43). Annahme anderer Anreden (V. Ehrenberg, Staat der Griechen, Zürich-Stuttgart² 1965, 198) beruht auf Irrtum. – 25) Ithyphallikos auf Demetrios I. Poliorketes, ↗Herrscherkult C 2. – 26) Lit. ↗Brief. – 27) O. Guéraud, ΕΝΤΕΥΞΕΙΣ, 1931–32 (Lit.). – 28) Plut. Mor. 790 A.

Lit.: Berve, Alexanderreich I, 11–84. – A. Bouché-Leclercq, Hist. des Lagides III 101–22. – E. Bikerman, IS, 31–50. – M. Trindl, Ehrentitel im Ptolemäerreich, mschr. Diss. München 1942 (auch die anderen Reiche). – Ch. Habicht, Die herrschende Gesellsch. in den hell. Monarchien, Vjschr. f. Soz.- u. Wirtsch.-Gesch. 45, 1958, 1–16. – Zu F: M. L. Strack, RhM 55, 1900, 161 ff. – G. Corradi, Studi ellenistici, Turin 1929, 229–343. – H. Kortenbeutel, RE XX 1, 1941, 95–103. – L. Mooren, Antidorum Peremans, Studia Hellenistica 16, 1968, 161–80 (Forschungsüberblick). – Ders., The Aulic Titulature in Ptolemaic Egypt, Verh. Koninkl. Acad. van Belgie 37, 1975 Nr. 78. – Ders., La hiérarchie de cour ptolémaique, Stud. Hell. 23, 1977. – G. Stagakis, Observations on the Ἑταῖροι of Alex. the Great, ΑΡΧΑΙΑ ΜΑΚΕΔΟΝΙΑ I, Thessal. 1970, 86–102; E. N. Borza, The Symposium at Alexander's Court, ebd. III, 1983, 45–55. – Hellenisierung kleinasiat. Höfe: P. Bernard, JS 1985, 77–88.

Hymnos.

Der H. als Preislied auf einen Gott oder Heroen hat eine bis in die Anfänge der griechischen Literatur zurückreichende Geschichte. Die Tradition des alten Kulthymnos setzt sich in der hell. Zeit, wie insbesondere die Inschriften zeigen, ungebrochen fort (↗Lyrik II 1), wobei der H. nunmehr auch einem wie ein Gott verehrten Menschen gelten kann (vgl. das Preislied der Athener auf Demetrios Poliorketes bei Athen. 6, 253 D–F). Vor allem aber entfaltet der H. als literarische, nicht mehr an den Kult gebundene Schöpfung jetzt ein reiches Eigenleben. Die durch feste Strukturelemente gekennzeichnete Form vermag damit zum Ausdruck gewandelter, in sich freilich

sehr verschiedenartiger religiöser Anschauungen zu werden.
So feierte der Zeushymnos des Kleanthes (↗Stoa C II) das Wirken des stoischen Allgottes in den jahrhundertealten Formen. Stoisch gefärbt ist auch der Zeushymnos, mit dem Arat sein episches Gedicht von den „Himmelserscheinungen" einleitet (↗Lehrgedicht).
Neben diesen philosophischen Hymnen stehen die rein dichterischen Schöpfungen. Die sechs durch eine byzantinische Hymnensammlung auf uns gekommenen Hymnen des ↗Kallimachos zählen nicht nur zu den bedeutendsten Zeugnissen der Gattung in hell. Zeit, sondern gehören zu den Gipfelpunkten der hell. Dichtung überhaupt. Sie gelten Zeus, Apollon, Artemis, der Insel Delos, einem Kultbad der Pallas Athena und der Demeter und wandeln die traditionelle Form in sehr unterschiedlicher Weise ab. Während der Dichter sich im ersten, dritten und vierten H. stärker an die homerische Hymnenpoesie anlehnt und in deren Um- und Ausgestaltung die Taten der angerufenen Gottheit preist, läßt er den Leser im zweiten, fünften und sechsten H. mit starkem Einfühlungsvermögen unmittelbar an einer Kultfeier teilnehmen. Auch im Formalen macht sich das Prinzip der *variatio* geltend. Die Hymnen 1–4 und 6 behalten den Hexameter bei, im 5. H. ist das distichische Versmaß gewählt. Die ersten vier Hymnen sind in der gewohnten episch-ionischen Kunstsprache geschrieben, in den beiden letzten herrscht der dorische Dialekt.
Auch im Argonauten-Epos des ↗Apollonios Rhodios treten verschiedentlich hymnenartige Anrufungen auf, so im Gebet Jasons zu Apollon vor dem Auslaufen der Argo (1, 411–424) oder in seiner an Triton gerichteten Bitte um glückliche Heimkehr (4, 1597–1600).
Eine bedeutende Rolle spielt der H. im Werk ↗Theokrits. Im Lied des Thyrsis findet sich eine Anrufung des Hirtengottes Pan (eid. 1, 123–126). In einem hymnenartigen Gebet wendet sich die unglücklich verliebte Simaitha im Zusammenhang mit der von ihr vorbereiteten Zauberhandlung an Selene und Hekate (eid. 2, 10–16). In den Adoniazusen trägt eine Sängerin einen H. auf Aphrodite und Adonis vor (eid. 15, 100–144). Die Gedichte auf die Dioskuren (eid. 22) und auf den kleinen Herakles (eid. 24) sind als Hymnen angelegt, und das Preislied auf Ptolemaios II. Philadelphos (eid. 17) hat den Charakter eines H. Bion gibt seinem Gebet an Hesperos die Form des H.

(apospasm. 11), und Hero(n)das eröffnet seinen 4. Mimos mit einem H. auf Asklepios.
Auch in die Gattung des ↗Epigramms sind Elemente des H. eingedrungen. Ein Epigramm des Dioskorides kann die Dichterin Sappho in hymnischer Weise besingen (Anth. Pal. 7, 407), und Poseidipp gestaltet das Gebet einer Hetäre nach der Art eines H. (Anth. Pal. 12, 131).
So ist die alte Form des H. für die mannigfaltigsten Inhalte offen und vermag den unterschiedlichsten religiösen Auffassungen und literarischen Intentionen ihrer Verfasser Ausdruck zu geben, eine Tendenz, die sich in der griechischen wie in der römischen Dichtung der Kaiserzeit fortsetzt (vgl. etwa Horaz carm. 1, 10).   E. V.

Lit.: U. von Wilamowitz-Moellendorff, Isyllos von Epidauros, Berlin 1886. – E. Norden, Agnostos Theos. Untersuchungen zur Formengeschichte religiöser Rede, Leipzig 1913. – R. Wünsch, Art. H., in: REIX 1, Stuttgart 1914, 140–183, insbes. 164–170. – H. Herter, Kallimachos und Homer, in: Kleine Schriften, hrsg. von E. Vogt, München 1975, 371–416 (zuerst Bonn 1929). – W. Peek, Der Isishymnos von Andros und verwandte Texte, Berlin 1930. – E. Neustadt, Der Zeushymnos des Kleanthes, Hermes 66, 1931, 387–401. – K. Keyßner, Gottesvorstellung und Lebensauffassung im griechischen Hymnus, Stuttgart 1932. – P. Maas, Epidaurische Hymnen, Königsberg 1933 (Schriften der Königsberger Gel. Gesellschaft, geisteswiss. Kl. IX, Heft 5). – Callimachi hymnus in Dianam. Introduzione, testo critico e comm. a cura di F. Bornmann, Firenze 1968. – G.R. McLennan, Callimachus, Hymn to Zeus, Rom 1977. – Callimachus, Hymn to Apollo, Commentary by F. Williams, Oxford 1978. – Callimachus, Hymn to Delos. Introduction and Commentary by W.H. Mineur, Leiden 1984. – Callimachus, Hymn to Demeter. Edited with an Introduction and Commentary by N. Hopkinson, Cambridge 1984. – Callimachus, The Fifth Hymn. Edited with Introduction and Commentary by A.W. Bulloch, Cambridge 1985. – C.W. Müller, Erysichthon. Der Mythos als narrative Metapher im Demeterhymnos des Kallimachos, Stuttgart 1987.

Illyrien, Illyrer. Als I. galt allg. das Gebiet zw. den Keraunischen Bergen (S, h. Schar-Gebirge), dem Adriatischen Meer (W), den O-Alpen und der Drau (NO), der Donau, Morava und Vardar (O); erste geographische Angaben über die dort ansässigen, der indogerm. Sprachfamilie zugehörenden illyr. Stämme bei Herodot (nach Hekataios?). In hell. Zeit wichtige Stämme (nur grobe Angabe der Wohnsitze[1]): die Dalmaten im h. Kroatien, die Ardiäer im Hinterland von Epidauros und Rhizon, die Parthiner und Taulantier im Hinterland von Epidamnos und Apollonia (h. Albanien), die Autariaten um h. Tara und Lim bis im O etwa zum Iba und die Dardaner im h. Serbien zw. westl. Morava (N), dem Schar-Gebirge und h. Skopje (S). Die illyr. Zugehörigkeit der weiter östl. lebenden Triballer um den h. Timok war schon in der Antike umstritten und wird heute wohl nicht mehr angenommen, wie überhaupt eine Zuordnung mit vielfältigen kelt. und thrak. Einflüssen bzw. ethnischer Vermischung (z. B. bei den Dardanern) zu rechnen hat; so unterlagen die Japoden nach 280 starkem ↗keltischem, die Paionier öffneten sich seit 400 griech. Einfluß; und epirot. Stämme, nach antiken Angaben ebenfalls von illyr. Herkunft, waren früh hellenisiert.

Erste hist. Nachrichten aus dem 5. Jh. zeigen illyr. Stämme im Kampf gegen Epidamnos und Apollonia (Thuk. 1, 24; s.a. 4, 124f.), später in Dauerkonflikt mit den makedon. Königen (Diod. 14, 92, 3; 16, 2, 2); so fiel Perdikkas III. 359 in einem seiner I.-Feldzüge, die der spätere makedon. Reichsverweser Antipater beschrieb (Suidas s. v. A.). Auch die Grenzziehung am Lychnitis- (h. Ochrid-) See zw. Philipp II. und dem Encheleerfürsten Bardylis 358 war keine Dauerlösung: 356/5 und 344 ging Philipp II. energisch gegen die Encheleer, Taulantier und Dardaner vor und erreichte so wenigstens eine nominelle Anerkennung seiner Oberhoheit; 342 versuchte Demosthenes, illyr. Stämme gegen Makedonien zu gewinnen. Nach Philipps' Tod 336 erhoben sich neben Thrakern und Triballern auch die illyr. Stämme. Alexander d. Gr. fügte ihnen empfindliche Verluste bei, die Encheleer erkannten die makedon. Oberhoheit erneut an, im Heer Alexanders dienten illyr. Kontingente und 324 sollen auch illyr. Gesandte in Babylon erschienen sein; aber wir hören während des Asienfeldzuges (Curt. 5, 1, 1) und auch nach Alexanders Tod 323 von Unruhen an der makedon. Grenze; einige illyr. Stämme schlossen sich auch der antimakedon. Koalition im Lamischen Krieg an (323/2, StV III 413; ↗Alexander d. Gr. 6).

Zw. illyr. Stämmen am Adriatischen Meer und der westgriech. Welt kam es zu Beginn des 4. Jh.s zu Kontakten: Um geplante Städtegründungen an der adriat. Küste zu sichern, schloß Dionysios I. v. Syrakus (↗Sizilien) 385 durch Vermittlung des vertriebenen Molosserkönigs Alketas I. v. Epirus ein Bündnis mit illyr. Stämmen: Stellung von Truppen, die nach Nichtbeachtung der Forderung, Alketas wieder aufzunehmen, das molossische Heer schlugen und Epirus plünderten. Damals Angriff illyr. Stämme auf die griech. Kolonie auf Pharos, die Dionys' Flotte zurückschlug.

In der Diadochenzeit entwickelte sich das *Taulantierreich* zum mächtigsten Staat Süd-I.s. Gegen den Widerstand

↗Kassanders (vgl. Diod. 19, 67, 7) konnte der Stammesfürst Glaukias Epidamnos (313) und Apollonia (312; Diod. 19, 89, 1) dem Taulantierreich eingliedern. Nur im Kampf gegen Autariaten, die – unter keltischem Druck? – nach Paionien eingedrungen waren, war Kassander erfolgreich: Ansiedlung der Eindringlinge am Orbelos-Gebirge (Diod. 20, 19, 1). 307 führte Glaukias den Pyrrhos, der nach Vertreibung seines Vaters Aiakides 317 bei ihm Zuflucht gefunden hatte, nach ↗Epirus zurück (s.a. StV III 423); Pyrrhos heiratete später u.a. Birkenna, Tochter eines Encheleerfürsten (?) Bardylis (Plut. Pyrrh. 9). 283/2 (?) I.-Feldzug des Pyrrhos: wohl Gewinn von Apollonia, Oberhoheit über illyr. Stämme, weitere Zusammenhänge unbekannt. Auf Glaukias folgte wahrsch. Monunios, der gegen ↗Ptolemaios Keraunos kämpfte[2]; Monunios' Nachfolger (?) Mytilios lag mit Pyrrhos' Sohn Alexander II. im Krieg (Pomp. Trog. prol. 25), später waren die Taulantier – im wesentl. beschränkt auf ihre ursprünglichen Wohnsitze nördl. des h. Drin – historisch ebenso unbedeutend wie die Autariaten, die im nach 279 entstehenden Skordiskerreich (↗Kelten 1) untergehen.

284 treten die *Dardaner* unter Königen geeint hervor (Polyän 4, 12, 3); ein dardan. Hilfsangebot (angebl. 20 000 Mann) während des Kelteneinfalls 280 soll ↗Ptolemaios Keraunos abgelehnt haben. Mit der Annexion Paioniens durch Antigonos II. Gonatas (um 247), der gegen die I.-Gefahr um 260 Antigoneia am Aoos gegründet hatte, steigerte sich der dardan.-makedon. Gegensatz (Liv. 40, 57, 6: gens semper infestissima Macedoniae; vgl. Just. 29, 1, 10). Antigonos' Nachfolger Demetrios erlitt (230?) eine schwere Niederlage gegen die Dardaner, die Paionien besetzten; in der Folge weiterhin Einfälle nach Makedonien (so 222, vereitelt 219), bis ihnen Philipp V. (217) mit der Eroberung von Bylazora am Axios (h. Vardar) Paionien und damit das Einfallstor nach Makedonien entriß; später versuchte Perseus, sie durch einen Sperrgürtel von Mak. fernzuhalten (Polyb. 28, 8).

Unter dem *Ardiäerfürsten* Pleuratos I. hatte sich um 260/50 ein Reich um Skodra und Rhizon gebildet, das versch. illyr. Stämme zusammenschloß; unter seinem Nachfolger Agron dehnte sich das Reich über S-Dalmatien und die Inseln Pharos und Schwarz-Korkyra aus; im S werden ihm Eroberungen in Epirus zugeschrieben (App. Illyr. 7; Einzelheiten nicht klar). Im Demetriakos Polemos (zw.

239 und 229; ↗Makedonien III 2) stand Agron im Bündnis mit Demetrios II. gegen den Dardanerkönig Longaros und stellte Flottenhilfe für das von den ↗Ätolern belagerte Medeon (Polyb. 2, 3–5). Nach Agrons Tod (230) plünderten I. an den Küsten von Elis und Messenien; Agrons Witwe TEUTA, Regentin für den unmündigen Pinnes, suchte sich auch in Epirus festzusetzen, unterstützt von Pleuratos' 2. Sohn *Skerdilaïdas*. Wegen des Abfalls einiger I.-Stämme mußte sie sich aus dem eroberten Phoinike zurückziehen; trotz dieses Einfalls Abschluß eines Bündnisses mit Epirus (Polyb. 2, 6) und den ↗Akarnanen; damals wohl Abtretung von Atintanien durch Epirus³.

Welche Gründe Rom wirklich bewogen haben, sich 230 in I. einzuschalten, bleibt umstritten⁴ (vgl. Polyb. 2, 8: App. Illyr. 7): die wohl von Teuta geförderte Piraterie auch gegen röm. Handelsschiffe und (?) ein Hilferuf der belagerten Insel Issa führten zum diplomatischen Protest Roms. Den direkten Anlaß zum Krieg bot ein wohl von Teuta veranlaßter Mordanschlag auf einen der röm. Gesandten; trotz Kriegserwartung erfolgreicher illyr. Angriff auf Korkyra, das dem illyr. Vasallen *Demetrios v. Pharos* unterstellt wurde; hingegen scheiterte ein Angriff auf Epidamnos, zumal der röm. Feldzug begann: in einer kombinierten Flotten- und Landoperation zerschlug Rom – unterstützt durch den Abfall Demetrios' v. Pharos – das Teuta-Reich. Im Friedensvertrag (Frühjahr 228; StV III 500) mußte T. auf den größten Teil ihres Reiches verzichten (nur noch kleine Dynasteia um Rhizon); Rom errichtete ein Protektorat über Korkyra, Issa, Epidamnos, Apollonia, das Parthinergebiet und Atintanien; südl. von Lissos (h. Lesch, Albanien) galt Fahrtverbot für illyr. Kriegsschiffe; milit. Übergriffe gegen das röm. Protektorat waren untersagt. Das röm. Eingreifen, das die Piratengefahr zu bannen schien, rief in Griechenland große Beachtung hervor: in der Folge ließ Korinth Rom zu den Isthmischen Spielen zu (Polyb. 2, 12).

Nach Teutas Tod war Demetrios v. Pharos, den Rom als Vormund des Pinnes eingesetzt haben dürfte, de facto Herr des Ardiäerreiches. Die Bindung Roms durch Gallierkriege und die Spannungen mit Karthago bewogen Demetrios zum Kurswechsel zu Makedonien: er stellte Kontingente zur Schlacht bei Sellasia (222), begann, im röm. Protektorat zu plündern (nach App. Illyr. 8 Eroberung Atintaniens) und brach den Vertrag von 228 auch dadurch, daß er – im Verein mit Skerdilaïdas – über die Lissos-Grenze hinausfuhr, um die Kykladen heimzusuchen, woran ihn die rhod. Flotte allerdings hinderte; Demetrios begab sich darauf in makedon. Dienste. Skerdilaïdas half den Ätolern bei der Belagerung von Kynaitha (Arkadien), trat dann aber – um den vereinbarten Beuteanteil betrogen – in Bündnis mit Philipp V. Die Übergriffe des Demetrios veranlaßten Rom 219 zur Zerschlagung seines Reiches und Wiederherstellung des röm. Protektorats; Demetrios floh zu Philipp V., den er – bis zu seinem Tod in den ↗messen. Wirren (214/3) enger Ratgeber – v.a. zu antiröm. Westpolitik bestimmte (vgl. auch Just. 29, 2). Pinnes behielt weiterhin die Königswürde, jetzt freilich tributpflichtig (Liv. 22, 33, 5) und unter der Vormundschaft des Skerdilaïdas, der sich in nicht näher bekannten Wirren behaupten konnte (Polyb. 5, 4) und nach Pinnes' Tod das Ardiäerreich übernahm (sicher um 212).

Skerdilaïdas suchte Anlehnung bei Rom gegen Philipp V., der im 1. Makedon. Krieg (215–205) nach Eroberungen im röm. Protektorat (sicher Parthinien, Dimale und Atintanien) bis zum Kerngebiet der Ardiäer vorgestoßen zu sein scheint; jedenfalls dürfte Philipp nach Eroberungen in den Dassaretis und um den Lychnitis-See (217) und von Lissos und Akrolissos (213) den Küstenstreifen zw. Lissos und der h. Insel Brac kontrolliert und so das Ardiäerreich vom Meer abgeschlossen haben. Skerdilaïdas trat dem röm.-ätol. Bündnisvertrag bei (StV III 536); sein Sohn PLEURATOS II. (206?–181) war unter den röm. adscripti im Frieden von Phoinike 205 (StV III 543). Philipp V. konnte seine Eroberungen v.a. in Atintanien behaupten; das Parthinergebiet wieder röm. Erst im Frieden 197/6 dürfte Pleuratos das im 1. Makedon. Krieg verlorene Küstengebiet zurückerhalten haben; im S reichte seine Herrschaft bis einschl. Lissos, im N über die Narenta hinaus mit Oberhoheit über die Dalmaten; auch scheint ihm Rom 2 Städte um den Lychnitis-See zugeschlagen zu haben[5]. 189 hob Eumenes I. v. Pergamon hervor, Rom habe Pleuratos zum größten Dynasten I.s gemacht (vgl. auch Polyb. 21, 11, 7f.). Freilich setzte mit der Wiedergewinnung des Küstenzugangs auch die illyr. Piraterie wieder ein, die Pleuratos' Nachfolger Genthios (zum Regierungsstil Liv. 44, 30) ab 180 mehrmals in Konflikt mit Rom brachte (Liv. 40, 42; 42, 26: 178 Einsetzung von IIviri navales zum Schutz der

Adriaküste); mit Genthios' Regierungsantritt verband sich der Abfall der Dalmaten, mit denen sich Rom in den folgenden Jahren immer wieder auseinandersetzte. Als Genthios 168 offen auf die Seite des Perseus v. ↗Makedonien (III) trat – durch Geldangebot dazu verleitet –, und sogar Rhodos zum Anschluß zu bewegen versuchte (Polyb. 29, 11), zerschlug Rom das Ardiäerreich in 30 Tagen: Dreiteilung des Reiches, teilw. Tributpflichtigkeit; röm. Garnisonen in Rhizon und Skodra; Genthios in Spoletium, später in Iguvium interniert; der Rest der illyr. Flotte wurde Korkyra, Apollonia und Epidamnos übergeben. Die mit Rom offenbar verbündeten Dardaner erhielten ein Salzimportprivileg. Seit 156 stand Rom in Kriegen v. a. mit den nördl. an das röm. Gebiet angrenzenden Dalmaten, die erst durch Augustus 9 n. Chr. endgültig beigelegt wurden.

Über die *Institutionen* der illyr. Stämme in hell. Zeit sind wir nur in groben Zügen orientiert: bei den Ardiäern jedenfalls erbliches Königtum, das über den zusammengefaßten Stämmen stand; darunter Stammesfürsten (principes, Liv. 45, 26, 11; ein Brief des I.-Fürsten Arthetaurus an den Senat bei Liv. 42, 13, 6). Sklavenwirtschaft für mehrere Stämme belegt. Über Sitten, Gebräuche und Eigenheiten sind wir durch antike Angaben nur bei den Dardanern näher informiert, die angebl. musikbegeistert gewesen sind. Die illyr. Kriegsführung war sehr mobil; Hauptwaffen waren Kurzschwert, langer Eisenspeer und Rundschild; die wendigen illyr. Lemboi fanden Eingang in die makedon. Flotte (↗Militärwesen B). Der hell. Einfluß scheint gering gewesen zu sein, auch wenn erst weitere Ausgrabungen nähere Aufschlüsse geben können[6]. Ob die im Umkreis der Teuta erwähnten φίλοι, denen die Regierungsgeschäfte oblagen (Polyb. 2, 4, 7), eine Nachahmung der entsprechenden hell. Institution waren, ist unklar.

J.D.G.

Anm.: 1) Nach der Karte bei Papazoglu (s.u.). – 2) Diese Angaben (nach Schütt, s.u.) über die Abfolge Monunios-Mytilios sind hypothetisch. – 3) Nach Beloch, GG IV[2] 637. – 4) Vgl. G. Walser, Historia 2, 1953/4 308–18; K.-E. Petzold, Historia 20, 1971, 199–223. – 5) Vgl. Walbank, Comm. zu Polyb. 18, 47, 12. – 6) Zu hell. Einfluß auf Paioner und Daorser, s. Stipcevic (s.u.) 110.

Lit.: G. Zippel, Die röm. Herrschaft in I., Leipzig 1877, ND Aalen 1974. – C. Schütt, Unters. zur Gesch. der alten I., Diss. Breslau 1910. – R. Werner, bei W.-D. v. Barloewen, Abriß der Gesch. antiker Randkulturen, München 1961, 83–94. – H. J. Dell, The Illyrian Frontier to 229 B.C.,

Diss. Univ. Wisconsin 1964. – N.G.L. Hammond, Illyris, Rome and Macedon in 229–205 B.C., JRS 58, 1968, 1–21. – F. Papazoglu, The Central Balkan Tribes usw., Amsterdam 1978. – A. Stipcevic, The Illyrians, übers. von St. Č. Burton, Park Ridge NJ 1977. – P. Cabanès, Les Illyriens de Bardylis à Genthios, IVe–IIe siècle av. J.-C., Paris 1988; dazu M. Zahrnt, Gnomon 63, 1991, 510–4. – J. Wilkes, The Illyrians, Oxford 1992.

Indien. Erste Kenntnis des seit Kyros d. Gr. und Dareios I. persischen Indusgebiets bei den Griechen durch Skylax von Karyanda (um 519?), durch Herodot weiter verbreitet. Bessere Erkenntnis von Größe und Wesen des Landes wurde erst durch den Zug Alexanders d. Gr. angebahnt, der (327) im oberen Indusgebiet miteinander verfeindete Gaukönige wie Taxiles (Westpandschab), Poros (Ostpandschab) und Abisares (Kaschmir) antraf. Taxiles war an Alexanders Sieg über Poros (326 am Hydaspes) beteiligt; die Fürsten wurden Satrap (Taxiles) bzw. Vasallenkönige (Poros, Abisares) in ihren erweiterten Stammesgebieten. Ober- und Unterlauf wurden durch Militärsiedlungen oberflächlich gesichert. Nach 323 wurde Nordwest-I. anscheinend z.T. selbständig. 321(?) stürzte CANDRAGUPTA (Sandrokottos), Begründer der Maurya-Dynastie, die Nanda-Dynastie in Magadha am Ganges; Hauptstadt Palimbothra (Pataliputra); in den folgenden Jahren erweiterte er seine Herrschaft bis zum Indus. Poros und Taxiles wurden vom makedon. Militärstrategen Eudemos ermordet (317), vielleicht auf Anstiftung des Candragupta. Dessen Berater soll Kautiliya, Mitverfasser der „machiavellistischen" Staatslehre Arthaśastra, gewesen sein. Der Iran-Feldzug des *Seleukos I*. (↗Seleukiden) führte zum Konflikt um das Indusgebiet; um 304 wurde ein Vergleich geschlossen (Seleukos verzichtete auf Gandhara und die Ostteile Arachosiens und Gedrosiens, erhielt 500 Kriegselefanten) und durch Heiratsverbindung besiegelt (StV III 441). In der Folge mehrere längere Aufenthalte des seleukid. Gesandten Megasthenes in Palimbothra (verfaßte „Indika" [FGrHist 715]: geograph. und ethnograph. Berichte über Ost- und Süd-I., angereichert mit Wundererzählungen; Staatsaufbau; erste Nachrichten über die Brahmanen, deren Denken er freilich aus griech. Sicht falsch deutete [Zurückführung auf Dionysos-Kult!]). Angeblich hat Candragupta um 297 abgedankt und bis zum Tod als Jain-Mönch gelebt. Sein Sohn Bindusāra-Amitrochates (etwa 297–etwa 268) setzte die Eroberung I.s, wohl auch

NW-I.s fort. (Für ihn oder seinen Nachfolger ist Gesandtschaftsverkehr mit Ptolemaios II. durch Dionysios bezeugt.) Das Werk wurde vollendet durch seinen Sohn Aśoka (etwa 268–etwa 233); er eroberte das Kalinga-Reich im östl. I. und beherrschte außer der Südspitze den ganzen Subkontinent. In Reue über die Blutopfer der Eroberung bekehrte er sich zum Buddhismus und strebte einen friedlichen Wohlfahrtsstaat an; er propagierte Bekehrung und Lehre im ganzen Reich in Fels- und Säuleninschriften[1] und im Ausland durch Gesandtschaften u. a. zu Antiochos II. (↗Seleukiden), Ptolemaios II., Magas (↗Kyrene), Antigonos II. (↗Makedonien), Alexander von ↗Korinth (oder Alex. II. von ↗Epirus). Eine griech.-aramäische und eine griech. Inschrift bei Kandahar[2] zeigen, daß spätestens damals (um 250) auch W-Arachosien unter Maurya-Einfluß (nicht notwendig Herrschaft) stand.

Nach Aśokas Tod verfiel das Maurya-Reich rasch; aus den Vizekönigtümern seiner Söhne wurden eigene Reiche, die die schwachen Könige in Pataliputra nicht anerkannten und z. T. ihrerseits lokalen Rivalen unterlagen. Die Könige Gandharas (rechter Oberlauf des Indus) im ausgehenden 3. Jh. gehörten wohl nicht mehr der Dynastie an. *Antiochos III.* zwang 206 Sophagasenos (Subhagasena), Sohn des Virasena (?), zu vorübergehender Anerkennung der ↗seleukid. Oberhoheit.

Graeco-Indisches Reich. Die folgende Rekonstruktion beruht auf spärlichen, unsicheren Quellen (fragwürdige oder isolierte literar. Angaben, schwer datierbare Münzen); vieles ist äußerst ungewiß. 184/3 setzte sich der General Pusyamitra Śunga an die Stelle des letzten Maurya-Königs von Pataliputra. Kurz darauf Invasion des *Demetrios* v. ↗Baktrien, der Kabul-Tal, Teile des Pandschab und das Gebiet zwischen Indusmündung, Nerbuda und mittl. Ganges besetzt und sogar bis Pataliputra (sehr fraglich!) vorgestoßen sein soll, wobei er vielleicht die Feindschaft der Buddhisten gegen den Brahmanenfreund Pusyamitra ausnützte; manche dieser Eroberungen mögen in Wahrheit unter spätere Könige (z. B. einen aus Münzen bekannten Demetrios II. oder unter Menander) fallen. Eine Empörung in Baktrien zwang ihn zur Umkehr; in Baktrien ist er wohl gegen den Ursurpator Eukratidas gefallen (um 170?). Hypothesen über seine Verschmelzungspolitik entbehren der

Grundlage. Sein Nachfolger Apollodotos hielt sich einige Zeit in Teilen NW- und Zentral-I.s (Ende unbekannt). Die Śungas dehnten ihre Herrschaft wieder aus, bis MENANDER (wohl mit Demetrios nicht verwandt) um 160(?) sich der Herrschaft in NW-I. bemächtigte. Dieser soll bei seinem Tod (auf einem Feldzug, kurz vor 140?) das Gebiet zwischen (etwa) Kabul-Tal und Nerbuda, Arachosien und mittlerem Ganges und Teile Baktriens (?) beherrscht haben (die Gewinnung des Gangesgebiets wurde schon im Altertum bezweifelt). Residenz Sakala (Pandschab). Lokale Unterkönige (Familienangehörige?) sind durch Münzen bezeugt. Als Freund des Buddhismus war er wohl bei den Indern beliebt; das buddh. Milindapanha ("Fragen des M." an den Weisen Nagasena) gedenkt seiner in legendärer Form. – Seine Witwe (?) Agathokleia scheint für den Sohn Straton I. Soter die Regierung geführt zu haben; das Reich fiel bald nach 140, nach kurzer ↗parthischer Eroberung, an Heliokles von ↗Baktrien.

Nach dem Fall des graeco-↗baktrischen Reiches ca. 130 hielten sich griech. Dynastien weiterhin in NW-I., die von Menander bzw. Eukratides herzuleiten sind; ihre offenbar durch Kämpfe und dynastische Auseinandersetzungen geprägte polit. Geschichte nach Stratons I. Tod (um 125?) ist mangels lit. Nachrichten kaum rekonstruierbar; Münzen bezeugen nur ihr Fortbestehen im Gebiet westl. (mit Paropamisadai und Taxila) und östl. des Hydaspes; auch über den sicher bedeutenden Kg. Antialkidas (um 115?–um 100?), dessen Beziehungen zur Śunga-Dynastie eine Inschr. belegt[3], wissen wir nichts Näheres. Seit ca. 80 drangen skyth. *Saken*, die, von den Yüeh-chi aus ihren Wohnsitzen am Jaxartes verdrängt, von Mithradates I. (Altheim) oder II. in der Drangiane (jetzt Sakastane, später Sistan) angesiedelt wurden, über Arachosien nach NW-Indien vor, eroberten ca. 60 Taxila und beseitigten bis ca. 50 die letzten griech. Königreiche[4] (der Saken-Kg. Maues und seine Nachfolger führten den Titel "Großer König der Könige"). Um die Zeitenwende bemächtigte sich der parth. Prinz Gondophares des Sakenreiches. Hell. Einfluß lebt insbes. in der buddhistischen Gandhara-Kunst weiter[5].

H.H.S.

Anm.: 1) U. Schneider, Die großen Felsenedikte Aśokas, Wiesbaden 1978. – 2) s. Altheim-Stiehl, bei: Altheim-Rehork (Hrsg.), Hellenismus (s.u.), 418–31; Schlumberger, ebd. 406–17; zur Landsch. K. Fischer, Bonner Jahrb. 167, 1967, 129–232. – 3) Dazu Narain, (s.u.) 118. – 4) Chronologie nach Altheim – Stiehl, (s. u.) 625–8. – 5) Diskussion von Schlumberger, (s. Anm. 2) 281–405; s. u. Lit.

Lit.: W. Reese, Die griech. Nachrichten über I. bis zum Feldzug Alexanders d. Gr., Leipzig 1915. – W. W. Tarn, The Greeks in B. and I., Cambridge ²1951. – A. K. Narain, The Indo-Greeks, Oxford 1957. – G. Woodcock, The Greeks in I., London 1966. – G. Hambly (Hrsg.), Zentralasien, FWG 16, Frankfurt 1966, 46–60. – A. T. Embree–F. Wilhelm, Indien, FWG 17, Frankfurt 1967, 55–107. – F. Altheim–J. Rehork (Hrsg.), Der Hell. in Mittelasien, WdF 91, 1969. – F. Altheim–R. Stiehl, Gesch. Mittelasiens im Altertum, Berlin 1970. – J. Seibert, Alexander d. Gr., EdF 10, 1972, 145–65 (Lit.). – W. Ruben, Die Griechen in I., bei: E. C. Welskopf (Hrsg.), Hellenische Poleis II, Berlin 1974, 1085–97. – G. Pollet (Hrsg.), India and the Ancient World. Leuven 1987 (v. a. zu Aśoka). – Brodersen, Abriß 127ff. – G. R. Franci, in: Mnemosynum. Studi in onore di A. Ghiselli, Bologna 1989, 225–33 (Aśoka und der Hell.). – Kunst: H. Goetz, Indien, Baden-Baden⁶ 1965. – H. Münsterberg, Der ind. Raum, Enzyklopädie der Weltkunst, Baden-Baden 1970, TB München 1980. – Münzprägung: R.-Alföldi, 291f.

Inseln (ägäische). S. a. ↗KRETA; KYPROS; RHODOS.

1. CHIOS, mit gleichnamigem Hauptort und mehreren Häfen; bes. Exportartikel waren der chiische Wein und Mastix. Die frühhell. Gesch. von Ch. ist durch Parteikämpfe bestimmt: 340 leisteten die – unter persischer Oberhoheit – regierenden Oligarchen Byzanz Hilfe gegen Philipp II. v. ↗Makedonien; hingegen setzt der Anschluß von Ch. an die makedon. Vorhut unter Parmenion und Attalos Regierungswechsel voraus, denn mit dem Einsetzen der pers. Gegenoffensive Frühjahr 333 übergaben die herrschenden Oligarchen Ch. an die Perser (Arr. 2, 1) und erst im Sommer 332 (Seeoffensive des Hegelochos) fiel Ch. endgültig an Alexander. Sein Brief (oder der eines seiner Funktionäre)[1] befahl Rückkehr der Verbannten, Ächtung der Perserfreunde, demokr. Verfassung, Flottenbeitrag von 20 Trieren und ließ bis zur Regelung aller Streitigkeiten eine Besatzung zurück. Für das 3. Jh. liegen nur spärliche Nachrichten über die – bei engen Beziehungen zu ↗Ätolien (Anerkennung der Soterien, Syll.³ 402; Mitglied der delph. Amphiktyonie), v. a. zu Ägypten[2] – wohl freie Insel vor: Im Bundesgenossenkrieg (220–217) mit Ptolemaios IV., Rhodos und Byzanz erfolgreiche Friedensvermittlung zw. Philipp V. und dem Ätolerbund (Polyb. 5, 24. 100 z. J. 218 und 217). Auch im 1. Makedon. Krieg (215–205) Friedensvermittlungsversuche 209 und 207 (?, Polyb. 11, 4). Bei seiner Kleinasienexpedition (202/1) griff Philipp V. auch Ch. an (wohl kurzfristige Eroberung, s. App. Mak. 4, 1; Plut. Mor. 245 b/c), mußte jedoch in der Seeschlacht bei Ch. 201 den rhod.

und attalid. Flotten weichen³. Im Antiochos-Krieg (192–189) diente Ch. als röm. Flotten- und Nachschubbasis: pro singulari fide (Liv. 38, 39, 11)⁴ in Apameia (188) u.a. mit Landschenkungen belohnt. Auch im 3. Makedon. Krieg (171–168) blieb Ch. romtreu. Im 1. Mithradat. Krieg (88–85) erscheint Ch. 86 – kaum freiwillig – unter den Verbündeten Mithradates' VI. (App. Mithr. 25); daß bei einer Seeschlacht bei Rhodos ein chiisches Schiff zufällig (?) das des Kg.s rammte, verstärkte den Verdacht auf Abfall: Mithradates ließ die Güter der zu Sulla geflüchteten Chier und den röm. Besitz konfiszieren; sein Feldherr Zenobios schleifte die Mauern, forderte Geiseln, und ein kgl. Schreiben (App. Mithr. 47) legte Ch. wegen proröm. Sympathien 2000 Talente Buße auf; erst nach 84 Rückführung der 86 zum Pontos deportierten Bevölkerung durch Herakleia Pontike. 80 erklärte Sulla Ch. für frei (dieser Status noch in der Kaiserzeit nach Plin. nat. 5, 136: civitas libera) und nahm Ch. unter die „Freunde Roms" auf (App. Mithr. 61; vgl. auch Sherk, Roman Documents Nr. 70 aus dem J. 4/5 n. Chr.?). Neben Besuchen hoher röm. Würdenträger ist der des Herodes I. v. Judäa 15/4 (Geld für die im Mithradates-Krieg zerstörte Säulenhalle der Stadt) erwähnenswert.

2. DELOS, im Zentrum der Kykladen mit gleichnamigem Hauptort und dem neben Delphi berühmtesten Apollon-Heiligtum der hell. Welt. Wirtschaftl. bedeutend nicht durch eigene Produkte, sondern durch Ausübung oder Ansiedlung von Kreditgewerbe, bei dem auch der Tempel eine wichtige Rolle spielte, und als Umschlagplatz bes. für den ↗rhod. und ↗alexandrinischen Handel; im 2. und beginnenden 1. Jh. wichtigste Transitstation für den ital. Osthandel und den Handel nach Italien und Sizilien (bes. Sklaven). Seit etwa 390 stand D. und damit das Heiligtum erneut unter athen. Verwaltung; ein Appell an Philipp II. v. ↗Makedonien 345/4, die athen. Vorherrschaft zu beseitigen, fruchtete nicht. 314 wurde D. durch Antigonos I. Monophthalmos von Athen unabhängig und dürfte, obwohl Tagungsort des nach 308 von den Ptolemäern kontrollierten Nesiotenbundes (s. u. 7), nicht nur im 3. Jh., sondern bis 166 freigeblieben sein; eine direkte Abhängigkeit von Ägypten oder Makedonien (angenommen für Antigonos II. Gonatas zw. 253 und 249, dann wie-

der 245[5]) beweisen weder die zahlreichen Stiftungen und auf D. aufgestellten Urkunden der versch. Herrscher noch die ihnen geweihten Feste (Ptolemaieia [286], Philadelpheia, Antigoneia) und Ehreninschr.; für die Attaliden (Pergamon) wurden Philetaireia und Attaleia eingerichtet. 166 schlug Rom neben Lemnos (s. u. 4) auch D. wieder Athen zu: Vertreibung der Einwohner, die vom Achäerbund aufgenommen wurden, dafür Ansiedlung attischer Kleruchen (mit eigenem Münzrecht); großzügiger Ausbau der Hafenanlagen, Errichtung zahlreicher Handels- und Bankgebäude. Die Erklärung von D. zum Freihafen schmälerte die Einkünfte von ↗Rhodos empfindlich (Polyb. 31, 7, 12)[6], zumal 146 auch ↗Korinth als Konkurrent beseitigt war. Zahlreiche Kaufmannsgilden ließen sich auf D. nieder, als bedeutendste die der ital. Mercuriales, daneben viele oriental. Nationalitäten; die Bevölkerungszahl bewegte sich Ende des 2. Jh.s zw. 20 000 und 30 000[7]. Die Plünderung der Insel und Dezimierung der Bevölkerung (zumeist der Italiker) durch Mithradates VI. 88/7 und die Plünderung durch Seeräuber 69 ruinierten die wirtschaftl. Position der Insel; damals Befestigung von Stadt und Heiligtum durch Lucullus' Legaten C. Valerius Triarius; in der Kaiserzeit war die Insel nahezu entvölkert (Paus. 8, 33, 2) und wirtschaftl. bedeutungslos.

In der Unabhängigkeit war D. demokratisch verfaßt: bezeugt sind Ekklesie und Rat, dem u. a. die Kontrolle des Tempelschatzes oblag; höchste Beamte waren der jährl. gewählte, den vornehmsten Familien entstammende eponyme Archon und ein an der Spitze der Tempelverwaltung stehendes Kollegium von 4 Hieropoioi; nach 166 stand ein von Athen gesandter Epimeletes an der Spitze der Inselverwaltung, die öffentl. Urkunden datieren nach den athen. Archonten, die Tempelverwaltung ging an ein neugeschaffenes Kollegium über.

3. EUBOIA. Zweitgrößte Insel Griechenlands, von der griech. O-Küste getrennt durch den Euripos-Sund. Poleis u. a. Chalkis, Eretria, Karystos und Oreos (früher Histiaia).

Vor Ausbruch der entscheidenden Auseinandersetzung mit Philipp II. standen Eretria und Chalkis 341 im Bündnis mit Athen (StV II 339f.). Versuche Philipps 342, durch Einsetzen von „Tyrannen", des Kleitarch in Eretria, des Philistides in Oreos, die strateg. bedeutsame Insel zu sichern, hatte die milit. Intervention Athens mit

Unterstützung von Chalkis vereitelt. 340 schuf Kallias aus Chalkis mit Demosthenes' Unterstützung einen eub. Bund (StV II 342[8]), der der gegen Makedonien gerichteten Hellenenliga unter theb.-athen. Führung beitrat (StV II 343). Nach der Schlacht bei Chaironeia 338 makedon. Besatzung in Chalkis und Auflösung des Bundes. Die eub. Poleis wohl Mitglieder des Korinth. Bundes, jedenfalls Flottengestellung E.s für Antipater nach Arr. 2, 2, 4. Im Lamischen Krieg (323/2; ↗Alexander d. Gr. 6) schloß sich nur Karystos der antimakedon. Koalition an. 317 dürfte E. zu Kassanders Machtbereich gehört haben (vgl. Diod. 19, 35, 2), seit 313 zum Reich des Antigonos I. Monophthalmos; Zugehörigkeit von Chalkis und Eretria zum Boiot. Bund zw. 308 und 304 (Vertreibung der boiot. Besatzung, Diod. 20, 100, 6). Unklar ist, ob E. nach der Schlacht bei Ipsos 301 abfiel: zu den Gesandtschaften des Philosophen Menedemos aus Eretria zu Ptolemaios I. und Lysimachos v. Thrakien und seinen Beziehungen zu Antigonos II. Gonatas vgl. Diog. Laert. 2, 140–3. Ein um 290 belegter eub. Bund stand in enger Beziehung zu Demetrios I. Poliorketes (IG XII 9, 207), Eretria mußte angebl. jährl. 200 Talente an ihn zahlen (Diod. Laert. 2, 140), und nach 277 gehörte E. de facto zu Makedonien; Autonomie nur zw. 275 und 267. Über das völkerrechtl. Verhältnis zu Makedonien ist nichts Näheres bekannt, σύμμαχοι bei Polyb. 11, 5, 4 (z. J. 207) ist vieldeutig[9]. Die Proklamation Alexanders v. ↗Korinth zum König auch von E. (um 252?) war nur Episode (bis 249/8). 223 war E. makedon. Durchzugsgebiet gegen Kleomenes III. v. ↗Sparta; die Bedeutung der Insel für den makedon. Nachschub bei Polyb. 5, 2, 8 hervorgehoben. Die im 1. (215–205) und 2. Makedon. Krieg (200–197) umkämpfte Insel wurde Philipp V. 196 entzogen und zunächst für frei erklärt; aber röm. Besatzung in Chalkis, eine der „Fußfesseln Griechenlands", Argument der ↗ätol. Agitation gegen Rom (Polyb. 18, 45). Oreos und Eretria erhielten entgegen den Wünschen Pergamons durch den Widerstand des Flamininus nach Senatsentscheid die Freiheit, ebenso Karystos, aber röm. Truppen auch in Oreos und Eretria. 194 Abzug Roms. 192 scheiterte der ätol. Stratege Thoas bei der Besetzung von Chalkis, und erst nach gewaltsamem Vorgehen (Liv. 35, 46) öffneten Chalkis und die übrigen Städte E.s Antiochos III. die Tore, der achäische, attalid. und röm. Truppen aus E. vertrieb und sich 192/1 in seinem Winterquartier Chalkis mit einer vornehmen Chalkiderin, die er dann „E." nannte, vermählte. Nach der Schlacht bei den Thermopylen (191) besetzte M'. Acilius Glabrio die Insel (Liv. 36, 21); Vergeltungsmaßnahmen verhinderte Flamininus: Ehreninschr. und Paian überliefert bei Plut. Flam. 16; damals wohl Einführung später bezeugter Rhomaia (IG XII 9, 899). 188 E. frei, Auslieferung der proseleukid. Führer in Apameia festgelegt (Liv. 38, 38). Im 3. Makedon. Krieg (171–168) blieb E. auf röm. Seite, Liv. 43, 7–8 belegt jedoch Beschwerden wegen röm. Übergriffe. 167 besuchte L. Aemilius Paullus auch Chalkis (Liv. 45, 27). Chalkis war offenbar auch am Röm.-Ach. Krieg (147/6) beteiligt: 146 durch L. Mummius zerstört, der eub. Bund anscheinend vorübergehend aufgelöst[10]; 88 brach Mithradates' VI. Feldherr Metrophanes den Widerstand der Insel; 87 Befreiung durch Sulla. 78 wurde Polystratos aus Karystos neben 2 anderen Personen durch Senatsbeschluß (SC de Asclepiade: Sherk, Roman Documents Nr. 22) wegen Flottenhilfe im Bundesgenossenkrieg (90–89) unter die „Freunde" Roms aufgenommen. Daß Augustus 21 den Athenern wegen Unterstützung des Antonius Eretria entzog (Cass. Dio 54, 7), läßt auf vorhergehenden Besitz schließen.

An der Spitze des eub. Koinon (einziges Zeugnis: IG XII 9, 898) stand ein eponymer Hegemon, Proxenie und Enktesis (↗Ehrungen) wurden durch Bundesbeschluß verliehen.

4. IMBROS, LEMNOS, SKYROS. Nach der Schlacht bei Chaironeia bestätigte Philipp II. vertraglich (StV III 402) Athen den Besitz der schon im 5. Jh. athen. Inseln in der NO-Ägäis (L. att. Kleruchie seit 447?). In den Diadochenkämpfen wechselte L. mehrmals den Besitzer: 318 unter Kassander geriet I. (wahrsch. auch L.) dann unter die Kontrolle des Antigonos I. Monophthalmos (Diod. 19, 68, 3–4 z. J. 314) und dürfte – wie Imbros (Diod. 20, 46, 4) – 307 an Athen zurückgegeben worden sein; ebenso wohl S. Nach der Schlacht bei Ipsos 301 standen die Inseln wohl unter Demetrios I. Poliorketes; nach 287/6 L. unter Lysimachos, von dem es Seleukos I. 281 befreite: Einrichtung eines Kultes für Seleukos und seinen Sohn Antiochos (Phylarch FGrHist 81 F 29). Im Chremonideischen Krieg wurden die Inseln wahrsch. makedon. (zw. 265 und 263/2); ob sie nach 261 in ptol. Oberhoheit gerieten, ist ungeklärt. Nach 229 könnte Athen wieder im Besitz der Inseln gewesen sein, sofern IG II² 2, 1223 auf 220 zu datieren ist (oder erst nach 166?); jedenfalls ist die briefl. Ankündigung Philipps V. an attische Kleruchen in Hephaistia – neben Myrina Hauptort auf L. – über Besuch des dort. Kabirenheiligtums (SEG XII 399, Lit.) kein Beleg für makedon. Kontrolle, und 207 war L. attalid. Flottenstützpunkt (Liv. 28, 5, 1.10). Im 2. Makedon. Krieg (200–197; viell. schon 202?) muß sich Philipp V. L.' bemächtigt haben, denn es wurde 196 von Rom für frei erklärt und blieb bis 166 autonom; ob I. und S. an Athen zurückgegeben wurden (Val. Ant. bei Liv. 33, 30, 11), ist fraglich. 192 stand I. unter Antiochos III.; 166 übergab der Senat L. wieder an Athen (Polyb. 30, 20, 2–3); Gleiches ist für I. und S. zu vermuten. Die Inseln blieben bis Septimius Severus (193–211) athen. Besitz: Autonomie von I. nur in den Jahren 88/7 bzw. zw. 30 und 14 n. Chr.

5. Kos, vor der W-Küste Kariens; blühender Handelshafen mit gleichnamigem Hauptort (366 durch Sympolitie geschaffen). Handel v. a. mit Propontis, Rhodos und Ägypten; gegen Ende des 2. Jh.s Sitz einer röm. Kaufmannsgilde. Eigenexporte: Wein, Parfum und Seide (Produkt eines mittelmeer. Seidenspinners, das sich von der chines. durch Herkunft und Qualität unterscheidet; in der Kaiserzeit häufig belegt die luxuriösen „koischen Gewänder"). Berühmt war K. auch durch die mit dem Kult des Staatsgottes Asklepios verbundene Ärzteschule (↗Medizin).
In den Jahren um 360/55 gliederte Maussolos K. seiner Satrapie ↗Karien ein. 333 pers. Flottenstützpunkt, trat K. 332 zu Alexander d. Gr. über: wahrsch. Autonomiegewährung, aber wohl makedon. Besatzung bis 331. Seit 315 enge Beziehungen zu Ptolemaios I., 309 ptolemäisch, als Geburtsort Ptolemaios' II. von Kallimachos und Theokrit gepriesen. Nach der ptol. Niederlage bei Salamis (Kypros) 306 unter Kontrolle Antigonos' I. Monophthalmos, der beim ↗Synoikismos zw. Teos und Lebedos ca. 303 die Einführung koischer Gesetze bestätigt (RC 3). Nach 280 wieder enge Beziehungen zu Ägypten; Kult für Arsinoe II. nach 267 eingeführt (vgl. auch RC 21); rechtliche Form der Verbindung unbekannt, keine Datierung nach ptol. Königsjahren, K. also wohl weiterhin autonom. Gute Beziehungen auch zu Nikomedes I. von Bithynien: ca. 242 Sicherheitsgarantie für den koischen Pro-

pontishandel durch Nikomedes' Nachfolger Ziaelas (RC 25); damals Asylie für das Asklepieion (im wesentlichen erbaut zw. 300 und 250) und Stiftung penteterischer Asklepieen international anerkannt (s. SEG XII 471–4[11]). Nach der Seeschlacht bei K. (261?[12]) zw. Antigonos II. Gonatas und Ptolemaios II. und nach der ↗Karien-Expedition Antigonos' III. Doson 227 dürfte K. kurz unter makedon. Einfluß gestanden haben. Nach 220 Allianz mit Rhodos: Hilfeleistung im Kretikos Polemos 205/4 (↗Kreta), 201/200 Unterstützung im Kampf gegen Philipp V. Der Homopolitievertrag mit Kalymna (nach 205, um 200?, StV III 545), durch den die Nachbarinsel eingemeindet wird, belegt polit. Abhängigkeit von Ägypten. Im Antiochos-Krieg (192–189) auf röm. Seite; nach 188 Beziehungen zu Eumenes II. v. Pergamon; die Verbindungen zu Ägypten leben weiter (Königskult). Zu Beginn des 3. Makedon. Krieges (171–168) promakedon. Sympathien. Nach Einrichtung der Provinz Asia 133 civitas libera. Im 1. Mithradat. Krieg (88–85) trotz freiwilligem Übergang zu Mithradates VI. Asylstätte für röm. Flüchtlinge. 86/5 wieder Hilfeleistung für Rom. Die Parteinahme für Pompeius (49–46) blieb ohne Folgen; erst unter Augustus zur Provinz Asia geschlagen.

Die wirtschaftl. Blüte, für die auch der Niedergang des rhod. Handels nach 167 ohne faßbare Folgen blieb, war gestützt durch polit. Stabilität. Demokratische Verfassung: Rat und Volksversammlung, die den eponymen Beamten, den Monarchos, wählte, der – aus den angesehensten Familien stammend – bes. kultische Funktionen ausübte. Zivile Beamte Prostatai, milit. ↗Strategen und Nauarchen. Nach 44 „Tyrannis" des Curtius Nikias (wohl bis 31).

6. LESBOS. Seit ca. 350 herrschten in den Poleis Methymna, Mytilene, Eresos und Antissa „Tyrannen", deren Aufkommen auch durch soziale Spannungen begünstigt wurde. In Mytilene wurde jedoch der „Tyrann" Kammys (seit ca. 349) um 346 beseitigt, und die Stadt trat wieder in den 2. attischen Seebund ein. In Methymna löste Kleomis (positiv geschildert bei Isokr. Ep. 7, 8–9; Athen. 10, 442 f.), Proxenos Athens, die Oligarchie ab, auf den Aristonymos folgte (Intervention Athens 340 erfolglos; beseitigt ca. 336?). In Eresos herrschten die Brüder Hermon, Heraios und Apollodoros, die mit Hilfe Philipps II. v. Makedonien ca. 343 gestürzt wurden: Errich-

tung von Altären für Zeus Philippios; an den Kämpfen war auch der Philosoph Theophrast beteiligt. Aber auch ein Tyrannengesetz (s. IG XII 2, 526) konnte das Aufkommen neuer „Tyrannen", des Agonippos und Eurysilaos (um 336) nicht verhindern; „Tyrannis" auch in Antissa. Nach Auflösung des 2. attischen Seebundes dürfte Mytilene 338/7 dem Korinth. Bund (s. StV III 403) beigetreten sein. Mit der Schlacht am Granikos (Mai/Juni 334) fiel ganz L. Alexander d. Gr. zu, ging jedoch mit der pers. Gegenoffensive 333, die der Rhodier Memnon leitete, wieder verloren: Einsetzung perserfreundlicher „Tyrannen", so des Aristonikos in Methymna; nur Mytilene zur Kapitulation, Rückkehr der Verbannten, Einführung der Tyrannis und Umsturz der Stelen mit den Alexander-Verträgen gezwungen (Arr. 2, 1; während der Belagerung Tod Memnons). Erst mit der Hegelochos-Offensive (Frühjahr 332) fiel L. endgültig in makedon. Hand: Beseitigung aller „Tyrannen". Daß auch die übrigen lesb. Poleis dem Korinth. Bund beitraten, ist wahrscheinlich (als Mitglieder eines neukonstituierten aiol. Koinon?). 331 Treue Mytilenes durch Alexander mit Geldgeschenk belohnt. Das Dekret Alexanders über Verbanntenrückführung 324 führte auch auf L. zu Auseinandersetzungen (belegt für Mytilene)[13]. Aus den Diadochenkämpfen nur noch spärliche Nachrichten: die Insel unterstand nach 323 den makedon. Reichsverwesern Antipater bzw. Polyperchon (seit 319); 316 wurde L. unter weitgehendem Autonomieverlust dem Reich des Antigonos I. Monophthalmos angegliedert. Nach einem Appell der Söhne des Agonippos, zurückkehren zu dürfen, bestätigte Antigonos 306 brieflich die „Tyrannen"-Gesetze in Eresos (RC 2); beim geplanten ↗Synoikismos von Teos und Lebedos 303 wurde Mytilene als Schiedsrichterin in Rechtsstreitigkeiten benannt (RC 3 Z. 30). Nach Ipsos 301 im Reich der Lysimachos, nach Korupedion 281 scheint L. seleukid. geworden zu sein (für Mytilene aus Münzprägung Antiochos' II. nach 261 erschlossen)[14]. Sicher ptol. war L. unter Ptolemaios IV. (221–204; vgl. IG XII 2, 498); möglicherw. wurde ein gymnischer Agon für Herakles und Ptolemaios in dieser Zeit eingeführt (s. IG XII Suppl. S. 33). Im 1. Makedon. Krieg (215–205) erscheint Mytilene neben Ptolemaios IV., Byzanz, Rhodos und Chios bei Friedensvermittlungsversuch (207?[15], Polyb. 11, 4, 1). 214/3 Asylie für Mytilene durch Ätolerbund (IG IX 1², 1, 189). Im Antiochos-Krieg (192–189) Flottenunterstützung für Rom durch Mytilene (Liv. 37, 12, 5 z. J. 190). Viell. damals schon Gründung eines lesb. Koinon (s. IG XII Suppl. 136 zw. 200 und 167), jedenfalls um 190 Symmachie-Vertrag mit Rhodos (IG XII Suppl. 120). Parteinahme für Perseus im 3. Makedon. Krieg (171–168) führte 167 zur Zerstörung Antissas und Umsiedlung der Bevölkerung ins treugebliebene Methymna. Verwüstung Methymnas durch Prusias I. v. ↗Bithynien vor 154 (Polyb. 33, 13, 8). Ob der Rhetor Diophanes wegen polit. Parteikämpfe ins röm. Exil ging (Plut. Tib. Gracch. 8, 5), ist fraglich. Nach Einrichtung der Provinz Asia 133 blieb L. frei; ca. 129 foedus Rom–Methymna (Syll.³ 693). 88 fiel L. zu Mithradates VI. v. ↗Pontos ab, Mytilene lieferte den röm. Gesandten M. Aquilius aus und nahm den Kg. freundlich auf. 84 konnte sich Mytilene gegen Lucullus' Angriff noch halten, aber 80 Erstürmung durch Minucius Thermus (wohl keine starken Zerstörungen, s. Cic. leg. agr. 2, 16, 40). 62 erklärte Pompeius aus Freundschaft zu dem lesb. Historiker Theophanes Mytilene für frei (s. a. Sherk, Roman Documents Nr. 25 vom J. 55?; Theophanes als „zweiter Gründer" gefeiert, IG XII 2, 163): Abschluß eines Bündnisses, das Caesar (45) erneuerte (s. Sherk, Roman Documents Nr. 26).

7. NESIOTENBUND. Das 315/4 von Antigonos I. Monophthalmos (IG XI 4, 1036) gegründete „Koinon der Nesioten" umfaßte im wesentlichen die Kykladeninseln mit Ausnahme u. a. von Delos. Nach dem Zusammenbruch der ↗antigonid. Seeherrschaft übernahm Ptolemaios II. (285–246) das Protektorat über das Koinon, das sicher oder mit großer Wahrscheinlichkeit Amorgos, Andros, Astypalaia, Herakleia, Ios, Keos, Kythnos, Mykonos, Naxos und Paros umfaßte; möglicherw. gehörten auch Melos, Nisyros, Rheneia, Seriphos, Siphnos und Tenos dazu. Das Schicksal des Bundes bis zum Ende des 3. Jh.s ist nicht zu klären. Nach der Seeschlacht bei Kos (261?, s. o. 5) drang Antigonos II. Gonatas v. ↗Makedonien – wahrsch. in Etappen – in die Ägäis vor, ca. 250 ist makedon. Einfluß auf Andros, Amorgos, Astypalaia, Naxos und Syros bezeugt[16]. Nicht sicher ist, ob ein Bund bzw. ob in der alten Form weiterbestand: die Bezeichnung „Koinon der N." ist zw. 250 und ca. 200 inschr. nicht mehr bezeugt. Der makedon. Einfluß scheint nur von kurzer Dauer: unter Ptolemaios III. (246–221, s.

OGIS 54, Z. 5–8) und z.T. auch noch unter Ptolemaios
IV. (221–204) hat die ptol. Vorherrschaft über Ägäisinseln wieder bestanden; der Umfang des ptol. Insel-Protektorats – das neben dem N. auch andere Formen völkerrechtlicher Beziehung (s. z.B. Kos; Samos) umfaßte – dürfte sich von dem Ptolemaios' II. nicht unterschieden haben. Ob Antigonos III. Doson bei seiner ↗Karien-Expedition 227 einzelne Inseln an sich riß (Ios, Kimolos, Nisyros?), bleibt unklar: ein Schreiben Philipps V. an Nisyros (ca. 200) legt jedenfalls makedon. Kontrolle nahe (Syll.³ 572); Andros um 200 makedon. Bis zum Ende des 3. Jh.s war der ptol. Einfluß auf den Ägäisinseln verschwunden. 200 dehnte ↗Rhodos – als Nachfolger der ptol. Seemacht – seinen Einfluß über die Kykladen aus (Liv. 31, 15, 18); freilich ist fraglich, ob ein N. schon 200 oder erst nach 197 neugegründet wurde. Nach Vertreibung der makedon. Besatzungen aus Paros und Kythnos dürfte sich die rhod. Hegemonie über das alte ptol. Protektorat erstreckt haben; nur Andros wurde attalid. Besitz. Rhod. Einfluß zeigt sich in der Münzprägung (rhod. „Rose" auf den Münzen von Tenos) und in der Urkundendatierung (das Bundesdekret Syll.³ 620 datiert nach rhod. Eponymen und tenischem Archonten). Nach 167 Erlöschen der rhod. Hegemonie, 160 letztmalig Bezeugung des Bundes.

Das Koinon war ein Staatenbund ohne Bundesbürgerrecht: Bürgerrechts- und Proxenieverleihung durch Bundesbeschluß in einzelnen oder allen Mitgliedstaaten; Bundesproxenie erst in der rhod. Epoche. Keine Bundesversammlung; an der Spitze stand ein nicht ständig tagendes Synhedrion (Tagungsort Delos, im 2. Jh. Tenos) unter dem Vorsitz von gewählten Prostaten. Die Interessen der jeweiligen Schutzmacht, der der durch Matrikularbeiträge (in rhod. Zeit Bundesflottenkontingente) der Bündner unterstützte Schutz der Inseln oblag, wurden durch die ptol. Nesiarchen, nach 200 durch den rhod. ἄρχων ἐπί τε τῶν νήσων καὶ τῶν πλοίων τῶν νησιωτικῶν vertreten, die, obwohl formell neben dem Bund stehend, z.T. recht massiv in die Angelegenheiten der Gliedstaaten (Besatzungen, Einsetzung von Epistaten) eingriffen u. den Bund zum Instrument der ptol. bzw. rhod. Außenpolitik machten.
J.D.G.

8. SAMOS. Ion. Insel, seit 365 att. Kleruchie; 334 von der pers. Flotte besetzt, von Alexander d. Gr. befreit. 321

Rückführung der i. J. 365 vertriebenen Samier. Bald danach Herrschaft des ↗Antigonos I. Monophthalmos, 301–281 des Lysimachos (↗Thrakien), 281–259 ptolem., 259/8 seleukid., ca. 246 (Laodikekrieg) wieder ptol. Flottenstation. 201 kurz von Philipp V. v. ↗Makedonien besetzt, der die ptol. Flotte wegnahm; kurze Rückkehr der ptol. Herrschaft; 197 frei unter rhod. Einfluß. 196 (?) Vermittlerin im Frieden Milet–Magnesia (↗Ionien 6). 190 röm.-rhod.-pergamen. Flottenstation gegen Antiochos III., wohl damals schon mit Rom verbündet. Im 2. Jh. Gewinn der Insel Ikaros. Von Aristonikos (↗Pergamon I 7) kurz besetzt. 12 n. Chr. Exilrecht durch Augustus bestätigt; unter Vespasian zur Prov. Asia geschlagen. Um den Festlandbesitz von S. (Peraia: Landsch. Anaïtis, Batinetis) seit ca. 700 Streit mit Priene; mehrere Schiedssprüche (Lysimachos, Antiochos II., Rhodos, Cn. Manlius Vulso, 135 röm. Senat: Inschr. v. Priene 37–42). Kulturell bedeutend; Heimat des Epikur, Aristarch, Konon, Duris, Asklepiades, Dioskurides. Trotz Reichtum der Insel wirtsch. Krisen; im 2. Jh. offenbar Niedergang. H. H. S.

9. SAMOTHRAKE, mit seit dem 4. Jh. bedeutendem, in hell.-röm. Zeit berühmtem Kabirenheiligtum, dem Hlm. der „Großen Götter". Auf die polit. Gesch. der Insel werfen nur wenige Zeugnisse Licht. Um 340/9 dürfte sie sich Philipp II. v. Makedonien angeschlossen haben, der sich dort (vor 359) in die Mysterien (↗Religion B 20) einweihen ließ und Olympias kennenlernte. Mitgliedschaft im Korinth. Bund 338/7 ist wahrsch. (S. in der Bundesurkunde ergänzt, StV III 403), über Abhängigkeitsverhältnisse in der Diadochenzeit erfahren wir nichts. Das Interesse der Makedonenherrscher an S. manifestierte sich in der Stiftung von Bauten: Das ion. Propylon des heiligen Bezirks (Temenos) könnte sich mit Philipp II. um 340 verbinden lassen; zw. 323 und 316 stifteten Philipp III. Arrhidaios, der zw. 340 und 330 schon einen Marmoraltar errichten ließ, und Alexander IV. ein monumentales dorisches Marmorgebäude; in der 1. H. des 3. Jh.s entstand eine Stoa von gewaltigen Ausmaßen. Über den polit. Status der Insel besagt die Errichtung eines Altars für Lysimachos, der S. zw. 288 und 281 Festlandsbesitz um Maroneia zugesprochen hatte[17], in diesen Jahren wegen Abwehr eines Pirateneinfalls (Syll.³ 372) ebensowenig wie die Errichtung einer Rotunde, mit 17 m innerem

Durchmesser des größten überdachten griech. Rundbaus, durch seine Gattin Arsinoe II., die auf S. Zuflucht vor ihrem 2. Gatten ↗Ptolemaios Keraunos suchte (Just. 24, 4, 9). Und ob Arsinoe nach ihrer (3.) Hochzeit mit Ptolemaios II. (auf ihn geht zw. 285 und 280 ein Propylon zurück) S. in eine direkte Abhängigkeit von Ägypten brachte, ist ebenso umstritten wie die Frage, ob S. in den folgenden Jahren zeitweilig seleukid. wurde (erschlossen aus RC 18, 27 ff.). Mit Ausdehnung der ptol. Außenbesitzungen nach ↗Thrakien unter Ptolemaios III. (s. OGIS 54) ca. 245 stand S. sicher unter ptol. Protektorat; in welchem rechtlichen Verhältnis die Insel zum ptol. Statthalter „über dem Hellespont und den thrak. Topoi" stand, bleibt unklar[18]. Für eine auch nur temporäre Unterstellung unter Makedonien in der Zeit des Antigonos III. Doson, dann Philipps V. zw. 228 und 197 sprechen keine Belege, ebensowenig wie für die Annahme, Antiochos III. habe zw. 196 und 191 über die Insel geherrscht[19]. Nach 190 erscheint S. im Zusammenhang mit Ereignissen der makedon. Politik: 172 dort Geheimkonferenz des Perseus mit Gesandten aus dem Osten (Liv. 42, 25); daß S. unter makedon. Oberhoheit stand, belegt Polyb. 29, 8, 7, und S. verband sich auch mit dem Ende des Makedonenreiches: nach der Schlacht bei Pydna 168 wurde Perseus als Asylsuchender im Kabirenheiligtum aufgegriffen. Trotz des internat. Rufes als Heiligtum und Asylstätte (169 Flucht Ptolemaios' VI. nach S., Polyb. 28, 21) wurde S. 84 durch Piraten geplündert (App. Mithr. 63). In röm. Zeit civitas libera. Der eponyme Beamte des demokratisch verfaßten Gemeinwesens war der Basileus, ein Titel, den Hadrian 123 n. Chr. trug.

10. THASOS. Der sprichwörtliche Wohlstand der Insel mit gleichnamigem Vorort vor der thrak. Küste gründete sich v. a. auf den Export von Marmor, Wein und Öl. Unterstützung für das belagerte Byzanz 340 (↗Makedonien I) nach Ps. Dem. 12, 2. Wahrscheinlich brachte Philipp II. 340/39 (?) die zuvor mit Athen verbündete Insel unter seine Kontrolle, jedenfalls belegt Dem. 18, 197 Auseinandersetzungen zw. Makedonen- und Athenfreunden. 338/7 trat Th. dem Korinth. Bund bei (StV III 403, 2 Stimmen). Eine Beteiligung an Flottenoperationen im Lamischen Krieg 323/2 (↗Alexander d. Gr. 6) bleibt unsicher; bis zum Ende des 3. Jh.s liegen nur noch spärliche Nachrichten vor: die Eroberung durch Philipp V. 202

(Polyb. 15, 24; dort das perfide Verhalten des Kg.s getadelt) läßt auf vorherige Unabhängigkeit von Makedonien schließen (nach Polyb. ein φιλία-Verhältnis); die vermutete Zugehörigkeit zum Ptolemäerreich bleibt fraglich. Nach dem Ende des 2. Makedon. Krieges (200–197) erklärt Rom – auf rhodische Fürsprache? – Th. für frei (196). Münzen und Amphorenstempel belegen den Umfang des thas. Handels bis nach Osteuropa und dem östl. Mitteleuropa in hell. Zeit. Ein Brief Sullas v. J. 80 mit anschließendem SC über Freundschaftserneuerung bezeugt thas. Widerstand gegen Mithradates VI. (Sherk, Roman Documents Nr. 20, vgl. 21). Im röm. Bürgerkrieg nach Cäsars Ermordung wurde Th., vor der Schlacht bei Philippi (42), Lebensmitteldepot der Cäsar-Mörder, Zufluchtsort der Brutus-Anhänger und 42 von Antonius eingenommen; nach 27 Bau eines Roma- und Augustus-Tempels; bei Plin. nat. 4, 73 ist Th. civitas libera.

Oberste Exekutiv-(eponyme)-Beamte des demokrat. organisierten Gemeinwesens waren 3 Archonten; neben ihnen stand ein sich aus den reichen Familien rekrutierendes, jährl. wechselndes Theorenkollegium mit Überwachungsaufgaben.

J. D. G.

Anm.: 1) Syll.³ 283; dazu zuletzt A. Heisserer, Historia 22, 1973, 191–204; ders., Alexander the Great. The Epigraphic Evidence, Norman 1980; ein Brief Alexanders v. a. an Ch. über Purpurlieferung (Athen. 539 f.–540a) ist möglicherw. authentisch. – 2) Dazu Huß, Ptolemaios IV. 222 f. – 3) Dazu Holleaux, Études II 43–9; IV 226–99; 331 f. – 4) Inschrift über ein Romfest in Ch.: SEG XXX 1073; zu späteren chiisch-pergamen. Beziehungen s. Magie, RRAM II 891. – 5) Vgl. E. Bikerman, REA 40, 1938, 371 f. – 6) Weitere Überlegungen für den Aufstieg Rostovtzeff, GWHW II 622 ff.; s. a. Magie, RRAM 956 f. – 7) S. a. P. Roussel, BCH 55, 1931, 438–49. – 8) Zu den komplizierten Einzelheiten s. P. A. Brunt, CQ NS 19, 1969, 245–65; G. L. Cawkwell, Phoenix 32, 1978, 42–67. – 9) Vgl. Schmitt zu StV III 507; anders Huß, Ptolemaios IV. 107 f.; hinzuweisen ist auf Liv. 35, 38, 4: graves fuisse Macedonas dominos. – 10) Dazu Martin, Greek Leagues 116–37. – 11) Die Zuweisung der Briefe RC 25–8 ist heute nicht mehr aufrechtzuerhalten; s. R. Herzog–G. Klaffenbach, Asylieurkunden aus K., Abh. Berlin 1952; zum letzten Stand Sherwin-White (s. u. Lit.) 111–3. – 12) Datum nach Heinen, Unters. 3. Jh. 193–7; häufig wird die Schlacht um 258 oder auch später datiert. – 13) Zu den hist. wichtigen Urkunden aus der Alexanderzeit aus Eresos und Mytilene s. a. Heisserer, Alexander (Anm.1) 27–78; 118–39. – 14) s. Niese, GGMS II 135 Anm. 7. – 15) Huß, Ptolemaios IV. 110–3. – 16) Die Zuweisung hängt davon ab, ob in dem „Kg. Antigonos" der Inschr. v. Amorgos, Ios, Kimolos, Kos, Naxos und Syros Antigonos II. Gonatas zu sehen ist; sicher ist makedon. Einfluß unter Antigonos II. nur für Andros und Astypalaia. – 17) J.R. McCredie, Hesperia 37, 1968, 220 f. – 18) Vgl. die Diskussion der einschlägigen Inschr. bei Bengtson, Strategie III² 178–83; Ph. Gauthier, Historia 28, 1979, 76–89. – 19) Aus welchem Anlaß die berühmte Nike von S. (zw. 190 und 160) geweiht wurde, bleibt unbekannt.

Lit.: Allg.: K. Buraselis, Das hell. Makedonien u. die Ägäis. Münch. Beitr. 73, 1982. – 1: J. Vanseveren, RPh 11, 1937, 330–2 (wirtschaftl. Bedeutung von Ch. im 3.Jh.). – E. Meyer, DKlP I, 1964, 1148 s.v. (Lit.). – 2: Th. Homolle, Les Romains à D., BCH 8, 1884, 75–158. – P. Roussel, D., Col. athénienne, Paris 1916. – F. Durrbach, Choix d'inscriptions de D., I, Paris 1921. – W. W. Tarn, JHS 44, 1924, 141–57. – W. Kolbe, JHS 50, 1930, 20–31 (zur Frage nach der „Neutralität" von D.). – W. A. Laidlaw, A Hist. of D., Oxford 1933. – Rostovtzeff, GWHW 623–29. – E. Meyer, DKlP I, 1964, 1444–8 (Lit.). – P. Bruneau–J. Ducat, Guide de D., Paris² 1966. – Huß, Ptolemaios IV. 223f. (Lit.). – 3: E. Ziebarth, IG XII 9, 152–8 (hist. Überblick). – F. Geyer, RE Suppl. IV, 1924, 439–48 s.v. – W.P. Wallace, The History of Eretria to 198 B.C., Diss. Johns Hopkins Univ. 1936.– Ders., The Euboian League and its Coinage, New York 1956. – M. B. Wallace, The History of Carystus, Diss. Toronto/Ontario Univ. 1972. – Martin, Greek Leagues 116–37. – O. Picard, Chalcis et la Confédération eubéenne, BEFAR 235, 1979. – 4: S. Shebelew, Zur Gesch. von L., Klio 2, 1902, 36–44. – C. Fredrich, IG XII 8, 1909, 3f. – 5: S.M. Sherwin-White, Ancient C., Hypomnemata 51, 1978 (Lit.). – 6: H. Pistorius, Beitr. zur Gesch. von L. im 4. Jh. v.Chr., Jenaer Hist. Arbeiten 5, 1913. – Hiller v. Gärtringen, IG-XII Suppl., 1939, 76–72. – H.G. Buchholz, Methymna, Archäol. Beitr. zur Topographie und Gesch. v. Nord-L., Mainz 1975 (Münzen: P. R. Franke). – P. Brun, Les Lagides à L.: essai de chronologie. ZPE 85, 1991, 99–113. – 7: W. König, Der Bund der Nesioten, Diss. Halle 1910. – A. Guggenmos, Die Geschichte des N. bis zur Mitte des 3.Jh.s, Diss. Würzburg 1929. – Busolt–Swoboda II 1286–92. – E. Kornemann, RE Suppl. IV, 1924, 936f. – I. L. Merker, Historia 19, 1970, 141–60 (ptol. Zeit). – R.S. Bagnall, The Administration of the Ptol. Possessions Outside Egypt, Leiden 1976, 136–56. – Huß, Ptolemaios IV. 213–37. – D. V. Sippel, Ancient World 13 (1986) 35–40 (Verlegung des Zentrums nach Tenos); 41–46. – 8: L. Bürchner, RE I A 2, 1920, 2162–218. – Ch. Habicht, Sam. Volksbeschlüsse der hell. Zeit,AM 72, 1957, 152–274. – R.S. Bagnall, The Administration of the Ptol. Possessions Outside Egypt, Leiden 1976, 80–8. – Huß, Ptolemaios IV. 232f. – Ch. Habicht, Chiron 5, 1975, 45–50. – R. M. Errington, ebd. 51–8. – K. Rosen, Historia 27, 1978, 20–39 (S. unter Alexander und den ersten Diadochen). – G. Shipley, A History of S. 800–188 B.C., Oxford 1987. – 9: S. Excavations conducted by the Institute of Fine Arts, New York Univ. I: K. Lehmann–Ph. W. Lehmann, The literary Sources, ed. and transl. by N. Lewis, New York 1958. – II 1: P.M. Fraser, The Inscriptions on Stone, New York 1960 (mit hist. Abriß). – K. Lehmann, S., A Guide to the Excavations, New York ³1966; W. Oberleitner u.a., Funde aus Ephesos und S., Kunsthist. Museum Wien, Katalog der Antikensamml. I, 1978. – J. R. McCredie, S.: Suppl. Investigations, Hesperia 48, 1979, 1–44. – 10: C. Fredrich, IG XII 8, 1909, 75 ff. – F. v. Hiller, RE V A 2, 1934, 1310–27 s.v. – J. Pouilloux, Recherches sur l'hist. et les cultes de Th. II, Paris 1958. – Guide de Th., École française d'Athènes, Paris ²1968. – Münzprägung: R.-Alföldi, s. unter den einzelnen Inseln. – Ausgrabungen: Kirsten-Kraiker⁵. – PECS. – Leekley-Noyes, Greek Islands. – W. Günther u.a., LHistSt (hist. Abrisse und Lit.).

Ionien.

1. Schmaler Küstenstreifen im W Kleinasiens, den Landschaften ↗Lydien und ↗Karien vorgelagert, v.a. mit Smyrna, Teos, Kolophon, Erythrai, Klazomenai, Priene, ↗Milet und den vorgelagerten ↗Inseln (1; 8) Chios und Samos. Die Geschichte I.s ist stets die Geschichte der dortigen Griechenstädte und ihrer rasch wechselnden, meist uneinheitlichen Schicksale, die aus den zufällig erhaltenen Nachrichten oft nur wie in Momentaufnahmen sichtbar werden. An der Nahtstelle zwischen dem Mutterland und dem Osten waren die Städte bei den Rivalen um die Macht nicht nur wegen ihrer wirtschaftlichen und militärischen, sondern auch wegen ihrer ideellen Bedeutung begehrt.

2. Mit dem Zerfall des 1. Attischen Seebunds kam I. wieder unter persische Herrschaft, die im Königsfrieden (386) bestätigt wurde; nur die meisten vorgelagerten Inseln blieben frei. Chios erneuerte 384 sein Bündnis mit Athen, war 377–357 Mitglied des 2. Seebundes, wandte sich dann aber Maussolos von ↗Karien zu[1]. Samos wurde 365 attische Kleruchie.

3. Alexander d. Gr. vertrieb unmittelbar nach der Schlacht am Granikos (334) die pers. Besatzungen aus den Städten I.s; diese erklärte er (wohl ohne Vertrag und ohne Aufnahme in den Korinthischen Bund) für frei[2]; demokratische Verfassungen. In Priene weihte er den eben vollendeten Athena-Tempel und erließ der Stadt die σύνταξις (Beitrag zum Bündnis)[3]. Vermutlich hat Alexander auch die kleinasiat. Koina gegründet oder restituiert, darunter das Ionische, das dann der Organisation des ↗Herrscherkults Alexanders diente[4].

4. Im Jahrzehnt nach Alexanders Tod versuchten benachbarte Satrapen in I. Fuß zu fassen (z. B. Kleitos von Lydien 319 in Ephesos, Asandros von ↗Karien 314 in Milet), wurden aber von Antigonos (↗Antigoniden 1) unterworfen, der sich mit Freiheitsproklamationen die Loyalität der Städte seines Machtbereichs zu sichern wußte[5]. Er gründete Smyrna neu und versuchte um 303 Teos und Lebedos zum ↗Synoikismos zu drängen[6]. Nach Ipsos (301) konnte Demetrios I. (↗Antigoniden 2) Milet und Ephesos, dazu wohl einige weitere Städte bis ca. 295 halten; Priene und Samos standen kurz nach Ipsos unter lokalen ↗„Tyrannen", Hieron bzw. Duris. Allmählich konnte Lysimachos (↗Thrakien) ganz I. besetzen; er verlegte Ephesos und gründete es durch ↗Synoikismos (u. a. aus Kolophon und Lebedos) als Königsstadt „Arsinoeia" neu (ans Gelände adaptierter hippodamischer Plan), baute Smyrna aus und entschied im Streit zwischen Samos und Priene um die Batinetis (gegenüber Samos)[7]. 289/8 ist ein königl. στρατηγὸς ἐπὶ τῶν πόλεων τῶν Ἰώνων bezeugt[8], I. damals also ein satrapie-ähnlicher Verwaltungsbezirk; spätere Klagen über Unfreiheit unter Lysimachos waren also nicht grundlos. Demetrios I. dürfte daher 287/6 bei seinem Kleinasien-Feldzug in I. einigen Anhang gefunden haben, z. B. Magnesia am Mäander, das damals (?) das lysimachos-treue Priene angriff[9].

5. Der Sturz des Lysimachos bei Kurupedion (Febr. 281) eröffnete eine Periode jahrzehntelanger Rivalität um I. zwischen ↗Seleukiden, ↗Ptolemäern und später Attaliden (↗Pergamon). Seleukidische Oberherrschaft ist im Großteil I.s bis zum Ende der Regierung des Antiochos II. (gest. 247) bezeugt, v. a. durch Feste und kultische Ehren, die Städte wie Erythrai, Teos, Kolophon, Magnesia/ M. und Priene[10] bzw. das ionische Koinon[11] für die ersten Seleukidenherrscher einrichteten. Milet hingegen, das schon seit 288/7[12] enge Beziehungen zum Haus des Seleukos unterhielt und 280/79 Antiochos I. zum (eponymen) Stephanephoren machte, war schon bald darauf unter ptolem. Herrschaft[13], ebenso Samos[14], wohl auch Herakleia am Latmos[15]. In den 70er Jahren wurden u. a. Milet, Priene und Ephesos vom Galatersturm (↗Kelten 3) betroffen. Ca. 260/58 (in vielem unklare) Revolte eines Ätolers Timarchos und eines Ptolemaios „des Sohns" in Milet und Samos[16]; bald darauf (254/3?) ist Milet in seleukid. Hand. Im Laodike-Krieg (↗Seleukiden III 3) fielen Teile I.s offenbar an Ptolemaios III. (vermutlich Teos, Lebedos, Kolophon, wohl auch Milet und – spätestens jetzt – Ephesos und Samos); Smyrna blieb unter Opfern der (kaum mehr als nominellen) Oberhoheit des Seleukos II. treu[17]. Die Siege des Attalos I. über Antiochos Hierax (229–28) brachten u. a. Phokaia, Teos, Kolophon und Smyrna unter die Herrschaft ↗Pergamons[18] bis zur Rückeroberung durch Achaios (223/2; ↗Seleukiden III 3; IV; VII).

6. Antiochos III. versuchte anscheinend nach seiner Rückkehr aus dem Osten (205/4) Expansion in ↗Karien und I. (Privilegien für Teos[19]), wendete sich dann aber dem 5. Syr. Krieg zu, während Philipp V. von ↗Makedonien (III 4) in Karien und Süd-I. kämpfte (Samos 201–spätestens 197 maked.[20]). 197 eroberte Antiochos III. die kleinasiat. Küstenländer[21], in I. z. B. Ephesos. 196 wurde ohne seine Beteiligung im Krieg zwischen Milet/Herakleia und Magnesia/Priene der Friede vermittelt[22]; Süd-I. war damals also von ihm noch nicht direkt beherrscht, geriet aber in der Folge mindestens unter

seine Oberhoheit (Ephesos wurde seine Basis in der Zeit der Westpolitik), außer Smyrna, das sich mit Erfolg sträubte und Rom durch Einrichtung eines Kultes der Dea Roma (195; ↗Herrscherkult C 3 d) zu gewinnen suchte.

7. Nach Antiochos' Niederlage (190) wurden die Städte entsprechend ihrer Haltung im Krieg mit Rom behandelt; so wurden Herakleia/L., Milet, Magnesia/M., Kolophon und Notion, Erythrai, Klazomenai, Smyrna, Phokaia, Samos und Chios frei, Ephesos und Magnesia am Sipylos pergamenisch[23]. Im Lauf des 2. Jh.s wohl immer engere Anlehnung der Städte an Rom (Roma-Kulte, u. a. in Milet). Das Testament Attalos' III. schenkte den bisher pergamenischen Städten die Freiheit, die freilich kaum mehr als interne Selbstbestimmung bedeutete und nach 88 bei vielen Poleis, die sich Mithradates VI. von ↗Pontos (8) zugewandt und die Ermordung von Italikern zugelassen hatten, in Zugehörigkeit zur Provinz Asia umgewandelt wurde, deren Statthalter auch die „freien" Städte unterstanden. Immerhin behielt Samos (wie Lesbos, Kos und Rhodos) auch nach 12. n. Chr. noch das – von Augustus allen anderen genommene – Recht der Aufnahme von Exilierten[24].

H. H. S.–A. W.

Anm.: 1) StV II² 248; 257; 305. – 2) Zur Forschung vgl. J. Seibert, Alexander d. Gr. (Erträge der Forschung 10), 1972, 85–90. – 3) Syll.³ 277; Inschr. v. Priene 1. – 4) Zur Forschung Seibert (Anm. 2) 90–2. – 5) Diod. XIX 61; OGI 5 = RC 1. – 6) RC 3–4. – 7) OGI 13. – 8) Beschluß des Ionischen Koinon, Syll.³ 368. – 9) OGI 11 f.; RC 6. – 10) Vgl. Chr. Habicht, Gottmenschentum und griechische Städte (Zetemata 14), München 1956, 85 ff. – 11) OGI 222; Habicht 91–3. – 12) Großes Weihgeschenk des Seleukos I. ans Heiligtum von Didyma, RC 5 = Inschr. v. Didyma 424. – 13) Milet I 3, 123, Z. 38 ff. – 14) SEG I 363 = J. Pouilloux, Choix d'inscr. gr. (Paris 1960) Nr. 21; Gr. Shipley, A History of Samos, Oxford 1987, 185 ff. – 15) OGI 24, eine Weihung für Ptolemaios II. durch einen Bürger Herakleias, ist allerdings kein sicheres Indiz. – 16) Quellen bei Mastrocinque 82 f. zusammengestellt; vgl. J. Crampa, Labraunda III 1, Lund 1969, 97 ff.; dazu Chr. Habicht, Gnomon 44, 1972, 168–70. – 17) OGI 229 = StV III 492. – 18) Polyb. IV 48, 7; V 77; Schmitt 42. – 19) P. Herrmann, Anadolu 9 (1965) 29–159. – 20) Chr. Habicht, Athen. Mitt. 72, 1957, 233 ff. Nr. 64. – 21) Schmitt 278 ff. – 22) Syll.³ 588; aber vgl. SEG XXXIX 1254: nach 185! – 23) Belege: Schmitt 281–5. – 24) Cass. Dio LVI 27,2.

Lit.: E. Meyer, Die Grenzen der hell. Staaten in Kleinasien, Zürich 1925. – D. Magie, Roman Rule in Asia Minor, Princeton 1950 (Index s. v.) – H. H. Schmitt, Unters. zur Geschichte Antiochos' d. Gr. u. seiner Zeit (Historia Einzelschr. 6), 1964. – D. Knibbe, RE Suppl. XII (1970) 248–291 s. v. Ephesos. – R. Bernhardt, Imperium und Eleutheria. Die röm. Politik gegenüber den freien Städten des griech. Ostens, Diss. Hamburg 1971. – A. H. M. Jones, The Cities of the Eastern Roman Provinces, Oxford ²1971. – R. S. Bagnall, The Administration of the Ptolemaic Possessions Outside Egypt, Leiden 1976. – W. Orth, Königl. Machtanspruch und städt. Freiheit (Münchener Beitr. 71), 1977. – A. Mastrocinque, La Caria e la Ionia meridionale in epoca ellenistica, 323–188 a. C. (Problemi e ricerche di storia antica 6), Rom 1979. – Inschriften: IK 1–2 (Erythrai), 5 (Kyme), 8 (Magnesia/Sip.), 11–18 (Ephesos), 23–25 (Smyrna).

Iran, Iranier im Hell. Name I., mittelpers. eran, altpers. Aryanam ḫšaϑra ‚Land der Arier'; griech. Ἀριανή; erstmals bei Eratosthenes als σφραγίς belegt (umfaßt dort I. östl. von Medien-Persis); sonst bezeichnet Ariané/Arianoi das ganze I. bzw. seine Bevölkerung[1]. Alexander d. Gr. eroberte I. 331–324 (331/30 Susiane und Persis, 330 Medien, Areia, Drangiane, 330/29 Arachosien, 329/27 ↗Baktrien-Sogdiane, – 327/25 ↗Indien-Zug – 325/24 Gedrosien–Karmanien–Persis). Er plante, neben den Griechen-Makedonen die pers. Oberschicht mit heranzuziehen, ja beide zu verschmelzen (↗Alexander d. Gr. 4). Nach seinem Tod (323) wurden fast alle iran. Satrapen, die er belassen oder eingesetzt hatte, entfernt; die meisten Diadochen verstießen ihre iran. Frauen und stützten sich wieder fast ausschließlich auf die Makedonen-Griechen. In Klein-Medien (Atropatene–Aserbeidschan) machte sich der iran. Satrap Atropates selbständig. Von den Wirren blieb I. (außer ↗Baktrien) zunächst ziemlich unberührt. Nach dem Tod des ↗Eumenes v. Kardia (317/6 in Gabiene) versuchte Antigonos I. Monophthalmos, I. an sich zu bringen, verlor I. aber an Seleukos (I.), der I. 311 – um 304 unterwarf (außer den östlichsten Teilen, die an ↗Indien fielen, und Atropatene). Von nun an bildete I., meist zus. mit dem Zweistromland, die ‚Oberen Satrapien' des ↗Seleukidenreichs. Die Westwendung der Seleukidenpolitik (seit 301) scheint eine gewisse Vernachlässigung I.s bedingt zu haben. Iranier wurden in großer Zahl rekrutiert, stiegen jedoch nur selten zu höheren Militär- und Verwaltungsposten auf; Träger iran. Namen in hohen Stellen entstammen wohl meist iran. Geschlechtern in Kleinasien, ebenso wie die „iran." Prinzessinnen auf dem Seleukidenthron (↗Armenien, Kappadokien, Pontos)[2]. Diese Benachteiligung I.s ist wohl einer der Gründe für national-iran. Bewegungen und den Verlust I.s im 3. Jh.[3]: Dieser Prozeß begann mit der allmähl. Loslösung ↗Baktriens unter griech. Fürsten (seit ca. 250). Im 3. Syr. Krieg (246–241; ↗Seleukiden, Ptolemäer) sollen sich die meisten iran. Provinzen dem Ptolemaios III. ergeben haben (OGI 54, wohl übertrieben); jedenfalls machte sich damals der Satrap von Parthyene, Andragoras, selbständig (↗Parther). Um 239 völlige Loslösung und Vergrößerung ↗Baktriens; gleichzeitig Invasion des iran. Reitervolks der Parner (kasp. Steppe) nach Hyrkanien und Parthyene, wo sie den ↗Parther-Staat gründeten. Die übrigen ost-iran. Provinzen standen wohl z. T. unter Einfluß der Maurya (↗Indien) oder Baktriens; die seleukid. Hoheit kann allenfalls nominell gewesen sein. 222–220 fielen auch die den ↗Seleukiden (IV) noch verbliebenen Provinzen (Medien, Susiane, Persis und wohl Karmanien) unter Vizekönig Molon ab; Antiochos III. schlug Molon[4] und gewann die Oberhoheit über Atropatene (220), ↗Parthien, ↗Baktrien und die übrigen Ostprovinzen (211–205), verlor sie aber spätestens nach seiner Niederlage gegen Rom (190). Auch Teile der Susiane (Elymais, wo Antiochos III. 187 erschlagen wurde) und die Persis strebten jetzt nach Unabhängigkeit, letztere wohl unter dem aus Istachr (b. Persepolis) stammenden (Priester?-)Fürstengeschlecht der Fratadara[5], die sich viell. von den Achämeniden herleiteten; ihre Halbsouveränität ist wohl schon ins frühe 3. Jh. zu setzen. Als Träger der nationalen und religiösen Reaktion gegen den Hell. eroberten die Parther im Lauf des 2. Jh.s I. (weitere Geschichte: ↗Parther). H.H.S.

Anm.: 1) Schmitt, s. u. 76–80 (Lit.). – 2) Schmitt, 99–101; vgl. Seibert, Dynast. Verbindungen 70f. – 3) S.K. Eddy, The King is Dead, Lincoln (Nebr.) 1961; Schmitt 45–84; 99–107; J. Wolski, Klio 51, 1969, 207–15. – 4) Schmitt 116–49. – 5) „Hüter des Feuers" oder Frataraka „Vorsteher"?; vgl. Schmitt 46–50 (Lit.); W. Hinz, RE Suppl. XII, 1970, 1031–3 s. v. Persis; H. Koch, Welt des Orients 19, 1988, 84–95.

Lit.: A. v. Gutschmid, Gesch. I.s und seiner Nachbarländer von Alex. d. Gr. bis zum Untergang der Arsaciden, Tübingen 1888. – F. Altheim, Weltgesch. Asiens im griech. Zeitalter, 2 Bde., Halle 1947. – A. Ghirshman, L'Iran des origines à l'Islam, Paris 1951, engl. 1954. – L. Robert, Hellenica VII, Paris 1949, 5–29; XI, 1960, 84–91. – CRAI 1967, 281–96. – Schmitt, Antiochos d. Gr., Index s.v. Iran, Iranier. – G. Le Rider, Suse sous les Séleucides et les Parthes, Mém. de la Mission archéol. en Iran 38, Paris 1965. – F. Altheim–J. Rehork (Hrsg.), Der Hell. in Mittelasien, WdF 91, 1969, darin bes. die Aufsätze von J. Wolski, 188–254. – F. Altheim– R. Stiehl, Gesch. Mittelasiens im Altertum, Berlin 1970. – R.N. Frye, The History of Ancient Iran (HdAW III 7) München 1984. – M. Schottky, Media Atropatene und Groß-Armenien in hell. Zeit, Bonn 1989. – S. ↗Baktrien, Parther, Religion B 4, 16, 18.

Judentum.

Vorbemerkung. – A. Geschichte. I. In Palästina bis zu Pompeius. 1. Perser- und Alexanderzeit. 2. Ptolemäerzeit. 3. Seleukidenzeit. 4. Auseinandersetzung mit dem seleukid. Hell. – II. In Diaspora und Synagoge. 1. Begriff Diaspora. 2. Assyr. Deportation. 3. Babylon. Exil und seine Folgen. 4. Vorderasiat. Diaspora in nachchristl. Zeit. 5. Diaspora in Ägypten. 6. Weitere Diaspora-Bildung im Hell., Bevölkerungsstärke. 7. Wertung der Diaspora im J. 8. Organisationsformen der Diaspora-Gemeinden. 9. Synagoge. – III. Institutionen des hell. J.

B. Religion. 1. Wesensmerkmale der jüd. Religion vor und nach der Begegnung mit dem Hell. 2. Auseinandersetzung mit dem hell. Geist. 3. Attraktivität des J.s für Nichtjuden, Vermischungstendenzen.
C. Literatur. I. Übersetzung des AT (LXX). 1. Übersetzungsvorgang. 2. Charakter der Übersetzung, Sprach- und Denkformen. – II. Wesenszüge der jüd.-hell. Lit. 1. Die AT-Übersetzung als Maßstab der übrigen jüd.-hell. Lit. Der Alexandrinische Kanon. 2. Hellenistisches und Nichthellenistisches. – III. Die jüd.-hell. Geschichtsschreibung. 1. Grundformen: Zeitgeschichte und Vergangenheitsgeschichte. 2. Jason v. Kyrene und I.–III. Makk. 3. Flavius Josephos. – IV. Weisheitsliteratur (Philosophie). 1. Grundformen: Tradition oder Interpretation des alttestamentl. Gutes. 2. Aristobulos und Philon: Interpretation des AT. – V. Zusammenfassung.

VORBEMERKUNG. Das älteste Zeugnis eines griechischen Schriftstellers, in welchem die Juden erwähnt werden, ist, abgesehen von einer kurzen Notiz bei Aristoteles (Meteorol. 2, 3, p. 359 a 16f.) über das Tote Meer, ein Bruchstück aus ↗Theophrasts († 287) Schrift über die Frömmigkeit (zitiert bei Porphyr. de abstin. 2, 26), in welchem die Vorgänge beim Tamid-Opfer verzerrt und unverstanden wiedergegeben werden[1]. Der Aristoteles-Schüler Klearchos von Soloi (↗Peripatos) weiß zu berichten, die Juden stammten von indischen Philosophen ab, und die Philosophen hießen in Syrien Juden; ähnliches sagt Megasthenes, ein Gesandter Seleukos' I. nach ↗Indien, zwischen 302 und 291. Erst *Hekataios von Abdera* berichtet zur Zeit Ptolemaios' I. in seiner Ethnographie Ägyptens neben Falschem auch Richtiges über die Juden (z.B. keine Götterbilder, Kindesaussetzung verboten), und zwar beides so sine ira et studio, daß die jüd.-hell. Literatur, sobald sie sich im apologetischen Sinne zu regen begann, benutzend oder Bücher auf seinen Namen fälschend auf ihn zurückgriff[2]. Obwohl seit dem Anfang des 3. Jh.s durch die griech. Eroberung des Orients bessere Möglichkeiten bestanden als vorher, die Juden kennenzulernen, tritt dann auf griechischer Seite, von wenigen Ausnahmen im Geiste des Hekataios abgesehen, Verständnislosigkeit oder Ablehnung an die Stelle der Unkenntnis[3]. Für seine dem vielfältigen Gesamtbild der hellenistischen Welt angemessene Präsenz ist nun das Judentum als hell. Größe in Geschichte und Selbstverständnis sein eigener Zeuge. Unter diesem Gesichtspunkt wird der Gegenstand in Teil A behandelt, während in C der umgekehrte vorwaltet: eine neue hellenist. Literatur zeugt für sich als jüdische. In Teil B mußte zwischen beiden Gesichtspunkten gewechselt werden.

A. GESCHICHTE.

I. IN PALÄSTINA BIS ZU POMPEIUS.

1. Die griech. Eroberung des Orients und die nachfolgenden Diadochenkämpfe wurden von den Juden, die bis dahin unter wohlwollender Kontrolle der persischen Könige bzw. ihrer Satrapen in einem kleinen Vasallenstaat von Hohenpriestern der eigenen Religion regiert wurden, als Ablösung einer Fremdherrschaft durch eine andere hingenommen. *Alexander* hat sich für Judäa kaum interessiert und, entgegen späteren Legenden, Jerusalem nicht betreten[4]. Der Durchzug der Griechen nach Ägypten war nicht der Beginn griechischer Einflüsse. Schon die *Achämenidenkönige* hatten die Arbeit griechischer Künstler, z. B. für die Ausschmückung ihres Palastes in Susa (um 500), geschätzt, und ihre Kanzleisprache, das Reichsaramäische, hatte bereits griechische Fremdwörter, die, wie *kitharis, symphonia* und *psalterion* in Dan. 3 zeigen, auch in Palästina bekannt wurden. Schon vor Alexander hatte man mit dem Volk von Jawan (Ionien) Handel getrieben (Joel 4, 6). Die persischen Satrapen prägten im 4. Jh. Münzen nach griechischem Muster, und auch den Juden waren eigene Silbermünzen erlaubt, die inmitten ihrer Herkunftsbezeichnung „Jehud" attische Tempel darstellten.

2. Diese friedliche Durchdringung mit Hellenischem wurde durch die ↗*Ptolemäerherrschaft*, unter der das palästinensische J. zw. 301 (Schlacht bei Ipsos) und 200 (Schlacht am Paneion) bzw. 198 (Abzug der letzten ptol. Besatzungen, Einzelheiten ↗Syrien) stand, manchmal intensiviert und immer beständig erhalten, zumal zu dem von Ptolemaios I. annektierten Staate auch die hellenisierten Philisterstädte an der Küste, die Griechensiedlungen Antigonos' I. in Galiläa und Peräa und die Samaritaner gehörten. Wie die Verhältnisse hier aussahen, ist aus Mangel an Quellen für das 3. Jh. von der Diaspora in Ägypten aus zu erschließen. Lediglich einige schwer durchschaubare Nachrichten über den generationenlangen Streit zweier führender Familien, der *Oniaden* und der *Tobiaden,* geben direktere Hinweise. Die ersteren stellten die rechtgläubigen Hohenpriester seit etwa 320; Onias II. verweigerte um 240 Ptolemaios III. die Steuern und geriet dadurch in Streit mit seinem Neffen Joseph ben Tobia, dessen jüdisch-ammonitische Familie, lauter Financiers, von ihrem Sitz an der Stelle der heut. Ruinenstätte 'araq-el-emīr (zwischen Jericho und Amman) aus etwa 100 Jahre lang hell. Politik trieb, teils privat, teils als beteiligte Eintreiber der ptol. Kronsteuern in Palästina und Phoinikien.

3. Die Eroberung Jerusalems[5] durch *Antiochos III.* (↗Seleukiden IV) 200 und die Regierung seines Sohnes Seleukos IV. (187–175) brachten keine wesentl. Änderung. Sie trat erst durch *Antiochos IV.* ein. Er wollte die J. wohl nicht einem reichseinheitl. Kult einschließlich des Königskults unterordnen (Duldung des jüd. Gesetzes bei den Samaritanern wie des Nanaiakults in Susa oder des Mardukkults in Babylon), sondern wurde durch Eintreten für „seinen" Hohenpriester Menelaos auf dem von der jüd. Aristokratie angebahnten Hellenisierungsweg weitergetrieben. Am ehesten hat dieser innerjüd. Konflikt den nationaler gesonnenen Teil der J. zum Aufstand und damit zwangsläufig zur polit. Emanzipation von der Seleukidenmacht getrieben. *Judas Makkabi* „der Hammerartige" (166–160) kämpfte mit Freischaren, die sich zur regulären Armee entwickelten, Judäa 166/65 frei und gewann 164 den Tempelplatz wieder. Sein jüngerer Bruder Jonathan (160–143) nutzte den Zwist zw. Demetrios I. und Alexander I. Balas (↗Seleukiden V 4) zur Expansion bis Samarien und ins Ostjordanland; sein älterer Bruder Simon (143–134) gewann weiteres Gebiet in Judäa einschließlich der Akra Jerusalems. Seit ihm 140 die Erblichkeit seiner Ämter – Hoherpriester, Feldherr, Ethnarch – bestätigt wurde, spricht man von der Dynastie der Hasmonäer. Simons Sohn Johannes Hyrkanos I. (134–104) judaisierte gewaltsam auch das samaritan. Gebiet um den Garizim, Teile Galiläas sowie Idumäa (128); dessen Sohn Alexander Jannaios (103–76) herrschte schließlich von der Gaulanitis bis zum Negeb und über die gesamte Küste (außer Askalon): ein Reich etwa von der Größe des salomonischen. Dieses Reich war es, für das Hyrkanos II. (67 und 63–40) und Aristobulos II. (67–63) gegeneinander die Hilfe des Pompeius erbaten. Dieser nutzte ihre Rivalität zur Eroberung und trennte die nichtjüd. Gebiete zu erneuter Hellenisierung ab (63).

4. Von Antiochos IV. an bietet das J. ein breites Spektrum von Erscheinungsformen, die alle ohne den Hell. nicht ganz verstanden werden können. Ganz in ihm auf gingen die Seleukiden, die ja mindestens bis Antiochos IX. die Herrschaft über Judäa innehatten oder beanspruchten, auch wenn Makkabäer- bzw. Hasmonäer-

fürsten sie als Philoi (↗Hof F) „vertraten" oder ihnen die Herrschaft streitig machten. Symbol für diese Erscheinung ist der Altar des Zeus Olympios, der – von den J. als „Greuel der Verwüstung" (βδέλυγμα τῆς ἐρημώσεως) empfunden – vom Sommer 167 bis Dez. 164 (Beseitigung durch Judas) auf dem Jahwe-Altar stand; auf ihm wurden heidn. Opfer vollzogen; der samaritan. Jahwetempel auf dem Berg Garizim wurde zum Tempel des Zeus Xenios. Schwächere Symbole dieser Art sind die – unter den Seleukiden nie völlig profanen – Theater, Gymnasien sowie Münzen, die von den J. mitbenutzt wurden.

Auf jüd. Seite ergeben sich sodann mehrere Grade der Angleichung oder Absonderung. Eindeutig kollaborierten eine Reihe von Hohenpriestern, die, nach anfänglicher Hinnahme ihrer Einsetzung durch Griechen als einer unproblematischen Sache in den status confessionis versetzt, sich für den Hell. entschieden und dies auch durch Namensänderung zum Ausdruck brachten: Jason für Jesus, Menelaos für Menahem oder Manasse, Alkimos für Eljakim. Im Wesen zweideutig ist die Angleichung bei den Makkabäern, insofern sie einerseits als Retter des jüd. Glaubens gegen die Seleukiden angetreten waren und auch weiterhin, außer wenn Taktik in Thronwirren Parteinahme für den einen oder anderen gebot, ihre Gegner blieben, andererseits aber den polit. Gesetzen ihrer Gegner unterlagen, indem sie selbst hell. Herrscher wurden und wichtigste jüd. Gesetze (Priesteramt, Reinheit) mißachteten. Dem Judentum noch näher standen die *Sadduzäer:* sie ließen sich zwar – spätestens seit Johannes Hyrkanos – zur Sicherung der hasmonäischen Herrschaft heranziehen und führende Stellen im ↗Synhedrion geben (und hielten deshalb Liberalität gegenüber hell. Lebensformen für das Angemessene), aber sie taten dies, weil sie die Interessen der Altgläubigen auch unter hasmonäischen Hohenpriestern sichern wollten, ja weil sie letztlich nach Erhaltung des palästin. Tempelstaates und seiner religiös-gesetzl. Grundlage als Vorstufe eines schließlich entsühnten, von allem Heidnischen befreiten Heiligen Landes strebten. Deshalb wurden sie mit Recht „Söhne Zadoks" genannt, obwohl zu ihnen nicht nur Priester, sondern auch führende Bürgerfamilien Jerusalems und die Landaristokratie gehörten. Mit dieser Reserve stehen die Sadduzäer schon an der Grenze zur Absonderung. Diese wurde immer dann noch gesteigert, wenn die vorhergehende Praxis an Eindeutigkeit verlor. Die Frommen

(Chassidim, Asidaioi), ursprünglich wohl nicht als Bund organisiert, fanden sich im Festhalten am Gesetz und damit in der Ablehnung griechischen Lebens. Ihre Bestrebungen sahen sie deshalb in den Makkabäerkriegen erfüllt. Nach dem Erfolg unterstützte ein Teil von ihnen den Weiterkampf bis zur Staatsbildung, während ein anderer Teil nichts anderes glaubte erreichen zu dürfen als Kultus- und Religionsfreiheit. Aus diesem Teil gingen die *Pharisäer* hervor, die nie mit den Hasmonäern paktierten wie die Sadduzäer und deshalb die Abgesonderten *(peruschim)* genannt wurden, ja ihren Gegensatz zum hasmonäischen Regiment unter Alexander Jannaios bis zum Martyrium verschärften, die aber doch mit dem Tempel und seinem Priestertum nicht brachen und an ihren Orten wohnen blieben. Diese letzte Konsequenz, die offene Sezession, zogen erst diejenigen chassidischen Kreise, die unter dem „Lehrer der Gerechtigkeit", wohl zur Zeit Jonathans, nach Qumran auszogen und sowohl aus eigenem Schrifttum als auch in Interpretation für hell. Leser durch Philon, Josephos und Plinius als *Essener* bekannt sind. Ihnen waren die Pharisäer das verräterische „Haus Absaloms", das mit allen anderen zu den „Söhnen der Finsternis" gehörte. Dieser äußersten Ablehnung jedes Kompromisses mit dem Hellenismus entspricht in römischer Zeit die *Zelotenbewegung;* vielleicht haben sich ihr die Qumran-Essener im jüd. Aufstand angeschlossen, in dem dann beide Gruppen, zusammen mit den Sadduzäern, zugrundegingen. Als überlebensfähig erwies sich nur die pharisäische Form des Verhaltens zu Griechen- und später Römertum, die von Laien getragene und oft von Priestern übernommene Schriftgelehrsamkeit. Nach dem Untergang des Tempels und seines Priestertums bedurfte sie keiner solchen sichernden Institution, sondern war aus eigener geistiger Kraft auch zur Auseinandersetzung mit hell. Gedankengut fähig. (Mehrere der hier genannten Einzelheiten sind umstritten.)

II. In Diaspora und Synagoge. *1.* Bereits der Begriff der *„Zerstreuung"* als eines politischen und völkischen Geschickes weist auf sein Gegenteil, von dem her er zu verstehen ist: das Zusammenwohnen im Gelobten Land als die dem Judentum eigentlich gemäße Lebensform. Verbreitung über die Welt im Einklang mit kosmopolitischen Prinzipien würde man nicht als „Zerstreuung" bezeichnen. Je orthodoxer und damit auf den Zion orientierter das J. war, desto mehr wurde die διασπορά als Strafe empfunden (in diesem Sinn zuerst Jer. 15, 7 und Deut. 28, 25 LXX); je mehr sich das Judentum der Umwelt angleicht, desto technischer und in diesem Sinn für die moderne Wissenschaft akzeptabler wird der Begriff der Diaspora.

2. Die erste *Deportation* von Israeliten geschah 721 nach der Eroberung von Samaria durch den Assyrer Sargon II., die das Ende des Nordreiches besiegelte. Diese Bevölkerung war in Mesopotamien und Medien, wohin sie gebracht worden war (2. Kön. 17, 6; 18, 11), zur Zeit der Hellenisierung verschwunden – Erwartungen der Rückkehr der „10 Stämme" in der Judenheit von Bet Adini bis ins 2. Jh. n. Chr. spiegeln die Geschichtskenntnisse später Angesiedelter – und wird sich schon lange vorher assimiliert haben. Daß dieser Assimilierungsprozeß ein Gebiet wie die spätere Adiabene geistig und religiös in besonderer Weise geprägt hat, ist möglich, aber mit Hilfe der heutigen noch zu groben religionsgeographischen Methoden nicht zu beweisen.

3. Die Zerstörung des Reiches Juda und des Tempels durch den neubabylonischen König Nebukadnezar brachte in drei Deportationen von 598–582 etwa 45 000 Menschen nach *Mesopotamien* („babylon. Gefangenschaft"). Sie entwickelten sich dort in den folgenden zwei Generationen zu einem Volkstum, das so lebendig war, daß es auch nach der Genehmigung zum Wiederaufbau des Tempels durch Kyros (538) zunächst die Mehrzahl der Menschen bei sich hielt. Erst mit fortschreitender Restauration unter den Königen von Kambyses I. bis Artaxerxes II. auf persischer, deren Kommissaren von Übazzar bis Esra auf jüd. Seite, kehrten mehr Juden nach Palästina zurück, doch nie so viele, daß die Judenheit in Babylonien in ihrer Existenz hätte gefährdet werden können. Sie wurde von den Griechen namentlich im Gebiet ihrer späteren Hauptstadt Seleukeia, in Charax Spasinu (Handelskolonie) und in Susa vorgefunden und bestand unter den Seleukiden und an vielen anderen Orten unter den ihnen folgenden Dynastien bis ins 11. Jh. n. Chr., zeitweise mit deutlichem Übergewicht in Jurisprudenz und Theologie (Geltung des babylonischen Talmuds gegenüber dem Jerusalemer). Die *Hellenisierung* ging hier nicht so weit wie in Ägypten und Kleinasien, wie schon das Fehlen einer griech.-jüd. Literatur zeigt; doch war

nicht nur die Kenntnis des Griechischen im Alltag nötig, es wird auch ein Jude wie „Zachalias Babylonius in iis libris quos scripsit ad regem Mithridatem gemmis humana fata adtribuens" (Plinius nat. hist. 37, 60, 169) nicht allein gestanden haben.

4. Inwieweit die Annahme des jüd. Gesetzes, das in Nisibis durch Rabbi Juda ben Bathyra vertreten wurde, durch die Königin Helena von Adiabene und ihren Sohn (35/40 n. Chr.) ein hell. J. schuf, ist zweifelhaft; möglicherw. haben die treuen Vasallen des Partherreichs damit nur judennahe Dynastien wie die Herodier von Armenien, Chalcis ad Libanum, Kappadokien, Ituräa und der Abilene gegen Rom gewinnen wollen; ein vergleichbares Staatswesen, das die Brüder Anilai und Asinai zwischen 20 und 35 n. Chr. ganz aus J. um und in Nehardea errichtet hatten, scheint, unerachtet Anilais späterer Toleranz gegen die fremden Götter seiner Frau, eher in Reaktion gegen die nachseleukidische Umwelt bestanden zu haben (weshalb Vologases I. es als Ethnarchie bestätigte). Die Gemeinde von Dura dagegen (↗Mesopotamien), die allerdings lange nach dem Zerfall der Macht von Adiabene und Nehardea entstand, war eindeutig hell.; ihre Haussynagoge wurde ca. 5 Jahre nach der röm. Besetzung (165 n. Chr.) eingerichtet. Über ihr erbaute man 75 Jahre später eine Synagoge, deren berühmte Malereien durch die Kontinuität zu Stil und Ikonographie der Kunst des ↗Partherreiches (zu dem Dura von 100 v. bis 165 n. Chr. gehört hatte) auf deren westliche Komponente weisen; deren Einfluß auf die jüd. Gemeinde ist wegen der Nachbarschaft graecoaramäischer Tempel (Zeus Megistos, Kyrios, Theos, Adonis, Atargatis [↗Religion B 1 u. 7], Azzanathkona, Götter von Palmyra) ohnehin vorauszusetzen und kommt in der Darstellung der Naturkraft als Persephone in der Synagoge sogar zu direktem Ausdruck. Die Grenzen der hell.-jüd. Diaspora im Osten werden in *Hyrkanien* erreicht, wohin Artaxerxes Ochos 340, wohl nach einer Revolte, Juden aus Ägypten hatte bringen lassen, deren Nachkommen erst im 5. Jh. n. Chr. ausstarben; allzu tief dürfte griech. Einfluß dort nicht gegangen sein.

5. Viele Judäer, die der Deportation durch Nebukadnezar entgangen waren, wanderten nach Ägypten aus. Der Prophet Jeremia, der gegen seinen Willen dorthin mitgenommen wurde, befürchtete Abgötterei und hatte die Verehrung der Himmelskönigin durch die Judenge-

meinde in Ägypten zu bekämpfen (Jer. 44). Für die Zeit bis zur Eroberung Ägyptens durch Kambyses II. (525) scheint Deut. 17, 16 darauf hinzuweisen, daß Könige von Palästina (welche?) Juden als Söldner oder Sklaven gegen Pferde nach Ägypten tauschten. Die großen Judenkolonien in den beiden Grenzfestungen Jeb (auf der Nilinsel Elephantine) und Syene (gegenüber am Nilufer, heute Assuan) werden auf einen dieser beiden Vorgänge zurückgehen. Elephantine-Papyri belegen für 471–410 jüdischen Grundbesitz und Militärdienst, für 407 eine Bitte an den persischen Statthalter in Judäa, eine zerstörte Opferstätte wiedererrichten zu dürfen. Dort war wohl als Nebengöttin das Anath des Jahu bzw. des Bethel verehrt worden, und die Existenz der Stätte überhaupt widersprach der deuteronomistischen Gesetzgebung.
Religiöser Synkretismus und militärisches Engagement für nichtjüdische Herrscher waren damit als die beiden Aspekte etabliert, unter denen auch die Geschichte der Juden im ptolemäischen Ägypten stehen sollte: ihre Religion ist, wenn sie auch im Prinzip als Durchsetzung einer eindeutig jüdischen Konstante in nichtjüdischer Umwelt beurteilt werden muß (s.u. B), der klassische Fall von Angleichung jüd. Tradition an eine andere, hier hell., so daß deren weitgehende Zurückdrängung im Rabbinat in Palästina verständlich wird; wegen ihrer militär. Unterstützung Alexanders d. Gr. soll ihnen gleich nach der Gründung der neuen Stadt Alexandreia dasselbe volle Bürgerrecht angeboten worden sein, das die Griechen bekamen, doch scheinen nur wenige Juden der Versuchung nachgegeben zu haben, es sich durch Mysterien-Initiationen (↗Religion B 20) oder Verehrung heidnischer Götter zu eigen zu machen (III. Makk. 2, 30f; Jos. c. Ap. 2, 65). Hohe Kommandostellen jüdischer Generäle unter den Ptolemäern bezeugen nicht nur die Anerkennung der von Tagewählerei und Vorzeichen stets unabhängigen Einsatzbereitschaft ihrer Truppen, sondern auch den Rang von Juden als Hellenisten, welche die neue makedonische Oberschicht gegenüber den Einheimischen mitkonsolidierten. Die damit gegebenen günstigen Verhältnisse zogen dann eine riesige zivile Auswanderung nach Ägypten nach sich, so daß es dort, auch infolge weiterer Hochschätzung des ↗Kinderreichtums, Aufziehens von Findlingen und Übertritten zur Zeit Philons (Flacc. 43) eine Million Juden gab, die meisten davon in Alexandreia, wo sie zwei von fünf Stadtteilen bewohnten.

6. Die Kyrenaika war seit Umsiedlungen durch Ptolemaios I. so von Juden bevölkert, daß unter Trajan ein Aufstand 220 000 Nichtjuden das Leben gekostet haben soll. Seleukos I. privilegierte Juden wegen militärischer Verdienste in Syrien. Antiochos III. brachte angeblich Ende des 3. Jh.s zweitausend jüdische Familien aus Mesopotamien nach Lydien und Phrygien, um dort mit Hilfe ihrer Loyalität eine Revolte zur Ruhe zu bringen⁶. Tigranes I. (97–56) siedelte Juden aus Nordpalästina in Armenien an. In Rom bildete sich nach dem Vertrag des Makkabäers Simon mit dem dortigen Senat⁷ (140/39) eine jüd. Gemeinde, die durch Freilassung der von Pompeius mitgebrachten und als Sklaven verkauften Kriegsgefangenen beträchtlich verstärkt wurde. Deportationen auch sonst, zivile Aus- und Weiterwanderung, insbes. der Handel brachten Juden in nahezu jede wichtigere Stadt der Alten Welt, wo sie sich stärker vermehrten als ihre kinderfeindlichen Nachbarn. Schätzt man die Gesamtbevölkerung zu Beginn unserer Zeitrechnung auf 60 Millionen, so kann die Diaspora 6–7 %, diese mit dem Mutterland zusammen 10 % davon betragen haben.

7. Philon und Iosephos werten – ganz hell. – die Tatsache der Zerstreuung als Ausbreitung der wahren Religion zu den Heiden und Verheißung weiterer Mission positiv; das übrige J. wartete auf das Gegenteil, die Völkerwallfahrt zum Zion. Der Verlust der staatlichen Selbständigkeit und des Tempels i. J. 70 n. Chr. nahm der Diaspora ihren Rückhalt und machte sie zur konstitutiven jüd. Lebensform, im Wesen nun auch in Palästina; unter Fremdherrschaften hatte das Leben dort auch vorher schon diasporaartige Züge gehabt.

8. *Rechtsstatus und innere Organisation* der Diasporagemeinden und ihrer Glieder sind durch Inschriften, Münzen und Papyri gut dokumentiert. Juden, die in einer griech. Stadt wohnten, hatten den Stand der Metoikoi und konnten sich als solche zu einem privaten Kultverein zusammenschließen, der sich eine *Synagoge* (s. u. 9) errichtete. Bei größerer Anzahl konnte ihnen gestattet werden, ein rechtlich höher stehendes ↗Politeuma zu bilden (↗Alexandreia, Berenike in der Kyrenaika, Hierapolis). Sie waren damit autonom, aber keine Vollbürger (ein Laos, kein Demos), da hierzu noch Verehrung der Stadtgötter nötig gewesen wäre. Der einzelne konnte jedoch das ↗Bürgerrecht bekommen und durfte sich damit nach

der Stadt nennen, die es ihm verliehen hatte (Antiochener, Alexandriner), selbst wenn er dort nicht wohnte; in Notfällen konnte er ihren Schutz in Anspruch nehmen. Die Politeumata regelten ihre Angelegenheiten selbst, oft in örtlichen Synhedrien, erwarben sogar häufig das Privileg, daß ihnen von ihren eigenen Beamten – d. h. doch wohl: dann grundsätzlich nicht von griechischen Gerichtshöfen – Recht gesprochen wurde. Damit wurde eine ursprünglich inoffizielle Funktion des Archisynagogen ausgebaut, dessen Amt auch außerhalb der Judengemeinde Eindruck machte, so daß gelegentlich (Ägypten, Chios) die Vorsteher heidnischer Kultvereine „Leiter der Synagoge" (!) genannt werden konnten. In der Synagoge (s. u. 9) war der Gottesdienst griechisch, es gab Ehrenplätze in der ersten Reihe wie im Theater, Inschriften wie auf griech. Gräbern oder öffentl. Stelen, Embleme wie an Tempeln oder Vereinshäusern. Die Selbstverwaltung erstreckte sich außer auf Finanzen auch auf Armenpflege und eigene Friedhöfe. In röm. Zeit blieben die Privilegien mit Ausnahme der auch vorher nicht eindeutig bezeugten Kapitalgerichtsbarkeit erhalten, hinzu kam die Befreiung von Wehrpflicht und Kaiserkult, worin sich die Nichtehrung der Polisgötter auf imperialer Ebene und legitimiert fortsetzte. So wurden in hell. Zeit alle Voraussetzungen für den späteren Status des Judentums als einer römischen religio licita geschaffen.

9. *Synagogen* sind zuerst in Babylonien zu erwarten, bisher aber am frühesten in Ägypten belegt (OGIS 726; 3. Jh.). Nach und nach entstanden Synagogen überall, wo es mehr als zehn männliche Juden (Mindestzahl für Gottesdienst) gab, in bestehenden Privathäusern oder, bei reicheren Gemeinden, als Neubauten (in Galiläa oft dreischiffige Basiliken). Mit Säulenkapitalen, Friesen, Wandgemälden (Dura Europos) und Fußbodenmosaiken (nie Skulpturen!) sind viele Synagogen stilistisch, mit heidnischen Symbolen, Pflanzen und Tieren oft auch ikonographisch, Träger einer hell. Kunst. Sie stellt ebenso eine Abweichung vom Bilderverbot dar wie die Darstellung alttestamentl. Szenen in Dura oder jüd. Symbole (siebenarmiger Leuchter, Lulab, Ethrog, Widderhorn) allenthalben, womit der Begriff der Rechtgläubigkeit fragwürdig wird, falls dieser nicht durch die spätere pharisäisch-rabbinische Norm gegeben sein sollte (E. R. Goodenough). Der Gebets- und Predigtgottesdienst in

der Synagoge wurde spannungslos zur Ergänzung des Opfergottesdienstes im Tempel (eine Synagoge stand auf dem Tempelvorplatz!); für seine Erfordernisse (Kenntnis des Gesetzes, der Gebete und der Liturgie; aramäische und griechische Übersetzungen und Auslegungen der hebräischen Texte) mußte Lesen, Schreiben, Gelehrsamkeit erlernt und gepflegt werden. So wurde die Synagoge, bes. nach dem Untergang des Tempels, zum Mittelpunkt der jüd. Kultur, sowohl in ihrer Integration in die hell. Welt als auch später im Ghetto.

III. INSTITUTIONEN (STAAT, SANHEDRIN, TEMPEL, PRIESTER- UND KÖNIGTUM). Bis zur Zerstörung pflegte die Diaspora, die Freizügigkeit in der hell. Welt nutzend, die Verbindung mit Jerusalem in Beobachtung des dortigen Kultkalenders und den großen Wallfahrten zu Passa, Pfingsten und Laubhüttenfest, in Briefwechseln über alle Fragen des Glaubens- und Alltagslebens, Entrichtung der Tempelsteuer, Kollekten für besondere Zwecke und nicht selten Rückwanderungen (wobei man sich zu Synagogen mit dem Bürgernamen der verlassenen Stadt zusammenschloß). Jerusalem blieb damit das Zentrum der jüd. Ökumene, und die dortigen Institutionen ordneten diese nicht nur, sondern vertraten sie auch gegenüber Besatzungs- und anderen Mächten.

Das Große *Synhedrion*, zuerst für die Zeit um 55 erwähnt, ins Hebr. und Aram. als Sanhedrin entlehnt (Luther: ‚Hoher Rat'), stellt ein noch nicht gelöstes hist. Problem dar. Vielleicht hat es sich aus regulären Ältestenversammlungen entwickelt, die wohl schon seit Esras Zeiten außerhalb der Festversammlungen der ganzen Gemeinde zusammentraten. Um 200 hießen sie Gerusia. Das Synhedrion bestand, da Num. 11, 16 als Gehilfen Moses 70 Älteste für nötig hält, aus ebensovielen Mitgliedern, hinzu kam der Hohepriester als Vorsitzender. Die führende und zugleich exekutierende Gruppe (der Vorsitzende, der Tempelhauptmann als sein Stellvertreter, drei Laien-Schatzmeister und zwei bis fünf Priester) wurde ebenfalls „Hohepriester" (Plural) genannt, ähnlich wie nicht nur der Aufseher für einen Tempel im heidn. Κοινὸν Ἀσίας ‚Asiarch' hieß, sondern – in der Mehrzahl – auch die in eine Versammlung dieses Koinon entsandten städt. Vertreter, die dort Fragen der Verwaltung und des Kultes behandelten. (Ob ein Asiarch, wie von Mart. Polyc. 12, 2 neben 21, 1 und vielleicht von Acta 19, 31 neben

19, 14 vorausgesetzt, als Tempelaufseher deshalb Archiereus genannt werden konnte, weil er aus jenem jüdischen Konsistorium kam wie z. B. der abgefallene Skeuas, oder weil der letztgenannte Titel auch für die Provinzautoritäten in Koilesyrien, Phoinikien und Kypros vorkam, steht dahin.) Die beiden anderen Gruppen waren die *Ältesten* (Häupter der vornehmen Familien) und die *Schriftgelehrten*. Das Plenum trat nur selten zusammen, sonst führten kleine Ausschüsse die Geschäfte. Verfassung, Kompetenz und Geschäftsordnung änderten sich gelegentlich und sind nicht für jede Zeit gleich gut bekannt, doch gehörte wohl immer Legislatur (als Auslegung und Anwendung des überlieferten Gesetzes), innerjüd. Gerichtsbarkeit einschließlich der Todesstrafe (die Herodes ohne Befragen des Synhedrions vollstreckte, und die unter den Römern der Zustimmung des Prokurators bedurfte) und Wahrnehmung politischer Beziehungen nach außen dazu. Die Römer hoben das Synhedrion auf.

Die enge Bindung des Synhedrions an den Tempel kommt nicht nur in seiner priesterlichen Leitung, sondern auch durch seinen Tagungsort, die Quadersteinhalle im inneren Tempelvorhof, zum Ausdruck. Der Tempel war als Stätte der Gesetzesauslegung und des Opferdienstes das eigentliche Symbol der theokrat. Verfassung des J. Hell. und frühröm. Elemente gab es wohl nur an dem Neubau, den Herodes d. Gr. 19 begann, der 10 Jahre später geweiht und 64 n. Chr. fertig wurde: Vergrößerung und Ausstattung der Außenbezirke, damit möglichst viele Nichtpriester Platz fanden; die Portikus an der Südseite des Außenbezirkes mit Chorgängen, korinth. Säulen und Bildschnitzereien an den Holzdächern; das korinth. Tor an der Ostseite der Innenmauer; Adler (Vogel des Zeus) am Hauptgebäude wie bei „unorthodoxen" Synagogen; Weinranken über dem Cellaeingang. Am Tempel taten die etwa 7200 Priester des Landes in 24 Wochenabteilungen Dienst, jede Abteilung zweimal im Jahr eine Woche und zu den großen Festen. Die Wochenabteilung zerfällt in Tagesabteilungen zu je etwa 50 Priestern, welche die jeweils zelebrierenden durchs Los wählten. Musik und Ordnung oblag den Leviten.

Das hellenistisch-jüdische *Königtum* wurde von den politischen Gegebenheiten im Lande sowie von verschiedenen älteren Vorstellungen geprägt, das Hohepriestertum unterlag mannigfachem Wandel. Rechtsnachfolger der judäischen Könige waren nach der Wiederherstellung des jüd. Gemeinwesens die Achämeniden, dann die hell. Könige. Da sie auch Kultfunktionen am Tempel als ihre Pflicht betrachteten (Instandhaltung, Opferspenden, Aufsicht), entstand hier eine äußerliche Ähnlichkeit zur Stellung des älteren israelit.-jüd. Königs. Zu dieser fügte sich aber das Judentum nicht mehr, seit mit Beginn des Exils der König eine faktische und ideelle Machteinbuße erlitten hatte und nach dem Exil in der Prophetie des Sacharja der priesterl. Leiter der Gemeinde gleichberechtigt neben den weltlichen gestellt worden war. Doch konnte das Königtum für Juden weder von einem Achämeniden (ein akuter Anlaß wie für Deuterojesaja, Kyros als Messias zu begrüßen, bestand nicht mehr) noch von einem hell. König vertreten werden. Der Hohepriester übte deshalb bis weit in hell. Zeit hinein auch weltliche Herrschaft aus, ja wenn die Fremdaufsicht wegen innerer Schwierigkeiten im Perser- oder Ptolemäerreich aus Taktik oder Toleranz nur locker ausgeübt wurde, war er von einem selbständigen Landesherrn kaum zu unterscheiden. Erst die Epiphanieansprüche *Antiochos' IV.*, auch im Rahmen des hell. ↗Herrscherkults eine Steigerung, führten zum Konflikt, weil dieser Anspruch für Juden unannehmbar war, besonders auch, weil mit ihm in Aktualisierung und Erweiterung der erwähnten Kultfunktionen Hohepriester ein- und abgesetzt wurden: zuerst der altgläubige Onias III. (II.?) zugunsten seines griechenfreundlichen Bruders Jason, dann dieser zugunsten des Nichtpriesters (?) Menelaos und dieser wieder zugunsten Alkimos' (163–159), der Aaronit, aber nicht Zadokide war. Damit war das Gesetz, daß der Hohepriester sein Amt als Zadokide erben und lebenslänglich versehen müsse, umgestoßen, so daß Alkimos von Judas Makkabaios vertrieben und das Amt von Judas' Nachfolgern nach fast 7jähr. Vakanz selbst übernommen werden konnte, zuerst von Jonathan (153/2). Hiermit war aber nur das Amt, in welchem in ptol. und frühseleukid. Zeit faktisch Macht ausgeübt worden war, wieder zu Ehren gebracht worden, und von da aus bedeutete es keine Beeinträchtigung, sondern eine Steigerung dieser Ehre, daß *Aristobulos I.* (104/3), der zum Schutz seines Volkes in hell. Monarch unter seinesgleichen sein mußte und die Macht dazu hatte, den *Königstitel* annahm. Auch Aristobulos' Bruder Alexander Jannaios vereinigte noch Hohepriester- und Königtum in einer Hand; nach seinem Tode konnte seine Gattin Alexandra Salome nur Königin sein, während beider

Sohn Hyrkanos II. Hohepriester werden mußte (76).
Nach dem Tode seiner Mutter (67) auch König, verlor er
noch im gleichen Jahr beide Würden an seinen Bruder
Aristobulos II. und erhielt erst vier Jahre später von POM-
PEIUS das Hohepriesteramt wieder, das er bis 40, zuletzt
mit dem von Caesar hinzuverliehenen Titel eines *Ethnarchen*, versah, während die ehemals königl. Gewalt auf den
röm. Legaten von Syrien überging. Im Jahr 40, in dem der
römische Staat den HERODES zum rex socius et amicus
populi Romani machte, kam mit parth. Hilfe noch einmal
ein Hasmonäer, Antigonos, als Hohepriester und König
auf den Thron (40—37). Herodes, der ihn stürzte, kom-
pensierte die Unmöglichkeit, als Edomiter auch Hoherpriester zu werden, mit dem Wunsch, für Judäa ein Soter
(Münzen!) zu sein. Aber zwischen ihm und der einge-
standenen neuen Unmöglichkeit, dafür Herrscherkult
außerhalb heidn. Gebietes in Anspruch zu nehmen, entstand wieder ein Konflikt. Er wurde nach der Hypothese
von A. Schalit mit einer messian. Konzeption gelöst, in
deren Mittelpunkt Herodes sich selbst, vielleicht mit einem gefälschten davidischen Stammbaum, stellte. So
wohl auch von einer kleinen jüd. Gruppe anerkannt,
kann Herodes i. J. 40, durch den Partherneinfall nach Rom
vertrieben, dorthin die in seiner Heimat seit Jes. 9, 5f; 11,
1—5 lebendigen Ideen von der Heraufführung eines Frie-
denszeitalters durch ein göttliches Kind übertragen haben, die in der gegen Ende dieses Jahres (Konsulat Pol-
lios) gedichteten 4. Ekloge Vergils wiederkehren (F. M.
Heichelheim im Anschluß an E. Norden). Die dadurch
für Caesar und Augustus geschaffene mythische Legitimation hätte dann, durch Leistung und Sendungsbe-
wußtsein des letzteren zur Ideologie des neuen römisch-
augusteischen Saeculum und seines Kaisers verwandelt,
auf Herodes zurückgewirkt, der nunmehr die Rolle eines
Verkünders reichsrömischen Heils übernahm, um damit
zugleich sich mitsamt seiner judaisierten hell. Herrscher-
apotheose und seinem Reich in die befriedete Oikumene
einzuordnen: ein so nur in einer einzigen weltgeschichtl.
Situation mögliches Wechselspiel zwischen verschiedenen, auf den Princeps zugespitzten Idealen eines jüd.
Hell. (und nicht mehr eines hellenisierten Judentums, das
in Palästina allenfalls hätte geduldet werden können,
während es tatsächlich zu pharisäischen wie zu national-
messianischen Reaktionen kam). Das *Hohepriesteramt*
war neben dem nun sakralisierten Königtum nicht mehr

wichtig. Herodes gab es noch einmal einem Hasmonäer, seinem Schwager Aristobulos (III.), ließ ihn aber schon zwei Jahre später ertränken, weil ihm das Volk beim Laubhüttenfest zu sehr zugejubelt hatte. Danach erhielten es jederzeit wieder absetzbare Männer aus einfachen priesterl. Familien (vor allem den vier: Boëthos, Hannas, Phiabi, Kamith), die auch noch untereinander um dieses Amt intrigierten. Herodes' in Judäa regierender Sohn Archelaos und nach dessen Absetzung 6 n. Chr. die Legaten von Syrien oder Prokuratoren von Judäa, nach diesen die Könige Agrippa I. 41–44, Herodes von Chalcis 44–48 und Agrippa II. 49–66 n. Chr. setzten diese Praxis fort: Josephos rechnet für die 106 Jahre von Herodes d. Gr. bis zum Ende des jüdischen Krieges 28 Hohepriester. Der Verfall des Amtes beeinträchtigte seine theologische Hochschätzung nicht, wie Sir. 44–50, Philon, die Qumrantexte und der *Hebräerbrief* bezeugen. Im jüdischen Krieg wählten die Aufständischen, wohl Zeloten, noch einmal einen Zadokiden.

B. RELIGION.

1. Was vom „hell. J." als Staat gilt, gilt auch von ihm hinsichtlich Religion und Kultur. Sein *wesentliches Merkmal*, in dem es sich von geschichtl., religions- und kulturgeschichtlichen Wegen anderer Volkseinheiten im Ganzen der hell. Welt unterscheidet, ist sein Wille zur Bewahrung seines Erbes aus vorhell. Zeit: seiner Staatlichkeit durch die innerhalb der Bedingungen eines Vasallenstaates mögliche institutionelle Abgrenzung gegenüber dem Oberherrn in Zeitrechnung, Rechtsprechung, profaner und kultischer Administration, seiner Religion durch die Kanonisierung seiner vorhell., prophetischen Überlieferung im Glaubenssatz vom Erloschensein der Prophetie (Ps. 74, 9; Dan. 3, 38; I. Makk. 4, 46; 9, 27; 14, 41), seiner Kultur durch die Bewahrung und Verteidigung der Israel im Unterschied zur Umwelt eigentüml. Aussageformen.

Der Ursprung dieses Willens liegt im Bereich des *Glaubens an die Erwählung Israels*: Jahwe als der Gott Israels, Israel als das Volk Jahwes (Wellhausen). Auch die kulturellen und staatlichen Äußerungen sind in ihm begründet. Das bedeutet, daß „hell." Judentum nicht als selbständige religiöse, staatliche oder kulturelle Größe gesehen werden kann, sondern nur als ein Teil des J.s als Ganzes. Sein Glaube ist der Glaube Israels in der Sprache der hell.

Welt. Seine literar. Aussage bleibt auch in den extremsten Formen (Philon, IV. Makkabäerbuch) an den vorhell. Möglichkeiten der Aussage in Israel orientiert. Darum ist der Ausgangspunkt für das Verständnis des hell. J.s die Übertragung des AT in die Sprache der hell. Welt, sind die weiteren Bildungen literar. Aussage im hell. Bereich, in Geschichtsschreibung, Weisheitslehre und Apokalyptik allein in ihrem Licht erklärbar.

2. Hell. J. ist die geistige Auseinandersetzung des das kanonisierte Glaubensgut Israels (sei es in seiner ursprünglichen hebräischen Form in Palästina, sei es in seiner ins Griechische übertragenen Form in der hell. Diaspora) bewahrenden Israeliten in der nachprophetischen Zeit mit dem ihm ursprünglich fremden Geist der hell. Welt. Eben dadurch aber bereichert es das Gesamtbild des Hell. Es vereindeutigte vor allem den hell. Zug zum *Monotheismus*, indem es dem prakt. Bestehenbleiben des Polytheismus dauernde Polemik gegen heidn. Göttervorstellungen (und gegen gern damit in Verbindung gebrachte Unsittlichkeit, Essen von „Götzen"-Opferfleisch usw.) entgegensetzte und zugleich mit kosmologischen Kategorien die Unvergleichlichkeit des wahren Gottes und die Welt als seine ihn offenbarende Schöpfung proklamierte. Die Vermittlung von Gottes Schöpferhandeln, die dann angenommen werden muß, kann nur durch logosartige Kräfte geschehen und als eine von diesen wird die *Weisheit* zugelassen. Das gestattete dem Pharisäertum in beschränkter Form auch das Studium der griechischen Weisheit sowie deren Angleichung an die Thora, wodurch rückwirkend das hell. J., das eine umfängliche Weisheitstheologie entwickelte und auch gern die Thora mit dem stoischen Naturgesetz gleichsetzte, zugleich pharisäisch beeinflußt wurde. Das wohl einschneidendste Ereignis im Verhältnis des palästin. J.s zur Diaspora, die Auswanderung des rechtmäßigen Hohepriesters Onias III. nach Ägypten und die Tempelgründung in Leontopolis um 160 (BJ 1, 31–33, Ant. Jud. 12, 387f; der Opferdienst konnte dort bis 71 oder 73 n. Chr. weitergeführt werden: BJ 7, 420–436) brachte vielleicht für das hell. Diaspora-J. den Einbruch neuer, palästinensischer Glaubenstraditionen und damit eine Auseinandersetzung innerhalb des hell J.s über die Bestimmung der Rechtgläubigkeit mit sich; einige Quellenbefunde sprechen dafür, beweisen läßt es sich nicht.

3. Die Früchte der Verehrung des wahren Gottes, obwohl in einer jüd.-hell. Gnaden- und nicht Autarkielehre begründet, trafen sich mit vielen Tugenden, welche die Popularphilosophie hervorrief. Vielen Heiden schienen sie sogar auf die jüd. Weise, vielleicht wegen ihrer Vollendbarkeit in einer messianischen Zukunft, noch besser begründet, weshalb sie sich oft als „Verehrer" oder „Fürchtende (des höchsten) Gottes" um die Synagoge scharten und den ethisch interpretierbaren Teilen des jüd. Gesetzes folgten, im Unterschied zu den Proselyten aber nicht das Ritualgesetz übernahmen und unbeschnitten blieben. In kleinasiat. Kreisen solcher Art ist das J. vielleicht zuweilen ganz in Hell. übergegangen dann, wenn Jahwe als „Herr Sabaoth" (in Jes. LXX noch Wiedergabe von Zebaoth „der Heerscharen", aber später vielleicht als „Herr des Sabbaths" verstanden, vgl. den ϑεὸς Σαββατιστής der Sabbatisten in Kilikien, OGIS 573) mit dem phrygischen Sabazios gleichgesetzt wurde, oder wenn Jahwe als Hypsistos in Zeus Hypsistos aufging, der selbst zuweilen (z.B. im syr. Heliopolis) nichts anderes war als ein gräzisierter Baal (so bei den Hypsistariern Kappadokiens bis ins 4. Jh. n. Chr.). Doch bleibt die These eines so entstandenen „jüd. Synkretismus" umstritten.

Die Ferne des hell. J.s von Mysterien (↗Religion B 20) wie ↗Herrscherkult erklärt, daß es im Festkalender dem palästin. J. folgte. In diesem darf allenfalls das Chanukka- oder Tempelweihfest als hellenisiert bezeichnet werden, und zwar weil Judas Makkabaios mit der Wahl des Datums (25. Kislev/Dez.) für die Wiedererrichtung des Jahwealtars 164 v. Chr. vielleicht die Verehrung des Sonnengottes in seinem Lande neutralisieren wollte (Wellhausen), ebendamit aber die Wintersonnenwende als Festtag in den jüdischen Kalender geriet.

C. LITERATUR.

1. Übersetzung des AT (LXX).

„Der Eckstein, auf dem das ganze Gebäude der jüd.-alexandrin. Literatur ruhte, war die griech. Übersetzung der Schriften", die *Septuaginta* (LXX) (Tcherikover). Das ist so, weil Literatur im J. in dieser Zeit nichts anderes mehr sein konnte als Interpretation des geschriebenen Offenbarungswortes, also zuerst der fünf Bücher des Gesetzes (Pentateuch).

1. Seine Übersetzung war zuerst rein gottesdienstlich, liturgisch bedingt; seine Kodifizierung als übersetztes Offenbarungswort konnte nur in engster Verbindung mit

dem jerusalem. Zentrum geschehen. Das ist der historische Kern der einzigen direkten Quelle über diesen Vorgang, des *Aristeasbriefes*[8] (entstanden am Ende des 2. Jh.), nach welchem der Plan der Übersetzung zwar vom ptolemäischen Oberherrn Ptolemaios II. auf den Rat seines Bibliothekars Demetrios von Phaleron ausgeht – die Ungeschichtlichkeit dieser Überlieferung, deren Wahrheitsmoment höchstens in einem sekundären Interesse des heidnischen Oberherrn im Sinn seiner enzyklopädischen Kulturpolitik bestehen dürfte, ist seit Scaliger fast allgemein anerkannt –, nach welchem die Übersetzung aber erst auf Grund der Einwilligung des jerusalem. Hohepriesters *Eleazar* begonnen und von 72 eigens dazu entsandten jerusalem. Ältesten ausgeführt wird. Geschichtlicher Wahrheit dürfte auch die Datierung der Pentateuch-Übersetzung in die ersten Jahrzehnte des für das J. überlieferungsarmen 3. Jh.s entsprechen. Unsicher bleibt die Folge der übrigen alttestamentlichen Bücher, unsicher der Entstehungsprozeß selbst.

2. Von Belang für die Wesensbestimmung des hell. J.s ist aber der *Charakter* dieser Übersetzung. Er spiegelt die Absicht der Übersetzer wider, in dem Maß, als es in der fremden Sprache möglich ist, lediglich ein getreues Abbild des hebräisch-aramäischen Urbildes zu erreichen. Das gilt für das *Wesen* des alttestamentl. Wortes, seinen Verheißungscharakter, der durch die Terminologie der Übersetzer in besonderem Maße herausgearbeitet wird. Das gilt für seinen *Inhalt*, die Erwählung des einen Volkes durch seinen einen Gott Jahwe, der in der Übersetzung nirgends zugunsten neuer Inhalte preisgegeben wird. Das gilt für seine *Form* nach Sprache, Aussage- und Denkform, die nach dem Maß des für die Übersetzung Möglichen bewahrt werden. Die Gesetzlichkeit der Übersetzungs*sprache* kann nur um dieses Anliegens willen preisgegeben werden. Die Semitismen, die in einem späteren Sprachstadium zum organischen Bestandteil der hell. Volkssprache werden und die zum großen Teil als „Septuagintismen" nur noch mittelbar auf semit. Grundlage zurückgeführt werden können, haben hier ihren Ursprung. Darüber hinausgehend ist aber auch jene Übersetzungstechnik, die erst in der nachchristlichen Situation der griechisch sprechenden Judenschaft, bei *Aquila*, ihre letzte Ausprägung erhalten sollte, nach welcher fremde und nicht übertragbare Sprachelemente der Ursprache in

die Übersetzungssprache aufgenommen wurden, schon in der ursprünglichen LXX angelegt. Die schon in vorchristl. Zeit beginnende, durch neue Funde immer deutlicher ins Licht tretende Rezensionsarbeit am ursprünglichen Übersetzungstext, deren einziges Kriterium die Übereinstimmung mit dem Original der Ursprache ist, weist in dieselbe Richtung. Die ursprüngliche alttestamentliche – geschichtliche, prophetische und lehrhafte – *Aussageform* wird in der Übersetzung konsequent beibehalten und auch dort, wo entsprechende Literaturformen und gleiche Inhalte (Herodot) in der Profangräzität überliefert sind, nie im Sinne profaner Vorbilder umgebildet. Die *Denkformen* bleiben die israelit. Denkformen in griech. Sprache, nie werden die griech. Denkformen auf die israelit. Glaubensinhalte übertragen. Von daher ist die bewußte Vermeidung von griechischem Wortgut zu erklären, das zu stark von hell. Glaubensinhalten belastet ist, von daher aber auch die oft notwendige Übernahme von Zentralbegriffen auch heidn.-hellenischer Glaubensvorstellung und Erkenntnislehre (etwa λόγος als Übersetzung von *dabar*): Sie geschieht im Glauben an die umformende Kraft des neuen Inhaltes. „Das Griechische wurde so dem griechischen Geiste entwunden und von einem neuen Geiste überwältigt" (Rosenstock-Huessy). Anzeichen hellenisierender Tendenzen in der LXX, wie etwa die Entpersönlichung Gottes durch Ausmerzung der *Anthropomorphismen,* dürfen nicht überbewertet werden, bleiben im Judentum auch nicht auf die griechische Überlieferung beschränkt. Das deutlichste Beispiel für den damit gezeichneten Gesamtcharakter der LXX ist die Übersetzung des Gottesnamens *Jahwe* mit κύριος. Nicht um den israelit. Gottesglauben der monotheistischen, hell.-synkretist. Glaubensvorstellung anzupassen, konnte diese Übersetzung gewählt sein – denn κύριος ist als Gottesattribut für die Zeit der Übersetzung des Pentateuch noch kaum belegt; nicht um im Bereich des israelit. Glaubens selbst dem Namen Jahwe eine neue Bedeutung zu geben – denn alle bis jetzt gefundenen jüd. (nicht christl.) Übersetzungstexte überliefern anstelle des κύριος das Tetragramm und beweisen damit, daß κύριος nur Chiffre für Jahwe sein konnte; diese Wahl konnte lediglich die Bedeutung haben, durch einen von heidnischen Vorstellungen unbelasteten Ausdruck, der dem Wesen des israelitischen Gottes Jahwe-Adonaj innerlich entsprach, im kodifizierten Übersetzungstext Juden und Griechen an den nur nach dem Urtext aussprechbaren Namen zu erinnern.

II. Wesenszüge der jüd.-hell. Literatur.

1. Die Übersetzung des ganzen Alten Testamentes in die griech. Sprache ist aber nicht nur an sich das Dokument, das „hell. Judentum" am deutlichsten in seinem Wesen bestimmt, sondern sie ist auch der *Maßstab*, mit dem allein die übrige hell.-jüd. Literatur in ihrem Wesen bestimmt werden kann. Sie hat lediglich die Bedeutung der Bewahrung und der Erklärung des vorhell. Erbes sowohl für die Juden selbst als auch für die hell. Umwelt. Das bezeugt die Existenz des *alexandrin. Kanons*, der, durch organ. Wachstum während der ganzen Periode des hell. J.s entstanden, über das alte Überlieferungsgut hinaus sowohl griechische Übersetzungen eindeutig der hell. Zeit angehörenden Schrifttums aus dem palästin. Bereich (I. Makk., Esther, Judith, Tobit, Daniel⁹, Jesus Sirach¹⁰) als auch ursprünglich griech. geschriebene Literatur aus dem Bereich der hell. Diaspora (II. bis IV. Makk., Weisheit Salomons) umfaßt. Daß eine bewußte Scheidung innerhalb dieses Schrifttums hinsichtlich seiner „kanonischen" Bedeutung gemacht wurde, beweist der Prolog, den der Enkel des *Jesus Sirach* (Ende des 2. Jh.s) seiner griech. Übersetzung des Buches Sirach voranstellt. Dort wird erstmals die Bestimmung und Abgrenzung der alttestamentl. Offenbarung als „Gesetz, Propheten und das, was auf sie folgt" (1–2) bzw. „die übrigen von den Vätern übernommenen Bücher" (8–10, 24–25) getroffen und in bewußten Gegensatz zum nachfolgenden Schrifttum gestellt (23), dessen Bedeutung lediglich darin liegt, zu Erkenntnis und Befolgung (παιδεία καὶ σοφία 12) des alttestamentl. Wortes hinzuführen. Die Entstehung der alexandrin. Sammlung dürfte kaum eine andere Bedeutung gehabt haben als die, das kanonisierte alttestamentl. Wort mit dem als rechtgläubig anerkannten Schrifttum zusammenzuschließen, das seiner Erklärung und Bewahrung dient. Mit dieser Messung allen Schrifttums am alttestamentl. Offenbarungswort dürfte es auch zusammenhängen, daß das jüd.-hell. Schrifttum innerhalb der Grenzen alttestamentl. Literaturformen bleibt: der Geschichtsschreibung und der Weisheitslehre (dazu s. u.). Die *Prophetie* konnte nicht mehr Aussageform sein, da man sich im Zeitalter ihres Erloschenseins glaubte. Die Form, die im palästin. Bereich, durchaus unter Voraussetzung die-

ses Glaubens, an ihre Stelle trat, die *Apokalyptik*, konnte im hell. Raum kaum oder erst spät heimisch werden, weil hier die Grenze zur Prophetie mit Offenbarungsanspruch im Anfang besonders schwer erkennbar sein mußte.
Deutlich zeichnet sich hinsichtlich der geistigen Nähe zum alttestamentl. Erbe eine Diskrepanz zwischen dem Schrifttum ab, das Eingang in den alexandrin. Kanon gefunden hat, und dem, das unabhängig von ihm überliefert ist, eine Grenze, die im Ganzen der aus einer späteren Sicht getroffenen zwischen *apokryph* und *pseudepigraphisch* entspricht. Im Blick auf die Bruchstückhaftigkeit des selbständig überlieferten Schrifttums, das oft nur noch in Auszügen und Zitaten der frühen Kirchenschriftsteller erhalten ist, muß die Frage gestellt werden, ob nicht das Bild vom hell. J., das der alexandrin. Kanon vermittelt, lediglich die eine Seite einer jüd.-hell. „Orthodoxie" vertritt und auf das hell J. als solches übertragen eine Verzerrung bedeutet. Der theologische Gehalt dessen, was erhalten *ist*, spricht aber eher dagegen. Vollständig erhaltene Schriften wie etwa der Aristeasbrief und weitere legendenhafte Erzählungen liegen ihrem Wesen nach durchaus im Bereich der palästin.-hell. Tradition. Das einzige darüber hinausgehende Theologumenon, das vornehmlich bei nur bruchstückhaft überlieferten Geschichtsschreibern begegnet, nämlich der Wahrheitsbeweis für die alttestamentl. Offenbarung auf Grund religionsgeschichtlicher Vergleiche aus dem hellenischen und ägyptischen Bereich und des Postulates zeitlicher Priorität der alttestamentl. Offenbarung, zuweilen auch Identifizierung alttestamentl. Gestalten mit denen fremder Mythen, und die Verwendung des hell. Monotheismus als „Anknüpfungspunkt" für den israelit. Glauben vor allem im Aristeasbrief und bei Philon, darf hinsichtlich seines heterodoxen Charakters im Blick auf den alttestamentl. Glauben nicht überbewertet werden. Es ist *lediglich als apologetisches Motiv*, nicht als Hereinnahme heidnischer Elemente in den Bereich hell.-jüd. Glaubens zu werten, und auch so nicht in erster Linie im missionierenden Sinn als Versuch, dem heidnischen Oberherrn den Vorrang der jüd. Religion gegenüber der heidnischen sichtbar zu machen, sondern mehr zur Stärkung des jüd. Glaubensbewußtseins (Tcherikover). Was darüber hinausgeht, muß mehr als das eigentümliche Wesen einer ausgeprägten Persönlichkeit denn als allgemeines Wesensmerkmal des hell. Judentums gewertet werden. Das gilt zuerst für Philon, in beschränktem Maße für Josephos.

2. Es kann hier nicht darum gehen, das gesamte Schrifttum, das gewöhnlich als jüd.-hell. bezeichnet wird, erschöpfend darzubieten[11]. Die Schwierigkeit einer jeden Darbietung besteht darin, daß es für die jüd. Literatur kein restlos sicheres Kriterium der Scheidung von hell. und nichthell. gibt. Die Sprache, hebräisch-aramäisch auf der einen, griechisch auf der anderen Seite, ist in dem Maß kein Kriterium mehr, als die griech. ↗ Koine als Volkssprache auch in den palästin. Bereich eindringt. Die literar. Formen sind es nicht, weil die Hauptformen in beiden Bereichen die gleichen bleiben, die Übernahmen hellenischer Literaturformen für das hell. Judentum gerade *nicht* wesensbestimmend sind. Es ist zwar heute kaum mehr bestritten, daß im Unterschied zum vorhell. Schrifttum Israels, wo überhaupt nicht mit Berührungen zwischen alttestamentl. und hellenischen Literaturformen (etwa der des Buches Hiob mit der griech. Tragödie oder des platon. Dialogs)[12] gerechnet werden darf, in das genuin hell. Schrifttum Israels hellenische Literaturformen Eingang finden konnten: die dramatische Form in den Tragödien eines Juden *Ezechiel*, von denen Fragmente eines Exodos-Dramas erhalten sind; die epische im Epos eines Juden *Philon* über Jerusalem und eines Samaritaners (?) *Theodotos* über Sichem; in einem bestimmten Sinn die lyrische in den in Hexametern verfaßten *Sibyllinen*[13]. Aber diese Übernahmen hellenischer Literaturformen, die auch innerhalb des jüd.-hell. Schrifttums Randerscheinungen geblieben sind, bewahren jenen o. g. apologetisch-missionierenden Charakter zur Stärkung des jüd. Glaubensbewußtseins und zeigen auch hinsichtlich ihres formalen Charakters die Bindung an das kanonisierte Wort der heilsgeschichtl. Aussage, das ihre Grundlage bildet. Die dramatische Darstellung der Exodos-Tradition bei Ezechiel (↗Drama) ist keine Dramatisierung dieses Stoffes im eigentlichen Sinn, sondern eher eine Dialogisierung in der Richtung des Hiobbuches; die Unterdrückung Israels in Ägypten wird als Bericht des Moses, das Geschehen am Roten Meer als Botenbericht dargestellt; Gott spricht unsichtbar aus dem Dornbusch, man hört nur seine Stimme. Auch die epische und die „lyrische" Gestaltung der vorgegebenen heilsgeschichtl. Stoffe bleibt formal (in Wortwahl und Satzbau) und inhaltlich (in bildhafter Ausgestaltung) in erstaunlichem Maß an das vorgegebene geschriebene Wort gebunden – man denke z. B. an die rhythmische Gestaltung der messianischen Weissagung Jes. 11, 6–9 (vgl.

65, 25) in Orac. Sibyll. 3, 785–795. Was uns hinsichtlich religiöser Strömungen als denkbar erschien, daß „Judentum" auf Grund von Identifikation der Gottesattribute zuweilen ganz in „Hellenismus" aufgehen konnte (s. o.), läßt sich hinsichtlich der Tradierung der heilsgeschichtlichen Stoffe selbst gerade *nicht* sagen: *ihre* Umgestaltung und Neugestaltung bleibt an den genuin israelit.-jüd. Bereich gebunden. Die einzige Ausnahme einer Umsetzung heilsgeschichtlicher Texte in Literatur der profangriechischen Welt, die Zitierung des priesterschriftlichen Schöpfungsberichts (Gen. 1, 3) in der dem 1. Jh. n. Chr. angehörenden rhetorischen Schrift ‚Vom Erhabenen' (9, 9), „die von Begeisterung für die Heroen der hellenischen Literatur in Poesie und Prosa, von Homer und Aischylos bis Platon und Demosthenes getragen ist" (E. Norden)[14], bezieht sich nicht zufällig auf die alttestamentl. Schöpfungsvorstellung und mag auf der Ausnahmesituation einer persönl. Beziehung beruhen – Norden vermutet Bekanntschaft mit Philon. Diese neuen Literaturformen können darum nicht Kriterium für die Bestimmung des „hell. J.s" in seinem Verhältnis zum „palästinensischen" sein; sie sind Ausnahmen innerhalb des hell. J.s, die die Regel bestätigen.

Das wohl einzige formale Kriterium für diese Unterscheidung ist die fraglos genuin palästinensische Literaturform der *Apokalyptik*, die als einzige nur in der Form der Übersetzung, nicht in ursprünglich griechischer Gestalt, in das hell. J., und nur in der Gestalt des Buches *Daniel*[9] in den alexandrin. Kanon Eingang gefunden hat. Hier ist allerdings von Bedeutung, daß die jüd.-hell. Schrift, die ihrem Wesen nach am ehesten der palästin. Apokalyptik gleichgeordnet werden kann, die Sibyllinen[13], in Hexametern verfaßt ist. Doch ist angesichts des überaus komplizierten Überlieferungsstandes, der weitgehenden christl. Überarbeitungen dieser Bücher, die Frage kaum noch zu beantworten, ob hier ein das Wesen des hell. J.s gegenüber dem palästinensischen prägendes formales Äquivalent zur Apokalyptik vorlag. Noch weniger lassen sich die theologischen *Inhalte* zum Kriterium der Unterscheidung zwischen jüd.-hell. und palästinensischer Literatur machen. Das zuverlässigste Bild wird darum durch eine zusammenfassende Darstellung der beiden literar. Aussageformen gewonnen werden können, die in beiden Bereichen die Grundformen geblieben sind und die ihren Ursprung im Alten Testament haben: der Geschichtsschreibung und der Weisheitslehre.

III. Die jüd.-hell. Geschichtsschreibung.

1. Die jüd.-hell. Geschichtsschreibung hat *zwei Grundformen*, je nachdem, ob sie dem Zweck dient, zeitgeschichtl. Epochen der hell. Periode darzustellen oder dem, für griechisch sprechende Juden und Griechen die Erinnerung an die heilige Geschichte der vorhell. Zeit zu bewahren und ihre Kontinuität mit der Geschichte Israels in nachkanonischer Zeit aufzuzeigen.

Der ersten Grundform gehören an das verlorene Geschichtswerk des *Jason von Kyrene*, seine Epitome im *II. Makkabäerbuch*, in beschränktem Maß das *III. Makkabäerbuch* und das *Bellum Judaicum* des *Josephos;* zur zweiten Grundform gehören die nur fragmentarisch, vorwiegend in Auszügen des *Alexander Polyhistor* (Mitte 1. Jh. v. Chr.) überlieferten Werke des *Demetrios, Eupolemos, Aristeas* u. a. und die *Antiquitates Judaicae* des Josephos. Ein instruktiver Sonderfall, der die geistige Herkunft beider Formen jüd.-hell. Geschichtsschreibung zeigt, ist das sog. *griechische Esrabuch* (1. Esra der LXX = 3. Esra der Vulgata), eine wahrscheinlich teilweise auf das hebräisch-aramäische Original zurückgehende freie griech. Bearbeitung und Kompilation von Teilen aus den Büchern der Chronik, Esra und Nehemia. Für die hell. Darstellungen der alten Geschichte Israels ist aus den überlieferten Bruchstücken als Hauptmerkmal ein Wachstum des apologetischen und missionierenden Charakters gegenüber der heidnischen Umwelt erkennbar. Während das Werk des ältesten, Demetrios (Ende 3. Jh.) *„Über die Könige Judäas"* in geistiger Nähe zu dem, was seine Zeitgenossen *Manetho* für Ägypten, *Berossos* für Assur-Babylon bezweckten, die Bedeutung der Geschichte Israels und ihre innere Kontinuität vornehmlich auf Grund chronologischer und genealogischer Zusammenhänge sichtbar zu machen sucht, wird das gleiche Ziel in den Werken der Nachfolgenden auf Grund des chronologischen Wahrheitserweises und des religionsgeschichtlichen Vergleiches angestrebt. Im gleichnamigen Werk des Eupolemos (Mitte 1. Jh.; die Identität mit dem I. Makk. 8, 17; II. Makk. 4, 11 genannten ist unsicher) erscheint Moses als der erste Weise, der den Juden die Kunde der Buchstabenschrift überliefert habe, die dann von den Juden zu den Phöniziern, von diesen zu den Hellenen übergegangen sei. Weiter geht von den Späteren, für deren zeitliche Ansetzung nur noch der terminus ante quem des Alexander Polyhistor genannt werden kann,

Artapanos, in dessen Werk „*Über die Juden*" Abraham den ägypt. König in Astrologie unterweist, Moses mit dem griechischen Musaios, dem Lehrer des Orpheus und als Erfinder der Schrift mit dem ägyptischen Thot, dem griechischen Hermes identifiziert wird.

2. Unter den geschichtl. Darstellungen von Perioden der hell. Zeit muß das bedeutsamste das nur in der Epitome des II. Makk. erhaltene fünfbändige zeitgeschichtl. Werk des Jason von Kyrene über die Makkabäerkriege (175–161) gewesen sein. Hinsichtlich der Geschichtskonzeption läßt sich das Eigentum der Quelle von dem des Epitomators kaum mehr scheiden. Doch ergibt ein Vergleich mit dem ungefähr den gleichen Zeitraum darstellenden im palästin. Bereich entstandenen (nur griechisch erhaltenen) I. Makk. ein anschauliches Bild vom besonderen Wesen jüd.-hell. Geschichtsschreibung. Die Grundkonzeption ist in beiden Darstellungen die gleiche: die Eigentümlichkeit der Geschichte Israels im Ganzen der Geschichte der hell. Welt besteht in seiner auf der Bewahrung des Gesetzes (Sabbatgebot II. Makk. 5, 25 f.; 8, 25 f.; 15, 2 vgl. I. Makk. 2, 41; Beschneidung II. Makk. 6, 10; Speisegebot 6, 18; 7, 1) gegründeten Sonderstellung gegenüber der heidnischen Umwelt. Die unmittelbare Ursache des durch diese Grundsituation gegebenen Konflikts ist aber im II. Makk. im Verhältnis zum I. Makk. differenzierter erfaßt und durch das Zusammenspiel verschiedener Komponenten innerjudäischer und profangeschichtlicher Natur erklärt. Tiefer ist im I. Makk. *inhaltlich* die Bindung an die frühere Geschichte Israels durch die Einordnung in die Zerfallssituation des letzten danielischen Weltreiches, stärker hervortretend im II. Makk. die theologische Erklärung der Ereignisse der Zeitgeschichte durch den Gedanken der göttl. Vergeltung, der Strafe nach dem Maß der begangenen Schuld (5, 10; 9, 6, 28; 13, 8), des Leidens als sühnender Strafe (7, 18, 32), als Erziehung (6, 12; 7, 33; 10, 4), als Zeichens der Gnade (6, 12–16) und um des ewigen Lebens willen (7, 23, 36). Tiefer ist im I. Makk. *formal* – das hängt mit dem inhaltlichen Unterschied zusammen – die Bindung an den Stil alttestamentlicher Chronistik in unverbundener Aufzählung der Ereignisse an Stellen, wo im II. Makk. nach Stilmitteln der hell. Kunstprosa die Bemühung um Herausstellung innerer Zusammenhänge hervortritt. Doch sind diese Unterschiede nur graduell. Die Bindung an die heilige

Geschichte Israels wird auch im II. Makk. durch paränetische Reminiszenzen an frühere Rettungen gewahrt (8, 19–20; 15, 22–24). Charakteristisch für die hell.-jüd. Theologie ist, daß das Geschichtsbild des II. Makk. noch stärker als das des I. Makk. vom Gedanken der göttl. Bewahrung des Volkes in der Bewahrung des Tempelheiligtumes in Jerusalem geprägt ist, ein Gedanke, der geradezu als Aufbauprinzip dient (Entweihung 5, 11–20; 6, 1–2; Wiederweihung 10, 1–8; Errettung aus erneuter Gefahr 15, 34). Die gleichen, der hell.-jüd. Geschichtsschreibung im Unterschied zur palästinensischen eigentümlichen Züge treten in noch schärferer Form im III. Makk. hervor, die in ausgeprägt asianischem Prosastil, von dem sich mehrfach aus älterer palästinensischer Tradition übernommenes vorgeprägtes Gut grell abhebt, legendenhaft unter aktualisierender Verwertung späterer, zeitgeschichtlicher (?) Ereignisse Judenverfolgungen unter Ptolemaios IV. Philopator schildert.

3. Flavius Iosephos (37/38 – Anfang 2. Jh. n. Chr.) vereinigt als einzige geschichtlich faßbare Persönlichkeit eines jüd. Geschichtsschreibers in hell. Zeit in seinem Werk die gezeichneten Grundformen der Geschichtsschreibung in allen ihren Möglichkeiten. Als Glied einer jerusalem. Priesterfamilie und Pharisäer ist er von palästin. Geschichtstradition gleicherweise bestimmt, wie er als hell. Jude, der sich als Freund der flavischen Kaiser in seiner Geschichtsschreibung das Ziel gesetzt hat, Rom gegenüber die Interessen seines Volkes zu wahren, der hell. Tradition verpflichtet ist. Obwohl er die Unterscheidung der im alttestamentl. Schrifttum kanonisierten heiligen Geschichte Israels von der späteren kennt (*Contra Apionem* 1, 41), wirkt sich das auf seine Geschichtsschreibung kaum mehr aus. Die Unterschiedlichkeit in Form und Konzeption beruht oft auf dem Charakter der unbesehen übernommenen Quellen. Sichtbar bleiben in dem Gewirr zwei Grundtendenzen: die Säkularisierung der danielischen Geschichtskonzeption der Weltreichlehre auf die rettende Funktion Roms hin und die Anwendung hell.-monotheistischer Kategorien auf den Gott Israels und sein Handeln (Gott als τὸ θεῖον, sein Wille als τύχη, εἱμαρμένη, πεπρωμένη).

IV. Weisheitsliteratur.
1. Man kann auch in der Weisheitsliteratur bzw. Philosophie des hellenistischen Judentums zwei Grundformen

finden, die denen der Geschichtsschreibung sachlich entsprechen: Die Form ihrer Aussage ist wesenhaft anders je nachdem, ob sie, in der Tradition der älteren alttestamentl. Weisheitslehre stehend, sich die Aufgabe stellt, das Spruchgut des Alten Testaments zu bewahren und auszugestalten oder ob sie *Interpretation* des alttestamentl. Wortes bezweckt. Sie bleibt im ersten Fall formal und inhaltlich in den Grenzen der alttestamentl. Aussage; sie bringt im zweiten Fall eine neue Literaturform hervor, deren Möglichkeiten weitgehend von hell. Gedankengut geprägt sind, das aber restlos in den Dienst der Interpretation der als einzige Erkenntnisquelle anerkannten alttestamentl. Offenbarung gestellt bleibt. Unter den Vertretern der ersten Grundform muß als bedeutsamster die *Weisheit Salomos* genannt werden, als Vertreter der zweiten *Aristobulos*, der als Begründer der Interpretationsmethoden, und *Philon*, der als ihr Vollender gelten darf. Die Weisheit Salomos, wahrscheinlich im 1. Jh. v. Chr. in allen ihren Teilen in ursprünglich griechischer Form entstanden, die das Wesen der Weisheit, als Tugend des Gerechten gegenüber dem törichten Gottlosen (1–5), als höchsten Besitz der Könige (6–9) und als in der Geschichte wirkende Macht (10–19) zum Gegenstand hat, verhält sich als Dokument hell. Judentums gegenüber dem palästinensischen literatur- und formgeschichtlich zum Buch Jesus Sirach ungefähr so, wie das II. Makk. zum ersten: Das Gemeinsame ist die Verwurzelung im alttestamentlichen Wort, das Unterschiedliche liegt inhaltlich nicht in der Aufnahme neuer Glaubensinhalte, sondern in der Ausrichtung der altererbten auf die neue Situation gegenüber dem heidnischen Gottlosen (13, 1–15, 19), formal in der Ersetzung der alttestamentl. Zentralbegriffe durch entsprechende hellenistische, denen damit die alttestamentl. Bedeutung verliehen wird. Die Personifizierung der Weisheit und des göttl. Wortes (18, 15f.) und ihre Hypostasierung als Medium zwischen Gott und Welt geht kaum über das hinaus, was in den kanonischen Sprüchen Salomos (8–9) über die Weisheit gesagt war, vor allem wenn man berücksichtigt, daß dazwischen das immer wieder am Original orientierte Mitteglied der LXX-Übersetzung der Sprüche lag. Auch die nicht sicher gedeuteten Stellen über Präexistenz und Unsterblichkeit der Seele (8, 20; 9, 15; 15, 8) dürfen nicht als unreflektierte Übernahme platonischer Philosophie gedeutet werden.

2. *Aristobulos,* der nach der Überlieferung Ptolemaios VI. Philometor (um 181–145) ein apologetisches Werk widmete, „in welchem er beweisen will, daß die peripatetische Philosophie aus dem Gesetz Moses' und der anderen Propheten abgeleitet worden ist" (Clem. Al., Strom. 5, 14, 97), darf als der Urheber der jüd.-hell. Interpretation des Alten Testamentes gelten, indem er die allegorische Methode der *stoischen Mythendeutung* auf die alttestamentl. Offenbarung übertrug. Griechische Philosophie und Dichtung in allen ihren Ausprägungen haben ihre Quelle in der mosaischen Lehre. Die alttestamentl. Anthropomorphismen sind mythologische Aussageformen für die Macht Gottes, die auch von griechischer Philosophie gelehrt wird. Bedeutsam ist, daß auf diese Weise die hell. Vorstellungswelt in ihrer Gesamtheit zum Interpretations*mittel* der alttestamentlichen wird, nie aber umgekehrt. Dieser Grundsatz bleibt das einigende Band für das hell.-jüd. Denken in all seiner Mannigfaltigkeit, auch für *Philon* (1. Hälfte des 1. Jh.s n. Chr.). Seine Religionsphilosophie bleibt Interpretation des Alten Testamentes auch dort, wo die Berührungen kaum mehr sichtbar sind. Sein Hauptwerk ist der große *allegorische* Kommentar zur Genesis. Aber auch seine systematischen Werke gehen von einzelnen Bibelstellen aus und haben vornehmlich alttestamentl. Themen und Gestalten (Weltschöpfung, Dekalog, Abraham, Joseph, Moses) zum Gegenstand. Die Offenbarung der Griechen ist nicht das Alte Testament in der Ursprache, aber, in Umdeutung der Aristeaslegende, seine Übertragung ins Griechische (de vita Mosis 2, 5–7). Der λόγος als Schöpfungswerkzeug und Zentrum der Welt, das himmlische und irdische Welt zusammenbindet, bleibt – und darin dürfte die von Philon erkannte Grenze der Verwendung platonischer Ideenlehre als Interpretationsmittel des Alten Testaments im Unterschied zu Entwicklungen der *Gnosis* liegen – frei vom Fall in die materielle Welt, aus der er wieder erlöst werden müßte. Die Erlösung der Geschöpfe zur Gottebenbildlichkeit durch Selbstvervollkommnung unter Führung des ἡγεμονικόν kann – und das ist wiederum im Korrektiv des alttestamentl. Glaubens begründet – nicht auf dem Wege reiner Erkenntnis noch auf dem Wege ekstatischer Vereinigung mit Gott, sondern nur durch eine Vereinigung von διάνοια und πίστις geschehen.

V. Zusammenfassung.

Hellenistisches Judentum ist ein *Übergangsstadium*, auf das kein endgültiges folgte. Die nächste geistesgeschichtliche Analogie dürfte das Christentum vor der Festlegung des neutestamentlichen Kanons sein. Das wichtigste tertium comparationis besteht darin, daß in beiden Perioden noch kaum eine eigentliche Literaturform entstehen konnte, sondern nur Nachläufer der geschriebenen Offenbarung selbst oder aber die Aussageform der Apologetik. Der wichtigste Unterschied zwischen beiden Perioden liegt aber darin, daß zur Zeit der Entstehung des hell. J.s die Abgrenzung dessen, was allein als Offenbarung gelten konnte, in ganz anderer Weise entschieden war als zur Zeit der ersten Christenheit. Und das ist auch der Grund dafür, daß im hell. J. bei Philon ein literarisches Werk von systematischer Gesamtschau entstehen konnte, wie es im Christentum erst nach Vollendung des neutestamentl. Kanons am Ende des 2. Jh. n. Chr., bei *Clemens Alexandrinus*, möglich war.

C. C.–R. H.

Anm.: 1) L. Cohn, MGWJ 41, 1897, 285f. – 2) F. Jacoby, RE VII 2, 1912, 2765f.; ausführliche Behandlung der Hekataios-Fragmente durch J.-D. Gauger, Journal for the Study of Judaism 13, 1982, 6–46. – 3) S. die von Reinach und Stern (s. u. Lit.) gesammelten Texte. – 4) Dazu J. Seibert, Alexander d. Gr., EdF 10, 1972, 103–9 (Lit.). – 5) Zu den Privilegien Antiochos' III. für Jerusalem s. E. Bikerman, La Charte séleucide de Jérusalem, 1935, dt. bei: A. Schalit (Hrsg.), Zur Josephus-Forschung, WdF 84, 1973, 205–40; E. Bikerman, Une proclamation séleucide relative au temple de Jérusalem, 1946–48, bei: Dems., Studies in Jewish and Christian History II, Leiden 1980; s. a. ↗Syrien. – 6) Der Brief, in dem Antiochos dies befiehlt (Jos. Ant. Jud. 12, 149ff.), ist in der überlieferten Form sicher unecht; vgl. J.-D. Gauger (s. u. Lit.), 3–151. – 7) Zu den Beziehungen zw. Rom, Judas Makkabaios und dessen Nachfolgern s. D. Timpe, Chiron 4, 1974, 133–52; Gauger, Fischer (s. u. Lit.). – 8) Dazu s. A. Pelletier, Lettre d'Aristée à Philocrate, Sources Chrétiennes 89, Paris 1962; N. Meisner, Jüd. Schr. aus hell.-röm. Zeit II 1, Gütersloh[2] 1977, 37–85; W. Schmidt, Unters. zur Fälschung histor. Dokumente bei Pseudo-Aristaios. Diss. München, Bonn 1986. – 9) Zu Daniel K. Koch (Hrsg.), Das Buch D., EdF 144, 1980. – 10) Dazu Th. Middendorp, Die Stellung Jesu Ben Siras zw. J. und Hell., Leiden 1973. – 11) Übersicht u. a. bei Schürer, Rost, Denis (s. u. Lit.) – 12) Vgl. Hengel (s. u. Lit.), 199f. – 13) Übers. von Teilen der Sibyllinen bei E. Kautzsch; P. Riessler (s. u. Lit.); A. Kurfeß, Sibyllin. Weissagungen, München 1951; zum wichtigen 3. Buch s. V. Nikiprowetzky, La troisième Sibylle, Ét. Juives 9, Paris 1970. – 14) E. Norden, Zum Genesiszitat ... (s. u. Lit.).

Lit. allg.: E. Schürer, Geschichte des jüd. Volkes im Zeitalter Jesu Christi, 3 Bde. + Reg., Leipzig[4] 1901–11; Neubearbeitung hrg. v. F. Millar, G. Vermes (und M. Black), The History of the Jewish People in the Age of Jesus Christ, I–III 2, Edinburgh 1973–87. – Ed. Meyer, Ursprung und Anfänge des Christentums, II, Stuttgart – Berlin[5] 1925, ND Stuttgart 1962. – G. F. Moore, Judaism in the First Centuries of the Christian Era, 3 Bde., Cambridge 1927–30 u. ö. – E. R. Goodenough, Jewish Symbols in the Graeco-Roman Period, 13 Bde., New York 1953–68. – V. Tcherikover, Hellenistic Civilisation and the Jews, Philadelphia 1961 (= Jerusalem[3] 1968). – B.

Reicke, Neutestamentl. Zeitgeschichte, Slg. Töpelmann II 2, Berlin 1965. – W. Grundmann, Das palästinensische Judentum, in: J. Leipoldt–W. Grundmann (Hrsg.), Umwelt des Urchristentums, I, Berlin ⁵1966, 143–291. – H. Hegermann, Das hell. Judentum, ebd. 292–345 (Lit.). – E. M. Smallwood, The Jews under Roman Rule, Studies in Judaism in Late Antiquity 20, Leiden 1976. – S. Safrai – M. Stern (Hrsg.), The Jewish People in the First Century, 2 Bde., Compendia Rerum Iudaicarum I 1–2, Amsterdam 1974–76. – A. Momigliano, Hochkulturen im Hellenismus (1975), dt. BSR 190, München 1979, 93–145. – H. Köster, Einführung in das Neue Testament, Berlin – New York 1980. – H. Conzelmann, Heiden - Juden - Christen, BHTh 62, 1981. – M. J. Mulder (Hrsg.), Mitra; M. E. Stone (Hrsg.), Jewish Writings of the Second Temple Period, 2 Bde., Compendia Rerum Iudaicarum II 1–2, van Gorcum 1984–88. – W. D. Davies–L. Finkelstein (Hrsg.), The Hellenistic Age; The Cambridge History of Judaism II, 1989. – Literar. Quellen: Th. Reinach, Textes d'auteurs grecs et romains relatifs au judaisme, Paris 1895 (ND Hildesheim 1963). – M. Stern, Greek and Latin authors on Jews and Judaism, I (Herodot – Plutarch), Jerusalem 1974, II (Tacitus – Simplicius), 1980. – Geschichte: J. Wellhausen, Israelit. und jüd. Geschichte, Berlin ⁹1958, 1. Aufl. 1894. – M. Weber, Das antike Judentum, bei: Dems., Ges. Aufsätze zur Religionssoziologie, III, Tübingen 1921 (= ⁴1966), dazu: W. Schluchter (Hrsg.), Max Webers Studie über das antike Judentum. Interpretation of the Second Temple, stw 340, Frankfurt/M. 1981. – J. Jeremias, Jerusalem zur Zeit Jesu, Göttingen ³1962. – E. R. Goodenough, The Jurisprudence of the Jewish Courts in Egypt, New Haven 1929, ND Amsterdam 1968. – E. L. Sukenik, Ancient Synagogues in Palestine and Greece, Schweich Lect. 1930, London 1934. – Vgl. auch E. M. Meyers, Antike Welt 12/1, 1981, 33–44 (Lit.). – Chr. Burchardt, Bibliographie zu den Handschriften vom Toten Meer, 2 Bde., BZAW 76 u. 89, Berlin 1957–65. – S. Lieberman, Hellenism in Jewish Palestine, New York² 1962. – E. Hammerschmidt, Königsideologie im spätantiken Judentum, ZDMG 113, 1963, 493–511. – R. Hanhart, Zur Zeitrechnung des I. und II. Makkabäerbuches, in: A. Jepsen – R. H., Untersuchungen zur israelit.-jüd. Chronologie, BZAW 88, Berlin 1964, 49–96. – J. Neusner, A History of the Jews in Babylonia, I: The Parthian Period, Leiden (1965) ²1969. – A. Dietrich – F. M. Heichelheim – G. Widengren, Orientalische Geschichte von Kyros bis Mohammed, Hb. d. Orientalistik I 2.4.2, Leiden 1966. – E. Bammel, Die Rechtsstellung des Herodes, ZDPV 84, 1968, 73–9. – A. Schalit, König Herodes. Der Mann und sein Werk, Studia Judaica 4, Berlin 1969. – M. Hengel, Judentum und Hellenismus, WUNT 10², Tübingen ²1973. – H. G. Kippenberg, Garizim und Synagoge, RGVV 30, Berlin – New York 1971. – J.-D. Gauger, Apologetik. 1977. – Th. Fischer, Seleukiden und Makkabäer, Bochum 1980. – K. Bringmann, Hell. Reform und Religionsverfolgung in Judäa, Abh. d. Akad. Göttingen, phil.-hist. Kl. 3. Folge Nr. 132, 1983. – P. Schäfer, Geschichte der Juden in der Antike, Neukirchen 1983. – A. D. Crown (Hrsg.), The Samaritans, Tübingen 1989. – Religion: M. Friedländer, Der vorchristl. jüd. Gnosticismus, Göttingen 1898 (ND Farnborough 1972). – W. Bousset – H. Greßmann, Die Religion des Judentums im späthell. Zeitalter, Hb. z. NT 21, Tübingen ³1926 (= ⁴1966). – K. Müller, TRE III, 1978, 202–251 s. u. Apokalyptik III (u. a. neuere Relativierung der Unterschiede zwischen jüd.-pal. und jüd.-hellenist. Apokalyptik). – R. Reitzenstein, Die hell. Mysterienreligionen, Leipzig – Berlin ³1927 (ND Darmstadt 1956). – E. Norden, Agnostos Theos, Leipzig – Berlin 1913 (= Stuttgart ⁵1971). – G. Kittel (–G. Friedrich) (Hrsg.), Theol. Wörterbuch zum Neuen Testament, Bd. I–X 2, Stuttgart 1933–79 (viele hell.-jüd. Begriffe im Rahmen der Einzelartikel). – E. R. Goodenough, By Light, Light, New Haven 1935, ND Amsterdam 1969. – C. H. Dodd, The Bible and the Greeks, London 1935 (= ³1964). – B. Reicke – L. Rost (Hrsg.), Bibl.-histor. Handwörterbuch, 4 Bde., Göttingen 1962–79. – Zur Septuaginta, Text: LXX, ed. A. Rahlfs, 2 Bde., Stuttgart 1935 u. ö.; LXX, auct. Acad. Scient. Gott.

ed., Göttingen seit 1931 erschienen: 1.–5. Mose, Psalmi cum Odis, Propheten, Hiob, Jesus Sirach, Weish Sal., I.–III. Makk., Esther, Judith, Tobit, I. Esra. – Bibliographie: S. P. Brock – Ch. T. Fritsch – S. Jellicoe, A Classified Bibliography of the Septuagint, Leiden 1973. – Lit. allg.: P. Kahle, The Cairo Geniza, Oxford ²1959; dt. Bearb. von R. Meyer, Die Kairoer Genisa, Berlin 1962. – J. Ziegler, Sylloge. Ges. Aufsätze zur Septuaginta, Göttingen 1971. – M. Harl, La Bible d'Alexandrie I–III, Paris 1986–89. – M. Harl, G. Dorival, O. Munnich, La Bible Grecque des Septante, Paris 1988. – R. Hanhart, Septuaginta, in: Grundkurs Theologie (hrsg. G. Strecker) I, Stuttgart 1989. – J. W. Wevers, Notes on the Greek Text of Exodus, Atlanta 1990. – D. Fraenkel, U. Quast, J. W. Wevers (Hrsg.), Studien zur Septuaginta (FS R. Hanhart), Abh. d. Akad. Göttingen, phil.-hist. Kl., 3. Folge Nr. 190, 1990. – Zum I.–III. Makkabäerbuch: W. Kolbe, Beiträge zur syr. und jüd. Geschichte, Stuttgart 1926. – F. M. Abel, Les livres des Maccabées, Paris 1949 (³1961). – K. D. Schunck, Die Quellen des I. und II. Makkabäerbuches, Diss. theol. Greifswald 1953, Halle 1954. – J. A. Goldstein, I Macc. (Anchor Bible 41) New York 1976, II Macc. (ebd.) 1983. – R. Hanhart, Zum Text des II. und III. Makkabäerbuches, Nachr. d. Akad. Göttingen 1: phil.-hist. Kl., Nr. 13, 1961. – J. G. Bunge, Untersuchungen zum II. Makkabäerbuch, Diss. Bonn 1971. – Chr. Habicht, II. Makkabäerbuch, Jüd. Schriften aus hell.-röm. Zeit I 3, Gütersloh 1976. – K. D. Schunck, I. Makkabäerbuch, ebd I 4, 1980. – J.-D. Gauger, s. o. (Geschichte). – Zu Jason von Kyrene (FGrHist 182): F. Jacoby, FGrHist II B, Berlin 1929 (ND Leiden 1962), S. 910 (Text), II B. 1930 (ND Leiden 1962), S. 606–7 (Komm.). – Zur Weisheit Salomos: J. Fichtner, Weisheit Salomos, HAT II 6, Tübingen 1938. – C. Larcher, Le Livre de la Sagesse ou la Sagesse de Salomon, Études Bibliques, Nouvelle Série No. 1, 3, 5, Paris 1983–85. – Zur jüd.-hell. Lit. allg.: C. Colpe, DKlP II, 1967, 1507–12 s. v. jüd.-hell. Lit. – L. Rost, Einleitung in die alttestamentl. Apokryphen und Pseudepigraphen, Heidelberg 1971. – A.-M. Denis, Introduction aux pseudépigraphes grecs d'Ancien Testament, Studia in VT Pseudepigrapha 1, Leiden 1970. – Bibliographie: G. Delling – M. Maser (Hrsg.), Bibliographie zur jüd.-hell. und intertestamentar. Lit. 1900–1970, TU 106², Berlin ²1975. – Übersetzungen: E. Kautzsch, Die Apokryphen und Pseudepigraphen des AT, Tübingen 1900, ND 1921, 1975. – P. Riessler, Altjüd. Schrifttum außerhalb der Bibel, Heidelberg 1928, u. ö.; wird ersetzt durch W. G. Kümmel u. a., Jüd. Schriften aus hell.-röm. Zeit, 5 Bde. in Lief., Gütersloh seit 1973. – Zu Demetrios, Eupolemos, Artapanos, Text: F. Jacoby, FGrHist III C 2, Leiden 1958, Nr. 722–737 (Komm. nicht ersch.). – Lit.: P. Dalbert, Die Theologie der hell.-jüd. Missionslit., Theol. Forschung 4, Hamburg-Volksdorf 1954. – N. Walter, Zu Ps.-Eupolemos, Klio 43–45, 1965, 282–290. – Zu Aristobulos: N. Walter, Der jüd.-hell. Thoraausleger Aristobulos, TU 86, Berlin 1964. – Zu Josephos, Text: B. Niese, 6 Bde., Berlin 1887–95. – Konkordanz: K. H. Rengstorf (Hrsg.), A Complete Concordance to Flavius Josephus, 5 Bde., Leiden 1968–83. – Übersetzungen: O. Michel – O. Bauernfeind, 4 Bde., Darmstadt 1959–69 (BJ). – H. Clementz, Halle 1899, jetzt ND (Ant. Jud.). – H. S. T. Thackeray – R. Marcus – A. Wikgren, Loeb-Ed. (Gesamtübers.). – Bibliographie: H. Schreckenberg, Bibliographie zu Flavius Josephus, Leiden 1969. – Lit.: G. Hölscher, RE IX 2, 1916, 1934–2000 s. v. Josephus (2). – R. J. Shutt, Studies in Josephus, London 1961. – B. Schaller, DKlP II, 1967, 1440–44 s. v. Iosephos (2). – A. Schalit (Hrsg.), Zur Josephus-Forschung, WdF 84, 1973 (Lit.). – H. Schreckenberg, Die Flavius-Josephus-Tradition in Antike und Mittelalter, Leiden 1972. – Ders., Rezeptionsgeschichtl. und textkrit. Untersuchungen zu Flavius Josephus, Leiden 1977. – J.-D. Gauger, (s. o. Geschichte). – Zu Philon, Text: L. Cohn – P. Wendland, 6 Bde., Berlin 1896–1915 + Index 1930 (ND 1962/63). – Übersetzungen: L. Cohn – I. Heinemann – M. Adler – W. Theiler, 7 Bde., Berlin 1909–64. – Bibliographie: H. L. Goodhart, in: E. R. Goodenough, The Politics of Philo Judaeus, New Haven 1938 (ND Hildesheim 1967), 127–321. – R. Radice, Filone di Alessandria. Bibliografia generale 1937–1982, Neapel 1983. – Lit.: I. Heinemann, Philons griech. und jüd. Bildung, Breslau 1932 (ND Darmstadt 1962). – H. A. Wolfson, Philo. Foundations of Religious Philosophy in Judaism, Christianity, and Islam, 2 Bde., Cambridge Mass. 1947 (^{4}1968). – P. Katz, Philo's Bible, Cambridge 1950. – E. Norden, Das Genesiszitat in der Schrift vom Erhabenen (1923, ersch. 1955), bei: Dems., Kl. Schr. zum klass. Altertum, Berlin 1966, 286–313. – C. Colpe, RGG^3 V, 1961, 341–6 s. v. Philo 1. – B. Schaller, DKlP IV, 1972, 772–6 s. v. Philon 10.

Kallimachos, der bedeutendste alexandrinische Dichter, Sohn des Battos aus einem vornehmen kyrenäischen Geschlecht, geboren nicht lange vor 300, ging nach ↗ Alexandreia, wo er sich zunächst mit Elementarunterricht durchschlug, bald aber an den Hof gezogen und an der Bibliothek (↗ Buchwesen II 2) angestellt wurde. Hier machte er Schule und verfaßte den für die Entwicklung der Literaturgeschichte grundlegenden Katalog (Pinakes in 120 Rollen) und andere philologische Werke, beanspruchte aber nicht die Nachfolge Zenodots (↗ Philologie) in der Leitung, die seinen Schülern ↗ Apollonios und später Eratosthenes (↗ Epyllion) überlassen blieb. Andererseits wurde er der anerkannte Hofdichter und profilierte Vertreter der Richtung, die das große Epos nicht mehr für zeitgemäß erachtete und durch eine formvollendete Kleinkunst zu ersetzen strebte. Mit Apollonios aber, auf dessen Argonautika sich seine Gegner berufen konnten, geriet er in einen heftigen Streit, der mit dem Weggang des Apollonios nach Rhodos endete, wohl erst unter Ptolemaios III. Euergetes (↗ Ptolemäer II 4). Wie lange K. nach diesem Triumph noch gedichtet und gelebt hat, ist unbekannt.

Von seinen fast alle Gattungen umfassenden Poesien waren früher außer vielen Fragmenten sechs Hymnen (↗ Hymnos) mit verhältnismäßig ärmlichen Scholien durch eine byzantinische Hymnensammlung und 63 Epigramme (↗ Epigramm) besonders durch die Anthologie erhalten (3 und 36 vielleicht unecht). Die letzteren waren schon immer sehr geschätzt, da sie sich meist nicht nur durch die Form, sondern auch durch Gefühl oder Witz auszeichnen und manchen Wirklichkeitsbezug aufweisen. Für die Hymnen hat man aber erst in neuerer Zeit ein besseres Verständnis gewonnen. Schon äußerlich sind sie mannigfaltig, insofern h. 5 und 6 die epische Sprache dorisch tönen und h. 5 das Genus sogar in Distichen umsetzt; h. 1, 3 und 4 sind traditionsgemäß an die Gottheit gerichtet, h. 2, 5 und 6 hingegen folgen als „sakrale Solomimen" dem Ablauf einer Kulthandlung. Alle aber sind nicht etwa für den wirklichen Gottesdienst bestimmt, doch zeigen

gerade die mimetischen Stücke ein verständnisvolles Einfühlungsvermögen in religiöse Stimmungen.
Das rechte Verhältnis zur Kunst des K. stellte sich erst ein, als durch viele Papyrusfunde unsere Kenntnis anderer Werke beträchtlich erweitert wurde, die erst in byzantinischer Zeit verlorengegangen sind, vor allem der Aitia, auf denen im Altertum sein Ruhm als Prototyps der Elegie und auch der Liebesdichtung im wesentlichen beruhte. Sie umfaßten vier Bücher und entsprachen doch dem Programm, insofern sie keine durchlaufende Handlung, sondern lauter Einzelgeschichten aus mythischer und historischer Zeit boten, aus denen der Ursprung von meist kultischen Gegebenheiten der Gegenwart hergeleitet wurde. Den Faden bildete, jedenfalls noch im zweiten Buche, ein Traumgespräch des Dichters mit den Musen, von denen er sich mit wohlfundierten Fragen Auskunft erteilen ließ. Der Prolog wendet sich gegen die als Telchinen gebrandmarkten Gegner (vgl. h. 2, 105 ff. u. a.); er fällt samt dem Epilog in die Spätzeit ebenso wie der als letztes Aition auftretende Plokamos (246/5), der die Verstirnung der im Pantheion von ↗Alexandreia verschwundenen Votivlocke der Königin Berenike (↗Ptolemäer II 4) höchst reizvoll gestaltet. Da dieses Stück, wie schon Catulls Übersetzung (c. 66) zeigt, auch gesondert umlief, könnte es mit Prolog und Epilog den Aitia nachträglich zugefügt sein, so daß Apollonios' Argonautika von einer früheren Ausgabe abhängig wären (Pfeiffer).
Das Vorbild des modernen ↗Epyllions schuf K., indem er das Stierabenteuer des Theseus so behandelte, daß die greise Hekale im Vordergrund stand, die den jungen Helden in ihrer Hütte gastlich aufnahm, aber bei seiner triumphalen Rückkehr schon auf dem Scheiterhaufen lag. Jetzt ist das Gespräch besser kenntlich, in dem sich Theseus als Bezwinger des Hekale verhaßten Kerkyon entpuppt, und die nächtliche Unterhaltung einer Krähe mit einem andern Vogel, die zu einer mythologischen Einlage Gelegenheit gab.
Aktuellen Inhalts waren die als Iamboi zusammengefaßten jambisch-trochäischen Einzelgedichte in jonischem oder auch dorischem Dialekt, die sehr verschiedene Themata behandelten, oft mit polemischer oder wenigstens paränetischer Wendung. Ovids Ibis kann uns einen Eindruck von dem freilich viel weniger umfänglichen Verwünschungsgedicht gegen Apollonios vermitteln. Von lyrischen Produkten ist uns vor allem das Trauerpoem auf

Arsinoe II. (↗Ptolemäer II 3) kenntlich, deren Apotheose in phantasievoller Weise geschildert ist; vermutlich ist auch Catulls Attis (c. 63) einem kallimacheischen Original nachgebildet. Unter den Einzelelegien ist nur das Epinikion auf Sosibios besser bekannt und neuerdings das Gedicht auf Berenikes nemeischen Sieg[1], während andere distichische Neufunde auch zu den Aitia gehört haben können[2].

Das Programm des K. macht sich im Sprachlichen wie im Sachlichen geltend, obwohl er selber es im wesentlichen nur von der formalen Seite her begründet hat. Das ganze Werk soll neu wirken gegenüber den Früheren und namentlich Homer. Zwar will K. nichts Unbezeugtes singen (fr. 612), aber er strebt stets nach dem Seltenen und Unverbrauchten, nach erlesenen Ausdrücken so gut wie abgelegenen Sagen, die er aus weitgespannter Lektüre und auch gelegentlicher Erkundigung kennenlernen konnte. So bereitet er immer neue Überraschungen: in der Wiederherstellung einzelner Verse wie ganzer Erzählungen sind unserer Divination enge Grenzen gesetzt. Gelehrsamkeit zeigt sich wieder im Sachlichen wie im Sprachlichen, aber sie wird souverän bewältigt, jedenfalls so, daß für das Gefühl der zeitgenössischen Bildungsschicht nicht störend wirkte. Der geringe Umfang erlaubt feinere Ausführung in Metrik und Sprache, begünstigt die Freude am Detail und Dämpfung des Tons und befreit von der Verpflichtung zu durchgehend gleichmäßiger Gestaltung. Es dominiert der Sinn für die Realitäten bis hin zu den unscheinbarsten und trockensten wie der Mäusefalle und den Maßen und Kosten der Zeusstatue von Olympia. K. weiß Stimmung zu erzeugen und, oft mit wenigen Strichen, anschauliche Bilder zu entwerfen. Götter und Helden nehmen sich in Nahsicht weniger erhaben als früher aus, besonders im Kindheitsstadium (↗Kind). Der Dichter versteht sich in die Situation seiner Personen hineinzuversetzen, aber er vermeidet es, sich tief in fremde Seelen zu versenken oder in die eigene blicken zu lassen; er kehrt immer wieder in die Distanz des Beobachters zurück, der mit Humor oder auch Ironie über den Dingen steht. So gibt es bei ihm kaum Pathos, aber doch in manchen Epigrammen und auch einigen sonstigen Partien Ethos. Politisch kommt es nicht auf Weckung von Areté an, sondern auf den Ausdruck der Ergebenheit gegenüber dem Herrscherhaus. Im ganzen ist es eine anspruchsvolle Kunst um ihretwillen, eine Feinblüte, die noch im griechischen Volkstum wurzelt, aber im fremden Lande nicht mehr ganz am Platze ist.

Wenn sich K. auch nicht ganz durchgesetzt hat[3], so übte er doch einen ungemeinen Einfluß auf die weitere griechische Dichtung jeder Richtung aus und so auch in Rom auf Ennius und Lucilius, ja er bestimmte das Programm der Neoteriker. Nachdem Vergil aber das große Epos mit der Aeneis sanktioniert hatte, konnten Vertreter kleinerer Formen sich nur noch persönlich für ungeeignet zu solch größerer Aufgabe erklären (*recusatio*). So löste sich die ↗Elegie prinzipiell vom Epos und erhob Philitas und K. als ihre Meister auf den Schild, vor allem durch Properz, der schließlich als *Callimachus Romanus* aitiologische und narrative Elegien dichtete, und durch Ovid, der als Pendant zum *carmen perpetuum* der Metamorphosen seine Fasti im Stile des K. komponierte. H. H.

Anm.: 1) fr. 383 Pf. Cl. Meillier, Cahiers rech. Inst. pap. Lille 4, 1976; P. J. Parsons, ZPE 25, 1977, 1 ff. u. a. – 2) Z. B. M. Gronewald, ZPE 15, 1974, 105 ff.; A. Henrichs, ebd. 16, 1975, 139 ff.; ferner Meillier, Rev. ét. gr. 89, 1976, 74 ff. u. a. – 3) K. Ziegler, Das hell. Epos[2], Leipzig 1966.

Ausg. von R. Pfeiffer, 2 Bde., Oxford 1949/53. – Auswahl mit Übersetzung von E. Howald–E. Staiger, Zürich 1955, und C. A. Trypanis, London–Cambridge Mass. 1968. – A. S. F. Gow–D. L. Page, The Greek Anthology, Hellenistic Epigrams, Cambridge 1965, I 57 ff., II 151 ff. – Kommentare zu Hymn. 1 von G. R. McLennan, Rom 1977, 2 von F. Williams, Oxford 1978, 3 von F. Bornmann, Florenz 1968, 4 von W. H. Mineur, Leiden 1984, 5 von A. W. Bulloch, Cambridge 1985, 6 von N. Hopkinson, Cambridge 1984. – Ausgabe der Hekale mit Kommentar von A. S. Hollis, Oxford 1990. – Lexikon von E. Fernández-Galiano, Madrid 1976–1980.

Literaturbericht: H. Herter, Burs. Jahresber. 255, 1937 I, 65 ff. – Kallimachos, Sammelband hrsg. von A. D. Skiadas, Darmstadt 1975. – Im allg. (seit Pfeiffer) A. Körte–P. Händel, Die hell. Dichtung, Stuttgart 1960. – A. Lesky, Geschichte der griech. Lit., Bern–München [3]1971, 787 ff. – T. B. L. Webster, Hellenistic Poetry and Art, London 1964. – G. Capovilla, Callimaco, Rom 1967. – W. Wimmel, K. in Rom, Wiesbaden 1960. – E. Eichgrün, K. und Apollonios Rhodios, Diss. Berlin 1961. – P. M. Fraser, Ptolemaic Alexandria, Oxford 1972. – H. Herter, Nachtragsartikel K., RE Suppl. XIII. – H. Reinsch-Werner, Callimachus Hesiodicus, Berlin 1976. – R. Blum, K. und die Literaturverzeichnung bei den Griechen, Frankfurt 1977. – Cl. Meillier, Callimaque et son temps, Lille 1979. – R. Pretagostini, Ricerche sulla poesia Alessandrina. Teocrito, Callimaco, Sotade, Rom 1984, 121–136. – J. Ferguson, Callimachus, Boston 1980. – E.-R. Schwinge, Künstlichkeit von Kunst, München 1986. – C. W. Müller, Erysichthon. Der Mythos als narrative Metapher im Demeterhymnos des Kallimachos, Stuttgart 1987 – G. O. Hutchinson, Hellenistic Poetry, Oxford 1988, 26–84. – L. Lehnus, Bibliografia Callimachea 1489–1988, Genua 1989. – E. Livrea, Studia Hellenistica, T. 1, Florenz 1991, 161-219.

Kanon.

A. Allgemeines.

Ein Kanon (κανών, aus dem Semitischen, ursprünglich

‚Rohr')[1] im hier zu behandelnden Sinne[2] ist eine verbindliche Auswahl mustergültiger Autoren. Mit dem Worte ‚Kanon' wird eine derartige ‚Klassiker'-Liste[3] erst seit David Ruhnken (1768) bezeichnet[4], doch war oder wurde die Sache drei Quintilian-Stellen zufolge bereits im Hell. bekannt. Dort heißt es nämlich einmal, ‚alte' (d. h. hell.) ‚Grammatiker' hätten ‚manche Autoren' – im Zusammenhang ist nur von Dichtern die Rede –, ‚zurückgestuft, andere vollends aus der Liste gestrichen'[5], sodann, Aristarch und Aristophanes (↗Philologie) hätten als ‚Richter über Dichter' – hier ist von Epikern die Rede – keine Autoren ‚ihrer Zeit' ‚in die Liste aufgenommen'[6], und schließlich, Aristarch habe ‚drei Iambographen' in die Liste ‚aufgenommen'[7]. Nimmt man Quintilian, wie Wilamowitz[8], nicht beim Worte, so ist die Sache erledigt; glaubt man ihm aber, wie Usener[9] und die meisten seit ihm[10], so ergibt sich, daß, nachdem ↗Kallimachos das Gesamtverzeichnis der Bestände der Bibliothek des Museion, die 120 Bücher umfassenden ‚Tafeln' (πίνακες; ↗Buchwesen II 2), vorgelegt hatte, spätere ↗Philologen, namentlich Aristophanes und Aristarch, aus den dort verzeichneten verschiedenen Gattungen zumindest der Dichtung die ihrer Meinung nach ‚besten' Autoren ‚ausgewählt' haben (ἐγκρίνειν)[11], wobei die ‚Ausgewählten' (οἱ ἐγκριθέντες)[12] offenbar nochmals Qualitätsabstufungen unterworfen wurden; Zweck dieser Auswahl wird es wohl gewesen sein, Forschern Arbeitsgebiete, Lehrern Unterrichtsstoff, Dichtern Vorbilder an die Hand zu geben. Die Kriterien solcher Auswahl sind nicht überliefert; „der Versuch, sie aus den späten Quellen wiederzugewinnen, ist ganz und gar vergebens"[13]. Auch die Rekonstruktion der hell. ‚Kanones' ist nur in Teilen möglich: Zwar stehen neben Listen einzelner Gattungs-‚Kanones' (Gesamt-)Listen zur Verfügung, v. a. (1) Dionys von Halikarnaß, Περὶ μιμήσεως (de imitatione), Bruchstücke von B. 2[14]; (2) Velleius Paterculus, Historia Romana 1, 16, 3–5; (3) Quintilian, Institutio oratoria 10, 1, 46–84; (4) Dion Chrysostomos, 18. Rede, 6–17; (5) die Chrestomathie des Proklos (bei Photios, cod. 239); (6) der sog. Laterculus Coislinianus; (7) Johannes (Isaak) Tzetzes' Einleitung zu Lykophrons Alexandra[15], aber: „In den späten [,] byzantinischen Listen macht die Verflechtung von [Gesamt-]Verzeichnissen und Auswahllisten eine Rekonstruktion fast unmöglich"[16]. Gleichwohl sei das Wahrscheinliche im folgenden dargestellt.

B. Die einzelnen Gattungen.

I. Dichtung.

1. Im Epos[17], wenn nicht in der Dichtung überhaupt, steht unstreitig Homer an der Spitze; Aristoteles folgend, erkennt auch Zenodot (↗Philologie) von den ihm zugeschriebenen epischen Gedichten nur Ilias und Odyssee als echt an[18]. Den zweiten Platz in dem auf Aristophanes und Aristarch zurückgehenden „Kanon'[19] nimmt Hesiod ein, die übrigen Peisandros/P(e)isander von Kamiros, Panyassis von Halikarnaß und Antimachos von Kolophon (↗Epos 2/3).

2. Ein „Kanon' der ELEGIKER[20] dürfte – wenn es ihn gegeben hat – Kallinos und Mimnermos enthalten haben.

3. Der „Kanon' der IAMBOGRAPHEN[21] geht auf Aristophanes[22] und Aristarch[23] zurück; er nennt an erster Stelle Archilochos, dann Semonides und Hipponax.

4. Der „Kanon' der LYRIKER[24] zählt, ohne chorische und monodische ↗Lyrik zu unterscheiden, neun Dichter auf[25]: auf dem ersten Platze Pindar, nach ihm Stesichoros, Simonides und Alkaios, schließlich Alkman, Sappho, Bakchylides, Ibykos und Anakreon[26]. Vorbild der Neunzahl der Lyriker war anscheinend die der Musen, wie denn die ↗Lyrikerin Korinna ebenso als zehnte zum – eigentlich geschlossenen – Kreise der neun Lyriker tritt[27] wie Sappho, die einzige ‚kanonische' Lyrikerin, als zehnte zum – ebenfalls geschlossenen – Kreise der neun Musen[28]; gewiß als Gegenstück entwirft Antipater von Thessalonike (spätes 1. Jh.) in einem ↗Epigramm[29] einen ‚Kanon' von neun Lyrikerinnen.

5. Der „Kanon' der TRAGIKER[30] reicht weit in klassische Zeit zurück: Aristophanes hat in seinen ‚Fröschen' (405) das Dreigestirn Aischylos, Sophokles, Euripides charakterisiert, Herakleides Pontikos (↗Akademie A III 1; ↗Peripatos) hat (um 350) ‚über die drei Tragiker' geschrieben[31], und der Staatsmann Lykurg hat (um 330) ein ‚Staats-Exemplar' der Tragödien der drei Großen anfertigen und in Athen hinterlegen lassen[32]. Eine Bemerkung des Aristophanes von Byzanz in seiner ‚Einführung' (ὑπόθεσις) zur Euripideischen Medea setzt die ‚Kanonizität' der Trias voraus[33]; später – oder als Tragiker ‚zweiten Ranges' – kommen Ion von Chios und Achaios von Eretria dazu.

6. Der ‚Kanon' der ALTEN KOMÖDIE[34] enthält stets die drei Namen Kratinos, Eupolis und Aristophanes[35]. Eratosthenes und Aristophanes von Byzanz rechnen Pherekrates dazu[36]; ganz spät dürfte die Erweiterung um Epicharm (!), Krates und den Komiker Platon sein.

7. Ein ‚Kanon' der MITTLEREN KOMÖDIE[37] ist im Hell. nicht nachzuweisen; später werden Antiphanes und Alexis genannt.

8. Im Falle der NEUEN KOMÖDIE[38] zeichnet sich, trotz ihrer zeitlichen Überschneidung mit dem Frühhell., eine ‚Kanon'-Bildung ab: An erster Stelle steht ↗Menander, ihm folgen Diphilos und Philemon; Apollodor und Philippides mögen erst später eingereiht worden sein.

II. PROSA.

Die alexandrinische ↗Philologie hatte sich zunächst mit dem dichterischen Erbe befaßt; erst „im Laufe der Zeit folgten Verzeichnisse der hervorragendsten Redner, Geschichtsschreiber und Philosophen, wenn auch nur die Listen der Redner denen der Dichter an Bedeutung gleichkamen"[39]; Philosophie und Historie waren in einem Maße selbständige Wissenschaften – die ↗Philosophie zudem von je eigenen Schultraditionen beherrscht –, daß sie sich einem Lektüre-Diktat der ↗Philologie ohnehin nicht hätten beugen können.

1. Der ‚Kanon' der REDNER[40], der traditionell die ‚Zehn Attischen Redner' Antiphon, Andokides, Lysias, Isokrates, Isaios, Lykurg, Demosthenes, Aischines, Hypereides und D(e)inarch[41] umfaßt, „verdankt zweifellos dem Attizismus seine Entstehung"[42]; Caecilius von Kale Akte (spätes 1. Jh.) soll ‚Über die Eigenart der Zehn Redner'[43] geschrieben haben. Doch läßt sich eine Gruppe der Besten unter ihnen, Demosthenes, Isokrates und Lysias, von denen auch noch später – je nach Stilideal des Beurteilers – jeweils einer die Spitzenstellung einnimmt[44], vielleicht in den Hell. zurückverfolgen. Anscheinend stand die Zehnzahl vor den Namen der Mitglieder fest: (Unvollständige) Listen[45] nennen auch Demetrios von Phaleron (↗Peripatos).

2. Der ‚Kanon' der HISTORIKER[46] beginnt stets mit dem ungleichen Paare Herodot und Thukydides; Xenophon, Philistos, Ephoros und Theopomp (↗Geschichtsschreibung B 1/2) gehören offenbar auf der ‚zweiten Stufe' dazu.

3. Der ‚Kanon' der Philosophen[47] beschränkt sich auf (unmittelbare und mittelbare) Sokratiker: Platon nimmt den höchsten Rang ein, Xenophon und Aristoteles schließen sich an.

C. Nachwirkung.

An der anderen großen hell. ‚Hof'-Bibliothek (➚Buchwesen II 2), der von ➚Pergamon (II), waren vermutlich die alexandrinischen ‚Kanones' übernommen, vielleicht auch eigene, von jenen kaum unterschiedene erstellt worden[48]. Bald schon strebten jedoch ‚moderne' Autoren nach ‚kanonischer', ‚klassischer' Geltung, und so wurden spätestens in augusteischer Zeit sieben bedeutende alexandrinische Tragiker der Zeit Ptolemaios' II. (➚Ptolemäer II 3) zu einer ‚Plejade' (Πλειάς) zusammengefaßt (➚Drama I 1)[49]. ‚Kanonisierung' im weiteren Sinne bedeutet auch die Aufnahme von ➚Epigrammen in sog. ‚Kränze', wie dies zuerst Meleager von Gadara (um 100) getan hat[50]. Die Zweite Sophistik bildete aus den eigenen Reihen einen neuen ‚Kanon' von ‚Zehn Rednern'[51]. Vollends aber übertrugen die Römer das Schema der ‚Kanones' auf ihre Literatur, oft in Gegenüberstellung zu den griechischen Listen[52], und nach ihrem Vorbild wurde der ‚Kanon'-Begriff auf die Rezeption der Literaturen des Mittelalters und der Neuzeit übertragen[53].   U.D.

1) H. Oppel, Κανών. Zur Bedeutungsgeschichte des Wortes und seiner lateinischen Entsprechungen (regula – norma), Leipzig 1937 (Philologus Suppl. 30, 4), 1–2. – 2) Zum ‚Kanon' der jüdischen Literatur: ➚Judentum C II 1; zum ‚Kanon' der Bildenden Kunst vgl. D. Schulz, Zum Kanon Polyklets, in: Hermes 83, 1955, 200–220. – 3) Zum lat. Begriff ‚classici' vgl. Pfeiffer (Lit.), 254. – 4) D. Ruhnken, Historia critica oratorum Atticorum, in: Rutili Lupi opera, 1768, XCIV-XCV: *Aristarchus et Aristophanes ... ex magna oratorum copia tanquam in canonem decem ... rettulerunt*. Der Nachweis wurde von Oppel (Anm. 1), 47 erbracht. – 5) Quint. inst. or. 1, 4, 3: *quo* [sc. iudicio] *[...] ita severe sunt usi veteres grammatici, ut [...] oratores alios in ordinem redegerint, alios omnino exemerint numero*. ‚numerus' meint also ‚Kanon', ‚ordo' ist wie von Cic. Acad. 2, 73 ‚classis' im Sinne von ‚Rang'/‚Klasse' gebraucht. Pfeiffer (Lit.), 137 tadelt diejenigen, welche ‚in ordinem redigere' als ‚in die richtige Reihenfolge bringen' verstehen, bietet dafür aber selbst, v. Wilamowitz-Moellendorff (Lit.), 65 folgend, die unzutreffende Übersetzung ‚in die Liste der Klassiker aufnehmen' an. – 6) Quint. 10, 1, 54: *Apollonius* [sc. Rhodius] *in ordinem a grammaticis datum non venit, quia Aristarchus atque Aristophanes, poetarum iudices, neminem sui temporis in numerum redegerunt*. Wieder gilt: ‚numerus' = ‚Kanon', ‚ordo' = ‚Klasse (innerhalb des Kanons)'. – 7) Quint. 10, 1, 59: *ex tribus receptis Aristarchi iudicio scriptoribus iamborum ad* ἕξιν *maxime pertinebit unus Archilochus*. – 8) v. Wilamowitz-Moellendorff (Lit.), 63–71. – 9) Usener (Lit.), 130–135; Quint. 10, 1, 59 (Anm. 7) von Radermacher (Lit.), Sp. 1874 nachgetragen. – 10) Vgl. Pfeiffer (Lit.), 251–256. 276. – 11) Phot. cod. 61. p. 20b25; Suda s.v. Πυθέας. – 12) Suda s.v. Δείναρχος. An allen

drei in Anm. 11 und hier zitierten Stellen ist vom Redner-‚Kanon' die Rede. –
13) Pfeiffer (Lit.), 256. – 14) Einschlägige Bruchstücke bei Usener (Lit.),
17–34. – 15) Text bei Usener (Lit.), 130–131. – 16) Pfeiffer (Lit.), 254; ähnlich schon Radermacher (Lit.), Sp. 1874 gegen Usener (Lit.), 110–142. –
17) Rekonstruktionsgrundlagen: Dion. Hal. p. 19 Us.; Quint. 10, 1, 46–57;
Dio Chr. 18, 8; Procl. ap. Phot. p. 319 a17–21; L. Coisl. p. 130 Us.; Tz. p. 1,
23 – 2, 2 Scheer. – 18) Pfeiffer (Lit.), 99–100. 149. – 19) S. o. mit Anm. 6. –
20) Rekonstruktionsgrundlagen: Procl. ap. Phot. p. 319 b11–14; L. Coisl.
p. 130 Us.; Tz. p. 3, 15–16 Scheer. – 21) Rekonstruktionsgrundlagen:
Quint. 10, 1, 59–60; Procl. ap. Phot. p. 319 b27–31; L. Coisl. p. 130 Us.; Tz.
p. 2, 18–19 Scheer. – 22) Cic. Att. 16, 11, 2. – 23) S. o. mit Anm. 7. –
24) Rekonstruktionsgrundlagen: Dion. Hal. p. 19–20 Us.; Quint. 10, 1,
61–64. – 25) So zuerst, mit allen Namen, das anonyme Epigramm Anth. Pal.
9, 184, „das" – so Pfeiffer (Lit.), 252 – „etwa ein Jahrhundert nach Aristophanes entstanden sein mag". Auch Hor. carm. 1, 1, 35 scheint den ‚Kanon'
vorauszusetzen. Sieben Lyriker (Namen verloren) kennt Hygin. fab. 222.
Eine Klassifizierung gab Didymos in seiner Schrift περὶ λυρικῶν ποιητῶν:
s. Pfeiffer (Lit.), 334. – 26) Wilamowitz (Lit.), 63–71 hielt diesen Katalog für
eine Bestandsaufnahme, nicht eine Auswahl. – 27) Pfeiffer (Lit.), 235. –
28) Anth. Pal. 9, 66 (Antipater von Sidon). 506 (Platon). 571 (anonym). –
29) Anth. Pal. 9, 26. – 30) Rekonstruktionsgrundlagen: Dion. Hal.
p. 20–22 Us.; Vell. 1, 16, 3; Quint. 10, 1, 66–68; Dio Chr. 18, 67; L. Coisl.
p. 130 Us.; Tz. p. 3, 6–8 Scheer. – Als ‚kanonischen' Satyrspieldichter bezeichnet Tzetzes p. 3, 11 Scheer Pratinas. – 31) Fr. 179 Wehrli; vgl. Pfeiffer
(Lit.), 251. – 32) Ps.-Plut. vit. dec. orat. 7. 841f; vgl. Pfeiffer (Lit.),
109–110. – 33) Pfeiffer (Lit.), 251–252. – 34) Rekonstruktionsgrundlagen:
Vell. 1, 16, 3; Quint. 10, 1, 65–66; L. Coisl. p. 130 Us.; Tz. p. 3, 8–10
Scheer. – 35) So schon Hor. serm. 1, 4, 1. Zu dieser Triade vor Aristophanes
von Byzanz s. Pfeiffer (Lit.), 200–201. – 36) Pfeiffer (Lit.), 254. – 37) Rekonstruktionsgrundlage: L. Coisl. p. 130 Us. – 38) Rekonstruktionsgrundlagen: Dion. Hal. p. 22 Us.; Vell. 1, 16, 3; Quint. 10, 1, 69–72; Dio Chr. 18,
67; L. Coisl. p. 130 Us.; Tz. p. 3, 10–11 Scheer. – 39) Pfeiffer (Lit.), 254. –
40) Rekonstruktionsgrundlagen: Dion. Hal. p. 27–29 Us.; Vell. 1, 16, 5;
Quint. 10, 1, 76–80; Dio Chr. 18, 11; L. Coisl. p. 130 Us. – 41) Vgl. Ps.-
Plut. vit. dec. orat. (= 832b–852e). – 42) F. Kühnert, Art. ↗Rhetorik. –
43) Suda s. v. Καικίλιος; περὶ τοῦ χαρακτῆρος τῶν δέκα ῥητόρων; von
Douglas (Lit.) bestritten. – 44) Bei Quint. 10, 1, 76 und Dio Chr. 18, 11
Demosthenes, bei Vell. 1, 16, 5 Isokrates, bei Dion. Hal. p. 27 Us. Lysias.
Zur einzigartigen Stellung des Demosthenes unter allen Prosaikern schlechthin vgl. auch Livius bei Quint. 10, 1, 39; Tac. dial. 12, 5; Procl. ap. Phot.
p. 319 a15–16. – 45) Quint. 10, 1, 76. 80. Ebd. 12, 10, 21–26 liegt aber wohl
eher ein Rückgriff auf Gesamtverzeichnisse attischer Redner als, wie H.
Gärtner, Art. ‚Kanon (1)', in: DKlP 3, 1975, Sp. 108–109 (mir) will, der
Zustand vor Erstellung des ‚Kanons' vor. – 46) Rekonstruktionsgrundlagen: Dion. Hal. p. 22–26 Us.; Quint. 10, 1, 73–75; Dio Chr. 18, 10; L.
Coisl. p. 130–131 Us.; dazu tritt Cic. Hort. p. 123 Us. – 47) Rekonstruktionsgrundlagen: Dion. Hal. p. 26–27 Us.; Vell. 1, 16, 4; Quint. 10, 1,
81–84; Dio Chr. 18, 13–17. – 48) Pfeiffer (Lit.), 295. – 49) Strab. 14, 5, 15. –
50) Vgl. das Einleitungsgedicht Anth. Pal. 4, 1; die dortige Aufzählung von
47 Epigrammatikern ist jedoch sicher Inhaltsverzeichnis und wahrscheinlich
Bestandsaufnahme, nicht aber ‚Kanonisierung' eben dieser Gruppierung. –
51) Vgl. W. Christ, Geschichte der griechischen Litteratur, München ²1890,
594 mit Belegen; vergleichbar war schon Antipater von Thessalonike (s. o.
mit Anm. 29) verfahren. – 52) Liv. (s. o. Anm. 44); Vell. 1, 17, 1–4; Quint.
10, 1, 85–131; Tac. dial. 12, 6. Schon Volcacius Sedigitus, fr. 1 Morel (spätes
2. Jh.), der eine Liste von zehn nach der ‚Qualität' ihrer Stücke angeordneten
römischen Komödiendichtern gibt, steht gewiß unter griech. Einfluß. –
53) Vgl. E. R. Curtius, Europäische Literatur und lateinisches Mittelalter,
Bern/München ¹⁰1984, 265–276.

Lit.: W. Studemund, Ein Verzeichniß der zehn attischen Redner, in: Hermes 2, 1867, 434–449. – G. Steffen, De canone qui dicitur Aristophanis et Aristarchi, Leipzig 1876. – J. Brzoska, De canone decem oratorum Atticorum quaestiones, Diss. Breslau 1883. – H. Usener, Dionysii Halicarnassensis librorum de imitatione reliquiae epistulaeque criticae duae, Bonn 1889. – O. Kroehnert, Canonesne poetarum scriptorum artificum per antiquitatem fuerunt?, Diss. Königsberg 1897. – U. v. Wilamowitz-Moellendorff, Die Textgeschichte der griechischen Lyriker, Berlin 1900 (AbhGött N.F. 4,3). – L. Radermacher, ‚Kanon', in: RE X 2, 1919, Sp. 1873–1878. – A. E. Douglas, Cicero, Quintilian, and the Canon of Ten Attic Orators, in: Mnemosyne IV 9, 1956, 30–40. – R. Pfeiffer, Geschichte der Klassischen Philologie. Von den Anfängen bis zum Ende des Hellenismus, München [2]1978.

Kappadokien. 1. Schwach hellenisierte Landschaft des kleinasiat. Hochlandes, mit trockenen Hochflächen, in tieferen Lagen leidlich fruchtbar. Strabon (12, 1) beschreibt K. als „vielteilig mit wechselvoller Geschichte"; in der Tat erstreckte sich der Name K. in Jahrhunderten auf sehr unterschiedliche polit. Einheiten. Gemeinsame (indogerman.) Sprache stellt Strabon für das Gebiet zwischen Taurus-Kamm (S) und Schwarzem Meer (N), Paphlagonien–Galatien (W) und Armenien (O) fest: etwa die pers. Satrapie Katpatuka, deren iran. Satrapendynastie sich auf Onophas-Otanes, einen der Gefährten des Dareios I., zurückführte (spätere Hoflegende). Alexander d. Gr. eroberte nur Süd-K.; der Otanide *Ariarathes (I.)* wurde 321 von Perdikkas (↗Alexander d. Gr. 6) und ↗Eumenes besiegt und hingerichtet (Diod. 31, 19; ebd. kurze Geschichte der Dynastie). 321–316 unter Eumenes, dann unter Antigonos I. Monophthalmos.

2. Nach Ipsos (301) wurde in Nord-K. (K. am ↗Pontos) ein selbständiges Reich gegründet; die Schicksale des Südteils („Groß-K." oder einfach K., den oberen Halyslauf einschließend) sind bis ca. 220 unsicher: Nach Diodor gründete hier schon vor 301 ARIARATHES II., Neffe des Ar. I., ein eigenes Reich; in Wahrheit allenfalls kleiner Dynast oder eher Satrap des Lysimachos v. Thrakien und dann des Seleukos I., zu dessen Reich „Kappadokia Seleukis" gehörte[1]. Ariarathes' Sieg über den General Amyntas (Diod.) gehört wohl schon in die Phase der Emanzipation vom ↗Seleukidenreich (um 260?). Sein Sohn ARI(AR)AMNES baute diese Position durch Eheverbindung seines Sohnes ARIARATHES (III.) mit Antiochos' II. Tochter Stratonike aus. Diod. 31, 19, 9 zählt 7 Könige K.s mit 160 Jahren, vermutlich die Familienmitglieder von Ariaramnes bis Ariarathes VIII. (96); das würde auf ca. 255 als Beginn der Souveränität und wohl als Datum

des Ehevertrages führen. Ariaramnes soll seinen Sohn zum Mitkönig erhoben (Diod.) und noch ca. 228 regiert haben (Justin. 27, 3, 7); andererseits war Ariarathes „der erste, der König der Kappadoker genannt wurde" (Strabon 12, 1, 2 p. 534). Kompromiß-Lösungen (z.B.: Ariaramnes ca. 255–ca. 225; Ariarathes III. Alleinherrscher mit Königstitel ca. 225–220) überzeugen wenig.

3. Ariarathes III., der den Seleukiden Kataonien und Melitene abgewann (Mitgift?), hinterließ ca. 220 K. seinem unmündigen Sohn ARIARATHES IV. Eusebes (ca. 220–163), der vor 190 Antiochis, Tochter des Antiochos III. heiratete. Um römischer Strafe für Unterstützung des Antiochos zu entgehen, verlobte er 188 seine Tochter Stratonike mit Eumenes II. v. ↗Pergamon (4), der sich für ihn verwendete. Antiochis soll 2 Knaben, Ariarathes und Orophernes, als Söhne untergeschoben haben, bevor sie Mithradates gebar, der unter dem Thronnamen ARIARATHES V. Eusebes Philopator (ca. 163–50) den Thron bestieg. Dieser hochgebildete Schüler des Karneades, Bürger Athens, förderte die Rezeption der hell. Kultur und schloß sich ganz den Römern an. Deshalb lehnte er die angebotene Eheschließung mit einer Schwester des Seleukiden Demetrios I. ab; von diesem und Oropheres verjagt (160–59), erwirkte er um 157/6 (?) beim Senat seine Rückführung durch Attalos II. zunächst in einen Teil, bald ins ganze Reich. Einen Krieg (zus. mit Attalos) gegen Priene um Herausgabe des dort deponierten Orophernes-Schatzes (ca. 155/4; Polyb. 33, 6, vgl. RC 63) mußte er auf Befehl Roms abbrechen. 130 fiel er als Bündner Roms im Aristonikos-Krieg (↗Pergamon I 7).

4. Zum Dank erhielt sein Erbe Lykaonien aus der pergam. Erbschaft: ARIARATHES VI. Epiphanes Philopator (130–ca. 111), während dessen Unmündigkeit seine herrschsüchtige Mutter Nysa die Regentschaft führte. Wirren gaben Mithradates V. von ↗Pontos (7; † ca. 120) Anlaß, K. zeitweilig zu besetzen; dann versuchte er seinen Einfluß durch Heirat seiner Tochter Laodike mit Ariarathes VI. zu befestigen. Diesen ermordete der Kappadoker Gordios ca. 111 (?), angebl. auf Geheiß des Mithradates VI. d. Gr. (Justin. 38,1). Laodike, Regentin für ihr Söhnchen ARIARATHES VII. Philometor (ca. 111–ca. 100), heiratete Nikomedes III. v. Bithynien, den Konkurrenten ihres Bruders Mithradates VI. (ca. 102?); Mithradates vertrieb das Paar aus K., ermordete Ariarathes VII., als dieser die Rückkehr des Gordios verweigerte, und setzte seinen eigenen 8jähr. Sohn als Ariarathes (IX.[2]) Eusebes Philopator, angeblichen Sohn des Ariarathes V., ein (reg. ca. 100/99–ca. 88/86?), unter der Vormundschaft des Gordios. Ein kapp. Adelsaufstand zugunsten eines 2. Sohnes des Ariar. VI., ARIARATHES VIII., scheiterte (ca. 96); mit seinem Tod im Exil endete die Dynastie.

5. Einen Streit zwischen dem pontischen und einem bithyn. Prätendenten entschied der Senat mit der Freiheitserklärung für K., gab aber auf Wunsch der Bevölkerung den Thron einem kapp. Adligen mit dem Traditionsnamen ARIOBARZANES I. Philorhomaios (ca. 85–63/2)[5]. Dieser wurde mehrmals durch Tigranes I. v. ↗Armenien, Mithradates VI. v. Pontos und romfeindl. Adelskreise vertrieben (93–92, 91–90, 89–85; Nichträumung von Teilen K.s gab Anlaß zum 2. Mithrad. Krieg 83; s. 74 im 3. Mithrad. Krieg), aber jeweils von den Römern zurückgeführt, endgültig 66 von Pompeius, der ihm Sophene-Gordyene (östl. des Euphrat) und die fruchtbare Region von Kybistra (Lykaonien) schenkte. 63/2 dankte er ab zugunsten seines Sohnes ARIOBARZANES II. Philopator (verh. mit Athenais Philostorgos, Tochter Mithradates'?), der ca. 54 (?) v. inneren Gegnern (Romfeinden?) ermordet wurde. Sein Sohn ARIOBARZANES III. Eusebes Philorhomaios (ca. 54–42) wurde von Cicero (Statth. in Cilicia) gegen innere Feinde (u. a. die Regentin Athenais und Archelaos, den Priesterfürsten von Komana) gestützt; trotz Hilfe für seinen Gläubiger Pompeius verzieh ihm Caesar und schenkte ihm W-Kleinarmenien (47). Cassius, dem er Hilfe verweigerte, ließ ihn wegen angeblicher Verschwörung töten (42). Ihm folgte sein Bruder ARIARATHES IX. (X[2]) Eusebes Philadelphos (42–36).

6. Gegen ihn erhob M. Antonius den Archelaos Sisines, verschaffte ihm aber erst 36 durch Beseitigung des Ariarathes den Thron: ARCHELAOS Philopatris (36–17 n. Chr.) war Urenkel des gleichnam. Feldherrn des Mithradates d. Gr.; Enkel des Archelaos, der, von Pompeius zum Priesterfürsten von Komana erhoben (63), sich als Sohn Mithradates' d. Gr. ausgab und 56/5 als Gatte der Berenike IV. König des ↗Ptolemäerreichs (II 12) war; Sohn des Gegners des Ariobarzanes III. (s. o.) und der Hetäre Glaphyra, die ihm Antonius' Gunst verschaffte. Nach Actium (31) zu Octavian übergetreten, erhielt er 20

von ihm Teile ↗Kilikiens und Armeniens. Seine Tochter Glaphyra war mit Alexander, Sohn von Herodes und Mariamme[4], dann mit Juba II. v. Mauretanien (↗Numidien) verheiratet. Archelaos' Ehe mit Pythodoris, Königin-Witwe von ↗Pontos (10; um 8 n. Chr.), führte nicht zur dauernden Wiedervereinigung der beiden Teile K.s: Tiberius, den Archelaos im rhod. Exil brüskiert hatte, rief ihn nach Rom, wo er als Angeklagter 17 n. Chr. starb. K. wurde als (zunächst prokuratorische) Provinz dem Reich angeschlossen, die zu große Machtkonzentration beendet. Nachkommen des Archelaos regierten im 1. Jh. n. Chr. u. a. in Judaea und Armenien.

7. Nach Strabons Beschreibung K.s (12, 1–2) war K. unter den Königen in 10 (11 seit 66) Strategien, wohl entsprechend den ehem. seleukid. Merides, eingeteilt. Inschriftl. ist ein Archidioiketes (Finanzminister) bezeugt. Die Urbanisierung war 17 n. Chr. noch wenig fortgeschritten; doch dürften außer den von Strabon genannten Poleis Mazaka-Eusebeia (Residenz, von Archelaos Kaisareia genannt), Tyana und Kybistra weitere Orte wie Ariaratheia, Ariaramneia, Garsaura, Komana-Hieropolis griech. Stadtrechte (freilich durch kgl. Kommissare eng begrenzte) gehabt haben. Eine bes. Machtposition und den höchsten Rang nach dem König nahm stets der Priesterfürst der Ma von Komana ein, der im 3. und 2. Jh. meist der kgl. Dynastie angehörte. Auch mit weiteren geistl. und weltl. Großgrundbesitzern hatten die Könige zu rechnen. Strabon (12, 2, 11 p. 540) betont, daß das erste röm. Foedus mit König und Ethnos von K. geschlossen worden sei.   H.H.S.

Anm.: 1) Appian, Syr. 55, 281; dazu Brodersen, Abriß 123ff. – 2) Zählung nach Sullivan (s.u.) – 3) Strabon 12, 2, 11; Justin. 38, 2. – 4) Jos. BJ 1, 446; 552f.: Eintreten des Archelaos für Alexander.

Lit.: B. Niese, RE II 1 1895, 813; 815–21; 833–5. – W. Ruge, RE X 2, 1919, 1910–7. – Magie, RRAM 200–14; 491–4. – Beloch, IV[2] 2, 217f.; 354–60. – W. Hoben, Unters. zur Stellung kleinasiat. Dynasten in den Machtkämpfen der ausgeh. röm Rep., Diss. Mainz 1969, 139–94. – Jones, CERP[2] 174–81. – Bengtson, Strategie II[2] 251–5. – R. D. Sullivan, The Dynasty of Cappadocia, ANRW II 2, 2, 1980, 1125–68; ders., Near Eastern Royalty 51–8; 174–85 (Lit.; Stammtafel 4). – P. Panitschek, Riv. stor. dell' antichità 17/18, 1987/88, 73–95 (genealog. Konstruktionen). – H. Müller, Chiron 21, 1991, 323ff. (zu Stratonike, s. o. 3). – ↗Münzprägung (B 7); R.-Alföldi, 284.

Karien.

1. Gebirgige Landschaft in SW-Kleinasien; Grenzen: im N gegen ↗Lydien der Nordrand des Mäandertals, im O etwa das Salbakos-Gebirge, im SO gegen ↗Lykien zwischen Kaunos und Telmessos. Wichtigste Städte an und nahe der Küste: Iasos, Bargylia, Myndos, Halikarnass, Halbinsel Knidos, Kaunos, Kalynda; im Innern: Seleukeia-Tralleis, Nysa, Amyzon, Alabanda, Alinda, Euromos, Mylasa mit Heiligtum Labraunda, Stratonikeia, Tabai; für die Städte im NW (Milet, Herakleia/Latmos, Priene, Magnesia/Mäander) ↗Ionien. Das Küstengebiet einigermaßen fruchtbar, das Landesinnere wirtschaftlich wenig ergiebig. Die griechischen oder hellenisierten Küstenstädte der pers. Satrapie K. gehörten im 5. Jh. zum Attischen Seebund; von dort allmähliches Vordringen griechischer Kultur ins Innere, verstärkt erst seit dem 4./3. Jh.

2. 377–353 steht K. unter Herrschaft des ↗Dynasten Maussolos[1] aus Mylasa, der als „Satrap", tatsächlich fast selbständiger Vasall des Perserkönigs, seine Macht bis S-Lydien, W-Lykien und über die vorgelagerten Inseln (bes. ↗Rhodos, Kos) ausdehnte und zahlreiche Mitglieder des 2. Att. Seebundes zum Abfall von ↗Athen (I 1) brachte. Seine Monarchie, die Verwaltungsstruktur seines „Reichs", die Erweiterung von Halikarnass zur Großstadt (3,5 km^2) durch ↗Synoikismos, die großartige Förderung von Literatur und Kunst (bes. Baukunst: Planung des Maussoleums, unter Artemisia vollendet) lassen ihn als frühes Beispiel hellenistischen Herrschertums erscheinen. Nach seinem Tod herrschte seine Schwestergemahlin Artemisia (353–51); ihr folgten die jüngeren, ebenfalls miteinander vermählten Geschwister Idrieus (353–44) und Ada (344–40). Ada wurde vom jüngsten Bruder Pixodaros verdrängt, dem sein Schwiegersohn, der Perser Orotopates als Satrap folgte; Ada behauptete sich in Alinda und wurde 334/3 von Alexander d. Gr. mit der gesamten Satrapie belehnt.

3. Nach Adas Tod (326?) wurden Makedonen als Satrapen eingesetzt, u. a. in den Reichsteilungen von 323 und 320 (↗Alexander d. Gr. 6) Asandros, unter dem sich der makedon. Offizier Eupolemos offenbar eine eigene, halbunabhängige Position als ↗Dynast mit eigener Münzprägung schuf[2]; Zentrum seines Machtgebiets war wohl Mylasa wie später bei Olympichos (s. u. 4), wie überhaupt häufiger mit dem Entstehen solcher lokaler oder regionaler Herrschaften aus Militärkommanden im zerklüfteten Bergland K. gerechnet werden muß[3]. 313 wurde Asandros von Antigonos (I.; ↗Antigoniden 1)

unter der Parole der „Freiheit der Griechenstädte" mediatisiert und schließlich verjagt.

4. Nach Ipsos (301) behauptete sich Demetrios I. (↗Antigoniden 2) in Küstenstädten; Herakleia am Latmos mit seinem Hinterland (bis Tralleis, Hyllarima und Sinyri) fiel an Kassanders Bruder Pleistarchos (wohl erst 299/8 als Ersatz für ↗Kilikien), um 295 (?) an Lysimachos (↗Thrakien) und 281 ans ↗Seleukidenreich (bei dem Ost-K. um Tabai und das Salbakos-Gebirge mit kurzer Unterbrechung bis 188 verblieb); doch kamen zahlreiche Küstenstädte wie Halikarnass, Myndos, Knidos, Kaunos, im Landesinneren Amyzon, Lagina und Mylasa in der Folge, spätestens während des 3. Syrischen Kriegs (246–41), unter Herrschaft oder Einfluß der ↗Ptolemäer (II 4), wobei manchenorts mit mehrfachem Machtwechsel gerechnet werden muß. Festigung der ↗Seleukiden (III 2)-Macht unter Antiochos II., dem mehrere Städtegründungen (u. a. die Neugründung Alabandas als 'Αντιόχεια τῶν Χρυσαορέων) zugeschrieben werden können. Der Bruderkrieg im Seleukidenreich (III 3) förderte den ptolem. Einfluß in K.; die Neugründung Stratonikeia schenkten die Seleukiden (wohl um 240/37) an ↗Rhodos, das damit sein (in den Anfängen ins 5. Jh. zurückgehendes) südkarisches Festlandsgebiet (Peraia) wiederherstellen und erheblich erweitern konnte. Gegen 240 (?) ist um Mylasa und Alinda ein ↗Stratege des Seleukos II. namens Olympichos gut bezeugt; Seleukos zwingt ihn, königliche Autonomie- und Besitz-Verleihungen an Mylasa zu vollziehen[3]. 229/8 besiegt Attalos I. von ↗Pergamon (I 3) den Antiochos Hierax u. a. auch in K.; die K.-Expedition des Antigonos III. Doson (228/7; ↗Makedonien III 3) mag u. a. vom Wunsch motiviert worden sein, eine allzu große Expansion der Pergamenern nach S zu bremsen. Wie im ganzen 3. Jh. sind auch jetzt die Machtverhältnisse im einzelnen nur durch zufällige, meist inschriftliche Zeugnisse punktuell erkennbar; so ist auch nicht deutlich, ob zwischen 228/7 und 220/19, als Philipp V. von ↗Makedonien (III 4) in den Querelen zwischen Mylasa und Labraunda eine erneute Anweisung an Olympichos (der jetzt als halbselbständiger ↗Dynast erscheint) ergehen läßt[4], Makedonien militärisch oder auch nur politisch im Zentrum von West-K. präsent war, ebenso, ob Achaios (↗Seleukiden III 4; IV) Terrain gutmachen konnte. Ansätze einer ersten Westexpansion des

Antiochos III. (↗Seleukiden IV) um 204/3 in ↗Ionien (Teos) und K. (Amyzon, wo der Übergang von der ptolem. zur seleukid. Herrschaft an zahlreichen Inschriften[5] gut beobachtet werden kann; wohl auch Mylasa-Labraunda[6]) werden zugunsten der Expansion in Syrien (ab 201) und der Interessen Philipps V. abgebrochen, der 201 Teile K.s mit Iasos und Bargylia und der rhodischen Peraia erobert; makedon. Truppen bleiben noch bis nach Kynoskephalai dort und werden von Rhodos, dann von Antiochos III. vertrieben (Herbst 197), als dieser die Küsten Kleinasiens von Kilikien bis zum Hellespont erobert. Rhodos schützt Kaunos, Knidos, Halikarnass und Myndos vor seinem Zugriff und bemüht sich in diesen Jahren, eine eigene Hegemonie in K. und S-Ionien aufzubauen (Vermittlung des Friedens zwischen Milet/Herakleia und Magnesia/Priene 196 [?], ↗Ionien 6; vermutlich damals auch Bündnisse mit einigen Städten). Der größte Teil K.s ist seleukidisch bis zum Krieg zwischen Antiochos und Rom. Iasos ehrt das Königspaar überschwenglich, u. a. wegen einer Stiftung der Königin, aus der Mitgiften für arme Bürgerstöchter der (198) erdbebengeschädigten Stadt finanziert werden sollen[7]. 190 erobert eine röm. Flotte Iasos, 189 Cn. Manlius Vulso Teile K.s.

5. Im Frieden von Apameia (188) wird K. südlich des Mäander, z. T. gegen erhebliche Proteste[8] der Städte, den Rhodiern zugewiesen; einige Städte, die schon bisher frei gewesen oder rechtzeitig übergetreten waren, blieben nominell frei – u. a. wohl Knidos, Halikarnass, Myndos, Mylasa, Alabanda –, aber im rhodischen Hegemonialgebiet, das sich auch über die süd-ionischen Städte erstreckte. Im Gegensatz zum gleichzeitig annektierten ↗Lykien trug K. anscheinend die rhod. Herrschaft widerstandslos; aber 167, als ↗Rhodos bei Rom in Ungnade fiel, erhoben sich Kaunos und Stratonikeia mit Beistand aus Mylasa, Alabanda und Kibyra. Rom erklärte K. und Lykien (unter Einschluß der schon vor 188 rhodischen Städte Kaunos und Stratonikeia) für frei, reduzierte also den rhod. Besitz auf die alte Peraia. Kalynda wechselte 163 von kaunischer auf die rhodische Seite zurück, später auch für einige Zeit Keramos.

6. In der Folge nur spärliche Nachrichten. Falls K., wie oft angenommen, schon 129 der neuen römischen Provinz Asia einverleibt wurde, mögen etliche Städte freigeblieben sein[10]; vielleicht damals vereinigten sich Plarasa

und Aphrodisias in Sympolitie (↗Bürgerrecht B 9) und schlossen mit Tabai und Kibyra ein Bündnis auf der Grundlage gemeinsamer Loyalität gegenüber Rom[11]. Mithradates VI. von ↗Pontos (8) wurde 88 in großen Teilen K.s freudig empfangen als σωτὴρ τῆς Ἀσίας und Νέος Διόνυσος; der Widerstand einiger Binnenstädte wie Tabai und Stratonikeia wurde mit Härte gebrochen; für ihre Treue erhielten diese Städte 81/80 vom Senat Privilegien[9], während andererseits Kaunos, das 88 besonders grausam gegen die Italiker vorging, 81 den Rhodiern zugewiesen wurde. 40–39 Invasion des Q. Labienus Parthicus mit einem Partherheer; große Teile K.s überrannt; Brandschatzung von Alabanda und Mylasa, die nach Kapitulation ihre parth. Besatzung umbrachten; Stratonikeia und das Heiligtum Panamara konnten standhalten. Um 40 schenkte M. Antonius den Rhodiern Myndos, das sie wohl schon 30 unter Octavian, zusammen mit Kaunos, wieder verloren.

H.H.S.

Anm.: 1) S. Hornblower, Mausolus, Oxford 1982. – 2) StV III 429; Mastrocinque 19–24. – 3) Vgl. das Bündnis des Ptolemaios (I.) mit drei Söldnerführern in Iasos, Inschr. v. Iasos Nr. 2 (vor 305). – 4) Labraunda III 1, Nr. 1–3; 9. Von Mastrocinque 132 f. erst 229 ff. datiert. – 5) Labraunda III 1, Nr. 4–7. – 6) Labraunda III 2, Nr. 46. – 7) z. B. Alabanda: M. Holleaux, REG 11, 1898, 258 ff.; Apollonia am Salbakos: Robert, La Carie II 303 ff., Nr. 167. – 8) Inschr. v. Iasos Nr. 4–5. – 9) Sherk, Roman Docum. from the Greek East Nr. 17–18. – 10) Diskussion: Reynolds S. 2 f. – 11) Reynolds Nr. 1.

Lit.: D. Magie, Roman Rule in Asia Minor, 2 Bde., Princeton 1950 (Index s. v.). – P. M. Fraser – G. E. Bean, The Rhodian Peraea and Islands, Oxford 1954. – H. H. Schmitt, Rom und Rhodos (Münchener Beiträge zur Papyrusfschg. u. ant. Rechtsgesch. H. 40, 1957); Unters. zur Gesch. Antiochos' des Großen (Historia Einzelschr. H. 6), 1964. – A. Laumonier, Les cultes indigènes en Carie, Paris 1958. – A. Mastrocinque, La Caria e la Ionia meridionale in epoca ellenistica (323–188 a.C.) (Problemi e ricerche di storia antica 6) Rom 1979 (Lit.); vgl. F. Piejko, Gnomon 52, 1980, 255–61. – C. Marek, in: Alte Gesch. und Wissenschaftsgesch., FS K. Christ, Darmstadt 1988, 285–308 (mithridat. Krieg). – Inschriften: (J. und) L. Robert, Le sanctuaire de Sinuri près de Mylasa I, Paris 1945; La Carie II. Le plateau de Tabai et ses environs, Paris 1954; Fouilles d'Amyzon en Carie I, Paris 1983. – J. Crampa, Labraunda III 1–2, Lund 1969 – Stockholm 1972. – M. Ç. Şahin, Inschr. v. Stratonikeia (IK 21–22,2), Bonn 1981–90. – J. Reynolds, Aphrodisias and Rome, London 1982. – W. Blümel, Inschr. von Iasos (IK 28) Bonn 1985; ders., Inschr. v. Mylasa (IK 34–35), Bonn 1987/88. – F. B. Poljakov, Inschr. v. Tralleis und Nysa (IK 36, 1), Bonn 1989.

Karthago, Karthager in hell. Zeit. K., der Vorposten des Ostens im Westen, öffnete sich auf vielen Gebieten dem Einfluß des Hell.

1. Im ↗Militärwesen übernahmen die K. sowohl die neuen und verbesserten Waffengattungen als auch die Strategien und Taktiken der führenden hell. Staaten. So setzten sie z. B. seit 262 die typisch hell. Waffe der Kriegselefanten ein (Polyb. 1, 18, 8; 19, 2. 10f.; Diod. 23, 8, 1; Oros. 4, 7, 5f.; Zonar. 8, 10) und bedienten sich schon seit dem Krieg mit Agathokles (↗Sizilien) hell. Militärberater, wie 310 eines Ἕλλην τακτικός (Polyain. 6, 41, 1) und 255 des Xanthippos (Polyb. 1, 32–35; Cic. off. 3, 99; Diod. 23, 14–16; Zonar. 8, 13).

2. Auf *handelspolitischem* Gebiet läßt sich dagegen eine Beeinflussung K.s durch Grundsätze und Praktiken eines hell. Staates – etwa des wirtschafts- und handelspolitisch führenden Ägypten – nicht feststellen. K. wurde – anders als etwa Syrakus – nie ein Staatshandelsland nach dem Muster des östl. Nachbarn. Dies war schon aufgrund der Gesellschaftsstruktur, die weder von radikalen Demokraten noch von monarchisch gesinnten Politikern in ihrer Substanz geändert werden konnte, nicht möglich. Dagegen dürften die privaten Kontakte, die durch Geschäftsbeziehungen zustande kamen[1], der Verbreitung verschiedener hell. Ideen förderlich gewesen sein.

3. *Verfassung und Verwaltung.* Möglicherweise ist der Versuch Bomilkars, i.J. 308 eine „Tyrannis" zu errichten (Diod. 20, 10–12; 43,1–44,6; Iust. 22, 7,7–11), von den staatsrechtl. Vorstellungen der hell. Herrscher angeregt worden; Bomilkar könnte geglaubt haben, das oligarch. Regime sei nicht mehr in der Lage, die Stadt zu retten, nur eine unumschränkt herrschende Persönlichkeit könne den Erfordernissen der Zeit genügen. – Daß die Barkiden in Spanien zumindest teilweise Münzen geprägt haben, die ihr Porträt trugen, die sie in der Pose des Herakles-Mlqrt zeigten und sie sogar diadembekränzt darstellten, ist, entgegen manchen Einwänden, ziemlich sicher[2]; fraglich ist eher, was diese Prägungen zum Ausdruck bringen sollten: sicher nicht die Absicht der Barkiden, in Spanien ein von K. unabhängiges Königtum zu errichten; eher schon den Anspruch, von den Iberern, Keltiberern und Iberopuniern als faktisch höchste polit. Instanz respektiert zu werden. Daß dieser Anspruch in hell. Formensprache erhoben worden ist, spricht einerseits für die Ausstrahlungskraft der Idee des hell. Königtums, andererseits für die Bereitschaft zumindest mancher Barkiden, sich der Welt des Hell. zu öffnen. – Ob die Neuordnung des Finanzwesens, die Hannibal als Sufet durchgeführt hat (Nep. Hann. 7, 4f.; Liv. 33, 46,1–47,2), auf hell. Vorbilder zurückzuführen oder nur mit der Not der Situation

zu erklären ist, muß offenbleiben. Zur „karth. Strategie" ↗Strategie (2 d).

4 a). Am deutlichsten faßbar wird der hell. Einfluß auf *kulturellem* Gebiet. Natürlich verstand man zumindest in der aristokrat. Schicht griechisch (Plaut. Poen. 1034?). Und sollten i. J. 368 (?) die Senatoren tatsächlich beschlossen haben, ne quis postea Karthaginiensis aut litteris Graecis aut sermoni studeret (Iust. 20, 5, 13 – die Sache ist zweifelhaft), so war diesem Beschluß keine nachhaltige Wirkung beschieden. Der Agrarschriftsteller Magon verstand griechisch und zog wahrscheinlich griech. Literatur heran (Plin. nat. 21, 68, 110f.; vgl. Varro rust. 1, 1, 10; Colum. 6, 26, 2). Der große Hannibal war ebenfalls des Griechischen mächtig (Nep. Hann. 13, 2 f.; Cic. de orat. 2, 75; Cass. Dio 13 fr. 54, 3; anders Lukian. dial. mort. 12, 2). Hinzu kommt, daß es seit dem 4. Jh. eine nicht unbedeutende griech. Kolonie in K. gegeben hat[3]. Daß in den bedeutenden Bibliotheken K.s (Plin. nat. 18, 5, 22) nicht nur punische, sondern auch griech. Bände gestanden sind, ist mehr als wahrscheinlich; ja vielleicht geht die Institution dieser Bibliotheken selbst auf hell. (alexandrinische?) Vorbilder zurück. – Inwieweit die punische historiograph. Literatur[4] Anregungen der hell. Geschichtsschreibung aufgenommen hat, wissen wir nicht. Ja wir wissen nicht einmal, welche Literaturgattungen in K. gepflegt worden sind; bekannt ist nur, daß es eine agronomische, eine historiographische und eine periegetische Literatur gegeben hat.

4 b). Ebenso mangelhaft sind wir über die hell. Einflüsse auf dem Gebiet der *Kunst*, bes. dem der sakralen Architektur, unterrichtet: die Römer haben i. J. 146 ganze Arbeit geleistet! Aus den auf karth. Stelen dargestellten cellae lassen sich allerdings Rückschlüsse auf die Formen kleinerer sakraler Bauten ziehen; zumindest in diesem Bereich – vermutlich auch in anderen – haben die K. hell. Stilelemente verwendet. Besser sind wir über die Plastik und die Gravurkunst unterrichtet; hier ist ohne Zweifel eine nicht unbeträchtliche Anzahl von Werken von hell. Formempfinden geprägt worden.

4 c). Daß auch griech. und hell. *Philosophie* in K. Eingang gefunden hat, läßt sich aus dem Beispiel der in K. lehrenden Pythagoreer Miltiades, Anthes, Hodios und Leokritos (Iambl. vita Pyth. 27, 128; 36, 267) und bes. des Karthagers Hasdrubal-Kleitomachos, eines Scholarchen der Neuen Akademie (A III 4), ersehen. Hasdrubal-Kleitomachos hat übrigens seine Verbundenheit mit K. in Athen keineswegs verleugnet; dies geht aus dem Paramythetikos hervor, den er nach der Zerstörung der Stadt an seine Mitbürger gerichtet hat (Cic. Tusc. 3, 54).

5. *Religion.* Aus dem Eindringen hellenischer bzw. hell. Symbole in die relig. Formensprache K.s – z. B.: Weintraube, Efeublatt, Kantharos, cista mystica(?) – sollte man nicht zu rasch auf inhaltl. Beeinflussung der karth. Religion durch hellen.-hell. Kulte schließen. Oft scheinen solche Symbole nicht übernommen worden zu sein, um auf tragende Ideen eines griech. Kultes – etwa des Dionysos – hinzuweisen; vielmehr konnte man mit Hilfe dieser Symbole aufgrund einer *interpretatio Punica* Wesenszüge alter phoinikischer Kulte – in diesem Fall des Kults des Šdrp' – ausdrücken. Allerdings waren mit der partiellen Verwendung einer griech.-hell. Formensprache – jedoch nicht allein deswegen – Ansatzpunkte für eine Hellenisierung der karth. Religion gegeben; wie stark derartige Tendenzen waren, ist indessen schwer zu durchschauen. Der Demeter-Kult, dem anscheinend viele K. anhingen, spielt hier nur eine sekundäre Rolle, da er schon in vorhell. Zeit und überdies in einer Notlage, nicht aufgrund einer generell geöffneten Haltung gegenüber griech. Kulten eingeführt wurde (Diod. 14, 77, 5). Aufs Ganze gesehen scheinen hell. religiöse Ideen in K. nur einen begrenzten Kreis beeindruckt zu haben; die breite Masse hielt unbeirrt am alten Glauben fest, der allerdings mit spätägypt.-magischen Vorstellungen durchsetzt war.

Sicherlich ist K. – soweit überhaupt – in erster Linie über die griech. und punischen Städte Siziliens für den Hell. gewonnen worden. Doch sind andere Wege keineswegs auszuschließen; eine nicht unbedeutende Mittlerrolle scheint auch ↗Alexandreia gespielt zu haben. W. H.

Anm.: 1) Syria 54, 1977, 268 (?); Is. 23,1.6.10.14 (LXX); Ez. 27,12.25; 38,13 (LXX); Plaut.Poen. 955–8; 1047–54; SB III 7169?; Liv. 33,48,3; 34,61,13. – 2) E. S. G. Robinson, Punic Coins of Spain and their Bearing on the Roman Republican Series, in: Essays in Roman Coinage pres. to H. Mattingly, Oxford 1956, 34–53; vgl. die Abb. etwa bei J. M. C. Toynbee, Roman Historical Portraits, London 1978, 97–9. – 3) CIS I 1, 191; Lapeyre, CRAI 1935, 84[1]; G. Picard, BCTH 1951–1952, ersch. 1954, 190f.; Polyb. 7, 2, 3f.; Diod. 14, 77, 5; Liv. 24, 6, 2; Paus. 5, 17, 4; außerdem F. L. Benz, Personal Names in the Phoenician and Punic Inscriptions (Studia Pohl 8), Rom 1972, 193–5. Hier ist auch an die griechischen Söldner und deren Angehörige zu erinnern, die nicht alle nach dem Abschluß der jeweiligen Kriege in ihre Heimat zurückgekehrt sein werden – so vermutlich ein Teil der Leute des Ophellas (vgl. Diod. 20, 69, 3). – 4) Ps.-Aristot. de mirab. auscult. 134, 844a; Serv. in Aen. 1, 343; 738;

Sol. 32, 2; Amm. 22, 15, 8; außerdem Timaios v. Tauromenion FGrHist 566 F 82; App. Lib. 1, 1.

Lit.: O. Meltzer–U. Kahrstedt, Geschichte der Karthager, 3 Bde., Berlin 1879–1913. – S. Gsell, Histoire ancienne de l'Afrique du Nord, Paris I², 1914; II, 1918; III, 1918; IV², 1929. – H. von Arnim, RE XI 1, 1921, 656–9 s.v. Kleitomachos 1. – Magdeleine Hours-Miedan, Les représentations figurées sur les stèles de Carthage, Cahiers de Byrsa 1, 1951, 15–60. – G. Charles-Picard, Les religions de l'Afrique antique, Paris 1954. – Colette Picard–G. Charles-Picard, So lebten die Karthager zur Zeit Hannibals, übs. v. S. Cles-Reden, Stuttgart 1959. – A. Lézine, Architecture punique, Paris o. J. – Ders., Resistance à l'hellénisme de l'architecture religieuse de Carthage, CT 7, 1959, 247–61. – G.K. Jenkins–R. B. Lewis, Carthaginian Gold and Electrum Coins, London 1963. – G. Ch.-Picard, Le problème du portrait d'Hannibal, Karthago 12, 1963/64, 29–41. – Ders., Le portrait d'Hannibal: Hypothèse nouvelle, in: Studi Annibalici, hrsg. v. Accademia Etrusca di Cortona, Cortona 1964, 195–207. – S. Luria, Zum Problem der griechisch-karthagischen Beziehungen, AAntHung 12, 1964, 53–75. – Colette G. Picard, Sacra Punica. Étude sur les masques et rasoirs de Carthage, Karthago 13, 1965/66, ersch. 1967. – Dies., Thèmes hellénistiques sur les stèles de Carthage, AntAfr 1, 1967, 9–30. – G. Hafner, Das Bildnis des Massinissa, AA 1970, 412–21. – Colette und O. Picard, Le voeu d'Adrestos Protarchou, Karthago 16, 1971/72, ersch. 1973, 33–9. – G. Hafner, Das Bildnis Hannibals, Madrid. Mitt. 14, 1973, 143–50. – I. Hahn, Die Hellenisierung Karthagos und die punisch-griechischen Beziehungen im 4. Jh. v. u. Z., bei E. C. Welskopf (Hrsg.), Hellenische Poleis II, Berlin 1974, 841–54. – J. Debergh, Image grecque, interprétation carthaginoise, Revista de la Universidad Complutense 25, 101, 1976, 91–112; 25, 104, 1976, 201–4. – Colette Picard, Les représentations de sacrifice molk..., Karthago 17, 1973/74, ersch. 1976, 67–138 (und Tafeln VI–XII); 18, 1975/76, ersch. 1978, 5–116 (und Tafeln XIII–XXIV). – J. Jahn, Karthago und westliches Nordafrika, Chiron 7, 1977, 411–85 (Münzprägung). – W. Huß, Die Beziehungen zwischen Karthago und Ägypten in hellenistischer Zeit, AncSoc 10, 1979, 11–37. – Colette Picard, Les représentations du cycle dionysiaque à Carthage dans l'art classique et du premier hellénisme dans le monde phénicien d'Occident, AntAfr 14, 1979, 83–113. – Dies., Les sources de l'iconographie hellénistique à Carthage, in: Atti del I Congresso Internazionale di Studi Fenici e Punici III, Roma 1983, 725–9. – Anna Maria Bisi, Les influences de l'art classique et du premier hellénisme dans le monde phénicien d'Occident, in: Πρακτικά του XII Διεθνούς Συνεδρίου Κλασικής Αρχαιολογίας I, Athina 1985, 41–7 (und Tafeln 8–10). – W. Huß, Geschichte der Karthager (HdAW III 8), München 1985. – G. Picard, Hannibal hegemon hellénistique, RSA 13/14, 1983/84, ersch. 1985, 75–81. – C. Wagner G[onzalez], Crit. Remarks Concerning a Supposed Hellenization of Carthage. Rev. Ét. Phénic. et Puniques... 2, 1986, 357–75.

Kassandros, ältester Sohn des Antipatros; *ca. 355, †298/7; König von Makedonien seit 305. Am *Alexanderzug* (trotz Diodor 17, 17, 4) wohl nicht beteiligt, trat K. erstmals 324/3 als Botschafter seines beschuldigten Vaters auf, wurde aber von Alexander so ungnädig empfangen, daß ein Gerücht K. die Vergiftung des Königs unterstellte – die antike Tradition ist auch weiterhin nicht K.-freundlich.

Bei der Satrapieverteilung (↗Alexander 6) wohl nicht berücksichtigt¹, wurde K. 320 in *Triparadeisos* vom Vater dem ↗ANTIGONOS I. untergeordnet, mit dem er sich bald überwarf, aber 319 (als statt K. ↗POLYPERCHON Nachfolger des Antipatros wurde) eine Koalition einging, an der sich auch ↗Ptolemaios I. beteiligte. Nach militär. Erfolgen K.s in Griechenland (317 eroberte er ↗Athen und setzte seinen Freund Demetrios von Phaleron ein) stellte sich das Königspaar auf seine Seite (Weiteres bis zu deren und Olympias' Tod ↗Alexander 6). Mit der Bestattung des Königspaars, der Sicherstellung von Alexander IV. und Roxane, der (erfolglosen) Werbung um die Alexanderschwester Kleopatra und der Hochzeit mit Thessalonike, einer Halbschwester Alexanders, suchte er seine Herrschaft in Makedonien zu sichern, wo er 316 Kassandreia[2] und die nach seiner Gattin benannte Stadt gründete. 315 veranlaßte er den Wiederaufbau Thebens (↗Böotien) und unterwarf viele Gebiete Griechenlands, bis nur noch ↗Ätolien unbesiegt und ↗Korinth in der Hand des Sohnes von Polyperchon, Alexander, waren, der schließlich zu K. überlief.

Obwohl Antigonos I. K. 314 zum Reichsfeind und K.s Griechenstädte für frei erklärte (↗Alexander 6), kämpften für K. die Akarnanen erfolgreich gegen die mit Antigonos verbündeten Ätoler; K. gelang es, das makedon. Reich bis an die Adria auszudehnen. Er verlor aber seit 313 viele Teile Griechenlands (nur Sikyon und Korinth blieben ihm durch ↗Polyperchon und Athen durch Demetrios von Phaleron), so daß er sich im *Diadochenfrieden* von 311 (StV III 428) auf die ↗Strategie von Europa bis zu Alexanders IV. Volljährigkeit beschränken mußte (Weiteres ↗Alexander 6). Nach der Ermordung des Thronfolgers nahm K. 305 oder 304 den Königstitel an[3]. Im τετραετὴς πόλεμος (307–4?) gegen seinen Schwager Demetrios Poliorketes blieb K. erfolglos (er verlor u. a. Athen) und gewann als Mitglied der Koalition gegen Antigonos erst nach dessen Tod in der Schlacht von Ipsos 301 Makedonien und Griechenland. 298 gelang es ihm nicht, Agathokles (↗Sizilien) aus Kerkyra zu vetreiben; kurz darauf starb K. Seine drei Söhne konnten die Herrschaft in Makedonien nicht aufrechterhalten[4]. K. B.

Anm.: 1) Die Tradition nennt irrtümlich K. statt Asandros. – 2) Zum Gründerkult für K. dort vgl. Habicht, Gottmenschentum nr. 14. – 3) Nicht aber das Diadem: H. W. Ritter, Diadem und Königsherrschaft, Vestigia 7, München 1965, 85. – 4) Von einer δυναστεία Ἀντιπατρίδων (so der Titel des Buches von E. I. Mikrogiannakis, Athen 1972) zu sprechen ist also nicht sinnvoll.

Lit.: Berve, Alexanderreich nr. 414. – F. Stähelin, RE X 2, 1919, 2293–313. – H. Volkmann, DKlP 3, 1969, 145–8. – M. Fortina, Cassandro re di Macedonia, Turin 1965. – W. L. Adams, Cassander, Macedonia and the Policy of Coalition, 323–301 B. C., Diss. Virginia 1975.

Kelten.
I. Balkanraum. Die schon im 6./5. Jh. von griech. Historikern (Hekataios, Herodot) als „K." bezeichneten Stämme mit eigenständiger Kultur[1] – ursprüngl. zw. Seine, Moldau und Alpenrand ansässig – wanderten seit ca. 400 – wohl infolge innerer Auseinandersetzungen – nach Oberitalien und zur Adriaküste, nach Ungarn und Dalmatien ein; um 350 Überlagerung der illyr. Japoden südöstl. von Istrien. 335 nahmen K.-Stämme „am adriat. Meer" Kontakt mit Alexander d. Gr. auf (anekdotisch beschrieben bei Arr. 1, 5). 324 fanden sich auch kelt. Gesandte in Babylon ein (Arr. 7, 15; Diod. 17, 113, 2). Ob kelt. Druck die illyr. Autariaten zum Eindringen nach Paionien zwang (vgl. die Version bei Just. 15, 2, 1) ist ebenso unklar wie der Zeitpunkt eines Einfalls des K.-fürsten Kambaules nach Thrakien (Paus. 10, 19, 5); Kassander soll am Haimos mit K.-Stämmen gekämpft haben.

Die Schwäche der ↗makedon. Zentralregierung und Beutelust veranlaßten kelt. Stämme zum Zug gegen Süden (280) gegen die Triballer und Thraker, nach Makedonien und Illyrien: ↗Ptolemaios Keraunos fiel im Abwehrkampf. ↗Ätol. und phokische Kontingente brachten jedoch bei Delphi die nach Mittelgriechenland eingedrungenen K. unter Brennos und Akichorios 279 zum Stehen[2], durch einen Sieg bei Lysimacheia 277 bannte Antigonos II. Gonatas die K.-Gefahr für Griechenland. Überreste des kelt. Heeres bildeten das Reich von Tylis (s. u. II und ↗Thrakien); ein großer Teil wechselte über den Hellespont und wurde in das spät. Galatien (s. u. III) abgedrängt; einzelne kelt. Scharen gelangten sogar bis an die Küste des Schwarzen Meeres (Grabfunde am oberen Dnjestr und bei Kiew). Aus den Überlebenden der Schlacht bei Delphi soll sich der mächtige *Skordisker*-Stamm am Zusammenfluß von Donau und Save gebildet haben (Just. 32, 3), der im 3. Jh. in das Gebiet der Autariaten und Triballer vordrang. In den gegen Rom gerichteten Plänen Philipps V. v. ↗Makedonien (III 4) 179 sind die Skordisker als Bündnispartner einbezogen; auf sie gestützt plante der Makedone die Vernichtung der Dardaner (↗Illyrien) und einen Zug der Bastarner nach Italien; Philipps Tod vereitelte diesen Plan. Auch Perseus stand in Kontakt mit den Donau-K. (Polyb. 25, 6). Wahrsch. Einfälle der Skordisker gegen das röm. Illyrien führten seit 156 zu dauernden Kämpfen mit Rom bei wechselseitigen

Erfolgen (u. a. 114; 112; 109; 88 und später, s. Flor. 1, 39;
Plünderung von Delphi nach App. Illyr. 5). Um 15 endgültig von Tiberius unterworfen, später in der Provinz Pannonien.
Religion, Kultur und Militärwesen dürften sich bei den Balkan-K. von den Gebräuchen ihrer Stammesgenossen in Gallien kaum unterschieden haben; nur die Galater (s. u. III) stehen unter deutlichem hell. Einfluß. Schilderung der Kampfesweise bei Paus. 10, 19, 9–11 z. J. 279; die als „barbarisch", grausam und tollkühn geltenden K. dienten als Söldner in vielen hell. Heeren. Den Gebrauch des griech. Alphabets belegt erst Tac. Germ. 3 (s. freilich die Kommentare). In der Münzprägung orientierten sich die K. an den Goldstateren bzw. Tetradrachmen Philipps II. (die auch in Mittel- und N.-Gallien imitiert werden), daneben sind unter den Ost-K. Nachprägungen von Alexander-Stateren erhalten.

II. Das K.-Reich von Tylis. Mit Resten des bei Delphi 279 geschlagenen Keltenheeres gründete Komontorios das Reich von Tylis (oder Tyle) in Thrakien, dem Byzanz tributpflichtig wurde; um den Tribut zu finanzieren, erhob Byzanz Durchgangszölle, daher 220 Krieg mit Rhodos und Prusias I. v. Bithynien (s. StV III 514). Kurz darauf bestimmte Kauaros, Komontorios' Nachfolger, Prusias zu einem für diesen ungünstigen Frieden (Gründe unbekannt, s. StV III 516). Kauaros' königl. Charakter, den der Schmeichler Sostratos aus Chalkedon verdorben habe, rühmt Polyb. 8, 24. I. J. 212 erlag das Reich einem thrak. Angriff.

III. Galatien, Galater. Den Namen Galatien („K."-Land) erhielt der von kelt. Stämmen nach 278/7 besiedelte öde Teil des nördl. Groß-↗Phrygien (auch Gallograecia) zw. mittlerem Sangarios und Halys, es grenzte an Bithynien und Paphlagonien (N), Pontos (O), Kappadokien und Lykaonien (S) und Phrygien (W); Städte u. a. Gordion, Ankyra und Pessinus (mit Kybeleheiligtum).

1. Nach der Schlacht bei Delphi 279 schlossen sich Reste des Brennos-Heeres in SO-Thrakien plündernden K.-Scharen unter Leonnorios und Lutarios an. 278/7 durch Nikomedes I. v. ↗Bithynien gegen Zipoites und zum Schutz der Städte Byzanz und Herakleia Pontike in Sold genommen (StV III 469), setzten Leonnorios und Lutarios mit ca. 10000 Bewaffneten (insges. 20000 Menschen) über den Hellespont. Nach Zipoites' Vernichtung Plünderung der kleinasiat. Küstenstädte (Überlieferung lükkenhaft, z. T. legendär), die sich teilw. durch Tribut freikauften. Nach dem 1. Syr. Krieg (274–271) versuchte Antiochos I., Kleinasien zurückzuerobern: wohl 269/8[3] glänzender Sieg über die G. in der sog. Elefantenschlacht (Annahme des Soter-Titels); seitdem planmäßige Abdrängung und Ansiedlung der G. im spät. Galatien; die damals schon in die 3 Stämme der Tolistoagier (Tolistobogier, um Pessinus und Gordion), Tektosagen (um Ankyra) und Trokmer (am rechten Halysufer um Tavium) gegliederten G. bildeten die Herrenschicht über der überwiegend phryg. und kappadok. Bevölkerung.

2. Die G. blieben ein ständiger Unruheherd: Antiochos II. mußte Keltensteuer (τὰ Γαλατικά) für Tributzahlungen erheben. Als gesuchte Bundesgenossen oder Söldner waren G. an den dynast. Kämpfen zw. 250 und 240 im ↗Seleukidenreich, in Bithynien und Pontos beteiligt: G.-Kontingente verschafften Antiochos Hierax 238 (?) den Sieg über Seleukos II. bei Ankyra. Erst der Aufstieg ↗Pergamons schuf ein Gegengewicht: Attalos I. verweigerte den Tribut und nahm nach Sieg am Kaikos bei Pergamon den Königstitel an (ca. 230?[4]); später Siegesdenkmal mit Galliergruppe in Pergamon[5]. Freilich wollte auch Attalos auf galat. Hilfstruppen nicht verzichten: Durch Anwerbung der galat. Aigosagen aus Thrakien versuchte er, nach dem Abfall des Achaios 218 (↗Seleukiden VII) die ihm durch die seleuk. Reconquista 223 entrissenen kleinasiat. Gebiete zurückzuerobern; eine durch Mondfinsternis abgebrochene Meuterei am Makestos zwang ihn nach Anfangserfolgen zur Umkehr: um Abfall zu Achaios zu verhindern, siedelte er diese K. am Hellespont an, die Prusias I. v. Bithynien bei Abydos (?) ca. 216 vernichtete. Wegen Strebens nach Küstenzugang (u. a. Kämpfe mit Herakleia Pontike nach 200) blieb G. eine ständige Gefahr für die Sicherheit Kleinasiens.

3. Die Beteiligung von 5500 G. in der Schlacht bei Magnesia 190 bot Rom (s. a. Syll.[3] 591) Anlaß, im Zuge der Neuordnung Kleinasiens auch das G.-Problem zu lösen: 189 zerstörte Cn. Manlius Vulso, unterstützt u. a. von pergam. Hilfstruppen und den Priestern von Pessinus

(Polyb. 21, 37, 4–7), die Bergfestung der Tolistoagier am galat. Olymp (angebl. 40000 Gefangene), die der Trokmer und Tektosagen am Megaba (15 km östl. von Ankyra); eine Episode über Chiomara, die Gattin des Tolistoagierfürsten Ortiagon, bei Polyb. 21, 38. Vulso führte reiche Beute nach Rom, Siegesjubel in Kleinasien (Polyb. 21, 43; Bericht des Hannibal über den Feldzug an die Rhodier, Nep. Hann. 13, 2)[6]. 188 Friede am Hellespont diktiert: Verbot für die G., ihre Wohnsitze zu Raub und Krieg zu verlassen (Liv. 38, 40, 2). 183 brachte Eumenes II. v. ↗Pergamon G., das – unter Ortiagon geeint – mit Prusias I. gegen Pergamon verbündet war (nach 188), unter seine Kontrolle und vermochte es trotz Abfalls einiger Stammesfürsten auch gegen Pharnakes I. v. ↗Pontos zu halten, der 179 Ansprüche auf G. aufgab; 182/1 Feier für Athene Nikephoros; seit 180 Zeusaltar mit Gigantomachie errichtet (bis 159). Die unfreundliche Haltung Roms gegen Eumenes nach 168 wohl Anlaß zum – 167 niedergeschlagenen –Aufstand[7] unter Solovettius; u. a. Annahme des Soter-Titels durch Eumenes; jedoch 166 Autonomieerklärung Roms unter der Bedingung, G. nicht zu verlassen. Eumenes' Versuch, durch Unterstützung des Oberpriesters Attis von Pessinus (kelt. Herkunft) Einfluß über G. zu erhalten (Geheimkorrespondenz von 163, RC 55–57[8], veröffentlicht 1. Jh.), durch seinen Bruder und Nachfolger Attalos II. 156 aus Furcht vor Rom abgebrochen (RC 61). Annexionsversuche durch ↗Pontos, dem 129 Groß↗Phrygien übergeben und 120 wieder abgesprochen wurde, erst unter Mithradates VI. erfolgreich: 88 forderte er 60 Angehörige des Tetrarchen-Adels (s. u.) als Geiseln; 86 ließ er den Adel massakrieren, um Abfall zu verhindern; nur 3 Tetrarchen entkamen; daraufhin Vertreibung des pont. Statthalters. Im Frieden von Dardanos 85 verzichtete Mithradates auf G.

4. Unter dem 86 entkommenen Tetrarchen Deiotaros kämpften galat. Kontingente für Lucullus und Pompeius: nach dessen polit. Neuordnung G.s (63; s. u.) riß Deiotaros – zunächst Tetrarch, 59 König der Tolistoagier – 59 Klein-↗Armenien an sich (vom Senat 52 bestätigt), verschaffte sich nach dem Tod seines Schwiegersohns Brogitaros (52 ?) dessen Trokmer-Tetrarchie und schickte u.a. Cicero nach röm. Vorbild bewaffnete Hilfstruppen. Die Parteinahme für Pompeius 49 wurde ihm zwar verziehen,

dennoch entzog ihm Caesar trotz Hilfe bei Zela 47 die Trokmertetrarchie (an Mithradates v. Pergamon, ↗Bosporanisches Reich) und Kleinarmenien (↗Kappadokien). Durch eigene Verwandte eines Mordanschlages auf Caesar verdächtigt wurde Deiotaros von Cicero (pro rege D.) 45 verteidigt. Nach Caesars Tod besetzte Deiotaros die Trokmertetrarchie, abgesichert durch ein von Antonius erkauftes gefälschtes Caesar-Edikt, und nach Ermordung des Tektosagentetrarchen Kastor (I.) Tarkondarios (ebenf. Schwiegersohn) auch dessen Würde. Bei Philippi auf Seiten der Triumvirn (42). Nach Deiotaros' Tod 40 wurde sein Enkel Kastor (II., 40–36) zum Nachfolger ernannt und mit einem Teil Paphlagoniens belehnt, der 36 an seinen Sohn Deiotaros Philadelphos fiel. 36 wurde Deiotaros' ehem. Kanzleichef Amyntas (seit 39 Kg. v. Pisidien) Kastors Nachfolger in G. und erhielt von Antonius noch Teile Lykaoniens und Pamphyliens. 31 schlug sich Amyntas auf Octavians Seite, dafür Erwerb des Rauhen Kilikien. Nach Amyntas' Tod 25 Umwandlung G.s in röm. Provinz.

5. Zunächst lebten die 3 galat. Stämme auf dem offenen Land; erst im 2. Jh. siedelten sie sich in den altphryg. Städten, so in Pessinus, an; nach dem Aufgebot der Tektosagen am Megaba Bevölkerungszahl auf 360 000 – 400 000 geschätzt. *Staatl. Organisation:* Noch 189 Stammeskönigtum nachweisbar, adlige Oberschicht (reguli) siedelte an befestigten Plätzen; Entstehung der Gliederung der 3 Stämme in jeweils 4 Tetrarchien mit je einem Tetrarchen (aus den Adelsfamilien, die 86 großenteils beseitigt wurden), Richter, Stratophylax (Zeugmeister) und 2 Hypostratophylakes wohl im Laufe des 2. Jh.s. Ein Rat von 300 aller Stämme (Blutgerichtsbarkeit) tagte im Drynemeton. Die Neuordnung durch Pompeius 63 schuf 3 Tetrarchien (jetzt = Stammesfürstentümer) unter Königen. Raubgier und Kampfesmut machten G. zu gesuchten Söldnern, z. B. 274 im Heer des Pyrrhos; Kampfesweise nackt, keine Belagerungstechnik. In der Kaiserzeit bildete sich ein galat. Koinon u. a. zur Pflege des Kaiserkultes; der paulinische G.-Brief (54/5 n. Chr.) belegt frühe christl. Gemeindebildung. Trotz starker Gräzisierung (v. a. Namen) ist der kelt. Dialekt noch im 4. Jh. n. Chr. bezeugt. J.D.G.

Anm: 1) Zum „Herkunftsproblem" L. Pauli, in: Die Kelten in Mitteleuropa (s.u.) 16–24. – 2) Zur legendären Überlieferung M. Segre, Historia 1, 4,

1927, 18–42. – 3) Chronologie bleibt unsicher, s. M. Wörrle, Chiron 5, 1975, 59–72 (Lit.). – 4) Andere Chronologie bei Will, Hist. Pol. I² 296 f. – 5) Dazu A. Schober, Röm. Mitt. 51, 1936, 104 ff. – 6) Zur Behandlung des Vulso-Zuges in der röm. Annalistik s. M. Kandlbinder, Die hist. Bedeutung des Cn. Manlius Vulso..., masch. Diss. München 1956. – 7) Einzelheiten Magie, RRAM 766 f. – 8) B. Virgilio, Il ,Tempio Stato' di Pessinunte fra Pergamon e Roma nel II – I secolo A. C., Pisa 1980. –

Lit.: F. Stähelin, Gesch. der kleinasiat. G., Leipzig² 1907. – L. Bürchner – C. G. Brandis, RE VII 1, 1910, 519–59 s. v. G. – R. Werner, in: W. Barloewen, Abriß der Gesch. antik. Randkulturen, München 1961, 95–103. – H. Volkmann, DKlP II 1967, 660–70 s. v. G. (Lit.). – W. Hoben, Unters. zur Stellung kleinasiat. Dynasten in den Machtkämpfen der ausgehenden röm. Republik, Diss. Mainz 1969, 54–138. – F. Papazoglu, The Central Balkan Tribes..., Amsterdam 1978. – Die K. in Mitteleuropa. Salzburger Landesausstellung 15.-30. 9. 1980 im Keltenmuseum Hallein/Österr., darin auch Abh. zur Gesch. und Numismatik. – Tübinger Atlas d. Vorderen Orients, Karte B V 6, Wiesbaden 1981. – R. D. Sullivan, 48–51; 163–74 (Lit.; Stammtafel 3). – K. Strobel, Die G. im hell. Kleinasien: Hist. Aspekte einer hell. Staatenbildung. In: J. Seibert (Hrsg.), Hell. Studien H. Bengtson (Münchener Arbeiten zur Alten Gesch. 5) 1991, 101–34. – Sprache: Neumann – Untermann, 176–8. – Kunst: P. Duval, Die K., Univ. d. Kunst, München 1978. – Münzprägung: R.-Alföldi, 295–301.

Kepos. Die Schule Epikurs. Sie erhielt ihren Namen nach dem Garten (κῆπος) des Hauses in Athen, das Epikur für sich und seine Schule ausgewählt hatte. Dieser Rückzug in fast ländlich-bäuerliche Stille spiegelt die Auffassung, der Weise werde das Landleben lieben (Fr. 570 Us.). Überhaupt stellt der Gegensatz Stadt – Land einen typisch hell. Aspekt dar. Die Natur, die dem an ein Leben in der Gemeinschaft gebundenen Menschen ursprünglich als Feind erscheint, wird nun zum Zufluchtsort für denjenigen, der sich gegen die Umwelt abschließt und in sich selbst die notwendige Verteidigung gegen das Leben sucht.

A. DIE LEHRE. Die epikureische Philosophie ist durch ihr Interesse am Menschen als Individuum und durch das Übergewicht der Ethik über die Physik und die Logik gekennzeichnet. Ohne die Physik gelingt es jedoch nicht, jenes von Epikur entworfene ethische Ziel zu erreichen. Auf diese Weise ergibt sich eine neue φυσιολογία, die nur scheinbar mit der ionischen und selbst der demokriteischen Physik, der sie in vielen Punkten entspricht, verbunden ist.

I. ERKENNTNISLEHRE. Epikur ist der Auffassung, daß „die Wissenschaft von der Natur stolze und selbstgenügsame Menschen hervorbringt, die auf ihre eigenen Gaben vertrauen und nicht auf solche, die von Äußerem abhängen" (Gnom. Vat. 45). So sind zum Verständnis der Physik auch die Grundlagen der Kanonik nötig, der Lehre von Kanones oder grundlegenden logischen Prinzipien, die in einem eigenen Werk, dem ‚Kanon', dargelegt werden. Sie handelt vom κριτήριον, dem Kriterium der Wahrheit, und der ἀρχή, dem grundlegenden logischen Prinzip. Das Grundkriterium sind die Wahrnehmungen, zu denen sich die Vorstellungen (προλήψεις) und die ersten Affekte (πάθη) gesellen. Die Wahrnehmung geht jedem Denken voraus, ist frei von jeder Art von Erinnerung und ist deshalb immer wahr, so wie alles Wahrnehmbare immer wahr und formal existent ist. Somit ist das Kriterium der Wahrheit schon das Kriterium der Wirklichkeit. „Zu sagen, etwas ist wahr oder wirklich, bedeutet keinen Unterschied", da „das wahr ist, was in dem Zustand ist, in dem man von ihm sagt, daß es ist" (Fr. 244). „Widersetzt man sich allen Wahrnehmungen, so wird man keinen Bezugspunkt haben, um Wahrnehmungen zu beurteilen, die sich als falsch erweisen" (Rat. Sent. 23). *Eine* Wahrnehmung zu verwerfen, heißt, *alle* und damit auch das Kriterium der Wahrheit zu verwerfen (Rat. Sent. 24). Die verstandesmäßigen Begriffe gehen direkt aus den Wahrnehmungen hervor, wobei teilweise Vernunftschlüsse beteiligt sind (Diog. Laert. 10, 32). Sie werden Wirklichkeit, indem sie die Gestalt von Namen annehmen, deren Identifikation ein ‚Vorausbegreifen' der zukünftigen Wahrnehmungen ist. Diese Vorstellungen sind eine uns innewohnende Form verstandesmäßiger Erkenntnis oder richtiger Meinung oder allgemeinen Begriffes, d. h. Erinnerung an das, was mehrmals von außen auf uns eingewirkt hat (Diog. Laert. 10, 33). Nur die Erinnerung errichtet eine Reihe von Beziehungen zwischen den Wahrnehmungen und ist damit das Medium, durch welches das Denken entsteht. Die Vorstellungen als *notitia veri falsique* erweisen sich als augenblicklich evident, über sie hinaus gibt es keine Nachforschungen oder Zweifel, keine Überzeugungen oder Widerlegungen (Fr. 225). Die Vorstellungen umfassen auch die Meinungen, d. h. Vermutungen in Erwartung einer Bestätigung. Somit sind Meinungen dann richtig, wenn sie bestätigt oder nicht widerlegt werden – andernfalls sind sie falsch. Fehler stellen sich ausschließlich dann ein, wenn zu dem, was einer Bestätigung harrt, Vermutungen hinzugefügt werden, also aus einem psychischen Antrieb heraus, welcher der wahrnehmenden Aufmerksamkeit des Geistes verbunden ist (ein letztes Kriterium zur Beurteilung, welches auf die

Erfassung der Evidenz gerichtet zu sein scheint), sich aber dennoch von ihr unterscheidet. Diese Fehler können wir dann vermeiden, wenn wir die angedeutete Unterscheidung machen, die Neigung zu Vermutungen zurückweisen (Diog. Laert. 10, 50f.) und uns auf die Kriterien der Wahrheit stützen. Aufgrund der Evidenz unterscheidet Epikur beim Gegenstand der Erkenntnis zwei fundamental verschiedene Kategorien, je nachdem ob er in den Bereich der Sinne fällt oder nicht. Die Evidenz ist „Fundament und Basis" für den Prozeß, der die erste Kategorie betrifft (Fr. 247). Bei der zweiten Kategorie gibt die Wahrnehmung dann, wenn das Objekt wahrnehmbar, jedoch weit entfernt ist, lediglich Zeichen oder Hinweise für die Beurteilung. Durch sie läßt sich die zu erwartende Ursache (es können auch mehrere sein) bestimmen, bei der kein Widerspruch zu dem besteht, was von der Erscheinung bekannt ist (Pyth. 86f.). Ist aber der Gegenstand nicht wahrnehmbar (z. B. die Atome), so bleibt als einzige Lösung jene, die auf der Garantie (πίστις) beruht, die aus den bekannten Phänomenen durch logisches Schließen gewonnen ist. In der Erkenntnistheorie ist der Name der Dinge insofern grundlegend, als er die Enthüllung ihrer atomaren Wirklichkeit ist („Bei jedem Namen ist seine ursprüngliche Bedeutung durch Evidenzcharakter gekennzeichnet"), so daß er als Vorstellung ein Urteilskriterium wird. Folglich ist für Epikur das Problem des Ursprungs der Sprache bedeutsam: die Ausdrucksweise der Urmenschheit entstand auf natürliche Weise als spontane physiologische Reaktion auf Gemütsbewegungen und Wahrnehmungen. Also bestehen die Namen ursprünglich nicht aus Willensakten, sondern stellen die Wirklichkeit der Dinge dar, die sie bezeichnen. Willensakte entstanden erst in der Folgezeit, um die Beziehungen zwischen den Menschen klarer zu gestalten. Aufgrund von Erfahrung konnten auch die Dinge Namen erhalten, die nicht in den allgemeinen Bereich der Wahrnehmung fielen, „teils aus der Notwendigkeit heraus, so zu verfahren, teils aufgrund von Vernunftüberlegungen" (Diog. Laert. 10, 75f.). Schließlich sind die ersten Gemütsbewegungen, d.h. Lust und Schmerz, Kriterien ethischer Beurteilung, insofern sie es sind, anhand deren man Auswahl oder Abneigung beurteilt, auf denen sich unser moralisches Leben aufbaut.

II. Physik. Epikur verwirft die Dialektik als überflüssig und behauptet, daß „es genügt, wenn die Naturphilosophen sich an die Laute der Dinge binden" (Diog. Laert. 10, 31). Diese Bindung ist eng und bedeutet gleichzeitig eine strikte Ablehnung der damals vorherrschenden ↗Rhetorik und aller metaphysischen Abstraktionen. Vielmehr empfiehlt er „die beständige Beschäftigung mit der Wissenschaft von der Natur, und dies, weil durch sie Stille für das Leben erreicht wird" (Herod. 37). Die Physik bedient sich der Kanonik so, wie sie andererseits der Ethik dient. Das Grundprinzip der Physik ist das Sein, als Körperlichkeit verstanden, und der Raum als Ausdehnung, welche die Körperlichkeit ermöglicht, d.h. als Leere (κενόν). Die Bejahung eines ersten Prinzips als Samens erlaubt es, eine zufällige Schöpfung (Entstehung) zu verneinen und zu erklären, daß nichts aus etwas entstehen kann, was nicht ist (Herod. 38). Aber das, was im Raume ist, ist teilbar, z.B. die festen Körper. Würde man jedoch eine Teilung bis ins Unendliche annehmen, so würde man zu einer völligen Auflösung der Materie kommen. Deshalb ist eine endliche Grenze notwendig, „um nicht jedes Ding seiner Widerstandskraft zu entkleiden" (Herod. 56). Die kleinsten Teilchen der Materie sind die Atome (ἄτομοι φύσεις, *corpora individua*, ‚unteilbare Naturen'), sie sind unveränderlich, da sie kompakt sind. Alles besteht aus Atomen und leerem Raum. Bestünden erstere nicht, so gäbe es kein ὄν, kein wirklich Seiendes; gäbe es den leeren Raum nicht, so gäbe es keine Bewegung – diese ermöglicht die Vielfältigkeit, indem sie die Dinge getrennt hält – und so auch keine Veränderung. Atome und leerer Raum sind unendlich, daher ist es auch das Universum. Wäre nämlich die Ausdehnung des leeren Raumes unendlich und die Zahl der Atome endlich, so würden sich letztere zerstreuen. Umgekehrt könnten unendlich viele Atome nicht in einem endlichen leeren Raum sein (Herod. 41). Das Atom besitzt eine Unter-, aber auch eine Obergrenze seiner Größe, so daß es nicht in der wahrnehmbaren Welt erscheint. Es hat Formen von begrenzter Anzahl, aber es gibt eine unendlich große Zahl von Atomen für jede Form. Es hat ein Eigengewicht, welches Ursprung und Grund seiner Bewegung darstellt. Die Bewegung ist von einer für alle Atome gleichen, sehr hohen Geschwindigkeit (Herod. 61), da sie im leeren Raum erfolgt. Das Atom bewegt sich ständig, schon seit ewiger Zeit und in alle Ewigkeit, ohne ein Oben und ohne ein

Unten (was im Unendlichen unvorstellbar ist), es sei denn, daß man diesen Begriffen einen konventionellen Sinn bezüglich der Richtung der Bewegung selbst gäbe (Herod. 60). Epikur spricht lediglich von zwei Bewegungen, jener „nach der Höhe oder zur Seite hin aufgrund von Zusammenstößen und jener nach der Tiefe hin aufgrund des Eigengewichtes" (Herod. 61). Daraus schließt man, daß die Bewegung der Atome gradlinig ist, d. h. κατὰ στάθμην im demokriteischen (68 A 89a D.-Kr.) und nicht im aristotelischen (cael. 296b23f.) Sinne des Wortes. Geschieht diese freie, nur durch das Eigengewicht bestimmte Bewegung im leeren Raum (wo es kein Oben und Unten gibt) nach allen Richtungen hin, so entsteht durch den unvermeidlichen Zusammenstoß zwischen Atomen und durch das von der Abstoßung bestimmte Zurückprallen die zweite Bewegung. Jedoch gibt es daneben noch eine dritte Bewegung, die durchweg späte Quellen (Lukrez, Philodem, Diogenes von Oinoanda, Cicero, Plutarch) Epikur als Urheber zuschreiben, nämlich die Neigungsbewegung. Alle Atome fallen parallel (κατὰ στάθμην im aristotelischen Sinne), und sie würden, da sie die gleiche Geschwindigkeit besitzen, niemals zusammenstoßen. Sie tun dies trotzdem, nämlich nach der Theorie der kleinsten Raumeinheiten im Unendlichen. Nach ihr gibt es eine minimale Abweichung (παρέγκλισις, *declinatio*, Lukrez: *clinamen*) des Raumes *nec regione loci certa nec tempore certo* (Lucr. 2, 293; man vergegenwärtige sich, daß für Epikur die Vergangenheit unendlich ist), welche bis ins Unendliche den Zusammenprall bestimmt. Durch diese Abstoßung entstehen alle folgenden Zusammenstöße. Da die Theorie der kleinsten Raumeinheiten auf Demokrit zurückgeführt werden kann, sind verschiedene Gelehrte (Bignone, Bailey, Sambursky) davon überzeugt, daß die Theorie von Epikur stammt. Erstaunlich bleibt der Umstand, daß die Abweichung der Atome, außer bei den Doxographen, dazu dient, jenes freie Ermessen zu bewahren, welches in Περὶ φύσεως von Epikur auf völlig andere Art verteidigt wird. So könnte man an eine aufgrund der Polemik anderer Schulen (vor allem der ↗Stoa) erfolgte spätere Erneuerung glauben. Ereignen sich die Zusammenstöße zwischen ‚abstoßenden' Atomen, so entstehen keine Verbindungen. Sind jedoch die Atome ‚aufbauend' (Nat. 14 col. b 2ff. = Arrighetti p. 255), so erhält man einen Prozeß, der durch die zwischen den Atomen eintretende Verflechtung atomare Aggregate begründet. Diese Aggregate können ein Geflecht von so hoher Dichte erreichen, daß sie fest werden. Oder sie sind lockere Anhäufungen, so daß sie gemäß der Größe des leeren Raumes, der zwischen Atom und Atom besteht, ein Gefäß beanspruchen (so z.B. die Flüssigkeiten oder die Seele). Aufgrund dieses leeren Raumes behalten die Atome der Aggregate ihre ewige und gleichschnelle Bewegung selbst für das kleinste Zeitkontinuum bei, während sie bei der Aufeinanderfolge von Zusammenstößen je nach ihrem Gewicht einen Abprall von höherer oder niedrigerer Geschwindigkeit erfahren (Arrighetti). Die Summe dieser hin und her vibrierenden Bewegungen ist als Ortsveränderung der Körper wahrnehmbar. Die Form der Atome ist abhängig von ihrer Zusammensetzung aus kleinsten unspaltbaren Teilen. Sie bestimmen die Formen gemäß ihrer Anzahl und ihrer Anordnung. Die Formen eines jeden atomaren Gefüges geben die Anordnung der Atome wieder, so wie das Gewicht abhängig ist von dem Verhältnis zwischen Atomen und leerem Raum. Folglich hängen von den Atomen die primären Eigenschaften der Körper ab, während die sekundären Eigenschaften, obgleich auch sie wirklich, da von den Sinnen wahrnehmbar sind, lediglich den Aggregaten als dauernde Eigenschaften (z.B. Form, Größe, Gewicht) zugeordnet sind. Umgekehrt sind Akzidenzien die Eigenschaften, die nicht einen ganzen Körper kennzeichnen und die von Mal zu Mal so ausgesagt werden, wie sie wahrgenommen werden. Auch die Zeit ist ein Akzidenz, ja sogar ein „Akzidenz der Akzidenzien", da sie eine Folge von Bewegungen ist. Die Aggregate lassen Umformungen (Fr. 282) zu bis hin zur Auflösung in die Atome, aus denen sie bestehen. Diese wiederum streben danach, sich zu neuen Aggregaten zu verflechten. Auf diese Art bilden sich alle Körper, und so müssen sie sich wieder auflösen, die festen Körper langsamer, die flüssigen schneller. Auch die Seele besteht aus Atomen, denn andernfalls wäre sie keine Wirklichkeit. Sie ist ein Körper, der, aus feinsten Teilchen zusammengesetzt, im ganzen Organismus verteilt ist (Herod. 63), teilweise ähnlich der Luft und dem Wind, teilweise wie das Feuer. Darüber hinaus ist sie durch eine ‚Eigenschaft ohne Namen' (eine ‚vierte Natur', die der fünften aristotelischen entspricht) charakterisiert, in der die Fähigkeit der Sinneswahrnehmung ihren Sitz hat (Fr. 314f.). Sitz des Denkens ist die Brust, während die nicht rationalen Fähigkeiten über den ganzen Körper verteilt sind (Giussani). In einer aus Atomen bestehenden Seele erfolgen Wahrnehmung und Denken durch Atome: so ist die Stimme etwas Flüssiges, das mit seinen Atomen das Sinnesorgan des Hörenden trifft (Fr. 321f.). Das Sehen erfolgt durch einen Ausfluß von Bildern, ‚Atombildern' (εἴδωλα), die ihrer Form nach mit den Körpern identisch sind und beständig von ihrer Oberfläche fließen und in das Auge eindringen (Fr. 318f.). Die übrigen Wahrnehmungen wie die Gedanken setzen ‚Poren' im Fleisch voraus, welche für das Eindringen der Atome geeignet sind. Körper und Seele können nicht ohne einander bestehen, ist doch ersterer das Gefäß für die Seele, welche ihrerseits den Körper zusammenhält wie das Lab die Milch (Diog. Oin. Fr. 36 Gr. = 37 Ch. I 7–12). Daher ist der Mensch definiert als „eine Form von bestimmter Beschaffenheit, die durch die Seele mit Leben ausgestattet ist" (Fr. 310). Löst sich der ganze Körper auf, so hat sich die Seele verflüchtigt. Sie ist es, die den Körper am Leben erhält oder ihn sterben läßt, indem sie in ihm bleibt oder sich verflüchtigt. Mit dem Tode verliert sich also die Seele in ihre Atome, und der Körper verliert jegliche Empfindungsfähigkeit.

III. GÖTTERLEHRE. Auch die Götter existieren. Beweis dafür ist die Tatsache, daß alle Menschen eine Vorstellung von ihnen haben, eine Garantie für evidentes Wissen, welches durch die Wahrnehmung der Bilder von den Göttern erreicht wird, die mit großer Geschwindigkeit auf die Erde kommen oder durch das Gesetz der ἰσονομία, durch welches im Universum Auflösung und Bestand im Gleichgewicht gehalten sind (Cic. nat. deor. 1, 50), erkannt werden. Folglich bestehen Götter aus Atomen. Sie haben einen Ursprung gehabt, jedoch im Unendlichen (Philod. de dis 3, 79, 2 Arrighetti), und sie bestehen ewig, denn sie bestehen nicht κατ' ἀριθμόν, zählbar, also wie feste Körper, sondern sind Umrisse, d.h. sie bleiben in der Form, welche in einem gleichbleibenden Bild (und hierin besteht ihre ἀρετή) des ewigen Zuflusses von unzählbaren Atomen bewahrt wird (Cic. ib. 49). Neben dieser Auffassung (Freymuth, Diano, Arrighetti) steht diejenige von Merlan, die sich auf ein Scholion zu Rat. Sent. 1 gründet. Nach ihr gibt es wenigstens zwei Arten von Göttern: jene, die gemäß wesenhafter Individualität „numerically different from all other gods" existieren, und jene, die gemäß einer formalen Identität

Bestand haben und nach Arten aufgeteilt sind, von denen jede aus „a multitude of gods not discernible from one another" besteht. Es ist jedoch gewiß, daß sie menschliche Gestalt haben und ein dem Menschen ähnliches Leben führen. Aber die Gottheit ist glückselig und unvergänglich. Denn die gleiche Atomzusammensetzung, die sie ewig macht, erlaubt keine Störungen, die ihren Zustand verändern könnten. Damit greift sie nicht in menschliche Angelegenheiten und in den Lauf der Welt ein, denn dies würde die Negation des epikureischen Ideals vom Glück bedeuten. Die Gottheit kann daher den Kosmos nicht geschaffen haben, sie stellt nicht die Vorsehung dar und rechtfertigt nicht die Wahrsagekunst. Der Weise verehrt sie nur als Modell der Glückseligkeit und als ‚ethisches Vollkommenheitsideal' (Taylor). Eine Teleologie, für die jegliche logische Grundlage fehlt, ist nicht vorstellbar. Der Kosmos ist eine Konzentration von Materie, die einen Ursprung hatte und ein Ende haben wird. Da die Atome und der leere Raum unendlich sind, so ist auch die Zahl der Kosmoi, seien sie untereinander gleich oder verschieden, in Zeit und Raum unendlich. Die Materie verdünnt sich zwischen den Kosmoi in Metakosmien (Intermundien) genannten Räumen, in welchen andere Welten entstehen können und in welchen Götter wohnen. Jeder einzelne Kosmos besitzt einen eigenen Zyklus. So unterschieden sich auch auf dem unsrigen zunächst Himmel, Meer, Äther und Erde. Letztere, noch feucht von Lebenssäften, ließ Kräuter und Sträucher keimen und zeugte sodann die Tiere in einer Art im Boden verwurzelter Gebärmütter, welche nach der Zeugung einen Nährsaft hervorbrachten. Zuletzt entstand der Mensch. Sein ursprüngliches Leben war hart, aber glücklich, denn das Klima ließ ihn keine Kälte leiden, die Erde stillte seinen Hunger mit urwüchsigen Früchten, Quellen löschten seinen Durst; er lernte, sich mit Fellen zu bedecken, Hütten zu bauen, zu jagen; dann gestaltete er sein Leben in der Gemeinschaft, mit Führern an der Spitze. Es entstanden die Reichtümer, die Kriege und immer neue, unnatürliche Wünsche (Lucr. 5, 419–448; 783–1349). So war und ist der Fortschritt eine ständig sich vergrößernde Bedrohung des menschlichen Glücks. Auch die Erscheinungen des Himmels und der Erde (Finsternisse, Blitze, Erdbeben usw.) gehören in den Bereich der epikureischen φυσιολογία. Die gesamte Physik des K. ist, auch dort, wo sie vergleichsweise wissenschaftlich erscheint (oft korrigiert sie Demokrit, indem sie die aristotelische Kritik übernimmt, von Forderungen des philosophischen Denkens durchdrungen, wozu eine für das hell. Zeitalter kennzeichnende Erscheinung tritt: für Epikur bedeutete der Mensch mehr als die Wissenschaft (Sambursky).

IV. ETHIK. Die Ethik ist ganz auf das Individuum gerichtet. Das höchste Gut ist die (individuelle) Lust, das höchste Übel der (individuelle) Schmerz. Diese beiden Grundaffekte betreffen die Seele und den Körper; spricht man jedoch einfach von Lust, so meint man die des Körpers, denn in Wirklichkeit verspürt er Lust und Schmerz (dieser ist in Wirklichkeit eine heftige Bewegung des Fleisches). Das Erreichen der Lust und das umsichtige Abweisen des Schmerzes kennzeichnen eine quietistische und utilitaristische Ethik. Utilitaristisch war zwar auch die Auffassung des vorausgegangenen Zeitalters insofern, als der Bürger für die Polis alles hingab, um alles von ihr zu empfangen. Nun aber gewann das Individuum, sich selbst überlassen in jener trostlosen Leere nach dem Zusammenbrechen der Polis, durch den Epikureismus eine neue Form des Utilitarismus, die auf die Verteidigung des Individuums beschränkt bleibt. Für den Menschen der sokratischen Zeit bedeutete die Polis Sicherheit. Epikur will an die Stelle der alten Sicherheit eine neue setzen und bekämpft die neuen Ängste des Menschen: die Angst vor den Göttern, nachdem das Pantheon der Polis nichts mehr vermag, die Angst vor den Erscheinungen des Himmels, in denen man die Zeichen des unversöhnlichen göttlichen Willens suchte und fürchtete, die Angst vor dem Tode, welcher nicht mehr ein schönes Sterben für die Polis darstellt, das die Zukunft der Söhne garantiert, sondern Schrecken vor dem unbekannten Jenseits. Die Götter leben in ihren Intermundien und kümmern sich nicht um uns: „Was glückselig und unsterblich ist, empfindet selbst keine Sorgen noch verursacht es anderen welche; es unterliegt auch weder der Regung des Zornes noch der des Wohlwollens" (Rat. Sent. 1), und die Meinungen der Masse sind irrig. Die Religiosität Epikurs ist aufrichtige Bewunderung für die Götter (Festugière). „Der Tod bedeutet nichts, was uns betrifft, denn das, was aufgelöst ist, empfindet keine Wahrnehmungen, und das, was keine Wahrnehmungen empfindet, ist nichts in Bezug auf uns. Solange wir noch da sind, ist der Tod nicht da; stellt sich aber der Tod ein, so sind wir nicht mehr da" (Rat.

Sent. 2; Menoik. 125). Die Erscheinungen des Himmels schließlich lassen sich natürlich erklären und schließen damit ihre Interpretation als Zeichen göttlichen Willens aus. Wahrsagung gibt es nicht, und auch „den Träumen ist keine göttliche oder vorhersagende Macht gegeben, vielmehr erscheinen sie durch Zufluß von Atomen" (Gnom. Vat. 24). Undenkbar ist die Theorie, die als höchstes Gut die Lust ansieht, ohne die Voraussetzung, die den völlig sinnlosen psychischen Schmerz ablehnt: dieser entsteht nämlich aus unzutreffender Meinung, und deshalb ist er Irrtum. Da es keinen Schmerz gibt, der nicht aus einem Wunsch entspringt, aus dem Mangel an und dem Bedürfnis nach etwas, gibt E. eine strenge Klassifikation der Wünsche. „Einige Wünsche sind natürlich und notwendig, andere natürlich und nicht notwendig, andere wiederum weder natürlich noch notwendig" (Rat. Sent. 29). Dies ist der Grund, weshalb die letzteren, die lediglich Schmerz in der Seele hervorrufen, unendlich sind, *quo magis implentur, eo magis inexplebiles* (Fr. 202, 245), und diese müssen „schroff zurückgewiesen werden" (Rat. Sent. 21), ist doch ihr Anreiz leicht zu zerstreuen (Rat. Sent. 26). Wirklicher Schmerz ist nur physischer Schmerz, und natürliche Wünsche sind nur solche, die Schmerz des Körpers verursachen. Die natürlichen und notwendigen Wünsche sind das Gegenteil der nicht natürlichen und nicht notwendigen, weil man sie in jedem Fall erfüllen muß, da ihre Erfüllung das Atomaggregat aufrechterhält und das Leben erhält, während sie andernfalls den Körper durcheinanderwerfen, bis hin zur Auflösung (Fr. 456). Die „Stimme des Fleisches ist es, keinen Hunger, keinen Durst, keine Kälte zu leiden. Wem dies zuteil wird und wer hofft, daß es ihm zuteil wird, der könnte sogar mit Zeus an Glückseligkeit wetteifern" (Gnom. Vat. 33). „Das wäre schwierig, daß die Seele dies verneine, wo es doch gefährlich wäre, nicht auf die Natur zu hören, welche sie Tag für Tag durch das Gefühl der Selbstgenügsamkeit, das ihr eigen ist, ermahnt" (Fr. 200). „Dank sei der glückseligen Natur, weil sie die notwendigen Dinge so einfach zu befriedigen gestattet" (Fr. 469). Im Grunde ‚ist das am wenigsten Notwendige das am meisten Verlangte' (Diano), und lediglich die notwendigen Wünsche sind im Hinblick auf das letzte Ziel zu erfüllen, da „der Grund und die Wurzel jedes Guten die Lust des Bauches ist" (Fr. 409). Jene nur natürlichen (aber nicht notwendigen) Wünsche, also die von den Sinnen wahrgenommen (Fr. 67. 317), „variieren nur die Lust, sie beseitigen aber nicht den Gegenstand des physischen Schmerzes" (schol. ad Rat. Sent. 21), d.h. Hunger, Durst und Kälte, und daher ist es nicht schmerzlich, ihnen zu entsagen. So sehen wir, wie die Wünsche sich mit Lust und Schmerz verbinden. Aber auch für die Lust macht E. eine für die gesamte Ethik grundlegende Unterscheidung. „Die Ataraxie (das Fehlen von Erschütterung der Seele) und die Aponie (das Fehlen von Qualen im Körper) sind beständige Lüste, während Wonne und Freude sich durch ihre Aktivität als in Bewegung befindlich zu erkennen geben" (Fr. 2). Erstere bedeuten einen Zustand der völligen Ruhe und des vollkommenen Gleichgewichts, zu vergleichen mit der von keiner Welle gestörten Meeresstille (Fr. 425). Letztere hingegen sind wie eine leichte, gefällige Bewegung, die Veränderungen unterliegt, sie sind ein πάθος οἰκεῖον, welches die Wahrnehmung begleitet. Die Unterscheidung, die als ein Gegensatz zu den früheren hedonistischen Theorien zu betrachten ist und die von Platon und Aristoteles gegen die Lust vorgebrachte Polemik zu überwinden sucht, entspricht zutiefst den Erfordernissen des hell. Zeitalters und den Voraussetzungen für die Naturlehre von den Atomen. Jeder Sturm im Körper oder in der Seele erschüttert die Strukturen der Atomaggregate. Daher betrifft der Zustand der Ruhe (den spätere Kyrenaiker νεκροῦ κατάστασις, ‚Ruhe des Leichnams', nennen werden) vor allem den Körper, das ἱερὸν σῶμα, den ‚Träger der verabsolutierten Lustempfindung' (Schmid). Die Seele regt sich – sind ihr die nichtigen Meinungen genommen – lediglich als Reflex. „Betrachte es nicht als unnatürlich, daß auf den Aufschrei des Fleisches hin die Seele schreit" (Fr. 200). Deshalb „liegt die Grenze der Größe der Lust in der totalen Beseitigung des physischen Schmerzes. Aber wo Lust herrscht, gibt es für die Zeit, während deren sie andauert, weder physischen noch geistigen Schmerz" (Rat. Sent. 3). Was zählt, ist die Intensität der Lust, nicht ihre Art oder ihre Ausdehnung, wo doch „die unendliche Zeit die Lust genauso hat wie die endliche, wenn nur ihre Grenzen mit der Vernunft gemessen werden" (Rat. Sent. 19). Darüber hinaus „steigert sich die Lust im Fleische nicht, wenn ihm der Schmerz, der aus Notwendigkeit in ihm wirkt, genommen wird, sie verwandelt sich nur" (Rat. Sent. 18). Dies bedeutet nichts anderes, als daß die beständige Lust die Formen dessen, was geschieht, annehmen kann, ohne

sich zu steigern, aber auch ohne an Beständigkeit zu verlieren (essen zur Befriedigung des Hungers ist notwendig, gut essen ist ‚Lust in Bewegung'). Dies deshalb, weil Lust in Bewegung der beständigen Lust nachgeordnet ist, und es ist abwegig, der ersteren den Vorzug zu geben auf Grund falscher Meinungen des Geistes, der nicht bemerkt, daß beide unterschiedlich sind. „Eine vom Irrtum sich frei haltende Kenntnis der Wünsche weiß jedes Wählen und jedes Meiden in die richtige Beziehung zu setzen zu unserer körperlichen Gesundheit und zur Ataraxie der Seele, denn dies ist das Ziel eines glückseligen Lebens: der Lust sind wir dann bedürftig, wenn wir das Fehlen der Lust schmerzlich empfinden; fühlen wir uns aber frei von Schmerz, so bedürfen wir der Lust nicht mehr" (Menoik. 128). Die Epikureer behaupten, daß Lust als etwas Gutes und Schmerz als etwas Schlechtes anzusehen, uns die Natur vermittelt, und das ohne jede Belehrung und vor ihrer Entartung. Das neugeborene Kind weint wegen des Hungergefühls, wegen Durstes und Kälte (Fr. 66. 397) genauso wie die Tiere (Fr. 398). Aber es gibt auch eine Ökonomie der Lüste, getragen von der Auswahl des Verstandes, welcher das Ziel des Fleisches kennt (Rat. Sent. 20). Daher „ist es vielleicht so, daß wir von vielen Lüsten Abstand nehmen, wenn das Mißbehagen, das aus ihnen folgt, größer ist", und umgekehrt. Wenn auch alle Lüste gut sind, so dürfen doch nicht alle erwählt werden (Menoik. 129). Die Affekte der Seele stehen höher als die des Körpers (entgegen der Auffassung der ↗Kyrenaiker), weil „den Körper nur das Gegenwärtige erregt, die Seele aber das Vergangene, das Gegenwärtige und das Zukünftige", und ebenso ist es mit den Lüsten (Fr. 452): man soll Unheil überwinden, indem man sich dankbar der verlorenen Güter erinnert, wohl wissend, daß das, was geschehen ist, nicht wieder rückgängig gemacht werden kann (Gnom. Vat. 55); hinzu kommt, daß die großen körperlichen Schmerzen schnell zum Tod führen, die andauernden Schmerzen aber nicht groß sind: vielmehr rufen die langen Krankheiten im Fleisch eher Lust hervor als Schmerz (Fr. 447; Rat. Sent. 4).
Welche Auffassungen vom praktischen Leben gehen aus dieser Theorie hervor, außer der natürlichen Forderung nach einem einfachen Leben? Mit der hell. Welt, den Komplikationen der Zivilisation ist E. nicht zufrieden: sie erlauben nicht die Erlangung jener Ruhe, die das höchste Gut ist. Daher ist das Lebensideal des K. λάθε βιώσας

(„Lebe so, daß du nicht beachtet wirst"), d.h. das Vermeiden jeder Störung von außen und das Trachten nach Sicherheit seitens der Menschen. Zahlreich sind die trügerischen Wege wie z.B. die Sucht nach Macht; wahr ist, daß „nichts so sehr die Ursache für die Heiterkeit des Geistes ist wie das Nichttun vieler Dinge und das Unterlassen unerfreulicher Taten und das Sich-nicht-Bemühen über das eigene Können hinaus" und daß „der wesentliche Punkt unseres Glückes in unserer inneren Veranlagung liegt, über die wir die Herrschaft besitzen" (Fr. 89f. Diano = Diog. Oin. Fr. 53f. Gr.). Daher „muß man sich aus dem Gefängnis der öffentlichen Angelegenheiten und der Politik befreien" (Gnom. Vat. 58), und deshalb soll der Weise sich nicht am Leben des Staates beteiligen, nicht nach Ruhm, Ehrenämtern oder Reichtümern streben, sich nicht schönen Reden hingeben sowie Ehe und Nachkommenschaft meiden. Es ist ein *secum vivere*, αὐτῷ μόνῳ χρῆσθαι (Pap. eth. Compar. col. 21, 11), eine besondere Form der Kontemplation, die stets vollzogen werden muß, *nisi si quid intervenerit* (Fr. 9), z.B. ein aktiver Charakter oder bestimmte Umstände. Für E. ist die menschliche Gesellschaft nicht von Natur aus gegeben: die Konzeption der Gesellschaft ist zusammengefaßt in dem Gedanken, daß „die Gesetze zugunsten der Weisen geschaffen sind, und zwar nicht, damit diese kein Unrecht tun, sondern, damit diese selbst kein Unrecht leiden" (Fr. 530) in einer Welt, die weit von der Weisheit und Glückseligkeit entfernt ist. Der Mensch aber soll sich selbst genügen (αὐταρκεῖν): „der höchste Gewinn des Sich-selbst-Genügens ist die Freiheit" (Gnom. Vat. 77), während „nichts demjenigen genügt, für den das, was zureichend ist, wenig ist" (Gnom. Vat. 68), gerade weil „von allen Dingen die Selbstgenügsamkeit das wertvollste ist" (Fr. 476). Autarkie besteht darin, keinen Hunger, keinen Durst und keine Kälte zu empfinden. Alle Regeln des praktischen Lebens enthalten einen heiteren Utilitarismus, der in einem Sinn für das Ausgewogene gründet. Dieser praktische Sinn für das Maßvolle tritt auch in Bezug auf die Tugenden in Erscheinung, die von Natur aus als mit der Lust übereingehende Ursachen (Menoik. 132; Diog. Oin. Fr. 27 Gr. [= 26 W.] IV 9ff.) mit dem glücklichen Leben verbunden sind: sie haben für sich allein keine Geltung; ihr Wert besteht in den Lüsten, die sie hervorrufen.

Das einzige nicht egoistische Moment in dieser Lehre ist das der Freundschaft: aber sie besteht nur zwischen Weisen, d. h. zwischen Personen, die bereits die Ataraxie erreicht haben und nicht die ἐξ ἀνθρώπων ἀσφάλεια eines anderen verletzen können; auch sie entspringt der Nützlichkeit (Fr. 540) und hat daher ihren Eigenwert (δι' ἑαυτὴν αἱρετή, Gnom. Vat. 23). Aber gerade diese ihre Gültigkeit und die Sicherheit, die sie verbürgt, heben den utilitaristischen Bezug in die Höhe eines für den Menschen höchsten Gutes (Gnom. Vat. 27), eines unsterblichen Gutes, das sogar die Weisheit, die vergänglich ist, überragt (Gnom. Vat. 78); der Freund ist tatsächlich ein *alter ego*. Den praktischen Beweis für diese Freundschaft besitzen wir in den Verbindungen innerhalb des K.

B. DIE HAUPTVERTRETER DES KEPOS.

I. EPIKUR (342/1–271/0) wurde auf Samos geboren, wohin sein Vater Neokles, ein Bürger Athens aus dem Demos Gargettos, um das Jahr 352 als Kleruche gekommen war. Schon frühzeitig galt sein Interesse der Philosophie, die er nach eigenem Zeugnis mit 14 Jahren zu studieren begann (Diog. Laert. 10, 2). Bereits auf Samos hörte er kurze Zeit den Platoniker Pamphilos (Diog. Laert. 10, 14). Bestimmend wurde für ihn der Einfluß der Atomistik Demokrits, und es wird wohl zutreffend berichtet, daß er (vielleicht während dreier Jahre auf Teos) Schüler des Demokriteers Nausiphanes war, auch wenn E. selbst dies heftig bestritt. Mit 18 Jahren ging er nach Athen, um dort seine beiden militärischen Dienstjahre als Ephebe (↗Ephebie) abzuleisten; selbst wenn er vielleicht den Akademiker Xenokrates hörte (Diog. Laert. 10, 13), gab es dort für ihn keine Begegnung von entscheidender Bedeutung. Inzwischen hatte Perdikkas den Athenern Samos genommen (322), und am Ende seiner Dienstzeit traf E. in Kolophon mit seinen Angehörigen zusammen, wohin diese sich ins Exil zurückgezogen hatten. In den folgenden zehn Jahren entstand seine eigene Philosophie: wenn Demokrit für die Grundstruktur seines Denkens von fundamentaler Bedeutung war, so waren die platonisch-akademischen Lehren und insbesondere die exoterischen Schriften des Aristoteles (von dem er später auch die Schulschriften, zumindest teilweise, kennenlernte) von einer starken und andauernden Wirkung auf ihn, so daß sein philosophisches System stets diese doppelte Herkunft verspüren ließ. Mit 30 Jahren (311/10) eröffnete er selbst eine Schule, zunächst in Mytilene auf Lesbos, bald darauf in Lampsakos, inmitten beträchtlicher Widerstände; aber gerade in diesen feindseligen Kreisen fand er einige seiner treuesten Schüler und Freunde, wie Hermarchos von Mytilene oder Metrodor und Kolotes von Lampsakos.

Im Jahre 306 ging E. nach Athen, dem Zentrum der griech. Philosophie; ↗Akademie und ↗Peripatos fand er wohl organisiert und von zahlreichen Schülern besucht vor; als Sitz für sich und seine Schüler erwarb er ein Haus mit dem berühmten Garten, κῆπος (Kepos), der seiner Schule den Namen gab. Hier begründete er eine Lebensgemeinschaft unter dem doppelten Zeichen der Freundschaft und des philosophischen Forschens (des συμφιλοσοφεῖν). Obgleich es sich um einen Thiasos handelte, der dem der Akademie und dem Peripatos ähnlich war, so wies er ihnen gegenüber doch beträchtliche Unterschiede auf. E. war der erste, der Frauen Zutritt zu einer philos. Schule gestattete (↗Frau); seiner Person galt außergewöhnliche Verehrung, die in der Feier seines Geburtstages ihren Höhepunkt fand; am 20. Tag jeden Monats versammelten sich die Schüler, um diese εἰκάδες zu feiern. Das Leben im Kepos war äußerst bescheiden und einfach (Diog. Laert. 10, 10), mochten seine Gegner auch manche üble Nachrede darüber verbreiten; es war von der Persönlichkeit Epikurs beherrscht, der nach einmütiger Aussage reich an εὐγνωμοσύνη und φιλανθρωπία war; charakteristisch war vor allem die unerschütterliche Treue zu seiner Lehre, die sich fast so lange unangetastet erhielt, wie seine Schule Bestand hatte. Nicht weniger lebendig und eng waren die Beziehungen zu den epikureischen Gemeinschaften Ioniens, die E. durch einen regen Briefwechsel pflegte, der sich durch menschliche Wärme sowohl gegenüber den persönlichen Problemen als auch gegenüber Fragen der philosophischen Lehre auszeichnete; obwohl er die Ruhe liebte und sehr an Athen hing, besuchte er zwei- oder dreimal seine dortigen Freunde und Schüler (Diog. Laert. 10, 10) und trug so zur Festigung seiner Schule bei. Durch all dieses erhielt die Gemeinschaft einen fast religiösen Zug, den sie für immer beibehielt. Die Gestalt ihres Begründers wurde so rasch von Legenden umwoben, was die Epikureer selbst zugaben (Gnom. Vat. 36); nicht selten wird der Meister σωτήρ genannt, Heiland, der die gute Botschaft und das Heilmittel zur Rettung bringt; er ist der *rerum inventor,* der Offenbarer der Wahrheit, der Befreier, der *patria praecepta* gibt (Lucr. 3, 9f.). Eine epikur. Formel lautete:

„*Wir haben erkoren, E. gemäß zu leben*" (καθ' ὃν ζῆν ἡρήμεθα, Philod. lib. dicendi Fr. 45, 9 Oliv.); andererseits versicherte der Meister dem wahren Epikureer: „Du wirst unter den Menschen leben wie ein Gott" (Menoik. 135); E. ist einem Gott ähnlich; den Göttern ähnlich sind seine echten Anhänger, die einzigen wahren Weisen. Da nur zwischen diesen φιλία bestehen kann, wurde diese Freundschaft (die höchste Lebensform des Epikureismus) zum Band der ‚Brüderlichkeit' in der Gemeinschaft: in diesem Sinn kann die Interpretation von H. Diels übernommen werden, die in den ‚Eikades' ein ‚Liebesmahl' sah. E. erweist sich als der Kristallisationspunkt eher einer ‚Heroisierung' (Schmid) denn einer Vergöttlichung. Diese wird von der σύνοδος τῶν συμφιλοσοφούντων vollzogen, um ihren Heiland zu verherrlichen (Philod. pap. Herc. 346, col. 4, 19; vgl. Plin. n.h. 35, 5). E. starb in Athen und hinterließ uns über sein Sterben ein Zeugnis seiner Gemütsruhe: „An einem glücklichen und doch letzten Tag meines Lebens schreibe ich euch dies: ich habe Blasen- und Unterleibsschmerzen, die an Heftigkeit nicht zunehmen können; doch dies alles wird durch die Freude ausgeglichen, die ich verspüre, wenn ich an unsere gemeinsamen Gespräche denke" (Fr. 138). In seinem Testament (Diog. Laert. 10, 16–22) bestimmte er Hermarchos zu seinem Nachfolger, während er zwei athenische Schüler (nach den Bestimmungen des attischen Rechtes) zu den Erben seiner Liegenschaften machte unter der Bedingung, daß der Kepos mit dem Hause Hermarchos und seinen Nachfolgern als Mittelpunkt der Schule zur Verfügung bleibe – ein authentisches juristisches Dokument und ein konkreter Beweis für seine liebevolle Fürsorge um seine Freunde.

E.s Werke. Im Gegensatz zu dem fast vollständigen Verlust der meisten hell. philosophischen Werke sind uns von E. dank einer ungebrochenen Schultradition einige bedeutende Schriften (durch Diogenes Laertios) erhalten geblieben.

1. Brief an Herodotos (Diog. Laert. 10, 35–83), an diesen und andere Schüler („die nicht eingehend meine einzelnen Werke über die Natur studieren oder zusammenhängend die größeren Werke lesen können") gerichtet; E. gibt in ihm einen Abriß seiner naturphilosophischen Lehren (35). Einer Vorrede über die Regeln, an die sich jede Forschung zu halten hat, folgen Erörterungen über das Universum (τὸ πᾶν) und seine Struktur, über die Bilder (εἴδωλα) und die Sinne, über die Atome, die Seele, die Körper und die ihnen zukommenden Eigenschaften, über die Welten (κόσμοι), über den Ursprung der Kultur und der Sprache sowie über die Himmelserscheinungen.

2. *Brief an Pythokles* (Diog. Laert. 10, 84–116), sucht die Probleme der μετέωρα, d. h. der Himmelskörper und der atmosphärischen Erscheinungen (Wolken, Regen, Donner, Blitze, Erdbeben usw.) zu klären. An der Echtheit dieses Briefes sind schon in der Antike (Philod. adv. [sophistas?] col. VIII 5–9 Sbord.) Zweifel geäußert worden, die von neueren Gelehrten (Usener, Giussani, Philippson) geteilt werden; andere hingegen sind für seine Echtheit eingetreten (von Arnim, Von der Mühll, Mewaldt) oder halten den Brief zumindest für eine Zusammenstellung epikureischen Materials (Diels); gewiß ist wenigstens so viel, daß wir in ihm „ein getreues Spiegelbild der Lehre des Meisters" (Schmid) besitzen.

3. *Brief an Menoikeus* (Diog. Laert. 10, 122–135), die wichtigste Schrift, die die Grundlagen der neuen Lebenskunst enthält und eine Aufforderung zur ‚wahren' Philosophie darstellt: „Niemand zögere, wenn er jung ist, Philosophie zu treiben, noch soll er im Alter darin ermüden; denn niemand ist zu unreif oder zu reif für das, was uns das Seelenheil bringt" (122). Dies war ein völlig neuer Ton, zumal der Epikureismus, im Gegensatz zu den anderen Philosophenschulen, keine lange propädeutische Vorbereitung verlangte, sondern eine allen erreichbare umfassende Bildung in Aussicht stellte. Auf wenigen Seiten und mit einer Klarheit, die im Gegensatz steht zu den Schwierigkeiten seiner übrigen spezielleren Schriften, spricht E. mit der trockenen stilistischen Eleganz einer Propagandaschrift von den Göttern, dem Tod, der Zukunft, den Wünschen und der Freude, von allen Fragen, in deren richtigem Ansatz und in deren Lösung das Lebensglück liegt. Er schließt: „Durchdenke diese und ähnliche Lehren Tag und Nacht für dich und mit denen, die ebenso denken wie du: und niemals, weder im Wachen noch im Schlaf, wirst du wirklich erschüttert sein, sondern du wirst wie ein Gott unter den Menschen leben."

4. *Ratae Sententiae* (κύριαι δόξαι, Diog. Laert. 10, 139–154), eine Sammlung 40 ‚gültiger, verbürgter Sätze' (Schmid), ein bereits in der Antike berühmtes Aphorismen-Brevier, das, zumindest zum größten Teil, auf verschiedene Schriften E.s zurückgeht und das in der einzigen Absicht zusammengestellt ist, jedem Suchenden die

Grundlagen der Lehre darzustellen (Bignone); diese Funktion tritt schon bei den ersten vier Sätzen klar zutage, die das sog. τετραφάρμακον (‚vierfaches Heilmittel') bilden: „Das Wesen der Götter verursacht keine Furcht; der Tod betrifft uns nicht; das Gute ist leicht zu erlangen; das Schlimme ist leicht zu ertragen." Die Themen sind der ‚Ethik' und ‚Kanonik' (Logik) entnommen und lassen die ‚Physik' unberücksichtigt. Durch die Treue, mit der sich die Schule an die Lehren des Meisters hielt, dienten die Rat. Sent. auch philos. Diskussionen und Polemiken gegen seine Gegner als Grundlage. Usener und Philippson sind der Auffassung, die Sammlung stamme nicht von E., im Gegensatz zu Giussani, Von der Mühll und Bignone; die Frage ist schwer zu entscheiden; Diels vermutet, daß sie zu E.s Zeiten und unter seiner Mitarbeit entstanden sei.

5. Das *Gnomologium Vaticanum* (1888 von C. Wotke im Cod. Vat. gr. 1950 entdeckt) ist nicht bei Diog. Laert. überliefert. Unter dem Titel Ἐπικούρου προσφώνησις (‚Ansprache' oder ‚Gebote E.s') enthält es 81 Sentenzen, darunter 13 Rat. Sent. Das Werk stammt nicht von E., doch findet sich in ihm eine beträchtliche Zahl seiner Aussprüche, neben solchen anderer Hauptvertreter seiner Schule. Auch diese Sammlung beginnt mit dem τετραφάρμακον, enthält jedoch ausschließlich ethische Themen.

Das Verzeichnis von Diog. Laert. (10, 27 f.) enthält die Titel etwa 40 verlorengegangener Werke, darunter den des Hauptwerkes Περὶ φύσεως (Über die Natur) in 37 Büchern, das E. in Athen geschrieben hat. Durch die in der Villa dei Pisoni in Herkulaneum gefundenen Papyri sind uns einige Rollen mit Büchern dieses Werkes erhalten, zuweilen auch Kopien mit geringfügigen Abweichungen (vielleicht verschiedene Fassungen?), jedoch alle in fragmentarischem Zustand. Von der Briefsammlung, die in der Antike so berühmt gewesen ist, daß sie zu einem der Vorbilder für die Briefsammlung Senecas wurde, sind nur etwa 80 Fragmente auf uns gekommen, die, so interessant sie sind, selten mehr als flüchtige Eindrücke vermitteln.

II. HERMARCHOS von Mytilene (4./3. Jh. v. Chr.), aus armer Familie stammend, wurde sehr jung schon Schüler Epikurs und folgte ihm nach Lampsakos und später nach Athen. Er kam vom Studium der Rhetorik und besaß kein tieferes Verständnis für die Philosophie, so daß Epikur ihn als Beispiel für jemanden anführte, der einen ständigen Führer brauche; gleichwohl war er einer der vier καθηγεμόνες (Leiter) der Schule und befolgte streng die Regeln epikureischen Lebens. Er verfaßte fast ausschließlich Streitschriften: „Gegen Platon", „Gegen Aristoteles", „Briefwechsel über Empedokles", „Über die Wissenschaften" (Περὶ μαθημάτων). Das umfangreichste Fragment aus seinem Schrifttum ist uns zwar nur indirekt durch Porphyrios (abst. I 7, 12 = Fr. 24 Kr.) überliefert, jedoch höchst bezeichnend für die Art, wie H. mit der Untersuchung der notwendigen Voraussetzungen für das Leben der Menschen in den Anfängen der Kultur beginnt und darauf seine Theorie über die Bedeutung der gesetzlichen Strafe als eines Korrektivs der mangelnden Voraussicht des Durchschnittsmenschen aufbaut. Außerdem beschäftigte er sich viel mit dem Problem der Götter (Fr. 33 ff.), das er mit jener Achtung und Ehrfurcht behandelte, die bereits Epikur bei diesem Thema ausgezeichnet hatte. Er wurde Nachfolger des Meisters als Lehrer der Schule.

III. METRODOR von Lampsakos (331/30–278/77), der berühmteste der καθηγεμόνες der Schule nächst Epikur, dessen Schüler er schon in seiner Geburtsstadt war; der Meister, mit dem er zusammenlebte, liebte ihn sehr und widmete ihm einige seiner Schriften; darüber hinaus sandte er ihm zahlreiche Briefe und wünschte, daß dieser wie er selbst an den ‚Eikades' erwähnt werde. Epikur sah aber ganz klar in ihm einen Menschen, der die Wahrheit nur erlangen könnte, wenn man sie ihm zeigte, einen Menschen mit guter Auffassungsgabe, jedoch ohne eigene Originalität (Fr. 192 Us.). Dies wird bestätigt durch die Tatsache, daß er in seinen Schriften fast wörtlich ganze Sätze Epikurs übernahm; der Lehre entsprechend bestand er auf den am stärksten polemischen Aspekten („Gegenüber dem Leib hat der Verstand, der den Weg der Natur durchschreitet, seine großen Aufgaben", Fr. 39 Kö.), wie z. B., daß die Lebensweisheit zur Ataraxie führe („Versuche nicht, daß die Dinge so sind, wie du willst, sondern dein Wille richte sich nach den gegebenen Möglichkeiten der Dinge", Fr. 50 Kö.). Seine zahlreichen polemischen Schriften trugen Titel wie: „Von der Krankheit Epikurs", „Gegen Timokrates" (seinen Bruder, der abtrünnig geworden war und später die Schule verleumderisch anklagte), „Gegen die Ärzte", „Gegen die Sophisten" (nach

Bignone greift er hier in 9 Büchern die Platoniker an), „Gegen die Dialektiker" (Angriff auf die Megariker), „Über die Großmütigkeit" (polemisch gegen die Akademiker/Peripatetiker?), „Über den Reichtum" (gegen die Kyniker und Aristoteles); unpolemisch dürften gewesen sein „Über die Wahrnehmung", „Von den Göttern", „Über die Philosophie", „Vom Weg zur Weisheit".

IV. KOLOTES von Lampsakos (4./3. Jh. v. Chr.) war einer der ersten Schüler Epikurs und verehrte diesen leidenschaftlich fast wie einen Gott (vgl. Epic. Fr. 141 Us.); er wird im Testament des Meisters nicht erwähnt, vielleicht, weil er vor ihm gestorben war. Der ↗Kyniker Menedemos war sein Schüler. Seine leidenschaftlichen und manchmal groben Schriften waren alle polemischer Natur: „Gegen den Euthydemos des Platon", „Gegen den Lysis des Platon" (mit einem Angriff auch auf Menedemos und den ‚Staat' des Stoikers Zenon); ebenfalls gegen Platon ist ein Buch gerichtet, das die Verwendung von Mythen in philosophischen Schriften (z. B. denjenigen von Er im 10. Buch des ‚Staates') kritisiert. Eine letzte Schrift, die Ptolemaios Philadelphos gewidmet war, trug den Titel „Über die Tatsache, daß es nach den Lehren anderer Philosophen nicht einmal möglich ist zu leben" und griff alle philosophischen Schulen von der ionischen bis zu den zeitgenössischen an, jedoch ohne diese namentlich aufzuführen (οὐδενὸς τιθεὶς ὄνομα Plut. adv. Col. 1120B); sie ist durch die Erwiderung Plutarchs („Gegen Kolotes") seine bekannteste Schrift.

V. PHILODEM, geboren um 110 v. Chr. in Gadara, gestorben wahrscheinlich um 40/35 in Herkulaneum, kam um 75 nach Italien. Er wurde Philosoph im Hause des L. Calpurnius Piso Caesoninus (cos. 58). Dieser schenkte ihm ein Landhaus in Herkulaneum und ermöglichte es ihm, mit der römischen Jugend, die damals ein starkes Interesse für Philosophie zeigte, in Berührung zu kommen. Der kulturelle Mittelpunkt war Herkulaneum; gleichzeitig bestand in Neapel der Kreis um Siron. Ph. ging es darum, auf die gebildeten Kreise seiner Zeit Einfluß zu nehmen, und so wurde die Erklärung und Verbreitung der epikureischen Philosophie zum Ziel seiner schriftstellerischen Tätigkeit. Er begann mit einem mindestens 10 Bücher umfassenden philosophiegeschichtlichen Werk, der „Systematischen Behandlung der Philosophen" (τῶν φιλοσόφων σύνταξις), und widmete sich außerdem der Ethik („Über den Tod", „Vom Zorn", „Über die Laster", „Von der Redefreiheit", z.B. beim Tadeln von Freunden), der Theologie („Von den Göttern", „Über die Frömmigkeit", „Über die Vorsehung", mit Bezugnahme auf die Stoiker), der Logik („Über Zeichen und deren Deduktionen") und der Rhetorik („Abriß der Rhetorik"). Umfangreiche Fragmente dieser Werke wurden in den Papyri von Herkulaneum gefunden. Seine Werke sind wenig originell und in einem uneinheitlichen und nicht immer klaren Stil geschrieben, doch gelang es mit ihrer Hilfe, bisher unbekannte Einzelheiten der epikureischen Lehre zu rekonstruieren. Außerdem war Ph. ein formal ganz ausgezeichneter, wenn auch zuweilen nicht ganz seriöser Epigrammatiker, der bei seinen Zeitgenossen (z.B. Cicero und Horaz) großen Erfolg hatte. Von seinen ↗Epigrammen sind uns 25 in der Anthologia Palatina erhalten geblieben. Heftige Diskussionen löste das 5. Buch seines Werkes „Über Dichtungen" (Περὶ ποιημάτων) aus. In der Polemik gegen Neoptolemos von Parion wollte man eine Konzeption der Poesie als einer von der Logik und der Ethik unabhängigen geistigen Tätigkeit sehen, bei der nicht die utilitaristische Komponente oder der Inhalt, sondern der ästhetische Wert entscheidend ist (Rostagni). Dies würde sich nach den epikureischen Regeln insofern erklären, als diese Rhetorik und Poesie der damals ‚modernen' Kultur verwarfen. Es zeigt zugleich den unzweifelhaft negativen Charakter der gesamten philodemischen Kritik.

VI. SIRON, Epikureer des 1. Jh. v. Chr., besaß eine Schule in Neapel, wo auch Vergil sein Schüler war. Als bedeutende Persönlichkeit unterhielt er Beziehungen zu Cicero und Philodem.

VII. Im 2. Jh. n. Chr. ließ DIOGENES aus Oinoanda in Lykien, der einem angesehenen ortsansässigen Geschlecht entstammte, in einer von ihm errichteten öffentlichen Säulenhalle Inschriften anbringen, die eine Zusammenfassung der epikureischen Physik und Ethik sowie zahlreiche Aussprüche Epikurs enthalten, darunter einige, die anderweitig nicht bekannt sind. Wichtig ist ein Brief an die Mutter, den einige (William, Raubitschek, Schmid) D., andere (Usener, Gomperz, Philippson, Diano, Grilli) Epikur selbst zuschreiben. Ein stark zerstörter Traktat über das Greisenalter und das Testament des D. (von dem nur der Anfang erhalten ist) beschließen die Sammlung. Alle diese Schriften besitzen keine wirklich philosophische Bedeutung. Über eine willkommene Ergänzung des bereits Bekannten hinaus bezeugen sie das Fortbestehen der Lehre Epikurs, das unbeirrte Festhalten an seinen Geboten (lediglich geringe stoische Einflüsse sind feststellbar) und das Fortdauern der den Epikureern eigenen φιλανϑρωπία, die sich in der Sorge um das Schicksal all derer zeigt, die nicht die Erkenntnis der Wahrheit erlangt haben.

A.G.

Ausg.: H. Usener, Epicurea, Leipzig 1887. – C. Bailey, Epicurus. The Extant Remains, Oxford 1926. – A. Vogliano, Epicuri et Epicureorum scripta, Berlin 1928. – Epicuri Ethica ed. C. Diano, Florenz 1946. – Epicuro, Opere. Introduzione, testo critico, traduzione e note di G. Arrighetti, ²Turin 1973 (wichtig besonders für Περὶ φύσεως). – H. Usener, Glossarium Epicureum edendum curaverunt M. Gigante et W. Schmid, Rom 1977. – Hermarchos: K. W. G. Krohn, Der Epikureer H., Berlin 1921. – Ermarco, Frammenti. Ed., trad. e comm. a cura di F. Longo Auricchio, Neapel 1988. – Metrodor: A. Körte, Metrodorea, Jbb. f. class. Phil. Suppl. 17, 1890, 529–597. – Kolotes: W. Crönert, K. und Menedemos, München 1906. – Philodem: Für die älteren Ausgaben vgl. den unten zitierten RE-Artikel von R. Philippson. – F. Sbordone, Philodemi adversus [sophistas?], Neapel 1947. – Φιλοδήμου περὶ ποιημάτων. Tractatus tres. Ed. F. Sbordone, Neapel 1976. – Φιλοδήμου περὶ ῥητορικῆς libros primum et secundum ed. F. Longo Auricchio, Neapel 1977. – Philodemus, On Methods of Inference. Ed. with Translation and Commentary by Ph. H. De Lacy and E. A. De Lacy. Rev. Ed. with the Collaboration of M. Gigante, F. Longo Auricchio, A. Tepedino Guerra, Neapel 1978. – Diogenes von Oinoanda: J. William, Leipzig 1907. – A. Grilli, Mailand 1960. – C. W. Chilton, Leipzig 1967. – M. F. Smith, Thirteen New Fragments of Diogenes of Oenoanda, Wien 1974. – Komm.: A. Grilli, in: Studi R. Mondolfo, Bari 1950. – Diogenes of Oenoanda. The Fragments. A Translation and Commentary by C. W. Chilton, Oxford 1971.

Lit.: C. Giussani, Studi lucreziani, Turin 1896. – A. E. Taylor, Epicurus, London 1911. – R. Philippson, Zur epikureischen Götterlehre, Hermes 51, 1916, 568–608; 53, 1918, 358–395. – J. Mewaldt, Die geistige Einheit Epikurs, Halle 1927. – C. Bailey, The Greek Atomists and Epicurus, Oxford 1928. – E. Bignone, L'Aristotele perduto e la formazione filosofica di Epicuro, Florenz 1936. – C. Diano, La psicologia di Epicuro e la teoria delle passioni, Giornale Critico della Filosofia Italiana 7, 1939, 105–145; 8, 1940, 151–165; 9, 1941, 5–34; 10, 1942, 5–49. 121–150. – A. J. Festugière, Épicure et ses dieux, Paris 1946. – W. Schmid, Götter und Menschen in der Theologie Epikurs, Rhein. Mus. 94, 1951, 97–156. – G. Freymuth, Zur Lehre von den Götterbildern in der epikureischen Philosophie, Berlin 1953. – A. Grilli, Il problema della vita contemplativa nel mondo greco-romano, Mailand 1953. – Ders., La posizione di Aristotele, Epicuro e Posidonio nei confronti della storia di civiltà, Rendiconti dell'Istituto Lombardo, Classe di Lettere, Scienze morali e storiche, 86, Mailand 1953. – J. Mau, Raum und Bewegung, Hermes 82, 1954, 13–24. – A. Barigazzi, Cinetica degli εἴδωλα nel περὶ φύσεως di Epicuro, La Parola del Passato 13, 1958, 249–276. – P. Boyancé, Les épicuriens et la contemplation, Epicurea in memoriam Bignone, Genua 1959, 89–99. – Ph. Merlan, Studies in Epicurus and Aristotle, Wiesbaden 1960. – W. Schmid, Epikur, in: RAC 5, 1961, 681–819. – B. Farrington, The Faith of Epicurus, London 1967. – O. Gigon, Epikur, ²Stuttgart 1968. – P. Boyancé, Épicure, Paris 1969. – J. M. Rist, Epicurus. An Introduction, Cambridge 1972. – A. A. Long, Hellenistic Philosophy. Stoics, Epicureans, Sceptics, London ²1986. – J. Bollack, La pensée du plaisir. Épicure: textes moraux, commentaires, Paris 1975. – A. Barigazzi, Epicuro e l'epicureismo fino a Lucrezio, in: Storia della filosofia diretta da M. Dal Pra, Mailand IV 1975, 15–61. 167–178. – G. Rodis-Lewis, Épicure et son école, Paris 1975. – Études sur l'Épicurisme antique, éd. par J. Bollack et A. Laks, Lille 1976. – V. Goldschmidt, La doctrine d'Épicure et le droit, Paris 1977. – J. Bollack–A. Laks, Épicure à Pythoclès. Sur la cosmologie et les phénomènes météorologiques, Lille 1978. – G. Bonelli, Aporie etiche in Epicuro, Brüssel 1979. – M. Gigante, Scetticismo e Epicureismo, Neapel 1981. – Συζήτησις. Studi sull'epicureismo greco e romano..., Neapel 1983. – E. Asmis, Epicurus' Scientific Method, Ithaca/London 1984. – R. Müller, Anthropologie und Ethik in der epikureischen Philosophie, Berlin 1987. – Ph. Mitsis, Epicurus' Ethical Theory, Ithaca/London 1988. – F. Jürß, Die epikureische Erkenntnistheorie, Berlin 1991. – R. Müller, Die epikureische Ethik, Berlin 1991. – M. Gigante, Cinismo e Epicureismo, Neapel 1992. – A. Grilli, Stoicismo Epicureismo e Letteratura, Brescia 1992. – Literaturberichte: H. J. Mette, Epikuros 1963–1978, in: Lustrum 21, 1978, 45–116; 22, 1979/1980, 109–114; ders., Epikuros 1980–1983: ebd. 26, 1984, 5–6. – Hermarchos: H. von Arnim, RE 8, 1 (1912), 721–722. – Metrodor: W. Kroll, RE 15, 2 (1932), 1477–1480. – Kolotes: W. Crönert, K. und Menedemos, München 1906. – H. von Arnim, RE 11, 1 (1921), 1120–1122. – R. Westman, Plutarch gegen K., Acta Philos. Fennica 7, Helsinki 1955. – Philodem: R. Philippson, RE 19, 2 (1938), 2444–2482. – W. Schmid, Zur Geschichte der Herkulanischen Studien, La Parola del Passato 10, 1955, 478–500. – M. Gigante, Ricerche Filodemee, Neapel ²1983. – Ders., La bibliothèque de Philodème et l'épicurisme romain, Paris 1987.

Kilikien. Südöstl. Küstengebiet Kleinasiens, im W von Pamphylien (Grenze etwa bei Korakesion), im O von Kommagene und N-Syrien begrenzt; Grenze im N gegen Lykaonien und Kappadokien wohl der Tauroskamm. W-Teil: „rauhes" (gebirgiges) K. (Tracheia); O-Teil: ebenes K. (Pedias).
Seit Absetzung des pers. Vasallen Syennesis III. (kurz nach 400) pers. Satrapie; 333 von Alexander d. Gr. erobert. Etwa 317/16 unter Antigonos I. Monophthalmos; bei der Aufteilung seines Reiches (301) fiel K. anscheinend an Kassanders Bruder Pleistarchos, der es ca. 299/98 an Demetrios I. (↗Antigoniden 2) verlor. Um 295 wurde K. von Seleukos I. besetzt, die Tracheia (mit den Häfen Selinus und Soloi) sowie Mallos an der Pyramos-Mündung wahrscheinlich um 280 von Ptolemaios II. Im 2. Syr. Krieg (260–253) haben anscheinend die ↗Ptolemäer (II 3) West-K. und das angrenzende Pamphylien verloren (wohl nur seleukid. Oberhoheit), im 3. Syr. Krieg (246–241; ↗Seleukiden III 2) wiedergewonnen. Die Pedias (Zentrum Tarsos–Antiocheia) blieb fest in seleukid. Hand. 197 eroberte Antiochos III. die Tracheia. K. blieb auch im Frieden von Apameia (188) den Seleukiden; der W dürfte ihnen freilich in den Jahrzehnten der Thronwirren rasch entglitten sein, in denen die Pedias häufig Ausgangspunkt von Prätendenten (Alexander I. Balas, De-

metrios II. u. a. m.) war. Die „kilikische" Piraterie des späteren 2. Jh.s ging zwar von ganz Südanatolien aus, hatte aber ihr Zentrum in der Tracheia, so daß die Römer schon 102/1 dort eingriffen (Errichtung einer Provinz nicht sicher; die Prov. ‚Cilicia' umfaßte um 80 wohl nur Pamphylien, Milyas, Teile Pisidiens und allenfalls Teile der Tracheia). Die Pedias wurde 83–69 zusammen mit dem übrigen Seleukidenreich von Tigranes I. von ↗Armenien annektiert, der Einwohner in seine Neugründung Tigranokerta umsiedelte. In Teilen K.s scheinen sich die Seleukiden Philipp I. und II. gehalten zu haben. 67–64 schlug Pompeius Tracheia und Pedias der oben beschriebenen Prov. Cilicia zu und ordnete das Gebiet (u. a. Wiedergründung des entvölkerten Soloi als Pompeiopolis; mehrere weitere Stadtstaaten); im Amanos-Bergland residierte als Vasall *Tarkondimotos* von Hierapolis-Kastabala; zu Olba s. u. 58–48 wurde Kypros dem Statthalter von K. unterstellt. 40 Parthereinfall. 37/6 gab Antonius der Kleopatra VII. Teile der Tracheia und schlug die Pedias zu Syrien. 20 schenkte Augustus dem Archelaos von Kappadokien Teile der Tracheia; bei dessen Tod (17 n. Chr.) wurde K. endgültig als Provinz vereinigt unter Einschluß des Fürstentums Hierapolis, wo noch die Dynastie der Tarkondimotos (s. o.) regiert hatte. – Wenig später endete anscheinend die Reihe der *Priesterfürsten von Olba* (in der Tracheia). Die ἱερεῖς, später ἀρχιερεῖς (μεγάλοι) des Zeus Olbios nannten sich häufig nach ihren angebl. Ahnherren Teukros und Aias; sie wurden schon von Seleukos I. begünstigt und genossen wohl eine immer selbständigere Stellung im seleukid. K. Dem letzten Teukriden folgte unter Tiberius (?) M. Antonius Polemon, wohl Nachkomme des Polemon I. v. ↗Pontos (10), anscheinend als letzter Priesterfürst. Sein Verwandter Polemon II. von Pontos erhielt Teile der Tracheia (41– nach 68 n. Chr.). Außer den ἱερεῖς von Olba und der Dynastie von Hierapolis sind wohl in K. zahlreiche kleine Dynasten als Vasallen der Seleukiden bzw. Roms anzunehmen, so z. B. die Familie der Aba, Tochter des Zenophanes, die in der 2. Hälfte des 1. Jh.s v. Chr. die Teukriden in Olba verdrängt zu haben scheint. H. H. S.

Lit.: W. Ruge, RE X 1, 1921, 385–9 s. v. – Ders., RE XVII 2, 1937, 2399–403 s. v. Olbe; RE II A 1, 1927, 935–38 s. v. Soloi. – Magie, RRAM s. Index s. v. C. – T. S. MacKay, Olba in Rough C., Diss. Bryn Mawr College 1968. – W. Hoben, Unters. zur Stellung kleinasiat. Dynasten in der ausgehenden röm. Republik, Diss. Mainz 1969, 195–211 (zu Tarkondimotos). – Jones,

CERP² 192–214. – P.D. Breglia, La Provincia di C. e gli ordinamenti di Pompeo, RAAN 47, 1972, 327–87. – T.B. Mitford, Roman Rough C., ANRW II 7, 2, 1980, 1230–61. – Cl. Mutatian, La Cilicie au carrefour des empires, 2 Bde. Paris 1988. – Münzprägung: R.-Alföldi, 283; S. Schultz, Chiron 18, 1988, 91-170. – Ausgrabungen: PECS s. v. Olba, Soloi u. a.

Kind. Es blieb in der hell. Zeit bei der alten Auffassung, daß die Ehe vornehmlich der Kindererzeugung diene, und so sehr die Ehescheu zugenommen haben mag, lebte die alte Anschauung vom Unglück der Kinderlosigkeit fort. Auch Mädchen waren nicht unerwünscht, und selbst Zeus war es bei Kall. h. 3, 29 ff. (vgl. 4, 55 ff.) um gute, auch weibliche Nachkommenschaft zu tun. Abtreibung wurde verschieden beurteilt, aber Aussetzung, von der besonders Mädchen betroffen wurden, war gewiß keine Seltenheit; Polyb. 36, 17 (37, 4), 5 ff. führt auf die auch hiermit erreichte Nachwuchsbeschränkung die Abnahme der Bevölkerung in Griechenland zurück, doch urteilt man, wenigstens für Ägypten, auch günstiger[1]: jedenfalls wurden die Opfer oft aufgenommen, gerieten dann allerdings meistens in den Sklavenstand. Andererseits scheint Unterschiebung von seiten der Ehefrau auch eine gewisse Rolle gespielt zu haben, und Adoption blieb landläufig. Im rechtlichen und wohl auch tatsächlichen Status des Kindes hat sich nichts Wesentliches geändert; es gab gute, aber auch schlechte Behandlung. Das Verfügungsrecht hatte der Vater, dem ja auch die Fürsorgepflicht oblag, bei dessen Fehlen aber auch die Mutter, die überhaupt mehr Einfluß zu nehmen begann und jedenfalls die Last der Erziehung trug, bei Knaben bis etwa zum siebenten Lebensjahr und bei Mädchen bis zur Verheiratung. Das Maß der Bildung, das die Kinder erhielten, war natürlich nach den Umständen verschieden; auch die Mädchen konnten daran beteiligt werden, wenn auch öffentlich weniger für sie gesorgt wurde. Erwerbsarbeit wurde in ganz niedrigen Schichten gelegentlich verlangt. Im Kulte spielte das Kind wie früher wegen seiner rituellen Reinheit, besonders wenn es noch beide Eltern hatte, eine große Rolle. Die Dankesverpflichtung gegenüber Vater und Mutter zur Altersversorgung und Totenehrung war ungemindert in Geltung und konnte auch in dieser Zeit gesetzlich eingeschärft werden[2]; sie wurde oft gerne erfüllt[3]. Wir haben manche Zeugnisse für ein pietätvolles Verhältnis von Eltern und Kindern, und auch Dankbarkeit gegenüber Ammen ist zu spüren[4], deren Dienste auch ohne Not manchmal in Anspruch genommen wurden: man traf eine möglichst sorgfältige Auswahl, wie auch der Pädagoge eine Vertrauensstellung hatte. Vielerorten standen vor allem die Knaben in ihrer Erziehung und Bildung bis zum Eintritt in die ↗Ephebie unter der Aufsicht eines Paidonomen oder auch eines Kollegiums von Paidonomen, in Ermangelung von solchen auch schon unter der Obhut des Gymnasiarchen; für Mädchen werden vereinzelt auch besondere Beamte erwähnt.

Die innere Einstellung hat sich insofern entwickelt, als sich ein zwar nicht ganz unvorbereitetes, aber doch sehr intensiviertes Nahverhältnis zum Kinde zeigt, das man um seiner selbst willen beobachtet und bildlich wie poetisch mit Vorliebe darstellt. Auf dem Gebiete der Kunst finden wir Vorgänger in Choenvasen und Tanagrafiguren und dürfen wohl auch den Maler Pausias als Vorläufer nennen. In der Literatur ist es Euripides, der den Ton angibt (z. B. Iph. Taur. 1249 ff.); exzeptionell sind die Jugenderinnerungen der Erinna (↗Epyllion). Der Realismus der hell. Zeit mit seinem Hange zur Alltagswelt erfaßt das Kind nun endgültig in seiner körperlichen und seelischen Eigenart. Es wird nicht mehr als verkleinerter Erwachsener, sondern in seinen spezifischen Proportionen dargestellt, und auch die Dichtung gewinnt viele neue Züge zu denen, die schon früher seit Homer angeklungen waren. Wie von jeher wird nicht nur das menschliche, sondern auch das göttliche Kind behandelt. Zu den griechischen Repräsentanten dieser Altersstufe kommt der ägyptische Horos, dessen Fingerlutschen noch richtig verstanden wird (vgl. Plut. mor. 378 C). Darstellungen von Jahreszeiten als Putti sind aus der hell. Zeit noch nicht direkt nachzuweisen[5]. Dionysiskos, Satyriskos und Herakliskos werden beliebte Figuren, aber das Hauptinteresse konzentriert sich auf Eros, der ganz konsequent als Kind erscheint und in Psyche seine ebenfalls verjüngte Partnerin hat. Dem Wesen seines geselligen Alters entsprechend wird er jetzt nach weniger weitreichenden Vorgängen unbeschränkt vervielfältigt, ohne daß das etwa auf den Kult zurückwirkte. Flügel bleiben Kennzeichen seiner Göttlichkeit, aber da dieses Attribut auch fehlen kann, vermischen sich die „Eroten" mit den grundsätzlich ungeflügelten Menschenkindern, mit deren Beschäftigungen sie sich nun ihrerseits abgeben. Schon das Baby wird beachtet und in der Kunst zwar nicht beim Akt der Geburt selber dargestellt, der ja auch im Drama hinter die Bühne verlegt wird, wohl aber bei der ersten Waschung, deren auch die Dichter gedenken. Auch der heranwachsende Knabe fand seine Behandlung, besonders in Herondas' Didaskalos, wo die Komponente jugendlicher Unart zur Geltung kommt. In der Hauptsache aber ist es das Kind im engeren Sinne, das sich als Objekt eignet, noch nicht so sehr der νήπιος wie vielmehr das selbständiger agierende παιδίον oder παιδάριον, also weniger der Knabe mit der Fuchsgans, der sein Opfer mehr unabsichtlich quält[6], als der des Boethos, der seine Kräfte im Kampfe mit der Gans erprobt[7]. Dabei wird ein bestimmtes Alter tunlichst eingehalten, und auch bei Göttern, die früher nach altem Glauben gleich nach der Geburt staunenswerte Taten verrichteten, wird ein menschenartiger Entwicklungsrhythmus angenommen (Kall. h. 2, 58. 3, 72), ja, es entsteht eine Art Jugendgeschichte (Kall. h. 3), und die bildende Kunst gestaltet Zyklen, die von jener ersten Waschung über Gehversuche zu weiteren Taten führen; die göttliche Kinderstube unterscheidet sich nicht prinzipiell von der menschlichen (Kall. h. 3, 64ff.). Freilich werden die Möglichkeiten des Kindes leicht überschritten, und es kommt zu einem Kontrast zwischen Altersstufe und Leistung: so erreicht die kleine Artemis des ↗Kallimachos (h. 3), die vorher ganz kindlich, wenn auch besonders aktiv im Vergleich zu ihren Gespielinnen gezeichnet war und es auch nicht an der typischen Geschwätzigkeit hatte fehlen lassen, unversehens göttliche Machtfülle, und der zehn Monate alte Herakles des ↗Theokrit (eid. 24) beweist mit der Erwürgung der Schlangen doch ein supranormales Heldentum. Die Möglichkeiten echt kindlicher Betätigung sind sehr mannigfaltig. Eros ist bei ↗Apollonios Rhodios (Arg. III) noch Liebesgott, als der er ja Pfeil und Bogen behält, aber im übrigen ein eigenwilliger Bengel, der dem kleinen Ganymedes seine Würfel abgewinnt und nur durch das Versprechen eines prächtigen Balles von seiner Mutter dazu bewogen werden kann, Medea in Liebe zu versetzen. Auch die Eroten in der Mehrzahl haben manchmal noch eine lockere Beziehung zu ihrer eigentlichen Aufgabe, wie wenigstens einige in Aetions Gemälde der Hochzeit Alexanders d. Gr. mit der Rhoxane oder in lasziverer Weise jene, die Priaps Gewand heben; Kleopatra fährt als Aphrodite, von Amoretten umgeben, dem Antonius entgegen (Plut. Ant. 26 u.s.). Auf dem Nil tummeln sich Putti dagegen als Verkörperungen der Ellen des Wasserstandes, sicherlich eine alexandrinische Erfindung[8]. Sonst werden die göttlichen wie die menschlichen Kinder bei Spielen aller Art dargestellt, wie sie sich durch alle Zeiten forterben, besonders aber bei solchen, die Tätigkeiten von Erwachsenen, sogar kultische, nachahmen, und zwar so, daß die Unzulänglichkeit ihrer Kräfte oft zum Ausdruck kommt. Eine besondere Pointe ist es, wenn Kallimachos das Bild des bettelnden Artemiskindes auf Zeus' Schoß in Anspielung auf die Thetisszene der Ilias gestaltet und Boethos den Kampf des Knaben mit der Gans als heiteres Gegenstück zum Löwenathlos des Herakles formt.

Im ganzen sah man das Kind in seiner unverfälschten Natürlichkeit, die im Getriebe einer hochgeschraubten Zivilisation um so erfrischender wirken mußte; man freute sich an ihm und gönnte ihm seine Freude. In Alexandreia hat man sich vielleicht schon Kinder zur Erheiterung der Gesellschaft gehalten, die Vorbilder der *pueri minuti* in Rom (*Alexandrinae deliciae* Quint. inst. 1, 2, 7, vgl. Stat. silv. V 5, 66ff.). Der frühe Tod des jungen Menschen konnte bei pessimistischer Lebensauffassung als eine Gnade der Götter erscheinen (Menand. Fr. 111), galt aber zumeist doch als bejammernswert (Theokr. epigr. 16). Unter den Grab- ↗ Epigrammen auf ἄωροι gibt es auch solche, die den Verlust nicht nur im Blick auf die vernichtete Zukunft, sondern auch unter dem Aspekt der den Eltern entzogenen Freude am kindlichen Gebaren betrachteten[9]. Man hat freilich nie aufgehört, den Mangel der Jugend an Kraft und Einsicht nach alter Weise als einen Nachteil anzusehen: auf dem Kindheitsstand zu verbleiben, ist kein Vorzug (Epikur. Fr. 495 bei Sen. epist. 22, 14f.; Ariston v. Keos bei Philod. π. κακ. X col. 18, 5ff. Fr. 14 III W. u.a.). War die Nachahmung des Tuns der Erwachsenen auf den Bildern geeignet, dieses ins Niedliche zu verkleinern, so wird in der Popularethik das Treiben der Großen geradezu als Kinderspiel diskreditiert (Ariston von Chios Fr. 372 u.a.). Nach philosophischer Ansicht treten die Naturanlagen beim Kinde in aller Reinheit hervor. Die Stoiker lassen es aber noch nicht nach der Tugend streben, sondern nur nach den πρῶτα κατὰ φύσιν, die in Integrität und Schönheit des Körpers und in einer gewissen geistigen Substanz bestehen; sie versagen ihm echte Affekte so gut wie die auf Selbstentscheidung beruhende Sittlichkeit, gestehen ihm aber immerhin die Anlage zum Logos zu, die es uber das

Tier erhebt und eine sinnvolle Erziehung ermöglicht, aber doch vom ersten Tage an durch Lust- und Unlustempfindungen und durch Einflüsse der Umwelt gestört wird. Damit ist in gewisser Weise die christliche Anschauung von der kindlichen Unschuld vorbereitet, aber daß man sich je in die Zeit der Kindheit zurückgewünscht hätte, ist nicht nachzuweisen.   H.H.

Anm.: 1) H. Braunert, Die Binnenwanderung, Bonn 1964, 98. – 2) Inschrift aus Delphoi L. Lerat, Rev. Phil. 69 (N.F. 17), 1943, 62ff. – 3) Pap. Petrie II 13, 19 Z. 4ff. – 4) Kall. epigr. 50 (49 G.-P.). Theokr. epigr. 20 (11 G.-P.) u.s.w. – 5) Er. Simon, Der Vierjahreszeiten-Altar in Würzburg, Stuttgart 1967. – 6) Lippold Taf. 117, 1; vgl. Herond. 4, 31ff. – 7) Lippold Taf. 117, 2; Arndt-Amelung 4103f. – 8) W. Helbig–H. Speier, Führer I[4], Tübingen 1963, Nr. 440. – 9) E. Griessmair, Das Motiv der mors immatura in den griechischen metrischen Grabinschriften, Innsbruck 1966, 47ff.

Lit.: Th. Birt, De Amorum in arte antiqua simulacris et de pueris minutis apud antiquos in deliciis habitis, Progr. Marburg 1892. Aus dem Leben der Antike[3], Leipzig 1922, 134ff. Das Kulturleben der Griechen und Römer, Leipzig 1928, 208; 447. – H. Herter, Bonn. Jahrb. 132, 1927, 250ff.; Kallimachos und Homer, Bonn 1929. Jahrb. Ant. Christ. 4, 1961, 146ff.; Bonn. Jahrb. 161, 1961, 73ff. – A.T. Klein, Child Life in Greek Art, New York 1932. – G. Lippold, Handbuch der Archäologie III 1, München 1950, 313. – R. Kassel, Quomodo quibus locis apud veteres scriptores Graecos infantes atque parvuli pueri inducantur describantur commemorentur, Würzburg 1954. – M.P. Nilsson, Die hell. Schule, München 1955. – C. Schneider, Kulturgeschichte des Hell. I, München 1967, 131ff. – Eva Schmidt, Spielzeug und Spiele der Kinder im klassischen Altertum, Meiningen 1971; dazu H. Herter, Gnomon 50, 1978, 675ff. mit Lit. – H.-Th. Johann (Hrsg.), Erziehung und Bildung in der heidnischen und christlichen Antike, Darmstadt 1976. – M. Golden, Child and Childhood in Classical Athens, Baltimore/London 1990. – Auch ↗Frau.

Koine als Sprachbezeichnung (ἡ κοινὴ διάλεκτος) erscheint in der griechischen grammatischen Tradition erst etwa seit der Zeitenwende (ein Vorläufer mag in dem auf das Attische bezüglichen Ausdruck ἡ τῆς φωνῆς κοινότης καὶ μετριότης des Isokrates gesehen werden), und zwar als fünfter ↗Dialekt neben Attisch, Dorisch, Äolisch und Ionisch. Die Fünfteilung gegenüber der aus Strabon bekannten Vierteilung wird bezeugt seit Klemens Alexandrinos (Strom. I 21, 142)[1]. Man verstand darunter[2] 1. die niedrige („gemeine") Umgangssprache (Diodor, Lukian; Moiris im 3. Jh. n. Chr. etc.); 2. die von allen Schichten „gemeinsam" gesprochene Sprache (ἡ κοινὴ συνήθεια, Herodian); 3. das allen Dialekten „gemeinsam" Zugrundeliegende, aus welchem sich erst die Dialektformen ableiteten (Apollonios Dyskolos, sein Sohn Herodian, beide 2. Jh. n. Chr., Theodosios 4. Jh., Choiroboskos 6/7. Jh.). Dort, wo der Begriff im 1. Sinne verwendet wird, tritt er nicht nur in Gegensatz zu Ἀττικῶς, sondern auch zu Ἕλληνες, Ἑλληνικῶς, mit welchem Ausdruck offenbar die hellenistische, aber nicht attizistische Schriftsprache bezeichnet wurde. Diese Unterscheidung wird heute mit den Begriffen vulgäre und literarische K. fortgesetzt. Der heutige Gebrauch von K. = hellenistisches Griechisch (/Sprache) geht über diese Verwendungsweise insofern noch hinaus, als man ihn auch auf regional enger begrenzte, dialektal stärker differenzierte Gebrauchsformen des Griechischen (z. B. achäische, ätolische, nordwestgriechische, ägyptische, syropalästinische, kleinasiatische K.) anwendet, die u. a. in Opposition zu makedonischen Ansprüchen entstanden, aber nie zur literarischen Verwendung gelangten und spätestens um Christi Geburt auch vom hell. Griechisch gänzlich verdrängt wurden. Eine synchrone Beschreibung dieser K., die deren Eigenständigkeit hervorhebt und sie nicht nur als Durchgangsstadium zwischen Altattisch und Neugriechisch ansieht, steht noch aus.

W. P. S.

1) Hierauf beziehen sich wohl auch die *quinque Graeci sermonis differentiae*, die nach Quintilian XI 2, 50 Crassus beherrscht haben soll. A. Thumb, Die griech. Sprache im Zeitalter des Hell., Straßburg 1901, 167f., will diese jedoch als /Dialekte der K. verstehen. – 2) Zum Folgenden vgl. A. Maidhof, Zur Begriffsbestimmung der K. besonders auf Grund des Attizisten Moiris, in: Beiträge zur histor. Syntax der griech. Sprache, hrsg. von M. v. Schanz, 20, Würzburg 1912. – V. Bubenik, Hellenistic and Roman Greece as a Sociolinguistic Area, Amsterdam – Philadelphia 1989.

Koinon (plur. Koina), Begriff der *modernen* Forschung für übergreifende polit. Zusammenschlüsse auf landschaftl. oder zwischenstaatl. Grundlage, heute (Städte-, Staaten-, Stammes-) „Bünde" oder „Bundesstaaten"; die *Antike* kennt K. nicht in dieser Typenfestlegung. (Τὸ) κοινόν „das Gemeinsame; Gemeinschaft" ist vielmehr einer der vieldeutigen griech. sozialen Begriffe[1]; es bedarf des erklärenden Genetivs (ausgesprochen oder gedacht) und bezeichnet Vereine (z. B. Kult-, Soldatenvereine /Militärwesen A III 7; den Verband der Dionys. Techniten), die Volksversammlung (Akarnanien, Kreta; andernorts „Ekklesia") oder „Gemeinwesen" (modern: „Staat") mit dem Gen. eines Politikon oder Ethnikon (z. B. κοινὸν τῶν Σπαρτιατῶν)[2]. So kann K. *auch* die in der mod. Forschung einseitig gebrauchte Bed. „Bund(estaat)" haben, z. B. κ. τῶν Μολοσσῶν, τῶν Ἀχαιῶν; es steht dann für den üblichen, dem personalen Staatsdenken entsprechenden Plur. des Ethnikon (οἱ Μολοσσοί, οἱ Ἀχαιοί).

Ausgangspunkt für die Bezeichnung politischer Zusammenschlüsse als K. war der landschaftlich geschlossene Volks- oder Stammesverband, das Ethnos, sei es, daß dieses sich auf der Basis gemeinsamer religiöser Traditionen zunächst zu einem losen Stammesverbund, dann später zu einem echten „Bundesstaat" weiterentwickelte, sei es, daß solche Stammesbünde ursprünglich als „Stamm*staat*" mit gemeinsamem polit. Handeln nach außen und gemeinsamen Kulten als Ausdruck der politischen Einheit existierten³.

Von daher ist K. (aber eben nur in der Forschung!) „der Terminus technicus für die den Stammstaat ersetzende oder über ihn hinausgehende Staatenverbindung festerer, mehr bundesstaatlicher Art geworden..." (Kornemann). Nur die bundesstaatliche Organisationsform, die man auch als *„bundesstaatl. Sympolitie"* bezeichnet, ist Gegenstand dieses Artikels. Der v.a. bei Polybios gebräuchliche Ausdruck „Sympolitie" zur Kennzeichnung eines „Bundesstaates" (zur Erklärung s. Xen. Hell. 5, 2) betont den Aspekt gemeinsamen Bürgerrechts (s. u.) und der politischen Teilhabe von Poleis (oder Landschaften) an einer gemeinsamen übergeordneten politischen Struktur. „Sympolitie" meint freilich nicht nur den „Bundesstaat", sondern auch die (ggf. durch ↗Synoikismos herbeigeführte) polit. Verschmelzung zweier oder mehrerer Poleis (↗Bürgerrecht B 9).

Verbreitung: Koina prägen das polit. Bild Griechenlands teilw. schon seit frühhell. Zeit; die bedeutendsten waren der ↗Achäer- und ↗Ätolerbund, das ↗böot. K. und die Koina der ↗Akarnanen, ↗Phoker, ↗Thessaler und ↗Epiroten. Auch in Kleinasien bilden sich schon im 2. Jh. Koina, so der ↗lykische Bund; seit Mitte des 1. Jh.s, v. a. aber in der Kaiserzeit, sind solche Koina, z. B. das κοινὸν τῆς Ἀσίας, primär kultische Vereinigungen (Kaiserkult), die aber auch politische Interessen ihrer Mitglieder gegenüber der römischen Verwaltung vertraten. Einige Landschaften Griechenlands sind nur vorübergehend vereint, so ↗Arkadien zw. 371 und 362, das durch Antagonismus der einzelnen Poleis wieder zerfiel. Andere Staaten, wie etwa der Achäerbund, über den wir am besten informiert sind, finden sich erst in hell. Zeit zu einem durchorganisierten Bundesstaat zusammen; kleinere Koina entstehen (teilw. wieder) erst nach 196 (↗Thessalien). 146 wurden nach Paus. 7, 16, 9 alle Bünde Griechenlands auf röm. Befehl aufgelöst; es ist sehr umstritten, ob diese Aussage umfassend verstanden werden muß oder ob es sich nur um jene Koina handelte, die sich gegen Rom in irgendeiner Weise am Röm.-↗Achäischen Krieg (147/6) beteiligt hatten⁴. Jedenfalls sind schon wenige Jahre später viele der alten Koina wieder nachweisbar, jetzt dem Statthalter von ↗Makedonien unterstellt, teilw. nur noch als Kultbünde, so z.B. der böot. Bund. Um einen Auflösungsbefehl könnte es sich auch schon bei der Aufforderung Alexanders d. Gr. an die κοινοὶ σύλλογοι der Böoter u.a. gehandelt haben (324; Hyp. Dem. col. I 18)⁵.

Als exklusives Kennzeichen der sympolit. Koina („Bundesstaaten" gegenüber Organisationsformen, die man als „Staatenbünde" bezeichnen kann) gilt das *gemeinsame Bundes-↗Bürgerrecht,* das neben die Bürgerrechte der Gliedpoleis tritt: man ist etwa „Ätoler aus Naupaktos" o.ä. Dieses Bürgerrecht kann durch Bundesbeschluß an Einzelpersonen oder – dies der Zentralgewalt vorbehalten – an ganze Poleis verliehen werden, die so in das K. aufgenommen werden; daneben ist die Angliederung durch Isopolitie möglich (↗Ätoler). Vice versa schließt die Verleihung des Bürgerrechts einer Gliedpolis das Bundesbürgerrecht mit ein. Weiteres Merkmal des sympolitischen K. ist, daß die Befugnisse der Mitgliedstaaten denen des Bundes *untergeordnet* sind: beim Bund liegt die Leitung der auswärtigen Politik, die Entscheidung über Krieg und Frieden, die Ordnung des Kriegswesens, Gesetzgebung in Bundesangelegenheiten, Entscheidung bei Streitigkeiten der Gliedstaaten und Gerichtsbarkeit bei Vergehen gegen das K. Auch das *Münzwesen* ist grundsätzlich Bundessache, wird jedoch von den einzelnen Koina verschieden gehandhabt: nur Bundesmünzen z.B. bei den Ätolern, Phokern u.a., bei den Achäern wurde die Prägung von den Gliedstaaten als Auftragssache erledigt: die Stücke tragen Bundes- wie Stadtmonogramm (bzw. -symbol). Vereinheitlichung von Maßen, Gewichten und Münzfuß ist für den Achäerbund ausdrücklich belegt. In der Regel (immer beim Achäerbund) war der Eintritt nur einzelnen Poleis möglich, also Auflösung bestehender Koina bei Aufnahme; zum Aufnahmemodus s. z.B. StV III 499; ebenso war der Austritt nur mit Zustimmung des Bundes möglich (Polyb. 20, 6, 8 für die Achäer). Im Falle gewaltsamer Bundesexekution konnte in den wieder einzugliedernden Poleis Verfassungsänderung erzwungen werden (↗Sparta). Ansonsten behielten die Gliedpoleis ihre eigenen Beamten, Gremien und die privat- wie strafrechtliche Gerichtsbarkeit; ihre Position gegenüber der Bundesgewalt war etwa bei den Ätolern erheblich freier als z. B. beim Achäerbund. Bezirke (τέλη) unterhalb der Bundesebene waren eine besondere Institution des ätol. K.

Jedes K. wies *übergeordnete polit. Instanzen* auf, die die Politik des Bundes festlegten bzw. durchführten, gemeinsame Willensbildung ermöglichten und den Bund nach außen repräsentierten. Ihr relativ gleichförmiger Aufbau ist Abbild des polit. Aufbaus innerhalb der Polis (vgl. Polyb. 2, 37, 10f.), mit Bundesversammlung, Bundesrat und Bundesexekutivbeamten verschiedener Funktionen:

a) Die Souveränität lag in der Regel bei der *Bundesversammlung* (meist „Ekklesia" oder „K."; „die Tausend" bei den Akarnanen, wahrsch. ein Relikt früherer oligarch. Strukturen; „Damos" bei den Boiotern). Die Versammlung war eine Primärversammlung, an der alle Vollbürger teilnehmen konnten; bei den Achäern mußten sie über 30 Jahre alt sein[6]. Sie wurde in regelmäßigen Abständen (4mal jährl. „Synodoi" bei den Achäern, 2mal jährl. bei den Ätolern) oder zu bes. Anlässen (die „Synkletoi" der Achäer?)[7] durch den Rat oder die Exekutivbeamten einberufen und geleitet und tagte (bei den Achäern mit fester Tagesordnung, die nicht geändert werden konnte) am Zentrum des Bundes (z. B. Thermos bei den Ätolern, Elateia bei den Phokern) oder wechselnd in den Gliedpoleis (so bei den Achäern nach 188, vorher in Aigion). Die Abstimmung erfolgte in der Regel nach Poleis. Bei der Versammlung lag die Entscheidung über Krieg und Frieden, die Wahl der Bundesbeamten, die Beschlußfassung über alle Verwaltungsangelegenheiten, gesetzgeberische und gerichtliche Befugnisse, letztere in Angelegenheiten des Bundes.

Bei den Achäern wurden, wohl vor 200, die Kompetenzen der Bundesversammlung auf Symmachieverträge, Kriegsentscheid und – später – auf die Behandlung schriftlicher Mitteilungen des Senats beschränkt; auch die Beamtenwahl lag beim Repräsentativkörper des Rates[8] (s. u.); beim thessalischen K. (nach 196) gab es keine Primärversammlung, sondern nur ein ↗Synhedrion, dessen gewählte Mitglieder – nach röm. Entscheid – einen bestimmten Zensus vorweisen mußten. Die Vorbereitung von Entscheidungen (Probuleuma), die Geschäftsführung, ggf. auch gerichtl. Befugnisse u. a. m. lagen beim

b) *Bundesrat* (Synhedroi, Synhedrion, Bulē), dessen Mitglieder nach der Bevölkerungszahl von den Gliedpoleis bestellt wurden, bei den Ätolern etwa wohl ca. 1000 Personen. Bei den Akarnanen gab es einen geschäftsführenden Ratsausschuß unter einem Promnamonen und Sympromnamonen; wahrsch. sind auch die ätol. Apoklētoi ein solcher geschäftsführender Ratsausschuß. Die Existenz eines Synhedrions bei den Böotern will Roesch nachgewiesen haben[9].

c) Die Führung des Bundes nach außen lag bei den auf 1 Jahr in der Regel von der Bundesversammlung gewählten, wohl nicht besoldeten *Bundesbeamten,* bei den Ätolern, Akarnanen und Achäern (seit 255) der (eponyme) ↗Stratege an der Spitze, der u. a. den Oberbefehl über die Bundestruppen hatte und teilw. erheblichen Einfluß auf die Politik des Bundes nahm (↗Achäer). Im Achäerbund bildete der Stratege zusammen mit 10 Damiurgen den Führungskörper (Synarchiai). Andere Koina hatten eine kollektive Führungsspitze, z.B. die 3 Strategen bzw. 3 Phokarchen der Phoker, die 7–8 Boiotarchen der Böoter (die Existenz eines böot. Strategen [nach 200] wird heute nicht mehr vertreten[10], der eponyme Archon war polit. bedeutungslos) und die 7 Strategen der Akarnanen (vor Mitte des 3. Jh.s)[11]. Eines der wichtigsten Ämter war das des Ratssekretärs (Grammateus). Weiter sind höhere Militärkommandeure belegt, Hipparchen bzw. Nauarchen, dann ein Hypostratege bei den Achäern als Führer eines Militärbezirks (Synteleia[12]). An der Gesetzgebung und Führung der Gesetzessammlungen des Bundes wirken (so bei den Ätolern und Achäern) Nomographoi mit. Richter (Achäer) und ein Gerichtshof (Akarnanen) sind ebenfalls belegt. Über die Finanzverwaltung und -beamten (häufig Tamiai) sind wir nur unzureichend informiert, die Funktion mancher Bundesämter (z.B. die der böot. Aphedriaten) ist noch ungeklärt. Wiederwahl der höheren Beamten, für die ein bestimmtes Alter festgelegt werden konnte (ab 30 Jahre bei den Achäern), war statthaft. Das *Bundesheer* setzte sich – so bei den Achäern – aus Kontingenten der Gliedpoleis unter städtischen Kommandeuren zusammen; über das ↗Militärwesen sind wir insbesondere bei den Böotern genauer informiert. Den Poleis oblag auch die Abführung von Bundesbeiträgen (Eisphorai bei den Achäern, Polyb. 4, 60, 4). Dem Zusammenhalt des K. dienten auch gemeinsame Bundesheiligtümer (s. z. B. StV III 523) oder die Feier von Bundesfesten, z. B. die Pamboiotia des böot. K.   J. D. G.

Anm.: 1) Vgl. z.B. Polis, Politeia, ↗Politeuma. – 2) Zur Terminologie: Walbank, Greek federal states? (s.u.); J. Tréheux, REA 89, 1987, 39 ff. – 3) S. die bei Giovannini (s.u.) 11 f. genannte Lit. – 4) Dazu speziell Martin (s.u.). – 5) S. die Diskussion bei G. Colin, Hypéride, Discours, Paris 1946 (Budé) 224–7. – 6) Gegen die Vermutung Larsens, GFS 232, die Teilnahme sei an einen Zensus gebunden gewesen, vgl. Walbank, Gnomon 62, 1990, 130 unter Hinweis auf Polyb. 38,12,5. – 7) Zum Stand der Diskussion über Synhodos-Synkletos: Walbank, Comm. III 406–14. – 8) So die Theorie Larsens. – 9) Roesch (s.u.) 126–33. – 10) Ders., 112–23. – 11) Das epirot. K. hatte vermutlich nur 1 (nicht 3) Strategen: J.Tréheux, REG 88, 1975, 156–67; Walbank, Gnomon a.a.O. 131. – 12) Dazu J.A.O. Larsen, CP 66, 1971, 84–86 (schließt die Existenz mehrerer Synteleiai nicht aus).

Lit.: E. Kornemann, RE Suppl. IV, 1924, 914–41, s.v. Κοινόν. – Busolt-Swoboda, Griech. Staatskunde II³ 1310–1575. – W. Schwahn, RE IV A 1, 1931, 1171–1266 s.v. Συμπολιτεία (auch mit hist. Abrissen). – J.A.O. Larsen, Representative Government in Greek and Roman History, Berkeley 1955. – Ders., Greek Federal States, Oxford 1968. – V. Ehrenberg, Der Staat der Griechen, Zürich/Stuttgart ²1965, 147–60; 322–3. – P. Roesch, Thespies et la confédération béotienne, Paris 1965. – A. Giovannini, Unters. über die Natur und die Anfänge der bundesstaatl. Sympolitie in Griechenland. Hypomnemata 33, 1971; dazu F. W. Walbank, Were there Greek federal states? Selected Papers, 1985, 20 ff. (zuerst 1976/7). – Martin, Greek Leagues (passim). – D. Knoepfler, BCH 114, 1990, 473–98 (zu sympolit. Bünden der Euböer und Magneten nach 197).

Kommagene. Fruchtbare Grenzlandschaft des Seleukidenreiches am r. Euphratufer zwischen Kilikien, Kappadokien, Armenien und Syrien; Hauptstadt Samosata (Samsat).

Das im späteren Hell. beherrschende Geschlecht der Orontiden (Aroandiden) rühmte sich der Abkunft von Achämeniden, Alexander d. Gr. und seleukid. Vasallen-↗Dynasten in S-Armenien und K. Genaueres erst bekannt seit ca. 163/2, als der Orontide Ptolemaios sich (als König?) in K. selbständig machte (–ca. 130). Sein Enkel (?) *Mithradates I*. Kallinikos (ca. 100–ca. 70?) war mit Laodike, Tochter des Antiochos VIII. Grypos (↗Seleukiden VI 2) verheiratet. Ihr Sohn *Antiochos I*. Theos Dikaios Epiphanes Philorhomaios Philhellen (ca. 70–ca. 35) baute den ↗Herrscherkult (C 3 c) nach hell. Vorbild aus (Inschr. v. Nemrud-Dagh usw.). Nach dem Tod seines Enkels (?) Antiochos III. (17 n. Chr.) wurde K. von Germanicus zur Prov. Syrien geschlagen, unter Caligula wieder Vasallenkönigtum unter Antiochos IV. (38–72 n. Chr.), 72 endgültig zu Syrien. Letzter bekannter Orontide: C. Iulius Antiochos Philopappos, Titularkönig und athen. Archon, 114–116 Erbauer des Denkmals auf dem Musenhügel zu Athen (OGI 409–13). H.H.S.

Lit.: H. Dörrie, Der Königskult des Antiochos v. K., Abh. Akad. Göttingen, 3. F. 60, 1964. – H. Waldmann, Die kommagen. Kultreformen unter König Mithradates I. Kallinikos und s. Sohne Antiochos I., EPRO 34, Leiden 1973. – F. K. Dörner (Hrsg.), K., Gesch. und Kultur einer antiken Landschaft, A. Welt, Sonderheft 6, 1975 (Lit.); ders., Der Thron der Götter auf dem Nemrud Dag, Bergisch Gladbach 1987³. – R. D. Sullivan, The Dynasty of C., ANRW II 8, 1977, 732–98; ders., Near Eastern Royalty.

Korinth. Die einst bedeutende See- und Handelsmacht, durch die Hegemonialkämpfe des frühen 4. Jh.s schwer mitgenommen, trat um 366/5 aus dem Peloponn. Bund aus und blühte durch Neutralitätspolitik wieder auf; letzte polit. Größe durch Eingreifen in ↗Sizilien (Timoleon 344–336; organisiert Neubesiedlung Siziliens). 338 neutral; 338/7 und danach öfter Tagungsort des „Korinth. Bundes" Philipps II. und Alexanders d. Gr.; auch die Erneuerung des Bundes (302 durch Demetrios I. Poliorketes, ↗Antigoniden 2) fand am Isthmos von K. statt (s. a. ↗Hellenenbünde). Die wichtige Festung Akrokorinth war fast immer durch Besatzungen der Machthaber gesichert, wohl schon unter Philipp II. und Alexander d. Gr., sicher unter Antipater, Polyperchon, Ptolemaios (308/7?), Kassander, Demetrios I. Poliorketes (seit 303/2). Sie blieb auch nach Ipsos (301) Stützpunkt des Demetrios bzw. (seit 287) seines Sohnes Antigonos II. Gonatas (↗Makedonien III 1). Dieser setzte um 280 seinen Halbbruder Krateros (aus 1. Ehe seiner Mutter Phila mit Krateros; *321) zum ↗Strategen in K. ein; noch im Chremonideischen Krieg war Krateros Vizekönig der makedon. Besitzungen in Hellas (bes. K. und Euboia). Ihm folgte sein Sohn *Alexandros* (*um 290), der sich (um 252?), wohl mit ptolem. Hilfe, unabhängig machte und nach Erfolgen gegen Antigonos (↗Athen I 4) den Königstitel annahm (†um 245). Antigonos vermählte seinen Sohn Demetrios (II.) mit Alexanders Witwe Nikaia und besetzte Akro-K., verlor Stadt und Festung 243 an die ↗Achäer (2). Um diese Zeit Hochblüte der Wirtschaft K.s infolge günstiger Lage an den Seewegen nach Ost und West; eine der stärkst bevölkerten Städte des hell. Raumes. 228 ließ K. die ↗Römer (I 2) zu den Isthmischen Spielen zu. 224 Abfall zu Kleomenes III. v. ↗Sparta (I 4); die Achäer übergaben die Feste an Makedonien, unter dessen Herrschaft K., eine der „Fußfesseln Griechenlands", bis zur Rückgabe an die Achäer (196) stand. K. wurde infolge seiner großen Bevölkerung und Wirtschaftsbedeutung bald wichtigstes Mitglied des Achäerbundes. Im 2. Jh. zunehmende soziale Spannungen; das Proletariat von K. war einer der Herde der Unruhen, die zum Konflikt mit Rom führten (↗Achäerbund 5). 146 wurde K. von L. Mummius erobert, geplündert und völlig zerstört, die Bewohner getötet oder versklavt; dabei dürfte Handelsneid ital. Kaufleute kaum eine Rolle gespielt haben[1]. Das Territorium fiel z. T. an Sikyon, z. T. an den ager publicus; es blieb 100 Jahre fast unbewohnt, bis 44 auf Caesars Anordnung mit ital. Siedlern die röm. Bürgerkolonie Laus Iulia Corinthus gegründet wurde. Aus dem Hell. sind fast keine Baureste erhalten. H. H. S.

Anm.: 1) J. Hatzfeld, Les trafiquants italiens dans l'orient hellénique, Paris 1919, 373 ff.; Will, Hist. Pol. I², 332 f.

Lit.: Landschaft: Philippson-Kirsten III 1, 71–92. – A.W. Byvanck–Th. Lenschau, RE Suppl. IV, 1924, 991–1036, bes. 1029–33. – F. J. de Waele, RE Suppl. VI, 1935, 182–99. – Ders., Korinth, hellens-romeinse metropolis en handelsstad, Nijmegen 1961. – E. Meyer, DKlP III, 1969, 301–5 s. v. (Lit.). – Th. Schwertfeger, Der achäische Bund 146–27 v. Chr., Vestigia 19, 1974, 3–18 (Achäerkrieg); 41 f. (Neuordnung, dazu aber R. Bernhardt, Historia 26, 1977, 62–73). – Münzprägung: R.-Alföldi 267 f. – Ausgrabungen: Berichte in Hesperia; PECS s. v. – Leekley–Noyes, Southern Greece 73–87. – S. a. ↗Achäerbund (Lit.).

Kreta, Kreter. Vom polit. Geschehen in Griechenland isoliert, wurde K. im 4. Jh. zum Gegenstand verfassungstheoretisch orientierter Betrachtung: Platon galten die kret. Gesetze als vorbildlich (Nom. 1, 6, 631 B u. a.), seit Aristoteles, dessen Verfassungsgeschichte K.s verloren ist (vgl. Frg. 611, 14 f. Rose¹), setzt sich die im Hell. häufig vertretene (z. B. Ephoros, u. a. bei Strab. 10, 480–4), aber auch kritisierte Identifikation (Polyb. 6, 45–7) kretischer Institutionen mit der spartanischen Verfassung fort.

Der K. genoß in der hell. Zeit einen ausgesprochen schlechten Ruf; sprichwörtliche Lügenhaftigkeit (Kall. h. 1, 8; vgl. Paulus, ep. ad Titum 1, 12), Verschlagenheit (Polyb. 6, 47; 8, 18; 8, 21: ein kret. Spiel mit einem K. treiben), Wortbrüchigkeit (Diod. 31, 45), Geldgier (Polyb. 6, 46; Diod. 37, 18) und mangelnde Bildungsbereitschaft (Polyb. 33, 16) wurden ihm nachgesagt.

Ebenso wie für die vorangehenden Jahrhunderte ist es für die hell. Epoche unmöglich, eine politische Geschichte der von kleinen Gemeinden übersäten Insel zu entwerfen. Bis zur Unterwerfung durch die Römer (66) ist es nur zeitweilig auswärtigen Mächten und größeren kret. Poleis wie Knosos, Gortyn, Phaistos (um 221 vorübergehend mit Gortyn vereint, s. StV III 510), Lyttos, Hierapytna, Polyrrhenia, Kydonia u. a. in ihrem oft gegeneinander gerichteten Hegemonialstreben gelungen, eine größere Zahl kret. Gemeinden unter ihrer Führung zusammenzuschließen. Die Gesch. dieser Hegemonien bildet zwar eine gewisse Konstante in der kret. Gesch., ist aber auch nur in groben Zügen skizzierbar. Vereinzelte Notizen antiker Autoren – meist Hinweise auf K. in hell. Heeren[2] – und zufällige Inschriftenfunde[3] beleuchten nur schlaglichtartig Ereignisse und Konstellationen; die auf K. vergleichsweise ausgefeilten völkerrechtlichen Vertragsformulare dürften nicht zuletzt durch die Bildung immer neuer Koalitionen in den permanenten Auseinandersetzungen zw. den zahlreichen Poleis zu erklären sein[4]. In der internationalen Politik spielte K. keine eigenständige Rolle; ihre Poleis finden sich im Gefolge von Groß- und Mittelmächten, die die Zersplitterung der Insel dazu nutzten, Stützpunkte zu bilden, sich die Anwerbung der begehrten kret. Bogenschützen vertraglich zu sichern, Hilfskontingente zu erhalten oder die berüchtigte kret. Neigung zur Piraterie für die eigenen polit. Zwecke auszunützen, so Philipp V. (s.u.) und Nabis v. Sparta (Polyb. 13, 8).

Bereits im ausgehenden 4. Jh. wurden die kret. Städte in die großen machtpolit. Auseinandersetzungen hineingezogen: 332 zwang Agis III. v. ↗*Sparta* (2) wahrsch. unter Ausnützung alter traditioneller Bindungen Spartas an einzelne kret. Städte, z.B. Lyttos, die meisten Poleis K.s auf seine Seite und schuf sich so eine Basis für seinen Kampf gegen Makedonien; dabei unterstützten ihn 8000 griech. Söldner, die nach der Schlacht bei Issos 333 aus dem Heer des Dareios entkommen waren (Diod. 17, 48, 2; vgl. Curt. 4, 1, 38–40; 4,6; nach Agis' Tod 331 K. wieder makedon., Curt. 4, 8, 15; 4,34). Während einer allg. Hungersnot in Griechenland 330 linderte Kyrene auch den Getreidemangel einiger kret. Poleis (SEG IX 2); 305 kam eine knosische Flotte ↗*Rhodos* gegen Demetrios I. Poliorketes zu Hilfe. Um 275 erneuerte Sparta seinen Einfluß (StV III 471): Es vermittelte ein Bündnis zw. Polyrrhenia und Phalasarna (West-K.); später unterstützte Areus I. Gortyn (Plut. Pyrrh. 27). Daher dürfte auch Gortyn zu den kret. Poleis gehören, die die antimakedon. Koalition im Chremonideischen Krieg (ca. 267–261) unterstützten (StV III 476). Seit diesem Krieg diente Itanos im äußersten Osten K.s bis 145 den *Ptolemäern* als Stützpunkt (s.a. IC III 4,18: ein Römer als Phrurarch in ptol. Sold). Das benachbarte Hierapytna dagegen und Eleutherna standen viell. damals schon auf Seiten *Makedoniens* (StV III 501–2)[5]. Zw. 280 und 250 schlossen das

Koinon der Oreioi und wahrsch. auch Gortyn mit Magas v. ↗Kyrene eine Defensivallianz (StV III 468). Um die Mitte des 3. Jh.s (nach 260 und vor 232/1, s. StV III 482) ist der größte Teil der Gemeinden K.s in 3 Gefolgschaften aufgeteilt: die mächtigste ist die von Knosos mit 19 Gemeinden von Phalasarna im äußersten W bis zum ptol. Itanos (s. o.) im O und Priansos im S, dann folgt die von Gortyn mit 4 Gemeinden, darunter Lyttos, das damals mit den *Seleukiden* verbündet war (Symmachie-Erneuerung mit Antiochos II. 250, StV III 486), und schließlich die von Phaistos mit seiner Hafenstadt Matala und Polyrrhenia im W.

Im Zeichen zunehmenden makedon. Einflusses auf K. steht der Symmachievertrag zw. Demetrios II. und Gortyn mit Bundesgenossen im Demetriakos Polemos (zw. 239 und 229, StV III 498; ↗Makedonien III 2). Die o. g. Bündnisse mit Hierapytna und Eleutherna (StV III 501–2) lassen sich auch in die Zeit Antigonos' III. Doson datieren und dürften dann wohl der Vorbereitung des Krieges gegen Kleomenes III. v. ↗Sparta (I 5) gedient haben. Die Verträge hatten primär die Gestellung von Hilfstruppen zum Ziel, der Vertrag mit Hierapytna schloß Söldneranwerbung anderer Staaten ausdrücklich aus. Zwei Auswanderungswellen (228/7 und 223/2) aus über 20 kret. Städten, die in Milet Aufnahme gefunden haben, deuten auf Übervölkerungsprobleme hin[6].

Wohl vor 225 fällt die Entstehung des Κοινὸν τῶν Κρηταιέων unter der Hegemonie von Knosos und Gortyn. Damals soll sich Knosos im Verein mit Gortyn ganz K. mit Ausnahme von Lyttos, des alten Rivalen von Knosos, unterworfen haben (Polyb. 4, 53, 4). Lyttos' Widerstand führte zum Lyttischen Krieg (ca. 221–219): Polyrrhenia, Lappa, Keraia, die Oreioi und die Arkader traten auf die Seite des bedrohten Lyttos, ebenso die sog. „jungen Leute" von Gortyn. Knosos holte daraufhin Hilfe vom Ätolerbund, vertrieb die „Jungen" aus Gortyn und zerstörte Lyttos[7]. Doch die Lyttier und ihre Bundesgenossen wandten sich an *Philipp V.* und den Achäerbund. Mit deren Hilfe zwangen sie Eleutherna, Kydonia und Aptera auf ihre Seite. Der Bundesgenossenkrieg (220–217), zu dem beide Seiten Hilfskorps entsandten, überlagerte schließlich die Kämpfe auf K. Ein Eid der Jungmannschaft von Dreros, in dem diese sich zur Freundschaft mit Knosos und Feindschaft mit Lyttos verpflichtete, dürfte in diese Zeit gehören (StV III 584); auch könnten Verträge zw. Gortyn und Axos, Malla und Lyttos sowie Hierapytna und Arkades (StV III 510–2) in die Jahre des Lytt. Krieges fallen.

Nach dem Bundesgenossenkrieg dominierte auf K. die antiknosisch-makedon. Seite: Noch vor 215 wählten angebl. alle K. Philipp V. zu ihrem Prostates (Polyb. 7, 11, 9; Plut. Arat 48; 50)[8]. In den 1. Makedon. Krieg (215–205) wurden die K. nicht hineingezogen, viell. dank ptol. Einflusses (nachweisbar nicht nur in Itanos[9], sondern auch in Gortyn, Strab. 10, 478), doch danach nutzte Philipp V. die kret. Neigung zum ↗Seeraub für seine Ägäispläne aus: Um die Seemacht von ↗Rhodos, das schon im Lytt. Krieg Knosos unterstützt hatte, zu binden, hetzte er seine kret. Bundesgenossen zu verstärkter Piraterie auf: Rhodos reagierte mit Kriegserklärung an K.: Kretikos Polemos (205, s. a. Polyb. 13, 4f.; Diod. 27, 2; 28, 1). Der kret. Kleinkrieg, von dem Inschriften ein lebendiges Bild vermitteln[10], richtete sich v. a. gegen Kos und dessen Nachbarinseln. Die Angst vor kret. Piraten war wohl auch Anlaß für Teos, um 201 viele kret. Poleis um ↗Asylieanerkennung anzugehen, meist durch makedon., bei Lappa auch durch seleukid. Vermittlung (IC II 16, 3). Doch das Scheitern der Expansionspläne Philipps V. und der Ausbruch des 2. Makedon. Krieges (200–197) beraubte die K. der mak. Unterstützung, so daß sie gegen Rhodos ins Hintertreffen gerieten, zumal die inneren Auseinandersetzungen sich fortsetzten: Im Vertrag zw. Rhodos und Hierapytna (StV III 551), der einen Krieg zw. Hierapytna und Knosos nebst Bundesgenossen erwähnt, war Rhodos der führende Partner; der wohl gleichzeitig abgeschlossene Vertrag mit Olus begründete noch stärkere Abhängigkeit (StV III 552). Neben Rhodos knüpfte auch Pergamon ein ganzes Netz von Verträgen über K., nicht zuletzt um die kret. Piraterie besser unter Kontrolle zu bekommen. Um 200 gewann *Attalos I.* v. Pergamon, der auch mit Hierapytna, Priansos und Arkades im Bündnis gewesen sein muß, Lato und Malla zu Bundesgenossen[11]; sein Nachfolger *Eumenes II.* schloß 183 mit 31 kret. Gemeinden einen Bündnisvertrag[12], der freilich nicht von Dauer war. Zu Bithynien unterhielten Aptera (IC II 3, 4A) und Axos Kontakte (IC II 5, 21), Axos stand dazu noch in Bez. zum Ätolerbund (StV III 585). Den Hegemoniebestrebungen Gortyns diente der ehem. achäische Stratege *Philopoimen* zw. 201 und 194 bei seinem 2. K.-Aufenthalt (s. Paus. 8, 49, 7) und machte

sich mit der kret. Kampfführung vertraut (Plut. Philop. 13). Schließlich versuchte Nabis v. ↗Sparta (I 5), Einfluß auf K. zu nehmen, an dessen Bekämpfung sich auch kret. Einheiten beteiligten (vgl. IG IV 1117).
Seit dieser Zeit schaltete sich auch *Rom* in die Auseinandersetzungen der nur mit sich selbst beschäftigten kret. Poleis ein, die das ganze 2. Jh. durchziehen und bei denen häufig Schiedsgerichte aus K. oder von außerhalb bemüht wurden: 196 vermittelte Magnesia zw. Gortyn und Knosos, zw. 120 und 116/5 Knosos zw. Lato und Olus (IC I 16, 3 und 5); Ende des 2. Jh.s bemühte Malla anläßl. innerer Kämpfe Schiedsrichter aus Knosos und Lyttos. 189 versuchte erfolglos eine röm. Kommission im Kampf Kydonias gegen Knosos und Gortyn zu vermitteln (Liv. 37, 60); 184 schaltete sich wieder eine röm. Gesandtschaft in u. a. territoriale Streitigkeiten zw. Knosos und Gortyn ein; 174 erreichte der röm. Legat Q. Minucius eine Unterbrechung der Kämpfe durch einen 6monatigen Waffenstillstand, die danach unvermindert fortgesetzt wurden und die auch der Ausbruch des 3. Makedon. Krieges (171–168) nicht unterbrach; bei dessen Beginn hatte sich eine röm. Gesandtschaft der Bündnistreue K.s versichert (Liv. 42, 19, 8: renovare amicitiam, socii, vgl. a. Diod. 40, 1): K. stellte dem Konsul P. Licinius Bogenschützen, die auch bei Pydna 168 mitkämpften (Liv. 42, 35, 6; Plut. Aem. 15); freilich scheint K.s Haltung nicht eindeutig gewesen zu sein (kret. Bogenschützen unter Perseus, Liv. 44, 43, 6–8; 45, 19; Plut. Aem. 23). Um 171 zerstörte Kydonia unter brutaler Verletzung bestehender Verträge Apollonia (Polyb. 28, 14) und rief bald darauf den verbündeten Eumenes II. aus Furcht vor Gortyn herbei (Polyb. 28, 15). Während Gortyn nun gegen Kydonia vorging, bemächtigte sich Knosos Apollonias. Daraufhin wandte sich Gortyn gegen Knosos. Erst durch Vermittlung Ptolemaios' VI. ca. 166/5 erhielt Gortyn Apollonia. Ca. 165 gingen Knosos und Gortyn gemeinsam gegen Rhaukos vor (Polyb. 31, 1). Im 2. Kret.-Rhodischen Krieg um 154 (Polyb. 33, 4; 13–17; Just. prol. 35; ein Überfall auf Siphnos in dieser Zeit, Diod. 31, 45) scheint Gortyn federführend zu sein. Rom, dem dieser Krieg nicht ungelegen kam, beendete ihn schließlich. Um 145 unterstützten kret. Gemeinden den Seleukiden *Demetrios II.* (Just. 35, 2, 2), unter dem der K. Lasthenes zum Reichsvezir aufstieg (Jos. ant. Jud. 13, 86.127).
Nach 145 zerstörte Hierapytna das mit ihm zuvor ver-

bündete Praisos und stritt mit Itanos – nach Abzug der Ptolemäer ohne äußeren Schutz – um den Besitz des Dikte-Heiligtums und der Insel Leuke; erst 112/1 legte ein erneut auf Betreiben des röm. Senats zustandegekommener Schiedsspruch Magnesias den Streit zugunsten von Itanos bei.

Auch für das 1. Jh. nur spärlich Quellen: Während des 1. Mithradat. Krieges (88–85) hielt Lucullus K. auf röm. Seite (Plut. Luc. 2, 3). Freilich war die kret. Piraterie seit Mitte des 2. Jh.s, seit Rhodos' Niedergang, wieder eine ständige Gefahrenquelle für den Mittelmeerhandel (vgl. Plut. Pomp. 29, 1) und dürfte Rom letztendlich dazu bestimmt haben, das kret. Problem zu lösen. Anlaß bot die K. zugeschriebene Unterstützung Mithradates' VI. v. ↗Pontos (8) (Flor. 1, 42; App. Sik. 6). Ein erster Angriff 72/1 unter M. Antonius Creticus blieb freilich erfolglos, die K. erreichten einen für sie günstigen Frieden. Eine kret. Gesandtschaft 69, die sich gegen Vorwürfe rechtfertigen und das bestehende Bündnis erneuern sollte (Diod. 40, 1), wurde jedoch abgewiesen. Ultimativ forderte der Senat u. a. die Auslieferung der kret. Flotte; daraufhin brach der Krieg aus. Von 68 bis 66 eroberte Q. Metellus die meisten kret. Poleis, von Kydonia über Knosos und Lyttos bis hin zu Hierapytna. Polyrrhenia scheint sich am Kampf gegen Rom nicht beteiligt zu haben (Weihung für Metellus). Daß Pompeius diesen nicht leichten Sieg für sich zu reklamieren suchte, wird mehrmals hervorgehoben (Liv. per. 99; Plut. Pomp. 29, vgl. Cic. Imp. Cn. Pomp. 35). Unter Augustus wurde K. mit Kyrene zu einer Prov. vereinigt; Gortyn wurde Sitz des senator. Statthalters.

Die *Gesellschaftsstruktur* der kret. Poleis war überwiegend dorisch (Agelai, Syssitien, Andreia, Hetairien, Apeleutheroi, dōloi u. ä.), auch wenn sie sich von der spartan. unterscheidet (vgl. Polyb. 6, 46). Ihre Verfassungen waren ausgesprochen konservativ oligarchisch wie z. B. in Lyttos (Athen. 4, 143a–f; Institution der Eunomia in Lato, Istron, Aptera u. a. im 2. Jh.), im 3./2. Jh. lassen sich mancherorts Demokratisierungstendenzen (z. B. Ausweitung des Kreises der Vollbürger) beobachten, wie z. B. in Knosos, Itanos, Dreros und Malla. An der Spitze der kret. Poleis standen Kosmoi, daneben existierten meist Rat (Boula) und Vollbürgerversammlung (Polis, Ekklesie, Demos oder Koinon), Organisation und Kompetenzen der einzelnen Institutionen waren von Stadt zu

Stadt unterschiedlich. Durch regelmäßig wiederholte Bürgereide (z. B. IC III 4, 8) versuchte man, innere Stabilität zu erhalten.

Wohl vor 225 bildete sich ein kret. Koinon mit Rat (Synedroi) und Bundesversammlung (Syllogos), an dessen Spitze Knosos und Gortyn standen (Tagungsorte und Datierung der Beschlüsse nach deren eponymen Kosmoi). Ein Bundesbürgerrecht ist freilich nicht nachzuweisen, und die Kompetenzen der Bundesgerichtsbarkeit (*koinodik[a]ion*[13]), offenbar geregelt durch eine verbindliche Prozeßordnung mit Straftarifen (*diágramma*), sind weiterhin ungeklärt. Eine Bundesgerichtsbarkeit, die auch Streitigkeiten zw. kret. Poleis beilegen sollte, dürfte freilich nur dann effizient gewesen sein, wenn es die führenden Poleis zuließen. Ob das Koinon noch im 1. Jh. existierte (vgl. Cic. Imp. Cn. Pomp. 46), ist unsicher.

H. B. – J. D. G.

Anm.: 1) Vgl. auch Athen. 4, 143a–f aus der verlorenen kret. Gesch. des Dosiades und dem verl. Werk „Kret. Bräuche" des Pyrgion; verloren auch das entsprechende Buch Appians. – 2) Vgl. Arr. 2, 9 (Alexander); Diod. 20, 85, 3 (Demetr. I. Poliork.); Polyb. 2, 66 (Antigonos III. Doson bei Sellasia); 3, 75 (Hieron II. v. Syrakus); 4, 80 (unter Nabis); im Heer der Seleukiden bzw. Ptolemäer häufig unter eigenen Kommandeuren; zur Bezeichnung „Neokreter" für ein Truppenkontingent s. zuletzt S. Spyridakis, PP 33, 1978, 287–292. – 3) Das gilt z. B. für die gegen Ende von StV III abgedruckten Verträge. – 4) Vgl. Polyb. 4, 53; 6, 46; s.a. Y. Garlan, BCH 100, 1976, 303f. (Lato und Hierapytna). – 5) Vgl. Huß, Ptolemaios IV., 139–142; dagg. aber K. Bouraselis, Eph. Arch. 1981, 114–26. – 6) Vgl. Rehm, Delphinion Nr. 33 f. Brulé, Piraterie 165 ff. – 7) Wiederaufgebaut und zu neuer Macht gelangt vor 183, vgl. StV III 578. – 8) Dazu Huß, Ptolemaios IV. 145–7. – 9) Vgl. auch Huß, Ptolemaios IV. zusammenfassend 160–2; zu Itanos spez. S. Spyridakis, Ptolemaic Itanos and Hell. Crete, Berkeley–LA –London 1970. – 10) S. Bengtson, GG[5], 425 (Lit.); Brulé, Piraterie 35 ff. – 11) P. Ducrey, BCH 94, 1970, 637–59. – 12) IC IV 179; SEG XVI 534. – 13) Dazu Muttelsee, s. u. 52.

Lit.: Landschaft: Philippson-Kirsten IV, 353 f. (nur Lit.). – E. Kirsten, Die Insel Kreta im 5. und 4. Jh., Diss. Leipzig 1936. – H. van Effenterre, La Crète et le monde grec de Platon à Polybe, Paris 1948. – G. R. Morrow, Plato's Cretan City, Princeton N.J. 1960. – R.F. Willets, Ancient Crete, London–Toronto 1965. – E. Meyer, DKlP III, 1969, 340f. s. v. (Lit.). – E. I. Mikrogiannaki, Η ΚΡΗΤΗ ΚΑΤΑ ΤΟΥΣ ΕΛΛΗΝΙΣΤΙΚΟΥΣ ΧΡΟΝΟΥΣ, ΑΘΗΝΑ 5, Athen 1967. – G. Huxley, Crete in Aristotle's Politics, GRBS 12, 1971, 505–515.– P. Brulé, La piraterie crétoise hellénistique, Paris 1978. – H. Beister u. a. LHistSt. – G. W. M. Harrison, The Romans and Crete, Amsterdam 1993 (vom Hell. ab). – Zum kret. Koinon immer noch grundlegend: M. Muttelsee, Zur Verfassungsgesch. K.s im Zeitalter des Hellenismus, Diss. Hamburg 1925. – M. van der Mijnsbrugge, The Cretan Koinon, New York 1931. – Martin, Greek Leagues 499–520. – Inschriften: M. Guarducci, Inscriptiones Creticae, 4 Bde., Rom 1935-50 (auch mit histor. Überblicken). – A. Chaniotis, Vier kret. Staatsverträge. Chiron 21, 1991, 241–64. – Münzprägung: R.-Alföldi, 270. – Ausgrabungen: Kirsten-Kraiker[5], 440–88; PECS s. v. der einzelnen Poleis; Leekley–Noyes, Greek Islands 54–116.

Kunst. Ein Skizze von Entwicklungslinien und Wesen der hell. Kunst kann sich nicht auf gesicherte Forschungsergebnisse beschränken, weil noch zu viele Probleme offen sind. Einmal fehlen als Basis der Chronologie geschlossene Denkmälerklassen, die den Kleinbronzen des 6./5. Jhs., den klassischen attischen Grabstelen oder den rotfigurigen Vasen entsprächen, zum andern war das römische Kunstinteresse, das durch Schriftquellen und Statuenkopien unser Bild der Klassik prägt, für den Hell. weniger aufgeschlossen (*cessavit deinde ars* ... Plin. nat. hist. 34, 52). – Im Vergleich mit den beiden angrenzenden Epochen, mit der Klassik, welche die Typen des griech. Menschen- und Götterbildes prägte, und mit dem augusteischen Klassizismus, kann man den Hell. als die Zeit der individuellen Entfaltung werten. Überkommene Schranken fallen; die Kunst öffnet sich dem Genre, Drastischem und Fremdartigem; das Individuelle gewinnt im ↗Porträt des Herrschers und später des Privatmannes Gestalt; idealistische Überhöhung und krasser Realismus werden gleichermaßen als Stilmittel eingesetzt.

ZEITLICHE GLIEDERUNG: Obwohl enge formale und thematische Bindungen an die Spätklassik bestehen (z.B. im Herrscherportrait an das Alexanderbild; ↗Plastik, ↗Architektur), ist der Beginn des Hell. durch eine Zäsur im Strom der Kunstentwicklung markiert. Wenn man diesen Strom periodisieren will, kann man den zwei Entwicklungswellen der Archaik und Klassik den Hell. als eine dritte mit ähnlichem Verlauf zur Seite stellen: Einer herben Frühphase folgt ein heroischer Höhepunkt und darauf eine manieristische Spätzeit. Sie lassen sich innerhalb der hellenistischen Kunst am besten an Einzelwerken der ↗Plastik ablesen, die eine Reihe markanter, fest datierter Denkmäler bietet. Eine Übersicht in runden Zahlen zu geben, ist beim gegenwärtigen Forschungsstand äußerst problematisch. Im allgemeinen setzt man den Beginn der frühhellenistischen Phase mit dem Todesjahr Alexanders an, also 323 v.Chr. Ungefähr hundert Jahre hält sich die frühhellenistische Wirkungsform, wenn auch innerhalb dieses Zeitraumes in unterschiedlicher Ausformung (↗Plastik). Mit dem Jahrzehnt zwischen 230 und 220 v.Chr. wird der Beginn des hohen Hellenismus in der Kunst verbunden. Diese durch hohes Pathos gekennzeichnete Phase reicht bis etwa in das Jahrzehnt 150/140 v.Chr. Der späte Hellenismus nimmt dann ungefähr den

Zeitraum von der Eroberung Korinths durch Rom (146 v.Chr.) bis zur Schlacht von Actium (31 v.Chr.) ein. Der Endpunkt des Hellenismus läßt sich nur ungenau umschreiben, weil innerhalb der stark historistischen Spätphase eine Scheidung zwischen älteren und jüngeren Werken noch aussteht, und weil sich mit dem augusteischen Klassizismus eine in gewissen Zügen verwandte Epoche anschließt. Da auch in den andern, den lebendigen Phasen des Hell. mit Reprisen zur allgemeinen Entwicklung in Unter- und Gegenströmung zu rechnen ist, schwankt der Ansatz strittiger Werke manchmal um mehr als ein Jahrhundert.

RÄUMLICHE GLIEDERUNG: Weil die Künstler aus ganz Hellas, vorweg aus Athen, in die neugegründeten Residenzen und aufblühenden Handelszentren strömten und je nach der wirtschaftlichen Lage den Standort wechselten, bis im 1.Jh. die großen Aufträge mehr und mehr von Rom ausgingen, hat man landschaftliche Stilmerkmale gern mit den großen Residenzen verbinden wollen. Vor allem ↗Pergamon wurde als eines der bedeutendsten Zentren hellenistischen Kunstschaffens angesehen. Es zeigt sich jedoch allmählich, daß sich auch in anderen Landschaften charakteristische Merkmale fassen lassen, so z.B. auf Rhodos oder Kos.

HELL. AUSSTRAHLUNG UND BARBARISCHER EINFLUSS: In dem durch Alexander erweiterten geographischen Lebensraum der Griechen wird ihr Kontakt mit den Barbaren intensiver: Das Beispiel der hell. Fürstenhöfe weckt ein allgemeines Bedürfnis nach Luxusgütern und damit den Import von Seidenstoffen, Elfenbeinarbeiten, Edelsteinen und Glas (↗Kunstgewerbe). Andererseits verbreitet der Handel die Kenntnis griechischer Kleinkunst und vor allem griechischer ↗Münzen. Dem verdanken z.B. die Kelten, die sonst der hell. Kultur nicht aufgeschlossen waren, die Anregung zu einer eigenen Münzprägung im 2.Jh. Während manche griechischen Künstler, z.B. Doidalses (↗Plastik), dem Namen nach fremden Ursprungs zu sein scheinen, haben sich andererseits griech. Künstler im Ausland niedergelassen, wie Boethos „der Karthager". Manche Werkstätten arbeiteten speziell für den Export, z.B. Toreuten in Südrußland für die Skythen, andere Meister nahmen einzelne Aufträge in der Fremde an, die u.U. sogar die griechische Kunst befruchten konnten (zum Mausoleum ↗Architektur). Das Ausmaß derartiger Ausstrahlungen ist unbekannt, weil sie nur eine kleine gräkophile Oberschicht im Barbarenlande erreichte. Von einer echten Rezeption der hell. Kunst durch eine andere Kultur kann man im Grunde nur in Mittelitalien sprechen (Rom). Während in Rom der kulturell überlegene Hell. auf die sozial überlegene Schicht einwirkte, nahmen im Osten die Regenten ihre eigene griech. Kultur in ein andersartiges altes Kulturland mit. Beide Welten standen sich dort zunächst in „Koexistenz" gegenüber, die z.B. im ptolemäischen Ägypten zu einem zunächst indirekten, aber wechselseitig fruchtbaren Austausch führte (↗Alexandreia). Im Lauf der Generationen scheint sich freilich die kleine Zahl der Griechen stark assimiliert zu haben. So finden sich im 1.Jh. v.Chr. keine echt griechischen Bestattungen mehr, allenfalls werden die Grabkammern in einem zwitterhaften Mischstil ausgemalt. Das alexandrinische ↗Kunstgewerbe dagegen erlebt im Handel der röm. Kaiserzeit neuen Aufschwung.

Wenn einzelne Elemente der griech. Kultur, z.B. des Kultus, der Lebensform oder des täglichen Gebrauchsgutes, in die fremde Kultur übernommen wurden, entstand eine Mischkunst, die freilich das spezifisch Hellenistische nur selten organisch einzugliedern wußte. Die besten Voraussetzungen dafür waren vielleicht in Karthago gegeben, weil die Phöniker schon seit mykenischer Zeit an der griech. Kunst teilzuhaben suchten. Aber die spärlichen Funde ergeben kein deutliches Bild. In Südrußland löste sich die Kunst der griech. Städte in hell. Zeit mehr und mehr vom Mutterland, während die Skythen kulturell so weit aufstiegen, daß ihre im 3.Jh. errichtete Residenzstadt Neapolis Skythika einen gräko-skythischen Mischstil verkörpert. Das riesige Herrschaftsgebiet Seleukos' I. ist noch nicht so erforscht, daß sich die Entwicklung in den Teilstaaten skizzieren ließe, doch scheint die „Amalgamierung" der typische Prozeß zu sein. Die „höfische" Kultur der Oberschicht schließt, Alexanders Haltung entsprechend, von Beginn an achämenidische Elemente ein. Mit dem Nachrücken von Einheimischen in die politische Führung gewinnt sie an Breitenwirkung und wird transformiert (vgl. die Funde aus Baktrien, Syrien und dem Zweistromland). Hell. Erbe lebt in der röm. Reichskunst zumindest bis ins 3.Jh. n.Chr. fort, aber auch bei den kulturell nicht assimilierten Völkern an Roms Ostgrenze und in Afghanistan/Indien. Ihre Beziehungen zum römischen Reich können diese Komponente bestärkt haben, sie selbst ist vorgegeben. Die Monumentalplastiken von Kommagene und einige Bauten in der ersten Partherresidenz Nisaia sind die Vorläufer einer Entwicklung, die sich gleichzeitig mit der römischen Reichskunst im Herrschaftsgebiet der Parther, bei den Nabatäern, den Sarmaten und in der „Kuschan-Kunst" voll entfaltet.

Die Gegenbewegung, der Einfluß des Orients auf den Hell., beschränkt sich in der Kunst nicht auf Stilmischungen in den Randzonen. Indem orientalisches Königtum zu einem politisch-sozialen Leitbild wurde, erwuchs der Kunst die neue Aufgabe fürstlicher Repräsentation. Daher der Zug zum Prunkvollen und Gigantischen in ↗Architektur und ↗Plastik. Typische Beipiele sind der nach Alexanders Befehlen erbaute Scheiterhaufen für Hephaistion (Diod. 17, 115,1) und, nur eine Generation später, der Koloß von Rhodos.

Doch solange nicht die Interdependenzen zwischen politischer Vormachtstellung und dem davon abhängigen Kunstschaffen näher ins Blickfeld gelangen, solange nicht landschaftsgebundene Einflußnahme und Kunstwollen deutlicher als bisher faßbar sind, solange nicht einzelne bis zur Klassik oder dem Strengen Stil zurückreichende Traditionsstränge näher untersucht werden, wird es kaum möglich sein, die hellenistische Kunst in ihrer gesamten Breite zu würdigen. G. Bk./W. He.

Zur Literatur ↗Architektur, ↗Kunstgewerbe, ↗Malerei, ↗Plastik, ↗Portrait.

Kunstgewerbe. Im Kunstgewerbe[1], d.h. unter den unzähligen Gerätschaften des täglichen und besonderen Bedarfs, haben bestimmte Gruppen für die Forschung Vorrang. So die *Keramik*[2], weil sie, neben Münzen und den hell. Amphorenstempeln, stratigraphische Datierungen ermöglicht, deren Genauigkeit freilich mit dem Rückgang ihrer Qualität gegenüber der Keramik klassischer Zeit erheblich sinkt. Man beschränkte sich im Hell. meist auf einen rein dekorativen, oft floralen Gefäßschmuck, weil die Vasenmaler der weiteren Entwicklung der „Großen Malerei" nicht mehr folgen konnten. Nur an wenigen Orten lebte die Tradition der rotfigurigen Vasenbilder in polychrom gemalten weiter (↗Malerei). Charakteristische Vasengattungen des 3. und 2.Jh.[3] sind: 1. die zuerst bei der Akropolisgrabung erforschte „Westabhang-

Ware": Auf schwarz „gefirnißten" Gefäßen sind Ranken, Girlanden usw. weiß aufgemalt, eingeritzt oder in rotem Tonschlicker aufgetragen. 2. Keramik mit eingestempeltem Dekor. Sie ahmt getriebene Metallschalen nach. 3. Mit aufgesetzten Medaillons und Plaketten verzierte Firnisware[4]. Ihr Zierat ist weitgehend mit Abdrücken von Metallgefäßen direkt übertragen[5]. 4. Mit Hilfe einer Formschüssel hergestellte Reliefware, vor allem „Megarische Becher"[6]. Sie geben uns eine Anschauung von den kaum erhaltenen Silberbechern[7]. Auch die Gefäßformen mit scharfen Profilen, Knickhenkeln und geriefelten Wandungen sind von den damals weit verbreiteten *Metallgefäßen* inspiriert. Neben derartigen Vorbildern [8] sind unter den wenigen erhaltenen Metallgefäßen[9] zwei Bronzekessel mit silbereingelegtem Ornament hervorzuheben, der eine mit einer Weihinschrift des Mithridates[10], der andere aus dem Schiffsfund von Mahdia[11] (ebenfalls späteres 2.Jh. v.Chr.). Figürlich verziert sind die Goldgefäße von Panagjurischte[12] (um 300) und der Bronzekrater von Derveni[13] (etwas älter). Diese Hauptstücke zeigen, wie stark die Gattung an den Stil der Hochklassik gebunden bleibt. Deshalb verdanken wir auch der am Reichen Stil orientierten neuattischen Kunst (↗Plastik) Marmorkopien von weiteren Krateren[14], die zu den durch römischen Sammeleifer (Cic. in Verr.) angeregten Nachbildungen silbernen Prunkgeschirrs (Becher-Paare usw.) treten. Wie die angeführten Gefäße, so tragen auch viele Bronzegerätschaften figürlichen Schmuck, vollplastisch oder in appliziertem Hoch- oder getriebenem Flachrelief: Gefäßhenkel, Spiegel, Haarnadeln, Möbel- und Zaumzeugbeschläge usw.[15]. Selbständige Bronzestatuetten[16] besitzen wir dagegen nur in kleiner Zahl, weil keine Depotfunde aus Heiligtümern mehr anfallen.

Reich ist der Bestand an *Terrakottafiguren*[17], die als Grabbeigaben, Votive, Amulette und zum Wohnungsschmuck dienten. Aus dem Frühhell. liegen fast nur Nekropolenfunde vor, so von Tanagra[18] (meist 3.Jh. v.Chr.), Myrina [19] (2., meist 1.Jh. v.Chr.), ↗Alexandreia und süditalischen Städten wie Tarent. Um ca. 150 v.Chr. steigt die Produktion rapid; die Funde kommen jetzt auch aus Heiligtümern und zerstörten Häusern, z.B. in Priene und Delos. Ursprünglich wirkten die Figuren durch eine reiche, u.U. mehrmals erneuerte Bemalung in Pastelltönen, die manche Flüchtigkeit der Modellierung kaschierte. Andere Stücke waren ganz vergoldet und, ohne Brennloch auf der Rückseite, zur Rundansicht bestimmt; sie imitierten Bronzestatuetten. Überhaupt schließen sich die beiden Gattungen der Kleinplastik eng zusammen. Sie eigneten sich vorzüglich für den hell. Kunstzweig, welchen wir als Genre bezeichnen, obwohl er tiefere Vorstellungen umfaßt: Schauspielerfiguren und Masken finden sich auch als Grabbeigaben, ebenso die zum Aufhängen gearbeiteten Putten und Tänzer; die Puppen zum Bekleiden sind Votive alter Tradition, und den grotesken Krüppeln kommt wohl eine apotropäische Funktion zu.

Die *Glyptik*[20] erreicht im Hell. ihre Hochblüte, weil sie das Bedürfnis nach privatem Prunk für einen erlesenen Geschmack erfüllte. Einzelne kostbare Steine sind den Griechen z.T. erst seit Alexanders Indienzug bekannt, wie Hyakinth, Granat und Beryll. Während die Barbaren gern Prunkgegenstände mit glatt geschliffenen Steinen besetzten, legten die Griechen vor allem Wert auf Siegelringe mit eingeschnittenen Gemmenbildern, die im Hell. durch abrupten Wechsel des Schneidegerätes starke Kontraste erhalten. Beliebte Bildthemen sind das Porträt eines Herrschers[21] oder des Besitzers, auch einzelne Figuren aus dem Bereich des Dionysos und der Aphrodite. Zu den Motiven, die schon aus der Vasenmalerei des 4.Jh. bekannt sind, kommen die allegorischen Bilder mit Eros und Psyche als Schmetterling neu hinzu. Eine weitere Errungenschaft der Alexanderzeit ist die Erfindung der Kameo-Technik: Aus einem Sardonyx mit farbigen Schichten wird ein Reliefbild so herausgearbeitet, daß die einzelnen Teile sich bunt voneinander abheben. Die schönsten Beispiele der Gattung sind einige alexandrinische Doppelporträts und die aus einem übergroßen Stein gearbeitete „Tazza Farnese"[22], eine ptolemäische Schale mit Reliefbild auf dem Boden. Sonst sind die *Steingefäße,* uralter Tradition folgend, glattwandig. Im Hell. schätzte man die aus Onyx am höchsten.

Nachahmungen von Onyxgefäßen in *Glas* lieferte vor allem Ägypten, wo die Glasbereitung seit alters heimisch war. Bis zur Erfindung der Glasbläserei am Ende des 1.Jh. v.Chr. folgte man der alten Technik: Durch Verschmelzen verschiedenfarbiger Glaskörper wurde ein bunt gemustertes Glas hergestellt, aus dem sich über einem Tonkern kleine dickwandige Gefäße formen ließen. Die höchste technische Vollkommenheit erreicht das bunte „Kielfelder-Muster"[23]. Der Hauptexport der alexandrinischen Manufaktur besteht aus Parfümfläschchen, die gern nach dem Vorbild der gleichzeitigen Keramik als Alabastra, Amphorisken und Kännchen gestaltet sind. Außerdem exportierte man in Kameotechnik bearbeitete zweischichtige Überfanggläser und das Rohmaterial für Glaspasten: Gemmennachbildungen, die mittels Abdruck billig vervielfältigt wurden; ferner bunte Glasstäbe, aus denen Schmuckperlen hergestellt wurden, und in römischer Zeit das Millefiori-Glas.

Einlagen in Glas und Edelstein sind für den hell. *Goldschmuck* typisch. Das Gold kam zu den Griechen vom Ausland: aus den thrakischen Bergwerken der Makedonen, Flußgold von den Skythen, aus den durch Alexander geöffneten persischen Goldhorten und aus Ägypten. Mit dem Material verbreiteten sich die Schmuckformen und -motive der Ursprungsländer; das sieht man z.B. beim „Alexandergold", den Grabbeigaben in Gold, die sich ab 330 v.Chr. häufen und im Laufe des 3.Jh. spärlicher werden. Lokale Produkte sind natürlich in den südrussischen Funden und in thrakischen Fürstengräbern besonders reich vertreten. Andere Arbeiten stehen in klassischer Tradition, und im 2. und 1.Jh. kommen neue Erfindungen auf, wie das Verknüpfen von Goldperlen (statt Auffädeln), Medaillons in Hochrelief und eine durch neue Edelsteine, Perlen und Emailleüberzug bereicherte Polychromie. Im allgemeinen ist der hell. Schmuck fein gearbeitet und mit Zierat reich beladen[24]. Er wurde als Amulett getragen und dementsprechend das Material (die Auswahl der eingesetzten Edelsteine), die Formen (Klunker, Verknüpfung im Heraklesknoten = Kreuzknoten) und vor allem die Darstellungen gewählt: Astragale, Eroten, Tauben, Masken (auch Medusenhaupt), Negerköpfe, Grotesken, Löwenprotomen, Gefäße usw. haben symbolische Bedeutung.

Schon dieser kurze Überblick zeigt, daß die vielfältigen Zweige des Kunsthandwerks im Hell. zu voller Blüte kamen. Die aus der Klassik übernommene Tradition der handwerklichen Qualität und ein der römischen Zeit vorgreifender Hang zum Luxus (↗Kunst) kamen beide diesen Künsten zugute.

G.Bk./W.He.

Anm.: 1) A. Ippel, Das griechische Kunstgewerbe, in: H.Th. Bossert (Hg.), Geschichte des Kunstgewerbes aller Zeiten und Völker IV, Berlin / Zürich 1930, 164 ff. – 2) Einige neuere Untersuchungen z.B.: J. Schäfer, Hellenistische Keramik aus Pergamon, Pergamen. Forsch. 2, Berlin 1968. – I.R. Metzger, Die hellenistische Keramik in Eretria, Eretria Bd. 2, Bern

1969. – D. Pinkwart, Hellenistisch-römische Bleiglasurkeramik aus Pergamon, in: Pergamon. Gesammelte Aufsätze, Pergamen. Forsch. 1, Berlin 1972, 140ff. – H. Gabelmann, Zur hellenistisch-römischen Bleiglasurkeramik in Kleinasien, in: Jahrb. d. Dt. Arch. Instituts 89, 1974, 260ff. – U. Wintermeyer, Die polychrome Reliefkeramik aus Centuripe, in: Jahrb. d. Dt. Arch. Instituts 90, 1975, 136ff. – K. Parlasca, Zur Verbreitung ptolemäischer Fayencekeramik außerhalb Ägyptens, in: Jahrb. d. Dt. Arch. Instituts 91, 1976, 135ff. – 3) H.A. Thompson–D.B. Thompson, Hellenistic Pottery and Terracottas, Princeton 1987. – 4) D. Burr Thompson, Ptolemaic Oinochoai and Portraits in Faience. Aspects of the ruler-cult, Oxford 1973. – 5) W. Züchner, Von Toreuten und Töpfern, in: Jahrb. d. Dt. Arch. Instituts 65/66, 1950/51, 175ff. – 6) U. Hausmann, Hellenistische Reliefbecher aus attischen und böotischen Werkstätten, Stuttgart 1959. – A. Laumonier, La céramique hellénistique à reliefs, Explor. archéol. de Délos 31, Paris 1977. – G. Siebert, Recherches sur les ateliers de bols à reliefs du Péloponnèse à l'époque hellénistique, Paris 1978. – 7) P. Wuilleumier, Le Trésor de Tarente (Collection Edmond de Rothschild), Paris 1930, Taf. 10, 3–4. – 8) Ebenda Taf. 1. – 9) Enciclop. dell'arte antica, classica e orientale Bd. 7, Rom 1966, 919ff. s.v. Toreutica (E. Simon). – 10) W. Helbig, Führer durch die öffentlichen Sammlungen klassischer Altertümer in Rom, Bd. 2, Tübingen [4]1966, Nr. 1453. – 11) W. Fuchs, Der Schiffsfund von Mahdia, Tübingen 1963, 26 Taf. 35. – 12) I. Venedikov, Der Goldschatz von Panagjurischte, Sofia 1961. – Kat. Goldschätze der Thraker. Thrakische Kultur und Kunst auf bulgarischem Boden, Wien 1975, 80ff. – Kat. Gold der Thraker. Archäologische Schätze aus Bulgarien, Mainz 1979, 180ff. – 13) K. Schefold, Die Griechen und ihre Nachbarn, Propyläen Kunstgeschichte Bd. 1, Berlin 1967, Abb. 156f. – J. Charbonneaux – R. Martin – F. Villard, Das hellenistische Griechenland. 330–50 v.Chr., München 1971, 224 Abb. 236. – R. Bianchi Bandinelli, Il Cratere di Dervini, Dial. di Arch. 8, 1974/75, 179ff. – B. Barr-Sharrar, Towards an Interpretation of the Dionysiac Frieze on the Dervini Krater, in: Bronzes Hellénistiques et Romains. Actes du Ve Colloque International sur les Bronzes Antiques, Lausanne 1979, 55ff. – M. Pfrommer, Italien – Makedonien – Kleinasien. Interdependenzen spätklassischer und frühhellenistischer Toreutik, Jahrb. d. Dt. Arch. Instituts 98, 1983, 235ff. – 14) Fuchs a.a.O. 44f. Taf. 68ff. – 15) Z.B. Fuchs passim. – 16) K.-A. Neugebauer, Antike Bronzestatuetten, Berlin 1921, 86ff. – J. Charbonneaux, Les Bronzes Grecs, Paris 1958, 97ff. – 17) Vgl. z.B. A. Laumonier, Les Figurines de Terre Cuite, Explor. arch. de Délos 23, Paris 1956, 111ff. – E. Töpperwein, Terrakotten von Pergamon, Pergamen. Forsch. 3, Berlin 1976, 16ff. – 18) G. Kleiner, Tanagrafiguren, Berlin 1942, [2]1984, 105ff. – 19) Ebenda 72ff.; 207ff. – 20) A. Furtwängler, Die antiken Gemmen Bd. 1–3, Leipzig 1900, ND Amsterdam / Osnabrück 1964/65. – Von den zahlreichen neuen Publikationen sei ferner hingewiesen auf die Reihe „Antike Gemmen in deutschen Sammlungen" und auf P. Zazoff, Die antiken Gemmen, München 1983 (Handbuch der Archäologie), 193ff. – 21) Z.B. Ippel (1930) 232 Taf. XII zum Kameo Gonzaga. – Dazu jetzt (mit Datierung in die frühe Kaiserzeit) H. Kyrieleis, Der Kameo Gonzaga, Bonner Jahrb. 171, 1971, 162ff. – 22) G. Lippold, Gemmen und Kameen des Altertums und der Neuzeit, Stuttgart o.J., Taf. 99. – D. Burr Thompson, The Tazza Farnese Reconsidered, in: Das ptolemäische Ägypten, hrsg. von H. Maehler u. V.M. Strocka, Mainz 1978, 113ff. – 23) Einführung: F. Neuburg, Antikes Glas, Darmstadt 1962. – 24) R.A. Higgins, Greek and Roman Jewellery, London 1961, [2]1980. – H. Hoffman – P.F. Davidson, Greek Gold. Jewelry from the Age of Alexander, Mainz 1965.

Kynismus.

I. ALLGEMEINES.
Im 4. Jh. v. Chr. aufkommende Lebensform. Als Begründer galt in der Antike der Sokratesschüler Antisthenes (ca. 455–360), eine unhaltbare Konstruktion, die in ↗stoischen und ↗alexandrinischen gelehrten Kreisen entstand. Stifter ist vielmehr Diogenes von Sinope (um 350 v. Chr.) mit dem Beinamen „der Hund" (ὁ κύων), der ihm vermutlich wegen seines sittenwidrigen Verhaltens gegeben worden ist (der Hund ist für den Griechen Inbild der Schamlosigkeit). Daher der Name Kyniker. Das von Diogenes gepredigte Lebensideal fand in den folgenden Jahrhunderten bis zum Ausgang des Altertums und darüber hinaus namentlich im östlichen Mittelmeergebiet eine mehr oder minder starke Anhängerschaft. Im Hell. blüht der K. vor allem im 4. und 3. Jh., während er sich im 2. und 1. Jh. im Dunkel verliert, ohne jedoch, wie von manchen irrtümlich angenommen wird, gänzlich auszusterben. Hauptvertreter ist außer dem schon genannten Diogenes Krates von Theben (ca. 365–285). Die übrigen bekannten Kyniker sind weniger profilierte Persönlichkeiten, wie Bion von Borysthenes (Olbia), Menippos von Gadara (beide 1. H. des 3. Jh.s), Kerkidas von Megalopolis (um 230), oder gar völlig unbedeutend wie Teles von Megara (um 240). Die Ursprünge des K. sind in Dunkel gehüllt. Möglicherweise haben mehrere Momente zusammengewirkt und sich gegenseitig verstärkt, Diogenes' persönliches Lebensschicksal (Deklassierung infolge Verbannung), Beeinflussung durch die Schriften des geistesverwandten Antisthenes, Beobachtung der politisch-sozialen Zerfallserscheinungen, die im Verlauf des 4. Jh.s zur Auflösung der Lebensordnung der Polis führten. Der K. bietet nicht ein streng einheitliches Bild, sondern zeigt verschiedene Schattierungen. Während er bei den beiden ältesten Vertretern zu einer radikalen Umgestaltung des Lebens führt (κυνικὸς βίος), äußert er sich bei den jüngeren Gefolgsleuten Bion und Menippos mehr als eine provozierend zur Schau getragene negative Einstellung gegenüber Gesellschaft und Kultur (κυνικὸς τρόπος). Die verschiedenen Spielarten begegnen sich namentlich im Protest gegenüber dem Herkommen auf allen Lebensgebieten, im extremen Individualismus, im Streben nach möglichst vollkommener Schicksalsunabhängigkeit.

II. ERSCHEINUNGSBILD.

Im Mittelpunkt steht wie in der Sokratik und den aus ihr hervorgegangenen Philosophenschulen die Frage nach der Glückseligkeit, jedoch nicht als theoretisches, sondern als praktisches Problem. Der Kyniker löst es durch Rückkehr zur Natur, deren reines Spiegelbild ihm im Leben der Tiere und des von der Kultur nicht berührten Urmenschen entgegentritt. Von den Errungenschaften der materiellen und geistigen Kultur sagt er sich los. Die Äußerungen des geistigen Lebens in Philosophie, Wissenschaft und Kunst werden ebenso verurteilt wie die Formen des gesellschaftlichen Zusammenlebens und der materielle Besitz. Äußeres Zeichen der Weltentsagung ist die kynische Tracht, Bettlerrock, Ranzen und Stab. Die oberste Lebensregel ist die Reduktion aller Lebensbedürfnisse auf das Mindestmaß des zur Fristung der physischen Existenz Unerläßlichen. Auf diese Weise erzielt man die Autarkie, die beinahe völlige Unabhängigkeit von Umwelt und Schicksal. Sie schillert bei den einzelnen Vertretern indes in verschiedenen Farben. Während Diogenes den radikalen Verzicht auf die Kulturgüter predigt, begnügt sich Krates mit der inneren Überlegenheit; Bion wiederum empfiehlt die Anpassung an die jeweils gegebene Lebenslage und die Unterdrückung der μεμψιμοιρία, der inneren Auflehnung gegen das Schicksal. Die Autarkie wird durch planmäßiges Training (ἄσκησις) erhöht, das die Widerstandskraft gegen die Reize der Lust und den Schrecken des Schmerzes steigert bis zur Apatheia, der Unempfindlichkeit gegenüber lust- und unlustbetonten Gefühlsregungen. Ziel der Askesis ist nicht die Seelenläuterung durch Abtötung der Sinnlichkeit wie im Christentum; denn die Befriedigung des Sexualtriebes ist sogar in schamverletzender Weise (in der Öffentlichkeit) gestattet (κυνικὴ ἀναίδεια). Die Apatheia bildet mit der Autarkeia den Wesensgehalt der kynischen Tugend. Sie ist aufs engste verbunden mit der Einsicht in den Unwert aller übrigen Dinge, der Adiaphoria. Hierdurch gerät der Kyniker in eine scharfe Frontstellung zum allgemeinen Wertbewußtsein. Die Geltung, in der Reichtum, Macht usw. beim gewöhnlichen Menschen stehen, erscheint ihm als leere Illusion (τῦφος). Es genügt nicht, für die eigene Person den Wahn überwunden zu haben; er fühlt sich berufen, seine Mitmenschen ihrer Verkehrtheit zu entreißen und ihnen den Weg des Heils zu weisen, und tut das, indem er durch Wort und Tat Ärgernis erregt (kynische παρρησία und ἀναίδεια). Im Dienst dieser Gesellschafts- und Zeitkritik, die im Laufe der Zeit ihren positiven Sinn verliert und zum Ausdruck einer nihilistischen Grundhaltung wird, begründet Bion die Diatribe, Menippos die Satire, die seinen Namen trägt. Als extremer Individualist stellt sich der Kyniker außerhalb der staatlichen Gemeinschaft. Er ist Kosmopolit im Sinne der Heimatlosigkeit. Die Ehe wird abgelehnt und durch die freie Liebe ersetzt unter Aufhebung der Inzestschranke. Als ideale Form des Zusammenlebens gilt eine auf gegenseitiges Wohlwollen gegründete Anarchie unter Abschaffung des Privateigentums und mit gemeinsamem Kinderbesitz. Huldigten die älteren Kyniker einem bläßlichen Deismus, so zeigen die jüngeren starke atheistische Neigungen. Bei allen bilden die Absurditäten der Volksreligion eine beliebte Zielscheibe ihres Witzes. Das religiöse Motiv spielt bei der Entstehung der kynischen Lebensform keine Rolle.

III. BEDEUTUNG. Die Bedeutung des K. liegt teils auf sozialem, teils auf geistesgeschichtlichem, teils auf literaturgeschichtlichem Gebiet. Wie die Angehörigen der Philosophenschulen und namentlich der Stoa an Fürstenhöfen und in den Häusern der Vornehmen die Rolle geistlicher Berater spielten, so haben die Kyniker in den unteren Gesellschaftsschichten eine seelsorgerische Tätigkeit ausgeübt. Infolge der ungünstigen Quellenlage ist dem modernen Geschichtsbetrachter ein näherer Einblick verwehrt. Geistesgeschichtlich ist der K. das Bindeglied zwischen der Sokratik und der ↗Stoa, indem er das ethische Gedankengut des Sokrates in radikalisierter Form an die Schule Zenons weitergibt. Zenon übernimmt das Weisenideal mit den bestimmenden Zügen der Autarkie, Apathie, Adiaphorie und dem Kosmopolitismus. Aber während im K. der Unterschied zwischen Mensch und Tier verwischt wird, betont die Stoa die unüberbrückbare Kluft, die der Besitz des Logos zwischen Mensch und Tier aufreißt und die den Menschen zu einem Verwandten der Gottheit macht. Sie schwächt außerdem den Apathie- und Adiaphoriegedanken durch Anerkennung von Vorstadien des Affektes (προπάθειαι), die, da sie der Vernunftkontrolle nicht unterliegen, nicht ausgerottet werden können, und durch Annahme relativer Werte und Unwerte im Bereich der sittlich indifferenten Gegenstände. Den kosmopolitischen Gedanken, der bei den Kynikern nur den sozialpolitischen Sinn der Vaterlandslosigkeit hat, vertieft die Stoa ins Metaphysische mit Hilfe ihrer Logoslehre: Der Mensch ist Bürger in jenem Reich, das die sterblichen und unsterblichen Vernunftwesen zu einer großen Gemeinschaft zusammenschließt. Als sich im 3. Jh. n. Chr. das Mönchtum in Ägypten bildet, gewinnt die Weltentsagung des K. prägende Kraft; scheint doch gerade das Nilland in der Kaiserzeit einen fruchtbaren Nährboden für das Gedeihen des K. abgegeben zu haben. Literaturgeschichtlich erweist sich als bedeutungsvoll die Schaffung der Diatribe, mit deren Hilfe der philosophische Gedanke in breiteste Volkskreise getragen werden kann. Stoa und andere Philosophenschulen haben das neugeschaffene Werkzeug in den Dienst ihrer sittlichen Erziehungsarbeit gestellt. Das Christentum schloß sich an. Schon die paulinischen Briefe verraten vielfältig den Einfluß der stoisch-kynischen Diatribe.

IV. DIE HAUPTVERTRETER DES K.

1. DIOGENES von Sinope am Schwarzen Meer (4. Jh. v. Chr.). Begründer der kynischen Lebensform. Lebensgang undeutlich wegen wuchernder Anekdotenbildung. Verbannung, kommt um 340 nach Athen. Keine persönliche Berührung mit dem Sokratesschüler Antisthenes (gest. ca. 360) und mit Platon (gest. 347). Stirbt in hohem Alter in Korinth. Von den Schriften (Dialogen, Tragödien) so gut wie nichts erhalten. – Wie D. zur Aufstellung des von ihm vorgelebten Lebensideals kam, ist nicht ganz klar. Vielleicht haben mehrere Faktoren zusammengewirkt, persönliches Lebensschicksal, Lektüre der Schriften des geistesverwandten Antisthenes, Beobachtung der Auflösungserscheinungen der Poliskultur. D.' Lebensstil, geprägt von einem extremen Individualismus und Rationalismus, strebt nach der Eudaimonia, indem er den Weisen fast völlig von den äußeren Lebensumständen unabhängig macht (Autarkeia) durch radikale Vereinfachung des Lebenszuschnittes (Obdachlosigkeit, kynische Bettlertracht, bestehend aus Bettlerrock, Stab und Ranzen, Lebensunterhalt durch Betteln und Diebstahl). Vorbild ist die Lebensweise der Tiere und des unzivilisierten Urmenschen. Durch Training (Askesis) wird die Unempfänglichkeit für Lust und Schmerz erhöht. Hieraus wie aus der Gleichgültigkeit gegenüber den Kulturwerten (Adiaphoria) erwächst der unerschütterliche Gleichmut (Apatheia). Der Sexualtrieb wird nicht abgetötet, sondern gewöhnlich in der Form freier Liebe be-

friedigt, da die Ehe abgelehnt wird; Inzest gilt als zulässig. D. fühlt sich als Kosmopolit im Sinne der Heimatlosigkeit. Als ideale Form menschlichen Zusammenlebens erscheint ihm eine auf gegenseitiges Wohlwollen gegründete Anarchie ohne Privateigentum mit gemeinschaftlichem Kinderbesitz. Anstelle des herkömmlichen Götterglaubens tritt ein Monotheismus ohne tiefere Religiosität. Seinen Mitmenschen gegenüber fühlt D. sich als Erzieher. Hauptmittel, ihnen ihre Torheit zum Bewußtsein zu bringen, ist die kynische Schamlosigkeit und παρρησία, die gern die Form des schlagfertigen Mutterwitzes oder der groben Schimpfrede annimmt. D. hatte nur wenige Jünger. Bedeutendster Schüler ist Krates, der über den Lehrer schrieb.

2. KRATES von Theben (ca. 365–285 v. Chr.). Bedeutendster Schüler des Diogenes. Freiwilliger Vermögensverzicht unter Diogenes' Einfluß. Heiratet seine ihm leidenschaftlich ergebene Anhängerin Hipparcheia, die, obzwar vornehmer Herkunft, sein Bettler- und Wanderleben teilt. K. verfügt über ein bedeutendes schriftstellerisches Talent. Besonders entwickelt ist der Sinn für Parodie. Dichtet fremde Werke im Sinn des Kynismus um. Umfangreichere Reste. – K. übernimmt das Weisenideal des Diogenes mit den bestimmenden Wesenszügen der Autarkie, Apathie, Adiaphorie und des Kosmopolitismus. Doch ist eine mildernde Tendenz unverkennbar. Um die Schicksalsüberlegenheit des Weisen zu erreichen, wird nicht der radikale Verzicht auf die Kulturgüter gefordert; es genügt der innere Abstand. Z.B. kommt es nicht so sehr auf den Besitz oder Nicht-Besitz von Geld und Geldeswert an als auf die Erkenntnis der Nichtigkeit materieller Güter und der Gleichgültigkeit des Besitzstandes. Demgemäß erblickt K. seine Hauptaufgabe in der Zerstörung des τῦφος, der Entlarvung der Scheinwerte, die bei der Kulturmenschheit durch Brauch und Herkommen sanktioniert sind. Auch im Verkehr mit seinen Mitmenschen ist K. weniger scharf und beißend als sein Meister. Er betrachtet sich nicht so sehr als Menschheitsapostel wie als Arzt und Helfer. Unaufgefordert betrat er fremde Häuser (daher sein Beiname Türöffner) und trachtete danach, durch seinen Zuspruch seelische Nöte zu lindern, menschliche Krisen und Konflikte beizulegen. So erwarb er sich allgemeine Achtung und verehrungsvolle Liebe. Seine geschichtliche Bedeutung beruht auf der Weitergabe des kynischen Weisenideals an seinen

berühmtesten Schüler Zenon, den Begründer der ↗Stoa. Mit seinem literarischen Schaffen hat er einen beachtlichen Beitrag geliefert zur Entstehung der Diatribe, der volkstümlichen Sittenpredigt, dem wirkungsvollen Hilfsmittel der Popularisierung philosophischen Gedankenguts.

3. BION von Borysthenes (Olbia) am Schwarzen Meer (1. H. 3. Jh. v. Chr.), philosophischer Literat. Von niedriger Herkunft. Sklave eines Rhetors, der seine Ausbildung leitet. In Athen Studien in der Akademie (Xenokrates), dem Peripatos (Theophrast), bei dem Hedoniker Theodoros dem Gottlosen und den Kynikern. Bestimmend für die geistige Physiognomie B.s werden der Kynismus und der Hedonismus des Theodoros. B.s eigentliche Bedeutung liegt auf dem Gebiet der Literatur. Er gilt als der Schöpfer der Diatribe, einer volkstümlichen Sittenpredigt, die stark an die Kapuzinerpredigt gemahnt. Hauptkennzeichen ist der gedachte Gesprächspartner (*fictus interlocutor*), ein blutleerer Schemen, dessen Einwürfe das vorwärtsstreibende Element der Gedankenbewegung sind und der Predigt den Anstrich der unmittelbaren Auseinandersetzung mit dem Publikum geben. Schon das Altertum (Eratosthenes) fand für B.s Leistung die treffende Kennzeichnung, er habe der Philosophie das geblümte Gewand der Hetäre angezogen. B.s Schöpfung kam dem Zeitgeist sehr entgegen. Von den Kynikern breitete sich die Diatribe zu den Stoikern und anderen Philosophenschulen aus. Zuletzt fand sie auch Eingang ins Christentum.

4. MENIPPOS von Gadara (Syrien) (1. H. 3. Jh. v. Chr.), kynisierender Literat von niedriger Herkunft. Für den Kynismus wahrscheinlich durch einen Schüler des Krates gewonnen. Hauptsächlicher Aufenthaltsort Theben. Der Nihilismus Bions tritt bei M. verstärkt in Erscheinung. Alle kulturellen Werte werden von ihm rücksichtslos demaskiert, aber nicht um den Menschen zurückzuführen zu seinem wahren Wesen, sondern aus bloßer Freude an der Wertezerstörung. M. fühlt sich weder als Reformer wie Diogenes noch als Arzt der Seelen wie Krates. Als Waffe seines Zerstörungswerkes schafft sich M. die nach ihm benannte Satire in Dialog- oder Briefform, die bei Griechen (Lukian) und Römern (Varro, Seneca d. J.) vielfache Nachfolge gefunden hat. Ihr ästhetischer Charakter wird durch das σπουδαιογέλοιον bestimmt, ihr besonderes Kennmal ist die Mischung von Vers und Prosa. Be-

sonders beliebte Angriffsziele der menippeischen Satire sind die Philosophenschulen aller Schattierungen, Epikureer und Akademiker nicht weniger als Stoiker. Obwohl M. einer der namhaftesten Kyniker war, ist sein literarisches Werk bis auf geringe Reste verloren.

5. KERKIDAS von Megalopolis (2. H. 3. Jh. v. Chr.), Staatsmann, Dichter von Jamben und Meliamben mit ausgeprägt kynischen Anschauungen. Erst seit dem Papyrusfund von 1906 (veröffentlicht 1911) hat seine Persönlichkeit für uns Profil gewonnen, während bis dahin nicht feststand, ob der Kyniker dieses Namens nicht mit dem gleichnamigen Megalopolitaner des 4. Jh.s zu identifizieren sei. K. spielt eine Rolle in den Machtauseinandersetzungen zwischen dem ↗Achäerbund und Sparta in den 20er Jahren des 3. Jh.s. Als Gesetzgeber half er die wirren Verhältnisse in seiner Vaterstadt, wie sie sich im Gefolge der spartanischen Besetzung eingestellt hatten, erfolgreich zu überwinden. Seine Dichtung benutzt K. als Waffe in den sozialen Kämpfen seiner Zeit; die genaue Art des Einsatzes ist nicht ganz klar. Obwohl manche charakteristischen Züge des Kynismus bei K. gänzlich zurücktreten (wie z. B. der Kosmopolitismus), unterliegt seine starke Beeinflussung durch die kynische Denkungsart doch keinem ernstlichen Zweifel. Den zeitgenössischen Stoikern wirft K. wegen ihrer dialektischen Haarspaltereien Verrat des zenonischen Lebensideals vor. Seine Verse haben über die Jahrhunderte hinweg den Kirchenvater Gregor von Nazianz begeistert.

6. TELES von Megara (um 240 v. Chr.), unbedeutender Kyniker, Schullehrer. Von B. G. Niebuhr entdeckt, von U. v. Wilamowitz untersucht. Wichtig, 1. weil der früheste greifbare Vertreter der Diatribe, 2. weil er größere Bruchstücke Bions des Borystheniten, des Schöpfers der Diatribe, erhalten hat. Auszüge aus seinem Werk bei Stobaios (um 500 n. Chr.).
K. A.

Ausg.: G. Giannantoni, Socraticorum reliquiae. II, Neapel 1983, ganz; III, ebd. 1985, 177–523. – Poet. phil. fragm. ed. H. Diels 216 ff. (Krates). – J. F. Kindstrand, Bion of Borysthenes. A Collection of the Fragments with Introduction and Commentary, Uppsala 1976. – Collectanea Alexandrina ed. I. U. Powell 201 ff.; Anth. Lyr. Graec. ed. E. Diehl [3]3, 141 ff. (Kerkidas). – Teletis reliquiae rec. O. Hense, Tübingen [2]1909. – Teles ed. E. N. O'Neil, Missoula 1977.

Lit.: D. R. Dudley, A History of Cynism, London 1937. – F. Sayre, Diogenes of Sinope, Baltimore 1938. – Ders., The Greek Cynics, ebd. 1948. – R. Höistad, Cynic Hero and Cynic King, Uppsala 1948. – L. Paquet, Les Cyniques Grecs. Fragments et témoignages, Ottawa 1975 (frz. Übers.). – H. Niehues-Pröbsting, Der Kynismus des Diogenes und der Begriff des Zynismus,

München 1979. – H.D. Rankin, Sophists, Socratics, and Cynics, London/Canberra 1983. – M. Billerbeck (Hrsg.), Die Kyniker in der modernen Forschung. Aufsätze mit Einführung und Bibliographie, Amsterdam 1991. – M. Gigante, Cinismo e Epicureismo, Neapel 1992. – Menippos: R. Helm, Lukian und Menipp, Leipzig/Berlin 1906. – Teles: U. v. Wilamowitz-Moellendorff, Antigonos von Karystos, Berlin 1881.

Kypros (Zypern). Drittgrößte Insel des Mittelmeeres, ca. 9380 km[2], Bevölkerung zumeist griech. Einwanderer, sonst phoinikischen bzw. eteokyprischen Ursprungs[1]. Produkte: Kupfer, Asbest, Salz u. Schiffsbauholz.
Auf der seit 546 in fast ununterbrochener pers. Oberhoheit stehenden Insel herrschten Stadtkönige überwiegend griech. Abkunft u. a. in Soloi, Paphos u. Salamis mit insiven Kontakten zum Mutterland[2], in Kition phoinikischen Ursprungs. Seit Euagoras I. (ca. 411– 374/3) nahmen die Könige v. Salamis die Führungsrolle ein. Nach der Schlacht bei Issos (333) ging K. und damit auch die kypr. Flotte zu Alexander über. Bei der Belagerung von Tyros (332) leistete Pnytagoras v. Salamis Flottenhilfe; an Alexanders Agonen in Tyros (331) beteiligten sich Pnytagoras' Sohn Nikokreon und Pasikrates v. Soloi als Choregen (Plut. Alex. 29). Schon 321 standen die 4 wichtigsten Dynastien im Bündnis mit Ptolemaios (I.), der 315 K. gegen ↗Antigonos I. Monophthalmos behaupten konnte. Nur Kition, das sich erst nach Belagerung ergab, neigte weiterhin zu Antigonos. 312 ließ Ptolemaios Pumiathon v. Kition (Diod. 19, 79, 4 irrig Pygmalion) und die Könige v. Lapethos und Mation unter dem Vorwand (?) proantigonischer Sympathien beseitigen und ernannte Nikokreon unter Belassung des Königstitels zum ersten ↗Strategen v. Kypros (gest. 311/10)[3]. Als Stratege folgte ihm Ptolemaios' Bruder Menelaos, und mit der Ermordung des letzten Kgs. v. Paphos Nikokreon (310; Diod. 20, 21, 3) war der Widerstand gegen Ptolemaios gebrochen. Nach der Seeschlacht bei Salamis 306 eroberte Demetrios I. Poliorketes die Insel, nach (?) 300 Untergang der letzten kypr. Dynastien. 294/3 durch Ptolemaios I. zurückerobert, wurde K. neben ↗Kyrene milit. wichtigster Außenbesitz des ptol. Reiches. Nach 290 Hellenisierung von K.: zwar ist das Phoinikische in Kition noch im 3. Jh. belegt, aber das Eteokyprische in Amathus verschwindet ebenso wie die kypr. Silbenschrift gegen Ende des 3. Jh.s[4]; Übernahme des ptol. ↗Herrscherkultes (C 3 a)[5] und griech. Institutionen im frühen 3. Jh., Bauweise im 2. Jh. hellenistisch (Errichtung u. a. von Gymnasien). Die Oberschicht

bildete sich v. a. aus zugewanderten Griechen, eine umfangreiche jüdische Zusiedelung ist für das Ende des 2. Jh.s bezeugt[6]. 168 fiel der ptol. Statthalter Ptolemaios Makron zu Antiochos IV. ab, dessen Flotte sich jedoch nach röm. Intervention (↗Ptolemäer II 7) zurückziehen mußte. In den dynast. Auseinandersetzungen der Ptolemäer nach 170 wechselte K. mehrmals den Besitzer (↗Ptolemäer II 9–12). Ptolemaios VIII. Euergetes II. vermachte auch K. erstmals testamentarisch an Rom (SEG IX 7, z. T. veröffentlicht 155), und Ptolemaios XI. Alexander II. soll K. 80 Rom vermacht haben. Auf Betreiben seines innenpolitischen Gegenspielers P. Clodius Pulcher wurde 58 M. Porcius Cato mit der Einziehung von K. beauftragt (Cic. Sest. 57; 60)[7]. K. wurde zur Prov. ↗Kilikien geschlagen (51 Cicero Proconsul). Nach 47 Rückgabe K.'s an Kleopatra VII. durch Caesar, dann Antonius (–31), 27 kaiserl., 22 senator. Provinz.

In der ptol. Epoche[8] stand K. unter einem ptol. Strategen mit Sitz in Salamis, der zugleich Admiral und nach 203 auch Oberpriester (*archiereús*) des Herrscherkultes war; daneben existierten ein Verwaltungschef (*grammateús*) der Streitkräfte (30 000 Mann noch 104), in den Städten lagen Garnisonen unter Phrurarchen. Über die Verfassung der einzelnen Poleis ist nichts Näheres bekannt; lokale Strategen, Gymnasiarchen, Rat und Volksversammlung sind erwähnt.

J. D. G.

Anm.: 1) O. Masson–M. Sznycer, Recherches sur les Phéniciens à Chypre, Paris 1972; J. Seibert, Zur Bevölkerungsstruktur Zyperns, Ancient Society 7, 1976, 1–28. – 2) Vgl. die Sendschr. des Isokrates an Nikokles I. nach 374/3 und dessen Fürstenspiegel „Euagoras" und „Nikokles"; Weihungen des Nikokreon u. a. in Delphi. – 3) Chronologie bei H. Gesche, Chiron 4, 1974, 103–25 (Lit.); s. a. O. Mørkholm, Chiron 8, 1978, 135–47 (Alexandermünzprägung). – 4) Grundlegend T. B. Mitford, CQ 44, 1950, 97–106. – 5) H. Volkmann, Historia 5, 1956, 448–55. – 6) Jos., Ant. Jud. 13, 284. – 7) Dazu S. T. Oost, Der jüngere Cato und die Annexion von Zypern (1955), bei: G. Maurach (Hrsg.), Röm. Philosophie, WdF 193, 1976, 84–117. – 8) Prosopographie und Organisation bei Bengtson, Strategie III[2] 138–53; A. Avraamides, Studies in the History of Hellenistic Cyprus, 323–58 B.C., Diss. Minnesota 1971, 40–121; R.S. Bagnall, The Administration of the Ptol. Possessions outside Egypt, Leiden 1976, 38–79; 187–94; 252–66 (Lit.).

Lit.: Neben der in den Anm. genannten Lit.: G. Hill, History of Cyprus I, Cambridge[1] 1940, [2]1971. – F. G. Maier, Cypern – Insel am Kreuzweg der Geschichte, München [2]1982. – ↗Münzprägung (B 5, Lit.); R.-Alföldi, 283 f. – Ausgrabungen: Jährl. Berichte von V. Karageorghis im BCH seit 83, 1959. – O. Vessberg–A. Westholm, The Hellenistic and Roman Periods in Cyprus, The Swedish Cyprus Expedition IV 3, Stockholm–Lund 1956. – F. G. Maier, Altpaphos auf Cypern. Trierer Winckelmannsprogr. H. 6, 1985, 24 ff. – PECS s. v. Paphos u. a.

Kyrenaiker.

I. DIE KYRENAISCHE SCHULE IM ENGEREN SINNE: Aristipp(os), etwa 435/425 in ↗Kyrene geboren[1], begab sich auf die Kunde von Sokrates' Weisheit hin nach Athen[2] und trat in dessen Schülerkreis ein, ohne jedoch die Selbständigkeit seiner allen Genüssen zugetanen Lebensweise aufzugeben. Nach Sophistenart[3] reiste er als Wanderlehrer mit einigem Aufwand durch die griechische Welt[4] und erteilte gegen Bezahlung Unterricht[5]; als Sokrates starb, war er abwesend[6]. Sein Verhältnis zu anderen Sokratikern wie Platon[7], Xenophon[8] und Aischines von Sphettos[9] war anscheinend gespannt. Weltmann und Kosmopolit, lebte er später längere Zeit am Hofe Dionys' I. (reg. 405–367) und Dionys' II. (reg. 367–357 und 347–344) in Syrakus[10]; etwa 365/355 dürfte er gestorben sein. An Werken soll er neben einer ‚Geschichte Libyens' (d.h. Afrikas) ein Buch mit 25 wohl recht kurzen, den Titeln nach eher populärphilosophischen Dialogen, nach anderen sechs Diatriben (oder aber nichts) hinterlassen haben[11]; sie sind alle verloren. Daher und wegen des Verfahrens der doxographischen Berichte[12] läßt sich zwischen seinen Lehren und denen seiner nächsten Schüler nur schwer unterscheiden[13]. Es sind dies seine Tochter Arete[14] und deren Sohn und Schüler, der jüngere Aristipp(os), daher ‚Mutterschüler' (μητροδίδακτος) genannt[15], Antipater von Kyrene[16], dessen Schüler Epitimides von Kyrene[17] sowie wiederum dessen – und des jüngeren Aristipp[18] – Schüler Paraibates[19] und schließlich (angeblich) Aithiops von Ptolemaïs[20].

Vom natürlichen Verhalten des ↗Kindes und der Tiere ausgehend[21], erklären die Kyrenaiker die Lust (ἡδονή) für das Ziel (τέλος) des Lebens[22], d.h. für das höchste Gut[23], das eben ‚an sich' gut und daher erstrebenswert sei, selbst wenn es als verwerflich bewerteten Handlungen entspringe[24]. Sie unterliege als solches keinen Abstufungen[25], wohl aber anderes – z.B. Reichtum[26], Bildung[27], Tugend[28], Freundschaft[29] und, als Höchstes, Einsicht (φρόνησις)[30] –, das alles nur insofern gut sei, als es zur Lust beitrage. Diese Lust wird – anders als im ↗Kepos (A III), der sie als Ruhe versteht[31] – als ‚glatte Bewegung' (λεία κίνησις) des Leibes gedeutet, entsprechend der Schmerz (πόνος) als ‚rauhe Bewegung' (τραχεῖα κίνησις)[32]; Abwesenheit jeglicher Bewegung bewirke Abwesenheit jeglicher Empfindung (πάθος)[33]. Da

Lust also ein stofflicher Vorgang sei, sei sie im eigentlichen Sinne körperliche Lust[34]. Sie sei nur jeweils in der Gegenwart möglich (wenngleich sich gelegentlich auch die Vorstellung findet, Erwartung und Erinnerung seien gleichsam ,sekundäre' Quellen der Lust)[35]; die Abfolge solcher lustvollen Augenblicke mache die Glückseligkeit (εὐδαιμονία) aus[36]. Deren Genuß setze freilich voraus, daß man stets Herr der Lust bleibe, nie ihr Sklave werde: ,Ich halte sie, ich werde nicht gehalten' (ἔχω, οὐκ ἔχομαι) sagt Aristipp, als ihm sein Verhältnis mit der Hetäre Laïs vorgeworfen wird[37].

Dieser konsequente, reflektierte Hedonismus – gelegentlich heißen die Kyrenaiker auch Hedoniker[38] – findet in einem ebenso konsequenten Sensualismus seine erkenntnistheoretische Begründung: Gegenstand der – dann aber zuverlässigen – Erkenntnis sei nur jeweils die eigene, von Sinneswahrnehmung (αἴσθησις) erregte Empfindung (πάθος)[39], da einerseits das Ding der Außenwelt (τὸ ἐκτός) lediglich einen Reiz ausübe, der die Empfindung bewirke (τοῦ πάθους ποιητικόν)[40], andererseits die Empfindung nicht sicher mitteilbar sei[41]. Dieser an Protagoras erinnernde Subjektivismus stürzt folgerichtig jede Vorstellung von absoluten, objektiven, verbindlichen Werten wie z. B. Gerechtigkeit: Derartige Begriffe bestünden nur nach Setzung (νόμῳ) oder Gewohnheit (ἔθει), nicht von Natur (φύσει)[42]. Damit aber ist der Weg zur Anerkennung der Lust als einzigen absoluten Gutes (s. o.) frei. Eine Physik hat in einem solchen Lehrgebäude keinen Platz[43], aber auch auf eine Logik oder Dialektik sollen die Kyrenaiker verzichtet haben[44]. Die Ethik, das einzige verbliebene Gebiet, gliederten sie in (1) eine Entscheidungs- (αἱρετὰ καὶ φευκτά), (2) eine Empfindungs- (πάθη), (3) eine Handlungs- (πράξεις), (4) eine Ursachen- (αἴτια) und (5) eine Beweis- (πίστεις) -lehre[45], wobei freilich späteren, von der seit Xenokrates (↗Akademie A III 1) und Aristoteles gängigen Dreiteilung der Philosophie ausgehenden Doxographen (4) als rudimentäre Physik, (5) als soweit nötig entwickelte Logik erschien[46].

Modifizierungen dieser im späten 4. Jh. vorliegenden Lehre haben drei spätere Kyrenaiker vorgenommen:

II. Hegesias (Anf. des 3. Jh.s), Schüler des Paraibates[47] und Stifter der Richtung der HEGESIAKER[48], verschärfte die Lehre, indem er zum einen auch den – als wahrscheinlich betrachteten – Sinneswahrnehmungen zu folgen ablehnte[49] und zum anderen relative Werte, wie Reichtum oder Freundschaft, überhaupt nicht mehr gelten ließ[50]. Der einzige Wert schlechthin, die Lust, und damit die Glückseligkeit sei aber wegen der unvermeidlichen Störungen unerreichbar; darum sei das Leben sinnlos[51]. Dieser Umschlag des Hedonismus in einen Pessimismus, des Sensualismus in einen Nihilismus, den er in Vorträgen und in seinem Buche ‚Der Hungernde' (ὁ ἀποκαρτερῶν: Jemand, der sich zu Tode hungern will, schildert Freunden, die ihn zu retten suchen, die Übel des Lebens)[52] verkündete, soll unter seinen Hörern Selbstmorde veranlaßt und ihm selbst, als dem ‚zum Tode Ratenden' (πεισιθάνατος)[53], daraufhin von seiten Ptolemaios' I. (↗Ptolemäer II 2) ein Lehrverbot eingetragen haben[54]. Eher sokratisch erscheint hingegen seine Mahnung, alle Verfehlungen zu verzeihen, da sie nur auf – unvermeidlichen – Verwirrungen beruhten[55].

III. Annikeris (wohl 1. H. des 3. Jh.s)[56], auch Schüler des Paraibates[57] und Gründer der Richtung der ANNIKEREER[58], ließ die Lust als ‚höchstes Gut' ebenfalls unangetastet[59], maß aber den relativen Werten, besonders den gemeinschaftlichen wie der Freundschaft, für die Erlangung der Glückseligkeit weitaus größere Bedeutung bei, indem er neben den idiopathischen Genüssen sympathische anerkannte[60]. Die von ihm eingeführten Reformen[61] dienten vermutlich der Abgrenzung seiner Schule gegen den ↗Kepos[62].

IV. Theodoros von Kyrene (frühes 3. Jh.), Schüler Aristipps d. J.[63], Stifter der Richtung der THEODOREER[64], führte in den langen Jahren seiner Verbannungen[65], deren Ursachen unklar sind, ein sophistisches Wanderleben[66], das ihn angeblich als Schüler auch mit Zenon (↗Stoa C 1), Bryson (↗Megariker), Pyrrhon (↗Skepsis I)[67] und dem Dialektiker Dionysios[68], als Lehrer mit dem ↗Kyniker (IV 3) Bion[69] zusammenbrachte. In Athen soll ihn Demetrios von Phaleron (reg. 317–307, ↗Peripatos) vor einer Asebie-Anklage vor dem Areopag bewahrt haben[70]. Später hielt sich der kosmopolitisch[71] denkende Philosoph als Gesandter Ptolemaios' I. (↗Ptolemäer II 2) bei Lysimachos (↗Thrakien) auf[72] und kehrte schließlich in seine von dem bald unabhängigen ptolemäischen Statthalter Magas beherrschte Heimat ↗Kyrene zurück[73].

In der Lehre verschob Theodoros, ohne am Vorrang der Lust zu rütteln, das Gewicht zugunsten der Einsicht (φρόνησις), deren Anwesenheit die Äußerung der Lust, die Freude (χαρά), und deren Abwesenheit die Äußerung des Schmerzes, das Leid (λύπη), als die beiden ‚Pole‘ (τέλη), ‚Ziele‘) des Empfindens notwendig bewirke[74]. Dieser intellektualistische Ansatz führte ihn zu extrem scheinenden Folgerungen wie den Behauptungen, dem Einsichtigen sei schlechthin alles erlaubt[75], Freundschaft sei rundweg abzulehnen[76], und es gebe überhaupt keine Götter; die letzte Auffassung, die er in einer Schrift ‚Über die Götter‘ (Περὶ θεῶν) verbreitet hat, hat ihm Ruhm und den Beinamen ‚der Gottlose‘ (ὁ ἄθεος) eingetragen[77].

Infolge der Konkurrenz anderer Schulen, v. a. des ↗Kepos, ist die Kyrenaische Schule offenbar noch im 3. Jh. ausgestorben[78]. Ihre Ansätze fanden – und finden – aber immer wieder Eingang in neue philosophische Entwürfe, und schließlich war es der Tradition zufolge Aristipp d. Ä., der den Begriff ἀνθρωπισμός[79] ⇒ humanitas ⇒ Humanität geprägt hat.

U.D.

Anm.: 1) Diog. Laert. 2, 65 u. sonst oft. – 2) Aischines von Sphettos ebd.; Plut. curiosit. 2. 516c. – 3) Xen. mem. 2,1 und später viele. – 4) Aristoteles, met. 3, 2. 996a32, nennt ihn geradezu einen Sophisten. Vgl. die vielen Anekdoten Diog. Laert. 2, 66–83. – 5) Ebd. 65. 72. 74. 80. – 6) Plat. Phaed. 59c. – 7) Diog. Laert. 2, 65–66; 3, 36. – 8) Ebd. 2, 65. Vgl. die Tendenz in Xen. mem. 2, 1; 3, 8. – 9) Diog. Laert. 2, 82–83. – 10) Belege wie Anm. 4 (Diog. Laert.). – 11) Diog. Laert. 2, 64. 83–85; Theopomp, FGrHist 115 F 259. – 12) Diog. Laert. 2, 85–93; weitere Stellen s. im folgenden. – 13) Versuche der Scheidung bei Zeller (Lit.), 344–345; Praechter (Lit.), 173–174; E. Mannebach, Art. ‚Aristippos (3)‘, in: DKlP 1, 1975, 562–563. – 14) Diog. Laert. 2, 72. 84. 86. Ael. nat. anim. 3, 40 nennt sie als einziger Schwester des älteren Aristipp. – 15) Ebd.; Strab. 17, 3, 22; Diog. Laert. 2, 86; Clem. Alex. strom. 4, 124; Aristokles bei Euseb. pr. ev. 14, 18, 32. – 16) Cic. Tusc. 5, 112; Diog. Laert. 2, 86. – 17) Ebd. – 18) Suda s. v. Ἀννίκερις. – 19) Diog. Laert. 2, 86. – 20) So ebd. Aber entweder die Herkunftsbezeichnung oder die Einordnung wird falsch sein. – 21) Ebd. 87–88. – 22) Ebd. 87; Ath. 12, 63. 544a; vgl. Xen. mem. 2, 1, 9. – 23) Cic. Acad. 2, 131. – 24) Hippobotos bei Diog. Laert. 2, 88. – 25) Ebd. 87. – 26) Ebd. 92. – 27) Ebd. 72. – 28) Cic. off. 3, 116. – 29) Diog. Laert. 2, 91. – 30) Ebd. – 31) Ebd. 87. – 32) Sext. Emp. Pyrrh. hyp. 1, 215; Diog. Laert. 2, 86. – 33) Sext. Emp. adv. math. 7, 199; Diog. Laert. 2, 89–90. Aristokles bei Euseb. pr. ev. 14, 18, 32 führt die Dreiteilung auf den jüngeren Aristipp zurück. – 34) Panaitios bei Diog. Laert. 2, 87; ebd. 90. – 35) Ebd. 66. 89–90; Athen. 12, 63. 544a; Ael. var. hist. 14, 6. – 36) Diog. Laert. 2, 87–88. 90. – 37) Sotion ebd. 74–75. – 38) Athen. 7, 91. 312f; 13, 53. 588a. – 39) Cic. Acad. 2, 20. 142; Diog. Laert. 2, 92; Aristokles bei Euseb. pr. ev. 14, 19, 1. – 40) Plut. adv. Col. 24. 1120cd; Sext. Emp. adv. math. 7, 191–194 (daher die Zitate); Pyrrh. hyp. 1, 215. – 41) Sext. Emp. adv. math. 7, 195–198. – 42) Ebd. 3. – 43) Ebd. 92; Ps.-Plut. bei Euseb. pr. ev. 1, 8, 9; vgl. schon Arist. met. 3, 2. 996a32–b1. – 44) Meleager und Kleitomachos bei Diog. Laert. 2, 92. – 45) Sen. ep. 89, 12;

Sext. Emp. adv. math. 7, 11. – 46) Ebd. – 47) Diog. Laert. 2, 86. – 48) Ebd. 93. – 49) Ebd. 95. – 50) Ebd. 93–94. – 51) Ebd. 94–95. – 52) Cic. Tusc. 1, 84. – 53) Diog. Laert. 2, 86. – 54) Cic. Tusc. 1, 83. – 55) Diog. Laert. 2, 95. – 56) Datierung nach seiner Stellung in der Lehrer-Schüler-Abfolge und seiner vermuteten Auseinandersetzung mit Epikur; dagegen macht ihn die Suda s. v. Ἀννίκερις zu einem Zeitgenossen Alexanders d. Gr., Antisthenes von Rhodos bei Diog. Laert. 2, 98 zu einem Lehrer Theodoros' des Atheisten und ders. ebd. 86 gar zu dem Manne, der Platon aus der Sklaverei losgekauft hat. – 57) Ebd. – 58) Ebd. 85. 96. – 59) Cic. off. 3, 116; Diog. Laert. 2, 96. – 60) Ebd. 96–97; Clem. Alex. strom. 2, 130. – 61) Strab. 17, 3, 22. – 62) Clem. Alex. strom. 2, 130; Suda s. v. Ἀννίκερις. – 63) Diog. Laert. 2, 86. – 64) Ebd. 85. 97. – 65) Philo qu. omn. pr. lib. 127–130; Plut. exil. 16. 606b; Diog. Laert. 2, 103. – 66) Diog. Laert. 2, 102; 4, 52. – 67) Suda s. v. Θεόδωρος. – 68) Diog. Laert. 2, 98. Zu Theodoros als Schüler des Annikeris s. Anm. 56. – 69) Diog. Laert. 4, 23. 52. – 70) Ebd. 2, 101. Die ebd. referierte Behauptung des Amphikrates, Theodoros habe dort den Schierlingsbecher leeren müssen, widerspricht aller anderen Überlieferung und erinnert verdächtig an das Schicksal des Sokrates. – 71) Diog. Laert. 2, 99. – 72) Cic. Tusc. 1, 102; Diog. Laert. 2, 101–102; 6, 97. – 73) Ebd. 2, 103. – 74) Ebd. 98. – 75) Ebd. 99. – 76) Ebd. 98. – 77) Cic. nat. deor. 1, 2; Diog. Laert. 2, 86. 97–98. – 78) Vgl. Cic. de or. 3, 62. – 79) Diog. Laert. 2, 70; vgl. Nestle (Lit.), 289.

Texte: G. Giannantoni, I Cirenaici, Florenz 1958. – E. Mannebach, Aristippi et Cyrenaicorum fragmenta, Leiden/Köln 1961. – G. Giannantoni, Socraticorum reliquiae. I, Neapel 1983, 183–315; III, ebd. 1985, 123–176. – Übers.: W. Nestle, Die Sokratiker, Jena 1922, 163–172.
Lit.: E. Zeller, Die Philosophie der Griechen in ihrer geschichtlichen Entwicklung, II, 1, Leipzig [4]1889, 336–383. – E. Antoniades, Aristipp und die Kyrenaiker, Diss. Göttingen 1916. – J. Stenzel, Art. ‚Kyrenaiker', in: RE XII 1, 1924, Sp. 137–150. – K. Praechter, Die Philosophie des Altertums, Berlin [12]1926, 170–177. – G. Lieberg, Aristippo e la scuola cirenaica, in: Rivista critica di Storia della Filosofia 13, 1958, 3–11. – A. Grilli, Cyrenaica, in: SIFC 32, 1960, 200–214.

Kyrene. 331 unterwarf sich die bis dahin selbständige Polis K. Alexander d. Gr., 323/22 dem Spartaner Thibron, der sich mit einem Teil des Harpalos-Schatzes ein eigenes Söldnerreich gründen wollte (StV III 414). 322 eroberte Ophellas, Sohn des Seilenos, K. für Ptolemaios (I.) und wurde dessen Statthalter. 313 (demokratische?) Revolte, vielleicht durch die Freiheitsparole des ↗Antigonos (1) hervorgerufen; 312 wieder unterworfen; ein Diagramma des Ptolemaios (SEG IX 1) gab eine gemäßigt oligarch. Verfassung, die der starken, unruhestiftenden Bevölkerungsmischung in K. Rechnung trug. Um 310 machte sich Ophellas selbständig und schloß 309 mit Agathokles (↗Sizilien 1) gegen Karthago ein Bündnis, worin ihm Afrika zugesprochen wurde (StV III 432). Der Traum von einem nordafrikan. Reich endete bald: Ophellas wurde in Tunesien von seinem Bündner überfallen und fiel (309).
Nach Rebellion gegen die erneuerte ptolem. Herrschaft wurde K. um 298 erneut unterworfen durch den neuen

Statthalter MAGAS (Stiefsohn des Ptolemaios I. aus 1. Ehe der Berenike I.). Wohl schon beim Tod des Ptolemaios I. (283), spätestens 275 fiel Magas von Ägypten ab, nahm das Diadem und prägte Münzen mit dem Bild des Stiefvaters; seine antiptolemäische Politik zeigte sich in Bündnissen mit kretischen Gemeinden (StV III 468), in seiner Heirat mit Apame, Tochter des Seleukiden Antiochos I., vor allem in seinem (freilich vergeblichen) Angriff auf Ägypten (um 275), dem der 1. Syr. Krieg (274–271, Beteiligung unsicher) folgte. Kurz vor seinem Tod (um 250) verlobte er seine Erbtochter Berenike mit dem Thronfolger der Hauptlinie, Ptolemaios (III.). Die Wiedervereinigung wurde jedoch zunächst von Apame hintertrieben; durch sie faßte die antiptolemäische Politik des Antigonos II. Gonatas von ↗Makedonien (III 1) in K. Fuß, dessen Stiefbruder DEMETRIOS DER SCHÖNE (ὁ καλός) mit Berenike verlobt wurde. Ein homme à femmes wie sein Vater Demetrios I. Poliorketes, begann Demetrios eine Liaison mit Apame, worauf ihn Berenike töten ließ. Nach kurzer Alleinherrschaft vermählte sie sich mit Ptolemaios III., als dieser den Thron bestiegen hatte (27. 1. 246). Dadurch fiel K. wieder an die ptol. Krone. Nach einer Locke, die Berenike für siegreiche Heimkehr des Gatten aus dem 3. Syr. Krieg (246–241; ↗Seleukiden III 3) weihte, benannte der Hofastronom Konon ein neuentdecktes Sternbild (vgl. die „Locke der B.": Kallimachos Fr. 110; 387 f. Pf.; Catull 66). Bald nach dem Regierungsantritt des Sohnes Ptolemaios IV. wurde sie ermordet. K. wurde von den ↗Ptolemäern stets als separates Nebenland, nie als Teil Ägyptens verwaltet. Selbständiges Reich wurde K. wieder 163–145 unter dem Bruder Ptolemaios' VI., Ptolemaios (VIII.), der ein Testament zugunsten Roms machte (Einzelheiten ↗Ptolemäer II 8). Er hinterließ K. seinem Sohn von einer Nebenfrau, PTOLEMAIOS APION, der aber wohl erst zwischen 108 und 101 König wurde und 96 das Königsland an Rom vermachte. Rom errichtete erst 74 die Provinz Cyrenaica, unter Einschluß der griech. Städte, deren Freiheit in Unruhen und Tyrannis ausgeartet war. Die Provinz wurde 27 mit Kreta vereinigt, nachdem sie 34–30 unter Kleopatra Selene zum östl. Großreich der Kleopatra d. Gr. (↗Ptolemäer II 13) gehört hatte.

H. H. S.

Lit.: R. G. Goodchild, K. und Apollonia, Zürich 1971. – J. Machu, Cyrène, la cité et le souverain..., RH 205, 1951, 41–55. – Bengtson, Strategie III 153–65. – R. S. Bagnall, The Administration of the Ptolemaic Possessions outside Egypt, Leiden 1976, 25–37 (Lit.). – Huß, Ptolemaios IV. 176–8. – A. Laronde, Cyrène et la Libye hellénistique, Paris 1987. – Einzelabh.: Ophellas: V. Ehrenberg, Polis und Imperium, Zürich–Stuttgart 1965, 539–47 (zuerst 1938). – Ptolemaios I.: O. Mørkholm, C. and Ptolemy I., Chiron 10, 1980, 145–59 (numismatisch). – Magas: F. Chamoux, RH 216, 1956, 18–34. – Will, Hist. Pol. I 101. – Seibert, Dynast. Verbindungen 51–3. – Berenike: Seibert, ebd. 80–5. – Demetrios: Will, Hist. Pol. I 217 f. – Ptolemaios Apion: H. Volkmann, RE XXII 2, 1959, 1737 f. s. v. – Will, Hist. Pol. II 371–3. – Münzprägung: R.-Alföldi, 294. – Ausgrabungen: PECS s.v.

Lehrgedicht ist eine moderne Bezeichnung für Fachliteratur in gebundener Form. Der Ausdruck impliziert die ästhetisierende Auffassung eines dichterischen Versuches am untauglichen Objekt oder einer dem Gegenstand nicht angemessenen Darstellungsart. Schon Aristoteles (poet. 1. 1447b 16 ff.) wollte in Empedokles mehr den Naturforscher als den Dichter sehen. Andererseits teilt Cicero (De orat. 1, 69) als feststehende Ansicht mit, daß Arat von dem Gegenstand seiner Dichtung, der Astronomie, nichts verstanden und auch Nikander mit Landwirtschaft, dem Thema seiner Georgika, nicht das Geringste zu tun gehabt habe. Indessen hat das unterweisende Epos, wie F. Klingner das L. nennt, seinen beredtesten Anwalt in Goethe gefunden (Über das Lehrgedicht, 1827). Zwar verlangt er: „Alle Poesie soll belehrend sein, aber unmerklich; sie soll den Menschen aufmerksam machen, wovon sich zu belehren wäre, er muß die Lehre selbst daraus ziehen wie aus dem Leben"; und der „schulmeisterlichen Poesie", die eine ausgesprochene Lehrabsicht erkennen lasse, erteilt er eine deutliche Absage. Aber der didaktischen Poesie erkennt er durchaus einen eigenen Wert zu, sofern es sich um „ein lehrreiches, mit rhythmischem Wohllaut und Schmuck der Einbildungskraft verziertes, lieblich oder energisch vorgetragenes Kunstwerk" handelt, und „selbst der begabteste Dichter sollte es sich zur Ehre rechnen, auch irgendein Kapitel des Wissenswerten also behandelt zu haben".

Wie die Antike Lehrgedichte nicht zu einer eigenen Gattung zusammenfaßt, sondern sie den ἔπη zuweist, so läßt sie es auch so gut wie ganz an theoretischen Äußerungen über das L. fehlen. Einzig im Tractatus Coislinianus (CGF 1, 50 Kaibel) begegnen wir einer παιδευτική mit ihren Unterabteilungen ὑφηγητική und θεωρητική und bei Diomedes (De poematibus 1, 5 = GrLat 1, 482 Keil) einer διδασκαλική, als deren Vertreter Empedokles, Arat, Lukrez, Cicero und Vergil angeführt werden; doch haben solche spätantiken Schemata kaum repräsentative

Bedeutung. Die Notwendigkeit, das L. als eigene Gattung gegen das ↗Epos hin abzugrenzen, wurde um so weniger empfunden, als man vom Epos überhaupt und in erster Linie Belehrung erwartete. Die homerischen Epen galten bis in den Hell. hinein als „Enzyklopädie aller Künste und Wissenschaften" (W. Jaeger, Paideia I, Bln. ⁴1959, 64). Bis ins 5. Jh. war die epische Sprache allgemein anerkannte Literatursprache, derer sich Fachwissenschaften und Philosophie (Xenophanes, Parmenides, Empedokles) auch dann noch bedienten, als die wissenschaftliche Prosa längst begründet (Anaximander) und als geeignetes Medium zur Darstellung wissenschaftlicher Sachverhalte erprobt war (Alkmeon von Kroton um 500).

Didaktische Dichtung, die in der Bewältigung eines wissenschaftlichen Stoffes mit poetischen Mitteln ihre Aufgabe erblickt und den Leser an dieser Spannung teilhaben läßt, hat es vor dem 4. Jh. nicht gegeben. Als Ahnherr einer Dichtung, die sachliche Information in epischer Sprache darbietet, galt fortan Hesiod, ungeachtet der Tatsache, daß seine Erga für die unmittelbare Belehrung von Bauern und Seeleuten gedacht sind. Hesiod begründete nicht nur eine eigene Erga-Literatur (Megala Erga, Erga des Menekrates von Ephesos um 300), sondern wurde vorbildlich für das gefeierteste aller Lehrgedichte, die *Phainomena* (‚Himmelserscheinungen') des ARATOS aus Soloi in Kilikien, der seit 276 am Hofe des Antigonos Gonatas (↗Makedonien III 1) in Pella wirkte.

Das Gedicht gliedert sich in zwei deutlich voneinander abgesetzte Teile, die jeweils durch ein eigenes Prooimion eröffnet werden. Der erste Teil (V. 1–757) behandelt τὰ οὐράνια, d. h. die Himmelskugel und die für die Zeitbestimmung wichtigen Bewegungen, der zweite Teil (V. 758–1154) τὰ μετέωρα, d. h. die Wettervorzeichen an Mond, Sonne, Sternen, Wolken, Nebel, Meer, Bergen, Tieren, Pflanzen und Gegenständen. „In einer überraschenden Antiklimax ist der Blick aus dem Allergrößten zum Allerkleinsten herabgeführt worden. In die Form einer Belehrung für Bauern und Seeleute ist eine Darstellung des Alls gekleidet, das als Kosmos nach dem Willen des Zeus auf den Menschen zentriert ist. Alle φαινόμενα sind σήματα des Zeus für die Menschen" (W. Ludwig). Das berühmte erste Prooimion (V. 1–18), das aus dem beseligenden Gefühl der Gemeinschaft von Menschen und Göttern heraus die Allgegenwart des Zeus und seine

Fürsorge für die Menschen preist, ist ein einzigartiges Zeugnis stoischer Frömmigkeit und bestätigt aufs beste die Nachricht von Arats Athener Studienjahren in der ↗Stoa bei Zenon. In seinem Glauben an die Allmacht des gerechten Gottes mochte Arat sich durch Hesiod bestätigt fühlen. Auf Hesiod sind die Phainomena in allen Teilen so sehr bezogen, daß nur von ihm her und in ständigem Vergleich mit seinen Erga sich ein Weg zu einer gerechten Würdigung der von der Forschung lange Zeit unterschätzten Leistung Arats eröffnet. Arat wollte nicht erneuern oder gar überbieten, sondern ergänzen. Stofflich stellt er für Hesiods Bauern- und Seefahrerregeln den umfassenden Hintergrund an Sternbildern und Wetterzeichen bereit, wobei er in einer Mischung von Bescheidenheit und Sachverstand alles das ausspart, was der kundige Leser bereits bei Hesiod finden kann. Obwohl die Phainomena mit ihrer durchdachten Disposition und einer erlesenen Sprache, die ausgetretene Pfade meidet und Formelhaftes nur verwendet, wenn an eine bestimmte Homerstelle erinnert werden soll, von der archaischen Buntheit und persönlichen Färbung hesiodeischer Dichtung durch eine Welt getrennt sind, ist in kompositioneller Hinsicht das gelegentlich fast unmerkliche Gleiten von einem Gegenstand zum anderen und die Unterbrechung des lehrhaften Berichts durch kleine abgerundete Bilder und größere Einlagen durchaus als ein Versuch im hesiodeischen Stil zu verstehen. In dem längsten Exkurs (V. 96–135) hat Arat die Geschichte vom Sternbild der Jungfrau – Dike – geschickt mit Hesiods Mythos vom Abstieg der Weltalter verknüpft und damit sein Gedicht um eine bedeutende Tiefendimension bereichert. Die bereits von Hipparchos (Comm. in Arat. 287 Manitius) vertretene Ansicht, daß Arat seine astronomischen Kenntnisse den Phainomena und dem Enoptron (,Spiegel') des Eudoxos von Knidos verdanke, wird neuerdings wieder bestritten (Böker, Erren), weil man seine Angaben für die Zeit des Eudoxos als überholt ansieht.

Nicht nur Cicero an der anfangs genannten Stelle (De orat. 1, 69) nennt Arat fast in einem Atemzuge mit NIKANDER von Kolophon, auch die Aratviten sehen die beiden Dichter nebeneinander, und zwar als Freunde am Hofe des Antigonos Gonatas (276–239): von diesem habe der Arzt Arat den Auftrag bekommen, Phainomena zu dichten, der Astronom Nikander habe stattdessen *Theriaka* (,Mittel gegen den Biß giftiger Tiere') und *Alexi-*

pharmaka (,Abhilfe bei Vergiftung') verfassen müssen (p. 78, 11 Maass); anderen Überlieferungen zufolge hätten sich die beiden Dichter gegenseitig die Aufgaben gestellt (p. 325, 25 M.) oder jeder das eigene Werk unter dem Namen des Freundes publiziert. So sicher Arats Einfluß auf Nikander ist, so wenig bieten diese Anekdoten für die Chronologie Nikanders eine zuverlässige Grundlage. Die Nachricht der Scholien (Theriaka 237), Nikander habe sich an die Theriaka um die Mitte des 3. Jh.s wirkenden Numenios von Herakleia angelehnt, spricht gegen die frühhellenistische Zeit. Sollte ein Nikander, der einen Hymnos auf Attalos III. von Pergamon (138-133) dichtete (Fr. 104 Gow), mit dem Didaktiker identisch sein, müßten wir sogar in die zweite Hälfte des 2. Jh.s herabgehen. Die Theriaka und Alexipharmaka, die uns allein aus dem umfangreichen Œuvre erhalten sind, stellen die poetischen Umformungen zweier fachwissenschaftlicher Prosaschriften des Toxikologen Apollodoros vom Anfang des 3. Jh.s dar.

Der Dichter beschränkt sich nicht auf ein Referat, sondern tritt in der Rolle des Lehrers, Helfers und Retters auf, von dem der Leser Anweisungen erhält. Die *Theriaka* befassen sich in ihrem ersten Teil (V. 1-492) nach einem aitiologischen Mythos über die Entstehung giftiger Tiere (V. 8-20) und Maßnahmen zur Verhütung von Bissen (V. 21-144) mit der Beschreibung der einzelnen Schlangen und der Vergiftungssymptome. Der zweite Teil (V. 493-714) handelt von der Therapie. Dann wiederholt sich das Schema. Der dritte Teil (V. 715-836) wendet sich anderen giftigen Tieren (Spinnen, Skorpione) zu, der Schlußabschnitt den entsprechenden Gegenmitteln. Während der Leser in diesem Gedicht als Patient angesprochen wird, sieht er sich in den *Alexipharmaka* in die Rolle des Helfers versetzt. Ein weiterer Unterschied betrifft den Aufbau. Während Nikander in den Theriaka die therapeutischen Maßnahmen in zwei großen Abschnitten zusammenfaßt, hält er sich in den Alexipharmaka an das in der Prosaliteratur übliche Anordnungsschema, das jeweils den einzelnen Vergiftungssymptomen sofort die entsprechende Therapieanweisung folgen läßt. Es handelt sich um getrunkene Gifte pflanzlicher und mineralischer Art; hinzu kommen Stierblut, Salamander- und Krötengift, verschluckte Blutegel und im Körper verkäste Milch. Die Beschreibung der Symptome und die Therapieanweisungen zeichnen sich in diesem

Gedicht durch besonders detaillierte Genauigkeit aus. In den reichgegliederten Wortfeldern, der Vielfalt von Neubildungen und Formen, der differenzierten Tempusgebung, der Vorliebe für aktivische Diktion, überhaupt in dem – an Arat gemessen – ganz außergewöhnlichen sprachlichen Aufwand wird ein einheitliches künstlerisches Ziel erkennbar: Gegenüber der terminologisch einheitlichen, unpersönlichen, statischen, abstrakten wissenschaftlichen Ausdrucksweise dringt Nikander auf Fülle, Wechsel, Anschaulichkeit, Dynamik, wie H. Schneider durch Konfrontation mit einschlägiger Prosaliteratur eindrucksvoll gezeigt hat. Dabei ist das Artistische kaum Selbstzweck gewesen, auch wenn Gow mit seiner Meinung recht haben sollte, daß die Gedichte in einer first-aid-Situation den Benutzer im Stiche lassen mußten. „Nikander wollte einer Situation, wie sie Gow annimmt, gewissermaßen zuvorkommen, indem er durch die, wie er glaubte, ‚gewählte' Form den am Stoff als solchem zunächst weniger interessierten Leser für eine ‚freie' Beschäftigung mit diesem zu gewinnen versuchte. In diesem Sinne der poetischen Darstellung eines Wissensstoffes mit dem Ziel einer tatsächlichen Orientierung des Lesers sind die Gedichte zu verstehen" (H. Schneider).

Die uns nur dem Titel nach bekannten hell. Lehrgedichte spiegeln das breit gefächerte Spektrum hell. Wissenschaft. Phainomena dichteten auch Hegesianax von Alexandreia, Hermippos von Smyrna und Alexander Aitolos (↗Elegie). Von Arat ist eine Dichtung über Sphärenharmonie mit dem Titel Kanon bezeugt. Die Geographie war mit Gedichten des ↗Kallimachos ‚Über die Ströme der Welt', seines Schülers Peristephanos von Kyrene ‚Über seltsame Flüsse' und seines Neffen, des jüngeren Kallimachos, ‚Über Inseln' vertreten. Ein geographisches L. Alexanders von Ephesos wird uns in der Oikumene des Periegeten Dionysios (124 n. Chr. publiziert) faßbar. Erhalten ist eine Beschreibung der Küsten Europas und des Schwarzen Meeres in Jamben (GGM 1, 196–237 Müller), die man früher fälschlich als ein Werk des Skymnos von Chios angesehen hat. Das geschichtliche L. ist zugleich eine typische Erscheinungsform des großen heroischen ↗Epos. Mit seinen Iatrika, die sich in einen anatomischen und einen pharmakologischen Teil gliederten, wurde Arat zum Begründer der medizinischen Lehrdichtung. Von Nikander gab es eine poetische Metaphrase der hippokratischen Prognostika sowie eine ‚Sammlung von

Heilungen'. Sogar König Antiochos Philometor veröffentlichte Theriaka in Distichen. Toxikologische Gedichte schrieben Heliodoros von Athen und Bolos von Mendes. Nachhaltige Wirkung hatten Nikanders Melissurgika (Bienenzucht) und Georgika (Landbau) sowie die Gedichte ‚Über Fischfang' des Numenios von Herakleia und des Pankrates aus Arkadien. Die verschiedenen Fischarten spielen eine besondere Rolle in den 330 erhaltenen Hexametern aus dem gastronomischen Gedicht Hedypatheia (‚Schlemmerleben') des Archestratos von Gela, eines Zeitgenossen des Aristoteles (Text bei P. Brandt, Corp. poesis ep. gr. lud. I, Lp. 1888, 144–193). Wenigstens erwähnt seien noch die poetischen Lithika (Steinbücher), mit denen Nikander, Satyros und Timaris eine eigene Gattung eröffneten.

Auf die ungeheure Nachwirkung des hell. Lehrgedichts kann in diesem Rahmen nur in knappen Ausblicken hingewiesen werden. Zunächst ist festzustellen, daß die Praxis des hell. L.s in der Kaiserzeit in ungebrochener Tradition fortlebt. Die Iatrika des Markellos von Side, die Periegese des Dionysios, die Halieutika (Fischfang) des Oppianos von Anazarbos, die Kynegetika (Jagd) seines Namensvetters aus Apameia oder das Carmen de viribus herbarum vermitteln uns neben manchem anderen, das uns ebenfalls erhalten ist, eine gute Vorstellung von der Gattung in diesen Jahrhunderten. Sodann sei auf den beispiellosen Erfolg der arateischen Phainomena wenigstens hingewiesen, der sich in einer stattlichen Anzahl von Exzerpten, Übersetzungen, Paraphrasen und Kommentaren niedergeschlagen hat und mit Namen wie Cicero, Manilius, Germanicus, Hyginus und Achilleus Tatios verknüpft ist. Schließlich das römische L. In ihrer Mehrzahl fügen sich die lateinischen Werke bruchlos in die griechische Entwicklung ein. Darüber hinaus wird aber das L. bei Lukrez und in seiner Nachfolge bei Vergil und Manilius „zum Gefäß einer umfassenden Weltdeutung" (W. Schmid).

Das Mittelalter hat im Osten und im Westen das L. eifrig gepflegt, so Tzetzes auf vielen Gebieten, Theodoros Prodromos in der Astrologie, Manuel Philes in der Zoologie, Meliteniotes in der Mineralogie, Theodofrid in der Geographie. Eine neue Blüte erlebt das L. im 17. Jh. (z. B. mit Opitz' Vesuvius und Boileaus Art poétique). Das einflußreichste L. des 18. Jh.s sind die Alpen Albrecht von Hallers. Goethe und August Wilhelm von Schlegel werben für das L., das für sie bei Lukrez und Vergil seine Vollendung gefunden hat, ohne mit ihrer Werbung auf große Gegenliebe zu stoßen. Als Beispiele aus dem 19. Jh. seien Joh. Isaak von Gernings ‚Die Heilquellen am Taunus in vier Gesängen' (1814) und Pierre Antoine Darus ‚Astronomie' in sechs Gesängen (1820) genannt. K. K.

Goethe, Über das Lehrgedicht, Soph. Ausg. Abt.I 41, 2, S. 225. – F. Susemihl, Geschichte der griechischen Litteratur in der Alexandrinerzeit I, Lpz. 1891, 284 ff. – U. v. Wilamowitz-Moellendorff, Hell. Dicht. II, Berlin 1924, 274 ff. – W. Kroll, RE 12, 2 (1925), 1842 ff. s.v. Lehrgedicht. – M. Erren, Untersuchungen zum antiken Lehrgedicht, Diss. Freiburg 1956 (mschr.). – R.M. Schuler/J.G. Fitch, Theory and Context of the Didactic Poem, Florilegium (Ottawa) 5, 1983, 1 ff. – A. Körte – P. Händel, Die hell. Dicht., Stuttgart 1960, 272 ff. – S. Koster, Antike Epostheorien, Wiesbaden 1970. – A. Lesky, Geschichte der griechischen Literatur, Bern/München ³1971, 840 ff.; 909 ff. – B. Effe, Dichtung und Lehre, Untersuchungen zur Typologie des antiken Lehrgedichts, München 1977 (Zetemata 69). – G. Serrao, La genesi del ‚poeta doctus' e le aspirazioni realistiche nella poetica del primo ellenismo, in: Studi in onore di Anthos Ardizzoni, Roma 1978, 911 ff. – A. Lesky, Epos, Epyllion und Lehrgedicht, in: E. Vogt (Hrsg.), Griech. Literatur (Neues Handbuch der Literaturwissenschaft 2), Wiesbaden 1981. – B. Effe, Hellenismus (Die griech. Literatur in Text u. Darstellung Bd. 4), Stuttgart 1985. – Zu Arat: E. Maass, Arati Phaenomena, Berlin ²1954. – Ders., Commentariorum in Aratum reliquiae, Berlin ²1958. – J. Martin, Arati Phaenomena, introd., texte critique, commentaire et trad., Firenze 1956. – Ders., Scholia in Aratum vetera, Stuttgart 1974. – Ders., Histoire du texte des Phénomènes d'Aratos, Paris 1956. – A. Schott – R. Böker, Aratos, Sternbilder und Wetterzeichen, griech. und dt., München 1958. – M. Erren, Aratos, Phainomena, griech. und dt., München 1971. – W. Ludwig, Die Phainomena Arats als hellenistische Dichtung, Hermes 91, 1963, 429 ff. – Ders., RE Suppl. 10 (1965), 26 ff. s.v. Aratos. – M. Erren, Die Phainomena des Aratos von Soloi. Untersuchungen zum Sach- und Sinnverständnis, Wiesbaden 1967 (Hermes-Einzelschr. 19). – B. Effe, Arat – ein medizinischer Lehrdichter?, Hermes 100, 1972, 500 ff. – G. Luck, Aratea, AJPh 97, 1976, 213 ff. – P.G. Holbrook, Aratus Phaenomena, Lexington 1975. – M. Fantuzzi, in: Materiali e discussioni per l'analisi dei testi classici 5, 1980, 163 ff. (Arat und Theokrit). – L. de Neubourg, Virgile et Aratos, RhMus 126, 1983, 308 ff. – T. Ito, Aratus' Zeus and Nyx, Journal of Classical Studies 33, 1985, 49 ff. – G. Boccato, I segni premonitori del tempo in Virgilio e in Arato, A&R 30, 1985, 9 ff. – A.M. Lewis, Aratus Phaenomena 443–49. Sound and meaning in a Greek model and its translations, Latomus 44, 1955, 805 ff. – M. Prendergraft, Aratean Echoes in Theocritus, QUCC n. s. 24, 1986, 47 ff. – Zu Nikander: A.S.F. Gow – A.F. Scholfield, Nicander, The Poems and Poetical Fragments, Cambridge 1953. – A. Crugnola, Scholia in Nicandri Theriaca cum glossis, Milano 1971. – M. Geymonat, Scholia in Nicandri Alexipharmaca cum glossis, Milano 1974. – Ders., Eutecnii Paraphrasis in Nicandri Alexipharmaca, Milano 1976. – M. Papathomopoulos, Εὐτεκνίου Παραφράσεις εἰς τὰ Νικάνδρου Θηριακὰ καὶ Ἀλεξιφάρμακα, Ioannina 1976. – H. Schneider, Vergleichende Untersuchungen zur sprachlichen Struktur der beiden erhaltenen Lehrgedichte des Nikander von Kolophon, Wiesbaden 1962 (Klass.-philol. Studien 24). – B. Effe, Zum Eingang von Nikanders Theriaka, Hermes 102, 1974, 119 ff. – Ders., Der Aufbau von Nikanders Theriaka und Alexipharmaka, RhM 117, 1974, 53 ff. – M. Brioso Sánchez, Nicandro y los esquemas del hexámetro, Habis 5, 1974, 9 ff. – I. Cazzaniga, Note nicandree, Studi Classici e Orientali 25, 1976, 317 ff. – Ders., Osservazioni critico-testuali ad alcuni passi delle Georgiche nicandree, Annali della Scuola Normale Superiore di Pisa 9, 1979, 59ff. – I. Gualandri, Lo scorpione χαλαζήεις di Nicandro, RivFil 106, 1978, 276ff. – J. Scarborough, Nicander: Theriaka 811, ClPh 75, 1980, 138ff. – Ders., Nicander's Toxicology, Pharmacy in History 19, 1977, 3ff. und 21, 1979, 3ff. – Ders., Pharmacy's Ancient Heritage. Theophrastus, Nicander and Dioscorides, Lexington 1985. – H. Petersmann, Zur Entwicklungsgeschichte der motionslosen Partizipia im Griechischen, Sprache 25, 1979, 144ff. (zu Nikander). – H. White, Studies in the Poetry of Nicander, Amsterdam 1987. – Rom: Wolfg. Schmid, Römisches Lehrgedicht, in: Lexikon der Alten Welt, Zürich/Stuttgart 1965, 1699ff. – E. Pöhlmann, Charakteristika des römischen Lehrgedichts, in: Aufstieg u. Niedergang der röm. Welt, hrsg. v. H. Temporini, I 3, Berlin 1973, 813ff. – W. Schetter, Das römische Lehrgedicht, in: M. Fuhrmann (Hrsg.), Römische Literatur (Neues Handb. der Literaturwissenschaft III), Wiesbaden 1974, 99ff. – G. Kromer, The Didactic Tradition in Vergil's Georgics, Ramus 8, 1979, 7ff. – E.-R. Schwinge, Künstlichkeit von Kunst, München 1986.

Lokris. 2 Landschaften in Mittelgriechenland, durch Phokis und die Doris geteilt in Ost-L.[1] (das epiknemid. am malischen Golf u. a. mit Skarpheia und Thronion und das östl. hypoknemid. L. u. a. mit Opus, Halai und Larymna, opuntisch auch Gesamtbezeichnung für Ost-L.), und das westl. (ozolische) L. u. a. mit Amphissa, Chaleion, Oiantheia und Naupaktos. 339 gehörte Ost-L. zum makedon. Herrschaftsbereich, und nach der Eroberung Amphissas fiel auch West-L. Philipp II. zu, der das wohl vor der Schlacht bei Chaironeia 338 eroberte Naupaktos[2] den Ätolern zuschlug. 338/7 trat L. dem Korinth. Bund bei (↗Hellenenbünde) und erhielt wie Phokis 3 Stimmen im Bundesrat. Im Lamischen Krieg 323/2 (↗Alexander d. Gr. 6) schloß sich ganz L. dem ↗Hellenenbund gegen Makedonien an; aus einem erfolglosen Angriff der mit Perdikkas verbündeten Ätoler auf Amphissa 321 (Diod. 18, 38, 2) *kann* auf Zugehörigkeit des restl. West.-L. zum Ätolerbund geschlossen werden[3]. 317 gehörte sicher Ost-L. zum Herrschaftsbereich des Kassander (Diod. 19, 35, 2). 313 griff Ptolemaios im Auftrag seines Onkels Antigonos I. Monophthalmos Opus an, wahrsch. erfolgreich; 309 jedoch gehörte Ost-L. zu Polyperchons Einflußbereich (Diod. 20, 28, 4). 304 wurde auch L. von Demetrios I. Poliorketes erobert und 302 Mitglied in dessen Hellenenbund (StV III 446; ↗Antigoniden 1). Zw. Ipsos 301 und wahrsch. 290 annektierte der Ätolerbund West-L.: ätol. bis 166. Vielleicht war Amphissa noch bis 279 frei, jedenfalls beteiligte sich ein amphissäisches Kontingent neben ost-lokr. Kontingenten an der Abwehr des ↗Kelteneinfalls (1). Ost-L. stand in Abhängigkeit teils von Boiotien, teils von Ätolien. In eine kurze Periode der Selbständigkeit vor 272 gehört möglicherw. die „Lokrische Mädcheninschr.", die die Gestellung von 2 lokr. Mädchen für den vom delph. Orakel geforderten Dienst im Tempel der Athena in Ilion neu regelte (StV III 472). 272 besetzte ↗Böotien das hypoknemid. Lokris, dessen Schicksal dieser Teil von Ost-L. bis 196 teilte (daher in den Kriegen nach 239 makedon. Operations- und Besatzungsgebiet[4]; nach 196 noch Larymna und Halai boiot.). In den Besitz der Epiknemis setzten sich 266 die Phoker, die vom Ätolerbund 262 abgelöst wurden: bis 167 blieb die Landsch. – von makedon. Besetzung 208 bis 198 abgesehen – ätol. Besitz. Rom erklärte 196 in Korinth L. zunächst für frei, schlug dann aber auch das hypoknemid. L. Ätolien zu. 167 wurde L. mit Ausnahme des westlichsten Teils mit Naupaktos dem Ätolerbund wieder entzogen; während Amphissa und Chaleion autonom blieben, schlossen sich andere Poleis zu einem sympolitischen ↗Koinon der „hesperischen Lokrer" (IG IX 1² 3, 667, einziger bezeugter Bundesbeamter ein Agonothetes) zusammen. Ost-L. vereinigte sich zu einem Koinon der „eoischen Lokrer", später sind Koina der epiknemid. und hypoknemid. Lokrer belegt (Zerfall?[5]). Über eine Beteiligung von L. am Röm.-Ach. Krieg (147/6; ↗Achäer 5) ist nichts Sicheres bekannt (Polyb. 38, 3; Paus. 7, 14, 7), daher auch unklar, ob die lokr. Koina 146 aufgelöst wurden; sie sind jedenfalls später wieder existent.

J. D. G.

Anm.: 1) Zu den Landschaftsnamen grundlegend Klaffenbach s.u. (1) 68–88. – 2) ↗Ätolien Anm. 1. – 3) Vermutung Klaffenbachs, s.u. (2) XIV. – 4) Nach R. Etienne–B. Knoepfler, BCH Suppl. III, 1976, 331–37 war Opus zw. 228 und 198 makedon. – 5) Daran denkt Klaffenbach (1); weitere Erwägungen bei Martin, s.u.

Lit.: Landschaft: Philippson-Kirsten I 2, 302–39. – G. Klaffenbach, Zur Gesch. von Ost-L., Klio 20, 1926, 68–88 (1). – Ders., IG IX 1² 3, XIV–XX (Fasti Locr. occ.) (2). – W. Oldfather, RE XIII 1, 1926, 1135–1288. – Accame, Dominio 206–9. – L. Lerat, Les Locriens de l'Ouest, 2 Bde., Paris 1952. – J.P. Michaud, BCH 93, 1969, 85–91. – Martin, Greek Leagues 299–329. – J.M. Fossey, The Ancient Topography of Opountian L., Amsterdam 1990. – Ausgrabungen: PECS s.v. West-L.

Lydien. Landsch. in W-Kleinasien zw. Mysien (N), Phrygien (O), Karien (S) und Ionien (W), besiedelt von Bevölk. mit eigenem, dem hethit.-luwischen Sprachzweig angehörendem Idiom. Wichtigste Stadt Sardes, durch Lage in fruchtbarer Ebene Wirtschaftszentrum, in der Perserzeit Sitz des vornehmsten kleinasiat. Satrapen, unter den Seleukiden Residenz des „Vizekönigs" (↗Staat IV 2 b) von Kleinasien.

Mit Eroberung des wirtschaftl. und kulturell blühenden, in engem Kontakt zu Griechenland und den ion. Küstenstädten stehenden Kroisos-Reiches durch Kyros 547/6 wurde L. pers.; von Sardes führte die „Königsstraße" über Gordion nach Susa. Nach der Schlacht am Granikos 334 Eroberung L.s durch Alexander d. Gr., der die angestammten lyd. Gesetze wieder garantiert haben soll (Arr. 1, 17, 4; Einzelheiten unklar, sicher propagandist. Zweck); möglicherw. stammt ein Rechtshilfevertrag zw. Sardes und Milet (StV III 407) aus der Zeit um 330. 319 bemächtigte sich ↗Antigonos I. Monophthalmos des kurzfristig auch von ↗Eumenes v. Kardia kontrollierten L., das nach Ipsos 301 an Lysimachos, L. nach Thrakien fiel. Mit dessen Tod bei Kurupedion 281 bemächtigte sich Seleukos I. L.s; Antiochos I. gründete Stratonikeia am Kaikos. In den Kämpfen des 3. Jh.s war L. mehrmals Kriegsschauplatz; durch einen Sieg bei Sardes um 262 machte sich Eumenes I. v. ↗Pergamon weitgehend unabhängig vom Seleukidenreich. Im Bruderkrieg zw. Seleukos II. und Antiochos Hierax (↗Seleukiden III 3), auf den der Sympolitievertrag zw. Smyrna (↗Ionien) und Magnesia am Sipylos (StV III 492)[1] ein Schlaglicht wirft, gelang es Hierax, sich auch in L. zu behaupten, bis ihn Attalos I. v. ↗Pergamon (3) u. a. bei Sardes schlug (229/8) und L. an sich riß. Die durch Achaios (↗Seleukiden VII) erfolgreich abgeschlossene seleukid. Reconquista machte L. 222 wieder seleukid. Der Abfall des Achaios endete 213 mit der Eroberung von Sardes durch Antiochos III. Ein an den kleinasiat. „Vizekönig" in Sardes, Zeuxis[2], gerichteter Brief des Antiochos (Jos. Ant. Jud. 12, 149ff.) mit dem Befehl, 2000 jüd. Familien nach L. und ↗Phrygien umzusiedeln, ist wohl nur im Kern historisch. Im Rahmen seiner kleinasiat. Unternehmungen 202/1 suchte Philipp V. v. ↗Makedonien (III 4) freilich nur zurückhaltend gewährte Unterstützung bei Zeuxis. Im Antiochos-Krieg (192–188) spielte L. als Operationsbasis eine wichtige Rolle: 190 entscheidende seleukid. Niederlage bei Magnesia am Sipylos. Mit der im Friedensvertrag von Apameia 188 erzwungenen Abtretung der seleukid. Gebiete westl. des Tauros kam L. an Eumenes II. v. ↗Pergamon (I 4). Aus der Zeit der pergamen. Oberhoheit nur spärliche Nachrichten: attalid. Gründungen Philadelpheia und Apollonis. Für Rettung im Galateraufstand 168 (↗Kelten 3) Stiftung von Eumeneia in Sardes; 156/4 Plünderung durch Prusias II. v. ↗Bithynien (6); mit dem

Testament Attalos' III. 133 kam L. nach dem Zusammenbruch des Aristonikos-Aufstandes (129) zur Provinz Asia.
Der durch die Perserherrschaft unterbrochene griech. Einfluß verstärkt sich deutlich unter Alexanders Nachfolgern: Das Griech. verdrängt das epichor. Idiom, griech. Institutionen lassen sich u. a. in Sardes beobachten, dessen bauliche Entwicklung sich ebenfalls an griech. Vorbildern orientierte und das ein königl. Archiv und eine bedeutende seleukid. ↗Münzprägestätte beherbergte. Auch die von den Seleukiden und Attaliden forcierte Urbanisierung L.s durch Anlage von v. a. milit. Zwecken dienenden makedon.-griech. Kolonien (z. B. Thyateira, Gründung Seleukos' I. an der Straße zw. Pergamon und Sardes, später Textilzentrum), die sich teilw. zur Polis weiterentwickelten, förderte die Hellenisierung L.s erheblich. J.D.G.

Anm.: 1) S.a. Komm. von Th. Ihnken (s.u.) 23–130. – 2) Zur Person E. Olshausen, RE X A, 1972, 381–5 s.v.

Lit.: G. Deeters–J. Keil, RE XIII 2, 1927, 2179–90 s.v. – Tscherikower, Städtegründungen 21–6. – Bikerman, IS 80–3 (Kolonien). – L. Robert, Hellenica VI, Paris 1948 (Inschr.). – Magie, RRAM Index s.v. – P. Herrmann, Denkschr. Österr. Akad. 77, 1, 1959; 80, 1962. – L. Robert, Villes d'Asie Mineure, Paris[2] 1962, 31–40 (Apollonis); 43–82 (Stratonikeia). – Ders., Nouvelles Inscriptions de Sardes I, Paris 1964. – G. Hanfmann, Sardis und L., Abh. Mainz 1960, 6. – Th. Ihnken, IK 8, 1978 (Inschr. Magnesia). – Ph. Gauthier, Nouv. inscr. de Sardes II, Genf 1989. – Münzprägung: R. Alföldi, 280f. – Ausgrabungen: Bean, Kleinasien I 263–75 u.a. – PECS s.v. Sardis u.a.

Lykien. Gebirgige Landsch. in Südkleinasien; Grenze im W gegen Karien: Telmessos; im O gegen Pamphylien wechselnd. Nichtgriech. Bevölkerung unter lokalen Dynasten; griech. Kultureinflüsse seit dem späten 6. Jh.
Ca. 470/65 zum Att. Seebund; im Peloponn. Krieg (431–404) abgefallen, im 4. Jh. wieder unter Herrschaft der Perser, der W zeitw. unter Mausolos v. ↗Karien. Tiefergehende Hellenisierung und Einführung der Poliskultur seit Eroberung durch Alexander d. Gr. (334/3); seitdem verschwinden die Inschriften in lyk. Sprache und Schrift und die typischen Grabpfeiler der Dynasten. 323–295 (?) gehörte L. zum Reich des Antigonos I. Monophthalmos und Demetrios I. Poliorketes, im 3. Jh. standen wenigstens die küstennahen Städte unter ptolem. Herrschaft als eigener Verwaltungsbezirk unter einem ↗Strategen[1]; das Landesinnere war seleukidisch oder frei. Telmessos stand unter der ptolem. Vasallendynastie

der *Lysimachiden*: Ptolemaios, Sohn des Lysimachos von ↗Thrakien und der Arsinoe II., hatte 280 vergeblich Ansprüche auf Makedonien erhoben, erhielt nach 278 (?) von seinem Onkel und Stiefvater Ptolemaios II. eine Domäne bei Telmessos und wurde 240 mit der Stadt belehnt; um 220 regierte sein Sohn Lysimachos, um 200 dessen Sohn Ptolemaios². Unter den Ptolemäern Erweiterung und wirtschaftl. Blüte der lyk. Städte; der lyk. Städtebund (↗Koinon) wurde wohl schon im späten 3. Jh. gegründet³. 197 besetzte der ↗Seleukide Antiochos III. L. und Telmessos; nominelle Weihung der Stadt Xanthos an die Bundesgötter Leto, Apoll und Artemis (OGI 746: schonende Form der Besitzergreifung⁴). Wegen seiner Treue zu Antiochos wurde L. von Rom im Frieden von Apameia (188) den ↗Rhodiern zugewiesen. Telmessos fiel an Eumenes II. von Pergamon, mit dessen Hilfe rebellierte L. gegen die rhod. Herrschaft; 167 wurde es für frei erklärt⁵. Aufschwung des κοινὸν τῶν Λυκίων (angebl. 23 Städte, bes. Xanthos, Tlos, Pinara, Patara, Myra, Olympos; Bundesheiligtum: Letoon nahe Patara; Spitze: Lykiarch) im Bündnis mit Rom (Verpflichtung zur Flottenhilfe). Die Loyalität L.s gegen Rom im Mithradates-Krieg (88–85; ↗Pontos 8) wurde durch Vergrößerung belohnt. Teile der Ostküste, an der sich Piraten festgesetzt hatten, wurden im Seeräuberkrieg des P. Servilius Isauricus (78–74) römisch. Schwere Schäden in den röm. Bürgerkriegen (bes. Xanthos: 42 von Brutus zerstört, Wiederaufbau unter Antonius und Augustus). 43 n. Chr. Ende der Freiheit (mit ↗Pamphylien zur Provinz vereinigt). Größte Blüte der lyk. Städte im 2. Jh. n. Chr.

H. H. S.

Anm.: 1) Bengtson, Strategie III² 174. – 2) Zur Person W. Peremans – E. Van't Dack, Antidoron M. David, Leiden 1968, 93; M. Wörrle, Chiron 8, 1978, 201–25 (Lit.). – 3) Aus den wenigen Zeugnissen (OGIS 99; CIL IV 372) ist kein genaues Bild des Bundes zu gewinnen. Eine Inschr. aus Araxa über die Sympoliteia der Lykier (SEG XVIII 570) belegt Schiedsgerichtsbarkeit des Bundes und bezeugt für die Zeit nach 167 (R. M. Errington, Chiron 17, 1987, 114–8) ein penteterisches Fest der Roma Thea Epiphanes; weiteres bei Strab. 14, 3, 3; s. a. Larsen, GFS 240–63; J. A. O. Jameson, RE Suppl. XIII, 1973, 279–85 s.v.; S. Jameson, ANRW II 7, 2, 1980, 832-55. – 4) Schmitt, Antiochos d. Gr. 287; nach P. Herrmann, Anadolu 9, 1965, 119 f. Vorstufe zur Erhebung der Stadt zur ἱερὰ καὶ ἄσυλος s. a. ↗Asylie. – 5) H. H. Schmitt, Rom und Rhodos, Münch. Beitr. 40, 1957, 81–128; 157; s. a. ↗Rhodos (Lit.).

Lit.: O. Treuber, Gesch. der Lykier, Stuttgart 1887. – W. Deeters, RE XIII 2, 1927, 2270–91 s.v. L. – Magie, RRAM s.v. Index s.v. – P. Demargne u.a., RE IX A 2, 1967, 1375–405 s.v. Xanthos. – Jones, CERP² 95–101. – M. Wörrle, Epigr. Forsch. zur Gesch. L.s I–III, Chiron 7–9, 1977–79,

43–66; 201–46; 83–113. – F. Kolb – B. Kupke, Lykien. Antike Welt 20, 1989, Sondernummer (ersch. 1991; Lit.). – Münzprägung B 8 (Lit.). – Ausgrabungen: PECS s.v. Xanthos u.a. – G.E. Bean, Lycian Turkey, London-New York 1978.

Lyrik.

I. Übersicht.

In Archaik und Klassik umfaßt die Lyrik die an bestimmte metrische und musikalische Formen und bestimmte Dialekte gebundenen und zu bestimmten Anlässen von einzelnen Sängern oder Sängerinnen (monodische L.) oder von Chören (chorische L.) zur Leier (λύρα, daher L.) vorgetragenen Lieder (μέλη, daher ‚melische Dichtung')[1]. Im Hell. sind diese festen Strukturen weithin aufgelöst: Neben einer zuweilen subliterarisch anmutenden ‚Gebrauchslyrik' vornehmlich des religiösen, aber auch des politischen Bereiches, wie sie namentlich auf Inschriften von Kultstätten begegnet, und vielleicht auch der privaten Sphäre, wie sie etwa in Gestalt kurzer Trinklieder auf Papyrus zutage getreten ist, steht eine ‚Gelehrtenlyrik' von ↗Philologen, die Metren und ↗Dialekte der von ihnen gesammelten (↗Kanon B I 4) und bearbeiteten Lieder vergangener Jahrhunderte nicht nur imitieren, sondern auch variieren und neu kombinieren. Auf beiden Ebenen verwischen sich die Grenzen zu benachbarten Gattungen wie ↗Elegie, ↗Epigramm, ↗Hymnos und Iambos: Zum einen werden bis dahin der einen Gattung zugewiesene Themen in Formen der anderen Gattung behandelt, zum anderen mischen sich Wortschatz und Lautbestand der ehedem in der Lyrik verwendeten Dialekte mit Elementen nicht nur der epischen Kunstsprache, sondern auch des Attischen und der ↗Koine in immer neuen Verhältnissen, ohne daß sich Absicht und Unvermögen in jedem Falle sicher scheiden ließen. Und schließlich ist der schlechte Erhaltungszustand der griechischen, besonders der hell. Lyrik in Rechnung zu stellen: Erst Zufallsfunde bei Ausgrabungen haben uns in den letzten anderthalb Jahrhunderten eine größere Anzahl wenn auch oft bruchstückhafter Texte beschert.

II. Themen und Texte[2].

1. Die Religiöse Lyrik trägt durchweg ↗hymnischen Charakter. In Delphi wurde ein aus iambisch-choriambischen und glykoneischen Versen bestehender zwölfstro-

phiger, Refrain (ἐφύμνιον) verwendender Paian des Philodamos von Skarpheia auf Dionysos (wohl 325/324) gefunden (CA 165–171). An Apollon und seinen Sohn Asklepios wenden sich die in des Dichters Vaterstadt entdeckten, metrisch sehr unterschiedlichen Verse des Isyllos von Epidauros (CA 132–136), deren Kernstück ein in Ionikern gehaltener Paian ist, und der am Athener Asklepieion eingemeißelte daktylische Paian des Makedonios von Amphipolis[3] (CA 138–140) (beide spätes 4. Jh.). Ebenfalls aus den Jahren um 300 stammen offenbar der in Eretria entdeckte anonyme daktylische Hymnos auf die Daktylen vom Berge Ida (CA 171–173) und der anonyme Hymnos der Kureten auf den kindlichen und doch göttlichen Zeus Diktaios aus der Gegend von Palaikastro auf Kreta (CA 160–162), der aus sechs vorwiegend ionischen Strophen und einem vorwiegend trochäischen Refrain besteht. Der in stichisch verwendeten iambischen Trimetern geschriebene Pan-Hymnos des Kastorion von Soloi (SH 144–145) (um 300) sei wegen seines formalen ‚Manierismus' – jedes Metrum enthält elf Buchstaben – hier eingereiht. Echt lyrisch sind dagegen die (wohl 222) in Delphi eingemeißelten Gedichte des Aristonoos von Korinth: ein aus zwölf vierzeiligen, in Iamben, Choriamben und Glykoneen gehaltenen Strophen bestehender Paian an Apollon (CA 162–164) und ein vorwiegend daktyloepitritischer Hymnos an Hestia (CA 164–165). Besonderes Interesse verdienen die beiden wohl 128/127 in Delphi eingehauenen Paiane auf Apollon – der erstere (CA 141–148) heute anonym, der letztere (CA 149–159) von Limenios von Athen verfaßt –, denn sie sind nicht nur in den für Tänze verwendeten päonischen und kretischen Versmaßen gedichtet, sondern sogar mit heute wieder lesund spielbaren Melodien versehen.

2. Moderner Auffassung entspricht es, ↗Hymnen auf Herrscher unter die POLITISCHE LYRIK einzureihen: Für hell. Empfinden aber handelt es sich bei Liedern wie dem ithyphallischen Hymnos des Hermokles von Kyzikos auf König Demetrios I. (↗Antigoniden 2) (CA 173–175), mit dem die Athener 290 dem König bezeichnenderweise samt seiner göttlichen ‚Namenspatronin' Demeter huldigten (↗Herrscherkult C 2)[3a], nicht minder als bei den zuvor besprochenen Gesängen um religiöse Dichtung. Gleiches gilt von den ithyphallischen Versen eines Theokles an einen nicht mehr identifizierbaren König (CA

173) (wohl 3. Jh.) und dem anonymen daktylo-epitritischen Paian auf König Seleukos I. (↗Seleukiden II) vom Jahre 281 (CA 140), ähnliches wohl von des Seiron[4] von Soloi Dithyrambos auf Demetrios von Phaleron (↗ Peripatos) vom Jahre 309/308 (SH 145). Kritik, ja Spott und Haß spricht hingegen aus den ‚Sotadeen', die Sotades von Maroneia gegen die Könige Lysimachos (↗Thrakien) und Ptolemaios II. (↗Ptolemäer II 3) schleuderte (CA 238–240); daß ihn letzterer die Angriffe auf seine Ehe mit seiner Schwester mit dem Leben bezahlen ließ[5], hat zumindest formale Nachahmung seiner Dichtungen (CA 240–245) nicht verhindert. Mit ↗Roms (I 4) unmittelbarem Eingreifen im Osten ersteht ein neuer Gegenstand poetischer Verehrung, wie ein anonymer daktylo-epitritischer Paian auf T. Quin(c)tius Flamininus (CA 173) und der aus fünf sapphischen Strophen bestehende umstrittene Rom-Hymnos einer Dichterin Melinno aus Lesbos (SH 268–269)[6] bezeugen.

3. Wie weit im Hell. mit Mythologischer Lyrik zu rechnen ist, hängt u. a. davon ab, ob man die Lyrikerin Korinna von Tanagra, antiken Zeugnissen folgend[7], in die Zeit Pindars oder, neuerer Vermutung zufolge[8], in die Jahrzehnte um 200 setzt: In iambisch-choriambischen und ionischen Metren stellt sie böotische Lokalsagen wie den Sangeswettstreit zwischen den Bergen Helikon und Kithairon und die Geschichte von der Sorge des Flusses Asopos um seine Töchter dar. Ähnlich unsicher ist die Datierung der von ihr getadelten Dichterin Myrtis von Anthedon. Gewiß hell. sind dagegen eine anonyme päonische ‚Klage Helenas' (CA 185), die sich nach dem Falle Trojas hier ausnahmsweise ihrerseits von Menelaos verlassen sieht, und eine anonyme anapästische ‚Weissagung Kassandras' (CA 188–190).

4. Vertreter Philosophischer Lyrik ist der in bunter Vielfalt der Metren schreibende, dem ↗Kynismus (IV 5) nahestehende Meliambograph Kerkidas von Megalopolis (CA 201–212)[9].

5. In der Erotischen Lyrik nimmt die auf einem Papyrus des 2. Jh.s bruchstückhaft überlieferte ‚Arie' (CA 177–180), die unter den Namen ‚Grenfell'sches Lied' und ‚Des Mädchens Klage' bekannt geworden ist, wegen des Reichtums ihrer metrischen Gestaltung und der schlichten Eindringlichkeit ihrer Ausdrucksweise einen beson-

deren Platz ein: Eine junge Frau klagt unter nächtlichem Sternenhimmel vor dem Hause ihres untreu gewordenen Liebhabers ihr Leid. Die Form erweist das Lied als eine Hilarodie, die mimetische Gedankenführung erinnert an den Mimos (/Drama V)[10]. Daneben stehen asklepiadeische Verse aus den ‚Heiteren Gesängen' ('Ἱλαρὰ ᾄσματα), in denen Seleukos die Knabenliebe pries (CA 176), Priapeen des Euphronios von Cherrhonesos/Chersonesos (CA 176–177) und ein in der Antike der Untergattung der ‚Lokrischen Lieder' (Λοκρικαὶ ᾠδαί) zugewiesenes volkstümliches ‚Tagelied'[11]; sie alle sind schwer genauer zu datieren. Und weil Naturbilder oft in Bezug zu erotischen Themen stehen, sei hier die in Ionikern geschriebene Schilderung eines Morgens im Walde (CA 185–186) angefügt.

6. Sympotische Lyrik erinnert bei den Griechen meist an mythisches oder historisches Gemeinwissen. So feiert denn ein daktylisch-trochäisches Trinklied (σκόλιον) von Schiffern (CA 191–192) Mnemosyne, die Mutter der Musen, ein anderes, vornehmlich daktylo-epitritisches (CA 191) anscheinend Athenes Hilfestellung in der ‚Dolonie'[12].

7. In all den behandelten thematischen Bereichen findet sich eine Ausprägung, die man ‚Philologische' oder Gelehrten-,Lyrik' nennen könnte. Von dem Dichter-Philologen /Kallimachos sind vier lyrische Gedichte[13] stichischen Baues kenntlich: (1) der schönen Knaben zur Warnung erzählte Mythos von den männermordenden Frauen auf Lemnos (in Phaläzeen), (2) die ‚Nachtfeier' (Παννυχίς), ein Gelagelied (παροίνιον) mit dem Mythos von den Dioskuren und ihrer Schwester Helena (in Euripideen), (3) die ‚Vergöttlichung Arsinoes' ('Ἐκθέωσις Ἀρσινόης), der Gemahlin Ptolemaios' II. (/Ptolemäer II 3) (in Archebuleen), und (4) ‚Branchos', ein Lied auf Apollons Liebe zu dem Knaben Branchos (in choriambischen Pentametern)[14]. Philikos von Korkyra (/Drama I 1) widmete seinen in katalektischen choriambischen Hexametern geschriebenen Demeterhymnos (SH 321–327), „ein metrisches Bravourstück"[15], ausdrücklich den ‚Literaturwissenschaftlern' (γραμματικοί). Dichtung über Dichter liegt vor, wenn /Theokrit in mit iambischen Versen wechselnden Archilochien ein Standbild des Archilochos (ep. 21) und in Phaläzeen eines des Peisandros/P(e)isander von Kamiros (ep. 22) erläutert, aber auch in dem anonymen anapästischen Lobe Homers (CA

187–188). Eine andere Spielart scheinen die je vier lyrischen daktylischen Hexameter (CA 186–187) und katalektischen trochäischen Dimeter (CA 193) zu sein, die in Sprache und Versmaß aus Alkmans Parthenien zu stammen vorgeben; vergleichbar ist das choliambische ‚Krähenlied' des Phoinix von Kolophon (CA 233–234), das sich eng an echte Volkslieder anschließt[16]. Den höchsten Grad der Verkünstelung erreichen ↗Theokrit mit einer Rechenaufgabe in iambischen Trimetern und einem daktylischen Hexameter (ep. 24) und v. a. die kleine, im Grundstock hell. Sammlung der sechs ‚Figurengedichte' (τεχνοπαίγνια)[17], die, als Rätsel (γρῖφος) formuliert, bei metrischer Schreibung je ihren Titelbegriff im Umriß abbilden: ↗Theokrits (?) ‚Syrinx', des Sim(m)ias von Rhodos ‚Flügel' (des Eros), ‚Beil' (des Epeios) und ‚Ei' sowie des Dosiadas und des Besantinos ‚Altar'[18].

III. NACHWIRKUNG.

Während die in das ↗Drama eingebundene Lyrik v. a. monodischer Art in ↗Rom (II 1) vielfach übernommen wurde (Plautus, Terenz; Tragiker), ist die ‚selbständige' hell. Lyrik, mit der Laevius (um 100) in seinen ‚Erotopaegnia' wetteiferte, in der Folge als Vorbild in den Hintergrund getreten: Catull (bes. c. 51) und besonders Horaz (4 Bücher Oden, carmen saeculare) erneuern die archaische Lyrik der Griechen, verstechnisch freilich auf der Grundlage ‚normalisierter', hell. Metrik[19].   U. D.

Anm.: 1) Die Zweiteilung der Lyrik in ‚monodische' und ‚chorische' ist, trotz Plat. leg. 6. 764de, nicht antik: S. R. Pfeiffer, Geschichte der Klassischen Philologie. Von den Anfängen bis zum Ende des Hellenismus, München ²1978, 340–341. – 2) Zitate sind im folgenden nach den Seitenzahlen bei Powell (Lit.): CA und Lloyd-Jones/Parsons (Lit.): SH gegeben. Die Auswahl der Texte ist grundsätzlich nach dem formalen Kriterium der silbenmessenden und -zählenden ‚lyrischen' Metrik erfolgt. – 3) Zu Namen und Zeit des Dichters vgl. F. Pordomingo, El Peán de Macedónico a Apolo y a Asclepio. Un nuevo hallazgo epigráfico, in: Corolla Londiniensis 4, 1984, 101–129. – 3a) Text nach Duris von Samos bei Athenaios 6, 63. 253d–f; den Namen des Dichters sucht man aus Philochoros ebd. 15, 52. 697a zu gewinnen: Hermippos (codd.)? Hermodotos (Meineke)? Hermokles (Schweighaeuser)? – 4) So Athen. 12, 60. 542e Hss. Leopardi (vgl. SH 145) vermutet Kastorion von Soloi (s. o.). – 5) Hegesander bei Athen. 14, 13. 620f–621b. – 6) Stobaios (3, 7, 12), dessen Zitat der Hymnos verdankt wird, verstand ihn als nicht ‛Ρώμη (‚Rom'), sondern ῥώμη (‚Kraft') feiernd. Lloyd-Jones und Parsons (Lit.), 269 neigen gegen die herrschende Meinung zu einer Datierung in hadrianische Zeit. Vgl. J.-D. Gauger, Der Rom-Hymnos der Melinno (Anth. Lyr. II² 6, 209f.) und die Vorstellung von der „Ewigkeit" Roms, in: Chiron 14, 1984, 267–299. – 7) Paus. 9, 22, 3; Plut. glor. Athen. 4. 347f–348a; Ael. var. hist. 13, 25. – 8) D. L. Page, Corinna, London 1953; dagegen K. Latte, Die Lebenszeit der Korinna, in: Eranos 54, 1956, 57–67, dafür wieder M. L. West, Corinna, in: ClQu 64

(= n.s. 20), 1970, 277–287. Texte bei D. L. Page, Poetae Melici Graeci, Oxford 1962, 325–345. – 9) Vgl. E. Livrea, Studi Cercidei (P. Oxy. 1082), Bonn 1986. – 10) Vgl. A. Körte/P. Händel, Die hellenistische Dichtung, Stuttgart ²1960, 303–305. – 11) Text bei Page, PMG (Anm. 8), 454. – 12) Il. 10. – 13) Texte bei R. Pfeiffer, Callimachus, I, Oxford 1949, 216–225. – 14) Vgl. Körte/Händel (Anm. 10), 107–109. – 15) A. Lesky, Geschichte der griechischen Literatur, Bern/München ³1971, 851. – 16) Vgl. das ‚Rhodische Schwalbenlied' bei Page, PMG (Anm. 8), 450–451. – 17) Texte bei A. S. F. Gow, Bucolici Graeci, Oxford 1952, 172–185. – 18) Vgl. G. Wojaczek, Daphnis. Untersuchungen zur griechischen Bukolik, Meisenheim 1969, 67–126. – 19) Vgl. R. Heinze, Die lyrischen Verse des Horaz, Leipzig 1918 (= SB Leipzig 70, 4).

Texte: I. U. Powell, Collectanea Alexandrina, Oxford 1925. – E. Diehl, Anthologia lyrica II, 2, Leipzig o. J. [1950], 103–214. – H. Lloyd-Jones/P. Parsons, Supplementum Hellenisticum, Berlin/New York 1983.
Lit.: U. v. Wilamowitz-Moellendorff, Isyllos von Epidauros, Berlin 1886. – F. Susemihl, Geschichte der griechischen Litteratur in der Alexandrinerzeit. Bd. 2, Leipzig 1892, 517–573. – U. v. Wilamowitz-Moellendorff, Des Mädchens Klage, eine alexandrinische Arie, in: Nachr. Ges. Wiss. Göttingen, philol.-hist. Kl., 1896, 3, 209–232. – W. v. Christ/W. Schmid/O. Stählin, Geschichte der griechischen Literatur II, 1, München ⁶1920, 113–153. 324–330. – M. Fernández Galiano, Poesía helenística menor: Poesía lírica, in: J. A. López Férez (Hrsg.), Historia de la literatura griega, Madrid 1988, 845–847.

Makedonien. Gebirgige, nur in Küstennähe und Flußtälern fruchtbare, aber an Holz und Mineralien reiche Landschaft, Ausgangsgebiet der hell. Staatenbildung.

I. M. UNTER DEM ARGEADENHAUS (BIS 310/09). Die Bewohner M.s wurden von den Griechen trotz enger Verwandtschaft noch im 4. Jh., polemisch bis tief in den Hell. hinein, als „Barbaren" bezeichnet. Lediglich das Königshaus der Argeaden wurde seit Zulassung zu den olymp. Spielen (5. Jh.) und Ausbildung der Abstammungslegende (angebl. Herakliden aus dem peloponn. Argos) als hellenisch betrachtet. Hauptstadt der Dynastie Aigai (Vergina), seit etwa 400 Pella; Aigai blieb Grablege und Traditionszentrum. Die zunächst schwache Stellung des Hauses (↗Staat II 2) wurde bes. von Archelaos I. (†399) und, nach Rückschlägen, von *Philipp II.* (359–336) aufgebaut; dieser gewann die bis dahin selbständigen, von verwandten Häusern geführten obermaked. Fürstentümer Elimeia, Orestis und Lynkestis hinzu und dehnte die maked. Herrschaft oder Oberherrschaft über Thessalien, Thrakien und Hellas aus, wodurch Königtum außer- und auch innerhalb M.s eine ganz neue Basis erhielt (↗Staat II 2). Die Eroberungen ↗Alexanders d. Gr. (336–323), im wesentlichen durch das maked. Heer (↗Militärwesen A II) erfochten, drohten den Schwerpunkt des Reichs in die neuen Gebiete zu verlagern und den Vorrang der Makedonen vor anderen Gruppen (Griechen, ↗Iraner) zu erschüttern; daher die Unzufriedenheit der Makedonen und, nach Alexanders Tod (323), die maked. Reaktion gegen seine Bevölkerungspolitik. Der Zerfall des Reichs unter ↗Alexanders (6) schwachen Nachfolgern, seinem schwachsinnigen Halbbruder *Philipp III.* Arrhidaios (323–317) und seinem kleinen Sohn *Alexander IV.* (323–310), beseitigte jene Gefahren. In der faktischen Reichsteilung von Triparadeisos (321/0) wurde M. dem Reichsverweser Antipatros (†319) zugewiesen, der M. und Hellas schon unter Alexander verwaltet hatte. Sein Sohn ↗Kassander eroberte M. 317 mit Hilfe Philipps III. und Eurydikes, verlor es wieder an Olympias und ↗Polyperchon, die das Königspaar ermorden ließen, und gewann M. endgültig 316 (Hinrichtung der Olympias). Kassander gründete Kassandreia (315, an Stelle Poteidaias) und Thessalonike (bei Thermai, nach seiner Frau, der Argeadin Th.). Mit der Ermordung Alexanders IV., Roxanes (310) und des Herakles (309), eines angebl. Sohnes Alexanders d. Gr. von Barsine, durch Kassander endet die Geschichte des Argeadenhauses.

II. Die Zeit der Wirren (310/09–276). Nach dem Vorbild seiner Konkurrenten nahm *Kassander* 305 (?) den Königstitel an. Wie schon zuvor, suchte er die Herrschaft M.s über Hellas zu restaurieren. Der Koalitionskrieg gegen ↗Antigonos (1) Monophthalmos brachte M. keinen Gewinn. Nach dem Tod Kassanders und seines Sohnes Philipp IV. (beide ca. 298) regierte Kassanders Witwe für ihre unmündigen Söhne Antipater und Alexander V., die sich wenig später das Land teilten. 294 ließ *Demetrios I.* Poliorketes (↗Antigonos 2) Alexander ermorden, Antipater vertreiben und sich selbst zum König der Makedonen ausrufen (294–287). 287 verdrängten *Pyrrhos* von ↗Epirus und *Lysimachos* (↗Thrakien) den Demetrios und teilten M., das schon 284 ganz an Lysimachos fiel. 281–279 regierte ↗Ptolemaios Keraunos; nach seinem Tod im Kampf gegen die ↗Kelten (1) und der schwachen Regierung der Könige Meleagros und Antipatros Etesias suchte Sosthenes als ↗Stratege das zerfallende M. zu retten.

III. M. unter den Antigoniden (276–168) (Staatswesen ↗Staat IV 3).
1. Die Konsolidierung M.s gelang jedoch erst dem *Antigonos II.* Gonatas (Bedeutung des Beinamens ungeklärt), *um 319. Dieser Sohn des Demetrios I. Poliorketes hatte

nach 287 den väterlichen Besitz in Hellas gegen Pyrrhos, Lysimachos und Ptolemaios Keraunos zu wahren gesucht und nach dem Tod des Vaters (283) den Königstitel (nicht „König der Makedonen", ↗Staat III 1) angenommen. Ein Bündnis mit dem Seleukiden Antiochos I. (278), bes. aber sein ↗Keltensieg bei Lysimacheia (277) verhalfen ihm 276 zur Herrschaft in M., aus der ihn Pyrrhos 274–273 (↗Epirus) noch einmal vertreiben konnte. Seit 272 konnte Antigonos vom wiedergefestigten M. aus seine Herrschaft oder doch seinen Einfluß über große Teile Mittelgriechenlands ausdehnen, besonders im Chremonideischen Krieg (265 Sieg über Areus I. v. ↗Sparta (2) bei Korinth, um 262 (?) Seesieg über Ptolemaios II. bei Kos, 263 oder 261 Eroberung ↗Athens I 4). Durch Beteiligung am 2. Syr. Krieg (260–255, Sonderfriede) auf Seiten seines Neffen und Schwagers Antiochos II. konnte er Ptolemaios' II. Einfluß im Nesiotenbund (↗Inseln 7) zurückdrängen und um 250 seinen Stiefbruder Demetrios den Schönen auf den Thron von ↗Kyrene bringen. Gegen 250 war somit ein neuer Höhepunkt der maked. Hegemonie über Hellas und des maked. Einflusses in der östl. Welt erreicht; doch fehlten nicht Anzeichen einer neuen Krise: Um 250 gingen durch Abfall seines Neffen und Statthalters in Hellas, Alexandros, ↗Korinth und Euboia (↗Inseln 3) verloren; ptolem. Finanzhilfe ermöglichte die Expansion des ↗Achäerbundes (2) unter Aratos von Sikyon (seit 251) in der nördl. Peloponnes und der Megaris, wo die von M. gestützten „Tyrannen" gestürzt wurden. Antigonos starb 239, etwa 80 Jahre alt. Etwas übertreibend sehen manche in ihm einen Vertreter eines philosophisch „aufgeklärten Absolutismus". Er war freilich in seiner Jugend Schüler des Zenon (↗Stoa) gewesen, lud Philosophen, bes. Stoiker an den Musenhof von Pella und versuchte stoische Lehren mit realpolitischen Notwendigkeiten zu vereinbaren; sein Ausspruch, das Königtum sei „ruhmvolle Knechtschaft" (ἔνδοξος δουλεία), ist wohl nicht als „glänzende Bürde", sondern im Sinn des Gebundenseins („Knechtschaft") an die Gesetze zu verstehen (↗Herrscherideal 4c). Das Problem, Theorie und Praxis zu vereinen, hat aber wohl auch er nicht zu lösen vermocht; von ihm als Funktionäre verwendete Philosophen (z. B. Persaios) haben sich durchaus machtpolitisch verhalten.

2. Bei der Thronbesteigung seines Sohnes *Demetrios II.* (239–229) brach die Krise aus (Δημητριακὸς πόλεμος seit 239); eine Koalition aus ↗Ätoler- und ↗Achäerbund

suchte den Einfluß M.s in Hellas zu mindern. Zunächst konnte Demetrios zwar ↗Epirus (die Heimat seiner 2. Gattin Phthia) und Akarnanien schützen und sogar ↗Böotien, ↗Phokis und Lokris den Ätolern entreißen, 233 die Achäer unter Aratos in Arkadien schlagen; doch gingen weitere Vasallenstädte M.s in der Peloponnes zu den Achäern über; Barbareneinfälle (Dardaner, ↗Illyrien) verheerten den Norden M.s, und um 231 stürzten die ↗Epiroten die Monarchie und fielen ab.

3. Beim Tode des Königs (229) waren Einfluß und Ansehen M.s schwer angeschlagen; die Thronvakanz verschlimmerte die Auflösungserscheinungen noch: Die Abfallbewegung ergriff ↗Thessalien und ↗Athen (I 4); Dardaner und Ätoler fielen nach M. ein, und schließlich meuterte das maked. Heer. Die Lage wurde gemeistert durch *Antigonos III.* Doson (229–221, *um 263/2, Sohn Demetrios' des Schönen und Vetter Demetrios' II.), der für Demetrios' unmündigen Sohn Philipp als Vormund, Reichsverweser (Doson = „der die Herrschaft abgeben wird"?) und ↗„Strategos" regierte; durch Kämpfe in Päonien und Thessalien, Verhandlungen mit den ↗Ätolern und Zugeständnisse an die Makedonen gelang ihm die Konsolidierung so rasch, daß er schon 228/7 in Karien eine maked. Provinz unter einem einheim. Strategen errichten konnte; auf Grund dieser Erfolge nahm er 227 den Königstitel an. 225 bat ihn der ↗Achäerbund (2) um Hilfe und Bündnis gegen Kleomenes III. von ↗Sparta (StV III 506); dieses renversement des alliances ermöglichte die Wiederbegründung des maked. Einflusses in der Peloponnes. 224 nahm Antigonos ↗Korinth; ein aus Koinà (Achäer, Epiroten, Akarnanen, Boioter, Phoker) zusammengesetzter ↗Hellenischer Bund vereinigte sich unter M.s Hegemonie (StV III 507). Erfolge in der Peloponnes (u. a. wurde Mantineia 223 zerstört und als Antigoneia wiederaufgebaut) wurden 222 durch den Sieg über Kleomenes bei Sellasia gekrönt; ↗Sparta (I 4) mußte dem Bund beitreten. Schon im Sommer 221 starb der König nach erfolgreicher Abwehr eines ↗Illyrereinfalls. Mit diplomatischem Geschick und militär. Tatkraft hatte er die einstige Geltung M.s wiederhergestellt.

4. Sein Mündel und Stiefsohn *Philipp V.* (221–179; *238), der bisher nicht den Königstitel getragen hatte, folgte nun als König der Makedonen und Hegemon des Hellenenbundes, an dessen Spitze er im Bundesgenossenkrieg (220–217) in erfolgreichen Kämpfen gegen ↗Ätolerbund, ⁊Sparta und ⁊Elis rasch hohes Prestige in Hellas gewann; der Friede von Naupaktos 217 (StV III 520) brachte M. und seinen Bündnern einige Gewinne. Beraten von dem ⁊Achäer Aratos von Sikyon hatte er sich 218 seines Vormundes Apelles entledigt. Um diese Zeit Führer einer Konföderation in ⁊Kreta. Unter dem Einfluß des ⁊Illyrers Demetrios von Pharos wandte er seit 217 sein Interesse dem Westen zu (dort 2. Punischer Krieg); erste Flottenunternehmungen endeten blamabel. Mit dem Ziel der Expansion im röm. Protektorat Illyrien, vielleicht auch in Unteritalien entfesselte er 215 durch Bündnis mit Hannibal (StV III 528) den 1. Makedon. Krieg (215–205); dieser brachte zwar kein Zusammenwirken mit Karthago, ergriff aber große Teile von Hellas, da sich Teile des Hellenenbundes Philipp anschlossen, während Rom die ⁊Ätoler (212/1), peloponnes. Gemeinden und ⁊Pergamon (3) (Attalos I.) als Helfer auf dem neuen Kriegsschauplatz gewann. Zu geringe Hilfe Roms zwang 206 die Ätoler zum Sonderfrieden mit M.; im Frieden von Phoinike (StV III 543) erkannte Rom Teile der maked. Eroberungen in ⁊Illyrien an (205). Der Westexpansion folgte die Ostexpansion: Philipp kämpfte in ⁊Thrakien, schloß im Winter 203/2 mit Antiochos III. (⁊Seleukiden IV) einen geheimen Teilungsvertrag gegen das ⁊Ptolemäerreich (StV III 547), besetzte Städte in der Propontis (202), Samos und Karien (201) und griff ⁊Athen (I 5) an. Darauf erklärten Rhodos und Pergamon den Krieg; ihr Hilferuf führte zur Intervention Roms und zum 2. Makedon. Krieg (200–197), in dem sich die ⁊Ätoler (199) und Teile des Hellenenbunds (⁊Achäer 198) Rom anschlossen, so daß M. immer mehr isoliert wurde. 197 Niederlage bei Kynoskephalai (Thessalien) durch T. Quinctius Flamininus; der Friede brachte M. den Verlust der griech. und kleinasiat. Besitzungen (einschl. Thessaliens) sowie der Flotte und die Zahlung von 1000 Talenten in Raten. Da Philipp die Römer gegen Nabis von ⁊Sparta (I 5; 195) und gegen Antiochos III. und die Ätoler (192–189) unterstützte, erließ ihm Rom seit 190 die Zahlungen. In den 80er Jahren betrieb Philipp eine energische Konsolidierungspolitik: finanzielle und monetäre Maßnahmen sanierten die Machtgrundlage; die Bevölkerung wurde durch lokale Mitbestimmung gewonnen, durch Neuansiedlungen verstärkt, die Sicherheit durch Umsiedlungen und Fortifikationen erhöht; eine bescheidene Expansion brachte Gewinne in Thessalien und Thrakien (seit 190), die er allerdings auf Verlangen der mißtrauischen Römer 185/4 wieder aufgeben mußte; nur seine Einflußnahme auf den Innerbalkan (184–181) blieb unbehindert. Die Spannungen mit Rom wuchsen, als der gereizte König energisch die Wiederaufrüstung betrieb; Philipps jüngerer Sohn Demetrios, wegen guter Beziehungen zu Rom vielleicht nicht zu Unrecht verdächtigt, wurde 180 getötet. Vor seinem Tod (179 in Amphipolis) soll Philipp diesen Befehl bereut haben. Schon früh hatte der König die Eigenschaften gezeigt, die seine Erfolge und Mißerfolge verständlich machten: einerseits hervorragende Anlagen als Politiker und Feldherr, andererseits Machtgier, Leidenschaftlichkeit und Grausamkeit, die ihn das Vertrauen seiner Bündner verspielen und Abenteuer wagen ließen, denen M.s Niederlage und Roms Expansion zuzuschreiben sind.

5. Die Geschichte des unabhängigen M. endete mit *Perseus* (179–168), dem älteren Sohn Philipps V. (*um 212). Wie der Vater versuchte er gute Beziehungen zu Rom herzustellen, aber auch durch Beseitigung der von Rom verfügten Isolierung M. wieder zu politischer Geltung zu bringen, so durch weitreichende diplomat. Kontakte und durch dynast. Ehen (↗Seleukiden, ↗Bithynien, Thraker). Im Balkanraum gewann er Einfluß auf ↗Thrakien und ↗Illyrien und unterwarf Dolopien; soziale Wirren in Thessalien und Ätolien gaben ihm Gelegenheit zur Einmischung im nördl. Hellas. Das von Anfang an vorhandene Mißtrauen Roms wurde durch diese Erfolge, bes. aber durch die – zumindest übertriebenen – Behauptungen Eumenes' II. von ↗Pergamon (seines Konkurrenten in ↗Thrakien) genährt, M. plane einen Vergeltungskrieg gegen Rom. Rom entschloß sich zum Vernichtungskrieg (3. Makedon. Krieg 171–168), den es propagandistisch geschickt vorbereitete (Syll.³ 643), ohne aber den Widerwillen zahlreicher griech. Bündner ganz überwinden zu können. Nach anfangs erfolgreicher Verteidigung verlor Perseus 168 durch die Kapitulation des Genthios von ↗Illyrien seinen wichtigsten Verbündeten, wurde bei Pydna von L. Aemilius Paullus geschlagen und in Samothrake gefangengenommen; entthront und 167 im Triumph vorgeführt starb er 165 oder 162 in der Internierung in Alba Fucens. Auch seine Kinder endeten in wenig standesgemäßer Gefangenschaft in Italien.

IV. M. UNTER RÖM. HERRSCHAFT. M. selbst wurde 168 in 4, durch Verbot des conubium und commercium voneinander isolierte Republiken unter jährl. Magistraten aufgeteilt (Hauptstädte: Amphipolis, Thessalonike, Pella, Pelagonia). Die Ausbeutung der wichtigsten Einnahmequellen (Edelmetallminen, Export von Holz und Pech zum Schiffbau) wurde verboten. Zwar wurde 158 das Schürfverbot aufgehoben; polit. und soziale Unruhe bot aber den Nährboden für die Erhebung des Schmiedes *Andriskos* aus Adramytteion, der sich als Philippos, Sohn des Perseus, ausgab. Nach Mißlingen seines 1. Aufstandes (151 mit seleukid. Hilfe) kehrte er 149 aus Thrakien mit Hilfe von Byzanz und thrak. Fürsten zurück und fand in M., Thessalien und Perrhäbien unter den sozial benachteiligten Schichten großen Zulauf, da die soziale Oberschicht von Rom unterstützt wurde. Der „König der Makedonen" vernichtete eine röm. Legion, wurde aber 148 von Rom besiegt, von den Thrakern ausgeliefert und 146 hingerichtet. Ein weiterer Abenteurer, der als Perseus-Sohn auftrat, wurde rasch beseitigt. M. wurde mit Epirus und Illyrien zur röm. Provinz Macedonia vereinigt (Beginn der maked. Provinzialära: Herbst 148), deren Statthalter seit 146 auch Hellas beaufsichtigte. Die Via Egnatia erschloß die neue Provinz.   H. H. S.

Lit.: Allg.: P. Cloché, Histoire de la M., Paris 1960. – A. Aymard, Études d'histoire ancienne, Paris 1967. – B. Laourdas–Ch. Makaronas (Hrsg.), ΑΡΧΑΙΑ ΜΑΚΕΔΟΝΙΑ (Kongreßber.) I–III, Thessaloniki 1970, 1977, 1983. – N. G. L. Hammond u. a., A History of M., Bd. II–III, Oxford 1979–88 (Lit.). – Einzelabh.: I: F. Hampl, Der König der Makedonen, Diss. Leipzig 1934. – A. R. Anderson, Heracles and his successors, HSPh 39, 1928, 7–58. – F. Geyer, M. bis zur Thronbesteigung Philipps II., HZ, Beih. 19, 1930. – D. Kienast, Philipp II. von M. und das Reich der Achämeniden, Abh. Gött. Gel. Ges. 1971, 6. – J. R. Ellis, Philipp II. and Maced. Imperialism, London usw. 1976. – R. M. Errington, Chiron 8, 1978, 77–133; ders., Gesch. M.s, München 1986. – M. J. Fontana, Le lotte per la successione di Alessandro Magno dal 323 al 315, Atti Acad. Palermo ser. 4, XVIII, Palermo 1959. – G. Wirth, Philipp II., Stuttgart 1985. – II: D. Kanatsulis, Antipatros, Diss. München 1940. – M. Fortina, Cassandro re di M., Torino 1965. – W. L. Adams, Cassander, M. and the Policy of Coalition 323–301 B.C., Diss. Virginia 1975. – Heinen, Unters. z. 3. Jh., 3–94. – III 1: W. W. Tarn, Antigonos Gonatas, Oxford 1913. – W. Fellmann, Antigonos Gonatas, König der M., und die griech. Staaten, Diss. Würzburg 1930. – M. Chambers, AJPh 75, 1954, 385–94. – H. Volkmann, Endoxos Duleia, Kl. Schr., Berlin–New York 1975, 65–81. – Seibert, Dynast. Verbindungen, 33f. – Heinen, Unters. z. 3. Jh., 33f. – Bengtson, Herrschergestalten, 139–64. – III 2: V. Costanzi, Δημητριακὸς πόλεμος, Saggi di Storia Antica... off. a G. Beloch, Rom 1910, 59–79. – P. Treves, La tradizione politica degli Antigonidi e l'opera di Demetrio II, RAL 1932, 167–205. – C. Ehrhardt, Studies in the Reigns of Demetrius II and Antigonus Doson, Diss. New York 1975. – III 3: W. Bettingen, König Antigonos Doson von M., Diss. Jena 1912. – P. Treves, Studi su Antigono Dosone, Athenaeum

NS 12, 1934, 381–411; 13, 1935, 22–56. – A. Aymard, Βασιλεὺς Μακεδόνων, Ét. (s.o.) 100–22. – M. T. Piraino, Antigono Dosone re di M., Palermo 1954. – K. W. Welwei, RhM 110, 1967, 306–14. – H. Bengtson, Die Inschriften von Labranda und die Politik des Antigonos Doson, SB München 1971, 3. – E. S. Gruen, Aratus and the Achaian Alliance with M., Historia 21, 1972, 609–25. – III 4: F. W. Walbank, Φίλιππος τραγῳδούμενος, JHS 58, 1938, 55–68. – Ders., Philip V of Macedon, Cambridge 1940 (Lit.). – A. Aymard, Autour de Philippe V de M., Ét. (s.o) 136–42 (Rez. ausgewählter Abh.). – Bengtson, Herrschergestalten, 211–33. – Einzelabh.: J. V. A. Fine, AJPh 61, 1940, 129–65 (Bundesgenossenkr); P. R. Franke, JbNG 8, 1957, 31–50 (Finanzpolitik). – R. M. Errington, Historia 16, 1967, 19–36 (Arat and Apelles). – L. Raditsa, Bella Macedonica, ANRW I 1, 1972, 564–89 (Forschungsbericht). – R.-M. Berthold, Lade, Pergamum and Chios, Historia 24, 1975, 150–63. – F. W. Walbank, CQ 36, 1942, 134–45; 37, 1943, 1–13; 38, 1944, 87f. (Alkaios v. Messene). – III 5: P. Meloni, Perseo e la fine della monarchia macedone, Rom 1953 (Lit.). – W. A. Reiter, Aemilius Paullus, Beckenham 1987. – Einzelabh.: P. R. Franke, s. o. III 4. – A. Giovannini, Les origines de la 3ᵉ guerre de M., BCH 93, 1969, 853–61. – L. Raditsa, s. o. III 4, 576–89. – IV: A. Aymard, L'organisation de la Macédoine en 167 et le régime représentatif dans le monde grec, Ét. (s.o.) 164–77. – J. M. Helliesen, Andriscus and the Revolt of the Macedonians 149–148 B.C., Diss. Wisconsin 1968. – G. Morgan, Metellus Macedonicus and the Prov. Macedonia, Historia 18, 1969, 422–46. – R. Bernhardt, Der Status der 146 unterworfenen Teile Griechenlands bis zur Errichtung der Prov. Achaia, Historia 26, 1977, 62–73. – F. Papazoglu, Quelques aspects de l'histoire de la province de Macédoine, ANRW II 7, 1, 1979, 302–69. – Briefe: SEG XII 311 (Demetrios II.); Syll.³ 543; 552; 572; SEG XIII 403. – Crampa, Labraunda I; ΑΡΧΑΙΑ ΜΑΚΕΔΟΝΙΑ II, 151–67 (Philipp V.). – ↗Münzprägung B 3. – Ausgrabungen: Leekley-Efstratiou, Central Greece, 74–107.

Malerei. Die Malerei[1] hat nach antikem Urteil den höchsten Rang unter den bildenden Künsten. Da kein einziges antikes Tafelbild erhalten ist, müssen wir unser Bild der „Großen M." aus ihrem Widerspiel im Kunsthandwerk und aus antiken Nachrichten aufbauen. Danach liegt der große Einschnitt in der Entwicklung, verbunden mit dem Namen des Apollodoros, hundert Jahre vor dem Hell. (↗Architektur). Bis dahin dominierte die Linie so über die als Flächenfüllung aufgefaßte Farbe, daß es trotz aller zeichentechnischen Kühnheit bei einem naiven Konturstil blieb. Von Apollodoros' Skiographie („Schatten-M.") an erfaßt die M. mit Glanzlichtern, Schlagschatten und perspektivischer Zeichnung Volumen und Raumtiefe, sie wendet sich vom idealen zum illusionistischen Raum.

Was die Zeit Alexanders demgegenüber Neues gebracht hat, knüpft die anekdotisch ausgerichtete Überlieferung an den Namen seines Hofmalers Apelles, der aufgrund seiner Charis als der größte Maler überhaupt galt. Zu dieser kunstästhetischen Notiz kommt eine maltechnische: Er habe einen mit Lasurfarbe gemischten Firnis erfunden, der der Fernwirkung der Bilder zugute kam. Diese (und weitere) Nachrichten deuten darauf hin, daß durch Apelles die M. lebendiger wurde, seine Rolle sich also mit der des Lysipp in der ↗Plastik vergleichen läßt.

Im Hell. erhält der übernommene Themenkreis – mythologische und historisch-heroische Szenen (Jagd- und Schlachtenbilder), Porträt-Genre[2], Tiergruppen und Stilleben – durch Lichteffekte, durch die Entfaltung der Koloristik, die bei Apelles noch an vier Grundfarben gebunden blieb[3], und durch einen skizzenhaften Pinselstrich barocke[4] und impressionistische[5] Züge: er wird mit „hell. Temperament" stilistisch neu gestaltet. Der Landschafts-M.[6] eröffneten sich im 2.Jh. v.Chr. Möglichkeiten durch die „Luftperspektive", d.h. die tiefere Szenerie verschwimmt in einem helleren Licht. Während die Landschaft bis dahin, ihrer Herkunft aus dem Bühnenbild entsprechend, nur die Kulisse für Figurenbilder abgab, kann sie jetzt, in der Erfassung des unbegrenzten Raumes, selbst Bildgegenstand werden, dem sich die Figurengruppe als Staffage unterordnet.

Während die handwerkliche M. in der Klassik durch die Keramik[7], in römischer Zeit durch die Wand-M. reich und meisterhaft vertreten ist, enttäuscht das aus dem Hell. Erhaltene in Quantität und Qualität: außer zwei Fürstengräbern des frühen 3.Jh. in Naoussa[8] (Makedonien) mit bemalter Fassade und in Kazanlak[9] (Thrakien) mit ausgemalter Kuppel weitere Gräber, z.B. in Etrurien[10] (3.–1.Jh.), bescheidene in Süditalien[11] und die Katakomben von ↗Alexandreia[12] (2.–1.Jh. v.Chr.); einige Malereien in delischen Häusern[13] (2.Jh. v.Chr.) und enkaustisch oder al fresco ausgeführte Grabstelen, namentlich aus Demetrias[14] (3.Jh. v.Chr.) und Alexandreia[12]; bemalte Gefäße, namentlich aus Alexandreia („Hadra-Vasen")[15] und Centuripe[16] von geringem Zeugniswert.

In dieser Überlieferungssituation gewinnen die Mosaiken an Bedeutung, die ja stilistisch und thematisch der M. zuzurechnen sind. Der uralte Brauch, Fußböden mit Kieselsteinen zu pflastern, führte über ornamentale Vorstufen im 4.Jh. zu figürlichen Mosaikbildern, z.B. in Olynth (vor 348). Stilistisch schließen sich die großen Mosaik„gemälde" von Pella[17] an, auch wenn sie z.T. erst ins frühe 3.Jh. zu datieren sind. Während für das 3.Jh. sonst keine Funde und nur wenige Nachrichten[18] vorliegen, sind aus dem frühen 2.Jh. einzelne wenige Boden-Mosaike aus Alexandria[19] und Pergamon erhalten. Sie sind aus zugeschnittenen Steinchen gesetzt, die im eigentlichen Bildfeld oft nur 1 mm² Fläche haben. Weil dessen Format dadurch beschränkt ist, daß es im Atelier gesetzt und in einem Stück eingelassen wird – daher die Bezeichnung „Emblema" –, wird die umgebende Fläche mit einem vielfach gegliederten Rahmen gefüllt. Den schönsten besitzt das pergamenische Hephaistion-Mosaik[20]; seine Ranken und Putten könnten die direkten Vorbilder augusteischer Dekorationen sein. Im späteren 2.Jh. v.Chr. folgen die kleinen Mosaike von Delos[21], die außer Steinsplittern schon Glaswürfel verwenden. Um 100 wurden die besten erhaltenen Mosaike gefertigt: die Komödiantenbilder des Dioskurides[22] und die Alexanderschlacht[23]. Sie sind – wie schon einige Mosaike in Delos – Kopien nach berühmten Gemälden, ein Umstand, der ebenso wie die verhältnismäßig zahlreichen Signaturen der Mosaikkünstler für die Wertschätzung der Kunstgattung im Hell. spricht.

Einen direkten Reflex der hell. M. kann man in manchen hoch- und späthell. Rundplastiken und Reliefs spüren; indirekte Kenntnis haben wir durch Werke der zeitgenössischen Kleinkunst, die von der M. inspiriert sind[24], und vor allem durch die in den Villen Roms und der Vesuvstädte gefundenen Freskogemälde, die in den Dekorationszusammenhang einer röm. Wandfläche ähnlich eingegliedert sind wie die Emblemata in einen hell. Mosaikfußboden. Mit den Einschränkungen, die der Qualitätsunterschied und die durch ihre neue Funktion bedingte Umstilisierung setzen, sind diese römischen Gemälde großenteils als Kopien zu werten, aus denen sich eine Anschauung von der Koloristik und Zeichnung in der griechischen M. vom 4.Jh. bis zum späthell. Eklektizismus gewinnen läßt; die Chronologie beruht auf Figurenvergleichen mit der Plastik.

Neben kleinformatigen Stilleben, die einen Trompe l'oeil-Naturalismus erreichen[25], stehen Bildszenen, die durch kleine und große Tafelbilder angeregt sind[26]. Von der hell. Megalographie (Monumental-M.) gewinnen wir einen Eindruck durch die Figurengruppen von Boscoreale[27], die nach Vorbildern des 3.Jh. kopiert sind, und durch den pompejanischen Mysterienfries[28], der auf ein eklektisches Vorbild zurückgeht, d.h. schon in der Vorlage waren Figuren unterschiedlichen Stils inhaltlich verbunden, wie in der Plastik z.B. in späthell. Musengruppen. Hell. Landschafts-M. repräsentieren die um 50 v.Chr. nach einem hundert Jahre älteren Vorbild kopierten Odysseelandschaften vom Esquilin[29]. Ihr Rahmenwerk ist ein Beispiel der hell. Wanddekoration in ihrer Vollendung: Von den gemalten Quadern von Kazanlak führte ihre Entwicklung über die hinter einer Säulenstellung gereihten Bildszenen des Telephosfrieses (↗Plastik) zur gemalten Säulengliederung der Szenen von Boscoreale und zur hier vorliegenden Komposition: der Betrachter schaut durch eine vorgetäuschte Säulengalerie in die Weite eines imaginären Raumes. Von diesem hell. Illusionismus[30] schlägt die Wanddekoration in augusteischer Zeit ins Unwirklich-Phantastische um.

G.Bk./W.He.

1) Allgemeine Literatur s. u. – 2) Unter den Kopien von Boscoreale sind zwei der wenigen Beispiele: Herrin und Philosoph. S. Ducati (1941) 64 und Maiuri (1953) 64. – 3) Wie im Alexander-Mosaik; vgl. Anm. 23. – 4) Wie in der pompejanischen Kopie "Achilleus auf Skyros": Ducati (1941) 62f. – Maiuri (1953) 73. – 5) Vgl. Maiuri (1953) 84f.; 122. – 6) Vgl. die Odysseelandschaften: Anm. 29. – 7) Vgl. aber auch die unlängst entdeckten spätklassischen Wandmalereien aus dem Philipps-Grab in Vergina: M. Andronikos, Vergina. The Royal Graves in the Great Tumulus, in: Athens Annals of Arch. 10, 1977, 40ff. – 8) Φ.Μ. Πέτσας, Ὁ τάφος τῶν Λευκαδίων, Athen 1966. – 9) A. Vassiliev, Das antike Grabmal bei Kasanlak, Sofia und Köln / Berlin 1959. – 10) M. Pallottino, La Peinture Étrusque, Genf 1952. – 11) F. Tiné Bertocchi, La Pittura Funeraria Apula, Neapel 1964. – 12) B.R. Brown, Ptolemaic Paintings and Mosaics and the Alexandrian Style, Cambridge, Mass. 1957. – 13) Ph. Bruneau – J. Ducat, Guide de Délos, Paris ³1983, 81ff. – 14) Rumpf (1953) Taf. 53, 1–2. – Schefold (1967) Abb. 245. – 15) L. Guerrini, Vasi di Hadra, Studi Miscellanei 8, Rom 1964. – 16) Robertson (1959) 173f. – U. Wintermeyer, Die polychrome Reliefkeramik aus Centuripe, in: Jahrb. d. Dt. Arch. Instituts 90, 1975, 136ff. – 17) Robertson (1959) 166; 169. – Ph. Petsas, Pella. Alexander the Great's Capital, Thessaloniki 1978, 83ff. – D. Salzmann, Untersuchungen zu den antiken Kieselmosaiken von den Anfängen bis zum Beginn der Tesseratechnik, Berlin 1982. – 18) Athenaios 5, 207 c. – 19) Schefold (1967) Abb. 246. – 20) Brown (1957) a.a.O. Taf.39, 1. – E. Rohde, Pergamon. Burgberg und Altar, Berlin u. München 1982, 42ff. Abb. 27ff. – 21) Bruneau-Ducat (²1966) a.a.O. 52ff. Taf. 12ff. – 22) Maiuri (1953) 96. – Kraus (1977) 46 Abb. 43. – 23) Maiuri (1953) 69. – Kraus (1977) 84f. Abb. 104ff. – B. Andreae, Das Alexandermosaik aus Pompeji, Recklinghausen 1977. – 24) G.A. Mansuelli, Ricerche sulla pittura ellenistica, Bologna 1950. – 25) Maiuri (1953) 133ff. – 26) Beide Gattungen auf einer Wand im Haus der Livia: Curtius (1929) 89. – Ducati (1941) 40. – 27) Ducati (1941) 64. – Maiuri (1953) 64. Schefold (1967) Abb. 248. – 28) Maiuri (1953) 51ff. – Kraus (1977) 99ff. – 29) Maiuri (1953) 33. – Schefold (1967) Abb. 250b; 251b. – P.H. v. Blanckenhagen, The Odyssey Frieze, Röm. Mitt. 70, 1963, 100ff. – 30) R.A. Tybout, Die Perspektive bei Vitruv: Zwei Überlieferungen von scaenographia. In: Munus non ingratum. Proc. of the Internat. Symposium on Vitruvius' De Architectura and the Hell. and Republ. Architecture, Leiden 1989, 55ff.

Lit.: L. Curtius, Die Wandmalerei Pompejis, Leipzig 1929, Repr. Darmstadt 1972. – P. Ducati, Die etruskische, italo hellenistische und römische

Malerei, Wien 1941. – A. Rumpf, Malerei und Zeichnung, Handbuch der Archäologie 4, 1, München 1953. – A. Maiuri, La Peinture Romaine, Genf 1953. – M. Robertson, Griechische Malerei, Genf 1959. – EAA VI, Rom 1965, 207 ff. s.v. Pittura (R. Bianchi Bandinelli). – I. Scheibler, Hellenistische Malerei, in: K. Schefold, Die Griechen und ihre Nachbarn, Propyläen Kunstgeschichte Bd. 1, Berlin 1967, 214 f. – E. Villard, Malerei, in: J. Charbonneaux – R. Martin – F. Villard, Das hellenistische Griechenland. 330–50 v. Chr., München 1971, 97 ff. – Th. Kraus – L. v. Matt, Pompeji und Herculaneum. Antlitz und Schicksal zweier antiker Städte, Köln 1977. – V.J. Bruno, Hellenistic Painting Techniques: The Evidence of the Delos Fragments, Leiden 1985.

Mathematik.

I. VORGESCHICHTE. Die Mathematik entwickelte sich bei den Griechen, wie bei anderen Völkern, aus Bemühungen um die Lösung praktischer Probleme; die Griechen konnten dabei auf dem älteren und zunächst noch reicheren Erfahrungswissen Ägyptens und Mesopotamiens aufbauen. Beim ersten namentlich bekannten Mathematiker, Thales von Milet (um 600), begegnet jedoch schon die für die griechische Mathematik in Spät-Archaik und Klassik kennzeichnende Verbindung mit der Philosophie. Von einer eigentlichen Wissenschaft als einem von Beweisen gestützten Lehrgebäude kann dann seit Pythagoras von Samos (6. Jh.) und seiner ‚Schule' gesprochen werden[1]: Unter dem Eindruck der Entdeckung, daß die Schwingungszustände der Saite im Verhältnis natürlicher Zahlen zueinander stehen, haben sich er und seine Schüler, die ‚Zahl' in kühner Verallgemeinerung für das ‚Wesen' aller Dinge haltend, neben dem weiteren Ausbau der Geometrie (Satz des Pythagoras) v. a. dem Aufbau der Arithmetik gewidmet, bis die Entdeckung der Inkommensurabilität der Längen von Seite und Diagonale des Quadrates, d. h. der Irrationalität der $\sqrt{2}$, mit der philosophischen Deutung der Zahlenlehre auch diese selbst erschütterte[2]. Die Folge der Krise war eine ‚Geometrisierung' der Arithmetik und der sich allmählich entfaltenden Algebra; im Zuge dieser Entwicklung wurden auch Bereiche der Stereometrie wissenschaftlich, wenn auch noch lange nicht systematisch befriedigend[3], behandelt. Drei mit den vorhandenen Mitteln elementarer Plani- bzw. Stereometrie und linearer Algebra unlösbare Probleme wurden in der Folge für die Mathematik der klassischen Zeit bestimmend: die Dreiteilung des Winkels, die Quadratur des Kreises und die Verdoppelung des Würfels (das sog. Delische Problem)[4]. Auf verschiedenen Wegen wurden diese Kenntnisse und Fragestellungen Allgemeingut der gebildeten Öffentlichkeit[5]: Zum einen schrieb Hippokrates von Chios (5. Jh.) ein erstes Lehrbuch der Planimetrie[6], zum anderen wirkte die Sophistik auf mathematischem Gebiete nicht nur verbreitend, sondern – in Gestalt einiger ihrer namhaften Vertreter – auch vertiefend und gelegentlich geradezu bahnbrechend[7], und vollends hat Platon die Mathematik – als auf Erkenntnis, nicht auf Nutzen zielende Beschäftigung[8] – als Propädeutik, Modell und Mittel der Philosophie in das Erziehungsprogramm seines Idealstaates[9] wie in die tägliche Arbeit seiner ↗Akademie aufgenommen. Im Kreise um ihn, der seinerseits mit dem pythagoreischen Mathematiker Archytas von Tarent (↗Naturwissenschaften C) in Verbindung getreten war, wirkten Theodoros von Kyrene und Theaitetos/Theätet, die u. a. über irrationale Größen (ἄρρητα: ‚Unaussprechliches‘, später ἄλογα: ‚nicht in Verhältnissen Stehendes‘ genannt) arbeiteten[10] – letzterer auch über die fünf regelmäßigen Polyeder, die ‚Platonischen Körper‘[11] –, und besonders Eudoxos von Knidos (↗Naturwissenschaften A I). Auf der Grundlage des von ihm gebildeten stichhaltigen Verhältnisbegriffes (zu jedem Verhältnis allgemeiner Größen a:b = c:d gibt es ein Paar teilerfremder Zahlen m, n, so daß gilt: ma ≧ nb und mc ≧ nd) brachte er die Geometrisierung der Arithmetik einen wichtigen Schritt voran: ‚Rechnen‘ mit irrationalen Größen wurde dank der Ersetzung algebraischer Operationen durch geometrische Konstruktionen, die sich auf seinen Proportionsbegriff stützten, erstmals exakt möglich. Als ebenso grundlegend erwies sich in der Folge die von ihm entwickelte infinitesimale Methode: die Exhaustionsmethode (in der Ebene: Annäherung krummliniger Kurven durch Polygonzüge zum Ziele der Flächenberechnung; zur Anwendung im Raume s. u. II 2). Damit war der Weg für die weitere Ausgestaltung der Mathematik geebnet, und wenn sie auch in der ↗Akademie (A III 1) des späten Platon und seines Nachfolgers Speusipp(os) in Mystik und Spekulation überzugehen drohte[12], so gelang doch dem ↗Akademiker Menaichmos die Darstellung von Ellipse, Parabel und Hyperbel als je eines senkrecht auf eine Seitenlinie eines spitz-, recht- bzw. stumpfwinkeligen geraden Kreiskegels geführten Schnittes (ὀξυγωνίου/ὀρθογωνίου/ἀμβλυγωνίου κώνου τομή)[13]. In seinen Bemühungen um die Systematisierung der Grundbegriffe (στοιχεῖα) und Methoden (Unterscheidung zwischen θεώρημα und πρόβλημα [s. u. II 1])[14] wird ebenso wie in der ‚Geschichte der mathematischen Wissenschaften'[15] des ↗Peripatetikers Eudem(os) von Rhodos das den Beginn des Hell. kennzeichnende Streben nach Sammlung, Sichtung und Durchdringung des gesamten bis dahin vorliegenden Stoffes deutlich.

II. Die Mathematik des Hell. Zu Beginn des Hell. stand die Mathematik, von der Philosophie, die ihr teils Verehrung (↗Akademie), teils Verachtung (↗Kepos) entgegenbrachte, emanzipiert, als selbständige Disziplin neben den anderen Künsten und Wissenschaften. Dank einem sich in strenger Formalisierung niederschlagenden hohen Methoden- und Systembewußtsein „erreichte sie im 3. Jahrh. ... einen Höhepunkt, der erst in der Neuzeit überschritten wurde"[16].

1. Axiomatisch begründet, systematisch entfaltet und ggf. ergänzt wurde das gesamte ‚elementar'-geometrische Wissen um 300 in den 13 Büchern der ‚Elemente' (Στοιχεῖα) des Eukleides/Euklid: als das mathematische Standardwerk des griechischen Altertumes[17], des byzantinischen und arabischen Mittelalters und der Neuzeit der zivilisierten Völker bis in das 19. Jh. eines der wirkungsmächtigsten Bücher der Menschheit. Der Name ‚Euklid' wurde geradezu ein Synonym für ‚Elementarbuch'/‚Fibel', und so trat der Verfasser schon bald ganz hinter seinem Werke zurück. Lediglich die Anekdote, er habe Ptolemaios I. (↗Ptolemäer II 2) belehrt, daß es keinen Königsweg zur Geometrie gebe[18], liefert einen äußeren Anhaltspunkt zur Datierung; doch stimmt sein Terminologie und Thematik mit diesem Ansatz überein. Als Ort seines Wirkens ist ↗Alexandrien anzunehmen[19]. Die Bücher I-VI behandeln die Planimetrie, VII-X die Arithmetik und XI-XIII die Stereometrie: I beginnt mit den berühmten 23 Definitionen (ὅροι)[20], den 5 Postulaten (αἰτήματα), deren erste drei im Ergebnis die Konstruktionen auf die mit Zirkel und Lineal durchführbaren beschränken, während das vierte die Gleichheit aller rechten Winkel fordert und das fünfte, das Parallelenpostulat, schon im Altertum wegen seiner Stellung im System angegriffen wurde[21] und seit dem 19. Jh. als für den konsistenten Aufbau einer Geometrie nicht erforderlich erkannt worden ist[22], und 9 (ursprünglich wohl 5) ‚allgemeinen Annahmen' (κοιναὶ ἔννοιαι), den sog. Axiomen. Daran schließt sich die systematische Errichtung des Lehrgebäudes in immer neuen Beweisgängen: Jeweils wird ein Lehrsatz (θεώρημα) oder eine Konstruktion (πρόβλημα) vorgegeben, dann der Beweis (ἀπόδειξις) oder die zeichnerische Ausführung (κατασκευή) entwickelt und schließlich die Vorgabe (πρότασις) des Satzes oder der Konstruktion mit der abschließenden Formel ‚was zu beweisen/konstruieren war' (ὅπερ ἔδει δεῖξαι/ ποιῆσαι) wiederholt. Im einzelnen behandelt I einfache Sätze über Dreiecke, Winkel, Parallelen und Parallelogramme bis zum Satze des Pythagoras, II die ‚geometrische Algebra', im heutigen Sinne also eine Veranschaulichung von Gleichungen, III den Kreis (κύκλος) und IV die dem Kreise ein- oder umgeschriebenen regelmäßigen n-Ecke (ἐγγεγραμμένα, περιγεγραμμένα), alles ohne Bezug auf die Lehre von den Proportionen (λόγοι), die dann in V nach Eudoxos[23] (s. o. I) zusammenfassend geboten wird; VI handelt, nunmehr unter Verwendung der Proportionenlehre, von der Ähnlichkeit. In VII-IX ist die Lehre von den rationalen, in X – vornehmlich von den Arbeiten Theätets (s. o. I) ausgehend[24] – die von den irrationalen Zahlen dargestellt. Die in XI-XIII vorliegende Zusammenfassung der Stereometrie bis zu dem Beweise des Satzes, daß es nur die fünf bekannten regelmäßigen Polyeder gibt (XIII 18), ist vielleicht Euklids eigene Leistung[25]. Die ‚Elemente' liegen in den meisten Handschriften in der Fassung vor, die ihnen der spätantike Mathematiker Theon von Alexandrien gegeben hat; nur der Cod. Vat. Gr. 190 bietet den ‚vortheonischen' Text[26]. Die reiche antike Kommentar-Literatur ist bis auf den Kommentar des Proklos zu Buch I verloren, doch ist in den sog. Vatikanischen Scholien vorwiegend die antike, in den sog. Wiener Scholien eher die byzantinische Kommentierung greifbar. Ebenfalls in eine ‚vortheonische' und eine ‚theonische' Rezension zerfällt die Überlieferung der einzigen anderen erhaltenen rein mathematischen Schrift Euklids, der ‚Gegebenheiten' (Δεδομένα, Data); sie enthalten eine methodisch abweichende Darstellung etlicher Sätze der ‚Elemente'. Die Abhandlung ‚Über Zerlegungen' (Περὶ διαιρέσεων, nämlich einfacher ebener Figuren)[27] ist in arabischen Auszügen bekannt[28], anderes, darunter 4 Bücher über ‚Kegelschnitte' (Κωνικά)[29], nur aus Zitaten sowie aus Referaten des spätantiken Mathematikers und Kompilators Pappos von Alexandrien. Vorhanden sind dagegen vom mathematischen Standpunkt aus geschriebene Abhandlungen über Astronomie (↗Naturwissenschaften

A II), Optik (↗Naturwissenschaften D) und Harmonik (↗Naturwissenschaften E).

2. Mit ↗Alexandrien und seinem Museion (↗Buchwesen II 2) als dem Mittelpunkte der Fachwissenschaften stand auch ARCHIMEDES von Syrakus in Verbindung, wenngleich meist nur auf schriftlichem Wege, denn er blieb seiner Vaterstadt treu, auch ihrem dorischen ↗Dialekt (1), dessen er sich in seinen Schriften bediente. Da er auch in der syrakusanischen Politik (↗Sizilien und Unteritalien I) eine Rolle spielte, gibt es über sein Leben mehr – wenn auch nicht unbedingt zuverlässigere – Nachrichten als über das jedes anderen antiken Mathematikers; sie gehen vielleicht teilweise auf eine – verlorene – Biographie eines Herakleides oder Herakleios zurück[30]. Als Sohn des Astronomen Pheidias[31] und Konstrukteur von Planetarien, Wasserschrauben, Kriegsschiffen, Wurfgeschützen, Brennspiegeln u. dgl. dürfte er von der exakten Naturwissenschaft und der ‚Technik‘ zur Mathematik gekommen sein bzw. aus jenen immer neue Anregungen für diese gewonnen haben. Mit Ausnahme eines Aufenthaltes in Ägypten, bei dem er sich um die mechanische Bewässerung der Nil-Niederung verdient gemacht und vermutlich Alexandrien besucht hat[32], lebte er im hohen Range eines ‚Verwandten und Freundes‘ (συγγενὴς καὶ φίλος[33]; ↗Hof F V) am Hofe König Hierons II. von Syrakus; manche Anekdote veranschaulicht die Hilfe, die er dem Herrscher und seiner Stadt mit seinen physikalischen Kenntnissen und, mehr noch, Entdeckungen geleistet hat[34]. So diente er denn auch dem Sohne und dem Enkel Hierons, Gelon und Hieronymos, und schließlich der wiedererrichteten Demokratie in ihrem letzten Kampfe gegen das römische Belagerungsheer unter M. Claudius Marcellus. Historiker, Biographen und Dichter wissen von den Archimedischen Kriegsmaschinen Wunderdinge zu erzählen[35], doch nach zweijähriger Belagerung fiel Syrakus 212, und der greise Archimedes wurde, geometrische Figuren in den Sand zeichnend, von einem römischen Soldaten, den er mit den Worten ‚Störe meine Kreise nicht‘ abzuhalten suchte, gegen den Befehl des römischen Feldherrn erschlagen[36]. Sein Grab, das eine einem Zylinder einbeschriebene Kugel zierte, fand Cicero im Jahre 75 während seiner Quästur auf Sizilien wieder auf[37].
Archimedes' eigentümliche Methode, in der sich wohl sein „Werdegang vom ‚Mechaniker‘ zum Mathemati-

ker"[38] spiegelt, ist erst seit der Wiederentdeckung[39] seiner ‚Methodenschrift', der Eratosthenes (s. u. II 4) gewidmeten ‚Anleitung zur Auffindung von Lehrsätzen auf dem Gebiete der Mechanike' (Περὶ τῶν μηχανικῶν θεωρημάτων πρὸς Ἐρατοσθένην ἔφοδος), verständlich geworden, denn sie hat „zum erstenmal einen Einblick ... in die Heuristik eines griechischen Mathematikers"[40] gewährt. Die der Gleichgewichtslehre der Mechanik entnommene Bestimmung des Schwerpunktes einer Fläche wird mit der auf Eudoxos (s. o. I) zurückgehenden infinitesimalen Methode der Mathematik – hier: gedankliche Zerlegung eines Körpers in die Summe seiner parallelen Schnittflächen – derart verknüpft, daß sich die Verhältnisse der Rauminhalte von ebenen und von krummen Flächen begrenzter Körper zahlenmäßig bestimmen lassen: ein dem Prinzip von Cavalieri vergleichbares Verfahren, das – wie Archimedes in der Vorrede selbst betont – eher der Findung neuer als dem (mathematisch unanfechtbaren) Beweise gefundener Sätze dient. Greifen mechanische und infinitesimale Methode hier ineinander, so stehen sie in der dem alexandrinischen Astronomen Dositheos (s. u. II 4) gewidmeten Schrift ‚Über Kugel und Zylinder' (Περὶ σφαίρας καὶ κυλίνδρου) unabhängig nebeneinander. Planimetrisch ist die Exhaustionsmethode in der Abhandlung über die ‚Quadratur der Parabel' (d. h. eines Parabel-Segmentes; Τετραγωνισμὸς παραβολῆς) angewandt, stereometrisch in den Neuland erschließenden Untersuchungen ‚Über Rotationskörper von Parabeln und Ellipsen' (Περὶ κωνοειδέων καὶ σφαιροειδέων), deren mathematische Beschreibung das Werk voraussetzt. Ebenfalls von Archimedes in die Geometrie eingeführt ist die nach ihm benannte Spirale, deren Erzeugung (durch gleichförmige Bewegung eines Punktes auf einer sich mit gleichbleibender Geschwindigkeit um den einen Endpunkt drehenden Strecke) und Darstellung die Schrift ‚Über Spiralen' (Περὶ ἑλίκων) gilt. Die ‚Kreismessung' (Κύκλου μέτρησις) gibt die Näherung der Kreiszahl $3\frac{10}{70} > \pi > 3\frac{10}{71}$, doch mag hier lediglich eine vergröbernde Bearbeitung einer Archimedischen Berechnung vorliegen. Unbekannt ist die Schrift, in der er als erster die 13 halbregulären Polyeder vollständig dargestellt hat[41]. Charakteristisch ist für Archimedes schließlich auch, daß er sich nicht nur an die Fachwelt wandte: Der ‚Sand-Rechner' (Ψαμμίτης), in dem er ein Verfahren zur Bezeichnung hoher natürlicher Zahlen (bis zu $10^{8 \cdot 10^{16}}$) entwirft, ist Gelon (s. o.) gewidmet und dementsprechend in gemeinverständlicher Ausdrucksweise gehalten, und in der aus griechischen und arabischen Fragmenten kenntlichen Schrift Στομάχιον (Sinn wohl etwa: ‚Mensch, ärgere dich nicht!') war ein Spiel mit 14 Figuren auf einem Felde beschrieben. Ob dagegen das als ‚Rinderproblem' (πρόβλημα βοεικόν) bezeichnete ↗Epigramm, in dem die Berechnung der Zahl der Rinder des Sonnengottes[42] aus einem System von Gleichungen mit 8 Unbekannten und Nebenbedingungen gefordert wird, in seiner dichterischen Fassung von Archimedes formuliert und so an Eratosthenes (s. u. II 4) übersandt worden ist[43], bleibt zweifelhaft. Doch ist eine persönliche, zuweilen humorvolle Note nicht zu verkennen, wenn Archimedes etwa seine Schwierigkeiten bei der Ausarbeitung der Schrift über Konoide und Sphäroide (s. o.) freimütig zugibt[44] oder schelmisch eingesteht, den alexandrinischen Kollegen einmal unter anderen auch ein paar falsche Sätze übersandt zu haben, „damit die Leute, die da behaupten[,] alles finden zu können, aber nie einen Beweis dafür vorbringen, überführt werden, auch das Unmögliche finden zu können"[45].

Weil Archimedes seine Schriften offenbar durch die Übersendung an das Museion in Alexandrien aus der Hand gegeben und nicht weiter betreut hat, v. a. aber weil es im Altertum keine Gesamtausgabe dieser Schriften gab, schwankte ihr Bekanntheitsgrad und bald auch ihre Textgestaltung beträchtlich. Die Sammlung – und Bearbeitung – erfolgte erst in justinianischer Zeit durch einen der Baumeister der Hagia Sophia in Konstantinopel, Isidor von Milet, nachdem kurz zuvor Eutokios von Askalon die Mehrzahl der Werke kommentiert hatte.

3. APOLLONIOS VON PERGE, der dritte der drei großen Mathematiker des Hell., lebte zur Zeit Ptolemaios' III.[46] (↗Ptolemäer II 4) oder eher etwas später[47]. Aus seiner pamphylischen Heimat ist er zum Studium zu Schülern Euklids (s. o. II 1) nach ↗Alexandrien gekommen[48], wo er, von Aufenthalten in ↗Pergamon[49] und Ephesos[50] abgesehen, später als Lehrer der Mathematik gewirkt hat[51]. Sein Hauptwerk sind die 8 Bücher über ‚Kegelschnitte' (Κωνικά), die den gesamten seit Menaichmos (s. o. I), Aristaios[52], Euklid (s. o. II 1), Konon (s. u. II 4) und Archimedes (s. o. II 2) erarbeiteten Stoff in lückenlos aufbauender Weise darbieten (I–IV) und in gewissem Sinne erschöpfend ergänzen (V–VIII). Im Altertum waren die

ersten beiden Bücher in Vorlesungsmitschriften und das Gesamtwerk in einer ersten, Naukrates (s. u. II 4) übergebenen Fassung sowie in der ‚Ausgabe letzter Hand' im Umlauf. Nur letztere ist erhalten, allerdings nicht ohne Einbußen: I–IV in der von Eutokios (s. o. II 2) besorgten und glossierten Ausgabe (die nicht weiter gediehen sein dürfte)[53], V–VII in arabischer Übersetzung; VIII läßt sich nur mehr umrißhaft aus Angaben bei Pappos rekonstruieren[54]. Nach des Verfassers eigener Aussage legen die Bücher I–IV den Grund für die Lehre von den Kegelschnitten (εἰς ἀγωγὴν στοιχειώδη), während die Bücher V-VIII weiterführende Fragen (περιουσιαστικώτερα) behandeln[55]. I enthält die Erzeugung und Beschreibung der drei Kegelschnitte, nun, Archimedes (s. o. II 2) folgend und ihn ergänzend, nicht mehr, wie bei Menaichmos (s. o. I), als rechtwinkelige Schnitte in verschiedene einfache Kegel, sondern als beliebige Schnitte in einen Doppelkegel; dem entsprechen die seitdem endgültig terminologisch festen Bezeichnungen Ellipse (ἔλλειψις), Parabel (παραβολή) und Hyperbel (ὑπερβολή)[56]. II behandelt vorwiegend Achsen, Durchmesser und Asymptoten, III Sekanten, Tangenten und Brennpunkte und IV Schnittpunkte. V untersucht die längsten und kürzesten Abstände gegebener Punkte zu den Kurven, VI Kongruenz und Ähnlichkeit und VII die konjugierten Durchmesser; VIII muß Konstruktionsaufgaben und -lösungen sowie Ausblicke auf die Anwendung der Lehre von den Kegelschnitten in anderen Bereichen der Geometrie enthalten haben.

Von den zahlreichen kleineren Monographien des Apollonios zu Problemen der Mathematik ist die Schrift über den ‚Verhältnisschnitt' (λόγου ἀποτομή) in arabischer Übersetzung, alles übrige nur mehr in Zitaten und Referaten vornehmlich bei Pappos kenntlich[57]. In Arbeiten ‚Über die unregelmäßigen irrationalen Größen' (Περὶ τῶν ἀτάκτων ἀλόγων)[58] und den ‚Vergleich zwischen Dodekaeder und Ikosaeder' (Σύγκρισις τοῦ δωδεκαέδρου καὶ τοῦ εἰκοσαέδρου) scheint er Forschungen Euklids, in den Arbeiten ‚Über die Schneckenlinie' (Περὶ τοῦ κοχλίου) und ‚Der Schnell-Rechner' (Ὠκυτόκιον) solche des Archimedes aufgenommen und weitergeführt zu haben. Schließlich wandte sich sein systematisierender Geist auch den Grundlagen der Mathematik zu: In der Schrift Ἡ καθόλου πραγματεία (etwa: ‚Das Lehrgebäude im allgemeinen') stellte er die euklidischen Begriffe ‚Definition' und ‚Axiom' zur Diskussion, offenbar unter

Überschreitung der Grenzen der mathematischen Fachwissenschaft[59].

4. WEITERE MATHEMATIKER[60]. Zu den Korrespondenten des Archimedes (s. o. II 2) in Alexandrien zählten der Astronom Konon von Samos (↗Naturwissenschaften A II), dessen Arbeit über Schnitt und Berührung von Kegelschnitten von Apollonios (s. o. II 3) und einem Nikoteles von Kyrene als methodisch unzureichend getadelt wurde, Konons Nachfolger im Amte des Hofastronomen Dositheos von Pelusion (↗Naturwissenschaften A II) und der Universalgelehrte Eratosthenes von Kyrene (↗Buchwesen II 2, ↗Epyllion 5, ↗Geschichtsschreibung A VI/VIII, ↗Naturwissenschaften A II, B II, ↗Philologie). Daß der zuletzt Genannte ein Gerät (μεσόλαβος) konstruierte, das zur Lösung des ‚Delischen Problemes‘ (s. o. I) zwei mittlere Proportionale mechanisch erzeugte[61], hat ihm den Tadel des Nikomedes eingetragen, eines Mathematikers, der sich seinerseits in einer (verlorenen) Schrift ‚Über Konchoide‘ (Περὶ κογχοειδῶν) zur Lösung der klassischen Probleme eben dieser ‚Schnecken-Kurven‘ bediente[62]; sein mathematischer Ruhm knüpft sich vielmehr an das von ihm angegebene einfache Verfahren zur Auffindung von Primzahlen, das ‚Sieb (κόσκινον) des Eratosthenes‘[63].

Aus Angaben des Apollonios (s. o. II 3) über seine Gesprächspartner in ↗Pergamon ist auch dort ein Kreis von Mathematikern zu erschließen, wenngleich von dem ‚Geometer‘ Naukrates und von Eudemos kaum mehr als die Namen bekannt sind[64]. Schüler des Apollonios war der ‚Geometer‘ Philonides[65], der den Beruf des Mathematikers mit dem Bekenntnis des Epikureers (↗Kepos A I/II) zu verbinden verstand. Des weiteren zählten zu diesem Kreise ein Zenodoros, wohl derselbe, der in einer (verlorenen) Schrift ‚Über umfangsgleiche Figuren‘ (Περὶ ἰσοπεριμέτρων σχημάτων) nachwies, daß von allen umfangs- bzw. oberflächengleichen zwei- bzw. dreidimensionalen Gebilden Kreis und Kugel je den größten Rauminhalt haben[66], und ein Dionysodoros, vermutlich Dionysodoros von Amisos, der Verfasser einer (verlorenen) Abhandlung ‚Über den Torus (Wulst)‘ (Περὶ τῆς σπείρας), den Rotationskörper, der durch Drehung eines Kreises um eine in seiner Ebene außerhalb seiner selbst liegende Achse entsteht; Perseus (wohl 2. Jh.) erweiterte diese Studien durch die Untersuchung der an Tori auftretenden Schnitte.

Nennenswerte Fortschritte erzielte im 2. Jh. Hypsikles von Alexandrien, der sich zwar in seiner (fälschlich als Buch XIV der ‚Elemente' Euklids [s. o. II 1] überlieferten) Schrift über Dodekaeder und Ikosaeder als Epigone des Archimedes (s. o. II 2) auswies, auf dem Gebiete der arithmetischen Folgen aber eine Reihe neuer Sätze gewann[67]. Auf den auch in der Optik (↗Naturwissenschaften D) hervorgetretenen Diokles (um 100) geht die ebenfalls der Bewältigung der klassischen Probleme mittels zweier mittlerer Proportionalen dienende Kissoide (‚Efeublatt-Kurve') zurück[68]. Überhaupt sind es im späteren Hell. eher Vertreter exakter Naturwissenschaften, die mathematischen Disziplinen als ‚Hilfswissenschaften' betreiben: Wie schon der Astronom Autolykos von Pitane (um 300; ↗Naturwissenschaften A II) die für sein Gebiet wichtige sphärische Trigonometrie in lückenlosen Beweisgängen deduziert und der Astronom Aristarch(os) von Samos (1. H. d. 3. Jh.s; ↗Naturwissenschaften A II) für seine Zwecke die Sehnen-Trigonometrie vorangetrieben hatte, so veröffentlichte der Astronom Hipparch(os) von Nikaia (2. Jh.; ↗Naturwissenschaften A II, B II) 12 Bücher über Trigonometrie (verloren)[69], und von Theodosios von Tripolis (2./1. Jh.) ist eine mathematisch formulierte, für das Bedürfnis von Astronomen geeignete ‚Sphärische Geometrie' (Σφαιρικά) erhalten.

Als Verteidiger der Mathematik gegen den Epikureer Zenon hat sich der ↗Stoiker (C XI) Poseidonios, selbst in Geometrie bewandert[70], verdient gemacht[71], weniger wohl in seinen Versuchen, die Grundlagen durch neue Definitionen zu festigen[72]. Sein Schüler Geminos gab eine in Aufbau und Inhalt nicht mehr genau erkennbare ‚Systematik' oder ‚Enzyklopädie' heraus, die ein Gegenstück zu anderen gegen Ende des Hell. vorgenommenen Zusammenstellungen und Übersichten über Wissensgebiete gewesen sein dürfte.

III. Die vornehmlich von dem Dreigestirn Euklid–Archimedes–Apollonios erreichte Höhe blieb für die NACHHELL. GESCHICHTE DER MATHEMATIK bestimmend: für die bedeutenden griechischen Mathematiker der Kaiserzeit – die Römer haben sich der Mathematik als abstrakter Wissenschaft kaum zugewandt[73] –, für arabische, jüdische und byzantinische Gelehrte des Mittelalters und für die Mathematik der Renaissance. In der Geometrie brachte erst die Einführung der (Kartesischen)

Koordinaten im 17. Jh. und dann die Begründung nichteuklidischer Geometrien im 19. Jh. wesentliche Erweiterungen des im Hell. beherrschten Instrumentariums, in der Arithmetik die Einführung der Logarithmen um 1600, in der Algebra die konsequente Anwendung der Buchstabenrechnung im 16. Jh. und in der höheren Mathematik die Begründung der Infinitesimalrechnung durch Leibniz und Newton um 1700. U.D.

Anm.: 1) Procl. in Eucl. p. 65, 15–21 Friedlein. – 2) Zur Bedeutung der ‚Zahl‘ s. Aristot. met. 1, 5. 985 b 26–986 a 12; zur Erschütterung dieser Lehre vgl. G. Junge, Wann haben die Griechen das Irrationale entdeckt?, Halle 1907; K. v. Fritz, The Discovery of Incommensurability by Hippasus of Metapontum, in: Annals of Mathematics 46, 1945, 242–264. – 3) So die Kritik Platons, rep. 7. 528 a–e. – 4) Apollon soll den Deliern befohlen haben, ihm einen würfelförmigen Altar zu errichten, dessen Rauminhalt das Doppelte des Rauminhaltes eines gegebenen würfelförmigen Altares betragen sollte; die zahlreichen Belege bei Heiberg (Lit.), 6. – 5) Aristoph. av. 1004f. spielt auf die Quadratur des Kreises an. – 6) Procl. (Anm. 1) p. 66, 4–6; eine Darstellung seiner wohl im Zuge der Bemühungen um die Quadratur des Kreises gemachten Entdeckung, der nach ihm benannten ‚Möndchen‘ (μηνίσκοι), ist der älteste erhaltene mathematische Text der griechischen Literatur (Eudemos bei Simpl. in Aristot. phys. 1, 2. 185 a 14). – 7) Schon Hippias von Elis hat nach Procl. (Anm. 1) p. 356, 11 eine Kurve höherer Ordnung zur Lösung der ersten beiden der genannten drei Probleme angegeben; mit Kreisen ein- und umbeschriebenen Vielecken operierten Antiphon und Bryson (Aristot. soph. el. 11. 172 a 2–7). – 8) Plat. politic. 258 d. – 9) Plat. rep. 7. 524 d–531 c. – 10) Plat. Theaet. 147 c–148 d; Anon. in Plat. Theaet. BKT 2 (1905) col. 25, 30–46, 3. – 11) Suda s.v. Θεαίτητος. – 12) Plat. Tim. 53 c–64 a: die fünf Platonischen Körper‘ als Strukturen der fünf Elemente; vgl. dazu E. Sachs, Die fünf Platonischen Körper, Berlin 1917. Speusipp schrieb ‚Über pythagoreische Zahlen‘. – 13) Eutoc. in Archim. vol. 3 p. 78, 13–80, 24 Heiberg^2. – 14) Procl. (Anm. 1) p. 72, 3–22; 77, 7–81, 22. – 15) Frg. 133–142 Wehrli. – 16) Heiberg (Lit.), 13. – 17) Procl. (Anm. 1) p. 68, 6–70, 18. – 18) Procl. (Anm. 1) p. 68, 13–17. Daß die gleiche Anekdote von Menaichmos (s.o.) und ↗Alexander dem Großen erzählt wird (Joh. Dam.: Stob. vol. 4 p. 205 Meineke), erhöht nicht gerade ihre Glaubwürdigkeit, wohl aber ihre Brauchbarkeit für die Datierung: Offenbar hat jeder ‚Bearbeiter‘ einen zu seinem Mathematiker zeitlich passenden König gewählt. – 19) Vgl. Papp. 7, 35. – 20) Z.B. die bekannteste von allen (def. 1): ‚Ein Punkt (σημεῖον) ist, was keinen Teil hat.‘ – 21) Procl. (Anm. 1) p. 191, 16–193, 9 (Ptolemaios). – 22) Aus der Bestreitung des Parallelenaxioms entwickelte Johann Bolyai um die Mitte des 19. Jh.s, von Karl Friedrich Gauß unabhängig, die erste ‚nichteuklidische Geometrie‘. – 23) Schol. in Eucl. vol. 5, 1 p. 211, 6–8; 213, 1–7 H.-St.; Procl. (Anm. 1) p. 68, 7–8. – 24) Procl. (Anm. 1) p. 68. – 25) Heiberg (Lit.), 19. – 26) Erstausgabe von F. Peyrard, Paris 1814–1818. – 27) Procl. (Anm. 1) p. 69, 4. – 28) R. C. Archibald, Euclid's Book on Divisions of Figures, Cambridge 1915. – 29) Papp. 7, 30. – 30) Erstere Namensform bei Eutoc. in Archim. III^2 p. 228, 20, letztere bei dems. in Apollon. vol. 2 p. 168, 7 Heiberg. – 31) Archim. II 2 p. 220, 21–22. – 32) Diod. Sic. 1, 34, 2; 5, 37, 3–4. – 33) Plut. vit. Marc. 14, 7. 305 f. – 34) Am berühmtesten wohl die Anekdote, wie er, vom König beauftragt zu prüfen, ob der Schmied einem goldenen Weihekranz Silber beigemengt habe, in dem Augenblick, als er in die Badewanne stieg, den Begriff des Spezifischen Gewichtes erkannte und εὕρηκα (‚ich habe [es] gefunden‘) ausrief: Vitruv. 9 praef. 9–12. – 35) Polyb. 8, 3, 3–5; 5, 2–7, 9; Liv. 24, 34; Plut. vit. Marc. 14, 3–18, 1. 305 d–307 f; Sil. Ital. 14, 341–352; Tzetz. chil. 5 hist. 32. – 36) Cic. fin. 5, 50; id. Verr. II 4, 131; Valer. Max. 8, 7, ext. 7; Plin. nat. hist. 7, 125;

Plut. vit. Marc. 19, 4–6. 308e–309a. – 37) Cic. Tusc. 5, 64–66; zum Grabe vgl. Plut. vit. Marc. 17, 7. 307f. – 38) Schneider (Lit.), 110. – 39) Der Text wurde 1906 von Johann Ludwig Heiberg in einem Konstantinopler Palimpsest entdeckt. – 40) Heiberg (Lit.), 24. – 41) Papp. 5, 34. – 42) Od. 12, 127–131. – 43) Das Epigramm wurde von Gotthold Ephraim Lessing in einer Wolfenbütteler Handschrift entdeckt und 1773 veröffentlicht. Text, Übersetzung und Erklärung bei H. Beckby, Anthologia Graeca. IV. 2. Aufl., München o. J., 539–541. – 44) Archim. I^2 p. 246, 5–10. – 45) Archim. II^2 p. 2, 24–4, 1; Übersetzung nach Heiberg (Lit.), 22. – 46) Herakleides/Herakleios (s. o. II 2 m. A. 30) bei Eutoc. in Apollon. II p. 168, 5–8. – 47) Hinweise bei Heiberg (Lit.), 29. – 48) Papp. 7, 35. – 49) Apollon. I p. 2, 5–6. – 50) Apollon. I p. 192, 9. – 51) Heiberg (Lit.), 29. – 52) Behandlung der Kegelschnitte in den (verlorenen) 5 Büchern über ,Örter im Raume' (Τόποι στερεοί): vgl. Papp. 7, 30. – 53) Papp. 7, 233–311 bietet jedoch wertvolle Auszüge aus der ‚voreutokischen' Fassung. – 54) Eine Rekonstruktion des VIII. Buches versuchte E. Halley, Oxford 1710. Rund 70 Jahre zuvor hatten ähnliche Versuche Pierre de Fermat zur Entwicklung der analytischen Geometrie geführt; vgl. H. Wußing bei dems./Arnold (Lit.), 48. – 55) Apollon. I p. 2, 22 – 4, 28. – 56) Vgl. dagegen aber den schon für Archimedes (s. o. II 2) bezeugten Titel Τετραγωνισμός παραβολῆς. – 57) Unvollständige Liste bei Papp. 7, 3. – 58) Procl. (Anm. 1) p. 74, 22–24; Sätze daraus bei Papp. in Eucl. el. X (arab. überliefert). – 59) Kenntlich aus Erwähnungen bei Procl. (Anm. 1). – 60) Auswahl und Anordnung im folgenden hauptsächlich nach Heiberg (Lit.), 22–23. 33–36. – 61) Papp. 3, 21. – 62) Eutoc. in Archim. III^2 p. 98, 1–11. – 63) Nicom. introd. arithm. 1, 13, 2–3. – 64) Apollon. I p. 2, 2. 11. – 65) Apollon. I p. 192, 8–9; wahrscheinlich handelt P. Herc. 1044 von ihm; vgl. R. Philippson, in: RE XX 1, Stuttgart 1941, Sp. 63. – 66) Theo in Ptolem. synt. 1, 3. p. 355, 3 – 380, 18 Rome; Simplic. in Aristot. cael. 2, 4. p. 287 a23. – 67) Diophant. polyg. num. p. 470, 27 – 471, 4 Tannery; weiteres in seinem (erhaltenen) astronomischen Buche ‚Über die Aufgänge von Gestirnen' ('Αναφορικός/-όν).– 68) Eutoc. in Archim. III^2 p. 66, 8–70, 5. – 69) Theo in Ptolem. synt. 1, 10. p. 451, 4–5 Rome. – 70) Galen. vol. 5. p. 652 Kühn. – 71) Procl. (Anm. 1) p. 200, 1–3; 216, 20–218, 11. – 72) Procl. (Anm. 1) p. 80, 20 – 81, 4; 143, 8–11; 170, 13 – 171, 1; 176, 6–10. – 73) Vgl. Cic. Tusc. 1, 5: *nos metiendi ratiocinandique utilitate huius artis terminavimus modum.*

Texte: Die Fragmente des Eudoxos von Knidos. Hrsg., übers. und komm. von F. Lasserre, Berlin 1966. – Euclidis elementa. 4 Bde. Post I. L. Heiberg ed. E. S. Stamatis, Leipzig 1969–1973; dazu Bd. 5.1/2: Libri XIV–XV. Scholia, ebd. 1977. – Euclidis opera omnia, Bd. 6: Data cum commentario Marini et scholiis antiquis ed. H. Menge, Leipzig 1896. – Dass., Bd. 8: Fragmenta coll. et disp. J. L. Heiberg, Leipzig 1916. – Procli Diadochi in primum Euclidis elementorum librum commentarii ex recogn. G. Friedlein, Leipzig 1873. – Archimedis opera omnia cum commentariis Eutocii. 3 Bde. Ed. J. L. Heiberg, Leipzig 1910–1915; dazu Bd. 4: Archimedes, Über einander berührende Kreise. Aus dem Arab. übersetzt und mit Anm. versehen von Y. Dold-Samplonius/H. Hermelink/M. Schramm, Stuttgart 1975. – Archimède. Texte établi et traduit par Ch. Mugler. 4 Bde., Paris 1970–1972. – Apollonii Pergaei quae Graece exstant cum commentariis antiquis ed. et Latine interpretatus est I. L. Heiberg. 2 Bde., Leipzig 1891–1893. – Autolycos de Pitane: La sphère en mouvement. Levers et couchers héliaques. Testimonia. Texte établi et traduit par G. Aujac avec la collab. de J.-P. Brunet et R. Nadal, Paris 1979. – Theodosius Tripolites, Sphaerica. Von J. L. Heiberg, Berlin 1927 (AbhGesWissGött, Philol.-hist. Kl., N.F. 19, 3). – Pappi Alexandrini quae supersunt ed. Latina interpretatione et commentariis instruxit F. Hultsch. 3 Bde., Berlin 1876–1878. – Übers.: The Thirteen Books of Euclid's Elements. Transl. with Introduction and Commentary by Sir Thomas Heath. 3 Bde., Cambridge ^{2}1926. – Euklid, Die Elemente. Buch I–XIII, übersetzt von C. Thaer, Darmstadt 1980 (zuerst 5 Einzelbde., Leipzig 1933–1937). – Euclide d'Alexandrie, Les éléments. Traduits du texte de Heiberg. I: Introduction générale par

M. Caveing; Livres I–IV: Géométrie plane. Traduction et commentaires par B. Vitrac, Paris 1990. – Proklus Diadochus: Kommentar zum ersten Buch von Euklids „Elementen", übertragen und mit textkritischen Anmerkungen versehen von L. Schönberger. Eingeleitet, mit Kommentaren und bibliographischen Nachweisen versehen und in der Gesamtedition besorgt von M. Steck, Halle 1945. – Proclus: A Commentary on the First Book of Euclid's Elements. Transl. with Introduction and Notes by G. R. Morrow, Princeton, N. J. 1970. – Archimedes, Werke, übersetzt von A. Czwalina. Im Anhang: Kreismessung, übersetzt von F. Rudio. Des Archimedes Methodenlehre von den mechanischen Lehrsätzen, übersetzt von J. L. Heiberg und kommentiert von H. G. Zeuthen, Darmstadt 1983 (zuerst 7 Einzelbde., Leipzig 1906/07–1925). – E. J. Dijksterhuis, Archimedes, Kopenhagen 1956. – Apollonius of Perga, Treatise on Conic Sections. Ed. in Modern Notation by T. L. Heath, Cambridge 1896. – Die Kegelschnitte des Apollonios. Übers. von A. Czwalina, München/Berlin 1926 (Buch 1–4). – Autolykos: Rotierende Kugel und Aufgang und Untergang der Gestirne. Theodosios von Tripolis: Sphaerik. Übers. und mit Anmerkungen vers. von A. Czwalina, Leipzig 1931.
Lit.: H. G. Zeuthen, Die Lehre von den Kegelschnitten im Altertum, Kopenhagen 1886 (zuerst dän. 1885). – F. Susemihl, Geschichte der griechischen Litteratur in der Alexandrinerzeit, I, Leipzig 1891, 701–776. – Sir Thomas Heath, A History of Greek Mathematics, 2 Bde., Oxford 1921. – I. L. Heiberg, Geschichte der Mathematik und Naturwissenschaften im Altertum, München 1925 (HdAW V 1, 2), 1–49. – P.-H. Michel, De Pythagore à Euclide, Paris 1950. – O. Becker, Grundlagen der Mathematik in geschichtlicher Entwicklung, Freiburg/München 1954. – B. L. van der Waerden, Erwachende Wissenschaft. Ägyptische, babylonische und griechische Mathematik, Basel/Stuttgart 1956 (zuerst niederländ. 1950), bes. 331–446. – O. Becker, Das mathematische Denken der Antike, Göttingen 1957. – J. E. Hofmann, Geschichte der Mathematik, I, Berlin ²1963, 26–58. – O. Becker (Hrsg.), Zur Geschichte der griechischen Mathematik, Darmstadt 1965. – I. Schneider, Archimedes. Ingenieur, Naturwissenschaftler und Mathematiker, Darmstadt 1979. – H. Wußing/W. Arnold (Hrsg.), Biographien bedeutender Mathematiker, Berlin ⁴1989, 26–33 (P. Schreiber: Euklid). 34–42 (H. Bernhardt: Archimedes). 43–49 (H. Wußing: Apollonios).

Medizin. Frühhell. Medizin außerhalb des griech. Mutterlandes, vor allem in ↗Alexandreia, ist der klassischen, speziell koischen, in manchem verpflichtet[1]. Den Einschnitt markiert die *Anatomie*. Zwar gibt es schon im 4. Jh. Ansätze zu anatomischer Betrachtungsweise (Hipp. Vet. Med. 22; Diokles; Aristoteles als vergl. Anatom). Aber systematische Menschensektionen wurden erst in Alexandreia ausgeführt, nicht im griech. Mutterland, das hierin kulturell gehemmt war[2]. Die neue Anatomie erschütterte die Humoral- bzw. Elementar-Pathologie und wies neue Wege. Dies ist, für einen Spezialbereich, ein klar begründetes „Spezifikum"[3], das einen neuen Epochenbegriff rechtfertigt. Dies bleibt auch angesichts der jüngsten Einwände gegen „Hell." als Periodisierungsbegriff[4] zu beachten.
In Alexandreia forschen von den ersten Ptolemäern dorthin berufene Ärzte. HEROPHILOS aus Chalkedon (ca. 340–260) begründete die neue Anatomie. Man hat gele-

gentlich bestritten, daß er überhaupt Menschen seziert habe; er sei nur Zuschauer beim Balsamieren gewesen[5]. Dies widerspricht allen Zeugnissen. Die zurückhaltende Vorsicht z.B. von Herophilos' (wörtlich erhaltener) Leberbeschreibung zeugt nicht für Unkenntnis, sondern läßt sich – abgesehen von der ungünstigen Beschaffenheit der Leber als Sektionsobjekt (leicht zerfließend) und von den für Sektionen ungünstigen klimatischen Bedingungen Alexandreias – auch folgendermaßen erklären: Herophilos war Skeptiker (vielleicht beeinflußt durch zeitgenössische Philosophie). Er stellte die „Phänomene" an die erste Stelle (deskriptive, nicht funktionelle Anatomie), vermied ätiol. Spekulationen, enthielt sich des Werturteils, ließ oft mehrere Möglichkeiten offen und sprach nicht mehr von „Säften" (ein au fond spekulatives Konzept), sondern von „Flüssigkeiten" im Körper; als Therapeut war er reiner Empiriker[6]. Seine Schrift Πρὸς τὰς κοινὰς δόξας muß epochale Bedeutung gehabt haben. Er entdeckte und benannte viele anatom. Fakten (Netzhaut, Zwölffingerdarm u.a.).

Ob sein jüngerer Zeitgenosse ERASISTRATOS aus Keos in Alexandreia tätig war, ist unsicher, aber nicht ausgeschlossen[7]. Er war anscheinend kühner, aber auch spekulativer. Er war zwar auch skeptischer Empiriker, etwa wenn er die Existenz der „schwarzen Galle" abstritt und die Milz für funktionslos und überflüssig erklärte (ein Schlag gegen die aristot. Teleologie!). Wenn er aber bei Bauchwassersucht Medikamenten-Applikation unmittelbar auf die operativ freigelegte Leber empfiehlt, dann ist das nicht nur „audaciter" (so mit Recht Caelius Aurelianus Morb. Chron. III 65), sondern beruht auf ätiolog. Spekulation. Auch als Physiologe war Erasistratos bisweilen spekulativ (er sah Arterien als Pneuma-Kanäle an). Andererseits hat er im Alter, aufgrund intensiveren Sezierens, in der Hirnforschung entscheidend umgelernt[8].

Diese beiden Namen markieren die eigentliche schöpferische Epoche der hell. Medizin. Die weitere Entwicklung verlief etwa so: Systematische Menschensektionen (die wohl auch Vivisektionen mit einschlossen) hörten über kurz oder lang selbst in Alexandreia wieder auf (ob sie jemals woanders, etwa am Hofe Antiochos' II., praktiziert wurden, ist ganz unsicher). Es bildeten sich *Schulen* der Herophileer und Erasistrateer und, als deren Gegner, der Empiriker. Diese Schulen breiteten sich von Alexandreia aus in Kleinasien und im griech. Mutterland aus. Eine heftige Diskussion kreiste um Wert oder Unwert der „theoretischen" gegenüber der praktischen Medizin. Speziell die herophileische Medizin in Alexandreia scheint der Gefahr des „Scholastizismus" (Galen) ausgesetzt gewesen zu sein[9]. Die Kommentierung der „Alten" nahm dabei breiten Raum ein (erhalten der Kommentar des Apollonios von Kition, 1. H. 1. Jh., zu Hipp. De articulis)[10]. Dies alles hemmte in gewissem Grade den schöpferischen Elan, auch in der zunächst glänzend aufblühenden hell. Chirurgie[11]. Neue Namen kamen hinzu: Unter dem Einfluß der Stoa gründete Athenaios von Attaleia, Schüler des Poseidonios[12], die *pneumatische* Ärzteschule. Unter dem Einfluß des Atomismus (Asklepiades von Bithynien) formierten sich die *Methodiker*, deren Theorie (3 Grund„status": strictus, laxus, medius; alle Krankheiten entweder Folge einer „Erschlaffung" oder Zusammenballung der Elementar-Korpuskeln) und Praxis (adstringierende oder laxierende Therapie; keine Chirurgie) extrem simpel – und offenbar auf die Bedürfnisse der röm. Massengesellschaft zugeschnitten – war. Die Methodiker ließen zum ersten Mal Personen niederer Herkunft, auch Sklaven[13], zur Ausbildung zu und beschränkten die Ausbildungszeit drastisch (auf 6 Monate!). Das Gegeneinander vieler Schulen ließ das Bedürfnis nach einer allgemeinverbindlichen Basis der Medizin immer größer werden. Einerseits kam es zum Eklektizismus, der vom 1. Jh. n. Chr. ab auffällig zunimmt (Agathinos gründete eigens eine „Eklektiker"-Schule; sonst etwa Rufus von Ephesos und Galen). Andererseits kehrten die *Pneumatiker* (Aretaios, der sogar jonisch schreibt), aber auch viele andere Ärzte zum (gegebenenfalls modifizierten) Hippokratismus zurück. Die gleiche Zersplitterungstendenz, die sich bei der Schulbildung zeigte, wird auch an der Ausbreitung des Spezialistentums (es gab sogar Stimm-Ärzte) deutlich[14].

Die *röm. Zeit* scheint gewisse Neuerungen im Ärztestand, vor allem hinsichtlich der Funktionen der sog. „öffentlichen Ärzte" bzw. Archiater, mit sich gebracht zu haben[15]. Obwohl es in der Kaiserzeit in Griechenland, Rom, Ägypten und Kleinasien bedeutende med. „Zentren" gab (z. B. ↗Pergamon), behielt Alexandreia auch in der Spätantike eine Art Vorrangstellung[16], was allerdings weniger die Qualität als die Reputation betrifft. Die „Stagnation" med. Wissenschaft im Hell.[17] ist ein komplexes Phänomen, das nicht nur mit dem Hinweis auf den – in der Tat bezeichnenden – Mangel an analytisch-messender Betrachtungsweise (stattdessen Denken in „Qualitäten", besonders typisch etwa in der Harnphysiologie und -diagnostik) zu erklären ist.

Ein Kuriosum hell. Therapie sind die (oft aus zahllosen, z. T. abenteuerlichen Ingredienzien zusammengesetzten) *Antidote*. Sie sind bisweilen nach Herrschern benannt („Mithridaticum", „Ambrosia des Philipp von Makedonien"; vgl. Galen De antidotis) und dienten zunächst dem Schutz gegen Vergiftungen, wurden aber auch anderweitig angewandt.

Eine echte lit. Neuerung des Hell. scheint das eigentlich *medizinische ↗Lehrgedicht* zu sein, gewöhnlich pharmakologischen Inhalts. Zunächst, wie es scheint, verfaßten Nicht-Ärzte solche Gedichte: ARATOS – der bestimmt kein anatomisches[18], aber doch wohl ein pharmakologisches Lehrgedicht verfaßte[19] – und NIKANDROS. In röm. Zeit (wenn nicht schon vorher) haben auch Ärzte sich daran beteiligt, z. B. Andromachos, Leibarzt Neros[20].

F. Ku.

Anm.: 1) Dazu Fraser, s. u. (Lit.) I 342 ff. – 2) Vgl. F. Kudlien, Antike Anatomie und menschlicher Leichnam, Hermes 97, 1969, 78–94. – 3) Vgl. H.-J. Gehrke, Gesch. d. Hell., München 1990, 1. – 4) H. W. Pleket (↗Hellenismus II A. 18). – 5) Vgl. M. Simon, 7 Bücher Anatomie des Galen, Leipzig 1906, Bd. II, XXXIII–XLII. – 6) Dazu F. Kudlien, Herophilos u. d. Beginn d. med. Skepsis, wiederabgedr. in: H. Flashar (Hrsg.), Antike Medizin, WdF 221, 1971, 280–95. – 7) Zu einseitig negativ P. M. Fraser, The Career of Erasistratus of Ceos, RIL 102, 1969, 518–37. Kritik an Fraser bei G. E. R. Lloyd, A note on Erasistratos of Ceos, J. Hell. St. 95, 1975, 172–5. – 8) Dazu Fr. Solmsen, Greek Philosophy and the Discovery of the Nerves, MH 18, 1961, 150–97; wieder bei: Dems., Kleine Schriften, Hildesheim 1968, I 536–82. 573 f. – 9) Vgl. Galen, Corp. Med. Graec. V 9, 1, S. 88, 1 ff. und V 10, 2, 2, S. 10, 11 ff. – 10) Dazu jetzt F. Kudlien, Hippokrates-Rezeption im Hell. Sudh. Archiv, Beih. 27, 1989, 355–76. – 11) Vgl. allgemein M. Michler, Die hell. Chirurgie, I: Die alexandrin. Chirurgen, Wiesbaden 1968. – 12) S. Poseidonios testim. 51 Edelstein–Kidd. – 13) Dazu F. Kudlien, Die Sklaven i. d. griech. Medizin d. klass. u. hellenist. Zeit, Abh. Mainz, Wiesbaden 1968, 45 f. – 14) Dazu M. Michler, Das Spezialisierungsproblem u. d. antike Chirurgie, Bern 1969, und G. Baader, Spezialärzte i. d. Spätantike, MHJ 2, 1967, 231–8. – 15) Vgl. L. Cohn-Haft, The public Physicians of Ancient Greece, Northampton/Mass. 1956, 69 ff. – 16) Dazu V. Nutton, Ammianus and Alexandria, Clio Medica 7, 1972, 165–76. – 17) Einiges dazu, speziell zur Physiologie, bei C. Préaux, Sur la stagnation de la pensée scientifique à l'époque hellénistique, ASPap 1, 1966, 235–50. – 18) S. F. Kudlien, Zu Arats 'Οστολογία und Aischylos' 'Οστολόγοι, RhM 113, 1970, 297–304. – 19) Zu einseitig B. Effe, Arat – ein med. Lehrdichter?, Hermes 100, 1972, 500–3. – 20) Einige Texte bei E. Heitsch, Die griech. Dichterfragmente d. röm. Kaiserzeit, II, Göttingen 1964. Zu Heliodor, einem nichtärztl. med. Lehrdichter der frühen Kaiserzeit, s. F. Kudlien, RhM 117, 1974, 280–7.

Lit.: P. M. Fraser, Ptolemaic Alexandria, 2 Bde., Oxford 1972, I 338–376; II 495–551. – F. Kudlien, Medicina Helenística y Helenístico-Romana, in: P. Laín Entralgo (Hrsg.), Historia Universal de la Medicina, Barcelona–Madrid 1972, II 153–99. – Ders., Der griech. Arzt im Zeitalter des Hell., Abh.

Mainz, Wiesbaden 1979. – H. v. Staden, Herophilus. The art of medicine in early Alexandria, Cambridge 1989.

Megariker.

Die Megarische (Eristische, Dialektische) ‚Schule', ein je durch persönliche Lehrer-Schüler-Beziehungen gestifteter lockerer Zusammenhalt, bildete sich vermutlich bald nach des Sokrates Tode (399), indem Eukleides/Euklid, der angeblich jahrzehntelang Schüler des Sokrates[1] und auch in dessen letzten Stunden anwesend[2] gewesen war, in seiner Heimatstadt[3] Megara einen Kreis von Sokratesschülern um sich scharte; 369 war er wohl noch am Leben[4]. Seine Methode war weithin die sokratische: die ‚Elenktik'[5], sein Gegenstand ebenfalls der sokratische: die Ethik[6]. Ist seine Lehre auch in Einzelheiten samt seinen Schriften – bezeichnenderweise Dialoge[7] – untergegangen, so weist doch schon die zweifache Einordnung Euklids in Eleatik und Sokratik[8] auf seine eigentümliche Stellung zwischen Elenktik und Ontologie hin: Die Ausgangsfrage nach dem Guten (τὸ ἀγαθόν) beantwortete er dahingehend, daß es eines (ἕν) sei[9] und sich stets gleiche[10]; da er aber dessen Gegensätze (τὰ ἀντικείμενα) leugnete[11], muß er das Gute wohl als das Eine (τὸ ἕν) verstanden und damit den zentralen Begriff eleatischen Denkens verwendet haben. Wie Platon hat also auch Euklid auf der Suche nach Antworten auf sokratisches Fragen positive Entwürfe entwickelt; und wie bei den Nachfolgern des Parmenides hat auch bei den Schülern Euklids der Begriff des Einen zunächst zu Paradoxien und dann zu ‚Sophismen' als scheinbaren logischen Mitteln zur Lösung der dem ontologischen Ansatz entsprungenen Schwierigkeiten geführt, so daß die Annahme einer parallelen Entwicklung bei Eleaten und – später – Megarikern den Vorzug vor der Annahme einer tatsächlichen Nachfolge haben dürfte[12].

Euklids eigene, im Dienste der Dialektik stehende logische Leistungen lassen sich ebensowenig mehr deutlich rekonstruieren: Bezeugt ist, daß er bei Beweisen (ἀποδείξεις) – offenbar von Diskussionsgegnern – nicht die Voraussetzungen (λήμματα), sondern jeweils die Folgerung (ἐπιφορά) bestritt und daß er ‚die durch ein Gleichnis erfolgende Beweisführung' (ὁ διὰ παραβολῆς λόγος) – also anscheinend den Analogieschluß – verwarf[13]; stets ist dabei an ein wirkliches Streitgespräch gedacht.

Daraus verstehen sich die späteren Bezeichnungen der

Mitglieder der Schule als ‚Eristiker' und schließlich ‚Dialektiker'[14], denn diese Richtung Megarischen Philosophierens gewinnt schon in der Generation der Schüler Euklids entschieden die Oberhand. Während aber Männer wie Kleinomachos von Thurioi, der ‚als erster über Aussagen (ἀξιώματα) und Prädikate (κατηγορήματα) und ähnliche Themen' geschrieben haben soll[15], Diokleides von Megara und dessen Schüler Pasikles von Theben[16] sowie Ichthyas von Megara[17], der von dem ↗Kyniker (IV 1) Diogenes in einer Schrift angegriffen wurde[18] und, als Adeliger[19] offenbar an innenpolitischen Machtkämpfen seiner Vaterstadt beteiligt, das Leben verlor[20], und dessen Schüler[21] Thrasymachos von Korinth[22] nur mehr schattenhafte Gestalten sind, hat Eubulides von Milet[23] unter seinen Zeitgenossen als scharfer Gegner des Aristoteles[24], angeblich auch als Lehrer des Demosthenes[25] oder gar als Komödiendichter[26], bis heute aber vornehmlich als Meister berühmt-berüchtigter Trug- und Fangschlüsse[27] gewirkt. Es sind dies (1) ‚Der Lügner' (ὁ ψευδόμενος; etwa ‚Wer sagt, daß er lüge, lügt, wenn er nicht lügt, und lügt nicht, wenn er lügt.')[28], (2) ‚Der Verborgene' (ὁ διαλανθάνων), (3) ‚Elektra' (Ἠλέκτρα), (4) ‚Der Verhüllte' (ὁ ἐγκεκαλυμμένος; diese drei Trugschlüsse laufen nach dem – hier beispielshalber an der ‚Elektra' aufgezeigten – Schema: ‚Kennt E. Orest? – Ja. – Kennt E. den Mann, der vor ihr steht? – Nein. – Aber der Mann ist O.: Also kennt E. O. und kennt ihn nicht.'), (5) ‚Der Haufen' (σωρ[ε]ίτης; etwa: ‚Das wievielte Korn macht einen Haufen aus?')[29], (6) ‚Der Gehörnte' (ὁ κερατίνης; etwa: ‚Hast du, was du nicht verloren hast? – Ja. – Hast du Hörner verloren? – Nein. – Also hast du Hörner.'), (7) ‚Der Kahlkopf' (ὁ φαλακρός; etwa: ‚Bis auf das wievielte müssen einem die Haare ausgegangen sein, daß man ein Kahlkopf ist?'). (2), (3) und (4) sind Spielarten einer Denkfigur, (5) und (7) solche einer anderen; bei entsprechender Gesprächsführung lassen sich alle sieben Fangschlüsse dazu verwenden, den Gegner zu zwingen, jeweils eine Aussage und ihre Verneinung gleichermaßen für wahr zu erklären, ein für die Logik fatales Verfahren. Und in der Tat haben besonders die beiden auf formale Logik großen Wert legenden Schulen, der ↗Peripatos[30] und die ↗Stoa[31], bisweilen geradezu verzweifelt[32] um die Beseitigung dieser Bedrohungen ihrer Erkenntnis- und Wissenschaftslehre gerungen; Philitas, den Vater der hell. Dichtkunst (↗Elegie 4, ↗Epyllion 3, ↗Philologie), soll der ‚Lügner' in den Tod getrieben haben[33]; ja selbst die moderne Logik[34] und Semiotik[35] vermögen die einigen der Trugschlüsse zugrundeliegenden Probleme noch, je nach Standpunkt, anzuregen oder anzufechten. Daß jedoch auch Eubulides konstruktive logische Verfahren anerkannte, beweist die Tatsache, daß er immerhin die auf Syllogismen beruhenden Beweise (οἱ συλλογισμοὺς ἔχοντες λόγοι) gelten ließ[36], was allerdings die Anerkennung des von seinen Fangschlüssen scheinbar aufgehobenen Gesetzes vom Widerspruch voraussetzt.

Diese Megarische Form der Logik gab Eubulides offenbar an seinen Schüler Apollonios von Kyrene[37], ‚Kronos' genannt, weiter, denn von diesem erbte ihn – mitsamt dem auffälligen Beinamen – Diodor(os) von Iasos[38]. Im eigenen Hause bildete er seine Töchter Menexene, Argeia, Theognis, Artemisia und Pantakleia zu tüchtigen Dialektikerinnen aus – ein Beispiel für die freiere Stellung der ↗Frau im geistigen Leben des Hell.[39] –, in die Welt hinaus wirkte er als Lehrer Zenons[40] (↗Stoa C I) und, wenn nicht als Lehrer, so doch als Vorbild für Arkesilaos (↗Akademie B II)[41]. Ptolemaios I. (↗Ptolemäer II 2) soll ihn zu einem dialektischen Schaukampf – den er allerdings verloren haben soll – mit Stilpon (s. u.) zusammengebracht haben[42], und ↗Kallimachos schrieb ein Epigramm (fr. 393 Pf.) auf ihn, in dem es ironisch heißt, Momos, der Gott des Tadels, habe selbst auf eine Wand geschrieben: ‚Der Kronos ist weise' (ὁ Κρόνος ἐστὶ σοφός). Deutlicher noch nach ↗Alexandrien weist die Anekdote, er sei von dem großen Arzte Herophilos (↗Medizin), als er ihn mit der Bitte, seine ausgerenkte Schulter wieder einzurenken, aufsuchte, mit dem Hinweis auf seinen eigenen Beweis der Unmöglichkeit der Bewegung (folglich auch der Verrenkung) abgewiesen worden[43]. Diodor hatte nämlich die Behauptung der Eleaten, Bewegung sei unmöglich, wieder aufgegriffen und auf mindestens zwei Wegen zu beweisen gesucht: einerseits mit der Überlegung, daß sich ein Körper, wenn er sich bewege, entweder in dem Raume, in dem er sich befinde, oder nicht in diesem Raume bewege; da aber beides unmöglich sei, bewege sich der Körper nicht[44], andererseits mit der Überlegung, daß ein Körper, wenn er in Bewegung gerate, zunächst nur teilweise in Bewegung gerate (d. h. der totalen Bewegung stets eine partielle vorausgehe); in einer ersten Bewegungsphase sei aber der überwiegende Teil des Körpers und somit der ganze Körper eben noch nicht in Bewegung, sondern in Ruhe⁴⁵. Auch in der Sprachphilosophie zeigt Diodor seine Vorliebe für provozierende, extreme Thesen, nicht nur, indem er durch Verweis auf die jeweils eindeutige Vorstellung des Sprechers jede Zweideutigkeit ausschließt⁴⁶, sondern vor allem, indem er die z. B. von Hermogenes in Platons ‚Kratylos' vorgetragene Lehre von der Willkürlichkeit der Benennungen⁴⁷ so weit treibt, daß er einen seiner Diener ‚Ἀλλὰ μήν' (‚Nun aber')⁴⁸, zwei seiner Kinder ‚Μέν' (‚Zwar') und ‚Δέ' (‚Aber') nennt⁴⁹.

Auf dem Gebiete der Aussagenlogik muß ihm der – in dieser Form erst seinem Schüler Philon (s. u.) zugeschriebene⁵⁰ – Satz, daß eine Implikation (τὸ συνημμένον) genau dann falsch ist, wenn die ‚Bedingung' falsch und die ‚Folge' wahr ist, bekannt gewesen sein, denn er verschärft ihn durch die Forderung, daß die Wahrheitswerte der Aussagen(variablen) zu allen Zeiten gültig sein müssen⁵¹. Diese Einführung der Zeitkomponente ist die Voraussetzung für Diodors ‚Meisterschluß'⁵² (κυριεύων), der eines der umstrittensten Probleme der hell. Philosophie war⁵³ und „heutigen Philosophiehistorikern als der gewichtigste Beitrag der megarischen Schule zum antiken Denken" gilt⁵⁴: Da die Sätze (1) ‚Alles Vergangene ist notwendig wahr', (2) ‚Unmögliches folgt nicht aus Möglichem' und (3) ‚Möglich ist, was weder ist noch sein wird' miteinander unvereinbar, (1) und (2) aber unbezweifelbar seien, müsse (3) falsch sein; wahr sei also dessen Kontradiktion ‚Was weder ist noch sein wird, ist nicht möglich'; und damit sei das Weltgeschehen als determiniert erwiesen⁵⁵. Gerade im Hell., als das Hauptinteresse ethischen Fragen galt, mußte dieser Einbruch des Determinismus starke Erschütterungen und eifrige Abwehrversuche hervorrufen⁵⁶. So lebt Diodor denn als ‚Meisterdialektiker' in der Erinnerung⁵⁷.

Auch Diodors Schüler Philon von Athen⁵⁸, von dem ein Dialog ‚Menexenos' bezeugt ist⁵⁹, befaßte sich mit Problemen der Implikation und der Modalitäten (Möglichkeit und Notwendigkeit sowie deren Gegenteile)⁶⁰, wobei er weniger strenge Wahrheitsbedingungen als sein Lehrer aufstellte⁶¹.

Ein anderer Schüler des Eubulides, Euphantos von Olynth, ist wohl als Megarischer Philosoph bezeugt, aber nur mehr als Verfasser einer Zeitgeschichte (↗Geschichtsschreibung A VI), Tragödiendichter (?) und Erzieher eines Königs Antigonos (wohl Gonatas: ↗Makedonien III 1), dem er einen Fürstenspiegel (Περὶ βασιλείας) widmete, kenntlich⁶².

Als echter Eristiker wird hingegen der letzte zu nennende Schüler des Eubulides, Alexinos von Elis, geschildert: Nicht umsonst wurde sein Name spöttisch zu ‚Elenxinos' (Ἐλεγξῖνος: ‚Widerleger') entstellt⁶³. In Wort oder Schrift greift er seinen Lehrer Eubulides⁶⁴, seinen Schulgenossen Stilpon⁶⁵, Aristoteles⁶⁶, Menedem⁶⁷, Zenon⁶⁸, aber auch den Historiker Ephoros (↗Geschichtsschreibung B 1) an⁶⁹. Bezeichnend ist seine angebliche maliziöse Frage an Menedem (↗Elisch-Eretrische Schule), die den Trugschluß (6) (s. o.) seines Lehrers variiert: ‚Hast du aufgehört, deinen Vater zu schlagen?'⁷⁰, aber auch sein geschickter, lange nachwirkender⁷¹ Versuch, Zenons Argument, da das Vernünftige besser als das Unvernünftige, die Welt aber das Beste sei, müsse die Welt vernünftig sein, dadurch ad absurdum zu führen, daß er ebenso ‚bewies', daß die Welt lesen und schreiben, ja sogar dichten und alles andere auch könne⁷². Mit aller Welt zerfallen, zog sich Alexinos schließlich nach Olympia zurück, aber selbst die Verlockung, Mitglied einer neuen, ‚Olympischen', Schule – also ‚Olympi(k)er' – zu werden, vermochte keinen seiner Schüler⁷³ dazu zu bewegen, ihm in die sumpfige Alpheios-Niederung zu folgen. Bei einem Bade-Unfall kam er dort zu Tode⁷⁴.

Stilpon von Megara (etwa 360 bis 280)⁷⁵ war Schüler des ↗Kynikers (IV 1) Diogenes⁷⁶, v. a. aber der Megariker Thrasymachos⁷⁷ (s. o.) und Pasikles⁷⁸ (s. o.) und gewann in dieser Schule eine so beherrschende Stellung, daß er nach Euklid (s. o.) selbst und Ichthyas (s. o.) als drittes (und, unseres Wissens, letztes) Schulhaupt genannt wird⁷⁹. Neun Dialoge sind von ihm bezeugt⁸⁰. Aber mehr als mit seinen Schriften erlangte er durch seine Lehre, seine Gespräche, sein freundliches⁸¹, beherrschtes⁸², freimütiges⁸³ Wesen eine außerordentliche Wirkung⁸⁴, so daß es schien, ganz Griechenland schicke sich an zu ‚megarisieren' (μεγαρίσαι)⁸⁵. Kein Wunder also, daß sich auch die Komödie seiner Gestalt bemächtigte⁸⁶: Was über seine mißratene Tochter⁸⁷ und sein Verhältnis zu zwei Hetären⁸⁸ berichtet wird, wird man schon daher mit Vorsicht betrachten. Gesichert ist dagegen, daß er nicht nur viele junge Menschen für die Philosophie begeisterte, sondern auch so manchen ↗Peripatetiker, ↗Kyniker und ↗Kyrenaiker und auch Anhänger anderer Zweige der eigenen Schule für seine Lehre gewann⁸⁹. Doch auch der umgekehrte Weg wurde begangen: Zenon, der Gründer der ↗Stoa[90], Menedem, der Stifter der Eretrischen (Teil-)Schule (↗Elisch-Eretrische Schule)[91], und der ↗Skeptiker (I) Timon[92] hatten vorübergehend bei Stilpon studiert. Daß er sich am Staatsleben beteiligte, ist bezeugt[93], aber im einzelnen nicht mehr greifbar. In welchem Rufe er schon zu Lebzeiten stand, erhellen seine Begegnungen mit mächtigen Herrschern seiner Zeit: Als Ptolemaios I. (↗Ptolemäer II 2) 308/7 Megara erobert hatte, wohnte er seinen Disputationen bei[94], bot ihm viel Geld und suchte ihn für seine Hauptstadt ↗Alexandrien zu gewinnen; Stilpon aber lehnte ab[95]. Und als sich im folgenden Jahre des Ptolemaios Gegenspieler Demetrios I. (↗Antigoniden 2) Megaras bemächtigt hatte, ließ er Stilpon schonen und bot ihm Ersatz für allfällige Schäden bei der Plünderung; Stilpons angebliche Antwort: ‚Niemand hat mein Wissen geplündert'[96]. Freisinn soll Stilpon auch in religiösen Dingen bewiesen haben, sei es in Gesprächen mit Menschen[97] oder ihm in Träumen erscheinenden Göttern gegenüber[98], was ihn freilich nicht hinderte, ein Priesteramt zu bekleiden[99]. In hohem Alter ist er in seiner Vaterstadt gestorben[100].

„Da Stilpon ... gewiß kein Prinzipienreiter war"[101], ist es schwierig, mehr als Facetten seines Philosophierens aufzuzeigen. Als Logiker und Dialektiker muß er die Kopula (‚ist') ausschließlich als Zeichen der Identität verstanden haben, denn er verbot zum einen jede andere Prädikation (z.B. ‚Sokrates ist ein Mensch') außer der der Identität (z.B. ‚Sokrates ist Sokrates') (ἕτερον ἑτέρου μὴ κατηγορεῖσθαι)[102], zum anderen den Gebrauch von Gattungsbegriffen (z.B. ‚Mensch') schlechthin[103], eine Forderung, die Platons Ideenlehre ebenso unmöglich macht wie dessen διαίρεσις-Methode oder das Kategoriensystem des Aristoteles. Weniger gewichtig erscheint Stilpons Hang zu Wortspielen und Zweideutigkeiten der Sprache; so soll er etwa einmal zu dem gerade frierenden ↗Kyniker (IV 2) Krates gesagt haben, er bedürfe sichtlich ‚ἱματίου καινοῦ' (‚eines neuen Mantels'), was allerdings wie ‚ἱματίου καὶ νοῦ' (‚eines Mantels und des Verstandes') geklungen haben muß[104]. Auf diesem Felde scheint Stilpon also zu Diodors Auffassung (s.o.) in Widerspruch getreten zu sein.

Am deutlichsten aber zeigt sich Stilpons Selbständigkeit darin, daß er sich – den überlieferten Nachrichten zufolge – als erster Megariker seit dem Schulgründer Euklid wie-

der mit ethischen Fragen befaßt hat[105]. Wie er schon in der Logik der Prädikation mit dem als Begründer des ↗Kynismus (I) angesehenen Antisthenes übereinstimmte[106], so zeigt er hier vollends Übereinstimmung mit den ↗kynischen (II) Forderungen der ‚Selbstgenügsamkeit' (αὐτάρκεια), ‚Empfindungslosigkeit' (ἀπάθεια) und ‚Gleichgültigkeit' (ἀδιαφορία)[107], wenn er etwa davor warnt, sich von Schicksalsschlägen wie der Verbannung oder dem Tode eines nahestehenden Menschen[108] aus der Bahn werfen zu lassen. So mag sich denn das als ‚megarisch' bezeichnete Lebensziel der ‚Beschwerdelosigkeit' (ἀοχλησία)[109] speziell auf Stilpon beziehen[110].
Beschlossen sei die Vorstellung der Megariker mit einem Blick auf Bryson von Herakleia und seinen Gefährten Polyxenos, obwohl Bryson vielleicht erst von antiken Philosophiehistorikern mit der Schule in Verbindung gebracht worden ist[111]. Überdies sind die Angaben über sein Leben so widersprüchlich, daß selbst die Frage, ob eine, zwei oder drei Personen dieses Namens anzunehmen seien, diskutiert wird[112]. Gesichert ist, daß er die Kategorie des Häßlichen nicht von den Dingen auf die Wörter übertragen wissen wollte[113] und daß er einen (nach Aristoteles unwissenschaftlichen) Versuch zur Quadratur des Kreises unternahm[114]. Sein ähnlich schwer faßbarer Gefährte[115] Polyxenos hat zu der zu Platons Lebzeiten geführten Diskussion um die Ideen eine eigene Fassung des berühmten Arguments vom ‚Dritten Menschen' (τρίτος ἄνθρωπος) beigesteuert[116].
Noch im 3. Jh. ist die Megarische Schule erloschen[117]. Eine bis heute ungebrochene Wirkung ist ihren großen Vertretern jedoch durch ihre größte Leistung, die Begründung der Aussagenlogik, gesichert[118].

U.D.

Anm.: 1) Dies wäre aus Gell. 7, 10, 1–4 zu erschließen, wenn sich die Angabe mit der Datierung des Platonischen Theätet (s. u. m. Anm. 4) vereinbaren ließe. – 2) Plat. Phaed. 59 bc. – 3) Ebd. 59 c; Cic. Acad. 2, 129; Strab. 9, 1, 8; Diog. Laert. 2, 106 u. ö. – 4) Platons ‚Theätet', in dem Euklid auftritt, spielt in jenem Jahre: vgl. Döring (Lit.), 73–74. – 5) Zum Begriffe der ‚Elenktik' vgl. A. Patzer, Sokrates als Philosoph, in: ders. (Hrsg.), Der historische Sokrates, Darmstadt 1987, 434–452, bes. 442–449. – 6) Vgl. z.B. Arist. met. 1, 6. 987 b 1–2. – 7) Nach Diog. Laert. 2, 108 schrieb er sechs Dialoge: Lamprias, Aischines, Phoinix, Kriton, Alkibiades und Erotikos; ihre Echtheit wurde allerdings von Panaitios, ebd. 2, 64, bezweifelt. Das einzige größere Bruchstück, ein Vergleich zwischen dem Schlafe und dem Tode, steht bei Stobaios 3, 6, 63. – 8) Besonders deutlich Cic. Acad. 2, 129: *Megaricorum ... disciplina, cuius ... princeps Xenophanes ...; deinde eum secuti Parmenides et Zeno (itaque ab his Eleatici philosophi nominabantur), post Euclides, Socratis discipulus, Megareus, a quo idem illi Megarici dicti.* Stärkerer Anschluß an die Eleaten: Aristokles bei Euseb. pr. ev. 14, 17, 1; an Sokrates: Diog. Laert. 2,

106–108. Einen Überblick über die Gewichtungen der beiden Traditionsstränge in Altertum und Neuzeit bietet Döring (Lit.), 82–87; zusätzlichen sophistischen Einfluß v. a. auf die Methode zeigt v. Fritz (Lit.), Sp. 714–715. – 9) Diog. Laert. 2, 106. – 10) Cic. Acad. 2, 129. – 11) Diog. Laert. 2, 106. – 12) So v. a. v. Fritz (Lit.), Sp. 707–715. – 13) Diog. Laert. 2, 107. – 14) Ebd. 106 u. ö. – D. Sedley, Diodorus Cronus and Hellenistic Philosophy, in: Proceed. Cambr. Philol. Soc. 23, 1977, 74–120 schlägt vor, in Megarikern und Dialektikern zwei verschiedene Schulen zu sehen; Diodor rechnet er zur letzteren. – 15) Ebd. 112; zur Bedeutung der beiden griechischen Begriffe s. Döring (Lit.), 101. – 16) Beide Suda s. v. Στίλπων. – 17) Athen. 8, 12. 335 a. – 18) Diog. Laert. 2, 112; 6, 80. – 19) Ebd. 2, 112. – 20) Tert. apolog. 46, 16; dazu Döring (Lit.), 100–101. – 21) Gegen v. Fritz (Lit.), Sp. 720 ist bei Diog. Laert. 2, 113 γνώριμος nach Liddell/Scott/Jones, A Greek-English Lexicon, Oxford ⁹1940, s. v. γνώριμος 1, 2, b mit Döring (Lit.), 171 eher als ‚Schüler' denn als ‚Gefährte' aufzufassen. – 22) Diog. Laert. 2, 113. – 23) Hauptquelle: Diog. Laert. 2, 108–109. – 24) Athen. 8, 50. 354 c; Diog. Laert. 2, 109; Themist. or. 23. 285 c; Aristokles bei Euseb. pr. ev. 15, 2, 5. – 25) Ps.-Plut. vit. dec. orat. 8. 845 c; Diog. Laert. 2, 108; Apul. apol. 15, 9. – 26) Athen. 10, 49. 437 de; der von Kaibel z. St. geäußerte Zweifel an der Richtigkeit der Zuschreibung der Komödie Κωμασταί findet darin eine weitere Stütze, daß die Suda s. v. ‚Ρομβοστωμυλήθρα eine von Diog. Laert. 2, 108 richtig als auf Eubulides zielend bezeichnete Komödienstelle irrtümlich als Zitat aus einer von Eubulides verfaßten Komödie ausgibt. Daß Eubulides dort mit Demosthenes verglichen wird, mag sich mit der späteren Behauptung des Lehrer-Schüler-Verhältnisses in Verbindung setzen lassen. – 27) Aufzählung: Diog. Laert. 2, 108. – 28) Die logische Antinomie wird durch die Verwechselung von ‚Objektsprache' und ‚Metasprache' hervorgebracht; doch ist diese Beschreibung nach Ansicht mancher modernen Logiker keine befriedigende Lösung. Zur Geschichte der Antinomie, die gewiß älter als Eubulides ist (vgl. Epimenides: H. Diels/W. Kranz, Die Fragmente der Vorsokratiker, Berlin ⁶1951–1952, 3 B 1), vgl. Rüstow (Lit.). – 29) Dieser ‚Schluß' ist schon für Zenon von Elea bezeugt: Vgl. Diels/Kranz (Anm. 28) 29 A 29. Der Anschaulichkeit entkleidet, ist er Diog. Laert. 7, 82 für Zenon von Kition (↗Stoa C I) bezeugt. – 30) Vgl. Arist. soph. elench. 25. 180 b 2–7 zum ‚Lügner'. – 31) Vgl. die bei Diog. Laert. 7, 196–198 überlieferten Titel von Schriften Chrysipps zu (1), (2), (4) und (6). – 32) Vgl. die Anekdote von Chrysipp und Karneades bei Cic. Acad. 2, 75. – 33) Athen. 9, 64. 401 e. – 34) Z. B. zu (1) A. N. Whitehead/B. Russell, Principia mathematica I, Cambridge 1910, 60; I. M. Bochenski, Formale Logik, Freiburg/München ²1962, 150–153. – 35) Z. B. zu allen Fangschlüssen Künne (Lit.). – 36) Philod. rhet. 1, 85. – 37) Diog. Laert. 2, 111. – 38) Nicht nur wegen chronologischer Ungereimtheiten, sondern auch, weil Diodor nach Strab. 14, 2; 17, 3, 22 den Beinamen von seinem Lehrer übernommen hat, ist die bei Diog. Laert. 2, 111 überlieferte Anekdote, Ptolemaios I. habe Diodor höhnend so genannt und ihn damit in den Selbstmord getrieben, mit Döring (Lit.), 124–125 zurückhaltend aufzunehmen. Statt der von Döring a. a. O. vorgeschlagenen Deutungen ‚Κρόνος ἀγκυλομήτης' (rühmend) oder ‚Κρονόληρος' (spottend) könnte man vielleicht an eine mythologische Anspielung denken: Megariker vermögen aus Aussagen Folgerungen zu ziehen, die eben diese Aussagen aufheben, wie einst Kronos die eigenen Kinder verschlungen hat. – 39) Clem. Alex. strom. 4, 123; Hieron. adv. Iovin. 1, 42. – 40) Diog. Laert. 7, 16. 25. – 41) Ebd. 4, 33; Numenios bei Euseb. pr. ev. 14, 5, 11–14; Sext. Emp. Pyrrh. hyp. 1, 234. – 42) S. Anm. 38 und dazu Plin. nat. hist. 7, 180. Gerne wüßte man, wie das entscheidende Problem Stilpons gelautet hat. – 43) Sext. Emp. Pyrrh. hyp. 2, 245. – 44) Das Argument findet sich in drei Spielarten: Vgl. Zeller (Lit.), 266–267 und dazu Döring (Lit.), 129–131. Hauptfundstellen: Sext. Emp. adv. math. 1, 311–312; 10, 48. 85–117. 142–143. 347. Diog. Laert. 9, 72 führt es auf Zenon von Elea zurück. – 45) Sext. Emp. adv. math. 10, 113–117. Da Diodor, anscheinend zur Vermeidung eines regressus in infinitum der Teilung, hierbei ‚unteilbare Teile' (ἀμερῆ) annahm, hat ihn die antike Doxographie (Dionysios von Alexandrien bei Euseb. pr. ev. 14, 23, 4; Aetios bei Stob. 1, 10, 16a; 14, 1k u. a.) unter die Atomisten eingereiht. Das wird heute fast einhellig abgelehnt – vgl. Döring (Lit.), 129; s. aber N. Denyer, The Atomism of Diodorus Cronus, in: Prudentia 13, 1981, 33–45 –, doch setzt Sext. Emp. Pyrrh. hyp. 2, 111 immerhin voraus, daß Diodor den Atomismus genauso ernst genommen hat wie seine logischen Regeln. – 46) Gell. 11, 12, 2–3. – 47) Plat. Crat. 384d, von Döring (Lit.), 128–129 herangezogen. – 48) Ammonios zu Arist. interpr. p. 38, 17–20 Busse. – 49) Stephanos zu Arist. interpr. p. 9, 21–24 Hayduck. Selbst wer diese späten Zeugnisse bezweifelt, wird zugeben, daß der oben genannte Name seiner dritten Tochter sonst nur als Männername bezeugt ist; vgl. Döring (Lit.), 128. – 50) Sext. Emp. Pyrrh. hyp. 2, 110; adv. math. 8, 113. – 51) Sext. Emp. Pyrrh. hyp. 2, 110–112; adv. math. 8, 115–117. – 52) Oder: ‚Schluß auf die Allgewalt'? Vgl. dazu Döring (Lit.), 133. – 53) Die beiden in etwa Anfang und Ende des Zeitalters markierenden großen Diskussionen des Problemes sind Arist. interpr. 9. 18a28–19b4 (das ‚Seeschlacht'-Kapitel) und Cic. fat. 12–13. 17. Literatur dazu bei Döring (Lit.), 132–133. – 54) Döring (Lit.), 132. – 55) Die Argumentation nach Epict. diss. 2, 19, 1–5. – 56) Das Problem war nach Arist. met. 9, 3. 1046b29–32 von den Megarikern schon vor Diodor gesehen worden; darauf dürfte die Lösung in der Aristotelischen ‚Hermeneutik' (Anm. 53) antworten. Die außerordentliche Wirkung v. a. in der Stoa ist aber anscheinend – vgl. Epiktet (Anm. 55); Ciceros Scherz fam. 9, 4; Plut. Stoic. rep. 46. 1055d–f – von Diodors scharfer Fassung des Paradoxes ausgelöst worden. – 57) Cic. fat. 12: *valens dialecticus*; Sext. Emp. adv. math. 1, 310: διαλεκτικώτατος. – 58) Die Schülerschaft wird nach Diog. Laert. 7, 16 vermutet: Vgl. Döring (Lit.), 127. – 59) Clem. Alex. strom. 4, 123. – 60) Themist. or. 2. 30b. – 61) Sext. Emp. Pyrrh. hyp. 2, 110–112; adv. math. 8, 112–117; Alexander von Aphrodisias zu Arist. an. pr. p. 183, 34 – 184, 10 Wallies; Philoponos zu Arist. an. pr. p. 169, 17–21 Wallies; Simplikios zu Arist. cat. p. 195, 31 – 196, 24 Kalbfleisch; Boethius zu Arist. interpr. sec. ed. p. 234, 10 – 235, 9 Meiser. Vgl. Cic. Acad. 2, 143. – 62) Alles nach Diog. Laert. 2, 110; zu seinem Geschichtswerk vgl. auch ebd. 141 und Athen. 6, 59. 251d. – 63) Diog. Laert. 2, 109. – 64) Philod. rhet. 1, 85. – 65) Plut. virt. pud. 18. 536ab. – 66) Aristokles bei Euseb. pr. ev. 15, 2, 4. – 67) Diog. Laert. 2, 135. 136. – 68) Ebd. 109. 110; Sext. Emp. adv. math. 9, 108–110. – 69) Diog. Laert. 2, 110. – 70) Ebd. 135. – 71) Cic. nat. deor. 3, 22–23. – 72) Sext. Emp. adv. math. 9, 104. 108–110. – 73) Diog. Laert. 2, 125; 4, 36. – 74) Ebd. 2, 109–110. – 75) Döring (Lit.), 140. – 76) Diog. Laert. 6, 76. – 77) Ebd. 2, 113; dort auch andere, weniger glaubhafte Angaben. – 78) Suda s. v. Στίλπων. – 79) Ebd. s. v. Εὐκλείδης; s. v. Στίλπων. – 80) Diog. Laert. 2, 120; anderen zufolge (ebd. 1, 16) hat er nichts geschrieben. – 81) Ebd. 2, 117. – 82) Cic. fat. 10. – 83) Diog. Laert. 2, 134. – 84) Ebd. 119. – 85) Ebd. 113. – 86) Ebd. 120. – 87) Plut. tranqu. an. 6. 467f–468a; Diog. Laert. 2, 114. – 88) Ebd.; Athen. 13, 46. 584a; 70. 596e. – 89) Diog. Laert. 2, 113–114. – 90) Ebd. 120; 7, 2. – 91) Ebd. 2, 105. 126. 134. – 92) Ebd. 8, 109. – 93) Ebd. 2, 114; 6, 76. – 94) S. Anm. 38. – 95) Diog. Laert. 2, 115. – 96) Sen. const. sap. 5, 6–7 und – dramatischer – ep. 9, 18–19; Plut. Demetr. 9, 8–10. 893ab; tranqu. an. 17. 475c; lib. ed. 8. 5f.; Diog. Laert. 2, 115–116. – 97) Ebd. 116. 117. – 98) Plut. prof. virt. 12. 83cd; Athen. 10, 19. 422d. – 99) Plut. prof. virt. 12. 83c. Er mag diesgegen Döring (Lit.), 144 – mit einem ‚Augurenlächeln' getan haben. – 100) Hermipp bei Diog. Laert. 2, 120. – 101) Döring (Lit.), 154. – 102) Plut. adv. Col. 22. 1119cd; 23. 1120ab. Die Beispiele sind willkürlich gewählt. – 103) Diog. Laert. 2, 119. – 104) Ebd. 118. – 105) Zeller (Lit.), 273. – Daß auf Grund der sokratischen Gleichsetzung von ‚Wissen' (ἐπιστήμη) und ‚Tugend' (ἀρετή) jede Übung in Dialektik als solche schon als Pflege der Tugend galt, hebt v. Fritz (Lit.), Sp. 719. 721 hervor. – 106) Döring (Lit.), 154. – 107) Sen. ep. 9, 1 rückt Stilpon in die Nähe derer, die den ‚animus impatiens' für das höchste Gut erklären. – 108) Teles bei Stob. flor. 3, 40, 8; 4, 44, 83. –

109) Ps.-Alex. Aphr. anim. 2 p. 150, 34–35 Bruns. – 110) Zeller (Lit.), 273; Döring (Lit.), 154. – 111) Seine Schülerschaft gegenüber Kleinomachos von Thurioi ist erst in der Suda s. v. Πύρρων behauptet. – 112) Zu alledem Döring (Lit.), 157–164. – 113) Arist. rhet. 3, 2. 1405 b6–11. – 114) Arist. soph. el. 11. 171 b3–172 a7; an. post. 1, 9. 75 b37–76 a1. – 115) Plat. ep. 13. 360 bc; vgl. v. Fritz (Lit.), Sp. 722, der darauf hinweist, daß die Auffassung, Polyxenos werde dort als Schüler Brysons bezeichnet – z. B. Zeller (Lit.), 259; Döring (Lit.), 157 –, zu chronologischen Widersprüchen führt. – 116) Alexander von Aphrodisias zu Arist. met. p. 84, 16–21 Hayduck. – 117) Vgl. Cic. de or. 3, 62. – 118) Vgl. Döring (Lit.), 136–137 mit weiteren Nachweisen.

Texte: K. Döring, Die Megariker, Amsterdam 1972. – L. Piccirilli, Megarika, Pisa 1975. – G. Giannantoni, Socraticorum reliquiae. I, Neapel 1983, 35–143; III, ebd. 1985, 31–103. – Übers.: W. Nestle, Die Sokratiker, Jena 1922, 172–179. – R. Muller, Les Mégariques. Fragments et témoignages, Paris 1985.
Lit.: E. Zeller, Die Philosophie der Griechen in ihrer geschichtlichen Entwicklung II, 1, Leipzig [4]1889, 244–275. – A. Rüstow, Der Lügner, Diss. Erlangen 1910. – C. M. Gillespie, On the Megarians, in: Archiv f. Philos., 1. Abt., 24, 1911, 218–241. – E. Schmid, Die Megariker, Diss. Freiburg 1915. – K. Praechter, Die Philosophie des Altertums, Berlin [12]1926, 155–158. – K. v. Fritz, Art. ‚Megariker', in: RE Suppl. V, 1931, Sp. 707–724. – J. Stenzel/W. Theiler, Art. ‚Megarikoi', in: RE XV 1, 1931, Sp. 217–220. – A. Levi, Le dottrine filosofiche della scuola di Megara, in: Rendiconti della R. Accademia dei Lincei, Ser. VI, 8, 1932, 463–499. – N. Hartmann, Der Megarische und der Aristotelische Möglichkeitsbegriff, in: SB Berlin, Phil.-hist. Kl., 1937, 43–58. – O. Becker, Über den Κυριεύων λόγος des Diodoros Kronos, in: RhMus 99, 1956, 289–304. – P.-M. Schuhl, Le Dominateur et les possibles, Paris 1960. – Rez. dazu von K. v. Fritz, in: Gnomon 34, 1962, 138–152. – G. Cambiano, La scuola Megarica nelle interpretazioni moderne, in: Riv. di Filosofia 62, 1971, 227–253. – Ders., Il problema dell'esistenza di una scuola Megarica, in: G. Giannantoni (Hrsg.), Scuole socratiche minori e filosofia ellenistica, Bologna 1977, 25–53. – D. Sedley, Diodorus Cronus and Hellenistic Philosophy, in: Proc. of the Cambridge Philol. Soc. 203 (= n.s. 23), 1977, 74–120. – W. Künne, Megarische Aporien für Freges Semantik. Über Präsupposition und Vagheit, in: Zs. f. Semiotik 4, 1982, 267–290. – Th. Ebert, Dialektiker und frühe Stoiker bei Sextus Empiricus. Untersuchungen zur Entstehung der Aussagenlogik, Göttingen 1991.

Menander (Menandros).

1. LEBEN. Über das Leben M.s, des bedeutendsten Dichters der Neuen Komödie (↗Drama III 2), haben wir nur spärliche Angaben. Artikel der Suda, der Anonymus περὶ κωμῳδίας (Kaibel CGF I 9) und die Inschrift eines heute verschollenen römischen Steins (IG XIV 1184) sind unsere Hauptquellen. Geboren wurde M. 342/1 im Demos Kephisia als Sohn des Diopeithes, eines wohlhabenden, angesehenen Mannes. Aus der Angabe, er sei im Alter von 52 Jahren gestorben, ergibt sich 291/0 als Todesjahr (zu den Widersprüchen in der Inschrift Körte, RE 709). Als Ephebe leistete er seinen Militärdienst zusammen mit dem gleichaltrigen Epikur; eine Beeinflussung M.s durch epikureische Gedanken ist nicht erweisbar. Er war Schüler des Peripatetikers ↗Theophrast; ihm dürfte er Anleitung zu scharfer Beobachtung menschlicher Wesenszüge verdanken. Durch seine Freundschaft mit Demetrios von Phaleron geriet er nach dessen Vertreibung (307) in persönliche Gefahr. In der komischen Kunst soll er von Alexis (↗Drama III 1) unterwiesen worden sein. Einladungen an Fürstenhöfe Makedoniens und Ägyptens folgte er nicht. Ein Liebesverhältnis mit Glykera ist möglicherweise, ein solches mit Taïs sicher Erfindung. Seinen Tod soll er bei einem Bad im Piräus gefunden haben.

2. WERK. Nach antiken Zeugnissen hat M. 105 (oder 108) Komödien verfaßt. Die uns durch Schriftstellerzitate bekannten 96 Titel (zusammengestellt bei Körte, RE 718) weisen alle auf den Bereich des bürgerlichen Lustspiels; Mythentravestien fehlen. Sein Erfolg bei seinen Zeitgenossen war mäßig: im ganzen errang er nur 8 Siege. Die Aufführung seines ersten Stückes, der Orge, ist wohl ins Jahr 321 anzusetzen; von den anderen Stücken ist fast keines sicher zu datieren. Als Kriterium für die Einordnung von Werken in bestimmte Epochen kann die schon in der Antike erkannte Entwicklung im Schaffen des Dichters dienen: persönliche Verspottung lebender Mitbürger trat zurück, die metrischen Formen wurden einfacher, die Diktion dezenter, burleske Elemente schwanden zugunsten einer stärkeren Verinnerlichung der Handlung. – Unsere Kenntnis M.s beruht vor allem auf Papyrusfunden neueren Datums. Der 1905 entdeckte Pap. Cair. bietet als besterhaltene Stücke die Epitrepontes (Das Schiedsgericht; s. u. 3.) und die Perikeiromene (Die Geschorene; wohl um 313), außerdem Reste des Heros, der Samia (beide vor 315) und einer unbekannten Komödie. Der Dyskolos („Der Schwierige", s. u. 3.) ist vollständig, wenn auch mit Lücken, auf einem 1959 veröffentlichten Papyrus erhalten. Neben geringen Resten weiterer Stücke (Georgos, Kitharistes, Kolax u. a.) wurden durch Neuentdeckungen größere Partien des Sikyonios und des Misumenos („Der Gehaßte", vor 310) bekannt. Weitere Papyrusfunde ermöglichten 1969 die Veröffentlichung der Samia und der Aspis. Vor diesen Funden waren die Bearbeitungen römischer Dichter die wichtigste Quelle für die Kenntnis M.s. Die entdeckten Originale lassen erkennen, wie stark selbst die Nachdichtungen des Terenz, den Caesar als *dimidiatus Menander* bezeichnete (Suet. vita Ter. 116), hinter der anmutigen Lebensnähe und Frische des Attikers zurückstehen. Der Heautontimorumenos („Der sich selbst Be-

strafende", nach 300) diente Terenz als Vorlage für sein gleichnamiges Stück; Andria, Eunuchos und Adelphoi sind von ihm kontaminiert, d. h. unter Benutzung anderer Stücke bearbeitet worden. Freier als Terenz schaltete Plautus mit menandreischen Komödien; die Charis des Attikers und die derbe Komik des Römers waren unvereinbar. Stücke M.s sind benutzt im Stichus (Adelphoi), in den Bacchides (Dis Exapaton, „Der Doppelbetrüger"), in der Cistellaria, der Aulularia, vielleicht auch im Poenulus.

3. MENSCHENBILD. Schon der frühe DYSKOLOS, mit dem M. 316 einen Sieg errang, zeigt die Kunst des Dichters, auf Grund scharfer Beobachtung menschlicher Eigenarten individuell geprägte Charaktere zu zeichnen. Die Handlung ist unkompliziert und schlicht.
Pan erklärt im Prolog die Vorgeschichte: Aus Mitleid mit der Tochter des griesgrämigen Knemon hat er es gefügt, daß Sosistratos, ein reicher Jüngling, sich in das Mädchen verliebt. Den Widerstand des Kn. gegen die geplante Heirat vermag S. nicht zu brechen, obwohl er sich mit Gorgias, dem Halbbruder des Mädchens, verbündet. Erst nach seinem Sturz in einen Brunnen und seiner Rettung kommt Kn. zu der Erkenntnis, daß der Mensch auf seine Mitmenschen angewiesen ist. Nun steht er dem Glück der Liebenden nicht mehr im Wege. Vom eigenen Vater erhält S. das Einverständnis zur Heirat mit dem unvermögenden Mädchen, ja bewegt ihn sogar dazu, seine Tochter dem Gorgias zur Frau zu geben. In einer burlesken Schlußszene schleppen die Sklaven Kn. zur Feier der Doppelverlobung. – Selbst in unbedeutenden Nebenrollen erscheinen lebensecht gezeichnete Charaktere. Knemon ist nicht der „Typ" des Misanthropos, wie er schon in der Alten Komödie begegnet. Wenn er zunächst im Sklavenbericht als Karikatur erscheint, so erweist er sich nachher als Mensch, der sich nach bösen Erfahrungen in ein einsames Leben voll harter Arbeit zurückgezogen hat, ein Mensch, der Mitgefühl verdient. Auch bei der Wende des Stückes ist auf billige Schwarz-Weiß-Zeichnung verzichtet; die Hilfe im Unglück führt zu einer veränderten Haltung, nicht zur völligen Bekehrung des Alten.
M.s Charaktere stehen nicht von Anfang an fertig vor den Augen der Zuschauer da, neue Szenen ergänzen oder korrigieren das gewonnene Bild. Noch differenziertere Charaktere als im Dyskolos begegnen in den EPITREPONTES. In dieser Wiedererkennungskomödie, deren an Verwick-

lungen reiche, vom Dichter kunstvoll gefügte Handlung die Vergewaltigung eines tugendhaften Bürgermädchens und die Aussetzung des Kindes zur Voraussetzung hat, erscheinen fast alle stehenden Figuren des bürgerlichen Lustspiels, aber doch ganz als M.s eigene Geschöpfe: Pamphile als junge Frau, die trotz aller Widrigkeiten in unbeirrbarer Treue zu ihrem Mann hält, Smikrines als ihr alter Vater, der oft mehr an sein Geld als an das Wohl der Tochter zu denken scheint, der bei aller Härte aber einen ausgeprägten Gerechtigkeitssinn besitzt, der junge Charisios, der seinen Schmerz über die vermeintliche Untreue seiner Pamphile nicht zu betäuben vermag, bis er nach Erkenntnis seiner eigenen Schuld und der menschlichen Größe seiner Frau mit ihr wieder vereinigt wird, Onesimos als gewitzter Sklave, die Harfenspielerin Habrotonon, die trotz ihres Gewerbes Herzensgüte und hohe Gesinnung beweist. Unaufdringlich werden durch die Handlung, die auf äußere Effekte verzichtet, Pflichtbewußtsein und Treue als Grundlagen menschlicher Gemeinschaft herausgestellt. Trotz aller Launen der Tyche kommt dem Wesen der Menschen große, oft entscheidende Bedeutung zu. Nicht allein die Gestalt der Hetäre beweist, daß der Dichter an das Gute im Menschen glaubt. In vornehmer Gesinnung und echter Bildung sieht er den Ausdruck wahren Menschseins, dem Skythen ebenso erreichbar wie dem Hellenen. Schwächen und Torheiten steht M. mit der verständnisvollen Milde des Philanthropen gegenüber. Seiner Humanität verleiht er schönsten Ausdruck mit dem Satz, dessen lateinische Fassung uns bei Terenz (Heaut. 77) vorliegt: *homo sum, humani nil a me alienum puto*, seiner Bewunderung vor den Möglichkeiten des Menschen mit den Worten: χαρίεν ἐστ' ἄνθρωπος, ἂν ἄνθρωπος ᾖ (Fr. 484 K.). – Über den Einfluß der Alten Komödie, der euripideischen Tragödie und des Peripatos, über Motive und Bauformen der Neuen Komödie ↗Drama III 2 a/b.

4. SPRACHE. Die ganze attische Charis entfaltete sich noch einmal in der Sprache M.s, wenn diese auch nicht mehr als rein im Sinne der kaiserzeitlichen Attizisten (↗Rhetorik) gelten konnte. Es ist eine kraftvolle Sprache von bewundernswerter Frische und Natürlichkeit, die in den Versen keinerlei metrischem Zwang zu unterliegen scheint. Meisterhaft versteht es der Dichter, die Diktion der Eigenart der Sprechenden und der jeweiligen Situation anzupassen.

5. NACHWIRKUNG. Während M. im Urteil der Zeitgenossen auf gleicher oder gar niedrigerer Stufe stand als Philemon und Diphilos (↗Drama III 2 c), erlangte er bald nach seinem Tode höchste Bewunderung. Seine Komödien wurden vielfach wieder aufgeführt. Die wissenschaftliche Beschäftigung mit ihnen begann schon mit Lynkeus von Samos, einem Zeitgenossen M.s. Aristophanes von Byzanz sah in M. den bedeutendsten Dichter nach Homer („Oh, Menander, und du, Leben, wer von euch hat den anderen nachgeahmt?", test. 32 Körte). Schon früh wurden die „Gnomen" M.s gesammelt; sie sind in veränderter, durch Aufnahme fremder Verse erweiterter Form erhalten. In Rom bearbeitete außer Plautus und Terenz (o. 2.) Caecilius Statius (gest. 168) Stücke M.s. Quintilian (inst. 10, 1, 69 ff.) und Plutarch (Σύγκρισις Ἀριστοφάνους καὶ Μενάνδρου, mor. p. 853/4 = test. 41 K.) stellen ihn allen anderen Komikern voran. Noch Lukian, Alkiphron und Ailian (2./3. Jh. n. Chr.) schätzten den Dichter hoch. Doch der strenge Attizismus des 2. Jh.s n. Chr. führte zur Verdrängung M.s aus der Schule und ließ seine Werke so allmählich in Vergessenheit geraten. Die römischen Bearbeitungen aber sicherten M. größten Einfluß auf die Entwicklung des europäischen Lustspiels.
R. M.

Ausg.: A. Körte – A. Thierfelder, 2 Bde., ²Leipzig 1959. – F. H. Sandbach, Oxford 1972 (²1990). – W. G. Arnott, 3 Bde., Bd. 1 London u. Cambridge/Mass. 1979. – Komm.: A. W. Gomme – F. H. Sandbach, M., A Commentary, Oxford 1973. – Einzelausg.: Aspis et Samia: C. Austin, Berlin 1969/70. – Dyskolos: V. Martin, Papyrus Bodmer IV, Cologny–Genève 1958 (mit franz., engl. u. dt. Übers.). – H. Lloyd-Jones, Oxford 1960. – M. Treu, München 1960 (griech.–dt.). – E. W. Handley, London 1965 (mit Komm.). – Epitrepontes: U. v. Wilamowitz-Moellendorff, Berlin 1925 (mit Übers., Komm. u. Abhandl. über die Kunst M.s). – Karchedonios, Kolax, Misumenos: C. Austin, Comicorum Graecorum fragmenta in papyris reperta, Berlin 1973. – Misumenos: E. G. Turner, Bull. of the Inst. of Class. Stud., Univ. of London, Suppl. 17, 1965. – Ders., The Lost Beginning of M., Misoumenos, Proceed. of the Brit. Acad. 63, 1977, 315–331. – Samia: F. Sisti, Rom 1974. – D. M. Bain, Warminster 1983. – Sikyonios: R. Kassel, Berlin 1965. – Sententiae: S. Jaekel, Leipzig 1964. – Übers.: M., Herondas. Werke in einem Band. Aus dem Griech. übertragen von K. u. U. Treu, Berlin u. Weimar 1980. – Aspis: K. Gaiser, Zürich u. Stuttgart 1971. – Dyskolos: B. Wyss, Insel-Verlag 1961. – Epitrepontes: A. Körte, Insel-Verlag 1920 u. ö. – Samia: W. Morel, Gymnasium 65, 1958, 492–511; 77, 1970, 265–282.

Lit.: A. Körte, RE 15, 1 (1931), 707–761. – T. B. L. Webster, Studies in M., ²Manchester 1960. – Ders., Studies in Later Greek Comedy, ²Manchester 1970, 184–224. – Ders., An Introduction to M., Manchester 1974. – R. Kassel, M.s Sikyonier, Eranos 63, 1965, 1–21. – H. J. Mette, Der heutige M., Lustrum 10, 1965, 5–211; 11, 1966, 139–143; 13, 1968, 535–568; 16, 1971–72, 5–80. – M.s Dyskolos als Zeugnis seiner Epoche, hrsg. von F.

Zucker, Berlin 1965. – W. G. Arnott, M. Discoveries since the Dyskolos, Arethusa 3, 1970, 49–70. – Ders., M., Plautus, Terence, Greece & Rome, New Surveys in the Classics IX, Oxford 1975. – Ménandre. Sept exposés suivis de discussions par E. W. Handley, W. Ludwig, F. H. Sandbach, F. Wehrli, Chr. Dedoussi, C. Questa, L. Kahil. Entretiens préparés et présidés par E. G. Turner, Vandœuvres–Genève 1970. – W. Kraus, M., in: Anz. für die Altertumswiss. 26, 1973, 31–56. – H.-D. Blume, M.s ‚Samia'. Eine Interpretation, Darmstadt 1974. – N. Holzberg, M., Untersuchungen zur dramat. Technik, Nürnberg 1974. – K. Gaiser, M.s ‚Hydria'. Eine hell. Komödie und ihr Weg ins latein. Mittelalter, Heidelberg 1977. – E. Lefèvre, M., in: Das griech. Drama, hrsg. von G. A. Seeck, Darmstadt 1979, 307–353. – J. Blundell, M. and the Monologue, Göttingen 1980. – S. M. Goldberg, The Making of M.'s Comedy, London 1980. – H.-J. Newiger, Die griechische Komödie, in: E. Vogt (Hrsg.), Griech. Literatur (Neues Handbuch der Literaturwissenschaft 2), Wiesbaden 1981, 187–230. – A. Blanchard, Essai sur la composition des comédies de Ménandre, Paris 1983. – J. Dalfen, Von M. und Plautus zu Shakespeare und Molière, in: P. Neukam (Hrsg.), Die Antike in literarischen Zeugnissen, München 1988 (Klass. Sprachen und Literaturen 22), 34–61. – E. Handley / A. Hurst (Hrsg.), Relire Ménandre, Genève 1990. – D. Wiles, The masks of Menander. Sign and meaning in Greek and Roman performance, Cambridge 1991. – G. Vogt-Spira, Dramaturgie des Zufalls: Tyche und Handeln in der Komödie Menanders, München 1992. – Antike Bildnisse: K. Schefold, Die Bildnisse der antiken Dichter, Redner und Denker, Basel 1943, 115; 117, 2; 165, 1. 3. – G. M. A. Richter, The Portraits of the Greeks, London 1965, 224–236, Abb. 1514–1643.

Mesopotamien und Babylonien.

1. Das fruchtbare und durch Handelswege erschlossene Zweistromland um Euphrat und Tigris zw. Taurus (N), pers. Golf (S), Zagros-Gebirge (O) und Syrien (W). Semit. Bevölk., Verkehrssprache das Aramäische. Hell. Einwanderung erst seit Beginn des 3. Jh.s. Über die wirtschaftl. Strukturen nur wenig bekannt: v. a. landwirtschaftl. Produktion, Gewebe, Parfum, ein bes. Exportartikel die blaugrüne Fayence aus B.; seinen Reichtum erwarb das Land auch als Transitstation für den Osthandel.

331 fielen M. und B. an Alexander. M. blieb – wie schon in der Perserzeit – der Satrapie ↗Syrien zugeordnet; die Zivilverwaltung in B. lag zunächst bei dem ehem. pers. Satrapen Mazaios, die Finanz- und Militärverwaltung wurde hingegen Makedonen übertragen. Babylon – seit ca. 329 Sitz des Reichsschatzmeisters Harpalos – sollte zum Zentrum des Alexanderreiches ausgebaut werden. M. ist 323 als eigene Satrapie belegt. Mit Alexanders Tod 323 in Babylon endete die begonnene Restaurierung des Bel-(Marduk)-Tempels, und der Plan, Babylon zum großen Kriegs- und Handelshafen auszubauen, wurde aufgegeben. Nach Plin. n. h. 6, 138–9 ging die Gründung von Alexandreia am Tigris (spät. Charax Spasinu; ↗Arabien 1) auf Alexander zurück. Bei der Reichstei-

lung 323 in Babylon die Trennung von M. und B. beibehalten; 321 in Triparadeisos *Seleukos* (↗Seleukiden) Satrap von B. In den folgenden Jahren waren M. und B. Schauplatz der Kämpfe mit ↗Eumenes v. Kardia (318/7 zeitw. im Besitz von B. und Babylon). 316 floh Seleukos – obwohl zunächst Bundesgenosse – vor Antigonos Monophthalmos (↗Antigoniden) nach Ägypten, der eigene Anhänger in M. und B. einsetzte. Nach der Schlacht bei Gaza 312 kehrte Seleukos nach Babylon zurück (Beginn der babylon. Seleukiden-Ära 1. Nisan 311, ↗Zeitrechnung I 2a) und behauptete M. und B. in Kämpfen gegen Demetrios Poliorketes[1]. 301 M. und B. unangefochtener seleukid. Besitz.

Die überkommene *Verwaltungseinteilung* wurde wohl beibehalten: zu M. gehörte die Arbelitis (Medien), zu B. die Sittakene (spät. Apolloniatis); Grenze zw. beiden Satrapien etwa auf der Höhe des heutigen Bagdad. Erst unter Antiochos III. ca. 221 sind Änderungen[2] faßbar: Herauslösung der Prov. Parapotamia (wahrsch. beide Seiten des mittl. Euphrats mit Dura-Europos) und einer Prov. „am Roten Meer" (Gebiet um Euphrat-Tigris-Mündung mit spät. Mesene [Charakene]); eine eigene Satrapie Apolloniatis ist nicht sicher.

Hellenisierung. Seleukos I. und Antiochos I. förderten die griech. Einwanderung in neugegründeten Poleis v.a. in Nord-M. beiderseits des Euphrat: u.a. Apameia, Nikephorion; am mittleren Euphrat Anlage von Dura-Europos (s.u.), in B. insbes. von Seleukeia am Tigris, 286 Residenz des „Vizekönigs" Antiochos' I., Verwaltungszentrum für den seleukid. Osten, bedeutender Handelsplatz und Karawanenknotenpunkt mit später angebl. bis zu 600 000 Einwohnern. (2. Hellenisierungsphase durch Antiochos IV. [s.a. ↗Syrien] meist durch Umbenennung bestehender Städte [Edessa und Nisibis in Antiocheia] oder durch Verleihung des Polisstatus: der Kg. als κτίστης der griech. Kolonie in Babylon.) Obwohl die alte Metropole Babylon polit. bedeutungslos wurde (teilw. Verpflanzung der Bevölkerung nach Seleukeia[3]), bemühten sich die Seleukiden, insbes. Antiochos I., der – wohl der einzige Fall – keilinschr. auch die babylon. Königstitulatur führte[4], die semit. Bevölkerung zu gewinnen. Antiochos I. leitete den Wiederaufbau des Marduk-Tempels, des Esagila, in Babylon ein und restaurierte (268) den Nabuz-Tempel (Ezida) in Borsippa; eine später wieder aufgezeichnete Urkunde von 236/5 belegt

Landschenkungen Antiochos' II. an Laodike und seine Söhne, die letztere an Babylon, Borsippa und Kuta überschrieben[5]. Freilich blieb die erst gegen Ende des 3. Jh.s zu beobachtende Hellenisierung (die Zeugnisse stammen im wesentl. aus Babylon!) auf die Oberschicht beschränkt, ablesbar an der *Führung von Doppelnamen*. Die religiösen Zentren Babylon und Uruk blühen weiter: 244 und 201 ließen die Statthalter von Uruk (griech. Namen Nikarchos bzw. Kephalon) das neue Rēš-Heiligtum für Anu und Antum mit dazugehöriger Anu-Zikkurat und das Eš-Gal-Heiligtum für Istar und Nana im herkömmlichen babylon. Stil[6] errichten; möglicherw. in seleukid. Zeit Neubau eines Inanna-Tempels in Nippur. Das Aramäische bleibt weiterhin wichtige Verkehrssprache (wegen des vergänglichen Schreibmaterials kaum Zeugnisse; nur wenige griech. Inschriften), die Keilschrift lebt jedenfalls in Babylon weiter, noch bis in die 2. H. des 1. Jh.s n. Chr. bei Astronomen in Gebrauch. Hell. Einfluß auf das überkommene Rechtssystem ist nicht festzustellen, die Literatur der Vergangenheit wird weiter tradiert, mit den Fortschritten in der Astronomie nimmt auch die Astrologie einen deutlichen Aufschwung (Entwicklung des Horoskops).

Obwohl hellenisiert, verfaßte der Bel-Priester Berossos (FGrHist 680) seine Antiochos I. gewidmeten Babyloniaka mit dem Ziel, die Überlegenheit der babylon. Weisheit über die griech. herauszustellen. Von den Kämpfen des 3. Jh.s waren M. und B. wenig betroffen: die Eroberung durch Ptolemaios III. (↗Ptolemäer II) 254 war nur ephemer (OGIS 54, 17), im Bruderkrieg zw. Seleukos III. und Antiochos Hierax (↗Seleukiden III 3) war Nord-M. zeitweilig durch Antiochos Hierax besetzt. Den Molon-Aufstand (222, ↗Seleukiden IV, Besetzung von B., der Satrapie „am Roten Meer", der Apolloniatis und Teilen M.s) schlug Antiochos III. 220 nieder. Zeit wirtschaftl. Blüte und intensiver Handelsbeziehungen auch nach Westen. Erst in den seleukid. Thronwirren seit Demetrios I. (↗Seleukiden V) wurden M. und B. wieder Kampfschauplatz: 161 waren beide Landschaften wenigstens teilw. im Besitz des Usurpators Timarchos, den Demetrios I. 160 beseitigte (Überprägung der Großkönigsmünzen des Timarchos).

Mit dem Vordringen der ↗Parther gerieten M. (dort parth. Einfall schon 153) und B. unter *parth. Herrschaft*: 141 Eroberung von Uruk, Babylon und Seleukeia durch

Mithradates I. Die Rückeroberungsversuche Demetrios' II. 139 und des Antiochos VII. Sidetes 130/29 scheiterten. Seitdem M. und B. parthisch. Nach 129 Schreckensregime des parth. Statthalters Himeros, der – wohl wegen proseleukid. Sympathien in Babylon und Seleukeia während des Feldzugs Antiochos' VII. – die Zerstörung von Heiligtümern in Babylon und Uruk veranlaßte und Krieg gegen den neuentstehenden Kleinstaat Mesene (Charakene, s. u.) führte (Diod. 34/5, 21; Just. 42, 1, 3; Poseidon. FGrHist 87 Frg. 13). Die Bindung der Zentralregierung im Osten und Thronwirren begünstigten die Entstehung kleiner Vasallendynastien, die auch nach Konsolidierung der Partherherrschaft in M. und B. weiterexistierten: seit (?) 129 herrschte Hyspaosines[7] über Mesene (Charakene) am pers. Golf: Neugründung von Charax Spasinu („Bollwerk des H.", das ehem. von Antiochos IV. neu gegründete Antiocheia). Bis 125/4 herrschte Hyspaosines über Teile B.s, dann parth. Rückeroberung (Überprägung der Hyspaosines-Münzen) und um 122 auch Eingliederung Charakenes. Um Osroene-Edessa konstituierte sich seit ca. 130 die Abgaridendynastie (s. a. ↗Araber 1). Möglicherw. kam jedoch Nordwest-M. erst zw. 104 und 92 unter parth. Oberhoheit[8]. In der Schwächeperiode des ↗Partherreiches nach dem Tod Mithradates' II., der 96 mit Sulla den Euphrat als gegenseitige Interessengrenze vereinbart hatte, annektierte Tigranes II. v. ↗Armenien 86 neben ↗Syrien auch große Teile M.s (sicher Nordwest-M.): Zwangsumsiedlung von Griechen aus Kappadokien und O-Kilikien. Nach 69 auch in Nord-M. wieder Stabilisierung der parth. Herrschaft; um die Mitte des 1. Jh.s Ktesiphon, 221 noch unbedeutender Karawanenplatz gegenüber von Seleukeia, parth. Residenz.

Zwar schwindet in der Partherzeit die *Bedeutung des Griechentums*, aber griech. Formen leben natürlich weiter: Gymnasiumsbetrieb in Uruk 109/8; das griech. Theater in Babylon, wo ebenfalls ein Gymnasium existierte, wurde in der Partherzeit wieder aufgebaut[9]; zum Stoiker Archedemos, wohl Schüler des Diogenes „des Babyloniers" (aus Seleukeia), der im Babylon der Partherzeit eine Philosophenschule gründete, s. Plut. Mor. 605 B. Aus den griech. Schulen M.s stammten die Geographen Dionys und Isidor v. Charax, die Historiker Agathokles v. Babylon und Apollodor v. Artemita. Die Ausgrabungen (seit 1922/3[10]) in der von Seleukos I. nach hippodamischem Muster angelegten Kolonie Dura-Europos (parth.

ca. 100), Endstation der Karawanenstr. von Palmyra nach Seleukeia und Babylon, belegen Weiterleben der griech. Sprache, griech. Titel (Stratege und Epistates) für die kgl. Stadtfunktionäre[11] (bis ins 2. Jh. n. Chr.) und Fortwirken hell. Formen in Architektur und Religion, die neben epichor. bzw. iran. bestehen oder mit ihnen verschmelzen. Zählung nach der Sel.-Ära in Dura bis ins 3. Jh. n. Chr. hinein; in Uruk ist sie 111 n. Chr. durch eine griech. Landschenkungsinschr. eines Artemidoros-Minnanaios[12] für einen Gott Gareus (sonst unbek.) belegt.

2. FAILAKA. Insel vor der Euphratmündung im pers. Golf, von Alexander d. Gr. (Arr. 7, 20 3 f. mit kurzer Inselbeschreibung) nach der Ägäisinsel Ikaros genannt. Bezeugt ist u. a. die Verehrung der Artemis Soteira (wahrsch. Angleichung an eine einheim. Gottheit). Ob schon Alexander oder erst Antiochos III. dort Soldaten (eines indischen Feldzugs?) ansiedelte, ist ebenso unklar wie die Zeit, in der ein seleukid. Funktionär Ikadion im Auftrag seines Kg.s (Seleukos' II.; Antiochos' III. oder IV.?) die Verlegung des Artemis-Heiligtums und andere religionspolit. Maßnahmen auf der Insel veranlaßte, die um 220 wohl der Prov. „am Roten Meer" (s. o.) unterstellt war.

J. D. G.

Anm.: 1) Über Kämpfe 310–308 s. S. Smith, Babylonian Historical Texts, Oxford 1924, 124–49; 302 war Babylon noch einmal antigonid., s. F. X. Kugler, Von Moses bis Paulus, Münster 1922, 305–7. – 2) Dazu Schmitt, Antiochos d. Gr. 33–5. – 3) Mit dieser Umsiedlung steht wohl im Zusammenhang, daß Antiochos I. vorher konzediertes Land und Vieh 275 Babylon wieder entzieht; Text bei Smith, (s. Anm. 1) 155–7, dazu Oelsner, (s. u.) 110. – 4) Umschrift und Übers. bei F. H. Weissbach, Die Keilinschr. der Achämeniden, VB 3, Leipzig 1911. – 5) Dazu C. F. Lehmann-Haupt, ZA 7, 1892, 330–2. – 6) S. a. Oelsner, (s. u.) 103. – 7) Dazu Th. Fischer, Unters. zum Partherkrieg Antiochos' VII...., Diss. Tübingen 1970, 57–62. – 8) S. H. Koehler, Die Nachfolge in der Seleukidenherrschaft und die parth. Haltung im röm.-pont. Konflikt, Bochumer Hist. Studien, Alte Gesch. 3, 1978, 3. – 9) Dazu H. J. Lenzen, Sumer 15, 1959, 39. – 10) S. z. B. C. Eissfeldt, RAC 4, 1959, 358–70 (Lit.); C. B. Welles, The Hellenism of Dura, Aegyptus 1959, 23–8; PECS s. v. (Lit.); A. Perkins, The Art of Dura-Europos, Oxford 1973. – 11) Bengtson, Strategie II[2] 297–307. – 12) Ch. Meier, Baghdader Mitt. 1, 1960, 104–14.

Lit.: 1: Tscherikower, Städtegründungen 84–95. – F. Schachermeyr, RE XV 1, 1931, 1105–45 s. v. M. – M. Rostovtzeff, Seleucid B., YCS 3, 1932, 1–114. – A. Falkenstein, Ausgrabungen der DFG – Uruk, 3, Leipzig 1941 (Seleukidenzeit). – F. Wetzel-E. Schmidt-A. Mallwitz, Das Babylon der Spätzeit, WVDOG 62, Berlin 1957. – M. Meuleau, FWG 6, 1965, 270–91. – J. Oelsner, Kontinuität und Wandel in Gesch. und Kultur B.s in hell. Zeit, Klio 60, 1978, 101–16 (Lit.). – L. Schober, Unters. zur Gesch. B.s und der Oberen Satrapien von 323–303 v. Chr., Diss. München 1978, ersch. Frankfurt 1981. – B. Funck, Uruk zur Seleukidenzeit, Berlin 1984. – A. Kuhrt – S. Sherwin-White (Hrsgg.) Hellenism in the East, London 1987 (Lit.). – Sprachen: R. Schmitt, Neumann–Untermann 194–8 (Lit.). – Keilschriftenchroniken: Smith, s. o. Anm. 1. – A. J. Sachs–D. J. Wiseman, A Babylonian King-List of the Hell. Period, Iraq 16, 1954, 202–12, dazu J. Schlumberger, Biblica 36, 1955, 423–35. – J. Oelsner, Materialien zur babyl. Gesellschaft und Kultur in hell. Zeit, Budapest 1986. – Chronologie: R. A. Parker–W. H. Dubberstein, Babyl. Chronology 626 B. C. – A. D. 75, Brown Univ. Studies 19, 1956. – Münzprägung: R.-Alföldi, 289 f. – Ausgrabungen: PECS s. unter den Städten. – 2· K. Jeppesen, KUML Arbog. for Jysk Arkaeologisk Selskab 1960, 174–87; SEG XX 411. – F. Altheim–R. Stiehl, Klio 46, 1965, 273–80 (Antiochos IV.). – J. und L. Robert, REG (BE) 80, 1967, 556–8 (verbesserte Lesungen). – G. M. Cohen, The Seleucid Colonies, Historia-Einzelschr. 30, 1978, 42–4. – Ch. Roueché–M. Sherwin-White, Chiron 15, 1985, 1–39 = SEG XXXV 1476. – M. Amandry–O. Callot, Rev. num. 6. sér. 30, 1988, 64–74. – SEG XXXIX 1560.

Messenien, Messene. Südwestlichste Landsch. der Peloponnes; Hauptort Messene (gegr. 369), zunächst Ithome genannt.
Nach der Befreiung von Sparta durch thebanisches Eingreifen 369 war M. ein Staat (Bundesstaat? Staatenbund?), über dessen innere Struktur nichts bekannt ist, unter Führung Messenes. Aus Furcht vor Sparta schloß sich M. 343 an Philipp II. v. Makedonien an; ein Bündnis mit Athen 342 (StV II 337) ist wohl als Rückversicherungsvertrag zu betrachten. An der Schlacht bei Chaironeia 338 nahm M. nicht teil; eine vom Korinth. Bund (↗Hellenenbünde) bestätigte Entscheidung Philipps II. schlug M. die ehem. spart. Periökenstädte von Pherai bis Leuktron an der O-Küste des messen. Golfes (möglicherw. auch die Küstenstädte Asine, Methone, Thuria) und die mit Sparta umstrittene Landsch. Dentheliatis zu (Besitz zuletzt von Tiberius bestätigt, Tac. ann. 4, 43). Am Lamischen Krieg (323/2; ↗Alexander d. Gr. 6) beteiligte sich M. als Mitglied des ↗Hellenenbundes (StV III 413). In den Diadochenkämpfen gehörte M. zunächst zum Machtbereich des ↗Polyperchon (315 Besatzung in M. belegt), eine Besetzung durch ↗Kassander (316) war nur Episode; 313 befreite Antigonos' I. Monophthalmos' Feldherr Telesphoros auch M. von Polyperchons Garnisonen (Diod. 19, 74, 2); nach einem wahrsch. erfolglosen Angriff des Demetrios I. Poliorketes 295 blieb M. wohl selbständig. Ein Bündnis mit Pyrrhos v. ↗Epirus 272 ist zweifelhaft (Paus. 4, 29, 6, kaum historisch).
Für die messen. Politik blieb der Gegensatz zu Sparta bestimmend; M. trat weder dem peloponn. Bund Areus' I. v. ↗Sparta (I 2) bei (280 noch beteiligte es sich am Chremonideischen Krieg (267–261). Krieg mit Sparta 279 und deswegen keine mess. Hilfe gegen den ↗Kelteneinbruch

fall (1) bezeugt Paus. 4, 28, 3; wahrsch. in die Zeit nach 279 gehört eine Intervention M.s in Elis gegen spartan. Parteigänger (Paus. 4, 28, 4–8). Aus Furcht vor Sparta und vor der ↗achäischen Expansion nach 245 schloß M. kurz vor 240 einen Symmachievertrag mit Ätolien (Polyb. 4, 6, 11 z. J. 220) und durch ätol. Vermittlung Isopolitie mit Phigaleia in Arkadien (StV III 495). Vom Kleomenes-Krieg (229–222; ↗Sparta I 4) wurde M. nicht betroffen. 220 mehrere ätol. Raubzüge nach M., die ein Anlaß zum Bundesgenossenkrieg (220–217) waren. M. schloß sich dem von Antigonos III. Doson begründeten Hellenenbund (StV III 507; ↗Makedonien III 3) an und trat nach der mak. Besetzung von Phigaleia 218 in den Krieg ein. Parteikämpfe in M. 215/4 verleiteten Philipp V. von Makedonien zu dem von Aratos von Sikyon (↗Achäerbund 4) vereitelten Versuch, sich der Burg von Messene, Ithome, zu bemächtigen, „um den Stier (d. h. die Peloponnes) bei beiden Hörnern zu halten" (das 2. „Horn" Akro-↗Korinth). Nach weiteren makedon. Eingriffen näherte sich M. wieder Ätolien an; dem röm.-↗ätol. (3) Bündnis 212/1 (StV III 536) trat auch M. bei: unter den röm. adscripti im Friedensvertrag von Phoinike 205 (StV III 543). Da Rom 196 den Verlust von Pylos (vor 220?) und Asine (zw. 209 und 206?) an den Achäerbund bestätigte, neigte M. 192 zu Antiochos III. (↗Seleukiden IV); es wurde 191 zum Eintritt in den Achäerbund gezwungen, die Küstenstädte Methone, Kyparissia, Kolonides und Korone wurden abgetrennt und selbständige Mitglieder des Achäerbundes. Die von Flamininus verfügte Verbanntenrückführung und die ungebrochene Feindschaft gegen den Achäerbund führten M., das sich durch die hinhaltende röm. Politik ermutigt fühlte, unter Deinokrates (zur Person Polyb. 23, 5) 183/2 zum Abfall; Deinokrates und Philopoimen verloren im Verlaufe des Krieges ihr Leben. Nach Niederlagen von Rom fallengelassen (Senatsverbot für Waffen- und Getreidelieferungen nach M., Polyb. 23, 17, 3), wurde M. 181 wieder achäisch; jetzt wurden die Poleis Thuria, Pherai und Abia abgetrennt. 179 führte der ↗ach. (5) Stratege Kallikrates auch die messen. Verbannten zurück. Daß nach 146 ein messen. Koinon (wieder?) entstand, ist angesichts des Übergewichts der Hauptstadt fraglich. M. war der Prov. Macedonia (↗Makedonien IV) unterstellt, seit 27 Teil der Prov. ↗Achaia (5).

Die *Verfassung* Messenes (und wohl auch der anderen messen. Poleis) war im wesentl. oligarchisch-timokratisch; höchste Beamte Ephoroi, daneben existierten Rat (Synhedroi) und Ratsschreiber (2./1. Jh.). 181 wohl auf achäischen Druck Einführung demokratischer Verfassungen. Unklar ist, ob ein Koinon der Messenier (bezeugt 207, Inschr. v. Magnesia 43) auf einen messen. Bundesstaat oder Staatenbund zu beziehen oder ob nur die Hauptstadt selbst gemeint ist. J.D.G.

Lit.: Landschaft: Philippson-Kirsten III 2, 371–411. – W. Kolbe, IG V 1, 1913, VII–XVII (Fasti). – C.A. Roebuck, A History of M. from 369 to 146 B.C., Chicago 1941. – E. Meyer, RE Suppl. XV, 1978, 155–289 s.v. – Für die Zeit nach 146 (spärliche Nachrichten): Accame, Dominio 134ff. – Martin, Greek Leagues 417–27. – Ausgrabungen: PECS s.v. Messene u.a.; Leekley-Noyes, Southern Greece 116–33. – Zu Alkaios v. Messene ↗Makedonien III 4 Lit. und ↗Epigramm.

Milet. Die im 5. Jh. wiederaufgebaute Stadt wurde 402/1 persisch und unterstand im 4. Jh. den ↗karischen Satrapen Hekatomnos, Maussolos, Idrieus und Ada. 334 durch Alexander d. Gr. erobert, dessen Zeussohnschaft das zu Milet gehörende Branchidenheiligtum von Didyma 331 bestätigte. Von nun an rascher Ausbau, spätestens jetzt Anlage des rechtwinkligen Straßennetzes. Aktivierung des Pontoshandels durch Verträge mit alten Kolonien wie Olbia, Kyzikos, im 3. Jh. fortgesetzt. Wachsende ökonomische Bedeutung als einer der Endpunkte der Handelswege aus dem Orient, durch eigene Erzeugung (z.B. Öl, Wolle, Textilien) in großem Landbesitz beiderseits des latm. Meerbusens. 313/2–ca. 295 dem Antigonos I. Monophthalmos und Demetrios I. Poliorketes untertan, bald nach 295/4[1] Ptolemaios I., dann Lysimachos (s.a. RC 5); 281–280 seleukid., 279–260 ptolemäisch, nach Sturz des „Tyrannen" Timarchos (s. 259/8)[2] durch Antiochos II. seleukid. (wahrsch. 253, sicher 246: Inschr. Didyma 492; RC 22), seit dem Laodikekrieg (246–241; ↗Seleukiden II 3) wahrsch. wieder ptolemäisch, aber nur nominelle Oberhoheit, wie die aktive Außenpolitik M.s zeigt. 201 kurz von Philipp V. v. ↗Makedonien (III 4) besetzt, der Myus (miles. mindestens seit 228[3]) an Magnesia am Mäander gibt: daher mit Herakleia am Latmos Krieg gegen Magnesia und Priene. 196 Friedensschluß[4] durch Vermittlung von Rhodos, das großen Einfluß auf M. gewinnt (–170). Seit 191/90 gute Beziehungen zu Rom, 188 für frei erklärt, 170 enge Anlehnung an Rom (ca. 130 Einrichtung eines Rom-Kultes). Als Stadt des Apollon (Tempel, Delphinion, Didyma) von vielen Fürsten privilegiert und beschenkt, seit 167 bcs. von den

Attaliden protegiert. Im 2. Jh. reiche Bautätigkeit. Wirtschaftl. Rückgang bes. seit dem Mithradates-Einfall 88 (Mithradates VI. v. ↗Pontos [8] 86/5 Stephanephor), in dessen Folge M. wahrsch. unfrei wurde. 38 durch Antonius wieder für frei erklärt; für eine Änderung dieses Status in der Kaiserzeit kein Beleg. H.H.S.

Anm.: 1) Vgl. J. Seibert, Chiron 1, 1971, 159–66. – 2) Zu Ptolemaios „dem Sohn" und Timarchos Crampa, Labraunda I 97–102, dazu Ch. Habicht, Gnomon 44, 1972, 168–70. – 3) Zur Gesch. der Stadt: Herrmann, s. u. 90–6. – 4) Milet I 3, 148; von R. M. Errington, Chiron 19, 1989, 279–88 in die 80er Jahre des 2. Jh.s datiert.

Lit.: B. Haussoullier, Études sur l'Histoire de M. et du Didymeion, Paris 1902. – Magie, RRAM u. a. 474; 1115; 1336. – P. Herrmann, Neue Urkunden zur Gesch. von M. im 2. Jh., Ist. Mitt. 15, 1965, 71–117; StV III Register I s.v. M. – W. Günther, Das Orakel von Didyma in hell. Zeit, Ist. Mitt. Beih. 4, 1971 (Lit.). – J. Seibert, APA GGA 226, 1974, 186–212. – H. Müller, Miles. Volksbeschlüsse, Hypomnemata 47, 1976 (Verfassungsgesch., Lit.). – A. Mastrocinque, La Caria e la Ionia meridionale in epoca ellenistica (323–188 a.C.), Rom 1979. – P. Herrmann, Milesier am Seleukidenhof... im 2. Jh. v. Chr., Chiron 17, 1987, 171–92. – Ausgrabungen: G. Kleiner, Die Ruinen von M., Berlin 1968. – Bean, Kleinasien I 219–32. – PECS s.v. – W. Müller-Wiener (Hg.), Milet 1899–1980. Istanb. Mitt. Beih. 31, 1986. – W. Günther, Miles. Bürgerrechts- und Proxenieverleihungen der hell. Zeit. Chiron 18, 1988, 383–419. – S.a. ↗Ionien.

Militärwesen. A. Das Heer – I. Klass. Zeit – II. Philipp II. und Alexander d. Gr. – III. Die hell. Armee: 1. Griechenland und Sizilien – 2. Phalanx(-taktik), Zusammensetzung und Verwaltung hell. Heere – 3. Der Krieg – 4. Die Größe hell. Heere – 5. Das Rekrutierungspotential – 6. Sold, Auszeichnungen und Disziplin – 7. Vereine und Religion – 8. Militärschriftsteller. – B. Die Flotte.

A. DAS HEER.

I. POLEIS IM 5./4. JH.: Ihre Aufgebote setzten sich fast ausschließlich aus *Bürgern* zusammen (milit. Trainingsprogramme für die Jugend ↗Ephebie; ↗Sparta II). Das Schwergewicht lag auf dem sich selbst ausrüstenden, schwerbewaffneten *Infanteristen* (Hopliten), der in der (i. d. R. 8 Mann tiefen) Phalanx[1] v.a. den Nahkampf zu bestehen hatte. Leichtbewaffnete Einheiten (Peltasten) und Kavallerie fanden erst seit dem Peloponnes. Krieg größere Beachtung; die *Poliorketik* steckte damals noch in den Anfängen[2]. Die Kriegführung, im allg. zw. Frühjahr und Herbst, konnte durch Konventionen geregelt sein (vgl. Hdt. 7, 9 b, 2; StV II 104); freilich scheint totale Kriegführung eher die übliche Form gewesen zu sein (Hdt. a.a.O.; Paus. 4, 25, 2). Den Sieg zeigte ein Tropaion an, das der Sieger auf dem Schlachtfeld zurückließ[3]. Zu Beginn des 4. Jh.s werden theoret. Überlegungen über Taktik greifbar (z. B. im ‚Hipparchikos' und der ‚Anabasis' des Praktikers Xenophon). Leichtbewaffnete Einheiten werden nun häufiger (390 Peltastenkorps des Iphikrates in Athen; Bogenschützen: Xen. Anab. 3, 4, 15). Die neue Phalanx-Taktik des Thebaners Epameinondas mit tiefgestaffeltem linkem Angriffsflügel („schiefe Schlachtordnung", erstmals bei Leuktra 371) löste die Ermattungs- durch Vernichtungsstrategie ab. Söldner, im pers. Heer seit Beginn des 4. Jh.s von Bedeutung[4], spielen erstmals im Heer der ↗Phoker im 3. Heiligen Krieg eine Rolle. Dionysios I. scheint die hell. Heereszahlen vorwegzunehmen (Diod. 14, 43, 2–3: angebl. Ausrüstungen für 140 000 Infanteristen und 14 000 Reiter); mit dem Einsatz von Katapulten[5] (Torsionsgeschützen?, s. Diod. 14, 42, 1) vor Motye 398 und dem Bau von Belagerungstürmen (wohl nach karthag. Vorbild) leitete er eine neue Epoche der Belagerungstechnik ein, die wiederum neue Fortifikationsformen erforderte.

II. Philipp II. und Alexander d. Gr. (Grundzüge). Die makedon. Wehrkraft beruhte ursprüngl. auf der Adelsreiterei („Hetairoi", ↗Hof F IV) und der *Infanterie* (Pezhetairoi). Philipp II. übernahm die Neuerungen der Kriegführung des 4. Jh.s und schuf ein schlagkräftiges Nationalheer, gestützt auf die finanziellen Ressourcen der Pangaion-Goldminen. Er trainierte die Infanterie zum Kampf in der Phalanx und stattete sie mit Sarissen (nicht gesichert[6]) und schmaleren Schilden aus, um Stoßkraft und Zusammenhalt zu steigern; er übernahm die schiefe Schlachtordnung des Epameinondas (aber mit *rechtem* Stoßflügel, auch bei Alexander: Diod. 17, 57, 6). Zur Phalanx gehörten nun außer den Pezhetairoi die Hypaspisten (ehemal. Leibwächtertruppe) und ein Gardekorps, das ἄγημα βασιλικόν[6a]; hinzu traten Söldnerkontingente. – Leichtbewaffnete (ψιλοί, z. B. Akontisten aus Thrakien, bes. aber kret. Bogenschützen) erhielten zunehmende Bedeutung. Eine zentrale Rolle im Kampf wies schon Philipp der *Kavallerie* – einschl. der ἴλη βασιλική (Leibschwadron) – zu (vgl. Diod. 16, 86). – Bei der Belagerung von Perinth (341/40) setzte Philipp hochragende Belagerungstürme und Katapulte ein (Diod. 16, 74). Er hinterließ ein hervorragend geschultes Offizierskorps.

Einzelheiten der *Heeresorganisation* werden erst unter Alexander d. Gr. deutlich. Als Hegemon des Korinth. ↗Hellenenbundes verfügte Alexander neben dem Makedonenheer über die Kontingente der griech. Bündner. Beim

Übergang nach Asien (334) unterstanden ihm ca. 32000 Fußsoldaten und ca. 5 500 Reiter, davon 12 000/ 1800 makedon. Herkunft (Diod.17,17); die andere Hälfte des makedon. Feldheeres wurde unter Antipatros zurückgelassen. Die Heereszahlen stiegen während des Feldzuges beträchtlich (antike Angaben z. T. stark übertrieben, z. B. Curt. 8,5,4: 120000 *armati*). Mit der Eingliederung orientalischer Einheiten, v.a. nach der Meuterei von Opis wurde die Armee zu einem Reichsheer: 324 schuf Alexander die Truppe der Epigonoi aus Mannschaften der östl. Satrapien als milit. Nachwuchsreservoir mit makedon. Bewaffnung und Gliederung (angebl. 30 000, vgl. Arr. 7, 6, 1; Curt. 8, 5, 1). Sein später Plan, die pers. und makedon. Truppen zu vereinigen (z. B. Einreihung persischer Adliger in die Hetairenkavallerie: Diod. 17, 110; Arr. 7, 6, 3), entsprach wohl der Verschmelzungspolitik. Zum Heer gehörten ferner Wurfmaschinen, ein Bematistenkorps (Wegemesser), Pioniere und ein Ingenieurkorps; Alexanders Geschick in der Belagerungstechnik zeigte sich vor Tyros (332; s.z. B. Arr. 2, 18–24). Der König war oberster Kriegsherr, beraten durch 7 Somatophylakes und einen Kreis ausgewählter Hetairoi (↗Hof F IV). An der Schlachtentaktik Philipps hielt Alexander mit gewissen organisator. Umgestaltungen fest. Der Durchbruch in die gegnerische Schlachtordnung oblag der schweren Kavallerie am rechten Flügel unter Führung des Königs, während der linke Flügel v.a. mit thessal. Reiterei ein hinhaltendes Gefecht lieferte. Kavallerie entschied die Schlachten am Granikos (334), bei Issos (333) und Gaugamela (331).

III. D<small>IE HELL</small>. A<small>RMEEN</small> (berücksichtigt sind v.a. die gut dokumentierten Armeen Makedoniens, der Ptolemäer und Seleukiden):

1. G<small>RIECHENLAND UND</small> S<small>IZILIEN</small>. Die Truppen der griech. *Poleis* bestanden aus Bürgeraufgeboten, Söldnern und – in Krisenzeiten - auch aus Unfreien[7]; im Lamischen Krieg (323/2; ↗Alexander 6) konnte die antimakedon. Koalition noch 25000 Mann zu Fuß und 3500 Kavalleristen aufbieten. In den großen ↗Koina leisteten die Mitgliedsgemeinden Matrikularbeiträge zum Bundesheer; so konnten die ↗Achäer eine Armee von ca. 20000 Bürgern aufstellen[8], die durch Söldner ergänzt wurde (s.u.); die Integration von angebl. 12000 Sklaven in das ach. Bürgeraufgebot im Röm.-Ach. Krieg (147/6) beruhte auf akuter Notlage. Der Böot. Bund bot 279 gegen die ↗Kelten 10000 Hopliten und 500 Reiter auf, wohl die Gesamtstärke; das Gesamtaufgebot des Ätolerbundes wird auf 12–15000 Mann geschätzt. Eine Ausnahmestellung nahm ↗Sparta ein; die Könige versuchten seit Mitte des 3. Jh.s, das Menschenpotential milit. wieder einsatzfähig zu machen, Kleomenes III. soll durch Eingliederung ausgewählter Periöken und freigelassener Heloten (Plut. Kleom. 11,3; 23, 1) in die Phalanx bei Sellasia[9] (222) etwa 20000 Mann mit 6000 spartan. Phalangiten und 6000 Söldnern als Kern aufgebracht haben. In der Folge stützten sich die spartan. "Tyrannen" v. a. auf Söldner: 195 stellte Nabis den Römern zwar noch 10000 Bürger und 4000 Argeier entgegen, aber das Hauptgewicht lag auf 5000 Berufssoldaten (davon 2000 Kretern). Auch die ↗"Tyrannen" auf der Peloponnes bis zur 2. H. des 3.Jh.s dürften sich fast ausschließl. auf Söldner gestützt haben (vgl. Plut. Arat. 8, 4; 29, 4; 35, 2).

Im ↗Achäerbund reorganisierten Aratos und v.a. Philopoimen, der sich auch theoretisch mit dem Kriegshandwerk beschäftigte (Plut. Philop. 4), mehrmals die Armee (i. J. 245 angebl. 10000 Mann, wohl incl. Söldner); Philopoimen verband eine stehende Söldnerarmee (8000 zu Fuß, 500 zu Pferde) mit einem ausgewählten Bürgerkontingent (ἐπίλεκτοι, 3000/300); dieses Aufgebot konnte im Ernstfall auf die volle Stärke gebracht werden (s.o.). Er reformierte auch die vernachlässigte Bundesreiterei, die zum Sieg über Machanidas 207 beitrug (↗Sparta I 5; Polyb. 11, 11–18). – Über die innere Organisation des ↗Böotischen Bundes geben Militärkataloge (Listen junger Männer nach der ↗Ephebie) Auskunft[10]. Wie in den anderen Bünden wurde auch hier um die Mitte des 3.Jh.s makedon. Bewaffnung eingeführt. Die ↗thessal. Kavallerie ging nach einer letzten eigenständ. Rolle im Lamischen Krieg in das makedon. Heer ein.

Über die Armeen *Agathokles' und Hierons II.* (↗Sizilien), die sich aus dem Bürgeraufgebot von Syrakus und aus griech., einheim. oder italischen Söldnern (Sikuler, Samniten, Etrusker und Kelten) zusammensetzten, sind im wesentl. nur einige Zahlen überliefert: Agathokles verfügte i. J. 311 über ca. 10000/3500 Söldner; 309 setzte er mit gemischten Kontingenten von insg. 12500 Mann nach Afrika über; 299 setzte er 30000/3000 Mann gegen Bruttium in Marsch. 308 betrug das syrakusan. Bürgeraufgebot ca. 10000 Mann (Diod. 20, 56, 2). 306 konnten

Agathokles' Gegner aus Verbannten der unter ihm stehenden Poleis ca. 21 500 Mann aufbieten. Hierons II. (zu dessen Armee Polyb. 1, 9) Nachfolger Hieronymos verfügte 214 über eine Feldarmee von ca. 19 000 Mann.

2. PHALANX(-TAKTIK), ZUSAMMENSETZUNG UND VERWALTUNG hell. Heere. a) Nach dem makedon. Vorbild lag das Hauptgewicht der Aufgebote der Bünde und Spartas (Plut. Philop. 9; Kleom. 11; zu Böotien s.o.) auf der neuorganisierten Phalanx – jetzt 16 (bis zu 32) Mann tief gestaffelt, aus schwergepanzerten Hopliten mit kleinem rundem Schild (60 cm Durchmesser) und langen beidhändig geführten Sarissen (vgl. Polyb. 18, 29) –, die durch Synaspismos (Verschildung) den Eindruck einer undurchdringlichen Speermauer vermittelte (vgl. Polyb. 18, 21; App. Syr. 32, 162) und den Gegner mit gefällten Lanzen (Probole der ersten 5 Glieder) im Stoß werfen sollte (Polyb. 5, 85), was Training voraussetzte (vgl. auch Polyb. 5, 66; Plut. Aem. 19). Ihre Schwäche bestand im ungenügenden Flankenschutz (leichte Umgehbarkeit) und darin, daß auf unebenem Gelände oder bei Ortswechsel der Zusammenhalt leicht zerriß (vgl. etwa Liv. 44, 41, 6; Plut. Aem. 20; Diod. 18, 17, 4), zumal der Phalangit für den Kampf im Verband, nicht für den Einzelkampf geübt war (vgl. Plut. Flam. 8; Kritik bei Polyb. 18, 28–32). Ihre Geschlossenheit versuchte man des öfteren durch Katapulte zu erschüttern (Polyb. 11, 12, 4).

Die „makedon." *Phalanx* (und die entsprechende Bewaffnung), die nach dem Urteil Strabons (7, 304) jedem weit größeren Barbarenaufgebot überlegen war, setzte sich in allen hell. Reichen durch; daher bezeichnet im Ptolemäer- und Seleukidenreich „makedon." Phalanx vornehmlich den Gattungsnamen jener Linientruppe, unbeschadet der tatsächlichen Herkunft der Phalangiten; daß schon in der Diadochenzeit makedon. Kampftaktik auf Einheimische übertragen wurde, belegt Diod. 19, 27, 6 (Eumenes 317) und 19, 29, 3 (Antigonos [I.] Monophthalmos); s. a. u. 5.

Vereinzelt ist der Versuch belegt, sich auf die röm. Taktik und Bewaffnung einzustellen: so unterbrach Pyrrhos bei Herakleia 275 die Linie durch Abteilungen verbündeter Italiker, um den beweglicheren röm. Gliederungen zu begegnen (Polyb. 18, 28). Bei Magnesia 190 stellte Antiochos III. den röm. Velites vor der Hauptkampflinie Leichtbewaffnete entgegen[11] (πρόμαχοι, App. Syr. 33,

170); bei der Pompe zu Daphne 167 ließ Antiochos IV. 5000 Mann in röm. Bewaffnung aufziehen (Polyb. 31, 33); nach unglückl. Erfahrungen im 1. Mithradat. Krieg stellte Mithradates VI. von ↗Pontos sein Heer auf röm. Bewaffnung um (angebl. 120000 Mann, Plut. Luc. 7).

b) Neben der pauschal als Phalanx bezeichneten Linie sind in allen hell. Heeren *Garde- oder Elite-Infanterieeinheiten* belegt (Einzelheiten unklar), z.T. nach der Farbe ihrer Schilde unterschieden: Argyraspiden[12] unter Alexander (Diod. 17, 57, 2; Arr. 7, 11, 3), Eumenes, Antigonos I. und Antiochos III. belegt (*regia cohors*. Liv. 37, 40, 7). Chalkaspiden im makedon. Heer (Polyb. 2, 66) bilden bei Pydna zusammen mit Leukaspiden die Phalanx (Liv. 44, 40); auch im Heer des Mithradates VI. erwähnt (Plut. Sulla 16). Zu Hypaspisten im Heer des Eumenes Diod. 19, 28, 1 (unterschieden von den Argyraspiden; vgl. auch 19, 40, 3), im seleukid. Heer Polyb. 7, 16, 2; ihre Rolle im makedon. Heer ist nicht ganz klar. Eine „heilige Schar" der Karthager erwähnt Diod. 20, 11, 1; 17, 2 (vgl. 16, 80, 4). Die Gardeinfanterie trägt in den Heeren Philipps V. (Polyb. 5, 25, 1) und der Ptolemäer (5, 65, 2 u.a., 3000 Mann bei Raphia 217) den von Alexander herrührenden Namen „Agema" (vgl. auch Plut. Eum. 37; Suda s.v. Leonnatos).

Eine Mittelstellung zw. schwer- und leichtbewaffneter Infanterie nahmen in versch. hell. Heeren die *Peltasten* ein; unter Philipp V. kamen 219 auf 10000 Phalangiten 5000; sie waren mobiler als die schweren Einheiten (vgl. Polyb. 4, 75) und wurden u.a. im Nahkampf eingesetzt. Außer mit Schwert und Pelte waren sie noch mit einer Stoßlanze bewaffnet (Liv. 44, 40). Außerdem gehörten Leichtbewaffnete (εὔζωνοι, ψιλοί) zum hell. Fußvolk, Bogenschützen (insbes. aus Kreta[13]), Schleuderer (v.a. aus einheimischen Kontingenten).

Auch bei der hell. *Kavallerie* ist zw. leichter und schwerer zu unterscheiden. Unter den Seleukiden war Agema eine Bezeichnung für eine Art von Gardekavallerie (vgl. Polyb. 31, 3). Demetrios (I.) Poliorketes bildete bei Gaza 312 seine Garde v.a. aus seinen Philoi (200 Mann); außerdem sind Hetairoi-Kavalleristen unter ihm (800, Diod. 19, 82, 1. 3), Eumenes (Diod. 19, 28, 3) und später unter Antiochos III. belegt (Polyb. 5, 53; in Daphne ein Korps von 1000 Mann, Polyb. 16, 8, 4). Die Existenz der ἴλη βασιλική bezeugt Polyb. 10, 49, 7 (vgl. 5, 84, 1). Beim

Thronwechsel 203 spielten οἱ περὶ τὴν αὐλὴν ἱππεῖς in Alexandreia eine Art „Prätorianerrolle" (Polyb. 15, 25).
Daneben ist Kavallerie verschiedenster ethn. Herkunft und Bewaffnung bezeugt: Söldnerreiterei (Polyb. 5, 65); libysche und afrikan. Reiter im ptol. Heer, asiat. Bogenschützen zu Pferde in der Seleukidenarmee (App. Syr. 32, 167), schwergepanzerte „Kataphrakten" (Galater bei Magnesia, App., Syr. 32, 163), die dann den Kern der Kavallerie bei den Parthern bildeten. Die alte kavalleristische Tradition der asiat. Völker setzt sich im Heer Mithradates' VI. fort.
Nach Alexander d. Gr. geht die Bedeutung der Kavallerie als Stoßwaffe gegenüber der Infanterie den Schlachtberichten zufolge stark zurück. Erst bei den Parthern lag das Hauptgewicht wieder auf der Reiterei, die mit Pfeilhageln operierte oder – wie die Kataphrakten – mit Langspeeren ausgerüstet war: 10 000 Reiter, davon 1000 Kataphrakten bei Karrhai 53 gegen Crassus; angeblich 50 000 Reiter gegen Antonius (Just. 41, 2, 6).
Elephanten[13] in den Heeren der Diadochen wurden zumeist von Indern gelenkt. Afrikan. Elephanten galten als nicht sehr kriegstauglich. Für Eumenes (317) und Seleukos I. (301) werden 125 bzw. 480 Elephanten genannt; Antiochos I. soll um 269 (?) die ↗Kelten (3) v.a. mit Hilfe dieser Waffe bezwungen haben. Eingesetzt wurden sie – ggf. wild gemacht (I. Makk. 6, 34) – im Verbund mit Leichtbewaffneten vor der Linie (Diod. 19, 28, 2; 40, 1) oder an den Flügeln (Diod. 19, 29, 6; 40, 3); die mit Lanzen oder Bogen bewaffnete Besatzung saß in Türmen auf dem Rücken der Tiere (I. Makk. 6, 33–46; Polyb. 5, 84), die dort v.a. erfolgreich waren, wo man nicht auf sie eingestellt war (z.B. Herakleia 280, Plut. Pyrrh. 17). Freilich war ihre Verwendung nicht ohne Risiko: 190 brach bei Magnesia die seleukid. Phalanx durch Panik der eigenen Elephanten auseinander (App. Syr. 32, 162; 35, 183). Eine Art Nagelbrett setzten Ptolemaios (I.) und Seleukos (I.) bei Gaza 312 gegen die Elephanten des Demetrios Poliorketes ein (Diod. 19, 83; andere Abwehrformen: Polyän. 4, 6; 4, 21). Im Vertrag von Apameia (188) wurde den Seleukiden die Haltung von Elephanten untersagt (vgl. auch App. Syr. 46, 239f.); aber in späteren seleukid. Heeren sind diese Tiere wieder belegt.
Die Seleukiden (App. Syr. 32, 168ff.; 2. Makk. 6, 43), Mithradates VI. und sein Sohn Pharnakes II. (bei Zela 47) setzten – nach pers. Vorbild – vierspännige *Sichelwagen*

ein, deren milit. Effizienz freilich gering blieb. Außerdem gehörten zur heil. Feldarmee *Pioniertruppen* (seleukid.: Polyb. 10, 29, 4) und Ingenieure für die Konstruktion von Kriegs- und Belagerungsmaschinen (s.u.), Ärzte, Sanitätspersonal und der Troß (s.u.).
Der Einsatz von *Unfreien* (s. Anm. 7) beschränkte sich in den regulären Heeren auf Hilfsdienste (Putzer, Pferdepfleger usw., s.u.). Eumenes setzte in Paraitakene berittene Sklaven als πρόταγμα ein (Diod. 19, 28, 3), ebenso Antigonos (I.) (ebd. 29, 5), aber die angebl. 15000 Sklaven, die Mithradates VI.. bei Chaironeia 86 vor der Phalanx aufmarschieren ließ (Plut. Sulla 18), sind singulär. Der Unterschied zw. „Hörigen" und Unfreien (δοῦλοι) im parth. Heer ist ungeklärt (Plut. Crass. 31). Unter einem parth. Gesamtaufgebot gegen Antonius von 5000 Reitern sollen nur 4000 „Freie" (= Adlige?) gewesen sein.
Zur Begleitung jedes Heeres gehörte ein *Troß* (ἀποσκευή): persönl. Gepäck (incl. Beute) der Soldaten, Transportfahrzeuge und Packpferde z.B. für die Pfeile und Wurfgeschoße (Diod. 19, 84, 8), Marketenderwagen. Der Soldat konnte Diener (vgl. P. Enteux. 48) oder Sklaven als Gepäckträger, Schild- oder Waffenträger (Plut. Eum. 9) oder Pferdepfleger einsetzen. Plut. Kleom. 12, 4 hebt hervor, daß Kleomenes III. in seinem Heer keine Schauspieler, Sängerinnen, Tänzerinnen oder Taschenspieler mitführte; hingegen begleiteten das Heer Antiochos' VII. gegen die Parther 130/29 eine Menge Menschen ἔξω τῆς τάξεως (Diod. 34, 17), darunter Bäkker, Köche, Schauspieler, nach Just. 38, 10, 2 300000 gegenüber 80000 Kämpfern. In der Diadochenzeit wurden überdies Frauen und Kinder der Soldaten mitgeführt, und der Verlust der Aposkeue konnte verheerende Folgen für die Kampfmoral haben (vgl. Polyän 4, 6, 13; ↗Eumenes wurde gegen Rückgabe der Aposkeue ausgeliefert). Daß Ptolemaios (I.) 307 die Aposkeue seiner Soldaten in Ägypten zurückbehielt, hinderte sie am Überlaufen. Troß der Seleukiden: Polyb. 5, 52, 1; Troß Mithradates' VI.: App. Mithr. 69, 294; Troß des Surenas nach pers. Vorbild: 1000 Kamele für das Gepäck, 200 Wagen für die Nebenfrauen (Plut. Crass. 21).
Die *Belagerungstechnik* (Poliorketik) und Verteidigungs- und Befestigungsmethoden werden im Hell. fortentwickelt; der Erfindungsreichtum der Ingenieure und Pioniertruppen führte zur Hebung des milit. und sozialen

Ansehens dieser Korps. In allen hell. Heeren wurden Pfeil- und Steinkatapulte, mauerbrechende Maschinen (Widder u.a.m.) und Belagerungstürme mitgeführt bzw. während des Feldzugs erbaut (z.B. Diod. 34, 34; 1. Makk. 6, 51; 15, 1). Die Belagerungstürme erreichten gewaltige Dimensionen; so bes. die ‚Helepolis' des „Städtebelagerers" Demetrios' (I.) mit über 40 m Höhe[14]. Hierauf antworten neue *Fortifikations- und Verteidigungsmaßnahmen*[15]; vgl. Belagerungsberichte (z.B. Rhodos 305/4, Diod. 20, 84–100; Echinus, Polyb. 9, 41; Verteidigung des Piräus 87, App. Mithr. 30, 118 ff.; Plut. Sulla 12; s.a. Polyb. 16, 11; Kriegslist gegen Belagerung, Polyb. 7, 15–18; Verteidigungstechnik des Archimedes bei der Belagerung von Syrakus 212, Polyb. 38, 5–9; Rauch gegen röm. Angriffsstollen bei der Verteidigung Ambrakias 189). Poliorketik als Gegenstand theoret. Abhandlungen s. u. 8. Langwierige Belagerungen versuchte man zu umgehen (vgl. Polyb. 5, 70, 1); manchmal genügte schon die Drohung der Belagerung zur Kapitulation (Polyb. 5, 71); häufig half Geld zur Bestechung der Besatzung (vgl. Plut. Dem. 25; Polyb. 5, 60).

Zu den technischen Fortentwicklungen gehören auch Formen der Fernübermittlung milit. *Nachrichten*[16]. Bis in die Zeit des Polybios waren – von Kurieren abgesehen – Feuersignale mit wenigen Kombinationen üblich (vgl. Polyb. 10, 43, 5); Antigonos (I.) Monophthalmos kombinierte Kuriere und Feuersignale (Diod. 19, 57, 5); die Kombination einer Wasseruhr mit Fackelsignalen schlug Aineias ‚der Taktiker' (s.u. 8) vor.

c) Über *taktische Gliederung* und *Verwaltung* der Armee sind wir bei den *Ptolemäern* am besten informiert. Der ↗Stratege des Gaues (↗Staat IV 1b) fungierte auch als Militärkommandeur der im Gau dislozierten Truppen. Die Reiterei gliederte sich in Hipparchien unter Hipparchen und wieder in Ilen unter Ilarchen; die Infanterie zerfiel in Abteilungen zu 1000, 500, 100 und 50 Mann (unter Chiliarchen usw.); kleinere Einheiten waren der Lochos (Rotte) und die σημαία (Fähnlein); die Verwaltung war Intendanturbeamten (Grammateis), Syntaxis-Beamten für die Katoiken u.a.m. übertragen. – Bei den *Seleukiden* scheint der ἀρχιγραμματεὺς τῶν δυνάμεων der oberste Verwaltungsfunktionär gewesen zu sein; eine Art Generalintendantur befand sich wohl in Apameia am Orontes (Strab. 16, 752); Gliederung der Kavallerie nach σημαῖαι und οὐλαμοί (Schwadronen): Polyb. 10, 49, 7. – Taktische Grundeinheit der makedon. Armee war die Speira (256 Mann), untergliedert in Tetrarchien jeweils wieder mit 4 Lochoi (16 Mann) unter Lochagen. 4 Speirai bildeten eine Chiliarchie unter einem Hegemon, 4 Chiliarchien wieder eine Strategic unter einem Strategen. Als Verwaltungsbeamte sind Grammateus, Hyperetes und Archihyperetes belegt; einem Garnisonskommandeur war ein Oikonomos beigegeben (IG XII suppl. 644).

3. Der Krieg. Erst vor Beginn des Feldzuges wurde die Armee auf volle Kampfstärke gebracht. Im Frieden waren die unter Waffen stehenden Einheiten reduziert, dauernd aktiv waren nur die *Festungsbesatzungen* (φρουροί unter Phrourarchen), die Garnisonen auf den Zitadellen der großen Metropolen oder in ihrer Umgebung sowie die Leibgarde (Liste der seleukid. Garnisonen z.B. bei Bikerman, IS 353; in Ägypten: u.a. bei Alexandreia und Hermopolis; makedon. Besatzungen lagen in Demetrias, Chalkis und Akrokorinth, den „Fußfesseln Griechenlands"; Nachkommen ehem. seleukid. Garnisonssoldaten dienten noch unter den Parthern). Die Poleis und Koina Griechenlands zogen unter dem Befehl ihrer gewählten Strategen und Hipparchen zu Felde, Sparta unter dem seiner Könige. In den hell. Reichen war der König *oberster Kriegsherr;* auf ihn wurden die Reichstruppen bei Regierungsanfang vereidigt (Polyb. 15, 25 für das Ptolemäerreich). Krieg war eine im Hell. alltägliche Erscheinung; über die Hälfte der Seleukidenkönige fielen im Kampf; Sieghaftigkeit, Feldherrnkunst und Feldherrnglück sind wichtigste Legitimationen des Königtums (↗Herrscherideal 4a). Auch im Frieden wird daher die milit. Macht des Reiches zur Schau gestellt, so bei den *Paraden* unter Ptolemaios II. (Athen. 5, 202f.: 80000 Soldaten) und des Antiochos IV. (in Daphne 167).

Das Heer zog unter dem *Schutz der Götter* zu Felde (vgl. Polyb. 37, 39, 32f.; bevorzugte Götter: s.u.7); man erwartet, daß sie dem Heer als Schlachtenhelfer beistehen (z.B. die Epiphanie Apollons vor Delphi 279; ↗Kelten 1); Opfer vor der Schlacht (mit Agonen verbunden) sind v.a. für Alexander belegt; oder man bemüht sich um günstige Vorzeichen (Polyän 4, 20; Diod. 20, 7). Zu Beginn des 3. Makedon. Krieges (171-168) führte Perseus einen Lustrationsritus für das Heer durch (Livius 40, 6). Hoffnung auf göttl. Beistand ging auch in Parolen ein (z. B. Demetrios I. Poliorketes vor Ipsos 301: „Zeus und Sieg", Plut. Dem. 29). Zur *Vorbereitung* auf den Krieg wurden Waffen- und Getreidemagazine angelegt und Straßen sowie ggf. eine Flotte gebaut (Diod. 19, 58); dazu ergriff man finanzielle Maßnahmen (Liv. 42, 12, 8–10), ggf. durch Erhebung einer Sonderabgabe (etwa die „Keltensteuer" unter Antiochos II.). Ein milit. Zentrum des Seleukidenreiches befand sich in Apameia, mit Gestüten, Elephanten, Exerziermeistern und einem großen Teil des aktiven Heeres (Strab. 12, 752). Häufig wurde ein Krieg auch propagandistisch vorbereitet, so von Antigonos (I.) 315 (Diod. 19, 61, 3 f.) und später von Perseus vor Beginn des 3. Makedon. Krieges (Polyb. 27, 34). Propaganda v.a. mit dem Ziel, Bundesgenossen zu werben, konnte auch während des Krieges fortgesetzt werden, s. z. B. Liv. 37, 25; Cato ORF[2] 8 fr. 20; Demoralisierungsversuche durch Briefe oder Flugschriften belegt z. B. Plut. Eum. 8.

Auf Befehl des Königs wurden Reichsarmee, neuangeworbene Söldnerkontingente (s. u.) und ggf. einheim. Hilfsvölker zusammengezogen (vor Raphia 217 um Alexandreia bzw. Apameia am Orontes, Polyb. 5, 68; vor dem Ostfeldzug Antiochos' IV. 166 in Antiocheia) und für den Kampf im Verband trainiert. 217 nahm die ptol. Führung sogar eine Neugliederung des gesamten Heeres nach taktischen Gesichtspunkten vor. Über das *Mobilisierungsverfahren* liegen nur wenige Zeugnisse vor: 166 bot Antiochos IV. durch Kurier (wohl an die Provinzstrategen) die Reichstruppen auf und teilte ihnen Löhnung (ὀψώνια) für ein Jahr im voraus zu mit dem Auftrag, sich bereitzuhalten (1. Makk. 3, 27); Antiochos V. ließ Söldner anwerben und mobilisierte zugleich die Militärdienstfähigen des Reiches (Jos. A.J. 12, 366). Zur Rekrutierung s. u. 5.

Zur *Planung* trat vor und auf dem Feldzug trat regelmäßig ein Kriegskabinett (↗Synhedrion, ↗Hof F V 4, ↗Staat III 3) zusammen, in dem dem König die letzte Entscheidung vorbehalten blieb (vgl. z. B. Polyb. 5, 51) und an dem die höheren Offiziere beteiligt wurden.

Das höhere *Offizierskorps*, ↗Strategoi als Kommandeure einer selbständigen taktischen Einheit, sonst Hegemones, oder nach der Funktion Hipparchen oder Elephantarchen (zu Abstufungen s. RC 39), war fast ausschließlich makedon.-griech. Her- oder Abkunft (Ausnahme: Führer einheim. Kontingente); zur Aufnahme von Ägyptern in hohe Kommandopositionen s.u. Laufbahnoffiziere im modernen Sinne gab es ebensowenig wie Laufbahnbeamte. Vielmehr bestand das Führungskader v. a. aus den von der kgl. Gunst abhängigen Spitzen der Reichsverwaltung, den kgl. Philoi (↗Hof F) und wurde je nach Bedarf eingesetzt; z.B. war Zeuxis, früher ‚Vizekönig' v. Kleinasien und ἐπὶ τῶν πραγμάτων (↗Staat IV 2), bei Magnesia (190) Führer der Promachoi. Hinzu kamen im Dienst des Königs stehende griech. oder kret. Offiziere und erprobte Söldnerführer (s. die Übersicht bei Polyb. 5, 64); auch ihr Befehlsbereich konnte sich von Einsatz zu Einsatz ändern. Zur milit. Karriere des Ätolers Theodotos s. Polyb. 5, 79, 4; 7, 16, 2; Ptolemaios' IV. ‚Kanzler' Sosibios führte (nur nominell?) die „makedon." Phalanx bei Raphia.

Die *Kriegführung* beschränkte sich auch jetzt i. d. R. auf die Zeit zw. Frühjahr und Herbst (weshalb gelegentl. Winterangriffe schon durch Überraschungseffekt erfolgreich waren); sonst lagen die Truppen im *Winterquartier*, unter freiem Himmel in Zelten (ὑπαίθριοι), in Barakkenlagern (στεγνά) oder bei der Bevölkerung einquartiert: Untertanen konnten verpflichtet werden, Armeeangehörige in Krieg und Frieden unentgeltl. zu beherbergen und zu verpflegen (ἐπισταθμεία); dabei kam es öfters zu Übergriffen gegen die Zivilbevölkerung (COP Nr. 24; RC 30; vgl. auch Polyän 7,40), so daß Befreiung von Einquartierung ebenso als Privileg geschätzt wurde wie die Gewährung der Garnisonsfreiheit[17]. Zu Kleros und Stathmos s.u. 5.

Versorgung: Während des Feldzugs nährte sich die Armee z.T. aus den eroberten Territorien (zur Plünderung s.u.). Die marschierende Truppe wurde im voraus mit Getreide versorgt (Polyb. 4, 63, 10: für 30 Tage); der einzelne Soldat hatte Lebensmittel für mehrere Tage mit sich zu führen (Polyän 4, 15; Diod. 20, 73, 3). Häufige Versorgungsschwierigkeiten - aus Nachschubmangel oder weil das Land nichts mehr hergab (Plut. Dem. 46, 9; 47, 2; Polyb. 5, 32) - sind angesichts des hohen Bedarfs einer Armee verständlich (Diod. 19, 58, 2: jährl. Getreidebedarf der Armee des Antigonos I. i.J. 315: 4,5 Mill. Medimnen Weizen = 25–30 Mill. Liter). In Symmachieverträgen wurden öfter Proviantlieferungen (z.B. Polyb. 5, 1, 11; 16, 1, 8f.; StV III 547) festgelegt oder vereinbart, welcher Partner die Hilfstruppen zu verpflegen (und zu besolden) hatte (StV III Register II C c 1).

Die *Schlacht* wurde in der Regel gesucht oder angeboten, ggf. auf einem nach taktischen Gesichtspunkten ausgesuchten Schlachtfeld (Polyb. 18, 22, 9). Die Schlachtordnung konnte sich nach der Aufstellung des Gegners (Umgruppierung: Diod. 19, 83; vgl. 29, 1; 40, 1) oder nach örtlichen Gegebenheiten richten; sie war Maßstab der Erfahrung des Feldherrn (Diod. 19, 28, 4; 82, 1). Feldzeichen belegt Liv. 37, 59, 3; Signale wurden vereinbart, etwa farbige Fahnen (Polyb. 2, 66, 10–11). Die Feldherrn ermunterten die Truppen durch Ansprachen (Polyb. 5, 83) und nahmen ihren Platz an dem Flügel ein, an dem sie zu kämpfen beabsichtigten. Nach Trompetensignalen (1. Makk. 9, 12 u.a.) begann unter Kriegsgeschrei der Angriff (Polyb. 2, 67, 7; Paukenlärm der Parther: Plut. Crass. 23). Anschauliche Kampfberichte: z. B. Polyb. 5, 82–5; App. Syr. 32–6; Kritik an solchen Berichten: z. B. Polyb. 12, 17–22.

Ergebung wird durch Wegwerfen der Waffen oder andere Gesten signalisiert (Liv. 33, 10: Emporheben der Lanzen, vom Sieger mißdeutet). Ggf. werden durch Herolde Waffenstillstandsverhandlungen eingeleitet und die – religiös gebotene – Bestattung der Toten erlaubt (z. B. Diod. 19, 85, 2, 4; Plut. Dem. 17, 1; Polyb. 5, 86; Philipp V. wegen Unterlassung getadelt: Liv. 36, 8). Ritterl. Verhalten gegenüber dem Verlierer (z. B. Diod. 19, 85, 3: Zusendung der gefangenen Philoi und des Gepäcks) darf nicht verallgemeinert werden.

Kriegsgefangene[18] konnten als Sklaven genutzt oder verkauft – oder aber in die Siegerarmee eingestellt werden (z. B. Diod. 18, 29, 5; Syll.³ 374); sie erscheinen als Kleruchen (P. Petr. III 104) wie – neben Sträflingen – als Minenarbeiter (Diod. 3, 12, 2). Häufig werden sie jedoch gegen Lösegeld freigelassen (z. B. Diod. 20, 84, 6; Plut. Philop. 4, 5); Freilassung ohne Lösegeld wird als Zeichen humaner Gesinnung bewertet (Plut. Dem. 17). Austausch von Gefangenen (bzw. Freilassung gegen oder ohne Lösegeld) ist oft Bestandteil von Friedensverträgen (vgl. St III Register II C c 9).

Massenversklavung von Einwohnern besetzter Gebiete (Polyb. 2, 58)[19], Plünderung, Verwüstung und weitergehende Maßnahmen im Feindesland waren nach Kriegsrecht üblich (Polyb. 5, 11), zumal sie die Kriegskasse füllten (z. B. Polyb. 31, 4, 10; 1. Makk. 1, 19).

Freilich erwecken die Quellen für den Hell. den Eindruck eines insgesamt *humaneren Verhaltens*[20] gegenüber dem

Gegner als in der klass. Zeit. Plünderung des Landes wird des öfteren mit der Notwendigkeit der Versorgung der Truppen begründet (Plut. Eum. 8, 5; Philipps V. „wölfisches" Verhalten in Karien; Polyb. 16, 24, 9; s. auch Diod. 18, 52, 7) oder als Strafe für Revolten verhängt (z. B. 1. Makk. 11, 48). Vernichtung einer Stadt und Versklavung der Einwohner werden kritisiert, wenn es sich um eine griech. Polis handelt (z. B. Polyb. 11, 5; 15, 22, 2), weshalb Polybios (2, 58, 14) die Behandlung Mantineias durch Antigonos III. (223) als Vergeltungsmaßnahme rechtfertigt. Wo dauernder Besitz des eroberten Landes erhofft werden kann (z. B. in den Syr. Kriegen), ist solch radikales Vorgehen (wohl nicht zufällig) nicht bezeugt.

Völkerrechtl. und religiös verpönt waren Kampfformen wie Brunnenvergiftung und Verwendung von Pfeilgift. Unnötig brutale Kriegführung, etwa die Zerstörung von Heiligtümern durch Philipp V. (Polyb. 5, 9; 11, 7; 16, 1), wird scharf getadelt von Polybios, der die Bedeutung „humaner" Kriegführung für den wahren Monarchen betont (5, 9–12).

Vereinbarungen über die Aufteilung der aus gemeinsamem Krieg zu erwartenden Gewinne sind in hell. (wie schon in klass.) Zeit nicht selten; vgl. u. a. das röm.-ätol. Bündnis 212/1 und das syr.-maked. Bündnis 203/2[21].

4. Die Grösse hellenistischer Heere. Viele antike Zahlen sind sicher übertrieben (z. B. App. Proöm. 10, 39: 220 000 / 40 000 Mann des Ptolemaios II.; Justin. 41, 5, 7: 100 000 / 20 000 Mann des Antiochos III. i.J. 208), um den eigenen Sieg zu überhöhen. Andere Angaben dürften durchaus der Wahrheit nahekommen: Bei Ipsos (301) standen sich insges. 154 500 Mann gegenüber (Antigonos I.: 70 000 / 10 000 Mann, 75 Elephanten), bei Raphia (217) 143 000 (Ptol.IV.: 75 000; Antiochos III.: 68 000). Bei Magnesia (190) kommandierte Antiochos III. 60 000 / 12 000 Mann; trotz den Beschränkungen des Vertrags v. Apameia paradierten in Daphne vor Antiochos IV. 50 000 Mann, sicher nur ein Teil des Heeres. Noch Antiochos VII. soll 130/29 gegen die Parther 80 000 Kombattanten aufgeboten haben. Das maked. Aufgebot war erheblich kleiner: bei Sellasia (222) 27 000 Fußsold. (davon 10 000 Phalangiten, 3000 Peltasten), bei Kynoskephalai (197) 23 500 Fußsold. (davon 18 000 Makedonen) und 2000 Reiter; Perseus mobilisierte 172 gegen Rom 39 000 / 4000

Mann, das größte Heer eines Makedonenkönigs seit Alexander d. Gr. (Liv. 42, 51, 11). Hohe Zahlen sind wieder für Mithradates VI. von ↗Pontos überliefert: i. J. 99 angebl. 80000 / 10000 Mann, 600 Sichelwagen; i. J. 88 angebl. 260000 / 50000 und – wohl realistisch – 130 Sichelwagen (App. Mithr. 17, 63; weitere Zahlen: Mithr. 49, 194; Plut. Sulla 20; Luc. 37). Zum Reiteraufgebot der Parther s.o. III 2b. In diesen Zahlen sind verbleibende Garnisonstruppen und Militärsiedler nicht enthalten.

5. DAS REKRUTIERUNGSPOTENTIAL. Die hohen Aufgebote (denen z. T. enorme Verluste gegenüberstehen; z. B. Plut. Dem. 30; Pyrrh. 21, 6; „Pyrrhussieg") konnten sich rekrutieren: a) aus der maked.-griech. Reichsbevölkerung, b) aus den einheim. Untertanen (bes. für die Seleukiden eine große Rekrutierungsbasis), c) aus Söldnern, d) aus Bündnerkontingenten aufgrund von Bündnissen und Abhängigkeitsverhältnissen (↗Stadt B 2; ↗Vertrag 6; von Söldnern nicht immer klar zu trennen). In den Heeren der Territorialreiche ist die Tendenz deutlich, den *Kern* der Armee aus maked. bzw. griech. Soldaten zu bilden („Makedonen" nannten sich auch die Nachkommen der Truppen und Einwanderer der Reichsgründungszeit; Makedonien selbst hätte die hell. Reiche nicht mit Soldaten versorgen können). So wurden in die ptolem. Armee ägypt. μάχιμοι (aus der pharaon. Kriegerkaste) nur ausnahmsweise ins kämpfende Heer eingegliedert (z. B. 312: Diod. 19, 80, 4), zumal die Ägypter nicht immer loyal eingestellt waren (z. B. Justin. 27, 1, 9). Erst Ptolemaios IV. stellte bei Raphia (217) der „makedon." Phalanx eine ägyptische zur Seite (20 000 + 3000 auf „makedon. Art" bewaffnete Libyer). Erst im 2. Jh. wurden Ägypter in das Kleruchiensystem (s.u.) eingegliedert; ägypt. „Garde" in Alexandreia; vereinzelt sind Ägypter als ↗Strategen oder Epistrategen der Thebais nachzuweisen[22]. 4000 Galater und Thraker – in Ägypten angesiedelt – formten bei Raphia ein Korps. Seit dem 3. Jh. sind auch jüd. Soldaten als Militärsiedler belegt[23]; Juden steigen gegen Ende des 2. Jh.s sogar zu höchsten Kommandos auf. Insgesamt ist zu beachten, daß Ethnika, der ptol. Soldaten nicht immer die Her- oder Abkunft des Soldaten, sondern oft die Zugehörigkeit zu einer bestimmten Einheit bezeichnen; das gilt z. B. für die „pers." Soldaten im Heer[24].
Sehr viel bunter war das *seleukidische* Heer. Zur griech.-

maked. Kerntruppe und den im Kriegsfall neugeworbenen Söldnern kamen oriental. Reichsbewohner, z. B. medische Kavallerie, z. T. unter eigenen Kommandeuren (z. B. Magnesia 190: Mysarch als Oberst der mys. Einheiten) oder Kontingente verbündeter (1) bzw. halb-autonomer Vasallenstaaten oder Stämme (2): z. B. (1) Araber bei Raphia 217 und Magnesia 190 (Söldner?); 2000 Kappadokier bei Magnesia; z. B. (2) bed. jüd. Kontingente beim Ostfeldzug Antiochos' VII. 130/29; vgl. das Angebot Demetrios' I., 30000 Juden in das Reichsheer aufzunehmen (1. Makk. 10, 36). Oriental. Einheiten wurden zumeist als leichte Infanterie, Kavallerie, Bogenschützen oder Schleuderer eingesetzt; aber 217 verfügte Antiochos III. über ein Korps von 10000 ausgewählten Untertanen des ganzen Reiches mit „makedon." Bewaffnung. Die Truppenkataloge von Raphia und Magnesia machen das Völkergemisch deutlich; bei Raphia mußte Antiochos III. seine Ansprache z. T. durch Dolmetscher vermitteln lassen (Polyb. 5, 83).

Den Kern des *Antigonidenheeres* bildeten Geblütsmakedonen – nach Landschaften aufgeboten (vgl. Polyb. 5, 97, 3f.); gegen Ende seiner Regierung bemühte sich Philipp V., den Kinderreichtum des Landes zu heben; außerdem konnte er mit Illyrern und Thrakern als Söldnern oder Bündnern rechnen; Thraker siedelte er in ↗Makedonien (III 4) an, um für den Kampf mit Rom loyale Truppen zu gewinnen (Liv. 40, 3–4). Hinzu kamen auch hier Söldner und ggf. Bundesgenossen aus Griechenland.

Die *pergamen.* Armee stützte sich v. a. auf Söldner, ferner auf Bürgeraufgebote Pergamons, auf ↗Galaterkavallerie (Reichsuntertanen 182 – 166), Myser, Trallier und thrak. Stämme, dazu ggf. auf Hilfskontingente der Ätoler (1. Makedon. Krieg), später der Achäer.

Bunt war auch die Armee *Mithradates' VI.* (zur Bewaffnung etwa Plut. Sulla 16) aus Untertanen und Vasallenkontingenten; ihr Anwerbepotential bestand v. a. aus den Stämmen der N- und W-Gebiete des Pontos: Skythen, Sarmaten, Thrakern etc. Während des 1. Krieges mit Rom (88–85) kamen griech. Bündner, röm. Emigranten und ital. Überläufer hinzu. Das höhere Offizierskorps war wohl im wesentl. griech. Abkunft (z. B. Archelaos, Mithradates' Feldherr in Hellas) oder trug jedenfalls griech. Namen[25].

Die MILITÄRSIEDLUNGEN. Dem Ziel insbes. der Ptolemäer und Seleukiden, eine griech.-makedon. Reichsbevölkerung zu schaffen, diente gezielte Förderung von Einwanderung und Ansiedlung; am besten sind die Maßnahmen bei den *Ptolemäern* bekannt[26]. Das personelle Rückgrat ihrer Armee (Phalanx) bildeten – wahrscheinlich nach pharaon. Vorbild – die über das ganze Land verteilten, insbes. im Faijum zahlreichen Ansiedler (Kleruchen) griech.-makedon. Herkunft; daneben wurden Thraker, Galater, später auch Juden angesiedelt. Sie waren auch im Frieden aktive Soldaten, bestimmten Einheiten zugeteilt, die sich zum Aufgebot bereit zu halten hatten; zugleich hatten sie das ihnen zugeteilte Landlos (Kleros) zu bebauen; Unterkunft (Stathmos) wurde ihnen in den Behausungen der Zivilbevölkerung zugewiesen (Epistathmeia), die sie ggf. auch verpflegen mußte, was häufig Probleme hervorrief. Die Größe des Kleros bemaß sich nach Truppenteil, Rang und Herkunft (Ägypter erhielten im 2.Jh. einen kleineren Kleros als griech.-makedon. Abkömmlinge); er blieb bis zum Ende der Ptolemäer de iure immer Eigentum der Krone; seit Mitte des 3.Jh.s (P. Lille 4) wurden freilich Kleros und Stathmos gewohnheitsrechtl. vererbbar. Auf diese Weise entstand eine Schicht militär. Landbesitzer, die dem kgl. Fiskus wenigstens im Frieden nicht zur Last fiel, überdies Abgaben aufbringen und mit jeder Generation (Epigone) dem König Rekruten liefern konnte. Das System, nach 301 auch im ptolem. Palästina angewandt, wurde im 2.Jh. modifiziert[27]. Als dann auch Ägypter im Besitz eines Kleros erscheinen, bürgert sich nach seleukid. Vorbild (vgl. aber ↗Stadt A 4) der Begriff „Katoikie" für die griech. Siedlungen ein.

Weniger klar ist das System der *Seleukiden*[28], die sich sicher auf Militärsiedler (Katoikoi) insbes. in Lydien und Phrygien und in den Kerngebieten des Reiches stützten; zw. Zivil- und Militärsiedlung ist freilich nur schwer zu unterscheiden (eine Militärsiedlung ist etwa in Thyateira anzunehmen: Widmung der Offiziere und Soldaten „der Makedonen" für Seleukos I.). Diese Siedlungen konnten sich mit königl. Zustimmung zur ↗Stadt (A 2) entwickeln (z.B. Seleukeia am Eulaios); dies war wohl der Fall bei Larissa (Syrien), dessen Einwohner dem 1. Agema der königl. Kavallerie zugeteilt waren (Diod. 33, 4a). Manche Siedlungen lagen in der Nähe einer Polis, in der solche Katoikoi auch das Bürgerrecht erhalten konnten (StV III 492). Die Kolonien besaßen beschränkte Selbstverwaltung, ihre fiskal. Verpflichtungen regelte die Krone. Die Gründung einer (Militär-?)Kolonie verfügt das Schreiben Antiochos' III. an Zeuxis (Jos. Ant. Jud. 12, 148 ff.; freilich im Kern nicht authentisch). Die Kleroi konnten im Seleukidenreich zum Eigentum werden; es ist nicht klar, ob an ihren Besitz immer eine Militärdienstpflicht gekoppelt war. Abgestufte Kleros-Größe nach milit. Funktionen läßt StV III 492 erkennen, wo auch unterschieden ist zw. Katoikoi und Garnisonstruppen ohne Kleros.

Noch weniger Informationen liegen über die anderen hell. Reiche vor: Förderung der Militärsiedler belegt der Brief eines *Attaliden*, RC 51; ein Beschluß von Pergamon v. J. 133 (OGIS 338) über die Vergabe des Bürgerrechts erwähnt neben Soldaten in Polis und Chora auch ‚Makedonen und Myser' (d. h. ehem. seleukid., nach 188 attalid. Militärkolonisten; diese Kolonien scheinen freilich ihre milit. Funktion nach 188 wenigstens z. T. eingebüßt zu haben)[29]. – Für Militärsiedler im *Antigonidenreich* ist der Brief Philipps V. an Archippos[30] ebensowenig Beleg wie die Ansiedlung von Barbarenstämmen in Städten des Reiches (s. o.). – *Jüdische* Militärkolonien befanden sich etwa in Esbon und Gaza; Bestimmungen über eine Koloniegründung durch Herodes d. Gr. in der Batanaia: Jos. A. J. 17, 23–8. – Unklar ist, bis zu welchem Grade *Bürgermilizen* der autonomen griech. *Poleis* zum regulären Kriegsdienst herangezogen wurden (dazu ↗ Stadt A 2; B 2): Belege für reichsangehörige Städte konzentrieren sich auf das 2. Jh.: 3000 πολιτικοί (sc. ἱππεῖς) paradierten in Daphne 167 vor Antiochos IV. (Polyb. 31, 3); bei einem Feldzug Demetrios' II. belegt 1. Makk. 10, 71 eine δύναμις τῶν πόλεων, in der Armee Demetrios' III. dienten Bürger von Antiocheia (Jos. Ant. Jud. 13, 385); zum Heer Antiochos' VII. s. Diod. 34/35, 17. In der Attalidenarmee dienten Bürger von Pergamon; für die Ptolemäer ist nichts bekannt.

Der Menschenbedarf hell. Heere führte zu einem gewaltigen Aufschwung des internat. SÖLDNERWESENS. Söldner (ξένοι oder μισθοφόροι) griech. oder makedon. Abkunft waren als Phalangiten oder Elitekavalleristen sehr gesucht, und in allen hell. Heeren kämpften Söldner aus Kreta, Thrakien und Galatien.

Söldner dienten auch im Frieden in den Garnisonen und Festungen der hell. Reiche; in großem Umfang wurden sie zu Beginn des Krieges angeworben, nach Beendigung des Feldzuges entlassen – so im ptol. Reich – als Kleruchen in die Armee aufgenommen. Ihre Anwerbung erfolgte auf „Söldnermärkten" (in der Diadochenzeit v.a. Tainaron auf der Peloponnes); oder Werbeoffiziere (ξενολόγοι) bereisten, mit Handgeld versehen, die Rekrutierungsgebiete (z. B.; vgl. auch Polyb. 15, 25; 33, 18, 14; Liv. 31, 43, 5; Diod. 18, 61, 4; Strab. 10, 477). Wie die Gestellung von Hilfstruppen konnte man auch die Söldneranwerbung vertraglich sichern: ↗ Verträge (6) der Seleukiden, Antigoniden, der Attaliden und von Rhodos mit kret. Poleis haben – obwohl z. T. als Bündnisse stilisiert – den Zweck, sich das Söldnerreservoir ↗ Kretas zu sichern (StV III Register II C c12).

Das Verbot im Vertrag von Apameia 188, Söldner auf den Rom unterstehenden Territorien anzuwerben oder Freiwillige von dort aufzunehmen, wurde zum polit. Druckmittel gegen die Seleukiden; so sind unter den Truppen in der Parade zu Daphne 167 keine Söldner griech. Herkunft belegt (aber vgl. 1. Makk. 6, 29). Oft wurden Söldner-Condottieri mit eigenem Kontingent eingestellt, das sie dann auch im Feldheer befehligten (vgl. OGIS 266, Z. 19f.). Ferner wurden Piratenbanden in Dienst genommen, so von Demetrios I. Poliorketes (Diod. 20, 83, 3) oder von Nabis v. ↗ Sparta.

Zu Beginn des Krieges konnte es zu Engpässen kommen; der Einsatz ägypt. Phalangiten bei Raphia 217 wird nicht zuletzt auf zu große Nachfrage der beteiligten Mächte zurückgeführt. Ein geringes Angebot an griech. Söldnern konnte zu verstärkter Nachfrage nach Nichtgriechen führen; auch daher die fortschreitende Barbarisierung hell. Heere.

Einige Zahlen zur Bedeutung der Söldner (S.): Antigonos (I.) Monophthalmos (317): 9000 S.-Infanteristen. – Antigonos III. (222): 1000 Agrianer, 1000 Kelten, 3000 (griech.?) S.-Infanteristen, 300 S.-Reiter. – Die S. im ptol. Heer vor Raphia (217) werden auf 13–15000 geschätzt (2000 Peltasten?, 8000 griech. Infanteristen, ca. 3000 Kreter und Neokreter, 2000 Galater und Thraker), dazu 2000 S.-Reiter. – Einige Seleukiden des 2. Jh.s stützten sich nurmehr auf S. (bzw. auf jüd. Hilfstruppen): Demetrios II. setzte die Reichsarmee auf verkürzten Friedenssold zugunsten seiner kret. Söldner, deren Kapitän Lasthenes schließlich zum ἐπὶ τῶν πραγμάτων aufstieg; die Mißstimmung der Soldaten ermöglichte schließlich die Usurpation des Diodotos Tryphon und Antiochos VI. (Jos. A.J. 13, 129f. 144; ↗ Seleukiden V 5).

Auch die in Kampfesweise und Gliederung (hell. Offiziersränge) hell. geprägte Armee der Hasmonäer umfaßte neben jüd. Volksaufgebot seit Johannes Hyrkanos auch Söldner (vgl. Jos. Ant. Jud. 13, 249), unter Herodes d. Gr. z. B. Thraker, Kelten und sogar Germanen.

6. SOLD, AUSZEICHNUNGEN UND DISZIPLIN. Der *Sold*[31] des Soldaten setzte sich aus Geld- (ὀψώνιον, μισθός) und Naturalzuwendungen (σιτομετρία, μετρήματα) zusammen; er war jedenfalls so hoch, daß der Soldatenberuf nicht unattraktiv war; hinzukamen Prämien im Falle eines Sieges (vgl. Diod. 18, 33, 5; 19, 81, 6; SEG VIII 467 Z. 20f.). Zur verhängnisvollen Sparsamkeit des Demetrios II. s.o. 5. Das Verhältnis zw. Söldnern und Führung war nur solange intakt, wie der Sold aufgebracht werden konnte; dann freilich verlangte es die Berufsehre des Söldners, sich tapfer zu schlagen (vgl. Polyb. 11, 14, 1). Meuterei: z. B. Polyb. 5, 50; Übergang zum Feind: Diod. 20, 113, 3.

Sold-, Urlaubs- und Versorgungsprobleme zeigt der Vertrag zwischen Eumenes I. und seinen Söldnern (StV III 481); s.a. den Vertrag zw. dem kar. Dynasten Eupolemos und Theangela (ebd. 429); zur Hinterbliebenenversorgung[32] s. z. B. Diod. 20, 84, 3. Man versuchte weiter, die Truppe durch *Privilegien* zu binden, z. B. Ptolemaios VIII. in einem Brief an seine Soldaten auf Zypern (COP Nr. 41f.). Auch *Auszeichnungen* werden genannt: Eumenes verteilte an seine Offiziere Purpurkausien und -mäntel (Plut. Eum. 8, 37); Kranz aus Weißpappellaub ↗Ehrungen (III); Auszeichnungen des Antiochos III.: Polyb. 5, 60. Im 2.Jh. werden auch nicht höchstrangige Offiziere der ptol. Armee in das ↗Hof-(F)Titelsystem eingegliedert; einzelne Kavallerieeinheiten erhalten die von dort entlehnte Ehrenbezeichnung συγγενεῖς τῶν κατοίκων ἱππέων.

Disziplinlosigkeiten und Übergriffe der Truppe waren häufig (z. B. Plut. Sulla 16); vgl. Königsschreiben mit dem Verbot von Ausschreitungen (RC 30) und ptol. Amnestieerlasse (z. B. COP Nr. 41). Philipps V. Reglement aus Amphipolis enthält u. a. einen Katalog von Vorschriften des Militärstrafrechts; Ehreninschr. heben hervor, daß ein Kommandant die Disziplin (εὐταξία) seiner Truppe zu wahren wußte (z. B. IG VII 31, Z. 37f.).

7. VEREINE UND RELIGION. Das *Vereinswesen* – markantes Element hell. Kultur – reicht bis ins M.: Offiziers- und

Soldatenvereinigungen bildeten sich in Garnisonen (vgl. Syll.³ 699), stifteten Weihungen und Ehreninschr. und standen in Beziehung zum ↗Herrscherkult; neben eher privaten Clubs (Koina u.a.) gab es im ptol. Ägypten auch halboffizielle, die Soldaten- ↗Politeumata.
Spezifische *Soldatenreligionen* haben sich, trotz deutlichen Präferenzen (z.B. Athena/Artemis Tauropolos, Enyalios, Pan, Athena Nikephoros oder Artemis Soteira, Zeus Stratios etc.) nicht ausgebildet; zahlreiche private Weihungen zeugen von der Religiosität der Soldaten über die ‚offizielle' Verbindung von Armee und Göttern/ Herrscher hinaus; durch Statuen, Sanktuarien zeigt man etwa seinen Dank für Rettung aus Gefahr usw. Häufig bringt man den heimatl. Kult mit, aber es kommt oft auch zur Übernahme und Amalgamierung von Indigenenkulten, wobei die Armee insgesamt als Mittler und Verbreiter östl. wie westl. Religionen fungiert. Zahlr. Inschr. erweisen die enge Beziehung zw. Soldaten(vereinigungen) und Gymnasion, dessen Programm stark auf milit. Bedürfnisse zugeschnitten war (Waffenübungen, Wettkämpfe; ↗Schule).
Soldatengräber, teilw. mit Darstellungen auf Grabstelen, sind u.a. in Sidon und Alexandreia gefunden worden; Epitaphe und Grabepigramme vermitteln einen Eindruck vom Leben der Soldaten (z.B. IC I p.76 Nr.33; SEG VIII 497). Der Soldat wird auch zur beliebten Titelfigur der *Komödie*; vgl. Titel wie ‚Stratiotes' des Alexis, ‚Peltastes' des Eriphos u.a.; die karikierte Figur des ‚Miles gloriosus' Pyrgopolinices bei Plautus ist die bekannteste Figur.

8. MILITÄRSCHRIFTSTELLER. Mit dem im Hell. weit verbreiteten Interesse an techn. Neuerungen und dem Bedürfnis nach theoret. Schulung (vgl. Plut. Pyrrh. 8; Philop. 4) entwickelte sich die militärwiss. Schriftstellerei zu einem beliebten Genre. Um Mitte des 4.Jh.s schrieb Aineias ‚der Taktiker', ein Mann der Praxis, den u.a. Polybios (10, 44) heranzog; erhalten ist eine Abh. über Poliorketik. Wohl unter Ptolemaios II. schrieb Ktesibios v. Alexandreia; von den 8 Büchern ‚Mechanik' seines Schülers Philon v. Byzanz sind u.a. das 4. über Katapulte (Belopoiika) und – in Auszügen – das 7. und 8. über Taktik und Rüstung für die Stadtbelagerung erhalten. Biton widmete sein Werk über Kriegsmaschinen und Katapulte Attalos I. oder II.; Athenaios ‚der Mechaniker' (viell. schon kaiserzeitl.?) schrieb über Belagerungs- und Verteidi-

gungstechnik. Heron v. Alexandreia ist zwar eher ins 1. Jh. n. Chr. zu datieren; doch greifen seine Abhandlungen über Geschützbaukunde (Belopoiika) und andere milit. verwendbare Techniken hell. Entwicklungen auf. Die hell. Militärschriftstellerei wirkte in der Kaiserzeit weiter. ↗ auch: Naturwissenschaften C.

B. DIE FLOTTE.

Führende Flottenmacht Griechenlands zu Beginn der hell. Zeit war noch immer Athen; über nennenswerte Flottenverbände verfügten die „Tyrannen" in Syrakus, Karthago und Persien; das Rückgrat der pers. Reichsflotte bildeten die Verbände der phoinik. Städte Tyros und Sidon mit ihrer großen maritimen Erfahrung sowie Kypros. Eine bescheidene makedon. Flotte war eine Schöpfung Philipps II. (nach 349?), der jedoch als Hegemon des Korinth. ↗Hellenenbundes 338/7 auch „zu Wasser" über die Wehrkraft der Bündner verfügen konnte. Im Persienfeldzug ↗Alexanders d. Gr. (seit 334) wurden nach Entlassung der Bundesflotte (334) nach Bedarf aufgestellte Flottenverbände eingesetzt: Flotten des Proteas (334–2) und Hegelochos (333/2) gegen die Perser; Indus-(326/5) bzw. Ozeanflotte (325/4) unter dem Nauarchen Nearchos. Den Kern der Reichsflotte bildeten die 332/1 von den Persern übernommenen ca. 200 kypr.-phoinik. Schiffe. Gegen Ende seines Lebens plante Alexander Unternehmungen großen Stils: eine kombinierte Land- und Flottenoperation gegen Arabien (Arr. 7, 20), angebl. auch Unternehmungen im Westen, u.a. gegen Karthago mit 1000 Schiffen. Vorbereitungen für den Bau der Flotte und eines Kriegshafens in Babylon machte Alexanders Tod 323 ein Ende, aber die strateg. Bedeutung maritimer Überlegenheit wurde in den Diadochenkämpfen deutlich. Die athen. Flotte (170 Einheiten) brach 322 gegen Kleitos bei Amorgos endgültig zusammen. 315 zwang Antigonos Monophthalmos mit 240 Schiffen Tyros zur Aufgabe und gewann Macht in der Ägäis; 307 zog Demetrios Poliorketes mit 240 Schiffen gegen Athen, 306 bei Salamis (Kypros) mit ca. 170 Schiffen gegen Ptolemaios (I.), 305 belagerte er mit 200 Schiffen ↗Rhodos. Über die entscheidenden Seeschlachten des 3. Jh.s bei Kos 261(?) und Andros 227 (?)[33] liegen nur einzelne Nachrichten vor; trotz diesen Niederlagen gegen Makedonien blieben die Ptolemäer, die über Phoinikien und das Schiffsbauholz des Libanon verfügten und den

Nesiotenbund, Samos (↗Inseln 7; 8) und ↗Kypros kontrollierten, die führende hell. Seemacht; auf Grund maritimer Überlegenheit konnten sie sich sogar in Seleukeia im seleukid. Pierien festsetzen (↗Syrien). Gegen Ende des 3. Jh.s wurden sie in der Ägäis durch ↗Rhodos als eine Art Seepolizei abgelöst und verloren mit dem Verlust Koile ↗Syriens (200) auch materielle Ressourcen für den Schiffbau. Die sehr viel kleinere makedon. Flotte Philipps V. (53 Kriegsschiffe) unterlag 201 bei Chios und Lade Attalos und den Rhodiern; im Frieden mit Rom 197 wurde Makedonien gezwungen, fast alle verbliebenen Schiffe zu übergeben.

Die Flotte des Seleukiden Antiochos' III. (ca. 89 Kriegsschiffe) zerbrach 191 bei Korykos und 190 bei Myonessos gegen Rom und Rhodos. Der Friede von Apameia 188 beschränkte die seleukid. Flotte auf 10 Kriegsschiffe; aber Antiochos IV. brachte noch einmal eine ansehnliche Flotte für den Ägyptenfeldzug (168) zusammen; zuletzt ist seleukid. Marine unter Antiochos VII. belegt. – Eine gewaltige Flotte bot noch Mithradates VI. gegen Rom auf, wenn auch die Angaben (u. a. 300 Kataphrakten i.J. 88; 400 Trieren und Penteren i.J. 73) sicher übertrieben sind; Steuerleute mußte er aus Ägypten und Phoinikien, später unter kilik. Piraten rekrutieren (App. Mithr. 13, 44). – Bei Actium 31 nahm Kleopatra VII. mit 60 Einheiten teil.

Der Standardtyp des *Kriegsschiffes*, den auch Rom übernahm, war seit dem 5. Jh. die Triere („Dreier") mit Verdeck (daher auch „Kataphrakte"), die von Ruderern auf 3 in best. Weise übereinander angeordneten Bankreihen bewegt wurde (Länge der att. Triere ca. 35–38 m, Breite ca. 4,5 m, Tiefgang ca. 1 m, Ruderzahl 170). Das Schiffspersonal bestand zumeist aus Freien (nur in Notfällen auch Sklaven, s. Anm. 7, Lit.). Die Schiffstypen der hell. Zeit waren Fortentwicklungen der Triere durch Vermehrung der Ruderer je Ruder, kaum durch Erhöhung der Ruderreihen über 3 hinaus; techn. Einzelheiten sind umstritten. Schon 399 baute Dionysios I. v. Syrakus Tetreren („Vierer") und Penteren („Fünfer"), wohl zunächst als Experiment; diese Typen fanden dann Eingang z. B. in die Flotte Athens. Dionysios II. baute „Sechser" und die Nachfolger Alexanders d. Gr. wetteiferten im Bau immer größerer Einheiten: 315 verfügte Antigonos (I.) Monophthalmos über 3 „Neuner" und 10 „Zehner" (Diod. 19, 62), 301 hielt Demetrios I. Poliorketes „Vierzehner", später einen „Sechzehner" (Plut. Dem. 43; Theophr. hist. plant. 5, 8, 1; Plin. n. hist. 7, 208), der in der Flotte Philipps V. noch als Staatsschiff vertreten war (Polyb. 18, 44, 6) und 167 nach Rom übergeführt wurde. Ptolemaios I. baute einen „Zwölfer" (Plin. n. hist. 7, 208), Ptolemaios II. „Zwanziger" und „Dreißiger", Ptolemaios IV. gar einen „Vierziger", vermutl. in Katamaranbauweise mit 4000 Ruderern, 400 Matrosen und 2850 Seesoldaten (ἐπιβάται), freilich nur zu Repräsentationszwecken (Athen. 5, 203 e – 4 d). Für diese Einheiten benötigte man große Docks, Schiffshäuser und Hafenanlagen[34]. Zu den Superpolyeren gehörte auch der Leontophoros, den Lysimachos gegen Demetrios I. Poliorketes erbauen ließ (Memnon, FGrHist 434 F 38,5) mit 1600 Ruderern und Platz für 1200 Seesoldaten, der 280 die ptol. Flotte zum Sieg über Antigonos II. Gonatas führte. Dem Ptolemaios II. stellte Antigonos bei Kos ein eigenes Großkampfschiff, die Isthmia entgegen, das er später dem delischen Apollon weihte (Athen. 5, 209 e)[35]. Die Flotte der Ptolemäer umfaßte unter Ptolemaios II. angebl. 4000 Schiffe, davon 83 Polyeren vom „Fünfer" bis zum „Dreißiger". Gegen Ende des 3. Jh.s ging man wieder auf kleinere Einheiten zurück, zumal sich Großkampfschiffe einer best. Größe als nicht sehr effizient erwiesen (vgl. die Kritik Liv. 33, 30, 5; Polyb. 18, 27): „Zehner" waren der größte Typ in der Marine Philipps V. Neben den eigentl. Kampfschiffen verfügten die hell. Marinen über *Truppen- und Nachschubtransporter* (vgl. z. B. Liv. 36, 20, 8). Eine Übernahme von den Illyrern sind die Lemboi, schnelle und wendige kleine Schiffe mit 16–50 Ruderern in der Flotte Philipps V., die als Truppentransporter eingesetzt wurden, im Kampf die Formation des Gegners verwirren oder Überraschungsangriffe führen sollten. Gegen Piraten setzten die Rhodier eine Sonderentwicklung, die Triemolia, ein.

Rammen und Entern des Gegners war die übl. *Taktik* des Seekrieges. Auf den Schiffen wurden auch Katapulte und Bogenschützen eingesetzt (vgl. Diod. 20, 49, 4; 51, 2); 190 schleuderten rhd. Schiffe Feuerbecken. Wie in der Landschlacht versucht man – seit Salamis (306) – auch im Seegefecht, den Gegner mit einem verstärkten Angriffsflügel zu werfen (Diod. 20, 5, 3; Liv. 37, 30, 7). Anschaul. Schilderungen von Seeschlachten: z. B. Diod. 20, 49–52 (Salamis); 20, 84–100 (Belagerung v. Rhodos, z. T. zur See); Polyb. 15, 2–7 (Chios 201). J. D. G.

Anm.: 1) Der Begriff „Ph." ist mehrdeutig; er beschreibt urspr. den Schlachthaufen (vgl. Il. 4, 281 f.), dann die Gefechtsordnung der schwerbewaffneten Hopliten, die Schlachtordnung allg. ohne Bezug auf eine spez. Waffengattung (unter Alexander), schließl. speziell die Sarissenphalanx. – 2) Einen Eindruck vermittelt die Belagerung von Plataiai, Thuk. 2, 75–7; zur angebl. Erfindung des Widders durch die Karthager Athen. Mech. 9, 4–10, 4. – 3) F. Lammert, RE VII A 1, 1939, 663–73 s.v. Tropaion. – 4) G. Seibt, Söldner im Achaimenidenreich, Habelts Diss. 11, Bonn 1977. – 5) Garlan (s. u.) 164 f.; 166 f. – 6) Vgl. Diod. 16, 3; bezweifelt von M. M. Markle III, AJA 81, 1977, 323–39; 82, 1978, 483–97. Die Länge wird in der Antike unterschiedl. angegeben: nach Theophr. h. plant. 3, 12, 2: 12 Ellen im Heer Alexanders d. Gr.; Polyän 2, 29, 2 nennt 16 Ellen lange S.n; Polyb. 18, 24 gibt für seine Zeit 14 Ellen an; zur Diskussion s. F. Lammert, RE I A 2, 1920, 2515- 30. – 6a) Zu den Gardeeinheiten Philipps II. u. Alexanders d. Gr.: N.G.L. Hammond, Historia 40, 1991, 396–418. – 7) K.-W. Welwei, Unfreie im antiken Kriegsdienst, Forsch. zur antiken Sklaverei 5/8/21, 1974/77/88. – 8) Die 40 000 Mann bei Polyb. 29, 24, 8 sind sicher übertrieben. Zur Mobilisierung: Polyb. 16, 36. – 9) Vgl. R. Urban, Chiron 3, 1973, 95–102. – 10) Dazu M. Feyel, Polybe et l'hist. de la Béotie au IIIe s., Paris 1942, 187–218; neue Kataloge: S. Lauffer, Chiron 10, 1980, 162–73. – 11) Vermutung von Bar-Kochva (s. u.), 166. – 12) R. A. Lock, Historia 26, 1977, 373–8. – 13) J. Seibert, Gymnasium 80, 1973, 348 ff.; H. H. Scullard, The Elephant in the Greek and Roman World, London 1974. – 14) Einzelheiten bei Garlan (s. u.). – 15) E. Winter, Greek Fortifications, Toronto-Buffalo 1971. – 16) Immer noch grundlegend W. Riepl, Das Nachrichtenwesen des Altertums, Berlin 1913. – 17) S. z. B. den Königsbrief bei M. Wörrle, Chiron 9, 1979, bes. 89–91 (SEG XXIX 1516). – 18) P. Ducrey, Le traitement des prisonniers de guerre dans la Grèce antique. Ec. Franç. d'Athènes, Trav. et Mém. 17, 1968. – 19) H. Volkmann, Abh.Mainz 1961, 3 (^{2}1990). – 20) F. Kiechle, bei: F. Gschnitzer, Zur griech. Staatskunde, WdF 96, 1969, bes. 563–77. – 21) S. allg. StV III Register II C d6 sowie mehrere kret. Verträge des 2.Jh.s; dazu Y. Garlan, in: Armée et Fiscalite (s.u.) 149 -164. – 22) Hinweise bei W. Peremans, AncSoc 3, 1972, 67–76. – 23) Siehe CPJ S. 12f. – 24) Dazu etwa W. Pestman, Aegyptus 43, 1963, 15–53. – 25) E. Olshausen, AncSoc 5, 1974, 153–70. – 26) F. Uebel, Abh. Berlin 1968, 3. – 27) Einzelheiten bei E. Van't Dack, in: Armées et Fiscalité (s. u.). – 28) G. M. Cohen, The Seleucid Colonies, Historia-Einzelschr. 30, 1977. – 29) Vgl. Rostowzeff, GWHW 514 zu einem Schreiben Eumenes' II. an die Kardaker-Kolonie (Clara Rhodos 9, 1938, 183–208). – 30) C.B. Welles, AJA 42, 1938, 245–60. – 31) Launey (s.u.) 757; 776. – 32) H. Häßler, Veteranenversorgung im griech. Altertum, Diss. Jena 1926. – 33) Datierung nach H. Heinen, Unters. z. 3. Jh.; vgl. W. S. Ferguson, JHS 30, 1910, 189–208; dazu Tarn, ebd. 223–5. – 34) K. Lehmann-Hartleben, Klio-Beih. 14, 1923, 122–61. – 35) W. W. Tarn, JHS 30, 1910, 209–21.

Lit.: A. Allg.: H. v. Delbrück, Gesch. der Kriegskunst..., Bd. I, Berlin^3 1920. – J. Kromayer, Antike Schlachtfelder, 4 Bde., Berlin 1903–31. – Ders. - G. Veith, Schlachtenatlas zur antiken Kriegsgeschichte, 5 Bde., Berlin 1922. – Dies., Heerwesen und Kriegführung der Griechen und Römer, HdAW IV 3, 2, 1928. – Y. Garlan, War in the Ancient World, London 1975. – W. K. Pritchett, The Greek State at War, 3 Bde., Berkeley–LA–London 1974 ff. – Armées et Fiscalité dans le monde antique. Coll. Nat. Centre Nat. Rech. Scient. 936, Paris 1977 (Aufsatzsamml.). – Forschungsbericht: F. Lammert, Burs. Jb. 274, 1–114 (von 1918 bis 1938). -
I: H. W. Parke, Greek Mercenary Soldiers, Oxford 1933. – F. E. Adcock, The Greek and Macedonian Art of War, Berkeley–LA 1957. – A. Snodgrass, Arms and Armour of the Greeks, New York 1967. – J. K. Anderson, Military Theory and Practice in the Age of Xenophon, Berkeley–LA 1970. –
II: Philipp II.: N.G.L. Hammond – G. T. Griffith, A History of Macedonia II, Oxford 1979, 405–99. – Alexander d. Gr.: J. Seibert, Alex. d. Gr., EdF 10, 1972, 211–3 (Lit.). – R. D. Milns, The Army of Alex., Entretiens

Fondation Hardt 22, 1976, 87–130. – D. W. Engels, Alex. the Great and the Logistics of the Macedonian Army, Berkeley–LA–London 1978.
III: Allg.: W. W. Tarn, Hell. Military and Naval Developments, Cambridge 1930 (ND 1975). – M. Launey, Recherches sur les armées hell., 2 Bde., Paris 1949/50. – P. Lévêque, La guerre à l'époque hell., bei: J.-P. Vernant (Hrsg.), Problèmes de la guerre en Grèce ancienne, Paris La Haye 1968, 261–87. – C. Préaux, Le monde hell. I, Paris 1978, 295–357. – G. S. Samokhina, VDI 3, 1978, 146–54. – Einzelabh.: Diadochen: A. Spendel, Unters. zum Heerwesen der Diadochen, Diss. Breslau 1915. – E. Kahn, Drei Diadochenschlachten, Diss. Leipzig 1919. – N.G.L. Hammond, CQ 28, 1978, 128–35. – Philipp V.: F. W. Walbank, Philip V of Macedon, Cambridge 1940, bes. 289–94. – Attaliden: E. V. Hansen, The Attalids of Pergamon, New York ²1971, 208–17. – Seleukiden: Bikerman, IS 51–105. – B. Bar-Kochva, The Seleucid Army, Cambridge 1976 (nicht immer zuverlässig). – Ptolemäer: P. M. Meyer, Das Heerwesen der Ptolemäer und Römer in Ägypten, Leipzig 1900, dazu W. Schubart, AfP 2, 1903, 147–59. – J. Lesquier, Les institutions milit. de l'Égypte sous les Lagides, Paris 1911. – H. Heinen, AncSoc 4, 1973, 91–114. – Y. Garlan, in: Armées et Fiscalité 77–105 (Lit.). – G. Geraci, Aegyptus 59, 1979, 8–24. – E. Van't Dack, Ptolemaica Selecta. Etudes sur l'armée et l'administration lagides, Studia Hellenistica 29, 1988. – Mithradates VI.: Th. Reinach, Mithradates Eupator, Kg. von Pontos, übers. v. A. Goetz, Leipzig 1895, 261–9; 270–2 (Flotte). – Hasmonäer: A. Schalit, Kg. Herodes, Studia Biblica 4, Berlin 1969, 167–9. – B. Bar-Kochva, in: Armées et fiscalité (s.o.) 167–94. – I. Shatzman, The Armies of the Hasmonaeans and Herod, Tübingen 1991. – Parther: K. Schippmann, Grundzüge der parth. Geschichte, Grundzüge 39, 1980, 93f. (Lit.). – Söldnerwesen: G. T. Griffith, The Mercenaries of the Hellenistic World, Cambridge 1935 (ND Groningen 1968). – Poliorketik/Artillerie: E. W. Marsden, Greek and Roman Artillery, Oxford 1969/1971. – Y. Garlan, Rech. de poliorcétique grecque, BEFAR 223, 1974. – T. Alfieri Tonini, Atti del Centro ricerche e documentazione sull'antichità class. 9, 1977–78, 19–44. – O. Lendle, Antike Kriegsmaschinen. Gymnasium 88, 1981, 330–56. – Militärschriftsteller: s. die Hinweise im Forschungsbericht vor F. Lammert (s.o.).
B. Allg.: W. L. Rodgers, Greek and Roman Naval Warfare, London 1937. – A. Köster, bei: Kromayer– Veith, Heerwesen (s. o.) 171–75. – L. Casson, The Ancient Mariners, New York ⁶1979 = Die Seefahrer der Antike, München 1979 – Ders., Ships and Seamanship in the Ancient World, Princeton ³1973. – Einzelabh.: F. Miltner, RE Suppl. V 1931, 882–6 s. v. Seekrieg. – J. L. Merker, Studies in the Sea Power in the Eastern Mediterranean in the Century following the Death of Alex. the Great, Diss. Princeton 1958. – H. Hauben, AncSoc 6, 1975, 51–9 (Philipp II.). – Ders., AncSoc 7, 1979, 79–105 (Alex.d.Gr.). – Ders., Het vlootbevehelhebbershap in de vroene diadochentijd. -, Verhandl. Kon. Acad. Wetenschappen 37, Nr. 77, 1975. – Ders., Anc. Soc. 21, 1990, 119ff. (ptol. Trierarchen). – E. Van't Dack, in: Armée et Fiscalité 95–103 (Ptolemäer).

Münzprägung. A. ZUR HELL. M. ALLGEMEIN.

1. EINFÜHRUNG: Die M. des Hell. spiegelt die wichtigsten Veränderungen des neuen Zeitalters und unterscheidet sich in geldwirtschaftl. Organisation, Motiven und Darstellungsweisen der Münzbilder, aber auch techn. Ausführung deutlich von früheren Emissionen. Die entscheidenden Anstöße gingen von ↗Alexander d.Gr. aus, der politisch (Flächenstaat) und monetär (Massenemissionen; att. Münzfuß) teils Reformansätze Philipps II. vollendete, teils neue Wege beschritt. Die hell. Staaten führten den Geldverkehr in Gebieten ein, in denen er bis dahin ganz oder nahezu unbekannt war, so daß die Ausbreitung der griech. Sprache und des griech. Geldes nahezu Hand in Hand gingen; so bes. in Ägypten, das vor Alexander fast keine eigenen Münzen geprägt hatte, und in Iran und Indien. Die griech. M. des Hell. übte erhebl. Einfluß auf die M. in nichtgriech. Staaten (z. B. ↗Parther) aus.

2. ORGANISATION: Die Geldpolitik Philipps II. und Alexanders machte den att. Münzfuß (Tetradr[achme] ca. 17,3 g; nach 317 Gewicht leicht sinkend) zum vorherrschenden Standard des Hell. So entstand im östl. Mittelmeerraum ein großes Gebiet einheitl. Währung, wenn auch Ägypten (phönik. Fuß: Tetradr. zu 14,3 g; s.u. B 5) und Pergamon (Kistophorenstandard: Tetradr. zu 12,6 g; s.u. B 6) sich für Binnenwährungen entschieden.
Die wichtigsten MÜNZMETALLE blieben Bronze und Silber. Die Bronzeprägungen wurden stark ausgeweitet; sie ersetzten – wie schon früher ansatzweise – z. T. die Silberprägungen von Klein(st)nominalen. In Ägypten führte die durch Fehlen eigener Vorkommen bedingte Silberknappheit zur Einführung einer umfängl. Kupferwährung. Gold wurde nach Alexander, der wie Philipp II. in großer Menge Goldstatere emittiert hatte, nur gelegentl. für die M. verwendet; s. immerhin die Emissionen der Ptolemäer und Mithradates' VI. v. ↗Pontos (u. B 5; 7). Eine Besonderheit sind gelegentl. Nickelprägungen ↗Baktriens (B 7).
Der Geldbedarf großer und kleinerer Flächenstaaten führte zu Massenemissionen. Die Prägung der Königsmünzen wurde wegen der Größe der neuen Reiche, Verkehrs- und Sicherheitsproblemen i. d. R. dezentralisiert in mehreren Münzstätten ausgeführt. Weiter Geltungsbereich, reichl. Verfügbarkeit und über lange Zeiträume stabile Qualität (keine Münzverschlechterung, lediglich leichte Gewichtsreduzierungen) gewannen dem Geld der Territorialstaaten hohe Akzeptanz und zunehmende Bedeutung gegenüber den städt. Prägungen, die vielerorts – meist aus ökonom. Gründen, nicht infolge von Eingriffen der Herrscher – auf Bronze beschränkt oder ganz eingestellt wurden. Zu einer Belebung städtischer M. kam es in mittelhell. Zeit, als etliche Poleis in Hellas und Kleinasien wieder Silber-Tetradr. nach att.Standard produzierten. Dabei kopierten einige Städte für ihre autonome M. postume Alexander- und Lysimachos-Tetradr.; zu weite-

ren städt. Typen s.u. B 4. Der größte Teil dieser städt. M. diente dem Außenhandel und kursierte bald in Territorialstaaten (bes. Seleukidenreich). Außerhalb ihres Prägegebietes wurden die städt. Münzen häufig mit Gegenstempeln (z.B. dem Anker der Seleukiden) versehen.

3. NEUE MOTIVE UND DARSTELLUNGWEISEN waren sichtbarer Ausdruck dieser monetären Entwicklungen. Vor dem Hell. zeigten die Münz-Vs. Götterbilder, aber nur in wenigen Ausnahmen ("Satrapenmünzen", lykische Dynasten) menschl. Porträts; nun wurde in relativ kurzer Zeit das HERRSCHERPORTRÄT zu einem Charakteristikum der meisten Reichsprägungen (Ausnahmen z.B. ↗Antigoniden vor Philipp V., Pyrrhos v. ↗Epirus), entsprechend der zentralen Position des Herrschers im ↗Staat (III 3); das Münzporträt galt bald als Indiz für monarch. Regierungsform. Ob schon unter Alexander der Herakleskopf auf Tetradr. Züge des Königs annahm, ist umstritten; die von den Diadochen nach den Königsproklamationen (306/5) verwendeten, meist idealisierten Porträts waren noch mit Götterattributen drapiert; erst die Nachfolger legten die göttl. Abzeichen ab und setzten ein realist. Königsbildnis mit Diadem auf ihre Münzen. Das künstlerische Niveau dieser Porträts ist in der gesamten antiken M. einzigartig; es wurde erst in der Renaissance wieder erreicht.
Die hell. Territorialprägungen zeigten trotz dezentraler M. auf den Rs. nicht mehr Lokalgottheiten bzw. ihre Symbole, sondern Reichsgottheiten bzw. Schutzgötter der Herrscher. Einzig die Münzstättenzeichen bewahrten einen Rest lokalen Kolorits. I.d.R. wurden uniforme Serien geprägt; Abweichung vom einmal gewählten Typus oder Prägung vieler versch. Rs.-Typen waren unüblich. Diese Beschränkung vergrößerte Erkennbarkeit und Akzeptanz der Münzen in weiten Wirtschaftsräumen.
Mehr als früher wurden Ornamente für den Schmuck der Münzbilder verwendet (vgl. etwa die klass. athen. Eulenprägungen mit den, mit Verzierungen und Schrift überfrachteten, Eulen „Neuen Stils"). Die Münzlegenden sind i.a. ausführlicher; sie nennen meist den Prägeherrn (Herrscher, Bund, Stadt), gelegentl. einen Münzbeamten, selten einen Künstlernamen: sie geben – das ist völlig neu – häufiger auch Zeitangaben. Das Bemühen um die Herstellung ästhetisch befriedigender Münzbilder ist im Hell. trotz des starken wirtschaftl. Kalküls bei der Prägung weit verbreitet.

4. Technische Ausführung. Aus dem hohen Stand von Technik und ↗Kunstgewerbe im Hell. resultierte steigende techn. Qualität. Die Schrötlinge wurden i. d. R. sorgfältig vorbereitet; sie waren flacher und breiter als früher und boten mehr Raum für das Münzbild, das flächiger und weniger plastisch wirkte. Nach der Prägung wurde der Rand des öfteren durch Hämmern oder Abschleifen geglättet.

B. Einzelne Prägegebiete: *1.* Im Alexanderreich führte Alexander eine einheitl. Währung nach dem att. Münzfuß ein. Am wichtigsten waren die Silberprägungen, unter ihnen wiederum die Tetradr. (s. o. A 2) mit dem Kopf des Herakles (mit Zügen Alexanders[?], s. o. B 3) mit Löwenhaupt auf der Vs., dem thronenden Zeus mit Adler und Szepter auf der Rs. Daneben gab es (auch doppelte) Goldstatere (Vs. Athenakopf, Rs. stehende Nike mit Kranz und Stylis in der Hand) und Bronzemünzen (Vs. Kopf des Herakles mit Löwenhaupt, Rs. sein Bogen mit Köcher und seine Keule). Das Alexandergeld wurde in vielen Münzstätten (weit über 150 bekannt) ausgeprägt, i. d. R. an wirtschaftl. Zentren mit alter Prägetradition. Für die enormen, v. a. für Soldzahlungen erforderlichen Emissionen verwendete Alexander die erbeuteten Edelmetallschätze der Achämeniden, deren Konzept des Hortens er das des Geldumlaufs entgegensetzte. Nach 323 wurden (außer in Ägypten) noch etwa 19 Jahre lang dieselben Typen unter den Namen Philipps III. und Alexanders IV. geprägt. Postume städt. Prägung größerer Serien von Alexandertetradr. in mittelhell. Zeit (A 3, B 4) bezeugt die Beliebtheit dieser Münzen; größere und flachere Schrötlinge, oft auch schlechtere Ausführung unterscheiden sie von ihren Vorbildern.

2. Die M. der Diadochen zeigt v. a. motivische Übergangserscheinungen und das Suchen nach neuen Formen, bes. bei den Porträts, die sich noch an die Götterbildnisse anlehnen (o. B 3). Bes. Originalität zeigt eine der seltenen „Geschichtsmünzen" des Hell., die der ↗Antigonide Demetrios Poliorketes nach dem Seesieg bei Salamis (Kypros, 306) prägen ließ: auf der Vs. die Siegesgöttin auf einem Schiffsvorderteil, auf der Rs. Poseidon mit Dreizack. Von höchster Qualität war die M. des Lysimachos (↗Thrakien; Vs. idealisiertes Bildnis Alexanders mit Ammonshörnern, Rs. sitzende, nikehaltende Athena, seit 306 oder 301), die auch nach dem Tod des Königs von vielen Städten (z. B. Byzantion, Kalchedon) nachgeprägt wurden und bes. im Handel im Balkan- und Schwarzmeerraum kursierten.

3. Die Könige ↗MAKEDONIENS prägten zunächst nach att. Standard postume Alexandermünzen, seit ca. 270 einen neuen Typ mit Pan-Kopf auf maked. Schild (Vs.) und blitzeschleudernder Athena (Rs.). Mehrere Probleme sind ungelöst: Da die Münzen mit Legende 'Αντιγόνου kein Bildnis tragen, lassen sie sich nicht mit Sicherheit Antigonos II. bzw. III. zuordnen. Hingegen emittierten Philipp V. und Perseus in größerem Umfang Münzen mit ihren Porträts. Philipp V. versuchte um 187 durch Neuorganisation des Geldwesens, bei der städt. Prägungen in Bronze und Kleinsilber angeregt wurden, die finanzielle Leistungsfähigkeit Makedoniens zu heben; der auffälligste neue Typ zeigt den Kopf des Heros Perseus auf maked. Schild (Vs.) und die Keule des Herakles (Rs.), von einem Eichenkranz umgeben. Die 4 nach 168 von Rom geschaffenen Regionen (↗Makedonien IV) emittierten eigene griech. Münzen. In der Provinz Macedonia (seit 148) ließen röm. Statthalter gelegentl. provinziale Münzen prägen.

4. SELEUKIDENREICH. Die M. begann ca. 305, als Seleukos, der zuvor als Satrap in Babylon Alexandermünzen hatte herstellen lassen, nach Annahme des Königstitels seinen eigenen Namen auf diese Münzen setzte; nächster Schritt war die Verwendung des eigenen Porträts. Sein Tod (281) bedeutete einen Wendepunkt in der seleuk. Emissionspolitik: Während bis dahin noch Alexanderserien geprägt worden waren, setzten die Seleukiden nun regelmäßig ihr eigenes Bild auf die Vs. Antiochos I. führte als Rs.-Darstellung der Tetradr. einen auf dem Omphalos sitzenden Apollon ein, seitdem eines der beliebtesten Rs.-Bilder der älteren seleuk. M., das auch die ↗Parther verwendeten. Später erscheinen auch Zeus Nikephoros (bes. unter Antiochos IV.), Athena und die Dioskuren. Geldpolitisch bestand das Reich aus zwei gegensätzl. Gebieten; während der Westen seit langem an Geldverkehr gewöhnt war, mußte er im Ostteil, wo Münzen bis dahin nur als Metallstücke galten, erst eingeführt werden, was aber sehr schnell gelang. Um 246 löste sich ↗Baktrien aus dem Reich und begann mit eigener M. Das Seleukidenreich hielt konsequent am att. Fuß fest und betrieb im Gegensatz zu Ägypten und Pergamon eine Geldpolitik der offenen Grenzen; städt. Prägungen liefen neben den Königsprägungen um (Nachweis durch Hortfunde). Mehrere kleinasiat. Städte scheinen geradezu Münzen für den Umlauf in Syrien geprägt zu haben: Alexander-Tetradr. von Temnos, Alabanda und pamphyl. Poleis; eigentyp. Tetradr. Sides (Vs.: Athena-Kopf, Rs. stehende Nike mit Kranz); „Stephanophoren" („Kranzträger", nach dem Rs.-Motiv benannt) von Ägäis-Städten; phönik.Prägungen (bes. Arados). Antiochos' IV. Versuch einer Währungsreform nach Vorbild Ägyptens und Pergamons scheiterte[1].

5. PTOLEMÄERREICH. Ptol. I. ließ zwischen 321 und 305 Alexander-Tetradr. prägen, auf denen der Herakleskopf durch das Bildnis Alexanders mit Elephantenkopfschmuck ersetzt war. Nach 305 setzte auch er sein eigenes Bild auf die Vs., den ptol.Reichsadler auf die Rs. Die M. erreichte ihren künstl. Höhepunkt unter Ptol. II. und III., unter denen auch Münzen mit Bildnissen der königl. Frauen (Arsinoe II. und Berenike II.) emittiert wurden. Bereits Ptol. I. führte nach einigem Experimentieren eine Binnenwährung auf dem phönik. Münzfuß ein (s. o. A 2) zur Erleichterung des Geldverkehrs mit den phönik. Städten und Karthago. Ptolem. Münzen wurden außer in Alexandreia auch in Städten der Levante und Kypros' geprägt. Alte ägypt. Traditionen (Handel mit Kupferbarren) und Silbermangel veranlaßten Ptol. II., schweres Kupfergeld (bis zu 92 g Sollgewicht) einzuführen, das, v. a. im Handel in der Chora verwendet, den traditionellen Tauschhandel weiter zurückdrängte. Aus Gold waren gelegentl. Gedenk- und Propagandaprägungen, oft für die Zahlung von Hilfsgeldern ins Ausland bestimmt.

6. PERGAMENISCHES REICH. Nach seinem Abfall von Lysimachos (282) prägte Philetairos zunächst Alexander-Tetradr. mit dem Namen des Seleukos I. Nach dessen Tod erscheint ein neuer Tetradr.-Typ, auf dessen Vs. weiterhin Seleukos dargestellt war, auf der Rs. die thronende Athena (vgl. o. B2). Die souveräne M. begann kurz nach der Schlacht bei Sardes (262, ↗Pergamon I 2). Es wurde (mit einer Ausnahme) nur mit Bild und Namen des Dynastiegründers Philetairos geprägt, auf der Rs. die (leicht geänderte) sitzende Athena, die seit Galatersieg und Königserhebung (↗Pergamon I 3) einen Kranz hielt.

Diese Königsprägung nach att. Standard wurde – bis auf unbedeutende Nachzügler – kurz nach 190 von Eumenes II. eingestellt. Danach – wohl zwischen 180 und 170² – führte Pergamon³ eine eigene Binnenwährung ein, indem es von versch. Städten des Reiches (durch Beizeichen erkennbar) eine neue Münze mit Nennwert 4 Drachmen ausgeben ließ, die aber tatsächl. nur um 12,6 g (damals 3/4 einer att. Tetradr.) wog. Nach ihrem Vs.-Bild – Efeukranz um die ‚Cista mystica' (runder Deckelkorb der Dionysosmysterien, ↗Religion B 9; 20), aus der eine Schlange ringelt – wurde sie Kistophor genannt. Da sie anscheinend die einzig gültige Münze im Reich wurde und Umtauschzwang bestand, konnte der Staat alle Transaktionen kontrollieren und verdiente bei jedem Geldwechsel. Die Kistophorenwährung wurde von Rom nach Übernahme des Perg. Reiches (133) beibehalten und bis in die Kaiserzeit (Römische K., allerdings im Typus stark verändert) hinein fortgeführt.

7. KLEINERE TERRITORIALSTAATEN. In ↗BITHYNIEN wurden nur in Nikomedeia seit Gründung der Stadt (264) bis zum Ende des Reiches (74/73) Königsmünzen nach att. Münzfuß geprägt. – Ebenfalls nach att. Fuß prägten die Könige ↗KAPPADOKIENS seit ca. 240 Münzen mit griech. Legenden; auf ihren Rs. war u.a. Athena bzw. die mit ihr identifizierte einheim. Göttin Ma abgebildet. Wichtigstes Nominal der Silberemissionen war nicht die Tetradr., sondern die Drachme; ihr Gewicht wurde bis zur Einstellung der Prägung (17 n. Chr.) kontinuierlich vermindert. – In ↗PONTOS wurde seit Beginn des 3. Jh.s geprägt, darunter von Anfang an Goldmünzen; sie knüpften an Alexanders Goldstatere an und unterstrichen den Anspruch des pont. Staates, zu den hell. Großmächten zu gehören⁴. Einen Höhepunkt erreichte die M. unter Mithradates VI., als mehrere Serien künstlerisch hochstehender Gold- und Silbermünzen produziert wurden und zugleich mehrere pont. Städte mit der Emission lokalen Bronzegeldes begannen. – Die M. ↗BAKTRIENS seit 246 (s. o. B 4) orientiert sich zunächst an seleuk. Prägungen, nimmt aber mit wachsender Intensität einheimische, d.h. indische Eigenheiten an, bis sie ihren griech. Charakter völlig verliert. So tragen die baktr. Münzen zunächst nur griech. Legenden; unter Demetrios I. (frühes 2. Jh.) kommen zweisprach. Legenden in Griech. und Indisch (Prakrit-Sprache in Karoshti-Schrift) auf; Ende des 2. Jh.s verschwindet die griech. Sprache völlig. Die baktr. Edelmetallprägungen wurden

zunächst nur nach dem att. Fuß geschlagen, später auch nach einem lokalen indischen, der sich schließlich durchsetzte. Ungewöhnlich sind etliche Nominale (z. B. 20-Drachmenstücke des Amyntas; ein 20-Stater-Goldstück des Eukratides die größte Goldmünze der Antike: 168 g, 56 mm Durchm.), Quadrat- und Rechteckformen und die seltenen Nickelprägungen. Die Porträts der früheren baktr. Serien gehören zu den besten der hell. Münzkunst.

8. Zur unterschiedlich organisierten M. der BÜNDE ↗Koinon. Bundesprägungen (ἄργυρον συμμαχικόν) – meist Dreiobolenstücke – waren in der 1. H. des 2. Jh.s im Geldverkehr in Zentral- und Südhellas von Bedeutung. – Die meisten griech. POLEIS emittierten Bronzemünzen; Silberprägungen waren die Ausnahme und blieben auf größere Städte beschränkt. Zu den städt. Silberprägungen in mittel-hell. Zeit s. o. A 2; B 4. Der Prägebeginn der athen. Eulen ‚Neuen Stils' ist umstritten (Freiheitserklärung 196? 164?)[5]; sie waren die wichtigste Währung im Freihafen Delos und wurden von dort auch im Osten verbreitet. – Wenig erforscht ist bisher die M. von ↗RHODOS, das im 3. und zu Beginn des 2. Jh.s große Mengen von Didrachmen (6,7 g) und nach dem Frieden von Apameia (188) eine neue Drachmenserie („Plinthophoren") prägte (Vs.: fast frontaler Kopf des rhod. Helios; Rs.: ‚quadratum incusum' mit dem rhod. Rosen-Emblem), die auch Vorbild für Emissionen des Lykischen Bundes wurden. – Daneben prägten etliche Gemeinden (z. B. Ephesos, Priene, phönik. Städte) eigentyp. Silbermünzen, häufig nur mit regionaler Bedeutung. J. N.

Anm.: 1) O. Mørkholm, in: W. Heckel–R. Sullivan (Hrsg.), Ancient Coins of the Graeco-Roman World. The Nickel Numismatic Papers, Waterloo (Ontario) 1984, 93–113. – 2) O. Mørkholm, ANSMN 24, 1979, 47–50 (Einführung zwischen 179 und 172). – 3) Die Interpretation der Kistophoren als Königsgeld wurde zuletzt wieder von W. Szaivert, Stephanephoren und Kistophoren, Litterae Numism. Vindobonenses 2, 1983, 29–54 in Frage gestellt, der Prägeverbot für Pergamon und Förderung der Autonomiebestrebungen der Griechenstädte durch Rom nach 166 annimmt. – 4) Vgl. G. Kleiner, Pont. Reichsmünzen, IstanbMitt. 6, 1955, 1–21. – 5) Mørkholm: 185–180.

Lit.: Forschungsstand: Die hell. Edelmetallprägungen sind zu weiten Teilen erforscht; es fehlt an Gesamtdarstellungen und Corpora. Die Bronzeprägungen blieben hingegen bis heute nahezu völlig unbeachtet. Überblicke: Berichte der ‚Internat. Numismat. Kommission' (A Survey of Numism. Research, zuletzt 1978–84, London 1986); neue Lit. fortlaufend in der Zeitschrift ‚Numismatic Literature' der Amer. Numism. Society aufgelistet, Hortfunde in der Reihe ‚Coin Hoards' (zuletzt Bd. 7, London 1985). –
Zu A 1: Grundlegend: O. Mørkholm, Early Hellenistic Coinage, Cambridge 1991 (bis 188); ferner z. B. C. Schneider, Kulturgesch. II 710–29 (vor

allem zur Münzkunst); E. Schönert-Geiss, Das Geld im Hell., Klio 60, 1978, 131–6. Lit.: R.-Alföldy ²1982; Ch. Boehringer, Zur Chron. mittelhell. Münzserien 220–160 v. Chr., Berlin 1972. –

Zu A 2: Prägerecht: Th. R. Martin, Sovereignty and Coinage in Class. Greece, Princeton 1985. Gegenstempel: G. Le Rider, Contremarques et surfrappes dans l'Antiquité grecque, in: Numismatique antique. Problèmes et méthodes, Nancy-Louvain 1975, 27–56. –

Zu A 3: Porträts: gute Übersicht, hervorragende Photos: N. Davis – C.M. Kraay, The Hell. Kingdoms. Portrait Coins and History, London 1973. Weitere Lit. bei R.-Alföldi 231 und K. Fittschen (Hrsg.), Griech. Porträts, Darmstadt 1988, 400–5. Münzbeamte: noch immer R. Münsterberg, Die Beamtennamen auf den griech. Münzen geograph. und alphabet. geordnet, Wien 1911–27 (ND Hildesheim – Zürich – New York 1985); Verbesserungen und Ergänzungen in Beiträgen von O. Masson, Onomastica Graeca Selecta 1 und 2, Paris o.J. –

Zu B 1: Lit. bei J. Seibert, Alexander d.Gr., Darmstadt 1972, 42–51, und R.-Alföldy 256; Sammlung wichtiger Aufsätze: S. Gardiakos (Hrsg.), The Coinages of Alex. the Great, 3 Bde., Chicago 1981 (Bd. 3: Münzstätten). Umfang der Alexander-Prägungen: F. De Callatay, REA 91, 1989, 259–74. – M. J. Price, The Coinage in the Name of Alex. the Great and Philip Arrhidaeus, I/II, Zürich–London 1991. –

Zu B 2: Lit.-Übersicht: J. Seibert, Das Zeitalter der Diadochen, Darmstadt 1983, 55–67. Im einzelnen: E.T. Newell, The Coinages of Demetrius Poliorcetes, London 1927. – L. Müller, Die Münzen des thrac. Königs Lysimachos, Kopenhagen 1858 (noch immer grundlegend); vgl. auch M. Thompson, The Mints of Lysimachus, in: C.M. Kraay – G.K. Jenkins (Hrsg.), Essays in Greek Coinage pres. to S. Robinson, Oxford 1968, 163–82. Lysimachosprägungen von Byzanz und Kalchedon: H. Seyrig, ebd. 183–200 (= ders., Scripta Numismatica, Paris 1986, 215–36); postume Lysimachosserien: R.-Alföldi 260. –

Zu B 3: Ch. Boehringer 99–125, R.-Alföldi 256f. Mørkholm, Coinage 132–7; Überblick über den Münzumlauf in Hellas und Makedonien: M.H. Crawford, Coinage and Money under the Roman Republic. Italy and the Mediterranean Economy, London 1985, 116–32. –

Zu B 4: Grundlegend: E.T. Newell, The Coinage of the Eastern (bzw. Western) Seleucid Mints from Seleucus I to Antiochus III, New York 1938 (bzw. 1941); neues Material: A. Houghton, Coins of the Seleucid Empire from the Coll. of A. Houghton, New York 1983; Mørkholm, Coinage 71–6; 113–27; Th. Fischer, Literaturüberblicke der gr. Numismatik: Seleukiden, Chiron 15, 1985, 283–389 (gute Indices); 21, 1991, 425–64 (Nachtr. 1984–89). – R. Fleischer, Studien zur seleukid. Kunst I: Herrscherbildnisse, Mainz 1991. –

Zu B 5: Grundlegend noch immer J.N. Svoronos, Τὰ νομίσματα τοῦ κράτους τῶν Πτολεμαίων I–IV, Athen 1904–08 (Bd. IV = deutsche Übers. von Bd. I); weitere Lit. bei R.-Alföldi 293f.; Mørkholm, Coinage 63–70; 101–11. Porträts: H. Kyrieleis, Bildnisse der Ptolemäer, Berlin 1975. Ptolem. Münzstätten: zuletzt A. Davesne, in: ders. – G. Le Rider (Hrsg.), Le trésor de Meydancikkale (Cilicie Trachée, 1980), Paris 1989, 259–300. Ptolemäer-Prägungen auf Kypros 192/1–164/3: O. Mørkholm – A. Kromann, Chiron 14, 1984, 149–73. –

Zu B 6: Pergam. Königsprägung nach att. Standard: U. Westermark, Das Bildnis des Philetairos von Pergamon. Corpus der M., Stockholm 1960. Ältere Kistophoren: F.S. Kleiner–S.P. Noe, The Early Cistophoric Coinage, New York 1977; Lit.: D. Kienast, Cistophoren, JNG 11, 1961, 159–88; R.-Alföldy 276f.; G. Le Rider, JSav. 1989, 163–89 (Münzpolitik nach 188); ders., BCH 114, 1990, 683–701; R. Bauslaugh, NC 1990, 39–65 (countermarks). –

Zu B 7: B. Simonetta, The Coins of the Cappad. Kings, Fribourg 1977 (Corpus; doch vgl. O. Mørkholm, NC 1979, 242–6; Coinage 174). – Lit: K. Golenko, Literaturüberbl. der gr. Numismatik: Pontus und Paphlagonien (Veröff. in

Rußland und der Sowjetunion), Chiron 3, 1973, 467–99; R.-Alföldi, 274; E. Olshausen–J. Biller, Hist.-geogr. Aspekte der Gesch. des Pont. und Armen. Reiches 1, Wiesbaden 1984, 102–9 (bes. zu den städt. Münzstätten). Baktrien: A.N. Lahiri, Corpus of Indo-Greek Coins, Kalkutta 1965; M. Mitchiner, Indo-Greek and Indo-Scythian Coinage, London 1975f.; zum problemat. Forschungsstand vgl. O. Guillaume, L'analyse de raisonnements en archéologie: Le cas de la numismatique gréco-bactrienne et indo-grecque, Paris 1987. – O. Bopearachchi, Monnaies gréco-bactriennes et indo-grecques. Catalogue raisonné, Paris 1991. –
Zu B 8: H.A. Troxell, The Coinage of Lycian League, New York 1982. – Städt. mittelhell. Münzserien: s. bes. Ch. Boehringer. Stephanophoren allg.: O. Mørkholm, Quaderni ticinesi 9, 1980, 145–58. Einzelne Städte: z.B. N.F. Jones, ANSMN 24, 1979, 63–109 (Magnesia/Mäander); J.H. Oakley, ebd. 27, 1982, 1–37 (Kyme); K.S. Sacks, ebd. 30, 1985, 1–43 (Myrina). Side: W. Leschhorn, in: P.R. Franke – W. Leschhorn – B. Müller – J. Nollé, Side, Saarbrücken ²1989, 23–42 (Lit.). Athen. Eulen neuen Stils: M. Thompson, The New Style Silver Coinage of Athens, New York 1961 (Corpus); Mørkholm, Coinage 170f. Rhod. Plinthophoren: W. Leschhorn, JNG 35, 1985, 7–20. Ephesos: S. Karwiese, RE Suppl. XII 1970, 297–329.

Naturwissenschaften.

Unter dem Begriffe ‚Naturwissenschaften' werden im folgenden die mathematisierbaren und im Hell. tatsächlich mathematisierten Gebiete Astronomie, mathematische Geographie, Mechanik, Optik und Harmonik vorgestellt; die anderen heute zu den exakten Wissenschaften gehörenden Gebiete waren im Hell. noch nicht von der ↗Philosophie gelöst, noch nicht als mathematisierbar erkannt oder nur als handwerkliches Erfahrungswissen vorhanden.

A. ASTRONOMIE.

I. VORGESCHICHTE. Ackerbau, Seefahrt und regelmäßige Feste haben die Griechen früh zur planmäßigen Beobachtung des Himmels geführt[1]; bald schon ergänzten sie ihre Kenntnisse aus dem reichen Erfahrungsschatze Babyloniens und Ägyptens[2]. Einen ersten Schritt zu einer wissenschaftlichen Astronomie taten die milesischen Philosophen des 6. Jh.s: Anaximander entwarf ein Weltmodell[3], und während sein Lehrer Thales die Sonnenfinsternis vom 28. Mai 585 vermutlich noch auf Grund vorgegebener babylonischer Tabellen vorhergesagt hatte[4], ersann er[5] oder sein Schüler Anaximenes[6] für eigene Beobachtungen den vielfältig anwendbaren schattenwerfenden Stab, den Gnomon (γνώμων).

Den zweiten Schritt zur Errichtung eines wissenschaftlichen Lehrgebäudes taten die frühen Pythagoreer (spätes 6. bis frühes 4. Jh.; ↗Mathematik I) mit der Mathematisierung der Astronomie[7]; zugleich entstanden neue Weltmodelle wie das von der in der Mitte der Himmelskugeln (σφαῖραι) schwebenden Erdkugel (χθών)[8] oder das kühne des Philolaos von Kroton, das alle Himmelskörper einschließlich der Erde und der ‚Gegenerde' (ἀντίχθων) um ein Zentralfeuer kreisen ließ[9]. Bedeutsamer blieb die Behauptung der Achsendrehung der Erde wohl durch die Pythagoreer Hiketas von Syrakus und Euphantos von Syrakus[10].

Diese Erkenntnis machte sich Platon zu eigen[11], der Philosoph, der die Astronomie nicht nur seinen Schülern in der ↗Akademie und den Bürgern seines Idealstaates zur Aufgabe gemacht[12], sondern durch die Forderung, die Planetenbahnen als gleichförmige Kreisbewegungen zu deuten[13], für zwei Jahrtausende bestimmt hat. Drei Modelle hat die antike Astronomie zur Lösung dieser ‚platonischen Aufgabe' entwickelt. Das erste, das ‚konzentrische' Modell, stammt von Platons Schüler Eudoxos von Knidos (↗Mathematik I): Er nahm, von der äußersten, der Fixstern-Sphäre, abgesehen, 26 konzentrische, gleichsam in kardanischer Aufhängung befindliche, sich je um die eigene Achse drehende Sphären an (je drei für Sonne und Mond, je vier für jeden der fünf Planeten)[14]. Sein auch in der angewandten Astronomie erfolgreicher Schüler Kal(l)ippos von Kyzikos – er ersetzte den seit 432 in Athen gültigen 19jährigen Metonischen Schaltjahr-Zyklus, der der Harmonisierung von Sonnen- und Mondjahr diente, durch einen genaueren, 76jährigen – verfeinerte den Entwurf durch die Annahme weiterer sieben Sphären[15], und Aristoteles fügte weitere 22, und zwar gegenläufige, Sphären hinzu[16]. Die einschlägigen Werke des Eudoxos und seines Schülers sind ebenso verloren wie des ersteren ‚(Himmels-)Erscheinungen' (Φαινόμενα) und ‚(Himmels-)Spiegel' (Ἔνοπτρον), zwei Schriften, die einen Überblick über die vom damaligen griechischen Lebensraum aus sichtbaren Sternbilder gaben[17] und im Hell. (s. u. II) und weit darüber hinaus auf Wissenschaft, Literatur und sogar Astrologie – eine begriffliche Scheidung von ‚Astronomie' (ἀστρονομία) und Astrologie (ἀστρολογία) begegnet zuerst bei dem kaiserzeitlichen ↗Skeptiker (II) Sextus Empiricus[18] – einige Wirkung ausgeübt haben.

II. Die ASTRONOMIE DES HELL. Zu Beginn des Hell. tat die Astronomie dank günstigen äußeren Umständen den dritten Schritt zur Vollendung: Zum einen hatten die Eroberungen ↗Alexanders d. Gr. (3) Beobachtungen von weit voneinander entfernten Plätzen ermöglicht, zum anderen waren die alten ägyptischen und babylonisch-chaldäischen Zentren der Himmelskunde in die griechische Welt aufgenommen[19], und zum dritten erreichte die ↗Mathematik (II) im ersten Jahrhundert des Hell. ihren – erst in der Neuzeit überschrittenen – Höhepunkt. So zeigen schon die beiden ältesten erhaltenen Fachschriften griechischer Astronomie, die Abhandlungen ‚Über die kreisende (Himmels-)Kugel' (Περὶ κινουμένης σφαίρας) und ‚Über Auf- und Untergänge (der Fixsterne)' (Περὶ ἀνατολῶν καὶ δύσεων) des Autolykos von Pitane (um 300; ↗Mathematik II 4) Beherrschung der sphärischen Geometrie, und auch die drei großen Mathematiker des Hell. haben – jeder in einer für seine Arbeitsweise bezeichnenden Art – Astronomie getrieben: Euklid (↗Mathematik II 1) bietet in seinen in zwei voneinander (und wohl auch vom ursprünglichen Wortlaut) beträchtlich abweichenden Bearbeitungen erhaltenen ‚(Himmels-)Erscheinungen' (Φαινόμενα) eine ziemlich vollständige sphärische Geometrie des Himmelsgewölbes, Archimedes (↗Mathematik II 2; s. u. C) ist, neben einzelnen Sternbeobachtungen[20], durch den Bau eines Planetariums, den er in einer (verlorenen) Schrift ‚Über den Bau von Himmelsgloben' (Περὶ σφαιροποιίας) beschrieb, hervorgetreten[21], und Apollonios (↗Mathematik II 3) hat durch Sammlung, Sichtung und Scheidung der bis dahin vorgeschlagenen Modelle zur Beschreibung der Planetenbahnen das für die Folgezeit gültige Modell mathematisch dargestellt[22].

Angesichts des Ungenügens der von Eudoxos vorgeschlagenen ‚konzentrischen' Lösung der ‚platonischen Aufgabe' (s. o. I) waren nämlich mittlerweile zwei weitere Modelle der Sonnen-, Mond- und Planetenbewegung entwickelt worden: einerseits das ‚exzentrische' Modell, das Himmelskörpern Kreisbahnen zuwies, deren Mittelpunkte nicht mit dem Erdmittelpunkt zusammenfallen, andererseits das ‚epizyklische' Modell, demzufolge sich der Planet auf einem (kleinen) Kreise, dem ‚Aufkreis' (ἐπίκυκλος), bewegt, während der Mittelpunkt dieses (kleinen) Kreises seinerseits einen (großen) Kreis beschreibt[23]; letzteres Modell setzt den Verzicht auf die Vorstellung von ineinandergeschachtelten stofflichen Kugeln voraus.

Erhalten hat sich ein nicht eigentlich der Wissenschaft angehöriges Werk, das ↗Lehrgedicht des Arat(os) von Soloi (1. H. d. 3. Jh.s) über die ‚(Himmels-)Erscheinungen'

(Φαινόμενα), das sich in der Darstellung der Sternbilder vermutlich an Eudoxos (s. o. I) orientierte; über lateinische Nachdichtungen eines Cicero, Germanicus und Avienus wirkte es bis in die Neuzeit nach. Prosaisch und poetisch – von ersterem ist unter dem Titel ‚Verstirnungen' (Καταστερισμοί) ein Auszug erhalten – hat der Universalgelehrte Eratosthenes von Kyrene (↗Buchwesen II 2, ↗Epyllion 5, ↗Geschichtsschreibung A VI/VIII, ↗Mathematik II 4, ↗Philologie; s. u. B II) die kanonischen Sternbilder samt den dazugehörigen Sagen behandelt, und der alexandrinische Hofastronom Konon von Samos, wie sein Nachfolger Dositheos von Pelusion Korrespondent des Archimedes (↗Mathematik II 4), reihte im Jahre 247/246 dem Katalog in höfischer Eleganz ein neues Sternbild ein: die ‚Locke der Berenike' (Βερενίκης πλόκαμος; ↗Ptolemäer II 4)[24]. Kein – oder nur sehr entstelltes – Gedankengut des Eudoxos enthält dagegen die auf einem Papyrus des 2. Jh.s gefundene, seinen Namen tragende ‚Himmelskunde' (Τέχνη ἀστρονομική).

Zum größten Ruhme ist in der Neuzeit Aristarch(os) von Samos (1. H. d. 3. Jh.s; ↗Mathematik II 4) emporgestiegen, hat er doch – vielleicht einem Gedanken des Platon-Schülers Herakleides Pontikos[25] folgend – das Kopernikanische System ‚vorweggenommen': Anscheinend in der Überzeugung, daß auch noch so weit getriebene Verfeinerungen ‚konzentrischer', ‚exzentrischer' oder ‚epizyklischer' Modelle die scheinbaren Unregelmäßigkeiten des Laufes von Sonne, Mond und Planeten nicht befriedigend beschreiben, geschweige denn erklären können, ersetzte er das geozentrische Weltbild durch das heliozentrische: Die Sonne stehe, wie die Fixsterne, still, und die Erde bewege sich auf einer Kreisbahn um die Sonne als den Mittelpunkt und drehe sich zugleich um ihre zu ihrer Bahn-Ebene schräge Achse[26]. Dem bis zu der Messung Friedrich Wilhelm Bessels (1838) unwiderleglichen Einwand, eine Bahnbewegung der Erde müsse eine Fixstern-Parallaxe hervorrufen, begegnete er mit der (zumindest von Archimedes[27]) nachlässig formulierten Annahme, die Sphäre der Erdbahn verhalte sich zu der der Fixsterne wie der Mittelpunkt (!) einer Kugel zu deren Oberfläche. Archimedes[28] lehnte die umwälzende Neuerung aus wissenschaftlichen, der ↗Stoiker (C II) Kleanthes[29] aus religiösen Gründen ab, und ihnen schlossen sich mit Ausnahme des Seleukos von Seleukeia oder Babylon[30] (2. Jh.; s. u. B II) alle bekannten Astronomen an[31]. Die einzige erhaltene Schrift Aristarchs geht ‚Über die Größen und die Abstände der Sonne und des Mondes' (Περὶ μεγεθῶν καὶ ἀποστημάτων ἡλίου καὶ σελήνης), eine in der Tradition des Eudoxos (s. o. I) und des Pheidias (↗Mathematik II 3) stehende, von Archimedes selbst und später von Hipparch (s. u.) und Poseidonios (s. u.) fortgesetzte Bemühung, Größenverhältnisse im All auf trigonometrischem Wege zu ermitteln[32]; die Ungenauigkeit der Meßinstrumente (s. u.) verhinderte allerdings brauchbare Ergebnisse.

Wie Aristarch durch seine kühne Hypothese, so ist der andere überragende Astronom des Hell., Hipparch(os) von Nikaia (2. Jh.), durch die Genauigkeit der Beobachtungen und v. a. die Zurückhaltung bei der Aufstellung erklärender Hypothesen ausgezeichnet. Auch er wirkte, wenigstens zeitweise, in ↗Alexandrien (3), und auch von ihm hat sich nur eine weniger bedeutende Schrift erhalten: ein – freilich auf sorgfältigen, gewiß eigenen, Beobachtungen gegründeter, gelegentlich korrigierender – Kommentar zu den ‚(Himmels-)Erscheinungen' Arats (s. o.). Selbst im Jahre 134 Entdecker eines neu erschienenen Sternes[33], legte er auf Grund älterer, weniger umfassender Verzeichnisse und genauer Observationen einen Katalog von vermutlich rund 800 Fixsternen an[34], der, unter den Bezeichnungen ‚Aufzeichnungen' (ἀναγραφαί)[35], ‚Sternentafel' (ἀστερισμός)[36] und ‚Zusammenstellung' (σύνταξις)[37] geläufig, ihm und den folgenden Astronomen als Grundlage für weitere Forschungen diente, bis ihn der 1022 Fixsterne umfassende Katalog des Ptolemaios[38] (s. u. III) verdrängte. Im Zuge der Einarbeitung älterer Beobachtungen in seinen Katalog stieß er auf regelmäßige Abweichungen seiner Bestimmungen siderischer Örter von denen älterer Astronomen wie Eratosthenes und bes. Aristyllos und Timocharis[39] und entdeckte dadurch die Präzession, die langsame, ständige Verschiebung der sphärischen Koordinaten, die er in einer Untersuchung ‚Über die Verschiebung der Wende- und Äquinoktialpunkte' (Περὶ τῆς μεταπτώσεως τῶν τροπαιῶν καὶ ἰσημερινῶν σημείων) bekanntgab; dabei bezifferte er den Wert der Präzession auf 1/80° jährlich (richtig: 1/72° jährlich)[40]. Mit ähnlicher Genauigkeit bestimmte er mittels eines Äquinoktialringes die Dauer des Sonnenjahres auf 365 weniger 1/300 Tage[41]. Auch soll er – vermutlich zu geographischen Zwecken (s. u. B II) – die Mondfinsternisse auf 600 Jahre im voraus berechnet haben[42]. Im Falle der Erklärung der Planetenbahnen kritisierte Hipparch, von seinen präzisen Messungen ausgehend, die vorliegenden Modelle und Modell-Kombinationen, ohne eigene Vorschläge beizusteuern[43]; für die Erklärung der Tatsache, daß die Sonne die – zu je 30° gerechneten – zwölf Tierkreiszeichen in verschieden langen Zeitspannen durchläuft, griff er auf die Vorstellung von der exzentrischen Lage der Sonnenbahn (s. o. I) zurück[44]. In Hipparchs Zeit, vielleicht durch ihn selbst[45], hat sich die – letztlich auf das babylonische Duodezimalsystem zurückgehende – Einteilung des Kreisumfanges in 360 Grad (μοῖραι) durchgesetzt (s. u. B II); kurz zuvor (1. H. des 2. Jh.s) hatte sie Hypsikles (↗Mathematik II 4) in seiner Schrift über den ‚Aufgang' der Tierkreiszeichen (Ἀναφορικὸς [λόγος]; für die geographische Breite Alexandriens berechnet) schon als bekannt vorausgesetzt[46].

Der späte Hell. ist auch in der Astronomie eine Phase der großen Synthesen, schlichten Einführungen und materialreichen Kompendien: Unter die erste Kategorie mag man das (verlorene) Werk ‚Über die Himmelserscheinungen' (Περὶ μετεώρων) des von Cicero[47] auch wegen seines Planetariums bewunderten ↗Stoikers (CIX; s.u. B II) Poseidonios rechnen; unter die zweite gehört die (erhaltene) ‚Einführung in die (Himmels-)Erscheinungen' (Εἰσαγωγὴ εἰς τὰ φαινόμενα) seines Schülers Geminos (↗Mathematik II 4) und unter die dritte die ebenfalls von Poseidonios abhängige ‚Lehre von den Kreisbewegungen der Himmelskörper'(Κυκλικὴ θεωρία τῶν μετεώρων) des Kleomedes – wenn sie denn überhaupt noch aus hell. Zeit stammt; auf Poseidonios geht jedenfalls die zuerst bei ihm begegnende Berücksichtigung der Refraktion (stärkere atmosphärische Brechung der Lichtstrahlen in Horizontnähe) zurück[48]. Über die Gregorianische Kalenderreform von 1582 hinaus bestimmt schließlich noch heute die von dem Astronomen Sosigenes im Jahre 46 auf Cäsars Geheiß vorgenommene Julianische Kalenderreform unsere Zeitrechnung[49].

An astronomischen Geräten[50], durchwegs Visiergeräten, haben die hell. Astronomen aus archaischer Zeit den Gnomon (s. o. I) mit dem ‚Zifferblatt' (ἀνάλημμα), aus klassischer Zeit den Meridiankreis (μεσημβρινὸς [κρίκος/κύκλος]), ein Gerät zur Bestimmung der Sternhöhe, übernommen; aus letzterem wurde die Armillarsphäre (κρίκος) und weiter der Astrolab (ἀστρολάβος), der die gleichzeitige Bestimmung von Länge und Breite eines Gestirnes ermöglichte. Hipparch (s. o.) schuf ein in der Messung des Winkeldurchmessers von Gestirnen dienendes Gerät, die Dioptra (διόπτρα). Zur Bestimmung der Jahreslänge (s. o.) bediente er sich eines in Alexandrien genau in der Äquatorialebene aufgehängten Metallringes. Als Zeitmesser diente üblicherweise eine Wasseruhr (κλεψύδρα). Zur Darstellung der mit diesem Instrumentarium gewonnenen Ergebnisse wurden starre Himmels-(Fixstern-)Globen, wie der Atlas Farnese im Neapler Nationalmuseum einen trägt[51], und bewegliche Planetarien, wie sie für Archimedes (s. o.) und Poseidonios (s. o.) bezeugt sind, konstruiert.

III. Die NACHHELL. GESCHICHTE DER ASTRONOMIE gipfelt in den die gesamte vorliegende astronomische Literatur zusammenfassenden, von eigenen Untersuchungen kontrollierten und ergänzten 13 Büchern der ‚Mathematischen Zusammenstellung' (Μαθηματικὴ σύνταξις) – später auch ‚Große'/‚Größte Zusammenstellung' (Μεγάλη / Μεγίστη σύνταξις; letzteres aus der über das Arabische in die europäischen Sprachen gedrungenen Bezeichnung ‚Almagest' erschlossen) genannt – des Klaudios Ptolemaios (s. u. B III/D/E) in Alexandrien. Sein Werk bestimmte, neben dem des Aristoteles, für die folgenden 14 Jahrhunderte die fraglose Geltung des geozentrischen Weltbildes, bis Nikolaus Kopernikus 1543, von den immer größer werdenden Abweichungen zwischen auf Ptolemaios beruhenden Vorhersagen und Beobachtungen ausgehend, das heliozentrische System Aristarchs zu neuen Ehren brachte. Die Gedankenwelt der hell. Astronomie wurde aber erst im Zeitalter des Barock verlassen: indem Galileo Galilei das erste Fernrohr baute und auf den Himmel richtete, Johannes Kepler, die ‚platonische Aufgabe' (s. o. I) beiseite schiebend, die Planetenbahnen als Ellipsen beschrieb und Sir Isaac Newton durch das Verständnis der Gravitation die Himmels-‚Stereometrie' zur Himmels-Mechanik ergänzte.

Anm.: 1) Hesiod. op. 383 ff (Pleiaden). 414 ff (Sonne, Sirius). 564 ff (Arkturos). 597 ff (Orion). 609 ff (Orion und Sirius). 614 ff (Pleiaden, Hyaden, Orion). 618 ff (Pleiaden). 663 ff (Sonne): Zeiten für Ackerbau und Seefahrt. – 2) Herod. 2, 109, 3. – 3) H. Diels/W. Kranz, Die Fragmente der Vorsokratiker (im folgenden: VS). 3 Bde., Berlin ⁶1951/1952: 12 A 1. 18. – 4) VS 11 A 5. – 5) VS 12 A 1. – 6) VS 13 A 14a. – 7) Aristot. met. 1, 5. 985b32–986a6. – 8) Diog. Laert. 8, 25. 48. – 9) VS 44 A 21. – 10) VS 50 A 1; 51 A 1. – 11) Plat. Tim. 40bc; dazu Aristot. cael. 2, 13. 293b30–32. – 12) Plat. rep. 7. 527d–530c. – 13) Plat. epin. 990ab; Simplic. in Aristot. cael. p. 488, 18–24; 492, 31 – 493, 5 Heiberg. Platon selbst hat die Aufgabe nicht gelöst; s. rep. 10. 616c–617d. – 14) Aristot. met. 12, 8. 1073b17–32. – 15) Ebd. 1073b32–38. –

16) Ebd. 1073b38–1074a14. – 17) Eudox. fr. 1–120 Lasserre. – 18) Sext. Emp. adv. mathem. 5, 1–2. Vgl. W. Hübner, Die Begriffe „Astrologie" und „Astronomie" in der Antike. AbhMainz 1989, 7. – 19) Z. B. Ptolem. synt. 4, 11. vol. 1, 1 p 340, 1–7 Heiberg; Simplic. in Aristot. cael. p. 506, 8–16 Heiberg. – 20) Ptolem. synt. 3, 1. I 1 p. 195, 1–3; vgl. Archim. vol. 2 p. 554 (fr. 23) Heiberg. – 21) Cic. rep. 1, 21–22. Danach hat der siegreiche römische Feldherr Marcellus (212) das Gerät nach Rom bringen und dort im Tempel der Virtus aufstellen lassen. – 22) Vgl. Heiberg (Lit.), 53. – 23) Die Theorie findet sich am ausführlichsten bei Ptolem. synt. 9, 5 – 13, 3; dort 12, 1 Abriß der Beweisführung des Apollonios. – 24) Call. fr. 110 Pf.; Catull. 66. – 25) Heracl. Pont. fr. 110 Wehrli. – 26) Archim. arenar. 1, 4–5; Plut. fac. orb. lun. 6. p. 923 a. – 27) Archim. arenar. 1, 5. – 28) Ebd. 1, 6. – 29) Plut. (wie Anm. 26). – 30) Plut. quaest. Plat. 8, 1. p. 1006 c. – 31) Ptolemaios diskutiert und verwirft im ersten Buche seiner ‚Zusammenstellung' (Σύνταξις) das heliozentrische System, ohne Aristarch zu diesem Thema namentlich zu erwähnen – diese Ehre gewährt ihm erst Kopernikus im Manuskript seines Werkes ‚De revolutionibus orbium caelestium': s. Stückelberger (Lit.), S. 203 Abb. 16. – 32) Archim. arenar. 1, 9; zu Hipparch: Theo Smyrn. astron. 39 p. 321 Martin; zu Poseidonios: vgl. Cleomed. 2, 1, 4–6. – 33) Plin. nat. hist. 2, 95. – 34) Ein Kommentar zu Arat p. 128, 13 Maass gibt die wohl zu hohe Zahl von 1080 Fixsternen an; zur Schätzung vgl. F. Boll, Art. ‚Fixsterne', in: RE III 2, Stuttgart 1909, Sp. 2416–2417. – 35) Ptolem. synt. 7, 1. I 2 p. 3, 9. – 36) Ebd. p. 11, 24. – 37) Suda s. v. Ἵππαρχος. – 38) Ptolem. synt. 7, 4 – 8, 1. – 39) Ebd. 7, 1. I 2 p. 2, 11 – 3, 11. – 40) Ebd. 7, 2. – 41) Ebd. 3, 1. – 42) Plin. nat. hist. 2, 53. – 43) Ptolem. synt. 9, 2. I 2 p. 210, 8 – 212, 23. – 44) Ebd. 3, 4; vgl. den bei Papp. 6, 109 überlieferten Titel ‚Über den Aufgang der zwölf Tierkreiszeichen' (Περὶ τῆς τῶν δώδεκα ζῳδίων ἀναφορᾶς). – 45) Vgl. Stückelberger (Lit.), 57–58. – 46) Vgl. Heiberg (Lit.), 54. – 47) Cic. nat. deor. 2, 88. – 48) Cleom. mot. circ. 2, 6, 10; vgl. Poseidonios bei Strab. 3, 1, 5. – 49) Plin. nat. hist. 18, 211. – 50) Das folgende nach Stückelberger (Lit.), 54–60. – 51) Abbildung bei Stückelberger (Lit.), Taf. III u. IV. –

B. MATHEMATISCHE GEOGRAPHIE.

I. VORGESCHICHTE.

Die berechnende und die beschreibende Geographie nahmen beide ihren Ursprung im Ionien des 6. Jh.s: erstere in den Weltmodellen der milesischen Philosophen, letztere in den Länder- (περιηγήσεις) und Küstenbeschreibungen (περίπλους) der sog. Logographen, allen voran Hekataios von Milet[1]. Im ersteren, in archaischer Zeit noch sehr spekulativen Bereiche begegnet als erster Forscher Anaximander von Milet: Er begreift die Erde als einen im Raume schwebenden Zylinder, dessen Höhe ein Drittel seines Durchmessers beträgt[2], und wagt sich bereits an den Entwurf einer Karte (πίναξ) der als Deckscheibe des Zylinders gedachten Erdoberfläche[3]. Die Kugelgestalt der Erde wurde an der Wende von der Archaik zur Klassik erkannt, sei es von den Eleaten oder eher von den Pythagoreern[4], von Platon dann vorausgesetzt[5] und von Aristoteles mit dem Hinweis auf den kreisrunden Erdschatten bei Mondfinsternissen anschaulich bewiesen[6]. Mangels genauer Messungen gaben die – von Aristoteles namentlich nicht genanntten – ,Astronomen' allerdings für den Erdumfang den viel zu hohen (s. u. II) Wert von 400 000 Stadien an[7], und dieser Mangel muß sich auch an den Weltkarten jener Zeit störend bemerkbar gemacht haben[8].

II. Die MATHEMATISCHE GEOGRAPHIE DES HELL. Die nicht nur militärisch-politische, sondern auch wissenschaftliche Erschließung riesiger Gebiete des Südens und Ostens durch den Zug ↗Alexanders d. Gr. (3) gab der exakten Geographie große Aufgaben und zugleich Mittel, sie zu lösen: Alexanders Heer war von Vermessern (βηματισταί) begleitet, deren Aufzeichnungen nicht nur der Verwaltung, sondern auch der Wissenschaft zugänglich waren[9].

Zunächst war es der durch seinen Gründer und Leiter mit Makedonien verbundene ↗Peripatos, der die geographische Forschung vorantrieb. Des Aristoteles Nachfolger ↗Theophrast besaß eine aus mehreren Blättern bestehende Weltkarte (πίνακες, ἐν οἷς αἱ τῆς γῆς περίοδοί εἰσιν; etwa einen ,Weltatlas')[10], erst aber ist sein Schulgenosse Dikaiarch(os) von Messene als Geograph hervorgetreten: In seiner ,Umrundung der Erde' (Περίοδος γῆς)[11] stellte er den bekannten und bewohnten Teil der Oberfläche der Erdkugel (οἰκουμένη), dessen Ost-West-Ausdehnung die Nord-Süd-Ausdehnung nach seiner Schätzung um die Hälfte übertraf, wohl erstmals aufgrund aller ihm erreichbaren Meßdaten dar, wobei ihm der von der Straße von Gibraltar bis über das Taurus-Gebirge hinaus verlaufende Breitengrad als Trenn- und Leitlinie diente. Welche Bedeutung Dikaiarch Messungen zuschrieb, geht auch daraus hervor, daß er die Höhen von Bergen Griechenlands zu bestimmen suchte: So maß er an der Kyllene ,weniger als 15 Stadien'[12], am Pelion, dem höchsten von ihm gemessenen Berge, ,1250 Doppelschritte'[13].

Zu voller Entfaltung gelangte die mathematische Geographie aber nicht in Athen, sondern in ↗Alexandrien (3), wo allein, dank den umfassenden Bibliotheken (↗Buchwesen II 2), die Erfassung und Auswertung aller bis dahin bekannt gewordenen einschlägigen Daten möglich war. Diese schöpferische Synthese unternahm der Leiter der Großen Bibliothek und Universalgelehrte Eratosthenes von Kyrene (↗Buchwesen II 2, ↗Epyllion 5, ↗Geschichtsschreibung A VI/VIII, ↗Mathematik II 4, ↗Philologie; s. o. A II) in seinen (verlorenen) drei Büchern ,Geographische Untersuchungen' (Γεωγραφικά). Nach einer

Übersicht über die Geschichte der Geographie von Homer[14] bis in die Alexanderzeit legte er die Grundlagen exakter Erdbeschreibung, indem er zunächst den Umfang der Erdkugel zuverlässig bestimmte: Da die Sonne am Mittag des Tages der Sommersonnenwende über dem auf dem nördlichen Wendekreis liegenden Syene senkrecht steht, in dem auf demselben Längengrad 5000 Stadien weiter nördlich liegenden Alexandrien dagegen den Gnomon (s. o. A I) einen Schatten von 1/50 des Kreisumfanges werfen läßt, muß der Bogen zwischen Syene und Alexandrien 1/50 des Erdumfanges, dieser also 50 × 5000 Stadien betragen[15]. Des Gnomons als „Schattenmessers" (σκιόθηρον [ὄργανον]) bediente sich Eratosthenes auch zur Bestimmung der geographischen Breite verschiedener Orte[16], und wenn ihm auch noch keine exakte Methode zur Bestimmung der geographischen Länge zur Verfügung gestanden sein wird, so konnte er gleichwohl aus eigenen Berechnungen, amtlichen Messungen[17] und mannigfachen literarischen Angaben so viele ‚Fixpunkte' (θεμέλιοι) in seine auf einem rechtwinkeligen Koordinatensystem[18] basierende Zylinderprojektion der bekannten und bewohnten Welt (οἰκουμένη) eintragen, daß seine Karte (πίναξ τῆς οἰκουμένης)[19] alle Vorgängerinnen an methodischer Zuverlässigkeit und praktischer Genauigkeit weit übertraf[20]. Sie bildete ein Gebiet von einer Nord-Süd-Ausdehnung von 38000 Stadien[21] und einer (maximalen) Ost-West-Ausdehnung von 77800 Stadien[22] ab; unter Beibehaltung des ‚mittleren Breitengrades' Dikaiarchs (s. o.) war es durch wahrscheinlich 6 Breiten- (παράλληλοι) und 7 Längengrade (μεσημβρινοί) in verschieden große Vierecke (σφραγῖδες oder πλινθία) geteilt.

Indem Eratosthenes die Geographie so auf ‚mathematische und physikalische Grundlagen' (μαθηματικὰς ὑποθέσεις ... καὶ φυσικάς)[23] gestellt hat, hat er in der Tat eine „Neuorientierung der Geographie"[24] in die Wege geleitet. Dabei stieß er auf Kritik von zwei Seiten: Zum einen vermißten Vertreter der traditionellen Geographie wie der Verfasser der wohl als Küstenbeschreibung angelegten ‚Geographischen Forschungen' (Γεωγραφούμενα) Artemidor(os) von Ephesos[25] (um 100) länder-, völker- und sittenkundliches Material[26], zum anderen bemängelten Mathematiker und Astronomen, daß die Darstellung der bekannten Erdoberfläche noch nicht ausschließlich auf mit mathematisch-astronomischen Mitteln gefundenen Daten beruhte.

Diesen letzteren Standpunkt vertrat vornehmlich Hipparch(os) von Nikaia (2.Jh.; ↗Mathematik II 4; s. o. A II) in seiner (verlorenen) ‚Erwiderung auf Eratosthenes‘ (Πρὸς Ἐρατοσθένη ἀντιλογία)[27]: Neben einzelnen Verbesserungen[28] hat Hipparch darin, wohl als erster, eine – wenn auch nur sehr bedingt anwendbare – astronomische Methode zur Bestimmung der Differenz der Längengrade zweier Orte angegeben: Aus dem ortszeitlichen Unterschied des Eintrittes einer Mondfinsternis an Orten verschiedener geographischer Länge läßt sich deren Meridianabstand und daraus unter Berücksichtigung ihrer geographischen Breiten und der bekannten tatsächlichen Größe der Erdkugel ihr Streckenabstand berechnen[29]; daß Hipparch dabei von einem Erdumfang von 278 000 Stadien ausging[30], mußte allerdings eine leichte Verschlechterung der an sich besser gesicherten Ergebnisse bewirken. Auch ein zweiter über Eratosthenes hinausführender methodischer Fortschritt könnte durchaus Hipparch zu verdanken sein: die Bestimmung der geographischen Breite außerhalb der Polargebiete liegender Orte aus der jeweiligen Länge des längsten Tages[31]. Der Umstand freilich, daß sich Hipparch des noch heute verbindlichen Gradnetzes (Vollkreis = 360°) bedient hat (s. o. A II), läßt die Diskrepanz zwischen theoretischer Vervollkommnung und – trotz aller Präzisionsmessungen – Unzulänglichkeiten bei der Umsetzung des wissenschaftlichen Anspruches in die Praxis deutlich hervortreten.

Wie mit den meisten Wissenschaften befaßte sich der ↗Stoiker (CIX) Poseidonios von Apameia (1.H. d. 1.Jh.s) auch mit Geographie: Mag er auch für den Erdumfang, nach mit einer anderen Methode als der des Eratosthenes (s.o.), einen weniger zutreffenden Wert von 180 000[32] – oder 240 000[33] – Stadien ermittelt haben, so hat er doch der Einteilung der Erde in fünf Zonen (zwei kalte, zwei gemäßigte, eine heiße) zu verbindlicher Geltung verholfen[34]. V. a. aber wird ihm die – vielleicht ohne Kenntnis der (angeblich ihrerseits von Pytheas von Massalia vorweggenommenen) Entdeckung des Seleukos von Seleukeia oder Babylon (s.o. A II) gelungene[35] – Erklärung des Gezeitenwechsels durch die ‚Wirkung‘ des Mondes verdankt[36]. Poseidonios aber ist nicht bloß Naturforscher wie der Alexandriner, sondern Stoiker: Hat er in seiner (verlorenen) Schrift ‚Über das Weltmeer‘ (Περὶ ὠκεανοῦ) zunächst die Ergebnisse 30tägiger Wasserstandsmessungen an den Mauern des Herakles-Tempels von Gades (Cádiz) mitgeteilt und ausgewertet, so ist ihm das Ergebnis letztlich nur ein Beleg für seine Lehre von der ‚Wechselwirkung' (συμπάθεια; eigentlich ‚Mit-Leiden') aller Teile des Alls untereinander, einer Lehre, die ihm auch die Astrologie zu rechtfertigen vermag.

III. Die NACHHELL. MATHEMATISCHE GEOGRAPHIE. Hatte schon Poseidonios die mathematische Geographie nicht mehr mit der Ausschließlichkeit eines Hipparch betrieben, so traf ihn gleichwohl in augusteischer und tiberianischer Zeit der Tadel des ↗Strabon, der in den (erhaltenen) 17 Büchern seiner ‚Geographie' (Γεωγραφία) das länder- und völkerkundliche Wissen seiner Zeit ausgebreitet hat, er habe manche Dinge ‚mathematischer' (μαθηματικώτερον), als sich für einen Geographen gehöre, behandelt[37]. Erst anderthalb Jahrhunderte später fand die mathematisch-astronomische Geographie in den (erhaltenen) 8 Büchern der ‚Einführung in die Geographie' (Γεωγραφικὴ ὑφήγησις) des Klaudios Ptolemaios (s. o. A III und u. D/E) ihre zusammenfassende, bis in das Zeitalter der Entdeckungen hinein maßgebende Darstellung.

Die Bedeutung nicht nur der beschreibenden, sondern auch der berechnenden Geographie wurde bald auch den Herren des wachsenden Römischen Weltreiches bewußt: M. Terentius Varro erwähnt eine Italien-Karte[38], und des Augustus Schwiegersohn M. Vipsanius Agrippa ließ in der Porticus Vipsania in Rom eine große Karte des *orbis terrarum* (οἰκουμένη) aufstellen[39]. Die theoretische Höhe hell. Geographie wurde in Rom jedoch nicht mehr erreicht.

Anm.: 1) FGrHist 1 F 36–372. – 2) VS 12 A 10. 11. – 3) Ebd. A 6. – 4) Diog. Laert. 8, 25. 48. – 5) Plat. Phaed. 110b. – 6) Aristot. cael. 2, 14. 297b23–30. – 7) Ebd. 298a15–17. – 8) Aristoph. nub. 201–217. – 9) Strab. 2, 1, 6; Athen. 10, 59. 442b. – 10) Diog. Laert. 5, 51. – 11) Laur. Lyd. mens. 4, 107. – 12) Gemin. elem. astr. 17, 5; wohl aus seiner Schrift ‚Messungen der Berge auf der Peloponnes' (Καταμετρήσεις τῶν ἐν Πελοποννήσῳ ὀρῶν: Suda s. v. Δικαίαρχος). – 13) Plin. nat. hist. 2, 162; daß die Umrechnung für die Kyllene knapp 2700 m, für den angeblich höheren Pelion ca. 1875 m ergibt, zeigt den schlechten Zustand der Überlieferung. – 14) In Homer sah Eratosthenes, anders als manche Zeitgenossen, keinen wissenschaftlichen Geographen: man könne, meinte er, ebensogut den Schuster, der den Schlauch der Winde (Od. 10, 19–20) genäht habe, auslegen wie die Gegenden, in die Odysseus verschlagen worden sei (Strab. 1, 2, 15). – 15) Methode: Cleomed. mot. circ. 1, 10, 3–4; Ergebnis auch: Strab. 2, 5, 7; Plin. nat. hist. 2, 247; Censorin. 13, 2. In Anbetracht der Toleranzgrenzen hat Eratosthenes darauf aufbauenden Berechnungen den (durch 360 teilbaren [!]) Wert von 252000 Stadien zugrundegelegt. Dies liegt dem tatsächlichen Erdumfang von ca. 40000 km sehr nahe, gleichgültig, welches Stadion Eratosthenes zugrundegelegt und wie genau er den Abstand der beiden Orte – die im übrigen nicht genau auf demselben Meridian liegen – gekannt hat. – 16) Athen, Rhodos: Strab. 2, 1, 35; Byzanz, Marseille: ebd. 2, 5, 8. Weitere

Meßdaten bei Vitruv. 9, 7, 1. – 17) Mart. Cap. 6. 598. – 18) Strab. 2, 5, 16. – 19) Ebd. 2, 1, 1. – 20) Auf die (mutatis mutandis) gleiche Weise hat Giovanni Schiaparelli seit 1877 am Fernrohr die erste ‚exakte' Marskarte zu entwerfen versucht. – 21) Strab. 1, 4, 2. – 22) Ebd. 1, 4, 5. – 23) Ebd. 1, 4, 1; ähnlich ebd. 2, 1, 41. – 24) Stückelberger (Lit.), 64. – 25) Vgl. R. Stiehle, Der Geograph Artemidoros von Ephesos, in: Philologus 11, 1856, 193–244 (Fragmentensammlung). – 26) Detailkritik: Strab. 3, 2, 11; 3, 4, 7; 3, 5, 5; 17, 3, 2. 8. – 27) Ebd. 1, 2, 2. – 28) Ebd. 2, 1, 4. 7. 19 u. ö. – 29) Strab. 1, 1, 12; zur Methode auch Theo Smyrn. p. 121, 1–2 Hiller und Ptolem. geogr. 1, 4, 2. Vgl. A. Stückelberger, Die geographische Ortsbestimmung und das Problem der geographischen Zeitmessung, in: Études de lettres 1987, 87–102. – 30) Plin. nat. hist. 2, 247. – 31) Ptolem. geogr. 1, 23; synt. 2, 3. – 32) Strab. 2, 2, 2. – 33) Cleomed. mot. circ. 1, 10, 2. – 34) Strab. 2, 2, 2–3; Cleomed. mot. circ. 1, 6, 6. – 35) H. Diels, Doxographi Graeci, Berlin 1879, 383, 26–34. – 36) Strab. 3, 5, 8–9. – 37) Ebd. 2, 2, 1. Gewisse mathematische Kenntnisse fordert freilich auch Strabon (2, 1, 21) von Geographen. – 38) Varr. r. rust. 1, 2, 1. – 39) Plin. nat. hist. 3, 17.

C. Mechanik.

Wegen seiner Vorschläge, mathematisch zunächst unlösbare Probleme wie das sog. Delische (↗Mathematik I) auf mechanischem Wege zu lösen, galt bisweilen der Pythagoreer Archytas von Tarent (um 400) als Begründer der mathematischen Mechanik[1]. Eine Heimstätte fand die Mechanik als Teil der um der Erkenntnis, nicht der Anwendung willen betriebenen Physik im ↗Peripatos: Neben großen Teilen der Aristotelischen ‚Physik' (φυσικὴ ἀκρόασις)[2] bezeugt dies die unter dem Namen des Schulgründers überlieferte, mit großer Wahrscheinlichkeit unechte[3] Schrift über ‚Probleme der Mechanik' (Μηχανικὰ [προβλήματα]; wohl spätes 4./3. Jh.). In ihr wird eine Fülle von Erscheinungen hauptsächlich auf die Prinzipien des Hebels und der Waage zurückgeführt; die Auffassung der Kräfte als Fahrstrahlen (‚Vektoren') und ihre Zerlegung im Kräfteparallelogramm beweist das physikalische Niveau der Schrift, die Anwendung der Zerlegung auf die üblicherweise als vollkommen betrachtete Kreisbewegung (s. o. A I) ihre Unabhängigkeit von philosophischen Vorgaben. Besonders gepflegt wurden physikalische, bes. mechanische Studien vom dritten Schulhaupt des ↗Peripatos, Straton von Lampsakos, der sich dadurch den Beinamen ‚der Physiker' (ὁ φυσικός) erwarb[4].

Wenn nicht Begründer[5], so Hauptvertreter und in gewissem Sinne Vollender der mathematischen Mechanik des Altertums ist Archimedes von Syrakus (3. Jh.; ↗Mathematik II 2). Erhalten sind zwei – ursprünglich wohl nicht zusammengehörige – Bücher ‚Über das Gleichgewicht ebener Flächen' (Περὶ ἐπιπέδων ἰσορροπιῶν), zu denen in justinianischer Zeit Eutokios (↗Mathematik II 2) einen (ebenfalls erhaltenen) Kommentar geschrieben hat, und zwei Bücher ‚Über schwimmende Körper' (Περὶ ὀχουμένων). Die ersten sieben Kapitel des ersten Buches der Schrift über das ‚Gleichgewicht' enthalten die mathematisch korrekte Formulierung der Gesetze des Hebels (ζυγός); im übrigen werden Verfahren zur Bestimmung der Schwerpunkte geradlinig (I 8–15) und krummlinig (II) begrenzter Flächen angegeben, letzteres nach der Exhaustionsmethode (↗Mathematik I/II 2). Die Definition des Schwerpunktes wird dabei vorausgesetzt, findet sich in den überlieferten Texten aber nicht[6]. Wohl in noch höherem Maße eigene Leistung des Archimedes ist die in ihrem Rahmen erschöpfende mathematische Grundlegung der Hydrostatik in dem Werke ‚Über schwimmende Körper': Unter theoretischer Berücksichtigung der Erdkrümmung (I 1–2) werden die Grundsätze über das Verhalten spezifisch leichterer, gleichgewichtiger und schwererer fester Körper in Flüssigkeiten – der Auftrieb – (I 3–7) und die jeweiligen labilen und stabilen Lagen verschiedener regelmäßiger Körper auf Flüssigkeiten (I 8–9; II) behandelt. Von der in diesem Werke vorausgesetzten Entdeckung des Spezifischen Gewichtes berichtet die bekannte Anekdote von Archimedes in der Badewanne (↗Mathematik I 2 Anm. 34). Verloren ist eine Abhandlung ‚Über Hebel' (Περὶ ζυγῶν)[7]; vielleicht stand dort seine drastische Veranschaulichung des Hebelgesetzes: ‚Gib mir einen festen Standplatz, und ich will die Erde bewegen!'[8] Bezeugt ist der Bau riesiger Flaschenzüge (πολύσπαστα)[9], verschiedener Wurfmaschinen[10] und eines beweglichen Planetariums[11].

Nach Archimedes wurde die theoretische Seite der Mechanik unseres Wissens nur mehr von dem großen Theoretiker Hipparch(os) von Nikaia (↗Mathematik II 4; s. o. A II u. B II) in einer sich gegen die aristotelische Vorstellung vom Freien Falle[12] wendenden (verlorenen) Schrift ‚Über den Fall schwerer Körper' (Περὶ τῶν διὰ βαρύτητα κάτω φερομένων) gepflegt[13]. Theoretische Vorüberlegungen sind noch für die alexandrinischen Techniker Ktesibios von Alexandrien[14] (wohl 2. H. des 3. Jh.s) und Philon von Byzanz[15] (um 200) nachweisbar, während Männer wie Poly(e)idos, der für Philipp II. (↗Makedonien I), Diades, der für ↗Alexander d. Gr.[16], und Epimachos von Athen, der für Demetrios I. (↗Antigoniden 2) Kriegsmaschinen konstruierte[17], in Bau und Beschreibung nur als Praktiker bekannt sind; gleiches gilt von Athenaios, von dem eine Schrift ‚Über (Kriegs-)Maschinen' (Περὶ μηχανημάτων, [M. Claudius?] Marcellus gewidmet), und von Biton, von dem eine Anleitung zur ‚Konstruktion von Kriegsgerät' (Κατασκευαὶ πολεμικῶν μηχανημάτων, einem König Attalos [↗Pergamon I 3/5/6] gewidmet) erhalten ist[18]. Der genannte Ktesibios hat sich nicht nur als Ingenieur des Belagerungskrieges[19], sondern auch in der Kunst, mechanisches, wenn nicht automatisches Spielzeug herzustellen (θαυματουργία/θαυματοποιϊκὴ [τέχνη])[20], einen Namen gemacht; sein Spezialgebiet, die Lehre vom Luftdruck und ihre Anwendungen, hatte er in den (verlorenen) ‚Betrachtungen über den Luftdruck' (Πνευματικὰ θεωρήματα)[21] niedergelegt. Von dem ebenfalls genannten Philon stammte eine Art von Enzyklopädie der Mechanik, von der Buch IV, das vom ‚Bau von Wurfmaschinen' (Βελοποιικά) handelt, auf griechisch, Buch V, über den ‚Bau von Luftdruck-Geräten' (Πνευματικά), in arabischer Übersetzung, Buch VII und VIII, die den ‚Bau von Verteidigungsanlagen' (Παρασκευαστικά) und den von ‚Belagerungsmaschinen' (Πολιορκητικά) angeben, in Auszügen, anderes in Bruchstücken oder gar nicht erhalten ist.

Einen Überblick über die praktische Mechanik des Hell. liefern die (weitgehend erhaltenen) Werke des etwa dem 1. Jh. der Kaiserzeit angehörigen Heron von Alexandrien; am bekanntesten ist der von ihm beschriebene, vermutlich von Ktesibios ersonnene sog. Heronische Ball, eine – allerdings nur zu spielerischen Zwecken betriebene – Dampfmaschine. Römische Ingenieure haben sich die Technik insbes. des Baues von Kriegsmaschinen angeeignet[22], ohne die Theorie weiterzuentwickeln. Der hell. Stand der Mechanik wurde in der Theorie erst im 17., in der Praxis gar erst im 18. Jh. wieder erreicht, dann aber in kürzester Frist so weit übertroffen, daß selbst das Interesse an antiker Technik ein Randgebiet der Altertumswissenschaften blieb.

Anm.: 1) Plut. Marcell. 14, 5. 305 de; Diog. Laert. 8, 83. – 2) V. a. die Lehre von der Bewegung: Aristot. phys. 5–8. – 3) Die Echtheit wird von Krafft (Lit.) vertreten. – 4) Strat. fr. 40 Wehrli u. ö. – 5) Geminos bei Papp. 8, 3. – 6) Vgl. Archim. quadr. parab. 6; Papp. 8, 5; Simplic. in Aristot. cael. p. 543, 31–544, 2 Heiberg. – 7) Papp. 8, 24. – 8) Ebd. 8, 19: δός μοι, ποῦ στῶ, καὶ κινῶ τὴν γῆν – Archimedes hat die Worte aber sicher auf dorisch ausgesprochen (↗Mathematik II 2). Sie beweisen zugleich seine Ablehnung des heliozentrischen Systemes Aristarchs (s. o. A II). – 9) Plut. Marcell. 14, 8. 306 a; Papp. 8, 19. – 10) Schiffsgeschütze: Athen. 5, 43. 208 c; Katapulte zur Verteidigung der Stadt: ↗Mathematik II 2 m. Anm. 35. – 11) S. o. A II m. Anm. 21. – 12) Aristot. cael. 1, 6. 273 b30–274 a2; 1, 8. 277 b3–8; 2, 8. 290 a1–5; 4, 2. 309 b12–15. – 13) Simplic. in Aristot. cael. p. 264, 25 – 267, 6

Heiberg. – 14) Vitruv. 1, 1, 7. – 15) Philo Byz. 4, 7. 14. 20–21 (Verweise auf verlorene Teile des Gesamtwerkes). – 16) Beide Vitruv. 10, 16, 3. – 17) Athen. mechan. p. 27, 2–6 Wescher; Vitruv. 10, 16, 4. – 18) Weitere Namen hell. Ingenieure: Heiberg (Lit.), S. 70 Anm. 2. – 19) Philo Byz. 4, 39. 60–62; Athen. mech. p. 29, 9 – 31, 5 Wescher. – 20) Vitruv. 10, 7, 4–5; Procl. in Eucl. p. 41, 8–10 Friedlein. – 21) Philo Byz. 4, 60: nach Stückelberger (Lit.), 96 eine eigene Schrift, vielleicht aber nur ein Teil der ‚Aufzeichnungen über Mechanik' (Μηχανικὰ ὑπομνήματα). – 22) Bau: Vitruv. 10, 10–16; Einsatz: z. B. Caes. bell. civ. 2, 8–11.

D. Optik.

Die Optik als physiologische Lehre vom (subjektiven) Sehvorgang war stets ein Teil der Erkenntnislehre und wurde als solcher in den ↗philosophischen Schulen (↗Akademie A III, ↗Peripatos, ↗Kepos A I, ↗Stoa B, ↗Skepsis I) behandelt; dabei wurden die drei grundsätzlich möglichen Modellvorstellungen des Ausströmens von ‚Strahlen' (ὄψεις) aus dem Auge[1], des Einströmens von ‚Bildern' (εἴδωλα) in das Auge[2] und der Durchdringung (συναύγεια) beider Vorgänge vertreten[3], wenn nicht der Zusammenhang zwischen Objekt und Subjekt gänzlich in Frage gestellt wurde[4]. Die Optik (im weiteren Sinne) als physikalische Lehre vom (objektiven) Verhalten des Lichtes ist dagegen ein Bereich hell. – und späterer – Wissenschaft gewesen; sie zerfällt nach antiker Auffassung in die Optik (ὀπτικὴ [τέχνη]) im engeren Sinne, die Lehre von der geradlinigen Ausbreitung des Lichtes, und die Katoptrik (κατοπτρικὴ [τέχνη]), die Lehre von der Brechung (Refraktion: κατάκλασις oder διάκλασις) des Lichtes an durchlässigen und der Spiegelung (Reflexion: ἀνάκλασις) des Lichtes an undurchlässigen Mediengrenzen; gelegentlich tritt als dritter Bereich die Lehre von der Perspektive (σκηνογραφικὴ [τέχνη]: ‚Kunst der Kulissenmalerei') dazu, deren praktische Seite in das Gebiet der ↗Malerei gehört[5]. Das älteste bekannte – und zugleich erhaltene – Werk ist die in zwei Bearbeitungen überlieferte ‚Optik' (Ὀπτικά) des Euklid (um 300; ↗Mathematik II 1), die im Stile seines großen mathematischen Werkes als eine Folge von Definitionen, Sätzen und Beweisen angelegt ist, Optik und Katoptrik umfaßt und im späten Altertum offenbar als Propädeutik zur Astronomie (s. o. B) gelesen wurde[6]. Wie Euklids Hauptwerk ist auch sie sowohl in der ursprünglichen Fassung als auch in der Bearbeitung des spätantiken Mathematikers Theon von Smyrna überliefert. Das Bündel der Sehstrahlen wird hier zum ersten Male als ein gerader Kreiskegel, dessen

Scheitelpunkt im Auge liegt, aufgefaßt. Besondere Aufmerksamkeit schenkt Euklid der Linearperspektive.
Speziell der ‚Katoptrik' galt ein (verlorenes) gleichnamiges Werk (Κατοπτρικά) des Archimedes (3. Jh.; ↗Mathematik II 2; s. o. C). Der Demonstration der Refraktion diente der in der Folge zum Schulbeispiel gewordene Versuch[7], eine auf dem Boden eines Gefäßes liegende, unter schrägem Blickwinkel vom Rande des Gefäßes verdeckte Münze durch Eingießen von Wasser ohne Veränderung des Blickwinkels sichtbar zu machen[8]; die Reflexion hatte vermutlich im Hinblick auf die Konstruktion planer, konvexer, konkaver und kombinierter Spiegel, also auch der Brennspiegel[9], eine rechnerische Behandlung erfahren. Die mathematische Bestimmung des Brennpunktes eines sphärischen Spiegels gelang Apollonios (3. Jh.; ↗Mathematik II 3)[10], und Diokles (um 100; ↗Mathematik II 4) scheint in seiner (verlorenen) Schrift ‚Über Brennspiegel' (Περὶ πυρίων) eine mathematische Darstellung der physikalischen Vorgänge vorgelegt zu haben[11]. Spätere Werke sind die unter dem Namen Euklids und die unter dem des Ptolemaios überlieferten ‚Katoptriken'; erstere, eine ziemlich planlose Zusammenstellung von Lehrsätzen, könnte eine spätantike Kompilation sein, letztere von Heron (s. o. C) herrühren[12].
Wie die wissenschaftliche Optik der Antike mit einer Gesamtdarstellung begonnen hat, so endet sie mit zwei Gesamtdarstellungen: der umfassenden ‚Optik' (Ὀπτικά) des Klaudios Ptolemaios (s. o. A III/B III) aus dem zweiten und dem von (Ps.-)Aristoteles und Euklid (s. o.) abhängigen Abriß des Damian(os) von Larissa wohl aus dem dritten oder vierten Jh. der Kaiserzeit. Ptolemaios hat also den hell. Lehrgebäuden der Astronomie (s. o. A III), der Geographie (s. o. B III), der Harmonik (s. u. E) und der Optik gleichermaßen den Schlußstein gesetzt. Überliefert ist seine ‚Optik' am schlechtesten: Lediglich die Bücher II-V sind erhalten, und auch sie nur in der lateinischen Übersetzung des Eugenius (11./12. Jh.) aus dem Arabischen. Sie behandeln die stereometrische Beschreibung des Sehvorganges und die Gesichtstäuschungen (II), die Reflexion (III/IV) und die Refraktion (V). Was die Brechungsindizes des Überganges von Lichtstrahlen aus Luft in Wasser, aus Luft in Glas und aus Glas in Wasser betrifft, so muß sich selbst ein Ptolemaios mit der Angabe experimentell gewonnener Meßdaten (für Einfallswinkel zwischen 10° und 80°) begnügen: Das Bre-

chungsgesetz wurde erst von dem Niederländer Willebrord Snellius (1580–1626) gefunden.

Anm.: 1) Z. B. Ps.-Aristoteles: probl. 3, 10. 872b8. – 2) Z. B. Demokrit: VS 68 B 166; Aristoteles: sens. 2. 438b2–5; Epikur: Diog. Laert. 10, 49–53. – 3) Z. B. Platon: Tim. 45b–46c. – 4) ↗Skepsis I. – 5) Hero vol. 4 p. 106, 14–108, 9. – 6) Vgl. die Erläuterungen dazu bei Papp. 6, 80–103. – 7) Olympiodor. in Aristot. meteor. 3, 2. p. 211, 18–23 Stüve. – 8) Cleomed. mot. circ. 2, 6, 10; Sen. nat. quaest. 1, 6, 5; Ptolem. opt. p. 143 Govi; Damian. 12. – 9) Daher anscheinend der erst spät bezeugte Bericht, Archimedes habe bei der Belagerung von Syrakus (213–212) römische Schiffe mit riesigen Brennspiegeln in Brand gesetzt; s. dazu I. Schneider, Die Entstehung der Legende um die kriegstechnische Anwendung von Brennspiegeln bei Archimedes, in: Technikgeschichte 36, 1969, 1–11. – 10) Apollon. II p. 139, 22–30 Heiberg. – 11) Eutoc. in Archim. III^2 p. 66, 8–70, 5; 160, 3–176, 28. – 12) Vermutung von G. Venturi, Considerazioni sopra varie parti dell'ottica presso gli antichi, Bologna 1811, von Th. Martin, Recherches sur la vie et les ouvrages d'Héron d'Alexandrie, Paris 1854, mit weiteren Argumenten gestützt; vgl. Heiberg (Lit.), 78.

E. Harmonik.

Seit der Entdeckung der frühen Pythagoreer (6. Jh.), daß die Schwingungszustände der Saite im Verhältnis natürlicher Zahlen zueinander stehen (↗Mathematik I), galt die Harmonik (ἁρμονικὴ [τέχνη])[1] als eine der mathematischen Wissenschaften. Neben die pythagoreische und dann platonische Auffassung von der Harmonik trat schon früh eine eher an der musikalischen Praxis orientierte Richtung, die an Stelle der Berechnung (διάνοια) die Empfindung (ἀκοή) zur Richtschnur der Musik machte; ihr neigte der große Musiktheoretiker des 4. Jh.s Aristoxenos von Tarent zu.

Aus dem frühen Hell. ist ein theoretisches Werk zur Harmonik erhalten: das aller Wahrscheinlichkeit nach von Euklid (um 300; ↗Mathematik II 1) stammende ‚Teilung des Kanons' (d. i. des Monochords, der zu Forschungs- und Lehrzwecken über eine Skala gespannten einzelnen Saite; Κατατομὴ κανόνος). Sie ist vom theoretisch-mathematischen Standpunkt aus geschrieben: Vom Verhältnisbegriff ausgehend, wird der Stoff in einer Folge von zwanzig Sätzen und Beweisen dargeboten, von denen die ersteren neun rein mathematisch formuliert sind, die letzteren elf die Anwendung auf die Akustik bieten; vorausgesetzt ist die physikalische Erklärung der akustischen Phänomene als ‚Bewegungen'. Die in einigen Handschriften ebenfalls Euklids Namen tragende ‚Einführung in die Harmonik' (Ἁρμονικὴ εἰσαγωγή) stammt dagegen eher von einem kaiserzeitlichen Autor Kleoneides und behandelt das Gebiet ohnehin mehr unter praktischmusikalischem Blickwinkel. Letzteres gilt auch von der in herkulanensischen Papyri teilweise aufgefundenen Schrift des Epikureers Philodem(os) von Gadara (↗Kepos B V), die sich mit der Lehre von der Wirkung der Musik auf die Charakterbildung kritisch auseinandersetzt. Hell. könnten auf dem Gebiete der mathematischen Darstellung des Stoffes noch die Schrift eines Panaitios ‚des Jüngeren' ‚Über die Verhältnisse und Abstände in Geometrie und Musik' (Περὶ τῶν κατὰ γεωμετρίαν καὶ μουσικὴν λόγων καὶ διαστημάτων)² und das Frage- und Antwort-Büchlein der einzigen bekannten ↗Frau unter den antiken Musikwissenschaftlern, Ptolemaïs von Kyrene, über die ‚Pythagoreische Grundlegung der Musik' (Πυθαγορικὴ τῆς μουσικῆς στοιχείωσις)³ sein; darin wird die pythagoreisch-theoretische Tradition der aristoxenisch-praktischen gegenübergestellt.

Auch im Bereiche der Harmonik ist es Klaudios Ptolemaios gewesen, der im 2. Jh. der Kaiserzeit die Synthese hell. Forschung geleistet hat: in seinen die beiden Richtungen berücksichtigenden, zwischen ihnen vermittelnden (erhaltenen) drei Büchern über ‚Harmonik' (Ἁρμονικά).
U. D.

Anm.: 1) Die eigentliche Akustik wurde als Lehre von der (physikalischen) Übertragung des Schalles der Physik, als Lehre vom (physiologischen) Vorgang des Hörens der Wahrnehmungs- und Erkenntnistheorie, in beiden Aspekten also der ↗philosophischen Systematik zugerechnet. Harmonik als eine von philosophischen Grundannahmen unabhängige, mathematisch darstellbare Theorie ist dagegen die Lehre von den Verhältnissen von Tönen zueinander: Oktave 2:1, Quinte 3:2, Quarte 4:3 usw. (Iambl. vit. Pyth. 115–121). – 2) Auszüge bei Porphyrios zu Ptolem. harm. p. 65,21–67,10 Düring. – 3) Auszüge ebd. p. 22,22–24,6; 25,3–26,5.

Allg.: F. Susemihl, Geschichte der griechischen Litteratur in der Alexandrinerzeit. 1. Bd., Leipzig 1891, 701–776. – I. L. Heiberg, Geschichte der Mathematik und Naturwissenschaften im Altertum, München 1925 (HdAW V 1, 2), 50–91. – A. Rehm/K. Vogel, Exakte Wissenschaften, Leipzig/Berlin 1933 (Einleitung in die Altertumswissenschaft II 5), bes. 40–59. – A. Reymond, Histoire des sciences exactes et naturelles dans l'antiquité gréco-romaine, Paris ²1955. – G. Sarton, A History of Sciences. Bd. 2: Hellenistic Science and Culture in the Last Three Centuries B. C., Cambridge 1959. – P. Lorenzen, Die Entstehung der exakten Wissenschaften, Berlin 1960. – S. Sambursky, Das physikalische Weltbild der Antike, Zürich/Stuttgart 1965. – O. Neugebauer, The Exact Sciences in Antiquity, Providence ³1970. – G. E. R. Lloyd, Greek Science after Aristotle, New York/London 1973. – G. Schneider, Archimedes. Ingenieur, Naturwissenschaftler und Mathematiker, Darmstadt 1979. – J. Barnes/J. Brunschwig/M. Burnyeat/M. Schofield (Hrsg.), Science and Speculation: Studies in Hellenistic theory and practice, Cambridge u. a./Paris 1982. – F. Jürss (Hrsg.), Geschichte des wissenschaftlichen Denkens im Altertum, Berlin 1982. – G. Giannantoni/M. Vegetti (Hrsg.), La scienza ellenistica, Neapel 1984. – I. D. Rožanskij, Geschichte der antiken Wissenschaft, München/Zürich 1984 (zuerst russ. 1980), bes. 127–174. – A. Stückelberger, Einführung in die antiken Naturwissenschaften, Darmstadt 1988.

A. Ausg.: Die Fragmente des Eudoxos von Knidos. Hrsg., übers. und komm. von F. Lasserre, Berlin 1966. – Autolycos de Pitane: La sphère en mouvement. Levers et couchers héliaques. Testimonia. Texte établi et traduit par G. Aujac avec la collab. de J.-P. Brunet et R. Nadal, Paris 1979. – Euclidis Phaenomena et scripta musica. Ed. H. Menge. Fragmenta. Coll. et disp. I. L. Heiberg, Leipzig 1916 (Euclidis opera omnia. Vol. VIII). – Arati Phaenomena. Rec. et fontium testimoniorumque notis prolegomenis indicibus instr. E. Maass, Berlin 1893. – Commentariorum in Aratum reliquiae. Coll. rec. prolegomenis indicibusque instr. E. Maass, Berlin 1898. – Cicéron: Aratea. Fragments poétiques. Texte établi et traduit par J. Soubiran, Paris 1972. – The Aratus ascribed to Germanicus Caesar. Ed. with intr., transl. & comm. by D. B. Gain, London 1976. – Aviénus: Les Phénomènes d'Aratos. Texte établi et traduit par J. Soubiran, Paris 1981. – Eratosthenis Catasterismorum reliquiae. Rec. C. Robert, Berlin 1878. – A. Rehm, Eratosthenis Catasterismorum fragmenta Vaticana, Programm Ansbach 1899. – Eudoxi ars astronomica qualis in charta Aegyptiaca superest denuo edita a F. Blass, Kiel 1887. – Aristarchus of Samos. The Ancient Copernicus. By Sir Thomas Heath, Oxford 1913. – Hipparchi in Arati et Eudoxi Phaenomena commentariorum libri tres. Rec. Germanica interpretatione et commentariis instr. C. Manitius, Leipzig 1894. – Hypsikles: Die Aufgangszeiten der Gestirne. Hrsg. u. übers. v. V. De Falco/M. Krause mit einer Einf. von O. Neugebauer, Göttingen 1966. – Géminos: Introduction aux phénomènes. Texte établi et traduit par G. Aujac, Paris 1975. – Cleomedis Caelestia (Μετέωρα). Ed. R. Todd, Leipzig 1990. – Claudii Ptolemaei opera quae supersunt omnia. Vol. I: Syntaxis mathematica. Ed. J. L. Heiberg. 2 Tle., Leipzig 1898. 1903. Vol. II: Opera astronomica minora. Ed. J. L. Heiberg, ebd. 1907. Vol. III 1: Apotelesmatica. Edd. F. Boll/Æ. Boer, ebd. 1940. – Übers.: Aratos: Phainomena. Sternbilder und Wetterzeichen. Gr.-dt. ed. M. Erren, München 1971. – Kleomedes: Die Kreisbewegung der Gestirne. Übers. und erl. von A. Czwalina, Leipzig 1927. – Des Claudius Ptolemäus Handbuch der Astronomie. Aus dem Griech. übers. und mit erklärenden Anm. vers. von K. Manitius, 2 Bde., Leipzig 1912. 1913. – Lit.: P. Tannery, Recherches sur l'histoire de l'astronomie ancienne, Paris 1893. – E. Hoppe, Mathematik und Astronomie im klassischen Altertum, Heidelberg 1911, bes. 206–351. – O. Neugebauer, A History of Ancient Mathematical Astronomy. 3 Bde., Berlin/Heidelberg/New York 1975. – Ders., Astronomy and History. Selected Essays, Heidelberg 1983. – B. L. van der Waerden, Die Astronomie der Griechen, Darmstadt 1988, bes. 121–193. – W. Hübner, Die Begriffe ‚Astrologie' und ‚Astronomie' in der Antike, Abh. Mainz 1989, 7.

B. Ausg.: Geographi Graeci minores. E codicibus rec., prolegomenis, annotatione, indicibus instr., tabulis illustr. C. Müllerus. 2 Bde., Paris 1882 [richtig: 1855]. 1861. Tafelbd.: ebd. 1855. – Die Schule des Aristoteles. Texte und Kommentar, hrsg. von F. Wehrli. Heft I: Dikaiarchos, Basel/Stuttgart ²1967, 34–36. 75–80. – Die geographischen Fragmente des Eratosthenes. Neu gesammelt, geordnet und besprochen von H. Berger, Leipzig 1880. – The Geographical Fragments of Hipparchus. Ed. with an introd. and comm. by D. R. Dicks, London 1960. – Claudii Ptolemaei Geographica. Ed. C. F. A. Nobbe. 3 Bde., Leipzig 1843–1845. – Übers.: Des Klaudios Ptolemaios Einführung in die darstellende Erdkunde. Teil 1: Theorie und Grundlagen der darstellenden Erdkunde, ins Dt. übertr. und mit Erl. vers. von H. von Mžik unter Mitarb. von F. Hopfner, Wien 1938. – Lit.: E. H. Bunbury, A History of Ancient Geography, 2 Bde., London ²1883, bes. Bd. 1, 407–660; Bd. 2, 1–108. – H. Berger, Geschichte der wissenschaftlichen Erdkunde der Griechen, Leipzig ²1903, bes. 327–487. – J. O. Thomson, History of Ancient Geography, Cambridge 1948, bes. 123–168.

C. Ausg.: [Aristot.] mech.: Aristotelis quae feruntur De plantis De mirabilibus auscultationibus Mechanica De lineis insecabilibus Ventorum situs et nomina De Melisso Xenophane Gorgia. Ed. O. Apelt, Leipzig 1888. – Archim. plan. aequil.: Archimedis opera omnia cum commentariis Eudocii. Ed.

J. L. Heiberg. Bd. 2, Leipzig ²1913, 123–213. – Archimède. Texte établi et traduit par Ch. Mugler. Bd. 2, Paris 1971, 76–125. – Archim. corp. fluit.: Archimedis opera omnia (s. o.). Bd. 2, 317–413. – Archimède (s. o.). Bd. 3, Paris 1971, 1–66. – Eutoc. comm. in Archim. plan. aequil.: Archimedis opera omnia (s. o.). Bd. 3, Leipzig 1915, 263–319. – Philonis Mechanicae syntaxis libri quartus et quintus. Rec. R. Schoene, Berlin 1893. – Philons Belopoiika (Viertes Buch der Mechanik). Griech. und dt. von H. Diels und E. Schramm, Berlin 1919. – Griechische Poliorketiker. Mit den handschriftlichen Bildern hrsg. und übers. von R. Schneider. Bd. 3: Athenaios Über Maschinen, Berlin 1912. – Biton: Poliorcétique des Grecs. Textes restitués par C. Wescher, Paris 1867, 41–68. – Herons von Alexandria Druckwerke und Automatentheater. Griech. und dt. hrsg. von W. Schmidt, Leipzig 1899. – Herons von Alexandria Mechanik und Katoptrik. Hrsg. und übers. von L. Nix/W. Schöne, Leipzig 1900. – Übers.: [Aristot.] mech.: Aristoteles: Die Lehrschriften. Hrsg., übertr. und erl. von P. Gohlke. Bd. IV 5: Kleine Schriften zur Physik und Metaphysik, Paderborn 1957, 21–62. – Archimedes, Über das Gleichgewicht ebener Flächen, in: Ders., Werke. Übers. und mit Anm. vers. von A. Czwalina, Darmstadt 1983 (zuerst 7 Einzelbde., Leipzig 1906/7–1925), 177–210. – Ders., Über schwimmende Körper: ebd. 283–346. – Lit.: A. G. Drachmann, Ktesibios, Philon and Heron. A Study in Ancient Pneumatics, Kopenhagen 1948. – Ders., The Mechanical Technology of Greek and Roman Antiquity, Kopenhagen 1963. – F. Krafft, Dynamische und statische Betrachtungsweise in der antiken Mechanik, Wiesbaden 1970. – B. Gille, Les méchaniciens grecs. La naissance de la technologie, Paris 1979. – A. Schürmann, Griechische Mechanik und antike Gesellschaft. Studien zur staatlichen Förderung einer technischen Wissenschaft, Stuttgart 1991.
D. Ausg.: Euclidis Optica, Opticorum recensio Theonis, Catoptrica cum scholiis antiquis. Ed. I. L. Heiberg, Leipzig 1895 (Euclidis opera omnia. Vol. VII.). – Hero catoptr.: s. o. – L'Optique de Claude Ptolémée dans la version latine d'après l'arabe de l'émir Eugène de Sicile. Ed. crit. et exég. de A. Lejeune, Louvain 1956. – Damianos Schrift über Optik. Mit Auszügen aus Geminos. Griech. und dt. hrsg. von R. Schöne, Berlin 1897. – Lit.: A. Lejeune, Euclide et Ptolémée. Deux stades de l'optique géométrique grecque, Louvain 1948.
E. Ausg.: Eucl. sect. can.: Musici scriptores Graeci. Rec. […] C. Jan[us], Leipzig 1895, 113–166. 424. – Euclidis opera omnia. Bd. 8: Phaenomena et scripta musica. Ed. H. Menge. Fragmenta. Coll. et disp. I. L. Heiberg, Leipzig 1916, 157–183. – Cleon. introd. harm.: Ebd. S. 185–223. – Die Harmonielehre des Klaudios Ptolemaios. Hrsg. von I. Düring, Göteborg 1930. – Übers.: A. Barker (Hrsg.), Greek Musical Writings. Bd. 2: Harmonic and Acoustic Theory, Cambridge 1989, bes. 190–208 (Euklid). 237–239 (Panaitios). 239–242 (Ptolemaïs). 270–391 (Ptolemaios). – Th. J. Mathiesen, An annotated translation of Euclid's Division of the Monochord, in: Journal of Music Theory 19, 1975, 236–258. – Lit.: Th. Georgiades, Musik und Rhythmus bei den Griechen, Hamburg 1958. – A. D. Barker, Methods and aims in the Euclidean Sectio Canonis, in: Journ. of Hell. Stud. 101, 1981, 1–16.

Numidien und Mauretanien (hell. Einfluß). Seitdem numid. Fürsten bezeugt sind, läßt sich auch ein im wesentl. wohl auf die Dynastie beschränkter hell. Einfluß nachweisen. Der Masaesylierkönig Syphax (†201) und sein Sohn und Nachfolger Vermina (†nach 200) lassen sich auf Münzen mit dem Diadem darstellen. Mit der Begründung der Massylerdynastie durch Masinissa (*240, †148, Charakteristik bei Polyb. 36, 16) trat N. in Beziehung zur hell. Welt und Kultur: Ehreninschr. durch rhod. und athen. Handelsherren und den späteren Nikomedes II. v. Bithynien (8) auf Delos für Masinissa (Inschr. Delos 1577; BCH 33, 1909, 484–6; IG IX 1, 1115–6), dessen Tafelsitten anläßlich eines Besuches ↗Ptolemaios VIII. in seinen Hypomnemata beschrieb (FGrHist 234 F 7f.). Masinissas Sohn Mastanabal (†wohl 140), der wie alle Numiderprinzen auch eine hell. Erziehung genoß (Liv. per. 50: etiam Graecis litteris eruditus), errang in den 60er Jahren des 2. Jh.s bei den Panathenäen einen Sieg im Wagenrennen (IG II² 2316); ein anderer Sohn Masinissas, Micipsa (†wohl 118), umgab sich mit gebildeten Griechen und zeigte bes. Interesse an griech. Philosophie (Diod. 34/35, 35). Freilich darf die Orientierung an hell. Vorbildern nicht überschätzt werden. Die vorhandenen Stammesstrukturen leben fort, hell. Einfluß auf die Verwaltungsformen ist nicht nachweisbar; daß sich Masinissa bei der Urbarmachung N.s, der Einrichtung von Krondomänen und der Steigerung landwirtschaftl. Leistungsfähigkeit (er gilt als Begründer der numid. Agrikultur, Strab. 17, 833; App. Lib. 105) an ptol. oder seleukid. Vorbildern orientierte, ist nicht sicher. Die religiösen Vorstellungen bleiben unbeeinflußt (die übl. Pferdedarstellungen mit Sonnensymbolik weisen auf eine solare Gottheit hin). Die offizielle Reichssprache war punisch, Hiempsal II. (†nach 60) schrieb eine Landesgesch. in punischer Sprache, die Münzlegenden bleiben pun. bis Juba I. (†46), der lateinische Legende prägt; pun. Einfluß lebt auch in der Münzsymbolik weiter. Die nicht sehr umfangreiche Königsarchitektur verbindet hell. Elemente mit einheim. Formen. Auch ein dem hochhell. vergleichbarer ↗Herrscherkult hat sich nicht entwickelt; übl. war nur die kult. Verehrung des toten numid. Königs; Beinamen sind nicht belegt.

Mit dem in Rom erzogenen JUBA II. (25–23 n. Chr.) bestieg ein Philhellene den Thron Mauretaniens. Seine 1. Gemahlin Kleopatra Selene, Tochter Kleopatras VII. und des Antonius (Epigramm auf Jubas Hochzeit ca. 20 von Krinagoras v. Mitylene, Anth. Palat. 9, 235), ließ griech. Münzlegenden mit Basilissa-Titel prägen und betonte die ptol. Tradition (Darstellung ägypt. Kultsymbole); die neue Residenz Jol-Caesarea sollte wohl zum Abbild des ehem. alexandrinischen Hofes werden. Juba stellte die propagierte Abstammung von Herakles heraus (ansonsten Orientierung an augusteischen Vorbildern), unterhielt eine Kunstsammlung und machte sich als Schriftsteller einen Namen (u.a. eine assyr. und eine röm. Gesch.,

FGrHist 275). Nach dem Tode Kleopatras Heirat mit Glaphyra, einer Tochter des Archelaos von ↗Kappadokien (6). Jubas Sohn Ptolemaios, auf dessen prächtigen Purpurmantel (↗Herrscherinsignien) bei Auftritt in Rom Suet. Cal. 35, 1 hinweist, setzte bis zu seiner Hinrichtung durch Caligula 40 n. Chr. die Tradition Jubas II. fort.   J.D.G.

Lit.: W. Thieling, Der Hell. in Kleinafrika, Leipzig–Berlin 1911. – P.G. Walsh, Masinissa, JRS 55, 1965, 149–60. – H.G. Horn–Ch.B. Rüger (Hrsg.), Die Numider, Bonn 1979 (enthält umfassenden Überblick über Gesch. und Kultur der N.). – H.W. Ritter, Rom und N. Unters. z. Rechtsstellung abhäng. Könige, Lüneburg 1987.

Pamphylien. Fruchtbare Landsch. Südkleinasiens zwischen Taurus und Mittelmeer, im O an Kilikien (Grenze etwa bei Korakesion), im W an Lykien angrenzend, dessen Ostteil geographisch und zeitweise politisch zu P. gehörte. Wichtigste Städte: Side, Aspendos, Perge, später Attaleia (s. u.). Die griech. Kolonisten der myken. (?) und archaischen Zeit vermischten sich wohl stark mit der anatol. Vorbevölkerung; stärkere ethnische und kulturelle Hellenisierung wohl erst, seit Alexander d. Gr. (334/3) die Perserherrschaft (seit 546) beendete. 323/21 an Antigonos I. Monophthalmos. Im 3. Jh. wechselnder Einfluß der ↗Seleukiden und ↗Ptolemäer je auf Teile P.s (Aspendos ptol., die Rivalin Side seleuk. Bündnerin); an der Küste Anlage kleiner Garnisonen (Seleukeia zw. Aspendos u. Side; Ptolemais zw. Side u. Korakesion). Um 220 sympathisierten anscheinend Teile P.s mit Antiochos III.; 218 durch Achaios, 216 ff. durch Antiochos unterworfen (↗Seleukiden IV). Trotz dieser Unruhe anscheinend Blüte u. Erweiterung der Städte (Stadtmauern von Perge und Side). Im Frieden von Apameia (188) wurden die Städte frei; Pergamon erhob freilich Ansprüche und besetzte noch in der 1. Hälfte des 2. Jh.s West-P.: Gründung Attaleias durch Attalos II. als Flottenbasis und Konkurrenz für das freie Side. 133 griffen die Römer anscheinend stärker, als bisher angenommen wurde, auf Pamphylien zu: Der Consul M'. Aquilius baute zwischen 129 und 126 auch auf dem Gebiet von Side eine Straße, deren caput viae Pergamon (331 röm. Meilen) war. In der Folgezeit zwangen die Seeräuber ↗Kilikiens viele Städte P.s zur Zusammenarbeit (u. a. Side, m. Werften und wichtigem Sklavenmarkt, und Attaleia, um 77 von Rom bestraft). Side war 102–67 mehrmals Stützpunkt röm. See- und Landoperationen an der Südküste. Nach dem Zollgesetz für die Prov. Asia (75) wurden in allen Häfen P.s röm. Zollstationen eingerichtet. Während West- und Mittel-P. zur Provinz Asia gehörten, wurde Ost-P. mit Side zeitweilig der Prov. Cilicia (Cicero, 51) zugeschlagen. 36–25 von Antonius an Amyntas von Galatien (↗Kelten 3) gegeben; danach wieder römisch (eigene Provinz oder Teil von Galatia?). 43 n. Chr. mit Lykien zur Prov. Lycia et Pamphylia vereinigt. Größte Blüte im 2. und 3. Jh. n. Chr.; aus dieser Zeit die meisten Baureste.

H. H. S.–J. N.

Lit.: K. Graf Lanckoroński, Städte P.s und Pisidiens I, Wien 1890. – W. Ruge, RE XVIII 2.1, 1949, 354–407, s. v. – Magie, RRAM 285; 301; 320 u. a. – C. E. Bosch, Studien zur Gesch. P.s, Ankara 1957. – A. M. Mansel, RE Suppl. X, 1965, 879–918, s. v. Side. – Jones, CERP² 123–46. – S. Jameson, RE Suppl. XII, 1970, 99–109, 110–29 s. vv. Aspendos, Attaleia; XIV, 1974, 374–83, s. v. Perge. – R. S. Bagnall, The Administration of the Ptol. Possessions outside Egypt, Leiden 1976, 110 ff. – A. N. Sherwin-White, Rome, P. and Cilicia 133–70 B. C., JRS 66, 1976, 1–14. – Huß, Ptolemaios IV., 190 f. – J. Nollé, Die uneinigen Schwestern: Betrachtungen zur Rivalität der p. Städte, in: 100 Jahre Kleinasiat. Komm., Denkschrr. Akad. Wien 236, 1993, 297–317. – D. French, Roman Roads and Milestones of Asia Minor (RRMAM), Lycia et Pamphylia (vorauss. 1994). – H. Engelmann – D. Knibbe, Das Zollgesetz der Prov. Asia, Epigraph. Anatol. 14, 1989, 55 ff., 70 ff. – Sprache: P. Brixhe, Le dialect grec de P., Paris 1976. – G. Neumann, Die sidet. Schrift, ASNP III 8, 1978, 869–86; ders., Neumann–Untermann 173. – ↗Münzprägung (B 4; 8; Lit.); R.-Alföldi, 282. – Ausgrabungen: Bean, Kleinasien II 32–108. – PECS s. vv. Aspendos, Perge, Side u. a.

Paphlagonien, kleinasiat. Landschaft[1] westl. des unteren Halys, im N ans Schwarze Meer (Hafenstadt Sinope), im W an ↗Bithynien, im O an ↗Pontos, im S an ↗Phrygien bzw. Galatien (↗Kelten III) angrenzend; polit. Grenzen schwer bestimmbar. Unter einheim. Dynasten blieben die P.er unter Lydern und Persern halbselbständig; von der makedon. Eroberung nur oberflächlich erfaßt (↗Eumenes). Von P. aus gründete Mithradates I. Ktistes das Reich ↗Pontos (1), das in der Folge anscheinend große Teile der Küste P.s, seit 183 auch Sinope beherrschte. Teile des vermutlich von einheim. Dynasten regierten Binnenlands wurden von Bithynien, Pontos und den Galatern annektiert. Für das 3. und große Teile des 2. Jh.s nur wenige zufällige Nachrichten. Ein (kinderloser?) König Pylaimenes vermachte P. dem Mithradates V. von Pontos[2]; ob dieses Erbe realisiert wurde, ist unklar: Mithradates VI. Eupator und Nikomedes III. (↗Bithynien 8) besetzten und teilten 107 P.; dem Einspruch Roms wich Mithradates; Nikomedes versprach, P. *iusto regi redditurum*, als den er dann seinen eigenen Sohn unter dem Traditionsnamen Pylaimenes vorstellte[3]. Der Senat erklärte c. 96 P. für frei; aber als Mithradates 88 in P. einfiel, regierte dort noch (oder wieder) Pylaimenes. Bei der Neuordnung des Pompeius (63) wurde der Küstenstreifen zur Provinz Bithynia geschlagen, das Binnenland offenbar unter zwei Könige namens Attalos Epiphanes (so die Münzen) und Pylaimenes aufgeteilt. Attalos' Land erhielt 40 der Galater Kastor II. (↗Kelten III 4), 36 Kastors Sohn Deiotaros Philadelphos mit Residenz in Gangra, nach Strabon[4] der letzte Herrscher von P. 6/5 v. Chr. scheint das binnenländ. P. der Provinz Galatia zugeschlagen worden zu sein. Treueid der P. er in Gangra für Augustus: OGIS 532.   H. H. S.

Anm.: 1) S. bes. Strab. 12,3. – 2) Justin. 37,4,5; 38,5,4; zum Namen: Oros. 5,10,2. – 3) Justin. 37,4,8. – 4) 12,3,61 p.562.

Lit.: W. Ruge/K. Bittel, RE XVIII 4, 1949, 2486–2550 s. v. P. – W. Hoben, Unters. zur Stellung kleinasiat. Dynasten in den Machtkämpfen der ausgehenden röm. Rep. (Diss. Mainz 1969) Index. – Sullivan, bes. 31–4; 164; 169f. (Lit.) – ↗Münzprägung (B 7, Lit.).

Parther(reich). Parthyene war eine iran. Landschaft (heute Chorasan) zw. Hyrkanien (N), Margiane, Areia, Drangiane (O), Karmanien (S) und Medien (W)[1]. Die ehem. pers. Satrapie (wohl mit Hyrkanien) blieb unter Alexander d. Gr. zunächst unter pers. (Phrataphernes bis ca. 321), dann griech. Satrapen erhalten. Trotz gezielter Einwanderungspolitik war die iran. Bevölkerung weit stärker als die griech. Oberschicht.
Die schwache seleukid. Zentralregierung nach 250 und die Westorientierung der seleukid. Politik führten zum Abfall der ↗iran. Ostprovinzen (s. a. ↗Baktrien). Noch bei Anerkennung der seleukid. Oberhoheit (Münzprägung mit eigenem Namen, kein Königstitel) löste sich ca. 246/5[2] der Satrap Andragoras[3] vom Reich; dessen kurzlebige Herrschaft wurde nach der Niederlage Seleukos' II. bei Ankyra 239 (↗Seleukiden III 2) durch den Einbruch dahischer Parner aus der Gegend vom Ochos (h. Tedschen/Turkmenistan?) – schon ca. 250 in der Astauene ansässig – unter Führung *Arsakes' (I.)* beseitigt (seitdem Königsname; Thronlegende Arr. Parth. F 2); möglich ist die Annahme des Königstitels durch Arsakes in Asaak (Lokalisierung umstritten) schon um 250; jedenfalls könnte sich darauf der Beginn der parth. Ära (↗Zeitrechnung I 2 b) Frühjahr 247 beziehen[4]. 235 (?) Eroberung Hyrkaniens; Abschluß eines Bündnisses mit Diodotos II. v. ↗Baktrien gegen Seleukos II., dessen zunächst erfolgreicher Rückeroberungsversuch (zw. 231 und 227) durch den Stratonike-Aufstand vereitelt wurde[5]. Der Ostfeldzug Antiochos' III. (↗Seleukiden IV) führte 209 nach Eroberung parth. Resi-

denzen[6] zum Abschluß wohl eines Vasallenvertrages mit Arsakes II.[7] (– ca. 191), der jedoch keine praktischen Folgen hatte: Fehlen parth. Kontingente in der Schlacht bei Magnesia 190. Seit Arsakes III. Phriapatius (= Philopator, ca. 191–176) Annahme von *Herrscherbeinamen* wie Epiphanes, Dikaios (↗Baktrien) oder Philhellen.

Die Schwächung des Seleukidenreiches durch die Folgen von Apameia 188, später dynastische Wirren und die Bindung der Zentralregierung durch Aufstände (↗Juden I 1) begünstigten den Aufstieg der P. seit MITHRADATES I. (171–138), der auf Münzen den achämenid. Titel „(Großer) König der Könige" führt und sich nach achämenid. Vorbild bärtig abbilden läßt[8]. Die Chronologie seiner Eroberungen ist nicht exakt festzulegen: wahrsch. kurz nach 160 Annexion ↗baktrischer Grenzprovinzen. 148/7[9] Eroberung von Medien, während des Tryphon-Aufstandes 142 (↗Seleukiden V 6) von großen Teilen ↗Mesopotamiens und Babyloniens: Juli 141 Seleukeia am Tigris (das gegenüberliegende Ktesiphon im 1. Jh. parth. Königsresidenz), Oktober 141 Uruk parth. Während Einbrüche zentralasiatischer Skythen (Saken) Mithradates ca. 140 nach Hyrkanien zurückriefen, vereitelte ein parth. Statthalter 140/39 den Versuch des mit Heliokles v. ↗Baktrien und den Fürsten der Elymais und Persis verbündeten Seleukiden Demetrios' II., durch einen neuen „Alexanderzug"[10] die Ostprovinzen zurückzugewinnen; der gefangene Seleukide wurde mit Mithradates' Tochter Rhodogune verheiratet; im Gegenzug annektierte Mithradates wohl bis 138 die Elymais und Persis, eroberte Drangiane (Sistan), Arachosien und große Teile der ↗baktr. Kernlande und drang bis zum Gebiet zw. Hydaspes und Akesines ein[11]. Baktrien fiel jedoch nach 138 für kurze Zeit wieder an Heliokles zurück (Einzelheiten unklar). Mithradates' Nachfolger Phraates II. (138–128) mußte dem Ostfeldzug Antiochos' VII. Sidetes begegnen[12], der nach erhebl. seleukid. Anfangserfolgen (Rückgewinnung Mesopotamiens, Babyloniens und Mediens) mit dem Tod des Seleukiden 129 endete, von E. Meyer als „Katastrophe des Hellenismus im kontinentalen Asien und zugleich die des Seleukidenreiches" beurteilt. Mesopotamien wurde nach dem Tod Phraates' II., der im Kampf gegen rebellierende skyth. Hilfsvölker fiel, ca. 126/5 durch Artabanos I. zurückgewonnen; nach dessen Tod ebenfalls im Kampf gegen Skythenstämme 124 begann mit MITHRADATES II. (123–88/7), der durch Aufnahme des seitdem übl. Titels „König der Könige" wieder an die achämenid. Herrschaftsideologie anknüpfte[13] (seit ca. 109/8), die 2. Phase der parth. Expansion; auf ihn geht wahrsch. die Ansiedlung von Saken in Drangiane und Arachosien zurück (s. a. ↗Indien), jedenfalls blieb die Lage in den O-Provinzen stabil, und nach Rückeroberung von Babylon und Seleukeia am Tigris zog Mithradates II. die parth. Grenze am Euphrat; ca. 113 Dura-Europos parth. (s. a. ↗Mesopotamien). 94 führte er den als parth. Geisel erzogenen Tigranes (II.) nach ↗Armenien zurück. Eine erste Kontaktaufnahme mit Sulla 96[14] führte zur Anerkennung der beiderseitigen Einflußsphären. Um 115 hatte China diplomat. Kontakte mit Mithradates aufgenommen: Öffnung der späteren „Seidenstraße" für den Chinahandel. Am Ende der Regierungszeit des Mithradates herrschte ein Gegenkg. Gotarzes (auf dem Relief von Bisutun[13] „Satrap der Satrapen") bis 80 in Babylonien und wohl auch in der Margiane; weitere innenpolit. Schwierigkeiten nach Mithradates' Tod ermöglichten den Aufstieg ↗Armeniens. Tigranes I. legte sich ebenfalls den Titel „König der Könige" zu und entriß den P. u. a. Atropatene und Teile N-Mesopotamiens[15]. Erst Phraates III. (70/69–58/7) eroberte die verlorenen Gebiete zurück und vereinbarte wohl mit Lucullus 69, sicher mit Pompeius 66 vertraglich den Euphrat als Grenze; dennoch sind die folgenden Jahrzehnte vom Kampf mit Rom bestimmt: röm. Anstrengungen, das Parther-Problem mit Waffengewalt zu lösen (Crassus bei Karrhai 53, Antonius 36) schlugen jedoch ebenso fehl wie Versuche parth. Könige, sich in Syrien und Armenien festzusetzen. Die 20 von Augustus erneut anerkannte Euphratgrenze erwies sich bis zur Ablösung des P.s durch die Sasaniden (ab 227 n. Chr.) als stabil.

Die parth. *Gesellschaftsstruktur* war geprägt von Lehns- und Vasallitätsverhältnissen[16]. An der Spitze einer kleinen Adelsschicht (vgl. Just. 41, 2) standen die großen Familien, z. B. die Suren (zugleich Geschlechtsname und Amtsbezeichnung, s. u., in Sistan seit ca. 110). Sie verfügten über ausgedehnten, von hörigen Bauern und Sklaven bearbeiteten, praktisch erblichen Grundbesitz; im Kriegsfall wurden diese Hörigen aufgeboten (im Heer gegen Antonius nur 4000 liberi unter 50 000 Mann) und bildeten mit Söldnern und Hilfsvölkern das kgl. *Heer* (53 stellte allein der Surenas 10 000 Reiter); seit Karrhai 53 (vgl. Plut. Crass. 21) waren die vollgepanzerten Reiter (Kataphrakten) und berittenen Bogenschützen in Rom gefürchtet. Das parth.

Königtum wies zwar sakrale Züge[16] auf, war aber nicht absolut, obwohl die achämenid. Tradition eine solche Entwicklung begünstigte[17]: ein Synhedrion aus Großvasallen und Mitgliedern der kgl. Familie nahm jedenfalls im 1. Jh. erhebl. Einfluß[18] auf die zwar auf das Arsakidenhaus beschränkte, sonst aber nicht näher geregelte Thronfolge; Usurpationen v. a. im 1. Jh. häufig. Das nicht straff durchorganisierte Reich ließ das Weiterbestehen der schon in seleuk. Zeit existierenden, jetzt mit dem Arsakidenhaus verschwägerten Vasallenfürstentümer in (Spasinu) Charax (S-Babylonien, ↗Mesopotamien), Osroene und Atropatene zu[19]. Lage und Entwicklung des P.s erklären den *hell. Einfluß* auf das kulturelle Leben der Oberschicht; anläßlich des Sieges über Crassus 53 läßt Orodes I. Euripides' Bakchen am Hof aufführen (Plut. Crass. 33). In den ehem. seleukid. Gebieten wird das Satrapen- und ↗Strategensystem weitergeführt[20], die griech. Sprache findet in der Verwaltung Verwendung: RC 75[21]. Dieser Brief Artabanos' III.[22] an Seleukeia am Eulaios (21 n. Chr.) läßt jedenfalls in dieser Zeit Weiterleben griech. Polis-Institutionen und Exemption der griech. Poleis aus der Provinzialverwaltung erkennen (s. a. ↗Mesopotamien). Man übernimmt auch hell. ↗Hoftitel: u. a. τῶν πρώτων καὶ προτιμωμένων φίλων καὶ τῶν σωματοφυλάκων[23]. Aber achämenid. Tradition in Herrscherideologie und -auffassung sind nicht minder prägend. Mag auch der Begriff einer bes. „parth. Kunst" umstritten sein, die strenge Frontalität ist jedenfalls eine parth. Eigenheit.

J. D. G.

Anm.: 1) Geographie bei Schippmann, (s. u.) 10–3. – 2) Zu den sehr umstrittenen Quellenproblemen J. Wolski, Klio 58, 1976, 439–57. – 3) Zur Person L. Robert, Hellenica XI–XII, Paris 1960, 86–91; Andragoras als Führer einer nationaliran. Bewegung?, dazu J. Wolski, Studia Iranica 4, 1975, 159–69. – 4) S. jetzt K. Brodersen, Historia 35, 1986, 378–381. – 5) Der angebl. Bruder Arsakes' I., Tiridates, ist wohl nicht historisch, vgl. J. Wolski, Historia 11, 1962, 138–45. – 6) Zu den frühen Residenzen s. M.-L. Chaumont, Syria 48, 1971, 143–63; ders., Syria 50, 1973, 197–222 (zu Asaak, Nisa, Hekatompylos). – 7) Der Name Artabanos ist wohl nicht historisch. – 8) Zum achämenid. Vorbild J. Wolski, Syria 43, 1966, 74; zum Titel G. Schäfer ‚König der Könige' – ‚Lied der Lieder', Abh. Heidelberg phil.-hist. 1973, 2, 1974, insbes. 49–52; zur antiseleukid. Münzprägung der frühen Arsakiden M. T. Abgarians–D. G. Sellwood, NC 7, 11, 1971, 103–19. – 9) Vgl. G. Le Rider, Suse sur les Séleucides et Parthes, Paris 1965, 338–40. – 10) Elefantenskalpdarstellungen, s. ↗Baktrien. – 11) Nach Altheim–Stiehl, (s. u.) 577–84; Chronologie und Umfang der Eroberungen sind freilich nicht genau zu bestimmen. – 12) Dazu Th. Fischer, Unters. zum P.-Krieg Antiochos' VII...., Diss. Tübingen 1970. – 13) Zum achämenid. geprägten Relief von Bisutun (Namen der agierenden Personen griech.) Ghirshman, (s. u.) 52. – 14) Dieses Datum nach E. Badian, Studies in Greek and Roman History, Oxford 1964, 157–78; zu den weiteren röm.-parth.

Beziehungen K.-H. Ziegler, Die Bez. zw. Rom und dem P., Wiesbaden 1964; Wolski, (s. u.) 194–214. – 15) H. Koehler, Die Nachfolge in der Seleukidenherrschaft und die parth. Haltung im röm.-pont. Konflikt, Bochumer Hist. Stud. AG 3, 1978 (Lit.). – 15a) Zur Bez. des Surenas als „Zweiter nach dem Kg." H. Volkmann, Endoxos Duleia, Berlin – New York 1975, bes. 107. –16) Übersicht bei Widengren (s. u.), ebd. 249–50 zum Begriff „Feudalismus". – 17) Zu dieser Diskussion s. Wolski, (s. u.) 198–9. – 18) Dazu Widengren, s. u. 237–41; bei den Strab. 11, 9, 3 genannten Syngeneis handelt es sich nicht um ⟋Hoftitelträger. – 19) Zum Reich von (Spasinu) Charax ⟋Araber (1) (Lit.); zur Dynastie von Atropatene R. D. Sullivan, ANRW II, 8, 1977, 916–8. – 20) Bengtson, Strategie II² bes. 283. – 21) Zur Textgestaltung über Welles hinaus s. A. Wilhelm, AAWW 1934, 45–66 (= Akademieschr. II 439–60); M. Zambelli, Riv. Fil. 91, 1963, 153–69. – 22) Zur Person U. Kahrstedt, Artabanos III. und seine Erben, Diss. Bernenses I 2, 1950. – 23) S. die Liste bei H. Kortenbeutel, RE XX 1, 1941, 103 s. v. Philos.

Lit.: Neben den in den Anm. genannten spez. Abh. N. C. Debevoise, A Political Hist. of Parthia, Chicago 1938, ND New York 1968. – R. N. Frye, The Heritage of Persia, London 1962, dt. u.a. München 1977. – Ders., FWG 7, Frankfurt 1966, 301–19. – Ders., The History of Ancient Iran, (HAW III 7) München 1984. – F. Altheim –J. Rehork (Hrsg.), Der Hell. in Mittelasien, WdF 91, 1969, darin bes. die Aufsätze von Wolski. – F. Altheim – R. Stiehl, Gesch. Mittelasiens im Altertum, Berlin 1970. – J. Wolski, ANRW II 9, 1, 1976, 196–214. – G. Widengren, ebd. 219–306. – K. Schippmann, Grundzüge der parth. Gesch., Darmstadt 1980. – Bibliographie sowj. Arbeiten Studia Iranica 4, 1975, 243–60. – M. Karras-Klapproth, Prosopogr. Studien zur Gesch. des P., Bonn 1988. – Münzprägung: R.-Alföldi, 291. – Ausgrabungen/Kunst: R. Ghirshman, Iran. P. und Sasaniden, Univ. der Kunst, 1962. – G. Schlumberger, Der hell. Orient, Baden-Baden 1969; s. a. Anm. 6.

Pergamon.

I. Pergamenisches Reich (P.R.) der Attalidendynastie in NW-Kleinasien, 281–133 (⟋Staat IV 4).
1. *Philetairos* aus Tios (Bithynien), *ca. 343, †263, Sohn des Makedonen (?) Attalos und der Paphlagonierin Boa, nach 301 von Lysimachos (⟋Thrakien) mit Bewachung auf dem Burgberg von Pergamon deponierter Staatsgelder (9000 Talente) betraut, schloß sich 282 dem Seleukos I. an, der ihn als Vasallendynasten anerkannte. Achtung der seleukid. Oberhoheit zeigt sich in der ⟋Zeitrechnung nach der Seleukidenära und in der ⟋Münzprägung (B 6) mit Bild des Seleukos (auch nach dessen Tod). Er stärkte die Stellung seiner Familie durch dynast. Verbindung mit den Seleukiden und durch Schenkungen an Städte und griech. Heiligtümer. Gegen Ende seines Lebens leitete er die Emanzipation aus der seleukid. Oberherrschaft ein, auf deren Kosten er das Staatsgebiet über die unmittelb. Umgebung der Stadt P. hinaus erweitert haben dürfte.
2. Diese Politik wurde weitergeführt von seinem Neffen *Eumenes I.* (263–241), den der kinderlose (impotente?) Philetairos adoptiert hatte. Eumenes besiegte um 262 An-

tiochos I. bei Sardes und dehnte das P. R. zur Küste (von Adramytteion bis Myrina?) und landeinwärts zu den Kaïkosquellen aus. Aufständ. Söldner (StV III 481) und die marodierenden Galater (↗Kelten III 1) zwangen ihn zu Zugeständnissen.

3. Zu größerer Macht gelangte das P. R. erst unter Eumenes' Vetter (?) und Adoptivsohn *Attalos I.* Soter (241–197, geb. 269). Er nahm nach Siegen über die Galater und Antiochos Hierax (239/38?; ↗Kelten III 2; Seleukiden III 3) als erster Attalide den Königstitel an (Zählung der Regierungsjahre von 241 ab) und eroberte seit 229 den größten Teil des seleukid. W-Kleinasien, verlor es freilich 223/22 wieder an Achaios, Feldherrn des Antiochos III. Nach Achaios' Usurpation (↗Seleukiden VII) mit Antiochos III. verbündet (216), scheint er Teile Mysiens und ↗Phrygiens gewonnen zu haben. Neuorientierung der pergam. Politik nach W: Die Teilnahme am 1. Makedon. Krieg (215–205) gegen Philipp V. von ↗Makedonien (III 4) brachte ihm Gewinne in Hellas (Aigina); ein neuer Konflikt mit Philipp (201) führte zu Attalos' Bitte um röm. Intervention und zum 2. Makedon. Krieg (seit 200). 197 starb Attalos an den Folgen eines in Theben erlittenen Schlaganfalls.

4. Von den 4 Söhnen des Attalos und der Kyzikenerin Apollonis folgte zuerst *Eumenes II.* (197–159, geb. um 221). Als treuer Bündner Roms gegen Nabis von ↗Sparta (5) und Antiochos III. wurde er 188 mit dem bisher seleukid. W-Kleinasien bis zum Taurus (außer den altfreien Städten, S-↗Karien und ↗Lykien) belohnt; nicht siegr. Feldzug mit röm. Hilfe wurden die Galater (↗Kelten III 3) seiner Hoheit unterstellt. Erfolgreiche Kriege gegen Prusias I. von ↗Bithynien (um ↗Phrygia Epiktetos, 188–183), und gegen Pharnakes I. von ↗Pontos (182–179), zus. mit Prusias II. und Ariarathes IV. v. ↗Kappadokien (4), dessen Tochter Stratonike er geheiratet hatte. 175 brachte er Antiochos IV. auf den Seleukidenthron. Trotz großer territor. Ausdehnung war das P. R. aber keine Großmacht, sondern de facto röm. Vasallenstaat. Als Handlanger Roms bei vielen Griechen verhaßt, schürte Eumenes 172 durch übertriebene Anklagen gegen Perseus den 3. Makedon. Krieg (171–168; ↗Makedonien III 5); seine nicht eindeutige Haltung im Krieg erregte jedoch Mißtrauen der Römer, die in der Folge seine Gegner (bes. Galater, Prusias II. v. ↗Bithynien [6]) begünstigten und sogar im P. R. selbst eingriffen.

5. Sein jüngerer Bruder *Attalos II.* Philadelphos (159–138, *220), der sich in militär. und diplomat. Funktionen ausgezeichnet und Roms Vertrauen erlangt hatte, wurde 156 von Prusias II. angegriffen und erreichte 154 mit Roms Hilfe einen Wiedergutmachungsfrieden. Der geschickte Diplomat griff durch Aufstellung von Kronprätendenten in die Politik des ↗Seleukidenreichs (V 4: Alexander I. Balas, 153) und ↗Bithyniens (6: Nikomedes II., 149) ein.
6. *Attalos III.* Philometor (138–133), angebl. illegitimer Sohn des Eumenes II., viell. aber des Attalos II. (aus kurzer Verbindung mit Stratonike?), wird von der Überlieferung getadelt wegen tyrann. Behandlung seiner Umgebung und Laschheit seiner Regierung, die er zugunsten botan. Studien vernachlässigt habe. Er vermachte das P. R. den Römern; nur die Städte, auch Pergamon, sollten frei werden.
7. Dieses Testament wurde jedoch nach Attalos' Tod (133) von einem angebl. Bastard Eumenes' II., *Aristonikos*, angegriffen, der – offenbar als „König Eumenes" (III.) – mit relig. und sozialrevolutionärer Propaganda die Hilfe der Bauern, bes. aber der mit Freiheit beschenkten Sklaven gewann. Er versprach einen „Heliopoliten-Staat" zu gründen, so genannt nach der oriental. Großen Sonne der Gerechtigkeit oder nach dem utop. Roman „Heliopolis" des Iambulos. In seinem Gefolge befand sich der Stoiker C. Blossius aus Cumae, Freund des Tib. Gracchus. Die Städte versagten sich dem Aristonikos; 130–129 wurde er geschlagen, kapitulierte und wurde in Rom hingerichtet. Der westl. Teil des ehemal. P. R. wurde nun als röm. Provinz Asia eingerichtet; die griech. Küstenstädte blieben z. T. frei (wenn auch meist nicht abgabenfrei). Lykaonien wurde Kappadokien, ↗Phrygien zeitweise den Königen von Pontos unterstellt.

II. Kulturelle Bedeutung des P. R. Der Wunsch der Attaliden, sich gegenüber den älteren hell. Dynastien, v. a. aber gegenüber den Griechen in Hellas und Kleinasien als hellenische Kulturherrscher zu legitimieren, führte zu hoher Kulturblüte; P. trat, bes. seit Eumenes II., als Kulturzentrum in Konkurrenz mit den anderen hell. Höfen, Rhodos und Athen. Neben dem prächtigen Ausbau der Stadt P. (s. u. III) sind bes. zahlreiche Stiftungen in Delphi und ↗Athen (II) zu nennen. H. H. S.

III. Die Ausgrabungen in der Stadt P. haben die Heiligtümer auf dem Burgberg vollständig freigelegt, einen großartigen hell. Architekturkomplex, dessen Einzelbauten[1] ebenso fesseln wie deren Eingliederung in die heroische Landschaft (↗Architektur mit Anm. 24). Die Skulpturfunde waren überreich (Taf. 8, 9, 14, 22b). Da wir noch weitere pergamen. Schöpfungen durch Kopien kennen, ist unser Bild der hochhell. Skulptur maßgebl. durch P. bestimmt (↗Plastik, Porträt 3). Das Große und Kleine Weihgeschenk (vgl. Taf. 8, 9) vertreten Anfang und Ende, der Große Altarfries die reife Stufe einer zeit-, nicht ortsgebundenen Kunstrichtung (↗Kunst). Hart gearbeitete Oberflächen mit linearen Falten und scharfen Schatten z. B. sind nicht ein Kriterium, sondern eine Tendenz pergamen. Werke, der auch einzelne aus ↗Alexandreia folgen, während der „Schöne Kopf von Pergamon"[2] ein „alexandrinisches" Sfumato hat.

Eigene Impulse gab P. im Formalen durch den großen Altar (↗Architektur). Ob andere für die röm. Kunst vorbildliche Schöpfungen, etwa in der Ornamentik[3], echt pergamen. sind, oder für uns einzig dort greifbar, muß offen bleiben. In der Einstellung zur Kunst haben die pergamen. Könige sicher die Römer beeinflußt: Sie stellten Kopien griech. Statuen auf, um ihr auf Bildung gegründetes Griechentum zu dokumentieren, und propagierten ihre Macht durch mythologisch allegorisierende Denkmäler. G. Bk.

Anm.: 1) ↗Architektur mit Anm. 7, 21, 24, 29, 32 und 50. – 2) H. Luschey, 116/117. Winckelmannsprogramm Berlin, Berlin 1962, 12 ff. – 3) Z. B. in der plastischen Architekturdekoration oder in Mosaik und Malerei, ↗Malerei m. Anm. 18.

Lit.: Niese, GGMS. – G. Cardinali, Il Regno di P., Rom 1906, ND 1968. – Busolt, IV 1–2. – CAH VII–VIII. – Magie RRAM 3–33. – Rostovtzeff, GWHW 434–44, 506–23. – R. A. MacShane, The Foreign Policy of the Attalids of P., Urbana 1964. – Schmitt, Antiochos 41–4; 262–70. – E. V. Hansen, The Attalids of P., New York ²1971: B. Schleußner, Historia 22, 1973, 119–23 (3. Makedon. Krieg). – Bengtson, Herrschergestalten 235–50 (Eumenes II.). – J. Hopp, Unters. zur Gesch. der letzten Attaliden, Vestigia 25, 1977. – G. Petzl, ZPE 30, 1978, 264–7. – R. E. Allen, The Attalid Kingdom, Oxford 1983 (Struktur). – F. Chamoux, P. et les Galates. REG 101, 1988, 492–500 (Lit.). – H. Müller, Chiron 21, 1991, 323 ff. (zu Stratonike, s.o. I 5; Lit.). – I. Savalli-Lestrade, REG 105, 1992, 221–30 (Expansion unter Eumenes I.). – I 6–7: G. Niedermayer, Fünf Testamente hell. Herrscher zugunsten der Römer. Masch. Diss. München 1954. – K.-W. Welwei, Unfreie im antiken Kriegsdienst 2, Forsch. antik. Sklaverei 8, 1977, 68–80 (Lit.). – B. Schleußner, Chiron 6, 1977, 97–112. – D. Kienast, Historia 26, 1977, 250–2 (Münzen). – Briefe: RC (teilw. überholt, s. insbes. SEG XVI 476 zu RC 50). – M. Segre, Clara Rhodos 9, 1938, 190–208 (Eumenes II.). – SEG XXVI 1239 (Attalos II.). – ↗Münzprägung B 6 (Lit.); R.-Alföldi, 113–5 (Lit.). – III (Kunst/Ausgrabungen): A. Schober, Die Kunst von P., Innsbruck–Wien 1951. – Bean, Kleinasien I 66–93. – E. Rohde, Pergamon, Burgberg und Altar, [7]Berlin 1976 (Führer des Berliner Museums mit Detailaufnahmen des Burgmodells). – PECS s.v. Pergamon (Lit.). – W. Müller, Der P.-Altar, Leipzig 1978. – W. Radt, P., Gesch. und Bauten, Köln 1988.

Peripatos. Der Peripatos gehört neben der platonischen ↗Akademie, der von Zenon gegründeten ↗Stoa und dem Garten Epikurs (↗Kepos) zu den vier großen Philosophenschulen Athens, die sich bis in die römische Kaiserzeit behaupteten (↗Philosophie). Sein Gründer, Aristoteles (geb. 384/83), war während der letzten 20 Lebensjahre Platons, d.h. bis 348/47, Mitglied der Akademie. Die von ihm frühestens 336 gegründete Schule befand sich auf dem Gelände des Lykeion genannten Gymnasions, dessen Name auf sie selbst überging und sich neben der von einer Wandelhalle, P., abgeleiteten Bezeichnung behauptete. Die Schule war sakralrechtlich als Musenthiasos organisiert und diente der Forschung wie der Lehre. Die erhaltenen Schriften des Aristoteles sind als Unterlagen seiner Vorlesungen entstanden und endgültig durch Andronikos von Rhodos (1. Jh. v. Chr.) geordnet worden. Doppelfassungen mit z.T. verschiedener Behandlung der gleichen Probleme erlauben, das Denken des Aristoteles in seiner Entwicklung zu verfolgen, und daß seine Manuskripte als gemeinsamer Besitz der Schule behandelt wurden, geht aus ihrer Benützung durch ↗Theophrast und Eudem hervor; andererseits drangen in ihre Sammlung die Schriften jüngerer Peripatetiker ein, ohne durch Verfassernamen als solche gekennzeichnet zu sein. Eine gemeinsame, durch Aristoteles organisierte Forschung belegen Schriften wie die Geschichte von Arithmetik, Geometrie und Astronomie von Eudem, diejenige der Medizin von Menon und der Überblick über die Lehren der älteren Philosophen von Theophrast, ferner die Sammlung der delphischen Siegerlisten, der Urkunden dramatischer Aufführungen in Athen sowie diejenige von Monographien über 158 Staatsverfassungen, von denen die von Aristoteles selbst verfaßte athenische erhalten ist; alle diese Werke dienten als Vorarbeiten für Studien systematischen Charakters.

Der den P. auszeichnende wissenschaftliche Charakter zeigt sich darin, daß hier im Gegensatz zu den meisten anderen Schulen an der Lehre des Gründers nicht dogmatisch festgehalten wurde. Dessen Philosophie war von keinem zentralen Anliegen wie der Befreiung aus den Bedrängnissen des Daseins bestimmt, und dies begünstigte die freie Forschung, führte jedoch auch den frühen Zerfall in eine Vielzahl selbständiger Disziplinen herbei. Jede derselben entwickelte sich zunehmend nach ihren eigenen Gesetzen, und bald entzog sich die Fülle des konkreten Wissensstoffes dem Fassungsvermögen eines einzelnen. Von den Schülern des Aristoteles läßt sich an Universalität höchstens ↗Theophrast mit ihm vergleichen, obwohl auch dieser seine philosophische Kraft längst nicht erreichte; die übrigen zogen sich alle auf mehr oder weniger begrenzte Einzelgebiete zurück. Aristoteles selbst wurde übrigens durch seine dialektisch-aporetische Methode daran gehindert, ein geschlossenes Lehrgebäude zu errichten, und Theophrasts und Eudems Ansätze, seine Logik und Physik systematisierend zu interpretieren, wurden erst von den Kommentatoren der römischen Kaiserzeit entwickelt.

Von einer einheitlichen Lehre des P. läßt sich vor allem darum nicht sprechen, weil Aristoteles außer den für seine Lehrvorträge bestimmten Schriften ein literarisches Werk großenteils dialogischer Form hinterlassen hatte, das sich an einen weiteren Leserkreis wandte und darum philosophisch nicht festgelegt war. Soweit diese Publikationen vom Vorbild der Platonischen Dialoge angeregt wurden, zeigten sie sich denselben – wie der Eudemos – auch inhaltlich verpflichtet. Dabei vertraten sie allerdings meistens einen Platonismus mehr stimmungsmäßiger Natur, welcher von den eigentlichen Problemen sowohl des alten Platon als denen des Aristoteles selbst unberührt war. In anderen seiner exoterischen, d.h. nicht streng philosophischen Werke schloß sich dieser den verschiedensten Traditionen älteren Schrifttums an, und alles fand im P. Nachahmung. So entstand dort, z. T. ohne unmittelbare Beziehung zur Schullehre, eine reiche Literatur, in welcher platonische und pythagoreische Elemente sich mit solchen sophistischen oder populärethischen Ursprungs zusammenfanden. Die moralische Protreptik wurde ergänzt durch Biographien, die Behandlung literarischer und allgemein kulturgeschichtlicher Themen sowie anderes mehr. Der ideelle Zusammenhang innerhalb dieser Produktion war kaum stärker als das, was sie insgesamt mit den Schulvorträgen verband. Infolge des philosophischen Niedergangs des P. gelangte sie jedoch zu repräsentativer Geltung, die sie bewahrte, bis die im ersten Jahrhundert v. Chr. einsetzende Kommentierung der aristotelischen Lehrschriften sie allmählich in den Hintergrund drängte. Geschichtliche Voraussetzung der aristotelischen Philosophie ist die Ideenlehre Platons, der Glaube an ein unveränderliches und vollkommenes Sein rein geistiger Natur, das sich im Gegensatz zu allen Sinnesobjekten zugleich als Gegenstand einer gültigen Erkenntnis bewährt. An der unter Platons Schülern geführten Diskussion der logischen, ontologischen und ethischen Probleme, die daraus erwuchsen, war auch Aristoteles beteiligt, und durch sie ist die Gliederung seiner Philosophie in drei entsprechende Kreise von Hauptthemen bestimmt. Daß er an der Möglichkeit eines schöpferischen, von den Sinneseindrücken unabhängigen Erkennens festhielt, zeigen seine logischen Schriften, aber den Glauben an ein transzendentes Reich der reinen Formen oder Ideen im Sinne Platons gab er auf. Wenn nach dessen – im Timaios dargestellter – Alterstheologie die sichtbare Welt nach dem Vorbild der schönsten und vollkommensten aller Ideen (νοούμενα) geschaffen ist, so steigt sie für Aristoteles darum zur Würde des höchsten und unableitbaren Seins auf, ohne im übrigen die wesentlichen Strukturelemente der platonischen Schöpfung einzubüßen. Als Ursprung aller kosmischen Bewegung bezeichnet Aristoteles die selbst in vollkommener Ruhe verharrende Gottheit, welche unmittelbar den ewigen Kreislauf der Gestirne und durch dessen Vermittlung das Werden und Vergehen im Bereiche des Irdischen auslöst. Die hier gültige hierarchische Ordnung ist ebenso ontologischer wie kausaler Natur, denn dem göttlichen Sein sind die Gestirne als unvergängliche Gebilde und die Vollkommenheit ihrer Bewegung auch wesensmäßig näher als alle Erscheinungen unterhalb ihrer Sphäre. Die damit gegebene Zweiteilung der Welt hat Aristoteles auch physikalisch begründet, indem er die vier überlieferten Grundstoffe, Luft, Feuer, Wasser und Erde, als Substrat der niedrigsten Bewegungsform, des Werdens und Vergehens, auf die sublunare Sphäre beschränkte und ein fünftes Element, den Äther, zum Träger der astronomischen Vorgänge machte. Um diese Hypothese zu stützen, machte er geltend, daß Himmel und Erde von ganz verschiedener Größenordnung bestimmt würden, was einen Stoffaustausch zwischen den beiden Bereichen ohne Störung des vorhandenen Gleichgewichts ausschließe. Folgerichtig ergab sich daraus für ihn die weitere Annahme, die Sonnenwärme werde nicht gemäß bisheriger Anschauung durch Feuerstrahlung ausgelöst, sondern durch Reibung zwischen der Sphäre, in welcher die Sonne kreise, und der atmosphärischen Luftschicht.

Da diese Reibungswärme aber mit dem Abstand der Sonne von der Erde wechsle, regle sie die Abfolge der Jahreszeiten und mit ihr den Kreislauf in der Verwandlung eines Grundstoffes in den andern, das irdische Werden und Vergehen. Aristoteles hat diese Einheit des kosmischen Geschehens in keiner einzelnen Schrift mit systematischer Ausführlichkeit dargestellt. Angesichts des platonischen Hintergrundes ergibt sie sich aber zwingend aus seiner Behandlung der einzelnen Teilgebiete und den zwischen denselben gezogenen Querverbindungen. Außerdem waren Theophrast und Eudem, seine getreuesten Schüler, bemüht, die Geschlossenheit seines physikalischen Weltbildes zu straffen, was allerdings auch dessen Problematik verdeutlichte und das Seine zur schließlichen Preisgabe der Gesamtkonzeption beitrug.

Der Hauptgrund, welcher zu dieser bald nach dem Tode des Schulgründers führte, war aber die von der Forschung und ihrer zunehmend empirischen Methodik diktierte Isolierung der naturwissenschaftlichen Teilgebiete. So kündigt sich schon in einer erhaltenen Monographie Theophrasts über das Feuer eine Betrachtungsweise an, die mit der aristotelischen Fünf-Elemente-Lehre unvereinbar ist. Es scheint zwar nicht, daß Theophrast dieselbe deswegen in seiner Astronomie fallen ließ, aber es ist kein Zufall, daß sie sich bei jüngeren Peripatetikern nicht mehr belegen läßt. Auf jeden Fall haben die Stoiker, welche Aristoteles im übrigen stark verpflichtet sind, die alte Theorie von den vier Elementen wieder auf den ganzen Kosmos ausgedehnt.

Die Beschränkung auf naturwissenschaftliche Einzelfragen, welche vom Nachlassen des Willens zur Synthese begünstigt wurde, läßt sich von Theophrast an in zunehmendem Maße den Schriftenverzeichnissen von Peripatetikern ablesen. Mit ihr wuchs die Freiheit in der Wahl von Methoden und Gesichtspunkten, wobei auch zu Themen nicht peripatetischer Denker oder zu Anschauungen volkstümlicher Herkunft gegriffen werden konnte. In besonderem Maße gilt dies für die Sammlungen der Problemata oder Zetemata, die sich jenseits der Schulgrenzen bis zu den Quaestiones naturales Senecas fortgesetzt haben.

Ein Zeichen früh einsetzender Desintegration ist die Physik des Straton von Lampsakos, der die wesentlichen Grundlagen der aristotelischen Kosmologie verließ und sich dafür der Lehre Demokrits näherte. Die Unbegrenztheit des Raums nahm er zwar nicht an wie dieser, und auch

seine Atomtheorie modifizierte er in wesentlichen Punkten. Dagegen folgte er Demokrit mit seiner Lehre von den Poren, der Annahme, daß die Grundstoffe sich durch die verschiedene Größe von Hohlräumen in ihrem Inneren und die davon abhängige Stärke der Tendenz zu fallen voneinander unterscheiden. Da ihm das Schwergewicht an sich als gemeinsame Eigenschaft aller Stoffe galt, erklärte er die Aufwärtsbewegung der leichten Stoffe als Wirkung von Gewalt, während Aristoteles seinen vier Elementen der irdischen Welt paarweise die natürliche Eigenschaft des Strebens nach unten oder nach oben verliehen hatte. Auf andere Weise als Straton verfolgte seine eigenen Wege Herakleides vom Pontos, der mit dem P. allerdings auch persönlich nicht sehr eng verbunden war. Wie vor ihm schon Platon im Timaios schloß er sich pythagoreischer Tradition an, indem er die Erde sich im Mittelpunkt der Welt um ihre eigene Achse drehen ließ. Im übrigen ist es auffällig, wie rasch im P. die kosmogonischen und allgemein physikalischen Interessen zurückgingen. Die zunehmende Beschränkung auf Fragen der Ethik und der für dieselbe auswertbaren Kulturgeschichte entsprechen jedoch einer Zeittendenz, welche die anderen Philosophenschulen noch viel ausschließlicher beherrschte.
Aristoteles selbst hatte die Einheitlichkeit seiner Naturlehre dadurch stark beeinträchtigt, daß er darauf verzichtete, das organische Leben in die Theorie von Gott als dem ruhenden Ursprung aller Bewegung einzubeziehen. Es ist auffällig, daß er die mit den Jahreszeiten wechselnde, aus der Reibung zwischen den kosmischen Sphären stammende Wärme nur für die Erklärung der physikalischen Vorgänge einigermaßen systematisch auswertete. Der durch jene ausgelöste Kreislauf des Werdens und Vergehens beschränkt sich nach seinen erhaltenen Aussagen auf die Verwandlung der Elemente, so daß der Rhythmus des pflanzlichen Lebens unbeachtet zu bleiben scheint. Dieses wird dafür in einem anderen Zusammenhang betrachtet, dem der Lebenserscheinungen überhaupt, welcher als Hierarchie des Seelischen Pflanze, Tier und Mensch umfaßt. Indem Aristoteles den berühmten Gedanken Platons aufnahm, nach welchem die Seele als Trägerin des Lebens ein Bewegungsursprung ist, weist er ihr für dessen Bereich die gleiche Funktion zu, welche im Rahmen der kosmisch-physikalischen Vorgänge die Gottheit erfüllt; an eben dieser Parallelität aber scheiterte die systematische Einheit seiner gesamten Naturerklä-

rung. Bewegungsursprung ist die Seele eines jeden Lebewesens, sei es Pflanze, Tier oder Mensch, für Aristoteles in dem Sinne, daß sie dessen gattungsmäßige Bestimmung, seine Entelechie, verwirklicht. So vollzieht sich für ihn alles Leben nach einem immanenten Gesetz; was Platon als reine Form oder Idee von der sichtbaren Welt getrennt hat, diese aber als Vorbild auf geheimnisvolle Weise bestimmen läßt, wird nun in sie selber zurückgenommen. Das teleologische Erklärungsprinzip, das Anaxagoras und Diogenes von Apollonia in die Naturbetrachtung eingeführt haben, findet damit eine methodisch überaus fruchtbare Formulierung. Dennoch vermochte sich der Entelechiegedanke auf die Dauer nicht zu halten. Von den eigenen Schulgenossen des Aristoteles zog sich Straton auf die kausale Aitiologie zurück, und die Stoiker bestritten ihre Teleologie mit Hilfe pantheistischer Anschauungen.

Die *Seelentheorie* des Aristoteles weist eine Dreiteilung auf, aus der sich Botanik, Zoologie und Lehre vom Menschen entwickeln ließen. Auf die einfachste Form der Beseeltheit oder des Lebens ist nach ihr die Pflanze beschränkt, welche ihre Nahrung aus dem Boden aufnimmt und dafür nur einer rudimentären Wahrnehmungsfähigkeit und Reizbarkeit bedarf. Beim Tier sind diese beiden Anlagen reicher entwickelt, und zwar nicht bloß im Dienst einer aktiven Nahrungsbeschaffung, sondern auch der geschlechtlichen Fortpflanzung, deren Vorhandensein im Pflanzenreich Aristoteles noch nicht kennt. Was nach seiner Lehre den Menschen über die bloße Fähigkeit zur individuellen und gattungsmäßigen Selbsterhaltung erhebt, ist die geistige Erkenntniskraft, und dementsprechend sieht er in der zweckfreien Kontemplation seine eigentliche Erfüllung oder Entelechie. In diesem Bekenntnis zu einem der kreatürlichen Triebhaftigkeit entzogenen Dasein, welches mit dem Glauben an die Unsterblichkeit der erkennenden Seele gepaart ist, lebt platonisches Erbe nach. Aristoteles hat ihm in seiner Jugendschrift, dem Eudemos (s. o. S. 546), überschwenglich religiösen Ausdruck gegeben, aber auch noch seine Metaphysik mit dem Preis des sich selbst genügenden Erkennens eingeleitet. Daß die ethischen Vorlesungen sich ganz auf die Probleme des tätigen Lebens beschränken und die Kontemplation als höchste Lebensform nur durch einen Ausblick sichtbar machen, gehört zu den Zeichen der Entfernung vom Platonismus.

Sowohl *Botanik* als *Zoologie* behandelte Aristoteles im Sinne einer vergleichenden Morphologie, welche Körperbau und Organe nach ihrer Funktion verstehen lehrt, also gemäß der Entelechielehre teleologisch ausgerichtet ist. Die Botanik zur umfassenden Wissenschaft auszubauen, überließ er ↗Theophrast, der in zwei erhaltenen Werken ein reiches Beobachtungsmaterial bearbeitete und seinerseits in Phainias einen Nachfolger fand. Ein imponierendes Zeugnis für die eigene biologische Forschung des Aristoteles ist seine Zoologie, und zahlreiche Fragen des organischen Lebens, solche des Wachstums samt Mißbildungen und Krankheiten, Probleme der Wahrnehmung und anderes mehr waren der Gegenstand von Arbeiten des Straton von Lampsakos. Mit dem Entelechiegedanken gab dieser aber die Grundlage der ganzen aristotelischen Biologie preis (s. o. S. 550), was wesentlich zur Isolierung der einzelnen Phänomene beitrug. Eine monographische Behandlung bestimmter Tiere und Tiergruppen weisen allerdings schon die Schriftenkataloge des Aristoteles und Theophrasts auf, und selbst Sammlungen zoologischer Mirabilien werden als altperipatetisch bezeugt; zum Symptom des wissenschaftlichen Niedergangs werden solche Einzelschriften aber erst durch ihr Vorherrschen, und dieses scheint in der dritten Generation von Peripatetikern erreicht worden zu sein.

Gemäß dem von Aristoteles behaupteten Primat der theoretischen Vernunft über alle anderen Seelenkräfte bekannte sich auch Theophrast zum Ideal des kontemplativen Lebens. Dessen ursprüngliche Legitimation, die in platonischen Glaubensinhalten lag, hatte für Aristoteles als akademisches Erbe noch prinzipielle Gültigkeit, nämlich die Verwandtschaft zwischen der unsterblichen Seele und dem Himmel als Gegenstand ihrer Andacht. Im Denken Theophrasts verloren die Elemente theologischer Spekulation dagegen in gleichem Maße an Gewicht, als seine Forschung auf dem Weg zur empirischen Naturwissenschaft weiterschritt. Wie andererseits seine aporetische Dialektik vermochte, ontologische Positionen zu zersetzen, lehrt das erhaltene Bruchstück seiner Metaphysik. Durch diese Entwicklung büßte nun aber auch das kontemplative Lebensideal Theophrasts seine Überzeugungskraft ein, und tatsächlich nimmt es sich in dessen Umschreibung nicht viel anders als das Wunschbild eines ungestörten Gelehrtendaseins aus. So hat denn auch das Lautwerden entgegengesetzter Überzeugungen nicht lange auf sich warten lassen. Ausdrücklich gegen Theophrast gerichtet, folgte ein Angriff von Seiten des etwas jüngeren Dikaiarch, und zwar auf der doppelten Front von Seelenlehre und Ethik. Die Unsterblichkeit der Seele zu leugnen, wird diesen der in der Tat problematische Dualismus der aristotelischen Psychologie veranlaßt haben, welche alle triebhaften Äußerungen des Seelischen an den Körper bindet und nur den vernunfthaften Seelenteil als selbständige, unvergängliche Substanz anerkennt. Um sie zu vereinheitlichen, hätte es allerdings nicht auch des Verzichtes auf die Entelechielehre bedurft, den Dikaiarch leistete. Es ist für die Desintegration der peripatetischen Schuldoktrin bezeichnend, daß er dabei auf eine in pythagoreischen Kreisen entstandene Theorie zurückgriff, nach welcher die Seele nichts anderes als ein physiologisches Spannungs- oder Gleichgewichtsverhältnis, nach doxographischer Formulierung eine „Harmonia" der vier Grundstoffe sei. Ungefähr dasselbe lehrte Dikaiarchs Mitschüler Aristoxenos, und auf etwas andere Art band auch Straton die ganze Seele an die Körperlichkeit. Ein nächster Schritt war es, die Möglichkeit apriorischer Kenntnis zu leugnen, wenn es festzustehen schien, daß alle psychischen Leistungen auf Sinneseindrücke zurückgehen. Damit war aber auch dem kontemplativen Lebensideal ein tragfähiger Boden entzogen, da dieses ja im Glauben an den noetischen Charakter der erkennenden Seele wurzelte. Dikaiarch proklamierte darum das tätige, ganz dem öffentlichen Wirken gewidmete Dasein, für welches die alltägliche Erfahrung die beste Lehrmeisterin sei. Er berief sich dafür auf die sogenannten Sieben Weisen als Vorbild, Vertreter der vorphilosophischen Zeit, von denen einzelne, wie vor allem Solon, durch ihre politische Leistung seiner Deutung ungefähr entsprechen mochten. Im übrigen kam sein Mißtrauen gegenüber aller Spekulation dem Pragmatismus nahe, welchen die zeitgenössischen Vertreter sophistischer Bildung vertraten.

Innerhalb des Peripatos ist Dikaiarchs Parteinahme für ein ausschließlich tätiges Leben schon durch Aristoteles selbst vorbereitet, insofern sich derselbe in seinen ethischen Vorlesungen auf dieses beschränkt, obwohl er den Primat der Kontemplation prinzipiell nicht aufgibt (s. o. S. 550). Die platonische Verknüpfung des richtigen Handelns mit theoretischer Einsicht, die im Ideal des philosophischen Staatsmannes zur Anschauung kommt, ist hier aufgelöst, so daß für jenes eine immanente Ausrichtung gefunden werden muß. In stillschweigender Anlehnung an den Entelechiegedanken setzte Aristoteles voraus, daß das menschliche Leben wie alles Naturgeschehen seine Gesetzlichkeit in sich selber trage. Ähnlich wie die Vertreter der sophistischen Erziehung konnte er darum auf geschichtliche Tradition zurückgreifen, auf die alte Adels- und Polisethik sowie den Erfahrungsschatz, der in Spruchweisheit und Dichtung niedergelegt war. Von der Sophistik ließ er sich besonders durch ihre empirische Kasuistik anregen, welche ihm erlaubte, die Wirklichkeit in der ganzen Fülle wechselnder Erscheinungen einzubeziehen. Dadurch wurde seine Ethik zu einer Wissenschaft, welche auf ihrem Gebiet dasselbe leistete wie die naturwissenschaftlichen Pragmatien für die außermenschliche Welt. Durch ihren Reichtum der Aspekte unterschied sie sich von den ethischen Lehren der übrigen Schulen, welche fast ausnahmslos vom Bestreben beherrscht waren, das innere Glück gegen die unberechenbaren Zufälle des Lebens abzuschirmen, und dies durch eine Asketik verschiedener Schattierungen und Grade zu erreichen suchten. Aristoteles machte gegen solche Bemühungen geltend, es sei eine Illusion zu glauben, der Mensch könne sich den Bedingungen des Daseins, in welches er gestellt sei, je völlig entziehen. Ohne den Vorrang des Geistigen in Frage zu ziehen, billigte er demgemäß auch den sogenannten äußeren, schon in der vorphilosophischen Lebensbetrachtung viel erörterten Gütern des kreatürlichen, materiellen und gesellschaftlichen Daseins einen gewissen Geltungsanspruch zu. Überhaupt bestand er darauf, daß Leid und Freude, als komplementäre Erfahrungen unlösbar miteinander verbunden, für das menschliche Erleben angesichts seines emotionalen Charakters konstitutiv seien. Dies bestimmte auch seine Lehre von der Erziehung, welche nicht wie diejenige der Kyniker (↗Kynismus) auf eine Unterdrückung der triebhaften Kräfte, sondern auf deren richtige Lenkung ausgerichtet war. Der junge Mensch sollte nach ihr dazu gebracht werden, sich am Richtigen zu freuen und gegen das Abneigung zu empfinden, was verwerflich sei. Dies ist das pädagogische Ziel auch für die Krieger im platonischen Staate, welche im Gegensatz zu den Herrschern keiner philosophischen Einsicht fähig sind, nur daß bei Aristoteles das im Menschen angelegte Wertgefühl nun allgemein leitend geworden ist. Er verfügte immerhin über ein heuristisches Prinzip, nach dem sich die Gesamtheit sittlicher Erfahrungen, die in seiner Ethik niedergelegt sind, ordnen ließ. Der Gesichtspunkt der richtigen Mitte zwischen zwei fehlerhaften Extremen erwies sich dafür als besonders fruchtbar, weil er mindestens in Ansätzen aus den gleichen Traditionen stammte wie der ihm gemäß behandelte Stoff.

Entsprechend dem allgemeinen Interesse für Fragen der richtigen Lebensführung scheint sich auch die Ethik des Aristoteles verhältnismäßig lange als geschlossene Lehre in der Schule behauptet zu haben. Daß eine ihrer auf uns gekommenen Fassungen, die sogenannten Magna Moralia, mindestens in der vorliegenden Form von einem jüngeren Peripatetiker stamme, ist allerdings nicht unbestritten, aber es fehlt auch nicht an anderen Anzeichen für das Gesagte. Die von der Öffentlichkeit beachteten Schuldiskussionen scheinen dagegen ganz vom Streit um das Autarkie-Ideal der ↗Stoa beherrscht gewesen zu sein, in welchem die Peripatetiker ihre These verfochten, daß das menschliche Glück den Zufällen des Schicksals nicht ganz entzogen werden könne. Durch diesen Verzicht, einem allbeherrschenden Sicherungsbedürfnis entgegenzukommen, haben sie aber die Gefolgschaft breiter Schichten verloren und den längst eingeleiteten Rückgang der Schule beschleunigt. Die Auseinandersetzung mit der Stoa ließ sich auf die schlagwortähnliche Gegenüberstellung von Tugend und Schicksal reduzieren und regte dadurch u. a. Monographien über Tyche oder Fortuna, die Personifikation der äußeren Lebensmächte, an. In einer solchen hat Demetrios von Phaleron eindrücklich auf die großen Peripetien der zeitgenössischen Geschichte, den persischen Zusammenbruch und den Aufstieg Makedoniens zur ersten Macht, hingewiesen. Er schlug damit das Thema der Unberechenbarkeit im Leben auch ganzer Völker an, das zu behandeln die antike Geschichtsschreibung nie müde geworden ist. Andere Peripatetiker wie Ariston von Keos wählten ihre Beispiele aus dem Bereich des privaten Daseins und konnten dabei auf Euripides Bezug nehmen, dessen Gestaltungen menschlicher Ohnmacht klassische Geltung erlangt hatten.

Einzelne schufen für die abgelehnten stoischen Thesen dadurch Ersatz, daß sie die ethologischen Studien des Aristoteles fortsetzten und das Leben in der Fülle seiner Erscheinungen wirken ließen. Einer von diesen ist Theophrast als Verfasser der erhaltenen Charaktere, einer Sammlung porträthafter Schilderungen von menschlichen Typen, die in ihrer oft karikierten Fehlerhaftigkeit an Schöpfungen der komischen Bühne erinnern. Sie sind aus jedem systematischen Zusammenhang gelöst und lassen auch keine unmittelbare erzieherische Absicht erkennen. Näher als sie stehen der aristotelischen Ethik zwei Bruchstücke des Ariston von Keos. Das eine derselben schildert mit subtilen Unterscheidungen eine Reihe untereinander verwandter Fehler samt den aus ihnen erwachsenden Unannehmlichkeiten, das andere ist eine Monographie über die Bekämpfung hochfahrenden Wesens, unser ältestes Beispiel moralphilosophischer Protreptik des Hellenismus. Die Darstellung wird mit Anekdoten und Chrien gewürzt und soll durch ihre Anschaulichkeit nicht nur das bekämpfte Übel vor Augen stellen, sondern auch unterhaltend wirken. Den Maßstab bildet nicht ein abstraktes Tugendideal, vielmehr getreu aristotelischer Betrachtungsweise die in der Tradition niedergelegte sittliche Lebenserfahrung.

Soweit sich die moralphilosophische Publizistik der übrigen Peripatetiker in Überresten erhalten hat, ist in ihr jeder Zusammenhang mit der wissenschaftlichen Ethik des Aristoteles gelöst. Zum Anschluß an Traditionen beliebigen Ursprungs konnten sich ihre Verfasser um so mehr berechtigt fühlen, als jene ihrerseits eine Art Kodifikation überlieferter Wertungen darstellte, nur daß die exoterische Literatur auch von jeder Systematik entband.

Der Platonismus, welcher in ihr eine Hauptkomponente bildete, war durch die Herkunft des Dialogs, der bevorzugten Form dieses Schrifttums, sowie durch das Vorbild des aristotelischen Eudemos (s.o. S. 546) sanktioniert. Wie in diesem war es oft ein weltflüchtiger Platonismus mit orphisch-pythagoreischem Einschlag, der hier zum Ausdruck kam und bei einzelnen Autoren überdies eine unverkennbare Neigung zum Superstitiös-Erbaulichen verriet. Der Peripatos wurde dadurch nächst der Akademie zum Wegbereiter von Tendenzen, welche vom 1. Jh. v. Chr. an in breiter Front zum Durchbruch gelangten. Als erster schlug diese Richtung Herakleides vom Pontos ein, der durch schamanistische Wundergeschichten die Unsterblichkeit der Seele gegen Theorien des psychologischen Monismus beweisen wollte und sich damit in einen für die Desintegration der Schule bezeichnenden Gegensatz auch zu Dikaiarch und Aristoxenos stellte. Als Feind wissenschaftlicher Aufklärung trat er außerdem mit der religiösen Deutung einer Erdbebenkatastrophe hervor, indem er sie als göttliche Bestrafung eines Kultfrevels

deutete und damit naturtheoretische Aitiologien zurückwies. Sein nächster Gesinnungsgenosse im P. war Klearchos, der sich nicht nur durch ein Enkomion Platons und einen Kommentar zu dessen Staatswerk als Platoniker bekannte, sondern auch durch ähnliche Erzählungen wie Herakleides vom Pontos die Unsterblichkeit der Seele zu beweisen suchte. In einem Dialog über Traumvisionen beteiligt er seinen Lehrer Aristoteles an Unterhaltungen über ekstatische Jenseitserlebnisse, sicher um dessen Autorität für die eigenen Überzeugungen in Anspruch zu nehmen. Seine weitausholenden Berichte über bestrafte Ausschweifung bei Barbaren und Hellenen sind dagegen von religiösen und moralischen Anschauungen allgemein populärer Art bestimmt; als geistig anspruchslose Unterhaltungsliteratur vermengen sie auf oft wenig sympathische Weise Erbaulichkeit mit Pikanterie (vgl. u. S. 559).
Höher als solche Schriften standen diejenigen des Aristoxenos, dem wir wichtige Nachrichten über das alte Pythagoreertum verdanken. Er brachte diesem allerdings eine seltsam parteiische Bewunderung entgegen, indem er es gegen Sokrates und Platon, die Heroen seiner eigenen Schulgenossen, ausspielte. Dabei lieh er ihm in einer Schrift über pythagoreische Lebensweise in einem Maße platonische Züge, das weit über alle historische Ähnlichkeit hinausging. Abgesehen von allgemein literarischer Lizenz glaubte er sich dazu offenbar durch seine Behauptung berechtigt, Platon habe sich Lehrgut der alten Sekte auf unrechtmäßige Weise angeeignet.
Pythagoreischer Enthaltsamkeit von Fleischgenuß wurde in Theophrasts Schrift über Frömmigkeit das Wort gesprochen, vielleicht, wenn sie dialogische Form hatte, von jemandem, dem ein Gesprächspartner andere Grundsätze entgegenhielt. Jedenfalls ist es für die Eigengesetzlichkeit der ganzen exoterischen Literatur des P. bezeichnend, daß in ihr selbst Theophrast, der gewissenhafteste Treuhänder der Schullehre, diese so weit hinter sich lassen konnte. Auch die Frömmigkeit als solche hatte in der aristotelischen Ethik nicht die Bedeutung, welche ihr Theophrast ebenso wie Herakleides vom Pontos durch monographische Behandlung einräumte. Dafür konnten sich beide auf Platon berufen, welcher in seinen Gesetzen den Glauben, daß die Götter über Gut und Böse wachen, zur Grundlage aller gesellschaftlichen und politischen Ordnung erklärt hatte. Dieses Bekenntnis, das gegen die atheistische Aufklärung gerichtet war, be-

deutete die Rückkehr zum alten Kultglauben und ergänzte die schon in den platonischen Frühdialogen vollzogene Übernahme der vier Polistugenden Frömmigkeit, Gerechtigkeit, Besonnenheit und Tapferkeit. Dort hatte sich Platon allerdings darum bemüht, dieselben aus ihrer historischen Bedingtheit zu lösen und als Erscheinungen des allumfassenden Guten in den Bereich des Ideellen zu heben. In seiner Altersethik dagegen, welche der Erfahrungswelt mit ihren realen Erziehungsbedürfnissen viel weiter entgegenkommt, wird auch der empirische, vorphilosophische Gehalt dieser Tugenden wieder deutlicher sichtbar. In der weitgespannten Thematik der aristotelischen Ethik treten sie zurück, wofür ihnen das exoterische Schrifttum des P. jedoch eine um so größere Bedeutung einräumt. Wenn dabei platonischer Einfluß mitwirkt, so ist es wie gewöhnlich in dieser Literatur hauptsächlich ein solcher der Stimmung, jedenfalls scheint jede Bemühung um eine begriffliche Durchdringung gefehlt zu haben, und um so häufiger ist die Bezugnahme auf jedermann geläufige Vorstellungen moralischen Inhalts. Das Fehlen einer philosophischen Systematik begünstigte ferner die monographische Behandlung der einzelnen Tugenden. So hat Herakleides vom Pontos, abgesehen vom erwähnten Traktat über die Frömmigkeit (s.o. S. 556), solche über Besonnenheit, Gerechtigkeit und Tapferkeit, Straton je eine Schrift über Gerechtigkeit und Tapferkeit verfaßt.

Die Einheitlichkeit, welche sich dieser ganzen Schriftengruppe trotz ihres trümmerhaften Zustands noch ablesen läßt, ist nicht zuletzt durch den Mangel an gedanklicher Schärfe bedingt, welcher weitgehend die Grenzen zwischen den einzelnen Tugenden verwischt. In lässigem Anschluß an das Herkommen werden vor allem Besonnenheit und Gerechtigkeit als zwei Aspekte der Selbstdisziplinierung nach Belieben vertauscht oder kumuliert. Vor allem aber kann jede Tugend als eine Form der Frömmigkeit erscheinen, sofern die Götter des Kultes als Hüter über die staatliche und gesellschaftliche Ordnung sie erwarten. Die Neigung, mehr an das Gefühl als an die Gedanklichkeit zu appellieren, führt ferner dazu, daß alles sittliche Verhalten schließlich auf die allgemeinsten Begriffe der Tugend und des Lasters zurückgeführt wird. Auch dieser summarische Dualismus entspricht alten Möglichkeiten: wir finden ihn im Agon der aristophanischen Wolken sowie in der Parabel von Herakles am

Scheidewege, die von dem Sophisten Prodikos stammt. Im populären Schrifttum des P. wird diese Moral von Gut und Böse auch in der Auseinandersetzung mit dem Hedonismus aufgeboten. Daß das Luststreben in seinen verschiedenen physiologischen Äußerungen im Dienst der Lebenserhaltung stehe, war eine von der Biologie gewonnene Einsicht, welche schon im 5. Jh. v. Chr. ethisch ausgewertet wurde. Wenn radikale Aufklärer dabei im Namen des Naturgemäßen einem hemmungslosen Ausleben der Triebe das Wort redeten, so haben sie anscheinend einen ursprünglich anders gewandten Gedanken verfälscht. Mit der Anerkennung der Lebenswichtigkeit schließt der Naturgedanke für die Triebe nämlich in sich, daß ihre Befriedigung nicht Selbstzweck sein könne, sondern ein Maß an ihrer Funktion, d. h. an der Zuträglichkeit finde. Wenn ferner die Möglichkeit der Verfehlung besteht, so ergibt sich daraus, daß eine solche durch Lenkung und Erziehung verhindert werden muß, und tatsächlich ist eine entsprechende Theorie schon für die Zeit Platons bezeugt. Dieser selbst hat aus der Asketik seiner früheren Zeit heraus zunächst den Hedonismus in jeder Form abgelehnt, schon im Staatswerk aber eine auf Trieblenkung ruhende Erziehungslehre aufgebaut, die zwar nur beschränkte Geltung hat, aber doch die prinzipielle Anerkennung der vorher bekämpften Gedanken voraussetzt. In den ethischen Vorlesungen des Aristoteles, der alle Erziehung als richtige Gewöhnung der emotionalen Seelenkräfte beschreibt, kommt diese Pädagogik zu umfassender Anwendung. Dagegen ist sie mit der Denkweise, die in den popularethischen Schriften seiner Schule herrscht, unverträglich: diese kehren gewissermaßen zur ursprünglichen Gegnerschaft Platons dem Hedonismus gegenüber zurück.

Die Form einer prinzipiellen Auseinandersetzung hat dieser Gegnerschaft Aristoxenos gegeben, indem er den Pythagoreer Archytas als Verkörperung vollendeter Selbstbeherrschung sich mit einem Vertreter des üppigen Hofes von Syrakus über Lust und Tugend unterhalten ließ. Sein Syrakusaner suchte dabei die Naturgemäßheit des Luststrebens aus dem allgemeinen menschlichen Verhalten, vor allem dem üppigen Leben der Mächtigen, zu beweisen, während im verlorenen Teil des Gesprächs Archytas für die pythagoreische Sittenstrenge eingetreten sein muß.

Die gleichen Anschauungen kamen in der vorwiegend erzählerisch-anekdotisch ausgerichteten Schriftengruppe der *Bioi* zum Ausdruck. Diese Bioi hatten nach Sprachgebrauch und ursprünglicher Absicht nicht einzelne Lebensbeschreibungen zum Inhalt, sondern Typen von Daseinsmöglichkeiten, die aber am Beispiel von bestimmten Biographien oder doch von Ausschnitten aus solchen veranschaulicht werden konnten. Aristoteles hatte in seiner Ethik nach älterer Überlieferung die drei Hauptformen des kontemplativen und des politisch tätigen Lebens sowie desjenigen des Genusses unterschieden. Während er selbst dem ersten unter ihnen prinzipiell den Vorzug gab, obwohl sein wissenschaftliches Interesse hauptsächlich dem zweiten galt, hat Dikaiarch diese Rangfolge umgekehrt (s. o. S. 552). Da das dritte durch den Hedonismus philosophisch verteidigt zu werden schien, ließ sich die Auseinandersetzung mit diesem als Konfrontierung zweier Lebensformen darstellen: die Tugend, welche man gegen die Lust ausspielte, hatte sich ja im Wirken für Haus und Polis zu bewähren. Damit war aber auch in die Bioi der Dualismus eingeführt, welcher die übrigen popularethischen Schriften der Schule beherrschte. Von den zahlreichen Schriften, welche diesen Titel führten, sind die Bioi Klearchs am deutlichsten aus den Überresten zu erkennen. Er behandelt sein Thema am Beispiel nicht nur von Einzelnen, sondern von ganzen Völkern, so daß die Schrift sich streckenweise wie eine Kulturgeschichte des Lasters und seiner Folgen gelesen haben muß. Daß die Tugend, wie es den Anschein hat, sparsamer bedacht war, läßt sich aus schriftstellerischen Rücksichten verstehen.

Den aus der Individualethik stammenden Begriff der Lebensform hat auch Dikaiarch in kollektivem Sinn verwendet. Sein Bios von Hellas ist eine griechische Kulturgeschichte, in welcher sophistisches und aristotelisches Gut in die Konstruktion einer sittenkritisch beleuchteten Entwicklung einbezogen ist. Dikaiarch versteht den von ihm geschilderten Ablauf vom Naturzustand der Urzeit zur Hirten- und Bauernkultur als fortschreitenden Verlust eines von der Bedürfnislosigkeit genährten Glückes, an dessen Stelle Krankheit, Habgier und Zwietracht eingedrungen seien. Dieses Bild ist die Rationalisierung des hesiodeischen Mythos vom goldenen Zeitalter und unterscheidet sich trotz aller Abhängigkeit im einzelnen prinzipiell vom sophistischen Kulturoptimismus. Es war dabei folgerichtig, daß Dikaiarch auch alle technischen Erfindungen, die zur Sprache kamen, kritisch behandelte. Das Material dafür lieferten ihm die seit dem 5. Jh. entstehenden Sammlungen von „Entdeckungen" (εὑρήματα), eine Literaturgattung, die auch im P. selbst gepflegt wurde. Bezeugt sind Schriften mit diesem Titel für Theophrast, Herakleides vom Pontos und Straton. Die Überreste derselben genügen aber nicht, über ihre Tendenz zuverlässige Auskunft zu geben; sie könnten auch von bloßem Sachinteresse bestimmt gewesen sein.

In einer durch Platon geschaffenen Verbindung stand mit der Ethik die *Politik*. Daß sie im Vorlesungszyklus des Aristoteles auf jene folgte, geht aus den Schlußkapiteln derselben in der einen Fassung, der sog. Nikomachischen Ethik, hervor. Die aristotelische Sittenlehre ist zwar längst nicht im gleichen Maße auf die Polis ausgerichtet wie das platonische Erziehungssystem, aber den selbstverständlichen Rahmen für das Leben des Einzelnen bildet jene doch auch noch für sie. Die politischen Probleme bleiben für Aristoteles zeitlebens ebenfalls in Übereinstimmung mit Platon idealstaatlich bestimmt, wenn auch die geschichtliche Realität mit ihren begrenzten Möglichkeiten das Denken in zunehmendem Maße prägt. Wie die Gemäßigten in der öffentlichen Diskussion Athens erklärt Aristoteles schließlich dasjenige Staatswesen für das beste, welches sich von den beiden Extremen der reinen Demokratie und Oligarchie gleich weit entfernt halte. Zugleich entspricht dieses Prinzip des Ausgleichs und der Harmonie der Teile aber auch dem Gedanken, welcher seine Ethik beherrscht.

Daß Politik und Geschichte schon von der zweiten Generation an im P. verhältnismäßig wenig gepflegt wurden, liegt am allgemeinen Zerfall der Polis in jener Zeit und dem Rückzug des Einzelnen auf die Probleme des individuellen Lebens. Eine Ausnahme bildet Demetrios von Phaleron, der von 317 bis 307 als makedonischer Statthalter Athens gemäß staatsethischen Forderungen platonischer und aristotelischer Richtung zu wirken versuchte und diese Tätigkeit publizistisch rechtfertigte. Neben seine Schriften sind solche Dikaiarchs zu stellen, von denen der Tripolitikos die größte Wirkung ausgeübt hat. Es wurde darin, wie es scheint, am Beispiel Spartas der Vorzug der Staatsform mit gemischter Verfassung dargelegt, welche monarchische, aristokratische und demokratische Elemente verbinde (Staatstheorie). Dikaiarch kam damit aristotelischen Gedanken nahe, und später hat Polybios seine Erklärung der politischen Festigkeit von Sparta auf Rom übertragen. Monographien über andere Staaten, von denen Cicero andeutungsweise als von Werken Dikaiarchs spricht, waren vermutlich ähnlicher Art wie die schon erwähnten des Aristoteles (s.o. S. 545). Ein charakteristisches Beispiel für die literarische Isolierung eines Themas bietet eine Sammlung von Erzählungen, die Phainias über Tyrannenmord aus Rache zusammengestellt hat. Knapp gehaltene Beispiele für denselben Vorgang dienen nämlich in der aristotelischen Politik zur Erörterung der Frage, wovon Bestehen oder Untergang einer Alleinherrschaft bestimmt sei: Phainias gab dem Vorwurf eine Wendung ins Erbauliche und novellistisch Spannende.

Literaturwissenschaft. Mit seinen literarischen Studien betrat Aristoteles einen Boden, den Platon gemieden hatte, da ihm alle Dichtung erzieherisch verdächtig war. Dagegen sah Aristoteles in ihr Erkenntnisse niedergelegt, die für seine eigene Philosophie Bedeutung hatten. Die Literaturwissenschaft, die er, unter Anknüpfung an sophistische Studien, begründete, wurde zur Grundlage für die ganze hellenistische ↗Philologie. Seine eigenen Werke umfaßten sowohl die erhaltene Poetik als Interpretationen zu Epos und Tragödie sowie Materialsammlungen für eine Geschichte der dramatischen Kunst (vgl. o. S. 545). Sein Dialog „Über Dichter", welcher außer Biographischem auch die literarische Würdigung von Werken enthielt, scheint im P. Vorbild für eine reiche Produktion geworden zu sein. Ihre Aufreihung von Namen bildete den Ansatz zu einer eigentlichen Literaturgeschichte.

Von den Nachfolgern des Schulgründers hat Theophrast dessen systematische Behandlung der Dichtung durch eine Poetik fortgesetzt, ferner wahrscheinlich Herakleides durch eine Schrift „Über Dichter und Dichtung". Eine beiläufige Untersuchung von Fragen der Poetik ist für Praxiphanes belegt und für weitere Peripatetiker anzunehmen. Die Stillehre, welche Gegenstand einer von Aristoteles an gepflegten Literatur war, umfaßte außer der Dichtung auch die rhetorische Kunstprosa. Daß die ↗Rhetorik im P. schon unter Aristoteles eine Stätte fand, gehörte zu den sichtbarsten Anzeichen des Abrückens von Platon, der sie als Kunst des Scheinwissens und gewissenloser Verführung verurteilt hatte. Mit ihrer Auf-

nahme unter die Lehrfächer nahm der P. sophistische Bildungstradition auf.
Die im Rahmen der Literaturwissenschaft entstehenden Dichterbiographien waren eine beim allgemeinen Lesepublikum besonders erfolgreiche Gattung. Mit ihrer erzählerischen Gefälligkeit, die auch anekdotische Erfindungen nicht verschmähte, schlossen sie sich an alte Volksbücher wie dasjenige über Homer und Hesiod sowie an die anekdotische Sappho- oder Simonidesüberlieferung an.

Musik. Mit Fragen der Musik hatte sich Platon in pädagogischem Zusammenhang beschäftigt, und damit waren sie auch als Thema der aristotelischen Erziehungslehre gegeben. Eine systematische Musikwissenschaft entwickelte Aristoxenos, dessen Leistung in der ganzen Antike grundlegend blieb. Geschichtlich ausgerichtet waren seine Publikationen über Chöre und den tragischen Tanz, neben welche ein Werk Dikaiarchs über musische Agone trat. Entsprechend der archaischen Zusammengehörigkeit von Musik, Tanz und Gesang war in diesen drei Schriften das Musikalische allerdings nur Teil eines umfassenderen Gegenstandes.

Philosophiegeschichte. Der Ursprung der peripatetischen Philosophiegeschichte liegt in den kritischen Auseinandersetzungen mit Vorgängern, durch welche Aristoteles in seinen Vorlesungen den eigenen Standort zu bestimmen pflegte. Das Bedürfnis nach solchen Orientierungen ließ das philosophiegeschichtliche Werk Theophrasts entstehen, die „Lehrmeinungen der Naturphilosophen", welches anscheinend thematisch angelegt war und innerhalb der einzelnen Problemkreise die Denker nach ihrer zeitlichen Abfolge ordnete. Aus diesem Werk gingen einerseits die doxographischen Übersichten der Spätantike hervor, andererseits die Sammlungen von Monographien, in welchen für die Aufreihung der Philosophen der mehr oder weniger konsequent innegehaltene Gesichtspunkt der Lehrabfolge maßgebend war. Beispiele für diese Schriftengruppe sind ein Werk des Phainias über die Sokratiker und ein solches des Ariston, das von den Vorsokratikern bis auf Vertreter des P. herabführte. Gattungsmäßig standen diese beiden Schriften der Gruppe von Publikationen „Über Dichter" nahe (s.o. S. 561), und wie jene kamen sie bald mehr, bald weniger dem populären Unterhaltungsbedürfnis entgegen. Besonders ausgeprägt ist die Neigung zum Anekdotischen aber in

den selbständigen Monographien über einzelne Philosophen, weil es für sie wie für die entsprechenden Dichterbiographien alte Vorbilder gab, die Sieben-Weisen-Überlieferung, die sokratischen Dialoge, die Pythagoraslegende und anderes mehr.
F. W.

Ausg. u. Lit.: F. Wehrli, Die Schule des Aristoteles, I–X Basel ²1967–1969 (I Dikaiarchos, II Aristoxenos, III Klearchos, IV Demetrios von Phaleron, V Straton von Lampsakos, VI Lykon und Ariston von Keos, VII Herakleides Pontikos, VIII Eudemos von Rhodos, IX Phainias von Eresos, Chamaileon, Praxiphanes, X Hieronymos von Rhodos, Kritolaos und seine Schüler; Rückblick: Der Peripatos in vorchristlicher Zeit, Register); Suppl. I–II Basel–Stuttgart 1974–1978 (I Hermippos der Kallimacheer, II Sotion). – P. Moraux, Der Aristotelismus bei den Griechen von Andronikos bis Alexander von Aphrodisias. 2 Bde., Berlin/New York 1973. 1984. – H. B. Gottschalk, Heraclides of Pontus, Oxford 1980. – F. Wehrli, Der Peripatos bis zum Beginn der röm. Kaiserzeit, in: Grundriß der Geschichte der Philosophie, Die Philosophie der Antike 3, hg. v. H. Flashar, Basel/Stuttgart 1983, 459–599. – Chamaeleontis Heracleotae fragmenta. Iteratis curis commentarioque instruxit D. Giordano, Bologna 1990.

Philologie. Φιλόλογος (entsprechend φιλολογία, beides erstmalig bei Platon) bezeichnet zunächst den Liebhaber von λόγοι, d. h. von Reden, Streitgesprächen, Untersuchungen, aber auch allgemein von Literatur. In hell. Zeit erhält es eine umfassendere Bedeutung, indem es einen Mann von vielseitigem, ja universalem Wissen kennzeichnet und etwa dem Begriff des Gelehrten entspricht. Der Vertreter der Philologie im modernen Sinn (Wissenschaft von Sprache und Literatur eines Volkes) wird seit hell. Zeit γραμματικός genannt. In klassischer Zeit bedeutete ‚Grammatik' die Kunst des Lesens und Schreibens, und dementsprechend war der γραμματικός (oder γραμματιστής) der Lese- und Schreiblehrer. Erst als sich in hell. Zeit die Sprach- und Literaturwissenschaft als eigenständige Disziplin herausgebildet hatte, wurde die ‚Grammatik' (= Philologie) scharf von der ‚Grammatistik' (= elementarer Schreib- und Leseunterricht) geschieden. Der Bedeutungswandel von γραμματικός spiegelt also ein Stück antiker Wissenschaftsgeschichte wider, nämlich die Entwicklung der Lese- und Schreibkunst zur philologischen Wissenschaft. Neben γραμματικός hat sich die Bezeichnung κριτικός, die die ↗pergamenischen Philologen in bewußtem Gegensatz zu den ↗alexandrinischen Philologen für sich in Anspruch nahmen (s. u. S. 524), auf die Dauer nicht durchgesetzt.

Die Sophisten, Platon und Aristoteles haben den Weg zur Entstehung der Philologie geebnet. Zur Zeit der Sophistik und nicht zuletzt durch die Sophisten selbst setzte sich das geschriebene Wort in ↗Buch-Form gegenüber dem gesprochenen Wort bei der Wissens- und Bildungsvermittlung durch. Damit war die erste und wichtigste Voraussetzung für das Entstehen einer philologischen Wissenschaft erfüllt. Die sprachlich-grammatischen Studien der Sophisten (Protagoras, Prodikos u. a.) und die von ihnen geübte Dichterinterpretation (vgl. Plat. Prot. 338e ff.) können freilich nur als Vorstufen philologischer Tätigkeit angesehen werden. Die Sophisten verfolgten dabei nicht in erster Linie wissenschaftlich-literarische Ziele, sondern stellten die Beschäftigung mit der Sprache und den Literaturwerken vor allem in den Dienst einer praktisch verwertbaren formalen Denkschulung, um auf diese Weise eine allgemeine Bildung (ἐπὶ παιδείᾳ, Plat. Prot. 312b) zu vermitteln.

Platon hat im ‚Kratylos' die Frage der Sprachschöpfung und das Problem der Etymologie behandelt, und sein System der Wortdeutung und -schöpfung (Krat. 391b–427d) ist nicht nur weitgehend von der ↗Stoa übernommen worden, sondern hat auch das etymologische Verfahren der ↗alexandrinischen Grammatiker wesentlich beeinflußt. Wichtiger noch ist, daß Platon durch seine nachdrückliche Forderung, nicht bei der Empirie (ἐμπειρία) stehenzubleiben, sondern durch theoretische Durchdringung des Gegenstandes zu einer bewußten Methode (τέχνη) vorzudringen (vgl. Phaedr. 270b; Gorg. 463b; 465a), einen entscheidenden Beitrag für die Ausbildung der Philologie wie überhaupt aller Wissenschaften geleistet hat.

Aristoteles hat die platonische Unterscheidung von ἐμπειρία und τέχνη übernommen (Metaph. I 1 p. 981a 5) und in seiner ‚Poetik' in gewisser Weise erstmalig die Forderung Platons erfüllt, von der Empirie zur theoretisch begründeten Methode zu gelangen. In einem besonderen Werk hat er Homer gegen seine Kritiker verteidigt; er hat sich, vor allem im Zusammenhang mit Fragen der Poetik und Rhetorik, erfolgreich mit sprachlich-grammatischen Problemen beschäftigt; unter Mithilfe seiner Schüler hat er schließlich kulturgeschichtlich und literarhistorisch wichtiges Material systematisch bearbeitet und damit eine zuverlässige Grundlage für die gelehrte Forschung späterer Zeit geschaffen, so vor allem durch seine Aufführungslisten der dramatischen Spiele (Διδασκαλίαι). Aber all dies berechtigt nicht, Aristoteles, dessen Leben und Werk noch weitgehend in der politischen Ordnung und der Einheit des alten Stadtstates wurzelte, als den Schöpfer oder Ahnherrn der Philologie anzusehen. Eine neue Zeit mit einer neuen politischen und gesellschaftlichen Ordnung und eine neue Generation mit einem neuen kulturhistorischen Bewußtsein waren nötig, damit die wissenschaftliche Philologie entstehen konnte.

Nachdem das Reich Alexanders zerfallen war und sich als Ergebnis der Diadochenkämpfe die neuen Monarchien herausgebildet hatten, mußte einer zurückschauenden Betrachtungsweise zum erstenmal die Vergangenheit als etwas Abgeschlossenes erscheinen, durch eine Zäsur deutlich von der Gegenwart getrennt, und zwar nicht nur in politisch-gesellschaftlicher, sondern auch in geistig-kultureller Hinsicht. Dieser Zäsur war sich besonders bewußt eine neue Generation von Dichtern, für die sich ein bisher ungewöhnliches gelehrtes Interesse an der großen Dichtung der Vergangenheit mit einer neuartigen Kunstauffassung und Kunsttheorie verband. In gewisser Hinsicht hatte diese Poesie einen Vorläufer bereits in Antimachos von Kolophon (um 400), dessen Werk als Bindeglied zwischen klassischer und hell. Dichtung angesehen werden kann, der aber eine Einzelerscheinung ohne unmittelbare Nachfolge blieb. Der eigentliche Archeget der neuen Richtung war Philitas von Kos (geb. ca. 320), der zugleich Dichter und Philologe war (ποιητὴς ἅμα καὶ κριτικός, Strabon 14 p. 657). Als Dichter von ↗Elegien, ↗Epyllien und ↗Epigrammen kann er als der erste Repräsentant der kunstvollen ↗alexandrinischen Kleinpoesie gelten, der von den beiden bedeutendsten Dichtern der nächsten Generation, ↗Theokrit und ↗Kallimachos, begeistert gefeiert wurde. Mit seiner Dichtung hing offenbar auch seine philologische Tätigkeit zusammen. Er sammelte und erklärte seltene und nicht mehr vorhandene Wörter, vor allem wohl aus Homer und anderen älteren Dichtern, und gab sie unter ausdrücklichem Verzicht auf Systematik als ‚Ungeordnete Glossen' heraus. Das Werk hatte eine beachtliche Nachwirkung, wie u. a. seine Erwähnung in einer Komödie des 3. Jh.s (CAF III 361 f. Kock) beweist. Die Verbindung von Dichtung und philologischer Gelehrsamkeit im Werk des Philitas wurde historisch bedeutsam dadurch, daß er von Ptolemaios I. zum Erzieher seines Sohnes Ptolemaios II. Philadelphos (↗Ptolemäer) bestellt wurde und daß er der

Lehrer des Zenodot war, des ersten Vorstehers der alexandrinischen Bibliothek (↗Buchwesen II 2). Ptolemaios I. hatte in seinen letzten Regierungsjahren in ↗Alexandreia das Museion (Kultverein der Musen) gegründet und dadurch eine zentrale Forschungsstätte ersten Ranges geschaffen, in der zahlreiche Gelehrte und Künstler aller Gebiete gemeinsam lebten und sich in völliger Freiheit und materieller Unabhängigkeit ihren Arbeiten widmen konnten. Dem Museion angeschlossen war eine Bibliothek, die mit ihren ca. 500 000 Papyrusrollen den gesamten Bestand der griechischen Literatur, soweit sie von Bedeutung war, umfaßte. Beim Aufbau und bei der Organisation dieser Bibliothek, zu der später noch eine kleinere Bibliothek im Serapeion hinzutrat, half der Peripatetiker Demetrios von Phaleron (↗Peripatos), der um 297 als politischer Flüchtling nach ↗Alexandreia gekommen war. Die neue poetische Richtung, die bald in ↗Kallimachos ihren Höhepunkt finden sollte, und die Tradition des ↗Peripatos in Form der gelehrten Forschungs- und Sammlertätigkeit wurden für Alexandreia als das wichtigste geistig-kulturelle Zentrum der hell. Welt zu bestimmenden Faktoren. Es ist ein bemerkenswertes und eigentümliches Phänomen, daß die philologische Wissenschaft in Alexandreia gleichwohl nicht aus der Tradition des Peripatos, sondern aus der neuen Dichtung heraus entstand, wobei die Linie von Philitas zunächst über Zenodot zu Kallimachos führte. Mit dieser ersten und ursprünglichen Linie traf in einem zweiten Stadium dann aus ↗Athen eine echt peripatetische Linie zusammen. Die Schüler des Aristoteles brachten Sammlungen gelehrten Materials bei, führten antiquarische Forschungen durch, suchten nach neuen literarischen Kriterien und stellten auf diese Weise den alexandrinischen Philologen die unerläßlichen wissenschaftlichen Hilfsmittel zur Verfügung.

Der erste dieser alexandrinischen Philologen war ZENODOT von Ephesos (geb. ca. 325), Schüler des Philitas und wie dieser Erzieher des Ptolemaios II. Philadelphos, von dem er als Vorsteher der neugegründeten alexandrinischen Bibliothek eingesetzt wurde. Für den ursprünglichen Zusammenhang zwischen Poesie und Philologie ist es bezeichnend, daß Zenodot, der selbst als Dichter tätig gewesen sein soll, mit den beiden Dichtern Lykophron von Chalkis und Alexander Aitolos (↗Drama) zusammen die wichtigsten poetischen Gattungen philologisch bearbeitete. Er selbst übernahm das Epos, Alexander Aitolos die Tragödie und Lykophron die Komödie. Es ist anzunehmen, daß die philologische Tätigkeit der beiden Dichter auch zu Textausgaben geführt hat. Lykophron hat außerdem eine Monographie ‚Über die Komödie' verfaßt. Ungleich wichtiger und folgenreicher war die gelehrte Arbeit des Zenodot selbst. Er hat sich als erster in umfassender und methodischer Weise dem Studium des Homertextes und der homerischen Sprache gewidmet und ist so der erste Homerphilologe im engeren Sinn geworden. Neben einem alphabetisch angeordneten homerischen Glossar, durch das er den homerischen Wortschatz erschloß, stammen von ihm die ersten kritischen Ausgaben von Ilias und Odyssee, die er damit für die Folgezeit als die einzigen homerischen Epen bestimmte. Seiner Ausgabe legte er mehrere, z.T. vermutlich alte Handschriften zugrunde und suchte durch systematischen Vergleich den richtigen Text festzustellen. Er hat auch zuerst bei (seiner Meinung nach) unechten Versen den Obelos (–) als kritisches Zeichen (für Verstilgungen) angewandt und damit die letzte Entscheidung über Echtheit oder Unechtheit eines Verses dem Urteil des Lesers selbst überlassen. Zweifellos waren die Ausgaben des Zenodot, der außer den homerischen Epen auch die Werke des Hesiod (Theogonie), des Pindar und wohl auch des Anakreon ediert hat, noch voller Mängel, unter denen besonders die umfangreichen Athetesen hervorzuheben sind. Gleichwohl kann sein Verdienst um die Begründung der philologischen Wissenschaft, als deren erster Vertreter er zu gelten hat, kaum hoch genug eingeschätzt werden.

Die Verbindung von Poesie und philologischer Gelehrsamkeit erreichte ihren Höhepunkt in ↗KALLIMACHOS (ca. 300–nach 245), dessen Werk als Inbegriff der modernen hellenistischen Dichtung gilt. Von Ptolemaios II. Philadelphos wurde er mit der Aufgabe betraut, die Schätze der ↗alexandrinischen Bibliothek (↗Buchwesen II 2) systematisch zu ordnen und zu katalogisieren. Als Ergebnis einer gewaltigen Arbeit, die mit umfangreichen literarhistorischen Forschungen und insbesondere mit der Klärung zahlreicher Echtheitsprobleme verbunden war, legte er einen Bibliothekskatalog in 120 Büchern vor, ‚Verzeichnisse (Πίνακες) derer, die auf jedem Gebiet der Bildung hervorgetreten sind, und dessen, was sie geschrieben haben'. Dieses Generalverzeichnis hatte den

Wert einer umfassenden Bibliographie des gesamten vorliegenden Bestandes der griechischen Literatur. Es war nach den wichtigsten literarischen Gebieten (Epik, Lyrik, Drama, Beredsamkeit, Philosophie, Historiographie usw.) geordnet; innerhalb dieser Gebiete waren die einzelnen Autoren und bei den Autoren wiederum die einzelnen Werke sehr wahrscheinlich in alphabetischer Reihenfolge aufgeführt, wobei neben den Titeln auch die Anfangsworte und der Umfang (Zeilenzahl) der Werke mitgeteilt wurden (↗Buchwesen II 2). Den Autoren war jeweils eine kurze Biographie vorangestellt. Für besonders wichtige oder schwierige Gebiete hatte Kallimachos spezielle Verzeichnisse aufgestellt, so eines für die dramatischen Dichter und ein anderes für Demokrit, das offenbar zugleich glossographischen Charakter hatte. Als systematische und kritische Bestandsaufnahme waren die ‚Pinakes' von der nachhaltigsten Wirkung. Für die philologische Forschung der Folgezeit bildeten sie eine unentbehrliche und sichere literarhistorische Grundlage. Auch in den zahlreichen übrigen Prosaschriften des Kallimachos trat eine umfassende literarische und antiquarische Gelehrsamkeit zutage, die hier zum erstenmal im Dienst der Literatur selbst stand, der vergangenen ebenso wie der gegenwärtigen. Ihr Ziel war es, die Werke der Vergangenheit zu bewahren und dem Verständnis zu erschließen und gleichzeitig das Rüstzeug für das eigene dichterische Werk bereitzustellen. Die Dichtung lag nicht, wie häufig behauptet, in der Hand von Gelehrten, sondern umgekehrt lag die philologische Gelehrsamkeit in der Hand des Dichters und war ein wichtiges Attribut desselben (*poeta doctus*).

Dieser Sachverhalt wird auch bei ↗APOLLONIOS RHODIOS (geb. ca. 300 in ↗Alexandreia) deutlich, der als Schüler des Kallimachos bezeichnet wird und als Nachfolger des Zenodot Vorsteher der alexandrinischen Bibliothek war. Von seinen eingehenden philologischen Homerstudien, die er offenbar vor allem in Zusammenhang mit der Arbeit an seinem Epos ‚Argonautika' betrieben hat, legte seine Schrift ‚Gegen Zenodot' Zeugnis ab, in der er sich mit Lesarten der Homer-Ausgabe Zenodots auseinandersetzte, wobei er sich auf ältere Texte mit einfachen Erläuterungen stützte. In einer anderen Schrift beschäftigte er sich mit den Werken des Hesiod. Außerdem verfaßte er eine Monographie über Archilochos, die auch Erklärungen umstrittener Gedichtstellen des Archilochos enthielt und somit ein Vorläufer der späteren Kommentare war. Wie bei Apollonios verbanden sich bei seinem Zeitgenossen ARATOS von Soloi, dem Verfasser der ‚Phainomena' (↗Lehrgedicht), und wenig später bei dem Epiker RHIANOS von Kreta (2. Hälfte 3. Jh., ↗Epos) eigenes dichterisches Schaffen mit philologischen Homerstudien, die bei beiden auch zu Ausgaben der Ilias und Odyssee führten.

Rhianos war der letzte Dichter, bei dem poetisches Schaffen und philologische Forschung eine Einheit bildeten. Schon zu seiner Zeit löste sich die Philologie von der Poesie und verband sich zunächst mit der exakten Wissenschaft bei ERATOSTHENES von Kyrene, der um 246 durch Ptolemaios III. Euergetes als Nachfolger des Apollonios Rhodios zum Vorsteher der ↗alexandrinischen Bibliothek berufen wurde. Berühmt wegen seiner vielseitigen Gelehrsamkeit auf allen Gebieten, erhielt er den Beinamen ‚Pentathlonkämpfer'; Kollegenneid trug ihm den Spitznamen ‚Beta' ein, weil er auf den verschiedenen Wissensgebieten immer nur Zweiter geblieben sei. Er selbst betrachtete sich nicht als ‚Grammatiker', sondern beanspruchte für sich als erster die umfassendere Bezeichnung ‚Philologe'. Wie Kallimachos und Apollonios war Eratosthenes Dichter (↗Epyllion) und Gelehrter. Aber bei ihm stand nicht die Dichtung, sondern die Gelehrsamkeit oder richtiger die Wissenschaft an erster Stelle. Seine bedeutendsten Leistungen lagen auf dem Gebiet der exakten Wissenschaften, der ↗Mathematik (II 4), der mathematischen und physischen Geographie (u. a. Berechnung des Erdumfanges, Γεωγραφικά in 3 Büchern; ↗Naturwissenschaften B II) und der wissenschaftlichen Chronologie (Hauptwerk Χρονογραφίαι), und es ist bezeichnend, daß kein Geringerer als Archimedes ihm seine ‚Methodenlehre' gewidmet hat (↗Mathematik II 2). Die philologischen Arbeiten bildeten nur einen relativ geringen Bestandteil im Gesamtwerk des Eratosthenes. Sein Interesse galt besonders der attischen Komödie, über die er ein umfangreiches Werk (Περὶ τῆς ἀρχαίας κωμῳδίας in mindestens 12 Büchern) schrieb, in dem er sprachliche und sachliche Probleme behandelte. Außerdem verfaßte er eine Art Sachlexika (Ἀρχιτεκτονικός, Σκευογραφικός) zu termini technici und seltenen Ausdrücken der Komödiensprache und ein grammatisches Werk in 2 Büchern. Auch seine philologischen Forschungen waren durch einen streng wissenschaftlichen Standpunkt bestimmt, was sich besonders in seiner Stellung zur homerischen Geographie zeigte. In seinem geographischen Hauptwerk vertrat er die Ansicht, daß Dichtung nicht auf Belehrung, sondern auf Unterhaltung abziele und daher den geographischen Angaben Homers nicht immer ein wissenschaftlicher Wert beizumessen sei.

Als Nachfolger des Eratosthenes wurde ARISTOPHANES von Byzanz (ca. 257–180) um 195 Vorsteher der alexandrinischen Bibliothek. Mit ihm begann die Blütezeit der alexandrinischen Philologie als einer selbständigen und unabhängigen Wissenschaft mit eigener wissenschaftlicher Methode und Zielstellung. Im Gegensatz zu seinen Vorgängern war Aristophanes, der als Schüler des Zenodot, Kallimachos und Eratosthenes galt, ausschließlich ‚Grammatiker'. Im Mittelpunkt seiner philologischen Arbeit stand die Herausgabe kritischer Texte, und zwar stellte er, unter Benutzung früherer editorischer Arbeiten (Zenodot, Lykophron und Alexander Aitolos, Rhianos), grundlegende Ausgaben der epischen, dramatischen und lyrischen Poesie her. Er edierte Homer (Ilias und Odyssee) und Hesiod (Theogonie), ferner Euripides (vermutlich auch Sophokles und Aischylos), Aristophanes (vielleicht auch Kratinos und Eupolis) und Menander, für den er eine besondere Vorliebe hatte, schließlich Pindar, Alkaios und Anakreon. Wie der Umfang seiner Editionstätigkeit, so stellte auch seine Editionsmethode einen wesentlichen Fortschritt dar. Neben dem bereits von Zenodot eingeführten Obelos verwendete er weitere kritische Zeichen: den Asteriskos (✕) bei Versen, die an falscher Stelle stehen; das Sigma (⊂) und Antisigma (⊃) bei auswechselbaren Doppelfassungen einer Stelle; das Keraunion (✱ oder T) bei einer fortlaufenden Reihe unechter Verse. Das Verständnis der Texte erleichterte er, indem er als erster Akzente und Spiritus setzte, vor allem wohl in solchen Fällen, wo andernfalls der Text mißverstanden werden konnte, und die (an sich schon länger übliche) Verwendung von Interpunktionszeichen ausdehnte, ferner die lyrischen Partien nach metrischen Gesichtspunkten gliederte (kolometrische Schreibung) und strophische Gliederungen markierte. Mit der Textedition standen nahezu alle übrigen Arbeiten des Aristophanes in engem Zusammenhang. Zu den Tragödien und Komödien verfaßte er Einleitungen (Ὑποθέσεις), die nach einer kurzen Inhaltsbezeichnung in der Regel Angaben über Paralleldramen, Schauplatz, Chor, Prologsprecher, Erstaufführung (Archon, die anderen Dichter mit ihren Stücken, Protagonisten, Erfolg, siegreicher Schauspieler) enthielten und mit einer kritisch-ästhetischen Beurteilung schlossen. Als Quellen dienten ihm dabei die einschlägigen Sammelwerke des Aristoteles (Διδασκαλίαι) und seines Schülers Dikaiarchos (↗Peripatos) sowie die ‚Pinakes' des Kallimachos. Von außerordentlicher Bedeutung waren die lexikographischen Studien des Aristophanes, die sich über den gesamten Bereich der griechischen Literatur, Poesie und Prosa, erstreckten und deren Ergebnisse er in einem umfangreichen Werk mit dem Titel Λέξεις veröffentlichte. Es war in verschiedene Abteilungen gegliedert (u.a. ‚Wörter, die vermutlich den Klassikern unbekannt waren'; ‚Verwandtschaftsnamen'; ‚Altersbezeichnungen') und enthielt wohl auch seine glossographischen Arbeiten. Durch die ‚Lexeis', die eine sehr große Nachwirkung hatten, wurde Aristophanes zum Begründer der wissenschaftlichen Lexikographie. Von seinen übrigen Arbeiten verdienen hervorgehoben zu werden die Ergänzungen und Berichtigungen zu den Pinakes des Kallimachos und die sprachlich-grammatischen Studien über die Aufstellung von Deklinationsregeln nach dem Prinzip der Analogie (sicher keine eigene Schrift mit dem Titel Περὶ ἀναλογίας). Schließlich hat er, vor allem wohl im Zusammenhang mit seiner Editionstätigkeit und seinen lexikographischen Studien, auch bei dem Prozeß einer Auswahl der ‚mustergültigen Autoren' zweifellos eine entscheidende Rolle gespielt (vgl. Quintilian X 1, 54) und nicht zuletzt dadurch die Überlieferungsgeschichte der griechischen Literatur nachhaltig beeinflußt (↗Kanon).

Das Werk des Aristophanes von Byzanz wurde fortgeführt durch seinen berühmteren Schüler ARISTARCH von Samothrake (ca. 216–144). Als Nachfolger des Apollonios Eidographos war er 6. Vorsteher der ↗alexandrinischen Bibliothek und Prinzenerzieher am Hofe der Ptolemaier. Vor Ptolemaios VIII. Physkon floh er nach Kypros (um 145), wo er bald darauf starb. Seine wichtigste Leistung bestand nicht in der editorischen Tätigkeit – neue Textausgaben hat er mit Sicherheit nur von Homer (ungewiß, ob auch von Aristophanes, Pindar, Alkaios und Alkman) hergestellt –, sondern in der fortlaufenden Kommentierung von Texten, wodurch er eine Lücke ausfüllte, die von seinem Lehrer Aristophanes offengelassen war. Seine Kommentare zu Homer (Ilias und

Odyssee), Hesiod (Theogonie, Erga), Aischylos, Sophokles, Euripides, Aristophanes, den bedeutendsten Lyrikern (wenigstens zu Archilochos, Alkaios, Alkman, Anakreon, Pindar) und zu Herodot (vielleicht auch zu Thukydides) waren teils textkritischer, teils exegetischer Art. Bemerkenswert an dem Kreis der kommentierten Autoren ist, daß Aristarch erstmalig auch Prosaschriftsteller philologisch bearbeitete und daß er offenkundig die Auswahl der mustergültigen Autoren, die allmählich kanonisches Ansehen erlangten, wesentlich mitbestimmt hat (↗Kanon). Das Bindeglied zwischen Text und Kommentar waren die kritischen Zeichen, die von ihm in ihrem Bestand vermehrt und in ihrer Bedeutung ausdrücklich und eindeutig festgelegt wurden. Seine textkritische Arbeit beruhte auf einem umfassenden Studium der Handschriften, sorgfältiger Beobachtung des Sprachgebrauchs und gutem Einfühlungsvermögen und war durch vorsichtige Zurückhaltung gegenüber Änderungen der Überlieferung gekennzeichnet. Zu den Kommentaren traten ergänzend Monographien, die vorwiegend der wissenschaftlichen Auseinandersetzung dienten und polemischen Charakter trugen (u.a. ‚Gegen Philitas', ‚Über Ilias und Odyssee', ‚Über das Schiffslager' bei Troja, ferner Schriften gegen die sog. Chorizonten, die Ilias und Odyssee verschiedenen Dichtern zuschreiben wollten). Besonders gut sind wir über Aristarchs Homerinterpretation unterrichtet, und zwar vor allem durch die Exzerpte aus dem sog. Viermännerkommentar in den sog. A-Scholien, in dem die auf Aristarchs Homererklärung fußenden Arbeiten von vier späteren Gelehrten enthalten waren: des Didymos (über Aristarchs textkritische Bemerkungen zu Ilias und Odyssee) und des Aristonikos (über die textkritischen Zeichen Aristarchs zu Ilias und Odyssee) aus augusteischer Zeit, des Nikanor (über Interpunktionsfragen) z.Zt. des Hadrian und des Herodian (allgemeine Akzentlehre) z.Zt. Marc Aurel. Wichtigster Grundsatz des Aristarch war, den Dichter sprachlich und sachlich aus sich selbst zu erklären (‚Homer aus Homer erklären' ist jedoch keine authentische Formulierung des Aristarch, sondern eine erst von Porphyrios geprägte Formel) und so den ‚echten' Homer zu gewinnen. Im Gegensatz zu der allegorisierenden Interpretationsweise der pergamenischen Grammatiker (s.u.) schloß er sich mit Entschiedenheit der Homer-Auffassung des Eratosthenes an. Im Zusammenhang mit

der Texterklärung hat Aristarch auch eingehende sprachlich-grammatische Studien betrieben, wobei er das Prinzip der Analogie, das Aristophanes von Byzanz im Bereich der Deklination zur Anwendung gebracht hatte, zu einem allgemein gültigen Grundsatz erhob.
Aristarch erlangte rasch unumschränkte Autorität in Fragen der Textkritik und -exegese, vor allem in der Homerphilologie. Sein überragender Einfluß hat die gewiß nicht geringere Bedeutung seines Lehrers Aristophanes von Byzanz verdunkelt. Er begründete eine Schule, zu der sich nicht weniger als 40 spätere Grammatiker bekannt haben sollen, unter ihnen Apollodor von Athen und Dionysios Thrax, aus späterer Zeit vor allem Didymos, der bedeutendste Grammatiker und Lexikograph der augusteischen Zeit.
Während Aristophanes und Aristarch in ↗Alexandreia wirkten, entstand in ↗Pergamon, der Hauptstadt des Attalidenreiches, ein zweiter Schwerpunkt der philologischen Forschung, und zwar durch KRATES von Mallos, der auf Einladung von Eumenes II. (197–158) nach Pergamon kam. Eumenes II. hatte hier eine umfangreiche Bibliothek (↗Buchwesen II 2) gegründet und damit eine wichtige Voraussetzung für philologische Arbeit geschaffen. Die pergamenische und die alexandrinische Philologie standen schon durch ihre unterschiedlichen Ausgangspunkte in einem bemerkenswerten Gegensatz zueinander. Während in Alexandreia die Philologie aus der unmittelbaren Verbindung mit der Poesie entstanden war, trat sie in Pergamon bei Krates in Personalunion mit der Philosophie auf, und zwar der orthodoxen stoischen Philosophie. Seit Gründung der ↗Stoa durch Zenon war die Allegorie eine beliebte Methode der Stoiker, um Homer und die anderen großen Dichter der Vergangenheit im Sinne der stoischen Philosophie auszudeuten und so als beweiskräftige Zeugen für die Richtigkeit stoischer Auffassungen zu gewinnen. Bei dem stoischen Grammatiker Krates wurde die allegorisierende Dichterinterpretation zur philologischen ‚Methode‘, mit deren Hilfe er die ‚wahre‘ (d.h. stoischer Auffassung entsprechende) Meinung des Homer und der übrigen Dichter aufzeigen zu können glaubte. Die Philologie geriet dadurch in die Abhängigkeit philosophischer Dogmatik und in Gegensatz zu der voraussetzungslosen alexandrinischen Tatsachenforschung. In bewußter Opposition zu den alexandrinischen Grammatikern (γραμματικοί) nannten sich

Krates und seine Schüler ‚Kritiker' (κριτικοί) und griffen damit auf eine ältere Bezeichnung zurück, die sie in einem weiteren, philosophisch orientierten Sinn („die Beurteiler" = „die Urteilsfähigen") aufgefaßt wissen wollten.
Wie bei allen alexandrinischen Philologen stand auch bei Krates die Beschäftigung mit Homer an erster Stelle. Seine Untersuchungen zu Homer, die er (unter anderem?) in zwei Monographien vorlegte, erstreckten sich vor allem auf textkritische Probleme, die er nicht selten in recht eigenwilliger und voreingenommener Weise löste, und auf die Erörterung kosmologischer und geographischer Fragen, wobei die allegorisierende Deutung eine wichtige Rolle spielte. So suchte er bei Homer eine (dem stoischen Weltbild entsprechende) Kenntnis der Kugelgestalt der Erde nachzuweisen und deutete die Beschreibung des Achilles-Schildes als Darstellung des Kosmos. Neben Homer hat er sich auch mit anderen Dichtern beschäftigt, besonders mit Hesiod, aber auch mit Euripides und der Komödiendichtung. Zweifellos war Krates von der Berechtigung, ja Notwendigkeit der allegorischen Auslegung zutiefst überzeugt, da seiner Meinung nach erst durch sie die verborgene Weisheit der Dichter entdeckt werden konnte.
Stoische Auffassungen bestimmten auch die sprachlich-grammatischen Arbeiten des Krates. Da in der ↗Stoa Sprachlehre innerhalb der Logik, die sich in Dialektik und Rhetorik gliederte, eine wichtige Rolle spielte, haben sich die Stoiker intensiv mit sprachlichen Problemen beschäftigt. Sie haben im wesentlichen das System und die Terminologie der Schulgrammatik geschaffen, die durch Vermittlung der Römer in grundsätzlichen bis heute gültig geblieben sind. In der seit Hippias von Elis (Plat. Prot. 337c) geführten Auseinandersetzung, ob die Sprache auf Konvention (νόμῳ) bzw. Übereinkunft (θέσει) beruhe oder natürlichen Ursprungs (φύσει) sei, vertraten sie die letztere Anschauung. Chrysipp hatte in einem mehrbändigen Werk über ‚Anomalie' Unstimmigkeiten zwischen der sprachlichen Form und dem Wortinhalt behandelt, die nach stoischer Auffassung im Laufe der Zeit entstanden sind durch den Sprachgebrauch, der die ursprüngliche Übereinstimmung zwischen Wort und Sache verwischt habe. Krates übernahm diese Konzeption der sprachlichen Anomalie und wandte sie speziell auf die Flexionslehre an, in der er Unregelmäßigkeiten (Anomalien) aufzeigte und somit das von Aristarch vertretene

Prinzip der Analogie entschieden bestritt. Seine Betonung des Sprachgebrauchs und seine Beobachtung sprachlicher Unregelmäßigkeiten zwangen zu einer sorgfältigen Prüfung aller sprachlichen Besonderheiten und mußten daher dem weiteren Ausbau des grammatischen Systems unmittelbar zugute kommen. Es zeigt sich hier, daß Krates trotz seiner allegorischen Dichterinterpretation einen gesunden Wirklichkeitssinn besaß, der ihn auch zu empirischer Forschung befähigte. Er war ein ernsthafter Gelehrter mit solidem Wissen, der die Resultate der bisherigen Forschung auch dann beachtete, wenn er von seinem stoischen Standpunkt aus eine prinzipiell andere Meinung vertrat. Obwohl er nicht in gleicher Weise wie Aristarch schulbildend gewirkt hat – sein bedeutendster Schüler war der Stoiker Panaitios –, übte er auf eine andere Art weitreichenden Einfluß aus. Im Jahre 168 kam er im Auftrage des pergamenischen Hofes als Gesandter nach Rom, wo er sich ein Bein brach und die Zeit bis zur Ausheilung zu Vorlesungen über Philologie verwendete, die großen Zulauf hatten. Die Ausbildung einer römischen Philologie ist dadurch zweifellos wesentlich gefördert worden (Sueton De grammat. c. 2).

Im Mittelpunkt der antiken Philologie stand von Anfang an die Beschäftigung mit Homer als dem Dichter der Griechen schlechthin, so daß sich an der Geschichte der Homerphilologie geradezu die Entwicklung der Philologie überhaupt in ihren wichtigsten Etappen ablesen läßt. Nicht nur die bedeutendsten ↗alexandrinischen Grammatiker, Zenodot, Aristophanes von Byzanz und Aristarch, sondern auch die Dichter Apollonios Rhodios, Aratos von Soloi und Rhianos von Kreta haben Homer-Ausgaben geschaffen; Eratosthenes hat sich mit dem Problem der homerischen Geographie auseinandergesetzt, und Krates von Mallos hat seine allegorische Dichterinterpretation vor allem auf Homer angewendet. So mag es kein Zufall sein, daß in der 1. Hälfte des 2. Jh.s neben Alexandreia und Pergamon die Troas, der Schauplatz des von Homer geschilderten Trojanischen Krieges, mit einem neuen Nebenzweig der Philologie hervortrat, der antiquarisch-literarischen Perihegese (Länder- und Städtebeschreibung). POLEMON von Ilion (genannt der Periheget, ca. 220–160) und DEMETRIOS von Skepsis (ca. 205–130) verbanden in bisher ungewöhnlicher Weise Perihegese und Philologie miteinander. Polemon hat die griechische Welt von Kleinasien bis Großgriechenland und Sizilien bereist und dabei nicht nur die örtlichen Kunstdenkmäler, Feste und Landessitten studiert, sondern auch Inschriften gesammelt und so das reiche Material für seine Werke (ca. 30 Titel sind bekannt) zusammengetragen, in denen er auch sprachliche und philologische Probleme behandelte. Sein Hauptinteresse galt freilich nicht seiner Heimat, sondern Athen. Immerhin zeigt ein Fragment aus seiner Perihegese Ilions (Fr. 32 Preller), daß er seine Heimatstadt mit dem homerischen Troja identifiziert hat. Die Frage, wo das homerische Troja gelegen hat, spielte eine wichtige Rolle in dem großen Werk seines Landsmanns Demetrios von Skepsis, der ‚Troischen Schlachtordnung' (Τρωϊκὸς διάκοσμος), einem Kommentar in 30 Büchern zum Troerkatalog der Ilias (2, 816–877), der durch das in ausführlichen Exkursen dargebotene reichhaltige topographische und antiquarische Material den Charakter einer Perihegese der Troas hatte. Der Kommentar galt als ein Standardwerk und hatte eine große Nachwirkung.

Die Vertreibung der griechischen Gelehrten aus Alexandreia durch Ptolemaios VIII. Physkon (um 145), von der auch Aristarch betroffen war, brachte eine tiefgehende Krise für die alexandrinische Wissenschaft mit sich, von der sie sich nie ganz erholt hat, zumal im Laufe des 2. Jh.s die politische und wirtschaftliche Macht der ↗Ptolemäer zurückging und andere Städte als neue Zentren des geistigen Lebens ↗Alexandreia den Rang streitig machten, vor allem ↗Pergamon und ↗Rhodos. In Alexandreia hatte die antike Philologie ihren einmaligen Höhepunkt erreicht. Allerdings waren hier auch die Voraussetzungen besonders günstig gewesen. Die enge und unmittelbare Verbindung mit der modernen alexandrinischen Dichtung war der beste Ausgangspunkt für die Entwicklung einer wirklichkeitsnahen und schöpferischen Sprach- und Literaturwissenschaft, deren vornehmste Aufgabe nach antiker Auffassung in der *interpretatio poetarum* (Quintilian I 4, 2) bestand. Das Museion und die ihm angeschlossene Bibliothek boten ideale Arbeitsbedingungen. Die Vorsteher der Bibliothek, die in der Regel zugleich Prinzenerzieher waren und bei Hof in hohem Ansehen standen, waren maßgebend an der Entwicklung der Philologie beteiligt. Ihre Abfolge – Zenodot, Apollonios Rhodios, Eratosthenes, Aristophanes von Byzanz, Apollonios der Eidograph (der sich vor allem mit Pindar und den übrigen Lyrikern beschäftigte, deren Werke er unter

Zuordnung bestimmter Tonarten nach musikalischen Gesichtspunkten klassifizierte) und Aristarch – markierte bis zu einem gewissen Grad jeweils die Fortschritte in dieser Entwicklung. Sie führte zu grundlegenden wissenschaftlichen Leistungen ersten Ranges wie Aristophanes' Textausgaben der ‚klassischen' Dichter und Aristarchs kritisch-exegetischen Kommentaren. Neben Alexandreia war Pergamon getreten. Denn die grundsätzliche Bedeutung des Krates für die antike Philologie steht ebenfalls außer Frage, obwohl sein Bestreben, die Philologie mit philosophischem Geist zu durchdringen, die Wissenschaftlichkeit seiner Dichterinterpretation stark beeinträchtigt hat. Immerhin galt Krates in der Antike als größter Grammatiker neben Aristarch (z. B. Strabon 1 p. 30). Auch die folgenden Generationen haben tüchtige Philologen mit beachtlichen Leistungen hervorgebracht. Aber es waren die Leistungen von Epigonen, die mit oft bewundernswertem Fleiß das von den Meistern errichtete Gebäude der Philologie weiter ausgebaut und eingerichtet haben. Die bedeutendsten unter ihnen waren die Aristarch-Schüler Apollodor von Athen und Dionysios Thrax.

APOLLODOR (geb. ca. 180) war in seiner Heimatstadt ↗Athen Schüler des Stoikers Diogenes von Babylon, dann in ↗Alexandreia Schüler des Aristarch, bis er etwa gleichzeitig mit ihm, wohl ebenfalls im Zusammenhang mit der Vertreibung der alexandrinischen Gelehrten durch Ptolemaios VIII. Physkon, Alexandreia verließ. Sehr wahrscheinlich ging er zunächst nach Pergamon, ehe er später nach Athen zurückkehrte. Apollodor hat in seiner vielseitigen Produktion die Philologie eng mit historischen, geographischen und mythologischen Forschungen verbunden. Im Mittelpunkt seines Gesamtwerkes standen die historische Chronologie und die Interpretation der griechischen Dichtung, besonders des Homer und der dorischen Komödie. Seinen in jambischen Trimetern abgefaßten Χρονικά (4 Bücher) hat er die Χρονογραφίαι des Eratosthenes zugrunde gelegt, dabei aber mehrfach Änderungen vorgenommen. Die Chronologie, die bei Eratosthenes bis zum Tode Alexanders reichte, führte er bis zum Ende seines eigenen Lebens (ca. 110/09) weiter, setzte Homer nicht mit Eratosthenes 100 Jahre, sondern in Übereinstimmung mit Ephoros 240 Jahre nach dem Fall Trojas (1184/83) an und legte bei der Bestimmung der Lebenszeit eines Mannes nicht mehr die Berechnung nach

Generationen zugrunde, sondern die Reifezeit (ἀκμή) im 40. Lebensjahr, die er mit einem bekannten Datum aus dem Leben und Wirken dieses Mannes gleichsetzte. Außerdem suchte er die chronologischen Angaben auf Grund der von Demetrios von Phaleron veröffentlichten Archontenlisten zu präzisieren. Inhaltlich berücksichtigte er stärker als Eratosthenes philosophische und literarische Fragen. Die durch ihre metrische Form leicht einprägsamen und populären ‚Chronika' wurden zu einem Standardwerk, das zu Fortsetzungen, Nachahmungen und sogar Fälschungen anregte und das grundlegende Werk des Eratosthenes bald verdrängt hat. Die Interpretation spezieller Homer-Probleme bildete den Inhalt der beiden Werke ‚Über den Schiffskatalog' (12 Bücher) und ‚Über Götter' (24 Bücher). Fragen der homerischen Geographie standen im Mittelpunkt des Kommentars zum homerischen Schiffskatalog (Il. 2, 494 ff.), der wohl die Form einer Monographie hatte. Aristarchs Schrift ‚Über das Schiffslager' und die ‚Troische Schlachtordnung' des Demetrios von Skepsis haben ihm dabei als Vorbilder gedient und gewiß wichtige Anregungen gegeben; aber die Hauptquelle war auch hier wieder ein Werk des Eratosthenes, und zwar dessen ‚Geographika'. Mit Eratosthenes stimmte Apollodor auch grundsätzlich überein in der Beurteilung der homerischen Geographie. Eine wichtige Rolle spielte die sprachliche und sachliche Erklärung der geographischen Benennungen und der Eigennamen. Die umfangreiche Monographie ‚Über Götter' war eine wissenschaftlich gehaltene Abhandlung über homerische Religion, in der die Namenerklärung noch stärker im Vordergrund stand. Im allgemeinen leitete Apollodor die geographischen Namen nicht von eponymen Heroen, sondern von der Natur der betreffenden Örtlichkeit ab, die Namen der Götter dagegen nicht vom Ort der Verehrung, sondern von Funktion und Wesen des Gottes. Sein großes Interesse an etymologischen Fragen bewies er auch durch eine besondere Schrift über etymologische Probleme, die nach dem Vorbild der ‚Lexeis' des Aristophanes von Byzanz Worterklärungen enthielt. Obwohl Schüler des Diogenes von Babylon, hat sich Apollodor hier ebenso wie in seinem Werk ‚Über Götter' von stoischer Spekulation ferngehalten. Nächst Homer beanspruchte Apollodors Interesse die Komödie, wie dies in ähnlicher Weise schon bei Aristophanes von Byzanz der Fall war. Die Schrift ‚Über athenische Hetären' (ein Werk gleichen Titels ist für Aristophanes von Byzanz bezeugt) weist auf Beschäftigung mit der attischen Komödie hin. Im übrigen widmete er sich den Vertretern des dorischen Lustspiels, Epicharm und Sophron von Syrakus. Zu beiden Dichtern hat er Monographien verfaßt, in denen er u. a. Fragen des dorischen Dialekts behandelte. Die Stücke Epicharms hat er wahrscheinlich auch herausgegeben.

Apollodor war der bedeutendste Nachfolger der alexandrinischen Meister Aristophanes und Aristarch, aber im wesentlichen eben doch nur Nachfolger. Trotz seiner höchst eindrucksvollen Leistungen im einzelnen hat er auf keinem Gebiet grundlegend neue Wege beschritten, und seine Abhängigkeit besonders von Eratosthenes und Aristophanes tritt überall und unmittelbar zutage. In noch weit stärkerem Maße als Apollodor war DIONYSIOS THRAX aus ↗Alexandreia Epigone. Er verließ kurz nach seinem Lehrer Aristarch und gewiß ebenfalls im Zusammenhang mit dem Regierungsantritt des Ptolemaios VIII. Physkon seine Heimatstadt und ging nach ↗Rhodos, das neben Alexandreia und Pergamon zunehmend an Bedeutung gewonnen hatte, vor allem als ein neues Zentrum der philosophischen (↗Peripatos, ↗Stoa) und der rhetorischen (sog. rhodische Rednerschule, ↗Rhetorik) Studien. Hier hat er noch etwa bis zum Jahr 90 als Philologe gewirkt und gelehrt. Auch Dionysios war in erster Linie Homerphilologe, und dementsprechend waren seine zahlreichen Schriften, die Kommentare und Abhandlungen umfaßten, vor allem der sprachlichen, sachlichen und textkritischen Erläuterung Homers gewidmet, wobei er in Einzelheiten auch häufig eine andere Meinung als sein Lehrer Aristarch vertrat, im übrigen aber sich entschieden gegen die Homer-Allegorese und das Anomalie-Prinzip der pergamenischen Philologie wandte (u. a. eine Schrift gegen Krates bezeugt). Seine Berühmtheit verdankt Dionysios jedoch nicht diesen in quantitativer und qualitativer Hinsicht durchaus bemerkenswerten Schriften, sondern der Tatsache, daß unter seinem Namen ein kurzer Abriß der Schulgrammatik (τέχνη γραμματική) überliefert ist, deren Echtheit lange heftig umstritten war, heute aber als gesichert gelten kann. Sie ist das einzige Werk der hellenistischen Philologie, das erhalten geblieben ist, und zweifellos das älteste Handbuch der Grammatik überhaupt. Alle bisherigen Erkenntnisse, die vor allem die Stoiker bei ihren systematisierenden sprachlich-grammatischen Studien und die alexandrinischen Philologen im Zusammenhang mit ihrer eingehenden textkritischen und interpretatorischen Behandlung der Dichter gewonnen hatten, wurden hier erstmalig zu einem geschlossenen System (τέχνη) zusammengefaßt. Das Werk beginnt mit einer Definition der Grammatik, die in bester alexandrinischer Tradition als Erfahrungswissenschaft (ἐμπειρία) aufgefaßt und als deren Gegenstand das Gebiet der Sprach- und Literaturwissenschaft bestimmt wird. Der folgende systematische Teil, der offenbar lückenhaft und nicht in der ursprünglichen Ordnung überliefert ist, zeigt stärkeren Einfluß der stoischen Sprachlehre und beweist, daß deren Bedeutung auch von den alexandrinischen Philologen anerkannt war. Syntax und Stilistik werden in der Darstellung, die im wesentlichen aus knappen und klaren Definitionen besteht, nicht berücksichtigt. Diese erste und älteste Grammatik hatte trotz ihrer Dürftigkeit eine überragende Nachwirkung. Sie bildete die Grundlage des gesamten antiken Grammatikunterrichts bis in die byzantinische Zeit und wurde zum Muster für alle späteren Grammatiken. Für die Geschichte der antiken Philologie ist Dionysios Thrax nicht nur durch seine systematische Zusammenfassung aller früheren Arbeiten auf dem Gebiet der formalen Grammatik in Form der ersten Schulgrammatik wichtig geworden, sondern auch durch die Verpflanzung der alexandrinischen Philologie nach Rhodos, die von hier aus auf Rom einwirkte, so daß ein gesundes Gegengewicht gegenüber dem Einfluß, den die stoisch-pergamenische Philologie schon vorher durch Krates von Mallos in Rom ausgeübt hatte, geschaffen werden konnte.

L. Aelius Stilo, der eigentliche Begründer der römischen Philologie und Lehrer Ciceros und Varros, ist Schüler des Dionysios Thrax gewesen. Der bedeutendste unter den griechischen Schülern des Dionysios Thrax war Tyrannion (der Ältere), der seit 67 als Grammatiker in Rom gelebt hat und mit Caesar, Cicero und Atticus befreundet war. Neben Tyrannion haben andere griechische Grammatiker der alexandrinischen Schule in Rom gelebt und gewirkt, so vor allem Asklepiades von Myrlea, der später nach Spanien ging, und Philoxenos von Alexandreia, der als erster Grieche eine Abhandlung über die lateinische Sprache, die er freilich als einen besonderen griechischen Dialekt ansah, geschrieben hat. Sie haben der Philologie in Rom eine Heimstatt bereitet, wo sich ihr ein neues, großes Betätigungsfeld erschloß, nämlich die wissenschaftliche Bearbeitung der Sprache und Literatur der Römer. Zugleich war damit die völlig neuartige Aufgabe gestellt, die beiden antiken Sprachen und Literaturen miteinander zu vergleichen und ihr Verhältnis zueinander zu bestimmen.

Der Schlußstrich unter die großen Leistungen der hellenistischen und insbesondere der ↗alexandrinischen Philologie wurde in augusteischer Zeit gezogen durch DIDYMOS von Alexandreia, der wegen seines bewundernswerten Fleißes den Beinamen Chalkenteros (‚der Mann mit den ehernen Eingeweiden') erhielt. Sein Werk soll die phantastische Zahl von 3500 Büchern umfaßt haben, so daß er spöttisch auch Bibliolathas (‚Büchervergesser') genannt wurde, weil er angeblich selbst nicht mehr wußte, was er geschrieben hatte. Ebenso groß wie sein Fleiß war seine Gelehrsamkeit. Seine Arbeiten, die alle Gebiete der alexandrinischen Philologie umfaßten, standen in der Folgezeit in höchstem Ansehen und hatten eine außerordentlich starke Nachwirkung. Gleichwohl hat Didymos kaum eigene, selbständige Forschung betrieben. Als Kompilator großen Stils hat er alle früheren Forschungsergebnisse zusammengetragen und auf diese Weise in seinem Werk noch einmal das imponierende Gebäude der ↗alexandrinischen Philologie sichtbar werden lassen. Von seinen großen Vorgängern unterschied er sich grundsätzlich dadurch, daß es ihm weniger um die Bewahrung eines bedeutenden literarischen als vielmehr um die Erhaltung des philologischen Erbes ging. Seine Liebe galt nicht der Literatur, sondern der philologischen Gelehrsamkeit. Die alexandrinische Philologie, die im Werk des Didymos bereits in Gefahr geriet, zum Selbstzweck zu werden, hatte den Endpunkt ihrer Entwicklung erreicht. F. K.

J. E. Sandys, A History of Classical Scholarship I, Cambridge ³1921. – A. Gudeman, Grundriß der Geschichte der klassischen Philologie, Leipzig und Berlin ²1909. – U. v. Wilamowitz-Moellendorff, Geschichte der Philologie, Leipzig ³1927. – G. Funaioli, Lineamenti d'una storia della filologia attraverso i secoli, in: Studi di Letteratura antica I, Bologna 1948, 185–364. – R. Pfeiffer, History of Classical Scholarship. From the Beginnings to the End of the Hellenistic Age, Oxford 1968 (deutsche Ausg. ²München 1978). – W. Bühler, Die Philologie der Griechen und ihre Methoden, in: Jb. d. Akad. d. Wiss. in Göttingen 1977, 44–62. – K. Lehrs, De vocabulis φιλόλογος γραμματικός κριτικός, in: Herodiani scripta tria, Königsberg 1848, 379–401. – R. F. M. Nuchelmans, Studien über φιλόλογος, φιλολογία und φιλολογεῖν, Diss. Nijmegen 1950. – H. Kuch, Φιλόλογος, Berlin 1965. – Aristophanis Byzantii Fragmenta: post A. Nauck collegit, testimoniis ornavit, brevi commentario instruxit W. J. Slater, Berlin/New York 1986. – K. Lehrs, De Aristarchi studiis Homericis, Leipzig ³1882. – Die Fragmente des Grammatikers

Philoxenos. Hrsg. v. Christos Theodoridis, Berlin/New York 1976. – W. Busch, De bibliothecariis Alexandrinis qui feruntur primis, Diss. Rostock 1884. – O. Kroehnert, Canonesne poetarum, scriptorum, artificum per antiquitatem fuerunt? Diss. Königsberg 1897. – H. Erbse, Beiträge zur Überlieferung der Iliasscholien, München 1960 (Zetemata 24). – M. v. d. Valk, Researches on the Text and Scholia of the Iliad, 2 Bde., Leiden 1963–1964. – K. Nickau, Untersuchungen zur textkritischen Methode des Zenodotos von Ephesos, Berlin 1977. – W. Ax, Laut, Stimme und Sprache. Studien zu den drei Grundbegriffen der antiken Sprachtheorie, Göttingen 1986. – D. Fehling, Varro und die grammatische Lehre von der Analogie in der Flexion, Glotta 35, 1956, 214 ff.; 36, 1957, 48 ff. – B. Cardauns, Stand und Aufgaben der Varroforschung (mit einer Bibliographie der Jahre 1935–1980), Wiesbaden 1982. – A. Dihle, Analogie und Attizismus, Hermes 85, 1957, 170 ff. – M. Pohlenz, Die Begründung der Sprachlehre durch die Stoa, GGN 1939 = Kl. Schr. I, Hildesheim 1965, 39 ff. – E. Siebenborn, Die Lehre von der Sprachrichtigkeit und ihren Kriterien. Studien zur antiken normativen Grammatik, Amsterdam 1976. – Chr. K. Callanan, Die Sprachbeschreibung bei Aristophanes von Byzanz, Göttingen 1987. – K. Barwick, Probleme der stoischen Sprachlehre und Rhetorik, Berlin 1957. – Zu Krates: H. J. Mette, Sphairopoiia, München 1936; Parateresis, Halle 1952. – Zu Dionysios Thrax: V. Di Benedetto, Dionisio Trace e la tecne a lui attribuita, Ann. Pisa II, 27, 1958, 169 ff.; 28, 1959, 87 ff. – M. Fuhrmann, Das systematische Lehrbuch, Göttingen 1960, 29–34; 145 ff. – G. A. Kennedy/D. C. Innes, Hellenistic literary and philosophical scholarship, in: G. A. Kennedy (Hrsg.), The Cambridge History of Literary Criticism. I, Cambridge u. a. 1989, 200–219.

Philosophie.

ÜBERLIEFERUNG. Von den ungezählten Werken hell. Philosophen sind nur sehr wenige erhalten. Wir besitzen aus dem Anfang des Zeitraums einige Schriften ↗Theophrasts sowie 3 Briefe Epikurs (↗Kepos), dann eine Reihe von Pseudepigrapha wie die dem Aristoteles zugeschriebene Sammlung von Problemata oder die unter dem Namen des Pythagoras und seiner Schüler gehenden Fälschungen (z. B. das Büchlein des Lucaners Okellos) und schließlich aus dem Ende des Zeitraums das Gedicht des Lucretius De rerum natura, die philosophischen Schriften Ciceros und die Rollen Philodems (↗Kepos). Von allem übrigen sind nur wenige wörtliche Fragmente geblieben; dazu kommen aber Berichte und Reflexe in den zuletzt genannten Werken und in der Literatur der Kaiserzeit. Vor allem sind zu nennen die Philosophengeschichte des Diogenes Laertios, die kritischen Referate des Sextus Empiricus, die Berichte der Aristoteleskommentatoren und der Doxographen und die die hell. Philosophie fortführenden Werke der Philosophen der frühen Kaiserzeit wie des Seneca, des Philon von Alexandreia oder des Diogenes von Oinoanda. Aus diesen Originalen, Fragmenten, Berichten und Reflexen müssen die Anschauungen der hell. Philosophen rekonstruiert werden.

Dabei kann auch die Entwicklung der Philosophie, wenigstens in den Grundzügen, aufgehellt werden.

GESCHICHTE. Wie in der klassischen Zeit ist auch in den letzten Jahrzehnten des 4. Jh. Athen die Metropole der Philosophie. Hier herrschen vor die ↗Akademie und besonders der ↗Peripatos, der in diesen Jahren, wie die Zahl der angeblich 2000 Hörer Theophrasts erweist, die bestimmende Bildungsanstalt Griechenlands ist. In beiden Schulen bemüht man sich, hier Theophrast, dort Xenokrates, von den Lehren der Schulgründer ausgehend und neueste Erkenntnisse verarbeitend, zeitgemäße philosophische Systeme, die die Welt als Ganzes erklären wollen, auszugestalten. Dabei ist Xenokrates in höherem Maße der Spekulation, Theophrast der empirischen Forschung zugeneigt, die zwar auf die Einzelerscheinungen zielt, aber die ganze Fülle des Wißbaren umfaßt und so ein System als Ziel der Forschung nicht aus den Augen verliert. Andere Aristotelesschüler sind oft nur noch Spezialisten auf bestimmten Gebieten. Neben Akademie und Peripatos wirken in Athen und in anderen Orten Griechenlands meist in lockeren Zirkeln die sogenannten kleinen sokratischen Schulen der ↗Kyniker, ↗Megariker, ↗Eretrier und ↗Kyrenaiker und die Demokriteer (↗Skepsis), sie alle in der Regel auf Dialektik, Erkenntniskritik und praktische Lebensführung beschränkt.
Gegen diese auf Forschung und theoretische Erkenntnis ausgerichtete Philosophie des Peripatos und der Akademie erfolgt um die Wende zum 3. Jh. eine scharfe Reaktion. Sie wurde ausgelöst und bedingt vor allem durch das Ausgesetztsein des Menschen in den Wirren der Diadochenkämpfe, durch die Gefährdung des Einzelnen, der aus den überkommenen Bindungen der sich wandelnden Polis und damit der Kultgemeinschaft isoliert und auf sich selbst gestellt wurde, so die Krise der überlieferten Religion bestehen mußte und daher die Unbeständigkeit des Lebens und den Tod als Bedrohung empfand. Die Aufgabe der Philosophie wurde nun darin gesehen, das Glück des Menschen, und zwar als eines Individuums, zu bestimmen (Eudaimonia) und die Wege zu diesem Ziel zu weisen. Am deutlichsten haben dieses neue Ziel Epikur und Zenon akzentuiert, die in Athen neue Schulen gründeten, den ↗Kepos und die ↗Stoa. Beide bemühten sich, Anregungen älterer Philosophen (der ↗Kyrenaiker bzw. des ↗Kynismus) aufgreifend und in die zeitgenössische

Diskussion eingreifend, die Eudaimonia aus der Natur des Menschen als eine Form des inneren Seelenfriedens zu bestimmen. Beide zeigen sich in den freilich ganz verschiedenen Wegen, die zu diesem Ziel führen, als Rationalisten. Beide lassen das Individuum nicht mehr im Rahmen der Polis sich verwirklichen, sondern sehen es isoliert, allenfalls noch als Weltbürger (Zenon) oder als Glied eines kleinen Freundeskreises (Epikur). Beide messen theoretischem Wissen und damit den übrigen Disziplinen nur insofern eine Bedeutung zu, als sie ethisch relevant sind, d. h. zum Glück des Menschen etwas beitragen. Beide halten es aber für notwendig, ihre Ethik durch eine sensualistische Erkenntnislehre und eine materialistische Physik, wenn auch in ganz verschiedener Weise, zu unterbauen und stellen so schon mehr oder minder ineinander verfugte Elemente zu neuen Systemen bereit. Diese Tendenzen beschränken sich aber nicht auf Epikur und Zenon, sondern sind auch sonst in der Philosophie um und nach 300 sichtbar, etwa im Streben Pyrrhons von Elis, in der Skepsis einen Weg zur Seelenruhe zu sehen (↗Skepsis), im Verhalten des Kreises um Polemon in der Akademie, in den Angriffen Dikaiarchs auf den βίος θεωρητικός Theophrasts im Peripatos. Seit dieser Zeit sind die ethische Abzweckung und der Individualismus Wesensmerkmale im Jahrzehnt von 270 auf 260 (271/70 nach dem Verhältnis von Tugend, Trieb, Schicksal und Zufall zum Glück sowie die Bestimmung des Naturgemäßen immer neu diskutierte Grundprobleme der hell. Philosophie.

Der Wechsel der Leitung in den athenischen Philosophenschulen im Jahrzehnt von 270 auf 260 (271/70 übernehmen, nach dem Tode Stratons und Epikurs, Lykon den Peripatos und Hermarchos den Kepos, 266/65 wird Arkesilaos in der Akademie Nachfolger von Polemon und Krates und 262 Kleanthes Nachfolger Zenons in der Stoa) bringt einen neuen Einschnitt. Ausgelöst von dem Faktum, daß die Philosophie in immer neue Systeme zersplitterte, wird nun die in den sokratischen Schulen, aber auch bei Theophrast latente Erkenntniskritik virulent und findet ihren markantesten Ausdruck im Angriff des Arkesilaos auf die noch rudimentäre Erkenntnistheorie Zenons. Da auf seinem Weg Gewißheit nicht zu erlangen sei, müsse man sich des Urteils enthalten, d. h. ἐποχή üben. Bei dem mehr oder weniger sensualistischen Charakter der Erkenntnislehre dieser Zeit rüttelt dieser Angriff an den Grundlagen des Philosophierens überhaupt und stürzt die Philosophie in eine heilsame und notwendige, aber nichtsdestoweniger schwere Krise. Die kleineren Schulen laufen aus – nur der Kynismus findet noch vereinzelt Anhänger –, die Stoa wird durch schwere Richtungskämpfe der Zenonschüler (vor allem zwischen Kleanthes und Ariston von Chios) erschüttert, im Peripatos und in der Akademie stellt man die Forschungen auf den Gebieten der Dialektik, der Naturphilosophie und der Metaphysik ein, einzig in der Problemata-Literatur fristet die Physik noch ein kümmerliches Dasein, die Fachwissenschaften werden aus der Philosophie desintegriert. Im Kepos und in der Stoa äußert sich außer Kleanthes niemand mehr schriftlich zu Fragen der Naturphilosophie, wie überhaupt viele sich auf mündliche Vorträge und Diskussionen beschränken und höchstens noch zur Feder greifen, um in einem ↗Brief einem fernen Freund in seinen Lebensnöten zu helfen. Selbst in der Ethik treten die theoretischen Grundfragen zurück, und man beschäftigt sich besonders eingehend mit Fragen der Seelenführung. Seit dieser Generation ist das Problem der Erkenntnis erste Frage allen Philosophierens.

Erst im letzten Drittel des 3. Jh. setzt eine Gegenbewegung ein, die schließlich zu einer Neubegründung der Philosophie führen sollte. Chrysipp von Soloi ist die beherrschende Gestalt dieses Zeitraums. Er erneuert die megarische Logik und schafft sich so ein Werkzeug zum Kampf gegen die akademische Skepsis. Damit ausgerüstet legt er es nun nicht auf die Ausbildung eines eigenen philosophischen Systems an, sondern nimmt sich die Grundsätze der stoischen Philosophie vor, begründet sie neu, interpretiert sie, wandelt sie an nicht wenigen Stellen ab, fügt sie zu einem in sich stimmigen System zusammen und dogmatisiert sie so. Hierdurch wird er zum zweiten Gründer der Stoa. Eine ähnliche Tendenz läßt sich auch in den drei anderen Schulen, die die Krise der Philosophie überdauerten, beobachten. Im Kepos, wo nach dem Tode des Hermarchos und des Polystratos, der beiden unmittelbaren Nachfolger Epikurs, niemand mehr da ist, der vom Gründer persönlich geführt worden ist, muß zum Gebrauch der Jüngeren die an sich unantastbare Lehre des Meisters systematisiert und umgestaltet werden. Der Peripatos bleibt zwar beim Verzicht auf Metaphysik und Naturphilosophie und so dogmatisch offen, aber in den charakterologischen und seelendiätetischen Schriften des Scholarchen Ariston von Keos tritt die Tendenz zur Systematisierung deutlich zutage, und in der Akademie setzt Lakydes offenbar die Methode des Arkesilaos weiter durch und verfestigt sie. Dialektische Raffinesse, Systematisierung und Dogmatisierung der Lehren des Schulgründer sind seither Kennzeichen der Philosophie des Hell. Erst jetzt kommt der Gegensatz zwischen dogmatischer und skeptischer Philosophie voll zum Ausdruck. Damit verbindet sich ein weiteres: seit dieser Zeit ist Philosophie Schulphilosophie im eigentlichen Sinn. Bis zum Ende des Hell. sollte es keine neuen Schulgründungen geben. Philosophieren heißt nun fast ausschließlich, sich einer der vier großen Philosophenschulen in Athen anzuschließen.

Systematisierung und Dogmatisierung bergen aber auch die Gefahr der Erstarrung in sich. Und dieser Gefahr scheint die Philosophie in den folgenden Jahrzehnten des ersten Drittels des 2. Jh. erlegen zu sein. Diese Zeit ist in der Geschichte der hell. Philosophie die dunkle. Wir kennen aus ihr nur ein paar Namen wie von den Schülern Chrysipps Zenon von Tarsos, von den Akademikern Euandros und Hegesinus und von den Epikureern Basileides und Protarchos, aber kaum Buchtitel, geschweige denn Fragmente. Sogar über die Schulhäupter sind wir in großer Unsicherheit; so ist ungeklärt, ob zwischen Ariston von Keos und Kritolaos ein weiterer Scholarch im Peripatos anzusetzen ist. In diesen dunklen Jahrzehnten scheint jedenfalls die Philosophie verkümmert zu sein. Zu den Ursachen mögen auch die Wirren in Griechenland im Gefolge der Auseinandersetzungen zwischen Rom und Makedonien gehört haben. Daß in dieser Zeit die ↗Rhetorik den Philosophenschulen erneut den Rang der Bildungsmacht bestreitet, ist ein weiteres Indiz für den Niedergang der Philosophie.

Um so kräftiger lebt sie im zweiten Drittel des 2. Jh. wieder auf. Stichjahr sei 156/55, das Jahr der Philosophengesandtschaft, als Athen in einer politischen Angelegenheit die Schulhäupter der Akademie (Karneades von Kyrene), der Stoa (Diogenes von Babylon) und des Peripatos (Kritolaos von Phaselis) als Staatsgesandte nach Rom schickte. Alle drei behaupten in heftiger Polemik gegen die Rhetoren das Recht der Philosophie und hauchen unter Rückgriff auf die Zeit vor den dunklen Jahrzehnten der Philosophie neues Leben ein. An der Erneuerung hat auch der Kepos unter Leitung des Apollodoros mit dem Beinamen „Gartentyrann", eines außerordentlich fruchtbaren Schriftstellers, tätigen Anteil. Die markanteste Persönlichkeit aber ist Karneades. Er baut die Skepsis des Arkesilaos zu einer Polemik gegen jeden Dogmatismus aus, indem er sowohl ein Kriterium der Wahrheit leugnet als auch eine Beweisführung für unmöglich erklärt und dies durch scharfsinnige Argumentation *in utramque partem* an den verschiedensten Fragen demonstriert. Mit dieser Skepsis verbindet er jedoch eine Wahrscheinlichkeitslehre, in welcher er verschiedene Grade der Wahrscheinlichkeit von Aussagen unterscheidet und hierdurch einen neuen Ansatz positiver Philosophie ermöglicht. Und in der Tat beschränkt sich die lebhafte Diskussion zwischen den Schulen nicht nur auf die Erkenntnistheorie und die Ethik, sondern bezieht auch weitere Problemkreise, insbesondere der Naturphilosophie, ein. Dabei ist der Blick weniger auf empirische Naturforschung als auf spekulative Erhellung von Grundfragen, wie des Problems der Ewigkeit der Welt, gerichtet. In dieser Diskussion deutet sich das Erwachen eines neuen Interesses an der Naturphilosophie an. Auffälligstes Ergebnis der Diskussion ist es, daß man extreme Positionen aufgibt. So werden allmählich die Unterschiede zwischen den Schulen abgeschliffen, und eine gewisse Annäherung der Standpunkte kommt zustande. Auch hat man mittlerweile gelernt, mit dem Gegner in dessen Terminologie zu streiten. Dies führt zu einer Hinüber- und Herübernahme von Begriffen und so zu einer Verwischung der terminologischen Unterschiede. Hierin bereitet sich so etwas wie eine gemeinphilosophische Terminologie vor. Nachdem seit der Krise im Hochhellenismus Athen als einziges wirkliches Zentrum die philosophisch Interessierten aus der ganzen griechischen Welt angezogen hatte, setzt jetzt mit der Erneuerung der Philosophie eine neue Ausstrahlung ein. Auch an anderen Orten bilden sich wieder philosophische Zentren. So macht Philonides den Epikureismus in Syrien heimisch, so blüht Rhodos als geistiges Zentrum wieder auf. Am folgenreichsten aber ist die Ausstrahlung der Philosophie auf Rom und auf das hellenisierte ↗Judentum in Alexandreia. Hier greift man aufgrund der Hypothese eines frühen Einflusses der eigenen heiligen Schriften auf die alten griechischen Philosophen griechische Philosopheme zur Interpretation der religiösen Schriften auf und leitet so eine Entwicklung ein, die zu Philon von Alexandreia führen und auf die beginnende christliche Theologie mächtig wirken sollte. Aristobul und der Brief des Aristeas sind in der Mitte des 2. Jh. die ersten Zeugen dieser folgenschweren Begegnung. In Rom kommt es zur selben Zeit nach ersten indirekten Einflüssen wie etwa durch Ennius (Epicharm) zu einer intensiveren unmittelbaren Einwirkung. Die ersten Vermittler sind Epikureer. Besonders wichtig aber ist nach der Schlacht von Pydna das Wirken des philosophisch gebildeten Staatsmanns Polybios und des Stoikers Panaitios im Kreis der Scipionen. Auch darf man die propagandistische Wirkung der Philosophengesandtschaft nicht unterschätzen. Freilich beschränkt sich dieser Einfluß zunächst auf die allgemeine Bildung und auf die Lebensführung und regt noch nicht zum Schreiben über philosophische Themen an. Auch kommt es zu schärferen Reaktionen wie den ersten Philosophenvertreibungen (161 und 154?). Umgekehrt darf die Rückwirkung dieser Begegnung mit Rom auf die Philosophie nicht übersehen werden. Es stellen sich nicht zuletzt in der Ethik (Pflichtenlehre) neue Aufgaben. Auch die Staatsphilosophie findet einen neuen Anstoß.

Im letzten Drittel des 2. Jh. setzen die Schüler des Apollodoros (Demetrios Lakon und Zenon von Tyros), des Karneades (Karneades, Sohn des Polemarchos, Krates von Tarsos, Kleitomachos und Charmadas), des Kritolaos (Ariston der Jüngere und Diodoros von Tyros) und des Diogenes von Babylon (Antipatros aus Tarsos und der schon genannte Panaitios) den Kampf gegen die Rhetorik und in ihren Schuldebatten die dogmatische und terminologische Annäherung der Schulen fort. Dies führt, für uns am deutlichsten bei Panaitios, zu einer konsequenten, aber neuartigen Einschätzung der Philosophenschulen. Dieser sieht nicht mehr so sehr die Schulunterschiede, als vielmehr die Gemeinsamkeiten (Tendenz zur Harmonisierung) und erklärt diese Gemeinsamkeiten durch die historische Konstruktion einer gemeinsamen Herkunft aller Schulen: sie stünden miteinander in der Nachfolge des Sokrates (klassizistische Tendenz). Nun wird es möglich, die „Alten", gleichgültig welcher Schule sie angehörten, als Zeugen der eigenen Lehre anzuführen, nun wird die philosophiegeschichtliche Unterbauung des eigenen Standpunktes zu einem wichtigen Argument in der Schuldebatte.

Im ersten Drittel des 1. Jh. vereinigen sich die Tendenzen, die seit dem Wiederaufleben der Philosophie im zweiten Drittel des 2. Jh. wirksam waren, nämlich die Versuche, über den Ausbau der Wahrscheinlichkeitslehre zu einer neuen Gewißheit zu gelangen, das Hervortreten der Naturphilosophie, in der freilich die spekulative Komponente weit stärker betont wird als die empirische Forschung, das Interesse an neuer Systematik, die Harmonisierungstendenz und die klassizistische Haltung, und führen zur Schöpfung neuer Systeme und zu einer lebhaften Blüte der spekulativen Philosophie und der Metaphysik. Poseidonios von Apameia, eine imponierende Persönlichkeit von enzyklopädischem Wissen, entwickelt auf der Grundlage stoischer Schuldogmen, dazu Elemente der platonischen Philosophie und der altperipatetischen Naturforschung aufgreifend, ein umfassendes System sui generis, dessen Erforschung und Deutung noch längst nicht abgeschlossen ist. Neben ihm gibt in der Akademie Antiochos von Askalon im Streit mit seinem Lehrer Philon von Larisa, der in der Erkenntniskritik eine schon stark vermittelnde Stellung bezogen hatte, den Skeptizismus auf und interpretiert unter der philosophiegeschichtlichen Hypothese der inneren Verwandtschaft der Systeme der Altakademiker, der Peripatetiker und der Stoiker deren Schriften, um zu einer Erneuerung der platonischen Philosophie, wie er sie verstand, zu gelangen. Aus seinem imponierenden System sind die Erkenntnislehre und die Ethik durch Cicero im großen und ganzen bekannt, die Ermittlung der naturphilosophischen und metaphysischen Komponente ist noch in der Schwebe. Im Peripatos gibt der Fund der Bibliothek Theophrasts den äußeren Anstoß zu einer Hinwendung zu den Alten. Andronikos von Rhodos ordnet aufgrund dieses Fundes die Schriften des Aristoteles und die Theophrasts neu und macht eine entsprechende Ausgabe. Diese Ausgabe bedeutet zugleich eine Systematisierung der peripatetischen Philosophie, wie es sie in dieser Form bis dahin nicht gegeben hat. Darüber hinaus inauguriert er mit seinen Kommentaren die Exegese und Kommentierung der altperipatetischen Schriften. Inwiefern und wie weit diese Tendenzen sich auf die Epikureer dieser Zeit (Zenon, Phaidros und auch schon Philodem) ausgewirkt haben, ist noch nicht erforscht.

Gegenüber Poseidonios und Antiochos wirken die meisten Philosophen des zweiten Drittels des 1. Jh. als Epigonen. In der Stoa unterzieht Asklepiodot das System des Poseidonios einer Kritik. Im Peripatos wird die Systematisierung und Kommentierung der aristotelischen Philosophie von Boethos von Sidon, von Ariston von Alexandrien und wohl auch von Staseas von Neapel und von Kratipp fortgesetzt. Daneben verbreitet man das System in populärer gehaltenen Schriften. Nikolaos von Damaskos ist hier zu nennen. Popularisierung der Philosophie beobachtet man vor allem in Rom, wo jetzt auch Römer philosophische Werke schreiben. Des Lucretius dichterische Darstellung der epikureischen Philosophie und Ciceros philosophische Schriften sind die herausragenden Beispiele. Bemerkenswert ist, daß Cicero die neuakademische Skepsis wieder aufgreift, obwohl sie seit Antiochos überwunden zu sein scheint, und so der Darstellung der dogmatischen Systeme die philosophische Methode der kritischen Prüfung entgegenstellt. Die Kritik an der neuen Wendung in der Akademie erhebt sich am kräftigsten und nachhaltigsten in der Gestalt Ainesidems. Dieser erneuert die pyrrhonische Skepsis. Daneben tritt ein neuer Zug: ein mit Gelehrsamkeit verbundener Hang zum Mystizismus, der schon lange latent, nun in den sich neu gründenden pythagoreischen Schulen (z.B. im Kreis um Nigidius Figulus) offen zutage tritt. Mystizismus und Erkenntniskritik, Erneuerung der Metaphysik und Rückgriff auf die großen Alten, vor allem auf Aristoteles und Platon, kritische und weiterführende Kommentierung ihrer Werke, das alles wirkt fort auf die Philosophie der Kaiserzeit.

Neben der Schulphilosophie, die sich vornehmlich an die Gebildeten wendet, dürfen zwei Weisen philosophischer Betätigung im Hell. nicht übersehen werden: 1. Die Popularphilosophie. Kynische, stoische und epikureische Wanderphilosophen, die oft in nur lockerem oder gar keinem Zusammenhang mit der Schulphilosophie stehen, tragen volkstümlich zurechtgemachte und leichter verständliche philosophische Gedanken, insonderheit ethischer Art, in breite Kreise, auch in die unteren Gesellschaftsschichten, und helfen bei der Bewältigung des Lebens. Durch populärer gehaltene Schriften aus den Schulen, die zuweilen auch die Formen der Unterhaltungsliteratur annehmen, wird deren Wirkung verstärkt. 2. Einzelne, die sich wohl nur selten zu kleineren Gruppen zusammengefunden haben, gebildet oder oft nur halbgebildet, stellen im Hell. aus sehr verschiedenen Motiven, die von Gewinnstreben bis zu philosophischer Überzeugtheit reichen, ihre Gedanken oder, was sie sich angelesen haben, unter den Namen großer Männer der alten Zeit, die als Weise oder gar als Philosophen gelten (sog. Pseudepigrapha). Hierher gehören die zahlreichen Fälschungen auf Pythagoras und seine Schüler, auf Demokrit, Epicharm, Anacharsis, Zoroaster, Ostanes, Nechepso-Petosiris und, wobei die verschwimmende Grenze zu religiös-mystischen Schriften überschritten ist, auf Orpheus. Die genaue Datierung dieses Schrifttums ist meist umstritten. Die Wirkung solcher oft nur halbphilosophischen, konfusen und verworrenen Schriften darf nicht unterschätzt werden. Bezeichnend ist, daß der Süditaliker Ennius weniger von der Schulphilosophie als von solchen Pseudepigrapha beeinflußt ist.

BEDEUTUNG. Die Philosophie ist eine der führenden geistigen Mächte des Hell. Die hell. Fürsten ziehen Philosophen gern als Berater, wenn auch nicht in politischen Fragen, so doch in solchen des geistigen Lebens, der Erziehung und der Kulturpolitik, an ihre Höfe. Im 2. Jh. haben vornehme römische Familien diesen Brauch übernommen. Den gebildeten Schichten, die sich aus den traditionellen Bindungen gelöst haben, weist die Philosophie die Lebensformen und die Wege zur Bewältigung des Lebens. In ihren popularisierten Formen ist sie auch Lebenshilfe für die unteren Schichten der Bevölkerung. So hilft die Philosophie bei aller Differenzierung im einzelnen bei der Schaffung jener schließlich die ganze Welt des Mittelmeerraumes umfassenden und in ihren großen Zügen einheitlichen hell. Kultur mit. Dementsprechend ist die Philosophie weithin angesehen. Wir hören immer wieder von außergewöhnlichen Ehrungen, die Philosophen zuteil wurden. Ablehnung oder gar Verfolgung der Philosophen wie im palästinensischen Judentum und in bestimmten konservativen Kreisen ↗Roms oder wie die Repressionen in ↗Alexandreia durch Ptolemaios VIII. Physkon (145) sind seltene Ausnahmen. Der Spott der Komödie über Philosophen ist eher wohlwollend.
Die philosophiegeschichtliche Bedeutung der hell. Philosophie ist dort, wo man lediglich Originalität bewunderte, oft zu gering eingeschätzt worden. Immerhin sind in der hell. Philosophie imponierende Versuche einer einheitlichen, materialistisch fundierten Welterklärung unternommen, sind Systeme einer auf der Natur des Menschen aufbauenden autonomen Ethik geschaffen, ist das Problem der Erkenntnis zum ersten Mal in aller Schärfe formuliert und dem Gebildeten bewußt gemacht worden. Die

geistesgeschichtliche Wirkung der hell. Philosophie kann kaum überschätzt werden. In ihrer hell. Gestalt ist Philosophie dem ↗Judentum und den Römern vermittelt worden und hat von hier aus auf das Christentum gewirkt. Und gerade in der römischen Brechung ist hell. Philosophie in der Folge immer wieder fruchtbar geworden. Durch Lucretius hat der Atomismus Demokrits und Epikurs häufig zu einer materialistischen Welterklärung angeregt. Die europäische Aufklärung des 18. Jh. ist weithin eine Renaissance der Stoa. Und moderne Erkenntniskritik greift stets von neuem auf ihre hell. Ahnen zurück. P.S.

E. Zeller, Die Philosophie der Griechen II 1, Leipzig ⁵1922; II 2, Leipzig ⁴1921; III 1, Leipzig ⁵1923; III 2, Leipzig ⁵1923. – H. Leisegang, Hellenistische Philosophie von Aristoteles bis Plotin, Breslau 1923. – F. Ueberweg-K. Praechter, Die Philosophie des Altertums, Berlin ¹²1926. – J. Kaerst, Geschichte des Hellenismus II: Das Wesen des Hellenismus, Berlin/Leipzig ²1926. – R. Harder, Die Einbürgerung der Philosophie in Rom, Die Antike 5, 1929, 291–316. – E. Hoffmann, Die hellenistische Philosophie, Philosophie und Schule 3, 1932, 130–145. 159–187. – A. Schmekel, Die positive Philosophie in ihrer geschichtlichen Entwicklung I: Forschungen zur Geschichte des Hellenismus, Berlin 1938. – J. Mewaldt, Hellenistische Weltanschauung, Wien 1941. – V. Grönbech, Der Hellenismus. Lebensstimmung, Weltmacht, Göttingen 1955. – G. Messina, L'uomo e la felicità nel pensiero ellenistico, Civiltà Cattolica 107, 1956, 598–609. – A. J. Voelke, Les rapports avec autrui dans la philosophie grecque, d'Aristote à Panétius, Paris 1961. – G. E. Mueller, Wie lebt man sinnvoll in einer sinnlosen Welt? Der Begriff der Verzweiflung in der hellenistisch-römischen Ethik, Annuaire de la Société Suisse de Philosophie 21, 1961, 111–156. – W. Totok, Handbuch der Geschichte der Philosophie I, Frankfurt a. M. 1964. – W. Tarn-G. T. Griffith, Die Kultur der hellenistischen Welt, Darmstadt ³1966 (Orig. 1927, ³1952). – C. Préaux, Sur la stagnation de la pensée scientifique à l'époque hellénistique, American Studies in Papyrology 1, 1966, 235–250. – E. Bréhier, Histoire de la philosophie I: L'antiquité et le moyen âge. 2: Période hellénistique et romaine, Paris ⁹1967. – H. Braunert, Staatstheorie und Staatsrecht im Hellenismus, Saeculum 19, 1968, 47–66. – P. Steinmetz, Die Krise der Philosophie in der Zeit des Hochhellenismus, Antike und Abendland 15, 1969, 122–134. – P. Moraux, Der Aristotelismus bei den Griechen, Bd. 1, Berlin/New York 1973. – M. Dal Pra, Storia della filosofia IV: La filosofia ellenistica e la patristica cristiana dal III secolo a. C. al V secolo d. C., Milano 1975. – C. W. Müller, Die Kurzdialoge der Appendix Platonica, München 1975. – J. Bollack et A. Laks (Hrsg.), Études sur l'Épicurisme antique, Lille 1976. – G. Giannantoni, Scuole socratiche minori e filosofia ellenistica, Bologna 1977. – O. Gigon, Die antike Philosophie als Maßstab der Realität, Zürich/München 1977. – M. Isnardi Parente, La filosofia dell'ellenismo, Torino 1977. – J. Glucker, Antiochus and the Late Academy, Göttingen 1978. – J. M. Rist (Hrsg.), The Stoics, Berkeley/Los Angeles/London 1978. – J. Moreau, Stoicisme, épicurisme, tradition hellénique, Paris 1979. – M. Schofield, M. Burnyeat, J. Barnes (Hrsg.), Doubt and Dogmatism: Studies in Hellenistic Epistemology, Oxford 1980. – O. Gigon, Philosophie und Wissenschaft bei den Griechen, in: E. Vogt (Hrsg.), Griechische Literatur, Wiesbaden 1981 (Neues Handbuch der Literaturwissenschaft 2), 231–304. – H.-Th. Johann, Gerechtigkeit und Nutzen. Studien zur ciceronischen und hellenistischen Naturrechts- und Staatslehre, Heidelberg 1981. – H. Flashar (Hrsg.), Grundriß der Geschichte der Philosophie. Die Philosophie der Antike 3, Basel/Stuttgart 1983; 4 (im Satz). – H. D. Rankin, Sophists, Socratics, and Cynics, London/Canberra 1983. – W.

Röd (Hg.), Geschichte der Philosophie Bd. 3: M. Hossenfelder, Stoa, Epikureismus und Skepsis, München 1985. – G. Cambiano (Hrsg.), Storiografia e dossografia nella filosofia antica, Torino 1986. – C. J. Classen (Hrsg.), Probleme der Lukrezforschung, Hildesheim/Zürich/New York 1986. – A. A. Long, Hellenistic Philosophy. Stoics, Epicureans, Sceptics, London ²1986. – M. Schofield/G. Striker (Hrsg.), The Norm of Nature, Cambridge 1986. – A. A. Long/D. N. Sedley, The Hellenistic philosophers. 2 Bde., Cambridge 1987. – J. M. Dillon/A. A. Long (Hrsg.), The Question of ‚Eclecticism‘. Studies in Later Greek Philosophy, Berkeley/Los Angeles/London 1988. – W. W. Fortenbaugh/P. Steinmetz (Hrsg.), Cicero's Knowledge of the Peripatos, New Brunswick/London 1989. – W. Jordan, Ancient concepts of philosophy, London/New York 1990. – T. Dorandi: Ricerche sulla cronologia dei filosofi ellenistici, Stuttgart 1991. – M. Isnardi Parente, Filosofia e scienza nel pensiero ellenistico, Neapel 1991.

Phokis. Landsch. in Mittelgriechenl. zw. Korinth. Golf (S), Lokris u. Doris (W), Ostlokris (N) und Boiotien (O) u. a. mit den Poleis Abai, Antikyra und Elateia.
Sicher im 5. Jh. zu einem Koinon geeint erreichte P. den Höhepunkt seiner Macht im 3. „Heiligen Krieg" (356–346): Onomarchos und seine Nachfolger errichteten – zu „bevollmächtigten ↗Strategen" (1 b) gewählt – eine Art Militärdiktatur und stellten durch Verwendung des beschlagnahmten delphischen Tempelschatzes das erste große Söldnerheer Griechenlands auf (↗Militärwesen A III 5). 346 ergab sich P. jedoch nach milit. Mißerfolgen Philipp II., verlor seinen Sitz in der delph. Amphiktyonie und wurde in den folgenden Jahren v. a. durch Theben planmäßig verwüstet. Wiederaufbau eingeleitet erst in dem sich abzeichnenden Konflikt zw. Makedonien und ↗Athen (I) – Theben (nach 342). 339 stand P. teilw. unter mak., teilw. unter athen.-thebanischer Kontrolle; die Teilnahme phok. Kontingente bei Chaironeia (338) gegen Philipp II. war milit. bedeutungslos. 338/7 trat P. dem Korinth. Bund (↗Hellenenbünde) bei und beteiligte sich im thebanischen Aufstand (↗Böotien) an der Zerstörung des alten Feindes Theben 335. Im Lamischen Krieg (↗Alexander d. Gr. 6) beteiligte sich P. im Bündnis gegen Antipater an der Schlacht bei Krannon (322). In den Diadochenkämpfen gehörte P. zum Einflußbereich des Polyperchon (nach 319), dann des Kassander, 312/11 des Antigonos I. Monophthalmos, dann wieder makedon.(?) und schloß sich 302 dem ↗Hellenenbund des Demetrios I. Poliorketes (↗Antigoniden 1) an. Die Unabhängigkeit, die sich P. nach der Schlacht bei Ipsos (301) erkämpfte, war nur von kurzer Dauer: 296 (mak. Besatzung in Elateia) stand Ost-P. wieder unter mak. Kontrolle, während West-P. an ↗Ätolien (1) fiel. In den Kämpfen zw. Deme-

trios I. Poliorketes und Lysimachos (↗Thrakien) 288/7 nahm P. Partei für Lysimachos: Befreiung Elateias von den Truppen Antigonos' II. Gonatas v. Makedonien (zw. 284 und 281). Die Abwehr des Galatereinfalls (↗Kelten 1) 280/79 war v. a. phok. Kontingenten – im Bündnis mit ↗Ätolien – zu verdanken; als Anerkennung erhielt P. den Sitz in der delphischen Amphiktyonie zurück (ab 277). 266 gewann es das epiknemid. ↗Lokris, das es (um 262) an die Ätoler abtrat. In den folgenden Jahren wurde ganz P. dem Ätolerbund inkorporiert (übl. Chronologie: bis 245 im wesentl. ätol., dann um 245 Anschluß an ↗Böotien, nach Chaironeia 245 wieder ätol., erneuter Abfall um 236, dann bei engem Anschluß an Böotien [Vertrag dürfte Syll.³ 519 belegen] und Achaia selbständig, s. aber a. ↗Ätolerbund). 224 trat P. dem Hellenenbund des Antigonos III. v. ↗Makedonien (III 3) bei (StV III 507). Im Bundesgenossenkrieg (220–217), der durch ätol. Übergriffe u. a. auf phok. Gebiet ausgelöst wurde, lagen makedon. Besatzungen in P.¹; auch im 1. Makedon. Krieg (215–205), in dem P. nicht nur unter röm. (u. a. Eroberung von Antikyra 210 und Massenversklavungen) und ätol. Einfällen, sondern auch unter dem makedon. Bundesgenossen zu leiden hatte (ein Brief Philipps V. an Abai, Syll.³ 552, verbot Übergriffe des mak. Kommandanten auf das dortige Apollonheiligtum), wurde P. durch mak. Garnisonen kontrolliert. Z. J. 206 ist ein phok. Koinon belegt (Inschr. v. Magnesia 34: Anerkennung des Leukophryene-Festes in Magnesia; damals Vertrag mit Böotien?, IG IX 1, 98). Der Friede von Phoinike (205) beließ P. zwar die nominelle Unabhängigkeit, aber im 2. Makedon. Krieg (200–197) war P. wieder makedon. Besatzungsgebiet. Nach dem Fall von Elateia war P. jedoch großenteils in röm. Hand, und 198/7 zog Philipp V. die letzten Besatzungstruppen ab. Flamininus erklärte P. – jetzt von röm. Truppen besetzt – 196 in Korinth zwar für frei, schlug es aber dann dem Ätolerbund zu. Erst nach dem Röm.-Ätol. Krieg (191–189) gewann P. seine Unabhängigkeit zurück; das phok. Koinon wurde neu begründet (Vorort Elateia).

In den folgenden Jahren wirtschaftl. Niedergang (IG IX 1, 226–30). Im Röm.-Ach. Krieg (147/6; ↗Achäer 5) galten P.s Sympathien zwar der antiröm. Koalition, aber es öffnete sich kampflos den gegen Böotien durchziehenden Legionen unter Metellus. Das 146 aufgelöste Koinon war sicher ab 128 wieder existent (Vorort jetzt Daulis), war aber wohl tributpflichtig und dem

Statthalter v. Macedonia unterstellt. Wegen des gegen Mithradates VI. geleisteten Widerstandes im 1. Mithradat. Krieg (↗Pontos 8) 86/5 erhob Rom Elateia zur civitas libera et immunis. 29 wurde P. zur Prov. Achaia geschlagen.

Verfassung: Die Struktur des phok. ↗Koinon in Zeiten der Unabhängigkeit von Ätolien war ähnlich der der anderen. Nach 338 leiteten Archon(ten), im 3. Jh. 3 Phokarchen und wohl ab 196 (IG IX 1, 98, Datierung umstritten) ↗Strategen (eponym) den Bund. Die Mitgliedstädte waren ↗demokratisch verfaßt.
J.D.G.

Anm.: 1) J.A.O. Larsen, P. in the Social War 220–217 B.C., Phoenix 19, 1965, 116–28.

Lit.: G. Kazarow, De foederis Phocensium institutis. Diss. Leipzig 1899. – F. Schober, Phokis, Diss. Jena 1924. – Ders., RE XX 1, 1941, 492–6 s.v. – Busolt–Swoboda II 1447–55. – Accame, Dominio 201–6. – Touloumakos, Einfluß 58–63. – Larsen, GFS insbes. 300–2. – E. Meyer, DKlP IV, 1972, 804 f. s.v. – Martin, Greek Leagues 138–70. – J.M. Fossey, Ancient Topography of Eastern Phokis, Amsterdam 1986. – Münzprägung: R.-Alföldi, 264. – Ausgrabungen: Leekley-Efstratiou, Central Greece 108–18.

Phrygien. Nicht immer klar abzugrenzende Landsch. im mittleren Kleinasien zw. Kappadokien (O), Kilikien (S), Lydien und Karien (W) und Bithynien und Paphlagonien (N); in hell. Zeit meist gegliedert in P. am Hellespont (NW, später Klein-P. oder Phrygia Epiktetos, s.u.) mit Daskyleion, Residenz des pers. Satrapen, und der alten phryg. Königsstadt Gordion und in Groß-P. mit Kelainai, der anderen pers. Satrapenresidenz, dem religiösen Zentrum Pessinus und der späteren Landschaft Galatien (↗Kelten III). Kaum hellenisierte Bevölk. mit eigenem, dem Indogerm. zugehörigem Idiom (spätphryg. Inschr. vom 2.–viell. 4. Jh. n. Chr.) und besonderen, in der Folge auf die hell. Welt ausstrahlenden religiösen Formen (vgl. Kallim. Frg. 193, 35–8): ekstatischer (Selbstentmannung, s. Cat. 63) Kult des Attis und der Kybele (Magna Mater), deren Verkörperung – ein schwarzer Meteorstein – auf Weisung der sibyll. Bücher durch pergamen. Vermittlung 204 nach Rom gebracht wurde.

334 Eroberung beider P. durch Alexander d. Gr., dem durch Lösung des „gordischen Knotens" wohl Herrschaft über Asien prophezeit wurde; die pers. Satrapieneinteilung in P. am Hellespont und Groß-P. behielt Alexander bei: erster Satrap von Groß-P. ↗Antigonos (1), der spätere Monophthalmos, der 333/2 Lykaonien eroberte und dessen Satrapie 331 wohl auch Lykien, Pamphylien

und Pisidien angeschlossen wurden. 323, endgültig 321 im Besitz der Satrapie bestätigt, kontrollierte Antigonos 315 auch P. am Hellespont (Diod. 19, 57, 1). Mit der Schlacht beim großphryg. Ipsos 301 fiel Groß-P. teilw. an Seleukos I., der 281 auch das seit 301 lysimacheische (↗Thrakien) P. am Hellespont und die übrigen Teile von Groß-P. erwarb. Unter den ersten ↗Seleukiden Hellenisierung durch Anlage von Militärkolonien und Polisgründungen: Seleukos I. (oder Antiochos I.) gründet Apameia Kibotos durch Umsiedlung der Bevölk. von Kelainai[1], Antiochos II. Laodikeia am Lykos[2]. Nach Ansiedlung der Galater (↗Kelten III) um 270 waren weite Bereiche Groß-P.s nur noch nominell seleukid.; daher war die Abtretung v. a. Galatiens als Mitgift anläßlich der Hochzeit einer Tochter Seleukos' II. mit Mithradates II. v. ↗Pontos (3) nach 245 (?) nur symbolisch, sofern die Nachricht (Just. 38, 5, 3) überhaupt historisch ist. Nach 230 entriß Attalos I. v. ↗Pergamon (3) P. am Hellespont und die noch seleukid. Teile Groß-P.s dem Antiochos Hierax (↗Seleukiden III 3). Die seleukid. Reconquista schloß nach Ermordung Seleukos' III. in P. (223) Antiochos' III. Feldherr Achaios erfolgreich ab, der 220 abfiel (↗Seleukiden VII) und in Laodikeia das Diadem nahm. Die pergamen. (3) Wiedereroberung von Teilen des hellespont. P. und des Gebietes der späteren Phrygia Epiktetos, des Territoriums um Aizanoi, Kadoi, Kotiaeion, Nakoleia, Dorylaion, Midaion, 218 durch Attalos I. scheint Antiochos III. 216 vertraglich bestätigt zu haben, der nach 213 wieder über Groß-P. verfügte: freilich ist seine Anordnung an den kleinasiat. „Vizekönig" Zeuxis in Sardes (↗Lydien), 2000 jüd. Familien aus Babylonien und Mesopotamien nach Lydien und P. umzusiedeln, wohl nur im Kern historisch[3]. Wahrscheinl. 198 Annexion der P. Epiktetos durch ↗Bithynien (5), während Antiochos III. die pergamen. Besitzungen in P. am Hellespont besetzte. 188 übergab Rom die ehem. seleukid. Besitzungen in P. an Eumenes II. v. ↗Pergamon (4), der im Pergamen.-Bithyn. Krieg Prusias I. 183 auch P. Epiktetos entriß (in diesem Zusammenhang taucht die Bezeichnung erstmals auf, Strab. 12, 564, vgl. 576). Zw. 163 und 156 versuchten Eumenes II. und Attalos II., über den Kybele-Priester Attis in Pessinus Einfluß auch auf Galatien (↗Kelten III) zu nehmen (RC 55–61). 133 kam P. westl. des Sangarios an die röm. Prov. Asia, Groß-P. trat Rom für Hilfe im Aristonikos-Aufstand 129 an Mithradates V. v. ↗Pontos (7) ab, entzog es nach Mithradates' Tod 120 seinem Nachfolger und schlug es um 116 erneut der Prov. Asia zu (mit Ausnahme Galatiens)[4].   J.D.G.

Anm.: 1) S. etwa C. B. Welles, Klio 52, 1970, 477–90. – 2) J. des Gagniers u. a., Laodicée du Lycos: Le Nymphée, Québec–Paris 1969. – 3) Dazu J.-D. Gauger, Apologetik, 1–147. – 4) Zu den Vorgängen Th. Drew-Bear, Historia 21, 1972, 75–87.

Lit.: W. M. Ramsay, Cities and Bishoprics of P., Oxford 1895–96. – Meyer, Grenzen, u. a. 148 f. – Tscherikower, Städtegründungen, 31–6. – J. Friedrich, RE XX 1, 1941, 781–891 s. v. (v. a. topographisch). – L. Robert, Inscr. séleucides de P. et de l'Iran, Hellenica VII, Paris 1949, 5–29. – Magie, RRAM 758 f. – Ch. Habicht, Hermes 84, 1956, 93–100. – Schmitt, Antiochos d. Gr., bes. 266 f.; 276–8. – C. H. E. Haspels, The Highland of P., Sites and Monuments, Princeton NJ 1971. – K. Belke – N. Mersich, Phrygien und Pisidien. Denkschr. Akad. Wien 211, 1990. – Neumann–Untermann, 170 f.; 174–6 (Sprache). – Ausgrabungen: Bean, Kleinasien III 258–70. – PECS s. v. Laodicea ad Lycum.

Plastik. In der Plastik läßt sich die Entwicklung der hellenistischen Formensprache trotz vieler auch heute noch kontrovers geführter Ansätze in der Forschung einigermaßen deutlich fassen[1]. Die Stellung der hell. Kunst zwischen der spätklassischen Tradition zum einen und der sich immer stärker entfaltenden römischen Kunst zum anderen kennzeichnet den langsamen Übergang von der vornehmlich religiös bestimmten Kunst zur Staatskunst römischer Prägung. Die Auseinandersetzung mit der Tradition erfolgt im Laufe dieses Prozesses in verschiedenen Schüben. Im Übergangsbereich von der spätesten Klassik zum frühen Hellenismus lassen sich beispielsweise Lysipps Apoxyomenos (Taf. 1) und die Aphrodite von Capua (Taf. 2) ansiedeln. Die raumgreifende Wirkung des Apoxyomenos, des „sich Abschabenden" (Plin. nat. hist. 34, 62), steht noch ganz in der Tradition der späten Klassik, ebenso die Komposition der Figur: Die auf die rechte Körperseite verlagerte Aktion findet ihr Gegengewicht im Standbein, die Bewegungsrichtung des Spielbeines wird vom angewinkelten linken Arm aufgefangen. Die Öffnung der Athletenstatue zum sie umgebenden Raum steht in herbem Gegensatz etwa zur frühhellenistischen Skulptur des Demosthenes (Taf. 4). Es zeigt sich jedoch bereits beim Apoxyomenos ein grundlegend neues Verständnis künstlerischen Schaffens, das nach Lysipps eigenen Worten (Plin. nat. hist. 34, 65) durch eine Abkehr vom objektiven Menschenbild der Klassik, die den Menschen dargestellt habe, wie er sei, und eine Hinwendung zu einer subjektiven Erscheinungsform gekennzeichnet ist. Auch in der Alltäglichkeit

des Dargestellten – ein Sportler, der sich erschöpft Öl und den Staub der Palästra mit einer Strigilis vom Körper schabt – zeigt sich eine neue Auffassung vom Menschen, die für den Hellenismus tragend ist.
Die Aphrodite von Capua (Taf. 2), deren Bronzevorbild auf Lysipp zurückgeführt wird, steht in ihrer Formensprache ebenfalls am Übergang von der Spätklassik zum Hellenismus. Sie wird in die Jahre um 330/320 v.Chr. zu datieren sein. Zu ergänzen ist der Schild des Ares, in dem sie sich spiegelte. Der Gegensatz zwischen dem reichen Faltenwurf des Mantels und dem nackten Oberkörper schafft eine Spannung, die durch die ausladende Bewegung des linken Armes noch unterstrichen wird. Formale Vergleiche zum Apoxyomenos drängen sich auf. Die Gesamtkomposition aber wird durch die Rückbezogenheit des Blickes auf die eigene Person unterstrichen. Die Aphrodite von Capua greift somit nicht über den sie umgebenden Raum hinaus, vielmehr bleibt sie darin verhaftet.
Der *Frühhellenismus* zeichnet sich in seiner ersten Phase (letztes Viertel des 4. und erstes Viertel des 3.Jh.) aus durch bisweilen bewußte Härte des Stils und zunehmende Raumfeindlichkeit. Die Formen werden schlichter und momentaner. Dagegen öffnet sich der Blick in der zweiten Phase des Frühhellenismus (2. und etwa 3. Viertel des 3.Jh.) wieder zu einer neuen Sicht der Welt; ein stärkeres Pathos – Leiden und Erleiden – bestimmt das Kunstwollen. Dieses Pathos kulminiert im hohen Hellenismus.
Die Tyche von Antiocheia am Orontes[2] (Taf. 3) ist ein bezeichnender Vertreter der ersten Stufe des Frühhellenismus. Die Stadtgöttin sitzt mit übergeschlagenen Beinen auf einem Felsen; der rechte Fuß stützt sich auf der Schulter des Flußgottes ab. Der pyramidale Aufbau der Gruppe, geschaffen gleich nach der Gründung der Stadt (↗Syrien 2) durch Seleukos Nikator von dem Lysipp-Schüler Eutychides (Plin. nat. hist. 34, 51), drückt den weitgehenden Verlust spätklassischen Erbes aus. Eine Beziehung zum Raum gibt es so gut wie gar nicht; auch durch die ausgebreiteten Arme des Flußgottes wird sie nicht hergestellt. Noch deutlicher zeigt sich die raumfeindliche Haltung bei der nur etwa zehn Jahre später entstandenen Skulptur des Demosthenes (Taf. 4), dessen Original, von Polyeuktos in Bronze gegossen, verloren ist. Fast vierzig Jahre nach dem Tode des attischen Redners und Staatsmannes wurde auf Antrag seines Neffen

Demochares auf der Athener Agora nahe dem Zwölfgötteraltar ein Standbild mit anscheinend portraitähnlichen Zügen (↗Porträt) aufgestellt, das der Vereinsamung und dem Schmerz um den Untergang der Freiheit plastischen Ausdruck gibt. Zurückgezogen steht der Redner da; das zur Seite gesetzte Spielbein dringt nicht in den Raum ein, sondern verstärkt noch den Eindruck innerer Abwehr. Die harten Falten des unter der Brust geknüpften Gewandes vermeiden jeglichen harmonischen Übergang. Die Ohnmacht des Einzelnen gegenüber der Tyrannis, seine innere und äußere Isolierung finden in dem Werk des Polyeuktos beredten Ausdruck.

Etwa in die gleiche Zeit, also um 280 v.Chr., wird die Statue der Themis von Rhamnus (Taf. 5) datiert, ein Werk des attischen Bildhauers Chairestratos, der als Sohn des Chairedemos signierte. Der feingefältelte Chiton, dicht unter den Brüsten gegürtet, steht im Widerspiel zu dem schweren Mantel, dessen Steilfalten, die vom Bausch über dem linken Arm herabhängen, die senkrechte Gliederung betonen. Ein Ausgreifen in den umgebenden Raum gibt es auch bei der Themis nicht. Die der praxitelischen Spätklassik verbundene Formensprache wirkt hart, ohne eigenes Leben; nur der weiche Blick aus dem erhobenen Antlitz kontrastiert dazu.

Ein Vergleich der Statue des Demosthenes (Taf. 4) mit der eines Philosophen im Museum von Delphi (Taf. 6) veranschaulicht den Wandel in der Auffassung des Menschenbildes zwischen der ersten und der zweiten Phase des Frühhellenismus. Das delphische Philosophenbildnis zeigt eine größere Öffnung zum Betrachter hin als der attische Rhetor; es strahlt Kraft und Willensstärke aus. Das Volumen des blockhaften, in den Mantel gehüllten Körpers wird durch die Faltengebung nur grob gegliedert. Selbst die langen Zugfalten vom Bausch des Gewandes zum rechten Unterschenkel sind schematisch angelegt, nicht aber ausgearbeitet wie beim Demosthenes (Taf. 4) oder der Themis (Taf. 5). Die innere Kraft, die aus diesem wohl um 250 v.Chr. geschaffenen Philosophenbild spricht, zeigt eine neue Stufe frühhellenistischer Formensprache: Der Künstler wendet sich dem Leben zu. Das Antlitz mit seinen tiefliegenden Augen und seinen nahezu trotzigen Zügen läßt in diesem Pathos, das hier zum Ausdruck kommt, gleichermaßen das Erleben und das Erleiden anklingen.

Nur wenig später, um 240 v.Chr., entstand das reich bewegte Standbild einer Opferdienerin, das sog. Mädchen von Antium[3] (Taf. 7). Dieses sehr wahrscheinlich originale Werk lebt und wirkt nicht nur aus der Fülle der einzelnen Bewegungsabläufe; diese ordnen sich vielmehr der Rhythmisierung der mädchenhaften Gestalt insgesamt unter, die einzelnen Eindrücke zu einem erlebten Ganzen zusammenfassend. Der hoch gegürtete Chiton mit seiner ungemein feinen Fältelung steht in reizvollem Kontrast zu dem kräftigen Wulst des Mantels um den Bauch herum. Die Aufmerksamkeit des Mädchens ist ganz in Anspruch genommen von den Gegenständen auf ihrem Opfertablett. Der Betrachter erfährt dadurch – ähnlich wie auch bei der weit älteren Aphrodite von Capua (Taf. 2) – keinen Blickkontakt. Das Mädchen von Antium isoliert sich somit von dem es umgebenden Raum. Dem Künstler genügte es, die Spannung in der Figur anzulegen und sie wieder in sich zurückfallen zu lassen. Eine unmittelbar über den Raum, der von der Plastik umgriffen wird, hinausreichende Wirkung gibt es auch bei dem Mädchen von Antium nicht.

Einen bedeutenden Beitrag leistet der Hellenismus zur Darstellung des Kinderbildes. Die kindgerechte Proportionierung von Kopf und Körper findet sich bereits im ausgehenden 4.Jh. in Brauron[4], hier allerdings noch in eindeutigem Bezug auf den religiösen Hintergrund. Als Genrebild aus der Zeit des ausgehenden Frühhellenismus findet sich eine reizvolle Bronzestatuette in Rom[5]. Das Kind, das versunken lächelnd auf sein heute verlorenes Spielzeug schaute, wurde um seiner selbst willen dargestellt. Der subtile Faltenwurf des Chitons unterstreicht die Ruhe, die diese Mädchenfigur ausstrahlt. Das hochhellenistische Pathos ist diesem Werk ebenso fremd wie dem Mädchen von Antium. Das durchdachte Spiel von Licht und Schatten, das sich nicht nur im Gewand, sondern auch in der Melonenfrisur äußert, erzeugt eine Plastizität der Oberfläche, die das Werk an das Ende der frühhellenistischen Schaffensperiode setzt.

Der *Hochhellenismus* setzt ungefähr mit dem Beginn des letzten Drittels des 3.Jh. v.Chr. ein. Der Schlichte Stil[6] des frühen Hellenismus birgt Kräfte in sich, die sich im hohen Hellenismus ins Monumentale steigern. Ein Wetteifer mit der Klassik beginnt, der in der Fortsetzung und Steigerung des im Frühhellenismus bereits einsetzenden pathetischen Stils schließlich zum Umbrechen in klassizistische Formen führt. Seinen Höhepunkt findet der hohe

Hellenismus im Großen Fries des Altares von Pergamon. Die Bedeutung des Pathos als Darstellung des Leidens erhellt dagegen vorzüglich aus den Gallier-Anathemen in Pergamon.

Attalos I. von ↗Pergamon (I 3; 241–197 v.Chr.) ließ nach seinem bedeutenden Sieg über die Gallier im ersten Jahr seiner Herrschaft, dem weitere Auseinandersetzungen mit den Kelten folgten, ein bedeutsames Weihgeschenk im Athena-Heiligtum von Pergamon errichten. Allgemein wird der „Sterbende Gallier" (Taf. 8) im Kapitolinischen Museum in Rom als ein Werk des Bildhauers Epigonos angesehen[7] aufgrund einer Nachricht bei Plinius (nat. hist. 34, 88) und, wie auch die Gruppe des Gallierfürsten, der seine Frau und sich tötet[8], mit dem Anathem Attalos' I. verbunden. Die Aufstellung wird nach Schobers Rekonstruktionsvorschlag[9] jetzt erneut diskutiert[10]. Mit den pergamenischen Galliern findet das hochhellenistische Pathos seine ureigenste Sprache in der Darstellung des Leides der Besiegten – der Sieger wird nicht gezeigt. Vom Betrachter wird das Mitleiden gefordert. Beide Werke sind in den Rahmen einer mathematischen Figur hineinkomponiert: der Sterbende Gallier in ein rechtwinkliges Dreieck, die Zweiergruppe in eine pyramidale Grundform. Der sich mit letzter Kraft gegen den Tod aufbäumende Kelte (Taf. 8), zitiert in den Gallier des sog. Kleinen Weihgeschenkes auf der Südmauer der Athener Akropolis (Taf. 9), ist in seiner Hauptansicht festgelegt, während die bewegte Komposition des seine Frau und sich tötenden Galliers zum Umschreiten auffordert. Der enge zeitliche Zusammenhang dieser Werke, die beide am Beginn des hohen Hellenismus anzusiedeln sind, ist unbestritten; für die Zweiergruppe des Fürsten mit seiner Frau wird jüngst wieder eine andere Werkstatt als die des Epigonos diskutiert[11].

Vielleicht noch etwas früher[12] als die pergamenischen Galater ist das möglicherweise bronzene Vorbild der Kauernden Aphrodite (Taf. 10) anzusetzen, die – motivisch gesehen – beim Baden überrascht worden ist. Virtuos behandelt der bithynische Bildhauer Doidalses das Motiv der auf den Zehenspitzen balancierenden, hockenden Göttin, ein Vorwurf, der möglicherweise aus der Kleinplastik übernommen wurde. Die realistischen Falten der Bauchdecke, die Torsion des Körpers mit der Wendung des Kopfes nach rechts wie auch der lächelnd leicht geöffnete Mund schildern zwar den Augenblick; dennoch bleibt die Darstellung nicht im Momentanen verhaftet, sondern weist darüber hinaus. Die Beziehung zum Raum wird bei der Aphrodite des Doidalsas in dem schräg nach unten gerichteten Blick allerdings nur sehr zögernd hergestellt, ganz anders als bei der um 100 v.Chr. zu datierenden rhodischen Variante der dem Bade entstiegenen Aphrodite[13], die das Vorbild des bithynischen Künstlers klassizistisch bricht.

In das letzte Drittel des 3.Jh. v.Chr. gehört neben dem Barberinischen Faun auch die „Trunkene Alte"[14]. In schonungslosem Realismus wird der von der Trunksucht ausgezehrte Körper geschildert. Die stumpfen Augen in dem faltigen, ausgemergelten Gesicht richten den Blick leicht nach oben. Einzig die Hände zeigen Entschlossenheit im Festhalten an der Weinflasche. Diesem mit mächtiger innerer Spannung aufgebauten Genrebild steht das wohl ungefähr zeitgleiche Werk gegenüber, das einen schlafenden Satyr zeigt – der sog. Barberinische Faun[15] (Taf. 11). Die schweren, kräftigen Körperformen des weinselig Schlafenden, der geradezu an den Felsengrund gedrückt zu sein scheint, unterstreicht die klare, großflächige Komposition. Die Gestalt ist nicht mehr den engen Grenzen des eigenen Luftraums verhaftet, wie es bei den frühhellenistischen Werken immer wieder begegnete; die Arme und die Knie weisen darüber hinaus. Eine urtümliche Kraft strömt aus diesem originalen Werk eines attischen Bildhauers, eine Kraft, die auch durch Umarbeiten des Werkes in römischer Zeit zu einer Brunnenfigur und durch manche sicherlich falsche Restaurierung nach der Auffindung nicht gebrochen ist.

Eine glanzvolle Verkörperung des Sieges ist die Nike von Samothrake (Taf. 12). Kraftvoll und zugleich geschmeidig überwindet die Siegesgöttin den Widerstand, den der Wind ihr entgegensetzt. Der schwere Mantel verdeckt mit seinen wirbelnden Falten hauptsächlich das vorgesetzte rechte Bein, während der an den Körper gepreßte Chiton die weiblichen Konturen eher betont als verhüllt und damit der Nike eine ähnlich große erotische Ausstrahlungskraft verleiht, wie sie von der Kauernden Aphrodite ausgeht. Die leichte Drehung des Oberkörpers nach rechts, die ausgebreiteten Schwingen wie auch das Schreitmotiv verleihen der Siegesgöttin eine so anmutige Schwerelosigkeit, wie sie nur aus einem originalen Werk sprechen kann. Die grandiose Faltengebung des Chitons schafft einen so spannenden Gegensatz zu den klaren, immer wieder durchscheinenden Formen des Körpers, wie ihn der hohe Hellenismus nur hervorbringen konnte. Die Nike wird heute im allgemeinen gedeutet als das Werk eines rhodischen Künstlers, das um 190 v.Chr. als Anathem der Rhodier anläßlich eines Sieges über Antiochos III. von Syrien geweiht wurde[16].

In die Jahrzehnte zwischen 180 und 160 v.Chr. wird die Errichtung des Großen Altares von Pergamon datiert[17]. Die nahezu vollplastisch ausgearbeiteten Figuren seines knapp 120 m langen Frieses stellen den Höhepunkt hochhellenistischen Kunstschaffens dar. Das Thema – Kampf der Götter gegen die Giganten – forderte die Darstellung des Leidens der Besiegten; der Pathetische Stil[18] strebt in diesem Fries seiner Vollendung entgegen. In der verdichteten Abfolge der Figuren bleibt kein Platz mehr für den Reliefgrund; leidenschaftliche Erregung wie auch unbarmherziger Realismus bestimmen die Formensprache. Bezüge zum pheidiasischen Skulpturenschmuck des Parthenon klingen an. Doch diese Auseinandersetzung mit der Klassik führt noch kaum zum Umbrechen in klassizistische Formen, die im späteren Hellenismus an Bedeutung gewinnen. In dem innen umlaufenden Telephos-Fries[19] beruhigt sich die Formensprache. Die kontinuierliche Erzählung dieses kleinen pergamenischen Frieses ist im Gegensatz zum dramatischen Kampfgeschehen des großen Frieses eine epische Schilderung der Lebensgeschichte des mythischen Gründers von Pergamon. Aufgelockert um landschaftliche Elemente, sind in diesem Bilderzyklus ganze Figurengruppen klassischer Zeit zitiert. Dieser Klassizismus als Gegenbewegung zum barocken Pathos des Großen Frieses bezeichnet den Übergang von der hochhellenistischen zur späthellenistischen Plastik.

Äußerst unterschiedlich wird die im Vatikan aufgestellte Gruppe des Laokoon (Taf.13) bewertet. Hatte man sich im Laufe der jahrhundertelangen Beschäftigung mit der Gruppe dazu durchgerungen, mit den von Plinius (nat. hist. 36, 37) genannten Künstlern Athanadoros, Hagesandros und Polydoros inschriftlich bezeugte Personen von Lindos auf Rhodos zu identifizieren, hatte man damit auch einen Datierungsanhalt für die zweite Hälfte des 1. Jh. v.Chr. gewonnen, so scheint mit den bedeutsamen Entdeckungen von Sperlonga[20] diese These in sich zusammenzufallen. Die Künstlersignatur am Schiff des Odysseus in Sperlonga verzeichnet dieselben Bildhauer wie die Notiz des Plinius; deren Vatersnamen stimmen aber nicht mit dem zuvor konstruierten Stammbaum überein. Die Gruppe des Laokoon wurde damit frei für neue Datierungsvorschläge. Sie wurden zunächst von F. Magi vorgelegt, der nach der geglückten Anpassung des originalen rechten Armes des Priesters die gesamte Gruppe als originales hellenistisches Werk der genannten rhodischen Künstler einstufte und sie noch vor den großen Fries des Pergamon-Altares datierte[21]. Andere Forscher hielten aus stilistischen Gründen an der Datierung des Laokoon um 50 v.Chr. fest: „Der Laokoon bleibt so das letzte bedeutende Werk der griechischen Kunst in römischer Zeit, ein griechisches noch, aber doch das letzte"[22]. Weitere Auswertungen der Funde von Sperlonga[23] und neue Grabungen am Golf von Neapel führen wiederum zu neuen Denkansätzen[24]. B. Andreae sieht in den von Plinius genannten Künstlern Kopisten aus tiberischer Zeit, die auf Rhodos eine Bildhauerwerkstatt betrieben; sie setzten den von Andreae in die Mitte des 2.Jh. v.Chr. datierten Bronzeoriginale der Sperlonga-Figuren und des Laokoon in Marmor um[25]. Demnach entstand das Original des Laokoon in Abhängigkeit des Großen Frieses von Pergamon; ein Ansatz, der zu der immer wieder beobachteten „barocke(n) Formensprache der hochhellenistischen Wirkungsform"[26] paßt.

Stilistisch mit dem Großen Fries des Pergamon-Altares verbunden ist die Tragodia von Pergamon (Taf. 14). Die Drapierung des Gewandes mit dem breiten Wulst des Mantels, der zur schmalen Gürtung unter den Brüsten kontrastiert, erinnert an das Mädchen von Antium (Taf. 7). Die tiefen Einschnitte der Falten und das bewußte Spiel von Licht und Schatten entfernen die Tragodia von ihrem Vorbild erheblich; eine Datierung um 170 v.Chr. ist wahrscheinlich. Die Kultgruppe des Damophon[27] aus dem Tempel der Despoina in Lykosura weist dagegen deutlich über die hochhellenistische Formensprache, der sie allerdings auch noch verpflichtet ist, hinaus. Ihr Gesamtbild ist vom Klassizismus geprägt. Das Werk des messenischen Bildhauers steht an der Grenze des hohen Hellenismus; im Vorweisen auf das neuattische Kunstschaffen ist es wohl eher der Spätzeit zuzurechnen.

Der *Späthellenismus* setzt um die Mitte des 2.Jh. v.Chr. ein. Sein wichtigstes Merkmal ist der klassizistische Gegenschwung als Reaktion nicht nur auf das hochhellenistische Pathos, sondern auch auf die sich wandelnde politische Situation mit dem Ausbau der Vormachtstellung Roms im Mittelmeerraum. Bei der Kleopatra von Delos (Taf. 15), datiert auf 138/137 v.Chr., klingt im Aufbau frühhellenistische Formensprache nach. Die aus dem breiten Stand gewonnenen tiefen Falten des Chitons bilden, statt Grundmotiv der ganzen Gestalt zu sein, nur die Folie für den darübergespannten Mantel, dessen Effekt nicht mehr in den durchscheinenden Faltenstegen liegt, sondern in flächig angeordneten, minuziösen Zugfalten. Neben dieser Kalligraphie steht fassadenhaft die Faltenbildung, die das Anheben der Brüste durch die verschränkten Arme markiert.

Umstritten ist die Datierung der Aphrodite von Melos (Taf. 16) innerhalb der zweiten Hälfte des 2.Jh. v.Chr. Motivisch angelehnt an die Aphrodite von Capua (Taf. 2) gibt die Aphrodite von Melos beredtes Zeugnis vom späthellenistischen Klassizismus; doch die raffinierte Torsion des Körpers aus der Hüfte heraus, das dadurch erzeugte lebhafte Spiel der Bewegungsachsen vom vorgesetzten Spielbein über den Körper bis hin zum Kopf und die immer wieder durchbrochene Flächenhaftigkeit des subtil modellierten Halbaktes beweisen die noch wirkenden originären Kräfte griechischer Bildhauerkunst. Von daher ist eine Frühdatierung innerhalb des genannten Zeitraumes wahrscheinlicher.

Klassizistische Tendenzen zeigen sich auch bei der um 100 v.Chr. geschaffenen Gruppe von Aphrodite und Pan aus Delos (Taf. 17). Das Vorbild der praxitelischen Aphrodite von Knidos[28] wird motivisch nur leicht variiert, der Realismus dagegen erheblich gesteigert. Die kokett blickende Göttin hat offensichtlich nicht die Absicht, den lüsternen Gesellen, der sie – wie es scheint – nach dem Bade überraschte, wirklich mit der Sandale zu schlagen. In dieser genrehaften Darstellung offenbart sich trotz des formalen Zitats der innere Abstand späthellenistischer Plastik vom klassischen Vorbild. Die Komposition dieser Gruppe ist nur auf Vorderansicht ausgerichtet. Der relieffähnliche Charakter des vollplastischen Werkes wird dadurch unterstrichen, daß der fliegende Eros die auseinanderstrebenden Körper der beiden Götter zusammenhält und den Zwischenraum schließt.

Das Spektrum der Möglichkeiten späthellenistischer Bildhauerkunst erhellt sehr schön aus dem Vergleich der Aphrodite aus der soeben genannten Gruppe mit der bereits erwähnten Kauernden Aphrodite aus Rhodos[29], ebenfalls um 100 v.Chr. Die zarte, durchscheinende Modellierung des Körpers der rhodischen Aphrodite ist noch stärker in die Flächenhaftigkeit gebunden als bei der Göttin mit dem Pan; die Öffnung zum Raum vollzieht sich aber deutlicher als bei dem in diesem Falle sogar hochhellenistischen Vorbild (Taf. 10).

Ein Meisterwerk, ebenfalls aus der Zeit um 100 v.Chr. oder bald danach, ist die Aphrodite von Kyrene (Taf. 18). Die in frühantoninischer Zeit entstandene ausgezeichnete Kopie wurde im Frigidarium der trajanischen Thermenanlage von Kyrene gefunden[30]. Der Klassizismus steigert sich in diesem Werk zu hoher Wirkung, wobei allerdings der schönen Erscheinung die plastische Kraft geopfert wird.

Doch auch die Aphrodite von Kyrene kann nicht darüber hinwegtäuschen, daß die griechische Plastik des späten Hellenismus, insbesondere des 1.Jh. v.Chr., zwar noch befruchtend auf die sich entfaltende römische Kunst wirkt (Horaz, Epist. 2, 1, 156ff.), aber eine eigene Entwicklung durchzuziehen nicht mehr imstande ist. Symptom für den Substanzverlust bei der Entfaltung der Talente sind die Kopien[31], deren Zahl mit dem 1.Jh. v.Chr. in die Höhe schnellt und auch die römische Plastik beeinflußt. Die Auswertung eines wichtigen Fundkomplexes römischer Abgußfragmente, geborgen in den Sosandra-Thermen von Baiae, konnte jetzt abgeschlossen werden[32]. Wohl noch eine Neuschöpfung des 1.Jh. v.Chr. dürfte beispielsweise die sentimentale Orest-Gruppe[33] sein, während selbst der Dornauszieher in Rom[34] – ein eklektisches Werk, dessen Einzelbilder nicht mehr zu einer neuen Einheit verschmolzen sind – ebenfalls ein Vorbild hat[35].

Die hellenistische Plastik suchte ihren Weg über den anfänglichen Schlichten Stil. Die Auseinandersetzung mit der dynamischen Entfaltung führte zum hochhellenistischen Pathos, das sich nach Pergamon beruhigte und in klassizistische Formen umbrach. Der späte Hellenismus schließt sich an frühere Werke, vornehmlich solche der Spätklassik, an. Die Führung aber geht nicht nur politisch, sondern auch in der Kunst an Rom über. Das griechische Kunstschaffen wird bestimmt vom Eklektizismus und vom Kopieren meist klassischer Werke, bis schließlich der Klassizismus unter Augustus siegt.

W. He.

Anm.: 1) E. Simon, Götter- und Heroenstatuen des frühen Hellenismus, in: Gymnasium 84, 1977, 348 ff., bes. 351 ff. – B. Sismondo Ridgway, Hellenistic Sculpture I: The Styler of ca. 331–200 B. C., Bristol 1990. – 2) Simon a. a. O. 359 f. Die von M. Demus-Quatember, Das Mädchen von Antium. Versuch einer Einordnung, Röm. Mitt. 87, 1980, 57 ff. vorgeschlagene Datierung in das 4. Jh. v. Chr. und die Erläuterung der Plastik als siegreiche Regentin Artemisia durch die Verf. wird kritisch geprüft werden müssen. H. Kenner (Das Mädchen von Antium. SB Wiss., 274, 1, 1971, 35) datiert die Statue nicht in das 3., sondern in das fortgeschrittene 2. Jh. – 3) Charbonneaux (1971) 227 Abb. 239. Zum Kinderbild allgemein: Chr. Vorster, Griechische Kinderstatuen, Diss. Bonn 1982, Köln 1983. – 4) Palazzo Grazioli. Fuchs (1969) 226 Abb. 245 f. – Fuchs (^{3}1976) 205 f. Taf. 267. – 5) Bezeichnung nach Krahmer a. a. O. 159. – 6) A. Michaelis, Der Schöpfer der attalischen Kampfgruppen, in: J. d. I. 8, 1893, 119 ff. – Ablehnend H. v. Steuben in: W. Helbig, Führer durch die öffentl. Sammlungen klassischer Altertümer in Rom Bd. 2, Tübingen ^{4}1966, Nr. 1436. – Dagegen: E. Künzl, Die Kelten des Epigonos, Würzburg 1971. – Fuchs (^{3}1976) 208. – 7) Abb. z. B.: Lippold (1950) Taf. 122, 1. – Bieber (^{2}1961) Abb. 281 f. – Schefold (1967) Taf. 129. – Charbonneaux (1971) 261 Abb. 282. – Fuchs (^{3}1976) Taf. 273. – 8) A. Schober, Das Gallierdenkmal Attalos I. in Pergamon, Röm. Mitt. 51, 1936, 104 ff. – 9) Künzl a. a. O. – F. Coarelli, I Galli e l'Italia, Rom 1978, 231 ff. – R. Wenning, Die Galateranatheme Attalos' I., Pergam. Forsch. Bd. 34, Berlin 1978. – R. Özgan, Bemerkungen zum großen Gallieranathem, in: Arch. Anzeiger 1981, 489 ff. – 10) Wenning a. a. O. 43 ff. – 11) Von Simon a. a. O. 335 ff. noch dem Frühhell. zugerechnet. – 12) Lippold (1950) 346 Anm. 10. – Bieber (^{2}1961) Abb. 294 f. – Fuchs (1969) 303 Abb. 335. – 12) Lippold (1950) Taf. 299. – 13) Lippold (1950) 322 Taf. 112, 2. – Fuchs (1969) 279 Abb. 310. – Fuchs (^{3}1976) Taf. 282. – 14) Lippold (1950) 330 Taf. 118, 2. – Bieber (^{2}1961) Abb. 450 f. – Schefold (1967) Taf. 126 f. – Fuchs (1969) 318 Abb. 354. – D. Ohly, Glyptothek München. Griech. und röm. Skulpturen, München ^{3}1974, 20 f. Taf. 9. – Fuchs (^{3}1976) 211 f. Taf. 284 f. – 15) So H. Kähler, Der Große Fries von Pergamon, Berlin 1948, 76; 174 Anm. 75. – A. Linfert, Kunstzentren hellenistischer Zeit. Studien an weibl. Gewandfiguren, Wiesbaden 1976, 83. – S. auch: H. Lauter, Kunst und Landschaft – Ein Beitrag zum rhodischen Hell., in: Ant. Kunst 15, 1972, 53. – 16) Kähler a. a. O. – H. Luschey, Funde aus dem Großen Fries von Pergamon, 116./117. Winckelmannsprogramm der Archäolog. Ges. zu Berlin 1962, 1 f. – M. C. Sahin, Die Entwicklung der griechischen Monumentalaltäre, Bonn 1972, 112 f. – Allgemeine neue Literatur: E. Simon, Pergamon und Hesiod, Mainz 1975. – M. Pfanner, Bemerkungen zur Komposition und Interpretation des Großen Frieses von Pergamon, Arch. Anzeiger 1979, 46 ff. Dazu: M. Fuchs, Zu einigen Relieffragmenten aus dem Balbus-Theater und dem Nachleben des Großen Frieses von Pergamon, J. d. I. 99, 1984, 215 ff. – K. Schefold, Die Göttersage in der klass. und hell. Kunst, München 1981, 106 ff. – E. Rohde, Pergamon. Burgberg und Altar, München 1982. – 17) Bezeichnung nach Krahmer (s. u.) 173. – 18) Lit. außer der in m. Text genannten s. B.: K. Stähler, Das Unklassische im Telephosfries, Münster 1966. – C. Bauchhenss-Thüriedl, Der Mythos von Telephos in der antiken Bildkunst, Würzburg 1971. – H. Heres-v. Littrow, Fragmente vom Telephosfries, in: Staatl. Museen zu Berlin. Forsch. u. Berichte 16, 1974, 191 ff. – 19) G. Jacopi, L'Antro di Tiberio a Sperlonga, Rom 1963. – 20) F. Magi, Il ripristino del Laocoonte, Rom 1960, 43; 46. – 21) Fuchs (1969) 575. – Fuchs (^{3}1976) 219. – 22) So wird, abhängig von den Funden in Sperlonga, auch eine Datierung um 20 v. Chr. erwogen: G. Daltrop, Die Laokoongruppe im Vatikan. Ein Kapitel aus der röm. Museumsgeschichte und der Antiken-Erkundung, Xenia H. 5, Konstanz 1982, 30. – 23) Auf rein kunsthistorischem Wege – Vergleich der Laokoon-Gruppe mit der pompejan. Wandmalerei 3. u. 4. Stils – wurde die Gruppe in die Zeit nicht vor dem mittleren 1. Jh. n. Chr. datiert: F. Hiller, Wieder einmal Laokoon, in: Röm. Mitt. 86, 1979, 271 ff. Diese Zuweisung erscheint, ebenso wie die von Daltrop (s. vorige Anm.), nicht unproblematisch. – Eine Datierung in neronisch-flavische Zeit vertritt auch E. Simon, Laokoon und die Geschichte der antiken Kunst, in: Arch. Anzeiger 1984, 643 ff., bes. 647; 652; 670. – 24) B. Andreae, Odysseus. Archäologie des europ. Menschenbildes, Frankfurt 1982, 190 ff., bes. 197 f., mit früherer Lit. – O. Zwierlein, Plinius über den Laokoon, in: Beitr. zur Ikonographie u. Hermeneutik, Festschr. N. Himmelmann, Mainz 1989, 433 ff. – 25) Fuchs (1969) 380. – 26) Lippold (1950) 350 f. – Bieber ([2]1961) Abb. 665 f. – G. J. Despinis, Ein neues Werk des Damophon, in: Arch. Anzeiger 1966, 378 ff. – PECS s. v. Lykosoura (G. Bermond Montanari). – 27) Lippold (1950) 239 Taf. 83, 3. – Schefold (1967) Taf. 107. – Fuchs (1969) 217 Abb. 234. – Fuchs ([3]1976) Taf. 232 rechts. – 28) S. oben Anm. 12. – 29) H. Manderscheid, Die Skulpturenausstattung der kaiserl. Thermenanlagen, Berlin 1981, 101 Nr. 273. – W. Heinz, Röm. Thermen. Badewesen und Badeluxus im röm. Reich, Feldmeilen u. München 1983, 87; 84 Abb.83. – 30) C. Blümel, Griech. Bildhauer an der Arbeit, Berlin 1940, 45 ff. – G. M. A. Richter, Ancient Italy, Ann Arbor 1955, 105 ff. – Dies., How were the Roman copies of Greek portraits made?, in: Röm. Mitt. 69, 1962, 52 ff. – W.-H. Schuchhardt, Antike Abgüsse antiker Statuen, in: Arch. Anzeiger 1974, 631 ff. – 31) Chr. Landwehr, Die antiken Gipsabgüsse aus Baiae. Griech. Bronzestatuen in Abgüssen römischer Zeit, Berlin 1985. – 32) G. M. A. Richter, Ancient Italy (1955) 112 ff. – Havelock (s. u.) 139. – 33) Fuchs (1969) 284 f. Abb. 315 f. – 34) Lippold (1950) 331 Taf. 113, 4. – Fuchs (1969) 287 Abb. 317.

Lit.: G. Krahmer, Stilphasen der hell. Plastik, in: Röm. Mitt. 38/39, 1923/24, 138 ff. – G. Lippold, Die griechische Plastik, Hdb. d. Arch. 3, 1, München 1950. – M. Bieber, The Sculpture of the Hellenistic Age, New York [2]1961. – K. Schefold, Die Griechen und ihre Nachbarn, Propyläen Kunstgeschichte Bd. 1, Berlin 1967, 123 ff. – W. Fuchs, Die Skulptur der Griechen, München 1969. – J. Charbonneaux, in: J. Charbonneaux – R. Martin – F. Villard, Das hell. Griechenland. 350–50 v.Chr., München 1971, 201 ff. – Chr. M. Havelock, Hell. Kunst. Von Alexander dem Großen bis Kaiser Augustus, Wien u. München 1971. – W. Fuchs, in: J. Boardman – J. Dörig – W. Fuchs – M. Hirmer, Die griech. Kunst, München [3]1976, 199 ff. – E. Buschor, Die Plastik der Griechen, überarb. Neuausgabe München 1981, 82 ff. – A. Stewart, Attika. Studies in Athenian Sculpture of the Hell. Age, London 1979. – R. Kabus-Preisshofen, Die hell. Plastik der Insel Kos, Berlin 1989. – B. Andreae, Fixpunkte hellenistischer Chronologie. In: Beitr. z. Ikonographie u. Hermeneutik, Festschr. N. Himmelmann, Mainz 1989, 237 ff.

Politeuma (πολίτευμα), wie πολιτεία mehrdeutig: Regierung(s-form, -maßnahme), spez. Republik, (ggf. Voll)-Bürgerschaft, -recht, Verfassung, polit. Linie; im Hell. term.techn. für meist landsmannschaftl. Korporationen mit begrenzter Selbstverwaltung inmitten fremder Bevölkerung. Bes. im ↗Ptolemäerreich lebten die Nicht-Ägypter in P.ta mit (bei internen Fällen) eigenem Recht (z. B. τὸ π. τῶν Κρητῶν), die wohl auch zur Rekrutierung der verstreut siedelnden Kleruchen (↗Militärwesen A III 5) in zunächst ethn. Einheiten herangezogen wurden. Ethn. Vermischung führte schon seit dem 3. Jh. zur Umwandlung in pseudo-ethn. Gruppierungen der privilegierten Bevölkerungsteile; die meisten verschwanden im 2.–1. Jh. Anders die P.ta der ↗Juden (A II 8; III), deren Gesetz die Vermischung hinderte; wichtig das jüd. P. in ↗Alexandreia unter einem Ethnarchen. P.ta finden sich u.a. auch im ↗Seleukidenreich, z.T. mit Münzrecht, und in anderen hell. Staaten. H.H.S.

Lit.: W. Ruppel, P., Bedeutungsgeschichte ... Philologus 82, 1927, 268–312; 433–455. – Rostovtzeff, GWHW I 254, 269; II 839. 848; III 1151f. (Lit.) – Bengtson, GG 435f., 483 (Lit.) – J. F. Oates, The Status Designation: ΠΕΡΣΗΣ ΤΗΣ ΕΠΙΓΟΝΗΣ, YClSt 18, 1963, 1–129, bes. 22–28. 68. – C. Zuckerman, Hell. p.ta and the Jews. A reconsideration. Scripta Classica Israelica VIII–IX, 1985/88, 171ff. – H. Hegermann, in: Cambr.Hist. of Judaism II 1989, 158–61; M. Hengel, ebd. 188; 192f.

Polyperchon[1], Sohn des Simmias, aus der βασιλεία Tymphaia (in Nordgriechenland), *ca. 385, †ca. 300. Erstmals erwähnt 333 als Taxiarch der Infanterieeinheit ἀσθέταιροι seiner Heimat, mit der er sich bewährte, ohne ein höheres Amt zu erlangen. 324 führte er unter Krateros die Veteranen nach Makedonien zu Antipatros, der vor seinem Tod nicht seinen Sohn Kassandros, sondern eben P. zum Nachfolger machte (Näheres ↗Alexander 6). An den Diadochenkriegen beteiligt, holte er nach dem Frieden von 311 (StV III 428) den Sohn Alexanders d. Gr. von Barsine, Herakles, als Kronprätendenten hervor; für dessen Beseitigung gewährte ihm Kassandros eine Art Mitregentschaft (der greise P. hatte nach dem Tod seines Sohnes Alexander[2] i. J. 314 keine Erben) und die Strategie des Peloponnes[3], wo sich Ptolemaios (I.) von 308–06 und Demetrios Poliorketes 303 große Teile von P.s Gebieten unterwarfen. Daß Demetrios' Zug gegen Messene i. J. 295 P. galt[4], ist unwahrscheinlich; P. wird um 300 gestorben sein. K.B.

Anm.: 1) So Inschriften (Syll.³ 315) und lat. Polyperc(h)on; Πολυσπέρχων oft die griech. Hss.; vgl. Dittenberger zu OGIS 4, 14. – 2) Dieser war bereits 315 zu Kassandros übergewechselt. – 3) Dazu Bengtson, Strategie I², 136–9. – 4) So Beloch, GG IV² 2, 445.

Lit.: Berve, Alexanderreich II nr. 654. – W. W. Tarn, CAH VI, 1927, Kap. 15. – Th. Lenschau, RE XXI 2, 1952, 1197–1806. – Will, Hist. Pol. I² 45–79.

Pontos. Gebirgige, metall- und waldreiche Landsch. im NO Kleinasiens, in pers. Zeit Teil Kappadokiens (eigentl. „Kapp. am Pontos"), mit iran.-kleinasiat. Bevölkerung, von den griech. Kolonien an der Küste her nur schwach hellenisiert, von Alexander d. Gr. nicht erobert. Herrscherhaus: Iran. Satrapendynastie, von einem der Helfer des Dareios I., nach späterer Legende von den Achämeniden abstammend, bis 302 in Kios (Bithynien) begütert.
1. Mithradates von Kios (seit 337/6; zur pont. Ära ↗Zeitrechnung I 2 c) schloß sich ↗Eumenes v. Kardia, dann ↗Antigonos I. Monophthalmos an, der ihn ca. 302

töten ließ. Sein Neffe (?) *Mithradates I. Ktistes* (302/1 –266/5) floh nach P. und gründete ein eigenes Reich, seit 281 (Tod Lysimachos' und Seleukos' I.) mit dem Königstitel. Der griech. gebildete Herrscher trieb erfolgreiche Expansions- (279 Gewinnung von Tios-Amastris; Exklave?) und Bündnispolitik mit der „Nordliga" Byzanz–Chalkedon–Herakleia (gegen Seleukos I. und Antiochos I.) und den Galatern.

2. Sein Sohn *Ariobarzanes* (266/5–ca. 250; schon 279 Mitregent?) gewann Griechenstädte und Kleinarmenien zu Vasallen und führte einen unglückl. Krieg mit den Galatern.

3. Sein Sohn *Mithradates II.* (ca. 250–ca. 220 oder 185?) erhielt im Laodikekrieg (↗Seleukiden III 3) eine Schwester des Seleukos II. zur Frau, unterstützte aber im seleukid. Bruderkrieg zeitweilig den Antiochos Hierax. Er vermählte 2 Töchter mit Antiochos III. (222) und dessen Vizekönig Achaios. Trotz Wiederaufbauhilfe nach dem Erdbeben von Rhodos (227/6), die ihn als phillhell. „Wohltäter" ausweisen sollte, hinderte ihn Rhodos 220 an der Annexion Sinopes. Zwischen ihm und Pharnakes I. ist wohl

4. *Mithradates III.* (ca. 220–ca. 185) anzusetzen, der als erster pont. König sein Bild auf die Münzen setzte.

5. Sein Sohn *Pharnakes I.* (ca. 185–zw. 160 und 154) nahm 183 Sinope; seine übrigen Eroberungen im Krieg gegen Pergamon, Bithynien und Kappadokien (183–179) mußte er 179 (unter römischem Druck?) räumen. Sein Bündnis mit Chersonesos (Krim) legt Loyalität gegenüber Rom zugrunde (IOSPE I² 402)[1]. Er gründete Pharnakeia (↗Synoikismos von Kerasus und Kotyora). 160/59 heiratete er die seleukid. Prinzessin Nysa (wohl Enkelin Antiochos' III.). Seit Ph. I. wurde, bes. in der Münzprägung, das iran. Erbe wieder stärker betont.

6. Sein Bruder *Mithradates IV.* Philopator Philadelphos (160/154–vor 149, mit seiner Schwester Laodike verheiratet) unterstützte 155/4 Pergamon gegen Bithynien und wurde „Freund und Bundesgenosse der Römer" (CIL I² 73a).

7. Pharnakes' Sohn *Mithradates V.* Euergetes (vor 149–120) leistete Rom im 3. Pun. Krieg und gegen Aristonikos (↗Pergamon I 7) Bundeshilfe und schuf mit Söldnerheer und Flotte die Grundlagen für die pont. Expansion. 128 (?) erhielt er durch Bestechung des Konsuls M.' Aquillius Groß-Phrygien (120 von Rom widerrufen) und

kontrollierte wohl auch Galatien-Paphlagonien. Sein Machtwille zeigte sich im Erbvertrag mit dem letzten paphlagon. König Pylaimenes, in der Besetzung Kappadokiens (130), später in der Eheverbindung seiner Tochter Laodike mit Ariarathes VI. v. ↗Kappadokien. Spätestens M. V. verlegte die Residenz von Amaseia in die Küstenstadt Sinope; dort 120 von Höflingen ermordet.
8. Sein Sohn *Mithradates VI.* Eupator Dionysos „der Große" (*ca. 132, Kg. 120–63), zunächst von seiner Mutter und Mitregentin, einer Seleukidin, verdrängt (damals Verlust der Eroberungen des Vaters durch röm. Eingreifen), beseitigte die Mutter (ca. 115/4) und seinen Bruder Chrestos und heiratete seine Schwester Laodike. Er war griech. gebildet, wählte griech. Ratgeber und organisierte ↗Militär (A III), ↗Hof und Verwaltung nach hell. Muster. – Großangelegte Expansionspolitik: 114/3 (111/0?) „philhellen." Heereshilfe f. die Krimgriechen gegen Skythen, 107 König des ↗Bosporan. Reichs (Personalunion); Einfluß in S-Rußland und Kaukasosgebiet, Eroberung von Kolchis: offenbar Plan eines umfassenden Schwarzmeer-Reichs. Gewinne in Kleinasien (Paphlagonien ca. 107 mit Bithynien geteilt, Galatien [↗Kelten 3], ↗Kappadokien ca. 100) mußte er 96 auf Befehl des röm. Senats wieder räumen. 92 (?) verheiratete er seine Tochter Kleopatra mit Tigranes II. von ↗Armenien. Interventionen in ↗Kappadokien und ↗Bithynien (90) scheiterten 89 an Roms Verbot. 88–85 1. Mithradat. Krieg gegen Rom und Bithynien: 88 Eroberung Kleinasiens, wo er die der Bevölkerung verhaßten Italiker zu töten befahl (angebl. 80 000 Opfer). Große Teile Griechenlands, bes. ↗Athen (I 5), schlossen sich einem pont. Heer unter Archelaos an, fielen aber 87 wieder Sulla zu, der 86 Athen eroberte und zwei pont. Armeen bei Chaironeia und Orchomenos schlug. Beginnender Abfall der kleinasiat. Griechen und Vordringen der Römer (Fimbria) bewegten M. zum Frieden mit Sulla (Herbst 85 in Dardanos am Hellespont, von Rom absichtl. weder schriftlich fixiert noch ratifiziert), in dem er Räumung aller Eroberungen, Kriegsentschädigung und Auslieferung von 70 Kriegsschiffen versprechen mußte, aber von Rom anerkannt wurde. Unvollständige Räumung Kappadokiens und Rüstungen (allerdings gegen aufständische Bosporaner!) führten zum Einfall des Proprätors L. Licinius Murena nach P.: sog. 2. Mithradat. Krieg (83–82); Sieg des M. Das Verhältnis zu Rom blieb gespannt; M. schloß Bündnisse mit Tigranes II., der da-

mals ein Großreich ↗Armenien errichtete, mit den Ptolemäern in Ägypten und Kypros (Eheverbindungen geplant) und mit Q. Sertorius, dem Empörer gegen Rom in Spanien. 74–64 3. Mithradat. Krieg, von M. anläßlich der Einziehung der bithyn. Erbschaft durch Rom eröffnet. Nach Anfangserfolgen wurde M. mehrmals von L. Licinius Lucullus geschlagen und floh nach Armenien (71); sein Sohn Machares, Vizekönig im Bospor. Reich, fiel zu Rom ab (70). 68 kehrte M. VI. nach Scheitern des Armenienfeldzugs des Lucullus zurück, wurde aber 66 von Pompeius erneut geschlagen und floh über Kolchis 65 zur Krim, wo er Machares zum Selbstmord zwang. Letzte Pläne einer Invasion Italiens im Catilina-Jahr 63 mit Hilfe skyth. und thrak. Barbaren wurden durch einen Aufstand der bedrückten Bosporaner, dem sich M.s Sohn Pharnakes anschloß, vereitelt; M. beging Selbstmord.

9. *Pharnakes II.* (63–47) wurde von Rom als König des Bosporan. Reichs anerkannt. Pompeius schlug West-P. zur neuen Provinz Bithynia et Pontus und organisierte Ost-P. in πολιτεῖαι mit hellenisierten, z. T. neugegründeten städt. Zentren; ein erheblicher Teil des Landes wurde dem Galater Deiotarus (↗Kelten 3) unterstellt. Das alte Priesterfürstentum Komana (Pontica) blieb unter Archelaos, dem Sohn des Generals Mithradates' VI., bestehen. 47 endete Pharnakes' Versuch, P. zurückzugewinnen, mit seiner Niederlage durch Caesar bei Zela. 39–38 gab M. Antonius Ost-P. an Pharnakes' Sohn Dareios, 38 an Polemon.

10. *Polemon I.* Eusebes (38–ca. 8) entstammte einer reichen Familie aus Laodikeia (Phrygien), hatte sich 40 im Parthereinfall nach Kleinasien ausgezeichnet und von Antonius eine Dynasteia in Kilikia Tracheia und Süd-Lykaonien (Ikonion) bekommen, die er nun gegen P. eintauschte. Als Klientelkönig des Antonius wurde P. im Partherfeldzug vom Mederkönig Artavasdes gefangen (36) und vermittelte zwischen diesem und Antonius ein Bündnis (35/4), wofür er Kleinarmenien erhielt (–26). Durch kurze Ehe mit Pharnakes' II. Tochter Dynamis gewann er mit Billigung des Augustus auch das ↗Bosporan. Reich (15/14), wo er 8 von Aufständischen getötet wurde. Damit zerfiel die Personalunion mit Bosporos. P.s zweite Frau *Pythodoris* regierte in enger Anlehnung an Rom 8 v.–ca. 8 n. Chr. allein, ca. 8–17 n. Chr. zusammen mit ihrem 2. Gatten Archelaos von ↗Kappadokien–Kleinarmenien, nach dessen Tod wieder allein. Wie

Polemon stammte sie aus einem der großen romfreundl. Geschlechter W-Kleinasiens (Tochter des Asiarchen Pythodoros aus Tralleis u. einer Tochter des M. Antonius). Ihre Residenz war Sebaste (Kabeira–Diospolis). Nach ihrem Tod (zw. 19 und 38) stand P. wohl einige Zeit unter röm. Sequesterverwaltung.

11. Caligula setzte 37 seinen Jugendfreund *Polemon II.* (37–63), Sohn des Kotys VIII. v. Thrakien und einer Tochter Polemons I., in P. als König ein (38–42 auch im Bosporan. Reich, 42–63 in W-Kilikien). 63 Ende des Königreichs P., das zur Provinz Galatia, später zu Cappadocia geschlagen wurde. H.H.S.

Anm.: 1) Übliche Datierung 180/79; doch vgl. S.M. Burstein, AJAH 5, 1980, 1–12 : 155.

Lit.: Ed. Meyer, Zur Gesch. des Königreichs P., Leipzig 1879, ND Chicago 1968. – Th. Reinach, Mithradates Eupator, Kg. v. P., dt. von A. Götz, Leipzig 1895, ND Hildesheim 1975. – Meyer, Grenzen 116–22. – F. Geyer, RE XV, 1932, 2157–206 s.v. Mithradates. – Magie, RRAM 177–258. – G. Perl, Zur Chronologie der Königreiche Bithynia, P. und Bosporos, in: J. Harmatta (Hg.), Stud. zur Gesch. u. Philosophie des Altertums, Amsterdam 1968, 299–330. – W. Hoben, Unters. zur Stellung kleinasiat. Dynasten in den Machtkämpfen der ausgehenden röm. Republik, Diss. Mainz 1969. – Jones, CERP² 147. – Bengtson, Herrschergestalten 251–78. – D. Glew, Mithradates Eupator and Rome, Ath. 65, 1977, 380–405. – E. Olshausen, RE Suppl. XV, 1978, 396–442 s. v. P. (Lit.) – Ders., ANRW II 7, 2, 1980, 903–12. – R. D. Sullivan, ebd. 913–30. – Ders., Near Eastern Royalty 35–48; 151–63; Stammtafel 2 (fehlerhaft). – E. Olshausen/J. Biller, Hist.-geogr. Aspekte d. Geschichte des P., Wiesbaden 1984. – P. Bernard, JS 1985, 77–88 (Hellenisierung des Hofes) . – B. C. McGing, The foreign policy of Mithr. VI. ..., Leiden 1986. – Stuttgarter Kolloqu. z. Hist. Geogr. d. Altertums 1, Bonn 1987. – P. Panitschek, Riv. stor. dell' antichità 1987/88, 73–95 (genealog. Konstruktionen). – ↗Münzprägung B 7 (Lit.): R.-Alföldi, 274.

Porträt. 1. DAS PROBLEM DER FORSCHUNG. Die übliche Abtrennung des Porträts[1] von der ↗Plastik trägt weniger der Gattung als der Situation der Forschung Rechnung: Obwohl die Porträtbildwerke der Griechen Gemälde oder Statuen waren, müssen wir uns an den römischen Kopien orientieren, die meist Büsten- oder Hermenform haben. Die Porträtforschung gewinnt ihre Datierungsanhalte entweder aus dem Vergleich der Bildnisse mit der sonstigen Plastik, der sog. Idealplastik, oder durch Einbeziehung anderer Gattungen wie z.B. ↗Münzen (s.u.), oder durch den Vergleich mit weiteren Porträts, die mit ihrer Benennung zeitlich fixiert sind. Mit Hilfe dieser benannten Porträts läßt sich umgekehrt nun auch der Zeitstil erschließen. Damit erweitert sich die Bearbeitung benannter Porträts von einem historischen zu einem kunsthistorischen Anliegen. Von den Werken mit aufgeschriebenem Namen aus tastet man sich durch Kombination weiter. Z.B. wird ein lebensgroßer Kopf mit dem einer beschrifteten Statuette gleichgesetzt oder einer kopflosen Statue zugeordnet oder anhand einer Doppelherme bestimmt: Wie ist die ianusartige Verbindung zweier Köpfe begründet, und welcher unbekannte B kann demnach dem bekannten A korrespondieren? Auch die persönliche Vorstellung von der Person eines Denkers, häufiger aus antiken Nachrichten als aus hinterlassenen Werken gewonnen, spielt eine Rolle. Antik falsch beschriftete Hermen und neuzeitlich gefälschte Namensaufschriften komplizieren die Forschung; Darstellungen in anderen Gattungen führen über die Grenzen der Plastik hinaus. So werden z.B. Mosaikporträts, ↗Kunstgewerbe und vor allem Münzen mit Herrscherbildnissen einbezogen. Auf diese Weise gelang es jüngst, unter bedingter Verwendung von Bildnismünzen etliche Porträts der ptolemäischen Herrscher Ägyptens zu identifizieren[2]; noch bestehende Lücken ließen sich daraufhin zumindest teilweise schließen[3].

2. Das Porträt im Rahmen der hellenistischen Plastik. Auf der Basis einer schon im Strengen Stil begründeten Tradition[4] (Idealporträt des Homer[5], zeitgenössisches des Themistokles[6]) kommt das Porträt im Hellenismus voll zur Blüte. In der Zeit der neuen philosophischen Disziplin der Charakterkunde findet die hell. ↗Kunst hier ihre große Aufgabe. Zielte die Klassik im Einmaligen auf das Typische, so gilt es jetzt, im Momentanen das Charakteristische zu erfassen (↗Plastik). Das reflektieren die zur Manier neigenden Kopien nur schwach. Deutlicher erkennen wir die entscheidende Bedeutung der Porträtkunst für die ↗Plastik in der kritischen Phase des Späthellenismus: Als das Schöpferische der Bildkunst in Kopie und Klischee zu ersticken drohte, fand es ein neues Lebensfeld im Privatporträt, das in jedem Werk Individuelles fordert. Damals konzentrierte die Porträtkunst sich freilich schon auf das Antlitz; die Körper sind nach Schema gearbeitet oder usurpieren klassische Statuen (↗Rom).

3. Die Entwicklung. Ausgangspunkt: An der Grenze der Spätklassik steht das Bildnis des Aristoteles (Taf. 19a), um 325 v. Chr. Ihm sind die repräsentativen Köpfe aus der 2. Hälfte des 4. Jh. v. Chr. wie Sokrates[7] und Sophokles[8] bei aller charakterlichen Eigenart und den

äußeren Unterschieden in Lebensalter, Barttracht und Physiognomie verwandt in der großzügigen Anlage des Antlitzes. Den markanten Schatten der Augenhöhlen und des Mundes oder Schnurrbartes korrespondieren die in sich geschlossenen Wölbungen von Stirn und Wangen. Das Bildnis des Aristoteles ist dagegen ohne ein heroisierendes Stilmittel gestaltet: Zwischen den Tränensäcken, Narolabialfalten und dem Bart, der konturlos in einzelnen Flocken ansetzt, ist kein Platz für die Wange selbst. Sein schütteres Stirnhaar tritt kaum in Erscheinung, kann aber die an sich wuchtige Stirn so kaschieren, daß man mehr auf die leichten Stirnrunzeln als auf die Stirn selbst achtet. So wendet sich der Künstler gegen die große Form, ohne doch das Antlitz in ein Netz von Fältchen und Strähnen aufzulösen: Der Blick aus den beinahe versteckten Augen hält es zusammen und läßt Entschlossenheit, Weisheit und innere Harmonie spüren.

Frühhellenismus. In dem eindrucksvollen Antlitz Epikurs (Taf. 19b) ist nicht mehr die Geschlossenheit zu erkennen wie in dem Bild des Aristoteles (Taf. 19a). Entstanden im frühen 3. Jh. v. Chr., zeigt das Bild trotz realistischer Ausdrucksmittel kein eigentliches Individualporträt[9]; vielmehr wird, ähnlich wie bei dem zeitlich benachbarten Demosthenes (Taf. 4; 20a) (↗Plastik), die Bedeutung des Dargestellten im allgemeinen gezeigt. Die Falten wirken trotz ihrer Strenge im Verein mit den vollen bewegten Strähnen von Haupt- und Barthaar belebend. Die große Linienführung der Klassik lebt in dem Kopf Epikurs nach; zugleich weist das Bild voraus auf das Pathos des hohen Hellenismus. Verkrampft in Körperhaltung und Gesichtszügen durch seine Willensanspannung ist der Demosthenes des Polyeuktos (Taf. 4; 20a), um 280 v. Chr., ein Gegenpol zum klassischen Ruhen-in-sich-selbst. Die Falten sind tief eingegraben, nicht momentan wie bei Aristoteles durch das Mienenspiel geweckt; sie teilen das Gesicht in kleine Zonen auf und geben ihm etwas Sprödes[10]. Dem sperrigen ‚Gerüst' im Körperaufbau dieser Statue (↗Plastik) entspricht bei dem etwa zehn Jahre später ansetzenden Zenon (Taf. 20b) die Struktur des Gesichtes selbst: Symmetrisch zu den Narolabialfalten ziehen sich von der Nasenwurzel aus die schrägen Stirnfalten hoch; die Brauen werden zum Strich zusammengezogen, dem der kantige Zuschnitt des Bartes parallel läuft. Hier erreicht die trockene Richtung des Frühhellenismus einen Endpunkt. Eine stärkere Öffnung nach außen, zum Leben hin, als es beim Demosthenes (Taf. 20a) zu beobachten ist, zeigt der Philosoph im Museum von Delphi (Taf. 6; 21a), um 250 v. Chr. Der Kopf veranschaulicht den Wandel in der künstlerischen Auffassung in der späten Phase des frühen Hellenismus (↗Plastik). Augen, Nase und Mund scheinen zusammengerückt und geben dem in allen Zügen spürbaren Temperament stärksten Ausdruck. Im Unterschied zum Demosthenes beherrschen Energie und Wille das Antlitz.

Hochhellenismus. Dem Sitzbild des Chrysipp[11], um 205 v. Chr., bei dem die tiefen Schatten über die ruhenden Flächen und Massen dominieren, ist eher Pathos als Dynamik zuzusprechen. Der starre Blick des vogelhaft vorgereckten Greisenkopfes (Taf. 21b) wirkt beinahe fanatisch durch die zusammengekniffenen Augenbrauen; Furchen zergraben die Stirn; die regelmäßigen Bartlocken schenken dem Gesicht keine Schönheit, sondern steigern die Entschlossenheit der Kinnpartie. Der Künstler hat in diesem Porträt geistige Gewalt erfaßt – mit einem größeren Aufwand an äußeren Mitteln als Polyeuktos, dessen Demosthenes (Taf. 20a) in Charakter und Physiognomie, Stirnfalten, Brauen und Barttracht verwandt ist. Das Bildnis des Pseudo-Seneca (Taf. 22a) hat keinen tektonischen Halt in sich; es ist im neuen Jahrhundert, im 1. Viertel des 2. Jh. v. Chr., anzusetzen. Dieses Meisterwerk, das einen griechischen Dichter nach dem Charakter-, nicht Lebensbild porträtiert, vereinigt typische Komponenten hellenistischer Kunst: krassen Realismus (etwa in den strähnig verklebten Haaren und dem welken Hals), lebhafte Aktion (für uns ohne Kenntnis der Sitzstatue nur aus der Halsdrehung zu erschließen) und psychologisch erfaßte Leidenschaft, die hier besonders ergreift, weil die fixierenden, zupackenden Augen Teil eines hinfälligen Antlitzes sind. Der angriffslustig scharfe Blick will nicht zu dem leidvoll geöffneten Mund passen. „Leiden" ist ein naheliegendes Thema für alle pathetisch bestimmte Kunst. Im Hochhellenismus zeugen dafür die großen Werke der pergamenischen Kunst (↗Plastik); unter ihnen auch ein Kopf Alexanders[12] (Taf. 22b), der sich durch diesen Zug von den älteren Porträts des Königs unterscheidet, die den kecken Jüngling, den genialen Heerführer oder den vergöttlichten Herrscher darstellen. Auch dieser Kopf ist männlich-aktiv: energisch im Kinn, wuchtig die Stirn, die Frisur scheint auf das „Löwenhafte" anzuspielen – doch die schwermütigen Augen und der schmerzlich bewegte Mund deuten die

Tragik seines frühen Todes an. Erst in der Vereinigung beider Tendenzen wird das Heroische erfaßt, das den Kopf trotz der weichen Modellierung prägt, die jede Flächenaufteilung oder Begrenzungslinie vermeidet und der Oberfläche auf Kosten der Struktur den Reiz der lebendigen Haut gibt. So deutet sich der Weg an zu den gefühlvoll weichen, schwärmerischen Köpfen, die im Späthellenismus häufiger sind[13]. Ganz anders spiegeln sich hellenistisches Herrschertum und hochhellenistische Kunst in dem um 200 v. Chr. entstandenen Porträt des Euthydemos I. von Baktrien (Taf. 23a). Mit fast sarkastischem Realismus ist die Physiognomie eines illusionslosen gealterten Mannes erfaßt – eines Bauern, würde man sagen, wenn nicht in Blick und Kinn ein Machtwille läge, der so viele Diadochen kennzeichnet. Die Anlage des Gesichtes – wie Augen, Nase und Mund zusammengerückt sind und in die breiten Flächen von Stirn und Wangen ausstrahlen – erinnert an frühhellenistische Köpfe; die formale Gestaltung in stark plastischer Bewegung, welche die tief eingegrabenen Falten noch unterstreichen, ist hochhellenistischer Zeitstil. Die realistische Tendenz, die hier noch der großen Form untergeordnet bleibt, nimmt in anderer Weise, aber ebenso deutlich wie der Alexanderkopf, Späthellenistisches vorweg.

Im *Späthellenismus* eröffnen sich der Porträtkunst neue Möglichkeiten. Befreit von der Forderung der Klassik nach Geschlossenheit und der des Frühhellenismus nach einer komplexen Einheit kann der Künstler sein Modell jetzt aus größerer Nähe betrachten: intimer und nüchterner, um es ohne Rollenzwang und psychologisch zu erfassen. So wird der Weg zum echten Privatporträt frei, dem sich offizielle Bildnisse derart angleichen, daß im Einzelfall das Genos fraglich ist[14]. In formaler Hinsicht bewirkt die neue Strömung, daß das Schwergewicht sich von der gesamten Gestalt, ja vom Haupt hinweg zum frontal erfaßten Gesicht verlagert, dessen Physiognomie nicht strukturell, sondern von einer malerischen Oberfläche her gestaltet wird. In den widerstreitenden Stilrichtungen des Späthellenismus äußert sich das in verschiedener Weise. Im Bildnis des Karneades (Taf. 23b) (↗Akademie), um 150 v. Chr., tritt die Modellierung gegen eine lineare Zeichnung zurück, die durch parallele Stirnfalten und Bartlocken hervorgehoben wird. Man wird das Porträt als klassizistisch bezeichnen, gerade im Vergleich verwandter Züge mit dem Pseudo-Seneca (Taf. 22a): Die ähnliche Kopfhaltung ist beim Karneades nicht pathetisches Stilmittel; sein geöffneter Mund gibt nur der Eloquenz des geistreichen Mannes Ausdruck. Im lebhaften Mienenspiel spiegelt sich das ausgeglichene Temperament des universell gebildeten Skeptikers. In einem Privatporträt aus Delos (Taf. 24a) ist das Bildnis eines sensiblen Menschen mit dem Pathos des hohen Hellenismus gestaltet. Die Zeitstellung des Werkes verrät sich durch die unruhige und kleinteilig bewegte Modellierung, die von den großzügig zur Einheit geformten und von mehr Charaktergröße zeugenden Köpfen eines Pseudo-Seneca und Alexander absticht. Pathos und abgeklärtes Wesen sind dem Poseidonios (Taf. 24b), um 80 v. Chr., gleichermaßen fremd, obwohl er formal an die beiden vorangegangenen späthellenistischen Köpfe anknüpft. In seinen Zügen spielt ein nervöses Leben, das sich in der Modellierung des Details, den kurzen Falten an den Augen und in den Brauen ausspricht. Wegen dieser Unruhe hat das Gesicht keine großen Flächen, obwohl es nicht von Faltenfurchen, auch nicht von ornamentalen Faltenlinien durchzogen ist. Dieses Porträt des Lehrmeisters der Römer ist gleichsam das Lehrstück der in der späten römischen Republik blühenden Bildkunst (↗Rom).

Der kurze Überblick zeigt, wie die Porträtkunst erst allmählich innerhalb der ↗Plastik heranwächst, um dann im Späthellenismus eine selbständige Gattung zu bilden. Im Staats- und Privatporträt der römischen Kunst fand sie eine reiche weitere Entwicklung.   G. Bk. /W. He.

1) Wichtige Lit.: s.u. – 2) H. Kyrieleis, Bildnisse der Ptolemäer, Archäolog. Forschungen Bd. 2, Berlin 1975. – 3) A. Krug, Die Bildnisse Ptolemaios' IX., X. und XI., in: Das ptolemäische Ägypten, hrsg. von H. Maehler u. V. M. Strocka, Mainz 1978, 9ff. (in diesem wichtigen Band finden sich weitere Beiträge zur Erforschung ptolemäischer Portraits). – W. Geominy – R. Özgan, Ein hellenistischer Kopf in Bodrum, Arch. Anzeiger 1982, 119ff. – E. Brunelle, Die Bildnisse der Ptolemäerinnen, Diss. Frankfurt 1976. – D. Burr Thompson, More Ptolemaic Queens, in: Eikones, FS H. Jucker, Bern 1980, 89ff. – 4) Zur Entstehung des Individualportraits – es ist zunächst als Darstellung eines Bildes zu verstehen, das man sich von einer Persönlichkeit schlechthin macht, nicht als Abbild physiognomischer Einzelheiten der Gesichtszüge – in der Zeit des Strengen Stils vgl. jetzt J. Dörig, Quelques remarques sur l'origine ionienne du portrait grec, in: Eikones. FS H. Jucker, Bern 1980, 89ff. – Auch: W. Fuchs, Zu den Großbronzen von Riace, in: Praestant Interna. FS U. Hausmann, Tübingen 1982, 34. – 5) Richter (1965) Abb. 1ff. – 6) Richter (1965) Abb. 405ff. – W. Gauer, Die griechischen Bildnisse der klassischen Zeit als politische und persönliche Denkmäler, in: Jahrb. d. Dt. Arch. Instituts 83, 1968, 118ff., bes. 140; 148ff. – Vgl. auch o. Anm. 4. – 7) Schefold (1943) 83. – Richter (1965) Abb. 456ff. – Gauer a.a.O. 124ff. – 8) Schefold (1943) 91. – Richter (1965) Abb. 61ff. – Gauer a.a.O. 132f. – 9) Zu dieser Frage ausführlich: H. Wrede, Bildnisse epikureischer Philosophen, Athen. Mitt. 97, 1982, 235ff. mit Verweis auf V. Kruse-Berdoldt, Kopien – kritische Untersuchungen zu den Portraits des Epikur, Metrodor

und Hermarch, Diss. Göttingen 1975. – 10) Zu Demosthenes s. auch: E. Diez, Eine neue Kopfreplik des Demosthenes, ÖJh 50, 1972/73, 1 ff. zum Grazer Kopf; S. 6 Anm. 20 Hinweis auf weitere neue Repliken. – P. R. Franke, Albanien im Altertum, Antike Welt 14, 1983 (Sondernummer), 53 Abb. 107 (Kopf aus Apollonia). – 11) Schefold (1943) 127. – Richter (1965) Abb. 1111 ff. – 12) Jüngst wurde der Versuch unternommen, diesen Kopf dem Großen Fries von Pergamon zuzuschreiben: W. Radt, Der ‚Alexanderkopf' in Istanbul. Ein Kopf aus dem Großen Fries des Pergamon-Altares, Arch. Anzeiger 1981, 583 ff. – 13) S. z.B. das in Athen gefundene Prinzenporträt Buschor (1949) Abb. 34 = Buschor (^{2}1971) Abb. 41. – 14) So ist für den Kopf Buschor (1949) Abb. 39 (= Buschor ^{2}1971 Abb. 52), den man auf den ersten Blick für das Abbild eines Privatmannes halten wird, auch die Deutung auf Poseidonios erwogen worden.

Lit.: K. Schefold, Die Bildnisse der antiken Dichter, Redner und Denker, Basel 1943. – E. Buschor, Das hellenistische Bildnis, München 1949, ^{2}1971. – E. Buschor, Das Porträt, München 1960, bes. 110ff. – G. M. A. Richter, How were the Roman Copies of Greek Portraits made?, Röm. Mitt. 69, 1962, 52 ff. – G. M. A. Richter, The Portraits of the Greeks I–III, London 1965; Suppl. London 1972. – R. R. R. Smith, Hell. Royal Portraits, Oxford 1988. – Vgl. auch die Literaturangaben unter ↗Plastik und ↗Kunst.

Proxenos. In arch.-klass. Zeit eine der höchsten ↗Ehrungen für Ausländer, verliehen bes. wegen Obsorge des Geehrten in seiner Stadt für Bürger der verliehenen Stadt (bes. Beherbergung, Schutz, Vertretung vor Gericht); vom P. wurde weitere Förderung der Belange von Stadt und Bürgern, auch in polit. Hinsicht, erwartet. Im Hell. ging die reale Bedeutung der Proxenie rasch zurück, da die internat. Beziehungen häufig durch ↗Verträge (bes. 8–10) geregelt, die Aufgaben des P. somit auf staatl. Institutionen übertragen wurden. P. wurde oft reiner Ehrentitel, oft zus. mit ↗Bürgerrecht verliehen und durch Häufigkeit entwertet. – Verwandt der Theorodoke, der die zu Festen einladenden Theoroi in seiner Stadt beherbergte (inschriftl. erhaltene Th.-Listen von Delphi, Epidauros). H. H. S.

Lit.: Busolt–Swoboda II 1246–50. – H. Schaefer, Staatsform und Politik, Leipzig 1932; anders A. Wilhelm, Att. Urkunden V, SB Wien 220, 5, 1942, 4–86, contra G. Klaffenbach, Griech. Epigraphik, ^{2}Göttingen 1966, 80–5. – B. Virgilio, Riv. Fil. 97, 1969, 494–501 (Forschungsber.). – F. Gschnitzer, RE Suppl. XIII, 1973, 629–730 s. v. Proxenos. – Theorodoken: P. Boesch, ΘΕΩΡΟΣ, Diss. Zürich 1908. – Ders. Hermes 52, 1917, 136–45. – Klaffenbach, (s. o.) 81. – Ch. Marek, Die Proxenie, Frankfurt/M. 1984.

Ptolemäer(reich) (P. R.).

I. KERNLAND DES P. R. war die Satrapie Ägypten (Äg.), die, seit 525 persisch, nach mehreren Aufständen 404 ihre Selbständigkeit unter einheim. Königen errungen und, z. T. mit Hilfe griech. Söldner, bis Winter 343/2 bewahrt hatte (Wiedereroberung durch Artaxerxes III.). 332 besetzte Alexander d. Gr. Äg. kampflos und nahm als Nachfolger der Pharaonen in Memphis die äg. Doppelkrone. 332/1 Gründung ↗Alexandreias. Rechte, Bräuche und Religion Ägyptens wurden mit großer Toleranz weitgehend geschont; die Zivilverwaltung lag in Händen Einheimischer, die Militärverwaltung bei 2 maked. ↗Strategen, die Finanzaufsicht bei dem Griechen Kleomenes v. Naukratis.

II. Äg. unter den Ptolemäern (320–30; ↗Herrscherkult C 2; 3a; ↗Staat IV 1; ↗Zeitrechnung).

1. Beim Tod Alexanders (323) erhielt *Ptolemaios* (s. u.) die Satrapie Äg.; er begründete die (seit 305/4 königliche) Dynastie der Ptolemäer, die nach seinem Vater Lagos auch „Lagiden" genannt wird. Über Ptolemaios' Mutter Arsinoe leitete sich das aus kleinem maked. Adel stammende Geschlecht von einer Seitenlinie der Argeaden (↗Makedonien I) und damit von Zeus und Herakles her. Alle Könige trugen den dynast. Namen Ptolemaios; Ptol. II. begründete die von fast allen Nachfolgern (außer Ptol. III., V. und VII.) befolgte Sitte der Ehe mit Schwestern oder anderen weibl. Mitgliedern des Hauses (Herkunft der Sitte ungeklärt: persisch?). Enge dynast. Verbindungen bestanden bes. zu den ↗Seleukiden.

2. Ptolemaios I. Soter, * um 367/6 (Abstammung s. o.), wurde 337 als Freund Alexanders d. Gr. verbannt, 336 von diesem zum Leibwächter ernannt. Seine Leistungen in Alexanders Feldzügen brachten ihm seit 330 hohe Kommanden, 323 die Satrapie Äg. (s. o.) ein. Der Besitz von Alexanders Leiche (entgegen dem Testament in Memphis beigesetzt) brachte ihm hohes Prestige. Von Anfang an baute er Äg. zielbewußt zum selbständigen Territorialstaat aus. 322–321 nahm er an der Koalition gegen Perdikkas (↗Alexander d. Gr. 6) teil. 321 heiratete er Antipaters Tochter Eurydike, 317 Berenike I. Im 1. Koalitionskrieg gegen ↗Antigonos I. Monophthalmos half er Seleukos I., Babylonien zu gewinnen und schlug 312 Demetrios (I.) Poliorketes bei Gaza; nach dem kurzen Frieden von 311 erneuerte er bald den Krieg, operierte glücklos in Hellas mit der Parole der „griech. Freiheit" und konnte nach seiner Seeniederlage bei Salamis (Kypros, 306) Äg. verteidigen. 305/4 nahm er den Königstitel an; die gleichzeitige Rettung der ↗Rhodier aus der Belagerung durch Demetrios brachte ihm kultische Ehren (↗Herrscherkult C 2) als „Soter". Am Sieg über Antigonos I. (301 Ipsos) nicht beteiligt, besetzte er das von Seleukos I. beanspruchte Koile-↗Syrien-Phoinike, das von nun an bis tief ins 2. Jh. Streitobjekt mit den ↗Seleukiden sein sollte. Nach mehreren Kämpfen und Aufständen sicherte er um 298 seine Herrschaft in ↗Kyrene, 294 in ↗Kypros. Kluge Diplomatie, bes. Heiratspolitik dehnte seinen Einfluß außerhalb Äg. aus; 297 führte er Pyrrhos nach Epirus zurück. Wichtiger noch sind die Ergebnisse seiner rastlosen innenpolit. Tätigkeit: Er schuf die Grundlagen der Militär- und Verwaltungsorganisation (↗Staat IV 1), die dem P. R. auch unter schwachen Herrschern den Bestand sicherte; er festigte den inneren Halt durch neue religiöse Akzente (Reichskult Alexanders, ↗Herrscherkult C 3 a; Kult des Sarapis ↗Religion B 2); er förderte Künste und Wissenschaften (Gründung von Museion und Bibliothek in der neuen Hauptstadt ↗Alexandreia) und zeichnete sich selbst durch seine Alexandergeschichte in der ↗Geschichtsschreibung (A III) aus. 285 erhob er Ptol. II. (s. u.) zum Mitregenten; als er im Winter 283/2 starb, umfaßte das P. R. Äg., Kyrenaika, Kypros, Südsyrien, Küstenstriche Kleinasiens; der Einfluß des P. R. reichte weit nach Hellas und über Teile der Ägäisinseln (Nesioten, ↗Inseln 7).

3. Sein Sohn *Ptolemaios II.* Philadelphos (* 308 von Berenike I.; Alleinherrscher 283/2–246) hatte sich bei Fortsetzung der Expansionspolitik der Konkurrenz der ↗Seleukiden und ↗Makedoniens zu erwehren. Im „Syr. Erbfolgekrieg" (280–279) und im 1. Syr. Krieg (274–271) gegen Antiochos I. erzielte er Gewinne in Kleinasien, kleinere in Syrien. Im Chremonideischen Krieg (ca. 267–261) gegen Antigonos II. leitete er die fortan gültige ptol. Griechenpolitik ein, die sich mehr auf diplomatische Verbindungen und Subventionszahlungen an „Festlandsdegen" (hier Sparta, Athen usw.) verließ als auf eigenen militär. Einsatz; die Seeniederlage bei Kos (262/1, ↗Inseln 5) kostete ihn seinen Einfluß in Hellas, der anschließende 2. Syr. Krieg (260–253) gegen Antiochos II. und Antigonos II. Verluste in Syrien und Kleinasien. Feldzüge nach Äthiopien und Arabien erweiterten hingegen seine Macht im S und O. Den Einfluß in Hellas konnte Ptol. seit etwa 250 durch Unterstützung des ↗Achäerbundes und Alexanders v. ↗Korinth gegen Makedonien wiederherstellen. Heiratspolitik sollte den Mißerfolg der Waffen kompensieren; doch stellte sich die Vermählung seiner Tochter Berenike „Syra" mit Antiochos II. (252) später als Fehlschlag heraus, und auch die Verlobung seines Erben mit der Erbtochter des (schon 283?) abgefallenen ↗Ky-

rene (um 250) brachte erst später den gewünschten Gewinn Kyrenes (s. u. 4). Die Aufnahme freundschaftl. Beziehungen zu Rom (273) zeigt Ptol.s Interesse am Westen; ihre Bedeutung darf aber nicht überschätzt werden. Am glücklichsten war Ptol. in der Innenpolitik, wo er die Tendenzen des Vaters fortsetzte: Ausbau von Verwaltung und Wirtschaft; Förderung des Handels (bes. mit Indien), der Wissenschaften und Künste. Schweren Anstoß erregte seine Eheschließung mit seiner leiblichen Schwester Arsinoe II. (um 278), zu deren Gunsten Ptol. seine erste Frau Arsinoe I. (seit 285?) verstieß; doch sollte die hier begründete Sitte der Geschwisterheirat den Bestand der Dynastie kräftigen. Ptol. begründete den ptol. ↗Herrscherkult (auch hier Nachfolger des Vaters) durch Vergöttlichung seiner Eltern und der Arsinoe II.[1]; schon zu Lebzeiten wurden er und Arsinoe als θεοὶ ἀδελφοί verehrt; der Kultbeiname Philadelphos, zunächst nur Arsinoe geltend, wurde erst im 2. Jh. auf Ptol. ausgedehnt.

4. Auch sein Sohn *Ptolemaios III*. Euergetes aus 1. Ehe (* um 284, König 246–222/1) erreichte nicht ganz die Bedeutung des Dynastiegründers. Beim Regierungsantritt (27. 1. 246) heiratete er Berenike II. von ↗Kyrene, das nunmehr wieder ans P.R. zurückfiel. Kurz darauf fiel er zugunsten der Ansprüche seiner Schwester Berenike „Syra" (s.o.) ins ↗Seleukidenreich (III 3) ein (3. Syr. Krieg 246–241) und stieß mindestens zum Euphrat vor; die Ermordung seiner Schwester und seines Neffen durch Berenikes verstoßene Vorgängerin Laodike entzog ihm aber die Rechtsgrundlage, und ein Aufstand im P.R. zwang ihn zur Rückkehr (245). Im Frieden (241) gewann er Seleukeia in Pierien (↗Syrien) sowie Küstenstriche in Kleinasien und ↗Thrakien. Damit endete die Epoche der ptol. Expansion, deren Erfolge in der Inschrift aus Adulis (OGI 54) gefeiert werden; fortan bekämpfte Ptol. seine Gegner besonders, indem er deren Feinde finanziell unterstützte, so gegen die ↗Seleukiden (III 3) den Antiochos Hierax, gegen Makedonien den ↗Achäerbund (1, dessen Hegemon er 243 wurde [s.a. Athen I 5]), später (seit 226) Kleomenes III. von ↗Sparta (4) und die Ätoler. In seinen letzten Jahren scheinen die innere Kraft des P.R. und die Pflege von Heer und Flotte nachgelassen zu haben. Durch Ausbau des ↗Herrscherkults und durch Verwaltungsreformen (Strategie, ↗Staat IV 1) setzte er das Werk seiner Vorgänger fort.

5. Die Regierung seines Sohnes *Ptolemaios IV*. Philopa-

tor (222/1–204; * nach 240?) begann mit dem Mord an seiner Mutter Berenike II., seinem Bruder Magas und seinem Onkel Lysimachos, wohl mit seinem Wissen. Die schon unter Ptol. III. latente Krise brach bald aus und traf das P. R. unter einem schwachen, indolenten Herrscher. Um 221/20 wurde die mediterrane Wirtschaftsblüte (um 250) durch Inflation abgelöst, die die Staatswirtschaft schwächte und bes. die auf Finanzhilfe gegründete ptol. Außenpolitik lahmlegte. Im 4. Syr. Krieg (221 und 219–217) drang Antiochos III. 221 in Koile-↗Syrien ein, 219–217 bis an Äg.s Grenze vor; eine Kraftanstrengung (Verstärkung der äg. Phalanx durch Eingeborene, ↗Militärwesen A III 5) ermöglichte den Sieg über Antiochos bei Raphia (23.6. 217), der aber (wegen Unruhen?) nicht ausgenutzt werden konnte; sogar Seleukeia in Pierien blieb (seit 219) seleukidisch. Der anschließende Aufstand der durch militär. Leistungen selbstbewußt gewordenen Eingeborenen, der sich bis 184 hinzog, und wachsender Geldmangel ließen nur noch kleinere außenpolitische Aktionen (z. B. geringe Hilfe für Achaios, ↗Seleukiden III) zu. Die Regierung wurde nur von den Ministern Sosibios und Agathokles geführt; der König soll sich (nach Polybios) in seinen Leidenschaften verloren haben. Er starb vermutlich im Sommer 204; sein Tod wurde von Sosibios († 204) und Agathokles einige Zeit verheimlicht; währenddessen wurde seine Schwestergemahlin Arsinoe III., die er wohl nach 210 verstoßen hatte, ermordet.

6. Der knapp 6jährige *Ptolemaios V.* Epiphanes (204–180; * 9. 10. 210?), seit 210 Mitregent, stand bis 197 unter wechselnder Vormundschaft (Agathokles, Tlepolemos, Aristomenes). Die Schwäche des P. R. wurde von dem ↗Seleukiden (IV) Antiochos III. (seit 204 Angriff auf ptol. Besitz in Kleinasien) und von Philipp V. von ↗Makedonien (III 4) ausgenutzt; diese schlossen im Winter 203/2 einen zunächst geheimen Teilungsvertrag (StV III 547), worauf Antiochos im 5. Syr. Krieg 202 (201)–195 Südsyrien, Palästina (Schlacht am Paneion 200) und den ptol. Besitz in Kleinasien eroberte. Der Abtretungsfriede (195) wurde mit der Vermählung des Ptol. mit Antiochos' Tochter Kleopatra I. (Winter 194/3) besiegelt. Aus seinen engen diplomat. Beziehungen zu Rom (wie auch zu Achäern und Ätolern) hat Ptol. wenig profitiert; die verlorenen Gebiete erhielt er auch nach 190 nicht zurück; die angebl. röm. tutela ist spätere röm. Erfindung. Unter Ptol. wurde der Eingeborenenaufstand blutig been-

det (184) und begann die Begünstigung äg. Kulte und der Aufstieg äg. Eingeborener in höhere Funktionen; er baute ↗Herrscherkult und ↗Hofzeremoniell aus und reformierte die Verwaltung (Epistratege, ↗Staat IV 1). Mit knapp 30 Jahren wurde er 180 von Höflingen vergiftet.

7. Auch sein Sohn *Ptolemaios VI.* Philometor (180–164, 163–145) stand zunächst unter Vormundschaft (bis 176 Mutter Kleopatra I., 176–170 Eunuchen Eulaios und Lenaios). Beim Ausbruch des von den Vormündern angezettelten 6. Syr. Krieges (170–168) gegen den ↗Seleukiden (V 2) Antiochos IV. wurde er mündig erklärt, mit Kleopatra II. (Schwestergemahlin seit ca. 175/4) und Ptol. VIII. (Bruder) als Mitregenten. Antiochos besetzte große Teile Äg.s (angebl. 169 Krönung zum König von Äg.), wurde aber 168 durch Roms Ultimatum vertrieben, ohne die syr. Provinzen herausgeben zu müssen; die Folge war wachsende Abhängigkeit von Rom. 164–163 Vertreibung durch Ptol. VIII.; 163 Rückkehr und Reichsteilung (Ptol. VIII. erhielt ↗Kyrene durch röm. Intervention). Seit ca. 150 griffen die Ptol. in die ↗seleukid. (V 5) Thronkämpfe ein, wobei meist die Heiratspolitik eine große Rolle spielte; Ptol. VI. unterstützte Alexander I. Balas, dann (gegen diesen) Demetrios II., ließ sich zum König von Asien krönen, verunglückte aber 145 beim Kampf gegen Alexander I. tödlich.

8. Sein älterer Sohn Ptol. Eupator war schon 150 als König von Kypros (seit 152) gestorben. Es folgte der 2. Sohn, *Ptolemaios VII.* Neos Philopator (145–144), unter Regentschaft der Kleopatra II.

9. Mittlerweile hatte *Ptolemaios VIII.* Euergetes II. (* nach 182/1; Anfänge s. o. 7) von Kyrene aus seine Ansprüche auf Kypros und Äg. immer wieder erneuert und, um Roms Hilfe zu gewinnen, 162/1 ein Testament zugunsten der Römer gemacht (SEG IX 7, veröff. 155). Nach dem Tod des Bruders Ptol. VI. nahm er nun das Gesamtreich in Besitz (145–116), vertrieb 145/4 Philosophen, Gelehrte und Künstler wegen ihrer Parteinahme für Ptol. VI. aus Alexandreia (Athen. IV 184 C), zwang 144 seine Schwester Kleopatra II. zur Ehe und ließ am gleichen Tag deren Sohn Ptol. VII. ermorden. 142 nahm er neben Kleopatra II. auch deren Tochter (!) Kleopatra III. zur Gemahlin und Mitregentin, durch die die Mutter allmählich verdrängt wurde. Die Zurückgesetzte konnte mit Hilfe ihres großen Anhangs 131–129 Bruder und Tochter nach Kypros vertreiben, wurde aber 129 ihrerseits nach Syrien verjagt (Versöhnung und Rückkehr erst 124). Auch Ptolemaios VIII. griff in die seleukid. Thronstreitigkeiten ein (130/29 für Alexander II. Zabinas, später für Antiochos VIII., ↗Seleukiden VI 2). Literarisch trat er durch Hypomnemata hervor (24 Bücher, verloren). Er starb 116.

10. Es folgte *Ptolemaios IX.* (Philometor) Soter II. Lathyros, (* 143/2, 1. Regierungsperiode 116–107), sein ältester Sohn von Kleopatra III. Das Testament Ptol.s VIII. hatte dessen Sohn von einer Nebenfrau, Ptolemaios Apion, ↗Kyrene als selbständ. Reich zum Erbe bestimmt und Kleopatra III. zur Mitregentin des Ptol. IX. gemacht (vermutlich auch Kleopatra II., die aber schon 116/5 gewaltsam endete). Kleopatra III. bevorzugte ihren 2. Sohn; sie machte ihn 110/09 zum König von Kypros, vertrieb Ptol. IX. 107 und erhob den Jüngeren, *Ptolemaios X.* Alexander I. (107–88), zum König von Ägypten. Ptol. IX. machte sich nun seinerseits zum König von Kypros (106–88); sein Kampf gegen Mutter und Bruder spielte sich vornehmlich in Syrien ab, wo er 103 den ↗Seleukiden (VI 3) Antiochos IX. gegen dessen Halbbruder Antiochos VIII., den Schützling und Schwiegersohn der Kleopatra, unterstützte; sein Angriff auf Äg. mißlang. 101 ließ Ptol. X. seine Mutter und Mitregentin Kleopatra III. ermorden. Unter seine Regierung fiel auch der Tod des Ptolemaios Apion (s. o.) und der Heimfall ↗Kyrenes an Rom auf Grund des Testaments des Apion (96). 88 wurde Ptol. X. zusammen mit seiner Nichte und Gattin Berenike III. wegen judenfreundl. Haltung von den Alexandrinern vertrieben; Ptolemaios IX. konnte wieder das Gesamtreich übernehmen (2. Periode 88–80); Ptol. X. fiel im gleichen Jahr in einem Seegefecht bei Kypros gegen den Bruder, der gegen ihn die damnatio memoriae verfügte. Aufstände in Oberägypten verdunkelten seine letzten Regierungs- und Lebensjahre († 80).

11. Ein kurzes Intermezzo brachte 80 mit *Ptolemaios XI.* Alexander II. (* um 105), einem Sohn des Ptol. X., nochmals die jüngere Linie auf den Thron. Er war 103 beim Angriff des Ptol. IX. nach Kos evakuiert und 88 durch Mithradates VI. von dort nach Pontos entführt worden. 84 floh er zu Sulla und nach Rom; nach dem Tod des Ptol. IX. wurde er durch Einflußnahme Sullas Gatte und Mitregent seiner Stiefmutter Berenike III. (s. o.); schon nach 19 Tagen ließ er sie ermorden und wurde dafür von den Alexandrinern getötet. Wie Ptol. VIII. und Apion hatte

er ein Testament zugunsten der Römer gemacht, das diese angeblich berechtigte, jederzeit Äg. und Kypros einzuziehen.

12. Dieses Testament hing wie ein Damoklesschwert über der Regierung des *Ptolemaios XII.* Neos Dionysos Auletes (80–58, 55–51), eines angeblich unebenbürtigen Sohnes des Ptol. IX. (* zw. 111 und 108?). Erst 59 wurde er durch Rom anerkannt, nachdem er röm. Politiker wie Caesar durch Verpfändung der Staatseinnahmen bestochen hatte; ↗Kypros freilich wurde 58 von Rom eingezogen, worauf der jüngere Bruder des Ptol. XII., König Ptolemaios von Kypros (80–58), Selbstmord beging. Die Alexandriner vertrieben deshalb Ptol. Es regierten seine Töchter Kleopatra VI. († 57) und Berenike IV., letztere vermählt mit dem angeblichen Seleukiden Seleukos Kybiosaktes, dann mit Archelaos von Komana (↗Pontos 9). Von Rom aus betrieb Ptol. XII. seine Rückkehr; 55 von A. Gabinius zurückgeführt, ließ er Berenike und zahlreiche Bürger töten; die Eintreibung seiner ungeheuren Bestechungsschulden, überwacht von röm. Ritter C. Rabirius Postumus, brachte Äg. an den Rand des Ruins.

13. Ptolemaios XIII. Philopator (51–47), ältester Sohn des Ptol. XII. (* 61), regierte zusammen mit seiner älteren Schwestergemahlin *Kleopatra VII.* der Großen (* 69), die 58–55 ihren Vater ins Exil begleitet hatte. Die Vormünder des Ptol. XIII. (Verwaltung und Finanzen: Eunuch Potheinos; Militär: Achillas; Erzieher: Theodotos) vertrieben 48 die einflußreiche Kleopatra und ermordeten den nach seiner Niederlage (48 Pharsalos) geflüchteten Pompeius; Kleopatra wurde Geliebte Caesars, der sie wieder in ihre Rechte einsetzte; die jüngeren Geschwister, Ptolemaios (XIV.) und Arsinoe, erhielten das bisher röm. Kypros. In einem Aufstand gegen Caesar, an dessen Spitze sich Arsinoe als Königin setzte, wurde u. a. die Bibliothek von ↗Alexandreia vernichtet. Ptol. XIII., aus den Händen Caesars entlassen, leitete Anf. d. J. 47 den Kampf gegen die Römer und ertrank beim röm. Angriff auf sein Lager. Nun wurde der jüngere Bruder *Ptolemaios XIV.* (47–44), zuletzt König von Kypros, der Kleopatra als Brudergemahl beigesellt. 46–44 weilte sie in Rom; angeblich wollte Caesar sie zur rechtmäßigen Gattin erheben. Nach seiner Ermordung (44) kehrte sie nach Äg. zurück, vergiftete angebl. ihren Bruder Ptol. XIV. und erhob ihren Sohn von Caesar, *Ptolemaios XV.* Kaisar (Kaisarion, * 47) zum Mitregenten (44–30). 41/40 wurde sie Geliebte des Triumvirn M. Antonius, der sie 40 verließ, aber wahrscheinlich 37 in Antiocheia mit ihr eine 2. Ehe (neben Octavians Schwester Octavia) einging. In dieser Stellung erreichte sie eine letzte Erweiterung des ptol. Machtbereichs: 37 schenkte ihr Antonius Teile Koile-↗Syriens und Phoinikes, Kilikiens und Kretas und bestätigte den Besitz von Kypros; 34 (nach Antonius' mißglücktem Ostfeldzug) wurde sie „Königin der Könige" (= Beherrscherin des Ostreiches), Kaisarion „König der Könige"; auch ihre Kinder von Antonius wurden zu Königen erhoben (Alexander Helios über ↗Armenien, Medien und die Lande östl. des Euphrats; Kleopatra Selene über ↗Kyrene; Ptol. Philadelphos über die alten Seleukidenlande Phoinike, ↗Syrien, ↗Kilikien). Diese Schenkungen gingen teils auf Kosten der direkten Herrschaft Roms, teils drückten sie nur Besitzanspruch auf unerobertes Gebiet aus; sie wurden in Antonius' Testament bestätigt. Diese scheinbare Größe des neuen P. R., dessen Stellung zu Rom und Antonius schwer zu definieren ist, zerbrach bald im Entscheidungskampf zwischen Octavian und Antonius (32–30); er wurde nominell gegen Kleopatra geführt, die eine große Flotte und riesige Geldmittel stellte. Nach der Niederlage bei Actium (31) flohen Kleopatra und Antonius nach Äg.; nach dem Selbstmord des Antonius hoffte die Königin, Äg. für einen ihrer Söhne retten zu können; als Octavian hart blieb, endete auch sie ihr Leben (Schlangenbiß). Das Bild dieser letzten großen Ptolemäerin ist durch Furcht und Haß der Römer verzerrt. An Bildung – sie beherrschte zahlreiche Sprachen des Ostens – und herrscherlichen Qualitäten sind ihr wohl nur die frühen Ptolemäer vergleichbar; wie jene war sie vom Streben nach Macht beseelt, um derentwillen sie – ihren Münzbildern zufolge nicht eigentlich schön, aber von eigenartigem Reiz – auch ihre Liebe bedenkenlos einsetzte; eine weibliche Version der einst so erfolgreichen ptol. Heiratspolitik. – Kaisarion wurde hingerichtet, ihre Kinder von Antonius im Triumph aufgeführt; mit den Kindern der Kleopatra Selene aus der Ehe mit König Juba II. von Mauretanien (↗Numidien) endete im 1. Jh. n. Chr. die Dynastie.

III. Mit Kleopatras Tod war das P. R. erloschen. Die Nebenlande (Kreta, Kypros usw.) wurden wieder als röm. Provinzen oder Teile von solchen abgetrennt. Äg. selbst erhielt einen Sonderstatus unter einem Praefectus Aegypti ritterlichen Standes, der Octavian – Augustus unmittelbar unterstand; diese Stellung wurde erst im Lauf der Kaiserzeit allmählich den normalen Provinzen angeglichen. Die röm. Kaiser wurden als unmittelbare Nachfolger der Pharaonen und Ptolemäer angesehen und im Königskult verehrt. Die hell. Formen der Verwaltung, Wirtschaft und religiösen Ordnung wurden weitgehend beibehalten. Im Weiterleben und der Weitergabe griech.-hell. Kultur spielt gerade Äg. auch unter den Römern eine bedeutende Rolle. H.H.S.

Anm.: 1) gestorben 2. 7. 268, vgl. E. Grzybek (↗Zeitrechnung) 103–12. –

Lit.: Allg.: M. L. Strack, Die Dynastie der Ptolemäer, Berlin 1897. – A. Bouché-Leclercq, Histoire des Lagides, 4 Bde., Paris 1903–1907. – E. Bevan, A History of Egypt under the Ptol. Dynasty, London 1927. – H. Volkmann, RE XXIII 2, 1959, 1600–71 s. v. Ptolemaios. – Will, Hist. Pol. – A. K. Bowman, Egypt after the Pharaohs 332 BC – AD 642, London 1986. – A. E. Samuel, The Shifting Lands of History. Interpretations of Ptolemaic Egypt, Lanham–New York–London 1989. – Chronologie: A. E. Samuel, Ptolemaic Chronology, Münch. Beitr. 43, 1962. – T. C. Skeat, The Reigns of the Ptolemies, Münch. Beitr. 39, ^{2}1969. – Prosopographie: W. Peremans u. a., Prosopographia Ptolemaica, Bd. 1–8, Leeuwen 1950–1975. – ↗Münzprägung B 5; R.-Alföldi, 293 f. – Briefe: M.-Th. Lenger, Corpus des Ordonnances des Ptolémées, Mém. Acad. Belg. ser. 2, LVI 5, Brüssel 1964. – Ikonographie: H. Kyrieleis, Bildnisse der Ptol., Archäol. Forsch. 2, Berlin 1975. – Dynast. Verbindungen: Seibert, 72–92. – Einzelabh.: I: V. Ehrenberg, Alexander und Ägypten, AOBeih. 7, Leipzig 1926. – J. Seibert, Alex. d. Gr., EdF 10, 1972, 109–26 (Lit.). – II: Ders., Unters. zur Gesch. Ptolemaios' I., Münch. Beitr. 56, 1969. – Ders., Ptolemaios I. und Milet, Chiron 1, 1971, 159–66. – Bengtson, Herrschergestalten 9–35. – Ptol. I. als Historiker: E. Kornemann, Die Alexander-Geschichte des Königs Ptol. I. v. Äg., Leipzig 1935. – G. Wirth, RE XXII 2, 1959, 1467–84. – Seibert (s. o. I), 19–21 (Lit.). – II 3: W. W. Tarn, Ptolemy II., JEA 14, 1928, 246–59. – G. Longega, Arsinoe II, Padua – Rom 1968. – H. Heinen, Unters. z. 3. Jh. – Ders., Die polit. Beziehungen zw. Rom und Ptol.-Reich . . . 273–168 v. Chr., ANRW I 1, 1972, 633–59. – Bengtson, Herrschergestalten 111–38. – L. Criscuolo, Philadelphos nella dinastia Lagide. Aegyptus 70, 1990, 89–96. – II 4: W. Otto, Beitr. z. Seleukidengesch. des 3. Jh. s v. Chr., Abh. München 34, 1, 1928, 48–75. – J. Seibert, Historia 25, 1976, 45–61. – II 5–6: Schmitt, Antiochos d. Gr., passim, bes. 189–216. – H. J. Thissen, Studien zum Raphiadekret, Beitr. z. Klass. Phil. 23, Meisenheim/Glan 1966. – W. Peremans, Ptolémée IV. et les Égyptiens, Le Monde Grec, Hommages . . . Préaux, Brüssel 1975, 393–402. – Huß, Ptolemaios IV. (Lit.). – A. Jähne, Polit. Aktivität der Bevölkerung Alexandreias am Ende des 3. Jh. s v. u. Z. (nach Polyb.), Klio 58, 1976, 405–23. – II 7: W. Otto, Zur Gesch. der Zeit des 6. Ptolemäers, Abh. München 11, 1934. – L. Santi Amantini, Tolomeo VI e di Siria?, RIL 108, 1974, 311–29. – II 8–10: W. Otto – H. Bengtson, Zur Gesch. d. Niedergangs des Ptol.-Reiches, Abh. München 17, 1938. – H. Heinen, Akten des 13. Internat. Papyrologenkongresses, Münch. Beitr. 66, 1974, 147–55. – II 9–12: Testamente: Braund 129 ff. – E. Olshausen, Rom und Ägypten 116–51 v. Chr., Diss. Erlangen 1963. – E. Bloedow, Beitr. zur Gesch. des Ptol. XII., Diss. Würzburg 1963. – II 13: H. Volkmann, Kleopatra, Politik und Propaganda, München 1953 (Lit.). – H. Heinen, Rom und Ägypten 51–47 v. Chr., Diss. Tübingen 1966. – J. Becher, Das Bild der Kleopatra in der griech. und lat. Lit., Berlin 1966. – Bengtson, Herrschergestalten, 279–320. – W. Huß, Aegyptus 70, 1990, 191–203 (Herkunft der K.).

Ptolemaios Keraunos („Wetterstrahl"), ältester Sohn des Ptolemaios I. und der Eurydike, Antipatros' Tochter. 287 wurde er zugunsten ↗Ptolemaios' Sohns von Berenike (=Ptolemaios II. Philadelphos) von der Thronfolge in Ägypten ausgeschlossen und ging zunächst zu Lysimachos, dann zu Seleukos I., den er 281 als Rächer des Lysimachos (↗Thrakien; Iustin 17, 2, 6) bei Lysimacheia ermordete. Vom Heer zum König von Thrakien und Makedonien ausgerufen, verzichtete er auf Ägypten. 280 besiegte er seinen Rivalen Antigonos II. Gonatas; Antiochos I., der Sohn des Seleukos I., schloß mit P. Frieden; P.s Schwiegersohn Pyrrhos von ↗Epeiros hielt – von P. im Romkrieg unterstützt – stille. P. heiratete Arsinoe II. (Tochter seines Vaters und der Berenike, Witwe des Lysimachos), erhielt Kassandreia, ließ aber eidesvidrig ihre Söhne töten; Arsinoe floh. 280/79 fiel P. im Kampf gegen die Kelten. K. B.

H. Volkmann, RE XXIII 2, 1959, 1597–9. – Ders., DKlP 4, 1972, 1223. – H. Heinen, Unters. z. 3. Jh., 3–94.

Recht.

A. Gegenstand der Darstellung sind das Privat-, Straf-, Verfahrens- und Gerichtsverfassungsrecht. Die sonstigen Materien des (öffentlichen) R.s werden an anderer Stelle behandelt.
BEHANDLUNGSWEISE: Für eine Beschreibung der Rechtsordnungen der hell. Staaten in ihrer Gesamtheit ist hier kein Raum, nicht einmal die wichtigsten Rechtsinstitute können in ihrer hell. Gestalt vorgeführt, geschweige denn auf etwa seit der klass. Zeit eingetretene Veränderungen untersucht werden. Die Darstellung beschränkt sich unter Hinweis auf Materien, über die wir besonders gut unterrichtet zu sein glauben, auf den Versuch, die Züge hervortreten zu lassen, die das R. der hell. Zeit vom R. Altgriechenlands unterschieden.
DIE QUELLENLAGE gestattet keine gleichmäßige Berücksichtigung aller hell. Staaten und sämtlicher genannten Rechtsgebiete. Beispielsweise sind wir über das R. des ↗Ptolemäerstaates recht gut unterrichtet, besitzen aber aus dem Reich der ↗Seleukiden nur sehr wenig Material (Dura-Europos, Avroman). Die Funde, die aus dem nicht-ptolemäischen Bereich stammen, zeigen aber eine so weitgehende Übereinstimmung mit den Urkunden aus Ägypten, daß wir berechtigt sind, das aus dem Staat der

Lagiden Überlieferte cum grano salis als „in der Hauptsache dem hell. Recht des ganzen Ostens entsprechend" anzusehen (Pringsheim). Die Rechtsordnungen der *Poleis* können vernachlässigt werden, weil sie nicht charakteristisch für die hell. Welt sind.

Das R. der *Einheimischen* in den Diadochenstaaten muß aus Raummangel unberücksichtigt bleiben, obgleich wir darüber beispielsweise aus Ägypten recht gut unterrichtet sind. Die R.e der Perser, Ägypter usw. wiesen auf vielen Gebieten Abweichungen vom Heimatrecht der Zugewanderten auf – Beispiel: das sog. demotische R. der Ägypter kannte kein Testament – und haben die griechische Praxis auf vielen Rechtsgebieten beeinflußt, wie wir an den Papyri studieren können.

Als *Quellen* unserer Kenntnis sind zu nennen: Inschriften, Papyri, Texte auf Pergament, Tontafeln (geringe Menge), literarische Werke. Es sind überliefert: Gesetze, Geschäftsurkunden, Schriftsätze, Gerichtsprotokolle, Urteile, Register. Beispiele: Pap. Halensis 1, Perg. Dura 12, Inschrift IG XII 5, 872.

B. 1. Allgemeines zum Privatrecht. Charakteristisch für die auf erobertem Boden gegründeten Flächenstaaten ist das Nebeneinander mehrerer Normenkomplexe von verschiedener nationaler Herkunft und unterschiedlicher Entstehungsgeschichte. So lassen die Quellen aus dem ptolemäischen Ägypten neben dem demotischen R., nach dem die Einheimischen lebten und die Laokriten (s.u.) judizierten, mehrere Rechtskreise griechischen Charakters erkennen. Man zögert, von „griechischem R." zu sprechen, weil dadurch allzuleicht irrige Vorstellungen erweckt werden könnten. – Wir müssen unterscheiden: *a)* Das vom *König* (durch Diagrammata und Prostagmata) gesetzte vorrangige R. Es ist zwar ein von griechischen Vorstellungen geprägtes, jedoch ganz den Gegebenheiten des Ptolemäerreiches und den Zielen seiner Herrscher angepaßtes R. Man könnte es als „Königsrecht" bezeichnen. – *b)* In den *Poleis* galten Stadtrechte wie in den Städten des Mutterlandes auch. Jedes dieser Stadtrechte unterschied sich vom anderen, sie beruhten jedoch wie alle griechischen Stadtrechte auf den Griechen gemeinsamen Grundvorstellungen. – *c)* Die *außerhalb* der drei Poleis im Ptolemäerreich lebenden Zugewanderten bedienten sich eines nicht kodifizierten R.s, das durch Übernahme bewährter Rechtsvorschriften aus den heimatlichen Rechtsord-

nungen der bunt zusammengewürfelten Bevölkerung und Anpassung an die veränderten Verhältnisse seit Ende des 4. Jh.s entstanden war und das man heute *gemeingriechisches R.* zu nennen pflegt. Nur soweit die Siedler nach dieser „koiné juridique" lebten, kann man von einer Rechtseinheit unter den Diadochenstaaten sprechen.
Den Versuch, ein für *alle* Untertanen einheitliches Privatrecht zu schaffen, hat keiner der hell. Staaten unternommen, wie überhaupt von den Herrschern nur geringer Einfluß auf das Privatrecht genommen worden ist. Soweit die Könige in die privaten Rechtsbeziehungen ihrer Untertanen eingegriffen haben, geschah es vorwiegend auf anderen Gebieten, wie z. B. dem des Urkundenwesens und des Zivilprozesses (s. u.).
2. PERSONENRECHT. In welchem Alter Personen *männlichen* Geschlechts volljährig wurden, können wir nicht genau sagen, jedenfalls kannten die Griechen keine der römischen patria potestas vergleichbare Gewalt über erwachsene Kinder. Die für manche griechische Polis charakteristische Unterwerfung der *weiblichen* Familienmitglieder unter die Kyrieia des Familienhauptes findet sich außerhalb des Mutterlandes nicht in gleicher Strenge, was mit dem Fortfall des Oikos-Systems zusammenhängen dürfte. Die Kyrieia schwächte sich zu einer Geschlechtsvormundschaft ab, die sich praktisch nur noch bei der Urkundenerrichtung äußerte. *Waisen* erhielten bis zur Volljährigkeit einen Epitropos.
Über die Freilassung von *Sklaven* sind wir durch Inschriften in großer Anzahl, z. B. mehr als eintausend allein aus Delphi, gut unterrichtet. Die Freilassungsformen waren örtlich verschieden, nicht überall hatte die Freilassung sakralen Charakter. Die aus Delphi bekannte Form des „Verkaufs" an Apollon ist z. B. aus dem Ptolemäerstaat nicht überliefert, aus dem wir nur testamentarische Freilassungen kennen. Weit verbreitet waren Klauseln im Freilassungsgeschäft, die es dem Freigelassenen zur Pflicht machten, auch weiterhin – häufig bis zum Tode des Freilassers – Sklavendienste zu leisten (Paramone-Klauseln)[1].
3. FAMILIENRECHT. Im *Eherecht* zeigt sich deutlich, daß man das Oikos-System nicht in die neue Heimat verpflanzte. Von Engye ist nicht mehr die Rede, die Ekdosis wird immer seltener. Die Ehe ist nicht mehr „Geschäft" zwischen zwei Oikoi, sondern Abrede zwischen zwei Einzelpersonen.

4. VERTRAGSRECHT. Das Vertragsrecht war zwar von der Kautelarjurisprudenz technisch gut durchgebildet, befand sich aber im ganzen noch auf einem archaischen Stand. Das Versprechen einer Leistung – modern: die Begründung einer Schuld – zog nach der Anschauung jener Zeit noch nicht das Einstehenmüssen des Schuldners für die Erbringung der Leistung – die Haftung – nach sich; soweit die Haftung nicht die gesetzlich angeordnete Rechtsfolge eines Verhaltens war, wie wohl bei manchen Schuldversprechen und sicher bei der Begehung eines Delikts, mußte sie durch besondere Erklärung des Schuldners begründet werden. Das geschah im Wege der Einräumung der πρᾶξις, d. h. des R.s, im Falle der Nichterfüllung die Vollstreckung gegen den Schuldner zu betreiben, durch den Schuldner an den Gläubiger. Derartige Praxisklauseln waren in der hell. Zeit allgemein üblich. Fehlte die Klausel, war der Gläubiger nicht schutzlos, wenn er eine Verfügung zugunsten des anderen Teils vorgenommen hatte. Die in der Nichterfüllung des Versprechens liegende Vereitelung des vom Gläubiger mit seiner Verfügung verfolgten Zwecks wurde nämlich als Delikt, als unter den Tatbestand der δίκη βλάβης fallende Beeinträchtigung fremden Vermögens angesehen (Wolff). Der Gläubiger konnte deshalb gegen den Schuldner die allgemeine Deliktsklage anstrengen. Wenn auch hier kein Raum ist, auf *einzelne* Vertragstypen näher einzugehen, was die Quellenlage durchaus gestattete, sei doch als kennzeichnend erwähnt, daß die Griechen noch in der hell. Zeit den *Kauf* als ein Bargeschäft verstanden haben, aus dem keine Ansprüche auf Leistung entspringen konnten. Beim Abschluß von Kredit- und Pränumerationskäufen war man daher, um die noch ausstehende Leistung erzwingbar zu machen, genötigt, das Geld bzw. die Ware durch besondere Klauseln als vom Gläubiger dem Schuldner auf Zeit überlassen erscheinen zu lassen.

5. SACHENRECHT. Die Wandlung vom Stadtstaat zum Flächenstaat brachte vor allem auf dem Gebiete des *Bodenrechts* Neuerungen. Der größte Grundeigentümer in den neugewonnenen Gebieten war der König, ja in manchen Staaten ist wohl alles Land außerhalb der Territorien der Poleis als königl. Eigentum angesehen worden.

Von dem Königsbesitz gaben die *Lagiden* große Güter an hohe Beamte für die Dauer ihres Dienstes (δωρεαί). Über die *Dorea* des Apollonios, des Dioiketes des zweiten Ptolemäers, sind wir durch eine große Zahl von Urkunden gut unterrichtet (sogen. Zenon-Papyri). Kleinere Parzellen (κλῆροι) erhielten die Soldaten der Ptolemäerkönige, zusammen mit einem Wohnrecht in einem in der Nähe gelegenen Hause eines Einheimischen (σταθμός). Im Laufe der Zeit wurden diese *Kleroi* an männliche Familienmitglieder des Inhabers vererblich, und an andere Katoikoi – so nannten sich die hellenischen oder hellenisierten Kleruchen vom 2. Jh. ab zur Unterscheidung von den Klerosinhabern aus dem Kreise der Soldaten ägyptischer Abkunft – auch unter Lebenden übertragbar, jedenfalls wohl zum Zwecke der Begleichung aufgelaufener Steuerschulden. Verpachtet werden konnte der Kleros offenbar von Anfang an, weil die Selbstbewirtschaftung aus Gründen des militärischen Dienstes für viele Klerosinhaber gar nicht möglich war. Im *Seleukidenreich* finden wir gleichfalls Kleroi. Dort war das Recht am Kleros aber nicht mit der Verpflichtung zur Leistung von Militärdienst gekoppelt und vielleicht von Beginn an frei verfügbar; das ist ein gutes Beispiel dafür, wie verschieden die rechtliche Bedeutung desselben Wortes in den einzelnen Staaten sein konnte. Aus dem Seleukidenreich wissen wir auch von der Veräußerung ganzer Bezirke mit Dörfern, Land und Leuten durch den König.

Das Aufkommen der zweckgerechteren Gestaltung eines Rechtsinstituts durch Parteivereinbarung können wir auf dem Gebiet der *dinglichen Kreditsicherung* studieren: Es tritt das Verkaufspfand an die Seite des Verfallspfandes. Mit Ablauf der Rückzahlungsfrist verfällt kraft Parteivereinbarung das Pfand nicht mehr an den Geldgeber, sondern erlangt dieser lediglich die Befugnis zum Verkauf und ist verpflichtet, einen dabei etwa erzielten Überschuß dem Verpfänder herauszugeben. Diese Abrede im Interesse des Pfandeigentümers wird ergänzt durch eine Vereinbarung zugunsten des Kreditgebers: Deckt der Erlös die Schuld nicht, ist der Schuldner zur Zahlung der Differenz verpflichtet. Die reine Sachhaftung – es haftet nur das Pfand, nicht der Schuldner – ist damit ersetzt durch eine Haftung des Schuldners mit der Sache.

6. ERBRECHT. Zur *gesetzlichen Erbfolge* sind erstmalig im griechischen Rechtskreis berufen: Ehefrau (streitig), Mutter, Großmutter. Eine vollständige Erbfolgeordnung besitzen wir aus dem Seleukidenreich (Pg. Dura 12, früher 5). Sie beschränkt den Kreis der allein erbberechtigten ἀγχιστεῖς auf die folgenden Verwandten: a) Kinder und Adoptivsöhne, b) Eltern (Mutter nur, wenn nicht wieder-

verheiratet), c) Brüder vom gleichen Vater, d) Schwestern vom gleichen Vater, e) Großeltern väterlicherseits, f) Kinder von solchen Großeltern. Sind Verwandte dieser 6 Klassen nicht vorhanden, fällt der Nachlaß an den König. Wir haben hier zum ersten Mal in der Geschichte eine Erbrechtsgrenze, durch die der Staat die übrigen Verwandten verdrängt. Auch diese Neuerung ist vermutlich zu erklären aus dem Fehlen größerer Familienverbände, wie sie in Altgriechenland bestanden hatten, und aus den fiskalischen Interessen der Könige. Das Institut der Erbtochter verschwindet mit der Anerkennung des vollen Erbrechts der Töchter. *Gewillkürte Erbfolge:* Testament und Erbvertrag sind bekannt.

7. URKUNDENWESEN. Die hell. Könige errichteten – vermutlich überwiegend aus fiskalischen Gründen – Urkundenbehörden und verliehen den dort registrierten Privaturkunden sowie den vor den Behörden selbst aufgenommenen Urkunden wahrscheinlich erhöhte Beweiskraft. Damit entstand das Notariat und traten erstmalig in der griechischen Welt *öffentliche Urkunden* an die Seite der privaten Urkunden. Gleichzeitig entwickelt sich die *Privaturkunde* weiter. Als neue Form kommt die sogenannte Doppelurkunde auf, bei welcher ein objektiv stilisierter Text zur Sicherung zweimal geschrieben und sodann die eine Hälfte vor Zeugen eingerollt und vom Aussteller und den Zeugen versiegelt wurde. Eine andere Urkundenform, die sich ausbreitet, ist das χειρόγραφον, eine subjektiv stilisierte Parteierklärung in Briefform, die ohne Zeugen oder Urkundspersonen errichtet wurde.

8. ZIVILPROZESS. In den griechischen Dikasterien des Ptolemäerreiches begegnet im 3. Jh. zum erstenmal im griech. Rechtskreis das Recht der *Richterablehnung:* von Wolff erklärt als Konzession des Königs an die Siedler zum Ausgleich für weitgehende Eingriffe in das Gerichtswesen. Den Grundsatz der freien *Beweiswürdigung,* im Athen der Rednerzeit herrschend, finden wir in den hell. Staaten eingeschränkt. So durften die Gerichte in Ägypten von 145 an nur registrierte (anagraphierte) Privaturkunden als Beweismittel anerkennen, wodurch die Parteien gezwungen wurden, von der o. e. Registrierung Gebrauch zu machen, was der Obrigkeit die vor allem aus steuerlichen Gründen erwünschte Kenntnis von den durch die Bevölkerung geschlossenen Geschäften verschaffte. Auch die Parteien waren übrigens in der Lage, die Freiheit der Gerichte in der Beweiswürdigung einzu-

schränken, indem sie nämlich Gebrauch von Urkunden mit erhöhter Beweiskraft machten. Ein Weg zur Herstellung einer derartigen Urkunde war die Einfügung der sogenannten Kyria-Klausel, welche bestimmte Einwendungen abschnitt[2]. Was das Problem der *Bindung* der Gerichte an die Anträge der Parteien anbelangt, so finden wir bemerkenswerterweise im Recht Alexandreias den Richtern die Befugnis eingeräumt, die Höhe der dem Beklagten aufzuerlegenden Buße zu schätzen, während in Athen z. B. lediglich zwischen den Schätzungen des Klägers und des Beklagten gewählt werden konnte. Bei der *Vollstreckung* in das *Vermögen* des Schuldners finden wir staatliche Organe eingeschaltet. Anders war es offenbar bei der *Personal*exekution, die sowohl in der Form der Schuldhaft (in öffentlichem Gewahrsam vollstreckt) wie der Schuldknechtschaft begegnet (nicht in Athen).

Schutz vor drohender Vollstreckung bot die Zuflucht ins *Asyl*. Die ↗Asylie war in hell. Zeit das Privileg zahlreicher Heiligtümer. Welche große Bedeutung der Flucht ins Asyl im täglichen Leben zukam, lehren uns die Papyri: Man floh in den Schutzbereich, um drohender Real- oder Personalexekution zu entgehen, aus Furcht vor Strafverfolgung, um sich als Sklave seinem Herrn zu entziehen, um von sicherer Stätte aus durch „Streik" die Funktionäre der Obrigkeit zur Gewährung günstigerer Bedingungen (z. B. Pachtbedingungen als Königsbauer) zu bewegen. (Dieses Zufluchtnehmen im Asyl zu Verhandlungszwecken heißt in den Papyri ἀναχωρεῖν, jedoch bedeutet dieser Terminus nicht nur die Asylflucht.) Damit soll nicht gesagt werden, daß alle Fluchtstätten in allen genannten Fällen auch wirklich Schutz gewähren konnten, der Katalog der anerkannten Fluchtgründe war wohl von Staat zu Staat verschieden. Um sich gegen eine Asylflucht ihrer Schuldner zu schützen, ließen die Gläubiger den Schuldner schwören, er werde in kein Asyl fliehen, oder verlangten die Gestellung eines Bürgen dafür, daß er kein Heiligtum aufsuchen werde.

9. DELIKTS- UND STRAFRECHT. Es ist zu unterscheiden zwischen den vom Verletzten bzw. seinen Angehörigen zu verfolgenden *Delikten* – Beispiele: Tötung, Hybris, Bia, Blabe – und den kriminellen *Straftaten*, bei denen die Verfolgung von Amts wegen (z. B.: Vergehen in Bezug auf die königlichen Domänen) oder durch irgendjemanden mittels Popularklage erfolgte, wie z. B. bei Fiskalvergehen.

Für die Ahndung der *Delikte* waren in dem für uns in dieser Beziehung allein überschaubaren Staat der Ptolemäer prinzipiell die Gerichte zuständig; die Aburteilung der *Straftaten* unterlag – nach Wolffs Hypothese – grundsätzlich der Strafbefugnis von Beamten. Jedoch galt für die Delikte eine bemerkenswerte Ausnahme: Erhebliche Teile der Bevölkerung, nämlich die Pächter des Königslandes, die in den Monopolbetrieben und der Fiskalverwaltung Beschäftigten, überhaupt alle mit den Einkünften des Staates befaßten Personen waren der Judikatur der Gerichte entzogen und ausschließlich der Kompetenz bestimmter Beamter unterstellt. Wer einen von ihnen eines Delikts beschuldigen wollte, sollte sich an den Vorgesetzten des Täters und nicht an die Gerichte wenden, um jede vermeidbare zeitliche Inanspruchnahme der für die königlichen Einkünfte Tätigen von vornherein zu unterbinden. Die *Strafen* reichen von der Todesstrafe über Vermögenskonfiskation und Geldstrafe bis zum Verbot der Berufsausübung. Einen umfangreichen Katalog von Straftaten gegen das Steuer- und Monopolwesen besitzen wir aus dem Ptolemäerreich (Papyrus Revenue Laws). *Sklaven* waren für von ihnen begangene Delikte selbst verantwortlich. Ihnen drohten in der Regel Körperstrafen, die der Herr durch Zahlung einer Buße abwenden konnte. Wir besitzen aber auch Belege für die dem Verletzten eingeräumte Möglichkeit, den Eigentümer des Unfreien auf Zahlung einer Buße zu verklagen. Dem Verurteilten stand es dann frei, sich durch Herausgabe des Sklaven zur Züchtigung bzw. zur Abarbeitung der Bußzahlung zu befreien. Schließlich kennen wir eine Klage gegen den Herrn als Anstifter oder Mitwisser des begangenen Delikts.

10. DIE ORGANE DER RECHTSPFLEGE. Wie die Könige das Problem des Rechtsschutzes und der Rechtsdurchsetzung in ihren gemischt-bevölkerten Staaten gelöst haben, läßt sich nur für das Ptolemäerreich einigermaßen erkennen; über die anderen Staaten sind wir zu wenig unterrichtet. Das Justizwesen der Lagiden, gestaltet v. a. durch ein Diagramma Ptolemaios' II. um 275, ist gekennzeichnet durch ein *Nebeneinander* von Gerichten und in der Rechtspflege tätigen Beamten mit einander teilweise überschneidenden Kompetenzen. Oberster *Richter* war der König, der sich für eine Anzahl von Straftatbeständen fiskalischen und politischen Charakters das Richteramt selbst vorbehalten hatte. Die Ahndung des normalen kri-

minellen Unrechts oblag wohl generell Beamten, mit Straftaten fiskalischen Charakters finden wir Beamte, besondere Spruchstellen und das königliche Gericht der Chrematisten befaßt. Auf dem Gebiete der Zivilrechtspflege waren im 3. Jh., wenn wir von den *Gerichten* in den drei Poleis, über die wir sehr wenig wissen, einmal absehen, tätig: Die Laokriten (für Angelegenheiten der Einheimischen), das Dikasterion, in der Literatur meist „Zehnmännergericht" genannt (für Prozesse unter Zugewanderten), das Koinodikion (Verfahren zwischen Parteien aus den ebengenannten Gruppen?) und die Chrematisten (wanderndes Königsgericht für alle Untertanen). Die Letztgenannten besaßen offenbar eine konkurrierende Zuständigkeit gegenüber den vorher aufgezählten drei anderen, von Wolff als vom König autorisierte Eigengerichte verstandenen Spruchkörpern. Das anzuwendende R. war durch das o. e. Diagramma bestimmt, nicht durch das Personalstatut der Parteien. Statt an eines dieser Gerichte konnten sich die Bewohner der Chora jedoch auch an den Strategen, den Chef der allgemeinen Gauverwaltung, wenden und ihn bitten, seine Autorität und die ihm zustehenden Zwangsmittel einzusetzen, um ihnen zu ihrem Recht zu verhelfen. Ob man die dadurch veranlaßte Tätigkeit des staatlichen *Beamten* als Ausübung einer ihm übertragenen echten Gerichtsbarkeit (so die communis opinio) ansehen kann oder als Koerzition (Wolff) bezeichnen muß, ist streitig. Bestimmte Personengruppen waren kraft Gesetzes der Gerichtsbarkeit überhaupt entzogen und ausschließlich der Kompetenz von Beamten unterstellt (z. B. die Pächter auf Königsland). Schon vom Ende des 3. Jh.s an verändert sich allerdings das gezeichnete Bild: Nach und nach verschwinden das Koinodikion, die Dikasterien und die Laokriten[3], die Chrematisten werden zu ständigen Gerichten mit festem Sitz und stehen schließlich allein neben dem staatlichen Beamten. Man mag in diesem wohl auf den zweiten Ptolemäer zurückgehenden System eine Schöpfung erblicken, die auch die Belange der Bevölkerung berücksichtigte; über die Grundeinstellung der Herrscher ihren Untertanen gegenüber dürfen wir uns keiner Täuschung hingeben. Sie kann kaum klarer zum Ausdruck kommen als in dem Erlaß desselben Königs, der es den Advokaten verbot, in Prozessen aufzutreten, in denen fiskalische Interessen auf dem Spiel standen.

C. Nachleben. Wie Urkundenfunde aus nachhell. Zeit erkennen lassen, blieb die hell. Rechtsordnung für das Rechtsleben in Syrien und Palästina jahrhundertelang bestimmend. In Ägypten existierten Einrichtungen aus ptolemäischer Zeit, zum Teil von den Römern fortentwickelt (Register- und Urkundswesen), bis zur Eroberung durch die Araber. Dauernde *Nachwirkung* außerhalb Griechenlands und seiner Nachbargebiete läßt sich nur feststellen, soweit griechische Vorstellungen in das *römische Recht* aufgenommen worden sind. So haben z. B. bereits in den ersten nachchristl. Jh.en ein besonderer Darlehenstyp für den Handel über See (foenus nauticum) und das Recht des Seewurfes (Gefahrengemeinschaft aller Personen, die Güter auf einem Schiff transportieren lassen, bei Opferung von Waren in Seenot) Eingang gefunden. Aus späterer Zeit seien genannt: die Generalhypothek der Frau am Vermögen des Ehemannes, die *donatio ante* (später *propter*) *nuptias*, die Zulassung von Frauen zur Vormundschaft, das Erbrecht der Kinder an der Mitgift der Mutter.
A. K.

Anm.: 1) A. Kränzlein, RIDA 27, 1980; Epist. Epet. Panteiou (Athen) 1978/79, Tom. 2 (= Symposion 1979); Festschr. Berthold Sutter, Graz 1983; Mneme Georges A. Petropoulos, Athen 1984, Bd. II. – 2) Bedenken dagegen: J. Modrzejewski, Atti XVII Congresso Internaz. di Papirologia, Napoli 1983, III 1173–87. – 3) Die vor dem Verschwinden auch der Laokriten von Ptolemaios VIII. i.J. 118 verfügte, in erster Linie auf die in der Vertragsurkunde verwendete Sprache abstellende Kompetenzabgrenzung zwischen Laokriten und Chrematisten (P. Tebt. I 5 col. IX) ist in Inhalt und Bedeutung (früher Fall eines Kollisionsrechts oder nicht?) stark umstritten. Vgl. F. Sturm, Iura 31, 1980 und die von ihm zitierte Lit.

Lit.: Bikerman, IS. – V. Ehrenberg, Der Staat der Griechen. Zürich–Stuttgart ²1965, II. Teil. – J. Modrzejewski, Réflexions sur le ,droit ptolémaique', Iura 15, 1964, 32–56. – Ders., La règle de droit dans l'Égypte ptolem., Amer. Studies in Papyrology I (= Essays in honor of C. Bradford Welles), 1976, 125–73. – Ders., Le statut des Hellènes dans l'Égypte lagide. REG 96, 1983, 241–68. – F. Pringsheim, Geltungsbereich und Wirkung des altgriechischen R.s, Archeion Idiotikou Dikaiou, Athen 1952. – E. Seidl, Ptolemäische Rechtsgeschichte, Ägyptol. Forsch. 22, Hamburg ²1962. – R. Taubenschlag, Das Strafrecht im Lichte der Papyri, Leipzig 1916. – Ders., The Law of Greco-Roman Egypt in the light of the papyri, Warschau ²1955. – H.J. Wolff, Die Grundlagen des griech. Vertragsrechts, ZRG 74, 1957, 26–72 (= E. Berneker (Hg.), Zur griech. Rechtsgeschichte, WdF 45, 1968, 483–533; (dieser Sammelbd. schließt das Recht der Papyri aus). – H.J. Wolff, Plurality of Laws in Ptolemaic Egypt, RIDA 7, 1960, 191–233. – Ders., Das Justizwesen der Ptolemäer, Münch. Beitr. 44, ²1970; Ders., LAW 1965, 2516–32 s.v. Recht I–II. – Ders., Das Recht der griech. Papyri in der Zeit der Ptolemaeer und des Prinzipats II, HdAW X 5, 2, München 1978 (I in Vorb. durch J. Modrzejewski). – Ders., Hell. Privatrecht, ZRG 90, 1973, 63–90. – Ders., The polit. background of the plurality of laws in Ptol. Egypt. Proc. of the 16th Internat. Congr. of Papyrology (New York 1980) (= Amer. Studies in Papyrology 23) 1981, 313–8. – Bibliographie: J. Modrzejewski, Monde hellénistique, in: J. Gilisen (Hg.), Introduction bibliographique à l'histoire du droit et à l'éthnologie juridique, A 8, Brüssel 1965; laufende Forschungsberichte von E. Seidl in SDHI (bis Bd. 36, 1970) und von J. Modrzejewski in RD (bis Bd. 62, 1984), im Arch. f. Papyrusfschg. ab Bd. 31, 1985 und in SDHI ab Bd. 41, 1975.

Religion. A. Die Definition einer klaren Epochengrenze erweist sich für die R. des Hell. als nicht möglich, jedenfalls wenig sinnvoll. Die Übergänge sind fließend, die Fülle und Vielschichtigkeit der Einzelphänomene verwirrend. Entscheidend für die Betrachtung hell. R. sind die Faktoren, die, aus der arch. und klass. Periode übernommen, anscheinend konstant bleiben, und die Herausarbeitung der wesentl. Neuerungen. Hell. R. sollte vor allem als eigenständiges Phänomen der Epoche gewürdigt werden. Weder Triumph des Hellenischen[1] noch Niedergang klassisch-griechischer Religiosität sind einseitig überzubetonen[2]. Auch ein Interesse, das hell. R. nur als Folie betrachtet, die den Hintergrund für das Christentum abgibt, wird ihr nicht gerecht[3].
Die Grundzüge der alten Polisreligion sind im Hell. weiterhin präsent. Auch wenn die Polis an polit. Autonomie und wirtschaftl. Autarkie verloren hat, ist der KULT noch immer ein wichtiger Faktor der Selbstdarstellung nach außen und innen, der unangetastet bleibt. Höhepunkte des traditionellen Götterkults bilden die großen kalendar. Feste mit ihren Opferschmäusen, an denen die ganze Bürgerschaft teilnimmt und bei denen sie sich, zuweilen in eifersüchtiger Abgrenzung, als geschlossene Gemeinschaft erfährt. Als Zentrum des Festes gilt der Altar der Gottheit, auf dem man die Opfer darbringt und um den sich die Feiernden versammeln; der Tempel dient lediglich als Wohnung des verehrten, meist anthropomorphen Götterbildes, nicht als Bethaus der „Festgemeinde". Mädchen- und Knabenchöre, auch Tänze tragen zur Gestaltung der Feste bei.
Ansehen und panhellenischen Charakter bewahren die musischen und gymnischen Wettkämpfe der großen Heiligtümer (Olympien, Pythien usw.); die Beliebtheit auch lokaler Agone bleibt ungebrochen, wenn auch der Sport längst viel von seinem einstigen kultischen Hintergrund verloren hat und hauptsächlich Berufsathleten um die Preise kämpfen.
Dem Zeitgeschmack verpflichtet, scheinen die Rituale der traditionellen R. zuweilen besonders eindrucksvolle Ausmaße anzunehmen, was jedoch nicht darüber hinwegtäuschen sollte, daß sie hauptsächlich von den Behörden,

weniger von einer innerlich überzeugten Gemeinde getragen werden. Organisiert wird der Kult wie bisher meist von jährlich gewählten Priesterbeamten, die auch über die wirtschaftl. Verhältnisse der städt. Heiligtümer wachen. Im hell. Kleinasien kommt es häufig zur Versteigerung der Priesterämter gegen Höchstgebot[4].

Auf Gottheiten langbewährten Ansehens stützt sich demonstrativ auch manches hell. Königreich: so z.B. die ↗Seleukiden auf Apollon (Heiligtum von Didyma), die Attaliden von ↗Pergamon auf Athena, Herakles und Zeus (Pergamonaltar). Antiochos IV. Epiphanes versucht sich am Weiterbau des Tempels des Olymp. Zeus in Athen.

Daneben macht sich vor allem aufkommendes „nostalgisches" Interesse an altüberlieferten Opferbräuchen, die man z.T. unverstanden erhält oder wiederbelebt, bemerkbar. „Heilige Gesetze", jetzt inschriftlich festgehalten und in den Heiligtümern aufgestellt, regeln und verabsolutieren den kultischen Benimm; z.T. bringen sie altertüml. Bräuche wieder in Erinnerung[5]. Gebildete Bibliothekare, Genealogen und Lokalhistoriker schaffen mytholog. Handbücher; die mythisch-religiöse Erzählung sinkt teilweise zum bloßen Bildungsgut ab, über dessen Fiktionalität man sich im klaren ist, gewinnt aber verstärkte Bedeutung für das „internationale" Prestige der politisch entmachteten Poleis bzw. der jungen, traditionsarmen hell. Reiche. Um die hellenische Tradition zu betonen, erhebt man auch in den hell. Neugründungen die griech. Polisgötter zu Stadtgottheiten, in deren Kult die indigenen Bevölkerungsanteile miteinbezogen werden.

Kultische Verehrung als Heroen (s.u. B 14) genießen mythische und historische „GRÜNDER DER STADT", deren Grab oder Kenotaph von der Agora aus die Polis beschützt. Wohltäter (εὐεργέται) der Stadt, die sich, bei zunehmender Verarmung der Poleis, durch Stiftung eines Sakralgebäudes oder prächtige Ausstattung eines Festes oder Agons verdient machen, können jetzt zu Lebzeiten zum δεύτερος κτίστης („Zweiten Gründer") aufsteigen[6]. Sie werden zumindest inschriftlich durch prestigeträchtige namentl. Nennung geehrt, wenn sich nicht sogar, wie im Fall hell. Könige in Kleinasien, die dankbare Verehrung der Stadt schon zu Lebzeiten in einem städt. Lokalkult manifestiert[7] (↗Herrscherkult C 3b).

Die verstärkte Bevölkerungsmobilität des Hell. lockert die

traditionellen religiösen Bindungen. Erste Ansätze zu dieser Entwicklung haben KRITIK und Zweifel von seiten der Atomisten und Sophisten seit dem 5. Jh. geleistet. Die gebildete Oberschicht benutzt z. T. die religiösen Ängste des einfachen Volkes, um ihre Stellung zu festigen[8]. Epikur hält an der Existenz der alten Götter fest; diesen seien jedoch die Menschen völlig gleichgültig, wie sie denn auch keinen Einfluß mehr auf das irdische Geschehen nähmen (vgl. u. Hymnus auf Demetrios Poliorketes). Wie schon früher (Hekataios, Herodot) versucht man das Bild der Götter durch rationale Betrachtung von märchenhaften und unwürdigen Zügen zu befreien. Allegorische Erklärungsansätze der alten Mythen (↗ Stoa) begreifen die Götternamen als Bezeichnungen von Naturerscheinungen: Zeus sei das Himmelsfeuer, Hera die Luft. Euhemeros v. Messene (↗ Roman B I 1; ↗ Utopie) vertritt um 300 den nach ihm benannten Euhemerismus: die Götter werden als große Menschen ferner Vergangenheit erklärt, die vor ihrem Tod den eigenen Kult gestiftet hätten[9]. So gibt es auch für den Gebildeten die Möglichkeit, in dieser modifizierten Form die alten Götter und Mythen gelten zu lassen, auch wenn man persönlich vielleicht eher der unter Gebildeten weitverbreiteten Auffassung von den Sternen als „sichtbaren Göttern" anhängt[10].

Deren Ferne jedoch ist wohl die Ursache für den Aufschwung der sog. „NAHEGÖTTER" im Hell. Erfüllung privater Wünsche, unmittelbar spürbare Hilfe sind die Hauptanliegen der Menschen. Man sucht im Kult die Nähe der traditionellen Götter deutlich zu machen. In aufwendig gestalteten Prozessionen trägt man jetzt das Götterbild umher[11], was früher nur in seltenen Fällen üblich war, beim Opferschmaus wird der Gottheit ein prächtiger Tisch gedeckt (Theoxenia = Göttermahl). Wundergeschichten und Berichte göttlicher Epiphanien sollen das bröckelnde Vertrauen stützen. Neue Kulte der alten Götter führt man ein, wenn diese ihre Macht und Nähe durch ein Rettungswunder oder eine Erscheinung (Epiphanie, u. B 10) unter Beweis gestellt haben. Allerdings verläßt man sich nicht nur auf das göttliche Wirken: auch durch die vertragl. Zusicherung ihrer ↗ Asylie versuchen sich die Heiligtümer vor Angreifern (z. B. kretischen Piraten) zu schützen – mit wechselndem Erfolg.

Die Menschen im Hell. wenden sich vorzugsweise an „kleinere" Gottheiten, die ihnen in den Problemen des Alltags wie auch im persönl. Leid näher scheinen als die majestätischen Olympier. Allgemeiner Beliebtheit erfreuen sich Herakles (s.u. B 13), der Schadenabwehrer und Sterbliche, dessen mühevolles Leben in der Unsterblichkeit gipfelt, wie auch Heilheroen (s.u. B 11) – Asklepios und Amphiaraos –, deren Heiligtümer wachsende Bedeutung erlangen. Als Mittler zwischen Göttern und Menschen fungiert außerdem Dionysos (s.u. B 9), selbst Sohn einer Sterblichen, der die Unsterblichkeit erlangt hat und den Menschen seit langem den Weg in ein seliges Jenseits weist.

Besonders nahe ist auch der „göttliche Mensch" (θεῖος ἀνήρ), der die rettende Funktion des Stadtgotts übernehmen kann, was sich in der verbreiteten kult. Verehrung des Herrschers (↗Herrscherkult) äußert. Typisch für diese Einstellung ist der Hymnus, den man in Athen auf den Straßen singt, als Demetrios Poliorketes (↗Antigoniden) dort eintrifft: „Die anderen Götter halten sich so weit entfernt oder haben kein Ohr oder sie sind nicht, oder nicht uns zugewandt. Dich aber sehen wir da, nicht hölzern oder steinern, sondern lebend wahr, beten darum zu Dir."[12]

Die Hinwendung zur privaten kultischen Kleingruppe drückt sich in der Vielzahl verschiedener KULTVEREINE aus: in privaten, landsmannschaftl. oder berufl. gegliederten Zirkeln (θίασοι, κοινά), verehrt man die Gottheit, zu der man eine besondere Beziehung wünscht oder zu haben glaubt (Techniten des Dionysos, s. u. B 9). Auch der dauerhafte Erfolg der alten Kultform der Mysterien (s.u. B 20), in denen die Frage nach einem neuen Leben, mitunter auch nach einem seligen Jenseits im Vordergrund steht, erklärt sich u.a. aus der Geborgenheit, die man in der engverbundenen kult. Kleingruppe findet. Ungebrochenes Ansehen genießen die Mysterien von Eleusis wie auch die örtlich nicht gebundenen Dionysosmysterien; glückliche Schiffahrt gewähren die Kabiren von Samothrake und die Dioskuren.

In einem Zeitalter religiöser Toleranz (man scheut zwar den Vorwurf des Atheismus, Asebieprozesse kommen aber nicht mehr zur Ausführung[13]) ist die besondere Vielfalt religiösen Angebots möglich. Keine der religiösen Optionen stellt einen Alleinverbindlichkeitsanspruch auf; jederzeit besteht die Möglichkeit, eine Mysteriengruppe wieder zu verlassen oder durch Einweihung in andere Mysterien die Wahrscheinlichkeit des Erfolgs zu verstärken.

Die Ausweitung des geographischen Horizonts verstärkt die Vergleichsmöglichkeiten mit benachbarten R.en, deren Fremdartigkeit fasziniert und denen die nicht dogmatisch fixierte traditionelle griech. R., in den hell. Neugründungen selbst nur lose verwurzelt, auch im Mutterland aufgeschlossen entgegentritt. Kommt es (wie z. B. in Rom) zu staatl. Repressalien, so sind hierfür im allgemeinen nicht religiöse, sondern polit. Überlegungen ausschlaggebend[14]. Erste Träger der neuen „ORIENTALISCHEN" KULTE sind oft Soldaten, aber z. B. auch kleinasiat. Sklaven oder fremde Kaufleute, die sich im Ausland zur Pflege ihrer heimatl. Götter zusammenfinden. Gleichzeitig erleben östlich beeinflußte, gefühlsbetonte Kulte, die schon länger in Hellas bekannt sind, wie Adonis und Meter (s. u. B 1, 19), großen Zuspruch.

Maßgeblich mitgeprägt wird die Rezeption und auch Umformung orientalischer Kulte durch eleusin. Einflüsse. Das Vorbild von Eleusis scheint den hell. Mysterien der ägypt. Isis zugrunde zu liegen, bei der Einführung des neuen Ptolemäergottes Sarapis wirkt neben dem Ägypter Manethon auch Timotheos aus dem eleusin. Priestergeschlecht der Eumolpiden mit (s. u. B 2).

Aus Phoinikien erreichen die „Syrischen Götter" (Atargatis-Derketo, s. u. B 7) Griechenland, aus Kleinasien/Phrygien kommen Sabazios und Men (s. u. B 23, 17). Kultsprache ist meist Griechisch, im Isiskult scheint es allerdings ägypt. Kulttexte gegeben zu haben.

INTERPRETATIO GRAECA bildet eine wichtige Methode, sich mit dem Fremden zu befassen, es ins gräkozentrische Weltbild zu integrieren. Seit Herodot ist die Gleichsetzung ähnlicher Gottheiten – berechtigt oder unberechtigt – üblich, so z. B. des Herakles mit Melqart, dem Stadtgott von Tyros. Jetzt erkennt man z. B. Demeter in Isis, Dionysos in Osiris.

Die Vielschichtigkeit der neuen Götter, ihre große Beinamenzahl, ihre Gleichsetzung untereinander und mit den verschiedensten griech. Gottheiten gipfelt schließlich im SYNKRETISMUS, einer zentralen Erscheinung hellenistischer R. Während der Begriff „συγχρητισμός" bei den Griechen eine Vereinigung der Kreter im Kriegsfall[15] umschrieben hat, bezeichnet er heute die bewußte Vermischung von griech. und nichtgriech. Kulten und Götterattributen, die die Betonung der Einheit in der Vielfalt zum Ziel hat (σύγκρασις „Vermischung"). So erscheint Isis als Universalgöttin, Sarapis (der Zeus, Pluton und Helios zugleich in sich vereinigt) als Allgott. Verschiedenste Götter sind nur Erscheinungsformen der *einen* kosmischen Gottheit, ein Gedanke, den die ↗Stoa vorgeprägt hat.

Die Unsicherheit der Zeit läßt die Menschen aber auch Zuflucht suchen bei personifizierten Kräften, deren Walten man selbst deutlich zu erkennen glaubt und auf die man hofft – wie Homonoia, Demokratia, Eunomia und Eirene[16]. An deren Spitze steht Tyche (s. u. B 25), das wankelmütige Glück und Schicksal, das man zuweilen durch magische Praktiken zu zwingen oder dem man durch die „Erkenntnisse" der Astrologie (s. u. B 6) zu begegnen sucht, wobei die Gefahr des Fatalismus gegeben ist. Weit verbreitet ist daneben der Glaube an individuelle Dämonen (s. u. B 8), Ausdruck des Aberglaubens sind Zauberpapyri, Fluchtäfelchen und Amulette, die von umherziehenden Wanderpriestern verkauft werden. T.S.

Anm.: 1) C. Schneider, Kulturgesch. II 838. – 2) Ed. Meyer, Urspr. und Anfänge des Christentums III, Stuttgart–Berlin 1923, 537. – 3) W. W. Tarn – G. T. Griffiths, Die Kultur der hell. Welt, London ³1952, dt. Darmstadt 1966, 428. – K. Prümm, R.s geschichtl. Handb. für den Raum der altchristl. Umwelt, Freiburg 1943, 1. – 4) W. Otto, Kauf und Verkauf von Priesterämtern bei den Griechen. Hermes 44, 1909, 594–9. – 5) J. Prott – L. Ziehen, Leges Graecorum Sacrae, 2 Bde. Leipzig 1896–1906. – F. Sokolowski, Lois sacrées de l'Asie Mineure (LSAM), Paris 1955; ders. Suppl. (zu Prott-Ziehen), Paris 1962; ders., Lois sacrées des cités grecques (LSCG), Paris 1969. – 6) C. Habicht, Gottmenschentum und griech. Städte, Zetemata 14, ²1970, 169. – 7) Habicht, ²1970. – 8) Polyb. 6,56. – 9) Diod. 5, 41–46; 6, 1 f. – 10) Plat. Tim. 40 d, vgl. Epinomis 983 d 4 ff. – 11) S. Diod. 16,92,5 über die Götterbilderprozession bei der Hochzeit von Aigai (↗ Herrscherkult B 4). – 12) Duris FGrHist 76 F 13 (= Athen. 6,63 p. 253 D-F); V. Ehrenberg, Polis und Imperium, 1965, 503–19 (zuerst 1931); ↗ Herrscherkult C 2. – 13) A. B. Drachmann, Atheism in class. antiquity, London 1922, ND Chicago 1977. – 14) So konnten relig. Gruppierungen leicht in den Verdacht der Verschwörung gegen den Staat geraten; vgl. das Vorgehen Roms gegen die Bakchosanhänger (s. u. B 9). – 15) Plut. mor. 490 b. – 16) Vgl. auch Polyb. 18,54: Dikaiarch, Admiral Philipps V., errichtet Altäre für Asebeia (Unfrömmigkeit) und Anomia (Gesetzlosigkeit).

Lit.: G. Murray, Five Stages of Greek R., Oxford 1925. – F. Cumont, Die oriental. R.en im röm. Heidentum, Leipzig–Berlin ³1930. – H. Gressmann, Die oriental. R.en im hell.-röm. Zeitalter, Berlin 1930. – U. v. Wilamowitz-Moellendorff, Der Glaube der Hellenen II, Berlin 1932, ND Darmstadt ³1959 u. ö. – A. D. Nock, Conversion. The Old and the New in R. from Alexander the Great to Augustin of Hippo, Oxford 1933. – O. Kern, Die R. der Griechen III, Berlin 1938. – F. C. Grant, Hell. R.s, New York 1953. – C. Schneider, Geistesgesch. des antiken Christentums, 2 Bde. München 1954. – ders., Kulturgesch. II 765–959. – M. P. Nilsson, Gesch. der griech. R. II (HdAW V 2,2) ²1961 (Lit.). – F. C. Grant, Roman Hellenism and the New Testament, Edinburgh 1962 (Lit.). – P. M. Fraser, Ptolemaic Alexandria, Oxford 1972, I 189–301; II 323–461 (Lit.). – L. H. Martin, Hell. R.s, New York, Oxford 1987. – R. Muth, Einführung in die griech. und röm. R., Darmstadt 1988. – W. Burkert, Antike Mysterien, München 1990 (Lit.). – G. Luck, Magie und andere Geheimlehren in der Antike, Stuttgart 1990. – P. Bilde u. a. (Hg.), Religion and Religious Practice in the Seleucid Kingdom, Aarhus 1990 (Stud. in Hell. Civilisations 1)

B. Einzelne Gottheiten und Phänomene (ferner ↗Asylie; ↗Judentum B).

1. Adonis. Wie schon seit dem 6. Jh. feiern die Griechen auch im Hell. den Tod des jugendl. Fruchtbarkeitsgottes[1] und Gefährten Aphrodites[2]. In Gestalt und Kult des A. deutet sich die Rezeption oriental. Gottesvorstellungen durch die Griechen an. Ob ein konkretes (protophönik.-ugarit.?) Vorbild zugrundeliegt, bleibt ungeklärt[3]. Um den schönen A., die Frucht des Inzests zwischen König Kinyras von Kypros und seiner Tochter Myrrha, streiten Aphrodite und Persephone. Zeus spricht ihn für einen Teil des Jahres der Liebesgöttin zu, den Rest muß er im Hades verbringen. In der bekannteren Sagenversion wird A. durch einen wütenden Eber getötet, den Persephone oder der eifersüchtige Ares schickt[4].

Das bes. von Frauen begangene athen. Fest der Adonia[5] gilt der Totenklage um den jungverstorbenen Gott, aber wohl auch der Hoffnung auf sein Weiterleben[6]. Bei der nächtl. Feier trägt man Pflanzen in Schälchen („Adonisgärtchen") auf die flachen Dächer[7], wo sie am Tag in der Sommersonne rasch verdorren. Der A.-Kult hat sich als Privatkult mit oriental. Zügen (Weihrauchwolken, ekstatische Klage) wohl stets von den Frauenkulten der traditionellen Polisreligion abgehoben. Im Hell. steigert sich seine Beliebtheit. Theokrit XV beschreibt das hochsommerl. A.-Fest in ↗Alexandreia, wo man die Bilder von A. u. Aphrodite auf prächtigem Lager zwischen Pflanzen, Früchten und Speisen zeigt. Am folgenden Tag tragen klagende Frauen den „Leichnam" des A. ans Meer.

Anm: 1) Zur Verbindung des A. mit Aussaat und Ernte s. nach J. G. Frazer, The Golden Bough, part IV (A., Attis, Osiris), Bd. II³, New York 1914, 89 f., und W. Graf Baudissin, A. und Eschmun, Leipzig 1911, neuerdings wieder G. J. Baudy, Adonisgärten. Studien zur ant. Samensymbolik, Frankfurt 1986. – 2) Sappho 140, S. 69 LP; Hesiod fr. 139 MW. – 3) S. Ribichini, A.: Aspetti „orientali" di un mito greco. Rom 1981. – O. Loretz, Ugarit. Forsch. 13, 1981, 323 ff. – W. Burkert, GR 275. – Adonis. Relazioni del colloquio in Roma, 22–23 maggio 1981, Rom 1984. – Die Ableitung von semit. ʿadon „Herr" wird sei (wie schon RE I 1, 1893, 393) wieder bestritten, ebenso die gängige Parallelisierung mit Dumuzi/Tammuz. – 4) Apollod. 3, 183–185. Unterschiedl. Versionen bei H. Tuzet, Mort et résurrection d'A. Paris 1987, 34 ff. – 5) Menander Sam. 39–46; Bion, Ἐπιτάφιον Ἀδώνιδος. M. Detienne, Les Jardins d'A., Paris 1972, 151 f. – 6) Lukian, Dea Syria 6 (A.-Fest in Byblos). W. Burkert, Homo Necans, RVV 32, 1972, 90 A. 12. – 7) Plat. Phaidr. 276 b. Vgl. Jerem. 32,29; Jes. 17, 10 f.; Ez. 8,14.

2. Ägyptische Gottheiten. Gestalt und Herkunft des altägypt. Götterpaares Isis und Osiris waren den Grie-

chen bereits im 5. Jh. bekannt[1], doch beschränkte sich die Verehrung wohl auf Gläubige ägypt. Nationalität[2]. Grundlegend ist die Erzählung von der Ermordung und Zerstückelung des Osiris durch Seth, der Auffindung des Toten durch Isis, seiner Auferstehung als Herrscher des Totenreichs und der endlichen Überwindung Seths durch Horus, den Sohn des Götterpaares[3]. Im Hell. verlieren sich lokale und nationale Gebundenheit des Kults zugunsten universaler Strömungen. Isis, u. a. mit Aphrodite und Demeter gleichgesetzt, erhält in ptolem. Zeit in SARAPIS (S.) einen „neuen" Partner[4]. Herkunft und Anfänge des S.kults (der Name S. wahrscheinl. von „Osiris-Apis", dem Totengott und heiligen Stier von Memphis, abzuleiten[5]) sind seit der Antike umstritten[6]. Ein Traum habe ↗Ptolemaios I. befohlen, das Kultbild des S. von Sinope nach ↗Alexandreia zu schaffen. Wie schon die Ikonographie des S. an Zeus und Hades-Pluton erinnert (bärtig, auf dem Haupt den Modius, ein Getreidemaß; Kerberos begleitet ihn), so zeigt er sich auch als Sender von Traumorakeln mit dem Jenseits verbunden.

Zentren des S.kults waren Alexandreia und Memphis; zusammen mit anderen ä. G. wie ANUBIS, HARPOKRATES (gräzisierte Form des Horusknaben, der bei den Griechen auch Karpokrates heißen kann) und Isis wurde S. auch im kleinasiat. und griech. Bereich (u. a. Kypros, Rhodos, Delos, Athen) verehrt.

In den hell.-röm. Mysterien der Ä. G., für die es kein altägypt. Vorbild gibt und die wohl von den Dionysos-Mysterien (s. u. 9, 20) und vom eleusin. Demeterkult beeinflußt worden sind[7], aber erst bei den Römern ihren größten Einfluß erlangen, spielt ISIS die Hauptrolle. Die Epiphanie (s. u. 10) der Göttin im Traum, Fasten, sexuelle Enthaltsamkeit und rituelle Reinigung sind für den Mysten Vorbedingungen der Initiation. Sie führt ihn bis an die Schwelle des Todes, um ihm dann ein neues Leben zuteilwerden zu lassen, das auch die Hoffnung auf individuelles seliges Weiterleben im Jenseits in sich trägt. Aretalogien (s. u. 5), die Isis als kosmische Universalgöttin preisen, haben große Verbreitung erlangt. Als Mutter- und Heilgottheit ist Isis bis weit in die röm. Zeit besonders bei den Frauen[8] sehr beliebt. Sie erscheint im Gewand griech. Göttinnen, mit spezifisch geknotetem Mantel (*nodus Isiacus*) und Sistrum (Rassel). Ob die Ikonographie der christl. *Maria lactans* von Darstellungen der Isis, die Harpokrates säugt, beeinflußt wurde, ist umstritten[9].

Anm.: 1) Hdt.2, 42. – 2) Vidman 1969, 1.73; 1970, 34. – 3) Plut. De Is. 12–20. – 4) Heyob 9. – 5) U. Wilcken, UPZ I 7ff. – 6) Tac. hist. 4, 81 ff; Plut. De Is. 28f. Alexander-Ephemeriden FGrHist 117 F3 (S. in Babylon). R. Stiehl, The Origin of the Cult of S. History of Religions 3, 1963/4, S. 21–23. Dazu auch P. M. Fraser, Ptolemaic Alexandria, Oxford 1972, I 246–76. – 7) Hauptquelle: Apul. met. 11. Burkert 26. – 8) Heyob 44f. – 9) V. Tran Tam Tinh – Y. Labrecque, Isis lactans, EPRO 37, 1973, 40–49.

Lit.: Th. A. Brady, The Reception of the Egyptian Cults by the Greeks 330–30 B.C, The Univ. of Missouri Studies 10, 1935. – R. Merkelbach, Isisfeste in griech.-röm. Zeit, Beitr. z. Kl. Ph.5, 1963. – L. Vidman, Sylloge inscriptionis religionis Isiacae et Sarapiacae (SIRIS), Berlin 1969. – ders., Isis u. Sarapis bei den Griechen und Römern, RVV 29, 1970. – R. E. Witt, Isis in the Graeco-Roman World, Ithaca/ New York 1971. – J. E. Stambaugh, Sarapis under the earlier Ptolemies, Leiden 1972. – F. Dunand, Le culte d'Isis dans le bassin oriental de la Mediterranée, 3 Bde., EPRO 26, 1973. – W. Hornbostel, Sarapis, EPRO 32, 1973. – Sh. K. Heyob, The Cult of Isis among Women in the Graeco-Roman World, EPRO 51, 1975. – F. Solmsen, Isis among the Greeks and Romans, Cambridge/Mass. 1979. – U. Bianchi, Iside, dea misterica. Quando? in: Perennitas: Studi A. Brelich, Rom 1980, 9–36. – J. Goodwin, Mystery Religion in the Ancient World, London 1981. – R. A. Wild, Water in the Cultic Worship of Isis and Sarapis. EPRO 87, 1981. – M. Totti, Ausgewählte Texte der Isis-und Sarapis-Religion, Hildesheim 1985. – J. Leclant – G. Clerc, Inventaire bibliogr. des Isiaca I–III, EPRO 18, 1972/74/85. – F. Mora, Prosopografia Isiaca I–II, Leiden 1990. – W. Burkert, Antike Mysterien, München 1990.

3. AION. Versteht Homer Aion als „Lebenskraft"[1], so erkennt Euripides[2] in ihm den Sohn des Chronos. In der Folgezeit gibt der Begriff bis in die Spätantike Anlaß zu verschiedene philosoph. Überlegungen[3]. Bes. augenfällig wird der Bedeutungswandel hin zu „Zeit, Ewigkeit" bei Isokrates. Im Hell. sind frühere Bedeutungsfelder geschwunden. Göttergunst „für ewig" (εἰς τὸν αἰῶνα) soll die Förderung eines Heiligtums bei Tralleis den Königen Seleukos I. und Antiochos I. bringen[4]. Auch Attalos III. von Pergamon wünscht man glückliche Herrschaft εἰς τὸν ἅπαντα αἰῶνα[5].
Unscharf bleibt, wann A. als selbständiger Gott auftritt. In ↗ Alexandreia, wo er u. a. mit Sarapis und Harpokrates (s.o. 2) verschmilzt, feiert man am 5. Januar die Geburt des A. durch Kore[6]. Sehr fraglich ist die Identifikation des A. mit dem persischen Ewigkeitsgott Zervan (s.u. 16); auch die Bezeichnung des löwenköpfigen, schlangenumwundenen Ungeheuers der Mithrasmysterien als A. läßt sich nicht belegen. Verworfen wird neuerdings auch die Identifikation A.-Ianus[7] und stattdessen eine Propagierung des A. im griech. Osten im Gefolge der Saecularpropaganda des Augustus angenommen[8].

Anm.:1) Il. 19,27; Od. 5,152; 18, 202. – 2) Eur. Her. 900. – 3) Plat. Tim. 37 d: Umkehrung von Eur. Her. 900: A. als Vorbild des Chronos, als unabänderlich ruhende Ewigkeit. A. als „ewige Lebenszeit des Himmels" bei Arist.

Cael. 279a 22. – 4) Welles, RC 55. – 5) OGIS I 332, Z. 32. – 6) Hier wird viell. in röm. Zeit ein Fest für Isis und Harpokrates uminterpretiert: R. Merkelbach, Isisfeste in griech.-röm. Zeit, Beitr. z. klass. Phil. 5, 1963, 47–50. – 7) A. = Ianus: M. Valerius Messalla bei Lydos mens. 4,1 p.13 W., dazu Zuntz 1989, 31–36. – 8) Weihung einer A.-Statue in Eleusis IG II/III² 4705, dat. um 17 v. Chr.

Lit.: H. Juncker, Über iran. Quellen der hell. A.-Vorstellung, Vortr. Bibl. Warburg 1921/22, Leipzig 1923, 125–78. – G. Zuntz, A. Plutonios, Hermes 116, 1988, 291–303. – Ders., A., Gott des Römerreichs, SB Heidelberg 1989.

4. ANAITIS

(avest. Ardvi-Sura-Anahita: die Feuchte-Starke-Makellose). Altiranische Göttin, der babylon. Ištar ähnlich. Die Natur ist ihr heilig, bes. Wasser und Bäume. In achämenid. Zeit erscheint sie neben Mithras (s.u.18) und Ahura Mazda, ihr Kult verbreitet sich in Syrien, Armenien und Lydien. In der armen. Landschaft Akilisene besitzt sie Tempelprostituierte, Hierodulen[1] (s.u.15), in Lydien (Hypaipa, Hierokaisareia) ehrt man sie als „persische Artemis" mit Agonen und magischen Feuerritualen[2]. Die Griechen setzen A. außerdem mit Athena und Aphrodite gleich[3].

Anm.: 1) Strab. 11, 14, 16 p. 532. – 2) Paus. 5, 27, 5f. (vgl. 7, 6, 6); Plut. Artax. 27. – 3) Athena: Plut. Artax. 3. Aphrodite: Berossos FGrHist 680 F 11, 12. Iamblichos, Babyloniaca 9, Hercher I p. 224.

Lit.: H. Weller, Anahita, Tübingen 1938, bes. 71ff. u. 127ff. – S. Wikander, Feuerpriester in Kleinasien und Iran 1946. – G. Widengren, Die Religionen Irans, Stuttgart 1965. – N.V. Sekunda, REA 87, 1985, 7–29 (dazu SEG XXXVI 1560).

5. ARETALOGIE.

Katalog der Wunder und zivilisator. Wohltaten (z.B. Trennung von Himmel und Erde, Erfindung des Ackerbaus), die eine Gottheit für die Menschen vollbracht hat. Im bes. wundergläubigen Hell. tragen professionelle Prediger („Aretalogoi") die A., die auch Teil des Götter-↗Hymnus wird, in den Heiligtümern z. B. der ägypt. Gottheiten u. des Asklepios (s.o. 2, u. 11) vor.

Lit.: A. Kiefer, Aretalog. Studien, Diss. Freiburg 1929. – D. Müller, Ägypten und die griech. Isisaretalogien, Berlin 1961. – V. Longo, Aretalogia nel mondo greco I: Epigrafie e papiri, Genua 1969. – H. Engelmann, The Delian Aretalogy of Sarapis, EPRO 44, 1975. – Y. Grandjean, Une nouvelle arétalogie d'Isis à Maronée, EPRO 49, 1975 . – Ch. Veligianni-Terzi, Bemerkungen zu den griech. Isisaretalogien, RhM 129, 1986, 63–76

6. ASTROLOGIE.

Im Mutterland der A., Babylonien, steht die Verbindung kosmischer und irdischer Rhythmen (Regen, Ernte, auch Königtum) im Vordergrund, die Zukunft des Individuums hat hier noch keinen Platz. Aus

Babylon stammen die Vorstellung von der Göttlichkeit der Himmelskörper und die Benennung der Planeten nach Göttern (Ištar, Marduk, Ninurta, Nabo, Nergal), die Griechen und Römer entsprechend übernehmen. Eigenschaften der namengebenden Gottheit werden auf den Planeten übertragen. Die A., die der im Hell. weitverbreiteten kosmischen Frömmigkeit entgegenkommt und als rationalste aller mantischen Methoden gilt, setzt die Wissenschaft Astronomie (↗Naturwissenschaften A) voraus[1], deren geozentrisches Weltbild mit Tierkreis und Planetensystem Saturn-Jupiter-Mars-Sonne-Venus-Merkur-Mond ihr zugrundeliegt. Ägypt. Einflüsse werden in der weiteren Aufgliederung des zwölfteiligen Tierkreises in Teile zu je 10 durch 36 Gestirngötter, Dekane, deutlich. Den Ägyptern „Nechepso und Petosiris"[2] und dem geheimnisvollen Hermes Trismegistos[3] schrieb man für die A. maßgebliche Schriftensammlungen zu. Seit dem 5. Jh. finden sich erste persönl. Horoskope. Die Konstellation der Gestirne in der Geburtsstunde bestimmt das Schicksal des Einzelnen, wobei die Gefahr des Fatalismus zunimmt. – 280 gründet Berossos von Babylon auf Kos eine Astrologenschule. Haben bereits in früherer Zeit Orphik und Philosophie (Platon, Aristoteles) den Durchbruch der A. vorbereitet, so findet sie im 1. Jh. v. Chr. eine Stütze in den Häuptern der ↗Stoa (Sympathielehre des Poseidonios). Obwohl man 139 v. Chr. noch alle Astrologen aus Italien ausweist, ist der Siegeszug der A. nicht zu bremsen, bis in die Spätantike machen fast alle röm. Kaiser von ihr Gebrauch.

Anm: 1) Griech. ἀστρολογία steht sowohl für Astrologie als auch für Astronomie. – 2) 2. Jh. v. Chr. Nechepsonis et Petosiridis fragmenta, ed. E. Ries, Philol. Suppl. 6, Leipzig 1891–1893. – 3) W. Gundel, Neue astrolog. Texte des Hermes Trismegistos, Abh. München 1936. – 4) Hauptquellen: Lukian, De dea Syria; Apuleius, Met. 8, 24–30.

Lit.: Catalogus Codicum Astrologorum Graecorum, 12 Bde., Brüssel 1898–1951. – A. Bouché-Leclerq, L'a. grecque, Paris 1899. – F. Cumont, A. and religion among the Greeks and Romans, London 1912. – F. Boll – C. Bezold – W. Gundel, Sternglaube und Sterndeutung, Leipzig, Berlin [4]1931. – E. Zinner, Sternglaube und Sternforschung, München 1953 (Lit.). – M. P. Nilsson, GGR II[2] 268–81. – F. H. Cramer, A. in Roman Law and Politics, Philadelphia 1954. – O. Neugebauer – H. B. van Hoesen, Greek Horoscopes, Philadelphia 1959. – W. u. H. G. Gundel, Astrologumena. Die astrolog. Lit. in der Antike und ihre Gesch., Archiv f. Gesch. d. Medizin u. d. Naturwissenschaft Beih. 6, 1966. – W. Hübner, Die Eigenschaften der Tierkreiszeichen, Wiesbaden 1982; ders., Die Begriffe „A." und „Astronomie" in der Antike. Stuttgart 1989. – G. Luck, Magie und andere Geheimlehren in der Antike, Stuttgart 1990.

7. ATARGATIS[1], (syr. ʿtarʿata, griech. Derketo), als ‚Dea Syria' mit ihrem Gefährten Hadad von alters her bes. in Hierapolis-Bambyke verehrt, wo Stratonike, die Frau Seleukos' I. den Kult durch den Bau eines Tempels fördert[2]. Im 3. Jh. gelangt die Göttin nach Ägypten, Ätolien und Makedonien, im 2. Jh., wohl durch wandernde Bettelprediger, Kaufleute und syr. Sklaven, nach Delos, Sizilien und Rom. Ursprünglich der babylon. Ištar und der phoinik. Astarte verwandt, besitzt A. bei Lukian synkretistische Züge, wird u.a. mit Hera, Athena, Aphrodite und Meter (s.u. 19) verglichen. Ihr von Löwen flankiertes Bild in Bambyke trägt die Mauerkrone, auch Bräuche der Priesterschaft, wie Selbstentmannung und ekstatischer Tanz, weisen Parallelen zum Meter-Kult auf. In Hierapolis als Herrin der Tiere dargestellt, erscheint A. in Askalon als Frau und Fisch zugleich. Teiche mit heiligen Fischen gehörten zu ihren Heiligtümern, aitiolog. Mythen berichten von der Fisch-Metamorphose der Göttin und von Geburtshilfe, die ihr durch Fische zuteilwurde[3]. – 136–132 spielt Eunus, ein wundertätiger Prophet der syr. Göttin, eine charismat. Führerrolle im Sklavenaufstand in ↗Sizilien.

Anm.: 1) Hauptquellen: Lukian, De dea Syria; Apuleius, Met. 8, 24–30. – 2) Zum ἱερὸς γάμος Antiochos' IV. mit A.: Gran. Lic. p. 5 Fl., dazu Schmitt, Antiochos d. Gr. 102. – 3) Diod. 2,4,2; Ampel. 2,2; Hygin. fab.197.

Lit.: H. A. Strong – J. Garstang, The Syrian Goddess, London 1913. – O. Eissfeldt, Tempel und Kulte syr. Städte in hell.-röm. Zeit, Leipzig 1941. – P. Lambrechts – P. Noyen, NClio 6, 1954, 258–77. – H. Seyrig, Les dieux de Hiérapolis, Syria 37, 1960, 233–51. – P. L. van Berg, Corpus Cultus Deae Syriae 1ff., Leiden 1972ff. – R. A. Oden Jr., Studies in Lucian's Dea Syria, Diss. Missoula Mont. 1977. – M. Hoerig, Dea Syria-Atargatis, ANRW II 17, 3, 1984, 1536–81. – P. Bilde, A./Dea Syria: Hellenization of her cult in the Hell.-Roman Period ? in: P. Bilde u. a. (Hg.), Religion and Religious Practice in the Seleucid Kingdom, Aarhus 1990, 151–87. – H. J. W. Drijvers, RAC 15, 1991 s. v. Hierapolis, 27–41, bes. 30ff.

8. DÄMONEN (δαίμονες). Begriff bisher nicht sicher geklärt: „Zuteiler", aber auch „Zerteiler" (z.B. menschlicher Leichen)[1]. Im homer. Epos scheint noch keine spezifisch böse Seite der D. auf. D. begegnen als nicht näher benannte Triebkräfte, die menschl. Handeln veranlassen; δαίμων kann für θεός stehen. Bei Hesiod (Erga 122f.) macht Zeus die Menschen des Goldenen Zeitalters zu D., die den Lebenden gewogen sind, sie bewachen und ihnen Reichtum schenken. D. im vor-hell. Sinn erhalten keine kult. Verehrung und sind ikonographisch nicht festgelegt[2]. In medizin. Literatur des 5. Jh. ist erstmals die Rede

von Schreckerscheinungen, die am Selbstmord nervöser Frauen und Mädchen schuld seien[3]. Platon, der D. als Mittler zwischen Göttern und Menschen darstellt[4], weist jedem Sterblichen von Geburt an seinen persönl. Daimon zu. Sein Schüler Xenokrates[5] prägt die Vorstellung von auch bösen, zuweilen blutgierigen D., die „unter dem Mond" leben und für seltsame Kultbräuche (wilde Klagen, Omophagie) verantwortlich sind, die nicht zum Gottesbild der Philosophen passen. Diese D.-Definition wird von der ↗Stoa aufgegriffen und in Verbindung mit magischem Brauchtum, Spuk- und Geisterglauben volkstümlicher Religiosität schnell populär. Als D. wurden im Hell. oft auch Tote angesprochen (Grabstelen).

Anm.: 1) Stamm *dai*-. Burkert, GR 279 A.3. – 2) Eine Ausnahme bildet der „Agathos Daimon", der in Schlangengestalt erscheint und dem man vom Wein spendet. Aristoph. Eq.85; Vesp. 525. Diod. 4, 3. – 3) Hippocr. Parth. 8, 468 Littré. – 4) Symp. 202 e, vgl. Epinomis 984f. – 5) R. Heinze, Xenokrates, Leipzig 1892.

Lit.: J. A. Hild, Étude sur les démons dans la littér. et la relig. des Grecs, Paris 1881. – J. Tamborino, De antiquorum daemonismo, RVV 7, 1909. – J. ter Vrugt-Lentz, RAC IX 1976, 598–615 s.v. Geister und D. – M. Detienne, La notion de Daimon dans la Pythagorisme ancien, Paris 1963. – F. A. Wilford, DAIMON in Homer, Numen 12, 1965, 217–32. – H. Nowak, Zur Entwicklungsgesch. des Begriffs Daimon, Diss. Bonn 1960. – J.Z. Smith, Towards Interpreting of Demonic Powers in Hell. and Roman Antiquity, ANRW II 16, 1, 1978, 425–39.

9. DIONYSOS, Gott des Weins, des rauschhaften Wahnsinns und der Maske, galt lange als bes. spät eingewanderter Gott, dessen Fußfassen in Hellas die Mythen angebl. spiegeln[1]. Jedoch deuten *diwonusojo* in Linear B-Texten und archäologischer Befund (Keos) auf hohes Alter und eher minoische Herkunft. In archaischer Zeit ein reifer, bärtiger Mann, wird D. seit dem 5. Jh. als zuweilen effeminierter Jüngling mit Thyrsosstab und Weinreben in Begleitung eines Thiasos aus Mänaden, Satyrn und wilden Tieren dargestellt. Im Hell. beeinflussen und durchdringen sich Vorstellungen vom Zug Alexanders d. Gr. nach Indien und von D.s' Siegeszug[2]. Hell. Herrscher zeigen eine besondere Affinität zu D., dem ursprünglich sterblich geborenen Gott (↗Herrscherkult C3a), so z.B. D.-Auftritte Demetrios' I. Poliorketes[3], das dionys. Siegesfest Ptolemaios' II.[4] und Ptolemaios' XII. Neos D." Namensanknüpfung an den Gott, die durch Annäherung von Osiris und D. in Ägypten erleichtert wird. – Seit der Archaik bis in die röm. Kaiserzeit Bezeugung dionys. Mysterien (s. u. 20) ohne festes Kultzentrum. In privaten

Thiasoi, Kultbünden mit geheimen Zeremonien, begeht man nächtliche, manchmal ausschweifende Feiern (Weintrinken, Omophagie) und öffentl. (Phallos-)Prozessionen, wobei auch rituell hervorgerufene Gruppenekstase eine Rolle spielt. Gott und Verehrer verschmelzen in der D.-Religion. Dem Mysten verspricht D., der in myth. Erzählung selbst von Titanen getötet und zerstückelt wird, den Weg in ein seliges Jenseits. Träger der D.-Traditionen sind neben Vereinen wie der unsteten Schauspieltruppe der dionysischen Techniten[5] wandernde, wundertätige Priester, wie auch der Gott selbst in Euripides' Bakchen als charismat. Fremdling erscheint. Ptolemaios IV. Philopator versucht 210 durch Edikt die Wanderpriester zu registrieren und verlangt Rechenschaft über Herkunft und Art ihrer ἱεροὶ λόγοι[6]. Beim Bacchanalienskandal in Rom (186; Vorwürfe sind Ritualmord und Verschwörung gegen die Res publica) 6000 Hinrichtungen[7]. Trotzdem ist D.-Verehrung seit der Caesarzeit wieder in Rom präsent (Villa dei misteri in Pompeji)[8].

Anm.: 1) E. Rohde, Psyche, Freiburg ²1898, II 1–55. ND Darmstadt 1988. – 2) Arr.anab. 5,1; 6,28. – 3) Plut. Demetr. 12. – 4) Kallixenos FGrHist 627. – 5) Bezeugt z. B. in Teos und Pergamon. – 6) G. Zuntz, Hermes 91, 1963, 228–39. Ähnliche Versuche staatl. Kontrolle in Lesbos und im Milet des frühen 3. Jh. – 7) Liv. 39, 9–19. – 8) E. Simon, JDAI 76, 1961, 111–72. O. J. Brendel, JDAI 81, 1966, 206–60.

Lit.: W. Quandt, De Baccho ab Alexandri aetate in Asia minore culto, Diss. Halle 1912. – A. Bruhl, Liber Pater: Origine et expansion du culte dionysiaque à Rome et dans le monde romain, Paris 1953. – M. P. Nilsson, The Dionysiac mysteries of the Hell. and Roman age, Lund 1957. – F. Matz, ΔΙΟΝΥΣΙΑΚΗ ΤΕΛΕΤΗ. Archäolog. Unters. zum D.-kult in hell. und röm. Zeit. Abh. Mainz 1963, 15 (1964). – A. Henrichs, Greek Maenadism from Olympias to Messalina, HSCP 82, 1978, 121–60. – R. Merkelbach, Die Hirten des D. Die D. mysterien in der röm. Kaiserzeit und der bukol. Roman des Longos, Stuttgart 1988.

10. Epiphanie, Erscheinung eines übermenschl. Wesens (Gott oder Heros), im Hell. auch des Herrschers in besonderer Notsituation (Schlacht, Belagerung, Seenot, Krankheit[1]). Folge der E. können sein: Sieg, Heilung, zumindest das Bewußtsein, außerordentl. Schutz zu genießen. So z. B. der Bericht der Tempelchronik von Lindos von rettenden E.n Athenas 490 in den Perserkriegen und i. J. 305/4 (Belagerung durch Demetrios Poliorketes)[2]. Folge einer E. ist zuweilen auch die Einrichtung bestimmter Kultgebräuche, z. B. in Magnesia am Mäander eines panhellen. Fests für Artemis Leukophryene nach deren E.[3]. Schwindendes Vertrauen in die alten Polisgötter und die Verbreitung des ↗Herrscherkults verursachen seit dem 2. Jh. die

Annahme des Beinamens „Epiphanes" durch hell. Könige (Ptolemaios V. Ep., Antiochos IV. Ep., Antiochos VI. Ep. Dionysos), die sich den Griechen nun als Nothelfer übermenschlicher Qualität offenbaren und deren Ankunft als E. gefeiert werden kann[4]. Ähnlich wird auch die Ankunft der neuen Macht Rom im griechischen Osten in Verbindung gebracht mit Berichten von der E. der Dea Roma[5].

Anm.: 1) Als Helfer in der Schlacht und vor allem als Retter in Seenot erscheinen häufig die Dioskuren, deren E. man in St. Elmsfeuer erkennen will. Traum-E.n von Asklepios und Amphiaraos s. u. 11. – 2) FGrHist 532 (99 v. Chr.) – 3) Inschr. von Magnesia 16–87; Syll.[3] 557–562 (nach 220). – 4) Zum Empfang Demetrios' I. Poliorketes in Athen s. o. A Anm. 12; B 9. – 5) SEG XXX 1073.

Lit.: F. Pfister, RE Suppl. IV 1924, 277–323 s.v. E. – E. Pax, EPIPHANEIA, München 1955; ders., RAC V 1962, 832–909, s.v. E.

11. Heilgötter.

Seit dem 6./5. Jh. wird vor allem Asklepios, Sohn Apollons und der ungetreuen Sterblichen Koronis, als gött. Heiler verehrt. Die Auferweckung eines Toten führt zu seiner Vernichtung durch Zeus' Blitz. In Schlangengestalt oder als anthropomorpher, zeus-ähnlicher Gott mit schlangenumwundenem Stab genießt er große Beliebtheit, sowohl im griech. Mutterland (Kultzentrum Epidauros) als auch in Kleinasien (Pergamon), den griech. Inseln (Kos) und Rom, wohin der Gott als Schlange 293 v. Chr. auf Geheiß der sibyllin. Bücher übergeführt wird. Mit ihm verehrt man seine Tochter Hygieia („Gesundheit"), in Epidauros auch seine Gattin Epione. Homer erwähnt die Asklepiossöhne, die Heroenärzte Machaon und Podaleirios[1]. Zuweilen bizarr anmutende Heilungswunder in den Asklepieien erfolgen durch Opfer und Tempelschlaf (Inkubation), wo Asklepios den Patienten Heilmethoden offenbart oder sie sofort heilt. Daneben werden Kos und Pergamon zu Zentren antiker ↗ medizin. Wissenschaft (Ärzteschulen).

Anm.: 1) Hom. Il. 4,194; 11,518.

Lit.: O. Weinreich, Antike Heilungswunder, RVV 8, 1909. – R. Herzog, Die Wunderheilungen von Epidauros, Philologus Suppl. 22, 1931. – E. J. u. L. Edelstein, Asclepius, 2 Bde., Baltimore 1944–45. – U. Hausmann, Kunst und Heiltum, Potsdam 1948. – K. Kerényi, Der göttl. Arzt, Darmstadt ³1975. – G. Heiderich, Asklepios, Diss. Freiburg 1966. – Ch. Benedum, Asklepiosmythos und archäolog. Befund. MHJ 22, 1987, 48–61. – H. Müller, Ein Heilungsbericht aus dem Asklepieion von Pergamon. Chiron 17, 1987, 193–233. – H. Sobel, Hygieia, Darmstadt 1990.

12. Helios,

Sonnengott. An seine tägl. Reise mit dem Sonnenwagen über den Himmel verweist der in Rhodos geübte Brauch, ihm ein Viergespann zu opfern. Nachts denkt man sich die Rückreise des Helios in einer goldenen Schale über den Okeanos. Berühmt die homer. Erzählung von den heiligen Rinderherden des H. auf der Insel Trinakria (Od. 12, 127). Die Kultstätten (z.B. Akrokorinth) sind meist jüngeren Datums. Aus älterer Zeit stammt nur der Kult in ↗Rhodos, wo man ihm um 300 die größte Bronzestatue der Antike weiht; doch schon 227 stürzt ein Erdbeben den „Koloß von Rhodos". An die Ikonographie des Sonnengottes, vom Fahrtwind gebauschtes Haar und Strahlenkrone, knüpft auch die Selbstdarstellung hell. Könige an (Münzen Ptolemaios' III.). Synkretist. Strömungen fördern im Hell. neben der altvertrauten Identifikation H.-Apollon auch die Verschmelzung des Gottes mit (z.B.) Dionysos und ägypt. Gottheiten (Harpokrates; s.o. 2 und 9). H. erkannten und verehrten die Griechen auch in den syr. Heiligtümern von Baalbek-„Heliopolis" und Palmyra. Bedeutung erlangte die Lehre Platons (Tim. 40 d) von den Gestirnen, an deren erster Stelle H. steht, als „sichtbaren Göttern".

Lit.: L. Farnell, The Cults of the Greek States V, Oxford 1909, 417–20. – F. Cumont, La théologie solaire du paganisme romain, Mém. Ac. des Inscr. 12, 1909, 447 ff. – O. Jessen, RE VIII 1, 1912, 66–69. – F. Altheim, H. und Heliodor von Emesa, Amsterdam 1942. – K. Kerényi, Vater H., Eranos Jahrbuch 10, 1943, 81–124. – M. P. Nilsson, Opuscula selecta II, Lund 1952, 462ff.; III, 1960, 31 ff. – K. Schauenburg, H., Berlin 1955.

13. HERAKLES. Panhellen. Heros, der sowohl chthonische (Heroen-) als auch olympische Opfer erhält. Durch seine Taten im Dienst des myken. Königs Eurystheus macht er die Erde für die Menschen bewohnbar, befreit sie von Ungeheuern aller Art. Mühevolles Leben und qualvoller Feuertod auf dem Berg Oita tragen dem Sohn des Zeus und der Alkmene die Unsterblichkeit ein, H. wird zu einem göttl. Wesen, das aber den Menschen besonders nahe steht (vgl. auch Asklepios, Dionysos, s.o. 11 und 9), und von dem sie sich Rettung und Abwehr der Übel erhoffen („Alexikakos"). Prodikos von Keos betont in der Erzählung von H. am Scheideweg (Xen. mem. 2,1,21–34) besonders die tugendhafte Seite des (sonst etwas rüden) Helden, die für die Philosophie (↗Kynismus, ↗Stoa) wegweisend wird. Vorbildcharakter gewinnt H. auch für den hell. Herrscher (↗Herrscherideal 1). In Makedonien gilt er als Stammvater Alexanders d. Gr., bei Ptolemäern (Ptolemaios I. „Soter") und Seleukiden (Sel. II. „Kallinikos") finden sich Beinamen, die bereits H. getragen hat. Auf Delos organisieren sich phoinik. Händler im Kultverein der Herakleasten (I. v. Delos 1519, 15).

Lit.: H. Höistad, Cynic hero and cynic king, Uppsala 1948. – W. Derichs, H., Vorbild des Herrschers, mschr. Diss. Köln 1950. – H. A. Shapiro, Heros Theos. The Death and Apotheosis of H., The Classical World 77/1, 1983, 7–18.

14. HEROEN. Anknüpfend an Homer und Hesiod, nach denen die früheren Menschen gewaltiger als die jetzigen waren, genießen die H. des Epos schon früh kult. Verehrung (so z. B. Agamemnon in Mykene und Sparta). Der Heros ist oft ein „Halbgott", der von Göttern abstammt, letztlich jedoch sterblich. Sogar Missetäter[1] können u. U. heroische Ehren erhalten. Häufig wird der Gründer einer Polis auf der Agora als Heros Ktistes verehrt. Bes. wichtig sind die ambivalenten Kräfte, die von H.gräbern ausgehen; diese werden seit dem Hell. oft aufwendig gestaltet[2]. Zuweilen versucht man durch Translation der Gebeine die wohltätigen „Reliquien" eines H. für die Stadt zu gewinnen[3]. Die enge Verbindung von lokalem H.kult und Totenkult wird in den chthonischen Opfern deutlich, die der H. erhält. Ist die Heroisierung Toter ursprüngl. nur Ausnahmefall (z. B. die Gefallenen von Plataiai, Sophokles als Heros Dexion, weil er den Gott Asklepios in seinem Hause „aufnahm"), wird sie im Hell. geradezu üblich[4], erleichtert auch die Anfänge des ↗Herrscherkults[5]. „Kultgesetze" und Stiftungen sollen die Kontinuität der „privaten" H.opfer ermöglichen.

Anm.: 1) Paus. 6, 9, 6f., z. B. auch Neoptolemos in Delphi. – 2) J. Fedak, Monumental Tombs of the Hell. Age. Phoenix Suppl. 37, 1990. – 3) Bekanntestes Beispiel: die Einholung der Gebeine des Theseus durch Kimon 475 v. Chr.; Plut. Thes. 36; Kim. 8; Arist. Fr. 611. Vgl. auch die Rolle des Gebeine des Orestes im Konflikt zw. Sparta und Tegea: Hdt. 1,67f.; Pausan. 3,3,5–7; 3,11,10 u.ö. – 4) Beispiele für Heroisierung: Thera: IG XII 3, 864. Athen: Syll.[3] 1101 = LSCG 49, Z. 46, 176/5 v. Chr. – 5) Heroisierung von Flaminin und Philopoimen zu Lebzeiten: Diod. 29,18.

Lit.: F. Pfister, Der Reliquienkult im Altertum, RVV 5, 1909/12. – L. R. Farnell, Greek Hero Cults and the Idea of Immortality, Oxford 1921. – A. Brelich, Gli eroi greci, Rom 1958. – E. T. Thompson, The Relics of Heroes in Ancient Greece, Diss. Washington 1985. – W. Speyer, RAC 14, 1988 s. v. Heros, 861–77.

15. HIERODULOI. Als H. bezeichnet man seit dem 3. Jh. Sklaven einer Gottheit, die meist im Heiligtum leben. Während im Orient (Ägypten, Kleinasien[1]) die Tempel oft bedeutende eigenständige Wirtschaftskomplexe bis hin zu theokrat. Priesterstaaten bilden, die durch die hierarch. Gliederung ihrer Bewohner in Priester und Tempelsklaven charakterisiert sind, ist diese Organisation eines Heiligtums im griech. Kult unüblich[2]. Zu den Aufgaben der H. gehörte neben kult. Funktionen z. B. der Acker-

bau auf Tempelland. Als H. bezeichnete man auch die männl.und weibl. Träger der sakralen Prostitution. Diese findet sich im Kult oriental. Göttinnen (Ma, Anaitis, Atargatis-Dea Syria[3], s. o. 4, 7; u.19) und kommt bei der griech. Aphrodite vor, die hier deutl. Parallelen zu Ištar-Astarte aufweist. Kypros, Korinth und Eryx (Sizilien) sind als Stätten der Aphrodite, an denen Tempelprostitution geübt wurde, bekannt[4].

Anm.: 1) Z.B. das Heiligtum der Meter in Pessinus; der Priesterstaat im kilik. Olba. Zur soz. Organisation des Anaitis-Heiligtums in Zela (Pontos): Strab. 12, 3, 37. P. Debord, Aspects orientaux et économiques de la vie relig. dans l'Anatolie gréco-romaine, EPRO 88, 1982. – 2) S.o. 4; Tarn-Griffith 163ff. – 3) Lukian, Dea Syria 6. – 4) Strab. 8,6,20; 12,3,36; Athen. 13, 3,2 = Pindar, fr. 122; Iustin 21,3.

Lit.: W. Otto, Beiträge zur H.ie in Ägypten. Abh. München 1950 – K. Mlaker, Die Hierodulenliste von Ma'in, 1943. – L. Delekat, Katoche, H.ie und Adoptionsfreilassung. MB 47, 1964; dazu A. Kränzlein, Gnomon 37, 1965, 497–502; H. Braunert, ZSS 82, 1965, 360–7. – H. Schmitz, Hypsos und Bios, Diss. Zürich 1970, 30–32 (bestritten v. H. Conzelmann, Korinth und die Mädchen der Aphrodite, NGG 1967, 8). – E. M. Yamauchi, Cultic Prostitution in Orient und Occident, Essays C. H. Gordon, 1973, 213–22. – K. W. Welwei, Abhängige Landbevölkerungen auf Tempelterritorien im hell. Kleinasien und Syrien, AncSoc 10, 1979, 97–118. – M. A. Levi, Templi e schiavi sacri in Asia Minore, CISA 9, 1983, 51–56. – W. Fauth, RAC 15, 1991 s. v. Hierodulie, 74–82, bes. 77.

16. IRANISCHE RELIGION (s. auch o.4, u.18). Das Auftreten des Zarathustra (gr. Zoroastres) stellt den entscheidenden Einschnitt in der Geschichte der I.R. dar, die sich gliedern läßt in 1. die Frühzeit vor Zarathustra, 2. seine Reformperiode, 3. die Phase des Zoroastrismus, in der man die Lehren des Stifters entschärft, und (4.) die (hier vernachlässigte) sassanid. Epoche, die den Mazdaismus zur Staatsreligion erhebt.

1. Frühzeit: Relig. Gedankengut indoarischer Einwanderer (10. Jh.?) und die Vorstellungen ansässiger Stämme vermengen sich zu einem polytheist. System, das man aus den alten Opferhymnen (Yashts) zu rekonstruieren versucht hat. Verehrt werden personal u. a. die vier Elemente, Feuer (Agni/Atar), Wasser (Anahita), Wind (Vayu) und Erde, daneben auch Himmelskörper wie Sonne und Mond. An der Spitze des Pantheons steht schon in der Frühzeit der Himmelsgott Ahura Mazda, der „Weise Herr". Ihm untergeordnet ist z. B. der Vertragsgott Mithras (u. 18). Blutige Opfer gehören zum Ritual, jedoch ist im Vergleich zu den Griechen die Gottesvorstellung weniger anthropomorph geprägt (Hdt. 1, 131).

2. Die Reformen Zarathustras (Z.): Um ca. 600 soll der Reformator in Ostiran mit der Propagierung seiner Religion begonnen haben. Erhaltene Hauptquelle: die Gathas, 17 Opferhymnen in archaischer Sprache. Ahura Mazda (mittelpers. Ohrmazd, gr. Oromazes) gilt als einziger Gott und Schöpfer. Das Weltgeschehen wird durch den Dualismus der Zwillinge, des Guten Geistes (Spenta Mainyu) und des Bösen Geistes (Angra Mainyu) geprägt, zwischen denen sich die Menschen entscheiden müssen. Bes. Bedeutung besitzen die 6 Amesha Spentas, die Heiligen Unsterblichen, Ahura Mazda umgebend, gleichzeitig aber nur Aspekte seiner selbst. Ihre Namen, wie Vohu Manah (Gutes Denken), Asha (Wahrheit, rechte Ordnung), Xsathra (Herrschaft), Armaiti, Aramati (Fügsamkeit, Ergebung), Haurvatat (Gesundheit), Ameretat (Unsterblichkeit) umreißen ethische Aspekte der Lehre Z.s. Die Reformen verwarfen auch die bisher üblichen blutigen Opfer, Totenklagen und Bestattungsbräuche.

3. Nachzoroastrische Phase: Unklar ist, wie vollständig sich die Lehre des Z. durchgesetzt hat. In achämenid. Zeit werden Relikte der Frühzeit wieder integriert, so auf Inschriften Artaxerxes' II. (439–405) Anahita (Anaitis, s. o. 4) und Mithras (s. u. 18). Auch Verethragna, der keulenbewehrte Drachentöter der Frühzeit, in dem die Griechen Herakles erkennen, läßt sich nachweisen. Den Griechen wird iran. Glaubensgut bekannt durch Vermittlung der Magier, die das Kultpersonal der nachzoroastr. Religion in Kleinasien stellen[1] und die als Träger östlichen, auch Geheimwissens gelten. Im Hell. erscheinen apokalypt.-eschatolog. Schriften wie die romfeindlichen sog. „Orakel des Hystaspes", die iran. Tradition zugeschrieben werden[2]. Die Magier, die die Lehre Z.s mit babylon. Elementen „ergänzen", tragen in Prozessionen das heilige und ewige Feuer[3] und singen die bei Opferhandlungen vorgeschriebenen rituellen Hymnen („Theogonien"[4]). Feuerkultzentren sind bekannt u. a. in Pontos, Kappadokien und Lydien, wo ein Dekret der Attaliden der Persischen Göttin von Hierokaisareia die ↗ Asylie verspricht[5]. Geläufig wird den Griechen die Gleichsetzung Ahura Mazdas mit Zeus. Nur theolog. Bedeutung gewinnt bereits in früher Zeit der sog. Zervanismus, in griech. Quellen erstmals bei Eudemos v. Rhodos[6] belegt. Während sich im Mazdaismus „Zeit ohne Grenzen" und „Zeit der langen (aber letztlich ird.-vergängl.) Dauer" gegenüberstehen,

sieht der Zervanismus den Zeitgott Zervan als höchstes Prinzip, der Gut und Böse, Licht und Finsternis, Ohrmazd und Ahriman hervorgebracht hat. Einflüsse des Zervanismus auf griech. Theogonien (s. u. 22; Zeitgott Chronos) sind nicht auszuschließen. Umstritten ist das Ausmaß iran. Einflüsse auf die Lehren der Gnosis und auf das ↗Judentum (Essener).

Anm: 1) Theopomp FGrHist 115 F 65; Eudemos frg. 150 Wehrli. – 2) S. K. Eddy, The King is dead, Lincoln 1961, 32 ff. (Lit.). – 3) Strab. 15, 3,14. Opfer an Feuer und Wasser. – 300–150 v. Chr. ist „*fratadar*-" (Feuerbeschützer, F.träger) Titel der Fürsten in Persis. Zuvor scheinen sogar Menschenopfer vorgekommen zu sein: Hdt. 7, 114; E. Sachau, Die Chronik von Arbela, Berlin 1915. – 4) Hdt. 1, 131. – 5) OGIS 333 = Welles RC 273. – 6) Eudemos frg. 150 Wehrli, vgl. Plut. mor. 369–370.

Lit.: G. Widengren, Die Religionen Irans, Stuttgart 1975. – J. Duchesne-Guillemin, Ormazd et Ahriman, Paris 1953. – Ders., La Religion de l' Iran ancien, Paris 1962. – R. Ch. Zaehner, Zurvan, Oxford 1955. – Ders., Dawn and Twilight of Zoroastrism, London 1961. – J. Ries, Les religions de l' Iran sous les Achéménides et les Arsacides. Mazdéisme, Mages, Mithriacisme, Zervanisme, Louvain-la-Neuve 1984. – B. Hjerrild, The Survival and Modification of Zoroastrianism in Seleucid Times, in P. Bilde (Hg.), Religion and Religious Practice in the Seleucid Kingdom, Aarhus 1990, 140–50. – M. Boyce – F. Grenet, A History of Zoroastrianism III (Z. under Macedonian and Roman Rule), Leiden – New York 1991.

17. MEN. Iranisch-phryg. Mondgott[1], dessen Kult sich im Hell. über ganz Kleinasien verbreitet und bereits im 4./3. Jh. Attika erreicht. Auf der Agora von Athen wird er als Men Tyrannos besonders von den Sklaven verehrt. Dargestellt wird M. in phryg. Kleidung, verschmilzt dabei des öfteren mit anderen oriental. Göttern, wie Attis und Sabazios (s. u. 19, 23).

Anm.: 1) Strab. 12, 3, 31; 12, 8, 14.20. Lukian, Iupp. trag. 8; 42.

Lit.: F. Bömer, Unters. zur Religion der Sklaven, Abh. Mainz 3, ²1990, 195 ff. – E. Lane, Corpus monumentorum religionis Menis. I–IV, EPRO 19, 1971–1978. – D. Salzmann, E. N. Lane, Nachlese zum Mondgott M., MDAI (I) 34, 1984, 355–70.

18. MITHRAS. Der Name (Bed.: „Mittler des Vertrags") verweist auf indoiran. Herkunft. Die Achämeniden verehrten M. als Helfer Ahura Mazdas[1] (s. o. 16). Während M. im vorröm. Griechenland kaum Anklang findet, faßt er Fuß in den hell. Königreichen Kleinasiens, die sich auf achämenid. und makedon. Traditionen berufen. Neben spärlichen Zeugnissen aus Kappadokien, Kilikien und Pontos (Name Mithradates!) ist hier vor allem die Darstellung des Antiochos von ↗Kommagene in der „Dexterarum iunctio" mit M.-Helios-Apollon von Bedeutung. Umstritten sind Entstehung und Alter der M.-Myste-

rien², die für das 1. Jh. v. Chr. bei kilik. Piraten (in welcher Form auch immer) erwähnt werden³, aber nicht vor 100 n. Chr. belegt sind. Auch der Mythos vom Tauroktonos M. ist literarisch nicht überliefert und nur aus bildlichen Zeugnissen rekonstruierbar.

Anm.: 1) Artaxerxes II. (404–359) u. Artaxerxes III. (359–338); Merkelbach 37. – 2) C. Colpe, Mithra-Verehrung, Mithras-Kult und die Existenz iranischer Mysterien, in: Hinnels 1975, 378–405. – G. Widengren, Reflections on the Origin of the Mithraic Mysteries, in: Perennitas. Studi A. Brelich, Roma 1980, 645–68. – 3) Plut. Pomp. 24.

Lit.: F. Cumont, Textes et monuments figurés relatifs aux mystères de Mithra, 2 Bde, Brüssel 1896/99. – M. J. Vermaseren, Corpus Inscriptionum et Monumentorum religionis Mithriacae, 2 Bde., Den Haag 1956–1960. – J. R. Hinnels (Hg.), Mithraic Studies. Proceedings of the first Internat. Congr. of Mithraic Studies, 2 Bde., Manchester 1975. – J. Duchesne-Guillemin (Hg.), Etudes mithriaques. Actes du 2ᵉ congr. internat., Acta iranica 17, 1ˢᵗ ser. 4, Leiden 1978. – U. Bianchi, Mysteria Mithrae, EPRO 80, 1979. – R. Beck, Mithraism since Franz Cumont. ANRW II 17,4, 1984, 2002–2115. – R. Merkelbach, M., Königstein 1984 (Lit.). – M. Clauss, M., München 1990 (zum röm. Mithras). – N. M. Swerdlow, On the Cosmical Mysteries of Mithras, ClPh 86, 1991, 48–63.

19. MUTTERGOTTHEIT. In der Gestalt der Göttin, die die Griechen seit dem 7. Jh. als METER, „Mutter", verehren, verbinden sich möglicherweise minoisch-myken. (die Potnia Kretas) und kleinasiat.-phryg. Elemente (Kybele, altoriental. Kubaba¹). Demeter, die die Mütterlichkeit ebenfalls im Namen trägt, wird mit Meter nicht assoziiert. Vielmehr erscheint diese als Große Mutter (Μήτηρ μεγάλη), Mutter vom Berge (M. ὀρείη), oder trägt den Namen des Bergs, auf dem sie ihren Wohnsitz hat (M. Dindymene, M. Sipylene, M. Idaia). Ihr Bild flankieren Löwen. Die Griechen haben Schwierigkeiten, sie in die Göttergenealogien einzubinden, und setzen sie schließlich mit Rhea oder Aphrodite gleich. Zentrales Heiligtum ist der phryg. Priesterstaat von Pessinus, wo ihre Diener, die Galloi, den ekstat. Kult in Frauenkleidern zum Klang von Flöten, Pauken und Bronzebecken begehen. Fließendes Blut, Selbstverletzung bis hin zur Selbstentmannung sind unter den Galloi üblich. In Griechenland wird die M.-Verehrung durch Bettelpriester (Metragyrtai) verbreitet, die jedoch in der Polis kein großes Ansehen genießen. Die blutigen Aspekte des M.kults wirkten auf die Griechen eher abstoßend, die ekstat. Kultpraxis verbreitete sich nur zögernd. Erst seit dem Hell. ist der Mythos vom phryg. Hirten ATTIS, dem untergeordneten Paredros der Göttin, dessen Liebe, Untreue und Tod als Vorbild für das Treiben der Galloi gedeutet werden kann, bruchstückhaft in Wort und Bild belegt².

Im Hell. setzen auch die M.mysterien ein, bei denen ein Freudentag auf den „Tag des Blutes" folgt, evtl. denkt man an eine Auferstehung des Attis – die Zeugnisse schweigen diesbezüglich. 205/4 wird auf Geheiß der Sibyllin. Bücher der schwarze Kultstein von Pessinus durch Vermittlung Pergamons nach Rom gebracht. Dort wird die Mater Magna besonders als phryg.-trojan. Stammutter Roms auf dem Palatin verehrt. Bei ihren Mysterien ist in der röm. Kaiserzeit das Taurobolium, eine Art Bluttaufe üblich. Es muß nach zwanzig Jahren wiederholt werden und soll dem Mysten glückliches Leben und Wohlstand garantieren.

Anm.: 1) H. Otten, Zur Kontinuität eines altanatol. Kults, ZAssyr. 19, 1959, 174–84. – 2) Erste Darstellung des Attis um 300 auf einem Relief vom Piräus. Kallimachos, Fr. 761 Pf.; Catull 63.

Lit.: H. Hepding, Attis, seine Mythen und sein Kult, RVV 1, 1903. – M. J. Vermaseren, The legend of Attis in Greek and Roman Art, EPRO 9, 1966. – R. Duthoy, The Taurobolium. Its Evolution and Terminology, EPRO 10, 1969. – M.J. Vermaseren, Cybele and Attis: The Myth and the Cult, London 1977. – M. C. Giammarco Razzano, I Galli di Cybele nel culto di età ellenistica, MGR 8, 1982, 227–266. – F. Naumann, Die Ikonographie der Kybele in der phryg. und griech. Kunst, Tübingen 1984. – G. Thomas, Magna Mater and Attis, ANRW II 17, 3, 1984, 1500–35. – G. S. Gasparro, Soteriology and Mystic Aspects in the Cult of Cybele and Attis, EPRO 103, 1985. – L. E. Roller, The Great Mother at Gordion: the hellenization of an Anatolian cult. JHS 111, 1991, 128–43.

20. MYSTERIEN. Unter dem Einfluß der allg. Hinwendung zur privaten kult. Kleingruppe erlebt im Hell. die wohl schon vorgriech. Kultform der M. einen großen Aufschwung. Im Zentrum der M. steht die besondere Beziehung des Einzelmysten bzw. der Mystengemeinschaft zur Gottheit, die in der Schau des „Heiligen" (Epoptie) oder dem Einssein mit der Gottheit ihren Höhepunkt haben kann. Hieraus folgen für den Mysten die Modifizierung persönlicher Wertvorstellungen, diesseitiges Glück, wirtschaftl. Erfolg und zuweilen auch die Hoffnung auf ein seliges Weiterleben nach dem Tod. Die Organisation der M. liegt oft in den Händen von alteingesessenen Priesterfamilien. Seit jeher genossen besonderes, auch staatl. Ansehen die ortsgebundenen eleusinischen M. für Demeter und Kore[1], die allgemein (Frauen, Sklaven, Fremden) zugänglich waren; auch die Jenseitshoffnung der Dionysos-M., die sich bes. in Unteritalien verbreiten, ist bereits seit ca. 400 bezeugt[2]. Im Hell. verbreiten sich M. nichtgriechischer Götter, wie z.B. der Isis (s.o. 2), denen gleichwohl Eleusis als Vorbild gedient haben mag. Aus

Phrygien erreichen M. der Meter u. des Attis wie auch des Sabazios Griechenland (s. o. 19, u. 23). In Samothrake genießen die M. der Kabiren, einer urspr. oriental. Göttervierheit, die man als „Theoi Megaloi" (Große Götter) verehrt, die Förderung der Makedonenkönige wie auch der Ptolemäer[3]. Die M. des Mithras (s. o. 18) sind erst für die röm. Kaiserzeit belegt.

Die Exklusivität der M. wird durch strenge Geheimhaltungspflicht geschützt (Todesstrafe). Meist finden sich nur Andeutungen; doch auch wenn das Geheimnis verraten wird, ist es dem Uneingeweihten noch nicht verständlich[4]. Im Zentrum steht das ἄρρητον, das Unsagbare, das der Myste „erlebt", die Verbindung von δρώμενα und λεγόμενα, sexuelle und agrarische Symbolik scheinen eine Rolle gespielt zu haben. In Eleusis zeigt der Hierophant der schweigenden Gemeinde eine Ähre. Auch von der Geburt eines geheimnisvollen Kindes ist die Rede. Die M.-Initiation ist als Neuanfang (im Diesseits!) in mehreren Stufen (Myesis, Epoptie) gestaltet. Fasten, Enthaltsamkeit und Reinigungsrituale markieren den Beginn des neuen Lebens, in der Feier sind oft die polaren Gegensätze von Dunkel und Licht, Schrecken und Erleichterung, Trauer und Freude bedeutsam. Die Aufnahme in einen M.kult kann ein kostspieliges Unterfangen sein (z. B. Isis). Die M. greifen unterschiedlich stark ins persönl. Leben ein – von der Tonsur der Isisanhänger über die strengen Reinheitsvorschriften orph.-dionysischer Gruppen bis hin zur Selbstkastration der Galloi, die ihrer Göttin nun notgedrungen ein ganzes Leben lang zugetan sein müssen. Ob auch ethische Forderungen an den Mysten gestellt werden, ist unklar. Die „M.-Gemeinde" konstituiert sich nach außen durch Prozessionen, bei denen „geheime Dinge" mitgeführt werden (Eleusis) und die Mitglieder in ekstatischem Thiasos (Dionysos, Sabazios, auch Meter) zu wilder Musik durch die Straßen in die Wildnis ziehen. Es besteht die Möglichkeit, gleichzeitig in unterschiedl. M. eingeweiht zu sein; von ausgeformten M.-„Religionen" mit Ausschließlichkeitsanspruch läßt sich nicht sprechen.

Anm.: 1) Vgl. z. B. den Wunsch des Demetrios Poliorketes nach Einweihung: Plut. Dem. 26. – 2) Goldblättchen aus Hipponion (Thessalien) und Thurioi: G. Zuntz, Persephone, Oxford 1971, 277–393. – 3) S. Guettel Cole. – 4) Verräter im Altertum: F. Jacoby, Diagoras ὁ ἄθεος, Abh. Berlin 3, 1959.

Lit.: R. Reitzenstein, Die hell. M.religionen nach ihren Grundgedanken und Wirkungen, Leipzig ³1927. – U. Bianchi, The Greek Mysteries, Leiden 1976 (Iconography of Religions XVII,3). – G. d'Alviella, The Mysteries of Eleusis:

The Secret Rites and Rituals of the Classical Greek Mystery Tradition, Wellinborough 1981. – J. Goodwin, Mystery Religion in the Ancient World, London 1981. – S. Guettel Cole, Theoi Megaloi: The Cult of the Great Gods of Samothrace, EPRO 96, 1984. – B. M. Metzger, A Classified Bibliography of the Graeco-Roman Mystery Religions 1924–73 with a Supplement 1974–77, ANRW II 17, 3, 1984, 1259–1423. – W. Burkert, Antike M., München 1990 (Lit.).

21. ORAKEL. Schon im 5. Jh. beginnt das polit. Gewicht der traditionellen O. zu schwinden. Z. B. leidet Delphis Ansehen in den Perserkriegen. Die private Klientel versucht auch jetzt, die göttl. Antwort auf persönl. Fragen in den O.-Heiligtümern zu erfahren[1], die Gesandtschaften der Städte lassen sich neue kult. Einrichtungen bestätigen[2]. Beliebt sind Traumorakel, bei denen der Gott direkt mit dem skeptischen Frager in Verbindung tritt[3]. Folgen hat ein „O.-Spruch" des Ammon von Siwa, der Alexander d. Gr. die Gottessohnschaft bescheinigt. Die beflissene Bestätigung dieses Spruchs durch das kleinasiat. Apollon-O. von Didyma markiert den Beginn von dessen zweiter Blüte im Hell. unter dem Schutz der ↗ Seleukiden, die sich auf Apollon zurückführen und deshalb auch andere Apollon-O. gründen oder fördern. In Delphi hat 279 beim Galaterüberfall Apollon selbst eingegriffen (Epiphanie, s. o. 10) und so das Ansehen des O.s gestärkt. Der ↗ Ätolerbund und die Römer zählen nun zu den Klienten. Außerdem erfreut sich Delphi der Gunst der Attaliden von ↗ Pergamon, die dort eine Bühne für die Darstellung ihrer gemeingriech. Verdienste als Sieger über die barbarischen Galater finden[4].

Politische Bedeutung gewinnen im Hell. apokryphe O.-Sammlungen, die meist den Untergang derzeitiger Unterdrücker prophezeien und als Möglichkeit geistigen Widerstands gegen herrschende Fremdlinge (Ptolemäer, Seleukiden, Römer) genutzt werden[5].

Anm.: 1) Beispiele privater Konsultationen z. B. die Bleitäfelchen von Dodona, SGDI 1557 ff; H. W. Parke, The Oracles of Zeus, Oxford 1967. – 2) So z. B. die ↗ Asylie von Magnesia am Mäander und die Spiele für Artemis Leukophryene. – 3) Amphiareion, Asklepieia, O. des Trophonios in Lebadeia: dort erscheint der Heros dem Fragesteller persönlich. – 4) H. J. Schalles, Unters. zur Kulturpolitik der pergamen. Könige im 3. Jh. v. Chr., Istanb. Fschg. 36, Tübingen 1985. – 5) H. Fuchs, Der geist. Widerstand gegen Rom, Berlin 1938 (=² 1968).

Lit.: A. Bouché-Leclercq, Hist. de la divination dans l'antiquité, 4 Bde. Paris 1879–1882. – W. Günther, Das O. von Didyma in hell. Zeit, Ist. Mitt. Beih. 4, Tübingen 1971. – H. W. Parke, The Oracles of Apollo in Asia Minor, London 1985. – J. Fontenrose, Didyma, Berkeley 1988. – H. W. Parke, Sibyls and Sibylline Prophecy in Classical Antiquity, London 1988.

22. ORPHIK. Der thrak. Sänger Orpheus, dessen Lieder im Mythos die wilden Tiere zähmten und die Unterweltsherrin Persephone erweichten, wurde für die Griechen im 6./5. Jh. zum Religionsstifter. Heilige Schriften v. a. über die Entstehung der Welt und der Götter wurden ihm zugeschrieben, wandernde Orpheotelesten (Mysterienpriester)[1] zeigten Bücher, die älter sein sollten als Homer und Hesiod. Die erhaltenen „Orph. Hymnen" sind erst im Späthell. aufgezeichnet worden. Die Beziehungen der O.er zur Sekte der Pythagoreer und zu den Bakchosmysten sind nicht klar auszumachen, schon früh scheinen sich hier Überschneidungen ergeben zu haben. Als theolog. Zentralthema der O. hat man für Griechenland die Inzestgeschichte von Geburt und Tod des von Titanen zerrissenen Dionysos Zagreus angenommen, in Unteritalien stand eher die Lehre von der Seelenwanderung bzw. der Unsterblichkeit der Seele und vom Totengericht im Vordergrund. Von den mörderischen Titanen, aus deren Asche sie entstanden sind, haben die Menschen nach Meinung der O. die Blutschuld geerbt. Durch die Einhaltung von Diätvorschriften, v. a. Vegetarismus, müssen sie versuchen, den Mord an Dionysos zu sühnen.

Anm.: 1) Theophr. char. 16,11 f.

Lit.: O. Kern, Orphicorum Fragmenta, Berlin 1922 (Lit.). – M. P. Nilsson, Opuscula selecta II, Lund 1952, 628 ff. – W. Burkert, Weisheit und Wissenschaft. Stud. zu Pythagoras, Philolaos und Platon. Erlanger Beitr. z. Sprach- u. Kunstwiss. 10, 1962, bes. 102 ff. – Ders., Orpheus und die Vorsokratiker, Antike u. Abendland 14, 1968, 93–114. – M. L. West, The Orphic Poems, Oxford 1985.

23. SABAZIOS. Thrako-phrygischer Gott, aus dessen etym. ungeklärtem Namen eine synkretist. Verbindung zum jüd. Sabaoth herausgelesen wurde[1]. Seit dem 5. Jh. in Athen private Mysterien[2] mit „dionysischen" Umzügen; nächtl. Initiationsfeiern (Reinigungsriten und Heilige Hochzeit mit dem schlangengestaltigen Gott[3]) sind im 4. Jh. dort bezeugt[4]. In der literar. Überlieferung überwiegt die Gleichsetzung mit Dionysos, die aber in den Monumenten nicht vorkommt. Diese sind dem Zeus-Sabazios geweiht, entsprechend führen auch Attalos II. und seine kappadok. Gattin Stratonike den „Zeus Sabazios"-Kult offiziell in Pergamon ein[5].

Anm.: 1) So F. Cumont, Les mystères de Sabazius et le Judaisme, CRAI 1906, 63–79 aufgrund von Val. Max. 1,3,3; von der neueren Forschung eher abgelehnt, s. Johnson 1984. – 2) SEG XXIX 1205. – 3) Clemens Protr. 2,16,2. – 4) Demosth. 18 (de corona) 259. – 5) Inschr. v. Perg. 248.

Lit.: S.E. Johnson, The Present State of S. Research, ANRW II 17,3, 1984, 1583–1613. – M.J. Vermaseren–E.J. Lane, Corpus Cultus Iovis Sabazii (CCIS, EPRO 100/1–3), 1983–89.

24. Totenkult und Jenseitsglaube. Auch im Hell. erhält sich die alte Tradition des ritualisierten Umgangs mit den Toten. Bestattung, Totenklage wie auch Totenopfer der Lebenden am Grab (Libationen von Milch, Honig, Öl, auch Wasser für das Bad in regelmäßigen Abständen) stehen dem Verstorbenen nach wie vor zu. Erfüllt man diese Pflichten, vermeidet man den Zorn des Toten, der sich auf die Familienangehörigen übel auswirken, sogar die Wiedergängergefahr heraufbeschwören könnte. Gegen Übertreibung des Grabluxus wenden sich 317/16 erneut die Gesetze des Demetrios von Phaleron in Athen[1].
Spätestens seit dem 5. Jh. sind die überkommenen Jenseitsvorstellungen in gebildeten Kreisen ins Zwielicht geraten. Vorstellungen vom Totengericht wie auch von der Seelenwanderung (Orphik, s. o. 22) bilden Alternativen zum homer. Epos. Während Platon die Lehre von der Unsterblichkeit der Seele propagiert, verneinen Epikureer und Stoiker die Möglichkeit eines persönl. Weiterlebens. Für verschiedene Mysterien (s. o. 20) ist uns die Hoffnung auf die ewige Dauer des myst. Festes im Jenseits überliefert. Im bakchischen Bereich, auf den die Goldblättchen aus Thessalien hinweisen[2], wird der Tote gar selbst zum Gott. Kommt in vorhell. Zeit die Heroisierung eines Sterblichen nur im überragenden Einzelfall vor (Heroen, s. o. 14), so will man im Hell. am liebsten jeden Toten heroisieren. Nicht nur die Könige genießen ↗Herrscherkult, auch Privatleute besitzen prächtige Grabbauten (Heroa), die als Kultstätten fungieren. An den Gräbern werden manchmal sogar regelmäßige Agone abgehalten, die durch Stiftungen finanziert werden.
Bedeutung gewinnt auch die hell. Kosmologie, die das Schicksal des Menschen an die Gestirne bindet (s. o. 6) und die Möglichkeit des Katasterismos der menschlichen Seele, ihre „Versternung" in Betracht zieht.

Anm.: 1) Cic. de legg. 2, 63–66. – 2) S.o. B 20 A.2.

Lit.: E. Rohde, Psyche, 2 Bde, Freiburg ²1898. – R. Lattimore, Themes in Greek and Latin Epitaphs, Urbana 1943. – D. C. Kurtz – J. Boardman, Thanatos. Tod und Jenseits bei den Griechen (zuerst 1971), dtsch. Mainz 1985.

25. Tyche. Das berühmteste Bild der T., die T. von Antiocheia am Orontes, schuf Eutychides erst um ca. 300 (s.

Tafel 3). Ähren in der Hand und mit der Mauerkrone geschmückt (andere Attribute können Steuerruder, Füllhorn und Plutosknabe sein), trägt T. im Hell. als Schutzgöttin besonders der Städte synkretist. Züge (Meter, Artemis, Isis usw.). Schon Hesiod kennt ihren Namen. Ursprünglich steht T. für das „Treffen", den Zufall, für Glück und Schicksal. Schon Euripides (Ion 1512; vgl. Hek. 488–91) äußert die Vermutung, T. sei womöglich die größte aller Gottheiten. Kult erhält sie jedoch erst im 4. Jh., Theben errichtet ihr nach Leuktra 371 einen Tempel; auch in Athen, Megara und Megalopolis wird sie verehrt. Durch kult. Ritual muß die offensichtliche (auch von der Neuen Komödie thematisierte) Unberechenbarkeit und Wankelmütigkeit der Göttin besänftigt werden, so daß sie als T. Soteira oder Agathe T. angesprochen werden kann. Die allgemeine polit. und geistige Unsicherheit des Hell., die Veräußerlichung der tradit. Polisreligion lassen die T.-Verehrung zu einem zentralen Zug der hell. Religiosität werden. In Pontos und im Seleukidenreich leistet man Eide auf die T. des Herrschers, in Pergamon steht ihre Statue im Tempel des Asklepios diesem zur Seite. T.S.

Lit.: T. Dohrn, Die T. von Antiochia, Berlin 1960. – H. Herter, Tyche, in: Kl. Schriften, München 1975, 76–90. – I. Kajanto, Fortuna, ANRW II 17,1, 1981, 502–58, spez. 525–32 (Lit.). – S. P. Kershaw, Personification in the Hellenistic World: Tyche, Kairos, Nemesis. Diss. Bristol 1986. – B. Fehr, Lectio Graeca – Lectio Orientalis. Überlegungen zur T. v. Antiochia, in: H. G. Kippenberg, Visible Religion VII, Leiden 1990.

Rhetorik. Die Anfänge einer kunstmäßigen Beredsamkeit hatte Gorgias von Leontinoi aus Sizilien nach Athen gebracht, wo die Rhetorik durch ihn und die übrigen Sophisten, vor allem Thrasymachos und Protagoras, weiterentwickelt und ausgebaut und zum wichtigsten Gegenstand des allgemeinbildenden höheren Unterrichts gemacht worden war. Mit Platons Kampf gegen die Rhetorik (vgl. bes. ‚Gorgias' und ‚Phaidros'), die im Gegensatz zur Philosophie auf Wahrscheinlichkeit statt Wahrheit und auf Überredung statt Überzeugung ausging, begann die Auseinandersetzung zwischen Philosophie und Rhetorik um den Vorrang in der Jugendbildung. In bewußtem Gegensatz zu Platon und dessen wissenschaftlich-philosophischem Bildungsideal hat Isokrates (13, 1 ff.; 15, 261 ff.; 12, 26 ff.) die Rhetorik in den Dienst einer universellen Allgemeinbildung gestellt, die praktisch verwertbar und zugleich charakterbildend und persönlichkeitsformend wirken sollte und für die er die Bezeichnung φιλοσοφία beansprucht. In Konkurrenz zu Isokrates und dessen sophistisch-rhetorischem Bildungsprogramm hat Aristoteles noch als Mitglied des platonischen Schülerkreises rhetorischen Unterricht in der Akademie erteilt. In seiner ‚Rhetorik' hat er das Verhältnis von Philosophie und Rhetorik in der Weise bestimmt, daß die letztere als eine außerhalb der eigentlichen Philosophie stehende nützliche Fertigkeit (δύναμις) anzusehen sei, deren Aufgabe in der Darlegung des Glaubwürdigen bestehe und die man beherrschen müsse, um sich verteidigen und dem Recht zum Sieg verhelfen zu können (Rhet. I 1 p. 1354 a 1 ff.). Im übrigen bietet die ‚Rhetorik' des Aristoteles in philosophisch vertiefter Form bereits alle wesentlichen Punkte des rhetorischen Systems. Die ebenfalls unter Aristoteles' Namen überlieferte ‚Rhetorik an Alexander', als deren Verfasser trotz neuerlicher Zweifel Anaximenes von Lampsakos zu gelten hat, vertritt demgegenüber stärker den traditionellen Lehrbuchtypus der sophistischen Schulrhetorik.

Gleichzeitig mit ihrem theoretischen Ausbau hatte die praktische Beredsamkeit im 4. Jh. ihren Höhepunkt erreicht, besonders durch Demosthenes. Als nach der Schlacht von Chaironeia (338) Griechenland politisch bedeutungslos geworden und damit auch der freien Rede ihr wichtigstes Betätigungsfeld, das Spiel der politischen Kräfte, entzogen war, trat ein rascher Niedergang der praktischen Beredsamkeit ein. Die Redekunst zog sich mehr und mehr in die Schule zurück.

Der ‚Schulcharakter' wurde bestimmend für die weitere Entwicklung der Rhetorik in hell. Zeit, die im einzelnen gekennzeichnet ist durch die zentrale Stellung der Rhetorik im Unterrichts- und Bildungswesen (↗Schule), die überragende Bedeutung stilistischer Fragen für die Theorie und Praxis der Beredsamkeit, das Ausgreifen der Rhetorik auf die gesamte Literatur und nicht zuletzt durch einen detaillierten Ausbau der rhetorischen Theorie mit Hilfe einer weitgehenden Systematisierung und immer komplizierteren Klassifizierung und Differenzierung.

Seit der Sophistik waren Grammatik und Rhetorik die beiden wichtigsten Bildungsfächer. In hell. Zeit erfolgte eine Trennung des Grammatik- und Rhetorikunterrichts, der bis dahin im allgemeinen in einer Hand gelegen hatte. Der auf den Elementarunterricht folgende Grammatikunterricht wurde zum Hauptfach des höheren Unterrichts und die Rhetorik zum eigentlichen Gegenstand der dritten Bildungsstufe, des Hochschulunterrichts oder des

Studiums, wie dies schon bei Isokrates der Fall gewesen war. Da infolge der veränderten politischen und gesellschaftlichen Verhältnisse die Beredsamkeit als Mittel des politischen Kampfes im öffentlichen Leben nahezu bedeutungslos geworden war, wandelten sich auch Form und Inhalt der Rhetorikausbildung. Die praktischen Übungen, mit denen das Studium abschloß, verloren den Zusammenhang mit der Praxis des öffentlichen Lebens und wurden zum Selbstzweck: Aus der praktischen Übung wurde die wirklichkeitsfremde Deklamation. Es ist bezeichnend, daß der Verfall der Beredsamkeit von der Zeit des Demetrios von Phaleron an datiert und auf die Einführung der Deklamationsübungen über fingierte Themen zurückgeführt wurde (Quint. II 4, 41; X 1, 33; 80). Die Deklamationen (μελέται) nahmen einen immer breiteren Raum ein und beherrschten mehr und mehr den Rhetorikunterricht. Da es bei ihnen weniger auf den sachlichen Inhalt als auf eine bestehende stilistische Form ankam, wurde auf die Lehre vom Stil (λέξις) und innerhalb der Stillehre wiederum auf den Redeschmuck (κόσμος) besonderer Wert gelegt, also auf die Ausschmückung der Rede durch Sentenzen, durch die verschiedenen Tropen und Figuren, schließlich durch eine bestimmte ‚Fügung‘ (σύνθεσις, ἁρμονία) der Wörter, Satzglieder und Satzperioden und die damit zusammenhängende Rhythmisierung. Die rhetorische Ausbildung, die im wesentlichen darauf hinauslief, zu lehren, wie man einem beliebigen Gedanken eine glanzvolle stilistische Form geben konnte, wurde somit in erster Linie zu einem stilistisch-ästhetischen Bildungskursus, der besonders jeder späteren literarischen Tätigkeit zugute kam. Die Folge davon war ein zunehmender Einfluß der Rhetorik auf die gesamte Literatur. Am deutlichsten und am frühesten machte sich die Rhetorisierung der Literatur in der wichtigsten Gattung der antiken Prosaliteratur, der ↗Geschichtsschreibung, bemerkbar, z. B. in den Werken des Theopomp und des Anaximenes, die beide Berufsrhetoren waren.

Im Anschluß an das sophistisch-rhetorische Bildungsideal des Isokrates erhoben die Vertreter der Rhetorik den Anspruch, durch die sprachliche Schulung eine umfassende Bildung des ganzen Menschen zu erreichen, und suchten dadurch der ↗Philosophie den Rang als Bildungsmacht streitig zu machen. Der Kampf zwischen Rhetorik und Philosophie um den Primat in der Jugendbildung führte dazu, daß die Rhetoren Teile der Philosophie (die Behandlung ethischer Fragen im Rahmen der Thesislehre, die Beweisführung der formalen Logik im Rahmen der rednerischen Argumentation) in ihren Unterricht aufnahmen und andererseits die Philosophen sich mit rhetorischen Fragen beschäftigten und zum Teil die Rhetorik in ihrem Unterricht berücksichtigten. In der Praxis erfolgte dadurch wieder ein gewisser Ausgleich zwischen Rhetorik und Philosophie.

Ganz im Sinn des Aristoteles hat der ↗Peripatos eine positive Haltung zur Rhetorik eingenommen und einen wichtigen Beitrag zu ihrer Weiterentwicklung geleistet. ↗Theophrast hat die bei Aristoteles vermißte Lehre vom Vortrag (ὑπόκρισις; *actio, pronuntiatio*) dem rhetorischen System eingefügt, wobei er unterschied zwischen Stimme (Sprechweise) und Bewegung des Körpers, die in Gesichtsausdruck und Gestikulation besteht. Wichtiger noch war, daß er, ebenfalls in Anlehnung an Aristoteles, die Stillehre zu ihrer für die Folgezeit gültigen Form ausgebaut hat. Er stellte die vier Stilforderungen (ἀρεταὶ τῆς λέξεως, *virtutes dicendi*) der Sprachreinheit (ἑλληνισμός, *latinitas*), der Deutlichkeit (σαφήνεια, *perspicuitas*), der Angemessenheit (πρέπον, *aptum*) und des Redeschmucks (κόσμος, *ornatus*) auf und unterschied, entsprechend den drei Arten der gerichtlichen (γένος δικανικόν, *genus iudiciale*), der beratenden (γ. συμβουλευτικόν, *g. deliberativum*) und der ‚prunkenden' Beredsamkeit (γ. ἐπιδεικτικόν, *g. demonstrativum*), die drei Stilarten (χαρακτῆρες λέξεως, *genera elocutionis*) des schlichten (χ. ἰσχνός, *g. subtile*), des mittleren (χ. μέσος, *g. medium*) und des erhabenen Stils (χ. μεγαλοπρεπής, *g. grande*). Die Stillehre des Theophrast hatte weitreichende Bedeutung auch über die Rhetorik hinaus, da sie gewisse Kriterien für die Beurteilung der künstlerischen Form der Literatur an die Hand gab. Außerdem wurde die Lehre von den drei Stilarten wichtig für die Nachahmung der Vorbilder, da für jede Stilart ein oder mehrere Redner als Musterbeispiel aufgestellt wurden (↗Kanon). So galt z. B. als Muster für den schlichten Stil Lysias, für den mittleren Stil Thrasymachos (Isokrates), für den erhabenen Stil Gorgias, wobei es im einzelnen freilich durchaus recht unterschiedliche Auffassungen gab. – In den älteren Peripatos gehört wohl auch die einzige aus hell. Zeit erhaltene rhetorische Schrift, die Abhandlung eines gewissen Demetrios ‚Über den Stil' (Περὶ ἑρμηνείας, ed. L. Radermacher), die fälschlich dem Demetrios von Phaleron zugeschrieben wurde. Die Schrift, der eine gegenüber Theophrast modifizierte Stillehre zugrunde liegt, hat einen vorwiegend stilkritischen und literarästhetischen Charakter. Mit ihren zahlreichen Ausblicken auf die Dichtung (166f.: Würdigung der Sappho), ihren stilkritischen Analysen (z. B. 113) und ihrer Erörterung über den Briefstil (223–235) zeigt sie besonders deutlich den engen Zusammenhang zwischen rhetorischer Stiltheorie und literarischer Stilkritik.

Nächst dem Peripatos hat die ↗STOA Einfluß auf die Rhetorik genommen. Die Rhetorik hatte im System der stoischen Philosophie innerhalb der Logik ihren festen Platz, und nicht praktische, sondern philosophische Gesichtspunkte bestimmten das Verhältnis der Stoa zur Rhetorik. Im philosophischen Unterricht trat die Rhetorik ganz hinter der Dialektik zurück, obwohl schon Zenon rhetorischen Unterricht erteilte und Kleanthes und Chrysippos rhetorische Lehrbücher geschrieben haben. Im Gegensatz zu Aristoteles sahen die Stoiker auch in der Rhetorik eine Wissenschaft (ἐπιστήμη), und die Beredsamkeit galt ihnen als eine Tugend (ἀρετή), die eigentlich nur der Weise besitzen kann und deren einzige Aufgabe in der Darlegung der Wahrheit besteht. Da nach stoischer Auffassung der Sprache als Erscheinungsform des Logos große Bedeutung zukommt, konzentrierte sich das Interesse innerhalb der Grammatik auf die Sprachlehre und innerhalb der Rhetorik auf die Lehre vom sprachlichen Ausdruck. Der enge Zusammenhang zwischen der stoischen Sprachlehre und Rhetorik zeigt sich u. a. darin, daß von den vier Stilqualitäten des Theophrast besonders die Forderung der Sprachkorrektheit (ἑλληνισμός) betont wurde, wobei eine wesentliche Rolle der Sprachgebrauch (*consuetudo*) spielte, der seit Chrysippos auch für die Anomalielehre wichtig war (↗Philologie). Den vier Stilqualitäten fügten die Stoiker die Kürze (συντομία, *brevitas*) hinzu, da der Philosoph keine überflüssigen Worte macht. Infolge des rigoros ethischen Standpunkts konnte auch die Forderung nach Ausschmückung der Rede für die Stoiker nur eine begrenzte Bedeutung haben. Wenn sie trotzdem auch auf diesem Gebiet die rhetorische Theorie bereichert haben, so ist das wiederum vor allem auf den Einfluß ihrer Sprachlehre zurückzuführen. In Anlehnung an die Wortschöpfungslehre haben sie die Lehre von den Tropen (τρόποι: Redeschmuck durch bestimmte Verwendung eines einzelnen Wortes, z.B. metaphorischer Wortgebrauch) ausgebildet und, wohl im Zusammenhang damit, die Lehre von den Figuren (σχήματα: Redeschmuck bei mehreren zusammenhängenden Wörtern, z.B. die Antithese und die übrigen ‚gorgianischen' Figuren) systematisch ausgebaut.

Unter den berufsmäßigen Vertretern der Rhetorik ist nach Isokrates erst wieder um die Mitte des 2. Jh.s ein Mann mit weitreichender Bedeutung hervorgetreten, HERMAGORAS von Temnos in Kleinasien (südl. Pergamon). Sein rhetorisches System, das er in einem 6 Bücher umfassenden Werk (Τέχναι ῥητορικαί, Fragm.-Slg.: D. Matthes, Leipz. 1962) niederlegte, ist für die Geschichte der Rhetorik wichtig geworden besonders durch die Stasislehre, die das Kernstück dieses Systems bildete. Hermagoras unterschied, z.T. in erheblicher Abweichung gegenüber der sonst üblichen Einteilung (*inventio, dispositio, elocutio, memoria, actio*), sehr wahrscheinlich die folgenden fünf Hauptteile der Rhetorik bzw. Arbeitsstadien des Redners (ἔργα τοῦ ῥήτορος): 1. die Klärung (νόησις, *intellectio*) der Art des zu behandelnden Themas bzw. Falles; 2. die Auffindung des Stoffes (εὕρεσις, *inventio*); 3. die Anlage der Rede (οἰκονομία), wiederum unterteilt in kritische Sichtung und Auswertung des Materials (κρίσις, *iudicium*), Gliederung (μερισμός, *partitio*), Anordnung bzw. Reihenfolge (τάξις, *ordo*) und Ausdruck (λέξις, *elocutio*); 4. das Memorieren (μνήμη, *memoria*); 5. den Vortrag (ὑπόκρισις, *actio*). Ungewöhnlich an dieser Einteilung war vor allem die Voranstellung der νόησις und die Unterordnung der λέξις unter die ‚Ökonomie'. Offenbar war die Stillehre recht kurz behandelt. Das Schwergewicht lag entschieden auf der Stasislehre, die innerhalb der νόησις dargestellt war. Den Stoff der Beredsamkeit bildeten für Hermagoras die ζητήματα πολιτικά (*quaestiones civiles*), d.h. die Fragen, für deren Beurteilung jeder Bürger (πολίτης) zuständig ist. Er unterschied zwischen allgemeinen, nicht an bestimmte Personen geknüpften Fragen (ζ. ἀόριστα, *qu. infinitae*), d.h. den θέσεις (*proposita*), und konkreten, an bestimmte Personen geknüpften Fragen (ζ. ὡρισμένα, *qu. finitae*), d.h. den ὑποθέσεις (*causae*). Die Stasislehre berücksichtigte nur die Hypotheseis. Die στάσις (*status, constitutio*) bedeutet den Standpunkt, den jede der gegnerischen Parteien bei ihrer Beweisführung einnimmt, d.h. den juristischen Ansatzpunkt, der Art und Ziel der Argumentation bestimmt. Je nach der Art der Beweisführung unterschied

Hermagoras zwei Hauptgruppen: die στάσεις λογικαί (*quaestiones rationales*), bei denen die Beweise ausschließlich durch die Überlegung (λόγος) gefunden werden, und die στ. νομικαί (*qu. legales*), bei denen die Beweisführung auf der Interpretation von Gesetzen (νόμοι) oder anderen Schriftstücken beruht. Jede dieser Hauptgruppen war wieder in vier Untergruppen gegliedert: die στ. λογικαί in Klärung der Tatfrage (*an sit*: στοχασμός, *coniectura*), juristische Definition des Tatbestandes (*quid sit*: ὅρος, *finis*), ethische Beurteilung der Tat (*quale sit*: ποιότης, *qualitas*) und Frage nach der Zuständigkeit des Gerichts (*an induci in iudicium debeat*: μετάληψις, *translatio*); die στ. νομικαί in Widerspruch zwischen Wortlaut und Sinn eines Gesetzes (ῥητὸν καὶ διάνοια, *scriptum et voluntas*), Widerspruch zwischen zwei Gesetzen (ἀντινομία, *leges contrariae*), Zweideutigkeit eines Gesetzes (ἀμφιβολία, *ambiguitas*) und Schlußfolgerung aus einem Gesetz (συλλογισμός, *collectio*). Diese Übersicht zeigt, daß die Stasislehre eigentlich nur für die Gerichtsrede von Bedeutung war. Die drei Redegattungen des Aristoteles hat Hermagoras nicht in sein System übernommen. Indessen konnte er die beratende und die epideiktische Beredsamkeit nicht ganz beiseite schieben, da ja auch dort *quaestiones civiles* behandelt wurden. Daher hat er diese beiden Redegattungen wenigstens im Rahmen des *status qualitatis* berücksichtigt, bei dem er vier Teile unterschied: der erste hat es zu tun mit dem Nützlichen und Schädlichen (τὸ συμφέρον καὶ βλαβερόν), was für die beratende Beredsamkeit, der zweite mit dem Schönen und Häßlichen (τὸ καλὸν καὶ αἰσχρόν), was für die epideiktische Beredsamkeit, der dritte und vierte mit Recht und Unrecht (τὸ δίκαιον καὶ ἄδικον), was für die gerichtliche Beredsamkeit maßgebend ist. Der dritte Teil, die *pars iuridicialis* (δικαιολογική), unterscheidet sich durch den geringeren Schwierigkeitsgrad vom vierten Teil, der *pars negotialis* (πραγματική), bei der zur Beurteilung von Recht und Unrecht die Hilfe juristischer Sachverständiger (πραγματικοί) erforderlich ist. – In seinem zweiten Hauptteil, der εὕρεσις, behandelte Hermagoras nacheinander die Teile einer Rede, wobei er innerhalb der Beweisführung die Topik der Beweise erstmalig nach den einzelnen Staseis geordnet erörterte.

Die Stasislehre war keine Neuschöpfung des Hermagoras, sondern nur die Modifizierung einer schon vorhandenen peripatetisch-akademischen Lehre. Diese Lehre, die sich nicht auf die Hypotheseis beschränkte und bei der die drei aristotelischen Redegattungen unterschieden waren, kannte nur die drei *status* des *an sit* (*coniectura*), des *quid sit* (*finis*) und des *quale sit* (*qualitas*); der *status translationis* und die drei ersten *status legales* (*scriptum et voluntas, leges contrariae, ambiguitas*) des Hermagoras waren Teile des *status qualitatis* bzw. ihm untergeordnet, der *status collectivus* fehlte ganz. Auch die Einteilung des rednerischen Stoffes in Theseis und Hypotheseis hat Hermagoras von peripatetisch-akademischer Seite übernommen und die Behandlung der Theseis, d. h. der allgemeinen theoretischen Probleme, für die sich die Philosophen allein zuständig hielten, in das Aufgabengebiet des Redners, für den er ein ethisch-politisches Wissen in Anspruch nahm, mit einbezogen. Der Streit um die Theseis wurde in der Folge zu einem Kernpunkt der Auseinandersetzung zwischen Philosophie und Rhetorik.

Das System des Hermagoras war weder von besonderer Originalität noch von wirklichem Nutzen für die rednerische Praxis. Neben der Abhängigkeit von der peripatetisch-akademischen Lehre zeigt sich Einfluß der stoischen Dialektik, besonders in der Terminologie und in der Neigung zu strenger Systematisierung. Die Stasislehre mit ihren verschiedenen Einteilungen und Untergliederungen hatte für die praktische Beredsamkeit kaum Bedeutung, und manche Einzelheiten (z. B. die Lehre vom κρινόμενον) machen den Eindruck scholastischer Haarspalterei, so daß es schon im Altertum an Kritik aus den eigenen Reihen nicht fehlte (Cic. Brut. 263; Quint. III 11, 21; Tac. Dial. 19, 5). Das Verdienst des Hermagoras ist vor allem darin zu sehen, daß er um eine logisch-juristische Aufhellung der einzelnen Streitfälle bemüht war, was nicht zuletzt auch der Rechtswissenschaft zugute kam, und daß er bereits vorhandene Lehren in feste Schulregeln gebracht und zu einem geschlossenen System zusammengefaßt hat. Dieses System, das auf die Schule zugeschnitten war, ist sehr bald den rhetorischen Lehrbüchern und damit zugleich dem rhetorischen Unterricht zugrunde gelegt worden und hat dadurch die weitere Entwicklung der Rhetorik maßgebend beeinflußt.

In Kleinasien, das in hell. Zeit neben dem griechischen Festland auch auf dem Gebiet der Rhetorik zunehmend an Bedeutung gewann, hatte sich bereits reichlich ein Jahrhundert vor Hermagoras eine ‚moderne' Form der Beredsamkeit entwickelt, die man in Analogie zu dem späteren Attizismus mit einem modernen Begriff als ASIANISMUS zu bezeichnen pflegt (*Asiatici oratores* bzw. *genus orationis Asiaticum* erstmalig Cic. Brut. 51; 325. *Asiani* dann häufig bei Seneca d. Ä. und bei Quintilian). Charakteristisch für diese ‚asianische' Beredsamkeit, bei der es sich um keine einheitliche Bewegung mit einer eigenen Theorie oder einem bewußt aufgestellten Programm handelte, war das Bestreben, durch gehäufte Verwendung bestimmter stilistischer Schmuckmittel eine größere Wirkung zu erzielen. Das lag durchaus auf der Linie der allgemeinen Entwicklung. Der Rückgang der praktischen Beredsamkeit, die bestimmende Rolle der Rhetorik im Bildungswesen, der neue Prosastil, der sich vom Stil des 4. Jh.s vor allem durch einen reichlicheren Gebrauch der rhetorischen Schmuckmittel und eine stärkere Rhythmisierung unterschied, schließlich die Entwicklung des Griechischen zu einer Weltsprache (↗Sprache, ↗Koine), all das mußte vor allem außerhalb des griechischen Mutterlandes, wo sich die Entwicklung rascher vollzog und die Tradition einer großen Vergangenheit weniger wirksam war, zu einer freieren und moderneren Form der Beredsamkeit führen, für die die Normen der klassischen Sprache und Ausdrucksweise nicht mehr maßgebend waren und die in ihrer extremen Ausprägung Gefahr lief, in Manieriertheit und Effekthascherei auszuarten. Als Begründer und Hauptvertreter des Asianismus im 3. Jh. galt der Rhetor und Historiker Hegesias von Magnesia am Sipylos, der sich selbst freilich als Fortsetzer des attischen Stils ansah (Cic. Brut. 286). Ende des 2. Jh.s waren die Brüder Hierokles und Menekles von Alabanda in Karien die berühmtesten ‚Asianer' (Cic. Or. 231: *Asiaticorum rhetorum principes*). Cicero unterscheidet innerhalb des Asianismus zwei Stilrichtungen (Brut. 325f.), die sich etwa folgendermaßen charakterisieren lassen: 1. der pointierte Sentenzenstil: kurze Sätze, die unter reichlicher Verwendung der gorgianischen Figuren (Isokolie, Antithese, Homoioteleuton, Paronomasie usw.) sorgfältig gebaut und inhaltlich pointiert zugespitzt sind; 2. der wortreich-pathetische Prestostil: ein rasches, mit einer leidenschaftlichen Vortragsweise verbundenes Tempo der Rede, das durch einen großen Wortschatz und einen reichen Vorrat an gehobenen Ausdrücken ermöglicht wird. Beiden Richtungen gemeinsam war eine starke Rhythmisierung der Rede. Der wortreich-pathetische Prestostil war z. Zt. Ciceros in Kleinasien vorherrschend;

zu den Vertretern des pointierten Sentenzenstils gehörten Hierokles und Menekles von Alabanda (Cic. Brut. 325 f.); aber auch Hegesias von Magnesia wird man dazu zu rechnen haben, wie der Stil seiner Fragmente zeigt.

Als Gegenbewegung gegen den Asianismus erscheint im 1. Jh. der (rhetorische) ATTIZISMUS (erstmalig Cic. ad Att. IV 19, 1, Herbst 54, mit Bezug auf die Sprache: *Latinus* ἀττικισμός). Den krankhaften Auswüchsen des modernen ‚asianischen' Stils wurde die ‚gesunde' Beredsamkeit der klassischen attischen Redner (Cic. Brut. 51: *salubritas Atticae dictionis*; vgl. Or. 90) entgegengestellt und ihre Nachahmung (μίμησις, *imitatio*) zum Stilprinzip erhoben. Als Stilmuster stand wegen seines einfachen und schlichten Stils Lysias an erster Stelle, neben Demosthenes, der seit je als größter attischer Redner gegolten hatte. Aber auch die übrigen Attiker wurden als vorbildlich angesehen, und der ↗Kanon der zehn attischen Redner (Quint. X 1, 76) verdankt zweifellos dem Attizismus seine Entstehung, obwohl er seine endgültige Gestalt (Ps.-Plut.: Περὶ τῶν δέκα ῥητόρων) wahrscheinlich nicht schon durch Caecilius von Kalakte, sondern erst in späterer Zeit erhalten hat.

Die Wurzeln des Attizismus reichen weit zurück. Sein Ursprung liegt auf grammatisch-philologischem Gebiet. Die Voraussetzungen für seine Entstehung waren bereits gegeben, als zu Beginn des Hellenismus eine rückschauende Betrachtungsweise die geistig-kulturellen Leistungen des 5. und 4. Jh.s als vorbildlich empfand und man in ↗Alexandreia und ↗Pergamon begann, die Literatur und besonders die Dichtung der Vergangenheit philologisch zu bearbeiten (↗Philologie). Die im Zusammenhang mit der Editionstätigkeit der alexandrinischen Grammatiker stehende Auswahl der mustergültigen Autoren (sog. Canon Alexandrinus; ↗Kanon) einerseits, die lexikographischen Studien des Aristophanes von Byzanz und die sprachlich-grammatischen Untersuchungen des Aristarch und der pergamenischen Grammatiker andererseits führten dazu, daß die attischen Autoren als musterhaft angesehen wurden und ihr Sprachgebrauch normative Geltung erhielt. Die Beziehung zur Rhetorik wurde hergestellt durch die Stillehre des ↗Theophrast (Stilforderung des ἑλληνισμός, für die die ἐκλογὴ ὀνομάτων besonders wichtig war; Aufstellung von Musterbeispielen für jede der drei Stilarten) und durch die Verbindung von sprachlich-grammatischen und rhetorischen Studien in der ↗Stoa. In dem Maß, wie das Bewußtsein des Epigonentums wuchs und durch das intensive Studium der mustergültigen Autoren das stilistische Urteilsvermögen geschult wurde, gewann auch die Nachahmung als Stilprinzip an Bedeutung. In der Rhetorik hatte schon seit Isokrates (13, 12; 4, 10) die Nachahmung der Vorbilder stets eine wesentliche Rolle gespielt. Die Einführung der Deklamationsübungen im Rhetorikunterricht z. Zt. des Demetrios von Phaleron setzt rhetorische Nachahmung voraus. Selbst Hegesias von Magnesia, der ‚Begründer' des Asianismus, wollte als Nachahmer des Lysias gelten (Cic. Or. 226). In der griechischen Quelle des Auctor ad Herennium war schließlich in dem seit der Sophistik traditionellen Bildungsternar *natura, ars, exercitatio* sogar die Veranlagung (φύσις) durch die Nachahmung (μίμησις) ersetzt worden (ad Her. I 2, 3).

Als eine rhetorische Bewegung, und zwar mit ausgesprochener Frontstellung gegen den Asianismus, trat der Attizismus erst auf, als im 1. Jh. Rom zum Brennpunkt des Interesses für die griechische Rhetorik wurde, weil nunmehr auch die stilistische Entwicklung der römischen Beredsamkeit, deren Vertreter ja noch immer bei den Griechen in die Schule gingen, zur Debatte stand. So ist der Kampf zwischen Attizismus und Asianismus im wesentlichen auf römischem Boden ausgetragen worden, und zwar seit der Mitte des 1. Jh.s. Cicero nimmt in seiner i. J. 55 abgefaßten rhetorischen Hauptschrift De oratore noch keinerlei Notiz davon; dagegen setzt er sich ein knappes Jahrzehnt später im Brutus (284 ff.) und im Orator (23 ff.) ausführlich mit beiden Richtungen auseinander, um sich gegen den Vorwurf des Asianismus zu verteidigen. Die wichtigsten (griechischen) Vertreter des Attizismus gehören in die zweite Hälfte des 1. Jh.s und haben in Rom gewirkt oder standen in engster Beziehung zu Rom. Dionysios von Halikarnaß, der zusammen mit Caecilius von Kalakte als Begründer des literarischen Attizismus gilt und dessen Schriften wenigstens teilweise erhalten sind, lehrte in den Jahren 30–8 in Rom und verfaßte ein von echter Begeisterung für die virtutes Romanae getragenes Geschichtswerk ‚Römische Archäologie' in 20 Büchern. Sein etwa gleichaltriger Freund Caecilius von Kalakte war wahrscheinlich ein Schüler des Apollodoros von Pergamon, der seinerseits Lehrer und Erzieher des Octavian war und die sog. Schule der Apollodoreer begründete, in der eine starre Regelhaftigkeit des rhetorischen Systems gefordert wurde. Im Gegensatz zu ihm trat Theodoros von Gadara, ebenso wie Apollodoros Attizist, für Anpassung der rhetorischen Schulregeln an die jeweiligen Umstände ein; er war Lehrer des Kaisers Tiberius, der ihn i. J. 6 n. Chr. auf Rhodos traf. Schüler des Theodoros war der geniale Verfasser der erhaltenen Schrift ‚Über das Erhabene' (Περὶ ὕψους), der sein Werk dem Römer Terentianus Postumius gewidmet hat; von einem ausgesprochen klassizistischen Standpunkt aus polemisiert der unbekannte Autor gegen die enge und kleinlich-pedantische Auffassung, die Caecilius von Kalakte in einer (verlorenen) Schrift gleichen Titels vertreten hatte. Römischem Einfluß, vielleicht sogar speziell Ciceros Autorität, ist es wohl auch zuzuschreiben, daß Rhodos, ein bevorzugter Studienort vieler vornehmer Römer, sich von dem über die kleinasiatische Beredsamkeit ausgesprochenen Verdammungsurteil ausnehmen und eine Sonderstellung beanspruchen durfte (Cic. Brut. 51; Or. 25). Unter Berufung darauf, daß die sog. ‚rhodische Schule' von dem attischen Redner Aischines begründet worden sei, wurde später die ursprüngliche Antithese: ‚attische – asianische Beredsamkeit' durch die Dreiteilung: ‚attische, asianische, (zwischen beiden vermittelnde) rhodische Beredsamkeit' ersetzt (Quint. XII 10, 16–19).

Der Attizismus war aufs engste verknüpft mit dem Klassizismus. Die Rückwendung zur Vergangenheit, deren Größe man idealisierend bewunderte, war auch in sprachlich-stilistischer Hinsicht weitgehend verbunden mit dem Verzicht auf eine lebendige Weiterentwicklung durch selbständige Leistung. Dadurch war die Gefahr der stilistischen Unnatur im Attizismus ebenso groß wie im Asianismus, wenn auch in entgegengesetzter Richtung.

In Rom wurde schließlich auch der alte Streit zwischen Philosophie und Rhetorik entschieden, und zwar zugunsten der Rhetorik. Seit die Mitglieder der athenischen Philosophengesandtschaft i. J. 155, der Peripatetiker Kritolaos, der Akademiker Karneades und der Stoiker Diogenes von Babylon, mit rhetorikfeindlichen Vorträgen vor die römische Öffentlichkeit getreten waren, hatte dieser Streit auch auf Rom übergegriffen. Philosophen und Rhetoren suchten sich im Kampf um die Jugendbildung des Römers von neuem den Rang streitig zu machen, wobei sich die Gegensätze allmählich abschliffen. Cicero, dessen bedeutendste Lehrer in der Rhetorik Apollonios

Molon von Rhodos, in der Philosophie der Vertreter der ↗Stoa Poseidonios und die Schulhäupter der athenischen ↗Akademie Philon von Larisa und Antiochos von Askalon waren, hat mit seinem in De oratore gezeichneten Ideal des philosophisch gebildeten Redners, das er in seiner eigenen Person zu verwirklichen bemüht war, philosophische und rhetorische Bildung endlich in harmonischer Weise zu verbinden gesucht. Aber selbst in dem ciceronischen Bildungsideal dominiert eindeutig die Rhetorik (De or. I 75; III 64), und in der römischen Praxis vollends trat die Philosophie gegenüber der Rhetorik ganz zurück. Der Grund dafür lag nicht nur darin, daß der Römer sich überhaupt ablehnend gegen jede philosophische Spekulation verhielt, sondern auch in den völlig andersartigen politischen Verhältnissen im republikanischen Rom, wo der Beredsamkeit wieder ein uneingeschränktes Betätigungsfeld offenstand und wo sie wieder eine echte Funktion im politischen und gesellschaftlichen Leben zu erfüllen hatte. F.K.

R. Volkmann, Die Rhetorik der Griechen und Römer in systematischer Übersicht, Leipzig ²1885. – H. Gomperz, Sophistik und Rhetorik, Leipzig 1912. – W. Kroll, Rhetorik, in: RE Suppl. 7 (1940), 1039ff. – H. Lausberg, Handbuch der literarischen Rhetorik, 2 Bde., München 1960. – G. Kennedy, The Art of Persuasion in Greece, Princeton 1963; The Art of Rhetoric in the Roman World, 300 BC–AD 300, Princeton 1972. – H. Hommel, Rhetorik, in: Lexikon der Alten Welt, Zürich u. Stuttgart 1965, 2611–2626. – J. Martin, Antike Rhetorik, München 1974. – W. Eisenhut, Einführung in die antike Rhetorik und ihre Geschichte, Darmstadt 1974. – J. de Romilly, Magic and Rhetoric in Ancient Greece, Cambridge (Mass.) u. London 1975. – J. Jamison/J. Dyck, Rhetorik – Topik – Argumentation. Bibliographie zur Redelehre und zur Rhetorikforschung im deutschsprachigen Raum 1945–1979/80, Stuttgart/Bad Cannstadt 1983. – M. Fuhrmann, Die antike Rhetorik, München/Zürich 1984. – H.-I. Marrou, Histoire de l'éducation dans l'antiquité, Paris ⁷1976 (deutsche Neuausgabe München 1977). – F. Kühnert, Allgemeinbildung und Fachbildung in der Antike, Berlin 1961. – H. v. Arnim, Leben und Werk des Dio von Prusa, Berlin 1898 (Kap. 1: Sophistik, Rhetorik, Philosophie in ihrem Kampf um die Jugendbildung). – D. Clark, Rhetoric in Greco-Roman education, New York 1957. – A. Mayer, Theophrasti περὶ λέξεως libri fragmenta, Leipzig 1910. – J. Stroux, De Theophrasti virtutibus dicendi, Leipzig 1912. – F. Solmsen, Demetrios, Demetrios περὶ ἑρμηνείας und sein peripatetisches Quellenmaterial, Hermes 66, 1931, 241ff. – F. Striller, De Stoicorum studiis rhetoricis, Breslau 1886. – K. Barwick, Probleme der stoischen Sprachlehre und Rhetorik, Berlin 1957. – D. Matthes, Hermagoras v. Temnos, 1904–1955, Lustrum 3, 1958, 58ff. – G. Thiele, Hermagoras. Ein Beitrag zur Geschichte der Rhetorik, Straßburg 1893. – H. Throm, Die Thesis, Paderborn 1932. – K. Barwick, Augustins Schrift De rhetorica und Hermagoras von Temnos, Philologus 105, 1961, 97ff.; Zur Erklärung und Geschichte der Stasislehre des Hermagoras von Temnos, Philologus 108, 1964, 80ff.; Zur Rekonstruktion der Rhetorik des Hermagoras von Temnos, Philologus 109, 1965, 186ff. – E. Norden, Die antike Kunstprosa 1, Leipzig 1898. – W. Schmid, Der Atticismus, Stuttgart 1887–1897. – U. v. Wilamowitz–Moellendorff, Asianismus und Attizismus, Hermes 35, 1900, 1ff. – H. Heck, Zur Entstehung des rhetorischen Attizismus, Diss. München 1917. – A. Dihle, Analogie und Attizismus, Hermes 85, 1957, 170ff. – F. Klingner, Ciceros Rede für den Schauspieler Roscius, SB München 1953. – K. Barwick, Das rednerische Bildungsideal Ciceros, Berlin 1963. – K. Heldmann, Antike Theorien über Entwicklung und Verfall der Redekunst, München 1982.

Rhodos.

I. Dor. Insel vor der Küste Kariens, im Bundesgenossenkrieg 357–355 (↗Athen I) vom 2. Att. Seebund abgefallen, unter Hegemonie des Maussolos von ↗Karien. 334 von Alexander d. Gr. aus Perserherrschaft befreit, löste sich R. nach 323 aus dem Diadocheneinfluß[1]; daher 305/4 vergebl. Belagerung durch Demetrios I. Poliorketes. Kurz vor 300 Aufnahme freundschaftl. Beziehungen zu Rom (?). Im 3. Jh. rascher Aufstieg zu hoher Wirtschafts- und Kulturblüte und zu beträchtl., auf starke Flotte gegründeter Macht; Handel im ganzen O-Mittelmeer (v. a. Ägypten) und Schwarzmeer, doch auch nach W; infolge günstiger Verkehrslage Entwicklung zum „clearing-house" des östl. Seehandels. Ausdehnung des alten Festlandbesitzes (Peraia) in ↗Karien (ca. 240 Gewinn Stratonikeias). Nach schwerem Erdbeben 227 (Zerstörung des ca. 300 erbauten Helios-Kolosses) leisteten viele hell. Herrscher Wiederaufbauhilfe (Polyb. 5, 88–89; Diod. 26, 8). Ca. z.J. 220 von Polybios (4, 47, 1) als „führende Seemacht" bezeichnet; gegen 200 wachsender Einfluß im Nesiotenbund (↗Inseln 7) und in ↗Kreta. 201 Krieg mit Philipp V. von ↗Makedonien (III 4); ein rhod. Hilferuf an Rom führte zum 2. Makedon. Krieg (bis 197). Die rhod. Flottenhilfe gegen Philipp, Nabis v. Sparta und Antiochos III.[2] wurde von Rom im Frieden v. Apameia (188) mit der Herrschaft über ↗Lykien und ↗Karien bis zum Mäander belohnt. Danach wachsende Entfremdung[3]; R.s unentschlossene Haltung im Krieg gegen Perseus (↗Makedonien III 5) wurde (trotz Flottenhilfe) 167 mit Entzug Lykiens, Kariens und Stratonikeias bestraft[4]. 166 schwerer wirtsch. Schaden durch Erhebung von Delos (↗Inseln 2) zum konkurrierenden Freihafen. 164 Foedus mit Rom. Rückgang der polit. und maritimen Macht. Im 1. Mithradat. Krieg 88 (↗Pontos 8) erfolgr. Gegenwehr gegen Mithradates VI. Gebietsvermehrung durch Sulla. 42 Plünderung durch den Caesarmörder Cassius. Unter Claudius (44 n.Chr.) und Vespasian verlor R. die Freiheit; zur Prov. Asia geschlagen.

II. Die bedeutende hell. Architektur kennen wir v.a. durch die Forschungen in Lindos[5]. Von der Blüte der Plastik wissen wir durch die zahlreichen Künstlersignaturen, die Nachrichten über Bronzewerke, vorab den Koloß, und durch die original oder in Kopien erhaltenen Marmorskulpturen, wie die Nike von Samothrake (↗Plastik m. Anm. 11), den Poseidonios (Abb. 27) und den Laokoon (↗Plastik m. Anm. 24 f.) – ohne daß wir diese Quellen auf den gemeinsamen Nenner einer „rhodischen Kunstschule" bringen könnten, deren Charakterzüge sich durch die Phasen des Hell. verfolgen ließen[6]. Ein rhod. Mosaik ↗Malerei Anm. 20.   H. H. S. (I) – G. Bk. (II)

Anm.: 1) H. Houben, Rhodes, Alexander and the Diadochi, Historia 26, 1977, 307–39. – 2) H. R. Rawlings, Antiochus the Great and Rhodes, AJAH 1, 1976, 2–28. – 3) E. S. Gruen, Rome and Rhodes in the Second Century B. C., CQ 69, 1975, 58–81. – 4) Zu Catos Rhodierrede G. Calboli (Ed.), M. P. Catonis Oratio pro Rhodiensibus, Bologna 1978. – 5) ↗Architekturm. Anm. 11 (Athena-Bezirk), 33 (Tetrastoon), 57 (Archokrateion); ferner 9 (Nike-Monument in Samothrake), S. 72 („rhodisches Peristyl"). – 6) Vgl. den in älterer Tradition stehenden Text von M. Bieber, The Sculpture of the Hellenistic Age, ²New York 1961, 123 ff. mit dem schon skeptischeren von L. Laurenzi, Enciclopedia dell'Arte Antica s. v. Rodia, arte ellenistica, 1965.

Lit.: Landschaft: Philippson – Kirsten IV 329–52. – H. v. Gelder, Gesch. der alten Rhodier, Haag 1900. – F. Hiller v. Gaertringen, RE Suppl. V, 1931, 731–840 s. v. – Rostovtzeff, GWHW, I 131 f.; II 536–46. – P. M. Fraser – G. E. Bean, The Rhodian Peraea and Islands, Oxford 1954. – H. H. Schmitt, Rom und Rhodos, Münch. Beitr. 40, 1957. – Ders., Entretiens Fond. Hardt 20, 1974, 83–7 („Gleichgewicht der Mächte"). – W. Klose, Die völkerrechtliche Ordnung der hell. Staatenwelt von 280–168 v. Chr., Münch. Beitr. 64, 1972, 118–27 (außenpolit. Beziehungen). – R. M. Berthold, Rhodes in the Hell. Age, Ithaca, London 1984. – V. Kontorini, Ἀρχαία Ῥόδος, Athen 1986. – W. Blümel, Inschr. d. rhod. Peraia (IK 38), Bonn 1991. – ↗Münzprägung B 8 (Lit.); s. auch Head, HN² 639–41; R.-Alföldi, 280 u. a. – Ausgrabungen: PECS s. v. (Lit.). – Leekley – Noyes, Greek Islands, 31–7.

Rom.

I. 1. Griechischer Kultureinfluß erreicht Rom schon Jahrhunderte vor dem Hellenismus, zunächst v. a. indirekt über die Etrusker; auf diesem Weg gelangten Elemente griechischer Göttervorstellung und Mythologie früh nach Rom. Politisch besonders wichtig: die Sage von Aeneas, den die Etrusker, dann auch die Römer als Stammvater betrachteten (die Sage, wonach Rom *griechischer* Abkunft sei, ist jünger)[1]; sie lenkt früh griechisches Interesse auf die noch unbedeutende Tiberstadt und dient Rom seit dem 3. Jh. als Argument der Gleichrangigkeit, als diplomatischer Schlüssel, dessen sich Rom nach Art der griech. Poleis zu bedienen weiß[2], die sich bei diplomatischen Vorstößen auf „Verwandtschaft" mit dem Gegenüber zu berufen pflegten.

2. Unmittelbare *politische* Beziehungen beginnen mit dem Vordringen Roms in die Magna Graecia: 326 wird Neapolis *socia* Roms, 272 Tarent erobert (gefangene Tarentiner bringen neue griechische Kultureinflüsse; Livius Andronicus [s. u. II 1], selbst als Kind nach Rom verbracht, hat Homer wohl erst dort durch griech. Mitgefangene kennengelernt). Erste positive Beziehungen zum hellenistischen Raum sind um 300 belegt: Freundschaft mit ↗Rhodos; 292 Import des Asklepios-Kultes unmittelbar aus Epidauros durch den ersten „Ostexperten" Q. Ogulnius, wohl einen griechisch gebildeten Etrusker, der 273 auch als Gesandter nach ↗Alexandreia die *amicitia* mit dem ↗Ptolemäerreich (II 3) begründet[3]. Pyrrhos (↗Epirus) wendet die Troja-Sage *gegen* Rom, indem er als Nachkomme des Achill den Krieg gegen die Abkömmlinge der Trojaner proklamiert[4] und in Unteritalien Münzen mit Achill und Thetis schlagen läßt (um 280). Der 1. Punische Krieg (264–241) bringt das Reich Hierons II. (263, annektiert 212) und die übrigen Griechengemeinden ↗Siziliens in Abhängigkeit von Rom. In dieser Zeit wächst in der röm. Oberschicht die Zahl der griechisch Sprechenden und von griechischer Kultur Berührten. Doch wird die röm. Aktion in ↗ Illyrien gegen die Seeräuber der Teuta (229/8) wohl v. a. zum Schutz italischer Kaufleute unternommen, nicht so sehr aus philhellenischen Absichten, wie es römische Gesandte an die ↗Ätoler, ↗Achäer, Korinther und Athener darstellen[5]; immerhin läßt Korinth die Römer damals zu den (für Griechen reservierten) Isthmischen Spielen zu. Etwa damals rühmt Eratosthenes von Kyrene (↗Philologie) die staatlichen Einrichtungen der Römer, derentwegen diese (wie Karthager und andere) nicht „Barbaren" genannt zu werden verdienten[6].

3. Das 229/8 errichtete Protektorat über die Griechenstädte und illyr. Stämme Südillyriens ist so wenig als gezielte Expansion zu werten wie 219, am Vorabend des 2. Punischen Kriegs, die Annexion der Besitzungen des abtrünnigen Vasallen Demetrios von Pharos (Hvar) in Mitteldalmatien; doch stößt Rom hier mit den expansiven Interessen Philipps V. (↗Makedonien III 4) zusammen. Roms Aufstieg zur mittelmeerischen Macht im 3. Jh. wird damals aufmerksam beobachtet; die Warnung vor der „Wolke aus dem Westen" bei der Beendigung des Bundesgenossenkriegs 217 dürfte historisch sein[7], gibt

aber nicht die damaligen Interessen Roms wieder, die gegenüber dem Osten defensiver Natur waren: Roms diplomatische Aktionen in Hellas seit 217[8] sind von Angriffen Philipps hervorgerufen. Polybios (↗Geschichtsschreibung B 6) sieht zu diesem Zeitpunkt „die Verflechtung der griechischen, italischen und afrikanischen Ereignisse" zu einer gemeinsamen mittelmeerischen Geschichte gegeben; in der Tat bleibt Rom seit dem Bündnis Philipps V. mit Hannibal 215[9] (1. Makedonischer Krieg, 215–205) in die östlichen Affären verwickelt. 212/11 schließt es, um die Belastung des östlichen Kriegsschauplatzes zu vermindern, mit dem ↗Ätolerbund ein Bündnis auf der Basis der Teilung der Kriegsgewinne[10], wobei eroberte Städte und Territorien auf jeden Fall an die Ätoler fallen sollen: diese Bedingungen gelten auch für die bald hinzutretenden Bündner wie Sparta, Elis, ↗Pergamon; der Vorwurf „barbarischen" Vorgehens gegen Griechen, der in diesen Jahren offenbar öfter erhoben wird, ist kaum berechtigt[11]. Der Friede von Phoinike 205[12] bringt Rom denn auch nicht einmal die völlige Rückgabe seiner illyrischen Besitzungen. Indessen hat Rom in diesem Krieg beträchtliche Erfahrungen mit Griechen und mit hellenistischen Staaten gemacht und in mehrjährigen Kommanden Ost-Experten hervorgebracht, die wohl die folgende Hellas-Politik beeinflußt haben. Wie das Ätoler-Bündnis folgt anscheinend auch der Friede von 205 griechischem Formular; Rom hat seine griechischen Mitkämpfer in die Kriegsbeendigung „einbezogen" (*adscribere* = *symperilambánein*), dazu angeblich auch Neutrale: Athen, das 200 beim erneuten Kriegsausbruch eine Rolle spielt, und Ilion (!).

4. Den 2. Makedon. Krieg (200–197) eröffnet Rom, von Pergamon und Rhodos gegen Philipps Angriff auf Kleinasien und Athen alarmiert, erst nach längerer Sondierung (Ostgesandtschaft), nachdem Philipp zwei Ultimaten abgelehnt hat, mit deren Forderungen (Kriegseinstellung, Wiedergutmachung) Rom auch Nicht-Teilnehmer am Frieden von 205 schützen will. Rom gelingt es, Philipp allmählich zu isolieren (Beitritt des Ätoler- und Achäerbundes, Ende 199 bzw. 198), wohl nicht zuletzt aufgrund der Freiheitsparole des T. Quinctius Flamininus (cos. 198)[13], die nach dem Sieg bei Kynoskephalai (197) in die Friedensbedingung des Senats einmündet, alle Griechen in Europa *und in Asien* sollten frei sein (Winter 197/6).

Großer Eindruck der Freiheitsproklamation durch Flamininus bei den Isthmischen Spielen (Sommer 196), der Beschränkung des „Tyrannen" Nabis auf ↗Sparta (195/4) und schließlich des Abzugs der röm. Truppen aus Hellas (194); Flamininus' Neuordnung von Hellas, gegründet auf die Förderung romfreundlicher Parteien in einem balancierten System von Mittel- und Kleinstaaten, soll römische Hegemonie ohne direktes Eingreifen ermöglichen, ist aber von vornherein durch die Unzufriedenheit der Ätoler belastet, die sich durch den Friedensschluß benachteiligt fühlen.

5. Das Vordringen Antiochos' des Großen (↗Seleukiden IV) in Kleinasien (197) und – auf europ. Boden – Thrakien (196ff.) scheint dieses labile Gleichgewicht in Hellas zu gefährden und widerspricht zudem der – wohl auf Philipps kleinasiat. Eroberungen gemünzten – Einbeziehung der asiat. Griechen in den Senatsbeschluß von 197/6 (s.o. 4). Mehrjährige Verhandlungen[14] können den – wohl weder von Rom noch von Antiochos angestrebten – Krieg nicht verhindern, da beide Seiten das Gesicht zu verlieren fürchten. Im Sommer 192 rufen die Ätoler den ungenügend gerüsteten König mit optimistischen Versprechungen zum Kampf unter der Parole der Freiheit Griechenlands (192–190/188) herbei. Die römischen Siege in Hellas und in Kleinasien enden mit Entmachtung des ↗Ätolerbundes (189) und Verkleinerung des Seleukidenreichs v.a. zugunsten der röm. Verbündeten ↗Pergamon und ↗Rhodos (188).

6. Rom verzichtet 189/88 auf jeden Territorialgewinn, ändert aber in der Folge deutlich seine Haltung gegenüber den hell. Staaten: Eigenständige Politik wird nun immer häufiger als Undank und Auflehnung empfunden und mit Eingriffen beantwortet, was bes. ↗Achäerbund (5) und ↗Rhodos zu spüren bekommen. Allerdings leisten diesem wachsenden Hegemoniewillen viele Poleis Vorschub, indem sie alle ihre Querelen dem Senat vortragen und einander beschuldigen, ebenso Eumenes II. von Pergamon mit Anklagen gegen Perseus von ↗Makedonien (III 5).

7. Die unzureichende Begründung des 3. Makedonischen Kriegs (171–168) sucht Rom durch eine Propagandakampagne im Osten[13] zu verdecken. Der römische Sieg bei Pydna führt zum Sturz der Antigonidendynastie, zur

Zerschlagung ↗Makedoniens (IV) und des Ardiäerreichs in ↗Illyrien und zu harter Bestrafung der Staaten, die sich Perseus angeschlossen (z. B. ↗Epirus) oder den römischen Krieg nicht oder halbherzig unterstützt hatten (v. a. ↗Achäerbund [5], ↗Rhodos). Das veränderte Selbstverständnis wird bes. deutlich in der Behandlung des ↗Seleukidenreichs (V 2) und ↗Pergamons (I 4): 168, kurz nach Pydna, zwingt Popillius Laenas Antiochos IV. durch ein (in seiner Form besonders erniedrigendes) Ultimatum zum Abbruch seines (vom ↗Ptolemäerreich [II 7] provozierten) Ägypten-Feldzugs; 167/6 lehnt der Senat einen Besuch Eumenes' II. in brüskierender Form ab und ermutigt damit seine Feinde, u. a. die Galater; 164/3 fordert ein röm. Legat mit Bekanntmachungen in den großen Städten Asiens – also im Pergamen. Reich(!) – zu Anklagen gegen Eumenes auf, die er im Gymnasion in Sardes entgegennimmt[16]. Von nun an kontrolliert Rom den Osten immer intensiver durch Vertrauensleute und eigene Gesandtschaftsreisen – wie z. B. die des Scipio Aemilianus 140/39 –, greift immer häufiger ein (z. B. ↗Seleukiden V 3–4) und duldet kaum eine Veränderung ohne die Genehmigung des Senats.

8. Zur direkten Herrschaft im Osten greift Rom jedoch erstmals mit der Annexion von ↗Makedonien (IV), Epirus und Illyrien nach dem Andriskos-Aufstand: 148 Provinz Macedonia; ihr Statthalter kontrolliert seit 146/5 auch Hellas, seit der Niederwerfung und zeitweiligen Auflösung des ↗Achäerbundes (6), der sich, durch römische Unterstützung von Abfallbewegungen gereizt, 146 gegen Rom aufgelehnt hatte (Zerstörung ↗Korinths als warnendes Exempium, wahrscheinlich eine Folge eines *cauchemar des coalitions*).

9. Schon ca. 162/1 macht Ptolemaios Euergetes II. (↗Ptolemäer 9) ein Testament zugunsten Roms, das zunächst ohne Folgen bleibt. 133 vererbt Attalos III. das Reich von ↗Pergamon (I 6–7) mit Ausnahme der griech. Städte an Rom, das 129 aus dem W-Teil die Provinz Asia (116/103 um ↗Phrygien vergrößert) formt. Testamente von ↗Ptolemäern (10–12) und Nikomedes IV. von ↗Bithynien (9) führen in der Folge zur Einbeziehung von ↗Kyrene (96), Bithynien (73) und ↗Kypros (58) ins Römerreich. Mit dem Einzug der Reste des ↗Seleukidenreichs (VI 3; Provinz Syria 64) und der Eroberung des ↗Ptolemäerreichs (13) i. J. 30 verschwinden die letzten

Diadochenreiche von der Landkarte, im ersten Jh. der Kaiserzeit schließlich mit Galatien (↗Kelten 3), ↗Kappadokien, dem Sapäerreich in ↗Thrakien, ↗Pontos, ↗Kommagene, Olba in ↗Kilikien und dem Haus des Herodes (↗Judentum A III) auch die meisten hellenisierten Reiche.

10. Auch die Zahl der selbständigen Poleis und Bünde nimmt allmählich ab, bes. seit der verbreiteten Unterstützung für Mithradates VI. von Pontos (z. B. ↗Karien) und infolge von Parteinahme für die Unterlegenen in den Bürgerkriegen. ↗Pamphylien und ↗Kilikien werden ab ca. 100, Kreta 66 römisch. In Hellas werden die Bünde der ↗Achäer, ↗Ätoler, ↗Akarnanen und ↗Boioter nach 146 erneuert bzw. bestehen weiter, z. T. bis ins 1. Jh., jedoch als Kultvereinigungen ohne politische Bedeutung. 27 wird Hellas außer Sparta (das rechtzeitig Octavians Seite gewählt hatte) in der neuen Provinz Achaia zusammengefaßt. *Foederati,* z. T. sogar mit *foedera aequo iure,* sind v. a. noch einige Inseln bis in die Kaiserzeit, in der allerdings bes. unter Claudius (43 n.Chr. Lykien, 44 Rhodos) und den Flaviern die Vereinheitlichung rasch fortschreitet. Der Verlust der seit langem nur noch nominellen Selbständigkeit dürfte im wesentlichen den Stolz, weniger die tatsächlichen Möglichkeiten der Städte betroffen haben.

11. Nicht zu übersehen ist umgekehrt die Bedeutung, die der Sieg über Hellas und die hell. Reiche für das Selbstverständnis Roms hat. Die Siege über die bewunderte Kulturnation, über die großen und zunächst wohl gefürchteten Königreiche, das Buhlen der Poleis und mancher Könige um Roms Gunst rufen nicht nur Spott über die *Graeculi*[17], sondern auch ein rasch gesteigertes Selbstbewußtsein der Römer[18] hervor, die in die Rolle der Richter und Aufseher des hell. Ostens mehr gedrängt werden, als sie sich selbst drängen. Andererseits entsteht neben dem Gefühl der Sieghaftigkeit, ja Siegberufenheit Roms auch die Befürchtung der Korruption durch den Kontakt mit dem Osten; so werden in römischen Quellen und bei Polybios als Epochenjahre des Niedergangs altrömischer Sitte und innerer Geschlossenheit neben dem Fall Karthagos auch der Sieg im 2. Makedon. Krieg, das asiatische Gold des Cn. Manlius Vulso (188) und Pydna (168) genannt[19]. Daß Rom nicht nur in Literatur, Philosophie und Kunst (s. u. II), sondern auch im Bereich politischer Formen (u. a. ↗

Herrscherkult C 3d) manches vom Hell. gelernt hat, steht außer Frage, zumal es in Asien und Ägypten die vorgefundenen Formen der Verwaltung weitergeführt und nur behutsam adaptiert hat.
H. H. S.

Anm.: 1) S. bes. A. Alföldi, Die trojanischen Urahnen der Römer, Basel 1957, ders., Das frühe Rom und die Latiner, Darmstadt 1977, bes. 249–256; H. Strasburger, Zur Sage von der Gründung Roms. SB Heidelberg 1968,5 (Lit.); E. Weber, Wiener Studien NF 6, 1972, 213 ff. – 2) Angeblich bereits ca. 242 in einer Demarche bei Seleukos II. zugunsten Ilions; unhistorisch nach M. Holleaux, Rome (mit Diskussion weiterer Nachrichten über frühe diplomatische Kontakte; wohl etwas zu kritisch). – 3) Strasburger (Anm. 1) 20. – 4) Pausan. 1, 12. – 5) Polyb. 2, 12. – 6) Eratosthenes b. Strabon 1, 4,9 p. 66. – 7) Polyb. 2, 104; Diskussion: O. Mørkholm, Class. et Mediaev. 28, 1967, 213 ff.; J. Deininger, Chiron 3, 1973, 103–8; O. Mørkholm, ebd. 4, 1974, 127–32. – 8) Polyb. 2, 105. – 9) StV III 528. – 10) StV III 536. – 11) Polyb. 9, 32–39 (210); 11, 4–6 (207); Liv. 31, 29 (200 v. Chr.). – A. Aymard und F. Kiechle in: F. Gschnitzer (Hrsg.), Zur griech. Staatskunde (Wege der Forschung 96), Darmstadt 1969, 503–27; 528–77. – 12) StV III 543. – 13) E. Badian, T. Quinctius Flamininus. Philhellenism and *Realpolitik*. Lectures in memory of L. Taft Semple, Cincinnati 1970. – 14) E. Badian, Rome and Antiochus the Great, A Study in Cold War, CP 54 1959, 81 ff. (deutsch in: Die Welt als Geschichte 20, 1960, 203–25). – 15) Syll.³ 643. – 16) Polyb. 30, 19. 30; 31, 6. – 17) N. Petrochilos, Roman Attitude towards the Greeks, Athen 1974. – 18) Vgl. Syll.³ 601 = RDGE 34 (193 v. Chr.) Z. 11–15. – 19) Vgl. z. B. U. Knoche, NJb 1 (= 113), 1939, 99–108; 145–162.

Lit.: allg. ↗ S. XIff.; spez.: M. Holleaux, Rome, la Grèce et les monarchies hellénistiques au IIIe siècle avant J.-C. (273–205) (BEFAR 124), Paris 1921 – H. E. Stier, Roms Aufstieg zur Weltmacht und die griech. Welt, Köln –Opladen 1957 – M.-L. Hiedemann, Die Freiheitsparole in der griech.-röm. Auseinandersetzung (200–188), Diss. Bonn 1966 – P. S. Derow, Rome and the Greek World from the Earliest Contacts to the End of the First Illyrian War, Diss. Princeton 1970 – J. Deininger, Der polit. Widerstand gegen Rom in Griechenland 217–86 v. Chr., Berlin 1971. – R. Bernhardt, Imperium und Eleutheria. Die röm. Politik gegenüber den freien Städten des griech. Ostens, Diss. Hamburg 1971; ders., Polis und röm. Herrschaft in der späten Republik (149–31 v. Chr.), Berlin–New York 1985. – ANRW II 1, 1972, 305–40; 501–667 (Art v. E. Bayer, R. Werner, L. Raditsa, E. Will, H. Heinen, W. Peremans – E. van't Dack). – A. N. Sherwin-White, Roman Foreign Policy in the East 168 B. C. to A. D. 1, London 1984. – Braund 59 ff. (Testamente zugunsten Roms). – Erich S. Gruen, The Hellenistic World and the Coming of Rome, 2 Bde., Berkeley–Los Angeles 1984 (Lit.). – Hutchinson, 277–354. – J.-L. Ferrary, Philhellénisme et impérialisme. Aspects idéologiques de la conquête romaine… BEFAR 271, 1988. – P. Green, Alexander to Actium, Berkeley–Los Angeles 1990 (Lit.). – R. McMullen, Hellenizing the Romans (2nd century B. C.). Historia 40, 1991, 413–38. – K.-E. Petzold, Griech. Einfluß auf die Anfänge röm. Ostpolitik, Historia 41, 1992, 205–45. – P. Oliva, Die Wolken im Westen. Griechenland und die Ankunft der Römer, Gymnasium 100, 1993, 1–18. – A. R. Meadows, Greek and Roman Diplomacy on the Eve of the 2nd Maced. War, Historia 42, 1993, 40–60.

II. 1. Die sich allmählich entwickelnden Beziehungen zwischen Rom und der hellenistischen Welt bilden zugleich den Rahmen, in dem sich das Eindringen griechischer *Literatur und Philosophie* in Rom vollzieht. In besonderer Weise ist das Verhältnis Roms zur griechischen Welt dadurch gekennzeichnet, daß es zum Zeitpunkt eines ersten engeren Kontaktes zwischen römischem und griechischem Wesen eine eigenständige Literatur in lateinischer Sprache noch nicht gibt. In der hellenistischen Welt begegnet Rom einer ihm zivilisatorisch wie geistig weit überlegenen Kultur. Diese kulturelle Überlegenheit wird in Rom zunächst vereinzelt, dann in immer stärkerem Maße als eine Herausforderung empfunden. Die historische Bedeutung dieser Begegnung liegt in den schöpferischen Kräften, die in Rom durch den Prozeß der Auseinandersetzung und Aneignung freigesetzt werden. Dieser Prozeß vollzieht sich nicht ohne Widerstände und Spannungen, schreitet aufs Ganze gesehen jedoch kontinuierlich fort. An seinem Ende steht die Aneignung des griechischen Erbes durch Rom als Voraussetzung für seine Ausbreitung in Europa.

Für das Verständnis wichtig ist vor allem, daß Rom die griech. Literatur und Philosophie in ihrer hellenistischen Ausprägung kennenlernt. Die älteren Phasen der griechischen Entwicklung sind zunächst nur insofern bedeutsam, als sie die geschichtlichen Voraussetzungen für die geistige Welt des Hellenismus bilden. Eine Ausnahme macht hier lediglich die homerische Dichtung, deren zentrale Stellung im kulturellen Leben Griechenlands durch die Jahrhunderte hin unangefochten ist. So steht am Anfang der latein. *Literatur* der Versuch des Livius Andronicus, in seiner *Odusia* die homerische Odyssee durch Umsetzung in das altrömische Versmaß der Saturniers einem lateinischsprachigen Publikum zu erschließen. Auch das historische Epos des Naevius *Bellum Poenicum* bedient sich noch dieses Maßes, das in den *Annales* des Ennius dann jedoch unter dem Einfluß des griechischen Epos durch den Hexameter ersetzt ist. Weltliterarischen Rang erreicht das römische Epos freilich erst mit Vergils Aeneis, in der sich griechisches Vorbild (Homer, ↗Apollonios Rhodios) und römische Intention, Mythos und Geschichte zu einer eigenständigen Schöpfung zusammenschließen.

Ähnliche Entwicklungen vollziehen sich auch in den anderen literarischen Gattungen. Die (verlorenen) *Hedyphagetica* des Ennius sind ein früher Versuch, das ↗Lehrgedicht in Rom heimisch zu machen, das schließlich in Lukrez, Vergil und Manilius seine großen lateinischsprachigen Vertreter findet. Die ↗Elegien eines Philitas und eines ↗Kallimachos bestimmen die Entfaltung der römischen

Elegie, so eigene Wege diese auch zunehmend geht, von Catulls Alliuselegie über Properz und Tibull bis zu Ovid und über ihn hinaus ganz wesentlich. In der Widmung der Ἐρωτικὰ παθήματα, in denen der hellenistische Dichter Parthenios dem Römer Gallus Stoffe für seine Elegien bereitstellt, wird diese Beziehung unmittelbar deutlich. Ähnliches gilt für die Hekale des ↗Kallimachos und die Kleinepen der Neoteriker, für die Gedichte ↗Theokrits und Vergils Bucolica, für das griechische und das römische ↗Epigramm und für die verschiedenen Formen der ↗Lyrik. Von besonderer Bedeutung für Rom wird die griechische Neue Komödie (↗Drama). Plautus und Terenz, von denen das europäische Lustspiel seinen Ausgang nimmt, sind ohne Menander, Philemon und Diphilos, wie immer man die Abhängigkeiten im einzelnen beurteilen mag, undenkbar.

2. Nicht ohne auf Widerstände zu stoßen vollzieht sich das allmähliche Eindringen griechischer ↗*Philosophie* in Rom, und es bedarf mancher Anstrengungen, diese Widerstände zu überwinden. Die einzelnen hellenistischen Philosophenschulen sind auch keineswegs alle gleich wichtig für Rom geworden, aber die Bedeutung, die die ↗Akademie, der ↗Kepos und die ↗Stoa schließlich gewonnen haben, hat die Voraussetzungen geschaffen für das Fortwirken der hellenistischen Philosophie. Insbesondere die römische Stoa, in der altrömische Vorstellungen und hellenistisches Denken eine einzigartige Verbindung eingegangen sind, hat ihre Lebenskraft bis in die Neuzeit bewahren und immer wieder unter Beweis stellen können. So hat die Begegnung und Auseinandersetzung mit der hellenistischen Welt in Rom Kräfte entbunden, die den Grund für die Entfaltung einer eigenständigen Kultur gelegt und damit die Vermittlung des griechischen Erbes an Europa ermöglicht haben.

E. V.

Lit.: F. Leo, Die Originalität der röm. Literatur, Göttingen 1904. – W. Kroll, Studien zum Verständnis der latein. Literatur, Stuttgart 1924. – G. Jachmann, Die Originalität der röm. Literatur, Leipzig u. Berlin 1926. – R. Harder, Die Einbürgerung der Philosophie in Rom, Die Antike 5, 1929, 291–316 (= Kleine Schriften, München 1960, 330–353). – G. Jachmann, Plautinisches und Attisches, Berlin 1931. – H. Fuchs, Der geistige Widerstand gegen Rom in der antiken Welt, Berlin 1938. – P. Boyancé, La connaissance du Grec à Rome, Rev. des ét. lat. 34, 1956, 111–131. – U. Knoche, Über die Aneignung griechischer Poesie im älteren Rom, Gymnasium 65, 1958, 321–341. – A. Reiff, interpretatio, imitatio, aemulatio. Begriff und Vorstellung literarischer Abhängigkeit bei den Römern, Bonn 1959. – W. Wimmel, Kallimachos in Rom, Wiesbaden 1960. – B. Effe, Dichtung und Lehre. Untersuchungen zur Typologie des antiken Lehrgedichts, München

1977. – P. Steinmetz (Hrsg.), Beiträge zur hellenistischen Literatur und ihrer Rezeption in Rom (Palingenesia 28), Wiesbaden 1989.

Roman, Novelle und verwandte Gattungen.

A. Allgemeine Charakterisierung.

I. Begriff.

1. Bezeichnungen. Die Wörter ‚Roman' und ‚Novelle' sind erst im späten Mittelalter gebildet worden: ‚Roman' bezeichnet ursprünglich eine längere fiktive Erzählung in einer der ‚romanischen' Volkssprachen, ‚Novelle' eine als ‚Neuigkeit' vorgestellte kürzere fiktive Erzählung. Das Altertum kannte dagegen für seine einschlägigen Texte keine feste Gattungsbezeichnung, sondern behalf sich von Fall zu Fall mit der Entlehnung von Bezeichnungen für benachbarte Gattungen wie ‚Geschichte' (ἱστορία: Long. praef. 1), ‚Drama' (δρᾶμα: Achill. Tat. 1, 9, 1) und ‚Komödie' (κωμῳδία: Anton. Diog. bei Phot. bibl. cod. 166 p. 111a) oder mit der Verwendung untechnischer Ausdrücke wie ‚Erzählung' (μῦθος: Achill. Tat. 1, 2, 3), ‚Zusammenstellung' (σύνταγμα: Heliod. 10, 41, 4), ‚Erfindung' (πλάσμα: Iulian. epist. 48 p. 301B) und ‚Stoff' (ὑπόθεσις: ebd.), meist mit erläuternden Zusätzen wie ‚erotisch' (ἐρωτικὸς μῦθος: Achill. Tat. a.a.O.) versehen. In den Hell. lassen sich diese Bezeichnungen – denen im Lat. *fabula* (Apul. met. 1, 1, 1) und *argumentum* (Macrob. zu Cic. somn. Scip. 1, 2, 8) entsprechen – allerdings kaum zurückverfolgen.

2. Den Roman im engeren Sinne, den Liebes- und Abenteuerroman, umreißt Macrobius (a.a.O.) mit der knappen Formulierung *argumenta fictis casibus amatorum referta*. Sein Handlungs-‚Gerüst' bleibt von seiner Entstehung im Hell. an (s.u. A II) weit über die Antike hinaus im wesentlichen konstant: Zwei junge, mit allen körperlichen und geistigen Vorzügen ausgestattete Menschen vornehmen Standes, Jüngling und Jungfrau, schließen einen Liebesbund, werden bald darauf durch den Zufall, das Schicksal oder eine Gottheit getrennt, bestehen auf langen Irrfahrten zu Wasser und zu Lande ein jeder die größten äußeren Gefahren (z. B. Seenot und Schiffbruch, Gefangennahme und Versklavung, Kampf und Krieg, Verhaftung und Anklage, Überfall und Mordanschlag, Verwundung, Scheintod und Bestattung) und inneren Anfechtungen (z. B. Versuchungen, die Treue zu rechen; Verzweiflung; Absicht, sich das Leben zu nehmen) und werden schließlich wiederum durch das Spiel des Zufalls, die Fügung des Schicksals oder den Eingriff einer Gottheit endgültig glücklich vereint. Dieses vorgegebene, der Lesererwartung entsprechende Handlungsschema – das auch gelegentlichen Abweichungen offensichtlich als Folie dient – und die in den Grundzügen ebenfalls vorgegebene, vom Leser erwartete Typologie der Personen (Hauptpersonen: Held und Heldin; Nebenpersonen: z.B. Eltern, Freunde, Vertraute; Gegenspieler: Seeräuber, Soldaten; Nebenbuhler: fremde Herren oder Herrscher bzw. Herrinnen oder Herrscherinnen) bedingen sich gegenseitig und garantieren die Geschlossenheit und Konstanz der Gattung mehr, als dies eine literaturwissenschaftliche Theorie vermocht hätte. Überdies ist allen greifbaren hell. Romanen in diesem Sinne gemeinsam, daß sie die tatsächliche Fiktionalität des Geschehens hinter (pseudo-)historischer Faktizität verbergen (s. u. B II).

3. ‚ROMAN‘ IM WEITEREN SINNE UND NOVELLE. Wenn Kaiser Julian (epist. 48 p. 301B) ‚alle erdichteten Erzählungen, die bei unseren Vorfahren im Gewande geschichtlicher Darstellungen Verbreitung gefunden haben, nämlich Liebesgeschichten und alle derartigen Erzeugnisse überhaupt' (ὅσα ... ἐστὶν ἐν ἱστορίας εἴδει παρὰ τοῖς ἔμπροσθεν ἀπηγγελμένα πλάσματα ..., ἐρωτικὰς ὑποθέσεις καὶ πάντα ἁπλῶς τὰ τοιαῦτα) anspricht, rechnet er den Liebes- und Abenteuerroman (s.o. A I2 und u. B II) mit verwandten Formen erzählender Prosa zu einer größeren Gruppe von Texten, die sich von den anderen Gattungen narrativer Prosa durch ihre Fiktionalität unterscheidet. Dazu zählen die Texte, die in Motivik, Technik und Tektonik mit den Romanen im engeren Sinne nur teilweise übereinstimmen. Die Abweichungen liegen teils im qualitativen – ein anderes Zentralmotiv, nämlich das einer fiktiven Weltordnung, im utopisch-phantastischen Reise-‚Roman‘ (s. u. B I 1), das eines vorgegebenen mythischen Geschehens im mythographischen ‚Roman‘ (s.u. B I 2), das eines vorgegebenen historischen Geschehens im historisch-biographischen ‚Roman‘ (s.u. B I 3), das des vorgegebenen Verhältnisses historischer Personen zueinander im Brief-‚Roman‘ (s.u. B I 4) –, teils im quantitativen Bereiche – die Darstellung einer entscheidenden Prüfung einer Liebe in der eroti-

schen Novelle (s. u. B I 5). Diese tritt im Hell. allerdings, soweit bekannt, nicht selbständig auf, sondern in früherer Zeit als Einlage eines größeren erzählenden Werkes, in späterer Zeit auch als Sammlung mit oder ohne Rahmenerzählung (Novellenkranz).

II. Entstehung und Beeinflussung. Äußere Zeugnisse für die Entstehung der Gattung fehlen. Aus ihrer inneren Geschichte auf ihre Anfänge zu schließen, ist wegen der anzunehmenden großen Anzahl spurlos verlorener Romane, der bruchstückhaften Überlieferung der Mehrzahl der als früh – i. S. v. hell. – eingestuften Romane und der Schwierigkeiten, die sich nicht nur der absoluten, sondern auch der relativen Datierung der ganz oder teilweise erhaltenen Romane in den Weg stellen, mit vielen Unsicherheiten behaftet (s. u. B II): Selbst als ein Kind des Hell. hat den Roman im engeren Sinne erst das 20. Jh. erkannt.

1. Gesellschaftsgeschichtliche Herleitung. Bei aller Überhöhung und Stilisierung spiegelt der Roman die gesellschaftlichen Bedingungen seiner Entstehungszeit, des hohen und späten Hell. Daß ein jugendliches Liebespaar zu Helden großer ‚literarischer' Werke gemacht wird, entspricht dem Zuge der Zeit zum Privaten und Individuellen, wie er sich etwas früher bereits in der ↗Philosophie besonders des ↗Kepos (A IV), aber auch der ↗Stoa (A/B) sowie in der Neuen Komödie (↗Drama III 2) durchgesetzt hat. Und auch, wenn die Romane in vorhellenistischer (s. u. B II 2) oder gar vorhellenischer (s. u. B II 1) Zeit spielen, ist ihr Schauplatz die von ↗Alexander d. Gr. (3) erschlossene Welt (οἰκουμένη). Sie aber litt in der Wirklichkeit unter den Spannungen zwischen den Diadochen- und Epigonenreichen untereinander, zwischen Flächen- und Stadtstaaten und zwischen griechisch-makedonischer Oberschicht und orientalischen, mehr oder weniger hellenisierten Unterschichten, Spannungen, die sich immer wieder in diplomatischen und militärischen Aktivitäten, Unruhen, Aufständen und Kriegen entluden. Mindestens ebenso groß war die Unsicherheit, die den Einzelnen durch eher alltägliche Gefährdungen, etwa durch Räuber oder ↗Seeräuber, umgab (Verkauf in die Sklaverei), von überzeitlichen Gefährdungen wie Hungersnöten, Seuchen oder Naturkatastrophen abgesehen. Allen diesen Bedrohungen stand der Einzelne nicht mehr als Glied einer überschaubaren Gemeinschaft mit verbindlicher Weltanschauung und Normensetzung gegenüber: Teils sah er im Zufall (τύχη), teils in einem unabänderlichen Schicksal (εἱμαρμένη), teils in dieser oder jener Gottheit (θεός) die auch sein Leben bestimmende Kraft; wenn überhaupt, scheinen ihm am ehesten aus dem Morgenlande stammende oder orientalisch überformte Mysterien (↗Religion A/B 20) eine innere Sicherheit, die Gewißheit eines ‚guten Endes', vermittelt zu haben: gerade wie es die Romanautoren ihre Heldenpaare – die sich damit als Identifikationsfiguren erweisen – beispielhaft erleben lassen. Die sich darin ausdrückende ‚eskapistische' Haltung zeigt sich in den schon im beginnenden Hell. gepflegten utopisch-phantastischen Reise-‚Romanen' (s. u. B I 1) besonders deutlich, vorausgesetzt, die dort entworfenen ‚Gegenwelten' sind nicht als Modelle zur Veränderung der vorhandenen Welt, sondern als Ablenkungen von ihr zu verstehen.

Andererseits setzt die Entstehung der Gattung des Romanes die Erreichung eines gewissen zivilisatorischen Standes voraus: Nur, wenn es ein hinreichend großes potentielles Publikum – wohl der mittleren Schichten – gibt, das nicht nur Lesen und Schreiben und die griechische Sprache beherrscht, sondern auch eine mindestens elementare ↗Schulbildung in Geschichte und v. a. Literatur erworben hat und überdies in so weit abgesicherten Verhältnissen lebt, daß es Geld zum Kaufe und Muße zur Lektüre der umfangreichen Texte hat, kann sich der Roman entfalten und verbreiten. Eben der Gegensatz zwischen dem erreichten materiellen und kulturellen Niveau auf der einen und dessen steter Gefährdung auf der anderen Seite darf also wohl als die gesellschaftliche Bedingung und Voraussetzung für den Ursprung des Romanes angesehen werden.

2. RELIGIONSGESCHICHTLICHE HERLEITUNG. In den letzten Jahrzehnten sind Versuche unternommen worden, die antiken Romane als ‚Schlüsselromane' zu verstehen: Die fünf erhaltenen griechischen Romane mit Ausnahme des Romanes Charitons (s. u. B II 2 a) – also des einzigen wohl hell. – und viele der bruchstückhaft überlieferten Romane seien für den wissenden Leser als sinnbildliche Beschreibungen der Initiationsriten der Isis-, Mithras-, Dionysos- und Helios-Mysterien (↗Religion B 20) geschrieben und von ihm auch so verstanden wor-

den. Vorlage der über die Jahrhunderte auffällig konstanten ‚Fabeln' (s.o. A I 2) sei der ägyptische Isis-Mythos (↗ Religion B 2), der von der Trennung des Götterpaares Isis und Osiris, dem Tode des Osiris, dem über die ganze Welt führenden Suche der Isis nach ihrem Gatten, seiner Findung und Erweckung zu neuem Leben und der endlichen glücklichen Wiedervereinigung der beiden Götter handelt. Demzufolge sollen sich Romane, je nach dem angenommenen Grade der Verschlüsselung, als aretalogische, mythische und mystische Texte lesen lassen. Doch muß schon der Umstand, daß sich gerade die ältesten, hell. Texte dieser Erklärung weitgehend entziehen, zumindest die These vom Ursprung der Gattung im Mysterium fraglich erscheinen lassen. Eher werden sich die beobachteten Parallelen darauf zurückführen lassen, daß sich Mysterien und Romane zu denselben Zeiten in denselben Ländern an dieselben Menschen wenden; daß sich im Zuge der sich intensivierenden, orientalisierenden und diversifizierenden Religiosität der nachhell. Jahrhunderte Mission und ‚Seelsorge', wie anderer Gattungen, so auch der populären des Romanes bemächtigt haben, ist von vornherein wahrscheinlich, selbst wenn man die frühchristlichen Apostel-‚Akten' (d. h. -‚Romane') nicht als Belege anerkennen wollte.

3. Traditionell hat sich die Philologie um eine LITERATURGESCHICHTLICHE HERLEITUNG der Gattung des Romanes aus einer oder mehreren älteren Gattungen bemüht. So hielt Rohde (1876), noch ohne Kenntnis der Roman-Papyri und der aus ihnen folgenden Vordatierung des Ursprunges der Gattung um mindestens zwei Jahrhunderte, novellistische und elegische Liebeserzählungen und ethnographische bis phantastische Reiseberichte für die stofflichen Voraussetzungen, aus denen dann die kaiserzeitliche rhetorisch-literarische Bewegung der Zweiten Sophistik den Roman gestaltet habe. Dagegen sah Schwartz (1896) einen Entwicklungsgang vom Epos über die klassische zu der pathetischen und tragischen ↗ Geschichtsschreibung (A II) als der unmittelbaren Vorgängerin der Romangattung, eine These, die sich nach der Betrachtung der heute bekannten wohl hell. Romane in vermuteter chronologischer Abfolge (s. u. B II) vielleicht wieder als bemerkenswert erweisen wird. Eine Veränderung und Verselbständigung der Kleinform der Novelle von der Einlage über den Novellenkranz (s. u. B I 5) zur

selbständigen Großform des Romanes nahm Schissel von Fleschenberg (1913) an. Ähnliche novellistische Erzählungen, nämlich Lokalsagen, die im frühen Hell. in die hohe Literatur Eingang fanden (z. B. die auf den Kykladen spielende Liebesgeschichte von Akontios und Kydippe in einer ↗Elegie des ↗Kallimachos, fr. 67–75 Pf.), suchte Lavagnini (1922) als Vorstufen des Romanes zu erweisen. Weinreich (1962) entwarf einen komplexen, mannigfache Gattungskreuzungen postulierenden Weg vom archaischen Epos, bes. der Odyssee, zum Roman; Giangrande (1962) verwies, nach einer Durchmusterung der vorliegenden Ursprungshypothesen, neben der hell. Liebesdichtung v. a. auf den subliterarischen Bereich in den ↗Rhetorenschulen gepflegter Erzählungsübungen; und Wehrli (1965) lehrte die Geschichte der Novelle als Parallele zu der des Romanes verstehen. Inzwischen war auch außerhalb der griechischen Welt nach den Wurzeln des Romanes geforscht worden: Nachdem Lacôte (1911) in einem vereinzelt gebliebenen Versuch einen indischen Ursprung des Romanes vorgeschlagen hatte, suchte Barns (1956), von Anderson (1984) gefolgt, den Roman auf inhaltlich verwandte altorientalische Texte zurückzuführen. Auf religiöses Erzählgut des Alten Orients hatten bereits Kerényi (1927) und Altheim (1948) verwiesen, eine Forschungsrichtung, die Merkelbach (1962) zu der religionsgeschichtlichen Hypothese (s. o. A II 2) geführt hat. Zur Beantwortung der Frage nach den Gründen für die Übernahme dieser oder jener literarischen Konventionen und religiösen Positionen in den entstehenden Roman entwickelte schließlich Perry (1967) die gesellschaftsgeschichtliche Ursprungs-Hypothese (s. o. A II 1).

Wegen methodischer und thematischer Einseitigkeiten ist den Versuchen, den Ursprung der Gattung rein literaturgeschichtlich zu klären, die allgemeine Anerkennung versagt geblieben. Gleichwohl behalten sie einen über das wissenschaftsgeschichtliche Interesse weit hinausreichenden Wert, denn sie erhellen, wenn nicht die Herkunft der Gattung insgesamt, so doch die Vorbilder ihrer wesentlichen Bestandteile. In diesem Sinne lassen sich viele der in archaischer und klassischer Zeit ausgebildeten Gattungen nennen: Zum ↗Epos steht der hell. Roman, über die narrativen Grundstrukturen hinaus, etwa im Werke Charitons (s. u. B II 2a) durch eine Reihe von Homer-Zitaten, die offenbar seinen literarischen Rang bestimmen sollen, in einer ausdrücklichen Beziehung, von dem Odyssee-Motiv der aus Treue in der Liebe erlittenen Irrfahrten ganz zu schweigen. Auch stoffliche und motivische Gemeinsamkeiten mit ↗Epyllien und erotischen ↗Elegien lassen sich als Übernahmen erklären. Wechselreden sowie der Erwägung oder Entscheidung dienende Monologe sind ↗dramatischen Vorlagen nachgebildet; daß die Überwindung der einem Liebespaar im Wege stehenden Hindernisse die Haupthandlung ausmacht, verbindet den Roman mit der Neuen Komödie (↗Drama III 2). Von der Prosa-Literatur ist es vornehmlich die ↗Geschichtsschreibung, an der sich der Roman, vom Titel angefangen, in Stil und Erzählweise orientiert und von der er Glaubwürdigkeit zu borgen sucht, daneben die Biographie und die Reisebeschreibung bis hin zur Paradoxographie auf der einen und der wissenschaftlichen Geographie auf der anderen Seite. Formal und inhaltlich gleichermaßen steht der Roman der – zunächst noch unselbständigen – Gattung der (Liebes-)Novelle (s. u. B I 5) nahe, während in Romane eingelegte Volks- oder Gerichtsreden (s. u. B II 2 a) erkennbar auf die ↗Rhetorik zurückgreifen, und in einem Falle (s. u. B II 2 b) ist einem Roman ein ↗philosophisches Symposion eingefügt. Als jüngste, literaturtheoretisch im Altertum unseres Wissens nie behandelte Gattung steht der Roman also Einflüssen einer Vielfalt vorliegender Gattungen offen, ist aber imstande, sie alle seinen eigenen strengen Baugesetzen (s. o. A I 2) anzupassen und unterzuordnen.

Die Ursprungsfrage läßt sich also wohl weder auf gesellschafts- noch auf religions- oder literaturgeschichtlichem Gebiet ausschließlich beantworten; erst das Zusammentreffen geistiger Bedürfnisse mit literarischen Möglichkeiten hat die neue Gattung hervorgebracht – und der bewußte Gestaltungswille der ersten Romanautoren.

B. Die einzelnen Texte.

I. ,Roman‘ im weiteren Sinne und Novelle.

1. Utopisch-phantastischer Reise-,Roman‘ (↗Utopie). Während das Wort ,Utopie‘ (οὐ/τόπος: ,Land Nirgendwo‘) erst 1516 von Thomas Morus als Titelbegriff seines Buches ,Utopia‘ geprägt worden ist, ist die Sache, unter Einwirkung von Themen und Motiven klassischer und archaischer Literatur, schon im frühen Hell. verwirklicht worden. Ausgangspunkte sind die ,utopische‘

Züge tragenden Teile der Odyssee: des Odysseus Aufenthalte in der ‚idealen Welt' (7, 199–206) der Phäaken (5, 451–13, 80) und auf der Insel Kalypsos (5, 55–269), manche seiner Irrfahrten-Erzählungen (9, 37–12, 453) und die Beschreibung der Elysischen Flur (4, 563–569). Hesiods Goldenes Zeitalter (Werke 109–126) ist in ferne Vorzeit gesetzt, doch lassen sich Elemente der Utopie in einer gerechten Gesellschaft verwirklichen (ebd. 225–237). Auf sophistische Staats- und Gesellschaftsentwürfe (Protagoras von Abdera u. a., bes. Phaneas von Chalkedon, der Gleichheit des Grundbesitzes und der Erziehung sowie Verstaatlichung der Betriebe fordert) antwortet Aristophanes in der utopischen Komödie ‚Die Vögel' und in vergleichbaren Passagen anderer Stücke (Ekkles. 590–710, Plut. 487–618). Aber all dies ist in dem zweiten großen Vorbild hell. utopischer Literatur überboten: in Platons philosophischem Mythos von Atlantis und Ur-Athen (Tim. 21e–25d, Kritias 108e–121c).

Die unmittelbaren Vorstufen der hell. ‚Roman'-Utopien liegen in der ↗Geschichtsschreibung (A I/II) des 4. Jh.s. Schon die teilweise auf eigenen Erkundungen beruhenden Darstellungen Persiens und Indiens in den ‚Persika' und ‚Indika' des Ktesias von Knidos (FGrHist 688) müssen vom Morgenlande Wunderdinge erzählt haben, und Theopomp (FGrHist 115; ↗Geschichtsschreibung B 2) berichtete im 8. Buche seiner Philippischen Geschichte eine angebliche Erzählung des Halbgottes Silen über ein jenseits des Weltmeeres gelegenes, von langlebigen Riesen bewohntes unermeßliches Festland (Auszug bei Aelian. var. hist. 3, 18).

Ähnlich phantastisch beschrieb im frühen 3. Jh. Hekataios von Abdera oder Teos (FGrHist 264) das auf einer Insel im Nordmeer in Glück und Überfluß ein naturgemäßes, gottgefälliges Leben führende Volk der Hyperboreer (Auszüge bei Diod. Sic. 2, 47 und Aelian. nat. anim. 11, 1).

Die stärkste Wirkung auf Mit- und Nachwelt hat Euhemeros von Messene (FGrHist 63), der zeitweilig am Hofe König ↗Kassanders von ↗Makedonien (II) lebte, mit seiner ‚Heiligen Schrift' (Ἱερὰ ἀναγραφή) erzielt; die Übersetzung des Ennius (↗Rom II 1) ist aus Nachklängen bei Varro, Cicero, Columella und Laktanz kenntlich. Sein fiktiver Bericht von einer Reise zu drei mit allen Naturgütern gesegneten Inseln im Indischen Ozean weitet sich in staats- und gesellschaftstheoretische sowie in religionsphilosophische Dimensionen: Auf der Heiligen Insel besteht eine Monarchie, auf der Hauptinsel Panchaia ein aristokratischer Drei-Stände-Staat mit Einschränkung des Privatbesitzes und einer von der Priesterschaft gelenkten Staatswirtschaft und in der Stadt Panara eine Demokratie. In der Nähe liegt das Heiligtum des Zeus Triphylios, in dem eine goldene Säule mit der ‚Heiligen Inschrift' (daher der Titel) steht, derzufolge Uranos, Kronos und Zeus nicht Götter, sondern später als solche verehrte mächtige und verständige Herrscher der Vorzeit gewesen sind. In welchem Maße und mit welcher Absicht Euhemeros damit zu aktuellen Fragen – Gegensatz zwischen Monarchie und Polis, Wirtschaftslenkung und Staatsmonopol, rationalistische Mythenkritik, Zweifel an überkommener ↗Religion, ↗Herrscherkult – Stellung nahm, ist bei der Überlieferungslage (Auszüge bei Diod. Sic. 5, 41–46; 6, 1 [letztere Stelle aus Euseb. pr. ev. 2, 2 gewonnen]) schwer zu entscheiden.

Anscheinend im Stile des Hekataios (s. o.) verfaßte Amometos (3. Jh.; FGrHist 645) einen utopischen ‚Roman' über das indische Volk der Attakoren (Plin. nat. hist. 6, 55–56).

Deutlicher ist die Rolle des Ich-Erzählers in der Utopie des Iambulos (wohl 3./2. Jh.) faßbar: Der Autor gibt vor, auf einer Handelsreise in Arabien geraubt, nach Äthiopien verschleppt und von dort als Sühneopfer auf einem Schiffe dem Meere anvertraut worden zu sein. So sei er zu den sieben ‚Sonneninseln' verschlagen worden. Die Inseln seien von menschenähnlichen Wesen bewohnt, die in Gruppen von 400 Personen, jede von einem Ältesten geleitet, in Frauen- bzw. Männer- und Kindergemeinschaft lebten. Krieg sei unbekannt, dagegen würden schwächliche Kinder, Gebrechliche und Alte beseitigt. Da jeder abwechselnd jede wirtschaftliche Tätigkeit verrichte, herrsche gesellschaftliche Gleichheit; Sklaverei gebe es nicht. Geistige Betätigung sei die Himmelskunde, die zu einem Gestirnkult führe. Nach sieben Jahren sei der Erzähler ausgewiesen worden und über Indien und Persien in die Heimat gelangt (Auszug bei Diod. Sic. 2, 55–60).

Schließlich könnte auch der in der spätantiken lateinischen ‚Expositio totius mundi et gentium' enthaltenen Beschreibung des auf dem Gelände des Gartens Eden lebenden gesegneten Volkes der Kamariner (Kap. 4–7) eine hell. Reise-Utopie zugrunde liegen.

2. Mythographischer ‚Roman‘. Im literarischen Anspruch zwischen Dichtungen wie den Argonautika des ↗Apollonios und mythographischen Handbüchern wie der ‚Bibliothek‘ Ps.-Apollodors stehend, sind romanhafte Bearbeitungen archaischer Mythen anscheinend früh verlorengegangen. Bezeugt sind derartige Gestaltungen der Argonauten-, Troja-, Amazonen- und Dionysos-Mythen von Dionysios Skytobrachion (FGrHist 32; 3./2. Jh.) und ein Troja-‚Roman‘ des Hegesianax von Alexandrien in der Troas (FGrHist 45), eines Diplomaten im Dienste Antiochos' d. Gr. (↗Seleukiden IV). Die Dürftigkeit der Überlieferung gestattet allerdings keine sicheren Aussagen über literarische Gestaltung oder etwaige Absichten der Autoren.

3. Historisch-biographischer ‚Roman‘. Romanhafte Ausgestaltungen des Lebens berühmter Persönlichkeiten gehen – als ‚Volksbücher‘ ohne Verfassernamen und festen Textbestand – bis in archaische Zeit zurück, sind aber in der Regel erst in kaiserzeitlichen Fassungen erhalten: so das ‚Leben Homers‘, insbesondere der ‚Wettkampf zwischen Homer und Hesiod‘, das nach älterer Auffassung im Laufe der Jahrhunderte mit immer mehr Fabeln angereicherte, nach neueren Erkenntnissen allerdings erst in der Kaiserzeit als geschlossenes Ganzes entworfene ‚Leben Äsops‘ und das ‚Leben des Pythagoras‘; der Hell. setzte diese Richtung mit der Ausgestaltung des ‚Lebens des Euripides‘ fort. Den literarischen historisch-biographischen ‚Roman‘, und zwar mit didaktischer Tendenz, begründete Xenophon im 4. Jh. mit seiner Kyrupädie. Während sein Enkomion auf Agesilaos und das des Isokrates auf Euagoras in eine rhetorisch-biographische Linie gehören, entzündet sich an der Gestalt ↗Alexanders d. Gr. eine romanhaft-biographische Tradition. Die in fünf Rezensionen vorliegende, im Mittelalter Alexanders Hof-Historiographen Kallisthenes (↗Geschichtsschreibung B 3) zugeschriebene Kompilation des Alexander-‚Romanes‘ entstammt zwar erst der Kaiserzeit, mindestens zwei in sie eingegangene hell. Vorlagen lassen sich jedoch nachweisen: eine pathetisch-phantastische Alexander-Biographie wohl des frühen und eine Sammlung von Briefen von und an den König vermutlich des späten Hell.; letztere, auf Papyri bis in das 1. Jh. belegbar, bezeugt eine weitere Untergattung: den

4. Brief-‚Roman' (↗Brief). Bestenfalls Ansätze dazu bieten die umstrittene Briefsammlung im Corpus Platonicum (bes. Berichte über die Ereignisse auf Sizilien) und die unechte Sammlung von Briefen von und an Hippokrates (bes. Briefwechsel zwischen ihm und Demokrit, wohl noch hell.). Nach dem eben erwähnten erschlossenen Brief-‚Roman' um Alexander ist erst aus nachhell. Zeit ein Werk erhalten, das, wenn überhaupt eines, diese Bezeichnung verdient: der aus 17 Stücken bestehende fiktive Brief-‚Roman' um den Mörder des Tyrannen Klearch (↗Buchwesen II 2), Chion von Herakleia.

5. Novelle. Auf eine lange Vorgeschichte der Novelle lassen die zahlreichen meisterhaften novellistischen Einlagen in den Historien Herodots schließen. Die Liebesnovelle beginnt in der erhaltenen Literatur mit der tragisch endenden Geschichte der Gattentreue von Abradates und Pantheia in Xenophons Kyrupädie (5–7 abschnittsweise). Ktesias (s. o. B I 1) erzählte die Novelle von der heroischen Liebesentsagung des Stryangaios und der Zarina/Zarinaia (FGrHist 688 F 7. 8 ab; dazu Nikolaos von Damaskos FGrHist 90 F 5), und bei dem Alexander-Historiker Chares von Mytilene (um 300) fand sich die glücklich endende Novelle von der Liebe des Zariadres und der Odatis (FGrHist 125 F 5): Bezeichnenderweise spielen alle diese Geschichten im Morgenlande. Als selbständige Literaturgattung ist die Novelle mit der Sammlung erotischer Novellen – vielleicht ein Novellenkranz mit Rahmenerzählung – des Aristeides von Milet (um 100) etabliert; die große Wirkung des (verlorenen) Werkes zeigt sich in der (ebenfalls verlorenen) lateinischen Übersetzung des römischen Staatsmannes und Historikers L. Cornelius Sisenna (gest. 67) und in deren Verbreitung z. B. unter den höheren Rängen des römischen Heeres vor Karrhai (Plut. Crass. 32), aber auch in der Verwendung einer – wenn auch Aristeides nicht sicher zuweisbaren – ‚milesischen' Geschichte als Einlage in Petrons Roman (‚Die Witwe von Ephesus': Satyr. 111–112) und in dem gattungsbeschreibenden Gebrauche von ‚milesisch' bei Apuleius (met. 1, 1, 1). Ernsten erotischen Inhaltes ist die einzige erhaltene derartige Sammlung des Hell., die ‚Leiden der Liebe' (Ἐρωτικὰ παθήματα), 36 Liebeserzählungen, die der Verfasser, der im 3. Mithradatischen Kriege (↗Pontos 8) als Gefangener nach Rom gebrachte Parthenios von Nikaia (↗Elegie 9), dem Staatsmanne und

Begründer der römischen Liebeselegie Cornelius Gallus
als Stoffsammlung für Dichtungen widmete (praef.).

II. ROMAN IM ENGEREN SINNE.

Die im folgenden gebotene Auswahl und Anordnung hell.
Liebes- und Abenteuerromane ist nicht unproblematisch:
Zum einen sind uns mit Sicherheit hell. Romane nicht vollständig erhalten und vollständig erhaltene Romane nicht mit
Sicherheit hell.; zum anderen ist weder die absolute noch
die relative Chronologie dieser Romane gesichert (s. o.
A II). Mit den wenigen aus äußeren Daten (wie der Datierung von Papyri) und inhaltlichen Merkmalen (wie der
fehlenden oder vorhandenen Beeinflussung durch den Attizismus der frühen Kaiserzeit [↗Rhetorik]) gewonnenen
chronologischen Anhaltspunkten läßt sich jedoch eine
Reihung der wohl hell. und frühkaiserzeitlichen Romane
nach dem Grade der Lösung ihrer ‚Fabel' aus der jeweiligen geschichtlichen Einbettung, jedenfalls nach dem gegenwärtigen Stande der Kenntnis, widerspruchslos vereinbaren. Diese Reihung, die man, ohne daraus auf den
Ursprung der Gattung zu schließen, mit einer Vermutung
von Schwartz (s. o. A II 3) in Verbindung setzen mag, liegt
der folgenden Darstellung zugrunde.

1. ROMANE MIT GESCHICHTLICHEN GESTALTEN ALS HAUPTPERSONEN.

a. Der NINOS-ROMAN. Auf vier Papyri (A u. B: P. Berol.
6926, C: PSI 1305, D: P. Gen. inv. 100; letzterer kaum
aussagekräftig), deren älteste aus dem ersten Jahrhundert
der Kaiserzeit stammen, sind Bruchstücke des aus sprachlichen Gründen in das 2. oder frühe 1. Jh. datierten und somit
wohl ältesten bekannten Romanes erhalten. Die Reihenfolge der Passagen ist umstritten; deutlich ist jedoch, daß sie
sich dem üblichen Handlungsschema (s. o. A I 2) einfügen:
In A bitten der siebzehnjährige Prinz Ninos und seine
dreizehnjährige Base jeder die Mutter des anderen erfolgreich um die Zustimmung zur Heirat vor der Erreichung des
gesetzlichen Mindestalters. In B zieht Ninos, nachdem er
die Eifersucht des Mädchens beruhigt hat, im Auftrage
seines Vaters an der Spitze eines Heeres von Assyrern,
Karern und Griechen gegen Armenien und hält kurz vor der
Schlacht eine Ansprache an die Soldaten. C zeigt ihn als
Schiffbrüchigen an der Schwarzmeer-Küste bei Kolchis in
Klagen um seine ferne Frau und das verlorene Heer.

Erkennbar ist, daß der Held den Gründer der Stadt Ninos/Ninive und des assyrischen Reiches darstellt; seine Braut/Frau wird demzufolge Semiramis sein. Ein Vergleich mit der historischen Darstellung der Herrschaft dieses Königspaares bei Ktesias (s. o. B I 1; Auszug bei Diod. Sic. 2, 1–20) zeigt jedoch, daß der Verfasser ohne Rücksicht auf die als historisch geltende Tradition den Gattungsgesetzen des Romanes gefolgt ist; selbst Anachronismen wie den Einsatz griechischer Truppen hat er nicht gemieden.

b. Der SESONCHOSIS-ROMAN ist auf Papyrus zwar erst zwei Jahrhunderte später als der Ninos-Roman bezeugt, diesem aber in Schlichtheit der Sprache, Stellung zur Geschichte und wohl auch Handlungsführung so ähnlich, daß eine Datierung auf dieselbe Zeit (2./1. Jh.) vertretbar ist. In POxy 1826 scheint es um die militärische Ausbildung und eine – politische – Verheiratung des Prinzen Sesonchosis zu gehen. POxy 2466 handelt von einem Siege der Ägypter über die Araber und der Meldung darüber an Sesonchosis. In POxy 3319 befindet sich Sesonchosis in einem von ihm in Abhängigkeit gebrachten Lande; aus einem Gespräch geht hervor, daß ihm die Ehe mit der Tochter des unterworfenen Königs versprochen ist. Dann wird die Wirkung seiner jugendlichen Schönheit auf ein Mädchen namens Meameris beschrieben.

Wie im Ninos-Roman, so ist auch hier ein für historisch gehaltener orientalischer Herrscher, in diesem Falle Pharao Sesonchosis (die Identifizierung mit einem historischen Pharao ist unklar), zum Helden eines nach den Gesetzen der eigenen Gattung komponierten Liebes- und Abenteuerromanes gemacht.

2. ROMANE MIT GESCHICHTLICHEN GESTALTEN ALS NEBENPERSONEN.

a. CHARITON VON APHRODISIAS: (CHAIREAS UND) KALLIRRHOË. Das von Rohde (1876) als jüngstes der fünf erhaltenen griechischen Romane betrachtete Werk, das sich nur im Cod. Laurentianus conv. soppr. 627 erhalten hat, ist mittlerweile durch Papyris bis in die Antoninenzeit zurück bezeugt; Sprach- und Stilanalysen weisen es als wohl dem letzten Jahrhundert des Hell. zugehörig und damit als den ältesten erhaltenen griechischen Roman aus, so daß Persius (sat. 1, 134) durchaus diesen Roman gemeint haben kann. Der Verfasser stellt sich einleitend als Schreiber (ὑπογραφεύς) eines Redners (ῥήτωρ) namens Athen-

agoras vor; äußere Zeugnisse über ihn sind nicht bekannt.
Der Inhalt: (I) Die jungen Syrakusaner Chaireas, Sohn des Ariston, und Kallirrhoë, Tochter des Hermokrates, des Strategen und Siegers über die Athener, verlieben sich bei einem Aphrodite-Fest ineinander; die Volksversammlung erwirkt die Zustimmung der Väter zu ihrer Hochzeit. Abgewiesene Freier täuschen Chaireas einen Ehebruch seiner Frau vor: Er versetzt ihr im Jähzorn einen Tritt, so daß sie scheintot zu Boden stürzt. Über die Intrige aufgeklärt, sucht Chaireas den Tod, wird aber durch seinen Freund Polycharm(os) bestimmt, Kallirrhoë prächtig zu bestatten. Ein Seeräuber erbricht das Grab, raubt die wieder erwachte Kallirrhoë, segelt nach Ionien und verkauft sie dort unter der Hand über einen Verwalter an dessen Herrn Dionysios, den ersten Mann in Ionien. (II) In einem Aphrodite-Heiligtum begegnen sich Dionysios und Kallirrhoë: Der Herr hält die neue Sklavin zunächst für die Göttin; als er ihre Herkunft, nicht aber ihre Ehe erfährt, sucht er sie zu gewinnen. Kallirrhoë bleibt unnahbar, bis sie gewahr wird, von Chaireas schwanger zu sein: Um des Kindes willen willigt sie in die neue Ehe ein. (III) Dionysios und Kallirrhoë feiern in Milet Hochzeit. Indessen hat Chaireas in Syrakus das Grab leer gefunden. Auf einer ersten Expedition stößt er auf den Seeräuber. Auf dessen Aussagen hin segelt er auf einem Kriegsschiff nach Ionien. Diener des Dionysios erfahren jedoch von seiner Absicht und lassen das Schiff von der persischen Küstenwache verbrennen; Chaireas und Polycharm werden an Mithridates, den Satrapen von Karien, verkauft. Dionysios und Kallirrhoë erfahren von der Landung des Chaireas, halten ihn aber mittlerweile für tot. (IV) Mit Erlaubnis des Dionysios hält Kallirrhoë, inzwischen Mutter eines Knaben, in Milet ein Leichenbegängnis für Chaireas; die anwesenden Satrapen Mithridates und Pharnakes von Lydien entbrennen in Liebe zu ihr. Zurückgekehrt, erfährt Mithridates, daß Chaireas unter seinen Sklaven ist, und versucht sich Kallirrhoë zu verpflichten, indem er je einen Brief von Chaireas und sich an Kallirrhoë sendet. Die Briefe fallen jedoch Dionysios in die Hände. Dieser bittet Pharnakes um Hilfe, und der Lyder – auch in Kallirrhoë verliebt – beschuldigt Mithridates vor dem Großkönig Artaxerxes des versuchten Ehebruches. So werden Dionysios als Ankläger – mit Kallirrhoë – und Mithridates als Angeklagter vor den königlichen

Richterstuhl gerufen. (V) Dionysios zieht mit Kallirrhoë, Mithridates mit Chaireas und Polycharm nach Babylon. Bei der Verhandlung setzt Mithridates Kallirrhoës Anwesenheit durch und stellt ihr, beschuldigt, einen Brief des toten Chaireas gefälscht zu haben, den lebenden gegenüber. So ist Mithridates entlastet; der Großkönig lädt Dionysios und Chaireas zu einem neuen Prozeß und übergibt Kallirrhoë einstweilen seiner Gattin Stateira. (VI) Selbst in Kallirrhoë verliebt, verzögert Artaxerxes den Beginn des zweiten Prozesses; doch bleiben seine Bemühungen um Kallirrhoë erfolglos. Da wird gemeldet, Ägypten sei unter einem einheimischen König abgefallen. Unverzüglich bricht Artaxerxes mit Heeresmacht auf, vom Hofstaat einschließlich Stateira und Kallirrhoë begleitet; Dionysios schließt sich an, (VII) nachdem er Chaireas die falsche Nachricht hinterlassen hat, der Großkönig habe ihm, Dionysios, Kallirrhoë zugesprochen. Um Rache zu nehmen, schließen sich Chaireas und Polycharm den Ägyptern an. Chaireas befehligt die ägyptische Flotte und vernichtet die persische, während zu Lande die Perser siegen: Dionysios bringt dem Großkönig das Haupt des ägyptischen Königs. Inzwischen besetzt Chaireas die Aphrodite heilige Insel Arados, auf die der Großkönig die Frauen in vermeintliche Sicherheit hat bringen lassen. Eine der Frauen verhüllt das Gesicht und will lieber sterben als in Gefangenschaft fallen. (VIII) Als Chaireas sie aufsucht, erkennen sie sich: Es ist Kallirrhoë. Auf die Nachricht von der Niederlage hin segelt die Flotte zu der Aphrodite geweihten Stadt Paphos, von wo die Perserinnen und die Ägypter in die Heimat entlassen werden und Kallirrhoë Dionysios brieflich bittet, ihren Sohn an Vaters Stelle aufzuziehen und später nach Syrakus zu schicken, und weiter nach Syrakus, in dessen Hafen das Schiff mit dem wiedervereinten Paare triumphalen Einzug hält. Mit einem Bericht des Chaireas vor der Volksversammlung und einem Gebet Kallirrhoës im Aphrodite-Tempel schließt der Roman.

In die – nostalgisch gezeichneten – Friedensjahre nach dem Peloponnesischen Kriege projiziert Chariton (wenn auch mit Anachronismen; so fiel Hermokrates 408/7 in Parteikämpfen, während Stateiras Gemahl Artaxerxes II. erst 404 den Thron bestieg) als auktorialer Erzähler eine in sich geschlossene private (5, 8, 7) ‚Liebesgeschichte' (1, 1, 1: πάθος ἐρωτικόν), die er gleichwohl den großen geschichtlichen Ereignissen des 5. Jh.s bei-, wenn nicht (7, 5, 8; 8, 6, 12) überordnet. Treibende Kraft des Geschehens ist, stärker noch als Tyche (8, 1, 2), Aphrodite (8, 1, 3; 8, 8, 15–16). Formal wie inhaltlich orientiert sich Chariton an den beiden am höchsten angesehenen Gattungen, dem homerischen Epos (in Zitaten und Vergleichen) und der Geschichtsschreibung, bes. Thukydides (Sizilische Expedition) und Xenophon (Aufbau, Stil, Raum, Zeit, Personen); daneben zeigt sich der Verfasser auch als Meister anderer Gattungen wie Beratungs-, Gerichts- und Volksrede oder Brief, und daß er Bühnenszenen zu ‚inszenieren‘, ja zu überbieten versteht, sagt er selbst (5, 8, 2). So begegnet denn, wie im Epos die älteste, so im Roman die jüngste Gattung griechischer Literatur in ihrem frühesten erhaltenen Werke voll ausgebildet.

b. Der METIOCHOS-PARTHENOPE-ROMAN, von dem drei zusammengehörige Papyrus-Bruchstücke in Berlin (P. Berol. 7929. 9588. 21179; aus derselben Zeit wie die ältesten Chariton-Papyri) und eine beschriebene Tonscherbe in Oxford (O. Bodl. 2175) erhalten sind, steht Charitons Roman in Sprache, Gedankenführung und historischer Einbettung so nahe, daß Charitons Verfasserschaft erwogen wird. Der auf Papyrus erhaltene Teil beschreibt ein Symposion am Hofe des Tyrannen Polykrates von Samos, an dem u. a. dessen Tochter Parthenope, Metiochos, der Sohn des athenischen Feldherrn Miltiades, und der Philosoph Anaximenes von Milet teilnehmen. In einem an Platons ‚Symposion‘ erinnernden Rede-Wettstreit unter dem Vorsitz des Philosophen bestreitet Metiochos die Existenz des Gottes Eros; Parthenope, in Metiochos verliebt, widerspricht. Das Ostrakon überliefert ein Stück eines Briefes des unglücklichen Metiochos an die ferne Parthenope. Zur weiteren Rekonstruktion des – wie auch mimische (Lucian. salt. 2) und rhetorische (Lucian. pseudolog. 25) Bearbeitungen des Stoffes beweisen – beliebten Romanes lassen sich drei kaiserzeitliche Mosaike aus Daphne bei Antiochien am Orontes und aus Alexandrette mit inschriftlich gesicherten Darstellungen der beiden Titelhelden und vielleicht auch die in arabischer Fassung überlieferte Legende von einer Heiligen Parthenope heranziehen: Metiochos dürfte sich im Kriege ausgezeichnet haben, Parthenope könnte nach Persien entführt worden sein.

Hatte Chariton den Hintergrund Thukydides und Xenophon entlehnt, so spielt der Metiochos-Parthenope-Roman in ‚herodoteischer‘ Zeit; die Gestalt des Metiochos – nicht aber seine ‚Geschichte‘ – ist Herodot (6,41) entnommen. Bemerkenswert ist die im Erhaltenen einmalige Nachahmung philosophischer Literatur.

3. Romane mit geschichtlichem Hintergrund. Von den folgenden zwei Romanen ist nur so wenig erhalten, daß ihre Datierung – späthell. oder frühkaiserzeitlich – ungewiß bleibt; auch ist denkbar, daß die vollständigen Texte durch die Einführung historischer Persönlichkeiten eine genauere historische Einbettung erfahren hatten; die durchwegs ‚sprechenden' Namen sprechen aber dagegen.

a. Vom Chione-Roman sind drei kurze Bruchstücke erhalten: Abschriften von Resten eines inzwischen verbrannten frühbyzantinischen Pergamentkodex. Sie lassen erkennen, daß (A) über die Verheiratung einer Königstochter und Reichserbin beraten wird, (B) Landesfremde dieses Mädchen, Chione, durch Drohungen zu gewinnen suchen und (C) Chione aus Furcht vor einem Megamedes im Gespräch mit dem von ihr geliebten Manne Selbstmordgedanken äußert. Ein Papyrus der Antoninenzeit (P. Berol. 10535), in dem von Seefahrten einer unglücklichen Braut und von deren Mutter die Rede ist, könnte zu demselben Roman gehören.

b. Der Kalligone-Roman ist nur mehr aus einem Papyrus-Bruchstück der Antoninenzeit (PSI 981) kenntlich: Kalligone – wohl die Heldin – befindet sich in einem Zelt – wohl in einem Kriege gegen die Sauromaten –, klagt um Erasinos – wohl den Helden –, in den sie sich auf einer Jagd verliebt hat, und wird von einem Eubiotos am Selbstmord gehindert.

C. Ausblick.

Schon der zeitlich wohl nächste erhaltene Roman, die frühkaiserzeitlichen ‚Ephesiaka' des Xenophon von Ephesos, verzichtet auf historische Einkleidung. Bestimmend für die Renaissance der Romanliteratur im 16. und 17. Jh. in den beiden Gestalten des Ritter- und des Schelmenromanes wurde jedoch zum einen der spätere, von der Zweiten Sophistik geprägte idealistische griechische Roman eines Achilleus Tatios (Kleitophon und Leukippe), weniger eines Longos (Daphnis und Chloë), besonders aber eines Heliodor (Aithiopika/Theagenes und Charikleia), zum anderen der von Satire gesättigte komisch-realistische lateinische Roman eines Petron (wohl ‚Satyrica') und eines Apuleius (‚Metamorphosen'). U.D.

A: Lit.: E. Rohde, Der griechische Roman und seine Vorläufer, Leipzig 1876 (³1914). – F. Susemihl, Geschichte der griechischen Litteratur in der Alexandrinerzeit. 2. Bd., Leipzig 1892, 574–601. – E. Schwartz, Fünf Vorträge über den griechischen Roman. Das Romanhafte in der erzählenden Literatur der Griechen, Berlin 1896 (²1943). – F. Lacôte, Sur l'origine indienne du roman grec, in: Mélanges d'indianisme S. Lévi, Paris 1911, 249–304. – O. Schissel von Fleschenberg, Die griechische Novelle, Halle 1913. – Ders., Entwicklungsgeschichte des griechischen Romans im Altertum, Halle 1913. – B. Lavagnini, Le origini del romanzo greco, in: Annali della Scuola Normale Superiore di Pisa 28, 1922, 1–104 (wieder bei dems., Studi [s. u.], S. 1–104). – J. Ludvíkovský: Recký Román Dobrodružný, Prag 1925. – K. Kerényi, Die griechisch-orientalische Romanliteratur in religionsgeschichtlicher Beleuchtung, Tübingen 1927 (³1973). – K. Barwick, Die Gliederung der narratio in der rhetorischen Theorie und ihre Bedeutung für die Geschichte des antiken Romans, in: Hermes 63, 1928, 261–278. – M. Braun, Griechischer Roman und hellenistische Geschichtsschreibung, Frankfurt a. M. 1934. – Ders., History and Romance in Graeco-Oriental Literature, Oxford 1938. – F. Stoessl, Antike Erzähler von Herodot bis Longos, Zürich 1947. – F. Altheim, Roman und Dekadenz, in: Ders., Literatur und Gesellschaft im ausgehenden Altertum, Bd. 1, Halle 1948, 13–47. – R. Helm, Der antike Roman, Berlin 1948 (²1956). – B. Lavagnini, Studi sul romanzo greco, Messina/Florenz 1950. – J. W. B. Barns, Egypt and the Greek Romance, in: Akten des VIII. Internationalen Kongresses für Papyrologie (Wien 1955), Wien 1956, 29–36. – Qu. Cataudella, La novella greca, Neapel 1957. – G. Giangrande, On the origins of the Greek Romance: the birth of a literary form, in: Eranos 60, 1962, 132–159 (wieder bei Gärtner [s. u.], S. 125–152). – R. Merkelbach, Roman und Mysterium in der Antike, München/Berlin 1962. – O. Weinreich, Der griechische Liebesroman, Zürich 1962 (erweiterte Fassung des Nachwortes zu R. Raymer [Übers.], Heliodor: Aithiopika, Zürich 1950, 323–383). – R. Turcan, Le roman initiatique, in: RevHistRel 163, 1963, 149–199. – F. Wehrli, Einheit und Vorgeschichte der griechisch-römischen Romanliteratur, in: Mus. Helv. 22, 1965, 133–154 (wieder bei Gärtner [s. u.], 161–182). – B. E. Perry, The Ancient Romances. A Literary-Historical Account of their Origins, Berkeley/Los Angeles 1967. – M. E. Grabar'-Passek (Hrsg.), Antičnyj roman, Moskau 1969. – B. P. Reardon, The Greek Novel, in: Phoenix 23, 1969, 291–309 (wieder bei Gärtner [s. u.], 218–236). – A. Scobie, Aspects of the Ancient Romance and its Heritage, Meisenheim 1969. – T. Hägg, Narrative Technique in Ancient Greek Romances. Studies of Chariton, Xenophon Ephesius and Achilles Tatius, Stockholm 1971. – C. García Gual, Los orígenes de la novela, Madrid 1972. – Qu. Cataudella, Il romanzo antico greco e latino, Florenz 1973. – A. Heiserman, The Novel before the Novel, Chicago/London 1977. – D. N. Levin, To Whom did the Ancient Novelists address Themselves?, in: RivStudClass 25, 1977, 18–29. – B. P. Reardon (Hrsg.), Erotica Antiqua. Acta of the International Conference on the Ancient Novel, Bangor 1977. – H. Gärtner, Der antike Roman, Bestand und Möglichkeiten, in: P. Neukam (Hrsg.), Vorschläge und Anregungen, München 1980, 24–56. – T. Hägg, Den antika romanen, Uppsala 1980 (engl. 1983; dt. [Eros und Tyche. Der Roman in der antiken Welt] 1987). – C. W. Müller, Der griechische Roman, in: E. Vogt (Hrsg.), Griechische Literatur, Wiesbaden 1981 (Neues Handbuch der Literaturwissenschaft 2), 377–412. – G. Anderson, Eros Sophistes. Ancient Novelists at Play, Chico, Ca. 1982. – C. García Gual, La invención de la novela y la función social de los géneros literarios en Grecia, in: J. A. Fernández Delgado (Hrsg.), Estudios de forma y contenido sobre los géneros literarios griegos, Cáceres 1982, 85–97. – J. S. Rusten, Dionysius Scytobrachion, Opladen 1982. – H. Kuch, Zu den Entstehungsbedingungen des antiken Romans, in: Concilium Eirene 16, 1, Prag 1983, 320–325. – G. Anderson, Ancient Fiction. The Novel in the Graeco-Roman World, London/Sydney/Totowa, N. J. 1984. – H. Gärtner (Hrsg.), Beiträge zum griechischen Liebesroman, Hildesheim/Zürich/New York 1984. – I. Stark, Zur Erzählperspektive im griechischen Liebesroman, in: Philologus 128, 1984, 256–270. – K. Treu, Roman und Geschichtsschreibung, in: Klio 66, 1984, 456–459. – E. L. Bowie The Greek Novel, in: P. E. Easterling/B. M. W. Knox (Hrsg.), Greek Literature. I, Cambridge 1985, 683–699. 877–886. – H. Kuch, Gattungstheoretische Überlegungen zum antiken Roman, in: Philologus 129, 1985, 3–19. – N. Holzberg, Der antike Roman. Eine Einführung, München/Zürich 1986. – C. Ruiz Montero, La estructura de la novela griega. Análisis funcional, Salamanca 1988. – M. Fusillo, Il romanzo greco. Polifonia ed eros, Venezia 1989. – H. Kuch (Hrsg.), Der antike Roman. Untersuchungen zur literarischen Kommunikation und Gattungsgeschichte, Berlin 1989. – B. P. Reardon, The Form of Greek Romance, Princeton, N. J. 1991.

B: Ausg.: R. M. Rattenbury, Romance. Traces of Lost Greek Novels, in: J. U. Powell (Hrsg.), New Chapters in the History of Greek Literature. Third Series, Oxford 1933, 211–257. – F. Zimmermann (ed.), Griechische Roman-Papyri und verwandte Texte, Heidelberg 1936. – Übers.: B. Kytzler (Hrsg.), Im Reiche des Eros. Sämtliche Liebes- und Abenteuerromane der Antike. 2 Bde., München 1983. – B I 1: Ausg.: Euhemeri Messenii reliquiae. Ed. M. Winiarczyk, Stuttgart/Leipzig 1991. – Lit.: Susemihl (s. o.) I, 309–327. – G. Vallauri, Origine e diffusione dell'Euemerismo nel pensiero classico, Turin 1960. – H. Braunert, Utopia. Antworten griechischen Denkens auf die Herausforderung durch soziale Verhältnisse, in: Veröff. der Schleswig-Holstein. Univ.-Ges., N. F. 51, 1969. – B. Kytzler, Utopisches Denken und Handeln in der klassischen Antike, in: R. Villgradter/F. Krey (Hrsg.), Der utopische Roman, Darmstadt 1973, 45–68. – H. Flashar, Formen utopischen Denkens bei den Griechen, Innsbruck 1974. – J. Ferguson, Utopias of the Classical World, London 1975. – L. Giangrande, Les utopies hellénistiques, in: Cahiers des Études Anciennes 5, 1976, 17–33. – R. Günther/R. Müller, Das goldene Zeitalter. Utopien der hellenisch-römischen Antike, Stuttgart 1988. – B I 3: Ausg.: Historia Alexandri Magni (Pseudo-Callisthenes). Vol. I.: Recensio vetusta. Ed. G. Kroll, Berlin 1926. – Der griechische Alexanderroman: Rezension β. Hrsg. von L. Bergson, Stockholm 1965. – Lit.: R. Merkelbach, Die Quellen des griechischen Alexanderromans, München 1954 (^{2}1977). – B II: Ausg.: B. Lavagnini (ed.), Eroticorum Graecorum fragmenta papyracea, Leipzig 1922. – R. Kussl, Papyrusfragmente griechischer Romane, Tübingen 1991. – Lexikon: F. Conca/E. De Carli/G. Zanetto, Lessico dei romanzieri greci. Bisher I (A-Γ), Mailand 1983; II (Δ-I), Hildesheim/Zürich/New York 1989. – B II 1a: Ausg.: F. Zimmermann, Das neue Bruchstück des Ninos-Romans (PSI 1305), in: Wiss. Zeitschr. d. Univ. Rostock 3, 1953/54, 175–181 (Frg. C). – C. Wehrli, Un fragment du roman de Ninos, in: ZPE 6, 1970, 39–41 (Frg. D). – Lit.: D. Levi, The Novel of Ninos and Semiramis, in: Proceedings of the Amer. Philol. Soc. 87, 1944, 420–428. – B II 1 b: Ausg.: J. N. O'Sullivan, The Sesonchosis Romance, in: ZPE 56, 1984, 39–44. – B II 2: Lit.: T. Hägg, Callirhoe and Parthenope: The Beginnings of the Historical Novel, in: Class. Antiqu. 6, 1987, 184–204. – B II 2 a: Ausg.: Χαριτῶνος Ἀφροδισιέως τῶν περὶ Χαιρέαν καὶ Καλλιρρόην ἐρωτικῶν διηγημάτων λόγοι ἠ. J. Ph. D'Orville publicavit, animadversionesque adjecit, Amsterdam 1750. – Charitonis Aphrodisiensis De Chaerea et Callirrhoe amatoriarum narrationum libri octo. Rec. et emend. W. E. Blake, Oxford 1938. – Chariton: Le roman de Chairéas et Callirhoé. Texte établi et traduit par G. Molinié, Paris 1979 (^{2}1989). – Übers.: Chariton von Aphrodisias: Kallirhoe. Eingel., übers. und erl. von K. Plepelits, Stuttgart 1976. – Chariton: Kallirhoe. Übers. u. Anm. von C. Lucke und K.-H. Schäfer. Nachwort von H. Kuch, Leipzig 1985. – Lit.: A. Calderini, Caritone di Afrodisia. Le avventure di Cherea e Calliroe, Turin 1913 (Übersetzung mit ausführlicher Einleitung). – B. E. Perry, Chariton and his Romance from a Literary-Historical Point of View, in: AJPh 51, 1930, 93–134 (wieder bei Gärtner [s. o.], 237–278). – W. Bartsch, Der Chariton-Roman und die Historiographie, Diss. Leipzig 1934. – R. Petri, Über den Roman des Chariton, Meisenheim 1963. – J. Helms, Character

Portrayal in the Romance of Chariton, Den Haag/Paris 1966. – A. D. Papanikolaou, Chariton-Studien. Untersuchungen zur Sprache und Chronologie der griechischen Romane, Göttingen 1973. – K.-H. Gerschmann, Chariton-Interpretationen, Diss. Münster 1974. – G. L. Schmeling, Chariton, New York 1974. – C. W. Müller, Chariton von Aphrodisias und die Theorie des Romans in der Antike, in: A & A 22, 1976, 115–136. – B. P. Reardon, Theme, Structure and Narrative in Chariton, in: Yale Class. Stud. 27, 1982, 1–27. – B II 2 b: Ausg.: H. Maehler, Der Metiochos-Parthenope-Roman, in: ZPE 23, 1976, 1–20. – M. Gronewald, Ein neues Fragment aus dem Metiochos-Parthenope-Roman, in: ZPE 24, 1977, 21–22 (Ostrakon). – Lit.: A. Dihle, Zur Datierung des Metiochos-Romans, in: WürzbJbb N. F. 4, 1978, 47–55. – T. Hägg, The Parthenope Romance decapitated?, in: SymbOslo 59, 1984, 61–81. – Ders., Metiochus at Polycrates' Court, in: Eranos 83, 1985, 92–102.

Schule.

Gemeindliche Organisation der Jugenderziehung ist, sieht man von der (die letzte Jugendphase betreffenden) ↗Ephebie (1) ab, in vor-hell. Zeit sicher nachweisbar nur in Sparta und Kreta. In Sparta wird seit spätarchaischer Zeit (Mitte 6. Jh.s) die Jugend vom 8.–20. Jahr von der ἀγωγή erfaßt, deren Inhalte – neben und nach einem gewissen Elementarunterricht – vornehmlich der Vorbereitung auf die kriegerischen Aufgaben des Erwachsenen dienen; Plutarch erwähnt fast nur die physische und psychische Erziehung, in die auch das Mädchen einbezogen seien[1]. Auch die ἀγέλαι der kretischen Poleis dienen anscheinend vornehmlich der Sozialisation[2]. Oft zitierte spärliche Nachrichten über gemeindlich finanzierte Elementarschulen im 5. Jh. sind zweifelhaft[3]. Lesen, Schreiben (verbreitete Grundkenntnisse werden vom athen. Ostrakismos seit 487 vorausgesetzt) und Rechnen lernte der Junge damals wohl fast ausschließlich in privaten Sch.[4], das Mädchen – wenn überhaupt – im Hause; erst recht war höhere Bildung nur im (teuren) Privatunterricht zugänglich.

Erst seit dem 4. Jh. ist Einwirkung der Poleis in größerem Maß anzunehmen, oft wohl (zunächst?) nur als Organisationsaufsicht von Magistraten (oft: παιδονόμος) über die privaten Sch.; so Aischin. 1, 9–11 für die Institute der διδάσκαλοι und παιδοτρίβαι in Athen (Sch. für Elementarfächer und Musik bzw. für Sport; vgl. Plat. Prot. 325 d ff., wo die Abhängigkeit der Bildung vom Geldbeutel der Eltern deutlich wird). In Athen mag die Einführung der für alle obligatorischen ↗Ephebie (3) um 336/5 auf die Ausbildung der jüngeren Jahrgänge rückgewirkt haben[5]. Es wird weithin angenommen, daß sich Schulzwang und von der Polis organisierte und finanzierte Sch. seit dem späten 4. Jh. rasch ausgebreitet haben; viele angeführte Belege sind jedoch spät oder von unklarer Aussagekraft.

Näheres über die Rolle der Polis in der Unterrichtung der vorpubertären Kinder (παῖδες) wird erst im 2. Jh. aus einigen ionischen Städten bekannt: In Milet stiftet 200/199 der Bürger Eudemos eine von der Gemeinde zu verwaltende Summe „für den Unterricht der freien παῖδες", ähnlich Polythrus in Teos[7]; die Beschlüsse setzen jährliche Wahl der Lehrer durch die Volksversammlung fest. Teos nennt Elementarlehrer (γραμματοδιδάσκαλος) für drei Jahrgangsklassen von Knaben und Mädchen, Sport- (παιδοτρίβης) und Musiklehrer (κιθαριστὴς ἢ ψάλτης), ferner Ausbilder im Fechten, Bogenschießen und Speerwerfen. Die Jahresgehälter der wichtigsten Lehrer liegen in Milet bei 360–480 Drachmen, in Teos bei 500–700 Drachmen; das entspricht etwa dem Einkommen eines qualifizierten Arbeiters und spiegelt das geringe Prestige dieser Lehrerkategorien wieder, die nur Grundtechniken, nicht Erziehung und höhere Inhalte zu vermitteln hatten und deshalb eher als Handwerker betrachtet wurden[8]. Musiklehrer und Waffenausbilder in Teos unterrichten neben den höheren Knabenjahrgängen auch die ↗Epheben (1; dazu s. u.)

Der oft gebrauchte Ausdruck „staatliche Schulbildung des Hell." ist hierfür nur insofern zweifelsfrei zulässig, als die Organisation der Sch. künftig, solange das Stiftungskapital ausreicht, in der Hand der Polis-Institutionen liegt; unklar bleibt in diesen und anderen Fällen, inwieweit der Stifter erstmals die Initiative zur allgemeinen Schulbildung ergreift oder bereits vorhandene gemeindliche Formen ausfüllt, erst recht, ob die Polis beim Währungsverfall mit eigenen Mitteln einspringt. Vor Verallgemeinerungen sollte man sich daher hüten. Dies gilt besonders für die Annahme einer grundsätzlichen Mädchen-Sch. des Hell., die – methodisch fragwürdig – für weitverbreitet gehalten wird[9], obgleich nur in Teos Elementarunterricht und in Pergamon Literatur- und Schönschreibunterricht für Mädchen bezeugt sind.

Dieser methodische Vorbehalt gilt auch für die Finanzierung der Schulbildung der höheren Altersklassen: ἔφηβοι (↗Ephebe, ca. 14/15 bis 17/18 J.) und νέοι. Des öfteren sind eigene Gymnasien für παῖδες, ἔφηβοι und νέοι bezeugt, in denen gewiß außer sportlicher auch geistige Ausbildung stattgefunden hat, doch ist unsicher, was davon die Polis unmittelbar finanziert hat (selbst die Ge-

bäude dürften nicht selten Stiftungen gewesen sein).
Nicht völlig geklärt ist ferner das Verhältnis zwischen
Ephebenschule und der sozialen Institution der ↗Ephebie; es sollte jedenfalls nicht pauschal nach dem Beispiel
Athen beurteilt werden. Bei den Heranwachsenden
scheint sich im Laufe des Hell. das Schwergewicht von
Musik, Grammatik, Aufsatz- und Redeübungen zu literarischen Fächern wie Lektüre und Exegese der Klassikertexte verschoben zu haben. Darüber nach Umfang
und Altersstufe hinausgehende Bildung – ↗Rhetorik,↗
Philosophie – dürfte auch im Hell. immer privat organisiert und finanziert geblieben sein.

Öffentliche Schulprüfungen mit Wettbewerbscharakter
(ἀποδείξεις, ἀγῶνες) waren nach den (oft wieder in „jüngere/ältere" usw. unterteilten[10]) Altersgruppen gegliedert; die Siegerlisten, auf dem λεύκωμα (weißes Brett),
oft auch auf Marmor veröffentlicht, sind wichtigste
Quelle für die Unterrichtsgegenstände: Als Prüfungsgegenstände treten neben zahlreichen sportlichen und vormilitärischen Disziplinen u. a. Lesen (ἀνάγνωσις), Epen-Vortrag (ῥαψῳδία), Gesang und Instrumentenspiel,
Zeichnen auf[11]; auch Preise für Verhaltensweisen werden
verliehen[12].

Die monarch. Flächenstaaten überlassen die Haltung von
Sch., bes. von Gymnasien den Poleis auf ihrem Gebiet
bzw. (im ptol. Ägypten) der griech. Bevölkerung der
stadtähnlichen κῶμαι (↗Stadt A 4). Dort haben sie wohl
schon im Hell. als soziale Kristallisationspunkte der Griechen (bzw. deren, die als solche gelten wollten) gedient
und boten (wie es im kaiserzeitl. Ägypten wohl belegt ist)
den Orientalen über den Erwerb griechischer Bildung die
Aufstiegsmöglichkeit in die Oberschicht. H. H. S.

Anm.: 1) Xen. resp. Laced. 2; Plut. Lyc. 14f. – 2) Lex Gortyn. Z.77; Ephor. FGrHist. 70 F 149. = Strab.X 4, 16. – 3) Für Thurioi soll Charondas (!) Elementarschulpflicht aller Bürgersöhne und gemeindliche Lehrerbesoldung verordnet haben (Diod. 12,12,4; 12,13): anachronistisch und vermutlich idealisierend (vgl. Marrou 220 A. 72). Troizen soll 481 für die geflüchteten Athenerkinder Lehrer besoldet haben (Plut. Them. 10): möglicherweise eine Sondersituation. Auch andere, z.B. von Ziebarth 26f. herangezogene Stellen überzeugen nicht. – 4) Zufallszeugnisse: Herod. 6,2 (Chios); Paus. 6,9,6 (Astypalaia); Thuk.7,29 (Mykalessos). – 5) Syll.³ 956, Ehrung eines Strategen wegen Verdienstes „um die Erziehung der παῖδες im Demos" (Eleusis); Einzelheiten nicht bekannt. – 6) Syll.³ 577. – 7) Syll.³ 578, 2. Jh. – 8) Marrou, Erziehung 279–81. – 9) Z.B. S.B. Pomeroy, Amer. Journ. of Anc. Hist. 2, 1977, 51ff.; richtig M. P. Nilsson 47; 49; S. G. Cole, in: H.P. Foley (Hg.), Reflections on women in antiquity, New York usw. 1981, 231. – 10) Im Sport vielleicht nicht nach Lebensalter, sondern nach körperlicher Entwick-

lung: P. Frisch, ZPE 75, 1988, 179-85. – 11) U. a. Syll.³ 958; 959; I. v. Priene 113; weitere Belege bei Nilsson 42 ff. – 12) N. B. Crowther, Euexia, Eutaxia, Philoponia: three contests of the Greek gymnasium. ZPE 85, 1991, 301–4.
E. Ziebarth, Aus dem griech. Schulwesen, Leipzig ²1914 – Ders., RE II A 1, 1921, 758–68 s.v. Schule. – H. I. Marrou, Hist. de l'éducation dans l'antiquité, Paris ⁷1976 = Gesch. der Erziehung im Altertum, München 1977. – M. P. Nilsson, Die hell. Schule, München 1955. – F. Kühnert, Allgemeinbildung und Fachbildung in der Antike, Berlin 1961. – H. Harrauer – P. J. Sijpesteijn, Neue Texte aus dem antiken Unterricht, Mitt.aus der Papyrussammlung der Österr.Nationalbibliothek NS 15, Wien 1985 (zur Unterrichtstechnik); dazu W. Ameling, Gnomon 1987, 504–8. – J. Christes, Gesellschaft, Staat und Schule in der gr.-röm. Antike, in: Kloft, H. (Hg.), Sozialmaßnahmen und Fürsorge. Zur Eigenart antiker Sozialpolitik. Grazer Beiträge Suppl.III, 1988, 55–74.

Seeräuber suchten auch im Hell. die Meeresstraßen und Küsten des östl. Mittelmeerbeckens bes. in Kriegszeiten heim, wenn die Seemächte anderweitig gebunden waren, die Beunruhigung ihrer Gegner durch S. förderten oder gar S. in ihren Dienst stellten¹. Zwischen regulärem Seekrieg und Piraterie ist daher schwer zu unterscheiden, wie auch Seeraub und Seehandel nicht selten in derselben Hand liegen. Berüchtigte S. waren v. a. Illyrer, Ätoler, Kreter, Lykier und Kilikier, deren buchtenreiche Küsten den S. gute Schlupfwinkel boten; auch „Tyrrhener" (Etrusker und andere Italiker) trieben Seeraub im Ostmittelmeer². Militär. Vorgehen gegen S. (z. B. des Demetrios Poliorketes, der sich andererseits auch der S. bediente², der Ptolemäer und Rhodier) hatte wohl meist nur vorübergehenden Erfolg; langfristige Säuberung gelang erst dem Pompeius (67) und Octavian (35). Kampf gegen S. ist öfter Gegenstand von Bündnissen³. Zahlreiche Städte bemühten sich um ↗Asylie-Dekrete und ↗Verträge (9), bes. der Kreter und Ätoler, um deren Piraterie bzw. deren Folgen zu entgehen⁴.

H. H. S.

Anm.: 1) Z. B. Diod. 20, 83, 3 (S. in der Flotte des Demetrios Poliorketes); 21, 4 (= StV III 457: Agathokles stellt Japygern Schiffe und Beuteverbeteiligung); Philipp V. v. ↗Makedonien erregt „Kretischen Krieg" gegen Rhodos; App. Mithr. 92 f.: Mithradates VI. v. ↗Pontos unterstützt S. Weitere Beispiele: ↗Militärwesen B. – 2) Z. B. IG IX 2, 148, 73 f. (Delos); Syll.³ 1225 (Rhodos); dazu Schmitt (s. u.) 43–45. „Tyrrhener" und später „Kilikier" als verallgem. Bez. für S.: Kroll (s. u.) 1039. – 3) Z. B. StV III 446, Z. 38; 551, Z. 51 ff.; 79 ff. – 4) Ätoler: s. H. Benecke, Die Seepolitik der Aitoler, Diss. Hamburg 1934, sowie W. Ziegler, Symbolai und Asylie, Diss. Bonn 1975, Kap. 3; Kreter: z. B. StV III 562, 564, 577 und die kret. Asylieurkunden für Teos, SGDI 5165–87. StV III 482 enthält Regelungen für die Lösung von Milesiern aus kret. Sklaverei.

Lit.: E. Ziebarth, Beitr. zur Gesch. des Seeraubs u. Seehandels im alten Griechenland, Hamburg 1929. – H. Ormerod, Piracy in the Ancient World, Liverpool 1924,²1967. – W. Kroll, RE II A 1, 1921, 1036–42. – H. H. Schmitt, Rom und Rhodos (Münch. Beitr. 40, 1957), Index s. v. S. – P. Brulé, La piraterie crétoise hell., Annales Besançon 223, Paris 1978.

Seleukiden(reich) (↗Staat IV 2).

I. Dynastie und Reich in Vorderasien 312–64. Die S. entstammten vornehmem maked. Adel und suchten sich durch Herleitung von Apollon zu legitimieren (Münzbilder; Förderung von Apollon-Heiligtümern wie Didyma, Klaros, Delos, Delphi). Häufigste dynast. Namen: Seleukos, Antiochos, Demetrios. Geschwisterehe im Gegensatz zu den ↗Ptolemäern selten (nur unter den Kindern des Antiochos III. sicher belegt). Enge dynast. Verbindungen zu den großen Diadochenhäusern, bes. den Ptolemäern, auch zu kleinasiat. Dynastien. – Seleukidenreich (S.-R.): Größte Ausdehnung unter Seleukos I., ca. 3,5 Mill. km^2 (West- und Südkleinasien, Nordsyrien, Zweistromland, Iran). Kernland: Nordsyrien. Keine ständige Hauptstadt; wichtigste Zentren: Seleukeia am Tigris; Antiocheia am Orontes (↗Syrien 2); zeitweise Ephesos.

II. Reichsgründung, erste Blüte. Gründer der Dynastie war *Seleukos I. Nikator* (* 358/354), Sohn des Antiochos, Offizier unter Alexander d. Gr., heiratete 324 in Susa Apama, Tochter des Baktrers Spitamenes. An Perdikkas' Ermordung (↗Alexander d. Gr. 6) beteiligt, wurde er 321 Satrap von Babylonien, kämpfte mit Antigonos I. Monophthalmos gegen ↗Eumenes von Kardia; 316 floh er vor Antigonos' Machtansprüchen zu Ptolemaios I., diente diesem 3 Jahre und kehrte 312 mit seiner Hilfe nach Babylonien zurück (Gründung von Seleukeia am Tigris). Obwohl in den Frieden von 311 (StV III 428) nicht einbegriffen, konnte er sich gegen Antigonos behaupten und 311–304 die Oberen Satrapien (↗Iran) bis zum Indus erobern; um 304/3 trat er Teile der Ostprovinzen an Candragupta (↗Indien) ab (StV III 441). Gegenüber den Orientalen hatte er wohl schon 309/8 den Königstitel geführt; 305/4 nahm er ihn, nach Vorbild der anderen Diadochen, auf Grund der Erfolge im O auch gegenüber den Griechen und Makedonen an. Seine Regierungsjahre wurden aber schon von Herbst 312 bzw. Frühjahr 311 an gerechnet (Beginn der Seleukidenära, ↗Zeitrechnung). Mit Lysimachos von Thrakien und Kassander von Makedonien verbündet, schlug er 301 den Antigonos bei Ipsos; sein Beuteanteil war ↗Syrien, dessen Südteil (Koilesyrien und Phoinike) jedoch Ptolemaios I. besetzte; diese Gebiete blieben bis tief ins 2. Jh. Streitobjekt mit den Ptolemäern. Der Gewinn Syriens verlegte den Schwerpunkt der Politik in den Westen (300 Verlegung der Residenz von Seleukeia/Tigris ins neugegründete Antiocheia/Orontes). 298 in Rhosos Bündnis mit dem ↗Antigoniden (2) Demetrios I. Poliorketes, dessen Tochter Stratonike er (ohne sich von Apama zu trennen) heiratete, aber um 293 seinem Sohn Antiochos (I.) abtrat. 285 nahm er Demetrios in Kleinasien gefangen; 281 besiegte er Lysimachos auf dem Kurupedion (nahe Magnesia am Sipylos) und gewann dessen kleinasiat. Besitz; schon im Sommer 281 wurde er beim Versuch, auch Thrakien–Makedonien zu erobern, von ↗Ptolemaios Keraunos ermordet. 281 hatte das S.-R. seine größte Ausdehnung erreicht (s.o. I). Im Gegensatz zu ↗Alexander d. Gr. (4), der die iran. Oberschicht mit heranziehen wollte, stützte Seleukos seine Herrschaft fast ausschließlich auf die Griechen und Makedonen; um diese Schicht zu stärken, warb er im Mutterland und gründete zahlreiche ↗Städte. Kenntnisse über den Osten suchte er durch Entdeckungsfahrten (z.B. Patrokles ins Kaspische Meer) und durch enge Gesandtschaftsverbindung mit ↗Indien (Megasthenes) zu erweitern. Kultische Ehren (↗Herrscherkult C 3b) genoß er schon zu Lebzeiten in Poleis seines Machtbereichs, von denen er bes. ↗Milet und dessen Heiligtum Didyma mit Spenden umwarb.

III. ERSTE NIEDERGANGSPERIODE. *1.* Sein Sohn von Apama, *Antiochos I.* Soter (281–261; *324/3), war um 293 zum Mitregenten und Generalgouverneur der Oberen Satrapien erhoben und mit seiner Stiefmutter Stratonike vermählt worden. 281 übernahm er eine bes. in den neuen Gebieten noch ungefestigte und von außen bedrohte Herrschaft. Die Regierung begann mit erfolglosen Kämpfen in Kleinasien gegen dortige Städte und Dynasten (bes. ↗Bithynien), gegen Ptolemaios II. (sog. Syr. Erbfolgekrieg 280–275) und gegen Antigonos II. Gonatas v. Makedonien. Dem Einbruch der ↗Kelten (3; 278) steuerte er zwar durch einen Sieg (um 275), der ihm den Beinamen „Soter" (↗Herrscherkult) eintrug, und durch Ansiedlung der Kelten im späteren Galatien; doch war die Vollendung der Eroberung Kleinasiens unmöglich geworden; Bithynien und Pontos blieben selbständig. Seine Heiratspolitik brachte Erfolge (Vermählung seiner Schwester Phila mit Antigonos, seiner Tochter Apame mit Magas von ↗Kyrene). Im 1. Syr. Krieg (274–271, zeitweise unter Teilnahme des Magas) gegen Ptolemaios

II. erlitt er Verluste in Kleinasien. ↗Pergamon (I 1–2), das bisher seine Oberhoheit anerkannt hatte, sagte sich gegen Ende seiner Regierung von ihm los; von Eumenes I. bei Sardes geschlagen (um 262), starb Antiochos am 2. 6. 261. Wie sein Vater hatte er bes. im Osten zahlreiche Städte gegründet; die Einrichtung des seleukid. ↗Herrscherkults (C 3 b) wird ihm wohl zu Unrecht zugeschrieben. 279–267 hatte er seinen älteren Sohn Seleukos (hingerichtet), seit 266/5 den jüngeren Sohn Antiochos zu Mitregenten. Dieser folgte als

2. *Antiochos II.* Theos (261–246; * um 287/6) auf dem Thron. Um 255 erfolgreiche Kämpfe in Thrakien (Erbansprüche); im 2. Syr. Krieg (260–253, gegen Ptolemaios II. mit Antigonos II. von ↗Makedonien verbündet) konnte er die im 1. Syr. Krieg in Kleinasien und Syrien verlorenen Gebiete z. T. zurückgewinnen. In diese Zeit fallen die ersten Emanzipationsbewegungen in ↗Baktrien. 253 verstieß er seine Frau Laodike und heiratete 252 Berenike Syra, Tochter des Ptolemaios II., die ihm einen Sohn gebar. Vor seinem Tod (Sommer 246 in Ephesos; nach Ansicht mancher im Mausoleum von Belevi bestattet) setzte er Seleukos II., seinen Sohn aus 1. Ehe, wieder in die Nachfolge ein.

3. *Seleukos II.* Kallinikos (246–226/5; * 265/60) hatte sofort gegen die Ansprüche seiner Stiefmutter Berenike und ihres Söhnchens zu kämpfen, die von Berenikes Bruder Ptolemaios III. im 3. Syr. Krieg (246–241) unterstützt wurden. Bestimmende Figur war in den ersten Regierungsjahren Laodike (daher auch „Laodike-Krieg"); sie ließ Berenike (245) und ihren Sohn (246) ermorden; dadurch und durch Aufstände im Rücken mußte Ptolemaios (↗Ptolemäer II 4) die Okkupation des S.-R. (bis zum Euphrat) abbrechen; im Frieden 241 verlor Seleukos aber Gebiete in Thrakien, Kleinasien und Syrien (z. B. Seleukeia in Pierien). Kurz zuvor (242/1) hatte Laodike ihn gezwungen, seinem Bruder Antiochos Hierax („Habicht"; * um 256) Königstitel, Mitregentschaft und Kleinasien (Residenz Sardes) zuzugestehen. Im Bruderkrieg (240/39 – vor 236) wurde Seleukos bei Ankara von Antiochos und den Galatern geschlagen; um die gleiche Zeit ging ↗Baktrien durch Abfall (239/8), Parthien – Hyrkanien durch Einfall der Parner (238, ↗Parther) verloren; in SO-↗Iran, wo Aśoka (↗Indien) seinen Einflußbereich bis Kandahar vorgeschoben hatte, dürfte die seleukid. Oberhoheit allenfalls nominell anerkannt worden

sein. Nach unglücklichem Feldzug gegen die Parther starb Seleukos 226/5 durch Sturz vom Pferde. – Wie im O hatte sich auch im W das Reich stark verkleinert; Antiochos Hierax war um 238 und 229/8 mehrmals von Attalos I. von Pergamon besiegt worden und hatte schließlich sein kleinasiat. Reich räumen müssen; große Teile Westkleinasiens wurden von Attalos erobert oder durch Abfall der seleuk. Gouverneure gewonnen; viele Küstenstädte machten sich frei; Antigonos III. von Makedonien errichtete in ↗Karien eine Provinz. Syrien wurde durch die Machenschaften der Tante des Seleukos, Stratonike (Witwe des Demetrios II. von Makedonien), Mesopotamien durch Einfall des Hierax bedroht (228); dieser wich, zurückgeschlagen, über Armenien nach Thrakien aus, wo er etwa 226 gegen die Kelten fiel.

4. *Seleukos III.* Soter Keraunos (226/5–223), älterer Sohn Seleukos' II. (* ca. 244/3), versuchte Kleinasien zurückzugewinnen, wurde aber in Phrygien von Höflingen vergiftet. Seine Truppen riefen Achaios (Sohn des Andromachos, aus einer jüngeren Linie des Hauses, s.u. VII) zum König aus; Achaios verzichtete jedoch zugunsten des jüngeren Sohns des Seleukos II., der als Antiochos III. die Regierung des in voller Auflösung befindlichen S.-R. übernahm (Sommer 223).

IV. ZWEITE EXPANSIONSPERIODE: *Antiochos III.* der Große (223–187; * 243/2) stand zunächst unter dem Einfluß seines mächtigen „Kanzlers" Hermeias. 223–222 eroberte Achaios Westkleinasien für ihn zurück. Antiochos warf den aufständischen Vizekönig der Oberen Satrapien, Molon, nieder (222–220), sicherte die Oberhoheit über Atropatene, ließ Hermeias töten (220) und besetzte im 4. Syr. Krieg (221 und 219–217) Koilesyrien und Phoinike, wurde aber 217 bei Raphia von Ptolemaios IV. geschlagen. 220 hatte sich Achaios, Vizekönig von Kleinasien, als König selbständig gemacht, war allerdings an der Eroberung Syriens durch Meuterei seiner Truppen gehindert worden. 216 griff ihn Antiochos an, schloß ihn 215 in Sardes ein, nahm ihn 213 durch Verrat gefangen und ließ ihn grausam hinrichten. Ein Feldzug zur Wiedereroberung der Oberen Satrapien (212–205) brachte nur Oberhoheit über ↗Armenien (212), ↗Partherreich (208), ↗Baktrien und Gandhara (↗Indien, 206); immerhin ein großer Erfolg, der ihn den Titel „Großkönig" (aus dem schon zu Lebzeiten „der Große" wurde) annehmen ließ.

Seit 205/4 wieder Westpolitik: Angriffe auf ptol. Besitz in Kleinasien; 203/2 (Winter) geheimer Teilungsvertrag mit Philipp V. von Makedonien gegen Ptolemaios V. (↗Ptolemäer II 6; StV III 547); daraufhin 5. Syr. Krieg (202/201–195): Eroberung Koilesyriens und Phoinikes (200 Schlacht am Paneion) und der Süd- und Westküste Kleinasiens (197), anschließend ↗Thrakiens (196–194). Rom protestierte gegen den Übergang nach Europa, durch den es seine Hegemonie in Hellas bedroht glaubte, und gegen die Unterjochung der kleinasiat. Griechenstädte, die Antiochos als Erbe der Ahnen beanspruchte. Wachsende Spannungen, durch Hannibals Anwesenheit am seleuk. Hof (seit 195) vermehrt, führten zum Krieg gegen Rom und seine Bündner Rhodos, Pergamon, Achäerbund (192–189); vom ↗Ätolerbund (4) zum στρατηγὸς αὐτοκράτωρ (↗Strategie 1 b) berufen, kämpfte Antiochos unglücklich in Hellas (192 Landung, 191 Niederlage an den Thermopylen durch Cato) und unterlag in Asien bei Magnesia am Sipylos den Scipionenbrüdern (Winter 190/89). 189/8 (Friede von Apameia) mußte er Kleinasien bis zum Taurus räumen, abrüsten und hohe Kriegskontributionen zahlen, die den erschöpften Etat auf viele Jahre schwer belasteten. Beim Versuch, in der Elymais einen Tempelschatz zu konfiszieren, wurde er erschlagen (4. Juni oder Juli 187). Aus 1. Ehe (222) mit seiner Kusine Laodike, Tochter des Mithridates II. von Pontos, hatte er 3 Söhne (s.u.) und mindestens 4 Töchter, die er – wie seine Schwester Antiochis – mit Nachbarfürsten und Vasallen bzw. mit seinen eigenen Söhnen verheiratete; diese Heiratspolitik brachte ihm allerdings im Krieg gegen Rom keine größere Hilfe ein, ebensowenig seine 2. Ehe mit der Tochter eines vornehmen Bürgers von Chalkis (Euboia, 191), um derentwillen er wohl Laodike verstieß. An Tatkraft kam er dem Reichsgründer Seleukos I. gleich; 192 hatte das S.-R. etwa wieder den gleichen Umfang wie 281. Doch blieb dieser Erfolg äußerlich; sein energisches Streben, das riesige uneinheitl. Territorium auch innerlich zu festigen (↗Herrscherkult C 3b, Staat IV 2b), wurde bald wieder zunichte gemacht, teils durch Selbständigkeitsstreben des spärlich hellenisierten, nur unter lose Oberhoheit gezwungenen Ostens, teils durch Antiochos' eigenes Drängen zu immer neuen Eroberungen und durch den Konflikt mit Rom, an dem er nicht schuldlos war.

V. Zweite Niedergangsperiode: *1.* Antiochos' III. ältester Sohn Antiochos (geb. 220), Mitregent seit 210/09, mit seiner Schwester Laodike vermählt (196/5), war 193 als Vizekönig der Oberen Satrapien gestorben. Der 2. Sohn, 196–191 Vizekönig von Thrakien, 189 Mitregent, folgte dem Vater als *Seleukos IV.* Philopator (187–175) auf den Thron; auch er scheint seine Schwester geehelicht zu haben. Das Reich war durch den Frieden von Apameia und den erneuten Abfall ↗Armeniens und von Teilen ↗Irans verkleinert, isoliert und finanziell geschwächt; durch gute Beziehungen zu Rom, Makedonien (Vermählung seiner Tochter Laodike mit Perseus) und Ägypten sowie durch Ausbau des ↗Herrscherkults suchte er es wieder zu festigen. Am 3.9. 175 wurde er von seinem „Kanzler" Heliodoros ermordet.
2. Sein jüngster Bruder *Antiochos IV.* Epiphanes (175–164) hatte 189–175 als Geisel in Rom das röm. Staatswesen schätzen gelernt; 175 gegen seinen Neffen Demetrios (I.) ausgetauscht, weilte er beim Tod des Bruders in Athen; mit Hilfe ↗Pergamons errang er die Herrschaft. Sein Versuch, das Reich zu reorganisieren und – wenn auch recht oberflächlich – zu hellenisieren (↗Stadt A 3), wurde teils durch romantische Kopie fremder (athen., röm.) Formen, vor allem durch Konflikte gehemmt: Im von Ägypten angefachten 6. Syr. Krieg (170–168) eroberte er große Teile Ägyptens, krönte sich als Vormund seines Neffen Ptolemaios VI., mußte aber 168 auf röm. Intervention (Popillius Laenas in Eleusis bei ↗Alexandreia) hin das Land räumen. Im Zwist zwischen orthodoxem und hellenisiertem ↗Judentum (I 1) suchte er die Sonderstellung der Juden zu beseitigen (Besatzung in Jerusalem; 167 Opferedikt: Verbot des Jahwekults, Opfer für Zeus und König), was zum Makkabäeraufstand (seit 166) führte. Auf einem mäßig erfolgreichen Zug nach Armenien und Iran (seit 166) starb er in der Persis an einer Krankheit (Ende 164).
3. Ihm folgte sein Sohn *Antiochos V.* Eupator (164–162, * um 173) unter Vormundschaft des „Kanzlers" Lysias. 162 wurde der Makkabäeraufstand durch Zurückziehung des Opferedikts beendet; eine röm. Gesandtschaft ließ die im Frieden von Apameia verbotenen Elefanten lähmen und die Kriegsschiffe verbrennen. Im gleichen Jahr entkam der Sohn Seleukos' IV., Demetrios, der röm. Geiselschaft, fand in Syrien großen Anhang, ließ Antiochos V. und Lysias hinrichten und bestieg als

4. *Demetrios I.* Soter (162–150) den Thron, nur widerwillig anerkannt von Rom, das seine Energie fürchtete. 162–157 erfolgreiche Kämpfe gegen die ↗Juden. 160 Beseitigung des von Rom begünstigten Usurpators Timarchos (in Babylonien); Okkupation Mediens durch die ↗Parther. 158 griff er in die Thronwirren in Kappadokien ein. Daraufhin stellte ihm Attalos II. von Pergamon mit Duldung Roms einen angebl. Sohn Antiochos' IV., Alexander I. Balas, entgegen, der auch von Kappadokien, Ägypten und den Juden unterstützt wurde. Mit ihm beginnt die Periode wechselnder Prätendentschaften. Nach längeren Kämpfen (153–150) fiel Demetrios in einer Schlacht.

5. Gegen den unfähigen Alexander I. Balas (153/50–145), der mit Ptolemaios' VI. Tochter Kleopatra Thea verheiratet war, trat alsbald (147) der ältere Sohn Demetrios' I. auf: *Demetrios II.* Nikator. Ptolemaios VI. ließ Alexander im Stich, gab Kleopatra Thea dem Demetrios zur Frau, ließ sich aber selbst zum „König von Asien" krönen. Demetrios schlug Alexander am Oinoparas (146; Beiname „Nikator"; Tod des Ptolemaios); Alexander wurde 145 von den Nabatäern ermordet. Demetrios II. herrschte nun 145–140 (1. Regierungsperiode). Gegen ihn stellte Alexanders General Diodotos Tryphon 145 das Söhnchen Alexanders und der Kleopatra Thea, *Antiochos VI.* Epiphanes Dionysos (145–142/1 wohl oder 139/8), als Gegenkönig auf; in unglücklichen Kämpfen gegen Diodotos und die Juden verlor Demetrios II. Südsyrien. Im Krieg gegen die ↗Parther, die 142/1 das Zweistromland besetzten, erlitt er nach Anfangserfolgen eine Niederlage (140); als Gefangener des Mithridates I. heiratete Demetrios dessen Tochter Rhodogune.

6. Inzwischen ermordete *Diodotos Tryphon* seinen Strohmann Antiochos VI. (wohl 139/8) und usurpierte die Herrschaft. Ihm stellte sich *Antiochos VII.* Euergetes ‚Sidetes' (in Side aufgewachsen, 139/8–127), der jüngere Bruder des Demetrios II., entgegen, überwand ihn 136/5 (? Chronologie unsicher) und zwang 134 die Juden, seine Oberhoheit anzuerkennen. (Auch er heiratete Kleopatra Thea.) 130–129 versuchte er, den ↗Parthern den Osten wieder zu entreißen; er stieß mit den letzten großen Heer des S.-R. (angebl. 100 000) bis Medien vor, fiel aber 129. Durch diese vernichtende Niederlage des letzten großen Seleukiden gingen Iran, Zweistromland und Judenstaat dem S.-R. endgültig verloren, das sich nunmehr auf Nordsyrien und Kilikien beschränkte.

VI. DAS ENDE DER SELEUKIDEN. 1. Die folgenden Jahrzehnte des raschen Niedergangs bis zum endgültigen Verschwinden des S.-R. sind beherrscht von blutigen Kämpfen zwischen zwei Linien des Hauses, begründet von den Brüdern Demetrios II. und Antiochos VII., und vom häufigen Eingreifen der mit diesen Linien vielfach verschwägerten ↗Ptolemäer sowie der Römer.

2. *Demetrios II.* (2. Regierungsperiode 129–125) war beim Partherzug seines Bruders als Gegenkandidat nach Syrien entlassen worden (130). Gegen ihn stellte Ptolemaios VIII. den *Alexander II.* Zabinas (130/29–123) auf, einen angebl. Sohn des Alexander I. oder Adoptivsohn des Antiochos VII. 125 wurde Demetrios von Alexander II. besiegt; seine ehem. Frau Kleopatra Thea ließ ihn ermorden, bald darauf auch den *Seleukos V.* (125), ihren ältesten Sohn von Demetrios; sie erhob den jüngeren Sohn, *Antiochos VIII.* Epiphanes Philometor Kallinikos „Grypos" (125–96), zum Mitregenten. Alexander II. wurde von Ägypten fallengelassen und 123 von Antiochos VIII. besiegt und hingerichtet. Antiochos VIII. zwang 121 seine Mutter zum Selbstmord, sah seine Herrschaft aber schon bald bestritten: Seit (spätestens) 114/3 trat gegen ihn sein Vetter und Halbbruder *Antiochos IX.* Philopator „Kyzikenos" (in Kyzikos erzogen; ca. 114–95) auf, ein Sohn des Antiochos VII. und der Kleopatra Thea. Antiochos VIII. wurde 113 vertrieben, konnte sich aber 111 wieder in Kilikien und Teilen Nordsyriens festsetzen, während Antiochos IX. bes. in Koilesyrien herrschte, wo er gegen die Juden zu kämpfen hatte. In ihre wechselvollen Kämpfe wirkte der gleichzeitige Zwist im verschwägerten ↗Ptolemäer-Hause hinein; Antiochos VIII. wurde von Ptolemaios X., Antiochos IX. von Ptolemaios IX. unterstützt. Antiochos VIII. verlor Teile ↗Kilikiens an Rom (103), die Ansprüche auf ↗Kommagene als Mitgift seiner Tochter Laodike und wurde 96 ermordet.

3. Die letzten Jahre des S.-R. sind gekennzeichnet durch das (nicht nur aus Quellenmangel) schier unübersichtliche Durcheinander der Kämpfe zwischen der jüngeren Linie (Antiochos IX., X.) und den 5 z. T. auch untereinander verfeindeten Söhnen des Antiochos VIII., von denen jeder nur in Teilen des im wesentlichen auf Syrien zusammengeschrumpften S.-R. regierte.

Seleukos VI. Epiphanes Nikator (96–95), ältester Sohn des Antiochos VIII., schlug 95 seinen Oheim Antiochos

IX. (Selbstmord), wurde aber noch 95 von dessen Sohn *Antiochos X*. Eusebes Philopator (95–92 oder 83) verdrängt und von den Einwohnern von Mopsuestia (Kilikien) getötet; sein Bruder *Antiochos XI*. Epiphanes Philopator (94) wollte ihn an Antiochos X. rächen, wurde geschlagen und ertrank. Inzwischen hatte Ptolemaios IX. den 4. Bruder *Demetrios III*. Theos Philopator Soter „Eukairos" (96/5–88) gekrönt; er herrschte um Damaskus, der 3. Bruder *Philipp I*. Epiphanes Philadelphos (94–83) in anderen Teilen des Restreichs; beide hatten gegen ihren Vetter Antiochos X., Demetrios auch gegen die Juden zu kämpfen. 88 wurde er von Arabern und Parthern gefangengenommen und starb in parth. Gefangenschaft. Um 87 erhob sich der jüngste Bruder, *Antiochos XII*. Dionysos Epiphanes Philopator Kallinikos in Damaskus gegen Philipp I.; er fiel um 84 gegen die Nabatäer.

In diesen anarchischen, Syrien ruinierenden Zuständen rief die Bevölkerung einen fremden Herrscher ins Land: Tigranes II. von ↗Armenien machte Syrien zur armen. Provinz (83–69). Philipp I. starb wenig später in seinem kilikischen Restreich. Das Schicksal des Antiochos X. ist unklar; nach Josephos fiel er schon 92 gegen die Parther; nach Appian u.a. lebte er noch 83 und verlor sein Teilreich an Tigranes.

Als Tigranes' armen. Großreich 69 zusammenbrach, fiel Syrien mit Duldung des Lucullus an den Sohn des Antiochos X., *Antiochos XIII*. Philadelphos „Asiatikos" (69–64), der 75 als Sohn der Ptolemäerin Kleopatra Selene erfolglos Ansprüche auf den ägypt. Thron erhoben hatte. Schon um 67/6 vertrieb ihn mit arab. Hilfe *Philipp II*. (67/6–66/5), ein Sohn Philipps I., der sich eine kleine Herrschaft in Kilikien gerettet hatte; seine Herrschaft wurde schon 66/5 durch Aufstände beendet; er zog sich nach Kilikien zurück und bewarb sich 57/6 vergeblich (Einspruch Roms) um den ptolem. Thron und die Hand der Berenike IV. (Tochter des Ptolemaios XII.). Antiochos XIII. war in Gefangenschaft des Emirs Samsikeramos (↗Araber 1) geraten; 65/4 entlassen, regierte er noch einmal kurze Zeit, wurde aber 64 von Pompeius entthront und bald von Samsikeramos beseitigt. Syrien wurde röm. Provinz; das S.-R. hatte zu bestehen aufgehört. Eine Wiedererweckung von Antonius' Gnaden („Reich" des Ptolemaios Philadelphos, Sohns der Kleopatra VII., ↗Ptolemäer II 13) blieb ephemer.

VII. ACHAIOS, Haus des A. Nebenlinie des Seleukidenhauses. Begründer: A. d. Ä., viell. jüngerer Bruder Antiochos' I. Von seinen Töchtern heiratete Antiochis Eumenes I. v. Pergamon, Laodike ihren Vetter (?) Antiochos II. Theos (261–246), der sich 253 zugunsten der Berenike (Tochter Ptolemaios' II.) von ihr trennte; sie erhielt Güter in Kleinasien (RC 18–20), ließ 246/5 Berenike und deren Söhnchen ermorden und verhalf ihrem Sohn Seleukos II. (246–225) zur Herrschaft; der 3. Syr. Krieg wurde schon im Altertum nach ihr benannt (*Laodikeios polemos*). 242/1 zwang sie Seleukos, den jüngeren Bruder Antiochos Hierax zum Mitregenten anzunehmen und beschwor dadurch einen Bruderkrieg herauf (s. o. III 3). Dem gleichen Haus gehört eine weitere Laodike, Gemahlin Seleukos' II., an sowie A. d. J., S. des Andromachos, Vizekönig Antiochos' III., wie dieser mit einer Tochter des Mithradates II. v. Pontos vermählt. Er eroberte 223/2 Westkleinasien von Attalos I. v. ↗Pergamon (3) zurück, machte sich 220 in Phrygien als König selbständig; seine Truppen hinderten ihn an der Besetzung Syriens; 216 wurde er von Antiochos angegriffen und nach 2-jähriger Belagerung in Sardes 213 gefangen und hingerichtet. H. H. S.

Allg.: Niese, GGMS. – E. R. Bevan, The House of Seleucus, London 1902, ND New York 1966. – A. Bouché-Leclercq, Hist. des Séleucides, Paris 1913/4, ND Brüssel 1963. – Beloch, GG IV 1–2; CAH VII–VIII. – Will, Hist. Pol. – Bengtson, Strategie II²; GG⁵. – Brodersen, Abriß. – Staat (s. a. ↗ebd.): Bikerman, IS. – D. Musti, Lo Stato dei Seleucidi, SCO 15, 1966, 61–197; CAH VII² 1, 175–200. – Heiratspolitik: Seibert, Dynast. Verbindungen 46–71. – Briefe: RC (teilw. überholt). – Herrmann, s.u. IV, dazu BE 82, 1969, 495; BE 86, 1973, 432 (Laodike II. oder III., Lit.). – Crampa, Labraunda I (Seleukos II.). – M. Wörrle, Chiron 9, 1979, 83–111 (Antiochos III.?). – Th. Fischer, ZPE 33, 1979, 131–8 (Antiochos III.). – P. Gauthier, Nouv. inscr. de Sardes II, Genf 1989, 1–111 (Antiochos III.). – ↗Münzprägung B 4. – Bibliogr.: W. Orth, in: J. Seibert (Hg.), Hell. Studien Bengtson (Münchener Arbeiten z. Alten Gesch. 5, 1991, 61–74: für das 3. Jh.). – ↗Religion A Lit. (a. E.). – Herrscherbildnisse: R. Fleischer, Stud. zur seleuk. Kunst I, Mainz 1991.

Einzelabh.: II: Bengtson, Herrschergestalten 37–61. – A. Mehl, Seleukos Nikator, Studia Hellenistica 28, 1986. – J.D. Grainger, Seleukos Nikator, London–New York 1990. – H.-W. Ritter, Diadem und Königsrecht. Vestigia 7, 1965, 99–105 (Königstitel). – W. Orth, Königl. Machtanspruch und städt. Freiheit, MB 71, 1977 (die ersten Seleuk. und Kleinasien). – III: W. Otto, Beitr. zur Seleukidengesch. des 3. Jhs v. Chr., Abh. München 34, 1, 1928. – A. Pridik, Berenike, Dorpat 1935. – M. Wörrle, Antiochos I., Achaios d. Ä. und die Galater, Chiron 5, 1975, 59–87. – IV: Schmitt, Antiochos d. Gr. – P. Herrmann, Antiochos d. Gr. und Teos, Anadolu 9, 1965, 29–159. – M. Wörrle, Chiron 18, 1988, 421–76. – Makedon.-Syr. Teilungsvertrag: R. M. Errington, Athenaeum 49, 1971, 336–54 (gegen Authentizität). – Antiochos und Rom: E. Bickermann, Bellum Antiochicum, Hermes 67, 1932, 47–76. – E. Badian, Rome and Antiochus the Great, A Study in Cold War (1959), dt. WaG 20, 1960, 203–25. – R. Werner, ANRW I 1, 1972,

601–63. – E. Will, ebd. 590–632. – K. Brodersen, Appians Antiochike (Münchener Arb. z. Alten Gesch. 3), 1991. – A. Mehl, in: Fschr. K. Parlasca, Erlanger Fschg. A 56, 1990 (Verhandlungen 200–193). – Apameia: A. H. McDonald, JRS 57, 1967, 1–8. – Ders.–F. W. Walbank, JRS 59, 1969, 30–9. – V 2: J. W. Swain, Antiochus Epiphanes and Egypt, CPh 39, 1944, 73–94. – O. Mørkholm, Antiochus IV of Syria, Kopenhagen 1966. – J. G. Bunge, „Theos Epiphanes". Zu den ersten 5 Regierungsjahren Antiochus' IV. Epiphanes, Historia 23, 1974, 57–85. – StCl 16, 1974, 43–52 (Münzprägung). – Historia 24, 1975, 164–88. – Chiron 6, 1976, 53–71. – V 3: E. S. Gruen, Rome and the Seleucids in the Aftermath of Pydna, Chiron 6, 1976, 73–95; /Juden (Lit.). – V 4: H. Volkmann, Demetrios I. und Alexander I. v. Syrien, Klio 19, 1925, 373–412. – V 5–6: H. R. Baldus, Der Helm des Tryphon und die seleuk. Chronologie der Jahre 146–138 v. Chr., JNG 20, 1970, 217–39. – Th. Fischer, Unters. zum Partherkrieg Antiochos' VII., Diss. München (Tübingen) 1970. – Ders., Zu Tryphon, Chiron 2, 1972, 201–13. – E. Dabrowa, Könige Syriens in der Gefangenschaft der Parther, Tyche 7, 1992, 45–54. – VI: A. Kuhn, Beitr. zur Gesch. der Seleuk. 129–64 v. Chr., Diss. Straßburg 1891. – A. R. Bellinger, The End of the Seleucids, Trans. Connecticut Acad. 38, New Haven 1949, 51–102. – H. Köhler, Die Nachf. in der S.herrsch. ..., Bochumer Hist. Studien 3, 1978. – A. Houghton–G. Le Rider, Un premier règne d'Ant. VIII ... à Antioche en 128, BCH 83, 1988, 401–11. – VII: Beloch, GG IV 2, 204–6 mit Vers. einer Stammtafel. – Schmitt, Antiochos d. Gr. 158–75. – Bengtson, Strategie II^2 106–9; 140f. – W. Huß, Ptolemaios IV. 26–31; 35–7; 88–97 u. a. m. – M. Wörrle, Chiron 5, 1975, 59–87.

Sizilien und Unteritalien.

1. SIZILIEN. Die polit. Gesch. Siziliens bis 264 ist einerseits durch die seit dem Ende des 5. Jh.s wieder beginnenden Auseinandersetzungen mit Karthago (409 Zerstörung von Selinus und Himera, 406/5 Eroberung von Akragas; Errichtung der karthag. Epikratie in West-S.), die nur gelegentliche Friedensperioden unterbrachen, andererseits durch den Aufstieg von Syrakus zur beherrschenden Macht S.s unter Führung tatkräftiger Einzelpersönlichkeiten („Jüngere Tyrannis") geprägt. DIONYSIOS I. (*431/30, †367), 405 nach intensiver demagogischer Vorbereitung zum „bevollmächtigten /Strategen" (1 b) (στρατηγὸς αὐτοκράτωρ) gewählt, schwang sich zum Alleinherrscher auf und begründete bis 392 im Kampf gegen Karthago den syrakusan. Territorialstaat im Osten S.s, herrschte über einen Teil der südital. Griechenstädte (s. u. 2) und griff durch Anlage von Kolonien und Stützpunkten in die Adria und das Tyrrhenische Meer aus; ein Friede mit Karthago 374 legte die Grenze am Halykos fest, damit nur noch 1/3 S.s karthagisch. Dionys' persönl. Fähigkeiten können auch die tyrannentopischen antiken Darstellungen nicht verdunkeln; bei formaler Weiterexistenz der bürgerstaatlichen Organe in Syrakus (keine Münzprägung des Dionys) war sein persönl. quasimonarch. Regiment in vielen Elementen ein *Vorläufer der hell.*

Monarchie: seine Stellung als Strategos autokrator begründete den Oberbefehl über das Heer und finanzhoheitliche Befugnisse; ein Vertrag mit Athen (StV II 250) – mit ihm und seinen Nachfolgern (!) abgeschlossen – bezeichnet ihn als ‚Archon Sikelias'; er stützte sein Regime durch Geheimpolizei, eine Leibwache, ein Synhedrion ihm ergebener Philoi (↗Hof), vergab Funktionen etwa in der milit. Führung an seine Verwandten, sicherte seinem Sohn Dionysios (II.) die Nachfolge; er schuf ein ihm ergebenes Söldnerheer von großem Umfang, das er abgeschlossen auf der Ortygia kasernierte, wo er selbst residierte, oder in Militärkolonien ansiedelte. Er baute Syrakus zu einer gewaltigen Festung aus; sein Auftreten bei bes. Gelegenheiten wird als theatralisch geschildert, mit Purpurmantel, goldenem Kranz, Schimmelgespann. Auch musisch interessiert, bemühte er sich freilich nicht sehr erfolgreich, Dichter und Philosophen an seinen Hof zu fesseln.

Die Unfähigkeit seines eher zu Prunk und Luxus neigenden Sohnes Dionysios II. († nach 338/7), auf den Platon Einfluß zu nehmen suchte, und die polit. Vorstellungen von Dionysios' Onkel Dion (ermordet 354), der nach Vertreibung des Dionys Syrakus dem platon. Idealstaat anzunähern versuchte und an der innenpolit. Opposition scheiterte, ließen das syrakusan. Imperium zerbrechen; Dionysios – 357 nach Lokroi geflüchtet – kehrte 347 zurück; gegen ihn rief Syrakus den „Tyrannen" Hiketas von Leontinoi, der Dionys auf der Ortygia belagerte. In dieser Situation, die auch die Karthager wieder zum Vormarsch ausnutzten, appellierte die syrakusan. Bürgerschaft an die Mutterstadt Korinth, die Timoleon zur Ordnung der syrakusan. Verhältnisse nach S. entsandte (344). Dionysios II. übergab Syrakus und ging ins Exil nach Korinth. Timoleon führte – zum ↗Strategos autokrator gewählt – in Syrakus eine demokrat. Verfassung ein, ließ die Ortygia schleifen, schlug die Karthager entscheidend am Krimisos (341; Friede 339: StV II 344), beseitigte die nach 357 in vielen Poleis S.s emporgestiegenen „Tyrannen" und schloß die durch Freiheitsparole gewonnenen Städte in einer föderativen Vereinigung zusammen; Syrakus wurde durch griech. Einwanderer neu besiedelt, alte Städte S.s wie Akragas, Gela, Kamarina neu gegründet; insges. Blüte S.s. Aber bald nach Timoleons freiwilliger Abdankung (337) brachen in Syrakus innenpolit. Kämpfe aus, in denen es oligarchisch gesinnten Gruppen gelang, im „Rat der 600" (von Timoleon eingeführt?)

maßgebl. Einfluß auszuüben und in deren Verlauf AGATHOKLES emporstieg, der zw. 317 und 289/88 die Geschicke S.s bestimmen sollte. Geb. ca. 360 in Rhegion, aus begütertem Hause, Soldat unter Timoleon, später Condottiere und Chef einer Privatarmee mit persönl. Machtbasis um Morgantine, gelang es ihm, nach mehreren vergebl. Versuchen durch karthag. Vermittlung nach Syrakus zurückzukehren; der beliebte und geschickte Demagoge ließ sich zum Strategen und *Phylax tes eirénes* wählen, beseitigte 316 im Staatsstreich die Oligarchie und wurde von der Volksversamml. zum ↗Strategos autokrator ohne Begrenzungen und ohne Spezialauftrag bestimmt und mit einer ebenfalls nicht näher festgelegten „Sorge um die Stadt" beauftragt; ihm oblagen so die Aushebung der Bürgertruppen, Söldneranwerbung, Rüstungsvorbereitung, milit. Oberbefehl, Erhebung von Kriegssteuern etc. Zunächst ging er gegen Akragas, das den spartan. Prinzen Akrotatos herberief (315/4), Gela und Messana vor, wo seine aus Syrakus vertriebenen innenpolit. Gegner tonangebend waren; der Friede von 314 (StV III 424) sah die Anerkennung der syrakusan. Hegemonie durch diese Poleis vor; Messana wurde 312/11 besetzt; seine Gegner wandten sich an die *Karthager*, mit deren Hilfe sie Agathokles nach anfängl. Erfolgen auf Syrakus zurückwarfen, das die karthag. Flotte blockierte. Mit 14 000 ausgewählten Söldnern und syrakusan. Bürgersoldaten durchbrach Agathokles, dessen Bruder Antandros in Syrakus zurückblieb, die Seeblockade, landete an der afrikan. Küste (bei Cap Bon), verbrannte seine Schiffe und marschierte auf Karthago, das sich nur mühsam behaupten konnte und auch vor Syrakus 309 geschlagen wurde; 309 (?) schloß Agathokles mit Ophellas von ↗Kyrene ein Bündnis (StV III 432: Afrika sollte Ophellas zufallen), ließ ihn aber dann ermorden und gliederte sein Heer in die eigene Armee ein. Die sich wieder verschlechternde milit. Situation von Syrakus durch ein Verbanntenheer unter Deinokrates und den Kriegseintritt von Akragas und Gela zwang Agathokles 307 endgültig zur Rückkehr; die in Afrika zurückgelassenen Soldaten töteten seine beiden älteren Söhne, traten in karthag. Dienste oder wurden in Nord-S. angesiedelt (StV III 436). 306 schloß Agathokles einen für ihn günstigen Frieden mit Karthago: beiderseitige Grenze wieder am Halykos, die Räumung von Teilen der karthag. Epikratie ließ sich Agathokles entsprechend honorieren (StV III 437).

Nach Versöhnung bzw. Beseitigung seiner polit. Gegner war Agathokles Herr von S., was seinen äußeren Ausdruck nach dem Vorgang der Antigoniden und Ptolemaios' I. in der *Annahme des Königstitels* fand (304), der auch auf Münzen erscheint; enge Beziehungen zu Ptolemaios I., dessen Tochter Theoxene er heiratete. In den letzten Jahren seiner Regierung richtete Agathokles sein Augenmerk v. a. auf Unteritalien wohl mit dem Ziel, auch das südital. Griechentum unter seiner Hegemonie zusammenzufassen: Tarent rief ihn (300) gegen Lukaner und Brettier zu Hilfe, gegen die er bis zu seinem Lebensende mehrere Feldzüge unternahm; nach 299 Eroberung von Kroton, 295 von Hipponion (Vibo). 299 entriß er Kassander Korkyra, das Agathokles' Tochter Lanassa in die Ehen mit Pyrrhos v. ↗Epirus und Demetrios I. (↗Antigoniden) einbrachte (295 bzw. um 290). Einen geplanten großen Schlag gegen Karthago vereitelte Agathokles' Tod (289), nachdem er seinem jüngeren Sohn Agathokles vergebl. seine Stellung zu übertragen versucht und nach dessen Ermordung durch seinen Enkel Agatharchos todkrank die Herrschaft dem Volk zurückgegeben hatte, das seine Statuen umstürzte. Agathokles' Bild schwankt schon im Urteil der antiken Historiker, zu denen auch sein Bruder Antandros gehörte, zw. lobender Darstellung und insbes. seine Grausamkeit betonender Kritik (Timaios bei Polyb. 12, 15).

Nach seinem Tod wurde Syrakus wieder milit. bedroht, durch die kampan. Söldner des Agathokles, die die Syrakusaner schließlich in die Stadt aufnehmen mußten (von dort Weiterzug nach Messana und Gründung des Mamertinerstaates), ferner durch die Karthager und durch Akragas (Tyrannis des Phintias); in dieser Zeit war Hiketas alleiniger Stratege, den ein gew. Thoinon stürzte (279), der sich bald in Kampf mit Akragas verwickelt sah; zugleich Raubzüge der Mamertiner und Kriegszustand mit Karthago. In dieser Situation rief Syrakus 278 PYRRHOS v. ↗Epirus aus Italien nach S., der von den sizil. Städten begeistert aufgenommen, zum Hegemon gewählt und nach den ersten Erfolgen vielleicht zum König proklamiert wurde; seinen Sohn von Lanassa, Alexander (II.), designierte er zum sizil. Nachfolger. 277 rasche Eroberung der karthag. Festungen Eryx, Heirkte und Panormos, die Karthager waren schließlich auf Lilybaion zurückgedrängt, das Pyrrhos, der auf Drängen der sizil. Griechen ein Friedensangebot ausschlagen mußte, erfolglos belagerte; daher Flottenbau für seinen Plan, Karthago in Afrika zu schlagen. Aber die auferlegten Kriegstribute, Besatzungen in den Poleis, Vermögenskonfiskationen, Eingriffe in die Selbstverwaltung und schließlich die gewaltsame Aushebung zum Flottendienst führten zum offenen Abfall S.s., das Pyrrhos 275 verließ.

Im Kampf gegen die Mamertiner und v.a. erneute karthag. Einfälle riß HIERON (II.), *ca. 306 als Sproß einer begüterten Familie, der sich auch unter Pyrrhos ausgezeichnet hatte, mit Hilfe des ihn zum Feldherrn bestimmenden Heeres (v.a. Söldner) – zum Strategos autokrator gewählt – die Macht in Syrakus an sich (275/4) und stärkte seine Stellung durch Heirat mit der Tochter des Oligarchenführers Leptines, Philistis. Nach einem entscheidenden Sieg über die Mamertiner am Longanos 269 rief ihn das Heer zum König aus; der syrakusan. Machtbereich umfaßte damals sicher Akrai, Neton, Heloros, Leontinoi, Megara Hyblaia, Tauromenion und Katane, viell. Agyrion und einen Großteil der ehem. mamertin. Städte. Nur karthag. Eingriffe verhinderten die Besetzung von Messana, dessen Hilferuf an Rom (265) den 1. Röm.-Karth. Krieg (264–241) auslöste, in dem Hieron – zunächst mit Karthago verbündet – angesichts des röm. Vormarsches Friede und Bündnis mit Rom schloß (StV III 479): Syrakus auf die SO-Ecke S.s beschränkt (dazu Tauromenion), Übergabe der röm. Gefangenen und Zahlung von 100 Talenten vereinbart. Im Verlauf des Krieges sicherte Hieron die röm. Getreideversorgung und stellte Belagerungsmaschinen. Der Röm.-Karth. Friede von 241 schloß Hieron ein (StV III 493), mit Ausnahme seines Reiches wurde S. 227 als röm. Provinz eingerichtet. Das *Herrschertum* Hierons, der das Amt eines Strategos autokrator nach 269 wohl nicht mehr bekleidete, war deutlich hell. geprägt; die kommunalen Organe in Syrakus, denen er mehrmals seine Abdankung anbot, blieben freilich bestehen, ein ↗Herrscherkult hat sich nicht ausgebildet. Münzen zeigen Hierons diademgeschmücktes Porträt, seine Gattin Philistis wird auf Münzen als Basilissa bezeichnet, sein Sohn Gelon (gest. 216), Mitregent seit ca. 240, und dessen Gattin Nereis, Tochter des Epiroten Pyrrhos' II., führen inschriftl. den Königstitel. Hieron oblag der milit. Oberbefehl; ein ↗Synhedrion von Philoi ist gut belegt. Seine sehr umfangreichen Einkünfte bezog der an Landwirtschaft (auch als Autor) sehr interessierte Herrscher insbes. aus einer 10prozentigen Bodenertragssteuer (Lex Hieronica; teilw.

nach ptol. Vorbild?), die Erträge seines Reiches mit dem fruchtbarsten Teil S.s ermöglichten es ihm, im Konzert der hell. Herrscher eine eigene Rolle zu spielen: Getreidespenden an das befreundete Ägypten, für die er ein Riesenschiff, die Syrakosia, bauen ließ (später Geschenk an Ptolemaios III.), Erdbebenhilfe für Rhodos 227; Statuen in Olympia; Theokrit widmete ihm Idyll. 16. Er errichtete einen prächtig ausgebauten Palast auf der Ortygia und stattete Syrakus nicht nur mit großzügigen Bauten, sondern auch mit umfangreicher Verteidigungsmaschinerie aus, für deren Konstruktion er Archimedes gewann. Neben engen Beziehungen zu Rom (Teilnahme an den Ludi Romani 237) unterhielt er auch Verbindungen zu Karthago, um das Gleichgewicht der Kräfte aufrechtzuerhalten (Polyb. 1, 83, 2–5). Im 2. Röm.-Karth. Krieg (218–201) hielt Hieron an Rom fest, auch als sein Sohn Gelon versuchte, Syrakus zum Abfall zu bringen (nach Cannae 216). Erst sein Tod 215, mit dem sein Enkel HIERONYMOS zur Regierung kam (215/4), machte die Bahn für die Romgegner frei, die Verhandlungen mit Karthago aufnahmen und mit Kriegshandlungen gegen Rom begannen; auch in den Parteikämpfen und Wirren nach Hieronymos' Ermordung, denen die königl. Familie zum Opfer fiel, behielten die Romgegner die Oberhand: nach 2jähriger Belagerung durch Marcellus, bei der Archimedes die syrakusan. Verteidigung leitete, fiel die Stadt 212. 214 waren Leontinoi und Megara erobert worden, 212 ergaben sich auch Tauromenion und Neton (StV III 534, 535), 210 wurde Akragas römisch. Syrakus wurde Sitz des röm. Statthalters von Sizilien. Um 140 erhoben sich zum 1. Mal die *Sklaven* in S. unter Führung des Syrers Eunus, der unter dem Thronnamen Antiochos sein Königtum nach seleukid. Vorbild organisierte.

2. UNTERITALIEN. Schon Jahrzehnte zuvor hatte sich das polit. Schicksal der ital. Griechenstädte erfüllt, das durch Partikularismus der Poleis, existenzbedrohende Auseinandersetzungen mit den einheim. Stämmen, syrakusan. Expansion und schließlich durch das röm. Ausgreifen geprägt wurde. Gegen Ende des 5.Jh.s in einer italiot. Symmachie zusammengeschlossen, standen die griech. Enklaven in ständigem Abwehrkampf gegen Lukaner, Brettier und Messapier; die von Tarent zu Hilfe gerufenen ARCHIDAMOS III. v. Sparta (gef. im Kampf gegen die Messapier 338) und Alexander v. ↗Epirus (er-

mordet 331; Plan eines Süditalien-Reiches, amicitia mit Rom) konnten die Situation nicht wenden. Nach 390 griff DIONYSIOS I. v. Syrakus (s. o. 1) nach Italien über und gliederte – mit Lokroi seit ca. 397 verbündet – nach heftigem Widerstand (Niederlage des Italiotenbundes am Eleporos 388; Zerstörung von Rhegion 386) das Gebiet südl. der Landenge von Catanzaro seinem Reich ein; 379 Eroberung von Kroton und Angriff auf Rhegion; unter AGATHOKLES gehörten Kroton und Hipponion zu Syrakus (nach 299). 326 geriet Neapel unter röm. Oberhoheit: Foedus aequo iure mit Autonomiegarantie, Münzrecht und territorialer Integrität, Pflicht nur zur Schiffegestellung (StV III 410). 304 rief Tarent Kleonymos v. Sparta gegen die mit Rom verbündeten Lukaner, der Metapont besetzte und Korkyra eroberte; zum Frieden zw. Rom und Tarent 303/2 (?) dürfte ein Fahrtgrenzenvertrag gehört haben (StV III 444). Zum Schutz gegen die Brettier erhielten 282 Thurioi, Lokroi und Kroton röm. Besatzungen, nach Rhegion wurden kampan. Söldner gelegt. An Übergriffen Tarents auf röm. Schiffe, denen möglicherweise eine röm. Verletzung des Vertrages von 303/2 voranging, einem tarentin. Überfall auf Thurioi und der schweren Beleidigung einer röm. Gesandtschaft in Tarent entzündete sich der röm.-tarentin. Krieg (281), zu dem Tarent Pyrrhos von ↗Epirus nach Italien rief, dem sich nach der röm. Niederlage bei Herakleia (280) auch Kroton und Lokroi anschlossen. Nach Abzug des Pyrrhos (275) wurden Kroton und Lokroi zu socii navales Roms; Tarent kapitulierte 272 (StV III 475). Mit der Beseitigung der Söldner in Rhegion 270, die 280 dort ein Terrorregime errichtet hatten und mit den Mamertinern in Messana zusammenarbeiteten, war die röm. Eroberung Mittel- und Süd-Italiens abgeschlossen. J.D.G.

Lit.: 1.: A. Holm, Gesch. S.s im Alterthum, 3 Bde., Leipzig 1870–1898. – A. Freeman, Gesch. Siciliens, dt. von B. Lupus, Leipzig 1895–1901. – H. Berve, Die Tyrannis bei den Griechen, 2 Bde., München 1967. – M. I. Finley, Das antike Sizilien, München 1979. – E. Gabba – G. Vallet (Hrg.), La Sicilia antica, 5 Bde in 3, Palermo 1980. – W. Hüttl, Verfassungsgesch. von Syrakus, Quellen und Forschungen...8, Prag 1929. – A. Sch. Graf Stauffenberg, Kg. Hieron der Zweite von Syrakus, Stuttgart 1933. – H. Berve, Die Herrschaft des Agathokles, SB München 1952, 5, 1953. – Ders., Dion, Abh. Mainz 1956, 10, 1957. – Ders., Kg. Hieron II., Abh. München 47, 1959. – M.-P. Loicq-Berger, Syracuse, Hist. cult. d'une cité grecque, Coll. Latomus 87, Brüssel 1967. – P. Lévêque, De Timoléon à Pyrrhos, Kokalos 14/15, 1968/9, 135–56. – D. Roussel, Les Siciliens entre les Romains et les Carthaginois à l'époque de la première guerre punique, Ann. Litt. Univ. Besançon 114, Paris 1970. – M. A. S. Goldsberry, Sicily and its Cities in Hell. and Roman Times, Diss. North Carolina 1973. – F. P. Rizzo, La Sicilia e le potenze ellenistiche al tempo delle guerre puniche I, Suppl. Kokalos 3, Palermo 1973. – R. J. A. Talbot, Timoleon and the Revival of Greek Sicily 344–317 B.C., Cambridge 1974. – A. M. Eckstein, Hiero II and Rome, 263 B.C.–215 B.C., Chiron 10, 1980, 183–203. – L. J. Sanders, Dionysius I of Syracuse and Greek Tyranny, 1987. – 2.: E. Ciaceri, Storia della Magna Grecia, 3 Bde., Rom 1928–1932. – P. Wuilleumier, Tarente des origines à la conquête Romaine, Paris 1939.

Skepsis.

Die Skepsis (σκέψις: ‚Prüfung') ist die schärfste innerphilosophische Reaktion auf die Situation der ↗Philosophie zu Beginn des Hell. Drei Skeptische Schulen sind zu unterscheiden: (1) die ‚Ältere Skepsis', die mit Pyrrhon begann (s. u. I), (2) die ‚Akademische Skepsis', d. h. die von Arkesilaos eingeleitete ‚Mittlere ↗Akademie' (A III 3/4; B II/III), und (3) die ‚Jüngere Skepsis' (s. u. II), die von Ptolemaios von Kyrene erneuerte ‚Ältere Skepsis'. Hier sind nur (1) und die hell. Anfänge von (3) zu behandeln.

I. Die ‚ÄLTERE SKEPSIS'. Pyrrhon von Elis[1] war zunächst in seiner Heimatstadt als Maler tätig gewesen[2], dann jedoch Hörer Brysons (↗Megariker) geworden[3]. Im Jahre 327 begleitete er den Demokriteer Anaxarchos auf ↗Alexanders des Großen Zug nach ↗Indien, wo er Gymnosophisten und Magiern begegnete[4]. Zurückgekehrt, lebte er bescheiden[5] und zurückgezogen[6] im Hause seiner Schwester, der Hebamme Philista[7], in Elis, bekleidete aber das Amt eines Oberpriesters[8]. Stets bemüht, die Selbstbeherrschung zu vervollkommnen[9], sammelte er einen Kreis von Schülern um sich; darunter waren sein späterer ‚Nachfolger' Timon (s. u.)[10], der Demokriteer und spätere Lehrer (?) Epikurs (↗Kepos B I) Nausiphanes von Teos[11], der ↗Megariker Philon[12], aber auch der Historiker Hekataios (↗Geschichtsschreibung A VI/VII, ↗Roman B I 1)[13]. Um das Jahr 270 starb er, neunzig Jahre alt[14].
Da Pyrrhon selbst – der eigenen Lehre getreu – nichts Geschriebenes hinterlassen hat[15] und größere zusammenfassende Darstellungen der Skepsis erst aus der Kaiserzeit vorliegen[16], lassen sich klare Zuweisungen von Argumenten an ihn oder spätere Skeptiker kaum vornehmen[17]. Selbst der Begriff der ‚Lehre' ist problematisch, denn die Skeptiker unterscheiden sich von allen anderen Schulen, die sie ‚Dogmatiker' nennen, gerade darin, daß sie keine positive Lehre vertreten[18], sondern lediglich alle ‚dogmatischen' Lehren entkräften zu können behaupten[19]. Anscheinend hatten der dauernde Streit der ‚dogmatischen'

Schulen untereinander, die Entdeckung unauflöslich scheinender logischer Antinomien und der in einigen Schulen hohe Stand der Erkenntniskritik auf der einen und das allem hell. Philosophieren von der Gesellschaft vorgegebene Bestreben, den sicheren Weg zur Glückseligkeit zu weisen, auf der anderen Seite bei Pyrrhon dazu geführt, den Sinnen (αἰσθήσεις) und dem Geiste (νοῦς) gleichermaßen die Befähigung zur Erkenntnis der Welt abzusprechen[20]; die Sinne lieferten nur Erscheinungen, nicht Abbilder, der Geist nur Vorstellungen, nicht Wissen[21]. Da demnach die Dinge unerfaßbar (ἀκατάληπτα) seien[22], seien Erkenntnisurteile unmöglich, und da nicht Erkennbares auch nicht bewertet werden könne, seien auch Werturteile beliebig, würden sie doch nicht nach Natur (φύσει)[23] und Wirklichkeit (ἀληθείᾳ)[24], sondern bloß nach Satzung und Gewohnheit (νόμῳ καὶ ἔθει)[25] gefällt. Dem Ziele, diese rein negative Erkenntniskritik einleuchtend zu machen, dient der – später von Agrippa modifizierte[26] – Katalog der zehn ‚Wendungen‘ (τρόποι) jenes Grundgedankens: Dieselben Gegenstände oder Sachverhalte werden (1) von verschiedenen Lebewesen, (2) von verschiedenen Menschen, (3) von verschiedenen Sinnen desselben Menschen, (4) von denselben Menschen zu verschiedenen Zeiten, (5) von Menschen verschiedener Kulturen, (6) von denselben Menschen in verschiedenen Medien[27], (7) von denselben Menschen in verschiedenen räumlichen Verhältnissen, (8) von denselben Menschen in verschiedenen Mengen und Konzentrationen, (9) von denselben Menschen in verschiedenen zeitlichen Verhältnissen und (10) von denselben Menschen in verschiedenen gegenseitigen Verhältnissen je anders wahrgenommen oder erkannt[28]; d. h. unvermeidliche Störungen im Bereiche des Subjektes (1–5) oder des Objektes (6–10) machen die Voraussetzung der Wahrnehmung und der Erkenntnis, die ungetrübte Relation zwischen Subjekt und Objekt, unmöglich. Ist aber so der Begriffsbildung und Urteilsfällung der Boden entzogen – die Doxographie hebt die Ablehnung der Wahrheitswerte[29] und ihrer Kriterien[30], des Verhältnisses von Zeichen und Bezeichnetem[31] und desjenigen von Ursache und Wirkung[32], der Bildung[33] und Vermittlung von Wissen[34] und der Existenz apriorischer Werte[35] eigens hervor –, so ist auch der Beweisführung kein Raum mehr gegeben, abgesehen davon, daß Beweise ohnehin unmöglich seien, denn zu Beweisendes werde entweder auf Beweisbares, folglich zu

Beweisendes in infinitum oder auf Unbeweisbares, folglich Unbewiesenes zurückgeführt, also in keinem der beiden allein denkbaren Fälle bewiesen[36]. Angesichts dieser Unfaßlichkeit (ἀκαταληψία)[37] und Unkenntlichkeit (ἀγνωσία) der Welt bleibt dem Weisen nur die Sprachlosigkeit (ἀφασία)[38], genauer die Zurückhaltung (ἐποχή)[39] des Urteils. Denn ‚jeder Satz hat seinen Gegen-Satz' (seine Kontradiktion); und da ‚die Gründe für beide Sätze gleich stark' gemacht werden können, sei der eine ‚um nichts mehr' (οὐδὲν μᾶλλον) wahrscheinlich als der andere, so daß man ‚nichts mit Bestimmtheit behaupten' könne[40]. Aber selbst diese ‚zurückhaltenden' Urteile tragen hypothetischen Charakter und müssen, wenn der Skeptiker den Dogmatiker widerlegt hat, letztlich fallen gelassen werden, um der ‚Dogmatisierung' zu entgehen[41]. Dann darf sich die Skepsis getrost selbst aufheben, denn sie hat ihr – ethisches – Ziel unfehlbar erreicht: ‚Wie ein Schatten'[42] folgen der Zurückhaltung des Urteils die Ausgeglichenheit (ἀϱϱεψία)[43], Unerschütterlichkeit (ἀταραξία)[44], Unempfindlichkeit (ἀπάθεια)[45] und sanftmütige Gleichgültigkeit (πϱαότης)[46] der Seele[47]. Im Bewußtsein, zwar zu sehen und zu denken, aber nicht zu wissen, ob die Bilder des Sehens und des Denkens Bilder der Dinge der Welt sind – ein Bewußtsein, das er mit dem ↗Kyrenaiker teilt –[48], erlangt der Skeptiker also unweigerlich mit der Freiheit von Neigungen und Meinungen seine Glückseligkeit (εὐδαιμονία), wenngleich im täglichen Leben nicht ohne Schwierigkeiten: So soll Pyrrhon selbst, vor einem Hunde (der denn doch ‚wirklich' war) erschrocken, entschuldigend bemerkt haben, es sei schwer, ‚den Menschen ganz abzulegen'[49].

Wer sich Pyrrhons Auffassungen anschloß, wurde ζητητικός (‚Forscher'), σκεπτικός (‚Prüfer'), ἀποϱητικός (‚Zweifler') oder ἐφεκτικός (‚der [das Urteil] zurückhält'), später auch ‚Pyrrhoneer' genannt[50]. Der wichtigste Vertreter wurde Pyrrhons vielseitiger Schüler Timon. Um 320 in ärmlichen Verhältnissen in Phleius geboren, ging er zuerst nach Megara zu Stilpon (↗Megariker), dann, nach Gründung einer Familie, nach Elis zu Pyrrhon[51]. Dort zum Skeptiker ausgebildet, erwarb er sich in Chalkedon als Lehrer der Philosophie ein Vermögen, das ihm erlaubte, fortan in Athen in der Abgeschiedenheit seines Gartens seinen geistigen Beschäftigungen zu leben[52]; fast neunzigjährig ist er dort gestorben[53]. Als Dichter schrieb er neben nicht mehr greifbaren Epen (?), Tragödien, Satyrspielen, Komödien und ‚kinädischen' Versen[54] die Ἰνδαλμοί (‚Erscheinungen'), anscheinend eine ↗elegische Beschreibung der Vorstellungen ‚dogmatischer' Philosophen[55], und die drei hexametrischen Bücher Σίλλοι (‚Sillen'), in denen, teilweise in einer in die Unterwelt verlegten Unterhaltung zwischen dem Dichter und seinem Vorbild Xenophanes von Kolophon, ‚dogmatische' Philosophen parodiert wurden, Pyrrhon aber gefeiert wurde[56]. An Prosawerken sind ein Dialog Python, in dem der Autor mit Pyrrhon über seinen Weg zur Skepsis sprach[57], eine Abhandlung Περὶ αἰσθήσεων (‚Über die Sinneswahrnehmungen')[58], eine Πρὸς τοὺς φυσικούς (‚Gegen die Naturphilosophen')[59] und Ἀρκεσιλάου περίδειπνον (‚Leichenschmaus für Arkesilaos'), eine Schrift, in der er dem in den Skeptischen Grundannahmen verwandten ↗Akademiker (B II) Arkesilaos, nach Angriffen in den ‚Sillen', nach dem Tode Respekt zollte[60], bezeugt. Die Lehre Pyrrhons hat Timon auf die knappe Fassung dreier Fragen und Antworten gebracht: (1) Wie sind die Dinge beschaffen? Das ist unbekannt. – (2) Wie soll man sich ihnen gegenüber verhalten? Dementsprechend (also zurückhaltend; etwa nach Gewohnheit). – (3) Was gewinnt man daraus? Den Seelenfrieden[61].

Wenn auch gelegentlich Schüler erwähnt werden[62], so hat Timon doch keinen Nachfolger gefunden[63]. Mit Arkesilaos war die, wenngleich modifizierte, Skepsis in der ↗Akademie (A III 3) herrschend geworden, und erst, als sie dort dem neuen Dogmatismus eines Antiochos (↗Akademie B V) hatte weichen müssen, begründete der kaum mehr faßbare Ptolemaios von Kyrene (frühes 1. Jh.)

II. die „JÜNGERE SKEPSIS"[64]. Ihr erster namhafter Vertreter – nach anderen ihr erster überhaupt[65] – ist Ainesidemos/Änesidem von Knossos (1. Jh.), der acht Bücher Πυρρώνειοι λόγοι (‚Pyrrhoneische Abhandlungen') schrieb[66]. Während Pyrrhon in Demokrit, Timon in Xenophanes den Archegeten der Skepsis gesehen hatte, war dies für Änesidem Heraklit[67]. Wesentliche Abweichungen von den Positionen der ‚Älteren Skepsis' sind nicht festzustellen. Auffällig sind die engen Verbindungen der ‚Jüngeren Skepsis' mit undogmatischen, empirischen Strömungen der zeitgenössischen ↗Medizin[68]; so erklärt sich auch der Beiname des kaiserzeitlichen Skeptikers Sextus Empiricus.　　　　　　　　　　　　　　U. D.

Anm.: 1) Strab. 9, 1, 8; Diog. Laert. 9, 61; Aristokles bei Euseb. pr. ev. 14, 18, 1 u. a. – 2) Apollodor bei Diog. Laert. 9, 61; Antigonos von Karystos ebd. 62. – 3) Alexander Polyhistor ebd. 61; daß Bryson dort als Sohn(?) Stilpons bezeichnet wird, kann nur ein Mißverständnis sein: vgl. Zeller (Lit.), 497. S. auch Suda s. v. Πύρρων; s. v. Σωκράτης. – 4) Diog. Laert. 9, 61. – 5) Ebd. 62. 66. – 6) Ebd. 63. – 7) Eratosthenes ebd. 66. – 8) Ebd. 64. – 9) Ebd. 63. 66–68. – 10) Ebd. 69. 109. – 11) Ebd. 64. 69. 102. – 12) Ebd. 67. 69. – 13) Ebd. 69. – 14) Ebd. 62. – 15) Ebd. 1, 16; 9, 102; Aristokles bei Euseb. pr. ev. 14, 18, 2. – 16) Sextus Empiricus: Πυρρώνειοι ὑποτυπώσεις (3 Bücher), Πρὸς μαθηματικούς (11 B.; 7–11 mit eigenem Titel: Πρὸς δογματικούς); Diogenes Laertios, Βίοι καὶ δόγματα φιλοσόφων 9, 61–116. – 17) Vgl. Zeller (Lit.), 502–503. – 18) Diog. Laert. 1, 16; 9, 77. 102–104. – 19) Ebd. 74. – 20) Ebd. 77–79. – 21) Ebd. 104–107; Aristokles bei Euseb. pr. ev. 14, 18, 3. – 22) Diog. Laert. 1, 16. – 23) Ebd. 9, 101; Sext. Emp. adv. math. 11, 140. – 24) Diog. Laert. 9, 61. – 25) Ebd. – 26) Ebd. 88–89. – 27) Z. B. Luft, Wasser, ‚Beleuchtung‘, ‚Temperatur‘, ‚Bewegung‘. – 28) Diog. Laert. 9, 79–88; vgl. Sext. Emp. Pyrrh. hyp. 1, 36–37; adv. math. 7, 345; Aristokles bei Euseb. pr. ev. 14, 18, 11. Daß das System der ‚Tropen‘ erst von Änesidem (s. u.) stammt, hat Zeller (Lit.), 502–503 sehr wahrscheinlich gemacht; Sextus Emp. schreibt es an der ersteren Stelle den ‚Älteren Skeptikern‘, an der letzteren Änesidem zu. – 29) Diog. Laert. 9, 92–93. – 30) Ebd. 94–95. – 31) Ebd. 96–97. – 32) Ebd. 97–99. – 33) Ebd. 93–94. – 34) Ebd. 100. – 35) Ebd. 101. – 36) Ebd. 90–91. – 37) Sext. Emp. Pyrrh. hyp. 1, 1. – 38) Für die letzten beiden Begriffe vgl. Zeller (Lit.), 505. – 39) Diog. Laert. 1, 16; Sext. Emp. Pyrrh. hyp. 1, 10. – 40) Diog. Laert. 9, 74–76. 104; für die Formel ‚um nichts mehr‘ vgl. auch Gell. 11, 5, 4. – 41) Diog. Laert. 9, 76; etwas anders formuliert ebd. 104. – 42) Ebd. 107. – 43) Ebd. 74. – 44) Ebd. 107; Aristokles bei Euseb. pr. ev. 14, 18, 4. – 45) Cic. Acad. 2, 130; Diog. Laert. 9, 108. – 46) Ebd. – 47) Vgl. zum Ganzen Cic. fin. 2, 43; 3, 11; Stob. 4, 53, 28. – 48) Diog. Laert. 9, 103. – 49) Ebd. 66; Aristokles bei Euseb. pr. ev. 14, 18, 26. – 50) Diog. Laert. 9, 69–70; Sext. Emp. Pyrrh. hyp. 1, 7; Gell. 11, 5, 6. Nach Diog. Laert. 9, 70 hat der spätere Skeptiker Theodosios, streng folgerichtig, diese Bezeichnung abgelehnt, da man nicht erkennen könne, was Pyrrhon gedacht habe. – 51) Apollonides von Nikaia bei Diog. Laert. 9, 109. – 52) Ebd. 110. 112. – 53) Antigonos von Karystos und Sotion ebd. 112. – 54) Ebd. 110. 113. – 55) Ebd. 65. 105. – 56) Ebd. 64–65. 111–112. – 57) Ebd. 76. – 58) Ebd. 105. – 59) Sext. Emp. adv. math. 3, 2. – 60) Diog. Laert. 9, 115. – 61) Aristokles bei Euseb. pr. ev. 14, 18, 2–4. – 62) Diog. Laert. 9, 112. 114. – 63) Menodot ebd. 115. – 64) Ebd. 115–116. – 65) Aristokles bei Euseb. pr. ev. 14, 18, 29. – 66) Diog. Laert. 9, 116. Auszug daraus bei Phot. bibl. cod. 212. – 67) Sext. Emp. Pyrrh. hyp. 1, 210–211. – 68) Vgl. E. Zeller, Die Philosophie der Griechen in ihrer geschichtlichen Entwicklung III, 2, Leipzig⁴1903, 18–21.

Texte: A. A. Long/D. N. Sedley, The Hellenistic Philosophers, I, Cambridge u. a. 1987, 13–24. 468–488; II, ebd. 1987, 1–17. 458–475. – (Timon:) H. Lloyd-Jones/P. Parsons, Supplementum Hellenisticum, Berlin/New York 1983, 368–394. – M. Di Marco, Timone di Fliunte: Silli. Introduzione, edizione critica, traduzione e commento, Rom 1989. – Übers.: W. Nestle, Die Nachsokratiker, II, Jena 1923, 248–259.

Lit.: A. Goedeckemeyer, Die Geschichte des griechischen Skeptizismus, Leipzig 1905. – E. Zeller, Die Philosophie der Griechen in ihrer geschichtlichen Entwicklung III, 1, Leipzig ⁴1909, 494–507. – E. R. Bevan, Stoics and Sceptics, Oxford 1913. – V. Brochard, Les sceptiques grecs, Paris ²[1923]. – P. E. More, Hellenistic Philosophies, Princeton 1923, 304–370. – K. Praechter, Die Philosophie des Altertums, Berlin ¹²1926, 461–464. 581–587. – L. Robin, Pyrrhon et le scepticisme grec, Paris 1944. – C. L. Stough, Greek Scepticism. A Study in Epistemology, Berkeley/Los Angeles 1969. – M. Dal Pra, Lo scetticismo nel secolo III: Pirrone e Timone, in: Ders. (Hrsg.), Storia della filosofia IV, Mailand 1975, 3–14. – A. A. Long, Timon of Phlius: Pyrrhonist and Satirist, in: PCPS 204 (=N.S. 24), 1978, 68–91. – M. Schofield/M. Burnyeat/J. Barnes (Hrsg.), Doubt and Dogmatism. Studies in Hellenistic Epistemology, Oxford 1980. – M. Gigante, Scetticismo e Epicureismo, Neapel 1981. – J. Annas/J. Barnes, The Modes of Scepticism, Cambridge 1985. – A. A. Long, Hellenistic Philosophy. Stoics, Epicureans, Sceptics, London ²1986, 75–88. – J. Barnes, The Toils of Scepticism, Cambridge 1990. – A.-J. Voelke (Hrsg.), Le scepticisme antique. Perspectives historiques et systématiques. Actes du Colloque international sur le scepticisme antique, Université de Lausanne, 1–3 juin 1988, Genève/Lausanne/Neuchâtel 1990.

Skythen. Mit diesem Namen bezeichneten antike Autoren zwei (oder mehr) Nomaden- sowie ackerbautreibende Völker, die vom 8./7. Jh. v. Chr. bis zum 3./4. Jh. n. Chr. den Süden der heut. Ukraine bewohnten (Herod. 4 u. a.). Erste Kontakte der S. mit den Hellenen finden sich seit der Kolonisationszeit (M. 7. Jh.s.). Mit dem griech. Import ins Hinterland (v. a. Wein und Keramik) tauchen einige neue Züge in der Kultur der S. auf (notorische Trunksucht: Anacr. Fr. 33 Gentili = Fr. 436 Bergk). Einzelne Versuche, die griech. Religion zu adaptieren (Anacharsis), provozierten Gegenreaktion des sk. Priestertums (Herod. 4, 76). Die erfolgreiche Abwehr der Dareios-Invasion (um 513/2) begünstigte die Konsolidierung eines S.-Reiches, das ein Protektorat über einige griech. Poleis (sk. Herrschernamen auf Münzen von Olbia und Nikonion am Dnjestr) errichtete. In der Folge zunehmende Einwirkung der griech. Zivilisation auf die S., Häuptlinge der S. beginnen zum Philhellenentum zu tendieren: gemischte Ehen, Verbreitung des griech. Schrifttums, partielle Übernahme griech. Sitten und griech. Glaubens (Herod. 4, 78 ff.). Weitere Entfaltung des griech. Einflusses auf die S. fällt ins 4. Jh., die Herausbildungszeit des großen S.-Reiches mit dem Zentrum am Dnjepr (bei dem heut. Nikopol), dessen Herrscher *Ateas* (od. Ataias)[1] beim Kampf mit Philipp II. ums Leben kam (Just. 9, 2; Oros. 3, 13, 4 ff.). Kurz danach wurde das Heer Zopyrions, eines Statthalters Alexanders d. Gr., nach der fehlgeschlagenen Belagerung Olbias (um 330) durch die S. völlig vernichtet (Just. 12, 1, 4 f.; 37, 3, 2; Curt. 10, 1, 44; Macrob. Sat. 1, 11, 33). Im 4. Jh. erreicht der Import griech. Kunsthandwerks (vor allem der Toreutik) ins Hinterland seinen Höhepunkt; die griech. Künstler wählen den sk. Kunden zuliebe solche griech. Mythologiesujets, die die S. im Rahmen ihrer eigenen Religion und Heldensagen umdeuten konnten. S. genießen griech. Musik (Ps. Plut., Apophth. 174 e, f); Ateas prägt Münzen nach dem Muster der Tetradrachmen Philipps II.

Seit Beginn des 3. Jh.s verdrängen die den Don überschreitenden Sarmaten die S. allmählich auf die Krim; dort entsteht das spätsk. Reich (sog. Kleinskythien) mit der Hauptstadt Neapolis (Simferopol). Im frühen 2. Jh. gründen die S. in der Dobrudscha ein weiteres Reich, dessen Herrscher in den griech. Städten des westl. Pontos Münzen prägen ließen. Das ab 2. H. 3. Jh.s durch Sarmaten- und Galaterstämme terrorisierte Olbia begab sich um die Mitte des 2. Jh.s (wohl freiwillig) unter die Macht des S.-Reiches (s. die vom S.-König *Skiluros* geprägten olbischen Münzen). Skiluros verstärkte milit. Angriffe auf Chersonesos, das sich um 114–110 genötigt fühlte, Mithradates VI. Eupator von ↗Pontos zu Hilfe zu rufen. Dessen Feldherr Diophantos schlug in zwei Feldzügen Skiluros' Sohn und Nachfolger *Palakos* und machte sein Reich zum Vasallenstaat (Strab. 7, 4, 3; IOSPE I² 352): Tributverpflichtung (Strab. 7, 4, 6), Stellung von Truppen für die Kriege gegen Rom (Just. 38, 3, 7; App., Mithr. 15). Die Verhältnisse zw. dem sk. und ↗Bosporanischen Reich beruhten (entgegen der communis opinio) wohl auf einem Bündnisvertrag. Wie eine in Pantikapaion neu gefundene Weihinschrift² einer mit einem adligen Griechen verheirateten Tochter Skiluros' lehrt, waren dynastische Ehen zu dieser Zeit üblich. Enge Kontakte mit Olbia und dem Bosporos hatten eine markante Hellenisierung des S.-Reiches zur Folge: in Neapolis werden Verteidigungsmauern sowie mit Wandmalereien und Reliefs verzierte öffentliche Gebäude nach griech. Muster errichtet; man baut eine eigene Flotte, die unter der Führung eines Olbiopoliten Posideos (IOSPE I² 77, 168) seeräuberische Krim-Satarchen bekämpfte (ebd. 672). S. übernehmen griech. Belagerungswesen (Strab. 7, 4, 7) und -technik (Wandgraffiti in Neapolis). Nicht nur Posideos (s.o.) weiht in der sk. Hauptstadt Statuen an griech. Gottheiten (IOSPE I² 670–673), auch Skiluros selbst mit seiner Frau läßt griech. unterschriebene Votivgaben aufstellen (ebd. 668). Ihrerseits stellten die S. dem Bosporos Truppenkontingente. Ein vermutlicher Führer eines solchen, Saumakos, erhob sich in Pantikapaion und Theodosia und beseitigte Kg. Pairisades V. Dieser letzte Versuch, der Eingliederung der S. und Bosporaner ins großpontische Reich des Mithridates Widerstand zu leisten, scheiterte mit der Niederlage und Gefangenschaft des Saumakos (IOSPE I² 352).

J. G. V.

Anm.: 1) Dieser Skythe geht später in die Anekdote ein, vgl. Ps. Plut. Apophth. 174 E–F; Mor. 334 B u. ö; zwei Briefe unter seinem Namen Apophth. 174 E–F; Clem. Alex. Strom. 5, 5, 31, 3, zu letzterem V. Iliescu, Historia 20, 1971, 172–85. – 2) J. G. Vinogradov, Vestnik drevnej istorii 1987, 1 ff. (russ.).

Lit.: E. Minns, Scythians and Greeks, Cambridge 1913. – M. Rostovtzeff, Iranians and Greeks in South Russia, Oxford 1922. – Ders., Skythien und der Bosporus, Berlin 1931. – R. Werner, bei: W.-D. Barloewen (Hrsg.), Abriß der Gesch. antiker Randkulturen, München 1961, 133–8. – Ch. M. Danoff, RE Suppl. IX, 1962, 866–1175. – E. Belin de Ballu, Hist. des colonies grecques du littoral nord de la Mer Noire, Leiden 1965 (Bibl.). – Ders., Olbia, Leiden 1972. – M. I. Artamonov, Goldschatz der Skythen, Berlin 1970. – V. F. Gajducevič, Das Bosporanische Reich, Berlin–Amsterdam² 1971. – B. N. Grakow, Die Skythen, Berlin 1978. – A. M. Chazanoff, Social Hist. of Scythians, Anthropos 73, 1978, 267 f. – J. G. Vinogradov, in: Actes du VIIe Congr. d'Epigraphie grecque et latine, Bukarest–Paris 1979, 293–316. – Ders., Chiron 10, 1980, 63–101. – Ders., Die polit. Gesch. der Polis Olbia bis zum 1. Jh. v. Chr., München 1990. – Griech. Import im Skythenland: P. Alexandrescu, RA 1975, 63–72. – Münzprägung: K. V. Golenko, Chiron 5, 1975, 497–633 (Forschungsber.). – R.-Alföldi, 271–3.

Sparta.

I. 1. bis zum Ende des 4. Jh.s. Nach dem Höhepunkt seiner Macht am Ende des Peloponn. Krieges (431–404) war Sp. – 386 vom Perserkönig noch als führend in Griechenland (*prostátes tes Helládos*) anerkannt – nach dem Verlust der Seeherrschaft (394), den schweren Niederlagen gegen Theben bei Leuktra (371) und Mantineia (362) und durch den weitgehenden Entzug der wirtschaftl. Basis durch den Verlust ↗Messeniens (369) politisch und militärisch zur Mittelmacht herabgesunken; gegen das Eindringen Makedoniens auf die Peloponnes war Sp. nicht mehr zu energischem Widerstand fähig. Nach Chaironeia (338) Neuordnung des spart. Territoriums durch Philipp II.: die ehem. lakon. Periökenstädte von Pherai bis Leuktron und die Landsch. Dentheliatis wurden ↗Messenien, die Belminatis Megalopolis zugeschlagen; Argos im Besitz der Kynuria bestätigt. Den Beitritt zum Korinth. Bund (↗Hellenenbünde) lehnte Sp. ab: daher keine Heeresfolge im Krieg gegen Persien. Vielmehr nahm Sp. Verbindung zum Perserkönig auf, mit pers. Unterstützung setzte sich AGIS III.[1] (338–331), verstärkt durch 8000 aus der Schlacht bei Issos entkommene ehem. pers. Söldner, auf ↗Kreta fest. 332/1 schlossen sich ihm Elis und Teile von Achaia und ↗Arkadien gegen Makedonien an[2]. Nach dem energischen Eingreifen des makedon. Reichsverwesers Antipater fiel Agis in einer Schlacht bei Megalopolis; Zusammenbruch des Aufstandes[3]. Ob Sp. jetzt dem Korinth. Bund beitreten mußte, ist ungeklärt. Weder am Lamischen Krieg (323/2) noch an den Diadochenkämpfen nahm Sp. Anteil. Die Einladung bzw. Entsendung der spartan. Prinzen Akrotatos (315) und Kleonymos (304) zur Unterstützung der einzigen spartan. Kolonie Tarent war wie schon 344/3 die des Agesilaossohnes Archidamos Ausdruck der traditionellen Bindung zw. Mutter- und Tochterstadt. 317 gegen Bedrohung durch ↗ Kassander Beginn einer ersten Ummauerung der Stadt (Just. 14, 5, 5). 315 erlaubte Sp. Antigonos' Strategen Aristodemos Söldneranwerbung.

2. bis zu den Reformen Agis' IV. Daß sich Sp. nach 285 unter der Oberhoheit des Antigonos II. v. Makedonien befunden hat, ist unwahrscheinlich, ein Krieg unter AREUS I. 281/0 beschränkte sich freilich auf einen Einfall in das vom Ätolerbund kontrollierte Gebiet um Delphi (Kirrha). Das Zusammengehen zw. Antigonos II. Gonatas und Sp. im Kampf gegen Pyrrhos v. Epirus (272 gegen Pyrrhos Hilfskorps in ↗Argos) war nur Episode: Sp. setzte die traditionell antimakedon. Politik fort. AREUS I. (König 309/8–265) orientierte sich, wie seine Ehreninschriften (Syll.³ 430; 433), die ihm von Phylarch (FGrHist 81 F 44) zugeschriebene Prunkliebe, v.a. aber die Münzprägung mit eigenem Namen nahelegen, am hell. Herrschervorbild. Die durch Areus in bescheidenem Umfang wieder aufgenommene, gegen Makedonien gerichtete Expansion (Gründ. eines Bundes mit Achaia, Elis, arkad. und ↗kret. Poleis vor 267, vgl. StV III 476, ferner IC II XI Nr. 12; Plut. Pyrrh. 27)[4] brach mit dem Ende des Chremonideischen Krieges (ca. 267–261), an dem Sp. im Bündnis mit Ägypten und Athen teilnahm, wieder zusammen. Aus den 50er Jahren sind Kriege mit Megalopolis (Paus. 8, 27, 11–14; 8, 10, 5f.; aber ↗Arkadien) und Vertragsabschluß mit dem Achäerbund gegen Antigonos II. Gonatas und die Ätoler bezeugt (Plut. Agis 13, vgl. StV III 490).

3. bis zum Kleomenes-Krieg 229. AGIS IV. (244–241, Eurypontide) versuchte, den krisenhaften Zustand Sp.s, der sich im 4. Jh. entwickelt hatte, durch Sozialreform zu beheben: die schon mit Beginn des 4. Jh.s einsetzende Konzentration des Landbesitzes in den Händen weniger war Ursache, daß um 250 angebl. nur noch ca. 100 vollberechtigte Spartiaten (s.u. II) vorhanden waren; die dadurch bedingte Zunahme der nicht mehr vollberechtigten Spartiatenabkömmlinge (wohl ca. 700), der Luxus in der schmalen Oberschicht, die Nichtbeachtung „lykurgischer" Traditionen ließen Agis angesichts des weiterhin von Sp. verfochtenen Führungsanspruchs auf der Peloponnes um der militärischen und innenpolitischen Stabilität willen Reformen unumgänglich scheinen. Er schlug einen im Grunde konservativen Weg ein: Mit Hilfe des Ephoren Lysander wollte Agis neben Schuldenerlaß Neuverteilung des Landes auch an waffenfähige Periöken durchsetzen – natürlich mit Berufung auf „lykurg." Vorbild –, scheiterte jedoch nach erbitterten Auseinandersetzungen an der von seinem Mitkönig Leonidas geführten Opposition der besitzenden Schicht, zumal die unterlassene Neuaufteilung des Landes Agis auch den Rückhalt beim Volk verlieren ließ: Hinrichtung 241. Ca. 240 verheerender ↗Ätolereinfall nach Lakonien (angebl. 50000 Periöken weggeführt).

4. *bis Sellasia 222.* Unter KLEOMENES III. (235–222) Wiederbeginn der spartan. Expansion auf der Peloponnes (Kleomenes-Krieg); warum ihm die Ätoler 229 Tegea, Mantineia und Orchomenos (Arkadien) überließen, ist unklar; ein Angriff auf die Belminatis brachte Kleomenes in Konflikt mit den Achäern (228). Milit. Erfolge gegen Arat in Arkadien dürften Kleomenes zu der Überzeugung gebracht haben, den Achäerbund bei entsprechender Konsolidierung der inneren Zustände in Sp. schlagen zu können. Daher nahm er die Reformidee, die unter stoischem Einfluß in ihm lebendig geblieben war (Plut. Kleom. 2), wieder auf: mit Hilfe von Söldnern beseitigte er das reformfeindliche Ephorat (227), verfügte die Verbannung der Opposition und Landverteilung auch an Periöken und schuf so ein Spartiatenheer von 4000 Mann, das er nach makedon. Art schulte (↗Militärwesen A III). Pheiditien und Agogé (s. u. 7) wieder eingeführt. Im Kampf gegen den Achäerbund vermochte Kleomenes – finanziell unterstützt von Ptolemaios III. – bis 224 einen Großteil der Peloponnes einschl. Argos und Korinth zu kontrollieren. 224 trat ihm jedoch Antigonos III. Doson v. ↗Makedonien (III 3) – mit den Achäern verbündet – als Hegemon eines ↗Hellenenbundes (StV III 507) entgegen, der Kleomenes (Abfall von Argos und Korinth) zurückdrängte und ihm bei Sellasia 222 eine entscheidende Niederlage beibrachte; Kleomenes, der nach Ägypten floh (dort 219 ermordet), hatte versucht, das sp. Heer[5] durch 2000 freigelassene Heloten aufzufüllen. Sp. wurde gezwungen, dem Hellenenbund (s. o.) beizutreten, das Ephorat wurde wiederhergestellt, das Königtum abgeschafft. Ein makedon. Epistates wurde freilich wieder abgezogen.

5. bis zum Eintritt in den Achäerbund 192. Im Bundesgenossenkrieg (220–217) blieb Sp. zunächst Makedonien treu (vgl. Polyb. 4, 34), trat dann aber 219 nach heftigen Parteikämpfen offen auf die Seite der Ätoler, zog Elis in ein Bündnis und führte das Königtum wieder ein: Gewählt wurde neben dem jungen Agesipolis (Agiade, bis ca. 215) durch Bestechung der den Eurypontiden nicht angehörende Lykurg (bis ca. 211), mit dem nach Beseitigung seines Mitkönigs die Reihe der sp. „Tyrannen" begann. Da die sp. Kriegsführung insges. erfolglos war, blieb der Besitzstand beim Frieden von Naupaktos (217) wohl unverändert. Für die noch vorhandene Bedeutung Sp.s sprechen die Bemühungen der kriegführenden Parteien im 1. Makedon. Krieg (215–205), Sp. zu gewinnen (211/10; Rededuell Polyb. 9, 28–39). In Fortsetzung der vorherigen Politik trat Sp. dem röm.-↗ätol. Bündnis bei. Freilich erlitt Machanidas, der – offiziell Vormund des unmündigen Lykurgsohnes Pelops (bis 207?) – de facto allein regierte, gegen den ↗achäischen (4) Strategen Philopoimen bei Mantineia 207 eine für ihn tödliche Niederlage. Sein Nachfolger KÖNIG NABIS (207–192; Herkunft unbekannt) im Frieden von Phoinike 205 unter den adscripti Roms (StV III 543). Nabis, über den angesichts tyrannentopisch gefärbter Darstellung insbes. des Polybios ein sicheres Urteil kaum möglich ist, setzte durch radikale Sozialreform (Vertreibung der besitzenden Schicht, Vermögenseinziehung und -umverteilung, Einbürgerung von Heloten) die von Agis und Kleomenes begonnene Linie fort – gestützt auf die niederen Schichten und Söldner. 204 und 201 wieder insgesamt erfolglose Auseinandersetzungen mit den Achäern, die sich auch im 2. Makedon. Krieg (200–197) fortsetzten. In den Jahren bis 200 schuf sich Nabis durch Einverleibung der umliegenden Periökenstädte auch eine eigene Flotte und arbeitete mit kretischen Piraten zusammen. 197 versuchte Philipp V. von ↗Makedonien, Nabis durch Abtretung von ↗Argos zu gewinnen; Nabis übernahm zwar Argos (auch dort Konfiszierung, Schuldenerlaß und ähnlich radikales Vorgehen wie in Sp.), schloß sich dann aber Flamininus an und ging mit den Achäern einen Waffenstillstand ein. Nach der Freiheitserklärung von Korinth 196 bestimmte achäische Initiative v. a. wegen der als widerrechtlich empfundenen Besetzung von Argos Rom zum Krieg gegen Nabis, dem sich alle griech. Staaten (außer den ↗Atolern), Eumenes II. v. Pergamon und Rhodos anschlossen. Trotz verzweifelter Gegenwehr (u. a. Befestigung Sp.s, s. IG V 1, 885; Hilfskontingente aus Kreta, Liv. 34, 27) wurde Nabis 194 zum Frieden gezwungen: Verlust von ↗Argos, Stellung der Küstenstädte unter achäische Kontrolle, Aufgabe der Flotte und Entschädigungszahlungen. Zuletzt versuchte Nabis 193 (auf Anstiftung der Ätoler), Sp. wieder Zugang zum Meer zu verschaffen (Einnahme von Gytheion); vor der Eroberung Sp.s durch den daraufhin erneut eingreifenden Achäerbund schützte nur röm. Einspruch; der Führer eines Nabis zu Hilfe gesandten ätol. Hilfskontingents ließ Nabis ermorden, um Sp. für den Ätolerbund zu gewinnen; aber Philopoimen nutzte die Wirren nach Nabis' Tod, um Sp. dem Achäerbund anzuschließen (192).

6. *bis zur Kaiserzeit*. Die Jahre nach dem Anschluß waren bestimmt durch Dauerkonflikt mit dem ↗Achäerbund (5) über die Rückführung der bei den Regimewechseln entstandenen Verbanntengruppen, bis der ach. Stratege Kallikrates 179 auf energische röm. Weisung hin die Verbannten auch in Sp. wieder einsetzte. Eine letzte Landneuverteilung durch *Chairon* dürfte v. a. aus Gründen persönl. Machtsicherung erfolgt sein; da Chairon mit Staatsgeldern betrügerisch umging und einen der gewählten Rechnungsprüfer ermorden ließ, wurde er vor ein ach. Gericht gestellt (Polyb. 24, 7). Wieder aufbrechende schwere Spannungen bzw. Sp. und dem ↗Achäerbund wurden schließlich ein Anlaß zum Röm.-Ach. Krieg (147/6). Bei der Neuordnung Griechenlands 146 wurde Sp. civitas libera – unterstellt dem Statthalter von Macedonia – und könnte damals auch die Belminatis zurückerhalten haben. Die ehem. spart. Küstenstädte waren in einem Koinon der Lakedaimonier, unter Augustus der Eleutherolakonen organisiert. Der Spartaner *Eurykles*, den Cäsar und zunächst auch Augustus als „Hegemon" in Sp. gefördert hatten, machte nach Zerwürfnissen mit dem Kaiser (vor 21?) an den Höfen des Herodes und Archelaos v. Kappadokien eine etwas schillernde Karriere. Politisch unbedeutend zog Sp. in der Kaiserzeit kulturelles Interesse auf sich[7]. Die romantische Bewunderung der äußerlich weitergeführten „lykurg." Einrichtungen, die schon Aemilius Paullus (168) zum Besuch in Sp. anregten, dürften auch Augustus (21 v. Chr.) und bes. Hadrian (125 n. Chr.) angezogen haben. Der vergangene Ruhm, vielleicht auch die Vorstellung vom „Idealstaat" Sp., wird Anlaß für die angebl. Erneuerung der „alten" sp.-jüd. Be-

ziehungen durch den. jüd. Hohenpriester Jonathan ca. 144/3 gewesen sein[4].

II. VERFASSUNG: Auch in hell. Zeit blieb die sp. Gesellschaft in 3 Bevölkerungsgruppen mit unterschiedlichen polit. Rechten gegliedert: a) die immer schmalere Führungsschicht der vollberechtigten Spartiaten in Sp. selbst, denen allein die angebl. von Lykurg eingerichtete, dem milit. Training dienende Knabenerziehung (Agogé) und die Teilnahme an den Speisegemeinschaften (Pheiditien), zu denen jeder seinen Beitrag leisten mußte, vorbehalten blieben; b) Handel und Handwerk oblagen Bürgern minderen Rechts in den umliegenden Periökengemeinden. Beide Gruppen bildeten zusammen das Staatsvolk (*hoi Lakedaimónioi*). Das Vollbürgertum war gebunden an den Besitz eines Landloses (Kleros, daher die Landreformen); dies wurde c) von einer unfreien Bevölkerungsschicht, den Heloten, bebaut, die den Ertrag zum Unterhalt der Spartiaten abliefern mußte. Eine Besonderheit das Doppelkönigtum (bis nach 219, Ursprünge nicht gesichert): Agiaden und Eurypontiden, die sich auf Herakles zurückführenden Königsgeschlechter, deren Befugnisse, v. a. die Führung des Heeres (/Militärwesen A III 1; Spartiaten als geschulte Kerntruppe, verstärkt durch Periöken und seit Agis III., v. a. aber unter den „Tyrannen", durch Söldner, seit dem 5. Jh. durch die gewählten 5 Ephoren stark eingeschränkt waren; Kleomenes III. führte eine das Ephorat zunächst ersetzende Institution ein, die 6 Patronomoi (Obmann eponym), die bis ins 2. Jh. n.Chr. belegt ist. Daneben bestanden Volksversammlung (Demos), auf die sich v. a. die „Tyrannen" stützten (vgl. Liv. 34, 37), und Gerusie (jährl. Wahl seit Kleomenes?, in der röm. Zeit auch Bulá) weiter. Mit Ausnahme des Königtums wurden diese Einrichtungen mit dem Sp. eigentümlichen Konservatismus in der Kaiserzeit fortgeführt. Während der Mitgliedschaft im Achäerbund (bis ca. 166) auch in Sp. die Verf. nach ach. Vorbild (/Koinon). J.D.G.

Anm.: 1) E. Badian, Agis III, Hermes 95, 1967, 170–92. – 2) E.I. McQueen, Some Notes on the Anti-Macedonian Movement in the Peloponnese in 331 B.C., Historia 27, 1978, 40–64. 3) S.a. G. Wirth, Historia 20, 1971, 617–32; E.N. Borza, CP 66, 1971, 230–5. – 4) Ein Brief Areus' I. an den jüd. Hohenpriester Onias, I. Makk. 12, 20–23 wohl Fiktion der jüd. Apologetik, s.B. Cardauns, Hermes 95, 1967, 317–24. – 5) Dazu R. Urban, Das Heer des Kleomenes bei Sellasia, Chiron 3, 1973, 95–102. – 6) Beliebt die Samml. „lakon. Denksprüche" (vgl. a. SEG XII 371), so bei Ps. Plut.

Lit.: Landschaft: Philippson–Kirsten III 2, 412–508. – Niese, GGMS; Beloch, GG IV 1–2; Will, Hist. Pol.; Larsen, GFS. – F. Bölte–V. Ehrenberg u.a., RE III A 2, 1929, 1266–1528 s.v. – K.M.T. Atkinson, Ancient Sp., Manchester 1949, ND Westport 1971. – W.G. Forrest, A Hist. of Sp., London[2] 1980. – P. Cartledge–A. Spawforth, Hell. and Roman Sp., London 1989. – Einzelabh.: J. Mundt, Nabis, Kg. v Sp. 206–192 v. Chr., Diss. Münster 1903. – E. Gabba, Athenaeum 35, 1957, 3–55; 193–239 (Agis- und Kleomenes-Viten des Plut.). – T.W. Africa, Phylarchus and the Spartan Revolution, Berkeley–LA 1961. – A. Fuks, CP 57, 1962, 161–6; Athenaeum 40, 1962, 44–63; CQ 56, 1962, 118–21 (zu Agis IV.). – P. Oliva, Sp. and her Social Problems, Amsterdam–Prag 1971. – B. Shimron, Late Sp., Buffalo 1972. – J.-G. Texier, Nabis, Paris 1975. – Martin, Greek Leagues 437–98. – Bengtson, Herrschergestalten 165–83 (Kleomenes III.). – L.J. Piper, Spartan Helots in the Hell. Age, Anc.Soc. 15–17, 1984–86, 75–88. – Münzprägung: M. Debidour, La Monnayage de Lacédémon à l'époque hell., Paris 1970. – R.-Alföldi, 269. – Prosopographie: A.S. Bradford, A Prosopography of Lacedaemonians from the Death of Alexander the Great 323…, Vestigia 27, 1977. – Ausgrabungen: Kirsten–Kraiker[5], 402–10; PECS s.v. – Leekley–Noyes, Southern Greece 104–15. – Kaiserzeit: Kahrstedt, Wirtschaftl. Ges. 192–220 (incl. Lakonien). – Nachleben: E. Rawson, The Spartan Tradition in European Thought, Oxford 1969.

Sprache. Die griechische Sprache[1] ist ein wesentliches, aber oft vernachlässigtes Definitionsmerkmal des Epochenbegriffs Hellenismus (ἑλληνίζειν „korrekt griechisch sprechen") und setzt – wenn dieser zeitlich abgrenzend verwendet werden soll – auf der einen Seite das Griechische im Munde von Nichtgriechen, auf der anderen Seite Dialekt- und soziale Schichtung übergreifende, mit Prestige verbundene Gebrauchsnormen voraus. Sie erfährt in hell. Zeit ihre größte geographische Verbreitung vor allem nach Osten. Außerhalb des griechischen Mutterlandes und der hell. Staaten im vorderen Orient und in Nordafrika dürfen gegenwärtig folgende Gebiete als äußerste Grenzen griechischer Sprachdenkmäler (nicht des griech. Kultureinflusses!) angesehen werden: im Norden die griechischen Inschriften an der Nordküste des Schwarzen und Asowschen und am Südostrand des Kaspischen Meeres[2], im Osten die griechisch-baktrischen Münzlegenden, die Inschriften aus Aï Khanūm, einer griech. Stadt am Zusammenfluß von Oxus und Kokša an der sowjet.-afghan. Grenze (3. Jh. v. Chr.)[3], besonders aber eine griechische und eine griechisch-aramäische Version[4] von Aśoka-Edikten[5] aus Kandahar in SW-Afghanistan (nach W.W. Tarn, a.a.O. 470f. = Ἀλεξανδρόπολις), im Süden griechische Inschriften aus Nubien (Äthiopien)[6]. Die sprachliche Hinterlassenschaft der Griechen am Mittelmeer westlich von Italien und Sizilien (Gallien, Hispanien, westl. Nordafrika) ist geringer[7,8]. Aus diesem Verbreitungsgebiet griechischer Sprachzeugnisse und ihrer relativen sprachlichen Einheitlichkeit ergibt sich, daß das hell. Griechisch sachlich und methodisch als *Verkehrssprache* aufzufassen ist. Für eine Verkehrssprache charakteristisch ist, 1. daß sie eine Mittelstellung einnimmt zwischen der eigenen Traditionen bewußt verpflichteten Literatursprache auf der einen und der nur gesprochenen, lokal eng begrenzten, dialektal aufgegliederten Vulgärsprache auf der anderen Seite. Ihr Geltungsbereich ist stets größer aus der eines Dialekts. An den Rändern dieses Bereiches erfaßt ein solches Idiom nur noch die sozial höher gestellten Schichten. Das Vordringen einer Verkehrssprache ist überhaupt ein Prozeß, an welchem zunächst nur jene Kreise beteiligt sind, denen an Verkehr und Bildung gelegen ist, d. h. er geht von der Stadt, nicht von Lande aus; 2. daß sie – im Gegensatz etwa zu sog. Behelfssprachen – historisch ihren Ausgang nimmt von einem durch außersprachliche Umstände besonders begünstigten Dialekt, über ihn aber hinauswächst und weder mit diesem noch mit irgendeinem anderen identisch ist, d. h. sie muß von allen, die sich der Verkehrssprache bedienen, *erlernt* werden. Man wächst in ihr nicht auf. Sie ist stets Schul-, nicht Muttersprache. Das kann zur Abwertung und schließlich gänzlichen Verdrängung ortsgebundener Sprachformen führen; 3. ist für den Typ einer Verkehrssprache wichtig, daß sich allmählich Normen entwickeln, die von ihrem obersten Zweck, als möglichst weitreichendes *Kommunikationsmittel* zu dienen, bestimmt nach grammatischer Vereinfachung ebenso wie nach Abstreifung aller lokalen Spracheigentümlichkeiten streben. Diese Normen werden nicht von allen Sprechern und Schreibern und nicht in allen Gegenden ihres Geltungsbereiches in gleicher Weise beherrscht. Diese drei allgemeinen Bestimmungen auf das hell. oder ↗Koine-Griechisch (beide Ausdrücke werden hier im Gegensatz zur Antike in gleichem Sinn gebraucht)[9] angewandt, ergeben zunächst einen gewissen Widerspruch zu früheren, etwas einseitigen Urteilen über diese Sprachform: die Koine ist weder ein modifiziertes oder verunreinigtes Attisch[10], noch ein „verschwommenes... Idiom"[11], noch „eine merkwürdige Mischung verschiedenster Dialekte"[12] (*eine solche Mischung scheint man mit dem Terminus* σαρδισμός *bezeichnet zu haben*)[13], im einzelnen aber Folgendes:

1. Von der nur gesprochenen hell. Vulgärsprache wissen wir nur wenig, denn sobald man schrieb, unterwarf man sich mehr oder weniger vollkommen schriftsprachlichen Normen und Traditionen. Die Existenz solcher Normen erlaubt uns aber, Abweichungen davon zu registrieren, und diese werden – sobald sie sich nicht als Fehler erweisen lassen – für die Vulgärsprache in Anspruch genommen. – In Kandahar fungiert das Griechische als lebendige, gegenüber der indischen Vorlage und im Vergleich mit der reichs-aramäischen Version erstaunlich selbständige und gebildete Amtssprache. Geringfügig sind die Abweichungen von der Norm (πληρωϑ[έν]των: πληρόω, Z. 1, vgl. δηληϑέντι: δηλόω, Papyrus[14]; im Wechsel von Dativ und Genitiv nach dem hier erstmals inschriftlich bezeugten ἐνήκοοι πατρὶ καὶ μητρὶ καὶ τῶν πρεσβυτέρων, Z. 10 f., wird [mit Recht?] Einfluß der indischen Vorlage angenommen[15]; der aus der Bibel bekannte καί-Stil ist auch hier erkennbar). Als Amts- und Verwaltungssprache trat das Griechische neben die einheimischen iranischen Sprachen auch im Partherreich[16]. Die ersten Sassanidenkönige Ardašir ind Šapur I. verfaßten noch dreisprachige Inschriften in Mittelpersisch, Parthisch und Griechisch[17]. Aus dem 2. Jh. n. Chr. stammt eine bei Magnesia 1886 gefundene griech. Inschrift, die (als Ersatz für eine ältere Inschrift?) einen (ursprünglich wohl aramäisch abgefaßten) Brief des Königs Dareios I. an seinen Satrapen Gadatas wiedergibt[18]. Ebenfalls nicht sehr tief vermochte die Koine in Palästina durchzudringen. Wie weit dies aber berechtigt, eine Sonderform der Koine, d.h. ein (über das Übersetzergriechisch des AT und von Teilen des NT hinausgehendes) „Judengriechisch" anzusetzen, ist eine bisher nicht zufriedenstellend gelöste Streitfrage[19]. Jedenfalls sind die Fremdeinflüsse (Semitismen) viel geringer als ursprünglich angenommen. Einen tiefen Einblick in alle Abstufungen der hell. Verkehrssprache haben die ägyptischen Papyri und Ostraka gewährt. Unter ihnen befinden sich Denkmäler vom älteren ptolemäischen bis zum byzantinischen Stil (Höhepunkt 6./7. Jh. n. Chr.), von amtlichen Dokumenten (Erlasse, Verfügungen, Verlautbarungen) über Privaturkunden bis zum privaten ↗Brief[20]. Abgesehen von einigen wenigen lexikalischen Besonderheiten (βᾶρις „ägypt. Boot", ζύτος „ägypt. Gerstenbier", κίκι „Rhizinus-Öl", λεσῶνις „ägypt. Priesteramt", σκαφίτης „Schiffer") sind die Abweichungen so geringfügig, daß man von einem ägyptischen oder typisch ↗alexandrinischen Griechisch kaum reden darf[21]. Ursprünglich wegen ihrer angebli-

chen Koptizismen viel zitiert wurde die Inschrift des Nubierkönigs Silko (ἐγὼ Σιλκὼ βασιλίσκος Νουβάδων, OGI 201, 6. Jh. n. Chr.). Inzwischen hat sie sich als gut vulgärgriechisch herausgestellt (ἀφῶ = ἀφίημι, εἰς τὴν σκιάν „im Schatten", ἅπαξ δύω = δίς; ἐφιλονικήσουσιν = ἐφιλονίκησαν)[22].
Diese Beispiele aus den Randgebieten der griech. Kultur erweisen die Koine als eine Verkehrssprache, die sich gegen barbarische Einflüsse sehr widerstandskräftig zeigte und bereits damit ihre Verschiedenartigkeit von der gesprochenen Vulgärsprache dokumentiert (Latinismen als Folge der römischen Verwaltung dringen erst im 3. Jh. n. Chr. in größerer Zahl ein). Mangels einer zentralen, auf Sprachreinheit bedachten Instanz waren vulgäre Einflüsse nicht nur in Privatbriefen, sondern auch auf amtlichen Dekreten möglich.
Ihre Zwischenstellung erlaubt der griechischen Verkehrssprache natürlich nicht nur Vulgarismen, sondern auch Anleihen bei der hohen Literatur, z.B. hom. σκηπτοῦχος in Olbia und Ephesus, hom. λαῖλαψ in Septuaginta und NT; γρύτα „Schmuckkästchen" bei Sappho wird in der Ptolemäerzeit zum „Werkzeugkasten"[23]. Wie weit darin jedoch in der gesprochenen Sprache lebendig erhaltenes Wortgut (hom. βαρεῖσθαι „sich bedrückt fühlen" – mgr. βαρυνῶμαι „werde überdrüssig" – ngr. βαριέμαι „unlustig sein"), poetische Reminiszenzen Gebildeter oder tatsächlich wieder in Mode gekommene Dichterausdrücke zu sehen sind, muß von Fall zu Fall geprüft werden. Wichtiger noch als dies ist die Tatsache, daß die Koine selbst als eine freilich von den Attizisten getadelte Literatursprache Verwendung fand, so daß man eine literarische Koine der vulgären gegenüberstellen kann, wenn auch die Übergänge fließend sind (z.B. Philon von Byzanz, Polybios). Ähnlich wie bei den Inschriften[24] läßt sich auch bei den Literaturdenkmälern, angefangen bei Aristoteles, ein allmählicher Übergang von attischer Literatursprache über Attisch mit Koineelementen und Koine mit attischen Elementen zur Koine beobachten.

2. Als Grundlage der Koine in allen Ausformungen gilt das (Groß-)Attische[25] (ein stringenter linguistischer Beweis steht allerdings noch aus), das im 5. Jh. v. Chr. mit der Vormacht Athens zu beherrschendem Einfluß gelangte. Über diese Grundlage hat sich schon früh, d.h. in den Anfängen der Koine vor den Feldzügen Alexanders,

eine ionische Schicht gebreitet, die stark genug war, um einzelne systemhafte Züge des Attischen auszumerzen (so gilt in der Koine überwiegend σσ, nicht att. ττ, ϱσ, nicht att. ϱϱ; att. α nach ϱ, ε, ι erleidet zahlreiche Ausnahmen; z.B. φϱητοίη, συνουσίη; ionische Aspiration z.B. in κιϑών, ἐνϑαῦτα statt att. χιτών, ἐνταῦϑα; beliebt wurden Neutra auf -μα: νίκημα statt νίκη, χάλκωμα „Bronzetafel" (Inschrift jetzt Tirana, 3. Jh. v. Chr.), Kurznamen und Berufsbezeichnungen auf -ᾶς, -ᾶδος[26] und andere Bildungen, die den Wortschatz beträchtlich bereicherten). Reste anderer Dialekte wie des Dorischen (z.B. βουνός „Hügel" und militärische Ausdrücke wie λοχαγός, die allerdings auch im Attischen gebräuchlich waren), Äolischen (μαλοπάϱαυος „apfelwangig", auch Theokrit 26, 1) oder Nordwestgriechischen (κοϱάσιον „Mädchen"?) sind für die Gesamtstruktur der Koine unbedeutend[27]. Man muß sich jedoch davor hüten, allgemein vulgärsprachliche Züge deswegen für Dialekteinflüsse auszugeben, weil sie in einzelnen altgriech. Dialekten schon in vorhell. Zeit auftauchen. Niemand wird den vulgärlat. Wandel $ae > e$ für umbrisch halten, weil er im Umbrischen wesentlich früher als im Lateinischen bezeugt ist. Ebenso ist die Monophthongisierung $αι > ε, η$, die in ägypt. Papyri im 2. Jh. v. Chr., in Südrußland im 1. Jh. n. Chr., in Attika aber erst im 2. Jh. n. Chr. greifbar wird, zunächst vulgärsprachlich, nicht etwa böotischer Einfluß[28], weil böot. Belege dafür schon ca. 400 v. Chr. zur Verfügung stehen. Ähnliches gilt für $ει > ι$ (böot. 5. Jh. v. Chr., ägypt. 3. Jh. v. Chr., att. 2. Jh. v. Chr., Südrußland 2. Jh. v. Chr.). Typisch vulgäre Eigenheiten sind ferner die Sproßvokale (ἔϑνων = ἔϑνῶν), Hauchassimilation st. -dissimilation (ϑϱέφω st. τϱέφω). Weiteres s. u. 3. Die griechischen Handelsbeziehungen, die griech. Söldnerheere (Xenophon) werden zur Verbreitung volkstümlicher Sprachelemente beigetragen haben.

Da die gesprochene S. also z.B. die Verbalendungen -σεται und -σαιτε nicht mehr zu unterscheiden vermochte, war bereits für eine korrekte Orthographie gründliche Schulung erforderlich. Man brauchte also Lehrer und Grammatiken, die sich natürlich nicht an der griech. Verkehrssprache, sondern an attischen Vorbildern orientierten (Dionysios Thrax, ↗Philologie)[29]. Sowohl die Fremdsprachen als auch die griech. Dialekte bleiben noch lange (erstere in Kleinasien bis ins 5./6. Jh. n. Chr.[30]) neben der Verkehrssprache bestehen. – Dort, wo sich die

Koine über griech. Dialekte lagerte, hat sie schließlich den Sieg davongetragen. Das galt auch für Kleinasien, Teile von Unteritalien und Sizilien, so daß die heutigen griechischen Dialekte (mit Ausnahme des Tsakonischen, Peloponnes) nicht auf die altgriechischen Dialekte, sondern auf die Koine zurückgehen[31]. Dieser langwierige Prozeß, der schließlich die Untestützung des Christentums gewann, aber nicht in allen Gebieten mit gleicher Schnelligkeit und im gleichen Maße vor sich ging, muß bis etwa zum 5. Jh. n. Chr. abgeschlossen gewesen sein, da um diese Zeit bereits dialektische Differenzierungen der Koine sichtbar werden. Etwa gleichzeitig schrumpfte der Geltungsbereich der Koine wieder zusammen, denn in der Mitte des 1. Jh. n. Chr. spielte sie in Südrußland, Armenien und Iran keine Rolle mehr, während ihr in Syrien und Ägypten erst die arabische Eroberung ein Ende bereitete. – Die Datierung des Untergangs der alten ↗Dialekte bereitet deshalb große Schwierigkeiten, weil die Inschriften, auf denen sich bis zum 3. Jh. n. Chr. die Koine ganz durchgesetzt hatte, natürlich nicht beweisen können, wie lange man sich der gesprochenen Ortsmundarten bediente[32].

3. Eine Grammatik des hell. Griechisch zu schreiben, so wie man etwa einen Dialekt zu einem gegebenen Zeitpunkt beschreiben kann, ist weder von der Sache her noch vom augenblicklichen Stand der Forschung her möglich. Verschiedene Nuancierungen dieses Idioms in einem geographisch so weiten, ethnologisch so verschiedenartigen Gebiet sind selbstverständlich. Die Durcharbeitung des Materials jedoch ist wegen seiner langen Vernachlässigung im Rückstand. Eine gewisse Ordnung läßt sich dann in das vielfältige und vielschichte Material bringen, wenn man es nach solchen Erscheinungen untersucht, die wesentlich zur Ausbildung des Neugriechischen beigetragen haben. Zumindest diese Eigenheiten müssen der Norm der hell. Verkehrssprache angehört haben. Hier sollen davon vor allem die bereits in vorchristlicher Zeit sich ausbildenden Besonderheiten hervorgehoben werden. Weitere Auskünfte geben z. B. die attizistischen Lexikographen, die manches als κοινῶς (↗Koine) verwerfen. – Die *Orthographie* ist attisch, die Aussprache stimmt damit nicht mehr überein. In vorchristlicher Zeit beginnt die Veränderung des attischen *Vokaldreiecks*[33] durch die Monophthongisierung der *i*-Diphthonge (s. o.), eine Ent-

wicklung, die im nachchristlichen Itazismus (ι, υ, ει, οι, η = [i]) ihren Abschluß fand (daneben auch υ = [ŭ]). Die *u*-Diphthonge αυ, ευ werden zu [aw, ew] (ῥάυδους < ῥάβδους), ου > *ū* schon 4. Jh. v. Chr. Schon seit dem 3. Jh. v. Chr. beginnt die Unsicherheit in den für das Altgriechische wesentlichen Vokalquantitäten, womit auf der einen Seite eine Vereinheitlichung des Öffnungsgrades der Vokale, auf der anderen Seite der Übergang vom musikalischen zum expiratorischen Akzent verbunden war, der die unbetonten, kurzen Vokale stärkeren Veränderungen unterwarf (α > ε u. a.). Schrift- und Umgangssprache müssen sich auch in dieser Hinsicht schon beträchtlich voneinander entfernt haben. Im Bereich des *Konsonantismus* hatte die wesentlichste Veränderung, die Spirantisierung der Aspiraten φ ϑ χ und der Medien β δ γ, schon vor Christi Geburt eingesetzt (φ [ph > f], β [b > v] etc.). Spirantisiertes γ konnte schon im 2. Jh. v. Chr. als Hiatustilger verwendet und in der Schreibung vernachlässigt werden (κλαίω > κλαίγω, aber ὀλίγη > ὀλίος verbreitet auf Inschriften seit Mitte des 2. Jh. v. Chr.). Als Einteilungsmerkmal für die neugriech. Dialektologie hat es sich nicht bewährt. Im Gefolge dieser Spirantisierung konnte sich die ionische Psilose nur noch im Anlaut auswirken, wo es zu einer Reihe fehlerhafter Aspirationen (Vulgäraspiration) kam (καθ' ἔτος neben κατ' ἔτος erlaubt auch ein μεθ' ἐνιαυτόν). Die grammatische Struktur der Koine ist – wie die jeder Verkehrs- und Umgangssprache – durch die Tendenz zur Vereinfachung, Verdeutlichung und Verstärkung gekennzeichnet. Die einzelnen hier nur in Auswahl gebotenen Erscheinungen treten größtenteils erst in nachchristlicher Zeit deutlicher hervor[34]: In der Flexion überhaupt schwindet der Dual, in der der *Substantiva* wird -ν zum Charakteristikum des Akkusativs Sing. auch in der konsonantischen Deklination (Σωκράτην, μῆναν, θυγατέραν). Die 2. attische Deklination bleibt nur noch in erstarrten Formeln (ἵλεώς σοι, aber λαός statt λεώς, ναός statt νεώς). Der phonologisch nicht mehr ausreichend charakterisierte Dativ schwindet, seine Funktionen werden teils durch den Genitiv, teils durch den Akkusativ (mit oder ohne Präposition) übernommen. Die unregelmäßige Steigerung der *Adjektiva* wird durch die regelmäßige verdrängt (μεγαλώτερος, μειζότερος, NT). Der Superlativ wird – falls als Form überhaupt verwendet – zum Elativ. Das System der *Personalpronomina* wird allmählich umgestaltet[35], ὅδε, τοι-

ὅσδε sterben aus. οὐθείς, μηθείς (st. οὐδείς, μηδείς) haben als Normalformen zu gelten. Von den *Präpositionen* kommen ἀνά + Dativ, ἀντί, ἀμφί, μεταξύ außer Gebrauch. ἕνεκεν, das att. ἕνεκα verdrängt hatte, erfährt heftige Konkurrenz durch διά + Akkusativ. ἐκ, ἀπό und κατά dringen vor. Die Vermischung von εἰς und ἐν hängt mit dem Kasussynkretismus zusammen. – In der Verbalkomposition nehmen Zusammensetzungen mit 2 und 3 Präverbien an Häufigkeit zu. In der *Konjugation* breitet sich die Personalendung der 3. Plur. – σαν außerhalb des Präsens Indikativ aus (Imperative auf -τωσαν, Aorist ἦλθοσαν, Imperfekt ἐλαμβάνοσαν, Optativ ἀντιτύχοισαν). Das -κα im Singular von ἔδωκα, ἔθηκα dringt auch in den Plural (ἔδωκαν, ἔθηκαν). Die thematischen Formen verdrängen allmählich die -μι-Flexion. Die Verba contracta (-άω und -έω) vermischen sich (im Ngr. Mischparadigma, dagegen -όω > -ώνω). Formale und funktionelle Ausgleichserscheinungen treten zwischen Perfekt und Aorist auf in den Endungen (ἀπέσταλκαν, γέγοναν) und in Augment bzw. Reduplikation (ἔγραπται). Der Optativ ist im Rückgang; an seine Stelle treten Konjunktiv oder Futurum. Der Gebrauch des Mediums wird unsicher. – Unter den *Konjunktionen* schieben sich ἵνα (> ngr. νά) und ὥστε in den Vordergrund (dies leitet den Schwund des Infinitivs im Neugriechischen ein).[36]
Überblickt man die Veränderungen im Ganzen, so muß man hervorheben, daß es sich dabei zunächst nicht um Regeln, sondern um Tendenzen handelt, d. h. die Ausbildung neuer Normen bietet sich dem Betrachter in einer verwirrenden Vielfalt von Einzelerscheinungen dar. Gerade diese Tatsache aber ist es, die das Bestreben nach einer Neuorientierung an der Vergangenheit für Schule, Rhetorik und Literatur, also für jene Institutionen, denen Sprache mehr ist als bloßes Kommunikationsmittel, geradezu notwendig machte (Attizismus, ↗Rhetorik). Die Vorgänge im Einzelnen haben vielfach Parallelen nicht nur beim Werdegang des Lateinischen vom latinischen Stadtdialekt zur römischen Weltsprache (bei welchem das hell. Griechisch samt seiner attizistischen Gegenreaktion bekanntlich Pate stand), sondern auch überall dort, wo zunächst lokal begrenzte Dialekte in den Rang von Verkehrs- und Literatursprachen erhoben werden. W.P.S.

Anm.: 1) Gesamtdarstellungen: A. Deissmann, Realenzyklopädie für prot. Theologie[3] VII (1899), 627–639. – A. Thumb, Die griechische Sprache im Zeitalter des Hellenismus, Straßburg 1901. – A. Meillet, Aperçu d'une histoire de la langue grecque[7], Paris 1965, S. 253–342 (1. Aufl. übersetzt von H. Meltzer, Heidelberg 1920, 242–248). – L. Radermacher, Koine, SB Wien 224, 5, 1947. – A. Debrunner, Geschichte der griechischen Sprache II: Grundfragen und Grundzüge des nachklassischen Griechisch, Slg. Göschen, Berlin 1954; 2. Aufl. bearbeitet v. A. Scherer, Berlin 1969. – S. G. Kapsomenos, Die griechische Sprache zwischen Koine und Neugriechisch, in: Berichte zum XI. Int. Byzant. Kongreß, München 1958, II. – E. Schwyzer, Griechische Grammatik I[3], München 1959, 116–137. – P. S. Costas, An Outline of the History of the Greek Language, Chicago 1936, Neudruck 1979. – G. Neumann – J. Untermann, Die Sprachen im Römischen Reich der Kaiserzeit, Köln–Bonn 1980. – V. Bubenik, Hellenistic and Roman Greece as a Sociolinguistic Area, Amsterdam–Philadelphia 1989. – S. a. Anm. 34. – 2) B. Latyšev, Inscriptiones orae septentrionalis Ponti Euxini I[2]–IV, Petersburg 1885–1916. – Corpus Inscriptionum Regni Bosporani [= CIRB], Moskau–Leningrad 1965. – Inscriptiones Olbiae (1917–1965), Leningrad 1968. – L. Robert, Hellenica 11/12 (1960), 85–91. – S. a. R. Rolle, Die Welt der Skythen, Luzern–Frankfurt/M. 1980, bes. S. 139 ff. zur Siegelringinschrift: Σκυλεω. – G. Mihailov, Inscriptiones Graecae in Bulgaria repertae I[2]–IV, Serdicae 1966–1970. – 3) Dazu W. W. Tarn, The Greeks in Bactria and India[2], Cambridge 1951 (Nachdr. 1966). – A. K. Narain, The Indo-Greeks, Oxford 1957. – Für Datierungsfragen wichtig: R. Göbl, Anz. Wien 1964, 7, 137–151. – D. Schlumberger, P. Bernard, Aï Khanoum, BCH 89, 1965, 590–657. – P. Bernard, Aï Khanum on the Oxus, Prooc. of the British Acad. 53, 1967, 71–95, bes. S. 87 ff. – 4) D. Schlumberger, L. Robert, A. Dupont-Sommer, E. Benveniste, J. As. 1958, 1–48. – D. Schlumberger, CRAI 1964, 126–140 (vgl. D. Schlumberger – J. Rehork, Eine neue griech. Aśoka-Inschrift, in: F. Altheim, J. Rehork, Der Hellenismus in Mittelasien, Wege der Forschung XCI, Darmstadt 1969, 406–417). – E. Benveniste, J. As. 1964, 138–157. – 5) L. Alsdorf, Zu den Aśoka-Inschriften, Indologen-Tagung 1959, Göttingen 1960, 58–66. – 6) W. Dittenberger, Orientis Graeci Inscriptiones (OGI) I, Leipzig 1903, Kap. III, 284 ff. – 7) Vgl. W. von Wartburg, ZRPh 68, 1952, 1–48. – J. Jannoray, Ensérune (Bibl. des Écoles françaises d'Athènes et de Rome 181), Paris 1955, 275 ff. – A. García y Bellido, in: Historia de España, dir. por R. Menéndez Pidal I 2, Madrid 1952, 559–566. – St. Gsell, Histoire ancienne de l'Afrique du Nord IV 2, Paris 1924, 192 f., VII 2, Paris 1930, 116 f. – Zum Griechischen in Italien vgl. C. de Simone, Die griechischen Entlehnungen im Etruskischen I, II, Wiesbaden 1968; 1970. – A. L. Prosdocimi, Il conflitto delle lingue, in: La Magna Grecia nell'età romana, Napoli 1976, 139–221. – Ders., Contatti e conflitti di lingue nell'Italia antica: l'elemento Greco, in: Lingue e dialetti dell'Italia antica (= Popoli e civiltà dell'Italia antica VI), Roma 1978, 1031–1088. – R. Giacomelli, I grecismi del messapico, Brescia 1979, wiederholt in: JIES 7, 1979, 149–175. (Zum Fortleben in der unteritalienischen Gräzität zusammenfassend A. Sideras, Südost-Forschungen 38, 1979, 226–239.) – L. Zgusta, Die Rolle des Griechischen im römischen Kaiserreich, in: Neumann – Untermann 121–145. – Zu Kelten und Griechen: A. Momigliano, Hochkulturen im Hellenismus, München 1979, 65–92. – 8) Daß darüber hinaus griechische Schrift zur Wiedergabe nichtgriechischer Sprachen z. B. in Gallien, Unteritalien und Sizilien, auf dem Balkan, in Kleinasien und am Nord-Abhang des Hindukusch (Surkh Kotal) verwendet wurde, ist für die Fernwirkung des Griechischen von Wichtigkeit, weniger für die Sprache selbst. – 9) Vgl. A. Debrunner, a. a. O. (s. Anm. 1) § 8. – E. Schwyzer, a. a. O. 118. ⁊ Koine. – 10) E. Mayser, Grammatik der griech. Papyri aus der Ptolemäerzeit I, Berlin–Leipzig 1906, 1 (vgl. aber die 2. Aufl., bearbeitet v. H. Schmoll, Berlin 1970, 1 f.). – H. Steinthal, Geschichte der Sprachwissenschaft bei den Griechen und Römern II[2], Neudruck Hildesheim 1961, 50. – 11) K. Krumbacher, SB München 1886, 435. – 12) P. Kretschmer, Die Entstehung der Koine, SB Wien 143, 1901, 10, 6. – 13) Vgl. Quintilian VIII 3, 59, dazu L. Radermacher, Neutestamentl. Grammatik[2], Tübingen 1925, 1. – Ders.,

Koine (s. Anm. 1) 6f. – 14) δηληθέντι (Pap. Brit. Mus. Nr. 121, Z. 806) zitiert nach K. Dieterich, Untersuchungen zur Geschichte der griech. Sprache, Leipzig 1898, 229. Ergänzung zu πληρωθ[έν]των unsicher. Vgl. F. Altheim–R. Stiehl, Die aramäische Sprache unter den Achaimeniden I, Frankfurt 1963, 24. – 15) G. Pugliese Carratelli in: G.P. Carratelli, G. Levi della Vida, Un editto bilingue greco-aramaico, Roma 1958, 12. – W. Dressler, Der Untergang des Dativs in der anatolischen Gräzität, Wien. Stud. 78, 1965, 104f. – 16) Lit. bei A. Debrunner, a.a.O. 76f. – W.B. Henning, Mitteliranisch, in: Hdb. d. Orientalistik I, 4, 1, Leiden–Köln 1958, 28f. – 17) Dittenberger, OGI Nr. 432–434. – W.B. Henning, BSOAS 14, 1952, 513ff. – Mitteliranisch 44. – Zu den Res gestae divi Saporis vgl. M. Sprengling, Third Century Iran, Sapor and Kartir, Chicago 1953. – A. Maricq, Syria 35, 1958, 295–360. – 18) Dittenberger, SIG³ 22; SGDI III 2 5736. – Dazu zuletzt F. Lochner–Hüttenbach bei W. Brandenstein–M. Mayrhofer, Handbuch des Altpersischen (Wiesbaden 1964) 91ff. – M.A. Dandamaev–H.-P. Pohl, Persien unter den ersten Achämeniden (6. Jh. v.Chr.), Wiesbaden 1976, 123f. – 19) Vgl. A. Thumb, a.a.O. (s. Anm. 1) 120ff. – A. Deissmann, Licht vom Osten⁴, Tübingen 1923. – F. Rosenthal, Die aramaistische Forschung, Nachdruck Leiden 1964, 106ff. – L. Radermacher, NT-Grammatik 17ff. – Koine 32f. – A. Debrunner, Nachklass. Griechisch 77f.; 92ff. – S.G. Kapsomenos, Die griechische Sprache zwischen Koine und Neugriechisch, 12f. – A. Momigliano (s. Anm. 7), 93–145. ↗Dialekte. – 20) W. Schubart, Einführung in die Papyruskunde, Berlin 1918, bes. S. 184–225. – F.Th. Gignac, A Grammar of the Greek Papyri of the Roman and Byzantine Periods I, Milano 1976. – 21) S.G. Kapsomenos, Mus. Helv. 10, 1953, 248ff. – E. Mayser–H. Schmoll, a.a.O. (Anm. 10) 26ff. – C. Daniel, Studia et Acta Orientalia 4, 1962 [1963], 13–23. – E. Lüddeckens, in: Neumann–Untermann, 121–145. – 22) A. Thumb, a.a.O. 124ff. – L. Radermacher, NT-Grammatik 13f. – A. Debrunner, a.a.O. 84. – S.G. Kapsomenakis, Voruntersuchungen zu einer Grammatik der Papyri der nachchristl. Zeit, München 1938, 50f.; 74ff. – Mus. Helv. 10, 1953, 251f. – 23) S. die Listen bei A. Thumb, a.a.O. 216ff. – E. Mayser, a.a.O. I² 18ff. – Vgl. L. Radermacher, Koine 13. – A. Debrunner, Nachklass. Griechisch § 110, 111. – 24) Vgl. E. Schweizer, Grammatik der Pergamenischen Inschriften, Berlin 1898, 25. – 25) Zuletzt A. Thumb–A. Scherer, Griechische Dialekte II, Heidelberg 1959, § 331f. – C.D. Buck, The Greek Dialects, Chicago 1955, § 227. – S. auch Anm. 29. – 26) O. Masson, École pratique des hautes études, Annuaire 1966/1967, 169–173. – 27) A. Thumb, a.a.O. 53–101; 211ff.; 224. – E. Mayser, a.a.O. I 4ff. – L. Radermacher, NT-Grammatik 5, Koine 17f. – A. Debrunner, a.a.O. § 73ff. – In den Randgebieten wie Südrußland, Kreta, Zypern, Unteritalien war der dorische Einfluß stärker (s. A.G. Tsopanakis, ByzZ 48, 1955, 49ff.; G. Rohlfs, Neue Beiträge zur Kenntnis der unteritalienischen Gräzität, München 1962, 131). – Zum Lexikon vgl. noch: N. Andriotis, Lexikon der Archaismen in neugriechischen Dialekten (Österr. Akad. d. Wiss., Phil.-Hist. Kl., Schriften der Balkankommission, Ling. Abtl. 22), Wien 1974. – H. u. R. Kahane, s.v. Sprache in: Reallexikon der Byzantinistik I, Amsterdam 1970–1976, 345–640. ↗Dialekte. – 28) So P. Kretschmer, Die Entstehung der Koine 6ff. Gegen diese von R. Giacomelli, I grecismi del messapico und JIES 7, 1979, 149ff. (s. Anm. 7) wieder aufgenommene und ausgebaute These W.P. Schmid, Boiotisch und Koine, in: Festschr. G. Neumann, Innsbruck 1982, 339ff. – 29) L. Radermacher, Koine 21ff. 48. – 30) K. Holl, Hermes 43, 1908, 240–254. – Vgl. auch G. Neumann, Untersuchungen zum Weiterleben hethitischen und luvischen Sprachguts in hell. und röm. Zeit, Wiesbaden 1961, 106. – Einen Überblick bietet R. Hauschild, Die indogermanischen Völker und Sprachen Kleinasiens, SB Leipzig 109, 1, Berlin 1964. ↗Dialekte. – L. Zgusta, in: Neumann–Untermann, 241–265. – 31) Grundlegend G. Hatzidakis, Einleitung in die neugriechische Grammatik, Leipzig 1892, Neudruck Hildesheim–New York 1977. – 32) Zur Diskussion über den Aussagewert der Inschriften vgl.

A. Thumb, a.a.O. 28–52. – E. Hermann, Griechische Forschungen, Leipzig–Berlin 1912, 183 ff. – A. Debrunner, Nachklass. Griechisch § 48 f. – A. Meillet, Aperçu 271 ff. – G. Rohlfs, Neue Beiträge 29 f. – 33) Zum Vokalismus vgl. außer den Handbüchern M.S. Ruipérez, Word 12, 1956, 67–81. – J. Lasso de la Vega, Emérita 24, 1956, 261–293. – W.S. Allen, Word 15, 1959, 240–251. – S.-T. Teodorsson, The Phonology of Ptolemaic Koine, in: Studia Graeca et Latina Gothoburgensia 36, 1977. The Phonology of Attic in the Hellenistic Period, ebd. 40, 1978. – 34) Zum Folgenden vgl. außer der in Anm. 1 zitierten Lit. noch A.N. Jannaris, An Historical Greek Grammar chiefly of the Attic Dialect as written and spoken from classical antiquity down to the present time, London 1897. – K. Dieterich, Untersuchungen (s. Anm. 14). – L. Radermacher, NT-Grammatik. – F. Blass–A. Debrunner, Grammatik des neutestamentlichen Griechisch[15], Göttingen 1979. – F. Blass–A. Debrunner, A Greek Grammar of the New Testament and other early Christian Literature. A Translation and Revision by R.W. Funk, Chicago/London 1961. – A. Thumb–A. Scherer, Griechische Dialekte II, S. 310 ff. – CIRB 797 ff. – M. Whittaker, New Testament Greek Grammar, London 1969. – L. Rydbeck, Fachprosa, vermeintliche Volkssprache und Neues Testament, in: Acta Universitatis Upsaliensis, Studia Graeca Upsaliensia 5, Uppsala 1967. – G. Moravcsik, Einführung in die Byzantinologie, Darmstadt 1976, 64–85. – 35) W. Dressler, IF 71, 1966, 39–63. – 36) S. auch G. Mussies, The Morphology of Koine Greek as used in the Apocalypse of St. John. A Study in Bilingualism, in: Supplements to Novum Testamentum 27, Leiden 1971, dazu aber H. Schmoll, IF 79, 1974, 288–291.

Staat, hellenistischer (H.S.). *I 1.* Im hell. Raum im engeren Sinn (östl. Mittelmeerraum und anrainende Gebiete) finden sich als Typen von Gemeinwesen v.a. die Polis (↗Stadt), der Bundesstaat oder Staatenbund (↗Koinon) und die hell. Monarchie. Die Polis ist im Hell. gegenüber der vor-hell. Zeit nicht wesentlich verändert; auch die Koina gehen als weiter entwickelte Ethne oder/und Zusammenschlüsse von Poleis im Grunde auf vor-hell. Vorläufer zurück. Als genuin hellenistischen Typ kann man also lediglich die hell. Territorialmonarchie ansehen, die mit den vor-hell. Monarchien am Rande des Griechentums nur wenige Linien verbinden.

2. Anwendbarkeit des Begriffs „Staat": Während es sich empfiehlt, bei den Personenverbänden Polis und Res publica den Begriff „Staat" zu vermeiden, ist seine Verwendung für die hell. Territorialmonarchien, insbes. für das Ptolemäerreich (s.u. IV 1) auch bei Anwendung moderner Staats-Begriffe durchaus gerechtfertigt, wie die folgenden Ausführungen (bes. III 4; 6) zeigen werden.

II 1. Vorläufer des H.S.: Monarchien wie die des Dionysios I. von Syrakus (↗Sizilien 1; ↗Hof F III) und des Maussolos in ↗Karien (2) sind Vorläufer des hell. Herrschertums und bis zu einem gewissen Grad auch des H.S., insbes. was die zunehmend auf den Herrscher hin konstruierte Verwaltung, die Stützung auf ein stehendes

Söldnerheer und die Tendenz zur – Poleis einschließenden und Polisgrenzen überspringenden – Flächigkeit betrifft.

2. *Makedonien vor Alexander d. Gr.*[1]. Die Macht der Argeaden-Dynastie ist lange Zeit auf Niedermakedonien beschränkt und auch hier in Friedenszeiten durch Einfluß und traditionelle Rechte des Adels eingegrenzt, aus dem der König seine engere Umgebung (ἑταῖροι „Gefährten", ↗Hof F II) wählt; sie bilden seinen Rat und im Kampf seine berittene Begleitung. Traditionell sind auch die Befugnisse der Versammlung der Makedonen in Waffen[2], den neuen König durch Akklamation zu bestätigen (woraus in Wirrenzeiten ein faktischer Einfluß auf die Thronnachfolge werden kann)[3] und Hoch- und Landesverräter abzuurteilen. Umfassend sind die Rechte des Königs offenbar nur im Krieg; er kommandiert das makedonische Heer, das ihm zu vollem Gehorsam verpflichtet ist, ohne den Zwang, einen Kriegsrat zu befragen (was er aus Klugheit vermutlich des öfteren freiwillig tut). Er nennt sich meist „König der Makedonen", womit die personale Wurzel seiner Macht bezeichnet wird.

Die Zentralisierungsbestrebungen Archelaos' (†399) und Philipps II. bereiten den Weg zum H.S., indem sie Mächte neben dem König – wie die obermakedon. Dynastien – zurückdrängen. Die großen Leistungen bes. Philipps II. lassen den König de facto aus der bisherigen Rolle des *primus inter pares* hinauswachsen; der Machtzuwachs, etwa die Stellung als Archon von ↗Thessalien, verschiebt die Machtverhältnisse einseitig zugunsten des Königs, und militärische Eroberungen z. B. in Thrakien, wo er nicht über freie Makedonen, sondern über Untertanen gebietet[4], überschreiten die Grenze des Personenverbandes und lassen die Möglichkeiten eines monarchischen Territorialstaats erkennen.

3. *Alexanders d. Gr. Eroberungen* bedeuten einen großen Schritt auf diesem Weg vom patriarchalischen Königtum der Makedonen (in der Lit. oft „Volkskönigtum" oder „Heerkönigtum" genannt) zur auf militärische Macht des Eroberkönigs gegründete Territorialherrschaft über Untertanen, deren ethnische Zugehörigkeit oder Zusammensetzung ohne Bedeutung für die theoretische Basis des Königtums ist. Die von den Achämeniden ererbte Machtfülle wird vom König persönlich beansprucht. Die vom König berufenen Hetairoi (↗Hof F IV)

beraten ihn, entscheiden aber nicht. Alexander versucht möglicherweise der neuen Machtfülle durch Herstellung einer neuen makedonisch-iranischen Herrenschicht eine personale Legitimation zu konstruieren. Im makedonischen Heer ist deutlicher Widerstand sowohl gegen die Wandlung des Charakters des Königtums wie gegen die Einebnung der privilegierten Positionen der Makedonen zu erkennen (keinerlei Hinweis auf ein Mitspracherecht des Heeres). – Alexander übernimmt weitgehend das im eroberten asiatischen Reich vorgefundene, auf die königliche Spitze zugeschnittene Verwaltungssystem mit Satrapen als regionalen Vertretern der königlichen Macht, deren administrative und militärische Befugnisse nur dort auf zwei Personen aufgeteilt werden, wo die Einsetzung oder Bestätigung eines orientalischen Gouverneurs seine Beschränkung auf zivile Kompetenzen ratsam erscheinen läßt[5].

III 1. In der Folge stützt sich die Herrschaft der hellenistischen Könige vornehmlich auf das Recht der Eroberung – sowohl der Eroberung durch Alexander, auf die sich die von seinen Paladinen gegründeten Dynastien berufen können, als auch auf eigene Siege (Siege lösen die Annahme des Königstitels aus; ↗Herrscherideal 4a). Die ethnische Komponente wird in den Reichen auf ehemals persischem Boden durch eher historisierende Formeln „zitiert", etwa durch Betonung des Ethnikons ὁ Μακεδών bei mehreren Dynastien, durch Beibehaltung makedonischer Namensformen (vgl. bes. Ptolemaios, Berenike) und des makedonischen Kalenders oder durch Gelegenheit zur Akklamation durch das Heer oder Heeresteile, die dabei – trotz bunter ethnischer Mischung – das makedonische „Volk in Waffen" (s.o. II 2) dargestellt haben mögen (s.u. III 3). Lediglich in ↗Makedonien selbst bleiben erhebliche Reste der ethnischen Legitimation und der traditionellen Beschränkungen bis zum Ende der Monarchie bestehen (s.u. IV 3).

2. „Den" H.S. zu beschreiben ist im Grunde nicht möglich; idealtypische Versuche – wie der Victor Ehrenbergs – verwischen zu sehr die Unterschiede zwischen den einzelnen Diadochenreichen und hellenisierten orientalischen Staaten. Dazu kommt, daß detaillierte Nachrichten über alle Bereiche nur aus dem Ptolemäerreich vorliegen (Papyri!), während die anderen Reiche je nach dem Zufall

der literarischen und epigraphischen Überlieferung mehr oder weniger lückenhaft dokumentiert sind; das Antigonidenreich (↗Makedonien) hat aus den o. genannten Gründen weithin eine Sonderstellung. Die folgenden Grundzüge des H.S. stützen sich daher vornehmlich auf im Ptolemäerreich nachweisbare Phänomene.

3. Grundlage der staatlichen Identität ist das KÖNIGTUM. Der H.S. wird nach außen und innen ausschließlich vom jeweils regierenden König verkörpert, ist theoretisch mit ihm identisch; der H.S. wird also personal gefaßt, was sich auch in der personalen, nicht territorialen oder ethnischen Bezeichnung der meisten Reiche ausdrückt: *nicht* „Königreich Ägypten (Asien, Syrien, Pergamon usw.)" oder gar „Königreich der Ägypter", auch nicht „Reich der Ptolemäer (usw.)", sondern τὰ πράγματα τοῦ βασιλέως Πτολεμαίου (Σελεύκου usw.) „die Angelegenheiten (Interessen, Politik o. ä.) des Königs Ptolemaios (Seleukos usw.)" (vgl. die personale Bezeichnung der griech. Polis, z. B. οἱ Ἀθηναῖοι). Dementsprechend enthält der Titel des Königs keine ethnische oder territoriale Bezugskomponente, sondern lautet nur Βασιλεύς (Πτολεμαῖος usw.); dies steht im Zusammenhang mit der Vorstellung vom βασιλικὸς ἀνήρ, der kraft seiner besonderen Fähigkeiten βασιλεύς ist, ungeachtet des Landes oder Volkes, über das er seine Herrschaft ausübt; so ist Demetrios Poliorketes auch βασιλεύς, wenn sein „Reich" praktisch nur aus seiner Flotte besteht (↗Antigoniden 2). – Verträge werden nur vom König (ggf. mit Gültigkeit für seine Nachkommen) abgeschlossen und üblicherweise beim Thronwechsel erneuert (woraus nicht notwendigerweise ein Bewußtsein vom Wechsel der „Staatsidentität" zu folgern ist; auch Poleis, deren Identität sich nicht verändert, erneuern des öfteren Verträge von Zeit zu Zeit). Aussagen über den H.S. sind also notwendig zugleich solche über das Herrschertum.

Das Reich wird vom König als „speergewonnenes Land" (δορίκτητος χώρα) mit dem Recht des Eroberers (s. o. 1) als Privateigentum verwaltet (am klarsten in Ägypten, das gewissermaßen ein riesiges Landgut darstellt) und innerhalb der Dynastie ganz oder in Teilen vererbt (in manchen Fällen im späten Hell. sogar durch Testamente an die Römer[6]). Die Erbfolge wurde schon seit der ersten Diadochengeneration häufig durch Mitregentschaft des ältesten Sohnes gesichert.

Der König beansprucht offenbar ein – der Idee nach – absolutes, durch kein Mitspracherecht und keine Rechenschaftspflicht eingeschränktes persönliches Regiment (ἀνυπεύθυνος ἀρχή). An die Stelle der Gesetze der Polis treten die Diagrammata, Prostagmata und Epistolai (Verordnungen, Erlasse und Briefe[6a]; Abgrenzung wohl schon in der Antike nicht eindeutig) der königlichen Kanzlei, in denen sich der königliche Wille, einzige Quelle des positiven Rechts, ausdrückt; dies gilt für die Handhabung der Innen- wie der Außenpolitik.

Alle nicht der Dynastie angehörenden Bewohner des Reichs haben den Status von Untertanen. Das gilt auch für die einflußreichen obersten „Minister", die in einigen Reichen fungieren, so den Dioiketes in Ägypten, den ὁ ἐπὶ τῶν πραγμάτων im Seleukiden- und Attalidenreich, die hohen Funktionäre auf Provinzebene und die Mitglieder des vom König berufenen Synedrion (Philoi; ↗Hof F V 4); an den Rat all dieser Amtsträger und Experten ist der König nicht gebunden, betont aber gern, daß er ihre Meinung eingeholt habe (↗Herrscherideal); und nicht nur unter schwachen Königen dürfte der Einfluß dieser Höflinge erheblich gewesen sein.

Persönliche Regierungen dieser Machtfülle bedürfen stetiger Legitimation; daher die unaufhörliche Betonung der im ↗Herrscherideal geforderten Eigenschaften, besonders der Sieghaftigkeit und der Wohltäterschaft; daher auch die sich steigernde Prachtentfaltung des ↗Hofes mit Leibwache, Festzügen, die Pflege des Musenhofes usw. (zu alledem ↗Hof). Diese (den Reichtum und damit die Fähigkeit zur Versorgung der Untertanen betonende) Pracht, die ↗Herrschafts-Insignien und vor allem der ↗Herrscherkult heben den König (und seine Familie) in eine übermenschliche Sphäre empor; der staatliche Kult (oft durch Einbeziehung der Königin das Element der Dynastie betonend), in dem die toten und bald auch die lebenden Herrscher unter Kultbeinamen verehrt werden, soll wohl bei den ethnisch bunt gemischten Untertanen ein „Staatsgefühl" fördern, das in einer Herrschaftsform dieser Art nur eine Ehrfurcht und Loyalität gegenüber dem Herrscher sein kann.

Eine Mitbestimmung kann es unter diesen Voraussetzungen allenfalls de facto in Schwächeperioden des Königtums geben. Gewisse Rudimente, wie die Betonung der (freiwilligen) Befragung der „Freunde" (s. o.), mögen neben Ostentation herrscherlicher Tugenden (↗Herrscherideal) auch ein „altmakedonisches" Zitat sein wie auch die „Heeresversammlung", deren Rolle wohl überschätzt worden ist[7]; immerhin dürfte auch in normalen Zeiten die Akklamation des neuen Königs durch (z. B.) die hauptstädtischen Truppen gern herbeigeführt worden sein, nicht als konstitutives Element, sondern als selbstverpflichtender Ausdruck der Loyalität der Untertanen. In Krisenzeiten können Truppenteile die Rolle des Königsmachers an sich reißen[8], was nicht verallgemeinert werden sollte.

4. VERWALTUNG. Dem modernen „Staat" am ähnlichsten ist der H.S. in seinem umfangreichen, hochspezialisierten Verwaltungsapparat mit besoldeten Berufsbeamten. Dieser ist gegenüber dem „klassischen" griech. Gemeinwesen Polis eine völlige Neuerung (die Polis kennt zwar im 4. Jh. Ansätze zur Spezialisierung der Magistrate, hält aber am gewählten, das Amt als „Leiturgie" auf eigene Kosten führenden Jahresmagistrat fest). Die Reichszentralen beherbergen zentrale Behörden wie die königl. Kanzlei, das Zentralarchiv, Kataster, Kassen, Spezialressorts für Finanzwesen, Militär, Landwirtschaft u. a. m.; in immensem (aus den ägypt. Papyri teilweise rekonstruierbarem) Schriftverkehr greifen sie über ähnlich aufgebaute Regional- und Lokalbehörden in viele Lebensbereiche der Untertanen ein, jedenfalls in Ägypten, wo diese Allgegenwart des Staates auf alte Traditionen zurückgeht; im Seleukidenreich (s. u. IV 2 b) entwickelt sich eine weit weniger uniforme Verwaltungsstruktur.
Fast in allen Reichen, allmählich auch in den hellenisierten Randstaaten, werden zivile und militärische Gewalt in den Provinzen in der Hand von ↗ „Strategen" vereinigt. Dieses von Haus aus militärische Amt (στρατηγός = „Heerführer") hatte bereits in der Polis mit dem Militärischen verbundene Zivilfunktionen (z. B. Athen: Heeresfinanzen usw.) mitübernommen. Die Notwendigkeit, „speergewonnenes" Land militärisch und administrativ zu durchdringen, führt seit Philipp II. (Strategie von ↗Thrakien, vgl. o. II 2) zum Einsatz von „Strategen" in der Territorialverwaltung, was in den Teilreichen nach und nach übernommen wird, zunächst wohl bes. in Krisenregionen (im Antigonidenreich nur in außermakedonischen Nebenländern, s. u. IV 3c). Im Ptolemäerreich wird das Strategenamt im 2. Jh. zum reinen Zivilamt (s. u. IV 1b).

Ein Problem eigener Art stellt für viele der H. S., bes. für das Seleukidenreich, die Weiterexistenz von alten Poleis am Rand des Reiches dar, denen man völlige Freiheit nicht gewähren konnte und wollte, die man aber – teils aus Schwäche, teils wegen der durchaus wichtigen öffentlichen Meinung, die die Konkretisierung des von manchen Königen betonten Philhellenismus kontrollierte – auch nicht einfach annektieren konnte (↗Stadt B). Die Könige gründen ihrerseits auf Reichsboden zahlreiche Städte, denen sie, unter der Kontrolle der Provinzstatthalter oder eigener Aufsichtsbeamter, eine mehr oder minder begrenzte Selbstverwaltung konzedieren (↗Stadt A); hier wie fast in allen Aspekten ist die Praxis der einzelnen Reiche äußerst verschieden.

5. Das MILITÄRWESEN der östl. Reiche imitiert, was die Kadertruppen betrifft, das (in Makedonien erhaltene) makedonische Volksaufgebot: dazu werden Makedonen und Griechen, in zunehmendem Maß auch andere ethnische Gruppen auf Königsland angesiedelt. Ergänzt wird dieses Pseudo-Volksheer durch stehende oder bei Bedarf angeworbene Söldnerkontingente. Eingeborene werden i. d. R. erst im fortgeschrittenen 3. Jh., nach der Konsolidierung der Reiche, im regulären Heer verwendet. Einzelheiten ↗Militärwesen.

6. STAATSHAUSHALT. Hof, Verwaltung und Heer erfordern schon in Friedenszeiten, erst recht während der häufigen und oft langwierigen Kriege riesige Finanzmittel, für die nur in einigen Reichen Edelmetallvorkommen zur Verfügung stehen (z. B. baktrisches Gold im Seleukidenreich; diese Quelle versiegt aber im Abfall Baktriens; ↗Seleukiden III 2–3). Im Gegensatz zu den meisten anderen antiken Gemeinwesen entwickeln die H. S. eine intensive Wirtschafts- und Außenhandelspolitik – auch dies eine Parallele zum modernen Staat. Bes. die Ptolemäer betreiben, entsprechend dem patrimonialen Charakter des Königtums (s. o. III 3) und den pharaonischen Traditionen, die Staatswirtschaft in der Form der Privatwirtschaft mit dem Ziel des höchsten Ertrags. In den meisten H.S. gibt es große Staatsdomänen (χώρα βασιλική "Königsland"), die i. d. R. in staatlicher (d. i. königlicher) Regie bewirtschaftet werden (bei den Seleukiden allerdings rasch abnehmen, s. u. IV 2b). Ansiedlung von Gewerbetreibenden und Erschließung neuen Ackerlandes werden durch Vergünstigungen (z. B. mehrjährige Steuerfrei-

heit⁹) ermuntert. Ein erfindungsreiches Besteuerungswesen mit Geld- und Naturalsteuern (z.B. Kopfsteuer der indigenen Bevölkerung, eine Konsequenz des Erobererrechts; Grund-, Vermögens- und Ertragssteuern, indirekte Steuern, Gewerbelizenz-Abgaben u.a.m.), Ein- und Ausfuhrzölle, Verkauf von Domänenprodukten und monopolisierten Erzeugnissen, schließlich Tribute von Vasallen (z.B. ↗Stadt B) und Kriegsbeute helfen, die Ausgaben durch beachtliche Einnahmen zu decken. Im 2. Jh. ist freilich in vielen H.S., z.T. infolge des Vordringens Roms, Finanzknappheit zu beobachten.

IV. EINZELNE H.S.:
1. PTOLEMÄERREICH: *a) Königtum:* Neben ältesten Söhnen treten seit Ptolemaios VI. auch Brüder und Schwestergemahlinnen (dazu ↗Ptolemäer II 1) als Mitregenten auf; die Bedeutung der Frauen wächst ständig. Hell. und epichorischer ↗Herrscherkult (C 3 a) seit Ptol. II. Der Eigentumsanspruch des Königs an Land und Menschen ist in Ägypten traditionell bes. hoch, ebenso der Grad der Durchsetzung seines Willens. Maked. Kalender und Datierung nach Königsjahren ↗Zeitrechnung.
b) Die *Verwaltung* im eigentl. *Ägypten* folgt auf allen Ebenen dem gleichen Schema: Leiter der Zentralbehörden in der Hauptstadt ↗Alexandreia ist der Dioiketes (für den die leitenden Finanzmagistrate in Poleis wie ↗Athen [I 1] Vorbild gewesen sein mögen). Das Nil-Land ist in rd. 40 Gaue (νομοί) eingeteilt, die Gaue in Toparchien (Bezirke), die kleinste Einheit bilden κῶμαι ("Dörfer", darunter auch große Siedlungen, die aber kein Polis-Recht haben). Auf jeder dieser Ebenen amtieren Verwaltungschef (zunächst Nomarch, dann Gaustratege¹⁰; Toparch; Komarch) und Kanzleivorsteher (βασιλικὸς γραμματεύς, Topo- bzw. Komogrammateus), daneben auf der Mehrzahl dieser Ebenen Oikonomoi (Finanz- und Wirtschaftsverwaltung, wie Dioiketes ein aus der Privatwirtschaft stammender Titel) und Epistatai (Polizei). Mit Hilfe dieses hochspezialisierten bürokratischen Apparats greift die Zentrale regelnd in nahezu alle Bereiche des Lebens der Untertanen ein, insbes. in die Termingestaltung der Landwirtschaft und die Ertragsschätzung (s.u. *d*) und Abgabenerhebung. Die königl. Post (dem Behördenschriftverkehr vorbehalten), Beaufsichtigung der unteren Beamten durch die höhere Ebene

und gegenseitige Kontrolle auf der gleichen Ebene ermöglichen eine wirksame Aufsicht und ggf. Abhilfe. – Im 2. Jh. entwickelt sich das Gaustrategenamt zu einem reinen Zivilamt, das die Reste der Nomarchie, z. T. auch die Funktionen des Gau-Oikonomos mit den bereits vorhandenen Verwaltungs- und Rechtsfunktionen des Strategen vereint, aber die Militärfunktionen in Oberägypten an den Strategen der Thebais, in Unterägypten unmittelbar an den *Epistrategen* abgibt, der (erstmals 176/5 bezeugt) Oberkommandeur der gesamten Chora und damit allen Gaubehörden vorgesetzt ist; sein zunächst außerordentliches, aus einer Krise entstandenes Amt wird gegen Ende des 2. Jh.s regulär und oft mit der Strategie der Thebais verbunden. – An *Poleis*, also Städten mit griech. Selbstverwaltung, gibt es im Kernland nur ↗Alexandreia und Ptolemais (außerhalb der Nomoi-Einteilung unter Stadtkommandanten: ἐπὶ τῆς πόλεως, στρατηγὸς τῆς πόλεως), alle anderen Orte sind κῶμαι (s. o.). – In den ptol. *Außenbesitzungen* in der Kyrenaika, auf Kypros, im 3. Jh. auch in Südsyrien und in Küstengebieten Kleinasiens haben Strategen umfassende Befugnisse auf allen militärischen und zivilen Gebieten[11].

c) Das ↗*Rechtswesen* berücksichtigt die ethnische Struktur Ägyptens. Die Rechtsangelegenheiten der griech.-maked. bzw. der ägypt. Bevölkerung werden von je eigenen Richtern, jeweils nach ihrem Rechtssystem, behandelt; Näheres ↗Recht 10. Hohen Reichsfunktionären wie dem Dioiketes und den Gaustrategen wachsen in ihren Amtsbereichen zunehmende Rechtsprechungskompetenzen zu. Von dem Recht, den König als obersten Gerichtsherrn durch Enteuxis (↗Hof G) anzurufen, scheint reicher Gebrauch gemacht worden zu sein[12].

d) Die *Wirtschaft*[13] basiert auf der straff organisierten Landwirtschaft, deren Erträge (vornehmlich Weizen) durch Vergrößerung der Anbaufläche[14], Melioration, Einführung neuer Sorten (zentrale Ausgabe von Saatgut) sowie strenge Reglementierung und Überwachung von Anbau, Bewässerungssystem und Ernte gesteigert werden. Als Pharao ist der König theoretisch Eigentümer allen Landes, tatsächlich der größte Grundherr und Unternehmer. Aus riesigen Staatsdomänen (βασιλικὴ γῆ), Lehensgütern (δωρεαί) und Kleruchengütern, mit denen Großwürdenträger, Beamte und Soldaten (↗Militärwesen A III 5) anstelle einer Besoldung belehnt werden, aus Tempel- und Privatland (ἱερά bzw. ἰδιόκτητος γῆ) fließen dem König (je nach Status des Gutes) als ertragsabhängige Grundabgaben (i.d.R. 10%) immense Getreidemengen zu, deren Export (bis ins westl. Mittelmeer) dem Herrscher vorbehalten ist und die Hauptquelle des Reichtums (und damit des außenpolit. Einflusses) der Ptolemäer bildet. Hohe Einnahmen aus königl. Monopolbetrieben (bes. Öl, Salz und Soda, Bier, Bergbau, Jagd, Papyrus), aus Zöllen (extrem hohe Importzölle zw. 25 und 50%; umstritten, ob „merkantilistische" Schutzzölle oder aus rein fiskalischen Gründen) und zahlreichen Steuern und Lizenzen kommen hinzu. Diese Leistungen summieren sich bei der indigenen Bevölkerung mit zahlreichen Zwangsarbeiten (λειτουργίαι, bes. bei der Instandhaltung des Bewässerungssystems) zu hohen Belastungen, denen sich im 2. Jh. viele durch Flucht (ἀναχώρησις), z.B. ins Tempel-↗Asyl, entziehen. Schon gegen 220 erleidet die ptol. Wirtschaft aus noch nicht völlig geklärten Gründen schwere Schädigungen (Silbermangel, Kupfer„inflation"; ↗Ptolemäer II 5); das 2. Jh. wird durch Eingeborenenaufstände und immer neue Thronstreitigkeiten beeinträchtigt. Ptol. VIII. muß zur inneren Befriedung in Amnestieerlassen (φιλάνθρωπα) die Zivilbauerngüter *de facto* zum Eigentum der Bauern erklären. Im 1. Jh. wird das verarmende Ägypten wegen der Schulden des Ptol. XII. zeitweilig von einem römischen Verwalter kontrolliert.

e) Griechen und Ägypter. Der hohe Lebensstandard in Ägypten lockt im Lauf des 3. Jh.s eine große Zahl von Griechen aus dem übervölkerten Hellas ins Land am Nil; so entstehen in der Chora zahlreiche, auch stadtähnliche griech. Ansiedlungen, in die die griech. Kultur von Alexandreia ausstrahlt; im dortigen Musenhof findet sie unter den Ptolemäern ein neues blühendes Zentrum, das den alten Zentren wie Athen Konkurrenz macht. Unter den Ägyptern macht die kulturelle Hellenisierung jedoch im 3. Jh. nur langsame Fortschritte, zumal sie damals noch in mehreren Hinsichten benachteiligt werden. Gegen Ende des 3. Jh.s geht mit der beginnenden Wirtschaftskrise (s.o.d) der Zustrom von Griechen zurück; dies trifft zusammen mit wachsendem Selbstbewußtsein der Indigenen (↗Ptolemäer II 5), dem man durch Zulassung hellenisierter Ägypter zum Heer, zu höheren Ämtern, schließlich auch zum Hof entgegenkommt. Vom 2. Jh. an ist mit zunehmender Vermischung beider Bevölkerungsteile zu rechnen.

2. Der Vielvölkerstaat der SELEUKIDEN ist erheblich schlechter dokumentiert. *a) Königtum:* erblich in der Dynastie der ↗Seleukiden; von Anfang an häufige Sicherung der Erbfolge durch Mitregentschaft des ältesten Sohns; Treue gegenüber der Dynastie bekundet sich darin, daß selbst vom Heer akklamierte Gegenkönige stets aus der Dynastie kommen oder dies wenigstens vorgeben (z. B. ↗Seleukiden V 4ff.; VI–VII); Reichskult der Herrscher seit 193 belegt, Anfänge wohl schon im frühen 3. Jh. (↗Herrscherkult C 3b). In der Reichsdatierung betonen die Seleukiden das dynastische Element (Seleukidenära, ↗Zeitrechnung I 2a). Auch die Seleukiden beanspruchen unumschränkte Leitung der Innen- und Außenpolitik; daß sie oft die Beratung im ↗Synedrion mit den „Freunden" betonen, ist vielleicht nicht nur Zufall der Überlieferung, sondern erhöhtes Legitimationsbedürfnis in ihrem keineswegs krisenfesten Reich. Der oberste Minister (ὁ ἐπὶ τῶν πραγμάτων) ist seit Seleukos III. bezeugt und scheint allmählich vom außerord. Amt zur Institution geworden zu sein. Eine feste Hauptstadt kennt das Reich nicht; zwar ist Antiocheia am Orontes (↗Syrien 2) am häufigsten Sitz des Hofes, doch läßt sich der König mit seiner Umgebung, vermutlich je nach den innen- oder außenpolit. Erfordernissen, auch in anderen Städten (gewissermaßen Pfalzen) nieder, was auch Verlagerung von Teilen der Kanzlei erforderlich macht.

b) Die *Territorialverwaltung* ist im Vergleich zum Ptolemäerreich weit uneinheitlicher und weniger straff organisiert; das erklärt sich aus unterschiedlichen histor. Voraussetzungen, der größeren Ausdehnung und der weit größeren Vielfalt der Bevölkerung. Das Reichsgebiet ist im allg. in Satrapien eingeteilt (i.J. 281 ca. 20–25, also weit größer als ägypt. Nomoi; im 3.–2. Jh. durch Teilungen erheblich verkleinert), deren Unterteilungen heißen Merides (nicht überall nachweisbar), Hyparchien und Toparchien. Die Satrapen verfügen wie im Perser- und Alexanderreich über weitreichende Kompetenzen; ähnlich die ↗„Strategen", die in den kleinasiat. Provinzen kommandieren und von Antiochos III. vorübergehend im ganzen Reich eingesetzt worden zu sein scheinen[15] (Unterschiede gering; stärkere Betonung des Militärischen?). Die beiden äußeren Gebietskomplexe des Reichs, Kleinasien und die ἄνω σατραπεῖαι (ἄνω τόποι = Iran, manchmal einschl. Mesopotamiens?) werden – angesichts der großen Ausdehnung verständlicherweise –

oft, vielleicht immer von Generalgouverneuren oder Vizekönigen geleitet[16] (vgl. den Strategen der Thebais im Ptolemäerreich); als ὁ ἐπὶ τῶν ἄνω σατραπειῶν ist mehrfach der Thronerbe bezeugt. – Aus dieser unmittelbaren Beherrschung durch die Statthalter sind beträchtliche Teile des Reichs, bes. in Kleinasien und der Levante, ausgenommen: viele Städte (↗Stadt), ↗Dynasten und Tempelfürstentümer haben Vasallenpflichten (v. a. Abgaben, Heeresfolge) zu erfüllen, genießen aber weitgehende Selbstverwaltung (so auch das ↗πολίτευμα der ↗Juden).

c) Finanzverwaltung und Wirtschaft[17]: Stellung und Kompetenzen der bezeugten Funktionäre Dioiketes, Oikonomos und ὁ ἐπὶ τῶν προσόδων (die keineswegs mit den ptolem. Homonymoi übereinstimmen müssen) und die diesbezügl. Aufgaben der Satrapen bzw. Strategen sind noch nicht hinreichend geklärt. Die Finanzierung der immensen Ausgaben, insbes. für die häufigen Kriege mit nach Zehntausenden zählenden Heeren (↗Militärwesen), beruht auf den Erträgen königlicher Domänen, verschiedenen Steuern (fixierte regionale Agrarabgaben ohne Rücksicht auf tatsächlichen Ertrag) und Zöllen (auch Binnenzöllen) sowie Abgaben der Vasallen. Die Krongüter der χώρα βασιλική, die in Zentral- und Provinzialkatastern erfaßt waren, werden rasch vermindert durch Verkäufe und großzügige Schenkungen an „Freunde" und Würdenträger, Soldatenbauern, Dynasten, Städte; so entstehen fürstliche Besitzungen (z. B. bei der Abfindung der Laodike, ↗Seleukiden III 2), die meist an benachbarte Städte angegliedert werden und dem König allmählich entgleiten. Der Verlust der unter schweren Opfern zurückgewonnenen kleinasiatischen Provinzen im Krieg gegen Rom und die Kriegskostenzahlungen brachten der Wirtschaft des Reichs eine nicht wiedergutzumachende Schwächung (↗Seleukiden IV, V 1).

d) Vom ↗*Rechtswesen* und der Gerichtsorganisation ist (mangels Papyri) fast nichts bekannt.

e) Militärwesen: In Städten und Militärkolonien (↗Stadt A) werden Makedonen, Griechen u. a. angesiedelt, aus denen im Kriegsfall die (pseudo)-„makedonische" Phalanx ausgehoben wird. Stehende Söldnergarnisonen werden im Kriegsfall durch Neuanwerbung verstärkt. Orientalen werden, früher als in Ägypten, schon im 3. Jh. in größerer Zahl eingestellt und kämpfen unter einheimi-

schen Offizieren, meist mit angestammten leichten Waffen (Bogen, Schleudern usw.). Näheres ↗Militärwesen.
f) Griechen und Orientalen[17a]: Die Seleukiden eifern Alexander d. Gr. auch als Städtegründer (↗Stadt A) nach, zweifellos um die maked.-griech. Komponente der Bevölkerung zu stärken und dadurch – wie durch die Ansiedlung von Soldatenbauern auf Königsland – die militär. Ressourcen zu verbessern. Trotzdem bleibt der Prozentsatz der reinen Griechen und Makedonen klein, zumal seit dem Zurückgehen des Zustroms aus Hellas seit dem späten 3. Jh. (vgl. IV 1e). Hellenisierte Orientalen steigen in kleiner Zahl in die Reichsoberschicht auf, vermutlich auf dem Weg über das Bürgerrecht in einer der Poleis; die Masse der Orientalen war von höheren Funktionen ausgeschlossen und dürfte, nicht zuletzt infolge der schweren Belastungen durch Abgaben, Dienste und Kriegsfolgen, kaum ein Staatsgefühl entwickelt haben. Im 2. Jh. führt die Unzufriedenheit über die Ausbeutung durch die fremde Oberschicht zu Abfallbewegungen.

3. Auch von der Struktur des ANTIGONIDENREICHS in ↗Makedonien sind nur Umrisse bekannt. Wie erwähnt, nimmt es im Vergleich zu den vorgenannten H.S. eine Sonderstellung ein: Der Kern des Landes bewahrt in Bevölkerung und Brauchtum makedonische Traditionen, was Auswirkungen auf den Charakter des Königtums hat.
a) Bevölkerungsprobleme wie in den Ostreichen sind hier unbekannt. Im Kernland kann sich die Dynastie nicht nur auf eine dünne griech.-maked. Oberschicht, sondern auf die ethnisch ziemlich einheitliche makedon. Bevölkerung stützen. Der Kern des Heeres verkörpert in der Tat noch weitgehend das „Volk in Waffen". Auch das durch Personalunion angeschlossene Thessalien (bis 196) scheint der Dynastie meist treu geblieben zu sein. Stärkere Gegensätze zwischen herrschender und beherrschter Bevölkerung bestehen offenbar nur in den Besitzungen in Hellas, wo man erst allmählich lernt, in den Makedonen keine Barbaren zu sehen, und die makedon. Herrschaft weiterhin als Fremdherrschaft empfindet und ablehnt.
b) Königtum: Die persönliche, unumschränkte Herrschaft, die den H.S. ausmacht (s.o. III 3), ist zunächst nur in den seit Philipp II. hinzueroberten Nebenlanden (v.a. Chalkidike, Thrakien, Teile von Hellas, zeitweilig

[229ff.] ↗Karien) voll ausgebildet. In den Kernlanden bleiben bis zum Ende der Monarchie (168) gewisse Züge des altmakedonischen, patriarchalischen Königtums (s. o. II 2) erhalten. Die Prachtentfaltung bei ↗Hof hält sich in engen Grenzen; ein staatl. ↗Herrscherkult (C 3 c) wird nicht eingeführt, wohl aber ↗Zeitrechnung nach Regierungsjahren des jeweiligen Königs. In der Formel Βασιλεὺς 'Αντίγονος καὶ οἱ Μακεδόνες, die an die bekannte Hegemonie-Formel erinnert, nimmt der König Bezug auf die ethnische Basis seiner Herrschaft; daß sich darin auch eine wenigstens formale Mitwirkung der „Heeresversammlung" ausdrückt, ist eher unwahrscheinlich; das Heer, das auch hier in Krisenzeiten als Königsmacher auftritt (↗Makedonien II), wird im Normalfall (außer der Funktion als Gericht über Verräter) kaum mehr als Akklamationsrechte gehabt haben (vgl. o. III 3). Vielmehr greift die antigonid. Herrschaft nach ihrer Konsolidierung durch Antigonos II., vermutlich ausgehend von der unbestrittenen „hellenistischen" Position in den Nebenlanden, rasch nach ähnlicher Machtvollkommenheit wie die Herrschaftsformen der Konkurrenten, wenn sie auch die äußeren Zeichen langsamer nachahmt; so führt erst Philipp V. Diadem und Münzporträt (↗Herrscher-Insignien, ↗Münzprägung B 3) ein.

c) *Territorialverwaltung:* In den *Kernlanden* behalten die Antigoniden z. T. ältere Formen bei, etwa in Obermakedonien eingesessene Adelige als Leiter von Verwaltung und Militäraufgebot, in Niedermakedonien μερίδες (Kreise) unter königl. Epistatai mit Sitz in Städten, die z. T. griechisches Polis-Statut, aber wenig Freizügigkeit genießen. Hauptstadt ist Pella. Die *Nebenlande und Außenbesitzungen* sind „speergewonnen" und damit königl. Besitz (s. o. III 1; 3) und unterstehen, wie in den anderen Reichen, königl. Strategen mit militär. und ziviler Gewalt. Die makedon. Besitzungen in Hellas stehen im 3. Jh. zeitweise unter Vizekönigen (Krateros, Alexandros mit Sitz in ↗Korinth; vgl. ↗Makedonien III 1), die auch zahlreiche „Tyrannen" (wie die Griechen die von den Makedonen eingesetzten Vasallen nennen) kontrollieren.

d) *Wirtschaft:* Die Antigoniden waren zwar anscheinend nicht Eigentümer allen Bodens, aber größte Grundbesitzer in ihrem Reich; riesige Domänen in Kern- wie Nebenlanden umfaßten neben Ackerland und Weiden reiche Bergwerke (Gold, Silber) und Wälder, in denen das gesuchte Schiffsbauholz, Teer und Pech gewonnen wurden. In den Nebenlanden wurde Königsland auch in Form von Lehensgütern (δωρεαί) als Apanage an Angehörige des Blut- und Hofadels (/ Hof F) ausgegeben. Handel bes. im Ägäisraum, bes. mit den erwähnten Waldprodukten.

e) Militärwesen: Das Volksaufgebot bes. aus kleineren Grundbesitzern (Pezhetairen = Phalanx-Infanterie) mußte immer mehr durch Söldner (bes. Kelten) als stehende Garnisonskontingente (Neben- und Außenlande) ergänzt werden. Die Ausblutung der Makedonen und Thessaler infolge der unaufhörlichen Kriege führte im ausgehenden 3. und im 2. Jh. zur Ansiedlung vieler Thraker, Kelten u. a. m.

4. ATTALIDENREICH von /Pergamon. *a) Königtum:* Die Dynastie hat offenbar, wohl wegen ihrer nicht sehr vornehmen Herkunft und späten Emanzipation (/Pergamon I 1–3), einen besonders hohen Legitimationsbedarf als Sieger und als Wahrer der hellenischen Kultur; daher die Denkmäler der Galatersiege (/Herrscherideal 4a) und zahlreiche Baustiftungen in Hellas, z. B. in Athen und Delphi. Bis ca. 239 sind die Attaliden /Dynasten ohne Titel; dann Annahme des Βασιλεύς-Titels und rückwirkende Zählung von Regierungsjahren (/Zeitrechnung 1). Kultische Ehren: /Herrscherkult C 3c.

b) Territorialverwaltung: Erst der Friede von Apameia 188 macht den bislang kleinen Attalidenstaat zur Mittelmacht mit Besitzungen vom Marmarameer bis Pamphylien. Seitdem scheinen die Provinzen (οἱ τόποι, z. T. anscheinend übereinstimmend mit vorherigen seleukid. Satrapien) unter Strategen mit vornehmlich zivilen Funktionen zu stehen[18]. Die i. J. 188 zugeteilten Griechenstädte wurden tributpflichtig; sie behielten wohl ihre Verfassung, wurden aber durch vom König eingesetzte Strategoi oder Epistatai kontrolliert[19].

c) Wirtschaft: Übernahme der Eigentumsthese (z. B. s. o. III 3; IV 1a) ist nicht nachweisbar; doch ist der König jedenfalls Eigentümer großer Teile des flachen Landes (χώρα βασιλική), nicht aber der griech. Städte (einschl. Pergamons) und ihrer Chora. Das Königsland wird durch Verpachtung oder Belehnung vergeben. Die Könige bemühen sich intensiv um Ansiedlung[20], Melioration der Böden, Produktionserhöhungen von Landwirtschaft, Viehzucht, Pergamenterzeugung.

Staat IV 4 d 766 *Stadt, Polis*

d) *Militärwesen:* Die Attaliden suchen die militär. Stütze ihrer Herrschaft vornehmlich in einem Söldnerheer.

5. In anderen Monarchien in Hellas, z.B. in ↗Epirus und ↗Sparta, wurden Elemente des hell. Königtums spät und nur tastend eingeführt. Hingegen hat Hieron II. (König 269–215) mit Ausnahme des Herrscherkults das hell. Königtum in fast allen Teilen übernommen: Diadem (↗Herrscher-Insignien), Münzporträt, dynastischen Gedanken (Mitregentschaft; Herausstellung von Königin und Kronprinzessin), Synedrion der „Freunde" (↗Hof), Anspruch auf Eigentum am Boden, wenigstens auf dem nicht unmittelbar städtischen Territorium; Bodenertragsabgabe (10%, an Steuereinnehmer verpachtet); vgl. ↗Sizilien.

H.H.S.

Anm.: 1) N.G.L. Hammond–G.T. Griffith, A History of Macedonia II, Oxford 1979, bes. 150–166. – 2) F. Granier, Die makedon. Heeresversammlung. Münch. Beitr. 13, 1931; vgl. dagegen z.B. R.M. Errington, Chiron 8, 1978, 77ff., der die Existenz einer solchen Versammlung des wehrfähigen Gesamtvolks völlig leugnet; Hammond–Griffith 151 A.2; 160ff. – 3) Recht zur Absetzung: Hammond–Griffith 158; 160; aber unklar, ob es sich dabei um Recht oder Rechtsanmaßung handelte. – 4) F.R. Wüst, Philipp II. von Makedonien und Griechenland ..., München 1938, 106. – 5) H. Berve, Das Alexanderreich auf prosopograph. Grundlage II, München 1926. – 6) ↗Bithynien 9; Pergamon I 6; Ptolemäer II 9–12. – 7) F. Granier, dagegen R.M. Errington (s.o. Anm. 2). S. auch J. Tréheux, REA 89, 1987, 38–46; E.M. Anson, Historia 40, 1991, 230ff. (zu 330–315 v. Chr.). – 8) Ausrufung des Achaios: Polyb. IV 48,6–10. – 9) Z.B. Joseph. AJ XII 151 f. (Antiochos III); Inschr. Clara Rhodos 9, 1938, 190 ff. (Eumenes II.). – 10) Der Stratege stand zunächst als Militärkommandeur neben Nomarch, Oikonomos, βασιλικὸς γραμματεύς und Antigrapheus; erst unter Ptol. III. übernahm er die Leitungsfunktionen des Nomarchen. – 11) R.S. Bagnall, The Administration of the Ptolemaic Possessions outside Egypt, Leiden 1976. – 12) O. Guéraud, ΕΝΤΕΥΞΕΙΣ, Cairo 1931–32 (Sammlung, Lit.). – 13) S. bes. C. Préaux, L'économie royale des Lagides (1939). – 14) Angeblich gab es unter Ptol. I. über 30000 größere Siedlungen gemäß früher 18000 (Diod. I 31,7). – 15) H. Bengtson, Strategie II 1 ff., bes. 143 ff. – 16) ebd. 78 ff. – 17) S. bes. E. Bikerman, Inst. des Séleucides, 1938, 106 ff. – 17a) A. Kuhrt – S. Sherwin-White (Hgg.), Hellenism in the East. The interaction of Greek and non-Greek civilizations from Syria to Central Asia after Alexander, London 1987. – 18) H. Bengtson, Strategie II 209 f.; R.E. Allen, The Attalid Kingdom, Oxford 1983, 85 ff. – 19) Einzelheiten unsicher; vgl. H. Bengtson 232 ff., dagegen R.E. Allen, 98 ff. – 20) S. z.B. o. Anm. 9.

Lit.: V. Ehrenberg, Der Staat der Griechen ²1965, 161 ff. (Lit.). – H. Bengtson, GG⁵ 426–454 (Lit.); im übrigen s. die einzelnen Staaten.

Stadt, Polis. Die auch heute noch oft gebrauchte Formulierung, mit der Schlacht bei Chaironeia (338) sei das Zeitalter der griechischen Polis zu Ende gegangen, ist nur insofern zutreffend, als die Polis im ↗Hellenismus (III 1) rasch aus ihrer bisherigen Rolle der die Politik bestimmend beeinflussenden politischen Einheit im griechischen Raum durch die hell. Flächenstaaten verdrängt wird. Hingegen gewinnt die Stadt insbes. in den durch Alexanders Zug neuerschlossenen Räumen neue Bedeutung als Trägerin der ethnischen, kulturellen und zivilisatorischen Hellenisierung; der Hell. kann – sieht man von der „großen Politik" ab, in der die Städte selten mehr als Objekt sind – geradezu als eine Blütezeit der griechischen Stadtkultur, sowohl quantitativ (Gründungen) wie qualitativ angesehen werden.

A. HELL. STÄDTEGRÜNDUNGEN: Die ‚hell. Kolonisation' war durchwegs vom staatlichen (d.h. herrscherlichen) Organisationswillen gelenkt, im Gegensatz zur Großen griech. Kolonisation (8.–6. Jh.), in der dies die Ausnahme bildete.

1. Zeitliche und geograph. Erstreckung: Als erste Beispiele hell. Stadtgründung sind Aktivitäten früh-hellenistischer Monarchen wie Maussolos in ↗Karien (2) und Philipp II. von ↗Makedonien (I) zu nennen; sie sind zugleich Beispiele für wichtige Gründungsmotive und -vorgänge (s. u. 2–3), wie sie im Hell. vorherrschen. Die große Masse der Gründungen fällt in die Zeit Alexanders d. Gr. und das 3. Jh., eine Spätblüte ins frühe 2. Jh. (bes. Antiochos IV., Attaliden). Der ausgehende Hell. war aus polit. und wirtschaftl. Gründen für Neugründungen wenig günstig. Die Gründungen reichen von Griechenland (Beispiele: Thessalonike, Demetrias, Arsinoe = Methone bei Troizen) bis zum Indusgebiet und Baktrien im Osten und zur Südgrenze Ägyptens, mit gravierenden Unterschieden im Gründungsvorgang und im Status der Siedlungen.

2. Motive und Funktionen. Wichtige Motive künden sich bereits in den genannten früh-hell. Gründungen an: Philipp II. versucht v. a. neue Gebiete zu erschließen (Philippoi), militärisch zu sichern und ethnisch zu durchdringen (Philippopolis u.a.); Maussolos erstrebt wohl vor allem eine städtebaulich und kulturell repräsentative Residenzstadt. Auch Alexanders Gründungen, v.a. in Iran und NW-Indien, und die dortigen Seleukidenstädte dienten vor allem der militärischen Sicherung der monarchischen Herrschaft; damit ging die wirtschaftl. Versorgung von Soldaten und Veteranen ineins. Rasch wachsender Zustrom ziviler Ansiedler, die durch die großen Möglichkeiten in den neuen Gebieten angelockt wurden, dürfte den S.-Charakter der Gründungszeit oft schnell verändert haben. Immerhin wurde auch durch diese Zusiedler die angestrebte makedon.-griech. Oberschicht, auf die sich die Monarchie vornehmlich stützte, und die Rekrutierungsbasis für die Kadertruppen (↗Militärwesen A III 5) verstärkt. Ähnliche Absichten verfolgten die Attaliden und, mit anderer Organisationsform, die Ptolemäer (Näheres ↗Militärwesen A III 5: Militärsiedlungen). Mit zunehmender Konsolidierung tritt der bei Maussolos vermutete Wunsch hinzu, repräsentative Reichshauptstädte als würdigen und zugleich attraktiven Rahmen für herrscherlichen Glanz (Musenhöfe!) sowie angemessene Provinzzentren zu errichten. Die damit verbundene Ausbreitung griech. Kultur gilt auch für die zunächst militär. Siedlungen, von denen die meisten Theater, Gymnasien u. ä. gehabt haben dürften. Der Gründerkult für den königlichen Oikisten und die Namengebung (s. u. 3) dienten der Festigung des monarchischen und dynastischen Gedankens; die Seleukiden scheinen (seit der 1. H. des 3. Jh.s?) in ihren Gründungen einen weitgehend einheitlichen ↗Herrscherkult (C 3 b) organisiert zu haben. Zahlreiche Fürsten hellenisierter orientalischer Staaten ahmten das Beispiel der Diadochenreiche aus ähnlichen Motiven und in ähnlichem Verfahren (s. u. 3) nach.

3. *Gründungsvorgang*. Völlige Neuschöpfung an bisher unbesiedelter Stelle war sicher nicht die Regel; an strategisch, wirtschaftlich oder verkehrstechnisch günstigen Stellen fand man meist bereits Siedlungen vor. In Hellas und Westkleinasien verstärkten die Herrscher häufig ältere Städte durch Neusiedler (so schon Krenides-Philippoi) oder faßten mehrere Gemeinden, oft unter neuem Namen, durch ↗Synoikismos zusammen (so schon Maussolos; später z. B. Teos + Lebedos, Ephesos–Arsinoeia in ↗Ionien [4]; Alexandreia/Troas–Antigoneia; Thessalonike, Demetrias usw.). Im Osten werden die hell. Städte meist bei oder an Stelle einer oriental. Siedlung gegründet worden sein; auch das ägypt. ↗Alexandreia entstand am Ort eines Fischerdorfs (Rhakoti). Besonders die vielen „Städtegründungen" des Antiochos IV. Epiphanes (↗Seleukiden V 2) waren meist Statusanhebungen (zur Polis) und Neubenennungen von bestehenden, bereits mehr oder minder hellenisierten oriental. Städten. – Die neuen Städte wurden meist nach dem Kö-

nig (Alexandreia, Demetrias, Seleukeia, Antiocheia usw.), der Königin (Apameia, Arsinoeia, Stratonikeia usw.) oder anderen Angehörigen der Dynastie benannt, oft auch nach Orts- oder Landschaftsnamen der Heimat (bes. in Syrien: Edessa, Chalkis, Pella, Larissa u.a.m.). – Die Neusiedler dürften zum größeren Teil aus Hellas gekommen sein, wo im 4. u. 3. Jh. beträchtlicher Bevölkerungsüberschuß herrschte; Makedonen und hellenisierte Nichtgriechen (z.B. Thraker) waren in der Minderzahl.

4. Status der Herrschergründungen. Im Gegensatz zu den meisten Apoikien der archaischen Zeit und zu den alten, unberührt bleibenden Poleis in Hellas und Westkleinasien (s.u. B) erhielten die Neu- und Umgründungen zwar häufig griechische Polis-Organisation und damit eine begrenzte interne Selbstverwaltung, wurden aber nicht zu souveränen Gemeinwesen; das drückte sich schon äußerlich durch Datierung nach dem Reichskalender (maked. Monate, Seleukidenära oder Regierungsjahr; ↗Zeitrechnung), durch Steuerpflicht und Unterstellung unter den Provinzgouverneur oder Kontrolle durch einen königl. Epistates oder Stadtstrategen aus; eine eigene Außenpolitik, wie sie den alten Poleis wenigstens de facto möglich war, kannten sie nicht. Viele neue Siedlungen standen sogar, trotz zunehmend städtischem Charakter, ebenso wie die Orientalenstädte, im Rang von Dörfern mit allenfalls rudimentärer Selbstverwaltung; Vergleichbares gilt z.B. für die seleukid. Militärkolonien (↗Militärwesen A III 5; der dort verwendete Ausdruck ‚Katoikia' ist nicht gesichert); in der ägypt. Chora waren alle Orte außer Alexandreia und Ptolemais κῶμαι unter königl. Beamten. Im Seleukidenreich erhielten freilich im 2. Jh. viele Orientalenstädte Polis-Charakter (s.o. 3), ältere Gründungen größere Stadtrechte (die sich u.a. wiederum in der Datierung nach stadteigenem Kalender ausdrückten).

B. ALTE POLEIS UND HELL. KÖNIGE:

1. Übersicht: Die alten Städte versuchten, möglichst große Teile ihrer Selbständigkeit (ἐλευθερία καὶ αὐτονομία) gegen die Machtansprüche und die Expansion der hell. Reiche zu bewahren. In *Hellas* gelang dies weitgehend, wo Poleis sich zu Bundesstaaten (↗Koinon) zusammenschlossen oder solchen beitraten; doch konnten auch diese z. T., wie der Achäerbund, zeitweise nicht ohne Anlehnung an ↗Makedonien überleben. Städte außerhalb der Koiná waren dem Zugriff Makedoniens ausgesetzt; selbst ↗Athen (I 3–4) war im 3. Jh. über 30 Jahre lang eine von maked. Funktionären und Truppen kontrollierte Vasallenstadt und hielt sich auch nach seiner Befreiung (229), ohne politischen Ehrgeiz, nur in, wie Polybios (V 106,6 ff.) vorwirft, würdeloser Anlehnung an Ptolemaios III. und IV. über Wasser. Einzig Sparta, das auch damals noch über eine (im Polis-Maßstab) außergewöhnliche Machtbasis verfügte, betrieb noch bis 192 eine eigenständige Politik.

In *Kleinasien* waren Koiná im Hell. selten und gewannen nur z. T. und erst spät eine bescheidene politische Bedeutung (z. B. ↗Lykien). Vor allem waren die schmalen und langgestreckten kleinasiatischen Küstenstreifen schon aus geographischen Gründen zur Bildung solcher Bundesstaaten oder auch nur Städtebünde nicht geeignet; selbst eng benachbarte Poleis standen unter verschiedenen, obendrein häufig wechselnden Oberherren (↗Ionien, Karien) mit kurzen Zwischenperioden relativer Unabhängigkeit (die meist nur das Resultat anderweitiger Verwicklungen der Könige waren), bis nach Apameia für längere Zeit pergamenische (z. T. auch rhodische), später römische Hegemonie fixiert wurde. Gelegentliche Bündnisse dieser Städte untereinander dienten offenbar nicht so sehr der Emanzipation aus dem Reich wie vielmehr dem gemeinsamen Kampf gegen andere Städte; isopolitische Verbindungen (↗Bürgerrecht), wie sie z. B. für Milet und seine Nachbarn gut bezeugt sind (StV III 537 ff.), hatten keine erkennbaren politischen Folgen.

2. Das Verhältnis der Städte zu ihrem jeweiligen Oberherrn hat die Forschung immer wieder in festen juristischen Kategorien einzufangen versucht[1]; dies ist wohl ein untauglicher Weg. Zwar nennen sich die Poleis „Bundesgenossen" (σύμμαχοι) des Königs; doch ist dies – so wenig wie in der klass. Zeit, etwa des Att. Seebundes – eine Beschreibung einer festen Rechtsstellung, schon gar nicht ein Beweis für das Bestehen eines bilateralen (Bündnis-)Vertrags, sondern nur eine Bezeichnung, die eine der wesentlichen Pflichten der meisten Poleis wiedergibt: die militär. Gefolgschaft, die allerdings wohl in Gestalt eines von der Polis nach eigenen Regeln organisierten Kontingents (Schiffs) geleistet wurde, nicht durch unmittelbare

königl. Aushebung unter der Stadtbevölkerung. Zwar sind mittlerweile mehrere beiderseits beschworene Symmachieverträge zwischen Polis und König bekannt[2]; doch mag es sich dabei um Ausnahmefälle handeln, die aus besonderen Verhältnissen resultieren (etwa der Rücksichtnahme Philipps V. und Antiochos' III. auf die öffentliche Meinung angesichts der römischen Freiheitsgarantien); in der Regel dürften die Rechte und Pflichten eines jeden σύμμαχος allenfalls durch königl. Statut einseitig festgelegt worden sein – wenn sie überhaupt generell fixiert und nicht von Fall zu Fall bestimmt wurden, je nach Machtlage und Bedarf. Ausdrücke wie σύμμαχοι oder εἶναι ἐν τῇ συμμαχίᾳ τοῦ βασιλέως (Sinn: zum Hegemonialgebiet des Königs gehören) waren geeignet, das empfindliche Selbstwertgefühl der Poleis zu schonen, auf das die Könige nach Möglichkeit Rücksicht genommen zu haben scheinen. So sind wohl auch Formeln zu erklären wie die Asylieverleihung an Teos (↗Ionien 6) und die „Weihung" von Xanthos (Lykien) an die Stadtgottheiten Leto, Apoll und Artemis (OGI 746) durch Antiochos III.; beide Akte bedeuten nicht, daß der König keine Rechte auf die Stadt beansprucht, sondern stellen eher eine schonende Form der Angliederung an das königl. Herrschaftsgebiet dar, die es der Stadt ermöglicht, das Gesicht zu wahren, und dem König vor der öffentl. Meinung eine günstigere Beurteilung verschafft, zumal wenn die Stadt, mehr oder minder freiwillig, ihrer Dankbarkeit im Ausland durch Betonung der königl. Großzügigkeit Ausdruck verleiht wie z. B. in Delphi(!), Smyrna und Alabanda[3], das den „Wohltäter" Antiochos III. preist, weil er der Stadt „nach dem Vorbild seiner Ahnen die ↗Demokratie und den Frieden bewahrt" („Freiheit" wird nicht erwähnt). Auch sonst gibt es zahlreiche Zeugnisse für freundliche und schonende Behandlung der Poleis insbes. durch die Seleukiden, z. B. Schutzbriefe und Befehle an die Truppen, Übergriffe und übermäßige Belastung durch Einquartierung zu vermeiden u. a. m.

Doch legt z. B. Antiochos III. immer wieder Wert darauf, daß diese Milde wie auch jedes sonstige Zugeständnis – etwa der Tribut- oder Besatzungsfreiheit – keinem originären Anspruch der Poleis entspringe, sondern lediglich der Gnade des Königs[4]; zweifellos war deren Gewährung oder Weitergewährung von der politischen Lage, vor allem aber vom Wohlverhalten der Polis abhängig. Dazu dürfte als Minimum die Nicht-Parteinahme für Gegner des Königs gehört haben, i.d.R. aber im Kriegsfall bereitwillige Waffen- und Sachhilfe (z.B. Lebensmittel oder Quartier für die Truppen, Öffnung des Hafens, ggf. auch der Zitadelle), auch Aufnahme von Truppen in Friedenszeiten und/oder Tributzahlungen (Vorrecht der Polis gegenüber den provinzangehörigen Gemeinden war die Verteilung dieser pauschalen Lasten nach eigenen Beschlüssen). Von den Merkmalen der Souveränität – ἐλευθερία, αὐτονομία, ἀφρουρησία, ἀφορολογησία (Freiheit, Verfassungs- und Verwaltungsfreiheit, Besatzungs- und Abgabenfreiheit) war wohl allenfalls die αὐτονομία einigermaßen ungeschmälert. Dem standen gewiß auch Vorteile für die Stadt gegenüber, etwa Verteidigung gegen Angriffe (falls der König es leisten konnte und sie in seinem Interesse lag), anscheinend kamen auch Geldzahlungen vor[5]. Bis zu einem gewissen Grade wird wohl von einer Art Symbiose zu sprechen sein, die beiden Seiten einen (wenn auch gewiß nicht gleichwertigen) Nutzen gebracht hat – in der Polis jedenfalls derjenigen Schicht oder Gruppierung, die sich an den König anlehnte – und in der jede der beiden Seiten Abstriche machen mußte, auch der König, der durch zahlreiche Rücksichtnahmen gehindert war, seinen Willen mit aller Gewalt durchzusetzen. Er betonte seine εὔνοια (etwa „Wohlwollen") gegenüber den Städten, denn auch er war auf ihre εὔνοια (etwa „Loyalität") angewiesen, nicht zuletzt wegen ihrer wirtschaftlichen und strategischen Bedeutung und wegen der Wirkung seines Verhaltens auf Städte, die er noch gewinnen wollte. So dürfte es den Städten möglich gewesen sein, im Arrangement mit der Obermacht einigermaßen Gesicht und Selbstgefühl zu wahren; *beide* Seiten spielen ihre Rollen. Die Beeinträchtigung ihrer ἐλευθερία trieb die Poleis indessen immer wieder zum Abfall vom König, der freilich angesichts des Machtverhältnisse selten in eine längere Unabhängigkeit, sondern allenfalls in den Wechsel des Oberherrn einmündete, was kaum einen wesentlichen Unterschied ausgemacht haben dürfte. So haben die Städte, die im Frieden von Apameia aus dem seleukidischen in den pergamenischen oder rhodischen Machtbereich kamen, zumindest kein leichteres Los gefunden.

C. WIRTSCHAFT: Allgemeingültige Aussagen sind wegen der sehr verschiedenen Systeme und Situationen schwierig. Die normalen Ausgaben der Städte sind wie schon früher vergleichsweise gering, da viele Aufwendungen heutiger Gemeinwesen bei den Griechen entweder nicht von den Städten getragen oder über (mehr oder minder freiwillige) Leistungen begüterter Bürger (Leiturgien) finanziert werden (z. B. kein Sozialetat; Bewaffnungsaufwand durch Selbstausrüstung der wehrpflichtigen Bürger; große Bauten oft durch Stiftungen von Bürgern oder fremden Herrschern usw.). Gedeckt werden die verbleibenden Ausgaben vornehmlich durch Zölle und Hafengebühren, Einnahmen aus verpachtetem städtischem Boden, verschiedenartige indirekten Steuern und Gebühren[6], seltener aus direkten Steuern[7], nach dem Vorbild der hell. Reiche des öfteren auch durch Einrichtung von Monopolen. Im allg. wird man annehmen dürfen, daß die kleinasiat. Poleis im Durchschnitt wohlhabender waren als die mutterländischen. Doch ist auch in Kleinasien nicht selten Finanznot zu beobachten, sicher aus ganz verschiedenen Gründen (z. B. Mißwachs, der die ohnehin oft nicht autarken Städte zu erhöhten und teuren Getreideimporten zwingt; Reparatur der Stadtbefestigung in Krisenzeiten usw.), nicht zuletzt durch die z. T. doch drückenden Tribute (φόροι, συντάξεις) oder Widmung goldener Kränze an die Könige[8]. Nicht selten müssen sich die Städte durch Anleihen beim Tempelschatz des Stadtgottes oder bei den eigenen Bürgern helfen[9]. Das Finanzwesen der Gemeinden ist im Hell. schon einigermaßen entwickelt; seit dem 4. Jh. kennt man z. B. spezielle Finanzmagistrate, und Inschriften zeigen die Existenz diverser Haushaltstitel (λόγοι), zwischen denen im Bedarfsfall hin- und hergebucht wird[10]. – Unter den Einwohnern der Städte wird im Lauf des Hell., bes. im 2. und 1. Jh., der Abstand zwischen Begüterten und Nichtbesitzenden offenbar immer breiter. Die *leading classes* bestehen wie früher aus Familien, die nicht von eigener Arbeit leben müssen, sondern von der Investition ihres Kapitals z. B. in Grundbesitz, Werkstätten und Manufakturen, in Sklaven (deren Arbeit sie vermieten), Handelsgeschäfte, Handelsschiffe usw. leben können. Diese Kreise stellen die Magistrate und Priester der Stadt, leisten die Leiturgien und errichten, sicher nicht nur aus Patriotismus, oft aufwendige öffentl. Gebäude und Stiftungen (z. B. für den Unterhalt einer Schule[11]). Aus solchen Mitteln werden meist auch Lehrer, städtische Ärzte, Künstler, städt. Verwaltungsangestellte u. a. m. besoldet, die – wie die Handwerker – als τεχνῖται (Spezialarbeiter) betrachtet und dementsprechend niedrig besoldet und sozial eingestuft werden. Die unterste Stufe nehmen jene ein, die weder über einen gewissen Besitz noch über Spezialfertigkeiten verfügen, also nur als Tagelöhner o. ä. arbeiten können, wobei sie nicht selten auf die Konkurrenz von (Haus- oder gemieteten) Sklaven stoßen. Zunehmende Verknappung der Arbeit einerseits, geringere Werbung der hell. Reiche um Söldner und Siedler andererseits führen seit dem späten 3. Jh. bes. in den Städten des Mutterlands zu zunehmender Unruhe unter diesem wachsenden Proletariat, im 2. und 1. Jh. schließlich zu Erhebungen (z. B. im ↗Achäerbund (5) und Athen (5) im Mithradates-Krieg).

H.H.S.

D. STADTPLANUNG. ↗Architektur (am Ende).

Anm.: 1) S. den kurzen Überblick bei W. Orth, 178 ff. – 2) P. Frisch, Inschr. v. Ilion (IK 3) Nr. 45 A (Antiochos III. – unbek. Stadt); 45 B (nach Ferrari–Gauthier, Journal des Savants 1981, 327–345: Antiochos I. oder II. – Lysimacheia); StV III 549 (Philipp V. – Lysimacheia, um 200); M. Errington, Epigr. Anatol. 8, 1986, 1–8 (Antiochos III. – Euromos, 197). – 3) OGI 228 über Seleukos II. bzw. OGI 234 über Antiochos III. – 4) Schmitt, Antiochos 97. – 5) SEG II 580 (Teos, um 200) spricht von „ersten Zahlungen" ἐγ βασιλικοῦ εἰς τὴν τῆς πόλεως διοίκησιν"; unklar, ob aus der Zeit seleukidischer oder attalidischer Oberhoheit. – 6) Vgl. Rostovtzeff I 185 ff. zu Syll.³ 1000 (Kos, 2. Jh.). – 7) Z. B. der athenischen Vermögenssteuer (εἰσφορά). – 8) Einer der Hauptgründe für Anleihen bei der Bank des Heiligtums von Delos. – 9) Z.B. Milet I 3,147 = H. W. Pleket, Epigraphica vol. I, Leiden 1964 Nr. 35; in dieser Sammlung zahlreiche weitere Beispiele für städtische Finanzprobleme. – 10) SEG II 580 = Pleket Nr. 37. – 11) Z.B. Schulstiftung des Eudemos in Milet, 200/199: Milet I 3, 145 = Pleket Nr. 34.

Lit.: A. Heuß, Stadt und Herrscher des Hellenismus in ihren staats- und völkerrechtlichen Beziehungen. Klio Beiheft 39, 1937 (Nachdr. 1963 mit Nachwort). – H. Bengtson, Griech. Gesch. ⁵1977, 439 ff. (Lit.) – H.H. Schmitt, Unters. zur Gesch. Antiochos' des Großen, v.a. 96 ff. 278 ff. – Grundlegend: W. Orth, Königl. Machtanspruch und städtische Freiheit. Münch. Beitr. 71, 1977 (Lit.). – M. Rostovtzeff, GWH; kurz: Th. Pekáry, Die Wirtschaft der griech.-röm. Antike, Wiesbaden 1976, bes. 53 ff.

Stoa.

A. ALLGEMEINES.

Eine der vier großen Philosophenschulen des Hell., benannt nach der Stoa poikile, einer Säulenhalle am Markt in Athen, die man dem Schulgründer Zenon für seine Vorträge zur Verfügung stellte. Gegründet um 300 v. Chr., besteht die St. in lebendiger Lehrtradition fort bis ca. 200 n. Chr. Gewöhnlich unterscheidet man drei Perioden: Alte St. (300–ca. 150 v. Chr.), Mittlere St. (ca. 150–50 v. Chr.), Neuere St. (ca. 50 v. Chr.–200 n. Chr.). Hauptvertreter der Schule während der beiden ersten Perioden, die hier allein betrachtet werden: Zenon aus Kition (Zypern) (ca. 333/2–262

v. Chr.), Kleanthes aus Assos (Kleinasien) (331/0?–232/1 v. Chr.), Chrysippos aus Soloi (Kleinasien) (281/77–208/4 v. Chr.), Panaitios aus Rhodos (ca. 185–95 v. Chr.) und Poseidonios aus Apameia (Syrien) (ca. 135–50 v. Chr.). Die St. verbindet das ethische Gedankengut des ↗Kynismus und die durch Verschmelzung mit der aristotelischen Naturphilosophie (↗Peripatos) modernisierte Logoslehre Heraklits. Aus diesen geistesgeschichtlichen Ursprüngen erklärt sich die Stellung der St. zu den großen philosophischen Systemen der vorangegangenen Epoche, Platons Idealismus, Demokrits Materialismus und Aristoteles' Realismus, sowie zur konkurrierenden Lehre Epikurs (↗Kepos). Auf dem Gebiet der Physik bringt der immanente Gottesbegriff die Stoiker in Gegensatz zu dem transzendenten des Platon und Aristoteles und dem extramundanen Epikur. Der materialistische Monismus macht die St. zum Parteigänger Demokrits und Epikurs und zum Antipoden des platonischen Dualismus von Idee und Erscheinung und des aristotelischen Dualismus von Stoff und Form. Teleologisch-optimistische Weltbetrachtung bildet ihre Verbindung zwischen St., Platon und Aristoteles, während sie zwischen ihr und dem mechanistischen Weltbild der Atomisten eine Kluft aufreißt. Auf dem Gebiet der Erkenntnistheorie finden sich Stoiker und Epikureer als Sensualisten zusammen und bilden eine geschlossene Front gegen Platons Anamnesislehre und Aristoteles' unentschlossenes Schwanken zwischen rationalistischen und empiristischen Tendenzen. Im Bereich der Ethik, der Kernregion der Philosophie, treten die Stoiker mit Platon und Aristoteles für den Universalismus und Gesetzesgedanken ein, wenden sich gegen den Individualismus und das Lustprinzip, die in Epikur ihren Verteidiger finden. Die Bindung an die Polis ersetzen sie durch den Kosmopolitismus, ein durch den Kynismus vermitteltes Erbe der Sophistenzeit. Indem sie ferner das Sittlichkeitsprinzip auf dem Boden einer einseitig intellektualistischen Anthropologie mit strenger Folgerichtigkeit durchführen, nimmt ihre Schule einen rigoristischen Charakter an, der mit der maßvollen Ausgeglichenheit der akademischen und peripatetischen Sittlichkeitslehre kontrastiert.

B. GRUNDZÜGE DES SYSTEMS. Bestand und Wandel: Von den Philosophen des vierten Jahrhunderts übernimmt die St. den universalen Philosophiebegriff und

stellt ein umfassendes System der Welterklärung auf. An die Stelle der platonischen Problemverschlingung tritt die durch Aristoteles und die Alte Akademie eingebürgerte Sonderung der zentralen Problemkreise. Logik und Ethik beziehen sich auf das denkende und wollende Ich, Physik auf das Weltganze, in der sich das Ich tätig und leidend als Teil vorfindet. Im Rahmen der Logik findet das erkenntnistheoretische Problem besondere Beachtung. Die Vorstellungswelt der mit der Geburt entstehenden Seele leitet sich einzig aus der Quelle der Sinneserfahrung her. Die Allgemeinvorstellungen haben keine eigentliche Existenz, da sie außerhalb des Nexus von Ursache und Wirkung stehen. Sie haben nur den Wert von Zeichen, die zur Ordnung der Erfahrungswirklichkeit dienen (Nominalismus). Im Mittelpunkt der Diskussion steht der Begriff der καταληπτικὴ φαντασία, der Wahrnehmungsvorstellung, die durch das Wahrnehmungsobjekt hervorgerufen und deren Übereinstimmung mit demselben durch Ausschaltung der möglichen Quellen des subjektiven und objektiven Irrtums gewährleistet ist. Die Logik im engeren Wortverstand erfährt vor allem von seiten des dritten Scholarchen Chrysipp eifrige Pflege. In der Lehre vom Urteil wird mit Rücksicht auf die Ethik das Moment der Spontaneität stark betont; in der vom Schluß verlagert sich das Interesse von den kategorischen auf die hypothetischen und disjunktiven Schlüsse. Während die moderne Forschung die logischen Bemühungen der Stoiker lange als nichtigen Formalismus abzutun geneigt war, zeigt man seit geraumer Zeit größere Bereitschaft, ihre Verdienste anzuerkennen. Im Altertum zollte man der Dialektik Chrysipps höchste Bewunderung. Im Zusammenhang mit ihren logischen Untersuchungen wird von den Stoikern auch die Sprachtheorie weiter ausgebaut.
Die Physik der St. ist geprägt durch einen materialistischen Monismus und Pantheismus. Wirklich allein ist das Stoffliche, Kennzeichen der Realität die Fähigkeit, im Ursache-Wirkungs-Verhältnis eine aktive oder passive Rolle zu spielen. Urform der Wirkung ist die mechanische der Berührung in den beiden Spielarten von Druck und Stoß. Das Prinzip der Raumerfüllung entfaltet sich in ununterbrochenem Zustand in einem kugelförmig begrenzten Gebilde, dem Kosmos, der daher notwendig einer ist und in der Unendlichkeit des Leeren schwebt. Er ist aus vier konzentrischen Sphären zusammengefügt, die aus den vier Grundstoffen gebildet sind, den beiden leich-

ten, aktiven, Feuer und Luft, und den beiden passiven, schweren, Wasser und Erde. Die Gottheit, die an den aktiven Grundstoff des Feuers gebunden ist, ist allgegenwärtig, da das feine feurige Element die gröberen zu durchdringen vermag. Im Gegensatz zum statischen Weltbild des Platon und Aristoteles betonen die Stoiker den Gedanken des Werdens (Dynamismus). Die Weltbewegung vollzieht sich mit strenger Notwendigkeit (Determinismus). Der Gedanke des ursachlosen Geschehens wird im Gegensatz zum Epikureismus verworfen. Ursache und Wirkung greifen in unzerreißbarer Kette ineinander (Heimarmene). Seinen Ursprung hat dieser Geschehenszusammenhang in der Weltvernunft, die im Weltprozeß die Vollkommenheit ihres eigenen Wesens zur Darstellung bringt (Teleologie). Damit stellt sich das Problem der Theodizee, dem Chrysipp erstmals eine allseitige Bearbeitung hat zuteil werden lassen.

Ganz im Geist der Sokratik sah die St. wie der Epikureismus in der Aufstellung und Begründung der höchsten Lebensnorm ihr eigentliches Anliegen. Der Mensch wird als Vernunftwesen bestimmt und demgemäß an ihn die Forderung gerichtet, sein Wesen in allen Lebensvollzügen zu verwirklichen und im Einklang mit der Vernunft zu leben. Mit der Verwirklichung seines wahren Wesens gelangt er in den Besitz der Glückseligkeit, des höchsten Lebenszieles in der St. wie in den übrigen Philosophenschulen des Hellenismus. Um die unumschränkte Herrschaft der Vernunft aufzurichten, wird die strenge Unterdrückung der Regungen der sinnlichen Natur verlangt, die zu vier Grundaffekten zusammengefaßt werden, je nachdem ob sie einem positiven oder negativen vitalen Wert zugeordnet sind und ob dieser in der sinnlichen Wahrnehmung oder in der antizipierenden Vorstellung gegeben ist (Lust, Unlust, Begierde, Furcht). Ausschlaggebend für den Wert der sittlichen Handlung ist nicht deren Erfolg, sondern ihre Motivierung (Gesinnungsethik). Um sittlich zu sein, darf sie, die Handlung, einzig auf der Einsicht in das Gute als Gutes beruhen, nicht aber auf den Affekten wie Hoffnung auf Lohn oder Furcht vor Strafe. Hier entsteht die Schwierigkeit, wie sich die sittliche Zurechnung, die auf der Annahme der Willensfreiheit beruht, mit der durchgängigen Bestimmtheit des Weltzusammenhangs verträgt; Chrysipp hat sie trotz allem aufgewandten Scharfsinn nicht zu lösen vermocht. Die Gesinnungsmoral verlangt, daß die Tugend um ihrer selbst willen erstrebt wird; Tugend trägt ungeachtet ihrer Folgen ihren Lohn in sich selbst, wie umgekehrt schuldhaft nicht erst die böse Tat, sondern schon die böse Willensregung ist. Tugend ist das einzige Gut. Im Grunde ist sie ein unteilbares Ganzes, weil sie das Ja zum göttlichen Vernunftgesetz ist, doch entfaltet sie sich je nach der konkreten Lebenslage in verschiedenen Richtungen als Tapferkeit, Gerechtigkeit usw. Die Einzeltugenden sind daher unlöslich miteinander verknüpft (Antakoluthie). Im Reich der wertneutralen Dinge ist eine Stufung anzuerkennen. Neben absolut irrelevanten Dingen stehen relative Werte und Unwerte (προηγμένα und ἀποπροηγμένα), die den eigentlichen Stoff des sittlichen Handelns bieten. Die ideale Forderung konkretisiert die St. in der Gestalt des Weisen, der mit der inneren Freiheit die äußere Schicksalsunabhängigkeit gewinnt und mit der vollkommenen Verwirklichung des idealen Selbst der Gottheit wesensgleich geworden ist. – Im Laufe ihres Bestehens hat die St. mancherlei Wandlungen erfahren. Die Umbildungen sind Reaktion auf Angriffe der Kritik, die teils im Innern der Schule, teils außerhalb derselben laut wurde. Besonders heftig war die Fehde zwischen ↗Akademie und St. Aber auch die Epikureer und vereinzelt die Peripatetiker hatten Beanstandungen. Die Einwendungen betrafen sämtliche drei philosophischen Grunddisziplinen. Der Schulgründer mußte sich von dem Akademiker Polemon mangelnde Originalität vorrücken lassen. Der Akademiker Krantor geißelte die Unmenschlichkeit des Apathie-Ideals. Der Begründer der Mittleren Akademie, Arkesilaos, attackierte die kataleptische Vorstellung als Wahrheitskriterium, indem er auf die Sinnestäuschungen hinwies, und veranlaßte damit Chrysipp zu einer umfassenden Verteidigung der stoischen Lehre. Ebenfalls wollte er die Scheidung zwischen den verschiedenen Gruppen der Adiaphora nicht gelten lassen und darin nichts weiter sehen als eine terminologisch verbrämte Rückkehr zur Güterlehre der Alten Akademie und des Peripatos. Während Ariston von Chios glaubte, die Position des Schulgründers räumen zu sollen, und die Klassifizierung der Adiaphora fallen ließ, wandte Chrysipp gegen diese Neuerung ein, daß damit das sittliche Handeln jeglichen Raum zur Entfaltung verliere, weil das Gebiet der relativen Werte und Unwerte den Stoff für die Betätigung der sittlichen Vollkommenheit liefere. Bei den Epikureern spottete man über die lebensfremde Verstie-

genheit des Weisenideals, den Vorsehungs- und Mantikglauben. Im Peripatos hatte schon Theophrast das Weltbranddogma kritisiert, aber erst Kritolaos vermochte Diogenes von Babylon, Panaitios u. a. zur Aufgabe dieses Lehrstückes zu bewegen. In der Mittleren St. gelang den Gegnern, vor allem der Akademie (Karneades), ein Einbruch in stoische Lehrgebäude. Panaitios rückte vom Weisenideal ab, schwächte den Autarkiegedanken, sagte sich von der Apathieforderung los, vollzog in der Güterlehre eine Annäherung an Akademie und Peripatos und opferte die Mantik und den Unsterblichkeitsglauben. Sein Schüler Poseidonios verteidigte das Postexistenzdogma gegen seinen Lehrer durch Erneuerung der platonischen Präexistenzlehre und bekämpfte vor allem die intellektualistische Auffassung des Gefühlslebens bei Chrysipp. In der Güterlehre dachte er ähnlich wie sein Lehrer.
Aber die St. hat von den übrigen Philosophenschulen nicht nur empfangen, sondern ihnen auch gegeben. Der zenonische Sensualismus war die Grundlage, auf der die Akademie ihre Angriffe gegen die St. richtete. Der akademische Dogmatismus des Antiochos von Askalon machte in Ethik und Erkenntnistheorie stärkste Anleihen bei der St. Der Neuplatonismus hat einen starken stoischen Einschlag.
Gegenüber den Wissenschaften nahm die Alte St. eine gleichgültige, ja feindselige Haltung ein. Erst mit Panaitios und vor allem Poseidonios trat ein entscheidender Wandel ein. Das Verdienst des letzteren besteht darin, daß er auf der breiten Grundlage der Fachwissenschaften eine umfassende Erneuerung des stoischen Lehrsystems versuchte. Ihrerseits hat die St. auf die Spezialwissenschaften gewirkt. Grammatik, Rechtswissenschaft, Medizin und Geographie gerieten in ihren Bannkreis. Besonders stark und nachhaltig war die Einwirkung auf Grammatik (↗Philologie) und Rechtswissenschaft. Gegenüber der überkommenen Religion war die St. freundlicher eingestellt als der Epikureismus. Mit Hilfe der allegorischen Mythendeutung versuchte man die traditionellen Göttervorstellungen mit der eigenen philosophischen Weltanschauung in Einklang zu bringen. An dem im sinkenden Altertum mehr und mehr um sich greifenden Dämonenglauben ist die St. nicht ganz unbeteiligt. Andererseits wurde sie dem Christentum zum Wegbereiter infolge ihres strengen Monotheismus, ihres Kosmopolitismus und ihrer herben Gesinnungsethik.

In der äußeren Geschichte macht Epoche die Verpflanzung der St. nach Rom durch Panaitios. Mit der Entstehung der sog. römischen St. hebt die weltgeschichtliche Wirkung der Lehre Zenons an. Einzig Werke der literarischen Vertreter dieser letzten Phase, die geprägt ist durch ihre Rückkehr zur chrysippeischen Orthodoxie und die Konzentration des philosophischen Interesses auf die Ethik, sind vollständig auf die Nachwelt gekommen, während die Schriften der großen schöpferischen Geister der St. nur in geringfügigen Bruchstücken überdauerten. Auf die philosophische Bewegung der Neuzeit wirkte der stoische Schicksalsheroismus, bald anziehend, bald abstoßend, in der literarischen Gestalt, die ein Seneca, ein Epiktet, ein Mark Aurel ihm gegeben hatten.

Die wissenschaftliche Aufgabe der Restaurierung dieser einmaligen geistigen Erscheinung wurde in der sog. Bonner Schule (H. Usener, F. Bücheler) gestellt und gelöst (H. v. Arnim). Die geistesgeschichtliche Bedeutung der St. beruht auf der strengen Fassung des Moralprinzips, die Wert und Würde der Person ausschließlich auf den sittlichen Willen gründet. Das Streben nach dem Guten macht den Adel des Menschen aus.

C. DIE HAUPTVERTRETER DER ST.

1. ZENON (ca.333/2–262 v. Chr.), Begründer der St. Geboren in Kition auf Zypern, phönizischer Herkunft, kommt 312/1 nach Athen, schließt sich an den Kyniker Krates (↗Kynismus) und später an Stilpon (↗Megariker) an, dessen Ethik gleichfalls kynisches Gepräge trägt. Unterricht in der Dialektik bei Diodoros Kronos und Philon. Hört den Akademiker Polemon (↗Akademie). Daneben intensive philosophische Lektüre. Empfängt einen tiefen Eindruck von Heraklits Logoslehre. Erwirbt sich eine bedeutende Vertrautheit mit den platonischen Schriften. 301/0 gründet er seine eigene Schule. Für die philosophischen Vorträge stellt man ihm die Stoa poikile zur Verfügung, eine Säulenhalle am Markt, die mit Gemälden Polygnots ausgeschmückt ist. Daher der Name der Schule. Im Gegensatz zu Epikur, der wenige Jahre zuvor seine Schule eröffnet hatte (↗Kepos), gestattet Z. Frauen den Besuch seiner Vorlesungen nicht. Auch von der Teilnahme von Sklaven findet sich in der Überlieferung keine Spur. Ein enges persönliches Verhältnis verbindet ihn mit dem makedonischen König Antigonos Gonatas, doch lehnt er eine Aufforderung, nach Pella zu kommen, ab. Auf dem Gebiet der Erkenntnistheorie findet er seinen Hauptgegner in dem Akademiker Arkesilaos, auf dem der Ethik in Epikur. In hohem Alter scheidet er freiwillig aus dem Leben. Mit seinem Tode droht seine Schule zu zerfallen. Von dem umfangreichen schriftstellerischen Nachlaß Z.s sind nur geringfügige Reste erhalten.

Die Philosophie gliedert Z. nach dem Vorbild des Akademikers Xenokrates in drei Problemkreise: Physik (Wirklichkeitslehre), Logik (Denk- und Erkenntnislehre) und Ethik (Sittlichkeitslehre). Sie ist ihm eine universale Wissenschaft, da sie auf den Inbegriff der göttlichen und menschlichen Dinge gerichtet ist. Der Hauptnachdruck fällt indes auf die Ethik, der gegenüber die beiden anderen Disziplinen eine dienende Stellung einnehmen. Z. begrenzt das Wirkliche auf das stoffliche Sein. Nach verbreiteter Annahme steht er dabei unter dem Einfluß des Antisthenes, der Platons Ideentheorie verwarf. Am Aufbau des Seins sind zwei Prinzipien beteiligt, ein aktives, das mit der Gottheit zusammenfällt, und ein passives. Stoffliche Erscheinungsform der Gottheit ist das schöpferische Feuer, das planvoll zur Weltgestaltung schreitet. Aus ihm gehen die übrigen Elemente, Luft, Wasser und Erde, hervor, die nicht streng geschieden sind, sondern ineinander übergehen. Sie bilden vier konzentrische Kugeln derart, daß die beiden schweren Elemente, Wasser und Erde, zum Mittelpunkt, die beiden leichten, Luft und Feuer, zur Peripherie streben. Dieser kugelförmige Kosmos, der einzige seiner Art, in dessen Mittelpunkt unbewegt die Erde ruht, schwebt im leeren Raum, der sich nach allen Seiten hin ins Unendliche ausdehnt. Innerhalb der Welt gibt es kein Vacuum. Der kosmische Prozeß vollzieht sich mit strenger Vernunftnotwendigkeit. In regelmäßigen Abständen löst das göttliche Urfeuer die übrigen Elemente in sich auf (Ekpyrosis), um sie alsdann in der Vielfalt ihrer Erscheinungen verjüngt wiedererstehen zu lassen (Palingenesie und Diakosmesis). Die neue Weltperiode gleicht sämtlichen vorangegangenen und sämtlichen folgenden in allen Einzelheiten. Dieser Materialismus setzt sich in der Seelenlehre fort. Die menschliche Seele, ein Ableger der Weltseele, ist ein feuriger Hauch, der mit der Geburt entsteht und den physischen Tod eine Zeitlang überdauert. Sie zerfällt in acht Teile: Hegemonikon, fünf Sinne, Sprach- und Zeugungsvermögen.

Auf dem Gebiet der Denk- und Erkenntnislehre ist Z. Sensualist. Grundbegriff ist das Wahrnehmungsbild (φαντασία καταληπτική), das meist adäquat, in seltenen Fällen inadäquat ist. Der Erkenntnisvorgang wird wesentlich rezeptiv gesehen. Speicher für die Wahrnehmungsvorstellungen ist das Gedächtnis. Die Allgemeinbegriffe haben keine wirkliche Existenz, sondern nur den Wert von Zeichen. Mit dem vierzehnten Lebensjahr ist der Logos voll entwickelt. Die oberste Richtschnur der Lebensführung ist die Einstimmigkeit (ὁμολογία). Sie beruht auf der vollendeten Vernunft, die sich zugleich als Arete darstellt. Sie ist die alleinige Bedingung der Glückseligkeit, wie das Laster die einzige Voraussetzung des Unglücks ist. Alle übrigen Dinge sind für Glück und Unglück unerheblich und haben daher keinen Anspruch auf den Namen Gut bzw. Schlecht im strengen Sinn. Das gilt vor allem für Leben und Tod. Nur relativer Wert bzw. Unwert kommt ihnen zu (προηγμένα, ἀποπροηγμένα). Daher ist der Selbstmord erlaubt, wofern er wohlbegründet ist (εὔλογος ἐξαγωγή). Eine Vielzahl von Tugenden ist anzunehmen; sie sind sämtlich unlöslich miteinander verbunden. Denn die Wurzel aller Tugenden ist die Einsicht in das Wesen von Gut und Schlecht in den verschiedenen Lebenslagen. Die Tugend ist um ihrer selbst willen zu erstreben. Eine äußerlich tugendhafte Handlung ist es ihrem Wesen nach nicht, wenn sie aus anderen Antriebskräften (Furcht und Begierde) hervorgeht als aus der Einsicht in ihre Übereinstimmung mit dem Vernunftgesetz. Die Hauptaufgabe der sittlichen Selbsterziehung besteht in der Ausrottung der Affekte, bei denen vier Grundarten unterschieden werden, zwei gegenwartsbezogene, Freude und Leid, zwei zukunftsbezogene, Begierde und Furcht. Die Affekte beruhen auf einem Fehlurteil. Ihre Bekämpfung erfolgt daher in der Form der Verstandesaufklärung. Die Überwindung der Affekte ist prinzipiell möglich. Der Weise, der sich zur sittlichen Vollendung emporgearbeitet hat, hat mit der inneren Freiheit, der Apatheia, die äußere Freiheit, die Schicksalsunabhängigkeit, gewonnen. Er ist in der Welt der Erfahrung selten anzutreffen. Das Gros der Menschheit ist den Toren zuzurechnen. Unter dem Druck der Kritik wird eingeräumt, daß in der großen Masse der Toren die Fortschreitenden eine Sonderstellung einnehmen. Der Weise arbeitet an der Verwirklichung der Vernunftordnung im privaten und staatlichen Bereich. Vor allem weiß er sich als

Diener der Menschheit, die mit den Göttern das den ganzen Kosmos umspannende Reich der Vernunftwesen bildet.

II. KLEANTHES (331/0[?]–232/1 v. Chr.) aus Assos (Kleinasien). Leitet die St. nach Zenon (seit 262 v. Chr.). Seine Lehrtätigkeit wird von der des Akademikers Arkesilaos und der des Stoikers Ariston in den Schatten gestellt. Rückgang der Schülerzahl. Scheidet wie Zenon durch Selbstmord aus dem Leben. Ziemlich umfangreicher literarischer Nachlaß; vollständig erhalten nur der Zeushymnus.

K. führt im wesentlichen Zenons Lehrtradition fort. An einzelnen Punkten baut er das überkommene Lehrsystem weiter aus. Namentlich verleiht er durch Umakzentuierungen dem Lehrgut eine persönliche Note. Das Gesamtgebiet der Philosophie gliedert er in sechs statt in drei Teilfelder: Dialektik, Rhetorik, Ethik, Politik, Physik und Theologie. In der Verselbständigung der Gotteslehre bekundet sich der stark religiöse Einschlag seines Philosophierens (Zeushymnus und Zeusgebet). Gemäß seinem grob materialistischen Seelenbegriff legt er auf dem Gebiet der Erkenntnistheorie Zenons Lehre von der Wahrnehmungsvorstellung dahingehend aus, daß sie sich in der seelischen Wirklichkeit als ein Gebilde mit reliefartigen Erhöhungen und Vertiefungen darstellt. In der Seinslehre verficht K. den materialistischen Monismus seines Lehrers. Die Welt der sinnlichen Erscheinungen entsteht durch die Vereinigung des leidenden und des tätigen Prinzips, das mit dem Weltlogos identisch ist. Der kosmische Prozeß vollzieht sich in dreiphasigen Zyklen (Weltbrand, Weltentstehung, Weltgestaltung). Den leitenden Teil der Weltseele (Hegemonikon) siedelt er in der Sonne an. Unter dem Einfluß der Theologie des frühen Aristoteles lehrt er, daß die Sonne wie die übrigen Gestirne sich aus den Ausdünstungen des Ozeans nährt. Zwischen Mikro- und Makrokosmos herrscht ein strenger Parallelismus. Das Hegemonikon des Menschen hat seinen Sitz im Herzen, ist eine Ausdünstung des Blutes und nährt sich von diesem. Die Seele entsteht bei der Geburt; ihre Materialität wird u. a. durch die geistig-seelische Ähnlichkeit von Kindern und Eltern bewiesen. Sie überdauert den Tod bis zum Weltbrand. Seiner religiösen Verehrung für die Weltvernunft hat K. in seinem berühmten Zeushymnus dichterischen Ausdruck verliehen. Die Sprache der Poesie hielt er der Majestät religiöser Gegenstände für angemessener als die der Begrifflichkeit, was die epikureische Kritik herausforderte. Der Zeushymnus läßt Ansätze zu einem Dualismus erkennen. Das Böse entspringt dem freien Willen des sittlichen Subjekts. K.' Theorie über den Ursprung der Religion ist ein Verschmelzungsprodukt aus Gedanken des (jungen) Aristoteles, Demokrits und des Prodikos. Sein Gottesbeweis baut sich auf der Stufenfolge des Seins auf. Dem wissenschaftlichen Fortschritt der hell. Zeit stand K. gleichgültig, ja feindselig gegenüber (Bekämpfung von Aristarchs heliozentrischem System).

K.' Ethik ruht auf dem Fundament seiner Theologie. In Zenons Telosformel „In Übereinstimmung (mit der Natur) leben" versteht er Natur als Allnatur. Die Erfüllung des vernünftigen Weltwillens führt zur Glückseligkeit. Schroffer als Zenon betont er den Gegensatz zum Telos Epikurs (↗Kepos), der Lust; in einer von Prodikos angeregten Allegorie veranschaulicht er sinnfällig das Verächtliche einer Herrschaft der Sinnlichkeit über die Sittlichkeit. Nach Sokrates' Vorbild hält er streng an der Identität von Gut und Nützlich fest. Die Tugend faßt er als eine gespannte Kraft (Tonos). Sie ist ein unteilbares Ganzes, dessen Erscheinungsweisen die Einzeltugenden sind. Entsprechend der intellektualistischen Grundhaltung wird gelehrt, daß sie ausschließlich durch Didaxis übermittelt wird. Einmal erworben, ist die sittliche Vollkommenheit unverlierbarer Besitz. Der Standpunkt der Gesinnungsethik ist bei K. mit großer Reinheit ausgebildet. Im Gegensatz zu Ariston sieht er auch in der praktischen Ethik eine der Philosophie würdige Aufgabe. K.' Wirkung auf die Nachwelt kam der Aufschwung zugute, den die Schule unter seinem Nachfolger Chrysipp nahm.

III. CHRYSIPPOS (281/77–208/4 v. Chr.) aus Soloi (Kilikien), dritter Schulleiter der St. nach Zenon und Kleanthes, Schüler des Kleanthes und des Akademikers Arkesilaos, von dem er seine Ausbildung in der Dialektik erhielt. Ausgedehnte Schriftstellerei (mehr als 705 Bücher). Zahlreiche Schüler. Sein Verdienst besteht im systematischen Ausbau der von Zenon begründeten Lehrtradition mit Hilfe eines reich entwickelten Begriffsapparates, dem Erzeugnis einer bisweilen überscharfen Seinsanalyse. Das Bemühen um logische Sicherung ist vor allem Reaktion auf die Angriffe der Mittleren ↗Akademie. Daneben Bekämpfung der auflösenden Tendenzen im Innern der Stoa (Ariston).

Ch. faßt die Philosophie als universale Wissenschaft von den göttlichen und menschlichen Dingen auf, die er, von Kleanthes zu Zenon zurückkehrend, in die drei herkömmlichen Teilgebiete aufgliedert, Logik, Physik und Ethik. Unter didaktischem Gesichtspunkt wird die Reihenfolge Logik – Ethik – Physik empfohlen. Wenn auch die Physik auf Grund der Würde ihres Gegenstandes (Gottesfrage) den höchsten Rang beansprucht, so steht doch die Ethik wegen ihres praktischen Wertes an erster Stelle.

In der *Logik*, die die Erkenntnistheorie mit umfaßt, sucht Ch. die Lehre von der καταληπτικὴ φαντασία gegen die Angriffe des Arkesilaos zu sichern. Als καταληπτικὴ φαντασία wird die Wahrnehmungsvorstellung bestimmt, die durch ein Objekt der Wahrnehmung ausgelöst ist und diesem entspricht. Sie hat als Kriterium der Wahrheit zu gelten. Die καταληπτικὴ φαντασία unterscheidet sich von der gewöhnlichen Wahrnehmungsvorstellung durch die Ausschaltung der subjektiven und objektiven Fehlerquellen, die die Wahrnehmung zu beeinträchtigen pflegen. Ch. ist also weit davon entfernt, mit Epikur die Wahrheit jeder sinnlichen Wahrnehmung zu behaupten. Aus der καταληπτικὴ φαντασία bildet sich durch den Urteilsakt der Zustimmung (συγκατάθεσις) der wissenschaftliche Begriff (κατάληψις), der sich von der πρόληψις, der vorwissenschaftlichen Allgemeinvorstellung, die selbsttätig, d.h. auf dem Wege der ideierenden Abstraktion, aus dem Wahrnehmungserlebnis herauswächst, dadurch abhebt, daß er ein Kunstprodukt ist. Wie die beiden Scholarchen vor ihm hält auch Ch. an einem konsequenten Sensualismus fest. Für ihn ist im Gegensatz zu Platons Anamnesislehre, aber in Übereinstimmung mit Aristoteles der menschliche Geist bei der Geburt einer unbeschriebenen Tafel vergleichbar. Im Laufe des Lebens formt sich die Vorstellungswelt. Mit dem siebten Lebensjahr ist dieser Prozeß der Hauptsache nach abgeschlossen. Die Wahrnehmungsvorstellung wird jedoch nicht mehr grob materialistisch wie bei Kleanthes als Eindruck im Seelenpneuma mit reliefartigen Erhöhungen und Vertiefungen gefaßt, sondern als eine Zustandsänderung (ἑτεροίωσις), weil nur so das Phänomen des Gedächtnisses erklärbar erscheint: die alten Gedächtnisbilder werden durch neue nicht verwischt.

Auf dem Gebiet der eigentlichen Logik fühlt sich Ch. als Fortsetzer der von Sokrates über Platon und Aristoteles reichenden Tradition. Er bereichert die Begriffslehre um den originellen Gedanken, daß die sprachlichen Zeichen (σημαίνοντα) nicht unmittelbar den Gegenständen zugeordnet sind, sondern den Bedeutungen (σημαινόμενα), einer eigentümlichen Zwischenwelt, die keine Körperlichkeit und damit keine Existenz besitzt. Für die Phänomenologie hat dieser Gedanke neue Geltung gewonnen, wie der Gegensatz von Significans und Significatum in der strukturalistischen Sprachwissenschaft der Gegenwart eine bedeutsame Rolle spielt. Die platonisch-aristotelischen Bemühungen, die obersten Formbestimmungen des Seienden zu ermitteln, werden fortgesetzt, und ihre Zahl wird mit vier angegeben: Substanz, Beschaffenheit, Zustand und Beziehung. In der Urteilslehre unterstreicht Ch. durch Hervorhebung der Zustimmung (συγκατάθεσις) das aktive Moment im Erkenntnisvorgang. Damit ist ein erster Schritt getan zur Überwindung der im Altertum verbreiteten Vorstellung vom Erkennen als einem wesentlich rezeptiven Prozeß. In der Schlußlehre gehört Ch.s besonderes Interesse den hypothetischen und disjunktiven Schlüssen. Er ist geneigt, im hypothetischen Schluß die Urform des Schlusses überhaupt zu sehen, während Aristoteles im kategorischen Schluß den Urtyp erblickt.

In der *Physik* ist im Vergleich zu den ersten beiden Scholarchen die Position zu den großen metaphysischen Systemen der Vergangenheit, Platons Ideenlehre, Demokrits Materialismus und Aristoteles' Realismus, nicht verschoben. Angelegentliches Interesse widmet Ch. der allgemeinen Seinslehre. Das Wirkliche fällt mit dem Körperlichen zusammen. Sein eigentliches Kennmal ist die Fähigkeit, Träger des Kausalnexus zu werden. Was nicht vom Ursache-Wirkungs-Verhältnis umgriffen werden kann wie die vier λεκτά, Raum, Ort, Zeit, Vorstellung, besitzt keine echte Wirklichkeit. Urform des Wirkens ist die mechanische Berührung in der doppelten Spielart von Druck und Stoß, wie dementsprechend der Tastsinn als Urbild der Wahrnehmung zu gelten hat. Die aristotelische Vierzahl der Ursachen (Stoff-, Form-, Wirk- und Zweckursache) wird auf eine einzige, die Wirkursache, beschränkt, bei der indes mehrere Sonderformen unterschieden werden vor allem im Hinblick auf das ethische Problem der Zurechnung und Willensfrei-

heit. An der Körperlichkeit haben nicht nur die Substanzen, sondern auch die Qualitäten teil. Da diese nebeneinander bestehen, sieht sich Ch. genötigt, das von Aristoteles formulierte Prinzip der Undurchdringlichkeit des Stoffes durch seine Krasistheorie für ungültig zu erklären, was ihm bereits im Altertum heftige Kritik eingetragen hat.
Die Kosmologie bietet bei reicherer Ausgestaltung den vertrauten Anblick. Im unendlichen leeren Raum schwebt der kugelförmige, begrenzte Kosmos, der einzige seiner Art, innerhalb dessen es kein Vacuum gibt, weil sonst die Möglichkeit des Wirkens und damit auch der Wahrnehmung aufgehoben wäre. Innerhalb des Kosmos ist es sinnvoll, von oben und unten, links und rechts usw. zu sprechen, weil mit dem Mittelpunkt ein Fixpunkt gegeben ist, außerhalb des Weltalls hingegen nicht. Die Welt ist aus vier konzentrischen Kugeln gebildet. Die beiden äußeren bestehen aus den beiden leichten, nach oben strebenden, aktiven Elementen, Feuer und Luft – die Feuerregion beginnt beim Mond –, die beiden inneren aus den beiden schweren, nach unten sinkenden, passiven Elementen, Wasser und Erde. Die Erdkugel ruht unbeweglich im Weltmittelpunkt. Wie der Leib von der Seele, so ist der Kosmos vom göttlichen Geist durchdrungen. Das Hegemonikon des Weltgeistes hat seinen Sitz im Äther, d.h. der obersten Feuerregion, wie Ch. im Gegensatz zu Kleanthes annimmt, der es in die Sonne verlegt hatte. Die Weltvernunft bestimmt den Verlauf des Weltprozesses nach dem Gesetz strenger, unaufhebbarer Sinnotwendigkeit. Die Weltbewegung vollzieht sich in drei Phasen, Weltbrand, Welterneuerung, Weltformung. Sie wiederholt sich in ewig gleichem Rhythmus, ohne ein Ende zu kennen. Entsprechend dem Parallelismus zwischen Mikro- und Makrokosmos ist auch die Einzelseele stofflich gedacht; sie ist ein feuriger Hauch mit dem Sitz im Herzen, der sich, in acht Teile gegliedert (Hegemonikon, fünf Sinnesorgane, Sprach- und Zeugungsvermögen), durch den ganzen Leib erstreckt, mit der Geburt entsteht, sich aus den Dämpfen des Blutes nährt (wie die Gestirne aus den Ausdünstungen des Meeres), mit dem Tod sich vom Leibe trennt (woraus die Stofflichkeit gefolgert wird) und den Leib überlebt, bis zum Weltbrand, wenn die Seele einem Weisen, kürzere Zeit, wenn sie einem Toren gehört.
In der *Gotteslehre* gipfelt die Physik. Rangmäßig steht die

Theologie auf einer und derselben Stufe wie die höchsten Weihen der Mysterien. Der Weltgott ist einer. Seinem Wesen nach ist er reiner Logos und pausenlose Aktivität. Sein Wesen stellt sich im Weltwerden dar. Das Universum trägt den Stempel der Vollkommenheit seiner Natur. Damit stellt sich für Ch. in aller Dringlichkeit die Frage nach der Theodizee, der er erstmals eine umfassende Bearbeitung zuteil werden läßt; sie behält für die Folgezeit grundlegende Bedeutung. Seine Argumente zur Rechtfertigung der Vernünftigkeit des Weltlaufes reduzieren sich auf zwei Grundgedanken, das Scheinwesen der sog. Übel und ihre Unvermeidlichkeit als Nebenwirkungen von höheren Vernunftzwecken. Im Einklang mit der siderischen Religion des späten Platon wird, wohl unter dem Eindruck von Aristoteles' Jugendschriften, den Gestirnen göttlicher Rang zugeschrieben. Mit Hilfe der Allegorese werden die Vorstellungen der volkstümlichen Religion in das naturphilosophische Gedankengebäude eingefügt.

Entsprechend dem Grundzug zu systematischer Durchdringung sondert Ch. im Problemkreis der *Ethik* mehrere Teilgebiete: Lehre von den Willensimpulsen, den Gütern, den Tugenden, den Affekten, den Handlungen resp. Pflichten. In seiner Telosformel betont er stark das Moment der Vernünftigkeit der allgemeinen menschlichen Natur. Dementsprechend versteht er die Lehre von der Selbsterhaltung als dem Urtrieb nicht – wie Epikur – von dem sinnlichen, sondern von dem sittlichen Wesensgefüge. In der Güterlehre wendet er sich gegen Ariston und verwirft die Radikalisierung des Adiaphoriegedankens, weil Tugend wesentlich in der Überwindung der Willensregungen, die durch die προηγμένα und ἀποπροηγμένα ausgelöst werden, zur Entfaltung kommt, indem der selbstlose Vernunftzweck dem selbstischen Streben übergeordnet wird. Aus Systemzwang wird das Gute als Körper gefaßt; es ist Wirkkraft; der Kausalnexus aber hat die Materialität der beteiligten Entitäten zur Voraussetzung. Auch in der Tugendlehre bekämpft Ch. die Neuerungen, die Ariston gegenüber Zenon vertrat. Von einer strengen Einheit der Tugend will er nichts wissen, sondern spricht sich für deren Mehrheit aus. Zwar sind ihm die Tugenden unlöslich miteinander verbunden im Sinne des namentlich von peripatetischer Seite bekämpften Antakoluthiegedankens, aber nicht so, daß sie verschiedene Erscheinungsformen einer einzigen Grundtugend wären, sondern so, daß jeder einzelnen substantielles Eigensein zukommt. Die Krasistheorie dient zur Überwindung der entstehenden Denkschwierigkeit. Sie setzt, wie bemerkt, das aristotelische Prinzip der Undurchdringlichkeit der Körper außer Kraft. Kleanthes hatte entsprechend seinem starren Intellektualismus die Unverlierbarkeit des Tugendwissens behauptet; Ch. glaubt den starren Doktrinarismus mildern zu sollen. Die Erfahrungswirklichkeit zwingt ihn zu dem Zugeständnis, daß durch gewisse abnorme Körperzustände, wie Trunkenheit und Wahnsinn, die intellektuelle Tätigkeit und damit die sittliche Vollkommenheit beeinträchtigt wird. Das platonische System der vier Kardinaltugenden wird von Ch. aufgenommen, doch die σοφία durch die φρόνησις ersetzt, vermutlich im Hinblick auf die aristotelische Scheidung von theoretischer (σοφία) und praktischer (φρόνησις) Vernunft.

In der *Affektenlehre* vertritt Ch., über Zenon hinausgehend, einen konsequenten Intellektualismus. Die Affekte, bei denen die vier üblichen Grundarten unterschieden werden, Freude, Schmerz, Begierde, Furcht, sind nicht mehr die Folgeerscheinungen falscher Werturteile, sondern mit diesen identisch. Dieser Extremismus hat seine Wurzel in Ch.s strengem Monismus, der allen Theorien vom Schichtenaufbau der Seele kritisch gegenübersteht. Im Sinn des Apathie-Ideals wird mit Frontstellung gegen die akademisch-peripatetische Metriopathie die Überwindung der Affekte für möglich und notwendig erklärt. In der Lehre von den edlen Affekten (εὐπάθειαι) kann man mit der antiken Kritik eine Aufweichung der Forderung nach Gefühlsabtötung sehen. Als besonders anstößig galt heidnischen und christlichen Gegnern der Stoa die Verfemung des Mitleids. Bei Kindern und Tieren wollte Ch. keine Affekte anerkennen im Unterschied von Akademie und Peripatos, da die Affektentstehung an das Vorhandensein von Vernunft gebunden ist. Die Brüchigkeit der Theorie, die hier geradezu in die Augen sprang, suchte er mit zweifelhaften Wortkunststücken zu verdecken. Das besondere Interesse Ch.s gehörte weniger der Affekttheilung als der theoretischen Aufgabe, eine Übersicht über die verwirrende Mannigfaltigkeit des Gefühlslebens zu gewinnen.

Bei den Handlungen schied Ch. pflichtgemäße und pflichtwidrige. In der Pflichtenlehre tritt wie in der Güter- und Tugendlehre der Rigorismus mit unverminderter Stärke in Erscheinung. Nur der Weise ist zu wahrhafter

Pflichterfüllung befähigt (κατόρθωμα). Alle Verstöße gegen das Vernunftgesetz wiegen gleich schwer. Das Weisenideal, in dem die sittliche Forderung und der sittliche Lohn zu sinnfälliger Konkretheit verdichtet ist, steht bei Ch. in unverminderter Geltung. Kernpunkt ist nach wie vor die Schicksalsüberlegenheit, die in der inneren Freiheit gründet. In der praktischen Ethik werden politische Betätigung und Ehe im Unterschied vom Epikureismus zur sittlichen Pflicht erklärt. Der Selbstmord wird im Gegensatz zum Platonismus innerhalb gewisser Grenzen zugelassen.

Die Form, die Ch. dem stoischen System gab, hat sich selbst gegen die mittelstoische Kritik weitgehend durchgesetzt. In der frühen Kaiserzeit genoß die doktrinäre Enge und Strenge Ch.s höhere Autorität als das weltoffene Philosophieren eines Panaitios und Poseidonios.

IV. ARISTON von Chios (um 250 v. Chr.), Schüler Zenons, Lehrer des Geographen Eratosthenes, wird häufig mit dem Peripatetiker gleichen Namens aus Keos verwechselt, daher die Umgrenzung seines Nachlasses strittig. Mit Arkesilaos angesehenster Philosoph seiner Zeit, stellt Kleanthes in den Schatten. Bekämpft den Skeptizismus des Arkesilaos.

Von den drei philosophischen Grunddisziplinen Logik, Ethik, Physik läßt A. nur die Ethik gelten, allerdings auch diese nicht im üblichen Umfang, da er die Probleme der praktisch-kasuistischen Ethik ausgeschieden wissen will. Vom Schulgründer Zenon trennt er sich durch den Radikalismus seiner Wertlehre. Er verwirft jegliche Rangstufung im Bereich der sittlich indifferenten Gegenstände; konsequenterweise bekennt er sich zu einem entschiedenen Kosmopolitismus. In der Tugendlehre behauptet er die strenge Einheitlichkeit der Tugend. Entsprechend seinem ethischen Intellektualismus ist sittliche Erziehung für ihn ganz wesentlich Verstandesaufklärung. Freilich verschließt er sich nicht der Einsicht, daß zur Ausrottung der Leidenschaften, die für ihn ein wesentliches Stück der sittlichen Aufgabe bildet, Kampf und Übung erforderlich sind. Die vier Grundaffekte ordnet er zu dem bekannten aristonischen Tetrachord. In der Gottesfrage neigt er dem Agnostizismus zu. Der von ihm begründeten Richtung war nur ein kurzes Leben beschieden.

V. PERSAIOS aus Kition (um 250 v. Chr.), Lieblingsschüler Zenons, wurde von diesem zu Antigonos Gonatas gesandt und führte auf diese Weise den Stoizismus in die Welt der Politik ein; Prinzenerzieher, von Antigonos mit militärischen Aufgaben betraut. Keine selbständige Denkergestalt. Treu an der Lehre seines Meisters festhaltend, stemmt er sich gegen die Neuerungen Aristons, ohne immer imstande zu sein, sein Leben im Einklang mit seinen stoischen Idealen zu führen. Beansprucht ein gewisses Interesse wegen seiner Religionsphilosophie. Steht wie Euhemeros von Messene in der Tradition der rationalistischen Mythendeutung, die von Hekataios von Milet und Stesimbrotos ausgeht, in der Sophistenzeit von Prodikos repräsentiert wird. Erneuert den Gedanken des letztgenannten, daß der Götterglaube entstanden ist durch die Verklärung und Erhöhung großer Wohltäter der Menschen und die Vergöttlichung wertvoller Naturgaben und -kräfte. Wirkt durch Cicero auf die christliche Apologetik.

VI. DIOGENES, genannt der Babylonier (1. H. 2. Jh.), aus Seleukeia am Tigris, Schüler Chrysipps, Lehrer des Antipatros von Tarsos und des Panaitios, Teilnehmer der Philosophengesandtschaft von 156/5. – Pflegt die drei Hauptgebiete der Philosophie im Sinne seines Lehrers ohne einschneidende Änderungen. In der Physik distanziert er sich im Alter unter dem Einfluß der gegnerischen Kritik von dem Lehrstück des Weltbrandes. Seine Lehre von der Seelensubstanz widersprüchlich. Im Einklang mit der orthodoxen Schullehre und im Widerspruch zu den medizinischen Erkenntnissen der Zeit gibt er das Herz als Sitz des Hegemonikon aus. In der Logik gehört sein besonderes Interesse den Problemen des sprachlichen Ausdrucks. Er faßt den Lehrertrag der stoischen Schule zusammen. Sein Werk hat durch die Vermittlung des Dionysios Thrax (↗Philologie) weit in die Neuzeit gewirkt. In der Ethik läßt seine Neufassung der Telosformel die Tendenz zu höherer Bewertung der Adiaphora erkennen. Intensiv hat er sich mit Musikgeschichte und -theorie beschäftigt und ein ausgedehntes Erfahrungsmaterial zusammengebracht. Sein besonderes Studium galt der menschenformenden Wirkung des musikalischen Kunstwerkes je nach Ton- und rhythmischen Geschlechtern und den verwendeten Instrumenten.

VII. ANTIPATROS von Tarsos (Mitte des 2. Jh. v. Chr.), Schulleiter nach Diogenes von Babylon, Lehrer des Panaitios. Hat die Hauptlast der Verteidigung des stoischen

Lehrsystems gegen die Angriffe des Akademikers Karneades zu tragen. Im Zuge dieser Auseinandersetzungen neues Durchdenken der logischen Problematik. In der Ethik schwächt er den Autarkiegedanken, wiewohl er sich andererseits bemüht, Platon durch interpretatorische Kunstgriffe zu einem Vertreter des Kernsatzes der stoischen Güterlehre zu machen. In Vorwegnahme des kantischen kategorischen Imperativs behauptet er die absolute Identität von wohlverstandenem Eigennutzen und Allgemeinnutzen. In der praktischen Ethik erzielt er einen eindrucksvollen Bucherfolg mit seiner Schrift über die Ehe, in der die sittlich-erzieherischen Werte dieser Lebensbeziehung eine bis dahin unbekannte verständnisvolle Würdigung erfahren.

VIII. PANAITIOS (ca. 185 – ca. 95 v. Chr.) von Rhodos, Begründer der sog. Mittleren St., Schüler des Diogenes von Babylon, Antipatros von Tarsos und Krates von Mallos. Enge Beziehungen zum Scipionenkreis. Unter seinen Schriften übt vor allem sein Werk „Über die Pflicht" weitreichende Wirkung aus durch Vermittlung von Ciceros De officiis. – In der modernen Forschung bestehen Zweifel über die Grundlagen der Rekonstruktion von P.' Lehre, da die Zulässigkeit der Verwertung von Ciceros De natura deorum II definitiver Klärung harrt; in der vorliegenden Darstellung wird auf die Heranziehung verzichtet.

Die Logik tritt bei P. ganz zurück; indes beruht die Aussparung nicht auf mangelnder Vertrautheit. Der Hauptgrund dafür ist erzieherischer Natur: Auf diese Weise hofft P. die Zugänglichkeit stoischer Lehre vor allem in der führenden Gesellschaftsschicht Roms zu erhöhen. Eben darum legt er großes Gewicht auf formschöne Darstellung. Seine Bewunderung für Platon, Aristoteles, Theophrast und andere namhafte Vertreter der akademischen und peripatetischen Schule gilt nicht zuletzt dem formalen Glanz ihres philosophischen Vortrags.

Seine Neuerungen in der Physik verraten den Einfluß der Kritik, die seitens der Neueren Akademie (Karneades) und des Peripatos (Kritolaos) am stoischen Dogma geübt wird. Als einziger Stoiker gibt er die Mantik auf und verwirft die Astrologie, die mit dem Beginn des hellenistischen Zeitalters in das Geistesleben der Antike eindrang. Während er in dieser Hinsicht Karneades weicht, opfert er die Lehre vom Weltbrand angesichts von Kritolaos'

Einwürfen. In der Seelenmetaphysik übernimmt er beim Substanzproblem die Lösung des Schulgründers (Seele feuriger Hauch), folgert indes aus der Entstehung bei der Geburt (Traduzianismus) die Vernichtung beim Tod. Vielleicht wirkt Stratons kritische Zerpflückung der platonischen Unsterblichkeitsbeweise nach. Die Umbildung der herkömmlichen stoischen Lehre von den acht Seelenteilen geht wohl auf den Einfluß der frühhell. Medizin zurück (sechs statt acht Teile); so ist das Zeugungsvermögen für ihn vom autonomen Nervensystem gesteuert. Die Gebundenheit des Menschen tritt damit stärker in den Blick, was für die Anthropologie bedeutungsvoll wird.

In der Ethik bringt P. den urhellenischen Gedanken des rechten Maßes zur Geltung. Demgemäß werden manche kynischen Elemente der stoischen Sittlichkeitslehre zurückgedrängt. Das lebensfremde Weisen-Ideal verliert an Geltung. Im Zusammenhang damit wird der Autarkiegedanke und die Apathieforderung geschwächt. Statt dessen tritt P. für die Rechte des Individuums ein. Das sittliche Streben soll sich auf die harmonische Entfaltung der individuellen Anlagen richten zum Wohl der natürlichen Lebensgemeinschaften, in die der einzelne hineingeboren ist. Der Kosmopolisgedanke wird unter dem Einfluß der großen attischen Philosophen zugunsten des Staatsgedankens in den Hintergrund geschoben, was P.' Philosophie bei den Römern den Weg ebnete. An den zentralen stoischen Dogmen, daß nur das sittlich Gute gut ist und daß die Tugend ein unteilbares Ganzes ist, hält P. fest. Unter den Einzeltugenden räumt er einen besonders hohen Platz dem Hochsinn ein, der sich aktiv als Wille zur außerordentlichen Leistung, passiv als Kraft des Ertragens äußert. In der Heraushebung der Megalopsychie bekundet sich die Rücksichtnahme auf den römischen Nationalcharakter, ein Moment, das auch zur Umwertung des Ruhmes führt. Zu den sozialen Fragen seiner Zeit hat P. gleichfalls Stellung genommen. Gegen die Gracchen verteidigt er den Gedanken des Privateigentums, bringt allerdings den herrschenden Schichten ihre soziale Verpflichtung nachdrücklich zum Bewußtsein.

In der Schule fanden P.' Gedankengänge geringe Resonanz. Seine weltgeschichtliche Bedeutung besteht darin, daß er das Römertum für die stoische Lehre gewinnt. Er ist der Begründer der römischen Stoa, von der säkulare Wirkungen ausgegangen sind.

IX. Poseidonios (ca. 135–50 v. Chr.) aus Apameia (Syrien), zweiter Hauptvertreter der Mittleren Stoa, Geschichts- und Naturforscher, Philosoph, Schüler des Panaitios. Gründet eigene, schnell aufblühende Schule auf Rhodos. Beziehungen zur vornehmen römischen Welt. Noch stärker als bei Panaitios sind bei P. die Grundlagen für die Rekonstruktion seines Lehrsystems umstritten. Offen ist vor allem die Frage nach der Verwertbarkeit von Ciceros De natura deorum II, Tusculanae disputationes I und De re publica VI. Der Mehrzahl der Forscher gilt zur Stunde die Verwendung von Tusc. I und De re publ. VI als unzulässig.

P.' Geschichtsforschung muß in engem Zusammenhang gesehen werden mit seiner allgemeinen Kulturtheorie, die die beiden Traditionsströme des Geschichtsoptimismus und -pessimismus, die sich bis zu den Anfängen der griechischen Geistesgeschichte zurückverfolgen lassen und die im Zeitalter der Sophistik in die philosophische Reflexion eindringen, in sich vereinigt. Unter sittlich-religiösem Gesichtswinkel erscheint P. die Menschheitsgeschichte als ein Prozeß ständigen Niedergangs, der mit Notwendigkeit einen Zeitpunkt herbeiführt, wo die Vernichtung und Neuschaffung des Menschengeschlechtes unausweichlich wird. Aufgabe der Philosophie ist es, dieser Entwicklung entgegenzuwirken. Dem moralischen Verfall steht jedoch ein Aufstieg auf wissenschaftlich-technischem Gebiet gegenüber. Diesem allgemeinen Rahmen ordnet sich P.' Geschichtsdarstellung ein, die an die des Polybios anschließt. In dem geschichtlichen Prozeß, der nach dem Fall Karthagos (146 v. Chr.) einsetzt, sieht er die Kräfte der Dekomposition am Werk.

Als Naturforscher versucht P. die wissenschaftlichen Erkenntnisse des Hellenismus für die stoische Philosophie fruchtbar zu machen und das gesamte Wissen seiner Zeit in einem weltumspannenden System zu vereinigen, das jeder Erscheinung den zukommenden Platz zuweist. Panaitios' aufgeschlossene Haltung gegenüber dem wissenschaftlichen Fortschritt erscheint bei dem Schüler in vielfacher Potenz. P.' Ruhm in der Wissenschaftsgeschichte beruht auf der Entdeckung des Zusammenhangs zwischen dem Gezeitenwechsel und den Mondphasen. Sein Hang zu universaler Welterklärung und Ursachenforschung macht P. zu einem Geistesverwandten des Aristoteles.

Wie P. die Kluft zwischen Fachwissenschaft und Philosophie zu überbrücken trachtet, so sucht er auch die drei herkömmlichen philosophischen Disziplinen (Physik, Ethik und Logik) auf das engste miteinander zu verflechten, ohne den Vorrang der Ethik anzutasten. Das stoische Weltbild behält er in seinen Grundzügen bei, jedoch betont er stark die organische Natur des Kosmos, bei dem alle Teile wie die Glieder einer lebendigen Ganzheit in inniger Wechselwirkung zueinander stehen (Sympatheia-Gedanke), sowie die Gotterfülltheit des Universums, die der Naturforschung den Adel einer sakralen Handlung verleiht. Mit Hilfe der Sympatheia gliedert P. auch Mantik und Astrologie, die Panaitios verworfen hatte, seinem System ein. Verhängnisvoll wird seine Verteidigung des Dämonenglaubens, den der Akademiker Xenokrates begründet hatte. Seine Religiosität macht P. zum leidenschaftlichen Gegner des Epikureismus, in dem er einen verkappten Atheismus erblickt. Auf Grund eines vertieften Studiums des Gefühlslebens wendet P. sich von dem psychologischen Monismus Chrysipps ab und scheidet in der Seele einen ungöttlichen Teil, in dem die Gefühlsbewegungen lokalisiert sind, und einen göttlichen, vernünftigen Teil, dem er Präexistenz und Postexistenz zuschreibt, doch wird die platonische Seeleneschatologie unter dem Einfluß der stoischen immanenten Weltsicht und des stoischen Ekpyrosisdogmas umgebildet. In der Anthropologie stellt P. in Fortführung von Anschauungen des Panaitios einen engen Zusammenhang zwischen Klima, Körperbau und Charakter her. Die Ethik wird auf dem Fundament der an Platon und Aristoteles angelehnten Psychologie errichtet. Die Telosformel unterstreicht nachdrücklich den religiösen Aspekt der Lebensaufgabe (Mitarbeit an der Verwirklichung des höchsten Weltzweckes) und rückt die Zwiespältigkeit und Spannung im menschlichen Wesen, in dem ein Göttliches mit einem Ungöttlichen gekoppelt ist, ans Licht. So gerät auch das Apathie-Ideal in eine religiöse Beleuchtung; die Affektivität soll als ein ἄθεον zurückgedämmt werden. In der Güterlehre scheint P. ähnlich seinem Lehrer eine Annäherung an Peripatos und Alte Akademie vollzogen zu haben, indem er mit Rücksicht auf die Gebundenheit des Menschen den materiellen Gütern einen gewissen Einfluß auf die Glückseligkeit einräumte. In der Pädagogik übernimmt P. viele Gedanken des alten Platon. In der praktischen Ethik betont er mit Chrysipp und Panaitios den Wert der *praemeditatio* (phantasiemäßige Vergegenwärtigung möglichen Unheils).

P. ist die bedeutendste geistige Erscheinung, die der Hell. hervorgebracht hat. Seine Wirkung auf die eigene Schule ist gering; schon die folgende Generation der Stoiker lenkt in die orthodoxen Bahnen zurück. Doch seine Ausstrahlung auf die führenden geistigen Mächte des ausgehenden Altertums, Neuplatonismus und Christentum, ist außerordentlich. Er darf als der geistige Urheber der Entdeckung Amerikas gelten, da er die Möglichkeit, Indien auf dem Seewege zu erreichen, vertrat. Nicht zuletzt seine Autorität hat die Anerkennung des von Aristarch entdeckten heliozentrischen Systems verhindert. K. A.

Ausg.: Stoicorum veterum fragmenta coll. I. ab Arnim, 4 Bde., Leipzig 1903–1924, Nachdr. Stuttgart 1964. – Stoici antichi. A cura di M. Isnardi Parente, Turin 1989; dazu: Dies., Appendix Stoicorum, in: StudClassOrient 41, 1991, 235–278. – K. Hülser, Die Fragmente zur Dialektik der Stoiker. Neue Sammlung der Texte mit dt. Übers. u. Komm. 4 Bde., Stuttgart/Bad Cannstadt 1987–1988. – Panaetii Rhodii fragmenta coll. M. van Straaten, ³Leiden 1962. – Poseidonios: FGrHist Nr. 87 Jacoby. – Posidonius. I. The fragments. Ed. by L. Edelstein and I. G. Kidd, Cambridge ²1989; II 1. 2: J. G. Kidd, The Commentary, ebd. 1988. – P. Die Fragmente, hrsg. von W. Theiler, Textband u. Erläuterungsband, Berlin 1982.

Lit.: M. Pohlenz, Die Stoa, 2 Bde., ⁵Göttingen 1978–1980. – B. Mates, Stoic Logic, Berkeley 1953. – S. Sambursky, The Physics of the Stoics, London 1959. – W. and M. Kneale, The Development of Logic, Oxford 1962. – P. Boyancé, Le stoicisme à Rome, in: Association Guillaume Budé, VIIe congrès 1963, Paris 1964, 218–254. – P. M. Schuhl, L'état des études stoiciennes, ebd. 263–275. – G. Watson, The Stoic Theory of Knowledge, Belfast 1966. – J. M. Rist, Stoic Philosophy, Cambridge 1969. – M. Frede, Die stoische Logik, Göttingen 1974. – A. Grilli, in: M. Dal Pra, Storia della filosofia IV, Milano 1975. – F. H. Sandbach, The Stoics, London 1975. – J. M. Rist (Ed.), The Stoics, Berkeley, Los Angeles, London 1978. – Les stoïciens et leur logique. Actes du colloque de Chantilly 18–22 septembre 1976, Paris 1978. – J. Moreau, Stoicisme, épicurisme, tradition hellénique, Paris 1979. – W. Haase (Hrsg.), ANRW II 36, 3: Philosophie (Stoizismus), Berlin/New York 1989. – M. Forschner, Die stoische Ethik, Stuttgart 1981. – B. Inwood, Ethics and Human Action in Early Stoicism, Oxford 1985. – F. H. Sandbach, Aristotle and the Stoics, Cambridge 1985. – R. Löbl, Die Relation in der Philosophie der Stoiker, Würzburg 1986. – A. Puhle, Persona. Zur Ethik des Panaitios, Frankfurt u. a. 1987. – Zenon: K. von Fritz, RE X A (1972), 83–121. – A. Graeser, Zenon von Kition, Berlin 1975. – Kleanthes: G. Verbeke, Kleanthes van Assos, Brüssel 1949. – H. Dörrie, RE Suppl. XII (1970), 1705–1709. – Chrysipp: E. Bréhier, Chrysippe et l'ancien stoicisme, ²Paris 1951. – H. Dörrie, RE Suppl. XII (1970), 148–155. – J. B. Gould, The Philosophy of Chrysippus, Leiden 1970. – Ariston: A. M. Ioppolo, in: G. Giannantoni, Scuole socratiche minori e filosofia ellenistica, Bologna 1977. – Ders., Aristone di Chio e lo stoicismo antico, Neapel 1980. – Persaios: K. Deichgräber, RE XIX 1 (1937), 926–931. – Panaitios: A. Grilli, SIFC 29, 1957, 31–97. – Poseidonios: K. Reinhardt, RE XXII 1 (1953), 558–826. – M. Laffranque, Poseidonios d'Apamée, Paris 1965. – J. Malitz, Die Historien des Poseidonios, München 1983. – T. Engberg-Petersen, The Stoic theory of oikeiosis. Moral development and social interaction in early Stoic philosophy, Aarhus 1990. – K. Meister, Die griechische Geschichtsschreibung. Von den Anfängen bis zum Ende des Hellenismus, Stuttgart/Berlin/Köln 1990, 166–171. 231 (Lit.). – Th. Ebert, Dialektiker und frühe Stoiker bei Sextus Empiricus. Untersuchungen zur Entstehung der Aussagenlogik, Göttingen 1991. – M. Schofield, The Stoic idea of the city, Cambridge 1991. – A. Grilli, Stoicismo Epicureismo e Letteratura, Brescia 1992.

Strabon, griech. Philosoph, Historiker und Geograph, geb. in Amaseia/Pontos 64/63 v.Chr.[1], gest. bald nach 18 n.Chr.[2].
Aus vornehmer Familie stammend, ist er auf seine Ausbildung (in Nysa/Karien bei Aristodemos: 14, 1, 48 C 650, wohl in Rom ab 44 bei Xenarchos v. Seleukeia: 14, 5, 4 C 670 und Tyrannion d.J.: 12, 3, 16 C 548) ebenso stolz wie auf seine weiten Reisen (2, 5, 11 C 117f.); eine von ihnen führt ihn 25/24 mit dem Präfekten M. Aelius Gallus nach Syene, den Grenzen Äthiopiens und dem Roten Meer (17, 1, 24 C 804ff.).
Wohl vor dieser Reise vollendet er seine Ἱστορικὰ ὑπομνήματα (FGrHist 91; bis auf 19 meist bei Iosephos erhaltene, nicht sicher typische Frgg. verloren) in 43 oder 47 Büchern (die Buchangabe T 2 ist unklar): 1–4 Historischer Überblick von zumindest der Alexanderzeit bis 145/44, 5–43/47 τὰ μετὰ Πολύβιον (T 2) sicher bis 44 (F 19), wahrscheinlich aber bis zum Ende der Bürgerkriege, offenbar in Auseinandersetzung mit dem gleichartigen Werk des Poseidonios (FGrHist 87 F 1ff.). Zur Ergänzung (1, 1, 23 C 13) dieser ὑπομνήματα schreibt er die offenbar 7 v.Chr. abgeschlossenen, aber wohl nach 14 n.Chr. erweiterten[3] Γεωγραφικὰ in 17 Büchern (größtenteils erhalten): 1–2 Einleitung (Geschichte der Geographie seit Homer, Kritik an Eratosthenes, Poseidonios, Polybios), 3–7 W-, N-, NO-Europa (incl. Britannien und Germanien), 8–10 (homerisches) Griechenland, 11–14 (homerisches) Kleinasien, 15–16 Asien, 17 Ägypten und Nordafrika.
S. ist Populärschriftsteller für ein „politisches" Publikum (1, 1, 22, C 13f.) – wie Polybios, mit dem er auch die Bewunderung Roms teilt (6, 4, 2 C 286ff. u.a.). Als Stoiker ist er an Geographie als Dokumentation menschlicher Geschichte interessiert (das leistet die historisch ausgerichtete Chorographie; daher Exkurse zu homerischen Orten, zur Mythologie und Geschichte einzelner Städte, zu berühmten Männern und zur römischen Eroberung), weniger als wissenschaftl. Geographie (Kartographie ist eher flüchtig behandelt: 2, 1, 1 C 67ff. setzt sich mit der später zugrundegelegten Weltkarte des Eratosthenes auseinander); zu geographischen und ethnographischen Fragen führen ihn allenfalls seine Quellen (Poseidonios über

die iber. Halbinsel, Alexanderhistoriker über Indien, Artemidor von Ephesos über die Hydrographie Ägyptens). Diese kompiliert er mit weiterem Material in ausführlichen Referaten, jeweils zustimmend, ablehnend oder als Beleg für Bestreitbares zitierend. Direkt verwendet er Poseidonios (für 1–2 περὶ ὠκεανοῦ, sonst Historien), Artemidor von Ephesos (dessen Buchaufbau er wohl 3–17 folgt), Theophanes von Mytilene, zumindest indirekt Timagenes, Asinius Pollio, Nikolaos von Damaskos, Q. Dellius und Metrodoros von Skepsis über Hypsikrates von Amisos und Apollodoros von Artemita u. a., sucht also Augenzeugenberichte. Teils (Griechenland, Kleinasien, Syrien) bietet er eine bloße Reihung der Belege, doch zeigt er Eigenständigkeit in Auswahl und Kritik und ist, wo er guten Autoren folgt, im allg. glaubwürdige histor. Quelle.

K. B.

Anm.: 1) B. Niese, Beiträge zur Biographie S.s, Hermes 13, 1878, 33–45. – 2) So E. Honigmann, RE IV A 1 (1937) 76–155 s. v. S., der 78 die Nachricht 17, 3, 7 C 828 vom Tod Iubas II. um 23 n. Chr. (?) als späteren Nachtrag wertet. – 3) Neuausgabe zu Lebzeiten (Pais s. u.) oder postum (Aly s. u.)?

Ed.: G. Kramer, S.is Geographica, I–III Berlin 1844–1852. – H. L. Jones, The Geography of S. 8 Bde. (Loeb Classical Library) Cambridge Mass., London 1917–1932. – Vier Neueditionen sind begonnen: W. Aly (bisher Buch 1–6), Bonn 1968 ff.; F. Sbordone (bisher Buch 1–6) Rom 1963 ff.; F. Lasserre, G. Aujac, R. Baladié (bisher Buch 1–8, 10–12) Coll. Budé, Paris 1966 ff. – S. L. Radt, Mnemosyne 44 (1991) 305–26.

Lit.: M. Dubois, Examen de la Géographie de S., Paris 1891. – E. Pais, Italia Antica I, Bologna 1922, 267–316. – W. Aly, S. v. Amaseia, Bonn 1957. – G. Aujac, S. et la science de son temps, Paris 1966. – F. Lasserre, DKlP V (1975) 381–385 s. v. S. – A. M. Biraschi, P. Maribelli, G. D. Massaro, M. A. Pagnotta, S.e: Saggio di Bibliografia 1469–1978, Perugia 1981.

Strategie, Amt des στρατηγός („Heerführer, General").
1 a) Die S. ist seit dem 5. Jh. und auch im Hell. eine in griech. Poleis, Stamm- und Bundesstaaten (↗Koinon) verbreitete Magistratur, oft mehrstelliges Kollegium (z. B. 10–13 in ↗Athen [6], entsprechend der Zahl der Phylen; Mehrheitsprinzip), im Ätoler-, Akarnanen- und Achäerbund eponymes Einzelamt. Schon im 5. Jh. wird in Athen durch Übernahme von Aufgaben der Administration und Rechtsprechung im militär. Bereich und wachsende polit. Möglichkeiten aus dem Kommandeur des Phylenregiments ein Magistrat mit breitem Kompetenzspektrum; diese Entwicklung wird weithin übernommen. Seit der 2. H. des 4. Jh. werden in ↗Athen [6] innerhalb des Kollegiums einzelne Spezialposten definiert, z. B. für Territorialverteidigung, Häfen, Flotte. Bis

zum Ende der Selbständigkeit bleibt die S. in Athen und vielen griech. Staaten ein Wahlamt von hoher polit. Bedeutung.

b) Ein στρατηγὸς αὐτοκράτωρ („selbstentscheidend", d.h. S. mit weitreichender oder umfassender Vollmacht) wird öfter, insbes. in Kriegszeiten, zur Krisenbewältigung gewählt: eine Art Regelung des Ausnahmezustands. Nicht selten benutzt der Amtsinhaber die Sondervollmachten zur Begründung einer monarch. Position (Beispiele: Dionysios I. und Agathokles, ↗Sizilien). Späte Nachrichten[1], Philipp II. und ↗Alexander d. Gr. seien 337 bzw. 336 für den Perserkrieg στρατηγοὶ αὐτοκράτορες des ↗Hellenenbundes von Korinth geworden, dürften technisch nicht korrekte Interpretationen der Position sein. Indessen ist Antiochos III. (↗Seleukiden IV) in der Krisenlage des J. 192 στρατ. αὐτ. des ↗Ätolerbundes geworden.

2a) In den Offizierskorps (allg. ἡγεμόνες) der hell. Armeen ist στρατηγός Kommandeur einer selbständig operierenden Einheit (↗Militärwesen A III 3).

b) Für die Aufgabe, speergewonnenes Land mit fremder Bevölkerung zu sichern und zu verwalten, bot sich in der Eroberungszeit die Vereinigung militär. und administr. Befugnisse in der S. an, ohne daß es dazu des Vorbilds der Polis-S. bedurft hätte[2]. Aus regionalen Vertretern des Königs entwickelten sich die fast in allen Reichen (mit Unterschieden im Detail) als Provinzgouverneure verwendeten Strategen. Dazu ↗Staat (III 4; IV 1b, 2b, 3c, 4b), zur Entwicklung der ptol. S. zum reinen Zivilamt und zur Entstehung der (zunächst militär.) Epistrategie ↗Staat (IV 1b); zu den königl. στρατηγοὶ τῆς πόλεως ↗Staat (IV 1b, IV 4b), Stadt (A 4). In den Quellen ist zwischen den Bedeutungen 2a) und 2b) oft schwer zu scheiden.

c) Zum „Strategos" („Herzog") als maked. Reichsverweser 279 und 229–227 ↗Makedonien II; III 3.

d) Aufgrund der augenfälligen Parallelen bezeichnen die Griechen die röm. Oberbeamten mit Imperium zunächst im Kriegs- und Provinzialgebiet, dann allg. als στρατηγοί, ggf. zur Unterscheidung (στρ.) ὕπατος = *consul*, (στρ.) ἑξαπέλεκυς = *praetor*. Daß die hell. S. Vorbild für die röm. Provinzialverwaltung und für die sog. karthagische S. gewesen sei[3], ist keineswegs zwingend: ähnliche Aufgaben können zu ähnlichen Lösungen geführt haben.

H.H.S.

Anm.: 1) Diod. 16, 89, 3; 17,4,9; P. Oxy. I 12; s. StV III 403. – 2) So richtig V. Ehrenberg, Der Staat der Griechen, ²1964, 221. – 3) Z.B. H. Bengtson, in: Kl. Schriften zur alten Gesch., 1974, 110–114 (zuerst 1952); vgl. dagegen z.B. L.-M. Hans, Karthago und Sizilien, Diss. Hamburg 1981 (Hildesheim usw. 1983) 146f.; B. Wollner, Die Kompetenzen der karth. Feldherrn, Diss. Bamberg (Frankfurt usw.) 1987, 56–62; 150 f.

Lit.: 1a) W. Schwahn, RE Suppl. VI 1935, 1071–1158. – 1b) M. Scheele, Στρατηγὸς αὐτοκράτωρ. Diss. Leipzig 1932. – 2b) H. Bengtson, Strategie I–III. – 2d) M. Holleaux, Στρατηγὸς ὕπατος. BEFAR 113, Paris 1918. – Hugh J. Mason, Greek Terms for Roman Institutions. Amer. Stud. Papyrology 13, 1974, s. vv.

Synhedrion. Kollegium von Synhedroi (wer mit anderen in einem Gremium ‚zusammensitzt'), untechn. und techn. Bezeichnung für Beratungs- und Beschlußversammlungen versch. Art in Städten, Vereinen usw. S. heißen auch die Friedenskongresse der Landfriedenbünde und die Delegiertenversammlungen der ↗Hellenenbünde (↗Vertrag 7) und die Ratsversammlungen zahlreicher ↗Koina, ferner der Kron- und Kriegsrat in hell. Monarchien (↗Hof IV 4) und der Ältestenrat von Jerusalem (↗Juden A III 3; seit 70 n. Chr. rabbin. Obergericht ‚Sanhedrin'). H.H.S.

G. Corradi, Studi ellenistici, Torino 1929, 231–55.

Synoikismos („Zusammensiedlung"), eine über die polit. Union (Sympolitie; ↗Bürgerrecht 9) hinausgehende, auch lokale Vereinigung zweier oder mehrerer bisher eigenständiger Gemeinwesen an neuer Stelle, meist mit neuem Namen (z.B. die Gründung von Megalopolis „Großstadt" 368/7[1]), häufiger Umsiedlung der Bevölkerung einer oder mehrerer kleinerer Städte in eine größere, deren Identität allein fortlebt. Oft führt dazu polit. Druck seitens der größeren Stadt oder eines an der Bildung starker befestigter Siedlungen interessierten Herrschers (↗Stadt A 2–3), bisweilen wohl auch das Sicherheitsinteresse der bisherigen Bewohner der kleineren Siedlungen. Doch war das Beharrungsvermögen der Umzusiedelnden anscheinend oft stärker, wie z.B. das Weiter- oder Wiederbestehen alter Dörfer um Megalopolis und der Widerstand von Teos und Lebedos gegen den S. durch Antigonos I.[2] zeigen; dabei waren wohl Heimatgefühl und zu weite Wege zu Acker und Weide gleichermaßen beteiligt. Schwach urbanisierte Landschaften wie z.B. Epirus und die nördlich angrenzenden Gebiete wurden offenbar seit dem 4.Jh. zunehmend durch weitumgreifenden S. urbanisiert (Beispiel: Kassope in S-Epirus[3]).

Die Römer konzentrierten in der frühen Kaiserzeit große Teile von NW-Griechenland (↗Epirus, ↗Akarnanien, ↗Ätolien) durch S. nach Nikopolis und Patrai. Probleme beim S. werden in zahlreichen Inschriften deutlich: Zuweisung von Bauland, Unterbringung bis zum Hausbau, zeitweilige Minderung oder Befreiung von Abgaben und Liturgien, keine erneute Liturgieverpflichtung solcher, die schon in der alten Stadt amtiert hatten, Schulden der eingemeindeten Stadt, bestehende Rechtsstreitigkeiten, künftig verbindliches Recht, Schutz der Neubürger vor Wiederausbürgerung, Bestandsgarantie ihrer sakralen Identität (Opfer, Priester, Nekropole usw.), Übernahme ihrer bisherigen Außenbeziehungen (↗Proxenoi, Isopolitie ↗Bürgerrecht 8), usw.[4] – Nicht selten bedeutet in den Quellen συνοικίζω, συνοικισμός „Wiederbesiedlung, -aufbau"[5]. H.H.S.

Anm.: 1) Moggi Nr. 45. – 2) RC 3/4. – 3) W. Hoepfner/E. L. Schwandner, Haus und Stadt im klass. Griechenland, München 1986, 75 ff. – 4) Bes. lehrreich: RC 3/4 und Milet I 3, 149 (Milet–Pidasa). – 5) L. Robert, Fouilles d'Amyzon en Carie I, Paris 1983, 188 f.; Ph. Gauthier, Nouv.inscr. de Sardes II, Genf 1989, 22.

Lit.: W. Feldmann, Analecta epigraphica ad historiam synoecismorum et sympolitiarum Graecorum, Argentorati 1885. – U. Kahrstedt, RE IV A 2, 1932, 1435–45 s.v. – M. Moggi, I sinecismi interstatali greci I, Pisa 1976 (nur bis 338 v.Chr.; Lit., Wortindex).

Syrien und Phoinikien.

1. Der geograph. und polit. Sprachgebrauch für S. war schwankend, allg. bezeichnete S. den teilw. sehr fruchtbaren und bevölkerungsreichen Raum zw. Amanos und Tauros (N), Euphrat und arab. Steppe (O), Ägypten (S) und der Mittelmeerküste. Zur pers. Satrapie S. vor der Eroberung durch Alexander gehörten Phoinikien, das Küstenland zw. Karmel und Eleutheros mit den Stadtfürstentümern Byblos, Arados, Sidon und Tyros, Palästina und östl. des Euphrats ↗Mesopotamien. Die Gebiete westl. des Euphrats südl. von Laodikeia bis zur Grenze Ägyptens bezeichnete man in ptol.-seleukid. Zeit als Koile-S.[1]. Den von Poseidonios aus Apameia hervorgehobenen Reichtum S.s (FGrHist 87 F 10) zog das Land nicht nur aus Eigenprodukten (z. B. Export von Libanon-Zedern für den Schiffsbau, Purpur aus Tyros und Sidon u. a. m.), sondern auch als Zwischenhandelszone für den Ost-, Arabien- und Ägyptenhandel v. a. über die phoinik. Städte.

Nach der Schlacht bei Issos (Novemb. 333) eroberte Alexander schrittweise die Gebiete der pers. Satrapie S.: die meisten phoinik. Stadtfürstentümer ergaben sich freiwillig, nur Tyros, das auf Neutralität beharrte, fiel erst nach siebenmonatiger Belagerung; auch Gaza leistete Widerstand. Mit der Eroberung Palästinas 332 (angebl. Alexander-Besuch in Jerusalem) und Mesopotamiens 331 richtete Alexander eine neue Satrapie S. ein; eximiert blieb P., das als Sondergebiet dem Finanzdirektor von S. und Kilikien und damit direkt der Krone unterstand; makedon. Besatzungen lagen in Tyros und Gaza. 323 ↗Mesopotamien eigene Satrapie. Nach 323 mehrmals Besitzerwechsel: 320 P. und Palästina ptol., seit 315 ganz S. mit wenigen Unterbrechungen antigonid. (Gründung von Antigoneia). 302 drang *Ptolemaios I*. in Absprache mit Seleukos I. nach Süd-S. ein, das er nach der Niederlage der ↗Antigoniden bei Ipsos 301 behauptete; nur Tyros und Sidon blieben noch in der Hand des Demetrios Poliorketes. *Seleukos I*. mußte sich mit Nord-S. bescheiden, hielt freilich den Anspruch auf den ptol. Süden aufrecht.

Die *ptol. Strategie* Συρία καὶ Φοινίκη (dafür auch Koile-S. üblich) unterstand wahrsch. einem „Generalgouverneur"[2], das Finanzwesen einem „Verwalter der Einkünfte in S. und P."; die Unterabteilungen (Hyparchien und Toparchien) wohl schon von Alexander übernommen; die phoinik. Städte dürften nach dem Tod der letzten Stadtfürsten (Philokles v. Sidon nach 280[3]; Tyros um 275/4, Beginn einer neuen Ära des Volkes von Tyros) bes. königl. Funktionären unterstellt worden sein. In Judäa regierten die Oniaden, im Ostjordanland stiegen die mit ihnen verwandten Tobiaden zur lokalen Dynastie auf[4] in enger Beziehung zum Ptolemäerhaus (Joseph, der Sohn des Tobias, 22 Jahre ptol. Steuerpächter in Judäa und den hellenisierten Städten Palästinas). Rasche *Hellenisierung* durch Förderung griech. Einwanderung und Neugründung älterer Ansiedlungen mit Umbenennung (z. B. Akko, jetzt Ptolemais, Rabath-Amon, jetzt Philadelpheia unter Ptolemaios II.), die sich durch Ursprungslegenden auf griech. Ktisten zurückführten; einheim. Gottheiten wurden an griech. angeglichen. Militärische Sicherung durch Militärkolonien (z. B. in Skythopolis[5]) und Garnisonen; die Flotten der phoinik. Städte verstärkten die ptol. Marine; Philokles von Sidon stand als Admiral in ptol. Diensten. Von bes. wirtschaftl. Bedeutung waren für das waldlose Ägypten die Libanon-Zedern; Einzelheiten des wirtschaftl. Lebens entnehmen wir der Zenon-Korrespondenz[6] (260ff.).

Über die Verwaltung des *seleukid. Nord-S.* im 3. Jh. (offiziell Seleukis) ist nichts Näheres bekannt: wohl eine eigene Strategie; ein Epistates in Seleukeia erst 186 unter Seleukos IV. bezeugt (RC 45); die Einteilung in 4 Satrapien, gegliedert nach den Städten der Tetrapolis, erst Ende des 2. Jh.s. Von der Absicht der ersten Seleukiden, die Seleukis zum *Kernland* des Reiches zu machen, zeugen die zahlreichen Städtegründungen mit z. T. altmakedon. Namen (eine Liste von 16 Poleis bei App. Syr. 57, 295 ff.[6a]), die Tetrapolis (s. u. 2) und Seleukeia-Zeugma[7]. In Nord-S. lag die Hauptmacht des seleuk. Heeres, zahlreiche Militärkolonien bildeten die Rekrutierungsbasis für das seleuk. Heer (↗Militärwesen A III 5).

Die Grenze in Küstennähe zw. dem ptol. und seleuk. S. bildete im 3. Jh. der Eleutheros (Litani), die Binnengrenze verschob sich mehrmals, da die Teilung S.s häufig zu kriegerischen Auseinandersetzungen zw. Ptol. und Seleuk. führte: Während des 1. und 2. Syr. Krieges (274–271; 260–253) kaum Gebietsverschiebungen (nur Damaskus 279 seleuk., 259 wieder ptol.). Die Eroberung ganz S.s durch Ptolemaios III. im 3. Syr. Krieg (246–241) war zwar ephemer[8], aber die Ptolemäer behaupteten bis 219 Seleukeia in Pierien[8a] als Hafen und Flottenstützpunkt. 2 Rückeroberungsversuche Antiochos' III. (221; 4. Syr. Krieg 219–217) scheiterten mit der Niederlage bei Raphia 217[9].

Erst im 5. Syr. Krieg (Sieg am Paneion, 200) wurde *Koile-S. seleukid.*: Einsetzung eines „Strategen von Koile-S. und Phoinike"[10], Gliederung der Strategie in Unterbezirke (Meridarchien); in einem Brief an den ersten Strategen Ptolemaios, S. des Thraseas[11], angebl. umfangreiche Zugeständnisse an den Jerusalemer Tempelstaat (Jos. Ant. Jud. 12, 138–144[12]). Unter Antiochos IV. (175–164) wie in ↗Mesopotamien auch *neue Hellenisierungsphase* in S. durch Umwandlung bestehender Ansiedlungen in griech. Poleis mit Umbenennung (z. B. Hamath am Orontes in Epiphaneia; die „Antiochener in Jerusalem" das bekannteste Beispiel). Diese Konsolidierungspolitik in den noch verbliebenen Kerngebieten des Seleukidenreiches war Anlaß für den Makkabäeraufstand seit 166 (↗Juden I 1). In S. (Pompe in Daphne) stellte Antiochos IV. die seleukid. Macht noch einmal zur Schau[13]; freilich zwang ihn die Geldnot dazu, auch in S. Tempeleigentum zu requirieren: Beim Hieros Gamos mit der Artemis von Hierapolis (Bambyke) forderte er den Tempelschatz als Mitgift (Granius Lic. p. 5).

Mit dem Privileg zunächst halbautonomer Münzprägung seit Antiochos IV.[14] in v. a. den großen Poleis Nord-S.s begann der *Emanzipationsprozeß* der Poleis von der Zentralgewalt, der sich mit deren fortschreitender Auflösung nach dem Tod Antiochos' IV. 164 weiter verstärkt: S. wurde Schauplatz dauernder Kämpfe zw. der Krone und dem sich (seit 142) konsolidierenden Hasmonäerstaat sowie kaum unterbrochener dynast. Auseinandersetzungen. Letzte Verwaltungsneuordnung in Süd-S. 162: Einrichtung einer Strategie „von Ptolemais bis zur ägypt. Grenze" (bis 137/6 bezeugt); die phoinik. Städte unterstanden eigenen Funktionären (praefectus von Tyros Just. 39, 1, 8). Der Zerfall der Zentralgewalt (symptomatisch: der Privatkrieg zw. Marathos und Arados nach 145?, Diod. 33, 5, 1 ff., und die Fehde zw. Apameia und Larissa, FGrHist 87 F 2) begünstigte das Vordringen der ↗Araber nach S. (seit ca. 130) und förderte die Entwicklung des Hasmonäerstaates zum nur noch nominellen Vasallen, der sich – wie die großen Poleis[15] – die Parteinahme für den jew. Prätendenten durch Privilegien lohnen ließ: z. B. Steuer- und Kultfreiheit, milit. Befugnisse, Verleihung höchster ↗Hoftitel an die jüd. Führer Jonathan und Simon[16]. Gegen Ende d. 2. Jh.s weitestgehende Zersplitterung S.s: Weitere Emanzipation der Städte (eigene Stadtären z. B. in Tyros 125, Sidon 111, Askalon 104) und Aufkommen von Lokal-↗ „Tyrannen" (z. B. in Philadelphia und Dora). Nach 87/6 eroberte Tigranes I. v. ↗Armenien – angebl. auf Verlangen des syr. „populus" (Just. 40, 1, 1–4; andere Version App. Syr. 48, 247) – neben Teilen ↗Mesopotamiens auch Nord-S. und versuchte, auch die phoinik. Städte zu unterwerfen (bis 70); Judäa erkannte seine Oberhoheit an (Ant. Jud. 13, 419–21). Nach Tigranes' Abzug 69 konsolidierten sich weitere ↗arab. Kleinstaaten. Der Herrschaftsbereich des von Lucullus 69 bestätigten „letzten Seleukiden" Antiochos XIII. Asiatikos beschränkte sich fast nur noch auf Antiocheia.
66 trat Tigranes seine ehem. Besitzungen in S. und P. formell an Pompeius ab, der 64 nach S. einrückte und unter Hinweis auf die Abtretung S. zur röm. Provinz erklärte: freilich wurden Tyros und Sidon, Seleukeia und Antiocheia für „frei" erklärt, die Lokal-Dynastien um Emesa und Chalkis blieben bestehen, nur die „Tyrannen" v. a. im Libanon wurden weitgehend beseitigt (Strab. 16, 755 f.). In der Folge des ↗jüdischen Thronstreites (I 1; seit 67) eroberte Pompeius 63 Jerusalem und verkleinerte

den Hasmonäerstaat durch Eingliederung der hellenisierten Küstenstädte von Dora bis Gaza und des Städtebundes der Dekapolis[17] (O-Jordanland) in die Provinz. 51 ↗Parthereinfall; 47 Freiheitserklärung für syr. Poleis durch Cäsar; die schweren Kontributionen, die Antonius 41 S. auferlegte, führten zu Sympathien für die Parther, die 40 auch S. eroberten, aber zuletzt 38 durch Antonius' Legat P. Ventidius Bassus bei Gindaros (Kyrrhestike) geschlagen wurden. 37 löste Antonius Teile Nord-S.s, Chalkis und die phoinik. Küste zw. Eleutheros und Sidon aus der Provinz S. heraus und schenkte sie Kleopatra VII. als Morgengabe (↗Ptolemäer II 13). Nach Actium (31) waren S. und P. wieder eine Provinz, 27 kaiserlich. Tyros und Sidon blieben autonom. J.D.G.

2. Die Tetrapolis mit Antiocheia. ↗Seleukos I. gründete seit 300 am heut. Golf von Alexandrette, wo wichtige Handelswege aus Mesopotamien-Iran münden, die Hafenstädte Seleukeia in Pierien und Laodikeia, landeinwärts am Orontes Antiocheia (anstelle des nahen Antigoneia, der Residenz des Monophthalmos; mit südl. Vorstadt Daphne) und Apameia. SELEUKEIA war wohl als Hauptstadt geplant (Name; Sel. wurde hier im Νικατόρειον[18] beigesetzt) und beanspruchte, ἀρχηγέτις und ἑστία τῆς δυναστείας zu sein (Polyb. V 58,4); doch wurde ANTIOCHEIA schon seit Antiochos I. Hauptresidenz der Seleukiden (doch ↗Hof A). Zwischen linkem Orontesufer und dem Berg Silpios gelegen, wurde Antiocheia unter Seleukos II. (Orontes-Insel) und Antiochos IV. (Viertel Epiphaneia am Silpios-Hang) erweitert, erreichte aber Blüte und Glanz erst seit der frühen Kaiserzeit. Von den seleuk. Palästen und Kulturinstituten (↗z.B. Buchwesen II 2; Epyllion 4; Geschichtsschreibung VI) wurden keine Reste gefunden. Im Erholungsort Daphne (mit Apollon-Artemis-Tempel im heiligen Hain) fand u.a. die große πομπή Antiochos' IV. statt (167; ↗Herrscherkult 4a). Zur Tyche von A. ↗Religion B 25. Die Fläche von APAMEIA war vermutlich die größte der 4 Städte; doch war sie wohl zum Großteil vom Militärlager eingenommen: Apameia war Heereszentrale des Reichs (↗Militärwesen A III 2–3). H.H.S.

Anm.: 1) Etymologie umstritten; kaum das „hohle S.", eher entweder aus semit. kol surija (= „ganz S.") oder von griech. κοῖλυς (= „heil, schön", so W. Brandenstein, AÄHG 8, 1955, 61–4). – 2) Bengtson, Strategie III[2] 165–72. – 3) Zur Person J. Seibert, Historia 19, 1970, 337–51. – 4) M. Hengel, Judentum und Hellenismus, Tübingen[2] 1973, 490–3. – 5) Vgl. B. Lifshitz, ANRW II 8, 1977, 262–94. – 6) Lit. z.B. bei Hengel (Anm. 4) 76–80. – 6a) Dazu Brodersen, Abriß 144 ff. – 7) J. Wagner, Seleukeia am Euphrat, Zeugma, Beih. Tüb. Atlas des Vord. Orients R.B. Geisteswiss. X, 1976. – 8) OGIS 54; ein Schlachtenbericht des Königs möglicherw. bei Wilcken, Chrest. 1. – 8a) Nach Huß, Ptolemaios IV. bes. 186 auch noch nach 217 ptol. – 9) Zur Schlacht Huß, Ptolemaios IV. 55–68. – 10) Bengtson, Strategie II² 159–88. – 11) Zur Person Bengtson, ebd. 161–3; s. die 1966 publ. Hefzibah-Inschr., dazu Th. Fischer, ZPE 33, 1979, 131–8. – 12) ↗Juden, Lit.; gegen Bikerman sind die Privilegien wohl nur teilw. authentisch. – 13) J.G. Bunge, Chiron 6, 1976, 53–71. – 14) M. Zambelli, Crisi monetaria e separatismo municipale durante il regno di Antioco IV. Epifane, Sec. Misc. Greca e Romana, Rom 1968, 293–333. – 15) Übersicht bei Kahrstedt (s. u.) 74 f.; ablesbar ist die Emanzipation an der autonomen Münzprägung und den Asylie-Konzessionen (dazu Kahrstedt, a.a.O. 76–9; Rostovtzeff, GWHW 666–70, Lit.); s.a. die Königsbriefe an Seleukeia in Pierien (RC 71) und Baitokaike (RC 70). – 16) Vgl. die Briefe seleukid. Könige an die jüd. Führung in I. Makk. – 17) H. Bietenhard, ANRW II 8, 1977, 220–61. – 18) Appian. Syr. 63, 336; Brodersen, Abriß 184 f.

Lit.: 1: U. Kahrstedt, Syr. Territorien in hell. Zeit, AAG phil.-hist. 19, 2, 1926. – Berve, Alexanderreich I, 258; 284 f. – O. Eissfeldt, Tempel und Kulte syr. Städte in hell.-röm. Zeit, AO 40, 1941. – H. Bengtson, FWG 6, Frankfurt 1965, 244–54. – C. Schneider, Kulturgesch. des Hell., München 1969, 1023–4 (Lit. zu einzelnen Städten). – Jones, CERP² 226–94 (Lit.). – M. Avi-Yonah, RE Suppl. XIII, 1973, insbes. 349–71 s.v. Palaestina. – A. Jähne, Die „syr. Frage", Seleukeia in Pierien und die Ptolemäer, Klio 56, 1974, 510–19. – Huß, Ptolemaios IV., u.a. 184–6. – F. Millar, The Problem of Hell. S., in: A. Kuhrt– S. Sherwin-White (Hgg.), Hellenism in the East, London 1987, 110–33. – J.M. Dentzer– W. Orthmann (Hgg.), Archéol. et hist. de la Syrie II, Saarbrücken 1989 (mit Aufsätzen u.a. zu Geschichte, Religion und Tempeln, Münzprägung, Befestigungen, Städtebau im Hell.). – Th. Fischer, Zur seleuk. Verwaltung Palästinas im 2. Jh. v. Chr., in: J. Seibert (Hg.), Hell. Studien H. Bengtson (Münchener Arb. z. Alten Gesch. 5), 1991, 33–40. – J.D. Grainger, Hell. Phoenicia, Oxford 1991. – Sprache: R. Schmitt, Neumann– Untermann 198–205. – Münzprägung: R. Alföldi 286 f. – Ausgrabungen: PECS unter einzelnen Poleis. – M. Avi-Yonah– A. Kempinski, Syrien-Palästina II, Archaeologia Mundi 24, Genf 1978. – H.-P. Kuhnen, Palästina in griech.-röm. Zeit (Hdb. d. Arch., Vorderasien II 2), München 1990, 1–87.
2: G. Downey, Ancient Antioch, Princeton 1963. – E. Will, Akten XIII. Internat. Kongr. f. klass. Arch. Berlin 1988 (Mainz 1990), 259–65 (mit Stadtplänen). – Ders., Les villes de la Syrie à l'époque hell. et romaine, in: J.M. Dentzer– W. Orthmann (s.o.), 223–50 (mit Stadtplänen; Lit.). – J.D. Grainger, The Cities of Seleukid Syria, Oxford 1990; s. aber K. Brodersen, Gnomon 65 (1993) 221–229.

Theokrit aus Syrakus, Sohn des Praxagoras und der Philinna, bewarb sich, offenbar vergeblich, um Hierons II. (↗Sizilien) Gunst (eid. 16: 275/4), hatte aber bei Ptolemaios II. Philadelphos in Alexandreia Erfolg (eid. 17 zwischen 275–270). Einen Aufenthalt in Kos inmitten eines Freundeskreises, dem er in eid. 7 ein Erinnerungsmal gesetzt hat, verlegt man am besten vor die in Alexandreia verbrachte Zeit (hypoth. b eid. 7). Ob er von Alexandreia nach Sizilien (oder Kos) zurückgekehrt ist, bleibt ebenso wie seine genauen Lebensdaten ungewiß.
Wir besitzen, auch wenn die in der Suda angegebenen Ti-

tel z. T. mit erhaltenen Gedichten identisch sein sollten, nur den kleineren, aber wohl den wichtigeren Teil der Werke Th.s. Für den endlichen Erfolg seiner zunächst einzeln veröffentlichten Gedichte (eid. 7, 93) zeugen auch seine Nachfolger sowie die Nachahmer, denen man – mit steigendem Grade der Sicherheit – eid. 25, 26, 27, 8, 9, 23, 20, 19 zuzuschreiben pflegt. Ein Gesamtcorpus bukolischer Gedichte repräsentiert Artemidors Epigramm Anth. Pal. IX 205; dessen Sohn Theon verfaßte den ersten Kommentar zu Th. Einführungsepigramm einer Ausgabe Anth. Pal. IX 434. In der lat. Literatur wirkte der Dichter besonders durch Vergil; viele Papyri bezeugen das Weiterleben der Sammlung in ihrer heutigen Ausdehnung. In byzantin. Zeit beschäftigte sich seit Tzetzes auch die Gelehrsamkeit wieder eifrig damit, und in der Neuzeit ging die Schäferpoesie auf dem Wege über Vergil auf ihn zurück. Die Hss. des Textes wie der Scholien scheiden sich, wenn auch nicht immer deutlich, in drei Familien (K, Vat., Laur.), die mit einigen Papyri auf einen einzigen Archetypos zurückgehen. 22 z. T. auf Bestellung geschaffene Sepulkral- und Votiv- ↗Epigramme (dazu solche auf Dichter) erscheinen zugleich in bukolischer wie in der Überlieferung der A. P.; man kann sie, wenn auch nicht mit völliger Gewißheit, akzeptieren, während einiges Andere aus der Anthologie ganz zweifelhaft bleibt. Weiter haben wir die ebenfalls fragliche Syrinx aus einer Sammlung von Technopaignien und ein Fragm. aus einem Gedicht auf Berenike I. (↗Ptolemäer).

Die größeren Gedichte heißen in der Kaiserzeit ↗Eidyllia mit einem Terminus, der eigentlich Einzelstücke bezeichnete und erst durch den Befund bei Th. seinen modernen Klang erhielt. In den meisten gebraucht er den dem Inhalt entgegenkommenden dorischen Dialekt, aber ohne Konsequenz und immer in abgemilderter Form und nicht ohne epische Bestandteile. Auch in den epischen Gedichten dorisiert er noch etwas (außer 25); im Äolischen (eid. 28–30) gestattet er sich ebenfalls Freiheiten. Seine Metrik in Hexameter und Distichon paßt sich an Inhalt und Stimmung an wie erst recht seine Sprache; in den äolischen Gedichten und in den Epigrammen 17–22 zeigt er sich polymetrisch.

Die bukolische Gruppe seiner Gedichte, zu der noch einige Epigramme mit der „Kurzelegie" ep. 4 gehören, führt uns in die Welt der Hirten und auch der Schnitter (eid. 10); zur Not der Fischer steigt eid. 21 hinab. Diese

Gedichte sind monologisch oder dialogisch, sei es direkt oder mit Rahmenerzählung. Meist bieten sie Gesangesvorträge, vor allem in Form von Agonen, aber auch diese sind wieder mannigfach variiert. Wo ein Schiedsrichterspruch erfolgt, konnte Th. dessen Grund nicht in besserer oder minderer Qualität der Darbietungen durchsichtig machen; die folkloristisch bezeugte Weise, daß einer den andern „aussang", findet sich nur in eid. 5. Mehrmals führt der Vortrag oder das ganze Gedicht auch in die mythische Zeit, vor allem zu Daphnis, den Th. in eid. 1 in Trotz gegen die Liebe sterben läßt, und zu Polyphem, den er nach Philoxenos' Vorbild in eigener Weise romantisiert (eid. 11, dazu 6). In eid. 7 tritt der Dichter selber als Simichidas auf, und wie er sich V. 93 auf den äußeren Erfolg berufen darf, so läßt er sich von dem Hirtendichter Lykidas als bukolischen Poeten autorisieren durch Überreichung seiner Keule als Musengeschenks, des ins Ländliche übersetzten hesiodeischen Skeptrons. Wie immer man über den biographischen Gehalt dieses Idylls denkt, Lykidas repräsentiert eine anerkannte Dichtungsform und ist wohl eine bestimmte autoritative Persönlichkeit, die somit die Hirtenmaskerade der kommenden Zeit eröffnet; allerdings könnte er auch eine fiktive Gestalt sein, deren Spannweite in der Auffassung der Modernen vom gewöhnlichen Hirten bis zum Gott, freilich einem rustikalen, reicht. Wie schon einige bukolische Gedichte dem Mimos (↗Drama) nahestehen, so sind Meisterstücke dieser Gattung eid. 2 (Rückführungs- und Vernichtungszauber der verlassenen Geliebten) und 15 (Besuch des alexandrinischen Adonisfestes durch zwei Bürgerinnen syrakusischer Herkunft; ↗Religion B 1); beide Gedichte scheinen sich von fern an Vorbilder bei Sophron anzulehnen. Wie in eid. 14 der untröstliche Liebhaber zum Soldatendienst unter Ptolemaios ermuntert wird, so ist eid. 17 ein ↗Hymnos auf den göttlichen König, dem freilich die Art, wie Th. eid. 16 seine Gedichte als Chariten zu Hieron schickt, überlegen ist. Hymnenform zeigt noch eid. 22 auf die Dioskuren, von denen je eine Heldentat erzählt wird, und eid. 24, die im Wettbewerb mit Pind. Nem. 1 dargestellte Kindheits- und Jugendgeschichte des Herakles, während die Hylaslegende (eid. 13) in eine Paränese eingekleidet ist, wie sie auch andere Gedichte haben. Eine Art Bukolisierung der Augeiassage bietet eid. 25, das in drei sonderbar lose aneinandergereihten Partien sich steigernde Tierabenteuer des Herakles, zuletzt den Löwenkampf aus seinem eigenen Munde, vorführt. In den Raum der lesbischen Poesie führt der παιδικὸς ἔρως eid. 29/30 und besonders das Gastgeschenk für die Gattin seines Freundes Nikias, die Spindel eid. 28, aber auch das Epithalamion für Helena eid. 18.

In seiner ganzen Art konnte Th., auch er ein Spätgeborener (eid. 16, 46), nur ein Parteigänger des ↗Kallimachos sein, dessen Programm sich in eid. 7, 45 ff. spiegelt; freilich bewegt er sich in engerem Kreis und hat das Feilen (eid. 7, 51) zwar geübt, aber nicht so zum Prinzip gemacht und polemisch vertreten wie jener. Ob er in eid. 13 und 22 die entsprechenden Partien des ↗Apollonios Rhodios verbessern wollte oder ob das Abhängigkeitsverhältnis umgekehrt liegt, ist und bleibt problematisch: beide gehorchen ihrem literarischen Genos. Th. zeichnet sich durch einen besonderen Reichtum an Gefühl aus; freilich ist es mehr Einfühlung, und man kann kaum zu eigenem Erlebnis des Dichters vordringen, sicher nicht im religiösen Gebiet. Ungemein glücklich ist seine Treffsicherheit für das Volkstümliche und Natürliche in allen möglichen Formen bis zum Kleinbürgerlichen hin, nicht zum wenigsten in seinem Sentenzenreichtum; die Magie, die er gut kennt, spielt ihre Rolle wie der Hochzeitsspott. Das köstliche Schnitterlied setzt er in Hexameter um wie das Wiegenlied Alkmenes und das Adonislied der offiziellen Festsängerin. Vertrautheit mit der Tier- und Pflanzenwelt verbindet sich mit feiner Sensibilität für die Natur; stimmungsvoll ist das Gespräch im Gehen eid. 25. Alle möglichen Arten von Liebe und Verliebtheit sind erfaßt, und es wird sogar der Nachruhm für eine treue Neigung erhofft (eid. 12); das Kindliche liegt Th. ebenso wie das Jungenhafte (↗Kind). Seine Realistik mit ihrem Schuß Humor streift manchmal an Travestie, wie etwa wenn eid. 3 der städtische Komos ins Bukolische transponiert erscheint. Das vulgäre Milieu ist zuweilen ein wenig erhöht, aber ohne romantische Sentimentalität gezeichnet. Das Heroentum zeigt sich von seiner menschlichen Seite, und vom Blutrünstigen rückt der Dichter gerne schnell wieder ab (eid. 22, dazu 26). Die Ekphrasis eines Kunstwerks eid. 1 geht in ihrer Dramatik über das Dargestellte hinaus. Das aitiologische Moment fehlt nicht völlig, aber im ganzen ist Th. wohl der am unmittelbarsten zugängliche und bei aller Vertrautheit mit der Poesie der Vergangenheit am wenigsten gelehrte Dichter unter den Alexandrinern. H. H.

Komm. Ausg. von A. S. F. Gow, 2 Bde., Cambr. ²1952. – Ausg. der Bukoliker von Gow, Oxford 1952, von C. Gallavotti, Rom 1946 u. 1955. – Ausg. der Scholien von C. Wendel, Leipzig 1914. – R. J. Smutny, The text history of the Epigrams of Th., Berkeley–Los Angeles 1955. – A. S. F. Gow–D. L. Page, The Greek Anthology, Hellenistic Epigrams, Cambridge 1965, I 183 ff., II 525 ff. – Select Poems ed. K. J. Dover, London 1971. – Lexikon von J. Rumpel, Leipzig 1879.

Im allg. vgl. (seit Gows Kommentar) A. Körte–P. Händel, Die hell. Dichtung, Stuttgart 1960, 199 ff. – T. B. L. Webster, Hellenistic Poetry and Art, London 1964, 81 ff. – A. Lesky, Geschichte der griech. Lit., Bern–München ³1971, 807 ff. – R. Stark, Maia 15, 1963, 359 ff. – Th. G. Rosenmeyer, The Green Cabinet, Berkeley–Los Angeles 1969. – C. Gallavotti, Lingua, tecnica e poesia negli idilli di Teocrito, Rom 1952. – G. Lawall, Theocritus' Coan Pastorals, Washington 1967. – Zum Bukoliasmos R. Merkelbach, Rhein. Mus. 99, 1956, 97 ff. – Zu eid. 7 G. Luck, Mus. Helv. 23, 1966, 186 ff. – G. Lohse, Hermes 94, 1966, 413 ff. u. a. – G. Giangrande, Ant. Class. 37, 1968, 491 ff. – A. Köhnken, Apollonios Rhodios und Th., Göttingen 1965. – K. Lembach, Die Pflanzen bei Th., Heidelberg 1970. – G. Serrao, Problemi di poesia alessandrina I, Rom 1971. – A. E.-A. Horstmann, Ironie und Humor bei Th., Meisenheim 1976. – F. T. Griffiths, Th. at court, Leiden 1979. – D. M. Halperin, Before pastoral, New Haven/London 1983. – R. Pretagostini, Richerche sulla poesia Alessandrina. Teocrito, Callimaco, Sotade, Rom 1984, 11–117. – B. Effe, Hellenismus (Die griech. Literatur in Text u. Darstellung Bd. 4), Stuttgart 1985. – E.-R. Schwinge, Künstlichkeit von Kunst. Zur Geschichtlichkeit der alexandrinischen Poesie, München 1986. – G. O. Hutchinson, Hellenistic Poetry, Oxford 1988, 143–213. – Th. Reinhardt, Die Darstellung der Bereiche Stadt und Land bei Theokrit, Bonn 1988. – K. J. Gutzwiller, Theocritus' Pastoral Analogies. The formation of a genre, Madison, Wisconsin 1991.

Theophrast von Eresos auf Lesbos, geboren zwischen 373 und 370, Angehöriger des ↗Peripatos, dessen Leitung er als erster Nachfolger des Aristoteles 322/1 übernahm und bis zu seinem Tode zwischen 288 und 286 innehatte. Die Schule scheint unter ihm den Höhepunkt ihres Ansehens erlangt zu haben, auch wenn die Überlieferung, er habe gegen 2000 Hörer gehabt, mit Vorsicht zu beurteilen ist. Philosophisch stand er Aristoteles von allen Peripatetikern am nächsten, und zwar nach Zielsetzung, Methode und Umfang der Interessen. Die von ihm behandelten Disziplinen waren Logik, Metaphysik, Physik, Meteorologie, Physiologie, Zoologie, Botanik, Psychologie, Ethik, Politik, Rhetorik, Poetik, Philosophiegeschichte u. a. Von seiner Produktivität vermittelt das erhaltene Schriftenverzeichnis eine Vorstellung, dessen mehr als 200 Nummern allerdings um zahlreiche Doppelzählungen vermindert werden müssen. Für seine Schulschriften benützte er z. T. diejenigen des Aristoteles; die Bearbeitung derselben ist dadurch gekennzeichnet, daß er einerseits die spekulativen Elemente zurückdrängte und andererseits um methodische Vereinheitlichung bemüht war. Die Logik löste er von den letzten ontologischen Bindungen platonischen Ursprungs, und das erhaltene metaphysische Fragment zeigt allen theologischen Prämissen gegenüber größte Zurückhaltung. Die Bewegungstheorie der aristotelischen Physik erhielt bei ihm durch Einbeziehung von Astronomie und Psychologie umfassende Geltung, und nach allerdings nicht unbestrittener Interpretation der Fragmente verknüpfte er Ethik und Biologie, indem er den aristotelischen Entelechiegedanken (↗Peripatos) in genetischem Sinne ausweitete. Wenn dem so ist, darf er als Wegbereiter der Oikeiosislehre der ↗Stoa angesehen werden, nach welcher der Mensch die Bestimmung hat, durch Entfaltung seiner Naturanlagen schrittweise von den elementarsten Lebensfunktionen der Selbsterhaltung zur sittlichen Vollendung aufzusteigen.

Unter den erhaltenen Schriften sind die beiden botanischen Werke *Historia plantarum* und *Causae plantarum* die umfangreichsten. Das erstgenannte enthält ein bewunderungswürdiges System der Klassifizierung nach z. T. morphologischen Gesichtspunkten, das auf der Grundlage platonischer Begriffsdifferenzierung ruht, das zweite eine reiche Aitiologie des pflanzlichen Lebens. Von den kleinen Schriften über Teilgebiete der Naturwissenschaft liegen diejenigen über Feuer, Steine, Winde, Gerüche und Schweiß vollständig vor, und dazu kommen Bruchstücke verschiedenen Umfangs über die Wahrnehmungslehre sowie über physiologische Themen. Dies sind die Überreste einer umfangreichen Literatur von Monographien, welche durch ihre sachliche Begrenzung dem systematischen Zug der großen Lehrschriften widerstreben. Die ihnen eigene Tendenz zur auch methodischen Isolierung steht in Wechselwirkung mit der von T. anscheinend zunehmend befolgten empirischen Betrachtungsweise. Noch mehr als sie lösten sich aber aus dem Gesamtzusammenhang der Schullehre die für einen weiten Leserkreis bestimmten Publikationen, welche mit Vorliebe Themen der Alltagsethik behandelten. Diese sind bis auf wenige Reste verloren: zur Schrift über die Frömmigkeit und zu den erhaltenen Charakteren ↗Peripatos.   F. W.

Ausg.: Theophrasti Eresii opera quae supersunt omnia rec. F. Wimmer, Parisiis 1866. – Für die älteren Einzelausgaben vgl. den unten zitierten RE-Artikel von O. Regenbogen. – The Characters of Theophrastus. Ed. with Introduction, Commentary and Index by R. G. Ussher, London 1960. – Theophrast, Charaktere. Hg. u. erklärt von P. Steinmetz, 2 Bde., München 1960–1962. – Theophrastos ΠΕΡΙ ΕΥΣΕΒΕΙΑΣ. Griech. Text. Hg., übersetzt u. eingeleitet von W. Pötscher, Leiden 1964. – Theophrastus De lapidibus. Ed. with Introduction, Translation and Commentary by D. E. Eichholz, Oxford 1965. – Die logischen Fragmente des Theophrast. Hg. u. erläutert von A. Graeser, Berlin – New York 1973. – Theophrastus De causis plantarum, 3 Bde. With an English Translation by B. Einarson and G. K. K. Link, London – Cambridge/Mass. 1976–1990. – Théophraste, Recherches sur les plantes. I: Livres I–II; II: Livres III–IV. Texte établi et traduit par S. Amigues, Paris 1988–1989. – W. W. Fortenbaugh u. a. (Hrsg.), Theophrastus of Eresus. Sources for his life, writings, thought and influence. 2 Bde., Leiden/New York/Köln 1992.

Lit.: O. Regenbogen, RE Suppl. VII (1940), 1354–1562. – J. M. Bocheński, La logique de Théophraste, Fribourg 1947. – P. Steinmetz, Die Physik des Theophrastos von Eresos, Bad Homburg v. d. H. – Berlin – Zürich 1964. – W. Burnikel, Textgeschichtliche Untersuchungen zu neun Opuscula Theophrasts, Wiesbaden 1974. – L. Repici, La logica di Teofrasto. Studio critico e raccolta dei frammenti e delle testimonianze, Bologna 1977. – F. Wehrli, in: Grundriß der Geschichte der Philosophie, Die Philosophie der Antike 3, hrsg. v. H. Flashar, Basel/Stuttgart 1983, 474–522. – W. W. Fortenbaugh, Quellen zur Ethik Theophrasts, Amsterdam 1984. – K. Gaiser, Theophrast in Assos. Zur Entwicklung der Naturwissenschaft zwischen Akademie und Peripatos, Heidelberg 1985. – M. Stein, Definition und Schilderung in Theophrasts Charakteren, Stuttgart 1992.

Thessalien. Fruchtbarste Landsch. von Hellas; Kantone: Pelasgiotis (Hauptort Larisa), Hestiaiotis (Trikka), Thessaliotis, Phthiotis (Pharsalos); Randgebiete: Halbinsel Magnesia, Achaia Phthiotis, Perrhaibia. Seit arch. Zeit „Tetrarchie" der 4 Kantone unter einem ταγός (Wahlherzog, nur im Krieg mächtig). Infolge der Rivalität der Adelsfamilien spielte T. bis ins frühe 4. Jh. nur geringe Rolle in der griech. Politik; erst Iason v. Pherai zwang in den 70er Jahren das Land zur Einigung. Kurzfristig hohe Machtentwicklung; nach Iasons Ermordung (370) konnte Alexander v. Pherai nur in Teilen T.s sein Erbe antreten. T. wurde nacheinander von Theben, Phokis und (352) Makedonien abhängig. Philipp II. reorganisierte 342 den Bundesstaat neu (4 Tetrarchen, von Makedonien mitbestallt) und wurde zum Archon T.s gewählt; die Herrschaft über T. blieb von nun an bis 197 mit kurzen Unterbrechungen mit der Krone ↗*Makedoniens* verbunden, dessen Schicksale T. meist teilte. 323 (Lamischer Krieg) und 321 Aufstände. Kurze Selbständigkeit in den maked. Thronwirren um 280; 286–284 und 274/73 z. T. unter Pyrrhos von ↗Epirus. Die Randgebiete im S und SW traten nach und nach seit 280, Thessaliotis, Hestiaiotis u. andere in der Schwächeperiode ↗Makedoniens (III 2) unter Demetrios II. zum ↗Ätolerbund (2, Chronologie nicht sicher) über. Das übrige T. (v. a. Pelasgiotis) gehörte zum Hellenenbund des Antigonos III. und Philipp V.; Philipp veranlaßte 219 und 214 Larisa, seine im Krieg erlittenen Bevölkerungsverluste durch Neubürger auszugleichen (Syll.³ 543). 207 entriß er den Ätolern die 3 anderen Hauptkantone. 197 ergaben sich die Städte den Römern; nur Pharsalos und Thebai Phthiotides fielen an die Ätoler; T. wurde als freier Bund neukonstituiert (196; jährl. wechselnde ↗Strategen; ↗Koinon); ebenso der Magnetenbund (194; Hauptort das von Demetrios I. Poliorketes gegründete Demetrias), der 190 zur Strafe für Bündnis mit den Ätolern und Antiochos III. an Makedonien fiel. In sozialen Spannungen in T. gewann ↗Makedonien (III 4, 5) wachsende Sympathie. Um 150/48 in T. großer Anhang des Usurpators Andriskos (↗Makedonien IV); daher wurden 148 T. und der (167 erneuerte) Magnetenbund, unter Weiterbestehen der Bundesverfassungen, dem Statthalter der neuen Prov. Macedonia unterstellt. 27 anscheinend an die Prov. Achaia. H. H. S.

Landschaft: Philippson–Kirsten I 1, 15–233. – F. Staehlin, Das hellenische T., Stuttgart 1924. – Ders. – F. Hiller v. Gaertringen–G. Lippold, RE VI A 1, 1936, 70–134 s.v. – H. B. Westlake, T. in the Fourth Century B.C., London 1935. – G. W. Bowersock, Zur Gesch. des röm. T., RhM 108, 1965, 277–89. – Larsen, GFS 281–95. – Martin, Greek Leagues 12–64. – Ch. Habicht, Epigraph. Zeugnisse zur Gesch. T.s unter makedon. Herrschaft, APXAIA MAKEΔONIA I, 1970, 265–79. – Münzprägung: R.-Alföldi, 262. – Ausgrabungen: Kirsten–Kraiker⁵, 59–622. – PECS s.v. Larisa u. a. – Leekley–Efstratiou, Central Greece 129–60.

Thrakien. Von den griech. Kolonien an der S- und O-Küste her nur oberflächlich hellenisiert, stand T. zu Beginn des Hell. unter Herrschaft der Dynastie des Teilstammes Odrysen (seit ca. 450). Nach der Ermordung des Kotys I. (ca. 383–360/59) mußte sein Sohn Kersobleptes (360/59–342/1) gegen Rivalen aus einer älteren Linie kämpfen und wurde 359 von Athen zur Dreiteilung des Reichs gezwungen. 358–341 Thrakerkriege des PHILIPP II. von ↗Makedonien (I): 358–353 unterwarf Ph. das thrak. Westreich des Ketriporis (356–351, gegenüber Thasos) und gründete an Stelle des griech. Krenides die maked. Kolonie Philippoi (357). 352/1 Mittelreich des Amadokos II. (zw. Maroneia und Chersones) zur Vasalität gezwungen, Vorstoß ins Ostreich des Kersobleptes, zugunsten von Perinth u. Byzanz. 347/6 Unterwerfung des mit Athen verbündeten Kersobleptes. 342/1 völlige Angliederung T.s unter makedon. Herrschaft. Strategen; Sicherung durch ↗Stadtgründung, bes. Philippopolis; Teile des Landes als Lehen an maked. Adlige. Tribut- und Heerespflicht der thrak. Stammeshäuptlinge. Unter Alexander d. Gr. versuchte der ↗Stratege Zopyrion, von T. aus die maked. Herrschaft nördl. der Donau bis Olbia (331) auszudehnen. 330 und 324/22 Aufstände des Seuthes III. (Sohn des Kersobleptes?). 323 nach Alexanders Tod erhielt dessen Somatophylax (↗Hof F IV), der adlige Makedone Lysimachos (* um 360), die Provinz T. und stellte die Ruhe wieder her. Er heiratete Nikaia, Tochter des Antipatros (um 321?, ↗Alexander d. Gr. 6). Im Koalitionskrieg der Diadochen 315–311 kämpfte er auf Seiten von Ptolemaios und Kassander gegen ↗Antigonos I. Monophthalmos sowie gegen Seuthes III. und die pont. Griechenstädte, die mit Antigonos verbündet waren; seine Ehe mit einer odrys. Prinzessin (Nebenfrau) besiegelte die Ordnung. Zur Legitimierung seiner Herrschaft hatte auch er sich vergeblich um Philipps II. Tochter Kleopatra beworben. Er baute T. zu einem selbständigen Territorialstaat aus (Nordgrenze: Donau; 309/8 Gründung von Lysimacheia auf d. Chersones) und nahm ca. 306 den persönl. Königstitel (↗Staat III 3; nicht ‚König von T.') an. 301 schlug er zus. mit ↗Seleukos I. bei Ipsos Antigonos I. Monophthalmos und erhielt aus der Beute Westkleinasien. 302–299/8 Ehe mit Amastris von Herakleia/Pontos, dann mit Arsinoe (II.), Tochter Ptolemaios' I. 292 Niederlage gegen den Getenkönig Dromichaites. Als Pyrrhos von ↗Epirus 287 den Demetrios I. (↗Antigoniden 2) aus ↗Makedonien (II) vertrieb, zwang Lysimachos ihn zur Teilung und vertrieb ihn 284 auch aus Westmaked., Thessalien und Illyrien. 284 ließ er seinen Sohn aus 1. Ehe, Agathokles, hinrichten (Intrigen der Arsinoe); dessen Anhänger flohen zu Seleukos I. Im anschließenden Krieg wurde Lysimachos von Seleukos bei Kurupedion geschlagen und fiel (Anf. 281). Da der Sieger schon im Sommer 281 ermordet wurde, zerfiel das Reich des L.; Kleinasien verblieb den Seleukiden, Makedonien und T. fielen an ↗Ptolemaios Keraunos (281–279). 280/79 Einbruch der ↗Kelten (1), gegen die Ptolemaios Keraunos fiel (279); sie wurden von Antigonos II. (↗Makedonien III 1) 277 bei Lysimacheia geschlagen. ↗Keltenstämme (2) unter Komontorios unterwarfen von ihrem Zentrum Tylis (am Haemus) aus große Teile T.s, besonders den O und SO (Keltenreich von Tylis, ca. 277–ca. 212); einige thrak. Stämme, wohl im SW, blieben frei; die Küste zwischen (etwa) Nestos und Hellespont stand mindestens zeitweise unter Oberhoheit der ↗Seleukiden (z. B. um 255 Feldzug des Antiochos II.), die 241 die westl. Gebiete bis zur Chersones an die ↗Ptolemäer (II 4) abtreten mußten. Der ↗Seleukide (III 3) Antiochos Hierax fiel um 226 in T. gegen die

Kelten, die sogar Byzantion tributpflichtig gemacht hatten. Den Angriffen der freien und Aufständen der unterworfenen Thraker fiel das Keltenreich (letzter König Kauaros) um 212 zum Opfer. T. war nun wieder in zahlreiche Stammesfürstentümer zersplittert. 204–202 Feldzüge des Philipp V. von Makedonien, Eroberung von Süd-T. 197 wurde im 2. Makedon. Krieg (200–197) Lysimacheia von Thrakern zerstört. 196–194 eroberte Antiochos III. Süd-T., stieß sogar bis Nord-T. vor und baute Lysimacheia als Residenz für seinen Sohn Seleukos (IV.) wieder auf. 189/8 Friede zu Apameia: Die Chersones an ↗Pergamon (I 4), die übrigen Griechenstädte frei. 184–181 neue Expansion des Philipp V., bes. in West-T. Ansiedlung thrak. Kolonisten in Makedonien. Die Vertreibung des Sapäerfürsten Abrupolis (179; er hatte Makedonien angegriffen) durch Perseus war einer der vorgebl. Gründe Roms zum 3. Makedon. Krieg (171–168), in dem der Odryse Kotys III. auf Seite des Perseus kämpfte. Thrak. Fürsten unterstützten den Usurpator Andriskos in ↗Makedonien (IV, 151–148). 133 fiel die thrak. Chersones mit dem ↗pergamen. Erbe an Rom, das 129 die westthrak. Küste einschl. Chersones zur Provinz Macedonia schlug. 129–100 mehrere Kriege Roms gegen die Thraker. In den Kriegen des Mithradates VI. von ↗Pontos (8) gegen Rom standen Thraker häufig auf der Seite von Pontos und fielen 88–82 mehrmals nach Epirus und Hellas ein; mehrere röm. Strafexpeditionen. 72/1 röm. Eroberung von Philippopolis, Kabyle und den griech. Küstenstädten (zur Statthalterschaft Macedonia). In den röm. Bürgerkriegen Beteiligung der Thraker (versch. Zweige der astischodrys. Dynastie) auf beiden Seiten. 28 und 12/11 röm. Feldzüge nach Einfällen und Aufständen. Ca. 13 v. Chr.– 46 n. Chr. Dynastie der Sapäer, Vasallen Roms, mit der Dynastie von Pontos verschwägert. 46 n. Chr. T. römische Provinz. H.H.S.

Lit.: W. Hünerwadel, Forschungen zur Gesch. des Königs Lysimachos von T., Diss. Zürich 1900. – Berve, Alexanderreich II, 239–41. – B. Lenk, RE VI A 1, 1936, bes. 423–46 s.v. – G. Saitta, Lisimaco, re di T., Kokalos 1, 1955, 62–154. – R. Werner, bei: W.-D. Barloewen (Hrsg.), Abriß der Gesch. antik. Randkulturen, München 1961, 111–22. – H. Bengtson, Neues zur Gesch. des Hell. in T. und der Dobrudscha (1962), in: Kleine Schriften, München 1974, 348–78. – J. Wiesner, Die T., Stuttgart 1963. – G. Mihailov, La T. et la Macédoine jusqu'à l'invasion des Celtes, APXAIA MAKEΔONIA I, 1970, 76–85. – G. M. Cohen, The Marriage of Lysimachus and Nicaea, Historia 22, 1973, 354–6. – Die Politik des odrysischen Königs Kotys I. und die ägäischen Städte Griechenlands im 4. Jh. v. u. Z., bei: E.C. Welskopf (Hrsg.), Hellenische Poleis II, Berlin 1975, 993–1014. – Ch. M. Danov,

Alt-T., Berlin–New York 1976, 348–78. – H. L. Baldus, Zum Siegel des Königs Lysimachos v. T., Chiron 8, 1978, 195–200. – N. Ehrhardt, Eos 76, 1988, 289–304 (griech. Bez. zu Th. v. 7. Jh. v. bis 1. Jh. n. Chr.). – Gold der Thraker. Archäol. Schätze aus Bulgarien, Mainz 1979 (Ausstellungskat.). – Ch. M. Danov, ANRW II 7, 1, 1979, 21–185; ebd., 241–300. – R. D. Sullivan, ebd., 186–211. – H. S. Lund, Lysimachus. A Study in Early Hell. Kingship, London–New York 1992. – ↗Münzprägung B 2. – R.-Alföldi, 158–60. – Ausgrabungen: Leekley-Efstratiou, Central Greece 161–6.

Tyrann, Tyrannis. Die als normgerecht empfundene Verfassungsordnung der hell. Polis war die ↗Demokratie. T., die durch einen Einzelnen usurpierte, schrankenlos ausgeübte, gewaltsam aufrechterhaltene Macht in einer Polis galt als *verabscheuenswert,* zumal der ursprünglich neutrale Begriff schon vor dem Hell. durch T.en-Topik negativ beladen war. Daher konnte T. in der politischen Propaganda angewandt werden. So wurde die Alleinherrschaft des Demetrios v. Phaleron in ↗Athen (317–307) von seinen Gegnern „T." genannt, obwohl ihm legal die – maßvoll ausgeübte – Staatsgewalt übertragen worden war. Und der T. Aristodemos v. Megalopolis (↗Arkadien) erhielt den Beinamen „Chrestos", der Gute (nicht – wie sonst üblich – nach der Ermordung verfemt, Paus. 8, 36, 5). ↗Sizilien; Sparta. In Kleinasien ist die *Abgrenzung* zw. ↗*Dynast* und *T.* fließend und nicht zuletzt eine Frage des Standpunkts. Kleinere T.en-Herrschaften konnten sich v. a. dort halten, wo sie von außen finanzielle und militärische *Unterstützung* fanden, so durch die Perser in Ionien (Ephesos) und auf Chios und Lesbos (↗Inseln 1 und 6). Philipp II. (↗Inseln 3), Alexander d. Gr. (Ps. Dem. 17, 3 f. u. a.) und Antipatros begünstigten T.en, Antigonos II. Gonatas und Demetrios II. v. ↗Makedonien stützten sie als Parteigänger in ↗Argos, ↗Arkadien, ↗Elis (vom ↗Achäerbund beseitigt). In Athen kam um 300 Lachares als Mann ↗Kassanders zur Macht (295 durch Demetrios I. Poliorketes besiegt); später förderte Mithradates VI. v. ↗Pontos T.en in W-Kleinasien und in ↗Athen (I 5). T.en ohne auswärtigen Halt konnten sich nur kurze Zeit halten; 297 vertrieb Priene den T. Hieron (seit 300), 259/8 stürzte Antiochos II. den ätol. (?) Condottiere Timarchos, der sich in ↗Milet zum T. aufgeschwungen hatte. Die T.en in Kyrene, Lykopos (um 163/2) und Nikokrates und sein Bruder (um 93/2) hielten sich ebenfalls nur kurz. V. a. in den abgelegenen Gebieten Kleinasiens sind häufig T.en belegt: Um 180 stand Araxa im Kampf gegen Moagetes (SEG XVIII 570) und der ↗lykische Bund gegen T.en in Xan-

thos und Tlos. In Tarsos (Kilikien) usurpierte der Epikureer Lysias die Macht und betätigte sich als Sozialreformer.
Versuche, T. auf Dauer zu *verhindern*, finden Niederschlag in der Anti-T.-Gesetzgebung, z. B. in Athen 337/6 (SEG XII 87; XVIII 12) oder Ilion (Inschr. Ilion 25) um 280, in Bürgereiden und zwischenstaatlichen ↗Verträgen mit einer Klausel zum Schutz der ↗Demokratie. J. D. G.

Lit.: H. Berve, Die T. bei den Griechen I, München 1967, 386–440. – J. Seibert, Die polit. Verbannten und Flüchtlinge in der griech. Gesch., IdF 30, 1979, bes. 151–8; 176–81.

Utopie, zeichnet ein rational geplantes, intaktes Gemeinwesen, in dem, im Gegensatz und wohl meist als Gegenbild zur Zeit des Autors, die wechselseitigen Beziehungen zwischen Staat (Polis) und Bevölkerung vollkommen sind[1]. Das Funktionieren des utop. Staates basiert auf Kriterien, deren Realisierung teils möglich, teils unwahrscheinlich oder unmöglich scheint oder ist[2]. Utop. Züge (s.u.) finden sich in der antiken Lit. seit Homer, bes. an der Schwelle zum Hell. (Platon, Atlantiserzählungen). Aus der hell. Lit. werden Fragmente folgender Autoren als mögliche (den früh-hell. Vorläufern folgende) Staats-U.n – nicht ohne z. T. entschiedenen Widerspruch – bewertet: Theopomp (Th.) von Chios (geb. um 378; FGrHist 115 F 75 c = Aelian var.hist. 3,18)[3], Hekataios (H.) von Abdera, „Über die Hyperboreer" (spätes 4.Jh.; FGrHist 262 F 7 = Diod. 2,47)[4], Euhemeros (E.) von Messene, Ἱερὰ ἀναγραφή (um 300; Diod. 5, 41–46; 6 frg. 1)[5] und Iambulos (I.; 3. Jh.?; Diod. 2, 55–60)[6].
Viele utop. Einzelmotive und Idealvorstellungen sind traditionell; v.a.: Unzugänglicher „Wunsch"raum, oft am Weltrand (u.a. Hom. Od. 1,23; 6,204f.; Plat. Tim. 24e–25a; Kritias 108a; Nom. 704bc; Th.: ἔξω τούτου τοῦ κόσμου; H.: im nördl., E: im arab. Ozean; I.: am Äquator); ideale Naturverhältnisse bis hin zur γῆ αὐτόματος, die ohne menschl. Zutun Früchte trägt (u.a. Hom. Od. 7,112–32; Hes. Erg. 117–8; 232–7; Plat. Kritias 110e–115b; Politikos 272a; Th., H., E., I.) als Voraussetzung für Autarkie; beschränkte Einwohnerzahl (u.a. Plat. Kritias 113c; Nom. 737e; 740de; I.); begrenztes Staatsareal, z.B. Inselform (u.a. Plat.Krit. 113c; Pol. 423b4–c; Nom. 737d; H., E., I.); Einteilung in Berufs-/Bevölkerungsklassen (u.a. Herod. II 164; Plat. Tim. 24ab; Isokr. Bus. 15; Diod. 1,73f.; E.); Kollektivbesitz,

Verbot von Privateigentum, Weiber- und Kindergemeinschaft als Voraussetzung für die Gleichheit aller (u. a. Plat. Pol. 416d–417a; 464be; E., I.); ideale Staatslenkung (u. a. Plat. Pol. 473be; Politikos 292a–293a) und, als selbstverständl. und daher meist stillschweigende Voraussetzung oder Zielvorstellung, der vollkommene Bürger. S. auch ↗Roman (B I 1). M.Z.

Anm.: 1) Definition: s. die u. a. Lit. Ganz anders definieren z. B. K. Mannheim, Ideologie und U., Frankfurt ³1952; E. Bloch, Freiheit und Ordnung. Abriß der Sozialutopie. rde 318, Hamburg 1969. – 2) H. Freyer, Das Problem der U., Deutsche Rundschau 183, 1920. – A. Doren, Wunschräume und Wunschzeiten. Vortr. Bibl. Warburg 1924/25, Leipzig 1927. – B.Gatz, Weltalter, goldene Zeit und sinnverwandte Vorstellungen. Spudasmata 16, 1967. – H. Flashar, Formen utop. Denkens bei den Griechen. Innsbrucker Beitr. z. Kulturwiss. 3, 1974. – J. Ferguson und M. Zumschlinge a.a.O. – 3) Lit. ↗Geschichtsschreibung B 2. Utop. Charakter: Rohde 204–8; F. Gisinger, RE XV 1, 1931, 1056–65 s.v. Μερoπίς γῆ; Ferguson 122f. Dagegen: Pöhlmann II 285–91; G.J.G. Aalders, Gymnasium 27, 1978, 317–27. – 4) F. Jacoby, RE VII 2, 1912, 2750–69; Rohde 295–315; Braunert. Zögernd Pöhlmann II 291–3. – 5) F. Jacoby, RE VI 1, 1907, 952–72; Rohde 220–4; Pöhlmann II 293–305; Ferguson 102–10. H. F. van der Meer, Euhemerus van Messene. Diss. Amsterdam 1949, und Braunert sehen sogar staatstheoret. Züge; abgelehnt von M. Zumschlinge, derzufolge E.' „Botschaft" die aufklärerische Götterlehre (↗Religion A) war, die er lediglich in den schon traditionellen Roman einkleidete. – 6) W. Kroll, RE IX 1, 1914, 681–3; E. Rohde 224–42; Pöhlmann II 305–17; Ferguson 124–7; Braunert 60f. 66ff.

Lit.: E. Rohde, Der griech. Roman, Leipzig ³1914, 172–242. – R. v. Pöhlmann, Gesch. der soz. Frage u. d. Sozialismus in der antiken Welt, München ³1925, II 118–22; 274–324. – H. Braunert, Politik, Recht u. Gesellschaft in d. griech.-röm. Antike, Stuttgart 1980, 49–65; 66–84; 153–164; 165–190. – E. Hansot, Perfection and Progress: Two Models of Utopian Thoughts, Cambridge (Mass.) – London 1974. – J. Ferguson, Utopias of the Class. World, London 1975. – M. Zumschlinge, Euhemeros. Staatstheoret. u. staatsutop. Motive, Diss. Bonn 1976 (Defin.:181–221). – L. Giangrande, Les utopies hellénistiques. Cahiers des Etudes Anciennes 5, Montreal 1976, 17–33. – R. Günther – R. Müller, Das goldene Zeitalter. Die U.n der hell.-röm. Antike, Leipzig–Stuttgart 1988 (Lit.; marx.). – J. S. Romm, The Edges of the Earth in Ancient Thought, Princeton 1992.

Vertrag, zwischenstaatlicher.

1. Das *Formular,* in frühklass. Zeit noch relativ primitiv, entwickelte seit dem späten 5. Jh. reichere Formen (bes. multilaterale V., s. u. 7). Im Hell. setzte sich diese Entwicklung fort, da mit weiterer Verdichtung der zwischenstaatl. Beziehungen die Konfliktgefahr, zugleich aber auch das Bemühen um Konfliktvermeidung und Rechtssicherheit wuchs. Kombination mehrerer Inhalte in einem V.-Instrument wurde häufiger. Die diplomat. Sprache wurde zugleich reicher und technischer. Oft sehr ausführliche Einleitungen schilderten Motive und Vorgänge, die zum Abschluß (s. u. 2) führten, und „erinnerten" an die „Verwandtschaft" der Partner (z.B. Mutterstadt –Tochterstadt) oder andere, oft aus früher oder gar myth. Zeit stammende Beziehungen.

2. Der *Abschluß*[1] kam (wie früher) meist durch (häufig mehrmaligen) Austausch von Gesandten zustande, die einen V.-Vorschlag übergaben (ὁμολογίαν κομίζω) und öfter zur Abänderung, auch zur Beeidigung autorisiert (αὐτοκράτορες) waren. Beiderseits stimmten die Verfassungsorgane (meist Volksversammlung) über den V. ab. Der eigentl. konstituierende Akt war aber – wie früher – der Eid, den beiderseits Bevollmächtigte, Oberbeamte oder Gesamtvolk vor „Eidabnehmern" (ὁρκωταί) leisteten. (In Sonderfällen, z.B. manchen Abhängigkeits-V., schwor nur ein Partner; eidlose Formen: z.B. u. 8).

3. *Aufzeichnung*[2]. Die Einigungsurkunde (meist Papyrus) wurde im Stadtarchiv aufbewahrt; gelegentl. Siegelung diente dem Schutz des Textes, war aber nicht konstitutiv. Inschriften (Stein, seltener Bronze) über den V. (meist in Form des jeweil. Volksbeschlusses, seltener mit Einigungs- oder Eidestext) wurden beiderseits in Heiligtümern, am Markt o.ä. aufgestellt, öfter auch zusätzl. in „neutralen" Heiligtümern unter dem Schutz der Götter. Diese Publikation war nicht vertragskonstitutiv, sondern erinnerte den Partner an Rechte und Pflichten. Die gegenüber früher größere Häufigkeit von V.-Inschriften ist wohl nicht auf Fundzufall, sondern auf zunehmende Schriftlichkeit der V. zurückzuführen.

4. Der *Sicherung* der V. dienten – außer Eid, Aufzeichnung und (bes. in Friedens-V.) Geiselstellung – öfter Vorschriften wie: Verbot zuwiderlaufender Anträge, Gesetze oder V., Konventionalstrafen für zuwiderhandelnde Behörden, ferner jährl. Verlesung des V., Erneuerung des Eids oder Vereidigung der neuen Jungmannschaft. Im Hell. wurden bes. Bündnisse und Friedens-V. meist „auf ewige Zeit" geschlossen oder schlossen die Nachkommen monarchischer Partner ein. Trotz feierlicher Selbstverfluchung im Eid war Bruch der V. aber ebenso häufig wie in der Neuzeit, oft schon nach kurzer Zeit. Eine echte clausula rebus sic stantibus enthalten die V. nicht, nur Klauseln über Ausnahmen und über Abänderung bei beiderseitiger Zustimmung.

5.–10. WICHTIGSTE V.-ARTEN:

5. *Friedens-V.*³ (vor ca. 400 σπονδαί genannt, meist befristet; seither εἰρήνη, meist ewig). Grundbestimmung: Nichtangriffsklausel. Grundsätzl. war „partielle Hilfeleistung" an Dritte gegen den Friedenspartner (z.B. Durchzugserlaubnis, Geld- u. Lebensmittellieferung, sogar Hilfskorps) ohne Friedensbruch erlaubt, wurde aber seit dem späten 5. Jh. öfter vertragl. untersagt⁴. Weitere Bed. wie Landabtretung, Gefangenenaustausch, Kriegskostenentschädigung⁴ᵃ usw. verstehen sich von selbst; Friedens-V. zu ungleichem Recht enthielten auch Eingriffe in die äußere und innere Souveränität des Unterlegenen.

6. *Bündnisse*⁵ (συμμαχίαι) waren formal fast ausschl. Defensivallianzen (Offensivklauseln nur in B.-V. zu ungleichem Recht eindeutig belegt⁶). Nichtangriffsklausel und (öfter eingeschränktes) Recht zur partiellen Hilfeleistung an Dritte (s. o. 5) lagen ihnen implicite oder expressis verbis zugrunde. Die casus foederis wurden seit Ende 5. Jh.s immer genauer spezifiziert; zu feindl. Angriffen auf Stadt, Territorium, Häfen und Außenbesitzungen traten seit dem 4. Jh. Angriffe auf Verfassung und Gesetze, seit dem 3. Jh. auch Schmälerung der „Einkünfte" (πρόσοδοι), etwa aus Handel, Zöllen, Außenbesitz usw. Zahl, Kampfkraft u. Besoldung der Hilfskorps und Fristen der Hilfeleistung wurden häufig spezifiziert. Die milit. Führung (Hegemonie) und damit der evtl. Gewinn aus dem Sieg gebührten grundsätzlich dem Angegriffenen (Ausnahmen: v. a. Beuteteilung wurde öfter vereinbart; auch in röm. V., also keine griech. Eigentümlichkeit⁷). Einbegreifung Dritter (συμπεριλαμβάνειν, z. B. Bündner, Vasallen) ließ diese öfter ohne Partnerschaft den Schutz des V. genießen⁸. Formale Gleichstellung im Vertragstext verschleiert oft tatsächliche Abhängigkeit; das gilt insbes. für den Sonderfall des B. zwischen Monarch und Stadt (↗Stadt B) sowie für viele V. Roms mit griech. Poleis. Bündnis als Söldnerbeschaffungs-V.: ↗Militärwesen A III 5.

7. *Landfriedensbünde* (κοιναὶ εἰρῆναι) versuchten in der 1. Hälfte des 4. Jh.s seit 386 (nach dem Königsfrieden) die endlosen Kriege in Hellas zu verhindern und Hegemonialbestrebungen teils einzuschränken, teils zu befördern. Diese multilateralen V. verboten gegenüber

Mitgliedern die in den Bündnissen (6) genannten Angriffsformen; Teilnahme an Bundesexekution gegen Vertragsbrüchige, z. T. auch gegen Dritte war teils freiwillig, teils obligatorisch. Diese V. standen also auf der Grenze zwischen Frieden und Bündnis[9]. – Aus ihnen entwickelten sich die großen ↗Hellenenbünde unter maked. Hegemonie: „Korinth. Bund" Philipps II. und Alexanders d. Gr. (338/7, StV III 403/4), seine Erneuerung unter Antigonos I. und Demetrios I. (↗Antigoniden) i. J. 302 (StV 446) und der Hellenenbund des Antigonos III. (↗Makedonien III 3) i. J. 224 (StV 507). In diesen Staatenbünden waren die Bundesmitglieder durch einen oder mehrere Delegierte (je nach Bevölkerungs- und Truppenstärke) in einem ↗Synhedrion (Bundesrat, zugleich -gericht) vertreten; die Könige (nicht ihr Volk) waren persönl. Mitglieder und, bei Bundeskriegen, Feldherrn (Hegemone) des Bundesheers. Der Bund d. J. 338/7 war wohl noch ein reiner Landfriedensbund; ein volles Bündnis gegen Dritte ist nicht sicher zu erweisen und war allenfalls zusätzlich. Hingegen begründete der Bund d. J. 302 zwischen den Königen und den Griechen Symmachie, unter den Griechen Landfrieden (und wohl auch Symmachie); ähnlich der Bund d. J. 224; dieser scheint freilich die Ratifikation von Synhedrions-Beschlüssen in den Mitgliedstaaten verlangt zu haben, während im Bund d. J. 302 (und wohl auch 338/7) die Beschlüsse des Synhedrions für die Einzelstaaten bindend waren[10].

8. Isopolitie- und Sympolitie-V. regelten seit ca. 400 die gegenseitige Verleihung des Bürgerrechts bzw. die Begründung eines gemeinsamen Bürgerrechts (Näheres ↗Bürgerrecht 8–10). Sie dienten nicht selten der Machterweiterung eines Partners oder einer Hegemonialmacht. Isopolitie-V. enthalten meist keine Bestimmung über Beeidigung; oft begnügte man sich mit vertragsloser, aber den gleichen Effekt bewirkender beiderseit. Beschlußfassung[11].

9. Rechtsschutzverträge. Der zunehmende Handels- und Reiseverkehr sowie die bes. im 3. u. 2. Jh. verbreitete Seeräuberei (bes. Ätoler, Kreter) ließen das Bemühen wachsen, dem Gemeindegebiet und reisenden Bürgern und ihrer Habe Rechtssicherheit (ἀσφάλεια) zu verschaffen, Pfändung im Ausland zu verhindern und Streitigkeiten mit dem Rechtsausland auf prozessualem Weg beizulegen; die ↗Proxenie reichte dazu nicht mehr aus. – Durch

↗Asylie-V. (häufiger einseitige Dekrete) erwarben Gemeinden für sich, ihre Tempel und Bürger die Unverletzlichkeit. – Rechtssicherheits- und Rechtshilfe-V. (besser: Rechtsgewährungs-V.)[12] (σύμβολα) sicherten Freilassung von versklavten Freien bzw. Rückgabe von geraubten Sklaven und setzten für Prozesse der Bürger in der Partnerstadt den Gerichtsstand, die anzuwendenden Gesetze, Fristen (zur Vermeidung ruinöser Prozeßverzögerung) und z. T. sehr komplizierte Prozeßverfahren[13] fest. Blieben diese Vereinbarungen grundsätzlich im bilateralen Rahmen, so scheint das διάγραμμα des kretischen Koinon im frühen 2. Jh. wenigstens ein Modell für Prozeßverfahren und Straftarif enthalten zu haben, das freilich wohl erst durch bilaterale Abkommen Gültigkeit erhielt[14]. Zur Beilegung bestehender Streitigkeiten zwischen zwei Gemeinden (z. B. um Land) oder zwischen ihren Einzelbürgern wurde häufig eine dritte Stadt als Schiedsrichterin (ἔκκλητος πόλις) angerufen; z. T. war ihre Anrufung schon vorher vertragl. festgelegt[15]. Nicht selten schrieben V. verschiedener Art vor, daß frühere Streitigkeiten (ἐγκλήματα) beigelegt sein sollten[16]. Vereinbarungen dieser Art kommen schon vor dem Hell. vereinzelt, erst im Hell. in großer Zahl vor. Daß sie zur Beruhigung der Politik, zu Vermeidung oder Beilegung von Konflikten beigetragen haben, steht außer Zweifel, wenn auch Kontrolle selten möglich ist.

10. Daneben kannte das hell. Völkerrecht *zahlreiche weitere V.-Typen und -Inhalte*, deren Vielfalt die starke Verflechtung der gemeindl. Interessen widerspiegelt; so z. B. V. über Grenzziehung, Aufteilung dritter Gemeinden, gemeinsame Nutzung von Weideland, Weiderecht oder Landpacht im Partnergebiet, Schuldentilgung usw. Regelrechte Handels-V. sind hingegen auch im Hell. kaum zu erwarten, da der Außenhandel (außer in manchen hell. Monarchien) nicht in staatl. Hand lag. Wie die hell. Könige, so fixierten auch Gemeinden die Rechtsstellung ihrer Vasallengemeinden durch V. oder einseitige Statuten, die gelegentl. aber beiderseitig beeidet werden. Vereinbarungen über Freundschafts-Begründung oder -Erneuerung, über Privilegien usw. dienten der Sicherung oder der polit. Annäherung[17]. H. H. S.

Anm.: 1) A. Heuß, Abschluß und Beurkundung des griech. und röm. Staatsvertrages (1924), ND Libelli 188, 1967. Gesandtschaftswesen: D. Kienast, RE Suppl. XIII, 1973, 499–628; E. Olshausen, Prosopographie der

hell. Königsgesandten, Stud. Hell. 19, 1974. – 2) Dazu A. Heuß (Anm. 1). –
3) J. Hermann, Σπονδή und Σπονδαί, Studi in onore di E. Volterra III,
Mailand 1971, 135–42 (klass. Zeit); B. Keil, EIPHNH, SB Leipzig 68, 4,
1916. – 4) Bikerman, (s. u.) 479f. – 4a) F.J.F. Nieto, in: G. Thür (Hg.),
Symposion 1985, Köln–Wien 1989, 375–88. – 5) Bikerman, (s. u.) 474–502.
– 6) S. vorläufig das Material bei P. Bonk, Defensiv- u. Offensivklauseln in
griech. Symmachieverträgen, Diss. Bonn 1974; Th. Pistorius, Hegemonie-
streben u. Autonomiesicherung in der griech. Vertragspolitik klass. u. hell.
Zeit (Diss. Hamburg 1984), Frankfurt–Bern–New York 1985. – 7) Aymard, (s. u.) 503–27; Y. Garlan, Le partage entre alliés des dépenses et des
profits de guerre, in: Armée et Fiscalité, Paris 1977, 149–64. – 8) E. Bikerman, Philologus 87, 1932, 277–99; Rev. Phil. 61, 1935, 59–81. – 9) T. T. B.
Ryder, Koine Eirene, London 1965 (Lit.); s. a. ↗Hellenenbünde (Lit.); StV
II² 242; 265(?); 269; 270; 292; 331. – 10) J. A. O. Larsen, Representative
Government in Greek and Roman History, Berkeley–LA 1955 (Lit.);
Ders., GFS; STV III 403; 446–507 (Lit.). – 11) Z. B. StV III 537–9; Vertrag
statt vorgesehenen Beschlußaustauschs: ebd. 555. – 12) H. F. Hitzig, Altgriech. Staatsvertr. über Rechtshilfe, Festgabe F. Regelsberger, Zürich 1907;
s. a. ↗Asylie (Lit.). – 13) Z. B. StV III 558; 567. – 14) M. van der Mijnsbrugge, The Cretan Koinon, New York 1931. – 15) A. Raeder, L'arbitrage
internat. chez les Hellènes, Kristiania 1912; M. N. Tod, Internat. Arbitra-
tion among the Greeks, Oxford 1913; Ders., Streiflichter auf die griech.
Gesch. (1932), Libelli 159, 22–44. Zur Entwicklung: L. Piccirilli, Gli arbi-
trati interstatali greci, Pisa 1973 (bis 338). – R. Scuderi, Decreti del Senato per
controversie di confine in età repubblicana. Athenaeum 79, 1991, 371ff. –
16) Z. B. StV III 546. – 17) Vgl. die Sachregister in StV III und (demnächst)
IV.

Lit.: Neben der in den Anm. genannten Lit. Coleman–Philippson, Internat. Law and Custom in the Ancient Greece and Rome, London 1911. –
Busolt–Swoboda, II 1240–64 (Lit.). – E. Bikerman, Bemerkungen über das
Völkerrecht im klass. Griechenland (1950), bei: F. Gschnitzer (Hrsg.), Zur
griech. Staatskunde, WdF 96, 1969, 474–502. – A. Aymard, Die Aufteilung
des im Krieg Gewonnenen in den Bündnisvertr. des Altertums (1957), ebd.
503–27. – Ders., Études d'hist. ancienne, Paris 1967, 499–512. – P. Klose,
Die völkerrechtl. Ordnung der hell. Staatenwelt . . ., Münch. Beitr. 64, 1972.
– H. H. Schmitt, Internat. Bez. zw. antiken Staaten, Soc. Internat. F. de
Visscher, XXIXe Sess., Köln 1975, 6–18 (Forschungsbericht). – Ders.,
Forme della vita interstatale nell' antichità. Critica storica 25, 1988, 529–46
(Lit.). – Verträgesamml.: StV III und IV (ersch. demnächst) mit Lit. und
Sachregister.

Zeitrechnung.

I. In den hell. Reichen wird das Jahr grundsätzlich nach den Regierungsjahren des jeweiligen Königs (1) oder nach denen der regierenden Dynastie (2) gezählt; beides entspricht der Herrscheridee (↗ Staat III 3).

1. Königsjahre rechnen in der Regel offenbar vom Tod des Vorgängers oder tatsächl. Regierungsantritt an, setzen also einen eigenen Neujahrstag. In Ägypten folgten die Ptolemäer jedoch der dort üblichen Rechnung und zählten die Zeit zwischen Thronbesteigung und dem Neujahrstag (1. Thoth) als 1. Jahr, das erste volle Jahr also als Jahr 2. Dabei zählt der Beginn der Alleinherrschaft; Mitregentenjahre bleiben i. d. R. unberücksichtigt; allerdings hat Ptolemaios II. später[1] seine beiden Mitregentschaftsjahre einbezogen, was seine Regierungsjahre um 2 erhöhte. Das äg. Jahr mit seinen 5 Schalttagen (*epagómenai*) wich vom Sonnenjahr zwar nur um ¼ Tag ab; immerhin wanderte sein Neujahrstag vom 1. Jahr des Ptol. I. bis zum letzten der Kleopatra VII. (304–31) vom 7. November zum 31. August vor. – Regierende Dynasten können ebenso ihre Reg.-Jahre zählen; Attalos I. zählt seine Jahre vom tatsächl. Antritt 241, nicht erst von der späteren Annahme des Basileus-Titels an.

2. Dynast. Ären zählen von der Königserhebung oder einem herrschaftsbegründenden Sieg (↗Herrscherideal 4a) des Dynastiegründers an. – a) Seleukiden-Ära: Seleukos I. rechnete seine Reg.-Jahre nicht von der Königserhebung, sondern bereits von der Wiedereroberung seiner Satrapie an (August 312), wobei die Monate bis zum Neujahrstag nach babylon. Sitte als „Antrittsjahr" unberücksichtigt blieben; die „seleuk.-babyl. Ära" (sel.-bab.), die durch Weiterzählen unter dem langjähr. Mitregenten Antiochos I. entstand, beginnt daher mit dem 1. Nisan (April) 311. Daneben trat (viell. seit Annahme des Basileus-Titels) die makedon. Ära (sel.-mak.) vom Herbst (wohl 1. Dios = Beginn des maked. Jahrs) 312 an; sie wurde v. a. in griech. Urkunden der königl. Kanzlei und im Westen des Reichs verwendet. Die sel.-bab. Ära war in Vorderasien weit verbreitet und noch lange nach Ende der Seleukiden in Gebrauch, z. B. mit dem Zusatz „nach früherer Zählung" neben der parth. Ära. – b) Die Arsakiden-Ära der Partherkönige datiert nach einem (lange vor der Königserhebung liegenden) Ereignis der Dynastiegeschichte, ab Frühj. 247 (bzw. in griech. Städten ab Herbst 248). – c) Die Ära von Pontos (Epoche zunächst 337/6, dann auf 297/6 verlegt [nach Synkellos auf 283/2, was zu Unklarheiten in der Chronologie von P. führt]) ist auch in ↗Bithynien und im ↗Bosporanischen Reich benützt worden[2]. – d) Zahlreiche regionale Ären entstanden unter der röm. Oberherrschaft; ihre Epochen waren: Einrichtung der röm. Provinz (Macedonia 148, Achaea 146), Neuordnungen durch Sulla (Prov. Asia 85) und Pompeius (lokale Ären in Syrien und Palästina 64–61) und Siege wie Actium (31).

3. Besonderheiten: Unter Ptolemaios II.–IV. ist neben der unter 1 beschriebenen ägypt. Jahresrechnung für gewisse offizielle Zwecke ein makedon. Jahr im Gebrauch,

das offenbar mit dem tatsächl. Regierungsantritt beginnt (unter Philadelphos mit dem Beginn seiner Mitregentschaft³); seine Monate sind nur zeitweise in ägypt. Monate umrechenbar. Von 202/1 an wird der maked. Kalender dem ägypt. vollständig angeglichen, mit festen Gleichungen für die Monate beider Kalender (Beginn: 1. Thoth = 1. Dystros). – Im 3. Jh. wurde ferner von griechischen Kanzleien das Finanz-(Fiskal-) Jahr benutzt, das im 6. Monat des Normaljahrs (Mecheir) begann und von diesem Zeitpunkt an 7 Monate lang dem Normaljahr in der Königsjahr-Zählung um 1 Jahr vorauslief (z.B.: Euergetes J. 2 = 24. 10. 246–22. 10. 245; Finanzjahr 3 = 22. 3. 245–1. 3. 244 jul.). – Im Ptolemäer- und Seleukidenreich mußten jurist. Urkunden (Kaufverträge u. ä.) im Präskript neben der Königsdatierung auch die eponymen Priester(innen) des ↗Herrscherkults (C 3 a–b) aufführen.

II. POLEIS: (↗Stadt): Ihr Status läßt sich am Gebrauch des Kalenders erkennen. „Freie" Poleis datieren weiterhin nach ihren eponymen Magistraten oder Priestern und verwenden ihre angestammten Monate und Neujahrstage; dies ist ein Teil ihrer *autonomía*. Mit dieser gestehen die Seleukiden auch vielen der von ihnen gegründeten Poleis auf Reichsgebiet die Wahl von Eponymen und Kalender zu, während die „villes sujettes" wie das übrige Provinzgebiet nach dem königl. Kalender und den makedon. Monaten zu datieren haben. Des öfteren datieren aber griech. organisierte Städte nach König, Provinzialoberpriester (s. o. I 3) und eigenen Eponymen (z. B. Amyzon, Xanthos bald nach ihrer Übernahme durch Antiochos III.), vielleicht nur aus Schmeichelei. H. H. S.

Anm.: 1) Datierung strittig; Überblick bei Grzybek 115–34, der den 1. Thoth 267 errechnet. – 2) G. Perl, Zur Chronol. der Königreiche Bithynia, Pontos und Bosporos, in: J. Harmatta (Hrsg.), Stud. zur Gesch. u. Philosophie des Altertums, Amsterdam 1968, 299–330. – 3) S. Grzybek 115–34; 157–69.

Lit.: E. Bikerman, IS 144; 159; 205f. – E. J. Bickerman, Chronology of the Ancient World, London ²1980. – A.E. Samuel, Ptolemaic Chronology, Münch. Beitr. 43, 1962; ders., Greek and Roman Chronology (HdAW I 7), 1972. – E. Grzybek, Du calendrier macédonien au calendrier ptolémaique. Problèmes de chronologie hellénistique. Schweizer Beitr. z. Alt.wiss. 20, Basel 1990 (für 336–246; Lit.). – Ders., Zu einer babyl. Königsliste, Historia 41, 1992,190–204. – Monatslisten der hell. und städt. Kalender: Bickerman und Samuel, Chronology. – Umrechnung von Reichsdaten in julian. Daten: R.A. Parker – W.H. Dubberstein, Babylonian Chronology 626 B.C.–A.D. 75 (Brown Univ. Stud. XIX, Providence 1956); Th. C. Skeat, The Reigns of the Ptolemies (MB 39, 1954); Bickerman, Chronology 107ff.

ZEITTAFEL

359	Philipp (II.) Regent in Makedonien.
357–55	Bundesgenossenkrieg reduziert den 2. Attischen Seebund.
356	Alexander (III. d. Gr.) geboren.
352	Sieg Philipps über die Phoker auf dem Krokosfeld: Festsetzung in Mittelgriechenland.
4. Jh., Mitte	*Historiker Ephoros von Kyme. Diogenes begründet den Kynismus.*
348	Philipp zerstört Olynth (Chalkidike).
348/7	*Tod Platons; Speusipp Haupt der Akademie.*
346	Friede des Philokrates (Makedonien–Athen). *Isokrates: „Philippos".*
342	Thessalien von Philipp neugeordnet.
340	Antimakedonischer Hellenenbund des Demosthenes.
c. 340	*Architekt Pytheos.*
339	*Tod Speusipps; Xenokrates v. Chalkedon Haupt der Akademie (–315/4).*
338	Sieg Philipps bei Chaironeia. Friedensschlüsse mit den griech. Poleis. *Tod des Isokrates.*
338/7	Winter: Korinth. Bund unter Philipps Hegemonie beschließt Perserkrieg.
336	Ermordung Philipps in Aigai.
336–23	Alexander III. der Große König der Makedonen.
336/5	*Aristoteles gründet den Peripatos.*
334	Alexander überschreitet den Hellespont, siegt am Granikos.
333	Alexander siegt bei Issos über Dareios III.
333/2	*Der verbannte Historiker Theopompos (* c. 378) kehrt nach Chios zurück.*
331	Alexander gründet Alexandreia; siegt bei Gaugamela. „König von Asien". Aufstand des Agis III. von Sparta niedergeschlagen.
330–27	Kämpfe in Iran. 330 Brand von Persepolis; Tod des Dareios III.
327	*Hinrichtung des Historikers Kallisthenes von Olynth (* c. 370?).*
327–25	Kämpfe in Indien.

4. Jh.,	*Megariker Eubulides von Milet;*
2. H.	*Bildhauer Lysipp; Maler Apelles.*
324	Massenhochzeit von Susa, Meuterei von Opis. Verbannten-Erlaß.
323	Tod Alexanders III.; Nachf.: Philipp III. (Arrhidaios, −317) und Alexander IV. (−310/09). Satrapienverteilung von Babylon: u.a. Ptolemaios Satrap von Ägypten, Lysimachos von Thrakien.
323–22	Aufstand der griech. Poleis: Lamischer Krieg, von Antipatros niedergeschlagen.
322	*Tod des Demosthenes, Hypereides und Aristoteles. Theophrast von Eresos Haupt des Peripatos (−288/6).*
321	Indien: Candragupta gründet das Maurya-Reich. *Erste Aufführung einer Komödie Menanders.*
320	Nach Tod des Perdikkas Konferenz zu Triparadeisos: Antipatros Reichsverweser; Antigonos Monophthalmos Stratege von Asien; Seleukos Satrap von Babylonien. *Um 320 Beginn der Neuen Komödie (− c. 250).*
319	Tod des Antipatros; Polyperchon Reichsverweser. Beginnende Separation des Antigonos, Kassandros (Makedonien) und Ptolemaios.
317	Athen kapituliert vor Kassandros, wird bis 307 vom Peripatetiker Demetrios von Phaleron regiert. Olympias läßt Philipp III. ermorden.
317/6	Eumenes von Kardia hingerichtet. Agathokles στρατηγὸς αὐτοκράτωρ in Syrakus; in den folgenden Jahren Expansion in Sizilien.
316	Olympias hingerichtet. Makedonien und große Teile von Hellas in Kassandros' Hand.
315	Antigonos proklamiert in Tyros seine Reichsverweserschaft und Freiheit der Hellenen. *Ca. 315 Tod des Aischines. 315/4 Tod des Xenokrates; Polemon Haupt der Akademie (−266/5).*
315–11	1. Koalitionskrieg der Diadochen gegen Antigonos; 311 Diadochenfriede.
312/11	Beginn der Seleukidenära.
311–06	Krieg des Agathokles gegen Karthago.
310/09	Alexander IV. ermordet; Ende der Argeaden-Dynastie.

c. 308–03	Anabasis des Seleukos bis Ostiran.
307	Demetrios Poliorketes erobert Athen, führt bis 304 in Hellas Krieg gegen Kassander.
306	Demetrios siegt bei Salamis (Kypros) über Ptolemaios; Antigonos und D. nehmen den Königstitel an; ebenso 305 Ptolemaios, Kassandros, Lysimachos, Seleukos und (305/4) Agathokles. *Epikur eröffnet Schule in Athen (Kepos).*
303	Vertrag Rom-Tarent?
302	Antigonos I. und Demetrios I. Hegemone eines Hellenenbundes. Diadochenkoalition gegen sie.
301	Antigonos fällt bei Ipsos gegen Lysimachos (erhält Kleinasien) und Seleukos I. (erhält Syrien). Ptolemaios I. besetzt Südsyrien. Demetrios rettet nur Flotte und einige Küstenstädte. *301/0 Zenon von Kition gründet in Athen die Stoa.*
c. 300	*Dichter Menekrates von Ephesos, Erinna von Telos, Philitas von Kos, Hermesianax von Kolophon, Asklepiades von Samos, Anyte von Tegea, Isyllos von Epidauros, Makedonios von Amphipolis; Dramatiker Diphilos, Philippides, Rhinton von Syrakus; Historiker Duris von Samos, Zoilos von Amphipolis, Kleitarch, Chares von Mytilene, Hieronymos von Kardia, Euphantos von Olynth, Demochares von Athen, Hekataios von Abdera; Euhemeros (Utopie); Philosophen Diodor von Iasos, Alexinos von Elis, Dikaiarch von Messene, Kolotes von Lampsakos; Mathematiker Euklid, Autolykos von Pitane.*
299/8	Seleukos I. ∞ Stratonike, Tochter Demetrios' I. (in Rhosos). Agathokles erobert das maked. Korkyra, beginnt Expansion in Süditalien.
298	Tod Kassandros'; sein Haus regiert in Makedonien bis 294.
296	Offensive des Demetrios I. in Hellas und Makedonien.
c. 295	*Demetrios von Phaleron in Alexandreia; Gründung von Bibliothek und Museion.*
294	Demetrios erobert Athen, wird König der Makedonen (–287), gewinnt Thessalien, 292 Böotien.

291	Demetrios ∞ Lanassa, Tochter Agathokles', gewinnt dadurch Korkyra.
291/0	*Tod des Komödiendichters Menander.*
c. 290	*Eutychides: Tyche v. Antiocheia (Taf. 3).*
289	Tod des Agathokles; sein Reich löst sich auf.
288/86	*Tod des Theophrast; Straton von Lampsakos Haupt des Peripatos (−271/0).*
287	Lysimachos und Pyrrhos von Epirus vertreiben Demetrios aus Makedonien, das sie (−286) unter sich teilen. Invasion des Demetrios in Kleinasien, dort 286 von Seleukos I. gefangen.
286	Mamertiner (kampan. Söldner Agathokles') besetzen Messana.
285	*Tod des Kynikers Krates von Theben (* c. 365).*
283	Tod des Ptolemaios I.; Nachfolger Ptolemaios II. (Philadelphos, −246). Tod des Demetrios I.; sein Sohn Antigonos II. Gonatas nimmt den Königstitel an, versucht Herrschaftsreste zu retten.
282	Aufstand in Kleinasien gegen Lysimachos; Einfall des Seleukos. Römische Besatzungen in süditalischen Griechenstädten.
281	Lysimachos fällt auf dem Kurupedion gegen Seleukos; West-Kleinasien an Seleukos. Ptolemaios Keraunos ermordet Seleukos (Nachfolger: Antiochos I. −261), wird König der Makedonen und von Thrakien. Beginnende Emanzipation des Philetairos in Pergamon.
280	Pyrrhos nach Italien, steht Tarent gegen Rom bei, siegt bei Herakleia.
c. 280	*Bildhauer Polyeuktos, Chairestratos (Taf. 4–5). Tod des Megarikers Stilpon (* c. 360).*
280–79	„Syr. Erbfolgekrieg" (Koalition unter Ptolemaios II. gegen Antiochos I.).
279	Pyrrhos siegt bei Ausculum. Kelten-Einfall in Makedonien (Tod des Ptol. Keraunos, in der Folge Wirren) und Hellas (vor Delphi von Ätolern zurückgeschlagen, seitdem wachsender ätol. Einfluß in Delphi).
278	Pyrrhos König von Sizilien, Kampf gegen Karthago. Ptolemaios ∞ Arsinoe II. (Schwester). – Keltenreich von Tylis in Thrakien (−212). Nikomedes I. v. Bithynien ruft Kelten nach Kleinasien.

278/7	*Tod des Epikureers Metrodor von Lampsakos (* 331/0).*
277	Antigonos II. Gonatas besiegt Kelten bei Lysimacheia, 276 König der Makedonen (−239).
277/6	*Dichter Euphorion von Chalkis, Leiter der Bibliothek von Antiocheia, geboren. 276 Lehrdichter Aratos von Soloi am Hofe von Pella.*
275	Pyrrhos nach Italien, dann nach Hellas zurück. 275/4 Hieron II. in Syrakus König.
3. Jh., 1. H.	*Philologe Zenodot von Ephesos, Epiker Apollonios Rhodios (1. u. 2. Leiter der Bibliothek von Alexandreia); Dichter Theokrit von Syrakus, Poseidippos von Pella, Sotades von Maroneia; Komödiendichter Apollodor, Poseidippos; Atthidograph Istros von Kyrene; Philosophen Krantor von Soloi, Bion von Borysthenes, Menippos von Gadara, Hegesias, Annikeris, Theodoros ‚der Atheist'; Mathematiker Aristarch von Samos; Arzt Erasistratos von Keos. Septuaginta. Entstehung des „asianischen" Stiles der Redekunst.*
274–71	1. Syrischer Krieg (Antiochos I. gegen Ptolemaios II.) ohne größere Grenzänderungen.
273	Freundschaftsbegründung zwischen Ptolemaios und Rom.
272	Pyrrhos fällt in Argos; Tarent kapituliert vor den Römern.
271/0	*Tod des Epikur (* 342/1) und des Straton; neue Schulhäupter: Hermarchos von Mytilene (Kepos), Lykon aus der Troas (Akademie).*
270	*Tod des Alexis (Mittl. Komödie, *c. 371) und des Skeptikers Pyrrhon von Elis (*c. 360); c. 270/65 Tod des Philosophen Menedemos von Eretria (*c. 340).*
c. 268– c. 233	Aśoka König im Maurya-Reich; griech. Felsinschriften, Beziehungen zu den westl. Monarchien.
267– c. 261	Chremonideischer Krieg (Ptolemaios II., Sparta und Athen gegen Antigonos II.) führt zu wachsendem makedon. Einfluß in Hellas.
266/5	*Tod des Polemon; Krates Haupt der Akademie (−264/0).*
264–41	1. Punischer Krieg; allmähliche Unterwerfung der sizil. Griechenstädte durch Rom.

264/3	Philemon (Neue Komödie) gestorben (* c. 363/2). – 264/0 Tod des Krates; Arkesilaos von Pitane Haupt der Akademie (–241/0): Beginn der Akademischen Skepsis.
263? 261?	Athen makedonisch (–229).
262	Tod des Zenon von Kition (* c. 333/2). Kleanthes von Assos Haupt der Stoa (–232/1).
263–41	Eumenes I. Dynast in Pergamon, besiegt 262 bei Sardes den Antiochos I.
261–46	Antiochos II. Theos.
c. 260	Apollonios Rhodios Leiter der Bibliothek in Alexandreia. Tod des Arztes Herophilos von Chalkedon (* c. 340).
260–53	2. Syrischer Krieg (Antiochos II. und Antigonos II. gegen Ptolemaios II.): seleuk. Eroberungen in Thrakien und Kleinasien, maked. Machtausweitung in der Ägäis.
c. 250	Rückschläge Makedoniens in Hellas: Ausbreitung des Ätoler- (Mittelgriechenland) und Achäerbundes (Peloponnes); 252(?)–245(?) Abfall des Alexandros in Korinth und Euboia (Königstitel). – Beginnende Loslösung Baktriens vom Seleukidenreich.
3. Jh., Mitte	Dichter Nikandros von Kolophon, Mnasalkes von Sikyon, Leonidas von Tarent, Hero[n]das; Pleias der Tragiker (u. a. Alexander aus Ätolien, Homer von Byzanz, Philikos von Korkyra, Lykophron von Chalkis); Historiker Nymphis von Herakleia; Stoiker Ariston von Chios, Persaios von Kition; Astronom Konon von Samos. Philosophenstatue v. Delphi (Taf. 6).
247	(Frühj.) Beginn der Parthischen (Arsakiden-) Ära.
246	Thronwechsel: Seleukos II. Kallinikos (–226/5) und Ptolemaios III. Euergetes (–222/1). – Eratosthenes von Kyrene 3. Leiter der Bibliothek in Alexandreia (– c. 195).
246–41	3. Syrischer (Laodike-)Krieg: Vorübergehendes Vordringen Ptolemaios' bis z. Euphrat; Landgewinne: Küstenstriche in Thrakien und Kleinasien; Seleukeia/Pierien. Zunehmende Emanzipation kleinasiatischer und iranischer Teile des Seleukidenreichs.
245–12	Aratos aus Sikyon einflußreichster Politiker

	des Achäerbundes, bewirkt dessen Ausdehnung.
245/40	*Tod des Dichters und Gelehrten Kallimachos von Kyrene (* 305/00).*
241	Antiochos Hierax (Bruder Seleukos' II.) König in Kleinasien, ab 240 Bruderkrieg. In Sparta scheitert Reformversuch des Agis IV.
241/0	*Tod des Arkesilaos; Lakydes Haupt der Akademie (−224/3 oder 216/5).*
c. 240	*Kyniker Teles von Megara. „Mädchen von Antium" (Taf. 7).*
239	Makedonien: Demetrios II. (−229). Δημητριακὸς πόλεμος gegen Ätoler, Achäer und nördl. Nachbarn führt schließlich zum Verlust der peloponnes. Besitzungen.
30er Jahre	Parnereinfall in Parthien. Diodotos I. nimmt in Baktrien (239?), Attalos I. Soter (reg. s. 241) nach Keltensieg in Pergamon den Königstitel an.
232/1	*Tod des Kleanthes (* 331/0?); Chrysippos von Soloi Haupt der Stoa (bis 208/4).*
231 (?)	Sturz der Monarchie in Epirus. Rascher Zerfall des Maurya-Reichs in Indien. Um
230	Größte Ausdehnung des Ätolerbundes. *Tod des Skeptikers Timon von Phleius (* c. 320).*
229	Tod des Demetrios II.; Antigonos III. Doson (−221). Athen von makedon. Besatzung freigekauft. 1. Römisch-Illyrischer Krieg; röm. Protektorat über griech. Adria-Städte.
229−23	Attalos I. erobert seleukid. Westkleinasien.
228? 227?	Karienfeldzug Antigonos' III.
227	Staatsstreich des Kleomenes III. in Sparta, Reformen, Expansion gegen Achäerbund (−222).
226/5	Seleukos III. Soter (−223). – Verfall der ptolem. Militärmacht.
3. Jh., 2. H.	*Dichter Rhianos aus Kreta, Theodoridas von Syrakus, Dioskorides von Alexandreia, Kerkidas von Megalopolis, Ezechiel (jüd. Tragiker); Mathematiker Apollonios von Perge; Naturwissenschaftler Dositheos von Pelusion, Ktesibios von Alexandreia; „Sterbender Gallier", Bildhauer Doidalses, Barberinischer Faun (Tf. 8, 10, 11).*

224–198	Bund hellenischer Bünde (auch Achäer) unter Hegemonie Makedoniens. Kämpfe gegen Kleomenes.
224/3	*oder 216/5: Rücktritt des Lakydes; kollegiale Leitung der Akademie (bis spätestens 157/6): Telekles, Euander, Hegesinos u.a.*
223	Antigonos III. zerstört Mantineia. Seleukos III. auf Feldzug gegen Attalos ermordet; Nachfolger:
223–187	Antiochos III. (der Große). Für ihn erobert Achaios Westkleinasien zurück (223–22).
222	Antigonos schlägt bei Sellasia Kleomenes; dieser flieht nach Ägypten. Aufstand des Molon in Iran, 220 von Antiochos III. niedergeschlagen. *Paian und Hymnos des Aristonoos von Korinth.*
222/1	Tod des Ptol. III. und Antigonos III. Nachfolger: Ptolemaios IV. Philopator (–204) und Philipp V. (–179).
221–17	4. Syrischer Krieg endet mit Antiochos' Niederlage bei Raphia. Ägypten: Inflation; Eingeborenenaufstand (bis in die 80er Jahre des 2. Jh.s).
220–17	„Bundesgenossenkrieg" des Hellenenbundes unter Philipp V. gegen den Ätolerbund; endet mit Frieden von Naupaktos.
220–13	Abfall des Achaios in Kleinasien (Hinrichtung 213 durch Antiochos III.).
218–01	2. Römisch-Punischer Krieg; 215 Bündnis Hannibals mit Philipp V.; Folge:
215–05	1. Römisch-Makedonischer Krieg, endet mit Frieden von Phoinike.
212	M. Marcellus erobert Syrakus. *Tod des Mathematikers Archimedes (*287?).*
212/11	Römisch-ätolisches Bündnis gegen Philipp (–206). Anabasis des Antiochos III. nach Iran (–205).
204	Tod des Ptol. IV. Nachf.: Ptolemaios V. Epiphanes (–180). Antiochos beginnt Rückgewinnung der westkleinasiat. Städte (Amyzon, Teos usw.).
203/2	Vertrag Philipp V. – Antiochos III. zur Teilung des Ptolemäerreichs?
201–195	5. Syrischer Krieg: Antiochos erobert Südsyrien (200 Sieg am Paneion), dann (ab 197)

	kleinasiatische Süd- und Westküste, ab 196 Thrakien.
c. 200	*Epigrammatiker Alkaios von Messene; Historiker Agatharchides von Knidos, Demetrios von Kallatis, Menander von Ephesos, Q. Fabius Pictor (röm.), Demetrios (jüd.), Manetho (ägypt.), Berossos (babylon.); Iambulos (Utopie); Mythographen Dionysios Skythobrachion, Hegesianax von Alexandreia/Troas; Mechaniker Philon von Byzanz.*
200–197	2. Römisch-Makedonischer Krieg, endet mit Sieg des Flamininus über Philipp V. bei Kynoskephalai.
197	Tod des Attalos I. von Pergamon. Nachf.: Eumenes II. (-160/59).
196	Freiheitserklärung des Flamininus für Hellas.
195	Krieg Roms gegen Nabis von Sparta. Hannibal bei Antiochos. Smyrna (Kult der Roma eingerichtet) und Lampsakos appellieren an Rom. Ptolemaios V. ∞ Kleopatra, Tochter des Antiochos III.
	Um 195 Tod des Eratosthenes; Philologe Aristophanes von Byzanz 4. Leiter der Bibliothek in Alexandreia (– c. 180).
194	Römer räumen Hellas.
192	Tod des Nabis. Sparta im Achäerbund. Herbst: Antiochos, mit Ätolern verbündet, setzt nach Demetrias über:
192–188	Römisch-Syrischer Krieg:
191	Frühj.: Antiochos an den Thermopylen besiegt, Rückzug nach Asien.
190/89	Winter: Sieg der Scipionen über Antiochos bei Magnesia/Sipylos.
189	Ätoler müssen mit Rom Frieden schließen.
188	Friedensschluß von Apameia: Antiochos räumt Kleinasien; großer Landgewinn für Pergamon und Rhodos. *Nike von Samothrake (Taf. 12).*
187	Tod des Antiochos. Nachf.: Seleukos IV. (–175).
nach 184	Demetrios I. von Baktrien errichtet Graeco-Indisches Reich.
183	Messenischer Aufstand gegen Achäerbund; Tod des Philopoimen.
180	Tod des Ptol. V.; Nachf.: Ptolemaios VI.

	Philometor (−145), unter Regentschaft der Kleopatra I. (−176), dann des Eulaios u. Lenaios (−170).
c.180	*Tod des Aristophanes von Byzanz; Apollonios ‚der Eidograph' 5. Leiter der Bibliothek in Alexandreia. Zw. 180 und 160: Großer Altar von Pergamon, Übergang zur späthell. Plastik.*
179	Tod Philipps V.; Nachf.: Perseus (−168), heiratet Tochter Seleukos' IV.
175	Tod des Seleukos IV:, Nachf.: Bruder Antiochos IV. Epiphanes (−164).
2. Jh., 1. H.	*Stoiker Diogenes „der Babylonier", Krates von Mallos; Mathematiker Hypsikles, Astronom und Geograph Seleukos von Seleukeia. „Tragodia" (Taf. 14).*
171−68	3. Römisch-Makedonischer Krieg.
170−68	6. Syrischer Krieg von Ägypten begonnen; Antiochos IV. krönt sich angebl. zum König Ägyptens, muß aber 168 auf röm. Befehl hin abziehen.
170	Ptol. VI. erhält Geschwister Kleopatra II. und Ptol. (VIII.) zu Mitregenten.
168	Röm. Sieg bei Pydna (L. Aemilius Paullus). Ende der makedon. Monarchie. *Überführung der königl. makedon. Bibliothek nach Rom. − Krates von Mallos in Rom (Vorlesungen über Philologie)*
167	Makedonien in 4 Republiken geteilt. Epirus verwüstet. Deportation vieler griech. Politiker (darunter Polybios) nach Italien. Delos wird Freihafen. Opferedikt des Antiochos IV. in Jerusalem („Greuel der Verwüstung") führt zum
166−64	Makkabäeraufstand.
164	Tod d. Antiochos IV. Nachf.: Sohn Antiochos V. Eupator (Regentschaft).
163	Teilung des Ptolemäerreichs: Kyrene an Ptolemaios (VIII.), Streit um Kypros.
162	Antiochos IV. von Vetter Demetrios I. Soter (−150) beseitigt.
162−61/0	Timarchos d. J. Prätendent gegen Demetrios.
161	*Vertreibung von Philosophen aus Rom.*
c. 160	*Tod des Perihegeten und Philologen Polemon von Ilion (* c. 220).*

160/59	Tod des Eumenes II. v. Pergamon; Nachf.: Bruder Attalos II. (–139/8).
157/6	*oder früher: Karneades d.Ä. von Kyrene Haupt der Akademie (–137/6).*
156/5	*Philosophengesandtschaft (Karneades, Peripatetiker Kritolaos, Stoiker Diogenes) in Rom*
155	Ptolemaios (VIII.) v. Kyrene veröffentlicht Testament zugunsten Roms.
153	Alexander I. Balas (–145); 150 fällt Demetrios I. gegen ihn.
2. Jh., Mitte	*Rhetor Hermagoras von Temnos; Historiker und Geograph Agatharchides von Knidos (* um 200); Stoiker Antipater von Tarsos, jüd. Philosoph Aristobulos; Mathematiker und Geograph Hipparchos von Nikaia. Kleines Attalisches Weihgeschenk (Taf. 9).*
2. Jh.	*Historiker Xenophilos von Rhodos, Philistos von Naukratis, Satyros, Jason von Alexandreia, Palaiphatos von Abydos, Baton von Sinope.*
149–48	2. Aufstand des Andriskos (Pseudophilippos) in Makedonien.
148	Schaffung der röm. Provinz Macedonia (einschl. Epirus und Illyrien); Beginn der maked. Provinzialära.
147	Demetrios II. Nikator gegen Alexander I., regiert nach dessen Tod 145–40.
147–46	Römisch-Achäischer Krieg.
146	Römer zerstören Korinth und Karthago. Peloponnes dem Statthalter von Macedonia unterstellt.
145	Antiochos VI. (Regent: Diodotos Tryphon) Gegenkönig in Syrien (–139/8). Tod des Ptol. VI.; Nachf.: Sohn Ptolemaios VII. (–144), Bruder Ptolemaios VIII. Euergetes II. (–116); dieser heiratet Kleopatra II., 142 auch deren Tochter Kleopatra III. *Um 145 vertreibt er zahlreiche Gelehrte (darunter Aristarchos von Samothrake, den 6. Leiter der Bibliothek, gest. 144 auf Kypros) und Künstler aus Alexandreia.*
142/1 140	Parther besetzen Zweistromland, nehmen Demetrios II. gefangen. – 140 Simon erblicher Hoherpriester und Ethnarch der Juden.
139/8	Tod des Attalos II. Nachf.: Attalos III.

	(−133). − Diodotos Tryphon König in Syrien; Gegenkönig Antiochos VII. Sidetes, schlägt 136/5 (?) Diodotos, unterwirft 134 die Juden.
c. 138/7	*Kleopatra von Delos (Statue, Taf. 15).*
137/6	*Rücktritt des Karneades d. Ä.; Karneades d. J. Haupt der Akademie (−131/0).*
133	Attalos III. vermacht das Pergamen. Reich den Römern. Aufstand des Aristonikos („Eumenes III.", − 129).
131–24	Offener Kampf zwischen Kleopatra II. und Ptolemaios VIII.
131/0	*Tod des Karneades d.J.; Krates von Tarsos Haupt der Akademie (−127/6).*
c. 130	*Tod des Perihegeten und Philologen Demetrios von Skepsis.*
129	Tod des Antiochos VII. auf Partherfeldzug. Rückkehr des Demetrios II. (−125); Ägypten stellt gegen ihn Usurpator Alexander II. Zabinas (−123) auf. Juden wieder unabhängig unter Johannes Hyrkanos (134–04); Expansion. − Nach Niederschlagung des Aristonikosaufstands Einrichtung der röm. Provinz Asia. − *Tod des Karneades von Kyrene (* 214/3).*
128/7	*Paian des Limenios von Athen.*
127/6	*Rücktritt des Krates; Kleitomachos von Karthago Haupt der Akademie (−110/09).*
125	Tod des Demetrios II.; seitdem ständige Einwirkung der Ptolemäer auf die Thronbesetzung im Seleukidenreich; seleukid. Königinnen fast ausnahmslos aus der Ptolemäerdynastie. 125–96 Antiochos VIII. Grypos, bis 121 zus. mit seiner Mutter Kleopatra Thea.
2. Jh., 2. H.	*Epigrammatiker Antipater von Tyros/Sidon; jüd. Historiker Jason von Kyrene; Akademiker Hagnon, Metrodoros, Charmadas. Aphrodite von Melos (Taf. 16).*
120–63	Mithradates VI. Eupator von Pontos.
c. 120	*Tod des Historikers Polybios (* c. 200).*
116	Tod des Ptolemaios VIII.; seitdem faktisch Herrschaft der Kleopatra III. (−101) als Mitregentin ihrer Söhne Ptol. IX. (−107) und Ptol. X. (107–88).
c. 114	Antiochos IX. Kyzikenos (−95) gegen seinen Halbbruder Antiochos VIII. Seitdem Kämpfe zwischen den von ihnen abstammenden seleu-

	kid. Linien; sie regieren nur noch in Teilen Syriens und Kilikiens.
110/09	*Tod des Kleitomachos; Philon von Larisa Haupt der Akademie (– c. 85/0). Tod des Philologen und Chronologen Apollodoros von Athen (*c. 180).*
107	Ptolemaios IX. von Mutter vertrieben, König in Kypros.
c. 100	*Bukoliker Bion von Smyrna, Epigrammatiker Meleager von Gadara, Novellist Aristeides von Milet; Ninos- und Sesonchosis-Roman (?); Naturwissenschaftler Theodosios von Tripolis, Diokles; Geograph Artemidor von Ephesos. Aphrodite und Pan (Statuengruppe, Taf. 17).*
96	Kyrene fällt durch Testament Ptol. Apions (natürl. Sohn des Ptol. VIII.) an Rom.
c. 95	*Tod des Stoikers Panaitios von Rhodos (*c. 185).*
c. 90	*Tod des Grammatikers Dionysios Thrax.*
88	Ptolemaios X. aus Ägypten vertrieben; Rückkehr des Ptol. IX. (88–80). Eingeborenenaufstand in Oberägypten.
88–85	1. Mithradat. Krieg; Ermordung der Italiker in Asia.
87/6–69	Das seleukid. Syrien von Tigranes I. von Armenien besetzt.
86	Athen, mit Mithradates verbündet, von Sulla erobert, geplündert und bestraft. *Bauten der Akademie zerstört.*
c. 85/80	*Tod des Philon; Antiochos von Askalon Haupt der Akademie (– c. 68/7): Ende der Akademischen Skepsis.*
80	Nach kurzer Regierung des Ptol. XI. regiert Ptolemaios XII. Neos Dionysos (Auletes, –58, nach Vertreibung 55–51). Schwere Verschuldung Ägyptens (Dioiketes C. Rabirius Postumus). Röm. Provinz „Cilicia" in Südkleinasien (Pamphylien-Westkilikien).
1. Jh., 1. H.	*Entstehung des ‚Attizistischen' Stiles der Redekunst (als Programm). Athenodor von Tarsos Leiter der Bibliothek von Pergamon. Mathematiker Geminos. Aphrodite von Kyrene (Taf. 18).*
74	Nikomedes IV. vermacht Bithynien den Römern (73 Provinz).

73	Parthenios von Nikaia, Autor von Liebesgeschichten, als Kriegsgefangener in Italien.
70	Überführung der königl. pontischen Bibliothek nach Rom.
69–64	Letzte Phase des Seleukidenreichs; 64 röm. Provinz Syria (Pompeius).
68–66	Kreta von Rom erobert (unter Augustus Provinz Creta et Cyrene).
c. 68/7	Tod des Antiochos von Askalon; Aristos Haupt der Akademie. 67 Grammatiker Tyrannion d.Ä. in Rom.
58	Kypros von Rom eingezogen.
51–30	Kleopatra VII. (die Große) Mitregentin ihrer Brüder Ptolemaios XIII. (51–47) und XIV. (47–44) und ihres Sohnes von Caesar, Ptol. XV. (44–30).
50	Tod des Poseidonios von Apameia (* c. 135).
1. Jh., Mitte	Historiker Diodor von Agyrion, Alexander ‚Polyhistor‘ (jüd.), Eupolemos (jüd.).
1. Jh.	Roman des Chariton von Aphrodisias (?), Metiochos-Parthenope-, Chione(?)- und Kalligone(?)-Roman; Historiker Kastor von Rhodos; Marmor Parium; Philosophen Andronikos von Rhodos, Ainesidemos von Knossos, Sinon; Weisheit Salomons; Mathematiker Kleomedes (?).
40/35	Tod des Epikureers und Epigrammatikers Philodemos von Gadara (* c. 110).
48/7	Caesar in Alexandreia. Brand in der dortigen Bibliothek.
46	Einführung des Julianischen Kalenders in Rom (Berechnung des Sosigenes).
34	Kleopatra „Königin der Könige", Erhebung ihrer Kinder in Königsrang.
32–30	Krieg Octavians gegen Kleopatra (und Antonius); 31 Seeschlacht bei Actium; 30 Eroberung Alexandreias; Ende des Ptolemäerreichs.
27	Röm. Provinz Achaia (= Griechenland).
25	Röm. Provinz Galatia.
um Chr. Geb.	Historiker Nikolaos von Damaskos, Grammatiker Didymos ‚Chalkenteros‘, jüd. Philosoph Philon von Alexandreia.
17 n. Chr.	Ende des Kgr. Kappadokien: röm. Provinz, ebenso Kilikien.

nach 18	*Tod des Historikers, Geographen, Stoikers Strabon von Amaseia (* 64/3 v. Chr.).*
63	Ende des Kgr. Pontos: röm. Provinz.

U.D. – H.H.S.

REGISTER

(Hauptfundstellen erscheinen *kursiv*)

Abgaben s. Steuern; A.-Freiheit s. Atelie
Abgaridendynastie 62, 474
Abrupolis 815
Abtreibung 371
Abydos 344
Achäer(bund) 5, *9-19*, 45, 78-81, 88, 103f., 126, 153f., 226, 272, 377-380, 382, 385, 404, 432-434, 477, 481f., 494, 621f., 680-684, 715, 736-740, 770, 798
Achäischer Krieg 15, 79, 104, 154, 274, 378, 421, 481, 594, 739
Achaia (Landschaft, Provinz) 9, 20, 80, 104, 154, 477, 595, 684, 813, 824
Achaia Phthiotis 18-20, 812
Achaios (Seleukide) 98, 285, 334, 344, 422, 535, 542, 596, 610, 623, 714, 720
Achaios von Eretria 325
Achill(eus) 49, 51, 186, 188, 198, 239, 247, 680
Achilleus Tatios 418, 704
Acilius Glabrio, M'. 103, 274
Actium 46, 191, 331, 391, 501, 627, 805, Ära von A. 824
Ada 49, 333, 478
Adonis 130, 177, 260, 295, 643, *645*, 808f.
Adoption 371
adscripti 98, 103, 154, 265, 477, 738
Ägina s. Aigina
Ägypten 48, 52, 57, 295f., 298, 304, 401, 441, 513, 619, 709, 746, 767, 797; s. auch Ptolemäer(reich)
Ägyptische Gottheiten 339, 372, 624, *645 f.*, 654
Aelius Gallus 64
Aelius Stilo, L. 797
Aemilius Paullus, L. 15, 115, 189, 274, 435, 739
Aeneas 679
Äolischer Dialekt 127
Ära, bithyn. 97, makedon. 436, parth. 537, 824, pont. 106, 609, 824, seleuk. 62, 472, 475, 541, 711, 761, 769, 824, tyr. 802; s. auch Olympiadenrechnung, Zeitrechnung
Ärzteschule, empirische 33; s. auch Medizin
Äsop 697
Aetion 205, 373
Ätoler(bund) 5, 10-15, *16-21*, 45, 52, 81, 98, 102, 120, 153, 176, 189, 264f., 270, 273, 277, 341f., 378-380, 385f., 420f., 432-435, 477, 482, 494, 594, 622, 662, 680-684, 710, 715, 736-739, 798f., 812f.
Ätolien 16, 85, 154, 270, 477, 593, 801
Affektenlehre 789
Agatharchides von Knidos 212, 214, 230
Agathias 165, 183
Agathokles (Baktrien) 95
Agathokles (Syrakus) 187,

226, 242, 337, 341, 411, 482f., 723f., 799
Agathokles von Babylon 474
Agathon 150
Agelaos 19
Agema 484, 495
Agesipolis 14
Agis (Sparta) III. 78, 80, 153, 384, 735, 740; A. IV. 736
Agis von Argos 191
Agnostizismus 32, 790
Agora-Anlagen 70, 75, 90
Agrinion 45
Agrippa 524
Agrippa I. und II. 303
Ahura Mazda 244, 252, 648, 656-658
Aiakiden 186
Aiakides 187, 263
Aiantides 130
Aigai 246, 430, 644
Aigeira 10
Aigina 11-13, 542
Aigion 10, 379
Ailian 470
Aineias der Taktiker 499
Ainesidemos 33, 39, 590, 731
Ainis 17, 20
Aion 647
Aischines (Redner) 86f., 158, 326, 676
Aischines von Sphettos 407
Aischylos 160, 177, 325, 572
Aithiops von Ptolemaïs 407
Aitolien s. Ätolien
Akademie 7, *21-45* (A Die Schule I Organisation 21ff., II Antike Einteilungen 23f., III Geschichtl. Überblick 24-39, B Scholarchen 39ff.), 91, 555, 778; s. auch Philosophie
Akarnanen(bund), Akarnanien 16-19, *45-47*, 187, 189, 264, 341, 376f., 379f., 433, 684, 798, 801
Akichorios 342
Akklamation 56, 752f., 756, 761, 764
Akko 802
Akontios 207
Akrokorinth 11-13, 382, 477, 488, 654
Akrotatos 736
Aktaion-Fragment 199
Akustik 530f.
Alabanda 69, 237, 333-336, 509, 771
Alexander (Epirus) A. I. der Molosser 186, 212, 726; A. II. 45, 188, 263, 268, 724
Alexander (Makedonien) A. III. der Große 2, 6, 9, 17, *47-56*, 61f., 66, 78, 80, 82, 87, 93, 97, 101, 132, 186, 191, 201, 205, 209f., 223, 232, 240f., 247f., 250, 254f., 257f., 262, 267, 270, 275, 277, 279, 284, 287, 290, 296, 329, 333, 340, 342, 369, 373, 378, 381f., 390, 405, 411, 422f., 430, 471, 475, 478, 480, 500, 504f., 507-509, 514, 521, 526, 535, 537, 595, 609, 619f., 654, 662, 678, 697, 711f., 728, 752, 763, 767, 813, 816, 821; Taf. 22b; A. IV. (S. des A. III.) *49, 53, 57*, 187, 202, 280, 341, 431, 507; A. V. (S. Kassanders) 431
Alexander Aitolos 114, 130, 139f., *149f.*, 417, 566ff.
Alexander (I.) Balas 291, 369, 543, 624, 717, *718*
Alexander Helios, Sohn der Kleopatra VII. 627
Alexander Jannaios 63f., 291, 293, 301

Alexander von Ephesos 417
Alexander von Korinth 10, 88, 268, 273, 382, 432, 621, 764
Alexander von Pherai 86, 812
Alexander Polyhistor 216, 312
Alexander (II.) Zabinas 625, *718*
Alexanderhistoriker 798
Alexanderroman 51, 109, 210, 214, 224, 697
Alexandra Salome 301
Alexandreia 5, 48, *55f.*, 59, 74, 91, 112f., 115, 130, 149, 198, 213, 247, 250, 258, 296f., 308, 320, 339, 374, 392, 394f., 438f., 443, 445, 447, 453-455, 462, 485, 488, 493, 499, 509, 520, 544, 566f., 569, 570, 573, 575-577, 587, 608, 620, 621, 624-626, 635, 645-647, 680, 716, 758-760, 768f., 806
Alexandrinische Tragiker 327
Alexandros s. Alexander
Alexios von Elis 461
Alexis 134, 326, 467
Alinda 333f.
Alipheira 81f., 154
Alkaios von Messene 163, 174, *179f.*, 182, 325, 572
Alketas II. (Epirus) 187
Alkiphron 470
Alkman 325
Alkmeon von Kroton 414
allegorische Interpretation 316, 572ff., 779
Altersversorgung 371
Alyzeia 45
Amaseia 797
Ambrakia 18-20, 85, 186f.
Ammen 371
Ammon 50
Amometos 696

Amoretten 373
Amorgos 52, 87, 278, 500
Amphiaraos 642
Amphiktyonen, Amphiktyonie 17, 47, 237, 270, 593, 594
Amphilochia 18, 20, 187
Amphipolis 86, 436
Amphissa 420
Amynander 85, 86
Amyntas (Galatien) 346, 536
Amyntas III. (Makedonien) 246
Amyzon 333-335, 825
Anacharsis 591
Anahita, Anaitis *648*, 656, 657
Anakreon 161, 169, 178, 325, 567
Anaktorion 46
Anatomie 453
Anaxagoras von Apollonia 550
Anaximander 414, 513, 520
Anaximenes 513, 666f., 703
Anchipylos 155
Andokides 326
Andragoras 94, 287, 537
Andriskos 436, 683, 813, 815
Andromachos (Arzt) 456
Andronikos von Rhodos 545
Andros 278f., 500
Anekdoten 123
Ankyra 343, 344, 537, 713
Annikereer s. Kyrenaiker
Annikeris (Kyrenaiker) 409
Antagoras von Rhodos 150, 156, 192
Anthologia Palatina 183
Anthologia Planudea 183
Antialkidas (ind. König) 269
Antigoneia (= Mantineia) 81
Antigoneia (Syrien) 768, 802, 805
Antigoniden(reich) *56-59*,

242, 251, 278, 431, 494, 496, 506, 682, 763-765

Antigonis (att. Phyle) 87

Antigonos I. Monophthalmos 17, 45, 51, *56f.*, 58, 62f., 87, 93, 97, 101, 108, 153, 156, 201f., 237f., 248, 271-275, 277f., 280, 284, 287, 290, 329, 333, 340f., 369, 405, 411, 420-423, 431, 472, 476, 478, 483, 489, 500, 535, 593-596, 609, 620, 711, 800, 805, 814, 821; Ant. II. Gonatas 10, 17f., 58, 78, 80, 88, 97, 115, 150, 153, 156, 188f., 211, 251, 263, 268, 271, 273, 276, 278, 342, 382, 412, 414f., *431f.*, 460, 502, 508, 594, 621, 629, 712f., 736, 764, 780, 790, 814, 816; Ant. III. Doson 11f., 18f., 45, 79, 81, 102, 189, 276, 279, 334, 385, *433*, 477, 492, 508, 594, 714, 737, 812, 821

Antigonos von Karystos 124, 191, 215

Antimachos (Baktrien) 95, 251

Antimachos von Kolophon 148, 173f., 182, *190f.*, 206 (Lyde), 565

Antiocheia (Orontes) 5, 91, 115, 197, 213, 253, 489, 598, 627, 664, 703, 711f., 761, 804f.; s. auch Tyche von A.

Antiochis (Ärztin) 204

Antiochis (Tochter des Antiochos III.) 330

Antiochos (Kommagene) I. 251, *381*, 658; A. III.-IV. *381*

Antiochos (Seleukiden) A. I. 94, 97, 191, 274, 285, 344, 422, 432, 472f., 485, 508, 541f., 596, 610, 621, 629, 647, *712f.*, 805, 824; A. II. 250, 268, 285, 329, 334, 344, 385, 432, 454, 473, 478, 489, 596, 621, *713*, 720, 814; A. III. der Große 20, 61f., 82, 94, 99, 103, 115, 119, 237, 251, 268, 273, 275, 280, 285, 288, 291, 297, 335, 369, 418, 422, 424, 434, 472-475, 477, 483f., 492, 494, 496, 498, 501, 535, 537, 542, 596, 603, 610, 623, 678, 682, 697, 711, *714f.*, 720, 771, 799, 803, 813, 815, 825; A. IV. 15, 62, 82, 90, 212, 238, 242, 251, 291, 301, 406, 472-475, 484, 488, 496, 501, 508f., 542, 624, 640, 683, *716*, 767f., 803-805; A. V. *716*; A. VI. 497, *717*; A. VII. 474, 486, 492, 494, 496, 501, 538, *717f.*; A. VIII. 381, 418, 625, *718*; A. IX. 291, 625, *718*; A. X.-XI. *719*; A. XII. 63, *719*; A. XIII. 62, *719*, 804; A. Hierax 94, 98, 285, 334, 344, 422, 473, 542, 596, 610, 622, *713f.*, 720, 814

Antiochos von Askalon 23f., 27, 32, *36ff.*, 41, *42f.*, 589, 677, 731, 779

Antiochos-Krieg 13, 46, 99, 103, 154, 271, 276f., 422, *715*

Antipater (Antipatros), Sohn des Iolaos 17, 47, 51f., 56, 80, 87, 153, 191, 201f., 262, 277, 340f., 382, 431, 593, 609, 620, 814, 816

Antipater, Sohn des Kassander 431

Antipater Etesias (makedon. König) 431
Antipater von Kyrene 407
Antipater von Sidon 163 ff., 171, 179, *180 ff.*, 184, 195
Antipater von Tarsos 205, 588, *791 ff.*
Antipater von Thessalonike 180 f., 325
Antipater von Tyros 180
Antiphanes 135, 326
Antiphon 326
Antisthenes 155, 236, 398, 401, 463, 781
Antium s. Mädchen von Antium
Antonius, M. 46, 55, 83, 89, 115, 274, 282, 331, 336, 346, 370, 373, 406, 424, 479, 534, 536, 539, 612 f., 627, 719, 805
Antonius Polemon 370
Anubis 646
Anyte von Tegea 162, *165 f.*, 167, 171
Apame, Gattin des Seleukos I. 711 f.
Apame, Tochter des Antiochos I. 412
Apameia (Orontes) 58, 487, 489, 805
Apameia (Phrygien) 271, 274, 335, 369, 422, 424, 485, 492, 497, 501, 511, 535, 538, 596 (Kibotos), 678, 715 f., 765, 770, 772, 804, 815
Apelles 181, 437
Aphrodisias 336
Aphrodite 141, 149, 163, 167, 175, 177, 260, 373, 395, 645 f., 650, 656, 659, 701 ff.; Taf. 2, 10, 16-18
Apokalyptik 304, 309, 311, 657

Apokrypha 309
Apollodoros (Stoiker) 41
Apollodoros von Artemita 216, 474, 798
Apollodoros von Athen 214, 573, *577 ff.*, 588
Apollodoros von Karystos 138, 326
Apollodoros von Pergamon 675 f.
Apollodotos, König von Indien 269
Apollon 22, 46, 60, 193, 260, 424, 426, 428, 640, 653, 662, 711, 771, 805
Apollon von Maiistas 193
Apollonia 387
Apollonios (Dioiketes) 108, 632
Apollonios Eidographos 114, 571, 576
Apollonios Molon von Rhodos 676 f.
Apollonios Rhodios *59-61*, 192 f., 207, 260, 320 f. 373, 568 f., 575 f., 686, 697, 809
Apollonios von Kition 455
Apollonios von Kyrene 459
Apollonios von Perge *447 ff.*, 515, 529
Apollonis (Gattin Attalos' I.) 205
Aporetik 31
Appian *232*
Aptera 385 f., 388
Apuleius 698
Arabien, Araber *61-65*, 393, 494, 719, 804
Arachosien 48, 94 f., 267-269, 287, 538 f.
Aratos von Sikyon 10, 12, 78, 88, 167, 211, 432-434, 477, 482, 737
Aratos von Soloi (Autor der

Phainomena) 149f., 156, 169, 260 (Zeushymnos), *413ff.*, 417, 456, 515ff. (Phainomena), 569, 575

Araxa 816

Archaia s. Komödie

Archedemos, Stoiker 474

Archelaos (Feldherr des Mithradates VI.) 494, 611

Archelaos (Judäa) 303

Archelaos (Makedonien) 115, 752

Archelaos Sisines (Kappadokien) 331f., 370, 535, 612, 739

Archelaos von Komana 331, 612, 626

Archestratos von Gela 418

Archias von Antiocheia 191

Archidamos III. (Sparta) 726

Archidioiketes 332

Archilochos 147, 161, 178, 325, 568

Archimedes von Syrakus 108, *445ff.*, 487, 515ff., 525f., 529, 569, 726

Architektur 65-77, 91, 96, 338, 534, 544, 678

Archytas von Tarent 442, 525, 556

Ardiäer 263f.

Areia 48, 94, 287

Aretaios 455

Aretalogie *648*

Aretas I.-III. 63f.

Arete 407

Arethusa 62

Areus I. 10, 88, 153, 384, 432, 476, 736

Argeaden 56f., 239, 249, 254, 430, 620, 752

Argonauten(sage) 59, 148f.

Argos 11-15, *77-80*, 121, 188, 735-739, 816

Argyraspiden 484

Ariaramnes (Kappadokien) 329f.

Ariarathes I.-IX. (Kappadokien) 34, 329-331, Ar. IV. auch 542, Ar. VI. auch 611, Ar. VII. 100

Arienus 516

Ariobarzanes I.-III. (Kappadokien) 331

Ariobarzanes (Pontos) 610

Aristainos 12, 103

Aristaios 447

Aristarch von Samos 450, 516f., 519

Aristarch von Samothrake 114f., 173, 324f., *571ff.*, 576ff.

Aristeasbrief 306, 309, 312, 316, 588

Aristeides von Milet 698

Aristippos (II.) von Argos 78f.

Aristippos von Kyrene 35, 155, 407f., 410

Aristippos d. J. 407f., 409

Aristobulos I.-III. (Hasmonäer) 301-303

Aristobulos (jüd. Autor) 315f., 588

Aristobulos von Kassandreia 210f.

Aristodemos 80, 797, 816

Aristomachos von Argos 78f.

Aristomenes 192

Ariston von Alexandreia 590

Ariston von Chios 33, 585, 778, 785, *790f.*

Ariston von Keos 554f., 562

Aristonikos 100, 280, 330, 423, 543, 596, 610

Aristonikos (Philologe) 572

Aristonoos von Korinth 426

Aristophanes 133 (Eccl., Plut.), 326, 572, 695 (Av., Eccl.)

Aristophanes von Byzanz 114, 324f., 470, 570, 572, 575ff., 674

Aristophanes von Perge 215

Aristos 39

Aristoteles 22, 24, 27f., 47, 111, 124, 131, 209f., 213, 289, 357, 360, 365, 458, 461, 514, 520, 545, 563, 571, 582, 589, 744, 775, 788, 810, Eudem. Ethik (555), Naturlehre (549), Nikomachische Ethik (560), Poetik (561, 564), Rhetorik (666), Seelenlehre (550); Taf. 19a; s. auch Peripatos

Aristotimos, Tyrann von Elis 153

Aristoxenos von Tarent 123f., 230, 530, 552, 555ff., 562

Aristyllos 517

Arkader (kret.) 385f.

Arkadien 11f., *80-82*, 154, 377, 433, 735-737, 816; Dialekt 127

Arkesilaos von Pitane 23f., *31ff.* 34f. *40*, 584ff., 731, 781, 784f., 790

Armee s. Heer

Armenien 64, *82-84*, 97, 201, 242, 297, 332, 345f., 381, 539, 611f., 627, 648, 714, 716, 719, 746

Arrhidaios s. Philipp III.

Arrian *232*

Arsakes I.-III. 537f.

Arsakiden 540, A.-Ära 537, 824

Arsinoe (Ätolien) 17

Arsinoe = Methone 767

Arsinoe II. 163, 175, 177, 204, 250, 275, 281, 322, 424, 428, 509, 622, 629, 814; A. III. 623

Arsinoeion 66

Artabanos I. 538

Artapanos (jüd. Hist.) 217, 313

Artavasdes (Medien) 612

Artavazdes I.-III. (Armenien) 82f.

Artaxata 82f.

Artaxerxes 701ff.

Artaxes 83

Artaxias 82-84

Artemidor von Ephesos 522, 798, 807

Artemis 22, 150, 260, 373f., 424, 475, 499, 648, 652, 665, 771, 803, 805

Artemisia 333

Artemon von Kassandreia 116

Arybbas 187

Asandros 106

Asebie 409

Asia (Provinz) 276, 278, 280, 286, 423, 535, 543, 596f., 678, 683, 824

Asianismus 211, 314, 673ff.

Asiarch 299, 613

Asidaioi 293

Asinius Pollio, C. 798

Asklepiades von Bithynien 455

Asklepiades von Myrlea 580

Asklepiades von Phleius 155

Asklepiades von Samos 163, 167, *173ff.*, 176, 178, 184, 195

Asklepiodot 589

Asklepios 165, 260, 642, 648, *653*, 654f., 680

Aśoka 268, 713, 741

Aspendos 78, 535

Asphaleia 145

Aspurgiden 106

Astakos 97

Astarte 650, 656

Astrologie 313, 418, 473, 514, 524, 644, 648f., 792, 795
Astronomie 473, 513-520, 649; s. auch Naturwissenschaften
Astypalaia 278
Asylie 18, 84f., 98, 108, 118, 145, 189, 276f., 281, 386, 635, 641, 657, 710, 760, 771, 822
Ataias s. Ateas
Atargatis 295, 643, 650, 656
Ateas 733
Atelie (Abgabenfreiheit) 108, 145, 158, 543, 772, 801
Athamanien 85f., 186f.
Athen 7, 11, 21ff. (Stadt), 42 (Stadt), 52f., 57f., 65, 86-93, 104, 112, 119f., 133, 157-159, 248, 271-275, 341, 347, 360f., 432-434, 543, 545, 575, 587, 611, 621, 640, 646, 665, 681, 730, 765, 770, 774, 798, 816; Dialekt 127
Athena, Athene 60, 168, 238, 260, 421, 499, 507-510, 601, 640, 648, 650, 652
Athenaios (Militärschriftsteller) 499, 527
Athenaios von Attaleia (Arzt) 176, 455
Athenodoros von Tarsos 115
Atintanien 186f., 264f.
Atomismus 28, 350ff., 455, 775
Atropatene 83, 287f., 539f., 714
Attakoren 696
Attaleia 535
Attaliden(reich) 23, 33, 251, 272, 285, 479, 496, 541-543, 640, 657, 767; s. auch Pergamon
Attalos I. 12, 33, 98f., 119, 212, 238, 285, 334, 344, 386, 422, 434, 542, 596, 601, 714, 720, 824; A. II. 90, 99, 191, 330, 345, 535, 543, 596, 663, 717; A. III. 286, 416, 423, 543, 647, 683
Atthidographie 213
Attika s. Athen
Attis (Gott) 595, 658-661; (Priester) 345, 596
Attisch 744; s. auch Sprache
Attizismus 128, 216, 326, 469f., 673ff., 744, 748
Auctor ad Herennium 675
Augustin 39
Augustus (Octavian) 46, 83, 116, 274, 276, 331, 336, 346, 370, 388, 424, 539, 612, 627, 675, 710, 739
Aurelius Opilius 123
Aussagenlogik 459, 463
Aussetzung 371
Autobiographie 211
Autolykos von Pitane 40, 450, 515
Autonomie 6, 21, 56, 84, 108, 120f., 334f., 469, 639, 769, 772, 825, Selbstverwaltung 298, 495, 605, 725, 757, 759, 762, 769
Axos 386
Azizos (Araberfürst) 62

Baalbek 654
Baby 372f.
Babylon 48, 51, 201, 213, 342, 471-473, 508, 539, 649
Babylonien 57, 62, 298, 392, 471-476, 513, 538f., 620, 648, 711
Bakchylides 161, 325
Baktrien 48, 52, 93-96, 240, 251, 268f., 287f., 392, 505, 508, 510, 537f., 713f., 757, 767

Barbaren 1, 5, 49, 85, 234, 343, 391f., 395, 430, 433, 483, 496f., 556, 680f., 763
Barberinischer Faun 602; Taf. 11
Bargylia 333-335
Barsine 431, 609
Basileides 586
Basilika 65, 72, 298
Baton von Sinope 213
Bauten s. Architektur
Belagerungsgerät, -technik 479-481, 486, 499
Belevi 73
Bellerophon 148
Bematisten 481, 521
Berenike I. 620f., 629, 807; B. II. 173, 321f., 412, 509, 516, 621-623; B. III. 625; B. IV. 626, 719; B. Syra 621f., 713, 720
Berossos 213, 312, 473, 649
Besantinos 429
Besatzungs-, Garnisonsfreiheit 490, 771f.
Bessos 48
Bestattung s. Grab
Beuteteilung(svertrag) 19
Bibel s. Septuaginta
Bibliotheca Palatina 116
Bibliothek 8, 55f., 59, 110f., *112-116*, 123, 149, 197, 320, 324, 327, 338, 521, 567-570, 573, 576, 621, 626
Bildung 371f.
Bindusara-Amitrochates 267
Biographie 211, 216, 559, 563, 568, 697
Bion von Borysthenes 156, 398, 400, *402f.*, 409
Bion von Smyrna 141, 260
Bion von Soloi 213
Bithynia (et Pontus) 100, 537, 612
Bithynien *96-100*, 242, 251, 344, 386, 422, 435, 510, 536, 543, 610f., 683, 712, 824
Biton (Militärschriftsteller) 499, 527
Bittis 206
Blossius 543
Böoter, Böotien 6, 15, 17f., 58, *101-105*, 273, 377-380, 421, 433, 482, 593f., 684; Dialekt 127
Boethos „der Karthager" 391
Boethos von Sidon 590
Boethos von Tarsos 191
Boiotarch 102-104, 380
Bolos von Mendes 124, 215, 418
Bomilkar 337
Bosporanisches Reich *105f.*, 242, 611-613, 734, 824
Brachylles 103
Brennos 342f.
Brief *106-110*, 237, 697, 743, 755; Brief-Roman 698
Brutus 39
Bryson von Herakleia 409, 463
Buchhandel *112*
Buchwesen *110-117*
Bürgerrecht 5, 47, 108, *117-122*, 145, 158, 279, 297, 377f., 389, 495f., 619, 763, 770, 800f., 821
Bundesgenossenkrieg (220-217) 12, 19, 46, 81, 103, 154, 162, 189, 270, 385f., 433, 594, 680, 738
Bundesstaat 5, 47, 121, 189, 234, *376-380* (Koinon), 476, 751, 769f., 812
Buntschriftstellerei *122-125*
Byzantion, Byzanz 86, 98, 270, 277, 343, 436, 508, 610, 815

Caecilius Statius 470
Caecilius von Kal(e)akte 216, 326, 674ff.
Caesar 106, 115, 302, 346, 383, 406, 518, 580, 612, 626, 739, 805
Calpurnius Piso, L. 181, 366
Candragupta 93, 267, 711
Cappadocia s. Kappadokien
Cassius Dio *233*
Catull 151, 166, 174, 322, 429, 687
Chaireas 212
Chairestratos Taf. 5
Chairon 739
Chaironeia, Schlacht i.J. 338 3, 45, 47, 78, 80, 87, 101, 273f., 420, 593, 666, 735, 766, i.J. 245 10, 18, 102, 594, i.J. 86 486, 611
Chaleion 420f.
Chalkaspiden 484
Chalkedon 96, 610
Chalkidike 86
Chalkis (Euböa) 488
Charakene 472, 474
Charax Spasinu 294, 471, 474, 540
Chares von Mytilene 698
Charisios 206
Chariton von Aphrodisias 693, *700ff.*
Charmadas *36f.*, 588
Chassidim 293
Chersones s. Thrakien
Chiliarch 51f., 488
China 539
Chion von Herakleia 698
Chione-Roman 704
Chios 18, 86, *270f.*, 277, 284, 286
Chirurgie 455
Chiton 241
Chlamys 241
Choirilos von Iasos 191

Choirilos von Samos 190f.
Chor 132, 134, 137
Chora 56, 509, 759f., 769
Chorizonten 572
Chorographie 797
Chrematisten 637
Chremonideischer Krieg 10, 17, 81, 88, 153, 188, 274, 382, 384, 432, 476, 621, 736
Chronologie s. Zeitrechnung
Chrysippos 34f., 40, 574, 585f., 669, 775ff., 779, *784ff.*, 791; Taf. 21b
Cicero 23, 39, 42, 331, 345f., 413, 415, 418, 445, 516, 580, 590, 673, 675 (Brut., or., de or.), 792 (off.), 794 (nat., rep., Tusc.)
Cilicia (Provinz) 370, 536
cista mystica 339, 510
Claudius Aelianus 123
Codex s. Buchwesen
Cornelius Gallus 150, 687, 699
Cornelius Sisenna 698
Corpus Hippocraticum 113
Crassus, M. Licinius 539f.
Curtius Rufus 225, *232*
Cyrenaica (Prov.) 412

Dämonen 26, 644, *650f.*
Damaget 162
Damaskus 62-64, 719, 803
Damian(os) von Larisa 529
Damiurgen 154, 380
Damon von Kyrene 35
Daniel-Buch 311
Daphne b. Antiocheia (Orontes) 238, 484, 488, 492, 496f., 703, 803, 805
Daphnis 808
Dardaner 263
Dardanos 42
Dareios I. 743
Dareios III. 48, 93

Dea Roma s. Thea Rhome
Dea Syria 650, 656
Deidameia 78, 187
Deinarch 326
Deinokrates, Stadtplaner von Alexandreia 55
Deiotaros 345, 612
Deklamation 667
Deliktsrecht 635 f.
Delos 18, 72, 89, 260, *271 f.*, 278 f., 394, 439, 646, 678, 711
Delphi 17, 20, 342 f., 543, 662, 711, 736, 765, 771
Demades 87, 211
Demeter 26, 148, 260, 339, 426, 643, 646, 659 f.
Demetriakos Polemos 10, 18, 78, 81, 102, 153, 263, 385, 432
Demetrias (Stadt) 438, 488, 767 f., 813
Demetrias (att. Phyle) 87
Demetrios (Baktrien) D. I. 94, 268, 510; D. II. 95
Demetrios (Makedonien) D. I. Poliorketes 10, 17, 29, 53, 57, *58*, 78, 80, 87, 89, 102, 139, 153, 156, 187, 238, 241, 248 f., 259, 273 f., 284 f., 334, 341, 369, 382, 384, 405, 420, 423, 426, 431, 462, 472, 476, 478, 484, 487, 489, 497, 500 f., 507, 526, 593 f., 609, 620, 641 f., 651 f., 678, 710, 712, 724, 754, 802, 813 f., 821; D. II. 11, 18, 79, 88, 102, 189, 263 f., 382, 385, *432 f.*, 812, 816
Demetrios (Syrien) D. I. 291, 330, 473, 494, *716 f.*; D. II. 95, 369, 387, 474, 496, 498, 538, 624, *717 f.*; D. III. 62, 251, 496, *719*

Demetrios von Byzanz 212
Demetrios der Chronograph 217, 312
Demetrios von Kallatis 214
Demetrios Lakon 588
Demetrios von Phaleron 87, 89, 113, 211, 306, 326, 341, 409, 427, 467, 554, 560, 566, 578, 664, 667, 816
Demetrios von Pharos 264 f., 434, 680
Demetrios der Schöne 412, 432 f.
Demetrios von Skepsis 214, 575 f.
Demochares 212, 599
Demokratie 79, 87, 89 f., *125 f.*, 158, 237, 244, 388, 478, 560, 595, 696, 722, 771, 817, Demokratia (personif.) 644
Demokrit 351, 548, 568, 591 f., 698, 731, 775, 786
Demosthenes 86 f., 109, 262, 273, 326, 458, 598, 615 f., 666, 674; Taf. 4, 20a
Demosthenes von Bithynien 192
Derketo 643, 650
Determinismus 35, 777
Diadem 64, 94, 238, 241, 412, 533, 596, 725, 764, 766
Diadochenzeit, frühe 51-53
Diagramma 411, 630, 636 f., 755, 822
Diaios 15 f., 79
Dialekte *127-130*, 375 f., 579, 741 ff.
Dialektik 457, 574, 669
Diaspora 1, 293 ff., 299, 304, 308
Diatribe 400 ff.
Didyma 66-68, 71 f., 247, 478, 640, 662, 711 f., Abb. 5

Didymos von Alexandreia 572f., 581
Dikaiarchos von Messene 521, 552, 555, 559ff., 570
Dikaios (Beiname) 95, 239, 381, 538
dikaiosyne 239
Dike 198, 415
Dinon 208
Dio Cassius s. Cassius Dio
Diodor 217, 220, 225f., 230f., 246
Diodoros Kronos 780
Diodoros von Iasos 459ff.
Diodoros von Tyros 588
Diodotos (Baktrien) D. I. 94; D. II. 94, 537
Diodotos Tryphon 62, 240, 497, 538, *717*
Diogenes von Apollonia 550
Diogenes der Babylonier 474, 577f., 586ff., 676, 779, *791*
Diogenes von Oinoanda *367*, 582
Diogenes von Sinope 169f., 398, *401f.*, 461
Dioiketes 108, 332 (Archi-D.), 632, 755, 758f., 762
Diokleides von Megara 458
Diokles 450, 529
Diomedes-Fragment 197
Dion (Syrakus) 24, 245, 722
Dion von Prusa (Chrysostomos) 127f., 324
Dionysades 130
Dionysios I. 86, 130 (als Dichter), 134, 241, 255, 257, 262, 407, 480, 501, 721, 727, 751, 799; Dionysios II. 24, 407, 501, 722
Dionysios Skytobrachion 215, 230
Dionysios Thrax 573, *579f.*, *791*

Dionysios von Halikarnaß, 216, 324, 675
Dionysios von Samos 215
Dionysios von Syrakus (Epiker) 130 (Leda)
Dionysische Techniten 376, 642, 652
Dionysiskos 372
Dionysodoros 449
Dionysos 193, 246f., 250, 267, 339, 372, 395, 426, 510, 642f., 646, *651f.*, 653f., 660-663, 691, 697, (Herrscherbeiname, auch Neos D.) 336, 611, 626, 651, 717, 719
Dioskaisareia 69
Dioskorides von Alexandreia 132, *162f.*, *176f.*, *180f.*, 261
Dioskuren 428, 508, 642, 653, 808
Diotimos von Adramyttion 193
Diphilos von Sinope 138, 326, 470, 687
Diyllos von Athen 212
Dogmatismus 25, 31, 34, 36, 42, 731, 779
Doidalses (bithyn. Fürst) 96
Doidalses (Bildhauer) 391, 601f.
Dolopis 17, 19
Domänen 105, 424, 534, 635, 757-759, 762, 764; s. auch Königsland
Dorea 632
doriktetos chora s. Speergewinn
Doris 17, 20
dorischer Dialekt 127
Dorismus 162
Dosiades 429
Dositheos von Pelusion 446, 449, 516

Drama *130-143* (I Tragödie 130ff., II Satyrspiel 132f., III Att. Komödie 133-139, IV Phlyakenposse 139f., V Mimos 140ff., VI Pantomimos 142), 310, 694
Drangiane 94f., 269, 287, 538f.
Dreros 388
Droysen, J. G. 1ff.
Dura-Europos 295, 298, 472, 474, 539, 629
Duris 209, 212, 216, 228, 241
Dymas 19
Dyme 10
Dynamis (Bosporan. Reich) 106, 612
Dynamismus 777
Dynast(en), Dynasteia 96, *143f.*, 264f., 333f., 370, 381, 423, 506, 536, 541, 612, 712, 762, 765, 816, 824
dynastische Ära s. Ära
dynastische Ehe 56, 58, 82, 98f., 106, 186-189, 204, 263, 267, 435, 620f., 624, 711f., 715f., 724, 734, 814

Echinos 19
Edessa 62, 472, 769
Ehe, -recht 202ff., 631
Ehrungen 118f., *144-146*, 274, 498, 619
Eidyllion *146f.*, 807
Einheimische 50, 105, 213, 287, 392, 483f., 490, 493-497, 499, 608, 620, 623f., 630, 633, 709, 711f., 753, 757, 759f., 762f.
Eirene (personif.) 644
Ekbatana 48
ekklesia s. Koinon
Elateia 593-595
Eleatik 457
Elefanten 94, 238, 247, 267, 337, 485, 489, 492, 509, 716, E.-schlacht 344
Elegie *147-152*, 160, 164, 195, 323, 325, 694
Elenktik 457
Elephantine 296
Eleusis b. Athen 88, 641, 643, 660f.
Eleutherna 384f.
Eleutherolakonen 739
Elis 11-13, 18f., 80f., *152-154*, 264, 434, 477, 681, 735-738, 816; Dialekt 127
Elisch-Eretrische Schule *155-157*
Eltern 371
Elymais 288, 538, 715
Emesa 62
Empedokles 365, 413f.
Empiriker s. Medizin
Empylos von Rhodos 216
Engyesis 203
Ennius 192, 323, 588, 591, 686, 695
Enteuxis 759
eoisches Lokris s. Lokris
epainesai 145
Epeiros s. Epirus
Ephebe, Ephebie 89, 118, *157-159*, 360, 372, 479, 482, 707-709
Ephemeriden 201, 210
Ephesos 284-286, 511, 577, 711, 744, 768
Ephoros von Kyme 124, 208, 212, *220f.*, 230, 326, 461, 577
Epicharm 326, 578, 591
Epidauros 10
Epigamie 145
Epigonoi 481
Epigramm *159-185* (A Gattung 159ff., B Geschichtl. Überblick 161ff., C Charakteristik 164f., D Weitere

Entwicklung 165, E Hauptvertreter 165-185), 320, 374
Epigrammatiker 367
epiknemidisches Lokris s. Lokris
Epikrates 21
Epikur 28f., 107, 347, 350ff., *360ff.*, 466, 582ff., 592, 615, 641, 728, 775, 778, 781; Taf. 19b
Epikureismus s. Kepos
Epimachos 526
epinomia 145
Epiphanes (Beiname) 96, 100, 330, 381, 424, 537f., 623, 640, 653, 716-719
Epiphanie 248-251, 301, 488, 641, 646, *652f.*, 662
Epirus, Epiroten 4, 16-19, 45, *186-190*, 242, 262-264, 377, 433, 683, 766, 800f., 815
Epistates 89, 279, 475, 737, 764f., 769, 803
epistolographeion s. Kanzlei
Epistratege 493, 624, 759, 799
Epitimides von Kyrene 407
Epos 114, *190-194*, 310, 323, 325, 414
Epyllion *194-201*, 321, 694
Erasistratos von Keos *454f.*
Erastos 24
Eratosthenes 61, 108, 114, 117, 150, *198f.*, 214, 287, 320, 446f., 449, 516ff., 520-523, 569f., 572, 575ff., 680, 790, 797
Eratosthenes d. J., Historiker 212
Erbrecht 633f.
Erinna 161ff., 195f., 372
Eristik 156
Erkenntniskritik, -lehre, -theorie 35, *347ff.*, 729, 783
Eros, Eroten 372f., 395f., 703

Erythrai 247, 285f.
Erziehung 22, 133, 137, 371f., 401f., 442, 553-562, 591, 695, 740, 782, 790-792; s. auch Ephebie, Kind, Prinzenerziehung, Schule
Esra 294, 299, Esrabuch, griech. 312
Essener 293, 658
Ethik 355ff., 408, 457, 776, 784, 788, 793
Ethnarch 291, 295, 302, 608
Euagoras I. 405, 697
Euandros 586
Euarchos 34
Euboia 86, *272-274*, 382, 432
Eubulides von Milet 458ff.
Eubulos 86, 89
Eudaimonie 27f.
Eudemos 443, 449, 545ff., 657
Eudoxos von Knidos 24, 28, 30, 415, 442, 446, 514ff.
Eudoxos von Rhodos 212
Euergetes, Wohltäter (Ehrung, Herrscherbeiname) 88, 100, 145, 610, 622, 624, 640, 717; s. auch 119, 145, 234, 237-239, 249, 610, 648, 755, 771, 795
Euhemeros von Messene 214, 249, 641, 695f., 791, 817; Euhemerismus 641
Euklid (Mathematiker) *443ff.*, 515, 528ff.
Euklid von Megara 155, *457ff.*, 461f.
Eukratidas (Baktrien) 95, 268f., 511
Eumenes (Pergamon) E. I. 33, 52f., 57, 265, 422, 498, 541, 713, 720; E. II. 13, 73 (E.-Stoa, Athen), 90, 99, 115, 191, 276, 330, 345, 386, 422, 424, 435, 510, 542,

543, 573, 596, 682, 683, 738; E. (III.) 543
Eumenes von Kardia 52f., 57, 93, *201f.*, 211, 241, 248, 254, 287, 329, 422, 472, 483-485, 536, 609, 711
Eunomia (personif.) 644
Eunus 650, 726
Eupator (Beiname) 180, 611, 624, 716
Euphantos von Olynth 212, 460
Euphantos von Syrakus 514
Euphorion von Chalkis 115, 150, 172, *197f.*
Euphronios von Chersonesos 130, 428
Eupolemos (Dynast) 144, 333, 498
Eupolemos (jüd. Historiker) 217, 312
Eupolis 326
Euripides 30, 131f., 135f., 139, 150, 160, 325, 372, 554, 572, 574
Euromos 333
Eurydike, Gattin des Philipp III. 52, 431
Eurydike, Gattin des Ptolemaios I. 620, 629
Eurykles (Sparta) 739
Eusebes (Beiname) 330f., 612, 719
Euthydemos (Baktrien) 94f.; Taf. 23a
Euthykrates 166
Eutokios von Askalon 447f.
Exil 85, 280, 286, 722
Ezechiel (Tragiker) 131, 310

Fabius Pictor 215f.
Failaka s. Ikaros
Familienrecht 631
Favorinus 123
Fest(e) 17, 22, 98, 158, 258, 272, 276f., 285, 380, 422, 639f., 645, 648, 651, 755, Festkalender 305
Festzug s. Pompe
Feuerkult 657
Finanzen s. Wirtschaft
Finanzjahr, Fiskaljahr 825
Flamininus, T. Quinctius 20, 79, 85, 103, 179, 273f., 427, 434, 477, 594, 681f., 738
Flavius Josephus s. Iosephos
Flotte 48, 58, 88, 266, 489, 500-502, 710, 716, 734, 738, 802
Flüchtlinge s. Verbannte
Fragmentum Grenfellianum („Des Mädchens Klage") 141, 207, 427f.
Fratadara 144, 288, 658
Frau 8, *202-207*, 287, 361, 459, 486, 509, 531, 534, 638, 645f., 651, 660, 707f., 758, 780
Frauenerbrecht 203
Freiheit der Polis 757, 772, Fr.-Parole 49, 89, 233, 237, 248, 284, 334, 411, 620, 681f., 722, Fr.-Proklamationen 13, 52f., 57, 331, 511, 682, 738, 771, 805
Freunde (Hoftitel) 254-257, 445, 761f., 766
Friedensvertrag 820
Fürstenepos 191
Fürstenspiegel 234-236, 239, 241, 461, 697
Fußsoldaten s. Infanterie

Galater, Galatien s. Kelten
Galatia (Provinz) 537, 613
Galilei 519
Gallier, sterbender (Plastik) 601, Taf. 8
Gallus s. Aelius Gallus bzw. Cornelius Gallus

Gandhara 267, 268, 714, G.-
  Kunst 96, 269
Ganymedes 373
Garde 484, 493
Garizim 291f.
Gaugamela 48f., 481
Gau(verwaltung) 56, 256,
  487, 637, 758f.
Gaza 48, 53, 63, 472, 484f.,
  496, 620, 802, 805
Geburtstag 22, 180, 361
Gedrosien 48, 267, 287
Gellius, A. 124
Gelon 189, 445, 725f.
Geminos 450, 518
Genthios 265f., 435
Geographie 694, 797
Gerechtigkeit s. dikaiosyne
Germanicus 418
Gerrha 62
Geschichtsschreibung 91,
  208-236, 304, 308f., 312-
  314 (jüd.), 326, 338, 460,
  534, 554, 621, 694f., 703,
  794
Geschwisterehe 140, 188,
  205, 250, 333, 427, 610f.,
  620, 622-624, 626, 711, 716,
  758
Glaphyra 332, 535
Glas 395f.
Gleichgewicht der Kräfte 13,
  682, 726
Glyptik 395
Gnomologium Vaticanum
  364
Gnosis 658
Goldschmuck s. Schmuck
Gondophares 269
Gordion 48, 343f., 595
Gordyene 331
Gortyn 383-389
Gotarzes 539
Grab(bauten) 74; s. auch To-
  tenkult

Graeco-Baktrisches Reich 94
Graeco-Indisches Reich 268f.
Grammatik 563ff., 666ff.; s.
  auch Philologie
Grammatiker 324, 563ff.
Grammatistik 563
Granikos 48, 277, 284, 422,
  481
Gregor von Nazianz 404
Grenfell'sches Lied s. Frag-
  mentum Grenfellianum
Grenzregelung 45
Große Mutter 659
Großgriechenland s. Sizilien,
  Unteritalien
Großkönig 714
Gyges 148; Gygesdrama 131
Gymnasiarch 372
Gymnasion 22f., 71, 73, 90,
  116, 292, 405, 474, 499,
  708f., 768
Gynaikonomos 203
Gytheion 13

Hades 646
Hadra-Urnen 55, 438
Hadrian 91, 281, 739
Halai 420f.
Haliartos 104
Halikarnaß 65, 333-335
Handel 55f., 61-63, 70, 84,
  88-90, 105, 112, 203, 264,
  271f., 275f., 282, 294, 297,
  337, 383-392, 471-473, 478,
  506, 508f., 539, 622, 638,
  678, 710, 740, 745, 757,
  765, 773, 801, 805, 820-822
Hannibal 82, 99, 212, 215,
  337f., 434, 681, 715
Harmonik s. Naturwissen-
  schaften
Harpalos 411, 471
Harpokrates 646f., 654
Hasdrubal-Kleitomachos s.
  Kleitomachos

Hasmonäer 63, 291ff., 303, 498, 804f.
Hauptstadt 7, 55, 63f., 82f., 93f., 187, 189, 213, 267, 269, 294, 332, 381, 391-393, 421, 430, 462, 472, 474, 477f., 488, 534, 537f., 573, 595, 611, 613, 621, 711-713, 734, 758, 761, 764, 767, 805, 815
Hedoniker s. Kepos, Kyrenaiker
Hedonismus 403, 408f., 558f.
Hedylos von Athen (oder Samos) 163, 171, 173, 176
Heer 479ff., 757, Größe 492f.
Heeresversammlung 49, 236, 753, 756, 764
Hegemon(ie) 4f., 10, 12, 47, 56, 101, 186, 188, 234, 279, 335, 384, 386, 432, 433, 489, 500, 622, 682, 723f., 737, 764, 770, 820f.
Hegesandros 123
Hegesiaker s. Kyrenaiker
Hegesianax von Alexandreia 417
Hegesias Peisithanatos *408f.*
Hegesias von Magnesia 211, 673ff.
Hegesinus 24, 34, 586
Hegesippos 162
Heilgötter, -heroen 261, 275, 642, *653*
Heilige Gesetze 640
Hekale 321
Hekataios von Abdera 213f., 230, 289, 695, 728, 817
Hekataios von Milet 520, 791
Hekate 260
Hekatomnos 478
Helena (Königin von Adiabene) 295
Heliodoros Arabios 704

Heliodoros von Athen 418
Heliokles I. (Baktrien) 95, 269, 538
Heliopolis 62, 305
Helios 250, 511, 643, *653f.*, 678, 691
Hellenenbünde 6, 10, 12, 16f., 19, 45, 47, 53, 56f., 78-80, 87, 101f., 153, 189, *233f.*, 382, 420, 433f., 476f., 480, 500, 593f., 735, 737, 799f., 812, 821
Hellenismus *1-9*, Begriff 1f., 741, Geschichtl. Überblick, Raum 4-6, Periodisierung 3f., 390, Philosophie, Literatur 7f.
Helvius Cinna 199
Hephaistion 48, 51, 393
Hera 641, 650
Heraia (Stadt) 12, 81, (Hera-Fest) 245
Herakleia (Insel) 278
Herakleia (Latmos) 68f., 285f., 334, 478
Herakleia (Pontos) 97, 99, 271, 343f., 610, 814
Herakleia Trachis 15, 17, 20
Herakleides Kritikos 101
Herakleides Pontikos 28, 325, 516, 549, 555ff., 560f.
Herakleides von Magnesia 216
Herakleitos von Halikarnaß 181
Herakles 51, 56, 133, 139, 193, 197f., 236, 239, 245-247, 249, 251, 260, 277, 337f., 372-374, 396, 506-509, 534, 557, 620, 640, 642f., *654f.*, 657, 740, 808
Herakles, Sohn des Alexander III. d. Gr. 54, 431, 609
Herakliskos 372
Heraklit 172, 731, 775, 780

Herculan(e)um 116, 366
Herder, J. G. 1
Herennios Philon von Byblos 116
Hermagoras von Temnos 670f.
Hermaphroditos 206
Hermarchos von Mytilene 107, 361f., *364f.*, 584f.
Hermesianax von Kolophon 148, *149ff.*, 206
Hermes Trismegistos 649
Hermias von Atarneus 24, 255
Hermione 11
Hermippos von Smyrna 416
Hermokles von Kyzikos 426
Hero 199
Herodas s. Hero(n)das
Herodes d. Gr., 64, 271, 300-303, 496, 498, 684
Herodes von Chalkis 303
Herodian 572
Herodot 132, 326, 572, 698
Heroen 244-247, 250, 640, 654, *655*, 664; H.-kult 245; Heroisierung 48, 362
Heron von Alexandreia 500, 527, 529
Hero(n)das 141f., 261, 373
Herophilos von Chalkedon, Arzt *453f.*, 459
Herrscherbeinamen s. Dikaios, Dionysos, Epiphanes, Euergetes, Eupator, Eusebes, Kallinikos, Nikator, Philadelphos, Philometor, -pappos, -pator, -patris, -rhomaios, Soter, Theos, Tryphon
Herrschererzieher s. Prinzenerziehung
Herrscherideal 6, *234-240*, 257f., 432, 488, 540, 654, 753, 755, 765

Herrscher-Insignien 49, 201f., *241-243*, 248, 535, 755, 764
Herrscherkult 2, 6, 22, 48, 50, 57, 87f., 90, 103, 108, 191, 206, 237, 241f., *243-253*, 272-277, 282, 284-286, 301f., 305, 322, 377, 381, 405f., 412, 426, 428, 478, 499, 534, 620-622, 624, 628, 640, 642, 651f., 655, 664, 685, 696, 712-716, 725, 755, 758, 761, 764, 766, 768, 825
Herrscherornat *241-243*
Herrscherporträt 390, 395, 506, 614, 654
Hesiod 148, 198, 325, 414 (Erga), 559, *562*, 567f., 572, 574, 695, 697
Hestia 426
Hestiaiotis 18f., 812
Hetären 204f.
Hetairoi 64, 254f., 480f., 484, 752
Hiempsal II. 534
Hierapolis-Bambyke 650, 803
Hierapolis-Kastabala 370
Hierapytna 383-388
Hieroduloi 648, *655f.*
Hierokles von Alabanda 673
Hieron II. 189, 238, 445, 482f., 680, 725, 766, 806
Hieronymos 445, 483, 726
Hieronymos von Kardia 201f., 211f., 230
hieros gamos 89, 243, 663, 803
Hiketas von Syrakus 514
Hindukusch 48
Hipparch 12, 51, 380, 487-489
Hipparcheia 182, 402
Hipparchos von Nikaia 415, 450, *517ff.*, 521, 523ff.
Hippias von Elis 574

hippodamischer Stadtplan 55, 74, 478
Hippokrates 198, 442, 698; Hippokratismus 455
Hipponax 169
Historiographie s. Geschichtsschreibung
Hof 6, 56, *253-259*, 320, 391, 393, 534, 722, 725, 752, 755, 757, 764-766, 800
Hoftitel 62, 64, 146, 241, *254-256*, 292, 445, 498, 540f., 804
Hofzeremoniell 49, 624
Hohepriester 290f., 299-306, 740
Homer 160, 182, 190f., 198, 260 (homer. Hymnen), 322, 325, 372, 374, 414, 428, 562, 567, 570, 686, 697
Homeros von Byzanz 130, 162
Homonoia (personif.) 644
Hopliten s. Phalanx
Horaz 23, 39, 137, 260, 429
Horus 372, 646
Humanität 410
Hygin 418
Hymnos 164, 178, 197, *259-261*, 320, 416, 426ff., 641f., 648, 808
Hyparchie 761, 802
Hypaspisten 480, 484
Hyperboreer 695
Hypereides 87, 326
hypoknemidisches Lokris s. Lokris
Hypomnemata 534, 625
Hypsikles von Alexandrien 450, 518
Hypsikrates von Amisos 798
Hyrkanien 288, 295, 537f., 713
Hyrkanos I. 291f.; II. 302
Hyspaosines 62, 474

Hystaspes 657

Iasos 237f., 333, 335
Ia ... s. Ja ...
Ibykos 325
Ichthyas 461
Ideenlehre 25
Idrieus 333, 478
Ikaros (Insel im Pers. Golf) 475
Ilion 49, 71, 248, 421, 576, 681, Abb. 3; s. auch Troja
Illyrien, Illyrer 18, 45, 187f., *261-267*, 342, 433-435, 494, 680, 683, 710
Imbros 88, 274f.
Indien 48, 94f., 214, 232, *267-270*, 287, 392, 510, 622, 651, 695, 711-714, 728, 743, 767, Indienhandel 61
Individualethik 559
Individualismus 398, 401, 584
Indus 48, 711, 767
Infanterie 484f.; s. auch Phalanx
Initiationsriten 691
Inseln, ägäische 56, *270-283*; s. auch Euboia, Rhodos
interpretatio Graeca 643, 802
Ion von Chios 325
Ionien *283-287*, 361, 520; Dialekt 127; Ionisches Koinon 284f.
Ios 278f.
Iosephos, Flavius 211, 217, 312, 314
Ipsos 53, 57, 88, 187, 273f., 277, 284, 290, 329, 334, 341, 382, 420, 422, 489, 492, 593, 596, 620, 711, 802, 814
Iran(er) 6, 48-50, 57, *287*f., 537, 695, 711, 716, 743, 746, 761, 767
Iranische Religion *656-658*

Isaios 326
Ischtar (Istar) 473, 648f., 656
Isegorie 125
Isidor von Charax 474
Isidor von Milet 447
Isis 205, 250, 643-646, 660f., 665, 691f.
Isodikie 118f., 145
Isokrates 6, 49, 220, 233, 235, 241, 246, 326, 375, 665ff., 669, 697
Isonomie 125
Isopolitie 17-20, 45, 78, 81, 120, 145, 477, 770, 801, 821
Isotelie 118, 145
isotheos 248
Issos 48, 384, 405, 481, 801
Istar s. Ischtar
Isthmische Spiele 264, 680, 682
Istros aus Kyrene 213
Isyllos von Epidauros 426
Italien s. Rom, Unteritalien
Itanos 384-388
Ithome s. Messene
Ithyphall(ik)os auf Demetrios Poliorketes 17, 249, 259, 426, 641
Iu ... s. Ju ...
Iustinus 225, *232*

Jamblichos (Malchus, Araberfürst) 62
Jambographen 325
Jambulos 543, 696, 817
Jason 63, 207, 260
Jason von Alexandreia 213
Jason von Kyrene 217, 312f.
Jason von Pherai 812
Jaxartes 48
Jenseitsglaube *664*
Jeremia 295
Jerusalem 63f., 290-292, 299, 306
Jesus Sirach 308, 315

Johannes Hyrkanos s. Hyrkanos I.
Jonathan (Makkabäer) 291, 301, 740, 804
Jonien s. Ionien
Josephos s. Iosephos
Juba (Mauretanien) J. I. 534; J. II. 216, 332, 534, 627
Judas Makkabäus 63, 291, 301, 305
Juden, Judäa 1, 63f., 131, 217, 242, 256, *288-320*, 406, 422, 493-498, 596, 605, 608, 625, 658, 663, 684, 716-719, 739f., 762, 800, 803-805, in Alexandreia 55, 296-298, 608
Judentum 587
Jugend s. Ephebie, Kind, Schule
Julian 689
Justinian 21

Kabiren 69, 280f., 642, 661
Kaisarion 626f.
Kalchedon 20, 508
Kalender 825, K.-Reform 518; s. auch Zeitrechnung
Kalligone-Roman *704*
Kallikles 41
Kallikrates 14f., 477, 739
Kallimachos 59ff., 114, 123f., 151, 163, 171, 173, 178, 184, 194ff., 207, 260, 275, *320-323*, 373f., 417, 567, 570, 686, 687, 809
Kallimachos d.J. 417, 459
Kallinikos (Beiname) 238, 381, 654, 713, 718f.
Kallinos 147, 325
Kal(l)ippos von Kyzikos 514
Kallisthenes von Olynth 50, 209, 211, 220, *223f.*, 228, 697; Ps.-Kall. s. Alexanderroman

Kalydon, Heroon 74
Kalynda 333, 335
Kanon 130, 308f., 311, *323-329*, 674
Kanzlei 144, 254, 756, 761, 824f.
Kappadokien 52, 83, 100, 201, 251, 305, *329-332*, 474, 494, 510, 543, 609-612, 657f., 684, 717, Cappadocia (Prov.) 613
Karien 49, 144, 275f., 279, 284, *332-336*, 433f., 678, 714, 764
Karmanien 48, 287f.
Karneades 24, *34ff.*, *40f.*, 330, 586f., 617f., 678, 779; Taf. 23b
Karneades d. J. 36, 588
Karpokrates 646
Karrhai 83, 485, 539, 698
Karthago 6, 36, 115, 188, *336-340*, 392, 411, 434, 484, 500, 534, 721, 723-726
Kassandreia 341, 431, 629
Kassandros, Kassander 10, 17, 45, 52, 57f., 78, 80, 87f., 101f., 153, 187, 202, 263, 273f., *340f.*, 342, 382, 420, 431, 476, 593, 609, 695, 711, 724, 736, 814, 816
Kastor II. (Galater) 537
Kastor von Rhodos 214
Kastorion von Soloi 426
Katakomben 74
Katalog (Bibliothek) 114, 320, 324, 567
Kataphrakten 485, K.-Schiffe 501
Katapulte 480, 483, 487, 499, 502
Katoikie, Katoikoi 495f., 633, 769
Kauaros 98, 343, 815
Kaunos 333-336

Kausia 95f., 201, 241-243
Kavallerie s. Reiterei
Kelainai 595f.
Kelten 17, 97-99, 102, 150, 212, 238, 263, 285, *342-347*, 420, 422, 431f., 476, 482, 488, 493f., 496, 509, 536, 542, 594-596, 601, 610-612, 629, 662, 683f., 712-714, 765, 814f.; Taf. 8-9
Keos 19, 278
Kephisodot 166
Kepos 7, 91, 107, 116, 204, *347-369* (Lehre 347ff., Hauptvertreter 360ff.), 664, 690; s. auch Philosophie
Keramik 393f.
Keramos 335
Kerkidas v. Megalopolis 398, *404*
Kerkyon 321
Kerkyra 341
Kersobleptes 813
Keryneia 10
Kibyra 335f.
Kieros 96f., 99
Kilikien 48, 53, 57f., 83, 332, 346, *369-371*, 474, 535, 612f., 627, 658, 684, 710, 717-719, 802
Kind 8, *371-375*, 486, 494, 600; s. auch Ephebie, Schule
Kinderlosigkeit 371
Kios 20, 98
Kistophoren 505, 510
Kition 405
Klaros 711
Klassizismus 38, 676
Klaudios Ptolemaios 517ff., 524, 529, 531
Klazomenai 286
Kleanthes von Assos 176, 260 (Zeushymnos), 516, 584f., 669, 775, *783f.*, 789

Klearch(os) von Herakleia
113, 241, 245, 556, 698
Klearchos von Soloi 289
Kleinarmenien 331, 610, 612
Kleinasien 797
Kleinomachos von Thurioi
458
Kleitarch 210, *224f.*, 232
Kleitomachos von Karthago
34ff., 37, 41, 339, 588
Kleitos 500
Kleodemos, Historiker der
Juden 217
Kleomedes 518
Kleomenes III. (Sparta) 11,
18f., 79, 81, 102, 154, 273,
382, 385, 433, 477, 482,
486, 622, 737
Kleomenes von Naukratis 620
Kleon von Kurion 193
Kleonai 11, 78, 79
Kleoneides 530
Kleonymos 727, 736
Kleopatra I.-III. 623-625; Kl.
VI. 626; Kl. VII. d. Große
55, 83, 191, 370, 373, 406,
412, 501, 534, *626f.*, 719,
805; Kl. Selene, T.d. Ptol.
VIII. 412, 534; Kl. Selene,
T.d. Kl. VII. 627; Kl. Thea
717f.
Kleopatra, Schwester des
Alexander III. d. Gr. 54,
173, 201, 341, 814
Kleopatra von Delos (Plastik)
605; Taf. 15
Kleruchen, Kleruchie, Kleros
272, 274f., 279, 284, 360,
491, 493-497, 608, 633
Knidos 333-335
Knosos 383-389
König der Könige 83, 106,
538f., 627, K. von Asien
49, 624, 717, Großkönig
714

Königin (Funktion) 100, 108,
205, 237, 241f., 250f., 253,
301, 330, 332, 335, 509, 534
(Titel), 725 (Titel), 755,
758, 766, 769, Königin der
Könige 627
Königsbrief 108
Königsheil 58, 244, 246
Königsland 412, 636f., 757,
763, 765; s. auch Domänen
Königsproklamation 506
Königstitel 53, 57f., 82, 85,
94, 97f., 105f., 187, 238,
248, 273, 301, 330, 341,
344-346, 381f., 405, 412,
431-433, 436, 508f., 534,
537, 539, 542, 596, 610,
620, 629, 711, 713f., 724f.,
752-754, 765, 814, 824
Königtum 299-302, 488, 492,
patriarchalisch 752, 757; s.
auch Herrscher-…, Hof
Koilesyrien 300, 501, 620,
623, 627, 711, 714f., 718,
801-803
koinai eirenai 820f.
Koine 1, 122, 127, 211, 216,
310, *375f.*, 742, 743ff., 746
Koinon 5, 9, 16, 45f., 80, 85,
101, 121, 189, 274, 277f.,
284, 346, *376-381*, 421, 424,
433, 477f., 481, 488, 511,
593-595, 684, 739, 751, 769,
813; s. auch Kreta, Staatenbund
Kolonisation s. Militärkolonien, Städtegründungen
Kolophon 148, 285f., 360
Kolotes von Lampsakos 361,
366
Komana 331f., 612, 626
Kommagene 251, *381f.*, 393,
684, 718
Komödie 91, *132-139*, 570,
577, 694

Komontorios 343, 814
Konkubinat 205
Konon von Samos 447, *449*
Konstantinos Kephalas 183
Kopernikus 519
Kore 660
Korinna von Tanagra 325, 427
Korinth 10, 13, 15f., 78, 89, 102, 121, 272, 341, *382f.*, 391, 432f., 656, 683, 722, 737
Korinthischer Bund 9, 16, 47, 49, 78, 80, 87, 101, 153, 234, 273, 277, 280f., 284, 382, 420, 476, 480, 500, 593, 735, 799, 821
Koriskos 24
Korkyra 58, 187, 264, 724
Koroneia 103f.
Korupedion s. Kurupedion
Kos 67, 86, 98, *275f.*, 386, 391, 432, 500, 502, 621, 625, 653, 806
Kosmologie 26, 787
Kosmopolitismus 400, 402, 404, 407, 409, 584, 775, 779, 790
Kotys (Thrakien) I. 813; III. 815; VIII. 613
Kränze 145f., 241f., 722, 773
Krannon 52
Krantor 28ff., 778
Kranz s. Kränze
Krateros 48, 51f., 56, 201, 382, 609
Krateros (d.J.) 382, 764
Krateros (Inschriftensammler) 214
Krates (Komödiendichter) 326
Krates von Athen 584
Krates von Mallos 115, 573ff., 792
Krates von Tarsos 23, 28ff., 36, 40, 588

Krates von Theben 156, 398, *402f.*, 462
Kratinos 326
Kratippos 590
Krepides 241
Kreta, Kreter 157, 159, 276, 376, *383-389*, 412, 482, 484, 496f., 627, 678, 684, 707, 710, 735, 736, 739, 822, kret. Koinon 385
Kretikos Polemos 276, 386, 710
Kriegführung 488-492
Kriegsgefangene 491
Kriegsschiff, Typen 501
Krinagoras 165
Kritolaos 16, 586ff., 676, 779
Kronos 459
Ktesias 208, 220, 230, 695, 698, 700
Ktesibios von Alexandreia 499, 526
Ktesibios von Chalkis 156
Ktesiphon 474, 538
Ktisis-Poesie 192
Kult s. Religion
Kultverein 642, 654
Kunst 2, 8, 91f., 338, *390-393*; s. auch Architektur, Malerei, Plastik, Porträt
Kunstgewerbe 92, *393-397*, 507
Kurno 71, Abb. 2
Kurupedion 97, 285, 422, 712, 814
Kybele 343, 595f., 659
Kydippe 207
Kydonia 383-388
Kynismus 7, 205, 210, 222, 236, *398-405* (Allgemeines 398, Erscheinungsbild 399f., Bedeutung 400f., Hauptvertreter 401ff.), 654, 775; siehe auch Philosophie

Kynoskephalai 20, 46, 85, 179, 335, 434, 492, 681
Kynuria 78, 735
Kypros 53, 58, 86, 300, 370, *405f.*, 500, 509, 621, 624-627, 646, 656, 683, 759
Kyrenaika 53, 297, 621, 759, Prov. 412
Kyrenaiker 224, *407-411*; 583f.
Kyrene 268, 384, 388, *411-413*, 432, 621f., 624f., 683, 723, 816
Kythnos 278f.
Kyzikos 478

Labraunda 65, 70, 333, 335, Abb. 1
Lachares 88, 816
Laevius 429
Lagiden s. Ptolemäer
Lagina 334, Hekateion 69, Abb. 4
Lakonien 13
Laktanz 39
Lakydes von Kyrene *31ff.*, 34f., 586
Lamischer Krieg 17, 45, 52, 78, 80, 87, 101, 153, 273, 281, 420, 476, 481f., 593, 735, 812
Lampsakos 360
Lanassa 58, 187f., 724
Landesgeschichte 213f., 220
Landfriedensbünde s. koinai eirenai
Laodike, Gattin des Antiochos II. 473, 622, 713, 720, 762
Laodike, Gattin des Antiochos III. 237f., 251
Laodike, Tochter des Antiochos VIII. Grypos 381
Laodike, Tochter des Mithradates II. von Pontos 715
Laodike, Tochter des Mithradates V. von Pontos 330
Laodike-Krieg s. Syr. Kriege III.
Laodikeia am Lykos 596
Laokoon-Gruppe 603f., Taf. 13
Laokriten 630, 637
Lappa 385f.
Larisa 812
Larissa Kremaste 19
Larymna 420f.
Lasthenes 387
Laterculus Coislinianus 324
Lato 386-388
Lebedos 122, 275, 277, 284f., 767, 800
Lehrbrief 107
Lehrgedicht 260, *413-420*, 456, 515, 569, 686
Leibgarde, -wache 243, 254, 480, 488, 755
Leichtbewaffnete 47, 479f., 483-485, 494
Leiturgie 159, 760, 801
Lemboi 266, 502
Lemnos 88, 272f., *274f.*
Leonidas von Tarent 161f., 165, *167ff.*, 172, 179, 181f.
Leonnorios 97, 343f.
Leontion 10
Leontopolis 304
Lepreon 81
Lesbia 151
Lesbos 198, *276-278*, 360; Dialekt 127
Leschides 191
Leukas 45f.
Leukaspiden 484
Leukon I. 105
Lexikographie 571
Libyen 407
Limenios von Athen 426
Limnaia 45
Lindos 67f., 70, 73, Abb. 6;

„Lindische Tempelchronik" 214
Literaturwissenschaft 561
Lithika 418
Liturgie s. Leiturgie
Livius, Titus 215, *232*
Livius Andronicus 680, 686
Logik 156, 776, 785 f.
Logographen 520
Lokris 17-20, 102, *420f.*, 433, 594; lokrische Lieder s. Lyrik
Longos 704
Lucilius 323
Lucullus 42, 83, 116, 278, 345, 388, 539, 612, 719, 804
Lukian 142, 403
Lukillios 165
Lukrez 351, 413, 418 f., 470, 590 ff., 686
Lustspiel 135
Lutarios 97, 343 f.
Lutatius Catulus, Q. 180
Lydiadas 11, 81, 154
Lydien 297, *421-423*, 495, 648, 657
Lykaonien 330 f., 346, 543, 595, 612
Lykien, Lykier 48, 56, 213, 377, *423-425*, 506, 511, 536, 595, 678, 684, 710, 770, 816, Lycia et Pamphylia (Prov.) 536
Lykon 584
Lykophron von Chalkis 114, 130 f., 156, 566 ff.
Lykortas 14 f., 81, 226
Lykos von Rhegion 212
Lykurg von Athen 87, 89, 113, 131, 158, 325 f.
Lykurg von Sparta 738
Lynkeus von Samos 470
Lyrik 131, 325, *425-430* (I Übersicht 425, II Themen und Texte 425 ff., III Nachwirkung 429), 687
Lysander 245
Lysias 326, 668, 674
Lysimacheia 17, 20, 342, 432, 629, 814 f.
Lysimachiden von Telmessos 144, 424
Lysimachos 17, 51, 53, 57 f., 97, 156, 188, 248, 273 f., 277, 280, 284 f., 329, 334, 409, 422, 424, 427, 431 f., 478, 502, 505, 507, 509, 541, 594, 596, 629, 711 f., 814
Lysipp 176, 438, 597 f.; Taf. 1-2
Lyttos 383-388

Ma 332, 510, 656
Macedonia (Provinz) s. Makedonien
Machanidas 12, 81, 482, 738
Machares 612
Machon 177 f.
Macrobius 688
Mädchen von Antium 599 f.; Taf. 7
„Mädchens Klage" s. Fragmentum Grenfellianum
Magas von Kyrene 268, 385, 409, 412, 712
Magie 339
Magna Graecia s. Sizilien, Unteritalien
Magna Mater 595, 659 f.
Magnesia (Mäander) 19, 69, 285 f., 387 f., 478, 594, 652, 743
Magnesia (Sipylos) 13, 62, 94, 286, 344, 422, 483, 485, 490, 492, 494, 538, 712, 715
Magnesia (Thessalien), Magnetenbund 812 f.

Magon, karth. Agrarschriftsteller 338
maiestas populi Romani 20
Makedonien 4-6, 10-12, 18-20, 45, 49, 56, 58, 80, 86, 88, 102, 115, 154, 187-189, 340, 342, 384, 412, 422, 424, *430-437*, 488, 494, 508, 542, 593, 621, 629, 683, 712, 735, 737f., 752-754, 763-765, 769, 812, Macedonia (Prov.) 20, 46, 154, 189, 378, 436, 477, 508, 595, 683, 739, 813, 815, 824; Makedonentum 240, 493, 753, 756, 763, 803
Makedonische Kriege I. 12, 19, 46, 85, 98, 103, 154, 189, 265, 270, 273, 277, 386, 434, 494, 542, 594, 681, 738; II. 12, 20, 46, 79, 85, 88, 98f., 103, 154, 189, 273, 275, 282, 386, 434, 542, 678, 681, 684, 738, 815; III. 13, 15, 20, 46, 99, 189, 271, 274, 276, 278, 387, 435, 488f., 542, 678, 682, 815
Makedonios von Amphipolis 426
Makkabäer 217, 291-293, 313, 716, 803
Makkabäerbücher 217, 304, 308, 312-315
Malerei *437-441*
Malichos 64
Malis 18, 20
Malla 386-388
Mamertiner 724-727
Manetho 213, 312, 643
Manilius 418, 686
Manlius Vulso, Cn. 344f., 684
Mantik s. Orakel
Mantineia 11f., 18, 80-82, 433, 492, 737f.

Marcellus, C. 445, 527, 726
Margiane 93, 539
Mark Anton s. Antonius
Mark Aurel 23
Markellos von Side 418
Marmor Parium 214
Masinissa 533f.
Massenhochzeit 48, 50, 201, 711
Massenversklavung s. Sklaven
Massylerdynastie 533
Mastanabal 534
Matala 385
Mathematik *441-453* (Vorgeschichte 441ff., Mathematik d. Hell. 443-450, Nachhell. Geschichte d. M. 450f.), 515
mathematische Geographie s. Naturwissenschaften
Matropolis 45
Mauretanien *533-535*
Maurya 93f., 267f., 288
Mausoleum 65, 72, 74, 333
Maussolos 86, 131, 275, 284, 333, 423, 478, 678, 751, 767f.
Mazdaismus 656
Mechanik s. Naturwissenschaften
Medea 60, 207, 373
Medeon 45
Medien 48, 52, 287f., 538, 627, 717
Medizin *453-457*, 650, 653
Megalopolis 11, 24, 65, 72, 80-82, 153, 735, 736, 800
Megara 10, 103
Megariker 210, 224, *457-466*; s. auch Philosophie
Megarische Becher 394
Megasthenes 211, 214, 230, 267, 289, 712
Meleager von Gadara 163ff., 167, 180f., *183ff.*, 327

Meleagros, König von Makedonien 431
Melinno aus Lesbos 427
Meliteniotes 418
Melos 278
Melqart 337, 643
Memoirenliteratur 211
Memphis 48f., 52, 55, 247, 619f., 646
Men 643, *658*
Menaichmos 442, 447f.
Menalkidas 15
Menander (Dramatiker) 135f., 138, 206, 326, *466-471*, 687
Menander (König von Indien) 95, 268f.
Menander von Ephesos 213
Menedemos von Eretria 155, 273, 366, 461f.
Menekles von Alabanda 673
Menekrates 245, 414
Menelaos von Aigai 192
menippeische Satire 404
Menippos von Gadara 398, *403f.*
Menodotos von Perinth 212
Menon 545
Meris, Meridarchie 332, 761, 803
Mese s. Komödie
Mesopotamien 57, 62, 83, 441, *471-476*, 538f., 714, 717, 761, 801f.
Messene 12, 476-478, 609
Messenien 12-19, 153, 188, 264, *476-478*, 735
Metallgefäße s. Toreutik
Meter 643, 650, 656, 659, 661, 665
Methodiker s. Medizin
Metiochos-Parthenope-Roman 703f.
Metrodor von Lampsakos 361, *365f.*

Metrodor von Skepsis 216, 798
Metrodor von Stratonikeia 36f.
Micipsa 534
Milet 18, 72, 284-286, 385, 422, *478f.*, 708, 712, 770, 816
milesische Philosophen 513, 520
Militärkolonien, -siedlungen 267, 493-496, 596, 722, 762, 768f., 802f.
Militärschriftsteller 479, 499f.; s. auch Poliorketik
Militärwesen 296 (Juden), 336, 343, 378, *479-504*, 757, 762, 765f., 768
Mimiamben s. Mimos
Mimnermos 147f., 325
Mimos *140-142*, 808
Mithradates (Kommagene) I. 381
Mithradates (Parther) M. I. 95, 269, 474, 538; M. II. 474, 538, 539
Mithradates (Pontos) M. I. Ktistes 536, 610; M. II. 596, 610, 720; M. III.-IV. 610; M. V. 330, 536, 596, 597, 610; M. VI. der Große 82, 89, 100, 104f., 216, 271f., 274, 276, 278, 282, 286, 330f., 336, 345, 388, 479, 484-486, 493f., 501, 505, 510, 536, 595, 611, 625, 678, 684, 710, 734, 815f.
Mithradatische Kriege 191; I. 23, 37, 41f., 104, 271, 276, 388, 424, 484, 494, 595, 611, 678; II. 331, 611; III. 331, 612
Mithradates von Kios 609
Mithradates von Pergamon 106, 346

Mithras 648, 657, *658f.*, 661, 691

Mithridates s. Mithradates

Mitregent 53, 236, 241, 330, 610f., 621, 623-626, 712f., 716, 718, 720, 754, 758, 761, 766, 823-825; s. auch „Vizekönig"

Mnasalkes von Sikyon 162, 165, *166f.*, 172

Mnesarch 42

Moagetes von Kibyra 144, 816

Moiro von Byzantion 130, 162, 193

Molon 288, 473, 714

Molosser 186, 189, 239

Monarchie 4-6; s. auch Königtum

Monographie, histor. 212

Monologe 138

Monopol 56, 110, 636, 760, 773

Monotheismus 304

Mosaik 298, 438f., 614

Moschion 131

Moschos von Elis 155

Moschos von Syrakus 197

Münzprägung 62-64, 94f., 237f., 240, 242, 247, 249-251, 279, 290, 333, 337, 343, 378, 391, 412, 473, 474, *504-513*, 534, 537, 541, 610, 614, 721, 724f., 733, 736, 764, 766, 804

Mummius, L. 16, 227, 274, 382f.

Munychia 87

Musaios 191, 199

Museion (Akademie) 22

Museion (Alexandreia) 55, 113-115, 198, 324, 445, 447, 576, 621

Musenhof 7, 56, 83, 91, 105, 113-115, 258, 414, 432, 437, 467, 543, 722, 755, 760, 768

Musik 562

Muttergottheit 595, 659f.; s. auch Kybele, Ma, Magna Mater, Meter

Mykonos 278

Mylasa 333-336

Myndos 333-336

Myro s. Moiro

Myrtis von Anthedon 427

Mysien 542

Mysterien 46, 280, 296, 305, 510, 642f., 646, 651, 658f., *660-662*, 663f., 691f., 788

Mythentravestie 138f.

Mythologie 215, 797

Mytilene 360

Nabatäer 62f., 393, 717, 719

Nabis 12f., 20, 79, 154, 384, 387, 434, 482, 497, 542, 678, 682, 738f.

Nachrichtenübermittlung 487

Naevius 686

Nahegötter 641

Nana 473

Naturwissenschaften 91, *513-533* (Astronomie 513-520, Mathematische Geographie 520ff., Mechanik 525ff., Optik 528ff., Harmonik 530f.)

Naukrates 449

Naupaktos 16, 19f., 46, 378, 420f., 434, 738

Nausiphanes von Teos 360, 728

Naxos 278

Nea s. Komödie

Neanthes von Kyzikos 212

Neapel 366

Nearchos von Kreta 48, 211, 500

Nechepso 591, 649
Neleus von Skepsis 113
Nemeen 11, 77-79
Neoptolemos II. (Epirus) 187
Neoptolemos von Parion 193, 367
Neos Dionysos 336, 626, 651
Neoteriker 197, 199, 323, 687
Nesiarchen 279
Nesiotenbund 271, *278f.*, 432, 501, 621, 678
Nestor von Laranda 191
Neue Komödie s. Komödie
Nigidius Figulus 590
Nikainetos 192
Nikander von Kolophon 413ff., 456, Georgika 413, Melissurgika 418
Nikanor 572
Nikator (Beiname) 238, 711, 717f.
Nike von Samothrake 602f.; Taf. 12
Nikeratos von Herakleia 191
Nikias von Milet 162, 165
Nikokreon 405
Nikolaos von Damaskos 215f., 698, 798
Nikomedeia 97, 510
Nikomedes (Bithynien) N. I. 97, 275, 343; N. II. 98-100, 534, 543; N. III. 100, 330, 536; N. IV. 100, 683
Nikopolis 46, 801
Nikostratos von Argos 245
Nikoteles von Kyrene 449
Ninive 700
Ninos-Roman *699f.*
Nisyros 278f.
Nomarch 758; s. auch Gau
Nonnos 191ff.
nordwestgriechischer Dialekt 127
Nossis 163

Notariat 634
Notion 286
Novelle s. Roman
Numenios von Herakleia *416ff.*, Über Fischfang 418
Numidien *533-535*
Nymphis von Herakleia 212
Nymphodoros von Syrakus 215
Nysa (Karien) 333
Nysa, Königin von Kappadokien 330

Obere Satrapien 93, 287, 711-714, 716, 761
Obodas I.-II. 63f.
Octavian s. Augustus
Odrysen 813
Odysseus 60
Oiantheia 420
Oidipus 148
Oikeiosislehre 43, 811
Oikonomos 488, 758f., 762
Oiniadai 19f., 45f.
Okellos 582
Olba 370, 656, 684
Olbia 478, 733f., 744, 813
Oligarchie 78, 80, 87, 89, 118, 125f., 154, 270, 276, 337, 388, 411, 477, 560, 723
Olus 386f.
Olympia 153f.
Olympiadenrechnung 226
Olympias 47, 52, 186ff., 202, 280, 341, 431
Olympichos 144, 333f.
Olympieion von Athen 68
Olympos 216
Omophagie 651f.
Onesikritos von Astypalaia 210
Oniaden 290, 802
Onias II. 290; O. III. 301, 304

Ontologie 457
Ophellas 411, 723
Opis 50, 481
Oppianos 418
Optik s. Naturwissenschaften
opuntisches Lokris s. Lokris
Opus 420
Orakel 646, 657, *662*; s. auch Delphi und Didyma
Orchomenos (Arkadien) 11f., 15, 18, 80, 82, 737; (Böotien) 101f., 611
Oreioi 385
Orientalische Kulte 643, 656
Orodes I. 540; O. II. 83
Orontiden 82
Orophernes 330
Oropos 15, 101f., 104, 166
Orphik *663f.*
Orthographie 746ff.; s. auch Philologie
Osiris 643, 645f., 651, 692
Osroene 540
Ostraka 743
Ovid 151, 177, 185, 199, 321, 323, met., fast. 687
ozolisches Lokris s. Lokris

Pädagoge s. Paidagogos
Päderastie 205
Paidagogos 372
Paidonomos 372
Paionien 433
Pairisades V. 105f., 734
Pakoros 83
Palästina 290ff., 495; s. auch Koilesyrien
Palaiphatos 213, 215
Pamphila 123
Pamphilos 167, 360
Pamphylien 48, 56, 346, 369f., 509, *535f.*, 595, 684
Pan 260, 426
Panaitios von Rhodos 30, 36, 38, 41, 575, 775, 779f., 791ff.
Panaitios d. J. 531, 588
Pandschab 48
panhellenisch 19, 28, 77, 135, 188, 223, 234, 652, 654, 662
Pankrates aus Arkadien 418
Pantaleon von Baktrien 95
Pantomimos *142*
Paphlagonien 52, 100, 201, 346, *536f.*, 611
Paphos 405
Papyrus 107, 111, 743, 760, P.-Herstellung 110, 122; s. auch Buchwesen
Parabase 134
Parade s. Pompe
Paradoxographie 215, 694; s. auch Buntschriftstellerei
Paraibates 155f., 407, 409
Paraklausithyron 140
Parauaia 186f.
Parmenides 414
Parmenion 47, 50, 270
Parner 537, 713
Paros 278f.
Parrhesie 125
Parthenios von Nikaia *150f.*, 196f., 206, 687, 698
Parther(reich) 6, 62, 82-84, 94f., 216, 242, 256, 269, 288, 295, 302, 336, 370, 393, 473f., 485f., 492, 505, 508, *537-541*, 612, 713f., 717, 719, 743, 805
Parthyene 94, 287f., 537, 713
Pasikles von Theben 458, 461
Patrai 10, 16, 801
Patrokles 211, 214, 712
Pausias 372
Pedias s. Kilikien
Peisandros von Kamiros 428
Peisistratos 112f.
Peithon 52
Pelagonia 436